第二篇　教育心理学

专题一　教育心理学概述 …… 27 31

基础训练 …… 27 31

知识1　教育心理学的研究 …… 27 31

知识2　教育心理学的发展 …… 28 33

真题必刷 …… 29 34

专题二　心理发展及个别差异 …… 30 34

基础训练 …… 30 34

知识1　心理发展概述 …… 30 34

知识2　认知发展与教育 …… 31 35

知识3　中小学生人格、社会化发展与教育 …… 33 37

知识4　学生的个别差异 …… 34 38

整合提升 …… 36 40

真题必刷 …… 37 42

专题三　学习理论 …… 39 43

基础训练 …… 39 43

知识1　学习概述 …… 39 43

知识2　行为主义学习理论 …… 40 44

知识3　认知派学习理论 …… 42 46

知识4　人本主义学习理论和建构主义学习理论 …… 43 47

整合提升 …… 44 48

真题必刷 …… 47 51

专题四　学习心理 …… 48 52

基础训练 …… 48 52

知识1　学习动机 …… 48 52

知识2　学习策略 …… 51 56

知识3　学习迁移 …… 52 58

知识4　知识的学习 …… 54 60

知识5　技能的形成 …… 55 62

知识6　问题解决与创造性 …… 57 63

知识7　态度与品德的形成 …… 58 65

整合提升 …… 60 68

真题必刷 …… 64 72

专题五　教学心理 …… 65 73

基础训练 …… 65 73

知识1　教学设计 …… 65 73

知识2　课堂管理 …… 66 75

整合提升 …… 69 77

真题必刷 …… 71 80

专题六　心理健康与教师职业心理 …… 72 80

基础训练 …… 72 80

知识1　心理健康教育 …… 72 80

知识2　学生心理健康教育 …… 73 81

知识3　教师职业心理 …… 74 82

整合提升 …… 76 84

真题必刷 …… 77 86

第三篇　教育政策法规解读

专题一　教育法律基础 …… 78 86

基础训练 …… 78 86

整合提升 …… 79 88

专题二　依法执教与教师违法(侵权)行为预防 …… 80 89

专题三　现行主要的教育法律法规及重要规定解读 …… 82 90

基础训练 …… 82 90

知识1　《中华人民共和国教育法》解读 …… 82 90

知识2　《中华人民共和国义务教育法》解读 …… 83 92

知识3　《中华人民共和国教师法》和《教师资格条例》解读 …… 85 94

知识4　《中华人民共和国未成年人保护法》解读 …… 87 95

知识5　《中华人民共和国预防未成年人犯罪法》解读 …… 88 96

知识6　《学生伤害事故处理办法》解读 …… 88 96

整合提升 …… 89 97

真题必刷 …… 92 101

参考答案及解析单独成册

第一篇　心理学

专题一　心理学概述

命题分析

本专题主要以选择题、判断题等形式考查。本专题需要重点掌握的知识包括：

1. 识记心理现象的结构。
2. 理解两类信号系统。
3. 识记心理学诞生的标志。
4. 识记并区分不同心理学流派的代表人物和理论观点。

基础训练

知识1 心理学的研究与发展

一、单项选择题

1. 小学生的个性倾向性主要表现在(　　)

A. 需要、动机、世界观　　B. 理想、信念、世界观
C. 兴趣、动机、世界观　　D. 兴趣、爱好、理想

2. 现代心理学诞生和发展的两个重要历史渊源是哲学和(　　)
A. 社会学　　B. 生理学　　C. 人类学　　D. 物理学

3. 重视对人类异常行为的研究，强调心理学应研究无意识现象的心理学流派为(　　)
A. 人本主义学派　　B. 格式塔学派
C. 行为主义学派　　D. 精神分析学派

4. 行为主义创立的标志是1913年美国心理学家(　　)出版了《在行为主义者看来的心理学》一书，因此，他被称为“行为主义的创始人”。
A. 罗杰斯　　B. 华生　　C. 弗洛伊德　　D. 马斯洛

5. 心理学是一门研究(　　)的科学。(常考)
A. 心理过程　　B. 心理现象　　C. 个性心理　　D. 认知过程

6. 人的个性结构主要包括(　　)
A. 能力、气质和性格　　B. 认识、情绪情感和意志过程
C. 心理过程　　D. 个性心理倾向性和个性心理特征

7. 心理学是研究心理现象及其发生发展规律的科学，心理现象又称(　　)
A. 心理过程　　B. 心理特征
C. 心理活动　　D. 心理特质

8. 认为所有复杂的心理活动都是由感觉、意象和激情状态这些基本元素构成的心理学流派是(　　)
A. 机能主义心理学　　B. 构造主义心理学
C. 格式塔心理学　　D. 认知心理学

9. 用信息加工的观点来研究人的感觉、知觉、记忆、思维等心理过程的心理学观点是(　　)
A. 行为主义的观点　　B. 生物学的观点
C. 现象学的观点　　D. 认知学派的观点

10. 主张意识是持续不断、川流不息的过程的心理学流派是(　　)
A. 构造主义心理学　　B. 精神分析心理学
C. 格式塔心理学　　D. 机能主义心理学

11. (　　)心理学流派反对把意识分解为元素，而强调心理作为一个整体、一种组织的意义。(易混)
A. 精神分析　　B. 行为主义
C. 格式塔　　D. 认知

12. 主张心理学的研究对象是具有适应性的心理活动，强调意识活动在人类的需要与环境之间起重要的中介作用的心理学流派是(　　)
A. 构造主义学派　　B. 机能主义学派　　C. 精神分析学派　　D. 人本主义学派

13. 在西方心理学中，被称为心理学“第一势力”的是(　　)(常考)
A. 行为主义心理学　　B. 精神分析心理学
C. 人本主义心理学　　D. 认知心理学

14. 下列选项中，哪项不属于心理过程(　　)
A. 记忆　　B. 意志　　C. 兴趣　　D. 情绪

15. (　　)认为人是有自由意志的，是有自我实现的需要的。
A. 行为主义学派　　B. 精神分析学派　　C. 人本主义学派　　D. 构造主义学派

二、多项选择题

1. 以下心理现象中，均不属于个性心理特征范畴的是(　　)
A. 能力、性格　　B. 思维、意志　　C. 理想、信念　　D. 需要、动机

2. 信念是坚信某种观点的正确性，并支配自己行动的个性倾向。信念是通过(　　)三种方式形成的。
A. 直接经验　　B. 间接经验　　C. 推论　　D. 兴趣

3. 下列选项中，属于冯特代表作的有(　　)
A.《生理心理学原理》　　B.《民族心理学》
C.《心理学大纲》　　D.《教育心理大纲》

4. 以意识为研究对象的西方心理学流派有(　　)
A. 构造主义心理学　　B. 机能主义心理学
C. 行为主义心理学　　D. 人本主义心理学

5. 冯特对心理学的历史功绩主要有(　　)

A. 心理科学的确立　　B. 实验心理学的创立
C. 出版《生理心理学原理》　　D. 建立心理学专业队伍

三、填空题

1. 心理现象包括既相互联系又相互区别的________和________两个方面。
2. ________是一种较为综合的动态过程，包括感觉、知觉、思维、情绪、意志等。
3. 历史上第一部论述各种心理现象的著作是亚里士多德的________。
4. 被称为“心理学之父”的人是________。(常考)

知识2 心理的实质

一、单项选择题

1. 神经系统结构和功能的基本单位是(　　)(易错)
A. 突触　B. 神经元　C. 反射　D. 反射弧
2. 神经元由胞体、树突和轴突组成，下面说法正确的是(　　)
A. 轴突较长，分支多，负责接收刺激　B. 树突较短，分叉多，负责接收刺激
C. 轴突较短，只有一根，负责传出神经冲动　D. 树突较长，只有一根，负责传出神经冲动
3. (　　)具有在组织有目的、有方向的活动中，有使活动服从于坚定意图和动机的作用。
A. 颞叶　B. 枕叶　C. 额叶　D. 顶叶
4. (　　)关系到人的生命，被称为“生命中枢”。
A. 后脑　B. 骨髓　C. 前脑　D. 延髓
5. 人的心理活动的内容和源泉是(　　)
A. 认知　B. 需要　C. 客观现实　D. 个性
6. 造成“狼孩”心理障碍的主要原因是(　　)
A. 缺乏营养　B. 遗传因素
C. 狼的影响　D. 缺乏社会性刺激
7. 心理现象的产生方式是(　　)
A. 精神活动　B. 反射活动　C. 意识活动　D. 技能活动
8. 同桌请小花去摘杏子，小花一听到“杏子”就咽口水，小花的条件反射是(　　)(易错)
A. 第一信号系统　B. 第二信号系统　C. 无条件反射　D. 本能反射
9. 病人因颞叶受伤而导致受损的功能主要是(　　)
A. 听觉　B. 视觉　C. 嗅觉　D. 味觉
10. “甲之熊掌，乙之砒霜”这个谚语体现了以下科学心理观中的哪一观点(　　)
A. 心理是脑的机能　B. 脑是心理的器官
C. 客观现实是心理的源泉　D. 心理是对客观现实的主观映像

二、多项选择题

1. 下列选项中与大脑左半球活动有关的是(　　)
A. 言语　B. 情绪　C. 阅读　D. 数学运算
2. 以下不属于条件反射的有(　　)
A. 望梅止渴　B. 食物放入口中，分泌唾液
C. 白鼠按压杠杆获取食物　D. 火烫到手，手缩回
3. 下列说法中正确的是(　　)
A. 脑是心理的器官　B. 心理是脑的机能
C. 心理具有主观能动性　D. 心理反映总是正确的
4. 学生听到上课铃声马上回到教室坐好，准备上课，这属于(　　)(易错)
A. 无条件反射　B. 条件反射
C. 第一信号系统　D. 第二信号系统
5. 中枢神经系统包括(　　)
A. 脑　B. 脑垂体　C. 脊髓　D. 脊神经

三、填空题

1. 大脑各部分分区中，枕叶与________有关。(常考)
2. 在巴甫洛夫的两种信号系统中，________系统属于人类所独有的。
3. 从条件反射的形成和消退可以看出，大脑皮层的神经活动有两个基本过程，即________过程和抑制过程。

四、判断题

1. 大脑两半球的单侧化研究发现左半球与创造性有关。(　　)
2. 人对触压觉和温度觉的调节主要受大脑分区中的顶叶控制。(　　)
3. 心理是客观现实的反映，因此，有怎样的客观现实必然会产生怎样的心理。(　　)
4. 心理是人脑对客观现实的反映，但有了人脑和客观现实，不一定就会产生人的心理。(　　)

整合提升

一、单项选择题

1. 跑步比赛时，运动员听到发令枪响，马上起跑。这种现象是（　　）

A. 同化　　B. 条件反射　　C. 顺应　　D. 无条件反射

2. 心理状态是指人在某一时刻的心理活动水平。以下属于心理状态的是（　　）

A. 勤劳　　B. 心境　　C. 记忆　　D. 态度

3. 我们聚精会神地看书时，对周围有人走动或出现的其他情况，往往是“视而不见、听而不闻”。这是（　　）现象。（易错）

A. 兴奋　　B. 负诱导　　C. 正诱导　　D. 抑制

4. 处理人类情绪情感、物体空间关系的大脑两半球分别是（　　）

A. 左半球、右半球　　B. 左半球、左半球　　C. 右半球、左半球　　D. 右半球、右半球

5. 下列选项中，属于第一信号系统的是（　　）（易混）

A. 望梅生津　　B. 谈梅生津　　C. 含梅流涎　　D. 谈虎色变

6. 在人的个性心理倾向中，决定着一个人总的思想倾向的是（　　）

A. 需要与动机　　B. 信念与世界观　　C. 自我意识　　D. 自我价值

7. 下列不属于反射活动的是（　　）（易错）

A. 草履虫的趋利避害反应　　B. 人的手被火烫立即移开

C. 望梅生津　　D. 学生听到铃声进教室上课

二、判断题

1. 注意伴随着各种心理活动，因此注意是一种独立的心理过程。（常考）（　　）

2. 心理过程是在个性心理特征的基础上形成和发展起来的，反过来又影响着个性心理特征的完善与发展。（　　）

3. 人本主义心理学主张以所有人为研究对象，强调人的价值、本性和尊严。（　　）

4. 第二信号系统是指由言语和词形成的条件反射系统。（　　）

真题必刷

一、单项选择题

1. ［洛阳西工区］心理过程包括（　　）

A. 认知过程、情感过程、行为过程　　B. 知觉过程、情感过程、行为过程

C. 感觉过程、知觉过程、意志过程　　D. 认知过程、情感过程、意志过程

2. ［洛阳市直］个性结构中最活跃的因素，决定着人对认识和活动对象的趋向和选择的是（　　）

A. 心理过程　　B. 个性心理倾向性　　C. 个性心理特征　　D. 自我意识

3. ［平顶山市直］神经系统活动的基本形式是（　　）

A. 想象　　B. 记忆　　C. 意识　　D. 反射

4. ［许昌市直］1879年，德国著名心理学家（　　）在德国莱比锡大学创建了世界上第一个心理学实验室，标志着科学心理学的诞生。

A. 冯特　　B. 华生　　C. 詹姆士　　D. 铁钦纳

5. ［郑州上街区］弗洛伊德是（　　）心理学的代表人物。

A. 构造主义　　B. 机能主义　　C. 精神分析　　D. 人本主义

6. ［平顶山郏县］1967年，（　　）出版了《认知心理学》一书，这标志着认知心理学的诞生。

A. 奈塞尔　　B. 皮亚杰　　C. 斯金纳　　D. 杜威

二、多项选择题

1. ［周口沈丘］下列选项中属于认知过程的有（　　）

A. 信念　　B. 感觉　　C. 记忆　　D. 思维

2. ［郑州上街区］下列属于个性心理特征的是（　　）

A. 认知　　B. 能力　　C. 气质　　D. 性格

三、判断题

1. ［信阳浉河区］“谈虎色变”与“谈梅生津”都是第二信号系统条件反射的表现形式。（　　）

2. ［郑州郑东新区］小张因通宵达旦玩游戏，导致第二天工作无精打采，这属于正诱导。（　　）

专题二　认知过程

命题分析

本专题主要以选择题、判断题等形式考查。本专题需要重点掌握的知识包括：

1. 理解并区分社会知觉偏差。
2. 理解并掌握感知觉的一般规律。
3. 理解并识记记忆的分类、遗忘规律、遗忘的原因。
4. 识记表象的定义和分类，理解并区分无意想象与有意想象、再造想象与创造想象。
5. 理解并识记思维的特点、分类、思维的一般过程、创造性思维的培养。
6. 理解并识记注意的特点、注意的分类、注意的功能，重点掌握注意的品质。

基础训练

知识1 感觉与知觉

一、单项选择题

1. 孩子在采摘园看见大草莓时，下面哪项表述最能直接体现知觉活动(　　)(常考)

A. 红色　　B. 好甜的味道
C. 我最喜欢吃草莓了　　D. 好大啊，我一只手都盛不下

2. 感受性与感觉阈限在数值上的关系是(　　)
A. 成正比　　B. 成反比　　C. 呈倒U型曲线　　D. 没有关系

3. 去花店买花时，刚走进花店就闻到一股沁人心脾的香味，闻到香味体现的心理活动是(　　)
A. 感觉　　B. 知觉　　C. 思维　　D. 想象

4. 视觉系统分辨最小物体或物体细节的能力被称为(　　)
A. 视角　　B. 视敏度　　C. 视野　　D. 明适应

5. 痛觉属于(　　)
A. 皮肤感觉　　B. 内部感觉　　C. 知觉　　D. 触压觉

6. 对自己和他人的观点、情绪、思想、动机的认知，以及对社会关系和对集体组织间关系的认知属于(　　)
A. 社会认知　　B. 社会体验　　C. 社会性交往　　D. 人际认知

7. 一首耳熟能详的歌曲不管用什么乐器演奏，人们都能听出来，这是由于(　　)

A. 知觉的选择性　　B. 知觉的理解性
C. 知觉的整体性　　D. 知觉的恒常性

8. 进餐时，味觉可以因食物的颜色、温度而受到影响，这体现的是(　　)的规律。
A. 感觉适应　　B. 感觉对比
C. 不同感觉的相互作用　　D. 不同感觉的相互补偿

9. “以小人之心，度君子之腹”属于(　　)(常考)
A. 晕轮效应　　B. 投射效应　　C. 社会刻板印象　　D. 首因效应

10. 关于错觉的说法正确的是(　　)(易错)
A. 错觉是对客观事物不正确的感觉　　B. 错觉的产生源于个人心理的原因
C. 错觉不存在个体差异　　D. 错觉是可以通过主观努力来纠正的

11. 刚入学的小学生常将字的上下、左右结构写反，这说明学生哪种知觉发展比较差(　　)
A. 时间知觉　　B. 方位知觉　　C. 视知觉　　D. 运动知觉

12. 在注视向一个方向运动的物体之后，如果将注视点转向静止的物体，你会看到静止的物体向相反的方向运动，这是(　　)
A. 诱导运动　　B. 自主运动　　C. 动景运动　　D. 运动后效

13. 生活中所谓的“爱屋及乌”反映的知觉印象是(　　)
A. 首因效应　　B. 晕轮效应　　C. 近因效应　　D. 刻板效应

14. 古诗句“欢娱嫌夜短，寂寞恨更长”描写的心理现象是(　　)
A. 空间错觉　　B. 时间错觉　　C. 运动错觉　　D. 视觉错觉

15. 一杯糖水，只有添加5克糖以上时，小红才能感受到甜度的区别。这种刚刚能使人感到差别的最小差异量称为(　　)
A. 绝对感觉阈限　　B. 绝对感受性　　C. 差别感觉阈限　　D. 差别感受性

16. 美妙的音乐很悦耳，像春风拂过脸颊。这属于(　　)(常考)
A. 知觉　　B. 错觉　　C. 幻觉　　D. 联觉

17. 看见一条大河时，工程师想到的是建造水坝来发电，诗人想到的是写诗歌颂，画家想到的是构思绘画，渔夫则想到的是能捕鱼。看到同一个东西，不同的人想到的不一样，这反映了知觉的(　　)
A. 整体性　　B. 选择性　　C. 理解性　　D. 恒常性

18. 晚上人们仰望满天繁星，可以很容易看到北方排列如勺子一样的七颗星。这是(　　)
A. 知觉的整体性　　B. 知觉的选择性　　C. 知觉的理解性　　D. 知觉的恒常性

19. 从一个暗的地方到有阳光的地方，眼睛会感觉到刺激，但一段时间过后刺激会消失，这种现象属于(　　)
A. 明适应　　B. 暗适应　　C. 联觉　　D. 视觉后像

20. 明适应、暗适应中感受性变化的规律是(　　)
A. 感受性都降低　　B. 感受性都提高
C. 明适应中感受性提高，暗适应中感受性降低　　D. 明适应中感受性降低，暗适应中感受性提高

21. 如果用眼睛注视一朵绿花，约一分钟，然后将视线转向身边的白墙，那么在白墙上将看到一朵红花。这种现象是(　　)
A. 正后像　　B. 负后像　　C. 视觉适应　　D. 感觉对比

22. 盲人的触觉、听觉一般非常灵敏。这说明了感受性的发展具有(　　)
A. 互补性　　B. 个别差异性　　C. 阶段性　　D. 不平衡性

23. 下列哪项不属于知觉恒常性的表现(　　)
A. 大小恒常性　　B. 重量恒常性　　C. 形状恒常性　　D. 颜色恒常性

24. 知觉恒常性受各种因素影响，其中有重要作用的是(　　)线索。

A. 嗅觉　　B. 听觉　　C. 视觉　　D. 触觉

25. 初次与某人交往，当得知他是一名大学教授时，马上断定他很有学问、有修养、性情温和、待人民主。从心理学的观点看，这种现象属于(　　)

A. 首因效应　　B. 晕轮效应

C. 近因效应　　D. 社会刻板效应

26. 吃糖之后再吃药，就觉得药特别苦，而吃完药再吃糖，就会觉得糖特别甜。这是哪一种感觉规律(　　)

A. 感觉适应　　B. 同时对比　　C. 继时对比　　D. 感觉转换

27. 夜空中的月亮是相对静止的，而浮云是运动的。但我们看时，会感觉月亮在动，而云是静止的。这种现象是(　　)

A. 运动后效　　B. 动景运动　　C. 自主运动　　D. 诱导运动

28. 同一个人由于距离远近不同，投射在观察者视网膜上的视像大小可以相差很大，但是我们总是认为他的大小没变，仍按他的实际大小来知觉，这是知觉的(　　)

A. 选择性　　B. 整体性　　C. 理解性　　D. 恒常性

二、多项选择题

1. 以下属于内部感觉的是(　　)(易错)

A. 胃疼　　B. 开车时对自己肢体活动的感觉

C. 坐的时间长了感觉腰疼　　D. 吃了糖之后感觉特别甜

2. 空间知觉包括(　　)

A. 形状知觉　　B. 大小知觉

C. 深度知觉　　D. 方位知觉

3. 下列关于感觉规律的表述，正确的有(　　)

A. 感觉有补偿现象　　B. 感觉适应时感受性下降

C. 感受性与感觉阈限成反比关系　　D. 感觉对比分为同时对比和继时对比

4. “入芝兰之室，久而不闻其香；入鲍鱼之肆，久而不闻其臭。”这种现象在心理学上属于(　　)

A. 感觉适应　　B. 嗅觉适应

C. 嗅觉感受性下降　　D. 嗅觉感受性提高

5. 知觉的基本特征有(　　)

A. 知觉选择性　　B. 知觉理解性

C. 知觉恒常性　　D. 知觉整体性

三、判断题

1. 感觉仅依赖个别感觉器官的活动，而知觉依赖多种感觉器官的联合活动。(　　)

2. 知觉和感觉都只是反映事物的外部特征和外部联系，它们都是人类认识世界的初级形式，都属于认识的感性阶段。(　　)

3. 人们的思想观点和世界观的形成都离不开人们的认识，都需要以一定的感觉为基础。(　　)

4. 心理学研究认为，各种感觉适应现象都能够提高其相应感官的感受性。(　　)

5. 下水游泳，开始感到很凉，在水中待一会儿后就不再觉得凉了。这种现象属于感觉对比中的先后对比。(易错)(　　)

6. 知识经验越丰富，理解就越深刻，对事物的知觉也就越完整、精确。(　　)

7. 知觉的高级形式是观察。(　　)

8. 儿童刚开始学写字的时候，容易把“清”和“请”这样的形近字弄混。其原因是这时期的儿童缺乏观察的精确性。(　　)

四、名词解释

1. 似动现象

2. 晕轮效应

3. 最小可觉差

五、案例分析题

周老师在教学过程中发现，很多学习任务的完成都离不开观察，而学习任务完成质量的高低则与观察力的强弱密切相关。为了提高学生的观察能力，他鼓励学生观察自己饲养的小动物、栽种的植物，带领学生到田间地头、科技馆、动物园做现场观察，引导学生在课堂上观看教学视频……

周老师经常指导学生阅读材料，制订观察计划，设计观察工具，提醒学生别忘了观察目的，及时记下观察的内容、过程和结果，要求学生总结与思考。在学生遇到困难的时候，他耐心与学生讨论交流。

经过师生一个学年的努力，周老师班上的学生都能够做到抓住观察对象的典型特征进行描述，发现别人不易觉察到的细节及其变化，借助推理和思考，从不同角度撰写较为新颖的观察报告，学生的观察能力明显提高。

问题：

(1)什么是观察，什么是观察力？

(2)结合材料谈谈培养学生观察力的基本要求。

(3)根据上述要求，请你对周老师的做法做出评价。

知识2 记忆

一、单项选择题

1. “良言一句三冬暖，恶语伤人六月寒”描述的是（　　）（常考）
A. 形象记忆　B. 逻辑记忆　C. 情绪记忆　D. 动作记忆

2. 很久以前学过的英语单词，一名学生现在写也许写不出来，但是在阅读文章时遇见这些单词却可以再认出来。该学生的这种记忆属于（　　）
A. 内隐记忆　B. 外显记忆　C. 形象记忆　D. 运动记忆

3. 小学生刚学拼音时，容易记住声母表和韵母表的开头和结尾部分，不容易记住中间部分。这表明遗忘受（　　）（常考）
A. 材料数量的影响　B. 材料性质的影响　C. 个人兴趣的影响　D. 材料系列位置的影响

4. 德国心理学家（　　）最早对遗忘进行了实验研究。
A. 冯特　B. 弗洛伊德　C. 罗杰斯　D. 艾宾浩斯

5. 以下描述属于动作记忆的是（　　）
A. 小强对课文内容的记忆　B. 练太极拳的人对伴奏音乐的节奏的记忆
C. 武术运动员对拳术的一招一式的记忆　D. 某人对过去经历的苦难体验的记忆

6. 教师讲新知识之前都要先复习以前学过的知识并通过找到旧知识与新知识之间的联系来帮助学生记忆新知识。这种记忆属于（　　）
A. 机械识记　B. 无意识记　C. 意义识记　D. 有意识记

7. 永久性遗忘是因衰退而引起的（　　）
A. 存储性障碍　B. 提取性障碍　C. 生理性障碍　D. 心理性障碍

8. 人们在游览过“万里长城”后，在头脑中留下了生动的长城形象。这种记忆是（　　）
A. 情绪记忆　B. 形象记忆　C. 动作记忆　D. 情景记忆

9. 艾宾浩斯的“遗忘曲线”表明，遗忘进程是不均衡的，呈（　　）（常考）
A. 正加速　B. 负加速　C. 减速　D. 不变

10. 教师答疑时，能迅速、灵活地提取头脑中的知识，以解决学生当前的问题。这体现的记忆品质是（　　）
A. 准确性　B. 持久性　C. 敏捷性　D. 准备性

11. 对遗忘的原因，一种理论认为，遗忘是记忆痕迹得不到强化而逐渐减弱，以致最后消退的结果，这种理论称为（　　）
A. 干扰理论　B. 压抑理论　C. 提取失败理论　D. 消退理论

12. 由于遗忘进程是先快后慢，所以我们要（　　）
A. 复习方式多样化　B. 及时复习
C. 降低干扰　D. 集中复习和分散复习相结合

13. 对于一个较长系列的材料，中间部分记忆的效果差，两端记忆效果好，这是由于中间部分受到（　　）抑制的干扰。
A. 倒摄　B. 前摄　C. 单一　D. 双重

14. 难度小的材料适合________复习，难度大的材料适合________复习。（　　）
A. 分散　集中　B. 集中　分散　C. 分散　分散　D. 集中　集中

15. 考试时想不起来的知识，一出考场却想了起来。这种遗忘称为（　　）（易混）
A. 干扰抑制　B. 部分遗忘　C. 永久性遗忘　D. 动机性遗忘

16. （　　）认为，遗忘是由于在学习和回忆之间受到其他刺激的干扰。
A. 痕迹衰退说　B. 干扰说　C. 同化说　D. 动机说

17. 学生在考试中运用自己复习过的知识点答题，这属于记忆活动过程中的（　　）（易错）
A. 识记　B. 保持　C. 再认　D. 提取

18. 丽丽花了10分钟背会了一首古诗，接着又继续读了5分钟，这种知识保持的方法属于（　　）
A. 及时复习　B. 使用记忆术
C. 分散复习与集中复习相结合　D. 适当过度学习

19. 学习后立即睡觉，保持的效果往往比学习后继续活动保持的效果更好。这是由于（　　）
A. 过度学习　B. 记忆的恢复现象
C. 无倒摄抑制的影响　D. 无前摄抑制的影响

20. 在记忆一串数字时，往往容易记住最后几位数字。这种现象叫作（　　）
A. 首位效应　B. 近位效应
C. 得寸进尺效应　D. 门面效应

21. 篮球比赛中，对如何组织进攻、传球、上篮的记忆属于（　　）
A. 陈述性记忆　B. 形象记忆　C. 程序性记忆　D. 情绪记忆

22. 幼儿识记“小兔”的图片比识记词更容易，这是因为他们的记忆特点是（　　）
A. 意义记忆占优势　B. 机械记忆占优势
C. 抽象记忆占优势　D. 形象记忆占优势

23. 有时我们明明知道某人姓名中的某个字，可就是想不起来，事后却能回忆起来。这种情况说明（　　）（常考）
A. 很多记忆的失败很可能是编码不准确或缺乏检索线索，而非真正的遗忘
B. 再认是较简单的记忆现象
C. 记忆中的信息由于暂时神经联系泛化的影响，导致不能准确回忆
D. 遗忘是分阶段的

24. 人们感知过的事物，体验过的情感都可能会在人脑中留下痕迹，以后见到的时候能认出来或者不见的时候能回忆起来。这属于（　　）
A. 想象　B. 表象　C. 回忆　D. 记忆

25. 有经验的老师在一节课程中会通过讲解学生感兴趣的故事、谜题或制造悬念来进行导课，这主要是通过（　　）的规律来组织教学。
A. 无意识记　B. 有意识记　C. 机械识记　D. 意义识记

26. 琪琪在背诵语文课文的时候卡壳了，妈妈给她提示了一个字后，她立马流畅地背诵了起来。可以解释这个现象的遗忘理论是（　　）
A. 消退理论　B. 干扰理论　C. 提取失败理论　D. 压抑理论

二、多项选择题

1. 学习、背诵一系列英语单词时，常常很难记住全部的内容。一般来说，遗忘会有如下规律（　　）
   A. 前半小时内忘记的速度最快
   B. 单词表开始部分和最后部分遗忘最多
   C. 因为前摄抑制和倒摄抑制的作用，中间部分单词的记忆效果最差
   D. 当重新学习、背诵这些单词时，要花费较多的时间
2. 下列关于记忆恢复的说法正确的有（　　）
   A. 儿童比成人更普遍　　B. 学习难度大的材料更容易出现
   C. 学习得不够熟练的材料更容易发生　　D. 学习得熟练的材料更易发生
3. 下列哪些理论是对遗忘的解释（　　）（常考）
   A. 痕迹衰退说　B. 压抑说　C. 干扰说　D. 同化说
4. 学生小王总是在快要考试时才会花很多时间看书，平时几乎从不花时间复习老师的课堂教学内容。在复习时，小王常常是课本上有什么内容就看什么内容，什么内容在前就先看什么内容，什么内容在后就后看什么内容，他的学习成绩一直不理想。作为老师，你怎样建议小王进行复习（　　）
   A. 复习要及时
   B. 复习方法要多样化
   C. 适当超额学习
   D. 复习时要对学过的知识进一步加工，使之条理化、系统化，形成知识网络
5. 小学生记忆发展的特点为（　　）
   A. 有意记忆明显增强　　B. 意义记忆迅速发展
   C. 机械记忆逐渐消失　　D. 抽象逻辑记忆水平逐步提高
6. 关于“记忆”的说法，正确的是（　　）
   A. 记忆过程包括识记、再现、回忆三个环节
   B. 从信息加工的角度看，记忆过程是对输入信息的编码、存储和加工的过程
   C. 根据加工与存储的内容不同，可将记忆分为陈述性记忆和程序性记忆
   D. 根据内容和经验的对象的不同，可将记忆分为形象记忆、情景记忆、语词逻辑记忆、情绪记忆和动作记忆
7. 我们在课堂上通过语言传授可以学习各种课本知识和日常生活常识，并能在以后的生活中加以运用。这种对知识的记忆是（　　）
   A. 语义记忆　B. 情景记忆　C. 陈述性记忆　D. 程序性记忆
8. 下列表述中，运用了无意识记的有（　　）
   A. 兰兰发现一个学期结束后记住了老师的口头禅
   B. 华华通过谐音法记忆单词
   C. 悦悦放学回家必经之处——某火锅店，一直循环播放《成都》，久而久之她就会唱了
   D. 嘉嘉使用朗读法背诵现代诗

三、判断题

1. 记忆过程包括识记、保持、再认或回忆。（　　）
2. 机械记忆是一种无用的记忆。（　　）
3. 从信息加工的角度来看，记忆过程就是对输入信息的编码、储存和提取的过程。（　　）
4. 社会环境中的各种影响往往会通过有意识记而被个体“潜移默化”地接受。（　　）
5. 过度学习不是无限度的，一般来说，学习程度以150%为佳，超过150%，会因为学习疲劳而发生“报酬递减”现象。（　　）
6. 痕迹衰退说是一种对遗忘原因的最古老的解释。按照这种理论，遗忘是由记忆痕迹衰退引起的，衰退随时间的推移自动发生。它起源于亚里士多德，由艾宾浩斯进一步发展。（　　）
7. 小学低年级儿童机械识记的效果好于意义识记的效果。（　　）
8. 对语法规则、公式符号、法律条文等知识的记忆属于形象记忆。（常考）（　　）
9. 对识记的材料不能再认或回忆，以及错误的再认或回忆称之为遗忘。（　　）

四、简答题

如何依据记忆规律合理安排和组织教学？（常考）

五、论述题

试述影响遗忘的因素以及防止遗忘的方法。（常考）

六、案例分析题

教学生识字有很多技巧，有一位教师告诉学生如何区别“买卖”两个字时说：“多了就卖，少了就买。”学生很快记住了这两个字。还有的学生把“干燥”写成“干躁”，把“急躁”写成“急燥”，老师就教学生记住：“干燥防失火，急躁必跺足。”从此以后，学生对这两个字再也不混淆了。

这些教法有何心理学依据？

知识3 想象与思维

一、单项选择题

1. 对某一件物品感知后在头脑中留下的具体形象属于( )
A. 个别表象　B. 一般表象　C. 遗觉表象　D. 想象表象

2. 当学生谈到自己的某位老师时，老师的音容笑貌会浮现在脑海中的心理现象属于( )
A. 想象　B. 联想　C. 表象　D. 回忆

3. 人们看见天上的浮云，就会想象出各种动物的形象。这是( )
A. 幻想　B. 创造想象　C. 再造想象　D. 无意想象

4. 曹雪芹先生写《红楼梦》的时候，想象出林黛玉和薛宝钗等众多人物的形象。这个过程体现的想象是( )
A. 再造想象　B. 科学幻想　C. 无意想象　D. 创造想象

5. 小田在写“最难忘的一件事”这篇记叙文之前，会在头脑中构思他要描述的场景。这属于( )
A. 无意想象　B. 有意想象　C. 再造想象　D. 幻想

6. 学生在读《山居秋暝》时脑海中浮现出一幅山水画，该学生运用了( )(常考)
A. 再造想象　B. 创造想象　C. 幻想　D. 空想

7. 神话中孙悟空的形象运用的想象加工方式是( )(易混)
A. 黏合　B. 夸张　C. 拟人化　D. 典型化

8.《格列佛游记》中的大人国、小人国的形象属于想象的( )加工方式。
A. 黏合　B. 夸张　C. 拟人化　D. 典型化

9. 借助于想象我们可以“思接千载，视通万里”“精骛八极，心游万仞”。这体现了想象的( )
A. 预见功能　B. 补充功能　C. 替代功能　D. 调节功能

10. 一种与生活愿望相结合并指向于未来的想象叫作( )
A. 表象　B. 联想　C. 做梦　D. 幻想

11. “足智多谋，随机应变”是思维的( )品质。(易混)
A. 敏捷性　B. 广阔性　C. 深刻性　D. 灵活性

12. 一年级小学生在计算时，需借助头脑中的小棒等实物表象才能完成计算任务，这说明他的思维类型是( )
A. 动作思维　B. 形象思维　C. 抽象思维　D. 发散思维

13. 幼儿园学生爱听童话故事，小学生爱听英雄模范故事，这体现了想象发展的( )
A. 现实性　B. 有意性　C. 创造性　D. 概括性

14. 具有情境性、反应性、简略性特点的是( )
A. 书面言语　B. 独白言语　C. 对话言语　D. 内部言语

15. ( )言语是言语发展的高级阶段。
A. 口头　B. 方言　C. 阅读　D. 书面

16. 学生在学习过程中敢于对教师提出质疑，勇于向权威挑战，这反映了学生的思维具有( )
A. 深刻性　B. 灵活性　C. 敏捷性　D. 批判性

17. 医生根据病人的体温、血压、心电图等检查资料确诊病情，这属于思维的( )(常考)
A. 间接性　B. 概括性　C. 预见性　D. 抽象性

18. 我们到一个地方去办事，会事先在头脑中想出可能到达的道路，经过分析与比较，最后选择一条短而方便的路。这样的思维是( )(易混)
A. 直观动作思维　B. 具体形象思维　C. 抽象逻辑思维　D. 直觉思维

19. 小红证明命题和定理时，需要将数字符号和概念组合起来运用。这是( )
A. 直观动作思维　B. 具体形象思维　C. 抽象逻辑思维　D. 感知运动思维

20. 有的人在做决定时很容易受到别人的影响，这是思维缺乏( )的表现。
A. 敏捷性　B. 独立性　C. 批判性　D. 深刻性

21. 思维的( )是思维品质的中心环节，是所有思维品质的集中体现。
A. 逻辑性与严谨性　B. 独立性与批判性　C. 灵活性与敏捷性　D. 广阔性与深刻性

22. 让学生以某件物品的用途为扩散点，尽可能多地设想它的用途，这是( )
A. 集中思维训练　B. 推测与假设训练　C. 自我设计训练　D. 发散思维训练

23. 初一(3)班很多同学做数学应用题时，考查单一知识点的题目都能做对，但是考查两个以上知识点交叉的题目时就不会做了。这些同学应该在下列哪一个思维环节上进行强化( )
A. 概括与抽象　B. 分类与比较　C. 综合与分析　D. 系统化与具体化

24. 学生在头脑中确定各种事物之间的异同的思维过程是( )
A. 比较　B. 分析　C. 综合　D. 抽象

25. 只考虑事物属性的相似性，忽略与其他属性之间的差异性。这指的是思维过程中的( )阶段。(易错)
A. 抽象化　B. 辨别　C. 类化　D. 同化

26. 聊天、辩论、讨论等言语活动属于( )
A. 独白言语　B. 书面言语　C. 内部言语　D. 对话言语

27. 通过集体讨论，使思维相互撞击，迸出火花，达到集思广益的效果。这属于( )
A. 头脑风暴法　B. 发散思维训练　C. 自我设计训练　D. 推测与假设训练

28. 在个体发展过程中，思维发展的顺序为( )
A. 具体形象思维、直观动作思维、抽象逻辑思维
B. 直观动作思维、具体形象思维、抽象逻辑思维
C. 抽象逻辑思维、具体形象思维、直观动作思维
D. 具体形象思维、抽象逻辑思维、直观动作思维

29. 通常认为“太阳从东边升起，往西边落下”。这属于( )
A. 抽象思维　B. 经验思维　C. 理论思维　D. 直观动作思维

30. 创造性思维的核心是( )(常考)
A. 发散思维　B. 聚合思维　C. 分析思维　D. 直觉思维

31. 幼儿利用掰手指来数数，动作停止，他们的思维也就停止了。幼儿这种依赖实际动作的思维被称为( )
A. 创造表象思维　B. 直观动作思维　C. 具体形象思维　D. 抽象逻辑思维

32. 根据我国心理科学工作者的研究确定，小学儿童思维由具体形象思维到抽象逻辑思维这一思维发展过程中的“飞跃”或“质变”的关键期为(　　)

A. 6～11岁　B. 7、8～11岁　C. 9～11岁　D. 10～11岁

33. 初中阶段的学生在思考、分析问题时容易钻牛角尖，甚至陷入其中难以自拔。这说明初中生的思维具有(　　)

A. 片面性　B. 表面性　C. 深刻性　D. 广阔性

34. “灯是照明工具。”这种认识反映了思维的(　　)

A. 概括性　B. 想象性　C. 间接性　D. 直觉性

二、多项选择题

1. 下列属于表象基本特征的是(　　)

A. 直观性　B. 概括性　C. 整体性　D. 可操作性

2. 下列属于再造想象的是(　　)

A. 樱桃小嘴　B. 白日做梦

C. 发明家设计将要发明的工具　D. 根据描写，头脑中呈现阿Q形象

3. 想象是创新的心理基础，想象可分为有意想象和无意想象。下列情况中属于无意想象的是(　　)

A. 新建房屋装修前对房间整体布置进行的想象

B. 把天上飘动的白云不由自主地想象成羊群或山峰

C. 学生上课走神，常常出现“白日梦”

D. 睡觉时的梦境

4. 下列选项中，属于幻想的有(　　)(易混)

A. 有个小学生将来想成为科学家　B. 庄周梦蝶

C. 夜晚注视天空中的星星久了，觉得星星在动　D. 守株待兔

5. 书面言语具有(　　)的特点。(易混)

A. 随意性　B. 展开性　C. 反应性　D. 计划性

6. 下列属于思维的品质的是(　　)

A. 广阔性与深刻性　B. 独立性与批判性

C. 灵活性与敏捷性　D. 间接性与概括性

7. 创造性思维的三个主要特点是(　　)(常考)

A. 独创性　B. 流畅性　C. 敏捷性　D. 变通性

8. 运用头脑风暴法训练学生的思维所应遵循的原则有哪些(　　)

A. 让参与者畅所欲言，对所提出的方案暂不做评价或判断

B. 鼓励标新立异、与众不同的观点

C. 以获得方案的数量而非质量为目的

D. 鼓励提出改进意见或补充意见

9. 思维是客观事物在人脑中概括的和间接的反映。思维的基本形式包括(　　)

A. 概念　B. 判断　C. 推理　D. 比较

三、判断题

1. 表象是事物不在面前时，人们在头脑中出现的关于事物的形象。(　　)

2. 考试中，从多种答案中选择出一个正确答案；工作中，从多种方案中选取一种最佳方案；依据许多资料归纳出一个正确结论等都是运用了聚合思维。(　　)

3. 幻想是一种不切实际、不能实现的空想，因而它是消极的。(　　)

4. 内部言语具有隐蔽性和完整性。(易错)(　　)

5. 定势会束缚人的思维，对于培养思维品质很不利。(　　)

6. 头脑风暴法是一种集体激励策略。(　　)

四、简答题

1. 简述再造想象产生的条件。

2. 简述创造想象产生的条件。

3. 如何培养学生良好的思维品质？

五、论述题

1. 联系教学实际，试述如何培养学生的创造性想象。(常考)

2. 联系实际试述教师如何帮助学生掌握概念。

3. 如何培养学生的创造性思维能力？(常考)

知识4 注意

一、单项选择题

1. 学生在课堂上一边听讲,一边记笔记;司机驾驶汽车时手扶方向盘,同时脚踩油门,眼睛还能注意路标和行人。上述现象体现的注意品质是( )(常考)

A. 注意的选择　B. 注意的转移　C. 注意的稳定性　D. 注意的分配

2. 熟练地骑车、打毛衣是( )

A. 有意注意　B. 有意后注意　C. 无意注意　D. 不随意注意

3. 一般情况下,一个人对活动的目的、任务的重要意义理解得越清楚、越深刻,对完成任务的愿望越强烈,与完成任务有关的一切事物也就越能引起和保持其( )

A. 无意注意　B. 有意注意　C. 有意后注意　D. 无意后注意

4. "侧耳倾听""举目凝视""屏息"等现象反映了注意的( )

A. 转移　B. 广度　C. 内部状态　D. 外部表现

5. "鹤立鸡群"中的"鹤"容易引起人们的无意注意,这说明人的无意注意容易受到( )

A. 刺激物的强度的影响　B. 刺激物的对比关系的影响

C. 刺激物的运动变化的影响　D. 刺激物的新异性的影响

6. 根据无意注意规律,在教学过程中,教师要成为发挥无意注意积极作用的组织者,避免它的消极因素起作用。下列做法错误的是( )

A. 创设良好的教学环境　B. 精心组织教学内容

C. 采用启发式的教与学的方法　D. 装饰美化教室的布置

7. 学生新接触一个知识领域,觉得"万事开头难"的原因是未进行( )

A. 注意转移　B. 注意分配　C. 注意跳跃　D. 注意调节

8. 教师讲课时,一位学生一会儿听教师讲,一会儿翻书,一会儿在本上写什么。你认为这位学生这时的注意状态是( )(易错)

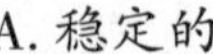

A. 稳定的　B. 分配的　C. 转移的　D. 分散的

9. 针对课堂上开小差的同学,教师故意把讲课音量突然提高。这是为了引起他们的( )(常考)

A. 有意注意　B. 无意注意　C. 有意后注意　D. 无意后注意

10. 当个体专注于某一对象时,视听感觉器官会产生周期性地加强和减弱的变化。这种现象心理学中称之为( )(易错)

A. 注意的分配　B. 注意的起伏　C. 注意的稳定　D. 注意的转移

11. 我们通常能够同时做几件事情,可以一边骑自行车一边欣赏路边的风景,可以一边看电视一边织毛衣,下列理论中可以解释这种现象的是( )

A. 衰减理论　B. 多阶段选择理论　C. 认知资源理论　D. 双加工理论

12. 在中小学生的注意发展中,小学低年级学生的( )占主导地位。

A. 随意后注意　B. 不随意注意　C. 随意注意　D. 无目的注意

13. 夜空中划过的流星,容易引起我们的无意注意。引起这种注意的原因是( )

A. 刺激物的活动与变化　B. 刺激物的复杂性

C. 刺激物的强度　D. 刺激物的对比关系

14. "一目十行"反映的是注意的哪个品质( )

A. 注意的广度　B. 注意的稳定性

C. 注意的分配　D. 注意的转移

15. 人们在初学古典文学时,困难很大,也毫无兴趣,但为了需要不得不集中注意去学习。这时的注意是( )

A. 有意注意　B. 无意注意　C. 外显注意　D. 内隐注意

16. 后期选择理论认为,所有的选择注意都发生在信息加工的( ),过滤器位于知觉和工作记忆之间,注意的选择以知觉的强度和意义为转移。

A. 早期　B. 中期　C. 后期　D. 中后期

17. 小学生在正常条件下,一节课的有效注意时间为( ),所以小学的教学多采用综合课的方式进行。

A. 5～10分钟　B. 10～15分钟　C. 10～20分钟　D. 10～30分钟

二、多项选择题

1. 人类的注意有多种类型,按照注意的目的性和意志的努力程度,注意可以分为( )

A. 有意注意　B. 无意注意　C. 有意后注意　D. 无意后注意

2. 下列选项中反映注意分配的有( )

A. 边听讲边做笔记　B. 吃完饭后看书

C. 自弹自唱　D. 跑步后学习

3. 下列选项中,教师的行为属于正确应用无意注意规律的是( )

A. 走到安静的教室门口时,故意使劲地咳嗽两声

B. 发现学生注意力不集中时,故意把音量提高

C. 利用彩色粉笔把黑板边缘装饰得格外的醒目

D. 教师突然中断讲课,引起分心学生的注意

4. 在教学中教师要善于运用无意注意的规律组织教学,提高课堂效率。具体应该做到( )

A. 教学环境的布置应有利于集中学生注意力,防止分散注意

B. 教师教学方法丰富,有吸引力,防止单调死板

C. 明确本堂课教学的目的任务

D. 创设"问题情境"

5. 以下关于注意的说法,不正确的是( )

A. 要避免学生在课堂上产生无意注意　B. 长时间的有意注意容易产生疲劳

C. 有意后注意不应在课堂中出现　D. 有意注意也可以是没有目的的注意

三、判断题

1. "两耳不闻窗外事,一心只读圣贤书",这体现了注意具有指向性。( )

2. 有意注意是注意的高级形式,是一种积极主动、服从于当前活动任务需要的注意。( )

3. 直接兴趣是引起有意注意的重要原因。( )

4. 注意的稳定性是注意品质在效率上的特征。( )

5. 小学生的有意注意不断发展,但无意注意仍起着作用。( )

四、简答题

1. 简述引起无意注意的条件。

2. 如何培养学生的有意注意?

五、案例分析题

今天是李老师第一次上公共课,她穿着漂亮、艳丽的新衣服来到教室,用早已准备好的彩色粉笔把黑板边缘装饰得格外醒目。开始上课了,李老师显得镇定自若,她先宣布了期中考试的成绩,并鼓励大家再接再厉。在正式讲课中,李老师言语平静、流畅,由于准备的内容十分丰富,她便加快了讲课的速度。正当李老师专心致志地讲课时,偶然发现有个别同学在开小差,她立即点名批评,制止了这种不良行为,然后继续上课。一节课很快地过去了,李老师从容地走出了教室。

(1)请运用所学的无意注意规律分析李老师的哪些做法欠妥。

(2)试述教学中应如何运用无意注意规律,提高教学效果。

整合提升

一、单项选择题

1. 下列现象属于感觉适应的是(　　)

A. 秀色可餐　B. 月明星稀　C. 红花还需绿叶配　D. 入芝兰之室,久而不闻其香

2. 学生对学习弹钢琴不感兴趣,但被要求学习一段时间后,对钢琴产生兴趣,能专心致志地学习了,这种专心致志是一种(　　)(易错)

A. 有意注意　B. 无意注意　C. 有意后注意　D. 共同注意

3. 倾向于对整个问题进行内隐的感知领悟的思维形式是(　　)

A. 直觉思维　B. 逻辑思维　C. 形象思维　D. 辐射思维

4. 物理教师认为数学学习成绩好的学生物理学得一定好,并在日常教学中更加关注和赞许这类学生。该教师的看法属于(　　)(常考)

A. 刻板印象　B. 认知失调　C. 扇贝效应　D. 从众心理

5. 教师在课堂上让学生做笔记,并做些小实验,其效果比教师自始至终地讲解要好,这种引起和保持有意注意的方法属于(　　)

A. 克服干扰　B. 培养间接兴趣　C. 合理组织活动　D. 加深对活动目的、任务的理解

6. 小学低年级儿童没有经过训练,观察事物凌乱、缺乏系统性。这说明(　　)

A. 小学低年级儿童观察的顺序性差　B. 小学低年级儿童观察的目的性差　C. 小学低年级儿童观察的精确性差　D. 小学低年级儿童观察的判断力差

7. 快速旋转的车轮或风扇在某个速度上会让人产生反转知觉。这种心理现象属于(　　)

A. 运动后效　B. 自主运动　C. 诱导运动　D. 动景运动

8. 根据艾宾浩斯的遗忘曲线,下列表述不正确的是(　　)

A. 个体对初次识记的无意义材料进行复习的时间应在识记后1个小时内
B. 与遗忘进行斗争的首要条件是组织识记后的复习
C. 没有复述的信息是不可能进入长时记忆的
D. 复习难度大的材料时应集中复习

9. 昨天学习了"interest",今天学习"interesting"的时候会学得特别快。这是由于受到了(　　)

A. 前摄促进　B. 后摄促进　C. 前摄抑制　D. 后摄抑制

10. 下面活动中没有用到内隐记忆的是(　　)

A. 系鞋带　B. 用筷子夹菜　C. 熟练书法　D. 记忆电影情节

11. "看见一棵树被一幢房屋挡住,只露出一部分树枝和树叶,那么房屋肯定离我们更近。"这属于空间知觉中的(　　)(易混)

A. 大小知觉　B. 形状知觉　C. 深度知觉　D. 方位知觉

12. 一件白衬衫在灯光昏暗的房间里和在阳光明媚的户外亮度不同,但是人们仍然将其知觉为白衬衫。这种知觉特性是(　　)

A. 整体性　B. 选择性　C. 理解性　D. 恒常性

13. "利用红色可以做什么"属于发散思维训练方法中的(　　)(易混)

A. 用途扩散　B. 结构扩散　C. 方法扩散　D. 形态扩散

14. 在阅读中遇到生词时,教师一般要求学生联系上下文猜测词义,而不是急于查字典。这体现了知觉的(　　)

A. 整体性　B. 理解性　C. 选择性　D. 恒常性

15. 下列关于思维间接性表现的表述,错误的是(　　)

A. 对根本不能直接感知的事物加以反映
B. 在对现实事物认知的基础上,做出某种预见
C. 从部分事物的联系中,找出普遍的、必然的联系
D. 对不在眼前,没有直接作用于感官的事物加以反映

16. 教师在讲课时能"左右逢源",这体现了教师思维的(　　)

A. 流畅性　B. 广阔性　C. 变通性　D. 深刻性

17. 在概念学习中,引发认知冲突及其解决的过程实质是为了实现(　　)

A. 概念转变　B. 概念形成　C. 概念同化　D. 概念整合

18. 学生根据爬行动物的关键特征,来判断某些动物是不是爬行动物的过程是(　　)
A. 抽象化　B. 概括化　C. 归纳化　D. 辨别

19. 下列选项中,说明了语义记忆和情景记忆的区别的是(　　)
A. 记住“psychology”的中文意思和记住“psychology”这个单词怎么拼写
B. 记得自己五年级的班主任名字和记得怎样选择聊天软件
C. 记住“孺子”的意思和记得前年校庆晚会上教师合唱节目
D. 记得怎样使用PPT制作多媒体课件和记得曾经教过哪些学生

20. 艾宾浩斯研究遗忘的方法是(　　)
A. 学习法　B. 重复法　C. 干扰法　D. 节省法

21. 小明在学习了哺乳动物都是胎生的,虎是哺乳动物这些概念后,得出虎是胎生的这一判断。小明的这种思维形式是(　　)
A. 抽象概念　B. 关系判断　C. 归纳推理　D. 演绎推理

22. 电影使一系列静止的画面连贯起来,前一幅画面的印象还没消失,下一幅画面又出现在视觉中,使观众在银幕上看到活动的人物、车辆等场景,这是利用了(　　)
A. 后像的作用　B. 适应的作用　C. 对比的作用　D. 联觉的作用

23. 即兴回答能调动学生的(　　)
A. 聚合思维　B. 发散思维　C. 常规思维　D. 直觉思维

24. 上课的时候,听着听着就走神了,脑子不知道飞到哪里去了,可能还想着昨天晚上看的一部电视剧。这种意识状态被称为(　　)
A. 可控制的意识状态　B. 自动化的意识状态
C. 白日梦状态　D. 睡眠状态

25. 儿童早期学习汉字时,对汉字字形、结构、正误的注意,属于(　　)
A. 有意注意　B. 无意注意　C. 有意后注意　D. 不随意注意

26. 对词句中的某些笔误及顺序的颠倒往往不易察觉,是因为(　　)的作用。
A. 知觉的整体性　B. 知觉的理解性　C. 知觉的恒常性　D. 知觉的选择性

27. 小学生在日常生活中已经能分辨“你、我、他”“上、下、左、右”等概念。这些概念一般是通过(　　)获得的。(易错)
A. 概念形成　B. 接受学习　C. 概念同化　D. 学校系统教学

28. 司机利用工具检查、修理出故障的卡车发动机,其思维类型是(　　)(常考)
A. 直观动作思维　B. 具体形象思维　C. 抽象逻辑思维　D. 常规性思维

29. 某班学生随着教师知识呈现的进程加快,形成了本节课的知识结构,提高了学习效率。这体现了教师在教学过程中要注重知觉的(　　)(易混)
A. 恒常性　B. 选择性　C. 整体性　D. 理解性

30. 汉代董仲舒“目不窥园”的事例,典型地表现了(　　)
A. 注意的集中性　B. 注意的指向性　C. 注意的转移　D. 注意的分配

31. 在记忆事物时,有的人可以过目不忘,而有的人则久难成诵。这种现象显示的记忆特征是(　　)
A. 记忆的敏捷性　B. 记忆的持久性　C. 记忆的准确性　D. 记忆的准备性

32. 小学生在解答应用题时,推理的间接性不断加强,并能不断掌握运算法则,把握事物数量变化的规律性。这说明小学生思维发展具有(　　)
A. 敏捷性　B. 深刻性　C. 灵活性　D. 独创性

33. 作家、诗人、画家、演员大多善于识记图形、颜色、声音,情绪感知性强。从思维类型上说,他们都属于(　　)
A. 中间型　B. 思维型　C. 艺术型　D. 整体型

34. 章回小说总是在情节精彩、紧张或关键处突然停止,“欲知后事如何,且听下回分解。”这说明(　　)是引起注意的重要条件。
A. 知识经验　B. 期待　C. 身心状态　D. 刺激强度

35. 有人思想很深刻,但经常感到表达出来很困难,这是因为内部言语的(　　)造成了由深层结构向表层结构转化的困难。
A. 隐蔽性　B. 简略性　C. 快速性　D. 展开性

二、多项选择题

1. 下列做法中,目的是加强无意注意的是(　　)
A. 南极考察队员的鲜红羽绒服　B. 士兵的迷彩服
C. 晚上商店门口的霓虹灯　D. 红白相间的标志

2. 在教学过程中有效集中学生注意力的方法有(　　)
A. 多运用启发式、参与式的教学手段,让学生对学习内容感兴趣
B. 用尽可能多的教具、仪器、设备,避免单调死板
C. 进行注意力训练,帮助学生提高自我监控的能力
D. 提高学生对学习目的和意义的认识,加强对学生注意力的训练

3. 以注意是一个容量有限的通道作为理论假设的注意理论有(　　)
A. 过滤器理论　B. 衰减理论　C. 后期选择理论　D. 认知资源理论

4. 教师在检查学生知识的掌握情况时,其试卷不单纯用选择题和判断题,更常常求助于填空、问答等题型。原因有(　　)
A. 选择和判断主要通过再认解答
B. 填空、问答主要通过重现来解答
C. 再认和重现的水平不同,人的再认记忆优于重现记忆
D. 能再认的不一定能重现

5. 下列运用抽象逻辑思维的有(　　)
A. 做数学几何题时画辅助线　B. 学习科学文化知识
C. 科学家进行科学推理　D. 幼儿掰手指数数

6. 想象与表象的区别在于(　　)
A. 想象是对已有的表象进行加工改造,创造出新形象的思维过程
B. 表象是过去感知过的事物的形象在头脑中的再现
C. 表象并没有创造出新的形象,因此它属于记忆的范畴
D. 想象是新形象的创造,所以属于思维的范畴

7. 某老师在进行《赠汪伦》这首诗的教学时，首先引导学生借助想象，在脑海里形成主题画面，再带领学生吟诵，配上离别的音乐，加上适当的动作，帮助学生与作者产生情感共鸣。对此，下列说法正确的是(　　)

A. 学生进行的想象是再造想象　　B. 吟诵的场景可作为记忆提取的线索

C. 多重编码的方法促进了学生对知识的记忆　　D. 形成诗词的画面增强了学生的形象记忆

8. "鹤立鸡群"现象反映的是(　　)

A. 感觉对比　　B. 无意注意　　C. 注意的选择性　　D. 兴趣

9. 在实际教学中，学生往往由于理解偏差或遗忘而形成错误的概念，为了帮助学生有效地掌握概念，纠正错误概念，下列做法中可行的有(　　)

A. 以精准的语言揭示概念的本质　　B. 恰当运用正例与反例，多用变式和比较

C. 洞察学生的原有概念，引发认知冲突　　D. 鼓励学生交流讨论

10. 在上课时，如果课程内容丰富，老师讲课生动有趣，我们会觉得时间过得非常快；反之，如果课程内容单调，老师讲得枯燥乏味时，我们会觉得时间过得非常慢。产生这种现象的原因是(　　)

A. 在一定时间内，事件发生的数量越多，性质越复杂，人们倾向于把时间估计得较短

B. 在一定时间内，事件发生的数量越少，性质越简单，人们倾向于把时间估计得较长

C. 对自己感兴趣的东西以及能引起积极情绪体验的东西，人们倾向于把时间估计得较长

D. 在期待某种事物的时候，人们会把时间估计得较短

三、判断题

1. 小学生想象概括性的发展表现为想象所凭借的依托物由实物向词语演变。(　　)
2. 记忆的保持量只会减少，不会增加。(　　)
3. 表象的形象比知觉的形象清晰、不稳定。(　　)
4. 教师先让学生了解麻雀，燕子的特征，并从上述例子中提炼鸟的特征，然后得出鸟的概念，这体现了概念获得过程。(　　)
5. 采用反复阅读与试图回忆相结合的方式比采用单纯的反复阅读方式的复习效果要好。(　　)
6. 辨别汉字的偏旁部首和结构的知觉类型是空间知觉。(　　)
7. 让学生根据文章标题，猜测文中具体内容，这进行的创造性训练方法是自我设计训练。(　　)

四、简答题

1. 简述影响知觉整体性的因素。

2. 简述维持有意注意的条件。

3. 联系实际简述教师如何帮助学生转变错误概念。

五、论述题

试述注意规律在教学中的运用。

六、案例分析题

1. 小叶同学经常"眉头一皱，计上心来"，他不仅深思好学，触类旁通，有独立见解，还能透过现象看本质；喜欢打破砂锅问到底，是班上名副其实的"智多星"。数学课上，当问题与条件发生变化时，他总能打破常规，想出新办法；解决问题当机立断，毫不犹豫。对此梁老师也十分赏识，决定在数学课上采取新举措。首先，在班上开展课前讲故事活动，提高学生的言语表达能力和对数学题意的理解力。苹果落地现象是人们司空见惯的，但牛顿却在此基础上提出了万有引力定律；伽利略敢于质疑和挑战权威，通过在比萨斜塔上同时抛下两个大小不同的铁球实验，指出铁球同时落地才是真知。当学生讲到此类故事时，梁老师就及时倡议学生给课本挑刺，要"吾爱吾师，吾更爱真理"，要敢于说"老师，我反对"，对敢于挑毛病的学生给予奖励。其次，在课堂教学中，梁老师设置问题情境，激励学生独立发现问题，提出问题，老师不急于回答，鼓励学生运用已有知识经验去思考如何解决问题。老师给予一定的启发，让学生自己寻找答案，并鼓励学生一题多解。通过梁老师的指导和训练，小叶同学的思维品质更完善。他不仅敢于质疑，而且善于创新求异。初三毕业时，他成了小发明家，觉得自己离创新梦工厂越来越近了。

(1)结合案例分析小叶同学具有的思维品质。

(2)结合案例中梁老师的做法，阐述如何培养学生的思维品质。

2. 黎老师是一名小学语文教师，担任小学一年级的语文教学工作。黎老师任教的班上有位男生小豪，上课总是注意力不集中，经常东张西望、做小动作，如玩尺子、铅笔、橡皮。黎老师多次在课堂上提醒教育他要遵守课堂纪律，他也不听，有时还跟其他同学说话，影响了其他同学听课。一次，小豪在课堂上与同学聊天聊得正起劲，黎老师一怒之下罚小豪把这堂课教的生词抄写200遍。但罚抄后，小豪依然没有改进。黎老师在家长会后也单独向其家长反映过，他的妈妈说他在家也是这样，除了看电视和看漫画比较能集中注意力，做其他事情都特别容易分心，做作业也分心，对此也感到很头疼。

(1)结合案例和所学知识，试分析小豪上课注意力不集中的主要原因。

(2)如果你是黎老师，你会如何帮助小豪克服注意力不集中的问题。

3. 老师:同学们请说出老师手上拿的是什么图形(依次呈现各色纸片图片)

学生:直角三角形、锐角三角形……

老师:OK,我们来做个拼角的游戏,把三角形三个角拼在一起会有个特殊现象,看谁能发现?(同学们跃跃欲试,老师分发三角形,每人一个)

老师:请同学们跟随老师的示范一起折纸。(当学生代表把各种结果展示在黑板上时)

学生甲:(迅速)都是直线(其他同学也陆续说出相同答案)。

老师:这说明什么问题?请同学们用量角器量自己手上三角形三个内角的度数并相加,然后报告得数。

学生乙:179度。

学生丙:181度。

学生(多数):180度。

老师:为什么多数同学是180度,个别同学会有一点偏差呢?应该是由于度量三个角的时候,观察角度不够准确,稍微有些误差,实际上都是180度,也就是平角。

老师(总结):今天大家通过折纸游戏发现,任意一个三角形的三个角都能拼成一条直线,这太棒了!又通过测量验证,理解掌握了"三角形的内角和等于180度"这个重要理论,同学们要把它牢牢记住,它对我们今后学习其他知识很关键。

从影响识记因素的角度,结合案例分析该老师合理组织识记的做法。

真题必刷

一、单项选择题

1. [洛阳嵩县]"月明星稀"反映的心理现象是(　　)

A. 错觉　B. 联觉　C. 感觉补偿　D. 感觉对比

2. [平顶山市直]"六个核桃"是一个知名饮料品牌,有不法分子为了傍名牌制造了一些名为"六大核桃""六瓶核桃"等同类产品以假乱真,许多消费者因此上当受骗。不法分子傍名牌产品以假乱真,是利用了知觉的(　　)

A. 整体性　B. 选择性　C. 理解性　D. 多变性

3. [郑州惠济区]教师批改作业时多采用红笔标注,这体现的知觉特征是(　　)

A. 知觉的整体性　B. 知觉的恒常性　C. 知觉的选择性　D. 知觉的理解性

4. [安阳滑县]上课时老师让同学们回忆在校园里发生的最难忘的一件事,然后分享给大家,这种回忆属于(　　)

A. 情景记忆　B. 形象记忆　C. 情绪记忆　D. 语义记忆

5. [郑州登封]某学生读了6遍材料刚好记住,按照适当过度学习的要求,他共需要读(　　)遍,才能达到最佳记忆效果。

A. 2　B. 3　C. 6　D. 9

6. [郑州二七区]小王同学在阅读《水浒传》时,脑海中浮现出鲁智深的形象。这种想象属于(　　)

A. 再造想象　B. 创造想象　C. 自主想象　D. 无意想象

7. [信阳罗山]王老师在给同学们总结鸽子、老鹰、鸡、鸭共同的、本质的特征时,在黑板上写道:"有羽毛""是动物",舍弃了那些"会不会飞""颜色""大小"等非本质特征,这实际上是(　　)的过程。

A. 抽象　B. 概括　C. 分类　D. 综合

8. [郑州二七区]老师正激情澎湃地上课,某位同学听到隔壁建筑工地的声音不由自主地张望。这种注意被称为(　　)

A. 随意注意　B. 有意后注意　C. 有意注意　D. 无意注意

9. [郑州惠济区]注意转移是指一个人能够主动地、有目的地及时将注意从一个对象或者活动调整到另一个对象或者活动。根据上述定义,下列属于注意转移的是(　　)

A. 小明一边跑步,一边回忆今天上课的内容　B. 小梦上课期间长时间处在"溜号"状态

C. 小红一边看书,一边记录书中精彩语句　D. 因毫无灵感,小新决定出去打球放松一下

10. [信阳光山]小红上课爱开小差,时常听着课就走神去想别的事物。小红的这种现象体现了(　　)

A. 注意的转移　B. 注意的分散　C. 注意的分配　D. 注意的集中

二、多项选择题

1. [平顶山湛河区]"一题多解"是培养学生的(　　)

A. 逻辑思维　B. 辐合思维　C. 发散思维　D. 求异思维

2. [新乡]注意的功能有(　　)

A. 选择功能　B. 维持功能

C. 调节功能　D. 启动功能

E. 适应功能

3. [平顶山市直]记忆是人脑对经历过事物的识记、保持、再现(再认或回忆),它是进行思维、想象等高级心理活动的基础。良好的记忆品质有(　　)

A. 敏捷性　B. 稳定性　C. 准确性　D. 持久性

三、判断题

1. [安阳殷都区]印象形成过程中,最初获得的信息比后来获得的信息影响更大的现象叫作首因效应。(　　)

2. [洛阳市直]学生在做题时,注意力高度集中在题目上,与解题无关的人和物都排除在外,这体现了注意的集中性。(　　)

3. [永城]从心理学理论上讲,注意的转移和注意的分散是一回事。(　　)

专题三　情绪情感、意志过程

命题分析

本专题主要以选择题、判断题等形式考查。本专题需要重点掌握的知识包括：

1. 理解并识记情绪和情感的分类、组成成分、功能。
2. 理解并区分常见的自我防御机制。
3. 理解和掌握意志的四个品质。
4. 理解和掌握动机斗争的四个分类。

基础训练

知识1 情绪和情感

一、单项选择题

1. 渴求知识的人得到一本好书会感到满意。这说明情绪的产生是以个体的愿望或(　　)为中介的。
   A. 认知　B. 意志　C. 思维　D. 需要
2. “狂喜时手舞足蹈，悲痛时嚎啕大哭”所体现的情绪状态是(　　)(常考)
   A. 心境　B. 激情　C. 应激　D. 热情
3. 有爱就有恨，有喜悦就有悲伤，有紧张就有轻松，说明情绪和情感(　　)
   A. 具有两极对立特性　B. 具有不可调和特性
   C. 两极是不相容的　D. 其两极是绝对对立的
4. 个体因为无法摆脱应激反应而失去对环境和自身的控制能力，丧失自信心。这反映了应激引起的(　　)
   A. 焦虑　B. 认识功能障碍
   C. 失助感　D. 自我估价降低
5. 教师对学生微笑表示对该同学的赞赏，体现的情绪功能是(　　)
   A. 动机功能　B. 信号功能　C. 组织功能　D. 感染功能
6. “一个小丑进城胜过一打医生。”这说明情绪和情感具有的功能是(　　)
   A. 信号功能　B. 调控功能　C. 激励功能　D. 健康功能
7. 下列选项中，不属于理智感的是(　　)
   A. 探求新事物的好奇心　B. 百思不得其解时的困惑
   C. 对教师观点的质疑　D. 欣赏自然景色时的心旷神怡
8. “见花落泪，见月伤心，良辰美景也是一种无可奈何之感。”这种情绪状态属于(　　)(常考)
   A. 心境　B. 激情　C. 应激　D. 适应
9. “砍头不要紧，只要主义真，杀了我一个，自有后来人。”诗句中所表现出的高尚情操是(　　)(易错)
   A. 美感　B. 理智感　C. 道德感　D. 激情
10. 人们欣赏名画《蒙娜丽莎》时，陶醉在“永恒”的微笑中，感到非常愉悦。这种情感属于(　　)
    A. 道德感　B. 理智感　C. 美感　D. 自豪感
11. 小明即将上考场，感觉心跳加速，有点微微出汗。这属于情绪情感的(　　)
    A. 主观体验　B. 外部表现　C. 生理唤醒　D. 认知活动
12. 下列有关情绪的性质表达不正确的是(　　)
    A. 情绪与动机关系不密切　B. 情绪是主观意识体验
    C. 情绪状态不容易自控　D. 情绪为刺激所引起
13. 秦老师在危急时刻，选择牺牲自己，保护学生，被评为“最美教师”，其他老师在听到秦老师事迹时，产生的情感属于(　　)
    A. 道德感　B. 美感　C. 幸福感　D. 理智感
14. 小学低年级儿童常常会破涕而笑，这说明他们缺乏情感的(　　)
    A. 全面性　B. 稳定性　C. 丰富性　D. 深刻性
15. “情急生智”描述的情绪状态是(　　)
    A. 应激　B. 激情　C. 心境　D. 喜悦
16. 适度的紧张和焦虑促使个体积极思考并产生行动，达到成功解决问题的目的。这是情绪的(　　)(易错)
    A. 适应功能　B. 信号功能　C. 组织功能　D. 动机功能
17. 采取跑步、大声喊叫甚至痛哭一场来缓解心理压力的方式属于(　　)
    A. 松弛训练　B. 心理置换　C. 合理宣泄　D. 认知调节法

二、多项选择题

1. 关于情绪和情感的描述，下列说法正确的有(　　)
   A. 情感与生理需要是否满足相联系，是人和动物共有的
   B. 情绪依赖于情感，具有稳定性、深刻性
   C. 情绪是情感的外在表现，情感是情绪的本质内容
   D. 情绪具有外显性、冲动性，而情感具有内隐性
2. 下列属于中学生情感发展特点的有(　　)
   A. 情感丰富多彩、富有朝气　B. 情感不断深刻
   C. 情感两极性明显　D. 情感逐渐稳定
3. 下列属于情绪外部表现的是(　　)
   A. 心平如镜　B. 眉头紧锁　C. 如坐针毡　D. 七上八下
4. 心境的特点包括(　　)
   A. 弥漫性　B. 长期性　C. 爆发性　D. 短暂性
5. 科学家诺贝尔为了研究炸药，不顾自己的生命安全进行实验。在一次实验中，爆炸空前猛烈，浓烈的烟雾冲天，诺贝尔从浓烟中冲出，满脸鲜血淋漓，但他却发疯似地高喊：“我成功了！”这属于(　　)
   A. 心境　B. 激情　C. 理智感　D. 恐惧
6. 从情感的社会内容角度来看，人类的情感有(　　)三种形式。
   A. 理智感　B. 道德感　C. 责任感　D. 美感

7. 下面关于不同类别情绪的描述,正确的是(　　)
A."感时花溅泪,恨别鸟惊心"体现的是心境状态
B. 良好的心境对活动起促进作用,而激情状态则不利于活动的进行
C. 勃然大怒、欣喜若狂描述的是应激状态
D. 心境是一种比较微弱、持久、弥散的情绪状态,其突出特点是具有弥散性

8. 情绪和情感由(　　)组成。
A. 主观体验　B. 认知　C. 生理唤醒　D. 外部表现

9. 学生情绪调节的方法有(　　)
A. 认知调节法　B. 合理宣泄法　C. 转移注意法　D. 摔打东西

10. 心理学家把人的基本情绪分为(　　)
A. 快乐　B. 悲哀　C. 愤怒　D. 恐惧

11. 激情是一种强烈、短暂、爆发式的情绪状态,其特点有(　　)
A. 激动性　B. 弥漫性
C. 渲染性　D. 冲动性
E. 应激性

三、判断题

1. 小学低年级儿童主要以道德行为规范作为自己情感体验的依据。(　　)
2. 我国古代医书《内经》记载有"怒伤肝、喜伤心、思伤脾、忧伤肺、恐伤肾",这说明情绪情感具有信号功能。(　　)
3. 人们在认知活动中,评价认识事物的时候所产生的情绪体验称为道德感。(　　)
4. 过度的应激状态使人的记忆、思维能力降低,这反映了应激引起的认识功能障碍。(　　)
5. 灾难事件引起的紧张焦虑反应属于应激。(　　)

四、简答题

简述小学生情绪情感的发展特点。(常考)

五、论述题

结合实际谈一谈教师怎样才能善于识别学生的情绪状况,并教会学生调节和控制情绪的能力。

知识2 意志

一、单项选择题

1."头悬梁,锥刺股"是一种(　　)的体现。
A. 意志力　B. 气质　C. 性格　D. 想象力

2."锲而不舍,金石可镂"体现了意志的(　　)
A. 自觉性　B. 果断性　C. 坚韧性　D. 自制性

3. 一个人善于明辨是非、抓住时机、迅速而合理地采取决定,并实现所做决定。这说明其意志具有(　　)
A. 果断性品质　B. 自觉性品质　C. 坚韧性品质　D. 自制性品质

4. 学生既期望得到老师的帮助,又不愿老师管得太死的心理冲突是(　　)
A. 双趋冲突　B. 趋避冲突　C. 双避冲突　D. 多重趋避冲突

5."鱼我所欲也,熊掌亦我所欲也"体现的动机冲突是(　　)(常考)
A. 双趋冲突　B. 双避冲突　C. 趋避冲突　D. 矛盾冲突

6."进退维谷"是一种(　　)式的动机冲突。(常考)
A. 双趋　B. 双避　C. 趋避　D. 多重趋避

7."小李大学毕业之际有两种选择:一是当中学教师,当教师工作很稳定、压力较小,但工资收入较低;二是去外资企业做职员,做职员工资收入较高,但工作压力大、风险大。小李不知道该如何选择才好?"在上述材料中,小李所面临的动机冲突为(　　)
A. 双趋冲突　B. 双避冲突　C. 趋避冲突　D. 多重趋避冲突

8. 袁老师发现有相当一部分孩子在进行体育活动时总是叫苦叫累,哪怕运动量没有超出他们可以承受的范围也是如此。如果你是袁老师,可以在全班进行(　　)
A. 积极的情感教育　B. 意志品质的培养　C. 人际交往的教育　D. 良好性格的教育

9.(　　)是意志行动的中心环节。
A. 制订行动计划　B. 选择行动方法　C. 执行决定阶段　D. 采取决定阶段

10. 考试失利时认真分析失败原因,重新确定努力方向,这种对待挫折的方式是(　　)
A. 合理宣泄　B. 适当放松　C. 心理补偿　D. 认知重组

11. 某学生成绩较差,却常在同学面前夸耀自己家中有钱,父母经常给他买高档衣物,以此来求得心理的满足。这体现的心理防御方式是(　　)
A. 升华　B. 退行　C. 补偿　D. 移置

12. 对于对实现目的缺乏信心和决心的学生,应注重培养其意志品质的(　　)
A. 自觉性　B. 自制性　C. 果断性　D. 坚韧性

13. 一个孩子被妈妈打后,满腔愤怒,难以回敬,转而踢倒身边的板凳,把对妈妈的怒气转移到身边的物体上。这是(　　)防御机制。
A. 压抑　B. 移置　C. 升华　D. 投射

14. 歌德痛苦时创作《少年维特之烦恼》,这属于(　　)防御机制。
A. 代偿　B. 置换　C. 升华　D. 投射

15. 当学生嘲笑张老师个子矮小时，张老师以一句“浓缩的就是精华”化解了当时的尴尬。这种情绪调节的方法称为(　　)(常考)
A. 升华　B. 补偿　C. 幽默　D. 宣泄

16. 小明在做作业遇到难题时，常说“我要学习解放军叔叔”，从而把作业坚持做下去，解决了难题。小明的行为属于(　　)
A. 投射　B. 认同　C. 移置　D. 合理化

17. “行成于思”说明(　　)
A. 意志依赖于认识　B. 认识需要意志
C. 情绪情感可以成为意志行动的动力　D. 情绪情感可以成为意志行动的阻力

18. 站在对方的立场和角度看问题，设身处地地体会对方的处境，这符合(　　)的要求。
A. 心理置换　B. 自我排解　C. 认同　D. 共情

19. 当一个人听到亲人去世的消息时，拒绝相信此事，以减少心灵上的痛苦。这种自我防御机制是(　　)
A. 压抑　B. 否认　C. 文饰　D. 代偿

20. 有的人在行动中畏缩不前，惊慌失措，他们缺乏的意志品质是(　　)
A. 自觉性　B. 果断性　C. 自制性　D. 坚韧性

21. 下列行为属于意志行动的是(　　)
A. 残疾人登山　B. 小孩打闹　C. 朋友聚会　D. 老人上床睡觉

22. 个体是否产生挫折感和如何对待挫折的关键在于(　　)
A. 挫折情境　B. 挫折认知　C. 挫折意志　D. 挫折行为

二、多项选择题

1. 与自制性相反的意志品质有(　　)
A. 任性　B. 优柔寡断　C. 动摇性　D. 怯懦

2. 意志与认识过程的关系包括(　　)
A. 认识过程是意志形成的前提和基础　B. 意志对认识过程具有反作用
C. 认识过程是意志行动的动力　D. 认识过程是意志行动的阻力

3. 下列表现符合心理防御机制中“文饰”的是(　　)
A. 容貌平凡的女子特别爱说“自古红颜多薄命”
B. 考试不及格，则说考试试题太难，超出大纲要求
C. 把失恋带来的痛苦转化为发奋学习的动力
D. 体育能力差的学生说，只有四肢发达的人才喜欢体育

4. 中小学生产生挫折的原因有很多，下列选项中属于主观原因的是(　　)(易错)
A. 生理因素　B. 自然因素　C. 挫折容忍力　D. 动机冲突

三、判断题

1. 人的意志品质不是天生的，而是在后天生活实践过程中逐步形成的。(　　)

2. 小学低年级学生常在家长、教师的督促下完成作业或活动任务。这体现了儿童意志的自觉性水平较高。(　　)

3. 意志的果断性要建立在自觉性的基础上。(　　)

4. 一位教师在课前发生了不愉快的事情，但走进课堂上课时仍能谈笑风生，体现了其意志的自制性品质。(常考)(　　)

5. 在整个小学阶段，学生的自制力还处在初步的、低水平的阶段。(　　)

四、案例分析题

部分学生抗挫折能力极差，遭受挫折时，时常会采取一些极端的方式(如攻击性行为、离家出走等)。

请分析原因并提出应对策略。

整合提升

一、单项选择题

1. “三天打鱼两天晒网”这句话是意志缺乏(　　)的表现。(常考)
A. 自制性　B. 果断性　C. 自觉性　D. 坚韧性

2. 小学生在日常生活中常会产生打人毁物、一意孤行的行为，这种心理反应往往会在(　　)后产生。
A. 应激　B. 焦虑　C. 失望　D. 挫折

3. 道德感、理智感、美感是与(　　)相联系的情感。
A. 社会需要　B. 生理需要　C. 客观环境　D. 物质需要

4. 对令自己生气的人微笑，愤怒的情绪会消失。持这种观点的是(　　)
A. 詹姆斯—兰格　B. 坎农　C. 埃克曼　D. 冯特

5. 下列成语中与意志特征对应不正确的是(　　)
A. 拾金不昧——坚持性　B. 勤学好问——自觉性
C. 愚公移山——坚韧性　D. 当机立断——果断性

6. 低年级的小学生玩游戏入迷的时候就会忘了写作业，放学前夕往往不能注意听课。到了中高年级，小学生往往能够根据老师的要求和纪律的要求约束自己认真听课，按时完成作业。这种现象体现了小学生(　　)
A. 情感不断倾向稳定　B. 情感丰富性不断发展
C. 情感不断倾向可控性　D. 情感变化逐渐变得简单

7. 心理学研究表明，人们的认识和情感有时并不完全一致。因此，在师生沟通中，教师的有些话虽然完全正确，但学生却因碍于情感而觉得难以接受，这时需要(　　)
A. 幽默　B. 委婉　C. 含蓄　D. 准确

8. 人人都有喜、怒、哀、乐，这是正常的情绪反应。如果一个学生对周围的一切事物都丧失兴趣，一概采取漠然的态度，就是情绪异常。这种情绪异常，也是一种不良情绪。细分的话，应属于(　　)
A. 情感淡漠　B. 自卑　C. 过度恐惧　D. 焦虑

9.“知之深，则爱之切”说明情感过程依附于(　　)(常考)

A.感知过程　B.教育过程　C.认识过程　D.注意过程

10.根据积极适应挫折的方法和技术，“失之东隅，收之桑榆”属于(　　)

A.合理宣泄　B.幽默　C.升华　D.补偿

11.一个学生在临考时的怯场属于(　　)(常考)

A.心境　B.恐惧　C.应激　D.激情

12.小学高年级儿童主要以(　　)作为自己情感体验的依据。

A.社会反应　B.道德行为规范

C.内化的具体道德观念　D.内化的抽象道德观念

二、多项选择题

1.梅梅一年级的时候喜欢长得漂亮的、座位挨着自己的同学，对于好孩子的理解就是不打架、不骂人、上课认真，但是到了四年级，她则喜欢选择学习好的、讲义气的同学做朋友，对好孩子的理解也变成了团结同学、诚实善良、爱祖国、爱班级的人。梅梅这种现象体现了小学生情感发展的哪些特点(　　)

A.情感的深刻性不断增加　B.情感的外露性不断提高

C.情感的内容不断丰富　D.情感的情境变化性不断增加

2.下列能体现情绪情感在对立的两极之间相互转化的是(　　)

A.乐极生悲　B.喜忧参半　C.爱屋及乌　D.破涕为笑

3.下列属于情绪分类中应激状态的是(　　)

A.某人失去亲人后长时间心情处于郁闷状态　B.正常行驶的汽车意外地遇到故障时紧急刹车

C.战士排除定时炸弹时紧张而又小心的行为　D.北京申奥成功后人们狂喜万分

4.情绪和情感不同于认识过程，主要表现在情绪和情感(　　)(易混)

A.表现出两极性　B.是一种主观体验

C.伴有显著的生理变化　D.伴有表情

三、判断题

1.婴儿出生时，不具备独立生存的能力和语言能力，他们渴了、饿了会哭，体现情绪的适应功能。(　　)

2.在心理过程中，认知和情感是基础，意志是将认知和情感转化为行为的动力。(　　)

3.“胜不骄，败不馁”是意志对人情感的调节控制作用。(常考)(　　)

4.根据引起情绪的原因，可将情绪的调节分为内部调节和外部调节。(　　)

5.人在激情状态下认识和自控能力会减弱，所以总是做错事。(　　)

6.当一个人假装快乐时，他只有快乐的外部表现，但没有真正的心里快乐。因此算不上真正的情绪过程。(　　)

四、简答题

简述意志与认识过程的关系。

五、案例分析题

在美国，人们为了保护鹿，就杀掉了鹿的天敌——狼，于是鹿的数量剧增。鹿由于终日无忧无虑地饱食于林中，结果体态变得蠢笨，植物因为鹿的迅速繁殖和践踏而凋零，继而鹿由于缺少充足的食物、安逸少动所带来的疾病而大量死亡。无奈，人们只好又把狼请进来，鹿又恢复了蓬勃生机。

请谈谈这个案例给你的启示。

真题必刷

一、单项选择题

1.［洛阳嵩县］小莉前几天与同桌吵架了，这几天都闷闷不乐，上课也老走神。她的情绪体验属于(　　)

A.激情　B.心境　C.热情　D.应激

2.［新乡封丘］小学生因把跌倒的老人扶起来而受到了路人的赞扬，内心感到非常自豪，这种情感是(　　)

A.心境　B.理智感　C.道德感　D.美感

3.［安阳龙安区］积极情绪有助于拓宽注意的范围，促进问题的解决，这体现了情绪的(　　)

A.组织功能　B.动机功能　C.适应功能　D.社会功能

4.［郑州二七区］一位同学上课时因做小动作受到了老师的批评，下课后他用脚踢了同桌，并责怪同桌没有提醒他。其心理防御机制属于(　　)

A.转移　B.抵消　C.投射　D.补偿

5.［周口沈丘］一名学生既想参加舞蹈比赛锻炼自己，又害怕自己跳不好受人讥笑，这时他面临的冲突情境属于(　　)

A.双趋冲突　B.双避冲突　C.趋避冲突　D.多重趋避冲突

6.［南阳市直］小凡生日既想要一个新书包，又想要一双新鞋，但是妈妈只能送给她一个礼物，由此产生的冲突是(　　)

A.双避冲突　B.双趋冲突　C.趋避冲突　D.多重趋避冲突

二、多项选择题

1.［永城］情绪的表现形式多种多样，按情绪状态可以分为(　　)

A.激动　B.心境　C.激情　D.应激

2.［周口太康］意志的特征包括(　　)

A.指向预定目的　B.和克服困难相联系　C.以随意动作为基础　D.伴随有心理冲突

3.［周口沈丘］意志的品质有(　　)

A.自觉性　B.自制性　C.果断性　D.坚韧性

三、判断题

1.［郑州高新区］当解出一道困惑自己许久的难题时，学生感到无比兴奋、激动的情感体验是理智感。(　　)

2.［信阳平桥区］“眼不见，心不烦”属于心理防御机制中的反向。(　　)

专题四　个性心理

命题分析

本专题主要以选择题、判断题等形式考查。本专题需要重点掌握的知识包括:
1. 识记马斯洛的需要层次理论。
2. 区分和理解兴趣的品质。
3. 识记和理解能力的结构。
4. 识记智力测验及智力测验的标准。
5. 理解并区分气质的类型和教育。
6. 理解性格的结构、性格与气质的关系。

基础训练

知识1 需要、动机与兴趣

一、单项选择题

1. 初中生王虎平时沉默寡言,作业完成很认真,考试成绩却总是不理想。班主任了解到王虎从小父母离异,跟着七十多岁的奶奶长大。根据马斯洛的需要层次理论估计,王虎的(　　)没有得到满足。(常考)
A. 生理需要　B. 安全需要　C. 归属与爱的需要　D. 尊重需要
2. 马斯洛认为人的基本需要有五种,这五种需要又分为缺失性需要和成长性需要两类。下列选项中,属于成长性需要的是(　　)(常考)
A. 生理需要　B. 归属与爱的需要　C. 尊重需要　D. 自我实现的需要
3. 画家必须作画,诗人必须写诗,才能获得最大的满足,这体现了人的(　　)
A. 归属与爱的需要　B. 尊重的需要　C. 自我实现的需要　D. 安全的需要
4. 马斯洛需要层次理论说明,在某种程度上学生缺乏学习动机可能是由于某种(　　)需要没有得到充分满足而引起的。
A. 自我实现　B. 高级　C. 缺失性　D. 成长性
5. 人们总是希望自己能够成为某社会群体中的一员,并被其他成员所认可,人们的这一动机属于(　　)
A. 工作动机　B. 成就动机　C. 交往动机　D. 生理动机
6. 对有机体维持生命、延续后代有重要意义的需要是(　　)
A. 精神需要　B. 社会需要　C. 后天需要　D. 生理需要
7. 马斯洛认为个体的动机需要呈等级结构,由低到高分为七种需要,这七种需要又可以分成缺失需要和成长需要两大类,下列属于成长需要的是(　　)
A. 找一个好工作的需要　B. 吃饱的需要
C. 被别人尊重的需要　D. 考上好大学的需要
8. 个体积极探索事物的认识倾向是(　　)
A. 需要　B. 动机　C. 兴趣　D. 理想
9. 下列哪项动机属于社会性动机(　　)
A. 繁衍后代　B. 获取食物　C. 逃避危险　D. 参与交往
10. 饥饿往往促使人们做出寻找食物的行为活动,这是动机的(　　)
A. 指向功能　B. 激活功能　C. 强化功能　D. 调节与维持功能
11. 激发个体朝着一定目标活动,并维持这种活动的一种内在的心理倾向或内部驱力是(　　)
A. 动机　B. 需要　C. 意志　D. 情绪
12. 需要层次理论认为,永不满足的需要是(　　)
A. 生理的需要　B. 归属和爱的需要　C. 尊重的需要　D. 自我实现的需要
13. 需要得到满足,个体就会感受到自信、价值和能力,否则就会产生自卑或保护性反抗。这种需要是(　　)
A. 尊重需要　B. 归属与爱的需要　C. 审美需要　D. 求知需要
14. "仓廪实而知礼节,衣食足而知荣辱",说明了人的需要具有(　　)
A. 整体性　B. 选择性　C. 层次性　D. 动力性
15. 尽管小石同学觉得数学非常没有意思,但是为了能当上数学课代表,他克服困难,认真学习。根据兴趣的分类,这种兴趣属于(　　)
A. 间接兴趣　B. 直接兴趣　C. 个体兴趣　D. 广阔兴趣
16. 小明能歌善舞,琴棋书画无所不能,爱好非常广泛。这是形容兴趣的(　　)
A. 稳定性　B. 效能　C. 中心　D. 广度
17. 同样是努力学习,有些学生只是为了获得老师或家长的赞许,并不在意自己是否真正掌握了知识;而有些学生则是对学习内容本身较为感兴趣。这种现象体现了动机具有(　　)
A. 激活功能　B. 指向功能　C. 调节功能　D. 维持功能
18. 一些孩子对许多事物都很感兴趣,但常常只有"三分钟热度",兴趣很快又会消失。这说明他们的兴趣品质特征是(　　)
A. 广泛性强,指向性集中　B. 广泛性强,稳定性差
C. 广泛性强,效能性差　D. 效能性强,稳定性差
19. 以下对需要的论述中,错误的一项是(　　)
A. 需要是对有机体内部不平衡状态的反映,表现为有机体对内外环境条件的欲求
B. 需要不一定具有对象
C. 人的需要是不断发展的,人的需要永远不会停留在一个水平上
D. 需要是推动有机体活动的动力和源泉
20. 职场上常有人因无法施展自己的抱负而转换职业或转而创业。这体现了(　　)的作用。
A. 安全需要　B. 归属与爱的需要　C. 尊重需要　D. 自我实现的需要

二、多项选择题

1. 需要是指有机体感到某种缺乏或不平衡状态而力求获得满足的心理倾向。需要具有(　　)的特征。
A. 对象性　B. 选择性　C. 紧张性　D. 层次性

2. 根据马斯洛的需要层次理论，下列属于归属与爱的需要的有(　　)

A. 广交朋友　　B. 追求爱情　　C. 参加社会保险　　D. 渴望名望和成就

3. 关于人本主义的需要层次理论，下列说法正确的有(　　)

A. 需要按一定顺序逐级上升

B. 只有低一级需要基本满足后，高一级需要才能成为行为动力

C. 高一级需要产生时，低一级需要就会消失

D. 同一时期内某种需要占主导地位

4. 因为想要顺利通过考试，所以学生上课会专心听讲，下课主动完成作业，并且去看之前不想看的辅导材料，甚至生病了还坚持学习。由此可以判断出学习动机具有(　　)

A. 激活功能　　B. 定向功能　　C. 维持功能　　D. 调节功能

三、判断题

1. 按照马斯洛的需要层次理论，教师在自尊水平低的学生中灌输为学习本身的满足而去学的做法是效果不明显的。(　　)

2. 现实生活中，每个个体只有在低级需要得到一定的满足时，高一级需要才会产生。(常考)(　　)

3. 小学生的学习兴趣还不稳定，比较笼统、模糊，容易对学习的形式感兴趣并从中获得满足。(　　)

4. 张三喜欢打球，李四喜欢唱歌，王五喜欢读书……个体之间的兴趣差异很大。这就是心理学理论中所说的兴趣的广泛性。(易错)(　　)

5. 从马斯洛的需要层次理论来看，一般来说学校里最重要的缺失需要是爱和自尊。(　　)

四、论述题

结合实际，谈谈教师在教学过程中应怎样培养学生的学习兴趣？

五、案例分析题

王老师是一位非常认真负责的青年教师。他认为学生要想成材，就必须按照老师的要求去做，这样才能养成良好的学习习惯。在对待家庭作业的问题上，他要求学生必须完成作业，不能拖拉，否则就会采取相应措施惩罚学生。比如，在一次检查作业时，他发现小刚没有完成作业，于是，命令小刚中午必须先补完作业，再吃饭。由于作业较多，小刚中午没有吃上午饭，只能在饥饿中继续下午的学习。王老师认为这种做法非常有效，因为在实施这些方法后，学生不完成作业的现象大大减少了。

王老师的做法是否正确？请运用需要层次理论对王老师的做法进行分析。

知识2 能力

一、单项选择题

1. 一般能力的核心是(　　)

A. 观察力　　B. 创造力　　C. 记忆力　　D. 抽象概括能力

2. 汪老师为全班精心设计了一张试卷，测试结果发现平时成绩好的分数相对高，成绩不好的分数相对低，这说明该试卷的(　　)高。

A. 信度　　B. 难度　　C. 区分度　　D. 效度

3. 下列哪一项不属于社交能力(　　)

A. 组织管理能力　　B. 记忆力　　C. 言语感染力　　D. 处理意外事件的能力

4. 智力的核心成分是(　　)(常考)

A. 创造能力　　B. 思维力　　C. 观察力　　D. 记忆力

5. 用韦氏量表来测量智商，某位同学的测验得分为120分，群体平均分为105，群体标准差为15，那么这位同学的智力商数应为(　　)

A. 115　　B. 110　　C. 120　　D. 135

6. 吉尔福特认为三个智力维度中，(　　)真正代表智力的高低。

A. 产品　　B. 内容　　C. 操作　　D. 单元

7. 下列选项中，关于流体智力和晶体智力说法正确的是(　　)

A. 流体智力与个体的天赋有关

B. 晶体智力较少依赖文化和知识的内容

C. 流体智力在人的一生中一直在发展

D. 晶体智力是信息加工和问题解决过程中表现出的能力

8. 李老师用一套试卷对程度相当的两个班级进行测试，学生的成绩分布基本一致。这说明此试卷具有较好的(　　)

A. 难度　　B. 效度　　C. 信度　　D. 区分度

9. 随着年龄的增长，流体智力和晶体智力的发展趋势为(　　)(常考)

A. 晶体智力衰退，流体智力上升　　B. 流体智力衰退，晶体智力上升

C. 流体智力和晶体智力都衰退　　D. 流体智力和晶体智力都上升

10. 斯皮尔曼的智力二因素理论中的"S因素"指(　　)

A. 一般因素　　B. 特殊因素　　C. 先天因素　　D. 后天因素

11. 加德纳的多元智力理论启示教育教学应该(　　)

A. 理论联系实际　　B. 主动施教　　C. 循序渐进　　D. 注重个别化

12. 有一份试题，某学生第一次测验得90分，一个月后再测还得90分，说明这份试题有很高的(　　)

A. 难度　　B. 区分度　　C. 效度　　D. 信度

13. 接收、加工、储存和提取信息的能力，指的是(　　)

A. 操作能力　　B. 认知能力　　C. 创造能力　　D. 社交能力

14. 博尔特短跑成绩好可能是因为他(　　)智力好。

A. 视觉—空间　　B. 自知　　C. 运动　　D. 逻辑—数学

15. “多一把衡量的尺子,就会多出一批好学生”的心理学依据是( )
A. 个体需求具有层次性 B. 气质类型具有多样性
C. 人类智力具有多元性 D. 人类发展具有共同性

16. 世界上最著名的智力量表是( )
A. 比纳—西蒙智力量表 B. 斯坦福—比纳量表
C. 比纳—推孟智力量表 D. 韦氏智力量表

17. 吉尔福特提出的智力三维结构论认为三个维度的智力形成的智力因素共有( )种。
A. 150 B. 90 C. 60 D. 30

18. 下列有关智力测验量表的叙述,有误的是( )
A. 斯坦福—比纳智力量表是世界上最著名的智力测验量表
B. 斯坦福—比纳智力量表的计算公式:智商(IQ)=智龄(MA)/实龄(CA)×100
C. 韦克斯勒智力量表的计算公式:IQ=100×15Z
D. 瑞文标准智力测验适用年龄范围宽,测验对象不受文化、种族、语言的限制,并且可以用于一些生理缺陷者

19. 在信息加工和问题解决过程中所表现出来的,且较多地依赖个人的先天禀赋的能力是( )
A. 流体能力 B. 晶体能力 C. 模仿能力 D. 创造能力

20. 如果一个数学测验试题的文字难度太大,超过学生自身的水平,就会影响测验的( )(易错)
A. 效度 B. 信度 C. 区分度 D. 难度

21. 小强不善于结交朋友,语文、英语成绩一般,但擅长绘画。根据加德纳的多元智力理论,小强具备较高的( )
A. 视觉—空间智力 B. 言语智力 C. 数学逻辑智力 D. 音乐智力

22. 整天和油漆打交道的油漆工人能辨别400~500种不同的漆色,这种能力的形成是因为油漆工人受到了( )的影响。
A. 实践活动 B. 学校教育 C. 主观能动性 D. 早期经验

23. 能力形成与发展的基础是( )
A. 遗传素质 B. 早期营养 C. 家庭环境 D. 生理因素

24. 以下不属于多元智力理论观点的是( )
A. 只要给予良好的环境和机会学生将能把某一项学习发展到更高水平
B. 学生学习的差异性是由智力的不同组合决定的
C. 数学智力可能体现在直觉速算上,也可能体现在逻辑思维上
D. 测智商可以确定一个人的智力水平

25. 卡特尔根据对智力测验结果的分析,将处理数字系列,空间视觉感和图形矩阵项目时所需的能力称为( )
A. 晶体智力 B. 流体智力 C. 三元智力 D. 情绪智力

26. 不同儿童的智力差异主要在于不同的智力组合,而单纯依靠使用纸笔的标准化考试来区分儿童智力的高低是片面的。持此观点的心理学家是( )
A. 斯腾伯格 B. 斯皮尔曼 C. 加德纳 D. 韦特海默

27. 下列关于多元智力理论叙述错误的是( )
A. 1999年,加德纳又提出了第八种智力,即认识自然的智力
B. 多元智力理论的智力因素中包含音乐智力
C. 多元智力理论为新课改提供了理论基础
D. 这几种智力因素不是独立的,是相互联系不可分割的

28. “高分低能”说明( )
A. 知识与能力无关 B. 能力低的人同样能获得高分数
C. 掌握过多的知识反而会阻碍能力的发展 D. 知识不等于能力

二、多项选择题

1. 根据能力适应活动范围的大小,可把能力分为( )
A. 一般能力 B. 特殊能力 C. 模仿能力 D. 创造能力

2. 关于效度与信度等测验指标,下列说法正确的是( )(易混)
A. 效度是指测验能够准确测出所需测量的事物的程度
B. 信度是指测验获得的可靠性和一致程度
C. 效度低,信度一定会低
D. 信度低,效度一定会低

3. 在一次英语考试中,全校每班只有几个人及格,大部分同学都在30分至50分之间。这说明这次英语考试( )
A. 难度高 B. 区分度低 C. 难度低 D. 区分度高

4. 心理测验的技术指标包括量表的( )
A. 长度 B. 效度 C. 信度 D. 标准化

5. 元认知的训练可以提高儿童的智力发展水平,其训练的方法主要有( )
A. 知识传授法 B. 自我提问法
C. 出声思维法 D. 相互提问法

6. 卡特尔按照心智能力功能上的差异,将智力分为流体智力和晶体智力两种形态。下列哪些是晶体智力的特征( )
A. 受先天遗传因素的影响较大
B. 其发展与年龄有着密切的关系,20岁后达到顶峰,30岁后随着年龄的增长而降低
C. 主要表现为运用已有知识和技能去吸收新知识和解决新问题的能力
D. 受后天经验的影响较大

7. 斯腾伯格认为,智力应该包含的三种成分是( )
A. 元成分 B. 操作成分 C. 情境成分 D. 知识获得成分

8. 下列不属于加德纳的多元智力理论的有( )
A. 智力包括一般因素和特殊因素
B. 人的智力结构中存在九种相对独立的智力
C. 智力有内容、操作和产品三个维度,操作决定智力高低
D. 言语智力包括说话能力、阅读能力、书写能力

三、判断题

1. 世界上比较系统而又科学的第一套智力量表是比纳—西蒙智力量表。(常考) ( )
2. 韦克斯勒的智力测验用比率智商来衡量智力水平的高低。 ( )
3. 智力水平的高低是决定人成就大小的唯一因素。 ( )
4. 任何学业测验只要有较高的测验效度,就一定具备较高的测验信度。 ( )

四、简答题

1. 谈一谈加德纳的多元智力理论对我国当前教学改革有哪些启示?(常考)

2. 如何培养学生的能力?

五、论述题

试述影响能力形成和发展的因素。

六、案例分析题

阅读下列材料,回答问题。

宝拉在小学一年级被评定为学习障碍。在往后的四年里,她被安排在特殊的教育班级里,很少尝试到课业方面的成就,自尊下降,不喜欢学校,五年级时宁可躲到床下也不愿意上学,六年级时试图自杀。她的父母决定让她回归到正常的班级学习,并选择了一个富有同情心的女教师。这位女教师通过对她的观察,发现宝拉的动作技能发展突出,并通过与其交谈得到证实。基于此,教师为宝拉制定了通过动作进行学习的方案。首先建议她用身体动作来临摹26个字母。要临摹某些字母是富有挑战性的,如m、b、w等字母,但至少已经引起她的思考,激发了学习兴趣。第二天上课前,宝拉急着到教室去告诉教师,并将她编排的26个字母的舞蹈表演出来,教师为她的表现感到欣喜,并进一步激发她是否能表演出自己的名字。舞蹈唤起了宝拉学习的自信心和求知欲。很快从舞蹈转向书写,改变了她对学习的厌倦,六年级结束时,宝拉读、写成绩达到了年级平均水平,七年级时,所有课程都达到正常水平。

运用多元智力理论,对上述教育材料进行分析与评价。

知识3 气质与性格

一、单项选择题

1. 气质的特点决定于( )
A. 社会生活条件 B. 人的活动目的 C. 神经活动的特征 D. 活动的内容
2. 心理学家( )按照个人心理活动倾向于内心世界还是外部世界,把性格分为内向型和外向型。
A. 皮亚杰 B. 荣格 C. 班杜拉 D. 斯金纳
3. 豹子头林冲沉着老练,身负深仇大恨,尚能忍耐持久,几经挫折,万般无奈,终于被逼上梁山。他的气质类型属于( )(常考)
A. 胆汁质 B. 多血质 C. 黏液质 D. 抑郁质
4. 王青热爱学习,关心同学,助人为乐。她的这些品质属于性格的( )
A. 态度特征 B. 理智特征 C. 意志特征 D. 情绪特征
5. ( )的人往往表现出不爱与人交往、动作迟缓、孤僻、胆小、敏感、深沉的特征。(常考)
A. 胆汁质 B. 多血质 C. 黏液质 D. 抑郁质
6. 一个人表现为活泼、悠闲、开朗、富于反应,这种人的气质类型属于( )(易错)
A. 稳定内倾型 B. 稳定外倾型 C. 不稳定内倾型 D. 不稳定外倾型
7. 小明为人仗义,有很多朋友,但是容易冲动,攻击性很强,小明最可能属于( )
A. 兴奋型 B. 活泼型 C. 安静型 D. 抑制型
8. 下列哪种气质类型的孩子,应着重培养热情开朗的性格及稳定的兴趣,防止见异思迁、虎头蛇尾( )(易混)
A. 多血质 B. 黏液质 C. 胆汁质 D. 抑郁质
9. 被试本人对自己的人格特征予以评价的方法是( )
A. 自陈量表法 B. 主题统觉测验 C. 罗夏克墨渍测验 D. 句子完成法
10. 性格包括两个要素:一是稳定的态度,二是( )
A. 惯常的行为方式 B. 具有可塑性 C. 具有多重性 D. 平衡性
11. 何一飞生性活泼、好动,上课发言很积极,总是没等老师说完问题就举手甚至直接站起来回答问题,为人热情坦率,但总是粗枝大叶,鲁莽冒失,脾气急躁。其气质属于( )
A. 胆汁质 B. 抑郁质 C. 多血质 D. 黏液质
12. 下列关于性格的描述不正确的是( )
A. 性格表现了人们对现实和周围世界的态度
B. 性格更多地受到后天环境的影响
C. 性格没有好坏之分
D. 性格的生理机制是后天建立起来的条件反射系统
13. 在人格特征中,具有核心作用的成分是( )(常考)
A. 能力 B. 气质 C. 性格 D. 认知方式
14. 某班班主任想选择一名任劳任怨的学生担任班级生活委员,下述哪种气质类型的学生更有可能符合他的期望( )
A. 胆汁质 B. 多血质 C. 黏液质 D. 抑郁质

15. 自觉性和果断性属于性格的(　　)特征。

A. 行为　B. 态度　C. 意志　D. 情绪

16. 性格中的稳定性和持久性属于(　　)

A. 态度特征　B. 情绪特征　C. 意志特征　D. 理智特征

17. 个人性格形成最直接的影响因素是(　　)

A. 家庭教育　B. 学校教育　C. 社会教育　D. 自我教育

18. 教师的言行对学生的性格产生了潜移默化的影响,这表现了(　　)对性格的影响。

A. 生物遗传因素　B. 社会文化　C. 学校教育　D. 家庭环境

19. "活泼好动"属于(　　)的表现。

A. 能力　B. 气质　C. 兴趣　D. 意志

20. 巴甫洛夫划分的强、平衡、灵活的高级神经活动类型相当于气质类型中的(　　)(常考)

A. 胆汁质　B. 多血质　C. 黏液质　D. 抑郁质

21. "某同学情绪体验深刻,其言行举止易被情绪左右,头脑不够冷静。"你来分析一下他属于哪种性格类型(　　)

A. 胆汁型　B. 情绪型　C. 理智型　D. 意志型

二、多项选择题

1. 下列关于气质的描述正确的是(　　)

A. 气质是一种稳定的心理特征　B. 人的气质是通过后天因素形成的

C. 气质没有好坏之分　D. 人的气质是天生的

2. 气质是人的心理活动的动力特征,它表现为心理活动的(　　)

A. 强度　B. 速度　C. 灵活性　D. 指向性

3. 巴甫洛夫划分高级神经活动类型是根据神经过程的基本特性进行的,这些基本特性包括(　　)

A. 强度　B. 稳定性　C. 灵活性　D. 平衡性

4. 性格类型是指在一类人身上所共有的性格特征的独特结合,一般而言,性格可以分为(　　)

A. 外倾型　B. 内倾型　C. 独立型　D. 顺从型

5. 对于胆汁质的学生,老师的下列做法中恰当的有(　　)(易混)

A. 培养他们的自制力　B. 对其严厉批评要有说服力

C. 培养他们专一、踏实和克服困难的精神　D. 加强他们广泛兴趣的培养

6. 下列性格测验属于自陈式测验的是(　　)

A. EPPS　B. MMPI　C. RIBT　D. 16PF

三、判断题

1. 巴甫洛夫高级神经活动类型中的弱型,相当于气质类型的黏液质。(　　)

2. 气质和性格两者是彼此联系、相互制约的,性格可以制约气质的表现。(　　)

3. 胆汁质的小丁冲动、粗心又鲁莽;黏液质的小林冷静、认真又稳重。可见小林的气质类型比小丁的好。(常考)(　　)

4. 主动感知或被动感知,习惯于看到细节还是看到轮廓等反映的是个体性格的理智特征。(　　)

5. 投射测验以弗洛伊德的人格理论为依据,相对于自陈式测验,它对施测者的要求更高。(　　)

6. 性格结构中,具有核心意义的结构特征是性格的意志特征。(　　)

7. 做事缺乏主见,容易受他人意见的干扰,这种性格类型属于内向型。(　　)

8. 根据心理活动的倾向,瑞士心理学家荣格将性格分为内向型和外向型,但多数人并非典型的内向型或外向型性格,而是介于两者之间的中间型。(　　)

四、简答题

1. 现代气质类型说对教育有什么启示?(常考)

2. 简述艾森克的气质理论。

3. 简述影响性格形成与发展的因素。

五、论述题

1. 作为一名教师,试述如何根据学生的不同气质类型因材施教。(常考)

2. 结合自己的教育教学经验,谈谈如何培养学生良好的性格。

六、案例分析题

某班有三位同学，甲生常常表现为：温柔、和顺，对事物观察敏锐，反应敏感，体验深刻，想象丰富，在活动中却不敢表现自己，做事小心谨慎，课堂表现很守纪律。而乙生表现为：动作迅速，精力充沛，热情洋溢，爱发脾气，情绪产生快而强，难以自制，理解问题常比别人快，活泼直率，粗心大意，坚持己见。丙生表现为：对同学非常热情，和许多同学很快就混熟了，但交情都很浅；她兴趣非常广泛，打乒乓球、跳舞、游泳都会，但没有一样精通；学校组织的活动她都争着参加，起初参加活动时劲头很足，但总是不能首尾一致，一会儿喜欢这个，一会儿又喜欢那个；她学习很积极努力，课堂上争着回答老师的问题，作业完成得很快，但有些粗心；情绪易表现于外，也容易变化，遇上不顺心的事就会放声大哭，但别人说几句安慰的话，又会很快破涕为笑。

请根据上述特征，判断甲、乙、丙三位同学的气质类型，这些气质类型的特点是什么，并提出具有针对性的教育措施。

整合提升

一、单项选择题

1. 学生与学生之间的差异主要不是体现在智力的高低上，而是体现在智力强项和潜在优势的不同类型上。给予我们这一启示的智力类型是(　　)

A. 斯腾伯格的三元智力理论　B. 加德纳的多元智能理论
C. 斯皮尔曼的智力结构二因素理论　D. 吉尔福特的智力三维结构理论

2. 小明想象力丰富、观察敏锐、思维灵活。这表现了他的(　　)

A. 知识　B. 技能　C. 智力　D. 思维

3. 在一个班级中，不同的学生差别很大，比如甲同学虽然性格内向，理解问题比别人慢，但是他的注意力集中；乙同学理解问题比别人快，热情大方，但是他做事轻率不踏实。以上例子体现了不同个体(　　)方面的差异。

A. 性格　B. 气质　C. 体质　D. 智力

4. 对中国儿童和国外儿童智力发展差异的研究，最理想的智力测验工具是(　　)

A. 韦氏智力测验　B. 比纳智力测验　C. 瑞文智力测验　D. 中国比纳智力测验

5. "笨鸟先飞""勤能补拙"说明(　　)

A. 需要对能力有影响　B. 动机对能力有影响
C. 性格对能力有影响　D. 气质对能力有影响

6. 在接手新班级并正式开展教学工作前，张老师对班里学生进行了一场中等难度的测试，并根据学生的测试成绩，对学生的实际水平有了初步的了解。由此可见本次测试具有(　　)

A. 难度　B. 效度　C. 信度　D. 区分度

7. 下列关于性格和气质之间的关系的描述，不正确的是(　　)

A. 性格与气质之间是相互影响和相互作用的
B. 性格和气质的生理基础有所不同
C. 气质可以引导性格的发展
D. 气质是个性心理特征中遗传色彩最浓的部分，具有先天性

8. 从事长跑、登山等需要坚持性运动的人，需要具备(　　)的特质。(常考)

A. 胆汁质　B. 黏液质　C. 多血质　D. 抑郁质

9. 在心理测验中，智力测验属于(　　)

A. 认知测验　B. 人格测验　C. 兴趣测验　D. 成就测验

10. 影响学生的学习方式，同时也作为动力因素影响学习速度和质量的是(　　)(易错)

A. 气质　B. 性格　C. 需要　D. 动机

11. 教师自编测验时，要想提高测验的区分度，最重要的是控制好试题的(　　)

A. 难度　B. 效度　C. 信度　D. 题量

12. 下列属于黏液质气质类型学生的观察指标的是(　　)

A. 做作业花费时间多，害怕老师提问
B. 学习新功课容易产生兴趣，但很快厌烦
C. 学习认真严谨，但理解问题比别人慢
D. 学习的理解能力和接受能力很快，但不求甚解

13. 投射测验的特点是(　　)

A. 客观测验　B. 纸笔测验　C. 结构不明确　D. 含有一系列问题

14. 依据人类社会活动的六种形态，(　　)将人划分为六种性格类型，不同的性格类型有不同的价值观成分。

A. 霍兰德　B. 桑代克　C. 斯普兰格　D. 奥尔波特

15. 教师改卷子时会不自觉地认为差生不能有好成绩，因而评分时不自觉地提高要求，这是人的(　　)在起作用

A. 原始动机　B. 习得动机　C. 有意识动机　D. 无意识动机

16. 有的人事先就确定了参观计划，计算时间是否充裕，重点看哪些内容，进入展厅后就有条不紊的、详略有别地观看；而有的人则喜欢到了再说，进入展厅后哪里人多就往哪挤，认为人多处定有精彩的东西，或是在某一处看得高兴而全然不顾其他。这体现了性格的(　　)特征。

A. 理智　B. 意志　C. 情绪　D. 态度

17. 注意的转移与人的气质类型有关，注意力容易转移的气质类型是(　　)

A. 胆汁质　B. 多血质　C. 黏液质　D. 抑郁质

18. 在学习动机的支配下，学生会专心聆听教师的讲课，积极参与课堂讨论，主动到图书馆查阅资料，或者完成家庭作业。而在娱乐动机的支配下，学生可能上网玩游戏。由此可以判断动机具有(　　)

A. 强化功能　B. 激活功能　C. 指向功能　D. 维持功能

19. 以下关于加德纳的多元智力观描述不正确的是(　　)

A. 会写小说属于言语智力　B. 会认地图属于空间智力
C. 会跳舞属于身体—运动智力　D. 试着理解好朋友的伤心属于自然观察者智力

20. 根据斯腾伯格的三元智力理论,具有哪种智力类型的人常常是特别出色的综合思维者,能够发现别人所不能发现的联合(综合)点(　　)

A. 成功智力　B. 实践性智力　C. 创造性智力　D. 分析性智力

21. 路见不平,有人能见义勇为,有人则逃之夭夭。这反映了人的(　　)差异。

A. 能力　B. 性格　C. 人格　D. 智力

22. 一些自愿到边远贫困地区支教的志愿者的行为说明(　　)

A. 马斯洛的需要层次理论是错误的　B. 生理和安全的需要并不具有最强大的力量

C. 低级需要和高级需要并不是绝对对立的　D. 不同的人对低级需要的需求是不同的

二、多项选择题

1. 下列有关测验信度的影响因素,说法正确的有(　　)

A. 增加测题数量可以提高信度且越多越好

B. 施测对象过强或过弱的动机都不利于信度的提高

C. 测验的环境条件会影响到测验的信度

D. 若测题难度过大导致分数范围缩小,那么信度也会降低

2. 下列心理表现属于气质的有(　　)(易混)

A. 见义勇为,拾金不昧　B. 沉默寡言,冷静理智

C. 柔弱胆小,谨慎细心　D. 活泼爱动,热情开朗

3. 关于多元智能理论的认识,下列说法错误的有(　　)

A. 人类至少有7种以上的智能,每一种智能作用不同。有的是重要的,有的是次要的

B. 教育评价应该是多渠道的、采用多形式在不同的实际生活和学习情景下进行评价

C. 每一个人的智力都有统一的表现形式,每一种智力都有统一的表现形式,所以存在统一的评价标准

D. 各种智能是以整合的方式存在,它们有共同的发展规律

4. 下列属于定序测量的是(　　)

A. 某人的文化程度

B. 某次体育比赛中的名次

C. 某人的婚姻状况为“已婚”

D. 某市一天内早中晚的温度分别为17℃、28℃、15℃

5. 下面关于知识、技能、能力的说法中正确的有(　　)

A. 能力包含的是已经具备的知识和技能水平

B. 能力的形成与发展依赖于知识和技能的发展

C. 能力的高低可以影响到掌握知识和技能的水平

D. 从一个人掌握知识和技能的速度和质量上可以看出他的能力水平

三、辨析题

1. 学生的学习兴趣既可以来自对学习活动本身的直接兴趣,也可以来自对学习结果的间接兴趣。

2. “江山易改,禀性难移”说明气质的稳定性是不可以改变的。

3. 学生掌握了知识就能形成相应的能力。

四、简答题

1. 简述性格与能力的关系。

2. 简述斯腾伯格的三元智力理论。

五、论述题

试根据能力与知识、技能的关系分析“高分低能”现象。(常考)

六、案例分析题

1. 小林的父母很少管他,因此他的学习成绩一直很差,上课总像是被霜打了的茄子,萎靡不振,从不主动回答问题,经常不交作业,对学习毫无兴趣,同学们对他的印象不好,老师也不喜欢他,在教育方式上也多以批评、训斥为主,小林因此产生了弃学的念头。

请分析小林现状的危害,并提出改进意见。

2. 小学生吴明，从小与父母生活在一起。吴明的父母性格内向，忠厚老实，不善言辞。由于平时忙于农活，而且文化水平不高，吴明的父母平时很少与他交流。在学校里，吴明与同学相处时也比较自私，对集体利益也漠不关心；对于学习，他也是马马虎虎，每次作业都是应付了事；由于成绩总是在班级最后几名，每到期末考试前，他偶尔也会制订复习计划，但很快就放弃了；对于将来干什么，也没有自信。

如果你是吴明的老师，结合吴明的实际情况，如何开展对他的性格培养和教育工作？

真题必刷

一、单项选择题

1. [平顶山市直]马斯洛的需要层次理论是行为科学的理论之一，由美国心理学家马斯洛在《人类激励理论》中提出。书中将人类的需要像阶梯一样从低到高按层次分为五种，分别是(　　)

A. 生理需要、安全需要、社交需要、尊重需要、自我实现需要

B. 生理需要、社交需要、安全需要、尊重需要、自我实现需要

C. 生理需要、尊重需要、安全需要、社交需要、自我实现需要

D. 生理需要、尊重需要、社交需要、安全需要、自我实现需要

2. [许昌市直]马斯洛的需要层次理论提出，人最高级的需要是(　　)

A. 审美的需要　B. 归属与爱的需要　C. 尊重的需要　D. 自我实现的需要

3. [洛阳汝阳]在日常生活中，我们希望得到稳定的职业，让自己的生活有保障。这属于需要层次理论中的(　　)

A. 求知需要　B. 自尊需要　C. 安全需要　D. 自我实现的需要

4. [郑州二七区]按照马斯洛需要层次理论的观点，学习动机来源于(　　)

A. 尊重需要　B. 审美需要

C. 认知与理解的需要　D. 自我实现的需要

5. [永城]美国心理学家卡特尔认为，受先天遗传因素影响较大，受教育文化影响较少的是(　　)

A. 晶体智力　B. 情境智力　C. 遗传智力　D. 流体智力

6. [安阳滑县]一个实际年龄为10岁的小学生经过智力测试鉴定，其智力年龄为15岁，那么其智商是(　　)

A. 80　B. 100　C. 120　D. 150

7. [郑州高新区]小丽遇事沉着、冷静，但做事比较死板，缺乏灵活性，其气质类型属于(　　)

A. 抑郁质　B. 黏液质　C. 多血质　D. 胆汁质

二、多项选择题

1. [周口太康]人本主义心理学家马斯洛的需要层次理论把人的众多需要区分为两大类，其中，成长需要包括(　　)

A. 生理需要　B. 审美需要　C. 求知需要　D. 自我实现的需要

2. [驻马店市直]智育任务之一是发展学生智力，智力包括(　　)

A. 观察力　B. 想象力　C. 思维力　D. 记忆力和注意力

3. [濮阳市直]一个科学的测验必然具备良好的信度和效度，关于信度和效度之间的关系下列表述正确的是(　　)

A. 效度高信度必然高　B. 效度低信度可能很高

C. 信度低效度不可能高　D. 信度高效度未必高

4. [郑州郑东新区]下列选项中关于气质在实践中的意义，正确的观点有(　　)

A. 气质没有好坏之分　B. 气质影响人的活动方式与效率

C. 气质是择业与选拔人才的依据之一　D. 气质特征是因材施教的依据之一

E. 气质本身不决定一个人社会活动的价值

三、判断题

1. [驻马店市直]人对食物、空气和水等的生理需要是人最基本的需要。(　　)

2. [南阳南召]最早的智力测试是由法国心理学家比奈和西蒙于1903年编制的。(　　)

第二篇　教育心理学

专题一　教育心理学概述

命题分析

本专题主要以选择题、判断题、填空题的形式考查。本专题需要重点掌握的知识包括:
1. 识记教育心理学的研究内容。
2. 识记教育心理学的发展历程。
3. 识记并区分教育心理学的研究方法。

基础训练

知识1 教育心理学的研究

一、单项选择题

1. 教育心理学的研究方法中,(　　)是最基本、最普遍的方法。
A. 观察法　　B. 实验法
C. 调查法　　D. 教育经验总结法

2. 教育心理学的主要研究对象是(　　)
A. 学生　　B. 教师　　C. 学习　　D. 教学

3. 用标准化量表对个体的心理特征进行研究的方法是(　　)
A. 实验法　　B. 观察法　　C. 调查法　　D. 测验法

4. 研究学校教育情境中学与教相互作用的基本规律的科学是(　　)
A. 发展心理学　　B. 思维心理学
C. 教育心理学　　D. 记忆心理学

5. 在教育心理学领域中,研究最多、研究时间最长的部分是(　　)
A. 教学过程　　B. 学习过程　　C. 评价过程　　D. 反思过程

6. 李老师发现班里一名学生的阅读方面存在问题,对此他运用了教育心理学的理论和研究方法,对他的问题进行了追根溯源,找到了困难的症结。这表明教育心理学具有(　　)的作用。
A. 为实际教学提供科学的理论指导　　B. 帮助教师预测并干预学生
C. 帮助教师准确地了解问题　　D. 帮助教师结合实际教学进行研究

7. 在教育心理学看来,(　　)不仅是课堂管理研究的主要范畴,也是学习过程研究和教学设计研究所不能忽视的重要内容。
A. 教学内容　　B. 教学媒体
C. 教学环境　　D. 评价/反思过程

8. 下列关于观察法的优点,说法错误的是(　　)
A. 可以观察到被试者在自然状态下的行为表现,所获结果比较真实
B. 可以真实地观察到行为的发生、发展
C. 能够把握当时的全面情况、特殊的气氛和情境
D. 收集资料时间短且真实

9. 依据教育实践所提供的事实,按照科学研究的程序,分析和概括教育现象,揭示其内在联系和规律,使之上升为教育理论的一种教育科研方法是(　　)
A. 个案法　　B. 测验法
C. 教育经验总结法　　D. 产品分析法

10. 教育心理学与儿童心理学不同,它是从(　　)角度研究某种教学、教育条件或举措与学生掌握知识、技能及形成能力、品格之间的联系。(易错)
A. 纵向　　B. 横向　　C. 独立　　D. 并列

11. 教育心理学研究的核心内容(　　)
A. 学习过程　　B. 教学过程　　C. 育人过程　　D. 评价过程

12. 在影响教学过程的因素中,学生的先前基础知识、学习方式、智力水平、兴趣和需要差异等属于(　　)
A. 文化差异因素　　B. 社会差异因素　　C. 群体差异因素　　D. 个体差异因素

13. 美国心理学家华生为了研究儿童的恐惧心理,在儿童抚摸小白兔时,大声敲锣,结果使这个儿童不但对白兔,甚至对其他白色的东西都产生了畏惧心理。这种行为违反了教育心理学研究的哪项原则(　　)
A. 客观性原则　　B. 教育性原则　　C. 理论联系实际原则　　D. 系统性原则

14. 在比较讲授法和讨论法的教学效果时,教师分别选用两个班级,一班采用讲授法,另一班运用讨论法,两班学生在智力、学业基础等方面尽量保持均衡,期末时测量其成绩差异。这种教育研究方法属于(　　)
A. 观察法　　B. 实验法　　C. 个案研究法　　D. 调查法

15. 为了了解学生在日常学习活动中的进步情况,我们应当采用的研究方法是(　　)
A. 实验法　　B. 练习法　　C. 观察法　　D. 发现法

16. 下列属于教学环境中社会环境的是(　　)
A. 照明　　B. 座位的排列　　C. 课堂气氛　　D. 投影仪

17. 通过分析儿童的绘画、日记、作品等以了解儿童心理特点的方法是(　　)
A. 实验法　　B. 测验法　　C. 观察法　　D. 作品分析法

18. 教育心理学研究要求研究者牢记被试的心理是不断发展变化的,应该采用动态、变化的指标进行衡量。这遵循了教育心理学研究的(　　)原则。
A. 发展性　　B. 整体性　　C. 系统性　　D. 教育性

二、多项选择题

1. 教学环境包括物质环境和社会环境两个方面,下列属于物质环境的是(　　)
A. 课堂自然条件　　B. 教学设施　　C. 空间布置　　D. 课堂纪律

2. 关于观察法,下列说法正确的有(　　)(易错)
A. 可揭示因果关系,可重复检验,数量化指标明确
B. 儿童的心理与行为活动不稳定,各种表现具有偶然性,要进行反复多次的观察
C. 在"单盲"情况下,观察的效果较为客观可靠
D. 观察资料的质量容易受观察者能力和其他心理因素的影响
3. 访谈法是教育心理学研究中的一种常用方法,它是指研究者通过与儿童进行口头交谈,了解和收集有关他们心理特征和行为的数据资料的一种研究方法。关于访谈法下列说法正确的有(　　)
A. 访谈者应争取掌握访谈过程的主动权,积极影响儿童
B. 访谈法回收率和有效率较高
C. 访谈法省时省力,但受环境、时间限制
D. 访谈法所得到的资料比较容易量化
4. 下列属于教育心理学研究应遵循的原则有(　　)
A. 客观性原则　　B. 诊断性原则
C. 教育性原则　　D. 系统性原则
5. 教育心理学作为一门独立的学科,具有自己的理论、研究方法,对教育实践起着重要的促进作用。关于教育心理学的积极作用,下列表述正确的是(　　)
A. 为实际教学提供科学的实践指导　　B. 有利于教师教育并控制学生
C. 帮助教师结合实际教学进行教育研究　　D. 有利于教师准确地了解问题

三、判断题

1. 教育心理学可以为有效地学与教提供一般原理和建议,但它不能给特定情境中的实际问题提供处方。(　　)
2. 教育心理学是应用心理学的一种,是心理学原理在教育中的应用。(　　)
3. 实验法是心理学研究中应用最广、成就最大的一种方法。(　　)
4. 访谈法最适合了解外显行为,而通过外显行为,可以发现行为背后的原因。(　　)
5. 遵循客观性原则是进行科学研究的前提条件。(　　)
6. 研究者创造某种条件使某种心理现象得以产生并加以观察,这是观察法的特点。(　　)

四、名词解释

1. 系统性原则

2. 现场实验

3. 产品分析法

4. 个案法

知识2 教育心理学的发展

一、单项选择题

1. 研究如何使学生共享教与学过程中所涉及的人类资源,如何在一定背景下将学生组织起来一起学习的是(　　)
A. 主动性研究　　B. 反思性研究
C. 合作性研究　　D. 社会文化研究
2. 20世纪60年代,(　　)思潮掀起了一场教育改革运动,罗杰斯提出了"以学生为中心"的主张,认为教师只是一个"方便学习的人"。
A. 人本主义　　B. 行为主义　　C. 认知心理　　D. 信息论
3. 世界上第一本以"教育心理学"命名的书是1877年(　　)出版的《教育心理学》。(常考)
A. 乌申斯基　　B. 卡普捷列夫　　C. 赫尔巴特　　D. 桑代克
4. 教育心理学作为一门独立的心理学分支学科,诞生于(　　)
A. 1877年　　B. 1879年　　C. 1903年　　D. 1868年
5. 桑代克初步解决了教育心理学的研究方法问题,他主张研究教育心理学应采用(　　)
A. 观察和测量的方法　　B. 调查和观察的方法
C. 观察和实验的方法　　D. 实验和测量的方法
6. 下列关于教育心理学发展进程的说法,正确的是(　　)
A. 第一次提出"教育教学的心理学化"的思想是在初创时期
B. 布鲁纳的课程改革运动发生在发展时期
C. 计算机辅助教学出现在完善时期
D. 合作性研究是成熟时期的成果
7. 教育心理学受弗洛伊德理论的影响扩展了其研究领域,同时,程序教学兴起的时期大致在(　　)
A. 19世纪末20世纪初　　B. 20世纪20年代到50年代末
C. 20世纪60年代到70年代末　　D. 20世纪80年代以后
8. 被称为"教育心理学之父"的学者是(　　)(常考)
A. 皮亚杰　　B. 桑代克　　C. 布鲁纳　　D. 维果斯基

9. 布鲁纳在1994年将教育心理学的研究成果总结为主动性研究、反思性研究、合作性研究以及(　　)
A. 社会文化研究　B. 家庭环境研究
C. 学校环境研究　D. 班级气氛研究
10. 1924年我国第一本《教育心理学》教科书出版，其作者是(　　)
A. 陶行知　B. 蔡元培　C. 潘菽　D. 廖世承
11. 下列人物与作品对应错误的是(　　)
A. 桑代克——《教育心理学》　B. 杜威——《我的教育信条》
C. 赞科夫——《人是教育的对象》　D. 弗洛伊德——《梦的解析》

二、填空题

1. 20世纪50年代，________和________的兴起，也相应影响和改变了教育心理学的内容。
2. 我国出版的第一本教育心理学著作是1908年________翻译日本小原又一著的《教育实用心理学》。
3. 教育心理学的成熟时期是________。
4. 赫尔巴特首次提出把教学理论的研究建立在科学基础之上，而这个科学基础就是________。

三、判断题

1. “教育心理学之父”出版的《教育心理学》是世界上最早正式以“教育心理学”命名的著作。(　　)
2. 布卢姆发起了课程改革运动，自此，美国教育心理学逐渐重视探讨教育过程和学生心理，重视教材、教法和教学手段的改进。(　　)
3. 教育心理学成熟时期的特征是行为、认知和人本主义学派的分歧日趋缩小。(　　)

真题必刷

一、单项选择题

1. [商丘中心城区]教育心理学主要研究的是学校教育中的(　　)
A. 学生的学习　B. 教育措施　C. 教与学的规律　D. 学校环境
2. [平顶山郏县]在西方教育史上，第一个提出“教育心理学化”口号的是(　　)
A. 裴斯泰洛齐　B. 康德　C. 洛克　D. 赫尔巴特
3. [平顶山宝丰]根据学科性质，教育心理学属于(　　)
A. 自然学科　B. 社会学科　C. 应用学科　D. 交叉学科
4. [新乡获嘉]在心理学的研究中，有计划地严格控制或创设条件去主动引起或改变被试的心理活动，从而进行分析研究的方法称为(　　)
A. 观察法　B. 心理测验　C. 实验法　D. 个案研究法
5. [新乡封丘]在教学中，由于中学生和小学生的思维水平不同，则其学与教的过程也会表现出相应的不同，这主要体现了学生的(　　)
A. 年龄差异　B. 性别差异　C. 个体差异　D. 认知方式差异

二、多项选择题

1. [安阳滑县]教师的教与学生的学是一个相互作用的系统过程。除了学生和教师之外，该系统过程还包括(　　)
A. 教学内容　B. 教学环境　C. 教学媒体　D. 教学理念
2. [郑州上街区]教育心理学诞生的心理学背景包括(　　)
A. 教育心理化运动　B. 心理测验运动
C. 儿童研究运动　D. 冯特的科学心理学
3. [信阳浉河区]教学环境影响学生的学习过程和方法、教学方法以及教学组织，下列属于教学环境中的社会环境的是(　　)
A. 座位的排列　B. 师生关系　C. 校风　D. 社会文化背景
4. [郑州郑东新区]幼儿教育心理学对幼儿教育实践的作用有(　　)
A. 评价　B. 描述
C. 解释　D. 预测
E. 控制

三、填空题

1. [商丘中心城区]学生对学与教的过程的影响体现在两个方面，即群体差异与________。
2. [商丘中心城区]1903年，美国心理学家桑代克出版了________，为西方该学科体系的确定奠定了基础。

专题二　心理发展及个别差异

命题分析

本专题的考查比较灵活,主要以选择题、判断题的形式考查,也会以简答题、论述题和案例分析题的形式考查。本专题需要重点掌握的知识包括:

1. 理解并识记心理发展的基本特征。
2. 理解掌握皮亚杰的认知发展阶段理论,重点理解并区分各阶段的思维特征。
3. 掌握维果斯基的最近发展区理论,重点掌握最近发展区的内涵和应用。
4. 理解并识记人格的特征,识记影响人格发展的因素。
5. 识记自我意识的成分和发展阶段。
6. 掌握埃里克森的心理社会发展阶段论。
7. 识记并区分不同认知风格类型的特征。

基础训练

知识1 心理发展概述

一、单项选择题

1. 心理发展是指个体从出生、成熟、衰老直至死亡的整个生命进程中所发生的一系列(　　)
A. 身心变化　B. 机体变化　C. 心理增长　D. 心理变化

2. 个体心理发展中,充满着独立性和依赖性、自觉性和幼稚性矛盾的阶段是(　　)
A. 童年期　B. 少年期　C. 青年初期　D. 青年期

3. 中学生随着身心的迅速发展,开始积极尝试脱离父母的保护和管理,渴望自己的行为像成人,不愿意被当作孩子看待。这说明中学生心理发展具有(　　)
A. 平衡性　B. 独立性　C. 闭锁性　D. 动荡性

4. 两个14岁的少年,一个人的抽象逻辑思维已获得较好的发展,而另一个还离不开具体形象的支持。这是学生认知发展的(　　)体现。
A. 连续性与阶段性　B. 定向性与顺序性
C. 不平衡性　D. 差异性

5. 少年期的年龄阶段是指(　　)
A. 3～6、7岁　B. 6、7～11、12岁
C. 11、12～14、15岁　D. 14、15～17、18岁

6. 在各种心理机能中,感知觉的发展最早,然后是运动机能、情绪、动机和社会交往能力的发展,而抽象思维的出现和发展最迟。这说明心理学发展具有(　　)
A. 定向性与顺序性　B. 不平衡性
C. 连续性与阶段性　D. 差异性

7. 有人认为"我可以根据自己的需要,把孩子培养成什么样的人都可以"。这种片面的观点突出强调的是(　　)对儿童心理发展的影响。
A. 遗传因素　B. 生理成熟　C. 环境和教育　D. 先天因素

8. 印度"狼孩"的事例表明,个体在早期心理发展的某一个短暂时期内,对某类刺激特别敏感,一旦错失将难以达到应有的发展水平。心理学上把这一时期称为(　　)
A. 最近发展期　B. 生长高峰期
C. 心理断乳期　D. 发展关键期

9. 以下表述不符合个体心理发展关键期特点的是(　　)
A. 某种能力获得的最佳时期　B. 错过这个时期,个体难以获得某种发展
C. 不可逆转的时期　D. 0～3岁的时期

10. 儿童对形状形成正确知觉的关键期是(　　)岁。(易混)
A. 1　B. 2　C. 3　D. 4

11. 学生原有的知识水平或心理发展水平对新的学习的适应性,称为(　　)
A. 定势　B. 最近发展区　C. 学习迁移　D. 学习准备

12. 人的语言发展的关键期为(　　)
A. 学前阶段　B. 小学阶段　C. 初中阶段　D. 高中阶段

13. 奥地利动物心理学家劳伦兹因为提出了(　　),因而获得了诺贝尔奖。
A. 认知发展理论　B. 关键期理论
C. 最近发展区理论　D. 人格发展理论

14. 学生不愿听取父母的意见,却又希望从父母那里得到精神上的理解。这一现象体现了其心理的(　　)
A. 反抗性和依赖性　B. 闭锁性和开放性
C. 高傲和自卑　D. 否定童年和眷恋童年

15. 幼儿的感知能力发展迅速,喜欢游戏活动,但他们不具有抽象思维。这主要说明儿童心理发展具有(　　)
A. 连续性　B. 顺序性　C. 不平衡性　D. 个别差别性

二、多项选择题

1. 青年初期心理发展的特征是(　　)(易错)
A. 智力接近成熟,抽象逻辑思维已从"经验型"向"理论型"转化,出现了辩证思维
B. 道德感、理智感与美感都有了深刻的发展
C. 形成了理智的自我意识
D. 心理活动的随意性显著增长
E. 对未来充满理想,有时也会出现与生活相脱节的幻想

2. 下面对小学生个性发展方面的描述,正确的说法有(　　)
A. 个性已基本形成　B. 性格已基本定型
C. 兴趣广泛,但不稳定　D. 学习动机较为单纯
E. 性格多有外向型的特点

3. 心理发展的不平衡性体现在(　　)

A. 个体不同系统在发展速度上的不同

B. 个体不同系统在发展的起止时间上的不同

C. 个体不同系统在到达成熟时期上的进程不同

D. 个体不同系统在发展优势领域的不同

E. 同一机能特性在发展的不同时期有不同的发展速率

三、简答题

1. 简述学生心理发展的一般规律。

2. 简述影响个体心理发展的因素。

四、案例分析题

美国行为主义心理学家华生在《行为主义》一书中写道:“给我一打健康的婴儿,一个由我支配的特殊环境,让我在这个环境里养育他们,我可担保,任意选择一个,不论他们父母的才干、倾向、爱好如何,他们父母的职业及种族如何,我都可以按照我的意愿把他们训练成为任何一种人物……医生、律师、艺术家、大商人,甚至乞丐或强盗。”

试用心理学原理分析此段内容。

知识2 认知发展与教育

一、单项选择题

1. 皮亚杰认为,发展的实质在于主体通过(　　)完成对客体的适应,取得机体与环境的平衡。

A. 思维　B. 动作　C. 想象　D. 言语

2. 两小无猜的时代,一根竹子、一张长凳就可以是一匹骏马。这是个体认知发展到(　　)能做到的事情。

A. 感知运动阶段　B. 前运算阶段　C. 具体运算阶段　D. 形式运算阶段

3. 将等量的液体放置于形状不同的容器中,儿童认为细高容器中的液体多于短粗容器中的液体。皮亚杰称该儿童是处于(　　)(常考)

A. 感知运动阶段　B. 前运算阶段　C. 具体运算阶段　D. 形式运算阶段

4. 下列教育案例中,最能体现“最近发展区”理论运用的是(　　)

A. 3岁的小军在妈妈的指导下,逐渐学会了自己穿衣服

B. 小海的妈妈希望他将来成为一名科学家

C. 小明的实际身高和同龄男孩的平均身高之间的差距

D. 5岁的小西能够背诵100首古诗

5. 把一个玩具从儿童的身边拿走,他会去寻找。这说明儿童的认知发展至少应处于(　　)

A. 感知运动阶段　B. 前运算阶段　C. 具体运算阶段　D. 形式运算阶段

6. 很多人购买东西只认牌子,因为他们觉得品牌的东西比较可靠。按照皮亚杰的观点,这种行为属于(　　)

A. 同化　B. 顺应　C. 图式　D. 平衡

7. 皮亚杰认为,儿童思维的发展趋于成熟的标志是(　　)

A. 获得“客体永久性”概念　B. 有符号功能思维

C. 获得“守恒”概念　D. 进入形式运算阶段

8. 根据皮亚杰的研究,初中生的思维处于具体运算阶段向形式运算阶段过渡的时期。针对这一发展特点,教师在教学中应加强对学生(　　)

A. 运算能力的培养　B. 操作能力的培养

C. 具体思维能力的培养　D. 抽象思维能力的培养

9. “我一走路,月亮就跟着我走”“你踩在小草身上,它会疼得哭”。这是处于(　　)阶段的儿童具有的特点。

A. 感知运动　B. 前运算　C. 具体运算　D. 形式运算

10. (　　)提出了著名的“最近发展区”理论。

A. 孟子　B. 维果斯基　C. 弗洛伊德　D. 洛克

11. 某学生认为,插队是不文明的行为,但是当遇到孕妇和老人时,可以让他们“插队”。根据皮亚杰的认知发展阶段理论,该学生处于(　　)

A. 感知运动阶段　B. 前运算阶段

C. 具体运算阶段　D. 形式运算阶段

12.( )认为,人类个体心理是在与周围人的交往过程中产生和发展起来的,而不是与生俱来的固有本能,心理发展受人类社会文化历史的制约。

A. 皮亚杰 B. 维果斯基 C. 马斯洛 D. 斯金纳

13. 根据皮亚杰的认知发展阶段理论可知,儿童可以同时从两个或两个以上角度思考问题,这表明儿童认知水平处于( )

A. 感知运动阶段 B. 前运算阶段 C. 具体运算阶段 D. 形式运算阶段

14. 维果斯基提出的"最近发展区理论"认为,教学要想对学生的发展发挥主导和促进作用,就应该( )

A. 与学生发展同步 B. 走在学生发展的前面

C. 走在学生发展的后面 D. 不受学生发展的制约

15. 学生在学习生活过程中,会通过语言文字体现出一系列的心理活动。根据维果斯基的文化历史发展理论,这属于( )

A. 低级心理机能 B. 高级心理机能

C. 一般心理机能 D. 超级心理机能

16. 根据皮亚杰的认知发展阶段理论,延迟模仿出现在( )

A. 感知运动阶段 B. 前运算阶段 C. 具体运算阶段 D. 形式运算阶段

17. 小东原来认为空气没有重量,经老师实验演示,他认识到自己错了,改变了自己的观点。小东的这一认识变化过程属于( )

A. 同化 B. 顺应 C. 组织 D. 平衡化

18. 皮亚杰的"三山实验"表明,前运算阶段(2~7岁)的儿童( )

A. 以自我为中心 B. 没有获得客体永久性

C. 没有获得守恒概念 D. 认为一切事物都是有生命的

19. 同样是5颗纽扣,一个摆放紧密而显得短,另一个摆放稀疏而显得长,某学生会觉得摆放长的数量较多。根据皮亚杰的认知发展阶段理论,该学生处于( )

A. 感知运动阶段 B. 前运算阶段

C. 具体运算阶段 D. 形式运算阶段

二、多项选择题

1. 皮亚杰理论的基本观点是( )

A. 儿童的认知发展是主、客体相互作用的结果

B. 认知结构的构建和再构建是认知发展的本质所在

C. 儿童认知发展取决于认知结构的发展水平

D. 可以对儿童进行超前教育

E. 存在着相互独立的七种智力

2. 皮亚杰认为,个体的认知结构是通过哪两个过程的循环而不断发展的( )

A. 调整过程 B. 同化过程

C. 反馈过程 D. 顺应过程

E. 平衡

3. 下列对具体运算阶段儿童的思维特点的描述,正确的有( )(易混)

A. 一切以自我为中心

B. 尚未获得物体守恒的概念

C. 思维具有不可逆性

D. 已经可以很好地把自己和外部世界区分开

E. 能够根据大小、体积、重量等要素进行心理上的排序

4. "最近发展区"是指儿童的下列哪两个发展水平之间的区域( )

A. 实际发展水平 B. 潜在发展水平

C. 昨天发展水平 D. 过去发展水平

E. 前天发展水平

三、判断题

1. 皮亚杰认为认知阶段出现的先后次序是不变的。( )

2. 一般认为,初中生的思维已经发展到形式运算阶段,但面临新问题时往往会退回到具体运算阶段。( )

3. 皮亚杰认为适当的教育训练可以加快各个认知阶段的转化速度。( )

四、简答题

简述"教学应该走在发展的前面"的含义及其意义。

五、案例分析题

四岁的瑶瑶走进厨房,桌子上放着完全相同的两瓶牛奶。她看见妈妈打开一瓶,把牛奶倒进一个大玻璃坛子里。她的目光从那只仍装满牛奶的瓶子转回到坛子。这时妈妈问:"瑶瑶,哪个牛奶多,瓶子里还是坛子里呢?"

(1)根据皮亚杰的认知发展理论,瑶瑶会如何回答?

(2)请运用皮亚杰的认知发展理论对瑶瑶的回答加以分析。

知识3 中小学生人格、社会化发展与教育

一、单项选择题

1. 人格是指决定个体外显行为和内隐行为并使其与他人行为有稳定区别的(　　)

A. 行为系统　B. 综合心理特征

C. 意识特点　D. 品德和修养

2. 埃里克森提出了人格发展阶段理论,认为儿童人格发展是一个逐渐形成的过程,必须经历几个顺序不变的阶段,每一阶段都有一个由生物学的成熟与社会文化环境、社会期待之间的冲突和矛盾所决定的发展危机。其中6～11岁对应的是(　　)(常考)

A. 主动感对内疚感　B. 勤奋感对自卑感

C. 自我同一性对角色混乱　D. 信任感对不信任感

3. 很多成功人士的成长之路都充分证明了"性格决定命运",这说明人格具有(　　)

A. 生物制约性　B. 社会制约性

C. 目的性　D. 功能性

4. "人心不同,各如其面。"这句俗语为人格的(　　)特点做了诠释。

A. 功能性　B. 整合性　C. 独特性　D. 稳定性

5. 鲁迅说:"横眉冷对千夫指,俯首甘为孺子牛。"这句话说明了人格的(　　)

A. 独特性　B. 稳定性　C. 复杂性　D. 功能性

6. 弗洛伊德将人格分为本我、自我、超我三个层次,下列关于三个层次的表述正确的是(　　)(易混)

A. 本我—生物本能我,自我—遵循快乐原则　B. 超我—遵循现实原则,自我—道德理想我

C. 本我—遵循快乐原则,超我—心理社会我　D. 自我—心理社会我,超我—遵循道德原则

7. 3岁左右基本成熟的自我是(　　)

A. 生理自我　B. 心理自我　C. 社会自我　D. 现实自我

8. 埃里克森的人格发展阶段理论认为,学龄期的儿童所形成的积极人格特征是(　　)

A. 希望　B. 意志　C. 目标　D. 能力

9. 个体自我意识的发展顺序是(　　)

A. 生理自我—心理自我—社会自我　B. 生理自我—社会自我—心理自我

C. 心理自我—生理自我—社会自我　D. 心理自我—社会自我—生理自我

10. "我好开心,今天我当值日生,老师表扬了我"这句话反映的是学生自我意识中的(　　)

A. 自我认识　B. 自我监控　C. 自我调节　D. 自我体验

11. 依据埃里克森的人格发展阶段理论,3～6岁儿童人格发展的主要任务是获得(　　)

A. 勤奋感　B. 主动感　C. 自主性　D. 自我同一性

12. (　　)家庭教育方式下的儿童是最不成熟的,他们缺乏自我控制的能力和探索精神,有极强的依赖性,遇到新奇事物或紧张事情就会退缩。

A. 专制型　B. 放纵型　C. 民主型　D. 过于保护型

13. 人格的(　　)是心理健康的重要指标。

A. 独特性　B. 稳定性　C. 整合性　D. 功能性

14. 小明平时自立能力比较强,课堂上回答问题思想活跃,对老师和同学们彬彬有礼,与同学们相处融洽,他成长的家庭教养方式最可能是(　　)

A. 放纵型　B. 民主型　C. 权威型　D. 合作型

15. 学生对自己人际关系的意识,属于下列哪方面的自我意识(　　)

A. 生理自我　B. 心理自我　C. 社会自我　D. 理想自我

16. 对于弗洛伊德的人格结构理论,表述正确的为(　　)

A. "自我"是心理社会我　B. "超我"抑制自我的冲动

C. "自我"遵循道德原则　D. "本我"位于人格结构最高层

二、多项选择题

1. 影响人格发展的社会因素有(　　)(常考)

A. 家庭教养方式　B. 学校教育

C. 同伴群体　D. 个人努力

E. 遗传

2. 家庭是"潜移默化地制造人格的工厂"。在放纵型家庭环境中长大的孩子容易具有(　　)特点。

A. 盲从　B. 自私

C. 缺乏独立性　D. 野蛮

E. 幼稚

3. 弗洛伊德认为人格结构由哪三部分组成(　　)

A. 本我　B. 自我

C. 他我　D. 超我

E. 镜我

4. 自我意识包括(　　)

A. 自我认识　B. 自我体验

C. 自我调节　D. 自我检查

E. 自我监控

5. 根据埃里克森的人格发展阶段理论,下列学生的年龄阶段与相应的人格发展阶段的主要任务,匹配正确的是(　　)

A. 3～6岁学龄前儿童——主动性　B. 小学生——勤奋感

C. 初中生——自我同一性　D. 成年早期——亲密感

E. 1.5～3岁——自主感

三、判断题

1. 随着年龄的增长,同伴的影响越来越强,在某种程度上甚至超过父母的影响。(　　)

2. 专制型教养方式是指父母要求子女绝对服从自己,对子女所有行为都加以保护监督的一种教养方式。(　　)

3. 社会自我是自我意识最原始的形象。(　　)

4. 埃里克森的人格发展阶段理论属于人本主义的理论。(　　)

5. 自我意识的高涨是导致初中生反抗心理出现的第一个原因。(　　)

6. 会说自己的名字是幼儿自我意识萌芽的主要标志。(　　)

四、简答题

简述影响人格形成与发展的因素。(常考)

五、论述题

试述中学生自我意识发展的特点。

知识4 学生的个别差异

一、单项选择题

1. 在全体人口中,智力呈何种状态分布(　　)(常考)
A. 正态分布　　B. 偏态分布
C. 正偏态分布　　D. 负偏态分布

2. 按照智力测验的标准,智力超常的儿童是指智商至少达到(　　)的儿童。
A. 130　　B. 140　　C. 150　　D. 170

3. 人们通常认为"北方人开朗、豪放,南方人含蓄、细腻"。根据奥尔波特的人格理论,上述人格特质属于(　　)
A. 共同特质　　B. 首要特质　　C. 次要特质　　D. 中心特质

4. 关于智力差异,下列说法错误的是(　　)
A. 智力差异是遗传与环境相互作用的结果
B. 智力差异可通过智力测验进行测量
C. 个体的智力差异只表现在智力发展水平的高低上
D. 个体的智力差异要求教师采取灵活的教学方式

5. 小王擅长逻辑推理,但缺乏音乐才能;小李擅长绘画,但在数学计算方面比较差。这反映出不同的个体智力具有(　　)
A. 类型差异　　B. 发展速度差异　　C. 发展水平差异　　D. 发展过程差异

6. 有的学生常利用自己内部的参照,不易受外来因素影响和干扰,独立对客观事物做出判断。该类学生的认知方式属于(　　)(常考)
A. 场依存型　　B. 场独立型　　C. 冲动型　　D. 发散型

7. 一般来说,喜欢人云亦云,社会敏感性高,爱好社交的人属于(　　)认知风格。
A. 场依存型　　B. 场独立型　　C. 沉思型　　D. 冲动型

8. 下列关于认知风格的表述正确的是(　　)
A. 场依存型的人比场独立型的人更多地利用来自身体内部的线索
B. 认知风格主要影响学生的学习方式
C. 区分冲动型和沉思型的标准仅仅是反应时间
D. 发散型认知风格优于辐合型认知风格

9. 当课上老师提问时,学生小丽并不着急举手回答,而是先认真思考后才举手回答,答案也较为全面和准确。这说明小丽属于(　　)学生。
A. 沉思型　　B. 冲动型　　C. 发散型　　D. 辐合型

10. 下列属于冲动型学生的特点是(　　)
A. 阅读理解能力强　　B. 信息加工策略多运用整体加工方式
C. 善于完成细节性分析的学习任务　　D. 反应快,善于察言观色

11. 教师对某位同学的操行评定为:"××同学为人谦虚老实,尊敬师长,团结同学,责任心强……。"按照奥尔波特的人格特质理论,这属于(　　)
A. 共同特质　　B. 首要特质　　C. 中心特质　　D. 次要特质

12. 小说中的重要人物通常都具有鲜明的特点,以至于提到这些特点我们一下子就会想到这些人物。从人格特质的角度出发,这些特点属于这些人物的(　　)
A. 共同特质　　B. 差异特质
C. 首要特质　　D. 次要特质

13. 智力平常者(大多数人)的智商IQ值是(　　)
A. 大于140　　B. 80～89　　C. 110～119　　D. 90～109

14. 小崔在学习中遇到问题时,往往会快速地形成自己的看法,并且不愿意过多考虑其他答案,喜欢直接快速地说出自己最先想到的答案。由此判断,小崔的认知风格最有可能属于(　　)(常考)
A. 场依存型　　B. 场独立型　　C. 沉思型　　D. 冲动型

15. 个体在解决问题过程中表现为搜集或综合信息与知识,运用逻辑规律缩小解答范围,直至找到唯一正确的解答的认知方式称为(　　)
A. 场独立型　　B. 场依存型　　C. 辐合型　　D. 发散型

16. 小红6岁就学会了1000个汉字,而小华9岁才学会1000个字。这体现了个体智力的(　　)
A. 结构差异　　B. 发展目标差异
C. 发展水平差异　　D. 发展方向差异

17. "让我首先好好考虑一下"是(　　)的常用语。
A. 积极主动型学习者　　B. 深思熟虑型学习者
C. 直觉型学习者　　D. 感觉型的学习者

二、多项选择题

1. 关于智力,以下说法正确的是(　　)

A. 有的人长于记忆,有的人长于思维,有的人长于想象,这体现的是智力类型差异

B. 人们的智力水平呈正态分布,大多数人的智力属于中等水平

C. 智力在性别上即使存在差异也不明显,总体水平大致相等,但在智力分布上有显著区别

D. 智力发展水平差异指的是个体之间或个体内部智力水平高低不同的程度

E. 智力在性别上差异显著

2. 智力发展的个体差异表现在(　　)(常考)

A. 水平高低的差异　　B. 表现早晚的差异

C. 智力类型的差异　　D. 种族差异

E. 性别的差异

3. 下列选项中,体现智力水平差异的有(　　)

A. 有的人是天才,有的人是弱智　　B. 有的人早慧,有的人大器晚成

C. 有的人擅长音乐,有的人擅长美术　　D. 有的人智商140,有的人智商110

4. 下列学生的认知风格属于场独立型的有(　　)

A. 喜欢用有方格的作业本,以帮助自己把字写整齐

B. 喜欢数学且对理论、抽象的东西感兴趣

C. 做作业时,不喜欢和别人对答案,且坚信自己的答案是正确的

D. 面对问题总是急于求成,在没弄清问题的要求下匆忙作答

E. 偏爱结构不严密的教学

5. 场依存型与场独立型这两种认知风格与学习有着密切的关系。下列相关说法正确的有(　　)

A. 场独立型的人比场依存型的人更需要反馈信息

B. 场依存型的学生在诱因来自外部时学得更好

C. 场独立型的人比场依存型的人更容易受负强化的影响

D. 场依存型的人对于具有社会内容的材料更感兴趣

6. “世界上没有两片完全相同的叶子”,不同的学生在认知方式方面存在着很大的个体差异。下列与认知方式差异相关的描述,表述正确的是(　　)

A. 场依存型学生的行为常以社会为定向,偏爱结构严密的教学,擅长理科学习

B. 一般人认为冲动型学生学习成绩差

C. 辐合型学生在解决问题的过程中,运用逻辑规律寻找唯一正确解答

D. 教师开展教学时,必须采用适应认知差异的教学方式,努力使教学方式普适化

7. 关于心理的性别差异,下列说法正确的有(　　)

A. 从13岁开始,男性空间知觉能力明显优于女性

B. 女性机械记忆能力强,短时记忆广度超过男性

C. 男性的理解记忆、长时记忆优于女性

D. 从婴儿期到青春前期,女孩言语发展一直优于男孩

三、判断题

1. “少年早慧”“大器晚成”是能力发展水平不同的表现。(易错)　(　　)

2. 场依存型的学生的学业成绩不一定会比场独立型的学生差。　(　　)

3. 认知方式只是表现为对学生信息加工方式的某种偏爱,它不影响学生的学习方式。　(　　)

4. 场依存型的人比场独立型的人更需要反馈信息,更容易受负强化的影响。　(　　)

5. 智力的群体差异主要表现在智力发展水平、智力类型、智力表现早晚和性别差异这四个方面。　(　　)

四、简答题

1. 简述认知方式差异的教育意义。

2. 简述学生性格差异的教育意义。

五、案例分析题

小琪今年上小学三年级,她是一个活泼开朗的小姑娘。她最喜欢的课程是数学,数学课上,她反应很快,喜欢尝试用新方法来解决问题。老师提问时,她总是抢先回答,但也常常答错。

(1)小琪属于何种认知风格?

(2)基于小琪的认知风格,你认为应如何选择适合她的教育方法。

整合提升

一、单项选择题

1. 皮亚杰指出具备初步的逻辑思维的阶段是(　　)
A. 感知运动阶段　B. 前运算阶段　C. 具体运算阶段　D. 形式运算阶段

2. 王熙凤对老祖宗的阿谀奉承,对下人的心狠手辣体现了她性格结构的(　　)
A. 完整性　B. 复杂性　C. 稳定性　D. 可塑性

3. 小学时期学生以直观动作思维为主,中学时抽象思维发展较快。这体现了学生心理发展的(　　)(易混)
A. 顺序性　B. 阶段性　C. 不平衡性　D. 差异性

4. 某小学生经过努力依然因为有两门功课不及格而留级,按照埃里克森的人格发展理论,该小学生很可能发展出(　　)
A. 孤独感　B. 自卑感　C. 停滞感　D. 羞愧和怀疑

5. 中学生晓波通过物理实验发现:钟表的摆动幅度不取决于钟摆的材料或重量,而是取决于钟摆的长度。根据皮亚杰的认知发展阶段理论,晓波的认知发展水平已达到(　　)
A. 感知运动阶段　B. 前运算阶段　C. 具体运算阶段　D. 形式运算阶段

6. 儿童能借助小餐具玩过家家的游戏,一旦他们手中的餐具被收回,游戏就无法进行下去。这表明儿童的思维处于(　　)(易错)
A. 感知运动阶段　B. 前运算阶段　C. 具体运算阶段　D. 形式运算阶段

7. 学外语时小文喜欢多听多说,不太关心具体单词的拼写和句型结构。由此可知小文是一个(　　)
A. 动觉型学习者　B. 视觉型学习者
C. 触觉型学习者　D. 听觉型学习者

8. 数学老师在考试前提醒学生,考试时若遇到难题可以放一放,先把后面相对简单的题答完了再回过头来思考,可小明却不喜欢这样,他每次都是一步一步依照试卷的顺序答题。小明的认知风格更可能属于(　　)
A. 场独立型　B. 场依存型　C. 整体性　D. 系列性

9. 小小、豆豆、丁丁三个小朋友一起玩耍,豆豆和丁丁一起把一个玩偶放到了抽屉里,然后丁丁就跑出去玩了,豆豆偷偷把玩偶从抽屉里拿出来,藏到了衣柜里,小小在旁边看到了整个过程。处于前运算阶段的小小会认为,丁丁从外面回来后会(　　)找玩具。
A. 到衣柜里　B. 到抽屉里　C. 到其他地方　D. 不去

10. 在处境不明、难以作出抉择时,倾向于仔细考虑观察到的现象和面临的问题、与经验相联系、使思维更广阔和系统、行动前致力于把问题考虑清楚的认知风格是(　　)
A. 反省性认知方式　B. 场独立型
C. 分析性思维　D. 直觉性思维

11. 关于皮亚杰认知发展理论中"图式"一词的表述,说法错误的是(　　)
A. 是知识的一种表征方式　B. 是概括化的动作模式
C. 动作的结构或组织　D. 具有可逆性的一种操作

12. 某小学生说自己是善良的,因为他把东西分享给了同伴或其他人,但并不能理解"善良的人在某些场合也会抢别人的东西"。这说明该学生的自我意识正处于(　　)的发展阶段。
A. 自我评价　B. 自我体验　C. 自我控制　D. 自我概念

13. 考试时,当一个学生想偷看夹带时,经过激烈的思想斗争,最终决定放弃作弊,做一个诚实的人。按照弗洛伊德的人格理论,在此过程中起主导作用的人格成分是(　　)
A. 本我　B. 自我　C. 超我　D. 现实我

14. 个体想象中他人心目中自己的形象,他人对自己的评价,以及由此产生的自我感称为(　　)
A. 本我　B. 投射自我　C. 超我　D. 现实自我

15. 某幼儿认为长发的就是女生,短发的就是男生。根据皮亚杰的认知发展阶段理论,该阶段的幼儿处于(　　)
A. 感知运动阶段　B. 前运算阶段
C. 具体运算阶段　D. 形式运算阶段

16. 妞妞今年5岁,她很喜欢帮忙做家务。一次,她清理餐桌时不小心打碎了一叠盘子。她的父亲很生气,当场责骂了她,说她什么都不干就是最大的帮忙,然后让她的姐姐清理完了餐桌。如果这位父亲经常这么对妞妞,那么根据埃里克森的观点,妞妞最有可能发展出(　　)
A. 自卑感　B. 内疚感　C. 不信任感　D. 主动感

17. 根据皮亚杰的认知发展阶段论,婴儿绕行茶几以取它后面的玩具,不再仅从茶几下爬过。这时的婴儿处于(　　)
A. 感知运动阶段　B. 思维准备阶段
C. 思维阶段　D. 抽象思维阶段

18. 尽管个体发展要经历一些共同的基本阶段,但在发展速度、最终达到的水平和优势领域上往往是有差别的。例如:有的学生反应敏捷,有的学生反应迟钝;有的学生开朗活泼,有的学生沉着内向。这反映了个体心理发展的(　　)
A. 不平衡性　B. 方向性和顺序性
C. 个体差异性　D. 协调性

二、多项选择题

1. 维果斯基根据恩格斯关于劳动在人类适应自然和在生产过程中借助于工具改造自然过程中作用的思想,提出了"高级心理机能"这一概念,下列属于"高级心理机能"的有(　　)
A. 语言　B. 词汇　C. 抽象逻辑思维　D. 感觉

2. 反抗心理是初中生普遍存在的一种个性心理特征,反抗心理产生的原因包括(　　)
A. 自我意识的突然高涨　B. 中枢神经系统的兴奋性过强
C. 独立意识的产生　D. 情绪的稳定性

3. 关于维果斯基"最近发展区"理论的叙述,正确的有(　　)
A. 教学不参与儿童智力发展的过程,发展是一种纯粹的外部过程
B. 教学应当走在发展的前面
C. 教学决定着智力的发展
D. 在教学过程中,要同时考虑儿童现有的水平和在他人指导下所能达到的水平

4. 以下关于自卑感的说法正确的是(　　)(易错)
A. 自卑的人热衷于与人比较，而对自己的期待很低
B. 自卑的人往往对自己缺乏客观、清醒的认识，无法悦纳自己
C. 自卑的人容易产生自我怀疑和自我否定
D. 对成败进行正确的归因是处理自卑问题的方法之一

5. 下列有关中学生心理发展的说明，正确的是(　　)
A. 根据皮亚杰的观点，中学生认知发展一般处于形式运算阶段
B. 根据埃里克森的人格发展理论，初、高中阶段的发展任务是培养学生的自我同一性
C. 学生原有的知识水平或心理发展水平对新的学习的适应性，称为最近发展区
D. 从青少年心理发展的阶段特征来看，辩证思维的出现是在青年初期阶段

6. 下列对埃里克森“自我同一性与同一性的混乱”阶段的特点的表述，正确的有(　　)
A. 这一阶段的个体的主要任务是培养自我同一性
B. 这一阶段的个体思想、情感常处于一种冲突和混乱之中
C. 这一阶段的个体对周围世界开始有了自己的评价和判断，自我意识增强，情感更加丰富
D. 这一阶段的个体缺乏对世界的实际了解，缺乏自立能力

三、判断题

1. “固执”在不同的环境下有其特定的含义。在娇生惯养、过度溺爱的环境中，“固执”带有“撒娇”的意思；而在冷淡疏离、艰难困苦的环境中，“固执”又带有“反抗”的意思，这就说明了人格具有稳定性的特点。(　　)
2. 在个体心理发展的过程中先天遗传起决定作用。(　　)
3. 学习风格是学生在学习过程中形成的，具有不稳定性，并且有高低、好坏之分。(　　)
4. 少年期是多事之秋，心理学家称之为“危险期”，对这一阶段的少年一定要严加看管。(　　)
5. 场独立型者善于理解、记忆文章中的具体细节，但往往把握不住文章的主题。(　　)

四、案例分析题

1. 开学后不久，有学校通知新生家长为孩子做“智力测验”。家住学校附近的一位刘女士反映：她和丈夫常年在外工作，他们的女儿一直由外祖父母代管。由于女儿没有上过托儿所和幼儿园就直接进入小学学习了，所以入学后对学校的生活一时难以适应。再加上女儿生性文静，这下就更不愿意和同学交往了。班主任老师见她整日闷声不响，就对家长说：“我看你女儿脑子不灵活，有些傻，你最好带她去做一次测试。”
班主任的说法正确吗？请用影响人心理发展的主要因素进行理论分析。

2. 张晓是一名初中二年级的女生，学习成绩在班上属于中上水平，她比较聪明，学习能力较强，但性格倔强，个性刚硬，自尊心强，逆反心理十分严重，经常与父母、老师发生冲突、顶撞，有很强的抵触情绪。在家里，一旦父母不能满足她的要求就使性子，甚至离家出走，父母由于工作繁忙，经常出差，与张晓沟通较少。特别是今年以来，张晓结识了一群社会青年后，经常与这些社会青年一起玩耍，也沾染了社会青年打牌、抽烟等一些不好的习气。本周三中午，班主任李老师在学校操场角落里撞见张晓抽烟，便批评了她，张晓非常激动地对着班主任大吼大叫，然后出走，在外流浪两天后才回家。
请你分析张晓这些行为的原因并提出解决方法。

真题必刷

一、单项选择题

1. [郑州郑东新区]个体心理的断乳期是指(　　)
A. 婴儿期　B. 幼儿期　C. 童年期　D. 少年期

2. [安阳滑县]小花第一次在动物园看见松鼠时，指着松鼠对爸爸说：“爸爸快看，是猫。”根据皮亚杰的认知发展理论，这种现象属于(　　)
A. 同化　B. 顺应　C. 认同　D. 刻板印象

3. [鹤壁市直]老师问小刚：“你有姐姐吗？”小刚回答：“有一个姐姐。”老师又问：“那你姐姐有弟弟吗？”小刚不知道如何回答老师。那小刚处于(　　)
A. 感知运动阶段　B. 前运算阶段　C. 具体运算阶段　D. 形式运算阶段

4. [许昌市直]学生现有水平与即将达到的发展水平之间的差异就是(　　)
A. 酝酿期　B. 最近发展区　C. 同化和顺应　D. 感知运动阶段

5. [郑州二七区]在弗洛伊德的人格结构理论中，(　　)属于道德的部分。
A. 自我　B. 自身　C. 本我　D. 超我

6. [郑州高新区]埃里克森的心理社会发展阶段理论认为，12～18岁的个体要解决的主要冲突是(　　)
A. 勤奋感对自卑感　B. 主动感对内疚感
C. 自主感对羞耻感　D. 自我同一性对角色混乱

7. [洛阳嵩县]偏爱人文、社会和教育学科，喜欢别人向他们提供结构严密的教学。这种学习风格属于(　　)
A. 场依存型　B. 场独立型　C. 沉思型　D. 冲动型

二、多项选择题

1. [南阳镇平]学生心理发展的基本特点有(　　)
   A. 连续性　　B. 阶段性
   C. 方向性　　D. 平衡性
   E. 差异性
2. [洛阳汝阳]在皮亚杰的认知发展理论中,具体运算阶段的思维特点有(　　)
   A. 建立了守恒的概念　　B. 出现了去自我中心性
   C. 思维可以逆转　　D. 能够顺利解决抽象问题
   E. 解决问题需要具体实物支持
3. [安阳汤阴]在教学与发展的关系上,维果斯基提出了(　　)
   A. 最近发展区　　B. 教学应走在发展的前面
   C. 关于学习的最佳期限　　D. 家庭对儿童的作用

三、判断题

1. [南阳南召]根据皮亚杰的认知发展阶段理论,儿童处于形式运算阶段时,能够进行假设性思维,智力发展趋于成熟。(　　)
2. [信阳罗山]自卑的人往往对自己缺乏客观、清醒的认识,无法悦纳自己。(　　)
3. [安阳滑县]根据埃里克森的人格发展阶段理论,小学生人格发展的主要任务是获得自我同一性。(　　)
4. [洛阳市直]与男生相比,女生的空间知觉能力较弱,这体现了空间能力上存在明显的性别差异。(　　)

四、简答题

[濮阳联考]简述埃里克森的心理社会发展阶段论。

五、案例分析题

[郑州中原区]**片段一:**在教学《氧气的性质》时,教师:英国动物学家康莫森在某个国家的水塘里发现一种鱼,常浮在水面上,并向空中伸一伸头。当时康莫森对这种奇怪的现象做了一个奇怪的解释,即这种鱼浮在水面是为了嗅一嗅空气中的气味,因此把这种鱼命名为“爱嗅气味的鱼”,现在人们称其为“嗅鱼”。根据你的估计,这种气体究竟是什么呢?它具备哪些性质呢?

片段二:在教学《声音的发生和传播》时,老师提问:关于声音,你们有什么想要研究的问题吗?

学生答:想知道声音是怎样产生的?人为什么会听到声音?声音是怎样传播到耳朵的?为什么有噪音、乐音?声音为什么只能听到而看不到?声音轻重由什么决定?为什么有的声音很好听,有的声音很难听?……

面对学生提出的这些问题,老师不慌不忙地说:这么多问题我们先研究哪一个呢?

学生讨论、争辩,最后认为应先讨论“声音的产生”。

教师假装疑惑:为什么?

甲生:因为不产生声音,就听不到声音,噪音、乐音等就不存在了。

乙生:因为没有声音,也就没有其他问题的研究。

就这样,老师一边调动学生“放出”问题,一边又引领学生“收回”问题,在宽松的对话、沟通中进行教学。

片段三:在教学《观察土壤中有什么》时,老师鼓励学生设计实验和表格,从生物、非生物、颜色、颗粒大小、含水量、含气量等角度观察,并展示学生的设计方案与实验成果,对那些观察视角独特、有新发现的学生,给予鼓励。有些观察活动,周期较长,还要求学生持之以恒地做好观察记录。

问题:上述教学案例是运用“最近发展区理论”实施的教学片段,请根据你的认知,进行分析评价。

专题三 学习理论

命题分析

本专题的考查比较灵活，主要以选择题、判断题的形式考查，也会以简答题、论述题和案例分析题的形式考查。本专题需要重点掌握的知识包括：

1. 理解学习的内涵，学会区分不同的学习现象。
2. 识记并区分不同的学习类型。
3. 理解巴甫洛夫、斯金纳、桑代克、班杜拉提出的理论观点，并能准确应用。
4. 理解并掌握奥苏贝尔的有意义接受学习理论、布鲁纳的认知—发现学习理论。
5. 理解罗杰斯的理论观点。
6. 识记建构主义学习理论的主要内容和主要教学模式。

基础训练

知识1 学习概述

一、单项选择题

1. 下面情况发生了学习的是(　　)(常考)
A. 小李从亮处走进暗室，视力显著提高　　B. 小明喝酒后脾气变得暴躁
C. 大猩猩模仿游人吃饼干　　D. 小张服用兴奋剂后百米赛跑夺冠

2. 下列关于学习的实质表述正确的是(　　)
A. 学习的结果仅表现为个体行为的变化
B. 广义的学习，专指人的学习
C. 学习是在意识水平上进行的，不存在无意识水平的学习
D. 学习是一种适应活动

3. 根据加涅的学习水平分类观点，儿童学习游泳主要属于(　　)
A. 连锁学习　　B. 信号学习
C. 规则或原理的学习　　D. 解决问题的学习

4. 根据加涅对学习层次的分类，下列选项是按照由简到繁、由低级到高级顺序排列的是(　　)
A. 信号学习→辨别学习→规则学习→解决问题的学习
B. 信号学习→规则学习→辨别学习→解决问题的学习
C. 辨别学习→信号学习→规则学习→解决问题的学习
D. 辨别学习→规则学习→信号学习→解决问题的学习

5. 按照加涅的学习层次分类观点，学生将花、草、树等归纳为植物的学习称为(　　)(常考)
A. 信号学习　　B. 言语联结学习
C. 辨别学习　　D. 概念学习

6. 加涅根据学习情境由简单到复杂、学习水平由低级到高级的顺序，把学习分成八类，其中学生学习“长方形的周长=(长+宽)×2”属于(　　)
A. 刺激—反应学习　　B. 解决问题的学习　　C. 连锁学习　　D. 规则或原理学习

7. 先向学生呈现某个概念的各种例证，然后要求他们分析归纳，这叫(　　)
A. 例—规法　　B. 规—例法　　C. 举例法　　D. 概括法

8. 在加涅的学习结果分类中，(　　)表现为用于调控注意、学习、记忆、思维、问题解决过程的能力。
A. 认知策略　　B. 智慧技能　　C. 言语信息　　D. 动作技能

9. 小刚原来见了陌生人就躲避，上幼儿园一个月后，小刚这种行为消失了。根据加涅的学习结果分类，这里发生了(　　)的学习。(常考)
A. 言语信息　　B. 智慧技能　　C. 动作技能　　D. 态度

10. 学生通过学习后，能说出“诚信”的含义。根据加涅的学习分类，这种水平的学习主要属于(　　)
A. 言语信息学习　　B. 心智技能学习　　C. 认知策略学习　　D. 态度学习

11. 小李学会了造句的规则，能够说出“我喜欢蓝色的天空和大海”这样的句子。根据加涅的学习水平分类，这种学习属于(　　)
A. 刺激—反应学习　　B. 言语联结学习　　C. 概念学习　　D. 规则学习

12. 根据学习材料与学习者认知结构中已有知识的关系，奥苏贝尔把学习分为(　　)
A. 机械学习和有意义学习　　B. 接受学习和发现学习
C. 概念学习和有意义学习　　D. 知识学习和技能学习

13. 下列哪项属于有意义的接受学习(　　)(易错)
A. 学生兴趣盎然地听科普讲座　　B. 学生用谐音法记忆单词
C. 科学家探索新材料　　D. 玩走迷宫游戏

14. 学习是人类和动物普遍存在的现象，这说明学习是(　　)
A. 形成思想的必要条件　　B. 掌握技能的必要条件
C. 获得知识的必要条件　　D. 有机体适应环境的必要条件

15. 某同学通过学习知道“北京是中国的首都”。根据加涅的学习分类理论，这属于(　　)的学习。
A. 言语信息　　B. 智慧技能　　C. 认知策略　　D. 动作技能

16. 从教学过程来说，小学低年级学生对(　　)更感兴趣。
A. 学习场所和条件　　B. 学习内容和结果
C. 学习过程的形式　　D. 学习方式和时间

17. 小学一年级的小朋友在教师的指导下学会区分“q”和“p”两个字的字形，按照加涅的学习结果分类来看，这里发生的学习结果类型是(　　)
A. 智慧技能　　B. 言语信息　　C. 认知策略　　D. 动作技能

18. 按学习的意识水平分类，(　　)是有意识的、做出努力的和清晰的、需要付出心理努力并需按照规则做出反应的学习。例如，学习物理中的牛顿运动定律。
A. 内隐学习　　B. 外显学习　　C. 机械学习　　D. 无意义学习

二、判断题

1. 学习是个体在特定情境下由于练习和反复经验而产生的可观察的行为的变化。(　　)

2. 学生的学习行为取决于外界是否有诱因。（　　）

3. 按加涅的学习结果分类，学习者使用符号与环境相互作用的能力称为言语信息。（　　）

三、简答题

1. 如何理解学习的内涵？

2. 简述学生的学习的特点。

知识2 行为主义学习理论

一、单项选择题

1. 在学习上，许多知识内容的理解和消化需要反复地巩固。就如同学生学习古诗词一样，仅仅背会是不够的，还需要后期不断地复习与默写以保证知识掌握得更加熟练。根据桑代克的理论，这种学习方式遵循了学习原则中的(　　)

A. 准备律　B. 巩固律　C. 效果律　D. 练习律

2. 在实际的教育和教学过程中，引导学生分辨勇敢和鲁莽、谦让和退缩，要求学生区别重力和压力、质量和重量等，需要对刺激进行(　　)

A. 分化　B. 消退　C. 泛化　D. 恢复

3. 心理学史上第一个较完整的学习理论是(　　)

A. 形式训练说　B. 联结说　C. 顿悟说　D. 共同要素说

4. “其身正，不令而行；其身不正，虽令不从。”这句话应用到教师对学生的教育管理中，体现了教育心理学中的哪个学习理论(　　)

A. 操作条件反射理论　B. 人本主义学习理论

C. 建构主义学习理论　D. 社会学习理论

5. 小红看见小龙帮助他人获得了“小雷锋”的称号，于是她也主动帮助别人，此时，小红受到了(　　)

A. 替代强化　B. 外部强化　C. 直接强化　D. 自我强化

6. 学生李明看到自己的同桌张飞上课看课外书却没有遭到老师批评，于是他有时上课便也看起课外书来，张飞的行为对李明产生的影响属于(　　)

A. 观察学习　B. 信号学习　C. 直接学习　D. 试误学习

7. 妈妈在孩子给她拿鞋后奖励孩子一颗糖，孩子之后又多次重复这一行为，这属于(　　)

A. 惩罚　B. 正强化　C. 负强化　D. 特殊强化

8. 小花小时候被家里的小猫挠伤过，后来她只要一看到猫就会被吓得大哭。这是由刺激的(　　)导致的。

A. 消退　B. 分化　C. 泛化　D. 惩罚

9. 乘坐校车时，系好安全带就可以中止刺耳的提示噪音。这种强化属于(　　)(常考)

A. 负强化　B. 正强化　C. 替代强化　D. 自我强化

10. 如果一个家长想用看电视作为奖励以强化儿童认真、按时完成作业的行为，最适合的安排应该是(　　)

A. 让儿童看完电视后立即督促其完成作业　B. 规定每周看电视的适当时间

C. 惩罚孩子过分喜欢看电视的行为　D. 只有按时完成作业后才能看电视

11. 每次上新课前，老师都会预设问题激发学生学习兴趣，并让学生预习。这符合桑代克学习定律中的(　　)

A. 效果律　B. 准备律　C. 练习律　D. 学习律

12. 某学生在上英语课时，一直小声地跟同桌讲小话，老师批评了他，以后上课他也就不怎么讲小话了。该教师运用了(　　)

A. 正强化　B. 负强化　C. 惩罚　D. 消退

13. 小江上课时因正确回答问题被老师表扬，心里很是开心。但是下午放学回到家因为房间很乱被妈妈训了一顿，还被禁止玩游戏。小江的老师和妈妈的行为分别属于(　　)

A. 正强化、负强化　B. 正强化、惩罚

C. 负强化、惩罚　D. 负强化、消退

14. 小贺觉得自己越长大，父母就越冷漠。小时候他只要大哭大闹就能换来想要的东西，可是长大之后无论再怎么哭、再怎么闹，父母都不会理睬自己。根据行为主义理论，父母的做法实际上属于(　　)

A. 正强化　B. 负强化　C. 消退　D. 惩罚

15. 教师在运用惩罚的方法管理学生时，应该注意(　　)

A. 惩罚可以经常使用

B. 任何时候都可应用奖励代替惩罚

C. 惩罚应该在错误行为发生后立即做出

D. 惩罚应当在错误行为发生一段时间之后再做出

16. 斯金纳认为，教育就是塑造行为，而塑造行为的关键是(　　)

A. 试错　B. 顿悟　C. 强化　D. 模仿

17. “榜样学习”对学生可以起到很好的教育效果。下列理论可以合理解释该现象的是(　　)

A. 强化说　B. 认知学习理论　C. 从众说　D. 观察学习理论

18. 班杜拉将观察学习分为(　　)四个子过程。

A. 注意、保持、生成、动机　B. 注意、保持、生成、反思

C. 模仿、亲历、保持、动机　D. 模仿、生成、动机、反思

19. 高二(3)班在期中考试时采取"无人监考"的模式,考试结束后,教务主任在高二年级全体师生会议上,对高二(3)班的学生自觉遵守纪律的行为提出表扬。这对其他班级的学生而言是一种( )(常考)

A. 正强化 B. 负强化 C. 自我强化 D. 替代强化

20. 如果某中学生多次经历考试失败,则很有可能每当听说或感到要考试时,就会非常焦虑。按照巴甫洛夫的理论,这种现象说明学生在考试和焦虑之间建立起了( )

A. 一级条件作用 B. 一级泛化

C. 高级条件作用 D. 高级泛化

21. 教师为了让小学生形成利他的习惯,采用的方法是提供榜样,并经常奖励榜样的利他行为。这种做法的理论依据是( )

A. 顿悟说 B. 试误说 C. 认知失调论 D. 社会学习理论

22. 班主任为提高学生的学习成绩,承诺奖励比前一次考试多十分的学生笔记本,因而全班形成了良好学风。这符合桑代克学习规律中的( )

A. 准备律 B. 联结律 C. 效果律 D. 练习律

23. 在日常生活中,看见路上的垃圾后会绕道走开,这体现了( )

A. 惩罚作用 B. 回避条件作用

C. 正强化作用 D. 逃避条件作用

24. 有的学生平时不注意学习,在考试前临时抱佛脚,抱着"临阵磨枪,不快也光"的心态对待考试。可以解释这种现象的是( )

A. 扇贝效应 B. 马太效应

C. 边际递减效应 D. 蝴蝶效应

25. 在教育中,尤其是德育中,要"防患于未然",这是( )原理。

A. 逃避条件作用 B. 回避条件作用

C. 惩罚 D. 消退

26. 李明看到张红帮助老师擦黑板,但日后他自己不一定这样做,因为他未看到老师表扬张红。这属于观察学习的( )过程。

A. 注意 B. 保持 C. 动作再现 D. 动机

27. 如果一个学生没有达到自己预期的学习目标,即使没有受到外部惩罚,他也会感到心里难受,并在后续学习中加倍努力,以达到自己的预期目标。依据班杜拉的社会学习理论,最适宜解释这种现象的概念是( )

A. 替代强化 B. 自我强化

C. 替代奖赏 D. 自我奖赏

二、多项选择题

1. 下列心理学家属于行为主义学派的有( )

A. 华生 B. 桑代克 C. 马斯洛 D. 奥苏贝尔

2. 经典条件作用的主要学习规律有( )

A. 习得律 B. 消退律 C. 泛化律 D. 分化律

3. 桑代克的尝试—错误说,对教师的启示有( )

A. 允许学生犯错,并鼓励学生从错误中改正,这样获得的知识,学生才会终生不忘

B. 在实际的教育过程中,教师应努力使学生的学习得到自我满意的结果,防止一无所获或得到消极的后果

C. 应注意在学习过程中加强合理的练习,并注意在学习结束后进行练习

D. 任何学习检验应该在学生有准备的状态下进行,而不能经常搞"突然袭击"

4. 下列关于桑代克的尝试—错误说的说法正确的有( )

A. 学习来自观察和模仿

B. 学习的实质在于建立情境与反应之间的联结

C. 学习就是不断犯错直至正确的过程,因此不必强化已经获得的知识

D. 尝试—错误说有其正确的一面,同时也犯了以偏概全、忽视人类学习主观能动性等错误

5. 小明看到同班的小强,原来物理成绩与自己差不多,后来买了一本非常好的辅导书,认真系统地学习了一段时间,现在解题速度比自己快,成绩也大大超越了自己,于是也买来这本书学习。小明的做法属于( )

A. 观察学习 B. 替代性学习 C. 顿悟学习 D. 模仿学习

6. 社会学习理论的创始人班杜拉认为,除了对直接行为后果的外部强化外,还有( )

A. 初始强化 B. 派生强化 C. 替代强化 D. 自我强化

7. 下列现象中,属于负强化的有( )(易错)

A. 桑代克迷箱实验中的猫学会通过拉栓逃出迷箱

B. 孩子哭闹着要买玩具,母亲对其不予理睬

C. 儿童努力学习以避免父母的责骂

D. 学生玩网络游戏而耽误写作业,家长停止一个月的网络

三、判断题

1. 在巴甫洛夫的经典实验中,食物是作为强化物而出现的。(易错) ( )

2. 刺激泛化和刺激分化是互补的过程。 ( )

3. 根据强化物的来源,食物、衣服等是一级强化物,名声、地位、权利等是二级强化物。 ( )

4. 根据斯金纳的操作条件反射理论,强化分正强化和负强化,无论正强化还是负强化,其作用都是增加同类反应在将来发生的概率。(常考) ( )

5. 负强化是运用惩罚排除不良行为的过程。(易错) ( )

6. 课堂上学生看课外书,不好好听讲,教师没收课外书。这种行为属于负强化。 ( )

7. 桑代克的联结说特别强调在"做中学"。 ( )

8. 作为教师,应慎重使用惩罚,因为惩罚只能让学生明白什么不能做,但并不能让学生知道什么能做和应该怎么做。 ( )

9. 在日常生活中,我们经常听到家长对自己的孩子说"你写完作业,才能出去玩""你听话,我才给你买玩具""你好好吃饭,我才领你去公园玩"之类的话。这种将低渴望的活动与高渴望的活动联系起来,以促进低渴望活动出现的现象,在心理学上称为普雷马克原理。 ( )

10. 观察学习是与条件反射完全无关的学习形式。 ( )

11. 惩罚是消除伤害性或讨厌的刺激以增加合乎要求的反应出现概率的过程。 ( )

四、案例分析题

在一个经典实验中，研究者将3～6岁的儿童分成三组，先让他们观看一个成年男子对充气玩偶进行攻击，如大声吼叫或拳打脚踢。然后，让第一组儿童看到成年男子攻击玩偶后受到另一成人的表扬和奖励；让第二组儿童看到成年男子攻击玩偶后受到另一成人的惩罚；第三组儿童则只看到成年男子攻击玩偶。之后，研究者把这些儿童一个个单独领到一个房间里去。房间里放着各种玩具，其中包括玩偶。对儿童的行为观察表明，第一组儿童产生较多的攻击性行为，第二组则比第三组表现出更少的攻击性行为。

请运用班杜拉的社会学习理论对该实验进行分析。

知识3 认知派学习理论

一、单项选择题

1. 布鲁纳认为，教学的最终目标在于理解学科的( )

A. 认知结构　B. 基本结构　C. 基本思想　D. 方法论

2. "将符号所代表的新知识与学习者认知结构中已有的适当观念建立起非人为的和实质性的联系"属于( )(常考)

A. 接受学习　B. 发现学习　C. 有意义学习　D. 机械学习

3. 在教育心理学发展历史上，主张把行为主义的S-R公式改为S-O-R的是( )

A. 桑代克　B. 斯金纳　C. 班杜拉　D. 托尔曼

4. 现在越来越多的学校在教学上都强调让教师引导学生使用某些方法或策略来解答问题，或者给学生某个问题，让他们通过网络、图书馆等自己寻找答案。这种学习方式属于( )

A. 接受学习　B. 发现学习　C. 深度学习　D. 观察学习

5. 布鲁纳认为学习的实质是( )

A. 形成条件反射　B. 形成整体完形

C. 同化　D. 主动形成认知结构

6. 教学过程中的首要事件是( )

A. 引起学生注意　B. 揭示教学目标　C. 适时给予反馈　D. 评定学习结果

7. 奥苏贝尔认为，学生学习的实质是( )

A. 探究学习　B. 体验学习

C. 有意义的接受学习　D. 有意义的发现学习

8. 杨老师在备课时，总是习惯先寻找一些关于授课任务本身的引导性材料，这些材料比授课任务本身具有更高的抽象、概括和综合水平，还能使学生认知结构中的原有概念与新的学习任务产生更加清晰的关联，杨老师的这种教学策略被称为( )

A. 先行组织者　B. 过程组织者

C. 教学组织者　D. 平行组织者

9. "先行组织者"教学策略是一种( )的教学技术。(常考)

A. 强调直观教学

B. 强调新知识与学生认知结构中已有知识的适当联系

C. 激励学生的学习动机

D. 引导学生的发现行为

10. 先行组织者教学技术常用于( )

A. 发现学习　B. 接受学习　C. 个别化教学　D. 程序教学

11. 学习是个体利用本身的智慧与理解力对情境及情境与自身关系的解答，而不是动作的积累或盲目的尝试。持这种观点的心理学家是( )

A. 斯金纳　B. 皮亚杰　C. 苛勒　D. 贾德

12. 根据托尔曼的学习理论，以下说法错误的是( )

A. 学习是有目的的　B. 学习是形成认知地图

C. 个体学习受到成长需要的支配　D. 个体行为受到行为结果预期的支配

13. 以下属于认知学习理论的观点的是( )

A. 学习的实质是形成刺激与反应的联结　B. 强化在其中起着重要作用

C. 原有知识结构对学习十分重要　D. 学习的成就影响后继学习

14. 即使不给予强化或奖励，学习也能发生。这种学习是( )

A. 潜伏学习　B. 替代学习

C. 试误学习　D. 意义学习

二、多项选择题

1. 下列属于认知派学习理论的是( )

A. 桑代克的联结理论　B. 布鲁纳的学习理论

C. 加涅的信息加工学习理论　D. 马斯洛的学习理论

2. 布鲁纳在教学观中提出的掌握学科的基本结构的教学原则包括( )

A. 发现原则　B. 动机原则　C. 结构原则　D. 强化原则

3. 布鲁纳认为"学习一门学科，看来包含着三个差不多同时发生的过程"。这三个过程是( )(常考)

A. 新知识的获得　B. 知识的储存

C. 知识的转化　D. 知识评价

4. 学生具有三种最基本的内在动机，即( )

A. 好奇内驱力　B. 胜任内驱力

C. 目标内驱力　D. 互惠内驱力

5. 下列说法中，属于布鲁纳认知—结构学习理论观点的有(　　)
A. 学习的实质是主动形成认知结构
B. 强调发现学习
C. 主张教学的最终目标是促进学生对学科的基本结构的一般理解
D. 学习者不是主动地获取知识而是被动地接受知识
6. 王老师给学生们讲了数学分配律，在问到[(a+b)×c]可以写成什么时，学生们都能异口同声地回答。但是让他们思考[a×c+b×c]这个式子可以写成什么时，却没有人能够回答。这反映了学生的学习属于(　　)
A. 发现学习　B. 接受学习　C. 机械学习　D. 有意义学习
7. 以有意义学习和认知同化的观点为基础，属于奥苏贝尔提出的组织学习的原则和策略的有(　　)
A. 最近发展区　B. 逐渐分化原则　C. 整合协调原则　D. 先行组织者策略
8. 在加涅的信息加工学习模式中，学习过程被细分为八个阶段。下列属于这八个阶段的有(　　)
A. 未知阶段　B. 操作阶段　C. 获得阶段　D. 回忆阶段

三、判断题

1. 发现学习就是有意义学习。(　　)
2. 在学校教学中，教师指导的程度越小，学生发现的程度越大，效果也就越好。(易错)(　　)
3. 在教学中，如果学生能利用旧知识去同化新知识，那么，“接受式学习”就有意义。(　　)
4. 发现教学法在实际教学中的运用范围非常有限，仅适用于部分科目和高年级学生。(　　)
5. 依据奥苏贝尔的有意义学习理论，学习材料的逻辑意义能确保产生有意义学习。(　　)
6. 托尔曼的完形—顿悟学习与桑代克的试误学习并非互相排斥和绝对对立，尝试错误是顿悟的前奏，顿悟则是练习到某种程度时出现的结果。(　　)

四、简答题

1. 简述奥苏贝尔的有意义学习的条件。

2. 简述布鲁纳的认知发现学习理论。

知识4 人本主义学习理论和建构主义学习理论

一、单项选择题

1. 在美国心理学家罗杰斯的非指导性教学中，教师是作为(　　)存在的。
A. 先知者　B. 管理者　C. 促进者　D. 指导者
2. 从“地心说”到“日心说”的发展，说明知识并不是绝对的真理，只是在现有水平上对各种现象的解释，在未来很有可能被再次推翻。以上对于知识的理解更符合下列哪一学派的观点(　　)
A. 人本主义　B. 行为主义　C. 建构主义　D. 认知主义
3. 罗杰斯的“有意义学习”与奥苏贝尔的“有意义学习”的区别在于(　　)
A. 前者强调的是新旧知识要有联系，后者强调学习者对知识的兴趣
B. 前者强调知识与个人经验、兴趣的关系，后者强调新旧知识的联系
C. 前者强调新旧知识的联系，后者不关注这种联系
D. 前者强调个人兴趣，后者强调学习者主动学习
4. 有关建构主义和认知主义的区别，下列表述正确的是(　　)
A. 认知主义把教师看成学生学习的促进者，而建构主义把教师看成学生学习的帮助者
B. 认知主义强调知识的主观性，建构主义强调知识的客观恒久性
C. 对于知识的运用，认知主义强调其应用的普遍性，建构主义强调其情境性
D. 对于学习，认知主义强调学生的个体经验，建构主义强调知识本身的权威
5. 根据罗杰斯的观点，促进学习的心理气氛不包括(　　)
A. 移情性理解　B. 感召力　C. 真诚一致　D. 无条件的积极关注
6. 每一位学习者在面对新的信息时，总是在自己先前经验的基础上，以其特殊的方式来获得对新信息、新问题的理解，从而形成个人的意义。这属于(　　)的主张。
A. 人本主义学习观　B. 操作强化学习理论
C. 观察学习理论　D. 建构主义学习理论
7. 为了有效地掌握复杂概念或全面了解高级知识间的相互联系，换一个角度看问题有助于学生对同一问题获得不同的表征形式。因此，对同一内容的教学有必要在不同的时间段重新安排不同的情境，着眼于问题的不同侧面，用不同的方式加以呈现，以帮助学习者对所学知识获得新的理解。这种教学方式属于(　　)
A. 支架式教学　B. 抛锚式教学　C. 启发式教学　D. 随机进入教学
8. “学生不是空着脑袋走进教室的”是下列哪个学派提出的(　　)(常考)
A. 认知心理学　B. 建构主义　C. 人本主义　D. 行为主义
9. 下列属于建构主义教学模式的是(　　)
A. 范例教学模式　B. 发现教学模式　C. 支架式教学模式　D. 掌握学习教学模式
10. 罗杰斯的“以学生为本”“让学生自发学习”“排除对学习者的威胁”这样的教学模式称为(　　)
A. 非指导性教学模式　B. 结构主义课程模式
C. 发展性教学模式　D. 最优化教学模式

二、多项选择题

1. 下列关于人本主义学习理论的描述不正确的是(　　)
A. 人本主义心理学被称为心理学的第三势力，其主要代表人物有马斯洛、加涅和罗杰斯
B. 推行以教师为中心的教育理念，即教师是知识的传递者，而学生只是被动接受者
C. 在促进学生学习的过程中，最关键的是培养学生良好的态度、品质和人格
D. 学习的本质在于内在学习和机械学习

2. 人本主义对有意义学习的理解是(　　)(易错)
A. 学习是学习者自我参与的过程　　B. 学习是学习者自我发起的
C. 学习会使学生的行为、态度等发生变化　　D. 学习是主动形成认知结构的过程
3. 罗杰斯强调学生应当利用教师提供的学习资源和学习气氛,自己决定如何学习。他提出的人本主义的教学模式包括(　　)
A. 以题目为中心的课堂讨论模式　　B. 自由学习的教学模式
C. 情境教学模式　　D. 开放课堂的教学模式
4. 关于建构主义学习理论的观点,下列说法正确的有(　　)
A. 知识是动态的、主观的、不确定的
B. 学生经验背景的丰富性和差异性是学习的宝贵财富
C. 不同学生对于同一知识的理解是相同的
D. 学习是个体主动建构的过程
5. 建构主义学习理论认为学习环境中的四大要素或四大属性包括(　　)
A. 情境　　B. 协作　　C. 会话　　D. 意义建构
6. 下列属于建构主义学习观的有(　　)(易错)
A. 学习是认知结构的改变过程
B. 学习是个体主动构建自己知识的过程
C. 学习是在头脑中形成新的完形
D. 学习需要在具体的物理情境和社会实践情境中进行
7. 下列属于支架式教学环节的是(　　)
A. 搭脚手架　　B. 告知目标　　C. 独立探索　　D. 协作学习

三、案例分析题

学习课文《小珊迪》后,教师提问:"你最喜欢这篇课文的哪一段?"几个学生踊跃发言,表达自己对课文的喜爱。随后,老师叫了一个没有举手的小个子男生,让他说说自己喜欢的句子。小男生慢吞吞地站了起来,说了句:"我都不喜欢。"老师批评了他,小男生一声不吭地坐下了,看得出他心里很不服气。

学生可以不喜欢课文吗?老师的说法是:"我认为不可以。不喜欢不就等于可以不学了吗?再说,教材选的都是好文章。"

试结合建构主义的学习理论进行分析。

整合提升

一、单项选择题

1. 教师在教学过程中,通过改变讲话的声调和手势动作引起学生的注意,从而使学生能够有效地进行选择性知觉。根据加涅的信息加工学习理论,此时学生处于学习的(　　)
A. 动机阶段　　B. 领会阶段　　C. 反馈阶段　　D. 概括阶段
2. 一批学教育心理学的大学生发现,如果他们合上笔记本,看教室后面的钟表,教授就会停止授课。从此,学生们开始每天提前一点把书收好,他们知道把书收起来就可以让老师提前下课。可以很好解释这种现象的是(　　)(易错)
A. 正强化　　B. 获得　　C. 负强化　　D. 分化
3. 7岁的莉莉随父母迁居到另一个国家,父母让她每天与新的小伙伴一起玩耍,完全不进行专门的语言教学,然而几个月内莉莉掌握了一种新的语言而且学会了当地的口音。莉莉对语言的学习属于(　　)(易错)
A. 接受学习　　B. 无意义学习　　C. 发现学习　　D. 有意义学习
4. 一名经常违纪的学生被分配到一个风气良好的班级后,在周围同学遵纪守规的行为影响下,他的不良行为也很少表现出来。这体现了榜样示范学习的(　　)
A. 抑制效应　　B. 习得效应　　C. 环境加强效应　　D. 情绪唤起效应
5. 依据班杜拉的观察学习理论,替代性强化发生在观察学习过程中的(　　)
A. 注意过程　　B. 保持过程　　C. 动作再现过程　　D. 动机过程
6. 儿童容易模仿影视片中反面人物的行为,结果导致不良品德。为了避免影视片的消极影响,根据班杜拉的社会学习理论,适当的做法是(　　)(常考)
A. 避免学生观看这类影视片　　B. 对有模仿行为的儿童进行说服教育
C. 影片中尽量少描写反面人物　　D. 影视片应使观众体验到"恶有恶报,善有善报"
7. 奥苏贝尔依据接受和发现、机械与有意义两个互不依赖、彼此独立的维度对学生的学习类型进行了分类,依据此分类,学生运用公式解题属于(　　)
A. 有指导的独立发现式机械学习　　B. 有指导的发现式机械学习
C. 有指导的发现式有意义学习　　D. 有指导的接受式有意义学习
8. 小红在两岁时就学会了背"床前明月光,疑是地上霜……"这首唐诗,按加涅的学习结果分类,这种学习是(　　)
A. 言语信息学习　　B. 心智技能学习　　C. 动作技能学习　　D. 智慧技能学习
9. 下列属于学习结果分类中态度的行为表现的是(　　)
A. 把分数转化为小数　　B. 画出组织结构图
C. 做出听古典音乐的行为选择　　D. 知道北京是中国的首都
10. 以下属于人本主义学习理论教育主张的是(　　)
①培养知情合一的人　②学习是在已有知识经验上进行的
③有意义的自由学习　④有意义的接受学习　⑤以学生为中心
A. ①②④　　B. ①③⑤　　C. ②③⑤　　D. ②④⑤

11. “影响学习的唯一最重要的因素，就是学习者已经知道了什么。要探明这一点，并应据此进行教学。”这段话主要强调了(　　)
A. 创造学习比接受学习更重要
B. 学习可以促进个体的心理发展
C. 新的学习情境引起个体的认知不平衡
D. 新学习一定要适合学习者当时的认知发展水平

12. 按照认知主义的学习理论，教师在教学过程中设计比较性先行组织者可以促进新旧知识的(　　)
A. 区别性　B. 可辨别性　C. 关联性　D. 可理解性

13. 奥苏贝尔针对讲解式教学提出了“先行组织者”的教学策略，使用该策略的目的是为学生的学习提供(　　)
A. 比较组织者　B. 观念固着点　C. 关系类属者　D. 符号中介物

14. 课堂上的知识以什么形式呈现给学生会直接影响学生学习的难易程度和正确性，对小学高段及中学低段的学生来说，知识的最佳呈现形式是(　　)(易错)
A. 图像表象　B. 符号表象　C. 语词表象　D. 动作表象

15. 李教授参观一所中学时，翻了翻学生课桌上的课本，问道：“地下一千米比地面冷还是热?”学生面面相觑，哑口无言。旁边的任课老师急了，马上问学生：“地球深层是什么地质结构?”全班学生马上回答：“是熔岩。”以上案例中，学生对地球结构的学习属于(　　)
A. 机械学习　B. 有意义学习　C. 发现学习　D. 模仿学习

16. 基于对传统教学模式的批评，罗杰斯提出了以学生为中心的人本主义教学模式，其基本要点不包括(　　)
A. 教师要以真诚、关怀、理解的态度对待学生的情感和兴趣
B. 学习的决策是师生共同参与的过程
C. 整个学习集体的中心任务是促进学习过程的不断发展
D. 课程安排是有结构的

17. 小单在记忆“garden”(花园)这个单词时，想象的是一个穿高跟鞋的女士在公园里走路发出“嘎蹬”“嘎蹬”的声响，于是利用谐音“嘎蹬”记住了单词“garden”，小单的学习属于(　　)(易错)
A. 有意义学习　B. 机械学习　C. 探究学习　D. 模仿学习

18. 教师为了激励学生认真完成课外作业，每天只随机抽查5名学生的作业进行检查，如果学生做得很好就给予加分奖励。教师的这种做法从强化的程序来看，属于(　　)
A. 可变比例强化　B. 可变时距强化
C. 固定比例强化　D. 固定时距强化

19. 内隐学习是无意识地获得知识，同时以隐性的方式存储在大脑中，在应用时自动提取。下列不属于内隐学习的是(　　)
A. 与优秀的人在一起，让人自觉拼命地努力奋斗
B. 到顶级大学体会著名学者与大师的心得和智慧
C. 与不同背景、文化、经历的人一起学习和交流
D. 报名参加著名雕刻艺术家的雕刻技法提升班

20. 六年级的小芳通过一节几何课的学习，学会用圆规画圆。这里的学习结果类型是(　　)(常考)
A. 动作技能　B. 概念学习　C. 言语信息　D. 辨别学习

二、多项选择题

1. 关于认知主义学习理论，下列说法正确的是(　　)
A. 学习的过程是顿悟的过程
B. 潜伏学习现象告诉我们不是所有学习都是在强化中进行的
C. 学习的实质是观察学习
D. 学习是一种渐进的、盲目的、尝试错误的过程

2. 根据加涅的信息加工学习理论，以下说法正确的有(　　)
A. 学习是一个有始有终的过程，这一过程可分成若干阶段，每一个阶段需要进行不同的信息加工
B. 教学过程要根据学生的内部加工过程，对其他无任何影响
C. 教学过程阶段与学习阶段是完全对应的
D. 教学的艺术就在于学习阶段与教学阶段的完全吻合

3. 关于强化类型，下列说法正确的是(　　)
A. 计件工资属于固定比例强化　B. 老虎机属于变化比例强化
C. 冲浪运动属于变化时间强化　D. 计时工资属于固定时间强化

4. 目前具有广泛影响的建构主义教学模式主要有(　　)
A. 支架式教学　B. 抛锚式教学　C. 随机进入教学　D. 程序教学

5. 联结学习理论认为(　　)
A. 学习的实质是在主体内部构造完形　B. 学习是在刺激与反应之间建立联结
C. 强化在学习中起着重要作用　D. 习惯是反复练习和强化的结果

6. 布鲁纳认为，个体认知表征的方式随年龄而发展，主要分为(　　)
A. 认知表征方式　B. 动作表征方式　C. 图像表征方式　D. 符号表征方式

7. 下列属于回避条件作用现象的是(　　)
A. 看见路上的垃圾后绕道走开　B. 感觉屋内人声嘈杂时离开房间
C. 过马路时听到汽车喇叭声后迅速躲避　D. 违章骑车时遇到警察赶快下车

8. 一位社会学科的教师在四年级授课，他先讲文明往往发源于肥沃的河谷这个事实，然后在课堂讨论中鼓励学生思索：为什么这是事实？为什么文化的发生多半不在多山之国？根据布鲁纳的观点，上述例子体现出学习过程往往涉及(　　)三个方面。
A. 知识的获得　B. 知识的评价　C. 知识的转化　D. 知识的实践

三、判断题

1. 原理学习中，例—规法指先呈现要学习的规则，然后用例证来说明规则的方法。(　　)
2. 听教师精心设计的教学既是有意义学习，也是有指导的发现学习。(　　)
3. 每隔5分钟给予1次强化属于固定比例强化。(　　)
4. 问题解决是加涅学习分类系统中的最高形式。(　　)
5. 加涅把“学习”看成是一个由不知到知的认识过程。(　　)
6. 试误式解决问题是动物解决问题的特征，而顿悟式解决问题则是人类解决问题的特征。(　　)
7. 当学生表现出一次正确的行为时，就表示他已确实学到了该种行为。(　　)

四、简答题

1. 简述桑代克的联结—试误学习理论与完形—顿悟学习理论的关系。(常考)

2. 简述对认知—发现学习理论的评价。

五、论述题

1. 奥苏贝尔的有意义学习与罗杰斯的有意义学习有何不同?(易混)

2. 有人建议,在教育实践中,"要多使用奖励,而尽量少用惩罚"。请简要阐述你对这种建议的看法。(常考)

六、案例分析题

1. 张老师是某小学二年级的班主任,在他的班级里,气氛轻松,学生们认为他的方法既有趣又有效。下面是张老师自己阐述如何运用强化来鼓励学生遵守纪律、积极向上的:"我在班上总是用玻璃球强化学生好的行为。我有一个空玻璃瓶,当学生表现得很好时,我就往瓶子里放一个玻璃球。例如,其他老师来我们班讲课或者我们班的学生去图书馆时,学生们如果很快安静下来,安心听讲,我就会给他们一个玻璃球。我的准则就是他们不能向我要玻璃球,而是我告诉他们坐姿要端正、进行消防训练时不能说话,这些都是应该做到的。我一周可能会给全班同学2~3次玻璃球,可以说是一种变化的程序。当瓶子装满的时候,我们就可以组织一次联欢会,给他们看一会儿卡通片,我还会给他们带来冰淇淋或者其他好吃的东西。"

根据上述案例,回答下面的问题:

(1)强化的作用和原理是什么?结合该案例谈谈强化对于课堂管理的意义。

(2)斯金纳在实验研究中所安排的强化程序有哪几种?哪一种或哪几种效果最好,这个案例中,张老师所采用的是哪一种强化程序?

(3)结合该案例指出强化物有哪几类?

2. 以下是丁老师访谈学生和家长的记录片段：

丁老师：你觉得现在学习任务重吗？学生冰冰：总的来说还是挺重的，我的课表被安排得满满当当，回家后还要完成很多家庭作业。

丁老师：你平时自由活动的时间能自主支配吗？学生冰冰：很少有自由活动时间，更谈不上自主支配了！

丁老师：你对自己孩子的学习管得多吗？冰冰母亲：你也知道当前社会竞争压力很大，为了能让孩子上好的大学，我会督促孩子完成各科作业，还让她去学一技之长。

丁老师：在这个过程中，你考虑过孩子的学习兴趣吗？冰冰母亲：我较少考虑她的兴趣。我觉得兴趣不是凭空而来的，一旦有了成绩，自然就会产生兴趣。

丁老师：孩子跟你叫过苦吗？冰冰母亲：说过，但我觉得，只要学习就比瞎玩强。

(1)根据人本主义的教育目的观，谈谈你对访谈内容的理解。

(2)人本主义所倡导的有意义学习有何特点？

(3)根据人本主义学习理论，教育者应该如何改进自己的教育活动？

真题必刷

一、单项选择题

1. [鹤壁市直]学习完“路程=速度×时间”的公式后，学生能够解答出老师布置的应用题，此时学生获得的是(　　)

A. 动作技能　　B. 言语技能　　C. 智慧技能　　D. 认知策略

2. [安阳滑县]“一朝被蛇咬，十年怕井绳”表现了巴甫洛夫经典性条件反射的(　　)

A. 分化　　B. 泛化　　C. 获得　　D. 消退

3. [洛阳西工区]当学生的作业出现错误时，老师让他把该题重做十遍。这属于(　　)

A. 正强化　　B. 负强化　　C. 惩罚　　D. 自我强化

4. [郑州高新区]学习者通过观察他人实施某种行为后所得到的结果来决定自己的行为指向，这属于(　　)

A. 直接强化　　B. 自我强化　　C. 自主强化　　D. 替代强化

5. [安阳汤阴]学生的学习必须“超越给定信息”。根据布鲁纳的认知学习理论，这一观点强调的学习过程是(　　)

A. 获得　　B. 评价　　C. 动机　　D. 转化

6. [鹤壁淇滨区]知识并不是对现实世界的绝对正确的表征，而只是一种较为可靠的解释或假设，这种说法的中心观点是(　　)

A. 符号学习理论　　B. 信息加工学习理论
C. 建构主义学习理论　　D. 生成学习理论

7. [新乡获嘉]当学生获得好的成绩后，老师、家长给予表扬和鼓励。这符合桑代克学习律中的(　　)

A. 准备律　　B. 练习律　　C. 效果律　　D. 动机律

8. [安阳滑县]妈妈为了激励小明努力学习，提出如果他期末考试进了全班前十名，就免去他每周洗碗的任务，这种做法属于(　　)

A. 消退　　B. 正强化　　C. 负强化　　D. 惩罚

二、多项选择题

1. [信阳平桥区]根据学习材料与学习者原有知识结构的关系，将学习分为(　　)

A. 机械学习　　B. 有意义学习　　C. 接受学习　　D. 发现学习

2. [郑州郑东新区]奥苏贝尔提出有意义学习必须具备的条件有(　　)

A. 学习材料本身必须具有逻辑意义
B. 学习者必须具有有意义学习的心向
C. 学习者认知结构中必须具有同化新知识的适当的知识
D. 学习者必须积极主动地使新知识获得实际意义
E. 学习者必须成绩优秀

3. [郑州二七区]在加涅的信息加工学习模式中，学习的过程被分为八个阶段。下列选项属于这八个阶段的是(　　)

A. 动机阶段　　B. 获得阶段　　C. 反馈阶段　　D. 未知阶段

4. [鹤壁市直]建构主义学习观强调学习的(　　)

A. 差异性　　B. 主动建构性　　C. 社会互动性　　D. 情境性

专题四　学习心理

命题分析

本专题的内容题型考查较为全面,客观题和主观题都有涉及。本专题需要重点掌握的知识包括:

1. 区分学习动机的种类,理解并掌握耶克斯—多德森定律、学习动机理论。
2. 识记并理解不同的学习策略。
3. 区分不同种类的学习迁移,理解并区分学习迁移理论,识记影响学习迁移的因素。
4. 识记陈述性知识和程序性知识的概念、表征方式,识记并理解不同的知识学习类型、正例与反例、变式、记忆系统。
5. 区分操作技能和心智技能,识记操作技能和心智技能的形成阶段。
6. 识记问题解决的特征、过程、策略和影响因素,创造性的特征及培养。
7. 识记品德的心理结构、态度与品德的形成过程及条件、态度与品德的培养措施,理解品德发展的阶段理论。

基础训练

知识1 学习动机

一、单项选择题

1. 学习动机的基本结构包括学习需要和(　　)
A. 学习期待　B. 学习准备　C. 学习效果　D. 学习目的

2. 个人在学习活动中感到有某种欠缺而力求获得满足的心理状态是(　　)
A. 学习动机　B. 学习需要　C. 学习兴趣　D. 学习期待

3. 周恩来总理在年少时期就立下"为中华之崛起而读书"的志向,这种学习动机属于(　　)
A. 远景的直接性学习动机　B. 近景的直接性学习动机
C. 远景的间接性学习动机　D. 近景的间接性学习动机

4. 成就动机是指一个人所具有的试图追求和达到目标的驱力。关于成就动机的研究表明,与害怕失败者相比,追求成功者倾向于选择(　　)
A. 相对容易的任务　B. 非常难的任务
C. 非常容易的任务　D. 难度适中的任务

5. 小刚学习非常刻苦主要是为了获得老师和家长的表扬,他的学习动机是(　　)(常考)
A. 认知内驱力　B. 自我提高内驱力　C. 附属内驱力　D. 求知欲

6. "为了赢得社会地位而学习"的学习动机属于(　　)
①附属内驱力　②自我提高内驱力　③内部动机　④外部动机
A. ①③　B. ①④　C. ②③　D. ②④

7. 有的学生认为,自己考试成绩好是努力的结果。其归因是(　　)(常考)
A. 内部、不稳定、可控　B. 外部、稳定、可控
C. 外部、稳定、不可控　D. 内部、稳定、可控

8. 认知内驱力、自我提高内驱力和附属内驱力在动机结构中所占的比重并非一成不变。在(　　)附属内驱力最为突出。
A. 儿童早期　B. 少年期　C. 青年初期　D. 成年期

9. 有的学生愿意为他所喜欢的老师而努力学习,有的学生不愿意为他所不喜欢的老师而努力学习,产生这种状况的主要因素是(　　)
A. 认知动机　B. 学习兴趣　C. 成就动机　D. 交往动机

10. 对于自发的、原本就有兴趣的学习任务,外部物质奖励往往会降低个体的内在学习动机。持这一观点的动机理论是(　　)
A. 行为强化理论　B. 需要层次理论
C. 自我价值理论　D. 自我决定理论

11. 下列说法错误的是(　　)(常考)
A. 动机水平与行为效率呈U型曲线
B. "耶克斯—多德森定律"表明,动机不足或过分强烈都会影响学习效率
C. 在比较容易的任务中,工作效率随动机的提高而上升;随着任务难度的增加,动机的最佳水平有逐渐下降的趋势
D. 最佳水平为中等强度的动机

12. 掌握目标定向的学生倾向于将学业成败归因于(　　)
A. 能力　B. 努力　C. 运气　D. 任务难度

13. 根据学习动机的相关知识,以下说法正确的是(　　)
A. 自我提高驱动力并非指向学习本身,而是把成就看作赢得地位和自尊心的根源,属于内部动机
B. 强化理论是程序教学、计算机辅助教学的心理基础
C. 需要层次理论说明,学生的某些没有得到充分满足的缺失性需要,对教育、学习产生了直接的影响
D. 个体的成就动机可分为力求成功的动机和避免失败的动机,避免失败者倾向于选择成功概率为50%的任务

14. 在归因理论中,能力属于(　　)
A. 稳定、内在、不可控因素　B. 稳定、外在、可控因素
C. 不稳定、内在、可控因素　D. 稳定、外在、不可控因素

15. 最重要和最良性的学习动力是(　　)
A. 学习兴趣和教师的期待　B. 学习兴趣和远大的理想
C. 教师的期待和远大的理想　D. 教师的期待和家长的期待

16. 如果一个学生将自己的失败归因于个体稳定的不可控的内部特征时,他会产生一种(　　)的观念。
A. "我太笨了"　B. "我不够努力"　C. "问题太难"　D. "我运气不佳"

17. 根据自我价值理论,(　　)往往兼具了成功定向者和避免失败者的特点。一方面对自我能力的评价较高,另一方面这一评价又不稳定,极易受到失败经历的动摇。他们往往有完美主义的倾向,给了自己太大压力,处在持续恐惧之中。

A. 高驱低避者　B. 低驱高避者　C. 高驱高避者　D. 低驱低避者

18. 耶克斯—多德森定律反映了(　　)之间的关系。

A. 动机与需要　B. 动机与生理　C. 动机与目标　D. 动机与行为效果

19. 班杜拉认为人对自己能否成功从事某一成就行为的主观判断是(　　)

A. 自我期待　B. 自我判断　C. 自我评价　D. 自我效能感

20. 我们常说的“大考大玩,小考小玩,不考不玩”是有一定道理的,可以说明这一现象的理论是(　　)

A. 耶克斯—多德森定律　B. 归因理论

C. 动机需要论　D. 动机强化说

21. 在学业成败归因的三个维度中,与学生对自己学业成败的预期关系最密切的维度是(　　)(易混)

A. 稳定性　B. 可控性　C. 内外性　D. 特殊性

22. 根据学习动机的社会意义,可以把学习动机分为(　　)

A. 社会动机与个人动机　B. 工作动机与提高动机

C. 高尚动机与低级动机　D. 交往动机与荣誉动机

23. 很多科学家都在自己的研究领域内进行不懈的探索,他们的动机主要为(　　)

A. 自我提高内驱力　B. 认知内驱力

C. 附属内驱力　D. 外部动机

24. 根据“耶克斯—多德森定律”,当学生遇到困难或出现问题时,教师应使其心理紧张程度控制在(　　)

A. 非常高的水平　B. 较高的水平　C. 中等的水平　D. 较低的水平

25. “学生之所以学习,是因为在学习过程中可以得到奖赏、赞扬和优异的成绩等报偿”,持这种观点的学习动机理论是(　　)

A. 归因理论　B. 成就动机理论　C. 强化理论　D. 自我效能感理论

26. 小王是一名中学生,下列选项中有可能对小王的自我效能感没有影响的是(　　)

A. 小王多次数学考试失败的经验

B. 与小王水平相仿的小红英语考试失败

C. 小王在面对一个十分难的任务时没有其他人的帮助而任务失败

D. 老师利用小王的偶像作为例子对小王进行引导

27. 在学习中,某学生因为种种学习障碍而在学习上屡遭失败的打击,沦为差生,对自己的学习能力失去信心,对学习成功不抱期望,从而厌倦或放弃学习。这种现象属于(　　)

A. 习得性无力感　B. 厌学心理　C. 自我效能感　D. 焦虑感

二、多项选择题

1. 可以划分学习动机的维度有(　　)

A. 学习动机的社会意义　B. 学习动机起作用时间的长短

C. 学习动机所起作用的大小　D. 学习动机产生的诱因来源

2. 学生的求知欲望、对某门学科的兴趣所引起的学习动机属于(　　)

A. 近景性动机　B. 远景性动机　C. 直接性动机　D. 间接性动机

3. 心理学研究揭示了学习动机和学习效果的关系,关于两者的关系,下列说法错误的有(　　)

A. 学习动机可以影响学习效果,但学习效果不会影响学习动机

B. 学习动机不会影响学习效果,学习效果也不会影响学习动机

C. 学习动机可以影响学习效果,学习效果也可以影响学习动机

D. 学习动机不会影响学习效果,但学习效果可以影响学习动机

4. 学习需要的主观体验形式是学习者的学习愿望或学习意向,它包括(　　)等。

A. 学习的兴趣　B. 爱好　C. 努力　D. 学习的信念

5. 消除学生的习得性无力感的方法有(　　)

A. 消除学校中的“不可控状况”　B. 引导学生进行积极地自我约束

C. 防止学生产生“结果不可控”的认知　D. 培养意志,增强免疫力

6. 学习动机根据来源不同可以分为外部学习动机和内部学习动机。下列属于外部学习动机的是(　　)

A. 学习是为了得到老师的表扬　B. 学习是为了不让父母失望

C. 学习是出于好奇心　D. 学习是为了让同学看得起

7. 根据归因理论的观点,有利于激发学生学习动机的做法是使学生看到(　　)

A. 努力是成功的重要条件　B. 运气的作用

C. 能力的作用　D. 自己的努力是有效的

8. 强化训练的形式包括(　　)

A. 奖赏训练　B. 取消训练　C. 惩罚训练　D. 回避训练

9. 下列选项中,属于增强学生自我效能感的方法的是(　　)

A. 让学生更多地体验到成功　B. 为学生提供适当的榜样

C. 恰当地运用外部强化　D. 使学生学会自我强化

10. 创设问题情境时需注意,问题要(　　)

A. 小而精　B. 与学生实际生活经验相关

C. 富有启发性　D. 有适当的难度

11. 小王为了获得父母的奖励而努力学习,他的学习动机是(　　)

A. 低级动机　B. 高级动机

C. 外在的学习动机　D. 内部的学习动机

12. 成败归因理论中的稳定因素包括(　　)

A. 个人的能力　B. 工作任务的难度

C. 个人的努力程度　D. 运气

13. 班杜拉认为,人的行为受行为的(　　)的影响。

A. 结果期待　B. 效能期待　C. 结果因素　D. 先行因素

14. 根据学习动机起作用时间的长短,可以把学习动机分为(　　)

A. 近景的直接性学习动机　B. 自我提高内驱力

C. 附属内驱力　D. 远景的间接性学习动机

15. 心理学研究表明,新的学习需要可以通过下列哪些途径来形成(　　)

A. 直接发生途径　B. 间接发生途径　C. 直接转化途径　D. 间接转化途径

三、判断题

1. 一般来说,具体的、短期内能实现的、难度中等的目标可以有效激发学生的学习动机。(　　)
2. 同一种动机可能会产生不同的行为及其结果,而相同的行为与结果也可能源于不同的动机。(易混)(　　)
3. 高尚的学习动机的核心是利他主义。(　　)
4. 一般而言,内部动机的作用比外部动机的作用稳定、持久。因此,我们在教育过程中只用强调内部学习动机即可。(　　)
5. 批评与指责比表扬与奖励更能有效地激发学生的学习动机。(　　)
6. 当学生把学习成绩不好归结为自己的能力低时,他们更可能放弃学习。(　　)
7. 外部奖励有利于激发学习动机,因此外部奖励越多越好。(　　)
8. 持有"能力增长观"的学生倾向于建立表现目标,从而避免被别人看不起。(　　)
9. 个体把失败归因于外部的、不可控制的因素,这种归因能增强自我效能感。(　　)
10. 成就动机理论对教育实践的启示是:教师应多给学生布置容易的任务,以增强学生的自信心。(　　)

四、简答题

1. 简述影响自我效能感形成的因素。

2. 什么是习得性无助?如何防治学生的习得性无助?

3. 简述自我效能感的作用。

4. 心理学中用来描述学习动机和任务难度关系的定律叫作什么?具体内容有哪些?

五、论述题

1. 联系教学实际,试述如何培养学生的学习动机。

2. 根据韦纳的成败归因理论,谈谈如何帮助学生正确归因以提高学习成绩。

3. 试述成就动机理论及其教育启示。(常考)

六、案例分析题

1. 甲同学在小学阶段学习成绩优良,尤其对数学学科很感兴趣,参加数学竞赛还获得了一等奖。升学后,在学校举行的第一次摸底考试中,他的成绩很不理想,在班内处于中下等水平。回家后,他的父亲很不高兴,责怪他不努力学习,这让他很有挫败感。甲同学很想好好学习,取得好成绩,可这次的挫败感使他越来越不自信,甚至连他最喜欢的数学也出现了不及格现象。有一次,一位老师用红笔在他的作业本上写道:"字迹潦草,思维混乱,简直不是人写的。"久而久之,甲同学对学习失去了信心,上课不认真听讲,拖欠作业,对考试成绩也抱着无所谓的态度。

(1)甲同学对学习丧失信心的原因是什么?

(2)简要说明教师应如何激发学生的学习动机。

2. 考试成绩出来了,小明和小华都考了85分,小明很开心地说:"我太幸运了,昨天刚做了一套模拟题,有三道题跟考试题一样。"小华则情绪不高,他说:"我已经很认真地复习了,但还是有很多题不会,很多知识弄不清楚,我还得仔细看看课本。"
根据韦纳的归因理论,分析小明和小华两人归因的倾向性和特点。假如你是老师,你应该如何对他们进行引导?

3. 为激励学生努力学习,提高成绩,某学校规定:今后每次考试都将根据前次考试成绩,给全年级学生安排考场。成绩前50名的学生在第一考场,第51～100名的学生在第二考场,依次类推。
(1)这种做法试图通过影响哪种心理需求来激发学生的学习动机?
(2)试述学习动机对学习效果的影响。
(3)从学习动机对学习效果的影响的角度对这种做法的有效性做出分析。

知识2 学习策略

一、单项选择题

1. 在学习中为了提高学习效果和效率,用以调节学习行为和认知活动的方法是(　　)
A. 学习策略　B. 学习动机　C. 学习理念　D. 学习目标
2. 学习策略是学习者制定的学习计划,包括(　　)
A. 意识和能力　B. 规则和技能　C. 方法和步骤　D. 内容和方法
3. 开学之初,教师通过多次考勤点名,很快就记住了所有学生的姓名。这种策略属于(　　)
A. 精加工策略　B. 复述策略　C. 组织策略　D. 元认知策略
4. "学会如何学习"的实质是(　　)
A. 学会在适当条件下使用适当策略　B. 掌握科学概念与原理
C. 掌握大量言语信息　D. 形成学习兴趣
5. 在老师的指导下,学生采用画示意图的方式对知识进行归纳管理,以促进对所学知识的掌握,学生采用的这种学习策略是(　　)
A. 复述策略　B. 精加工策略　C. 监控策略　D. 组织策略
6. 精加工策略的实质是(　　)
A. 重现学习材料　B. 建立新旧信息之间的联系
C. 把材料归类　D. 计划监控
7. 小芳记学习笔记时,一部分记老师在课堂上讲的重点内容,另一部分记自己课下练习时遇到的有疑问的知识点。在这一过程中运用的学习策略是(　　)
A. 元认知策略　B. 精细加工策略　C. 组织策略　D. 认知策略
8. 学生在阅读不熟悉、不理解的材料时,放慢速度、反复阅读的学习策略是(　　)
A. 认知策略　B. 资源管理策略　C. 组织策略　D. 元认知策略
9. 小学生记拼音时常用具体的事物来帮助自己记忆,如m就像两个门洞,h就像一把小椅子。这种学习策略属于(　　)
A. 复述策略　B. 资源管理策略
C. 组织策略　D. 精加工策略
10. 小学生在头脑中创建一幅熟悉的场景,在场景中确定一条明确的路线,在这条路线上确定一些特定的点,然后将所要记的内容全部视觉化,并按顺序把这条路上的各个点联系起来,回忆时,按这条路线上的各个点提取所需的项目。这是运用了(　　)
A. 位置记忆法　B. 谐音记忆法　C. 关键词法　D. 视觉想象法
11. 根据自己一周内学习效率的变化安排学习活动,属于学习策略中的(　　)
A. 认知策略　B. 组织策略　C. 元认知策略　D. 资源管理策略
12. 青青在背诵英语短文时,不断自我提问以检查背诵效果,随时采用修正策略,加快记忆。这属于(　　)
A. 精细加工策略　B. 组织策略　C. 元认知策略　D. 资源管理策略
13. 在小学低年级识字教学中,有人按字音归类识字,有人按偏旁结构归类识字。这属于(　　)
A. 复述策略　B. 组织策略　C. 精加工策略　D. 理解—控制策略
14. 学习过程中,学习者通过对重点内容圈点批注的方法帮助记忆。这种学习策略属于(　　)
A. 精细加工策略　B. 组织策略　C. 复述策略　D. 元认知策略
15. 小强在考试时监视自己的速度和时间,这种策略属于(　　)
A. 计划策略　B. 调节策略　C. 监控策略　D. 时间管理策略
16. 有位历史教师教中学生记忆明朝迁都北京的历史年代,指导学生把1421记成"一事二益"。这种方法是(　　)(常考)
A. 复述策略　B. 组织策略　C. 精加工策略　D. 自由联想策略
17. 在学习活动中,教师引导学生两人一组,一节一节彼此轮流向对方总结材料。当一个人讲时,另一人认真听并纠正错误和遗漏,然后两个学生彼此交换角色,直到完成所有材料。这种促进学习策略的方法是(　　)
A. 直接教学　B. 交互式教学　C. 合作学习　D. 自主学习
18. (　　)就是要训练学生对所阅读的东西产生一个类比或表象,如图形、图像、表格和图解等,以加强其深层理解。
A. 生成性学习　B. 组织策略　C. 主题纲要法　D. 符号纲要法

19. 小明是一个学习自觉性很高的学生，他总是能合理安排自己的学习时间，高效复习。小明的这种学习策略属于(　　)

A. 资源管理策略　B. 动作系列学习策略　C. 模式再认策略　D. 寻求他人支持策略

20. 托尔曼的“认知地图”和托尼·巴赞的“思维导图”都是(　　)

A. 精加工策略　B. 组织策略　C. 元认知策略　D. 资源管理策略

21. 下列学习策略属于元认知策略的是(　　)(易混)

A. 学生在阅读时对材料进行自我提问

B. 学生在学习中寻找教师帮助，获得个别指导

C. 学生在学习过程中对所学内容画出网络关系图

D. 学生在学习中统筹安排学习时间

二、多项选择题

1. 下列属于认知策略的有(　　)

A. 复述策略　B. 精加工策略　C. 组织策略　D. 计划策略

2. 复述策略是一种促进陈述性知识学习的策略，分为识记过程中的复述策略和保持过程中的复述策略。下列属于保持过程中的复述策略的是(　　)

A. 复习形式多样化　B. 及时复习

C. 排除相互干扰　D. 分散复习与集中复习相结合

3. 下列属于元认知计划策略的是(　　)(易混)

A. 产生待回答的问题　B. 阅读时对注意加以跟踪

C. 浏览阅读材料　D. 设置学习目标

4. 学习策略是指学习者为了提高学习的效果和效率，有目的、有意识地制定有关学习过程的复杂的方案，下列属于学习策略特征的有(　　)

A. 有效性　B. 被动性　C. 过程性　D. 程序性

5. 学习策略的训练要遵循的原则有(　　)

A. 内化性原则　B. 理论联系实际原则　C. 特定性原则　D. 生成性原则

6. 元认知策略是一种典型的学习策略，指学生对自己的认知过程及结果的有效监视及控制的策略。元认知策略控制着信息的流程，监控和指导认知过程的进行，包括(　　)

A. 计划策略　B. 监控策略　C. 调节策略　D. 资源管理策略

三、判断题

1. 学习策略知识不是孤立的，不能脱离专门知识。(　　)

2. 对时间的管理属于学习策略。(　　)

3. 元认知在学习策略系统中具有重要的作用，它指导、调节着学习者的认知过程。(　　)

4. 学生因在学习过程中遇到自己无法克服的困难而向他人或物体(借助字典、参考书等)请求帮助的行为，是一种依赖性的表现。(　　)

5. 合作性讲解的两个参与者都能从这种学习活动中受益，而主讲者比听者获益更大。(　　)

6. 画线是最常用的学习策略之一，对于不同的学生而言，画线这一学习策略对学习效率的提升效果是一样的。(　　)

四、案例分析题

为了让学生学会学习，某中学的班主任张老师非常重视让学生掌握学习方法。为此，他为本班学生开设了关于学习方法的讲座，从理论上讲授各种学习方法，并对讲座内容进行书面考试。一个学期结束之后，该班学生能够背诵出各种学习方法的内容，但学生们各门功课的考试成绩并没有提高。

请运用学习心理的相关知识对该案例进行分析。

知识3 学习迁移

一、单项选择题

1. 迁移的实质是(　　)

A. 新旧经验的整合过程　B. 新旧知识的同化

C. 新旧知识的顺应　D. 新旧经验的转换

2. “举一反三、闻一知十”这句话指的是(　　)(常考)

A. 学习策略　B. 学习动机　C. 学习迁移　D. 学习期待

3. 在以前学习中得到提高的某种官能对后来涉及该官能的学习产生促进作用，从而表现出迁移效应，持这一观点的迁移理论是(　　)

A. 形式训练说　B. 共同因素说　C. 概括化原理　D. 关系转换说

4. 在数学课堂上，老师给学生出了一道难题后，将解题的基本方法讲解给学生，之后又出了一道相类似的题目作为作业，学生利用老师讲解的方法成功解题。对此，体现了学习迁移中的(　　)

A. 正迁移　B. 负迁移　C. 一般迁移　D. 重组性迁移

5. 学习汉语拼音之后，再学习英语音标的发音，最开始时常常混淆。这是由于(　　)的作用。

A. 正迁移　B. 前摄抑制　C. 倒摄抑制　D. 负迁移

6. 要学生关注历史与地理、化学与生物、数学与物理等学科之间的关系，这属于学习迁移中的(　　)

A. 横向迁移　B. 纵向迁移　C. 正迁移　D. 负迁移

7. 下列不属于迁移的是(　　)(易错)

A. 吃一堑，长一智　B. 近墨者黑　C. 因噎废食　D. 温故知新

8. 形式训练说所涉及的迁移本质上是(　　)

A. 水平迁移　B. 垂直迁移　C. 特殊迁移　D. 一般迁移

9. 贾德的“水下击靶”实验表明，学习迁移的产生需要(　　)

A. 大量的形式训练　B. 两种学习材料具有相同要素

C. 学习者能进行有意义的学习　D. 概括化的原理

10. 王老师用“鱼、河、虫、小、在、里、吃”这几个字编写了一个例句:鱼在河里吃小虫,并让学生用这几个字组成其他不同意思的句子。这属于(　　)

A. 同化性迁移　B. 顺应性迁移　C. 重组性迁移　D. 逆向迁移

11. 苛勒用以说明“关系转换的学习迁移理论”的著名实验是(　　)

A. 黑猩猩取香蕉实验　B. 小白鼠取食实验

C. 小鸡觅食实验　D. 鸽子转圈实验

12. 布鲁纳认为,基本概念、基本原理、基本方法和基本态度具有广泛的适用性,能运用于表面特征不同而结构特征相似的多种情境。这一观点所强调的迁移类型是(　　)

A. 一般迁移　B. 特殊迁移　C. 水平迁移　D. 逆向迁移

13. 在熟练地学会骑自行车以后,再学骑三轮车就会觉得比较别扭,这种现象我们把它称为(　　)

A. 顺向正迁移　B. 顺向负迁移　C. 逆向正迁移　D. 逆向负迁移

14. 重视对情境关系的理解的迁移理论是(　　)

A. 形式训练说　B. 共同要素说　C. 经验类化说　D. 关系转换说

15. 学习迁移产生的客观必要条件是(　　)(常考)

A. 学生的智力水平　B. 学习的理解和巩固过程

C. 学习对象之间的共同因素　D. 学习的方法

16. 学习了“请、清、情、晴”一组字后,有助于对另一组字“幕、墓、募、慕、暮”的学习。这种学习现象产生了(　　)

A. 正迁移　B. 垂直迁移　C. 特殊迁移　D. 一般迁移

17. 学生学会写“石”字,有助于写“磊”字,这种迁移是(　　)

A. 垂直迁移　B. 顺应性迁移　C. 一般迁移　D. 具体迁移

18. 学过高等数学后有利于初等数学的进一步理解和掌握,这属于(　　)

A. 顺向正迁移　B. 逆向正迁移　C. 顺向负迁移　D. 逆向负迁移

19. 在掌握了“心理过程”概念后,再学习“认知过程”这一概念,前一学习对后一学习的影响属于(　　)

A. 水平迁移　B. 垂直迁移　C. 一般迁移　D. 逆向迁移

20. 相似的题型,即使换了数字,学生解答起来也比较容易,体现的是(　　)

A. 自迁移　B. 近迁移　C. 低路迁移　D. 远迁移

二、多项选择题

1. 下列属于正迁移的是(　　)

A. 数学审题技能的掌握对物理、化学的影响

B. 在学校爱护公物的言行影响在校外规范自己的行为

C. 外语学习中,词汇的掌握对阅读的影响

D. 学习汉语字母发音对英语字母发音的影响

2. 一门学科中最具有广泛迁移价值的材料有(　　)

A. 基本概念　B. 基本原理　C. 生动的例子　D. 典型的事实

3. 根据迁移过程中所需的内在心理机制的不同,迁移可分为(　　)

A. 同化性迁移　B. 异化性迁移　C. 顺应性迁移　D. 重组性迁移

4. 影响学习迁移的主观因素包括(　　)

A. 智力水平　B. 认知结构的特点　C. 学习材料的特点　D. 心向

5. 下列选项中,属于一般迁移的有(　　)

A. 获得基本的运算技能、阅读技能后,运用到各种具体学科学习中

B. 数学学习中形成的认真审题的态度和方法影响到化学、物理等学科的审题活动

C. 学习英语单词“eye”和“ball”之后,学习“eyeball”更容易

D. 乒乓球学习当中,推挡动作的学习可以直接迁移到左推右攻这种组合的动作学习中去

6. 依据迁移内容的抽象和概括水平不同,迁移可分为(　　)

A. 水平迁移　B. 顺向迁移　C. 逆向迁移　D. 垂直迁移

7. 影响学习迁移的认知结构变量有(　　)

A. 可利用性　B. 可辨别性　C. 可操作性　D. 稳定性

8. 下列心理现象中,属于学习迁移现象的有(　　)

A. 会骑自行车的人比较容易掌握摩托车的驾驶技术

B. 后来的学习对先前的学习产生一定的影响

C. 学习汉语拼音会对英语学习有影响

D. 学会弹钢琴,有利于学弹手风琴

9. 影响学习迁移的相似性因素包括(　　)(易错)

A. 学习材料的相似性　B. 学习目标和学习过程的相似性

C. 学习效果的相似性　D. 学习反馈的相似性

三、判断题

1. 学习者是否拥有相应的背景知识,这是产生学习迁移的前提条件。(　　)

2. 平行四边形知识的掌握影响着菱形的学习属于自上而下的迁移。(　　)

3. 学习中的负迁移就是逆向迁移。(　　)

4. 知识和技能可以迁移,但是行为规范和态度则不可以迁移。(　　)

5. 定势可以成为积极的正迁移的心理背景,也可以成为负迁移的心理背景,但不会成为阻碍迁移产生的潜在的心理背景。(　　)

四、简答题

1. 影响学习迁移的因素有哪些?(常考)

2. 原有认知结构对迁移的影响表现在哪些方面?(常考)

知识4 知识的学习

一、单项选择题

1. 下列选项中属于陈述性知识的是(　　)
A. 学习的定义　B. 产品的使用说明
C. 汽车驾驶方法　D. 解答问题的思考过程

2. 人头脑中出现的"学习时如何记忆,解决问题时如何明确思维方向"等知识属于(　　)
A. 陈述性知识　B. 程序性知识　C. 策略性知识　D. 感性知识

3. 一位数学老师在讲授"圆形"的概念时,是通过向学生描述"毛驴拉碾子"的具体形象来帮助学生理解这一抽象概念的。这位老师所使用的直观手段属于(　　)
A. 实物直观　B. 模像直观　C. 言语直观　D. 表象直观

4. 学生已经有了"鸟"的观念,再学习"百灵鸟"这种动物。这种学习是(　　)(常考)
A. 下位学习　B. 上位学习　C. 命题学习　D. 并列结合学习

5. 知识是个体通过与环境相互作用后获得的(　　)
A. 感受与体验　B. 前人经验　C. 记忆的内容　D. 信息及其组织

6. 根据奥苏贝尔的观点,掌握同类事物的共同的关键特征的学习属于(　　)
A. 代表学习　B. 机械学习　C. 命题学习　D. 概念学习

7. 可用来回答事物"是什么、为什么、怎么样"的问题,可用来区别和辨别事物的一类知识,在知识的类别中具体指的是(　　)(常考)
A. 感性知识　B. 理性知识　C. 陈述性知识　D. 程序性知识

8. 澳大利亚的教师在向学生讲"雪花"这一事物时,采用观看录像带并向空中抛洒大量碎纸片的方式以引导学生体会下雪场景,这种直观的手段是(　　)(常考)
A. 实物直观　B. 模像直观　C. 言语直观　D. 虚拟直观

9. 中小学各学科的知识结构不同,它们可分为程序性知识型、陈述性知识型和混合型。下列属于程序性知识型学科的是(　　)
A. 数学、物理　B. 历史、政治　C. 语文、生物　D. 地理、化学

10. 在儿童学习"汽车""火车""轮船""飞机"等概念的基础上,掌握"交通工具"的概念,这样的学习属于(　　)
A. 下位学习　B. 上位学习　C. 归属学习　D. 并列结合学习

11. 一种记忆的特点是:信息的保存是形象的,保存的时间短、保存量大,编码是以事物的物理特性直接编码,这种记忆是(　　)
A. 短时记忆　B. 瞬时记忆　C. 长时记忆　D. 动作记忆

12. 在教师知识结构中,关于缄默知识的理解,正确的是(　　)
A. 它是显性知识　B. 可以被明确地传授
C. 可以用词语表达　D. 可以通过实践活动而获得

13. 短时记忆的容量是(　　)(常考)
A. 3～6个组块　B. 5～9个组块　C. 6～8个组块　D. 7个组块

14. 平行四边形、正方形、菱形等都是四边形的(　　)
A. 反例　B. 概括　C. 变式　D. 抽象

15. 学生掌握知识的中心环节是(　　)
A. 理解　B. 巩固　C. 应用　D. 迁移

16. 学生掌握了"哺乳动物"的概念后,理解"鲸"的含义,属于(　　)
A. 派生类属学习　B. 相关类属学习　C. 上位学习　D. 并列结合学习

17. 学生通过学习"0和正整数"掌握"数"的概念,之后又学习了"负数"的概念,重新认识了"数"的概念。这种学习属于(　　)(易错)
A. 并列结合学习　B. 上位学习　C. 相关类属学习　D. 派生类属学习

18. 教师讲课有间隔和停顿,符合(　　)感知规律。
A. 活动律　B. 强度律　C. 组合律　D. 差异律

19. "我们知晓的比我们能讲出的多"说的是(　　)
A. 陈述性知识　B. 条件性知识　C. 程序性知识　D. 隐性知识

20. 知识的最小单元,一般由一个简单的句子来表达,指的是(　　)
A. 图式　B. 命题网络　C. 命题　D. 概念

21. 教师在讲课过程中声音要求洪亮,所依据的感知规律是(　　)(常考)
A. 强度律　B. 差异律　C. 活动律　D. 组合律

22. 个体难以清楚地描述,只能借助于某种作业形式间接推测其存在,主要用来解决"做什么"和"怎么做"的问题的知识被称为(　　)
A. 感性知识　B. 理性知识　C. 描述性知识　D. 程序性知识

23. 学习"直角三角形是一种特殊的三角形",这种学习属于(　　)
A. 词汇学习　B. 符号学习　C. 概念学习　D. 命题学习

24. 在教学过程中,教师进行实验演示使学生得到感性知识,这属于(　　)
A. 实物直观　B. 模像直观　C. 言语直观　D. 感知直观

25. 教师在黑板上书写板书时,要求尽量用白色粉笔,所依据的感知规律是(　　)
A. 强度律　B. 差异律　C. 活动律　D. 组合律

26. 在教"鸟"的概念时,用麻雀、燕子说明"前肢为翼,无齿有喙"是鸟这一概念的本质特征,这是适当地运用了(　　)
A. 命题　B. 案例　C. 反例　D. 正例

27. 长时记忆的主要编码形式是(　　)
A. 图像编码　B. 听觉编码　C. 语义编码　D. 情境编码

28. 学生通过学习,可以用"老鹰"或"hawk"来代表他所看到的现实中的老鹰。根据奥苏贝尔对有意义学习的分类,此例中学生的知识学习属于(　　)
A. 符号学习　B. 概念学习　C. 命题学习　D. 程序学习

29. 康拉德的实验证明短时记忆的主要编码方式是(　　)
A. 听觉编码　B. 视觉编码　C. 语义编码　D. 音形编码

30. (　　)最能概括出事物的本质属性。
A. 实物直观　B. 模像直观　C. 图表直观　D. 网络直观

二、多项选择题

1. 根据新知识与原有认知结构的关系,可将知识学习分为(　　)
A. 上位学习　B. 下位学习　C. 概念学习　D. 命题学习
2. 上位学习,是指在认知结构中原有概念的基础上学习一个包容程度更高的概念,即原有概念是从属概念,而新学习的概念是总括性概念。以下属于上位学习的是(　　)(常考)
A. 学完直角的概念之后再学习角的概念
B. 学完盐酸的概念再学酸的概念
C. 学完长方形的面积计算公式后再学正方形的面积计算公式
D. 学完鲸的习性再学哺乳动物的习性
3. 程序性知识是一种在人脑中以产生式的动态表征形式来表示的知识。下列属于程序性知识的是(　　)
A. 撰写工作计划的方法　B. 掌握中国各行政区的名称及省会城市的名称
C. 连接一个串联电路　D. 了解地震的成因
4. 下列直观方式中,属于模像直观的手段是(　　)
A. 图片　B. 演示实验　C. 图表　D. 模型
5. 瞬时记忆的特点是(　　)
A. 时间极短　B. 容量较大　C. 形象鲜明　D. 意识清晰
6. 直观教学包括(　　)直观。(常考)
A. 实物　B. 模像　C. 思维　D. 言语
7. 下列关于长时记忆的说法,正确的是(　　)
A. 长时记忆是指存储时间在一分钟以上的记忆
B. 长时记忆中的信息是有组织的知识系统
C. 长时记忆信息的来源大部分是对短时记忆内容的加工
D. 长时记忆的信息在头脑中存储的时间长,但容量很有限
8. 知识的应用包括(　　)四个彼此相连又相互独立的基本环节。
A. 审题、联想　B. 分析、综合　C. 解析、类化　D. 识记、保持
9. 针对陈述性知识的表征方式主要有(　　)
A. 命题　B. 表象　C. 命题网络　D. 图式
10. 程序性知识的表征方式主要有(　　)
A. 命题网络　B. 产生式系统　C. 表象　D. 产生式
11. 以下属于理性知识的是(　　)
A. 表象　B. 概念　C. 规则　D. 原理

三、判断题

1. 短时记忆的信息转化为长时记忆必须经过复述。(　　)
2. 并列结合学习是在新知识与认知结构中的原有观念既非下位关系又非上位关系时产生的。(　　)
3. 图像记忆是瞬时记忆的主要编码形式。(　　)
4. 陈述性知识包括定义、规则、原理和认知策略。(易错)(　　)
5. 并列结合学习比上位学习和下位学习更简单、容易。(　　)
6. 知识巩固是指在知识掌握过程中对所学材料的瞬时记忆,它是通过人类的记忆系统实现的。(　　)

四、简答题

1. 如何提高知识直观的效果?

2. 如何有效地进行知识概括?(常考)

五、案例分析题

林老师为了上好《两栖动物的生殖与发育》一课,精心制作了PPT,并准备了青蛙标本、三张挂图和视频材料,课前林老师将这些教具摆放悬挂好后,马上受到了许多学生的围观。课上他先是播放了视频材料,接着他演示了青蛙标本,因标本过小,后面的同学伸长脖子也看不到,他不断翻着PPT,却没有适时做出讲解。下课铃声响了,准备的PPT还没有翻完。课后学生们反映说:"我们忙着看这看那,老师讲什么都没听清,而且有的PPT背景上浅色字很模糊。"

(1)林老师在教学过程中运用直观手段存在哪些问题?

(2)联系材料,阐述教师应如何提高知识直观的效果。

知识5 技能的形成

一、单项选择题

1. 通过学习而形成的合乎法则的操作活动方式被称作(　　)
A. 操作技能　B. 技巧　C. 心智技能　D. 能力
2. 根据技能的性质和表现形式,通常把技能分为认知技能和(　　)
A. 智力技能　B. 学习技能　C. 心智技能　D. 动作技能
3. 操作技能的特点是(　　)(常考)
A. 客观性、外显性、展开性　B. 观念性、内潜性、简缩性
C. 客观性、外显性、简缩性　D. 观念性、内潜性、展开性
4. 下列选项中,不属于心智技能的是(　　)
A. 感知声音　B. 计算题目　C. 记忆公式　D. 阅读文章

5. 依据心智技能的实践模式，把主体在头脑中已建立起来的活动程序计划以外显的操作方式付诸执行，指的是(　　)
A. 原型操作　B. 原型定向　C. 原型强化　D. 原型内化

6. 形成各种操作技能不可缺少的关键环节是(　　)
A. 阅读　B. 练习　C. 巩固　D. 内化

7. 学生在学习弹奏钢琴曲的过程中，当练习到一定阶段时，常会感到自己的进步似乎停止了。这种现象属于技能学习中的(　　)(常考)
A. 高原现象　B. 倒摄抑制　C. 蓄势现象　D. 及时反馈

8. 在动作技能形成的(　　)阶段，从学习者角度看，主要是理解学习任务，形成目标表象和目标期望。
A. 认知　B. 联系形成　C. 转化　D. 活动的定向

9. 数学课上，为了更好地形成智力技能，教师常在黑板上清楚而细致地演算例题。这是给学生提供(　　)(常考)
A. 原型定向　B. 原型整合　C. 原型操作　D. 原型内化

10. 在操作模仿阶段，动作的控制主要靠(　　)
A. 听觉控制　B. 视觉控制　C. 触觉控制　D. 动觉控制

11. 王国维在《人间词话》中讲过，一个人走向成功必须经历三大境界，高原阶段相当于其中的(　　)
A. 第一境界　B. 第二境界　C. 第三境界　D. 以上都不是

12. 反馈在操作技能学习过程中的作用是非常关键的，其中(　　)的作用尤为明显。
A. 外部反馈　B. 方法反馈　C. 过程反馈　D. 结果反馈

13. 关于动作技能和智力技能的区别和联系，下列描述不正确的是(　　)
A. 动作技能属于实际操作活动范畴，智力技能属于观念范畴
B. 动作技能要求学习者必须掌握一套刺激—反应联结，智力技能要求学习者掌握正确的思维方法
C. 动作技能是在智力技能的基础上形成的
D. 智力技能是动作技能的支配者和调节者

二、多项选择题

1. 操作技能是通过学习而形成的合乎法则的操作活动方式。下列属于操作技能的有(　　)
A. 唱歌　B. 打篮球　C. 跑步　D. 阅读

2. 动作技能与智力技能的区别主要有(　　)
A. 活动的对象不同　B. 活动的结构不同
C. 活动的要求不同　D. 活动目的不同

3. 操作模仿阶段的动作特点包括(　　)
A. 动作的稳定性、准确性、灵活性较差　B. 各动作要素之间的协调性好
C. 主要靠视觉控制　D. 完成动作的速度较慢

4. 傍晚，很多学生在篮球场上挥汗如雨。打篮球是一种(　　)
A. 封闭性技能　B. 开放性技能　C. 心智技能　D. 动作技能

5. 著名认知心理学家安德森将心智技能的形成分为三个阶段，即(　　)
A. 认知阶段　B. 联结阶段　C. 自动化阶段　D. 整合阶段

三、判断题

1. 技能没有好坏之别，习惯有好坏之分。(　　)
2. 膝跳反射是动作技能的一种表现形式。(　　)
3. 初学者在学习新的动作时，分解能力较差，动作掌握较慢。(　　)
4. 在动作技能形成的过程中，需要在头脑内反复思考身体动作的进行过程。这表明动作技能的学习过程中反馈因素很重要。(　　)
5. 在技能形成过程中，分散练习的效果优于集中练习的效果。(　　)
6. 动作技能一经掌握便不易被遗忘。(　　)
7. 技能是个体在所获得的知识的基础上，运用某种活动方式。它属于生理活动范畴。(　　)
8. 心智技能不必通过外部言语表现出来。(　　)

四、简答题

1. 简述操作技能的培训要求。(常考)

2. 简述培养学生的心智技能的要求。

五、案例分析题

有关研究表明：在学习英语的过程中，词汇量的多少明显影响到阅读能力的高低。但是当掌握的词汇量达到3500～4500的时候，就会出现约8个月左右的滞留时间；达到6500～7500的时候，就会出现约12个月左右的滞留时间；当词汇量达到了9500～10500的时候，平均滞留时间约18个月。也有人曾经研究收发电报中动作技能的进步，结果发现，在收发电报练习15～28天之间，成绩一度停顿下来，虽有练习，但成绩却不见提高甚至下滑。

请运用心理学知识对该案例进行分析。

知识6 问题解决与创造性

一、单项选择题

1. 问题是给定信息和要达到的目标之间有某些障碍需要被克服的(　　)
A. 刺激情境　B. 既定疑问　C. 思维状态　D. 思维起点

2. 教师要求学生列举砖的用途,某学生在单位时间内列举出很多例证,但都在建筑材料范围之内,这表明该学生的发散思维在流畅性和变通性方面的特点是(　　)
A.流畅性差,变通性差　B. 流畅性好,变通性差
C. 流畅性好,变通性好　D. 流畅性差,变通性好

3. 在解几何证明题时,学生常从问题的目标状态往回走,先确定达到该目标所需要的条件,然后再将达到目标所需要的条件与问题提供的已知条件进行对比,完成证明。这种方法属于问题解决中的(　　)
A. 反推法　B. 算式法　C. 启发法　D. 类比法

4. 小明嚼口香糖玩时,不慎将10元纸币掉到狭缝里,几经尝试,无法用手取出,最后在别人建议下用口香糖粘出。小明开始没有用这样的方法的主要影响因素是(　　)(常考)
A. 功能固着　B. 原型启发　C. 定势　D. 问题表征

5. 当一个人用画图表、线路图等具体形式表征问题时,表明他处于问题解决的(　　)阶段。
A. 发现问题　B. 理解问题　C. 提出假设　D. 验证假设

6. 要打开一个三位数组成的密码锁,可以从000、001、002逐一尝试直到998、999,最终便会找到一个正确答案。这种解决问题的策略是(　　)
A. 推理式　B. 算法式　C. 演绎式　D. 启发式

7. 从完整的问题解决过程来看(　　)是首要环节。
A. 理解问题　B. 提出假设　C. 发现问题　D. 检验假设

8. 在问题解决过程中,有时会出现"恍然大悟"或"豁然开朗"的情况。这一现象可以用(　　)解释。
A. 心理定势　B. 酝酿效应　C. 迁移　D. 功能固着

9. 通过对狗鼻子构造的分析,发明出比狗鼻子更灵敏的电子嗅觉器。这是(　　)对问题解决的影响。(常考)
A. 知识经验　B. 迁移　C. 酝酿效应　D. 原型启发

10. 下列各项活动中,属于"问题解决"的是(　　)
A. 回忆朋友的名字　B. 完成口头作文　C. 穿衣服　D. 浮现童年的生活情景

11. 创造性是指个体产生新奇、独特、有社会价值的产品的(　　)
A. 智力技能　B. 思维品质　C. 思维程序　D. 能力或特性

12. 积累知识、提出问题、调查研究、收集资料属于创造过程的(　　)
A. 准备阶段　B. 酝酿阶段　C. 明朗阶段　D. 验证阶段

13. 下列对智商与创造性的关系描述正确的是(　　)(常考)
A. 高智力者其创造性也高　B. 高创造性者必须有高于一般水平的智商
C. 低创造性者其智商一定高　D. 创造性与智力呈正相关的简单线性关系

14. 下列选项中,属于结构良好问题的是(　　)
A. 如何实现理想　B. 创造发明　C. 写作文　D. 解决几何证明题

15. 问题解决的关键阶段是指(　　)
A. 发现问题　B. 理解问题　C. 提出假设　D. 检验假设

16. 儿童在解决脑筋急转弯"小明吹电扇的时候为什么越吹越热"时,只想到了电扇吹小明,而想不到是小明去吹电扇。这里体现出来的影响问题解决的因素是(　　)
A. 思维定势　B. 原型启发　C. 问题表征　D. 灵感

17. 中小学数学教师进行应用题教学时,强调学生要看清题目,必要时可以画出示意图。这样做的目的是(　　)
A. 牢记题目内容　B. 监控解题过程
C. 熟练运用计算技能　D. 完成对问题的心理表征

二、多项选择题

1. 问题解决具有(　　)
A. 目的性　B. 结构性　C. 序列性　D. 认知性

2. 下列选项中,属于结构不良的问题有(　　)(易错)
A. 如何写好一篇学术论文　B. 怎样保持良好的人际关系
C. 如何根据已知条件求证几何问题　D. 怎样成为一名优秀的运动员

3. 下列关于问题解决策略的表述,正确的有(　　)
A. 算法策略通常可以保证问题得到解决,但比较费时费力
B. 启发式策略不一定能保证问题的解决
C. 算法策略通常优于启发式策略
D. 爬山法是一种算法策略

4. 下列做法中,有助于培养学生创造性的有(　　)
A. 在写作文时鼓励学生自己选题
B. 在解决数学题目时鼓励学生想出不同的解决方法
C. 对学生所提问题均以肯定态度接纳
D. 在学业测试中,增添部分无固定答案的问题

5. 英国心理学家华拉斯分析了前人的研究后认为,任何创造性活动的过程都包括(　　)
A. 准备阶段　B. 酝酿阶段　C. 明朗阶段　D. 验证阶段

6. 能否发现问题取决于(　　)
A. 刺激特征　B. 主体的知识经验　C. 主体活动的积极性　D. 主体的求知欲望

7. 心理学认为任何问题都含有(　　)三个基本成分。
A. 给定的条件　B. 不定的过程　C. 要达到的目标　D. 存在的限制或障碍

8. 问题解决的思维过程一般经历的阶段是(　　)
A. 发现问题　B. 明确问题　C. 提出假设　D. 检验假设

9. 问题解决中常用的启发法策略有(　　)
A. 手段—目的分析法　B. 逆推法　C. 算法　D. 爬山法

10. 提高学生知识储备的数量与质量,可以采取以下途径(　　)

A. 外化思路,进行显性教学　　B. 帮助学生牢固地记忆知识

C. 提供多种变式,促进知识的概括　　D. 重视知识间的联系,建立网络化结构

三、判断题

1. 在解决常规问题时,专家比新手更快;在解决困难的新问题时,专家用于表征问题的时间比新手要长。(　　)
2. 发散思维能力的三个指标是流畅性、变通性和独特性,其中最重要的是变通性。(　　)
3. 创造力并不是少数人才有的,是每个人都有的潜能。(　　)
4. 无论是真正的创造还是类似的创造,它们所表现出来的思维或认知能力在本质上是相同的。(　　)
5. 功能固着是一个人意志坚定的表现。(　　)
6. 记忆提取就是解决问题。(　　)
7. 思维定势总是阻碍问题的有效解决。(　　)

四、简答题

1. 影响问题解决的因素有哪些?(常考)

2. 如何培养学生的问题解决能力?

3. 如何培养学生的创造性个性?(常考)

五、论述题

教师可以通过哪些途径来培养学生的创造性?

六、案例分析题

在一次关于"如何培养学生的创造力"的研讨会上,老师们纷纷发言:

王老师:"在我的课堂上,气氛比较沉闷,学生很少发言,即使发言也只是按照书本的答案回答。"

李老师:"我们老师非常赞成培养学生的创造力,可不知道如何去做。"

张老师:"在学校里,考试是个指挥棒,如果培养了学生创造力,答题时答案五花八门,学生怎能通过考试?"

问题:请结合创造力培养的有关知识,说明以上三位老师的困惑。

知识7 态度与品德的形成

一、单项选择题

1. 通过学习而形成的影响个体行为选择的内部状态是(　　)

A. 认知　B. 记忆　C. 态度　D. 自我意识

2. 一个人一直很喜欢从事某一项活动,这里主要体现的是态度的(　　)成分。

A. 认知　B. 情感　C. 行为　D. 行为倾向

3. "亲其师,信其道"体现了(　　)的作用。

A. 道德认知　B. 道德情感　C. 道德行为　D. 道德意志

4. 在一般情况下,人们总是接受与自己态度一致的信息,拒绝与自己态度不一致的信息;而且在面对一致信息时,也倾向于注意和评价信息中好的方面。这体现了态度的(　　)

A. 过滤功能　B. 调节功能　C. 价值表现功能　D. 适应功能

5. 国家乒乓球队的健儿团结拼搏,为祖国和人民赢得金牌。这种爱国主义和集体主义情感属于(　　)

A. 伦理的道德情感　B. 想象的道德情感　C. 直觉的道德情感　D. 记忆的道德情感

6. 态度的行为成分是指个体准备对某对象做出某种反应的(　　)

A. 行为方式　B. 意向或意图　C. 行为习惯　D. 语言或行为

7. (　　)是衡量道德品质的重要标志。(常考)

A. 道德认知　B. 道德情感　C. 道德意志　D. 道德行为

8. 学生对善恶美丑有了分别,说明学生具有了(　　)

A. 道德认知　B. 道德情感　C. 道德意志　D. 道德行为

9. "苟利国家生死以,岂因祸福避趋之。"从品德形成过程看,这属于(　　)

A. 认同阶段　B. 内化阶段　C. 外化阶段　D. 依从阶段

10. 小刚帮妈妈洗碗,不小心打破了十个碗;小强偷吃冰箱里的零食,不小心打破了一个碗。小红认为,小强做得比小刚更好,因为他只打破了一个碗。这说明小红目前处于道德发展阶段中的(　　)

A. 自律阶段　B. 他律阶段　C. 具体运算阶段　D. 后习俗水平阶段

11. 皮亚杰认为,(　　)岁是儿童从他律道德向自律道德转化的分水岭。
A. 10　B. 9　C. 12　D. 18

12. 不管春夏秋冬,小刚都能够坚持晨练,坚持每天打太极拳。这属于哪种品德心理结构(　　)
A. 道德认识　B. 道德情感　C. 道德意志　D. 道德行为

13. 初中阶段既是人生观开始形成的时期,又是容易发生品德两极分化的时期。品德不良、违法犯罪多发生在这个时期。根据研究,(　　)是品德发展的关键期。(常考)
A. 初一年级　B. 初二年级　C. 初三年级　D. 初一和初二年级

14. 伦理道德发展走向成熟,可以较自觉地运用道德原则调节自己的行为,这出现在学生发展的(　　)
A. 学前阶段　B. 小学阶段　C. 初中阶段　D. 高中阶段

15. (　　)是规范内化的初级阶段,是品德建立的开端。
A. 依从　B. 接受　C. 认同　D. 内化

16. 中学生的伦理道德发展的基本特征之一是可以做到言行一致,具有(　　)
A. 他律性　B. 自律性　C. 过渡性　D. 平稳性

17. 小明对"为什么偷东西是不对的"这一问题的回答是"被抓住会挨打",由此可以判断其道德认识发展处于(　　)
A. 前习俗水平　B. 习俗水平　C. 后习俗水平　D. 超习俗水平

18. 根据科尔伯格的理论,小明认为正确的行为就是能够满足本人需要的行为,则小明处于(　　)
A. 惩罚和服从定向阶段　B. 功利性的享乐主义定向阶段
C. "好孩子"定向阶段　D. 维护权威和社会秩序定向阶段

19. 在"海因茨偷药"的道德两难问题上,某儿童认为:"不管妻子过去对他好不好,他都要对妻子负责。为救妻子去偷药,只不过是做了丈夫该做的事。如果他不这样做,别人会骂他的。"根据科尔伯格道德认知发展阶段理论,该儿童道德判断的特点是(　　)(易错)
A. 以人际和谐或"好孩子"为定向　B. 以良心或普遍原则为定向
C. 以惩罚与服从为定向　D. 以法律的秩序为定向

20. 在社会规范学习过程中,个体不仅在行为上遵守社会规范,而且在一定程度上意识到规范的必要性和规范对个人的价值。此时其社会规范学习处于(　　)
A. 服从水平　B. 依从水平　C. 认同水平　D. 内化水平

21. "两位亲人掉入水中,应该先救哪个?"这个常见的问题是延伸自心理学家科尔伯格提出的(　　)故事。
A. 模棱两可　B. 矛盾观念　C. 进退维艰　D. 道德两难

22. 态度的核心成分是(　　)
A. 认知成分　B. 情感成分　C. 意志成分　D. 行为倾向成分

23. 品德是个体依据一定的社会道德准则规范自己行动时表现出来的心理特征和倾向,它是(　　)
A. 比较不稳定的　B. 受先天因素制约的　C. 时稳时变的　D. 比较稳定的

24. 在实际活动中,态度的认知成分、情感成分、行为成分所占的比重不同,在较高层次的活动中需要个体对极为复杂的社会情境进行分析和理解,在这种情况下,态度的(　　)成分起很大的作用。
A. 认知　B. 情感　C. 行为　D. 认知和情感

25. "君子欲讷于言而敏于行"强调的品德因素是(　　)
A. 道德认识　B. 道德情感　C. 道德意志　D. 道德行为

26. 小贾认为人们不应该容忍偷东西的行为,因为如果大家都不制止的话,社会就会变得很混乱。根据科尔伯格的道德发展阶段理论,小贾处于(　　)
A. 寻求认可取向阶段　B. 遵守法规取向阶段
C. 普遍伦理取向阶段　D. 社会契约取向阶段

27. 道德情感包含多方面的内容,其中,对于儿童和青少年尤为重要的是(　　)
A. 义务感、责任感、羞耻感　B. 事业感、使命感、自尊感
C. 事业感、责任感、义务感　D. 自尊感、羞耻感、使命感

28. 认为尊重人的生命比遵守僵硬的社会规范更为重要的道德发展阶段是(　　)
A. 前习俗水平　B. 习俗水平　C. 后习俗水平　D. 前道德水平

29. 在品德形成的认同阶段,个体在思想、情感、态度和行为上主动接受他人的影响,试图使自己在态度和行为上(　　)
A. 与他人相接近　B. 与大家保持一致
C. 被他人认可　D. 与他人基本相同

30. 表现为"富贵不能淫,贫贱不能移,威武不能屈"的态度形成阶段是(　　)(常考)
A. 依从　B. 认同　C. 内化　D. 坚定

31. 要想培养学生的道德品质,必须先培养学生的(　　)
A. 道德认知　B. 道德情感　C. 道德意志　D. 道德行为

二、多项选择题

1. 下列关于使用言语说服策略提高学生道德认知水平的观点,说法正确的是(　　)
A. 对低年级的学生来说,富有感情色彩、生动感人的说服内容更容易产生影响
B. 对高年级的学生而言,充分说理、逻辑性强的说服内容更有效
C. 正面的观点和材料在短时间之内难以见效,不容易解决当务之急的问题
D. 同时提供正反两面的论据和资料更利于培养学生长期稳定的态度

2. 品德的心理结构包括(　　)(常考)
A. 道德认知　B. 道德情感　C. 道德意志　D. 道德行为

3. 关于小学生道德发展特点的描述,下面的说法正确的是(　　)
A. 10岁以下的儿童道德判断基本是受他自身以外的价值标准支配
B. 10岁以下的儿童认为规则(规范)是由权威人士(家长、教师)制定的,是不可改变的,要严格地遵守它们
C. 10岁以上的儿童基本处于自律道德发展阶段
D. 10岁以上的儿童认为判断一个行为的好坏不仅要看后果,也要看意向

4. 影响态度与品德学习的内部条件有(　　)
A. 家庭教养方式　B. 同伴群体　C. 认知失调　D. 态度定势

5. 教师可以综合应用一些方法来帮助学生形成或改变态度与品德。常用的方法有(　　)
A. 言语说服　B. 榜样示范　C. 群体约定　D. 价值辨析

6. 下列属于学生过错行为的是(　　)

A. 调皮捣蛋　B. 恶作剧　C. 考试作弊　D. 未经允许拿他人东西

7. 学生不良行为的矫正要经历(　　)阶段。

A. 醒悟　B. 转变　C. 自新　D. 反复

三、判断题

1. 态度结构的三种成分始终是一致的。(　　)
2. 态度是一种内部准备状态，而不是实际反应本身。(　　)
3. 观察学习相较于亲历学习，是学习态度的最有效的方式。(　　)
4. 品德的核心是道德认知。(　　)
5. 处在可逆性道德阶段的儿童往往表现为不服从权威，我行我素。(　　)
6. 从抑制不良行为的角度看，惩罚不利于良好态度与品德的形成。(常考)(　　)
7. 品德的形成与发展是个体与社会环境相互作用并不断内化的过程。(　　)
8. 皮亚杰认为，儿童5岁以前是“无律期”，他们通常以“自我中心”的方式来考虑问题。(　　)
9. 此一时，彼一时的偶然表现不能称之为品德，只有经常地表现出一贯的规范行为，才标志着品德的形成。(　　)
10. 小王毕业后成为一名中学教师，他要求自己的行为与教师角色行为一致。这时他所处的态度形成阶段属于服从阶段。(　　)

四、简答题

1. 简述培养学生良好的态度与品德的途径。

2. 简述影响态度与品德学习的一般条件。(常考)

五、论述题

结合实际论述在品德培养中教师如何避免奖励与惩罚所产生的负面心理效应。

整合提升

一、单项选择题

1. 下列关于操作整合的特点的描述，不正确的是(　　)(常考)

A. 动作可以表现出一定的灵活性、稳定性和精确性，但当外界条件发生变化时，动作的这些特点都有所降低

B. 各个动作成分趋于分化、精确，整体动作趋于协调、连贯，各动作成分间的相互干扰减少，多余动作也有所减少

C. 听觉控制不起作用，逐渐让位于视觉控制

D. 疲劳感、紧张感降低，心理能量不必要的消耗减少，但没有完全消除

2. 根据认知失调理论，要改正一个学生作业潦草的态度，适宜的方法是(　　)

A. 坚持严格要求　B. 批评作业潦草行为

C. 奖励作业认真行为　D. 使学生认识作业潦草的危害性

3. “元素周期表的学习”深化了学生对以前所学的元素化合物等知识的理解，这种迁移属于(　　)

A. 顺向正迁移　B. 顺向负迁移　C. 逆向正迁移　D. 逆向负迁移

4. 某学生制订一项计划坚持每天锻炼，但是感到自己落实困难便放弃了计划。根据班杜拉的理论，这表明他对计划的(　　)

A. 结果期待过高　B. 结果期待过低

C. 效能期待过高　D. 效能期待过低

5. 运动技能的表征方式是(　　)

A. 命题　B. 概念　C. 命题网络　D. 产生式系统

6. 小学生常常出现好心办坏事的现象，其原因主要是(　　)

A. 道德情感不深　B. 缺乏合理的行为技能

C. 道德认识不足　D. 道德意志力不够

7. 智力落后儿童在解决一个辨别问题时感到很困难，但是从较容易的问题开始进行训练逐步提高问题难度，最后转向较难的问题，学习的效果会明显提高。这符合下列哪种迁移理论的观点(　　)(易错)

A. 学习定势说　B. 经验类化说　C. 形式训练说　D. 关系转换说

8. 学生在学习完整数的加减乘除之后，在四则混合运算的学习中，把已有经验加以重新组合来解决问题。这属于(　　)

A. 同化迁移　B. 负迁移　C. 垂直迁移　D. 具体迁移

9. 下列关于学习迁移的说法，错误的是(　　)

A. 概括化理论认为，只要一个人对他的经验进行了概括，就可以完成从一种情境到另一种情境的迁移

B. 苛勒等人认为，迁移是非常具体的、有条件的，需要有共同的要素

C. 学会骑自行车反倒不利于学习骑三轮车属于负迁移

D. 加强基本原理的教学有利于促进原理或规则的迁移

10. 4岁的男孩小石认为空气没有重量,但经过科学演示他得知自己错了。他现在认为,空气是有重量的。从迁移的角度来说,这一理解的变化属于(　　)
A. 同化性迁移　B. 顺应性迁移　C. 一般迁移　D. 重组性迁移

11. 小刘在日常生活中既能驾驶自己的汽车,也能驾驶其他不同型号的小轿车。小刘对不同类型汽车驾驶技术的迁移属于(　　)
A. 高路迁移　B. 中路迁移　C. 低路迁移　D. 下路迁移

12. 张老师喜欢给学生观看一些十分"热血"的视频,如"某学生一开始成绩非常不好,但通过努力后考上了理想的大学",以此来激励学生。张老师采用的方法属于(　　)
A. 成就动机培养　B. 成败归因训练
C. 自我效能感培养　D. 直接经验培训

13. 记忆一列英语单词,如果一遍又一遍地朗读,只要有足够的时间,最终也会记住,但记忆并不是很牢固;如果采用分散复习或尝试背诵的方法,记忆的效果和效率一下子会有很大的提高。这体现了学习策略的(　　)
A. 有效性　B. 过程性　C. 程序性　D. 主动性

14. 有的学生看到锐角、直角、钝角等图形中都有两条交叉的线,就认为角是由两条交叉的线组成的。这属于(　　)
A. 理性概括　B. 感性概括　C. 形象直观　D. 知识迁移

15. 根据迈克卡的划分,抄写、口述、列提纲属于(　　)
A. 认知策略　B. 元认知策略　C. 资源管理策略　D. 辅助性策略

16. "知人所不知,见人所不见。"这表明了创造性的(　　)品质。
A. 流畅性　B. 变通性　C. 指向性　D. 独创性

17. 一般来讲,容易、简单、枯燥的学习对动机水平的要求,比复杂、思维卷入过多、需要一定的创造性的学习对动机水平的要求(　　)(易错)
A. 高　B. 低　C. 一样　D. 因个体的差异而不同

18. 小宇在课余时间学习书法,在他刚上第一节课时,书法老师要求他在开始下笔写字之前认真观察字帖上的字,以学习某个字的构成及每一笔画如何起笔、收笔。根据动作技能形成的阶段划分,小宇观察字帖属于(　　)
A. 认知阶段　B. 联系形成阶段　C. 自动化阶段　D. 创造阶段

19. 皮亚杰认为,儿童在判断行为对错时,是(　　)
A. 从客观责任到主观责任发展的　B. 从主观责任到客观责任发展的
C. 从他律向自律发展的　D. 从自律向他律发展的

20. 下列概念教学的活动中,没有使用变式策略的是(　　)(常考)
A. 教"鸟"的概念时谈到"鸭子"　B. 教"液体"的概念时谈到"沙子"
C. 教"三角形"的概念时谈到"等腰三角形"　D. 教"哺乳动物"的概念时谈到"蝙蝠"

21. 一些初中生在学习雷锋的先进事迹时,感到雷锋精神非常高尚,值得大家学习。这种道德情感体验是(　　)
A. 想象的道德情感　B. 直觉的道德情感　C. 分析的道德情感　D. 伦理的道德情感

22. 研究表明,我国儿童摆脱成人惩罚影响,根据行为本身好坏做出分析判断的转折年龄在(　　)
A. 5~6岁　B. 6~7岁　C. 7~8岁　D. 8~9岁

23. 学生在学习一篇议论文之后,能找出文章的总论点和分论点,并用箭头标出论点之间的关系。这属于(　　)
A. 复述策略　B. 组织策略　C. 精加工策略　D. 监控策略

24. 在多次遇到邻居家的狗之后,儿童形成了对"狗"的基本理解,包括狗的一般特征、生活习性、典型行为等。儿童关于狗的知识的表征方式是(　　)(易错)
A. 命题　B. 表象　C. 产生式　D. 图式

25. 观看乒乓球教练打球,掌握打球的基本要领和动作属于动作技能的(　　)(易错)
A. 操作整合阶段　B. 操作模仿阶段　C. 操作定向阶段　D. 操作熟练阶段

26. 教师在教学中教导学生学习"going"这一单词,再教学生学习"playing""coming"这些单词时就能达到事半功倍的效果。可以解释这种学习现象的理论是(　　)
A. 相同要素说　B. 形式训练说　C. 概括化理论　D. 关系转换说

27. 在学习了相似三角形的相关知识,并经过数学老师的悉心指导后,王雨终于知道如何证明并写出两个三角形相似。案例中,王雨的学习属于(　　)学习。
A. 陈述性知识　B. 程序性知识　C. 显性知识　D. 隐性知识

28. 小沈从小就有去美国留学深造的愿望,为此她很努力地学习英语,并对学习英语产生了浓厚的兴趣,她不但上英语课时十分认真,而且课余时间也经常与同学一起练习英语。小沈的这种学习动机属于(　　)
A. 外部动机　B. 高尚的动机　C. 近景的直接性动机　D. 远景的间接性动机

29. 王雷认为只要上课听讲,课后做好作业就能取得好成绩。这属于自我效能理论中的(　　)
A. 效能期待　B. 过程期待　C. 行为期待　D. 结果期待

30. 技能的学习以(　　)的掌握为前提。
A. 感性知识　B. 理性知识　C. 陈述性知识　D. 程序性知识

二、多项选择题

1. 由数字运算到字母运算的转化,属于(　　)
A. 正迁移　B. 自上而下的迁移　C. 负迁移　D. 自下而上的迁移

2. 教师在培养学生的心智技能时应注意(　　)
A. 激发学习的积极性与主动性　B. 注意原型的完备性、独立性和概括性
C. 适应培养的阶段特征,正确使用言语　D. 充分考虑学生所面临的主客观条件

3. 关于陈述性知识与程序性知识的区别,下列说法正确的有(　　)
A. 陈述性知识是一种静态的知识　B. 程序性知识是一种动态的知识
C. 程序性知识激活的速度比较慢　D. 陈述性知识激活的速度快

4. 阿特金森提出成就动机的构成有两种成分:一是追求或希望成功的意向,表现出趋向目标的行动;另一种是害怕失败的意向,想方设法逃脱成就活动,尽力回避预料的失败结果。其中,追求成功倾向的构成要素有(　　)
A. 追求成功的动机　B. 获得成功的可能性　C. 避免失败的可能性　D. 成功的诱因值

5. 以下现象可以在教学中促进正迁移发生的是(　　)
A. 突出不同学习情境中的相同要素,促进学生对教学知识产生正迁移
B. 抓住关键概念的本质特征,促进学生对相近概念的理解
C. 改革教学方法,为学生知识的正迁移创造条件
D. 培养学生积极的学习态度
6. 下列学习情境设计中不属于认知策略的是(　　)
A. 小童在学习新课程之前都会进行预习并记下自己有疑问的地方
B. 小刚在每次考试作答完后都会进行自我检查
C. 小萌在学习过程中会将容易混淆的知识进行类比,以方便记忆
D. 小艺习惯利用零碎时间完成削铅笔、收拾用具、整理学习环境等杂事
7. 下列学习中属于符号学习的有(　　)(常考)
A. 汉字学习　B. 英语单词学习　C. 图像、图表学习　D. 历史事件学习
8. 运用奖励和惩罚手段时应该注意(　　)
A. 树立正确的奖惩观　B. 做到公平、适当
C. 注意性别差异　D. 发挥学生的主体作用
9. 同一种动机可能会产生不同的行为及其结果,而相同的行为与 结果也可能源于不同的动机。下列关于学习动机与学习目的的关系,说法正确的是(　　)
A. 学习动机与学习目的之间都是一一对应的　B. 一个学习动机不限于一个学习目的
C. 一个学习目的也可以受多个学习动机支配　D. 学习动机相同的学生,学习目的也可能不同
10. 学生道德评价能力发展趋势的特点包括(　　)
A. 从他律到自律　B. 从效果到动机　C. 从律他到律己　D. 从片面到全面
11. 下列选项中,关于焦虑与学习的说法正确的是(　　)
A. 焦虑状态对学习仅有负面作用
B. 焦虑水平与学习效率之间呈倒U型关系
C. 焦虑可分为正常焦虑、低度焦虑和高度焦虑
D. 高度焦虑会影响学生的学习活动

三、判断题

1. “学无当于五官,五官弗得不治。”从学习策略上看,这属于复述策略。(　　)
2. 从道德的认知发展来看,随着成长,儿童会越来越维护自己的权益。(　　)
3. 学生阅读课文时能读出“言外之意”,说明他在运用组织策略。(　　)
4. 心智技能的获得,只要通过反复练习达到“熟能生巧”即可。(易错)(　　)
5. 元认知策略和认知策略同时起作用。(　　)
6. 学习动机是学生学习的重要条件,当学生尚未表现出对学习有适当的兴趣或动机时,教师必须推迟教学活动。(　　)
7. 两种学习材料的相似度越高越容易产生正迁移。(易错)(　　)
8. 个体所掌握的经验概括水平越高,迁移的可能性就越大,效果也就越好。(　　)
9. 加涅所说的“智慧技能”就是当下认知心理学家所说的“程序性知识”。(易混)(　　)
10. 短时记忆的信息都来自感觉记忆。(易错)(　　)
11. 当学生学业失败时,教师只要引导他作努力归因就能激发其进一步学习的动机。(　　)
12. 提出假设是问题解决的重要阶段。提出假设的数量和质量主要取决于个体思维的灵活性和个体的好奇心两个条件。(　　)

四、简答题

1. 如何矫正学生的不良行为?

2. 简述如何运用记忆规律促进知识的保持。

五、论述题

1. 某教师反映:亮亮同学在平时的学习中,不会合理地安排学习计划,分不清学习和活动任务的主次,经常顾此失彼,东一榔头西一棒槌,每天都显得忙忙碌碌,却不能按时完成任务,学习效率极低。综合上述材料,试述教师指导学生进行时间管理的主要内容。

2. 我们经常遇到这种情况,在重要的考试中,往往平常会做的题目在考试过程中却不会做,这种情况在心理学中怎么解释?

六、案例分析题

1. 阅读下述案例,请分别用3种学习动机理论,对小明厌学、弃学的行为做出解释。
小明在初中学习阶段,成绩一直居于班级前列。中考时发挥得不太理想,考分比重点高中录取分数线低5分。父母设法让小明进入一所市重点高中就读。进入高中学习的前几个月,小明心想不能辜负父母的期望,铆足了劲,刻苦学习,成绩也一直居于班级平均线以上。可是,在第一学期期末的两次年级统考中,小明的成绩总分排名却落到班级第37名。寒假中小明没有休息,希望通过加班加点复习,迎头赶上。但第二学期开学后的几次测验中,小明的成绩一直没有起色,上课的时候,老师也很少让他回答问题。特别是数学成绩经常在班级倒数十名的圈子里徘徊。小明开始怀疑自己

的头脑是不是缺乏数学细胞。原来语文一直是小明的优势学科,现在也开始明显退步。自此以后,小明就提不起精神,不想看书。有时放学回家连书包也不动。近来已经有一个多月没有上学了。父母对小明也批评过,也骂过,都无效果。

2. 根据下面的案例,应用动机的成就目标理论,分析王刚和李强针对同一业绩不同反应的原因。

材料:

王刚和李强同是某跨国公司新职员,在年终考核中取得同样的销售业绩,王刚沮丧,因为一些同事的业绩超过了他,联想到自己在从前公司的傲人成绩,以及现在同事可能对他的消极评价更是郁闷,决定离开公司,找个能发挥自己能力的公司,争取销售业绩超过他人。李强并不沮丧,他认为学到了很多营销新知识,能力有了进一步提高,并且工作很有挑战性,决定在公司里继续努力,争取在下一年取得更好的销售业绩。

3. 学生考试作弊是每一位老师都不能容忍的问题。然而,有位化学老师发现学生作弊后竟然告诉学生说,下次单元测验他允许学生们带一张A4纸,上面写上自己想写的任何东西。于是考前学生纷纷认真地准备自己的那张A4纸。考试结束后,老师让大家把自己所写的A4纸都贴到教室后面展览。同学们很好奇地相互观摩,结果发现有的学生在上面就单纯抄题目,有的抄上公式,有的不但列出知识提纲,还列出它们之间的联系……特别是考试分数公布后,学生都很有感触:为什么张某某能考好?为什么李某某考不了高分?从他们在那张A4纸上总结的内容就能看出高低来,于是同学们就开始交流哪种学习方法好。教师组织学生对总结的方法进行讨论,并且预报下一次单元测验只能带半张A4纸进考场。下次考完试后照例展览。第三次考试,老师只让带四分之一张A4纸……这样纸张越来越小。

(1)谈谈你对这位老师做法的看法。

(2)结合案例谈谈训练学习策略的原则。

4. 心算技能一般可利用运算规律,对算式进行变形,使算式表达符合已有的心智操作基础,从而准确快速的计算。例如,某教师在教1.8×27时,教学过程是:

呈现1.8×27=(2-0.2)×27=2×27-0.2×27

或者1.8×27=1.8×(30-3)=1.8×30-1.8×3

出一些类似的题目引导学生进行纸笔操作练习,从而产生言语表征,形成熟练的心算技能。

根据心智技能形成理论,说明教师如何引导学生形成心算技能。

5. 某省级示范中学初三学生吴某,从小就是老师们喜欢的乖学生,他的学习成绩一直非常优秀,初一到初二两年中多次考试成绩在年级中都是数一数二的。进入初三时,班主任老师找吴某谈话,并说老师们一致看好他,认为他有冲击中考状元的实力,希望他继续努力,不要辜负老师们对他的期望,为学校争光。吴某听后也暗下决心,要去搏一搏,随后的日子里,吴某每天学习的时间越来越长,做的题目越来越多,一段时间之后,吴某出现了食欲减退、失眠等反应,学习成绩反而下降了。

结合材料,回答问题:

(1)简述任务难度、学习效率与学习动机水平的关系。

(2)运用学习动机相关原理,分析班主任老师的做法存在的问题。

(3)你认为激励吴某学习的正确做法有哪些?

真题必刷

一、单项选择题

1. [郑州经开区]下列选项中,能够激起内部学习动机的因素是(　　)
A. 父母的约束　　B. 学习材料的趣味性
C. 教师的表扬、奖励　　D. 竞争情境

2. [安阳汤阴]为了顺利背诵课文,某学生对文中重点句子进行画线、圈点批注,这种学习策略属于(　　)
A. 注意策略　B. 精细加工策略　C. 复述策略　D. 组织策略

3. [鹤壁淇滨区]下列属于负迁移的是(　　)
A. 数学审题技能对物理审题技能的影响　　B. 学习汉语拼音的发音对英语字母发音的影响
C. 平面几何对立体几何的影响　　D. 骑自行车对学习骑摩托车的影响

4. [新乡获嘉]儿童对父母和权威表现出尊重与顺从,或者把成人的规则看成是不变的阶段称为(　　)
A. 自我中心阶段　B. 他律阶段　C. 自律阶段　D. 公正阶段

5. [洛阳嵩县]课堂上,张老师让学生说出木材有哪些用途,晓雨在有限时间内提供答案的数量最多。这说明晓雨思维的(　　)好。
A. 独创性　B. 适应性　C. 变通性　D. 流畅性

二、多项选择题

1. [郑州郑东新区]优优考试失败了,为了鼓励她的自信心,王老师可以将失败归因为(　　)
A. 能力不足　　B. 努力不够
C. 运气不好　　D. 状态不佳
E. 试题太难

2. [周口沈丘]下列学习策略中属于监控策略的有(　　)
A. 浏览阅读材料　　B. 对材料进行自我提问
C. 考试时监视自己的速度和时间　　D. 设置学习目标

3. [永城]下列体现了具体迁移的事例有(　　)
A. "动物"的概念的掌握影响"兔子""熊猫"等概念的学习
B. 学习了骑自行车后,再学习骑三轮车
C. "火"字的学习影响"焱"字的学习
D. 加减乘除运算法则的学习对做四则运算题的影响

4. [郑州二七区]教师在日常教学中,可以运用(　　)等方法来帮助学生形成或改变某种态度。
A. 提供榜样　B. 说服性沟通　C. 角色扮演　D. 奖惩

三、判断题

1. [郑州上街区]耶克斯—多德森定律表明,中等强度的学习动机水平对学生学习最有利。(　　)

2. [开封市直]学生在学习时,掌握"鸟"有"前肢为翼""无齿有喙"两个共同关键特征,这种学习属于命题学习。(　　)

3. [平顶山市直]贾德在1908年所做的"水下击靶"实验,是经验类化说的经典实验。(　　)

4. [平顶山湛河区]高原现象是动作技能练习时普遍存在的现象,这可以随着坚持练习而克服。(　　)

5. [洛阳市直]地理课上,老师提问了"从哈尔滨到三亚应该怎么走路程最短"的问题,这属于结构不良的问题。(　　)

四、简答题

1. [安阳殷都区]简述教师在教学中如何有效地促进学生的学习迁移。

2. [濮阳]简述科尔伯格的品德发展阶段理论。

五、案例分析题

[洛阳汝阳]先把实验组的狗放进一个无法逃脱的笼子里,里面有电击装置。给狗施加电击,电击的强度能够引起狗的痛苦,但不会伤害狗的身体。结果,这只狗在一开始被电击时,拼命挣扎,想逃脱这个笼子,但经过再三的努力,仍然发觉无法逃脱后,挣扎的程度逐渐降低了,最后根本不再挣扎。随后,把这只狗放进另一只笼子,这个笼子由两部分构成,中间用隔板隔开,隔板的高度是狗可以轻易跳过去的。隔板的一边有电击,另一边没有电击。当把经过前面实验的狗放进这个笼子时,实验者发现它们除了在头半分钟惊恐一阵子外,此后一直卧倒在地接受电击的痛苦,那么容易逃脱的环境,它们连试也不去试一下。而把对照组中的狗,即那些没有经过前面第一个程序实验的狗直接放进后一个笼子里。却发现它们全部能逃脱电击之苦,轻而易举地从有电击的一边跳到安全的另一边。

请结合材料运用教育心理学的知识分析:

(1)实验组的狗为什么不再尝试逃脱?

(2)怎样做才能使实验组的狗再跳起来,从而逃脱电击的环境?

专题五　教学心理

命题分析

本专题的内容常以选择题和判断题的形式考查，也会以简答题、案例分析题等主观题的形式考查。本专题需要重点掌握的知识包括：

1. 识记并理解布卢姆的教学目标分类、教学策略的特征、可供选择的教学策略。
2. 识记课堂管理的功能、目标和影响因素。
3. 识记并理解群体对个体的作用、课堂气氛。
4. 区分课堂纪律的类型，识记并会应用课堂问题行为的矫正方法。

基础训练

知识1 教学设计

一、单项选择题

1. 教学目标设计的首要依据是(　　)
A. 学生的实际　B. 社会的实际　C. 教师的实际　D. 教学内容的实际

2. 在上"圆柱体体积计算"这节课时，老师要求学生自己通过实验来确定如何测量圆柱体的体积。教师所采取的教学策略是(　　)
A. 接受学习　B. 操作性条件学习　C. 发现学习　D. 观察学习

3. 教学策略中尤其适合教授那些学生必须掌握的、有良好结构的信息或技能的是(　　)
A. 发现学习　B. 掌握学习　C. 合作学习　D. 直接教学

4. 在日常教学活动中，教师用来测评学生学习效果的单元小测验属于(　　)
A. 标准化测验　B. 常模参照测验　C. 非标准化测验　D. 标准参照测验

5. 根据布卢姆的教育目标分类理论，要求学生记忆数学法则或公式，属于认知领域中的(　　)(常考)
A. 知识目标　B. 领会目标　C. 分析目标　D. 应用目标

6. 教育目标分类中的"接受、反应、形成价值观念、组织价值观念系统、价值体系个性化"属于(　　)
A. 认知领域　B. 情感领域　C. 意志领域　D. 动作技能领域

7. 在实际工作中，新手教师即使完全模仿专家教师的教学策略，也很难达到同样理想的效果，这说明教学策略具有(　　)
A. 综合性　B. 可操作性　C. 灵活性　D. 层次性

8. "跳一跳，摘桃子"表明教学目标的设计要(　　)
A. 难度适中　B. 便于检测
C. 集体目标和个人目标相结合　D. 一般目标和具体目标相结合

9. 让学生以自己的水平和速度进行学习的一种教学模式是(　　)
A. 个别化教学　B. 指导教学　C. 合作教学　D. 情境教学

10. 高考一般是典型的(　　)
A. 标准参照性测验　B. 学能测验　C. 成就测验　D. 常模参照性测验

11. 个别化教学是学生以自己的水平和速度向前学的教学模式，以下不属于个别化教学环节的是(　　)
A. 诊断学生的初始学业水平或学习不足
B. 提供教师与学生或机器与学生之间的一一对应关系
C. 引入有序的和结构化的教学材料，随之加以操练和练习
D. 老师带领学生向前学

12. 主张在教学内容上削枝强干，构建简明的知识体系的教学策略属于(　　)(常考)
A. 结构化策略　B. 形式型策略　C. 方法型策略　D. 问题化策略

13. 任何教学策略都指向特定的问题情境、特定的教学内容、特定的教学目标，规定着师生的教学行为。这体现的教学策略特征是(　　)
A. 操作性　B. 灵活性　C. 指向性　D. 调控性

14. 教学目标是预期学生通过教学活动获得的(　　)
A. 思维品质　B. 学习内容　C. 学习结果　D. 知识技能

15. 小学低年级学段着重培养学生养成良好的学习习惯，激发学生对学习的兴趣，为进一步学习打好基础；中高年级学段则更侧重于培养学生的思维能力，发展学生思维的广阔性与创造性，使学生具有正确的学习态度，培养学生发现问题、解决问题的能力等。这体现的教学目标设计的基本原则是(　　)
A. 阶段性原则　B. 可行性原则　C. 可操作性原则　D. 发展性原则

16. 合作学习最为有效的小组人数是(　　)
A. 2～3人　B. 4～6人　C. 8～9人　D. 7～10人

17. 合作学习也是一种教学策略，它的特征是以学生主动合作学习的方式代替(　　)
A. 教师的主导教学　B. 独立完成作业
C. 家庭作业　D. 个别课堂练习

18. 合作学习分组一般应遵循的原则是(　　)
A. 组内同质，组间异质　B. 组内异质，组间同质
C. 组内异质，组间异质　D. 组内同质，组间同质

19. 掌握学习理论认为学生能力上的差异并不能决定他们能否掌握所学知识，而是在于他们的(　　)(常考)
A. 学习积极性　B. 学习自觉性　C. 学习时间　D. 智力水平

20. 对学习内容达到掌握的程度，通常意味着完成(　　)的评价项目。
A. 50%～60%　B. 60%～70%　C. 70%～80%　D. 80%～90%

21. 下列关于教学设计的说法错误的是(　　)
A. 教学设计具有灵活性的特点
B. 教学设计的方案一般不能修改
C. 教学设计需要用系统的方法进行设计
D. 在教学设计过程的模式中包括学习目标、内容、学生特征、教学策略、教学评价

22. 建立成长记录袋是学生开展(　　)的重要方式,它能够反映出学生发展的进步历程。
A. 自我评价　B. 相互评价　C. 多样评价　D. 分组评价
23. 选择教学方法、进行教学评价的依据是(　　)
A. 学生的成绩　B. 培养目标　C. 教学目标　D. 教育目的
24. 某历史老师要求学生在每节课前能够用自己的话表述上节课所学的知识,根据布卢姆等人对教学目标的分类,该历史老师强调的是认知领域目标中的(　　)(易混)
A. 知道　B. 领会　C. 运用　D. 分析
25. 在布卢姆的教育目标分类学中,认知领域的最高级目标是(　　)
A. 运用　B. 分析　C. 综合　D. 评价
26. 结构化策略和问题化策略属于教学策略中的(　　)
A. 内容型策略　B. 形式型策略　C. 方法型策略　D. 综合型策略
27. 有些课题主要包含高度有结构的知识和技能(如数学、物理、化学、计算、语法等),如果教学目标是要求学生尽快地掌握这种知识和技能,则宜于采用(　　)
A. 以教师为中心的讲授策略　B. 师生互动策略
C. 以学生为中心的发现学习　D. 合作学习策略

二、多项选择题

1. 美国当代著名的教育心理学家布卢姆认为完整的教学目标应包括(　　)(常考)
A. 认知领域　B. 情感领域　C. 道德领域　D. 动作技能领域
2. 下列教学模式属于个别化教学的是(　　)
A. 掌握学习　B. 合作学习　C. 程序教学　D. 适应性教学
3. 教学设计的依据包括(　　)
A. 教学的实际需要　B. 学生的需要和特点
C. 教师的教学经验　D. 现代教学理论
4. 教学媒体是教学内容的载体,是师生之间传递信息的工具。下列属于教学媒体的有(　　)
A. 幻灯片　B. 挂图　C. 黑板　D. 计算机
5. 有效自编测验的特征有(　　)(常考)
A. 信度　B. 效度　C. 客观　D. 区分度
6. 以学生为中心的教学策略包括(　　)
A. 发现学习　B. 合作学习　C. 程序教学　D. 情境教学
7. 教学策略是在特定教学情境中为完成教学目标和适应学生认知需要而制定的教学程序计划和采取的教学实施措施。以下属于它的特征的是(　　)
A. 操作性　B. 综合性　C. 灵活性　D. 层次性
8. 合作学习在设计与实施上必须具备的特征有(　　)
A. 分工合作　B. 密切配合　C. 各自尽力　D. 社会互动
9. 计算机辅助教学的优越性表现在(　　)
A. 交互性　B. 即时反馈
C. 以生动形象的手段呈现信息　D. 自定步调

三、判断题

1. 教学评价是对学习结果的客观描述。(　　)
2. 客观测验的优点是教师出题方便,批改方便,且适合测量学生的高层次的能力。(　　)
3. 在设计教学目标时,描述的不是"教师做什么"而是"学生能做什么"。(　　)
4. 教学目标设计是对教学活动预期所达到的结果的规划,也是教学设计最关键的环节,其质量高低直接影响教学活动的成败。(　　)

知识2 课堂管理

一、单项选择题

1. 课堂管理就是管理课堂中的(　　)
A. 人际关系　B. 学生　C. 教师情绪　D. 突发事件
2. 教师的领导风格对课堂管理有(　　)(常考)
A. 一定的帮助　B. 较弱的影响　C. 间接的影响　D. 直接的影响
3. 因为其他同学在场或与其他同学一起活动而使得个体的活动效率与水平提高的现象,被称为(　　)
A. 社会惰化　B. 社会助长　C. 从众　D. 去个性化
4. 李老师在课前宣布:"今天讲的课非常重要,讲完后当堂进行测验。"随后学生们精神抖擞,全神贯注地投入听课,课堂秩序井然。这种情况形成的纪律属于(　　)
A. 自我促成的纪律　B. 任务促成的纪律　C. 规则促成的纪律　D. 集体促成的纪律
5. 衡量一个班集体成功与否的重要标志是(　　)
A. 群体凝聚力　B. 群体规范　C. 课堂气氛　D. 人际关系
6. 考试时因老师站一旁而一个字都写不出来,这种现象属于(　　)
A. 社会助长　B. 社会抑制　C. 社会惰化　D. 社会压力
7. 渴望与别人发生相互作用,并建立和谐关系体现了人际关系需要中的(　　)(易混)
A. 感情需要　B. 爱的需要　C. 控制需要　D. 包容需要
8. 警察要求司机停车,司机就必须将车开到路边停下。这种现象是(　　)
A. 从众　B. 依从　C. 服从　D. 顺从
9. 课堂里某种占优势地位的态度与情感的综合状态被称为(　　)
A. 群体凝聚力　B. 群体规范　C. 课堂气氛　D. 人际关系
10. 课堂上人际关系出现双方相互亲近、认知协调、情感和谐、行动一致,这是一种(　　)
A. 吸引的人际关系　B. 合作的人际关系
C. 沟通的人际关系　D. 平等的人际关系
11. 学生上课时精神状态欠佳,情绪压抑,注意力分散,这是(　　)课堂气氛。(常考)
A. 积极型　B. 对抗型　C. 消极型　D. 失控型
12. 根据活动的目标、内容及成员之间关系的密切程度,可以将群体划分为不同的发展水平,按照从低到高的顺序依次为(　　)
①松散群体　②合作体　③联合体　④集体
A. ①③④②　B. ①③②④　C. ①②④③　D. ①②③④

13. 班级中能力强的学生常常聚集在一起，而能力差的则组成另一个群体，影响他们结为同伴群体的因素是(　　)

A. 接近性　　B. 补偿性　　C. 竞争性　　D. 相似性

14. 学生之间的合作与竞争是对立统一的，随能否(　　)而转移。

A. 满足各自的利益　　B. 提高学习成绩

C. 得到师长好评　　D. 增进友谊

15. 自习课上，苗苗看见大家都在认真学习，也不敢东张西望了，从纪律形成的角度看，这属于(　　)

A. 教师促成的纪律　　B. 集体促成的纪律

C. 任务促成的纪律　　D. 自我促成的纪律

16. 课堂纪律管理的最终目标是形成(　　)(常考)

A. 教师促成的纪律　　B. 集体促成的纪律　　C. 任务促成的纪律　　D. 自我促成的纪律

17. 分配学生座位时，教师最需要关注的应该是(　　)

A. 对人际关系的影响　　B. 减少课堂混乱

C. 听课的效果　　D. 家长的意见

18. 在正常情况下，学生对违反校纪和违反社会公德的行为，具有羞耻感、负罪感和自责感，因而能够遵守社会道德规范和学校纪律。但有一部分学生却往往将自己融于某群学生整体之中，导致自我导向功能的削弱或责任感的丧失，做出一些个人单独活动时不会出现的行为，他们喜欢集体起哄、相互打闹追逐、甚至成群结伙地故意破坏公物、打架斗殴等。这种现象属于(　　)

A. 责任分散　　B. 从众现象　　C. 去个性化　　D. 群体促成

19. 为引起老师的注意，某学生在课堂上故意弄出声响，此时教师最适宜采取的做法是(　　)(常考)

A. 言语暗示　　B. 非言语暗示　　C. 有意忽视　　D. 暂时隔离

20. 教师在处理课堂纪律时，常使用目光接触、手势、身体靠近和触摸等方式来消除学生的不良行为，该老师使用的决策属于(　　)

A. 应用后果　　B. 言语提示　　C. 反复提示　　D. 非言语线索

二、多项选择题

1. 课堂管理的目标包括(　　)

A. 为学生争取更多的学习时间　　B. 增强教师对课堂的有效控制

C. 增加学生参与学习活动的机会　　D. 帮助学生形成自我管理的能力

2. 造成从众的群体原因有(　　)、群体意见的一致性和团体的权威性。

A. 群体凝聚力　　B. 规范压力　　C. 群体规模　　D. 信息压力

3. 舒茨提出的人际行为倾向中，包括以下哪几种(　　)

A. 期待他人的公正　　B. 主动与他人交往　　C. 主动表示友好　　D. 期待他人支配

4. 课堂里主要的人际关系表现为(　　)(常考)

A. 对立与统一　　B. 吸引与排斥　　C. 积极与消极　　D. 合作与竞争

5. 根据课堂纪律形成的原因，可以将课堂纪律分成哪四种类型(　　)

A. 教师促成的纪律　　B. 集体促成的纪律

C. 任务促成的纪律　　D. 自我促成的纪律

6. 在编制课程表时，下列做法正确的是(　　)

A. 文科与理科课程应集中安排

B. 音乐、美术、体育和习字等技能课应安排在下午

C. 语文、数学、英语属核心课程，应该安排在学生精力充沛的上午第一、二、三节课

D. 形象性的学科与抽象性的学科应交错安排

7. 在通常情况下，课堂气氛可以分成(　　)类型。(常考)

A. 积极的　　B. 混乱的　　C. 消极的　　D. 对抗的

三、判断题

1. 班级里后进生有问题行为，优秀学生没有问题行为。(　　)

2. 某学生在班级同学的群体压力下放弃了自己的意见而采取与大多数人一致的意见，这种现象是服从现象。(易混)(　　)

3. 从众意味着个性的丧失，因而是一种消极现象。(　　)

4. 社会惰化是没有办法消除的。(易错)(　　)

5. 合作与竞争是对立的，学生之间只存在合作或竞争。(　　)

6. “三个和尚没水喝”的现象在心理学中属于社会退步。(　　)

7. 学生座位的分配，一方面要考虑课堂行为的有效控制，预防纪律问题的发生；另一方面又要考虑促进学生间的正常交往，形成和谐的师生关系。(　　)

8. 班级人数越多，内部越容易形成各种非正式小群体。(　　)

四、简答题

1. 班级规模对课堂管理的影响表现在哪些方面？

2. 简述如何增强班集体的凝聚力？

3. 如何协调正式群体与非正式群体？

4. 简述影响课堂气氛的因素。(常考)

5. 简述如何维持课堂纪律。

五、案例分析题

1. 期末考试前的某节课上，张老师准备了一份期末自测卷给学生练习，考虑到时间只有一节课，整张试卷内容又较多，所以他说最后一道综合题可以不做。话音刚落，讲台下学生小方未举手就问："那我做，可不可以呢?"老师用严厉的眼神看了小方一眼。小方属于捣蛋型的学生，平时基本不认真完成作业。老师考虑到其他学生可能会做完全部题目，于是对着所有同学说："想做的话当然是可以的。""那做对了你批的时候是否加分?"小方又脱口而出。很显然他醉翁之意不在酒，他想在课堂上表现一下自己。张老师有点无法容忍了，严厉地对小方说："假如有问题，请举手。做对了，不加分。"小方马上用拉长的调子喊了一句："切——"全班哄堂大笑。张老师制止后，让其他学生继续考试，把小方叫出教室谈话。

(1)结合案例，分析学生在课堂随意发言，违反课堂纪律的原因。

(2)联系实际，谈谈处理日常学生违反课堂纪律的策略有哪些。

2. 一名刚实习的小学教师在"知乎"发布求助帖：班主任或任课老师如何使班级安静下来？我跟的班主任是采取以暴制暴的方法，靠吼压住学生们的声音，但安静也保持不了多久，过几分钟后班级又都是吵闹的声音。班主任生气后，会动手拍孩子的头，或是拧他的耳朵，将他手中玩的铅笔、橡皮扔出去，还叫孩子站在讲台前，惩罚他趴在墙上写字。当我看到愤怒的班主任冲向调皮的孩子时，那个孩子害怕得往后躲，这样杀鸡儆猴后，整节课确实比以前安静很多。我并不认同这种方式，但却找不到比这更直接、有效的方式，还有什么比这更好的控班方法?

(1)你认为课堂上安静是最重要的吗？为什么？

(2)请为这名实习老师支招儿，提出至少两种切实可行的控班方法。

3. 初中女生陈某十分关心集体荣誉，做事极认真，也很敏感。她说："班级中有一个谈得来的朋友，但她对其他人也很好。我觉得我把她当成唯一的朋友，对她这么好，她还和别人有说有笑的，不管我的感受，我认为自己付出很多，可她不理解，我太不值得了，付出总应该有回报吧。"

试从人际关系需要的角度分析上述材料。

整合提升

一、单项选择题

1. 超越了单纯的记忆,代表最低水平理解的是(　　)
A. 知识　B. 领会　C. 应用　D. 分析

2. 某学生不讲卫生,在教室随地吐痰后,因受到班里其他同学的压力而改掉了这一不良习惯。这是(　　)
A. 从众　B. 服从　C. 去个性化　D. 团体极化

3. 依据布卢姆教育目标分类学框架,下列认知目标中属于最高层次的是(　　)(易错)
A. 口头解释各种几何概念后,学生能正确画出相应的几何图形
B. 面对一份污染报告,学生能提出检验其中结论的方法
C. 学生能推测出容器中的空气全部抽出后会对容器产生什么样的影响
D. 学生阅读所给文章时,能区别出文中的观点和事实

4. 下列选项中,不属于课堂教学的精神环境的是(　　)
A. 课堂秩序　B. 学生的态度和情绪
C. 教师的心境　D. 教学内容

5. 下列选项中,属于常模参照测验的是(　　)
A. 教师自编测验　B. 艾森克人格测验
C. 句子完成测验　D. 医师资格测验

6. 按照布卢姆教育目标分类学的基本要求,下列选项中,不宜作为教学目标的表述的是(　　)
A. 培养学生的思维能力
B. 培养学生区别事实与假设的能力
C. 培养学生运用特定信息检验假设一致性的能力
D. 培养学生领会一个段落中各种观念之间的相互关系的能力

7. 关于课堂管理模式,下列说法有误的是(　　)
A. 教导型课堂管理模式认为整个课堂由教师负责
B. 放任型管理模式强调学生的自由,让学生自己做主、自己负责
C. 行为矫正管理模式认为学生已有的良好行为是通过学习获得的
D. 人际关系型课堂管理侧重于健康的课堂心理气氛

8. 关于课堂教学的环境,实验证明学生座位的安排会影响教学和学习,其中坐在(　　)是最积极的学习者。
A. 教室前面几排及中间几列　B. 中心区域
C. 后排　D. 左右两列

9. 教学目标的表述应该具体、明确而不是笼统模糊,应利用外显术语表述成可观察、可测量的行为。下列表述清晰的教学目标是(　　)(易错)
A. 理解什么是力　B. 了解地震的成因
C. 感受环境保护的重要性　D. 能够流利背诵古诗《草》

10. 某语文教师在古诗单元教学结束时,给学生布置了写七律诗的作业。根据布卢姆提出的教育目标分类学框架,该作业在认知目标的分类中属于(　　)
A. 分析　B. 理解　C. 评价　D. 综合

11. 学生在课堂上表现出发呆、心不在焉、胡思乱想等注意力涣散的行为属于课堂问题行为中的(　　)
A. 外向性问题行为　B. 内向性问题行为
C. 行为过度问题行为　D. 寻求注意问题行为

二、多项选择题

1. 下列关于课堂气氛的说法,正确的有(　　)(易混)
A. 无论采用何种教学方式,学生方面的因素始终是影响课堂气氛的主要因素
B. 课堂气氛可分为积极的、消极的、一般型、对抗的这四种基本类型
C. 教师的焦虑水平过高或过低,都不利于良好课堂气氛的营造
D. 在一堂课中,一种课堂气氛形成后,往往能维持相当长的时间

2. 下列属于多媒体教学隐患的是(　　)
A. 颠倒教学内容和形式的关系　B. 大容量导致学业负担加重
C. 盲目利用,浪费教学可用资源　D. 不顾实际强求使用多媒体教学

3. 按照布卢姆的认知目标分类,下列词汇可以用来描述处在理解(领会)水平的认知目标的是(　　)
A. 转换　B. 改写　C. 证明　D. 解释

4. 有同学在课堂上小声议论,扰乱了课堂秩序,作为教师,你应该(　　)
A. 当场点名批评议论的学生让其认识错误　B. 制止学生的议论,维持课堂教学的秩序
C. 在课后与议论学生交流,了解事情缘由　D. 将情况告诉家长并对家长进行批评教育

5. 在一个班级中,同伴关系对教学目标的实现有哪些影响(　　)
A. 对学生自我概念和人格发展的影响　B. 对学生社会化的影响
C. 对学生学业成绩的影响　D. 对学生换位思考能力的影响

6. 教学设计是对整个教学系统的规划,是教师教学准备工作的组成部分。下列关于教学设计的说法,正确的有(　　)
A. 教学设计需要用系统的方法进行设计　B. 教学设计应该最先考虑教学目标的设计
C. 教学设计具有创造性的特点　D. 教学设计要从学生的需要和兴趣入手

三、判断题

1. 采用掌握学习进行教学,学生的成绩没有差异。(易错)　(　　)
2. 教师自编测验在学校教学评价中应用最多,也是教师最愿意用的测验。　(　　)
3. 在教育过程中,强调"设身处地"地去理解学生,这是重视期望的心理效应。　(　　)

四、案例分析题

1. **材料一**　以下是两位新教师对课堂纪律问题处理的不同情况:
王老师认为和谐的师生关系是搞好教育教学工作的前提,给学生留下良好的第一印象,以后的教学工作才能顺利开展。在第一堂课上,王老师明确地告诉学生自己更愿意成为他们的朋友,对于学生提出的所有问题她都给予热情的解答。上课过程中有些学生在下面小声讲话,她仍然微笑着继续讲课,即使坐在后排的学生打闹起来,她也依然不生气。

肖老师认为良好的课堂纪律是成功开展课堂教学的基本保证，在课堂教学中，必须给学生制定明确的课堂规则，引导学生养成良好的课堂行为习惯。在第一堂课讲授新课前，花了三十分钟，给学生讲课堂要求。重点强调课堂纪律，对于上课时偷偷讲话、故意扰乱课堂秩序等行为他都制定了具体的惩罚措施，最后以一句"相信能和大家愉快合作，学好咱们这门学科"结束了课堂的约法三章。他讲话时中气十足，学生们普遍感到很有威慑力。

因为对课堂纪律问题有了不同的处置之后，两位老师的课堂上出现了截然不同的情况。在王老师的课堂上，一些学生认为王老师为人温和，也不怎么抓纪律，渐渐的课堂纪律失控，有时甚至导致教学无法正常进行。而肖老师在之后的课堂上，按照约法三章要求学生遵守课堂纪律，惩罚了不遵守纪律的学生，学生变得更加自觉了，课堂效率也越来越高。

材料二　在一项教学常规检查反馈中，某学校就学生问卷调查的内容进行了统计。统计结果表明几乎每个年级对每个学科的教学建议都是一致的，那就是希望老师能够活跃课堂气氛。言下之意就是基本上各科的课堂教学都存在着课堂气氛不够活跃的现象，而当前许多教师也为如何活跃课堂气氛而苦恼，他们反映在教学中经常遇到的问题就是学生在课堂上不发言或发言雷同；而且大部分学生都缺乏探讨的热情，课堂气氛总是活跃不起来。

问题：

(1)请结合教育心理学的相关知识，对材料一中两位老师处理课堂纪律问题的做法进行评析。

(2)请根据上述材料给你的启示，谈谈教师应如何创设和营造活跃和谐的课堂氛围。

2. 有一天，赵老师正在上课，李丽与同桌窃窃私语，赵老师停顿了一下，看了他们一眼，他们马上停止了说话，赵老师继续上课。另有一天，赵老师组织学生做练习，发现王伟抄袭邻桌的作业，赵老师看了王伟一眼，但是王伟并没有停止，仍继续抄袭。于是，赵老师说："王伟，自己做！"王伟就自己做作业了。过了一会儿，刘鹏看到前排王强刚理了短发，忍不住在王强头上摸了一下，并喊道："光头强！"引起全班哄堂大笑，王强很生气。赵老师走到刘鹏面前，严肃、坚定而平缓地说："刘鹏，站起来，向王强赔礼道歉。"刘鹏犹豫了片刻，站起来对王强说："对不起，我错了。"赵老师说："请同学们记住，任何时候都应该尊重别人，刘鹏请坐下！"之后教学恢复了正常。

赵老师对课堂中出现的问题行为分别使用了什么处理方法？课堂轻度问题行为处理的要求有哪些？

3.《走进中秋》是七年级的语文综合活动课，以综合学习为主，结合写作和口语交际。为了使学生懂得利用图书馆和互联网获取资料，了解中秋节，培养他们的科学探索精神、人文精神、热爱和保护中国传统文化的意识，李老师把学习过程设置如下：

第一步：把学生分为三个小组，分别为中秋节来历的学习小组、中秋节习俗的学习小组和中秋节诗词歌赋的学习小组；

第二步：经过一个月的资料收集，各个小组展示成果，制成课件，并且有专人解说；

第三步：重新分为四人小组，选相应的小组成员感兴趣的内容来制作手抄报，一个负责版面设计，一个负责绘画，一个负责选择材料，一个负责抄写，分工合作；

第四步：举办中秋节知识擂台赛，设立小组合作必答题和写作题。在小组合作必答题中，第一发言人若回答不完整，其他人可以补充。答题过程中小组成员合作愉快、分工明确，可加十分。在写作题中有合作完成，一人描述的原则。

学生通过自主、合作、探究的学习方式不仅学会了获取资料的方法，分门别类整理资料的方法，还体会了分工合作的乐趣。

问题：

(1)分析案例中小组合作学习的程序与方法。

(2)评价案例中的合作学习。

4. 近些年，许多地方的老师在中小学考试考核当中，喜欢直接从实体店或者网上购买或者选择现成的试卷来测验学生学业成绩，以此来查漏补缺。尽管出发点是好的，但是最容易忽视本地办班学生对某个科目的实际掌握情况和运用能力。比如，出现难题怪题，题干中描述的内容学生没见过或不熟悉，或者一味的以名校名家编制的试题为主，使得部分学生对学习和考试产生畏难情绪，影响学习效率等。

针对上述材料，请你谈一谈教师在编制测验时应该注意的事项。

真题必刷

一、单项选择题

1. [鹤壁市直]根据布卢姆的认知领域的教学目标分类，观察各种图形，并能分析三角形和正方形的特征。这一目标处于(　　)

A. 知识水平　B. 运用水平　C. 综合水平　D. 分析水平

2. [郑州上街区]在应用知识的具体情境中进行知识的教学，这一教学策略是(　　)

A. 情境教学　B. 合作学习　C. 发现学习　D. 程序教学

3. [平顶山湛河区]选拔性考试属于典型的(　　)

A. 成就测验　B. 常模参照测验　C. 学能测验　D. 标准参照测验

4. [郑州郑东新区]教师通过协调课堂内的各种人际关系而有效实现预定教学目标的过程称为(　　)

A. 课堂控制　B. 课堂管理　C. 课堂气氛　D. 课堂交往

5. [信阳光山]课上，林帆一直开小差、做小动作，已经影响到别的同学，教师多次通过目光接触暗示提醒他，但他依然没有改正。根据处理课堂学习纪律问题的最少干预原则，这时恰当的处理方法是(　　)

A. 不予理睬，课后批评　B. 让学生到后排罚站

C. 立即调整座位　D. 进行言语提醒

二、多项选择题

1. [洛阳西工区]教学设计的内容包括(　　)

A. 教学目标　B. 教学过程　C. 教学方法　D. 学习者分析

2. [新乡获嘉]影响课堂管理效果的因素有(　　)

A. 教师的领导风格　B. 教师的授课水平　C. 学生的配合程度　D. 班级规模

三、判断题

1. [郑州上街区]教学设计首先要考虑的问题是教学方法的选择。(　　)

2. [信阳浉河区]掌握学习是由布鲁纳等人提出的，其基本理念是只要有足够的时间和适当的教学，几乎所有的学生对所有的学习内容都可以达到掌握的程度。(　　)

3. [周口中心城区]顺从就是无论表面上还是认知和情感上都接受他人的意见和观点。(　　)

专题六　心理健康与教师职业心理

命题分析

本专题的内容常以选择题和判断题的形式考查。本专题需要重点掌握的知识包括：
1. 理解心理健康的标准，识记心理健康教育的目标、任务和途径。
2. 掌握影响学生行为改变的方法、中小学生常见的心理问题。
3. 理解教师的角色意识、教师威信、教师的职业心理特征、教师成长的阶段和途径。

基础训练

知识1 心理健康教育

一、单项选择题

1. 心理辅导的基本目标是(　　)
A. 开发潜能　B. 寻求发展　C. 个案辅导　D. 学会调适
2. 心理健康的人能够有效地发挥个人的身心潜力以及作为社会一员的(　　)(常考)
A. 积极的社会功能　B. 应有的责任能力
C. 应有的责任义务感　D. 道德精神面貌
3. 下列选项中，对心理健康理解不正确的是(　　)(易错)
A. 心理健康是比较而言的，从健康到不健康只是程度的不同，而无本质的区别
B. 心理健康反映的是某一段时间内的特定状态，而不应认为是固定的和永远如此的
C. 心理健康标准是一个发展的文化的概念，会随着社会的发展变化而发展变化
D. 心理健康等于没有疾病或疾病仅限于躯体疾病
4. 心理辅导的目标有两个，一是学会调适，二是(　　)
A. 行为矫正　B. 学会适应　C. 寻求发展　D. 克服障碍
5. 心理咨询与辅导的基本方法是(　　)
A. 会谈　B. 倾听　C. 鼓励　D. 询问
6. (　　)是学生心理健康教育的主要场所。
A. 学校　B. 家庭　C. 社会　D. 工作单位
7. 心理健康教育的总目标是(　　)(常考)
A. 提高学生的成绩　B. 克服厌学情绪
C. 发展学生的能力　D. 提高全体学生的心理素质
8. 巍巍性格内向，在班内几乎没有朋友，为此，他很苦恼，却不知道怎样做。教师针对巍巍的情况进行了几次心理辅导。这属于学校心理健康教育中的(　　)
A. 学习心理辅导　B. 生涯发展指导
C. 人际关系指导　D. 智力训练
9. 某教师上课既侧重专业知识的传授，又考虑到学生各种心理品质的发展。这种方法在学校心理健康教育途径中属于(　　)
A. 学科教学渗透　B. 学生管理渗透
C. 课外活动渗透　D. 环境优化渗透
10. 一个人只要有(　　)，才能鉴定为“健康”。
A. 生理正常
B. 心理正常
C. 生理、心理都正常
D. 生理、心理都正常，并且对社会有良好的适应能力

二、多项选择题

1. 针对有心理障碍的学生而言，心理健康教育的任务是(　　)
A. 预防心理障碍　B. 排除心理障碍
C. 预防心理疾病的发生　D. 提高学生的心理健康水平
2. 以下属于学校心理健康教育范畴的是(　　)
A. 心理健康课　B. 个别心理咨询
C. 课堂教学渗透　D. 学科知识竞赛
3. 从性质来看，学校心理健康教育包括(　　)
A. 发展性教育　B. 培养心理素质　C. 补救性教育　D. 维护心理健康

三、判断题

1. 学校心理健康教育的对象主要是少数有心理问题的学生。(　　)
2. 判断一个人心理健康状况应兼顾内部协调与对外良好适应两个方面。(常考)(　　)
3. 心理健康和不健康之间有明确的界限。(　　)
4. 对学生进行心理健康教育是学校日常教育教学工作的配合与补充。(　　)
5. 心理健康既是一种状态，也是一种过程。(　　)

四、简答题

1. 心理健康的标准有哪些？

2. 简述马斯洛关于心理健康的标准。

3. 简述学校心理健康教育的意义。

4. 简述学校开展心理健康教育的基本途径。

知识2 学生心理健康教育

一、单项选择题

1. 一个学生过分害怕猫,我们可以让她看猫的图片,谈论猫;再让她远远观看关在笼中的猫,让她靠近笼中的猫;最后让她摸猫,抱起猫,从而消除对猫的恐惧反应。这个案例中采用的心理辅导方法是(　　)(常考)
A. 自我控制法　B. 系统脱敏法　C. 特定性训练　D. 强化法

2. 如果一个学生不敢拒绝别人的无理要求,不敢表达自己的不满情绪,与学生发生矛盾时不敢正面解决问题,而是哭着找老师。对待这样的学生,应采取的辅导方法是(　　)
A. 放松训练　B. 代币奖励法
C. 系统脱敏法　D. 肯定性训练

3. 老师经常用发小红花、小卡片等方式鼓励学生的良好行为。这种改变学生行为的方法是(　　)
A. 示范法　B. 系统脱敏法　C. 代币奖励法　D. 认知调适法

4. 郭阳同学近来总是不由自主地重复洗手,即便是洗了几遍仍然认为没洗干净。明知没有必要,却不能控制自己,这说明他可能患了(　　)
A. 抑郁症　B. 焦虑症　C. 强迫症　D. 恐怖症

5. 小学生中常见的一种以注意力缺陷和活动过度为主要特征的行为障碍综合征,通常称之为(　　)
A. 学习困难综合征　B. 儿童多动综合征
C. 过度焦虑反应　D. 厌学症

6. 小青认为做事应该尽善尽美,决不允许出现任何差错,因而平时稍有失误就极度焦虑,老师通过矫正其认知偏差来帮助她克服这种焦虑。这种心理疏导方法是(　　)
A. 强化法　B. 系统脱敏法　C. 消退法　D. 合理情绪疗法

7. 儿童多动综合征的高峰发病年龄为(　　)
A. 6~8岁　B. 8~10岁　C. 10~12岁　D. 12~14岁

8. 指导学生用"我能应付这个考试""成绩并不是最重要的"等正向的自我对话,以缓解考试焦虑的方法是(　　)
A. 放松训练法　B. 系统脱敏法　C. 肯定训练法　D. 改善认知法

9. 焦虑是由紧张、不安、焦急、忧虑、恐惧交织而形成的一种情绪状态,中学生常见的焦虑反应是(　　)(常考)
A. 生活焦虑　B. 睡眠障碍焦虑　C. 交友焦虑　D. 考试焦虑

10. 学生性格过分内向,害怕在社交场合说话,觉得自己说话不自然,说话时不敢抬头,不敢正视对方的眼睛。这属于(　　)
A. 嫉妒心理　B. 抑郁状态
C. 强迫行为　D. 社交恐怖

11. 以持久性的心境低落为特征的神经症是(　　)
A. 强迫症　B. 抑郁症　C. 焦虑症　D. 恐怖症

12. 罗杰斯在其"以人为中心的治疗"中将"无条件积极关注"看作心理辅导的前提之一,这体现了学校心理辅导的(　　)
A. 面向全体学生原则　B. 发展性原则
C. 尊重与理解学生原则　D. 强化性原则

13. 对学生进行心理辅导工作,让当事人自己运用学习原理进行自我分析、自我监督、自我强化,以改变自身行为的方法是(　　)
A. 行为塑造法　B. 强化法　C. 示范法　D. 自我控制法

14. 儿童多动症的核心特征是(　　)
A. 活动过多　B. 冲动任性　C. 注意障碍　D. 学习困难

15. 在心理辅导中,小学生会把辅导老师当成自己的父母以获得情感上的满足,这种心理现象属于(　　)
A. 共情　B. 移情　C. 同情　D. 亲情

二、多项选择题

1. 行为演练的基本方法有(　　)
A. 肯定性训练　B. 系统脱敏法　C. 全身松弛训练　D. 自我控制法

2. 下列学生的表现中,可能存在心理问题的是(　　)
A. 小张受到老师的批评,心里很不高兴
B. 小李平时情绪总是很低落,极不愿意参加集体活动
C. 小王总担心会有不好的事情发生,经常出现莫名的紧张和害怕
D. 小赵害怕与人见面、交谈,经常把自己关在屋里,不愿见人

3. 会谈是心理咨询与辅导的基本方法,为使会谈富有成效,辅导教师要运用一些专门的技术,包括(　　)
A. 倾听　B. 鼓励　C. 询问　D. 反应

三、判断题

1. 某同学最近情绪低落、思维迟钝、不爱活动、自我否定,甚至产生了自杀的念头。他的情况属于抑郁症。(　　)
2. 儿童活泼、多问是"多动症"的表现。(　　)
3. 在艾利斯的ABC理论中,"B"指的是个体遇到的事件。(　　)
4. 学习困难的学生泛指由智力落后造成的学习成绩低下的学生。(　　)
5. 人本主义认为,心理治疗的目的是使心理疾病患者能自由地实现他自己的潜能,成为功能完善者。(　　)

四、简答题

如何维护学生的心理健康?

五、案例分析题

李某上初中后,把大部分精力都放在学习上,平时成绩不错,但一到快考试时就会一直紧张,担心考不好。压力大、注意力难集中,伴有睡眠不好、心慌、出汗,甚至恶心、呕吐的症状,为此他十分苦恼,成绩也开始下降。

(1)李某的情况属于什么心理问题?

(2)针对李某的问题老师应提供什么帮助?

知识3 教师职业心理

一、单项选择题

1. 下列关于教师威信的观点错误的是(　　)(常考)
A. 教师威信包括人格威信、学识威信和情感威信
B. 教师的威信分为权力威信和信服威信
C. 教师威信实质上是一种良好的师生关系
D. 教师应该树立权力威信

2. 波斯纳提出的教师成长公式为(　　)(常考)
A. 经验+能力=成长　　B. 经验+机遇=成长
C. 经验+反思=成长　　D. 能力+机遇=成长

3. 周老师根据教育过程中的不同阶段,做好课前的计划与准备、课堂的反馈与理解、课后的反思与评价。这说明周老师具备较强的(　　)
A. 教学监控能力　　B. 教学认知能力
C. 教学操作能力　　D. 教学管理能力

4. 李老师坚信自己能教好学生,在教育教学中表现出很高的热情,这主要反映了他具有(　　)
A. 认知能力　　B. 监控能力　　C. 操作能力　　D. 教学效能感

5. "皮格马利翁效应"指人们基于对某种情境的知觉形成的期望或预言,会使该情境产生适应这一期望或预言的效应。这给教师的启示是(　　)
A. 教师要善于了解学生　　B. 教师要有很高的知识水平
C. 教师要善于赞赏学生　　D. 教师要有信心

6. 衡量一个教师是否成熟的主要标志是(　　)(常考)
A. 能否自觉地关注教材　　B. 能否自觉地关注学生
C. 能否自觉地关注生存　　D. 能否自觉地关注情境

7. 得知彤彤的父亲是著名的文学家,班主任刘老师则认为彤彤具有成为出色作家的潜力,但彤彤实际写作天赋平平,刘老师仍对其满腔热情,表达对其能力的十分信心,鼓励他经常练习,常常对其作业进行额外的批改,后来彤彤果真成为一名优秀的小作家。这属于(　　)
A. 自我应验效应　　B. 维持性期望效应　　C. 霍布森选择效应　　D. 扇贝效应

8. 受老师喜爱或关注的学生,一段时间内学习成绩或其他方面都有很大进步,而受老师漠视甚至是歧视的学生就有可能从此一蹶不振。这属于(　　)
A. 皮格马利翁效应　　B. 瓦拉赫效应
C. 首因效应　　D. 培哥效应

9. 张老师每次和别人说起自己的职业都会充满自豪感。这说明张老师处于(　　)
A. 教师职业角色认知阶段　　B. 教师职业角色认同阶段
C. 教师职业角色信念阶段　　D. 教师职业角色依从阶段

10. 张老师这段时间对工作失去了热情,觉得工作没意思,同时总是感觉很疲劳,工作效率不高。张老师目前的状态属于职业倦怠(　　)方面的表现。
A. 去人性化　　B. 个人成就感低　　C. 情绪耗竭　　D. 缺乏工作动机

11. 一位教师经常会反思同事们怎么看自己,领导觉得自己工作干得怎么样。这个教师目前处于(　　)
A. 关注学生阶段　　B. 关注生存阶段　　C. 关注情境阶段　　D. 虚拟关注阶段

12. 在教师的人格中有两种重要特征对教学有显著影响:一是富于激励和想象的倾向性,二是(　　)
A. 说到做到　　B. 敬业精神　　C. 热心和同情心　　D. 重义气、讲交情

13. 根据福勒和布朗的教师成长阶段论,某教师在课堂教学中将主要精力总是集中在对学生成绩的关注上。据此,这位教师的成长可能处在(　　)阶段。
A. 关注成绩　　B. 关注情境　　C. 关注学生　　D. 关注生存

14. 新教师更多关注课堂中的细节,专家型教师很少谈论课堂管理问题和自己的教学是否成功。这是反映二者在(　　)方面的差异。
A. 课时计划　　B. 教学过程　　C. 课后评价　　D. 教学策略

15. 教师获得威信的基本条件是(　　)
A. 良好的道德品质　　B. 良好的认知能力和性格特征
C. 良好的仪表和行为习惯　　D. 做学生的朋友和知己

16. 微格教学有许多特点,但最重要的特点是(　　)
A. 训练单元小　　B. 反馈及时准确　　C. 训练程序合理　　D. 利于综合创新

二、多项选择题

1. 心理学家把教师的成长过程划分为关注生存阶段、关注情境阶段和关注学生阶段。其中处于“关注情境阶段”的教师主要关注的问题是(　　)

A.“学生喜欢我吗”　　B.“备课是否充分”

C.“如何呈现教学信息”　　D.“如何安排教学时间”

2. 专家型教师和新手型教师在教学过程中的差异主要表现在(　　)

A. 课堂规则的执行力　　B. 教材的呈现

C. 吸引学生的注意力　　D. 教学策略的运用

3. 一般来讲,教师的成长需经历的阶段包括(　　)

A. 关注教学阶段　　B. 关注生存阶段

C. 关注情境阶段　　D. 关注学生阶段

4. 下列关于专家型教师教学特点的表述,正确的是(　　)

A. 与新教师相比,专家型教师的课时计划简洁灵活,以学生为中心,并具有预见性

B. 专家型教师有完善的维持学生注意的方法

C. 专家型教师往往较注意课堂的细节

D. 专家型教师有丰富的教学策略

5. 教学反思是教师成长与发展的途径之一。下列选项中属于布鲁巴奇等人提出的反思方法的是(　　)

A. 理性思考　　B. 详细描述　　C. 交流讨论　　D. 行动研究

三、判断题

1. 研究表明,教学效能感高的教师对学生寄予较高的期望,认为自己对学生的成长负有责任并相信自己能教好学生。　　(　　)

2. 只有心理健康的教师,才有可能培养出心理健康的学生。(易错)　　(　　)

3. 教学反思是教师通过对其教学活动进行理性观察与矫正,从而提高其教学能力的活动,是一种分析教学技能的技术。　　(　　)

四、简答题

1. 建立教师威信的途径有哪些?

2. 简述教师成长的途径有哪些。

五、案例分析题

1. 班主任张老师是刚入职的老师。星期二下午,他与年级组长聊天时把自己最近的困惑和问题说了出来。他说,自己刚刚接手初二(3)班时,同学们对自己很热情。“他们觉得我是师范大学毕业的,很幸运能够让我教他们。所以,刚开始他们很听话,也很认真听课。但是,不到几天,我上课时他们越来越不认真了,很多学生在课堂上讲话,做小动作。看到他们的表现,我很生气,经常对他们凶巴巴地训斥。可气的是他们根本不把我放在眼里。上课继续散漫,注意力也不集中,到后来,有很多学生作业也不交了,催交了几次仍然没有收齐。有一次,我抓住这些晚交作业的学生,狠狠地批评他们一番,没想到他们在背后说我坏话。到现在,很多学生看到我都是一副很不屑的样子。这班主任我是当不下去了。”

请结合案例,谈谈张老师应如何形成自己的教师威信。

2. 教学活动中,杨老师感到能很好地驾驭课堂,认为学生是可以教好的;与此相反,陈老师则认为并不是所有的学生都能教好,学生的课堂反应并不是老师所能驾驭的。

请用教师心理的有关原理分析上述现象。

3. 职业倦怠是个体在长期的职业压力下，缺乏应对资源和应对能力而产生的身心耗竭状态。教师职业倦怠是指教师由于长期的工作压力，导致教师的认知、态度、情感和行为等方面出现问题。

调查显示，很多工作多年的中小学教师都出现了职业倦怠现象。教师们对学校教学工作产生了困惑，认为日复一日的教学工作枯燥、重复、单调。他们经常自问"我的一生要这么度过吗""这样的工作有什么意义"等。教师职业倦怠现象产生了很大的危害，甚至导致教师职业枯竭。

(1)试分析教师职业倦怠的原因。

(2)分析教师职业倦怠的表现。

(3)应如何预防和缓解教师的职业倦怠心理？

整合提升

一、单项选择题

1. 以某一具体事件，某一言行来对自己进行评价，如"一次失败就认为这足以证明自己没用，是失败者"，"公共场合出了点洋相就认定自己又笨又蠢，连这么简单的事都做不好，更何况其他的事"。这属于不合理信念中的(　　)(易混)

A. 糟糕透顶　B. 过分概括化　C. 绝对化要求　D. 过分幻想

2. 为使学生喜欢上数学课，新调来的周老师充分利用网络资源，制作图文并茂的PPT进行教学，一段时间后发现很多学生对数学产生了兴趣，这说明周老师现在处于教师成长阶段论中描述的(　　)阶段。(易混)

A. 关注生存　B. 关注学生　C. 关注情境　D. 关注教学

3. 教师在课堂上提问一些有难度的问题时，通常会将目光停留在那些学习成绩优秀的同学身上，这种现象反映的是(　　)

A. 从众效应　B. 首因效应　C. 期待效应　D. 投射效应

4. 在课堂教学中，教师是否具有一定的(　　)，是检验其能否发挥主导作用、完成教学目标、提高教学效果的重要标志。

A. 教学认知能力　B. 教学操作能力　C. 教学监控能力　D. 教学研究能力

5. 小李成绩一直较差，为了提高成绩，暑假一直在家补习，在开学后的一次测验中考了不错的分数，然而老师却对小李的进步持怀疑态度，认为他是作弊才得到高分，这大大打击了小李的学习积极性，使得小李的成绩更加差了。这体现了(　　)(易混)

A. 自我应验效应　B. 维持性期望效应

C. 木桶效应　D. 近因效应

6. 学校心理辅导是学校实施心理健康教育的主渠道，下列对学校心理辅导理解正确的一项是(　　)

A. 学校心理辅导以少数有心理问题的学生为服务对象

B. 心理辅导把工作的重点放在预防心理问题的出现和促进学生潜能的发展上

C. 学校心理辅导侧重于学生的心理与行为障碍矫治的心理治疗

D. 心理辅导等同于心理咨询和心理治疗

7. 某老师认为一个人的心理和行为与大多数人一致，他的心理就是健康的。这位老师所持的心理健康标准是(　　)

A. 常规标准　B. 临床标准　C. 社会适应标准　D. 生活适应标准

8. 教师角色扮演的先决条件是(　　)

A. 教师角色认知　B. 教师角色体验　C. 教师角色期待　D. 教师与家长的合作

9. 在评价心理健康时，(　　)是不合理的判断。(易错)

A. 个体的自控能力越强，心理健康水平就越高

B. 智力水平越高，心理健康水平越高

C. 易受暗示者，心理健康水平低

D. 对环境压力耐受性越强，心理健康水平越高

10. 如果一个人确信某种紧张情境不能改变或控制时，(　　)就取代焦虑成为主要症状。

A. 抑郁　B. 强迫　C. 恐怖　D. 紧张

二、多项选择题

1. 关于学困生的记忆特点，下列说法正确的有(　　)

A. 情绪记忆比较突出，且常有亢进表现　B. 长时记忆中语义编码困难

C. 偏向于运动记忆　D. 逻辑型记忆发展较显著，非逻辑型记忆较差

2. 在下列心理问题中，可以使用自我坚定训练辅导的是(　　)

A. 人际交往中的被动行为　B. 矛盾面前的犹豫不决

C. 课堂听讲时的注意力不集中　D. 与异性交往时的紧张情绪

3. 影响教师威信形成的客观因素是多方面的，其中，最主要的是(　　)

A. 教师职业的社会地位　B. 教师职业的经济地位

C. 学生对教师职业的态度　D. 社会对教师职业的态度

4. 教师对学生的期望是否达到预期效应，取决的因素包括(　　)

A. 教师自身的因素　B. 学生的人格特征　C. 学生的自我意识　D. 学生的归因风格

三、判断题

1. 研究发现，教龄越长的教师，职业倦怠越低。(易错)　(　　)

2. 学校心理健康教育的目的是对存在心理问题的学生进行治疗。　(　　)

3. 在教学活动中，倾向于做外归因的教师会更主动地调整自己的教学行为，积极地影响学生的学习活动，在结果上也更可能促进学生的发展。　(　　)

4. 一个心理健康的人也可能无法适应社会。(易错)　(　　)

5. 面向少数有心理困扰和心理障碍的学生，开展补救性和矫治性的心理咨询与辅导是学校开展心理健康教育的工作重点，也可以说是主要任务。　(　　)

四、论述题

试述专家型教师和新手型教师的差异。(常考)

五、案例分析题

五年级学生陈哲，上课时不是动手摸同学衣服、扯同学的头发，就是东张西望、转身和别人说话，要么就是一个人晃椅子，玩小东西，还喜欢搞“恶作剧”，影响周围的同学学习。老师批评他或暗示他之后有一定的效果，但过不多久又恢复原状。

陈哲在家里任性、冲动，想做什么、想要什么，一旦父母不能满足时，便大喊大叫、摔打东西，甚至离家出走。陈哲的父亲比较粗暴，看到孩子不听话，烦了就骂、急了就打，只要听老师说陈哲违反纪律了，陈哲回家肯定挨揍。陈哲的母亲则过于宠爱他，家庭经济条件较好，不在乎那几个钱，陈哲想买什么都尽量满足。有时陈哲发脾气、摔东西，母亲也只是叹气，舍不得管孩子。

陈哲还爱看娱乐电视节目，节目不完决不罢休。在父母的再三催促下才做作业，一边做作业还一边玩，注意力难以集中。陈哲在班里成绩排在倒数，考试经常不及格。但家长和老师发现，其实陈哲脑子不笨，一旦认真学习，比其他同学接受还快。

假如你是陈哲的班主任，你将如何帮助他改变现状?

真题必刷

一、单项选择题

1. [许昌市直/鹤壁淇滨区]在心理健康教育中，依据用心理学方法和技术搜集得来的资料，对学生的心理特征与行为表现进行评鉴，以确定其性质和水平并进行分类诊断的过程，叫作(　　)

A. 心理评估　　B. 心理诊断　　C. 心理辅导　　D. 心理测验

2. [郑州上街区]王老师经常鼓励胆小的小敏在课堂上要大胆表达自己的观点，并对其少有的发言行为加以表扬，使其克服了胆怯心理。王老师运用的方法是(　　)

A. 代币奖励法　　B. 自我控制法　　C. 系统脱敏法　　D. 强化法

3. [安阳滑县]小东在学习过程中遇到难以解答的题目而不能完成作业时，便会产生烦躁等不愉快的情绪反应，这种心理现象是(　　)

A. 焦虑反应　　B. 挫折反应　　C. 压力反应　　D. 消极反应

4. [洛阳市直]好的教师为了保证教学达到预期的目的，会不断地对教学进行反思和觉察，这体现的教学能力是(　　)

A. 教学认识能力　　B. 教学操作能力　　C. 交流沟通能力　　D. 教学监控能力

5. [周口沈丘]教师一句鼓励的话、一个充满信任的眼神、一个能引起共鸣的手势或表情都能使学生受到极大的鼓舞、增添无穷的勇气、取得显著的进步。这属于(　　)

A. 第一印象　　B. 共鸣效应　　C. 罗森塔尔效应　　D. 移情效应

6. [永城]教师把大量的时间花在如何与学生搞好关系上，甚至想方设法地控制学生，这是教师成长中哪个阶段的特征(　　)

A. 关注生存阶段　　B. 关注情境阶段　　C. 关注学生阶段　　D. 关注自身阶段

二、多项选择题

1. [周口川汇区]根据国内外的研究与实践，人的心理健康水平大致可划分为哪三个等级(　　)

A. 一般常态心理　　B. 人格障碍心理　　C. 轻度失调心理　　D. 严重病态心理

2. [新乡获嘉]心理辅导就是运用心理学等专业知识技能，设计与组织各种教育性活动，以帮助学生形成良好的心理素质，充分发挥个人潜能，进一步提高心理健康水平的过程。心理辅导的原则有(　　)

A. 关注高危人群　　B. 预防与发展相结合

C. 发挥学生主体性　　D. 促进学生整体性发展

3. [周口沈丘]下列选项中，促进教师专业发展的途径有(　　)

A. 观摩和分析　　B. 教学策略训练　　C. 把握学生心理　　D. 开展校本研究

三、判断题

1. [永城]学校心理健康教育的对象是全体学生。(　　)

2. [郑州上街区]与新手教师相比，专家型教师的课时计划更简洁、灵活并具有预见性。(　　)

第三篇　教育政策法规解读

命题分析

本篇的内容常以选择题、判断题和案例分析题的形式考查。本篇需要重点掌握的知识包括：
1. 识记教育法规体系的纵向结构，理解教育法律关系和教育法律责任。
2. 识记教师违法（侵权）行为的主要类型。
3. 识记主要的教育法律法规条文和教育政策规定。

专题一　教育法律基础

基础训练

一、单项选择题

1. 教育法规最根本的本质特征是它具有（　　）（易混）
A. 阶级性　B. 平等性　C. 全社会性　D. 强制性
2. 在我国法律体系中，具有最高效力的是（　　）
A.《中华人民共和国教育法》　B.《中华人民共和国刑法》
C.《中华人民共和国民法典》　D.《中华人民共和国宪法》
3. 由于制定机关的性质和法律地位不同，它们所制定的教育法规具有不同的效力。按照效力的大小顺序排列，正确的是（　　）
A. 宪法中有关教育的条款、教育基本法律、教育单行法律、教育行政法规
B. 宪法中有关教育的条款、教育单行法律、教育行政法规、教育基本法律
C. 宪法中有关教育的条款、教育行政法规、教育基本法律、教育单行法律
D. 宪法中有关教育的条款、教育行政法规、教育单行法律、教育基本法律
4. 新中国第一部教育法律是（　　）（常考）
A.《中华人民共和国学位条例》　B.《中华人民共和国教育法》
C.《中华人民共和国教师法》　D.《中华人民共和国义务教育法》
5. 1995年颁布的《中华人民共和国教育法》第二十五条规定，任何组织和个人不得以营利为目的举办学校和其他教育机构，这条规定属于（　　）
A. 禁止性规范　B. 义务性规范　C. 权利性规范　D. 强制性规范
6.《河南省职业培训条例》属于（　　）
A. 教育单行法律　B. 教育行政法规　C. 地方性教育法规　D. 教育规章
7. 某中学违规收费被处以罚款，这属于（　　）
A. 行政处分　B. 行政处罚　C. 民事处罚　D. 刑事处罚
8. 按法律的渊源划分，《中华人民共和国义务教育法实施细则》《教师资格条例》属于（　　）
A. 教育行政法规　B. 自治条例　C. 教育政策　D. 地方性教育法规
9. 学校上课铃响后，教师根据事先准备好的教案内容给学生上课。在此情景中，下列属于教育法律关系的主体和客体的是（　　）
A. 教师与学生　B. 学生与学校　C. 教师与学校　D. 教师与教案
10.（　　）是教育法律关系发生、变更和消灭的根据。
A. 法律事实　B. 法律规范　C. 法律条文　D. 法律责任
11. 教育法律规范是以（　　）保证实施的行为规则。
A. 社会规范　B. 国家强制力　C. 党的领导　D. 社会主义核心价值观
12. 林老师在签订聘任合同后，经与校方商量又增加合同内容的行为，属于教育法律关系的（　　）
A. 形成　B. 调整　C. 变更　D. 消灭
13. 教师申诉包括（　　）三个环节。
A. 提出、受理、处理　B. 提出、受理、决定　C. 申请、审查、处理　D. 申请、审查、决定
14. 在我国的教育管理实践中，学校对教师的行政处分决定以及对学生的处分决定，教师或学生如果不服的，可以通过（　　）获得救济。
A. 民事诉讼　B. 教育申诉　C. 教育行政复议　D. 政府上访
15. 在通过其他途径都不能获得满意的救济时，可以通过（　　）渠道获得充分的补救。
A. 行政救济　B. 教育仲裁　C. 诉讼救济　D. 校内调解
16. 教育法律救济的根本目的是（　　）
A. 避免损害　B. 避免纠纷　C. 获得赔偿　D. 补救受害者的合法权益
17. 教育法律救济的主要方式是（　　）
A. 行政渠道　B. 司法渠道　C. 仲裁渠道　D. 调解渠道
18.《中华人民共和国教师法》属于（　　）
A. 教育行政法规　B. 教育行政规章　C. 教育基本法　D. 部门教育法
19. 我国《教育法》规定："学校、教师可以对学生家长提供家庭教育指导。"这属于（　　）
A. 义务性规范　B. 授权性规范　C. 强制性规范　D. 制裁性规范
20. 教师与学生之间的教育法律关系属于（　　）的法律关系。（常考）
A. 隶属型　B. 平权型　C. 调整性　D. 保护性
21. 教育法律关系主体的合法权益受到侵犯并造成损害时，获得恢复和补救的法律制度是（　　）
A. 教育法律救济　B. 教育申诉　C. 教育行政复议　D. 教育行政诉讼
22.《中小学班主任工作规定》属于（　　）
A. 教育单行法律　B. 教育行政法规　C. 地方性教育法规　D. 教育规章
23. 教育基本法，也称为"教育宪法"或"教育母法"，是我国教育改革与发展的根本大法，由（　　）制定并通过。
A. 全国人民代表大会　B. 全国人民代表大会常务委员会
C. 国务院　D. 教育部

二、多项选择题

1. 教育法规和教育政策的区别是（　　）
A. 制定主体、执行方式不同　B. 规范效力不同
C. 所要解决问题的性质不同　D. 调整和适用的范围不同

2. 教育立法的程序一般包括(　　)
A. 教育法律草案的提出　B. 教育法律草案的审议
C. 教育法律草案的表决和通过　D. 教育法律的公布
3. 教育法规具有(　　)功能。
A. 规范　B. 标准　C. 预示　D. 强制
4. 教育法律规范的结构是由(　　)要素构成。
A. 法定条件　B. 行为准则　C. 制裁　D. 法律后果
5. 目前我国学校可以对高中生进行的处分有(　　)
A. 警告　B. 记过　C. 刑拘　D. 开除学籍
6. 我国《教育法》规定,公民不分民族、种族、性别、职业、财产状况、宗教信仰等,依法享有平等的受教育机会,这里"平等的受教育机会"指的是(　　)
A. 在入学上,教育起点的平等　B. 就学过程中的平等
C. 学业成就上的平等　D. 师生关系的民主与教育方式的一致

三、判断题
1. 我国《教育法》和《教师法》并行,是调整教育关系的行为规则的总法。(　　)
2. 教育政策与教育法规的制定主体是不同的,前者由政府制定,后者则由立法机关制定。(　　)
3. 我国教育法规中通常都是实体性内容与程序性内容同时出现在同一部教育法规中。(　　)
4. 教育法规定的法律责任只是一种民事责任。(　　)
5. 学生是受教育者,所以学生是教育法律关系的客体。(常考)(　　)
6. 在教育法律关系的构成要素中,客体是指教育法律关系主体的权利和义务所指向的对象,如物、行为和智力成果。(　　)
7. 教育法律救济以侵权损害事实为前提。(常考)(　　)
8. 教育法规是制定教育政策的依据,教育政策是教育法规的具体化、条文化和定型化。(　　)

整合提升

一、单项选择题
1. 在合作办学、教师聘任等方面发生的法律责任属于(　　)
A. 刑事法律责任　B. 民事法律责任　C. 行政法律责任　D. 行政和刑事法律责任
2. 下列属于最严重的行政处罚的是(　　)
A. 财产罚　B. 申诫罚　C. 人身罚　D. 行为罚
3. 根据我国《义务教育法》第十一条规定:"凡年满六周岁的儿童,其父母或者其他法定监护人应当送其入学接受并完成义务教育。"其中,"年满六周岁"是本条教育法律规范的(　　)
A. 假定　B. 处理　C. 制裁　D. 设置
4. 下列对事故责任的处理,不正确的是(　　)
A. 违反学校纪律,对造成学生伤害事故有责任的学生,学校可以给予相应处分
B. 触犯刑律的,由学校追究其责任,给予相应处分
C. 受害者的监护人、亲属或其他有关责任人在事故处理中无理取闹,扰乱学校正常教育教学秩序,学校应报给公安机关,依法处理
D. 受害者的监护人侵犯学校的合法权益,造成损失的,学校可以要求赔偿

5. 下列关于教育法律规范的说法中,错误的是(　　)(易错)
A. 教育法律规范是教育法各种规范性文件的全部内容
B. 教育法律规范要用教育法条文来表现
C. 教育法律规范是属概念,包含在教育法概念的外延之中
D. 教育法律规范是一种特指的行为规范,而不是行为规范的"总和"
6. 以下属于教育行政处分的是(　　)
A. 记过　B. 罚款　C. 没收违法所得　D. 责令停止招生
7. 下列关系中,只存在隶属型教育法律关系的是(　　)
A. 教师与学生　B. 学校与教师
C. 教育行政机关与学校　D. 学校与学校
8. 教育行政强制执行的程序是(　　)
A. 告诫、作出行政强制执行决定、执行
B. 作出行政强制执行决定、告诫、执行
C. 间接强制执行、直接强制执行
D. 取证、作出行政强制执行决定、执行
9. 关于教育行政诉讼的特征,下列说法错误的是(　　)
A. 教育行政诉讼中作为被告的教育行政机关负有举证责任
B. 教育行政诉讼兼具救济和监督两种性质
C. 教育行政诉讼的标的必须是教育行政机关的具体行政行为
D. 教育行政诉讼可以用调解作为审理和结案方式
10. 依据我国教育行政诉讼和复议的相关规定,下列说法不正确的是(　　)
A. 教育行政复议是行政行为　B. 教育行政诉讼是司法行为
C. 校长可以成为行政诉讼被告　D. 学校可以成为行政复议的申请人

二、判断题
1. 某私立学校因为经营不善无法维持下去,它与学生之间的教育法律关系自动解除。(　　)
2. 从违法行为的要素来看,判断行为是否违法的关键要素是该行为是否有故意或者过失的过错。(　　)
3. 校舍失修坍塌伤人属于法律事实中的行为。(易错)(　　)
4. 合理合法是教育司法活动的灵魂和生命。(　　)
5. 某校高二学生王某撕毁图书室一本书的彩图插页5页,学校根据本校的规定对王某进行罚款。学校的这一做法是合法的。(　　)
6. 教师对行政处罚有异议,自提出后在1个月内向行政机关提出行政复议申请。(　　)

三、简答题
简述教育法规和教育政策的关系。

专题二　依法执教与教师违法(侵权)行为预防

一、单项选择题

1. 依法执教的主体是(　　)

A. 教育主管部门　　B. 学校　　C. 教师　　D. 班主任

2. 某教师当着全班同学的面辱骂兵兵为傻子,该教师侵犯了兵兵的(　　)

A. 隐私权　　B. 健康权　　C. 人格尊严权　　D. 人身自由权

3. 初二年级某班的班主任李老师私自翻看了小明的日记,发现其有早恋的苗头,于是告诉了小明的家长,并且勒令其暂时不能到校上课,在家反省。这一案例中的教师侵犯了学生的(　　)

A. 受教育权和人身自由权　　B. 隐私权和受教育权

C. 隐私权和人格尊严权　　D. 人格尊严权和知识产权

4. 班主任李老师在教室后边堆放清洁工具的角落旁边设置了一个特殊座位,离其他同学有几排位置的距离,凡是班上调皮和违反课堂纪律的同学就安排在特殊座位听课。这一做法(　　)(常考)

A. 侵犯了学生的人格尊严权

B. 是帮助学生改正错误的有效手段

C. 是既保证学生的受教育权,又履行了教学管理权的有效方法

D. 侵犯了学生的受教育权

5. 个别教师不允许班上学习差的学生参加考试、随意占用学生的上课时间、指派学生参加一些与教育教学无关的商业庆典活动等。这些行为主要侵害的是学生的(　　)

A. 健康权　　B. 名誉权　　C. 受教育权　　D. 隐私权

6. 某教师把学生的优秀作文收集起来,未经学生允许私自将学生的作文编入自己编著的《优秀作文集》中,对该老师的做法,下列选项中叙述正确的是(　　)

A. 该老师的做法侵犯了学生的隐私权　　B. 该老师的做法侵犯了学生的著作权

C. 该老师的做法侵犯了学生的荣誉权　　D. 该老师的做法侵犯了学生的财产权

7. 李老师在班级微信群中公布了学生诗词背诵的分数和排名,并且提醒家长予以督促。该行为侵犯了学生的(　　)

A. 身体健康权　　B. 生命权　　C. 隐私权　　D. 受教育权

8. 以下不属于侵犯学生权利的行为有(　　)(易错)

①学校让严重违纪的学生转学　②学校指定购买教学参考书　③学校没收学生上课偷玩的玩具

④学校公布作文比赛获奖名单　⑤学校公布学生违纪处分决定

A. ①②　　B. ③④　　C. ②③　　D. ④⑤

9. 甲是一名在校学生,因在课堂上玩手机被李老师没收了,课后甲多次向李老师索要手机,李老师都拒绝归还。则下列说法错误的是(　　)(常考)

A. 李老师侵犯甲的财产权,甲可以向相关部门提出申诉

B. 李老师侵犯甲的财产权,甲可以依法提起诉讼

C. 甲可以向其他老师求助

D. 甲可以私自将自己的手机和李老师的手机都偷出来

10. 教师不得因为各种理由随意对学生进行搜查,不得对学生关禁闭,这是因为学生具有(　　)权利。

A. 身心健康　　B. 人身自由　　C. 人格尊严　　D. 受教育

11. 依法治国的法律前提是(　　)

A. 有法可依　　B. 有法必依　　C. 执法必严　　D. 违法必究

12. 体育课练习篮球的过程中,体育教师梁某看见学生郑某进行危险动作时,未上前指导保护,导致郑某左手骨折。该体育老师的行为(　　)(常考)

A. 侵犯了学生的人身自由权　　B. 属于不作为违法侵权

C. 侵犯了学生的人格尊严权　　D. 侵犯了学生的隐私权

二、多项选择题

1. 下列属于体罚学生的情形是(　　)

A. 让1～2年级的小学生一个生字抄写10遍

B. 王某上课讲话,老师令其抄课文5遍

C. 李某等八人上自习课讲话,老师令李某等八人到学校运动场跑10圈

D. 初三教室内,物理老师拿戒尺在不听话的学生后颈上使劲击打三下

2. 学生的受教育权主要有(　　)

A. 受完法定年限教育权　　B. 学习权

C. 公正评价权　　D. 人身权

3. 当代教师依法执教应(　　)

A. 提高教育法律意识、增强教育法制观念　　B. 努力学习和掌握教育法律的基本理论知识

C. 提高依法分析问题和解决问题的能力　　D. 具备法律资格证书

4. 一初中生在上自习时看《读者》杂志被班主任发现,班主任狠狠地踢了该学生几脚,并责令其停课反思一周。这位老师的做法(　　)

A. 不合法,侵犯了学生的人身权　　B. 不合法,侵犯了学生的受教育权

C. 合法,教师有管理学生的权利　　D. 合法,对其他人有警示作用

5. 下列属于不作为侵权的是(　　)

A. 饮食安全事故　　B. 对学生身体状况关照不力

C. 批评教育学生　　D. 学校组织活动失职

6. 下列选项中不属于教师进行依法执教的表现是(　　)

A. 私拆学生信件　　B. 对学生进行爱国主义教育

C. 体罚学生　　D. 进行有偿家教

7. 某中学为了提高本校升学率,区分重点班和普通班。在重点班频繁进行应试训练,向他们提供充足的教学资源;对普通班的学生则管理松散,多数普通班学生感觉受到了歧视。这一行为侵犯了学生的(　　)

A. 人格尊严权　　B. 隐私权　　C. 受教育权　　D. 公民权

三、判断题

1. 教师增强法律意识不仅仅是为了规范自己的教育教学行为。(　　)

2. 依法执教就是依法治教。(　　)

3. 冒名顶替别人上大学不仅侵犯了别人的姓名权,也侵犯了别人的受教育权。(常考)　(　　)
4. 受教育权是公民享有的最基本、最重要的权利。　(　　)
5. 教师向学生推销商品属于侵犯学生的财产权。　(　　)
6. 教师根据成绩把学生划分为优生和差生侵犯了学生的人格尊严权。(常考)　(　　)
7. 教师看到学生在校外被社会群体殴打未进行制止,构成不作为侵权。　(　　)
8. 节假日有偿补课是教育部明令禁止的,是一种非法行为;但节假日无偿补课应当提倡和鼓励。　(　　)

四、名词解释

1. 依法执教

2. 不作为侵权行为(常考)

五、案例分析题

1. 材料一:这几天,妈妈李兰经常唉声叹气,说孩子的班主任在家长微信群里公布了全班学生的考试成绩,自己的女儿因成绩排名下降太快,被老师点名批评。为此,李兰很焦虑,感觉班主任这样公布女儿的成绩排名,让自己很不舒服,也觉得班主任这样公布学生们的考试成绩排名是不合理的。

   材料二:2018年初,教育部正式印发了《义务教育学校管理标准》,首次全面系统地梳理了我国教育学校管理的基本要求,其中包括"控制考试次数""考试成绩不进行公开排名,不以分数作为评价学生的唯一标准"等要求。

   (1)老师公布学生考试成绩排名的做法是否合理?为什么?

   (2)为什么学校不得公布学生的考试成绩排名?

2. 小刚是某中学初二学生,一天下午放学后,小刚在操场上和同学打篮球,同班女生小静看见他脸上有许多汗珠,就上前用餐巾纸为他擦汗,这一举动恰好被从一旁经过的班主任田老师看见。田老师当即把他俩叫到办公室,他先给小静看了两页日记(这是田老师私自从小刚放在课桌内的日记本上撕下的,上面记录了小刚对另一名女生的好感),又对小静说,小刚是个花花公子,脚踏两只船。田老师责令小刚从明天开始不准进教室上课,好好反省自己的错误。由于不堪忍受老师的羞辱,小刚当天便离家出走了,几天后才被家人找回来。随后,小刚的家长一纸诉状将田老师告上了法庭,要求田老师赔礼道歉并赔偿精神损失。

   请运用教育法规相关知识对该案例进行分析。

3. "你这是变相体罚,知道吗?你在众人面前让他站到一边,他的自尊心受到了伤害,以后他在同学面前还怎么抬头?只不过看你才工作,否则我电话打到教育局,你的饭碗就没了。"

   "对不起,小祺妈妈,我当时提醒了他好几次,他一直跟别的同学讲话,我一时着急,是我考虑不周,以后我一定注意。"从小刘老师慌乱得甚至有点低三下四的道歉声里,大家基本明白了事情的大概:课堂上,小祺一直跟别的同学讲话。几次提醒无效后,小刘老师让他站到一边,过了五分钟才让他坐下,结果课间就接到了家长的电话。

   "不就是让他站几分钟吗?如果这也叫变相体罚,学生还能不能批评了?他将来走上社会还能经受一点挫折吗?"年轻的张老师有点忿然。"刘老师,你应该跟他妈妈讲,只站了几分钟,你又没有用语言讽刺挖苦他,这算不得变相体罚,你可以让她到班级找同学调查,你又没有做错什么,没有必要跟她道歉。你问问她,如果她是老师遇到这种情况怎么办?"有多年班主任工作经验的马老师给小刘老师支招儿。

   小刘老师叹了一口气说:"学生成绩考不好,最多说你能力有问题,可是涉及体罚或者变相体罚那就是师德的问题,那可是摊上大事了。要是她打个电话到校长那里,或者打到教育局,没事也会有事了,多一事不如少一事,知道他的家长这样,以后少管就是了。"

   请对上述教学过程中的"教育惩罚"进行评析。

专题三　现行主要的教育法律法规及重要规定解读

基础训练

知识1《中华人民共和国教育法》解读

一、单项选择题

1. 1995年制定的(　　)是我国第一次以国家基本法律的形式明确教育的地位和作用。
A.《中华人民共和国教育法》　B.《中华人民共和国学位条例》
C.《中华人民共和国高等教育法》　D.《中华人民共和国教师法》

2. 根据我国《教育法》的规定,学校的教学及其他行政管理,由(　　)负责。
A. 教师　B. 校长　C. 举办者　D. 行政主任

3. 根据《中华人民共和国教育法》的规定,中等或中等以下教育(　　)管理。
A. 在国务院领导下,由省、自治区、直辖市人民政府
B. 在国务院领导下,由地方人民政府
C. 由国务院直接
D. 由省政府直接

4. 教职工行使民主权利,参与学校民主管理和监督的基本组织形式是(　　)
A. 工会　B. 教职工代表大会
C. 党组织　D. 学校管理委员会

5. 依据《中华人民共和国教育法》的规定,教育对中华民族优秀的历史文化传统应当(　　)
A. 批判地继承　B. 继承和弘扬　C. 全部继承　D. 继承和扬弃

6. 我国《教育法》规定,教育是社会主义现代化建设的基础,国家保障教育事业优先发展。全社会应当关心和支持教育事业的发展。全社会应当尊重教师。这一规定明确了(　　)
A. 立法宗旨　B. 教育的地位　C. 教育方针　D. 教育的文化内涵

7. 侵占学校及其他教育机构校舍、场地及其他财产的,依法承担(　　)
A. 行政责任　B. 刑事责任　C. 民事责任　D. A、B两种责任

8.《中华人民共和国教育法》规定,国家建立以(　　)为主、其他多种渠道筹措教育经费为辅的体制。
A. 财政拨款　B. 社会捐资
C. 学杂费　D. 学校利用智力资源创收

9. 根据《中华人民共和国教育法》的规定,下列不属于学校及其他教育机构应当履行的义务的是(　　)
A. 遵照国家有关规定收取费用并公开收费项目
B. 聘任教师及其他职工,实施奖励或者处分
C. 依法接受监督
D. 维护受教育者、教师及其他职工的合法权益

10.《中华人民共和国教育法》第三十六条规定,学校及其他教育机构中的教学辅助人员和其他专业技术人员实行(　　)制度。
A. 教育职员　B. 专业技术职务聘任
C. 职业人员任用　D. 国家工作人员任用

11. 某学生勾结社会青年在学校内结伙斗殴,扰乱教育教学秩序,按照我国《教育法》的规定,应该由(　　)来处罚。
A. 学校　B. 上级教育局　C. 家长　D. 公安机关

12. 下列选项中,依法要承担民事责任的是(　　)(易错)
A. 李某违反国家财政制度、财务制度,挪用和克扣教育经费
B. 李某结伙斗殴、寻衅滋事,扰乱学校的教育教学秩序
C. 李某侵占了学校的校舍和场地
D. 李某是直接负责招收学生的主管人员,在招收学生工作中徇私舞弊

13. 根据我国《教育法》规定,学校及其他教育机构自(　　)取得法人资格。
A. 申请之日　B. 开学之日
C. 批准设立或者登记注册之日起　D. 第一次招生之日

14. 中华人民共和国公民有受教育的(　　)
A. 权利　B. 权利和义务　C. 权力　D. 义务

15. 进城民工张某夫妇超计划生育一女孩,今年已满6岁,由于没有准生证,他们临时住所附近一所小学及当地教育局拒绝接收该孩子入学。学校和教育局的行为违反了(　　)
A.《中华人民共和国教师法》　B.《中华人民共和国教育法》
C.《中华人民共和国劳动法》　D.《中华人民共和国计划生育法》

16. 根据《中华人民共和国教育法》的规定,明知校舍或者教育教学设施有危险,而不采取措施,造成人员伤亡或者重大财产损失的,对直接负责的主管人员和其他直接责任人员,依法追究(　　)(易错)
A. 民事责任　B. 刑事责任　C. 一般责任　D. 行政责任

17. 赵某系某初中二年级学生,经常在课堂上看课外书,班主任王老师多次对赵某进行批评教育,但赵某没有改正,王老师要求家长将赵某领回家进行教育,一周后再来学校学习。王老师侵犯了赵某的(　　)
A. 参加教育教学活动权　B. 获得公正评价权
C. 获得学业证书权　D. 使用图书资料权

18. 某初中违反国家有关规定向学生收取补课费,依据《中华人民共和国教育法》的相关规定,有权责令该校退还所有费用的是(　　)
A. 教育行政部门　B. 纪检部门　C. 公安机关　D. 物价部门

19. 根据我国《教育法》的规定,国家适应社会主义市场经济发展和社会进步的需要,推进教育改革,推动各级各类教育协调发展,健全(　　)体系。
A. 高等教育　B. 终身教育
C. 教育科研　D. 教育理论

20. 我国对学生的义务做出明确规定的法律是(　　)

A.《中华人民共和国宪法》　B.《中华人民共和国教育法》

C.《中华人民共和国义务教育法》　D.《中华人民共和国未成年人保护法》

21. 根据我国《教育法》的规定，学校及其他教育机构在不影响正常教育教学活动的前提下，应当积极参加当地的(　　)

A. 商业性活动　B. 招投标活动　C. 社会公益活动　D. 有偿支教活动

22.《中华人民共和国教育法》第十条规定，国家扶持和发展(　　)

A. 老年人教育事业　B. 残疾人教育事业

C. 体育特长生教育事业　D. 流动人员教育事业

23.《中华人民共和国教育法》规定，教育是社会主义现代化建设的基础，国家保障教育事业(　　)

A. 优先发展　B. 快速发展　C. 稳定发展　D. 重点发展

24.《中华人民共和国教育法》规定，教育活动必须符合国家和社会的公共利益，国家实行教育与宗教(　　)

A. 相结合　B. 相分离　C. 相统一　D. 相对立

25. 教师王某在课堂上用方言不用普通话教学。王某的教学行为(　　)

A. 合法，只要课堂教学效果好，用哪种语言教学没关系

B. 合法，都是当地学生，方言教学更容易沟通

C. 不合法，教师在教学过程中应该使用普通话

D. 不合法，违反了教育应弘扬优秀文化的原则

26. 根据《中华人民共和国教育法》的有关规定，国家实行(　　)义务教育制度。

A. 六年制　B. 九年制　C. 十二年制　D. 八年制

27. 国家鼓励开展对外交流与合作，教育对外交流与合作坚持(　　)的原则。

A. 相互尊重、互惠互利、协商一致　B. 平等协商、互惠互利、和谐发展

C. 独立自主、平等互利、相互尊重　D. 独立开发、平等互利、协商一致

28. 某县教育局局长马某挪用教育经费，建造教育局办公大楼。对于马某，应当依法(　　)

A. 给予行政处分　B. 给予行政拘留　C. 责令其悔过　D. 责令其赔礼道歉

29. 考生在国家教育考试中，携带或者使用考试作弊器材、资料，情节严重者，由教育行政部门责令其停止参加相关国家教育考试(　　)

A. 1年　B. 1年以上3年以下　C. 3年　D. 5年

二、多项选择题

1. 根据我国《教育法》的规定，受教育者应当履行的义务有(　　)

A. 遵守法律、法规　B. 遵守学生行为规范

C. 完成规定的学习任务　D. 遵守所在学校管理制度

2. 设立学校及其他教育机构必须具备的条件是(　　)

A. 有组织机构和章程　B. 有合格的教师

C. 有稳定的生源　D. 有符合规定标准的教学场所及设施、设备等

E. 有必备的办学资金和稳定的经费来源

3. 依据《中华人民共和国教育法》的规定，学生享有的权利是(　　)

A. 完成规定的学习任务　B. 参加教育教学计划安排的各种活动

C. 按照国家有关规定获得奖学金　D. 完成规定的学业后获得相应的学业证书

4. 根据《中华人民共和国教育法》的规定，受教育者的平等权利主要表现在(　　)

A. 入学方面　B. 成绩方面　C. 升学方面　D. 就业方面

5. 根据《中华人民共和国教育法》规定，教育应当坚持立德树人，对受教育者加强社会主义核心价值观教育，增强受教育者的(　　)

A. 社会责任感　B. 应用能力　C. 创新精神　D. 实践能力

三、判断题

1. 税务机关依法足额征收教育费附加，由教育行政部门统筹管理，主要用于实施义务教育。(　　)

2. 企业事业组织、社会团体及其他社会组织和个人，可以通过适当形式，支持学校的建设，参与学校管理。(　　)

3. 某校学生洪某对学校因他不堪忍受校园欺凌而打架，终被处以严重警告的处分不服，依据法律，该生可以走学生申诉的法律途径解决问题。(　　)

4.《中华人民共和国教育法》不适用于在中华人民共和国境内办学的他国公民。(　　)

5. 图书馆、博物馆、体育馆等社会公共文化体育设施，以及历史文化古迹和革命纪念馆(地)，应当让教师、学生免费进入，为受教育者接受教育提供便利。(　　)

6. 学校应当为未成年人接受教育创造条件，有违法犯罪行为的未成年人除外。(　　)

知识 2《中华人民共和国义务教育法》解读

一、单项选择题

1. 针对某学校为了提高学生的成绩及小升初的竞争力，分设重点班和非重点班的情况，根据相关教育法规应责令其限期改正。其相关责任部门是(　　)

A. 县级人民政府　B. 县级人民政府教育行政部门

C. 省级人民政府　D. 省级人民政府教育行政部门

2. 某偏远山区，交通不便，儿童居住较为分散，为保障当地适龄儿童接受义务教育，根据《中华人民共和国义务教育法》的规定，县级人民政府可以采取的措施是(　　)

A. 设置走读学校　B. 设置寄宿制学校

C. 设置家庭学校　D. 设置半日制学校

3. 以下关于义务教育的叙述，正确的是(　　)

A. 国家收取学费，不收取杂费

B. 适龄儿童、少年必须考试才能入学

C. 县级以上人民政府教育行政部门具体负责义务教育实施工作

D. 适龄儿童接受义务教育的年龄最早为7岁

4. 学校和教师按照确定的教育教学内容和课程设置开展教育教学活动，保证达到国家规定的基本质量要求。国家鼓励学校和教师采用(　　)教育等教育教学方法，提高教育教学质量。

A. 填鸭式　B. 启发式　C. 题海式　D. 自由式

5. 义务教育实行________领导，________统筹规划实施，________为主管理的体制。(　　)
A. 国务院；省、自治区、直辖市人民政府；县级人民政府
B. 省、自治区、直辖市人民政府；市级人民政府；县级人民政府
C. 国务院；省、自治区、直辖市人民政府；市级人民政府
D. 国务院；市级人民政府；县级人民政府

6. 下列观点符合《中华人民共和国义务教育法》规定的是(　　)
①教育教学工作应当符合教育规律和学生身心发展特点，面向全体学生
②应该把学生的智育工作放在各项工作的首位
③要注重培养学生独立思考能力、创新能力和实践能力，促进学生全面发展
④要促进学生养成良好的思想品德和行为习惯
A. ①②③　B. ②③④　C. ①②④　D. ①③④

7. 学校(　　)聘用曾经因故意犯罪被依法剥夺政治权利的人担任工作人员。
A. 可以　B. 不得　C. 特殊情况可以　D. 经批准可以

8. 根据我国《义务教育法》的规定，(　　)应当为适龄儿童、少年接受义务教育创造良好的环境。
A. 学校和家庭　B. 学校和社区
C. 家庭和社区　D. 社会组织和个人

9. 义务教育是指依据法律规定，适龄儿童和少年必须接受的，国家、社会、学校和家庭必须予以保证的国民教育。义务教育最本质的特征是(　　)(常考)
A. 强制性　B. 普及性　C. 免费性　D. 公共性

10. 对未完成义务教育的未成年犯和被采取强制性教育措施的未成年人应当进行义务教育，所需经费由(　　)予以保障。
A. 人民政府　B. 未成年人父母
C. 未成年人自己　D. 未成年人所在学校

11. 12岁的小亮因为家里经济状况不好，放学后到饭店打工，饭店老板了解情况后聘用了他，并为他安排了较为清闲的工作。该饭店老板的做法(　　)
A. 合法，有助于改善小亮家庭的经济状况　B. 合法，有助于锻炼小亮的自立能力
C. 不合法，任何人不得非法雇佣童工　D. 不合法，没有取得小亮监护人同意

12. 根据《中华人民共和国义务教育法》的规定，有下列情形之一的，依照有关法律、行政法规的规定予以处罚(　　)
①胁迫或者诱骗应当接受义务教育的适龄儿童、少年失学、辍学的
②非法招用应当接受义务教育的适龄儿童、少年的
③出版未经依法审定的教科书的
④教科书循环使用的
A. ①②　B. ③④　C. ①②③　D. ①②③④

13. 我国《义务教育法》规定，自行实施义务教育的，应当经(　　)批准。
A. 地市级人民政府　B. 县级人民政府
C. 县级人民政府教育行政部门　D. 国务院

14. 根据我国《义务教育法》的规定，国务院和县级以上地方人民政府应当合理配置教育资源，促进义务教育(　　)
A. 高速发展　B. 均衡发展　C. 基本普及　D. 完全普及

15. 特殊教育学校(班)学生人均公用经费标准应当(　　)普通学校学生人均公用经费标准。
A. 低于　B. 等于　C. 高于　D. 相当于

16. 教育教学工作应当符合教育规律和学生身心发展的特点，面向全体学生，教书育人，将德育、智育、体育、美育等有机统一在教育教学活动中，注重培养学生(　　)，促进学生的全面发展。
A. 辩证分析问题的能力、创新能力和实践能力
B. 团队合作的能力、创新能力和实践能力
C. 沟通能力、创新能力和实践能力
D. 独立思考能力、创新能力和实践能力

17. 县级人民政府教育行政部门应当均衡配置本行政区域内学校师资力量，组织校长、教师的(　　)，加强对薄弱学校的建设。
A. 学习和培训　B. 沟通和合作　C. 培训和流动　D. 交流和互访

18.《中华人民共和国义务教育法》颁布于(　　)年。
A. 1978　B. 1985　C. 1986　D. 1992

19. 在民族地区和边远贫困地区工作的教师享有(　　)津贴。
A. 特殊岗位补助　B. 生活补助　C. 艰苦贫困地区补助　D. 特殊奉献补助

20. 根据《中华人民共和国义务教育法》的规定，学校应当把(　　)放在首位，将其寓于教育教学之中，开展与学生年龄相适应的社会实践活动。
A. 美育　B. 德育　C. 智育　D. 体育

二、多项选择题

1. 义务教育的特点是(　　)(常考)
A. 强制性　B. 科学性
C. 免费性　D. 普及性
E. 开放性

2.《中华人民共和国义务教育法》明确规定，义务教育必须贯彻国家的教育方针，实施素质教育，提高教育质量，使适龄儿童、少年在(　　)等方面全面发展，为培养有理想、有道德、有文化、有纪律的社会主义建设者和接班人奠定基础。(易错)
A. 品德　B. 智力
C. 体质　D. 劳动
E. 美德

3. 根据《中华人民共和国义务教育法》第五十七条规定，学校有下列情形之一的，由县级人民政府教育行政部门责令限期改正；情节严重的，对直接负责的主管人员和其他直接责任人员依法给予处分，其中包括(　　)
A. 违反规定向学生收取费用　B. 分设重点班和非重点班的
C. 违反规定给学生补课　D. 违反本法规定开除学生的
E. 选用未经审定的教科书的

4. 根据我国《义务教育法》的规定，国务院和县级以上地方人民政府根据实际需要，设立专项资金，扶持(　　)实施义务教育。

A. 农村地区　　B. 城市地区

C. 沿海地区　　D. 民族地区

E. 偏远地区

5. 根据我国法律的有关规定，下列做法正确的是(　　)

A. 甲校提出因材施教，对九年级学生设置了一个重点班

B. 乙校对3次严重违反校规的初中生张某给予开除处理

C. 丙县全面拆除达到危房评估标准的学生宿舍

D. 丁县出台措施鼓励社会力量和民间资本办学

三、填空题

1. 国家鼓励教科书________使用。

2. 教师在教育教学中应当平等对待学生，关注学生的________，因材施教，促进学生的充分发展。

3. 义务教育是国家统一实施的所有适龄儿童、少年必须接受的教育，是国家必须予以保障的________事业。

4. 国家实行________年义务教育。

5. 适龄儿童、少年________入学。地方各级人民政府应当保障适龄儿童、少年在户籍所在地学校________入学。

6. 根据《中华人民共和国义务教育法》的规定，由________确定教科书审定办法。

7. 国家建立统一的义务教育教师职务制度。教师职务分为________、中级职务和高级职务。

8. 对违反学校管理制度的学生，学校应当予以________，不得开除。

四、判断题

1. 凡年满六周岁的儿童，其父母或其他法定监护人必须送其入学接受并完成义务教育。(　　)

2. 适龄儿童、少年因身体状况需要延缓入学或者休学的，其父母或者其他法定监护人应当提出申请，由当地乡镇人民政府或者县级人民政府教育行政部门批准。(　　)

3. 学校应当保证学生的课外活动时间，组织开展文化娱乐等课外活动。(　　)

4. 根据《中华人民共和国义务教育法》的规定，由国务院教育行政部门确定义务教育的教学制度、教学内容、课程设置。(　　)

5. 教科书审查人员，可以参与教科书的编写工作。(　　)

6. 根据《中华人民共和国义务教育法》的规定，各级人民政府可以根据实际需要开设各种特殊教育学校。(　　)

知识3《中华人民共和国教师法》和《教师资格条例》解读

一、单项选择题

1. 师范学校毕业的小李通过招聘考试进入某公办学校当一名教师，这是她首次任教，双方在约定相关情况时，小李认为自己已经取得了教师资格证，无须设定试用期。对此下列说法正确的是(　　)

A. 小李的主张是合法的，已取得教师资格证书的人员任教无须经过试用期阶段

B. 小李的主张是合法的，因为小李已经在师范学校学习了相应的专业知识，无须经过试用期阶段

C. 小李的主张是不合法的，取得教师资格证的人员首次任教时应当有试用期

D. 小李的主张是不合法的，每年教师进入新的教学机构任教时都要经过试用期阶段

2. 我国《教师法》将教师身份界定为(　　)(常考)

A. 准公务员　　B. 专业人员　　C. 知识分子　　D. 国家干部

3. 小学五年级学生孙某迟到了不敢进教室，就在教学楼后随意闲逛，恰好被班主任李老师发现，李老师问清情况后非常生气，罚孙某在操场跑了10圈，并让他在教室外站了两节课。李老师的做法违反了我国《教师法》中(　　)的规定。

A. 关心、爱护全体学生，尊重学生人格，促进学生在品德、智力、体质等方面全面发展

B. 制止有害于学生的行为或者其他侵犯学生合法权益的行为，批评和抵制有害于学生健康成长的现象

C. 遵守宪法、法律和职业道德，为人师表

D. 贯彻国家的教育方针，遵守规章制度，执行学校的教学计划，履行教师聘约，完成教育教学工作任务

4. 王老师大学毕业后自愿到西部少数民族地区工作，根据《中华人民共和国教师法》的规定，应该依法对王老师(　　)

A. 予以补贴　　B. 予以表彰　　C. 进行奖励　　D. 提高津贴

5. 取得初级中学教师资格，应当具备(　　)

A. 中等师范学校毕业及其以上学历

B. 高等师范专科学校或者其他大学专科毕业及其以上学历

C. 高等师范院校本科或者其他大学本科毕业及其以上学历

D. 研究生或者大学本科以上学历

6. 教师在教育教学活动中，开展教育教学改革和实验，这属于教师的(　　)

A. 教育教学权　　B. 民主管理权　　C. 管理学生权　　D. 科学研究权

7. 某教师因与学校发生矛盾怀恨在心，故意不完成教育教学任务，给学校的教育教学工作造成了严重损失。对于该教师的做法，其所在的学校可以给予的处罚是(　　)(常考)

A. 管制或拘役　　B. 行政处罚

C. 行政处分或解聘　　D. 追究民事法律责任

8. 张老师在教学之余，将自己教育教学中的成功经验总结升华，撰写成论文并成功发表，张老师行使了《教师法》赋予教师的(　　)

A. 教育教学自主权　　B. 学术自由权　　C. 教育教学管理权　　D. 培训进修权

9. 根据《中华人民共和国教师法》的规定，对依法提出申诉、控告、检举的教师进行打击报复的，情节严重的，可以根据具体情况给予(　　)

A. 纪律处分　　B. 经济处罚　　C. 警告处分　　D. 行政处分

10. 各级人民政府应当采取措施，加强教师的思想政治教育和业务培训，改善教师的工作条件和生活条件，保障教师的合法权益，提高教师的(　　)地位。

A. 政治　　B. 经济　　C. 法律　　D. 社会

11. 被撤销教师资格的，自撤销之日起(　　)年内不得重新申请认定教师资格。(易混)

A. 3　B. 4　C. 5　D. 6

12. 教师资格证书适用的地域范围是(　　)

A. 在全国范围适用　B. 只在本地区适用
C. 只在本校适用　D. 在外国也适用

13.《中华人民共和国教师法》规定："教师的平均工资水平应当不低于或者高于国家公务员的平均工资水平，并逐步提高。建立正常晋级增薪制度，具体办法由(　　)规定。"

A. 国务院　B. 省级人民政府
C. 地市级人民政府　D. 县级人民政府

14. 参加教师资格考试有作弊行为的，其考试成绩作废，(　　)年内不得再次参加教师资格考试。

A. 4　B. 2　C. 5　D. 3

15. 根据《中华人民共和国教师法》的规定，教师受聘任教、晋升工资、实施奖惩的依据是(　　)

A. 教师考核结果　B. 教师业务水平
C. 教师工作态度　D. 教师教学能力

16. 关于教师殴打未成年学生的行为，下列表述错误的是(　　)

A. 教师未能履行关心和爱护学生的义务
B. 教师滥用了自身的权利，侵犯了学生的人身权
C. 教师违反了《中华人民共和国教育法》《中华人民共和国教师法》和《中华人民共和国未成年人保护法》的有关规定
D. 教师不用承担刑事责任

17. 根据我国《教师资格条例》，以下说法中不正确的一项是(　　)

A. 我国的教师资格分为七类，即幼儿园教师资格、小学教师资格、初级中学教师资格、高级中学教师资格、中等职业学校教师资格、中等职业学校实习指导教师资格、高等学校教师资格
B. 取得教师资格应当具备相应的学历，比如，取得小学教师资格，应当具备中等师范专科学校毕业及其以上学历
C. 取得教师资格的公民，只能在本级各类学校和其他教育机构担任教师
D. 高级中学教师资格与中等职业学校教师资格相互通用

18. 根据我国教师法规的有关规定，对"品行不良、侮辱学生，影响恶劣的"教师，其教师资格将(　　)

A. 永远丧失　B. 宣告中止
C. 给予撤销　D. 公告无效

19.《中华人民共和国教师法》制定的目的是(　　)

①保障教师的合法权益　②建设具有良好思想品德修养的教师队伍
③促进社会主义教育事业的发展　④最终目的是使学生更好地发展

A. ①②③　B. ①②④　C. ②③④　D. ①③④

20. 根据《中华人民共和国教师法》的规定，考核教师的机构主体是(　　)

A. 教师所在地的教育行政部门　B. 教师所在地的政府机关
C. 教育机构　D. 教师所工作和服务的学校

二、多项选择题

1. 下列哪些是《中华人民共和国教师法》规定的教师的义务(　　)

A. 遵守宪法、法律和职业道德
B. 履行教师聘约，完成教育教学工作任务
C. 对学生进行宪法规定的基本原则的教育
D. 关心爱护全体学生，尊重学生人格
E. 不断提高思想政治觉悟和教育教学业务水平

2. 教师考核应注意遵循(　　)，以利于教师积极性、创造性的调动，增强教师的事业心、责任心。

A. 科学性原则　B. 客观性原则
C. 公正性原则　D. 准确性原则
E. 激励性原则

3. 李某是一名小学教师，其拥有的权利有(　　)

A. 让完不成作业的学生罚站　B. 参加学校教职工代表大会，向学校献言献策
C. 参加学术会议等交流活动　D. 寒暑假期带薪休假

4. 根据《中华人民共和国教师法》的规定，教师考核的内容有(　　)

A. 法制意识　B. 政治思想
C. 业务水平　D. 工作态度
E. 工作业绩

5. 根据相关法律法规，学校可以解聘教师的情形有(　　)

A. 体罚学生，经教育不改的
B. 品行不良、侮辱学生，影响恶劣的
C. 不能团结同事，其他教师不愿与之共事的
D. 故意不完成教育教学任务给教育教学工作造成损失的
E. 道德败坏，不遵守教师工作准则的

6. 以下选项中不能申请教师资格情形的有(　　)

A. 因故意犯罪曾被判处有期徒刑的　B. 未达到学历要求
C. 有重大身体疾病　D. 曾有严重的精神病史

三、判断题

1. 受到剥夺政治权利或者故意犯罪受到有期徒刑以上刑事处罚的，不能取得教师资格；已经取得教师资格的，保留教师资格。(　　)

2. 教育教学权是与教师在教育教学过程中的主导地位相适应的基本权利。(　　)

3. 张老师因上课连续迟到，学校依据相关规章制度给予其记过处分，并停发半年绩效工资。张老师不服处理结果，向当地教育行政部门提出申诉。张老师的申诉不符合非诉讼的申诉制度，当地教育行政部门应不予受理。(　　)

4. 教师退休或者退职后，享受国家规定的退休或者退职待遇。(　　)

5. 国家不鼓励非师范高等学校毕业生到中小学或职业学校任教。(　　)

四、案例分析题

张某从某师范院校专科毕业后，应聘到一所中学教物理。一年后所教班级物理成绩明显下降，学生对他意见很大，强烈要求换老师。学校经调查发现，张某不认真研究本专业知识，课前不备课或备课很简单，课堂教学效果不好。教育组多次找他谈话，组织有关教师听他的课，但张某不接受对其教学工作的检查，甚至在成绩评定时，有意评低对他有意见学生的成绩，个别的甚至有意评不及格。学校经研究认为张某不再适宜担任该科教学工作，但又没有合适的科目，决定由他负责学校的治安、收发工作。张某不服，认为自己是教师，应担任教学工作，学校的决定侵犯其教育教学权，于是向教育局提出申诉。

本案中，学校是否侵犯了张某的教育教学权？为什么？

知识4《中华人民共和国未成年人保护法》解读

一、单项选择题

1. 对违法犯罪的未成年人，实行教育、感化、挽救的方针，坚持(　　)的原则。
   A. 批评为主、惩罚为辅　　B. 教育为主、惩罚为辅
   C. 惩罚为主、批评为辅　　D. 惩罚为主、教育为辅
2. 某中学在安全检查时发现3号教学楼属于危房，需要立即整改，但学校以教室紧张为由，仍安排学生在3号楼上课。该校的做法主要触犯了(　　)
   A.《中华人民共和国教育法》　　B.《中华人民共和国义务教育法》
   C.《中华人民共和国未成年人保护法》　　D.《中华人民共和国教师法》
3. 下列学生中可以单独居住的是(　　)
   A. 12岁的小明　　B. 15岁的小花　　C. 16岁的小张　　D. 14岁的小芳
4. 如果发现未成年人合法权益受到侵犯，(　　)有权予以劝阻、制止或向有关部门提出检举或控告。
   A. 父母或其他监护人　　B. 国家机关　　C. 任何组织或个人　　D. 教师及学校
5. 公共场所发生突发事件时，应当优先救护(　　)
   A. 校长、园长或所长　　B. 教师
   C. 女教师　　D. 未成年人
6. 根据《中华人民共和国未成年人保护法》的规定，国家、社会、学校和(　　)应该对未成年人进行理想教育、道德教育、科学教育、文化教育、法治教育、国家安全教育、健康教育、劳动教育，加强爱国主义、集体主义和中国特色社会主义的教育。
   A. 父母　　B. 家庭　　C. 监护人　　D. 社会团体
7. 教师应当尊重未成年人的(　　)，不得对未成年人实施体罚、变相体罚或者其他侮辱人格尊严的行为。
   A. 个人意愿　　B. 人身自由　　C. 人格尊严　　D. 身心发展规律
8. 未成年人成长过程中，需要来自社会和家庭的呵护，但必须遵循一定的原则。下列选项符合《中华人民共和国未成年人保护法》中的原则的是(　　)
   A. 尊重未成年人的人格尊严，教育与保护相结合
   B. 为提高孩子成绩，周末带其参加辅导班
   C. 释放孩子天性，听之任之，任其发展
   D. 棍棒教育为主，思想教育为辅
9. 我国法律规定的未成年人是指未满(　　)周岁的公民。
   A. 16　　B. 18　　C. 14　　D. 20
10. 某初中班主任李老师在批改学生作业时，发现学生张某的作业本中夹了写给×××的一封信。李老师拆封后发现信是张某写给一位女同学的情书。于是，李老师在班会上阅读了这封情书并批评了张某。李老师的做法(　　)
    A. 履行了对学生进行教育和管理的职责　　B. 体现了对学生张某的爱护
    C. 违反了《中华人民共和国未成年人保护法》　　D. 遵守了《中华人民共和国义务教育法》

二、多项选择题

1. 应当对未成年人免费或优惠开放的场所是(　　)
   A. 图书馆　　B. 青少年宫
   C. 动物园　　D. 美术馆
   E. 爱国主义教育基地
2. 未成年人保护的基本原则有(　　)(常考)
   A. 教育与保护相结合　　B. 尊重人格
   C. 适应发展　　D. 保护隐私
   E. 促进发展
3. 未成年人的权利有(　　)
   A. 生存权　　B. 发展权　　C. 受保护权　　D. 参与权
4. 根据《中华人民共和国未成年人保护法》的规定，学校应根据未成年学生身心发展特点，对他们进行(　　)
   A. 国际理解教育　　B. 青春期教育
   C. 心理健康辅导　　D. 社会生活指导
   E. 法制教育

知识5《中华人民共和国预防未成年人犯罪法》解读

一、单项选择题

1. 预防未成年人犯罪,立足于(　　),从小抓起,对未成年人的不良行为及时进行预防和矫治。
A. 教育　B. 压制　C. 保护　D. 教育和保护

2. 学校为更好地预防和减少青少年学生的违法犯罪活动,应该(　　)
A. 让司法机关介入学校的教育
B. 让居委会、街道办事处参与到学校的教育中来
C. 聘请从事法治教育的专家或教师来学校充当专职或兼职教师
D. 让家长更好地完成监护的作用

3. 根据我国《预防未成年人犯罪法》的规定,预防未成年人犯罪,在各级人民政府组织领导下,实行(　　)
A. 集中治理　B. 系统治理　C. 源头治理　D. 综合治理

4. 初二学生赵某(15岁)因抢劫被判刑,依据我国《预防未成年人犯罪法》的规定,下列说法正确的是(　　)
A. 企业拒绝录用服刑期满的赵某　B. 监狱将赵某与成年犯一起关押
C. 电视台在报道中公布赵某的姓名　D. 看守所安排干警指导赵某学习义务教育课程

5.《中华人民共和国预防未成年人犯罪法》中禁止的不良行为不包括(　　)
A. 旷课、夜不归宿　B. 吸烟、饮酒　C. 结伙斗殴　D. 参与赌博

二、判断题

1. 班主任对未成年人的法制教育负有直接责任。(　　)
2. 对于无故旷课的中小学生,教师和学校要及时与其父母或其他法定监护人取得联系。(　　)
3. 教师对解除收容教育、劳动教养后回校复学的未成年学生,应当允许参加学校各项活动。(　　)

知识6《学生伤害事故处理办法》解读

一、单项选择题

1. 学生或者其监护人知道学生有特异体质,或者患有特定疾病,但未告知学校的,学校已经履行了相应职责,行为并无不当。这时造成的学生伤害事故应该由(　　)承担责任。
A. 未成年人监护人　B. 学校　C. 班主任　D. 学生的亲戚

2. 学校依法对学生的人身安全承担教育、管理、(　　)的责任。(常考)
A. 束缚　B. 保护　C. 监察　D. 限制

3. 因学校教师或者其他工作人员在履行职务中的故意或者重大过失造成的学生伤害事故,应当(　　)
A. 由学校予以赔偿　B. 由直接责任人赔偿
C. 由学校和直接责任人各赔偿一半或协商赔偿　D. 由学校予以赔偿后,可以向直接责任人追偿

4. 小学生李阳在体育课上因地面不平摔倒,造成身上多处软骨组织受伤。根据《学生伤害事故处理办法》的相关规定,这次事故应承担主要责任的是(　　)
A. 体育老师　B. 李阳　C. 学校　D. 家长

5. 限制民事行为能力人在学校或者其他教育机构学习、生活期间受到人身伤害,学校或者其他教育机构应负(　　)
A. 全部责任　B. 过错责任　C. 非过错责任　D. 公平责任

6. 某校组织学生到公园参观,教师事先反复强调注意事项和纪律,学生王某(14岁)对教师的强调置之不理,自行攀爬公园内标有"禁止攀爬"告示的假山,结果导致骨折。王某的骨折应该由(　　)
A. 学校负责,因为教师没有尽到管理职责　B. 王某监护人
C. 学校负责,因为是学校组织的活动　D. 学校和王某共同负责

7. 上体育课时,洋洋趁老师吴某不注意,偷偷溜出操场,离开学校,在过马路时被电动车撞伤。对于洋洋受到的伤害,应承担赔偿责任的是(　　)
A. 学校、教师吴某、电动车主　B. 教师吴某、电动车主
C. 洋洋的监护人、电动车主　D. 学校、电动车主

二、多项选择题

1. 根据有关规定,学生伤害事故应当遵循的原则包括(　　)
A. 依法　B. 客观公正　C. 合理适当　D. 补偿为主

2. 根据《学生伤害事故处理办法》规定,学校不承担事故责任的情形有(　　)
A. 学生自行外出或者擅自离校期间发生的　B. 学生自行上学、放学途中发生的
C. 节假日学生自行滞留学校发生的　D. 体育课上在学校篮球场上发生的

3. 初二(3)班上体育课时,体育老师安排学生自行踢球后,自己则在操场旁边玩手机。踢球过程中,学生孙刚和吴军为抢球发生争吵、扭打,孙刚被重重地打倒在地,造成手臂骨折。旁边的同学赶紧向体育老师汇报,几名男同学协助体育老师将孙刚送往医院,学校则立即通知孙刚父母。经医院检查,孙刚需要手术治疗。依据相关教育法律法规,下列说法正确的是(　　)
A. 学生孙刚负次要责任,由其监护人负责赔偿
B. 学生吴军负主要责任,由其监护人负责赔偿
C. 学校负次要责任,应进行相应赔偿
D. 学校承担经济赔偿后,可向体育老师进行全部或部分追偿

三、案例分析题

1. 某中学学生人数严重超标,每班超出30人。全体学生集中在一栋教学楼内上课,教学楼本来有两个楼梯供师生使用,但为了方便管理,其中一个楼梯被长期封闭,楼道里也没有应急灯。有天晚上突然停电,当下晚自习的学生走到二楼时,一名学生恶作剧地喊了一声"地震了",结果造成严重拥挤,有些学生被挤倒,受到踩压,造成了多名学生受伤的严重后果。
请用教育法律法规分析这个事件中的相关法律责任。

2. 某中学举行运动会，孙某报名参加的是初中部男子800米比赛，当孙某跑完800米时，便瘫倒在地上。学校老师和同学见后立即上前扶住，副校长和体育老师立即对孙某进行挤压人中穴及人工按压胸部等急救措施。同时，另一名副校长马上联系医院，大约8至10分钟内，救护车驶到学校运动场，医生立即对孙某进行急救，随后将其送往医院继续抢救。孙某昏倒的当时，学校老师通知了孙某家属。孙某经抢救无效死亡，医生诊断为心脏性猝死。孙某被抢救的医疗费用，学校已全部支付。可是孙某父母依旧向学校索赔各种经济损失20万元，一纸诉状将学校告上法庭。

针对上述案例，学校应该赔偿吗？

3. 李老师是某小学二年级三班的体育老师。在一次上课时，李老师的手机响了，他让学生自由活动，自己去一边接电话。该班学生小博在玩单杠的时候，他的同学小方恶作剧地从后边推了他一下，致使小博从单杠上掉了下来，摔伤了头部，在医院治疗一个多月才得以恢复。

请运用教育法规知识对该案例进行分析。

整合提升

一、单项选择题

1. 根据《教师资格条例》的规定，对符合认定条件的，应当在受理期限终止之日起(　　)日内颁发相应的教师资格证书。

A. 15　　B. 30　　C. 45　　D. 60

2. 学校可以对教师的(　　)行为进行处分或者解聘。

A. 组织交班费

B. 组织学生开展校外活动，一学生路上被车撞，经抢救无效死亡

C. 强制搜学生的身，想知道是不是偷了东西

D. 与同事不和

3. 某实验中学因校舍改造施工，操场暂停使用。该校体育老师马老师安排七年级一班学生到校门口旁的马路上跑步，该班学生卢文文在此过程中不慎摔倒，导致小腿骨折。谁应当对卢文文的骨折承担责任(　　)

A. 学校　　B. 马老师　　C. 卢文文　　D. 卢文文的父母

4. 就读于农村某初中的亮亮，家中所开小店生意繁忙，父母让他辍学帮忙。按照相关法律规定，(　　)应对亮亮的父母进行批评教育，并责令其限期改正。

A. 学校　　B. 村委会　　C. 乡人民政府　　D. 县人民政府

5. 下列有关教育法律法规的表述，不正确的是(　　)

A.《中华人民共和国教师法》对教师的权利和义务做出了全面的规定

B. 根据我国《未成年人保护法》的规定，教师对学生进行体罚是违法行为

C. 1995年颁布的《教师资格条例》规定，持有国家教师资格证者才被聘任

D.《中华人民共和国义务教育法》是2006年正式颁布实施的

6. 某校15岁的学生林某放学回家途中，与同学肖某发生争执，用随身携带的水果刀将肖某捅成重伤。对此事件，以下说法不正确的是(　　)

A. 对林某应当从轻或减轻处罚

B. 林某未满16周岁，不用负刑事责任

C. 对林某违法行为的责任追究要体现"教育为主，惩罚为辅"的原则

D. 林某放学后在校外与他人发生冲突，学校无须承担责任

7. 学校三年级男生小强与同班女生小红发生矛盾，打了小红，老师对小强进行批评教育。小红父亲得知此事赶到学校，冲进教室，不顾上课老师的阻拦，将小强打伤。事后小强家长将小红父亲和学校一起告上法庭。该事件经法院审理，判决学校承担40%的责任。法院对这起学生伤害事故采用的归责原则是(　　)(常考)

A. 过错原则　　B. 无过错原则　　C. 公平原则　　D. 补偿原则

8. 根据我国《学校卫生工作条例》的规定，学校应当合理安排学生的学习时间。学生每日学习时间(包括自习)，小学不超过(　　)小时。

A. 五　　B. 六　　C. 七　　D. 八

9. 某校初一住校生周某某天晚自习时偷跑到网吧玩游戏，第二天继续逃课在外上网10多个小时后，下午猝死在网吧。针对此事件，以下说法错误的是(　　)(常考)

A. 网吧不应该让周某进入，网吧要承担一定责任

B. 学校应加强管理，采取措施保障未成年人的安全

C. 周某的父母或监护人有责任引导其进行有益于身心健康的活动

D. 周某违反学校规定偷跑到网吧上网致死，学校没有责任

10. 关于当前我国加快推进教育现代化的指导思想，下列表述不正确的是(　　)

A. 以习近平新时代中国特色社会主义思想为指导

B. 以培养社会主义建设者和接班人为根本任务

C. 以着力深化改革和服务国计民生为时代主题

D. 以全面加强党对教育工作的领导为根本保证

11.《新时代爱国主义教育实施纲要》指出，在普通中小学、中职学校，将爱国主义教育融入语文、道德与法治、历史等学科教材编写和教育教学中，在普通高校将爱国主义教育与哲学社会科学相关专业课程有机结合，加大爱国主义教育内容的比重。这体现了新时代爱国主义教育要(　　)

A. 办好学校思想政治理论课　　B. 突出思想内涵，强化思想引领

C. 充分发挥课堂教学的主渠道作用　　D. 强化教育引导、实践养成、制度保障

12. 某教师经常公开对学生说："读书考大学，是为了自己，不是为了别人。好好读书将来能找到一个好的工作，挣下大把的钱，可以娶一个漂亮的老婆，生一个聪明的儿子，可以生活愉快、人生充实、前途美好、事业辉煌。所以，我强调读书是为了自己。"该教师的这种观点，违背了我国依法治教的哪项基本原则(　　)

A. 坚持教育的社会主义方向原则　　B. 受教育机会平等原则

C. 教育法制统一的原则　　D. 权利和义务相统一的原则

13. 以下情形中，符合相关教育法律规定的是(　　)

A. 为了保护在校学生隐私，老师不得以任何方式向学生监护人透露成绩

B. 经过多年研究，吴老师编写了一套教科书，自费印刷给学生使用

C. 家长带5周岁的可可去报名，可可被小学拒绝入学

D. 小凯考试作弊，小抄被没收后老师让他继续考试

14. 2010年，某教师取得中学高级职务。2017年5月，其受到降一级专业技术职务的处分。他从(　　)起可以重新申报中学高级职务。(易错)

A. 2018年6月　　B. 2018年12月　　C. 2019年6月　　D. 2019年12月

15.《国家教育事业发展"十三五"规划》提出了全面落实立德树人的根本任务，其中，"践行知行合一""加强劳动教育，充分发挥劳动综合育人功能""鼓励有条件的地区开展中小学生研学旅行和各种形式的夏令营、冬令营活动"体现了要(　　)

A. 提升学生思想道德水平　　B. 培养学生创新创业精神与能力

C. 强化学生实践动手能力　　D. 增强学生生态文明素养

16. 无民事行为能力人与限制民事行为能力人划分的年龄界限是(　　)

A. 10周岁　　B. 14周岁　　C. 16周岁　　D. 8周岁

17. 2019年6月，中共中央、国务院印发《关于深化教育教学改革全面提高义务教育质量的意见》，这次义务教育改革提出的工作目标是(　　)

A. 全面改革政府包揽办学的格局，全面深化教育体制改革

B. 全面提高普及水平，全面提高教育质量，基本实现区域内均衡发展

C. 解决乡村教育短板，增加优质教育资源供给

D. 凝聚人心、完善人格、开发人力、培育人才、造福人民

18. 2019年6月，中共中央、国务院印发了《关于深化教育教学改革全面提高义务教育质量的意见》，提出坚持"五育"并举，全面发展素质教育。其具体措施包括(　　)

A. 突出德育实效、提升智育水平、强化体育锻炼、增强美育熏陶、加强劳动教育

B. 突出德育实效、提升智育水平、开足体育课时、增强美育熏陶、加强劳动教育

C. 完善德育体系、提升德育水平、开足体育课时、增强美育熏陶、加强劳动教育

D. 完善德育体系、提升智育水平、强化体育锻炼、增强美育熏陶、加强劳动教育

二、多项选择题

1. 下列选项中哪些属于《新时代中小学教师职业行为十项准则》中对中小学教师的要求(　　)

A. 关心爱护学生　　B. 潜心教书育人

C. 坚守廉洁自律　　D. 规范从教行为

2.《中国教育现代化2035》的突出特点包括(　　)

A. 服务国家人民　　B. 体现前瞻引领

C. 立足国情世情　　D. 注重规划实施

3. 我国义务教育"统一性"中的统一包括(　　)

A. 义务教育阶段教科书设置标准　　B. 教学标准

C. 经费标准　　D. 建设标准

4. 中共中央、国务院于2018年1月印发的《关于全面深化新时代教师队伍建设改革的意见》中提到的教师队伍建设的基本原则有(　　)

A. 确保方向　　B. 突出师德　　C. 统一政策　　D. 强化保障

5. 为切实减轻中小学生过重的学业负担，教育部等九部门颁发了《中小学生减负措施》。减负措施要求教师不得布置(　　)

A. 多样性作业　　B. 重复性作业　　C. 前置性作业　　D. 惩罚性作业

6.《中国学生发展核心素养》确立了六大核心素养，其中自主发展的素养包括(　　)

A. 科学精神　　B. 学会学习　　C. 责任担当　　D. 健康生活

7. 我国法律规定对特殊学生群体实行特别保护，这些特殊学生群体包括(　　)

A. 残疾学生　　B. 优秀学生　　C. 女学生　　D. 家庭经济困难学生

8. 根据我国《教育法》的规定，下列情形中，学生可以提出申诉的有(　　)

A. 对学校做出的"留校察看"处分不服　　B. 教师对学生进行变相体罚

C. 学校强迫学生购买非必需教学物品　　D. 教师对学生的不良行为进行批评指正

三、判断题

1. 学校对未成年学生要承担监护职责。(　　)

2. 根据《中华人民共和国教师法》的规定，教师有对学生进行管理、指导学生学习发展的权利，因此，为更好地促进学生的学习，教师可采取一些必要的惩罚措施。(　　)

3. 凡涉及国家秘密、个人隐私或公开可能危及校园安全稳定的信息，中小学不得公开。(　　)

4.《中共中央 国务院关于深化教育教学改革全面提高义务教育质量的意见》中提出，为了推进国际交流，有条件的义务教育学校可以引进境外课程，使用境外教材。(　　)

5. 根据我国《学生伤害事故处理办法》的规定，学生自行上学、放学、返校、离校途中发生的事故，学校应负管理方面的责任。(　　)

6. 教师实施的对学生的侵权行为必须由教师本人承担。(　　)

7. 学校及其他教育机构兴办的校办产业由学校及其他教育机构承担该校办产业的民事责任。(　　)

8. 学校仅对发生在校园范围内的学生伤害事故依法承担相应的责任，对学生在校外场所发生的学生伤害事故，学校不承担责任。(　　)

四、案例分析题

1. 某中学组织学校篮球比赛，比赛过程中学生张某(14岁)在争抢篮板球落地过程中，摔在球场上，造成大腿粉碎性骨折。经医院治疗，花费医疗费用近4万元。事后，张某父母认为篮球赛是学校组织的，理应由学校承担全部医疗费用，要求学校赔付4万元医疗费用，但学校认为这是校方组织的正常篮球比赛，在这种具有风险性的体育竞赛中，学校也不可能预见意外的发生，学校认为自身没有过错，不承担责任。

结合以上案例回答以下问题：

(1)根据学校过错原则，学校在此案件中是否存在过错？

(2)学校是否需要承担全部医疗费用？请说明理由。

2. 小张自从某名牌师范大学毕业后一直在某重点中学任教。由于她天资聪颖，而且工作认真负责，因而在教育教学上很有成就。在她当班主任期间，班里几乎所有的荣誉都拿了个遍，因而深得家长与同学的喜爱。但她为人高傲，不太合群，甚至可以说是目中无人。由于她不喜欢某个老师，而这个老师今年又到她任班主任的班级上课，她担心会导致班里的平均分下降，因而多次与校长交涉要求调离这个老师，但校长说这是学校的决定不予采纳。于是小张老师很不高兴，就称病不去上班。经校长等多次劝说仍然不肯上班。结果她班里的教学受到严重冲击，班风也每况愈下，家长和学生的意见很大。

(1)小张老师的行为合法吗？

(2)学校应该如何妥善处理？

3. 小李以优异的成绩应聘为某中学特岗教师，她一到岗就认真备课、讲课，勤奋学习，刻苦钻研，不断提高自己的教学技能，教学效果好，她的课很受学生欢迎。但是，小李不能容忍学生不认真听讲，对个别不认真听课的学生她经常采取罚站、不许进教室听课等方式惩罚他们。

请从教育法规对李老师的做法进行分析评价。

4. 刘腾辉是城关小学三年级学生，平时住校就读。为解决学生就餐时的喝水问题，城关小学规定，各班级学生轮流值日，以两人为单位用铁桶为所在班级抬开水。某天，刘腾辉与另外一名同学在抬水回来的途中，不慎被绊倒，刘腾辉前胸及右上臂皮肤被烫伤。

(1)请用教育法律相关知识分析学校的做法是否正确，为什么？

(2)请你谈谈学校应该怎样加强校园安全防范。

5. 刘某是一名初中二年级的学生，他特喜欢足球明星罗纳尔多，于是把头发弄成足球的形状。第二天来学校上课，刚走进教室，被老师看见，老师便对他说：“你的发式太怪了，把头发再去剪剪，恢复正常了再来上课，顺便让你爸爸妈妈来学校一趟。”刘某回家后，将这件事告知家人，第二天他的外婆便一起来学校，学校老师要求刘某剪掉头发，否则不准许他上课。于是外婆带他去将头发剪成光头。第三天刘某来到学校，没想到学校老师却说哪有学生光头来上课的，依然不允许他上课。外婆只好找校方领导，校方也说不准许其上课。家长说：“可否戴帽子上课。”校方说：“不行，等头发长长了再来上课。”家长为让刘某学习，找到教育局领导反映情况，教育局要求学校准许刘某上课，但是刘某在校期间要真正认识到自己的错误。学校收到教育局通知后，以刘某光头损坏学校形象为由依然不允许他上课。

运用相关的教育法规及你所掌握的教育学原理回答：学校这样做是否合理？为什么？

6. 某小学进行了期中考试。班主任在全班同学面前，公布排榜名次时，不问青红皂白，严厉地批评了这次没有考好的张某。张某心灵受到严重伤害，从此郁郁寡欢。

请问该老师的行为是否违法？

7. 小学生武某与其他学生课间在楼道里跑动，同学潘某伸腿将他绊倒在地，武某觉得小腿疼痛，经检查为小腿骨有裂纹，需要治疗。

这起事故，你认为谁应该担负责任，应该担负什么责任？

8. 某校因为师资紧张，就聘用了某大学应届毕业生小李。小李到岗后担任四年级某班班主任，班上的小明因为个头矮、口吃，被同学排挤、歧视。同学经常不让他吃早餐，把他的书藏在别处，给他取侮辱性的绰号。小李得知之后却漠不关心，并未进行干预。一次，小明的雨伞被同学抢走，他冒雨回家导致感冒发烧并引起严重肺炎。其父愤怒地冲到学校，和小李产生了激烈的肢体冲突，辱骂并威胁小李。在校长调解的过程中，小明的父亲质疑小李老师的业务水平，此时大家才发现小李并未取得教师资格证。

根据《中华人民共和国教师法》分析上述案例中的违法行为。

9. 某市一所初中在该市举办"绿色食品节"期间，利用学校地处市中心的位置，将操场改为临时停车场，并停止了校内一切体育活动。学校还组织教师和高年级学生轮流疏导和看管车辆。该校校长认为这种做法既为学校增加了经济收入，又为学生提供了勤工俭学的机会，一举两得。

该学校的做法是否正确？为什么？对于该学校的做法应如何处理？

10. 某中学一名物理教师在怀孕期间，所在学校为了照顾她，将其调整到政教处工作。这名女教师休满三个月产假后来校上班，校长找其谈话说："你现在的工作已安排了人，你看你想做什么工作？"这位教师说："我想教课。"校长说："好吧，我们研究研究。"

学校研究的结果是：由于该教师在政教处的工作岗位已安排了人，又因学校不缺物理教师，故无法为其安排工作，学校决定将其解聘，让该教师自己找单位。该教师不得已向教育局提出申诉。经区教育局有关部门与学校多次协调后，学校留下了这名教师。工作虽然安排了，但这名教师觉得已经得罪了学校领导，最后还是离开了这所学校。

请运用相关教育法律知识对该案例进行分析。

真题必刷

一、单项选择题

1. [安阳殷都区]根据我国《宪法》规定，国务院有权制定和发布(　　)

A. 教育法律　　B. 教育行政法规　　C. 教育政府规章　　D. 教育单行条例

2. [新乡获嘉]教育法律关系是一种(　　)

A. 权利和义务关系　　B. 诚信关系　　C. 合同关系　　D. 社会契约关系

3. [新郑]构成教育法律责任的前提条件是(　　)

A. 有违法行为　　B. 行为人有过错

C. 有损害事实　　D. 违法行为与损害事实之间具有因果关系

4. [安阳滑县]小豪给班里长的胖的同学小佳取了"肥猪佳"的绰号，还煽动其他同学一起取笑小佳，小豪的这种行为侵犯了小佳的(　　)

A. 姓名权　　B. 荣誉权　　C. 肖像权　　D. 名誉权

5. [永城]根据《中华人民共和国教育法》规定，担任学校及其他教育机构的校长或者主要行政负责人的必要条件不包括(　　)

A. 具有中华人民共和国国籍　　B. 具有出国留学经历

C. 具备国家规定任职条件　　D. 在中国境内定居

6. [信阳光山]学校的下列做法中，没有违反我国《义务教育法》相关规定的是(　　)

A. 向学生推销商品以谋取利益　　B. 拒绝选用未经审定的教科书

C. 拒绝接受残疾儿童随班就读　　D. 分设重点班和非重点班

7.［郑州高新区］放学后值日生小明在打扫教室卫生时，不小心被桌子撞伤了胳膊，承担小明医药费的主体应该是（　　）

A. 学校　　B. 班主任　　C. 家长　　D. 学校和家长

8.［新乡封丘］根据有关法律规定，辱骂、殴打、打击报复教师应承担的最为严厉的法律责任是（　　）

A. 行政法律责任　　B. 民事法律责任　　C. 刑事法律责任　　D. 道德责任

二、多项选择题

1.［濮阳市直］教师与学生之间有哪些法律关系（　　）

A. 互相尊重的平等关系　　B. 教育与被教育的关系

C. 保护与被保护的关系　　D. 管理与被管理的关系

2.［洛阳洛龙区］国家在受教育者中进行（　　）的教育，进行理想、道德、纪律、法治、国防和民族团结的教育。

A. 共产主义　　B. 爱国主义　　C. 集体主义　　D. 中国特色社会主义

3.［洛阳嵩县］国家将义务教育全面纳入财政保障范围，义务教育经费由（　　）依照《中华人民共和国义务教育法》予以保障。

A. 国务院　　B. 全国人民代表大会

C. 地方各级人民政府　　D. 地方各级人民代表大会

三、判断题

1.［新乡］《中华人民共和国教育法》是我国教育法律体系的“母法”。（　　）

2.［周口沈丘］饮食安全事故属于教师的不作为违法侵权。（　　）

3.［永城］我国的《教育法》规定，公民不分民族、种族、性别、职业、财产状况、宗教信仰等，依法享有平等的受教育机会。（　　）

4.［信阳浉河区］制止有害于学生的行为或者其他侵犯学生合法权益的行为，批评和抵制有害于学生健康成长的现象，是教师应当履行的义务。（　　）

5.［郑州高新区］由于教师个人行为导致他人合法权利受损，学校也要承担责任。（　　）

前　言

教育理论基础知识是河南省教师招聘考试的必考内容，主要考查考生的职业道德素养、专业知识水平、教育教学能力和心理素质等。当前，河南省教师招聘考试存在两大困境：一是随着教师招聘考试的“火热”及考生对教师招聘考试地不断探索，笔试成绩的差距不断缩小；二是教师招聘考试试题的难度和灵活性在不断增强。对此，考生需要在全面复习的基础上，补齐自身短板，做到“分毫必争”。因此，河南省教师招聘考试学霸必刷题库就成为考生的必然选择。

本书由山香教育名师团队结合多年教研经验和教学反馈精心编写而成，通过分析制约考生在笔试中得高分的关键因素，甄选教师招聘考试高频考题。希望考生能通过本书摸清命题规律，发现自身缺陷，达到良好的复习效果。

本书具有以下特色：

1.选题丰富，道道好题。山香教育的实力派老师在深入分析考情的基础上，精选了“3600+”道试题，以供考生复习使用。题型、题量配比与考情高度契合。与其他同类图书相比，本书在专题前特设“命题分析”，说明本专题的复习重点、易考题型。“基础训练”部分帮助考生巩固知识，击破知识薄弱点；“整合提升”部分帮助考生突破重难点；“真题必刷”部分帮助考生掌握真题考情。

2.解析极致，清晰易懂。本书试题的答案解析由山香教育的实力派老师经过数轮优化，逐题逐项细致分析，清晰易懂，使考生知其所以然，逐个击破理论盲点。还结合考生的理解误区和试题迷惑点，特设“易错警示”“方法技巧”两个栏目。“易错警示”为易错易混点辨析，“方法技巧”主要为做题方法指导，通过这两个栏目大大提升了该书的实用性，达到为考生答疑解惑、指点迷津的目的。

限于时间及水平，本书难免会有疏漏之处，衷心希望各位专家、学者及读者朋友们批评指正，同时希望本书能够帮助广大考生顺利通过教师招聘考试。

> 某些考生在复习教育理论时，纠结于“题量大，做不完”这个问题。教师招聘考试属于选拔性考试，我们需要做到的是比其他人分数高，而不是一定要考100分。所以对于有志于教师职业的考生来说，多少试题都不够。事实证明，教师招聘考试中一些经典试题存在反复考的可能性。因此，通过大量地刷题，会在将来的考试中碰到原题。

山香教育编辑部

目　录

	试题	解析
第一篇　心理学		
专题一　心理学概述	1	1
基础训练	1	1
知识1　心理学的研究与发展	1	1
知识2　心理的实质	2	1
整合提升	3	2
真题必刷	3	3
专题二　认知过程	4	3
基础训练	4	3
知识1　感觉与知觉	4	3
知识2　记忆	6	5
知识3　想象与思维	8	8
知识4　注意	10	10
整合提升	11	12
真题必刷	14	15
专题三　情绪情感、意志过程	15	16
基础训练	15	16
知识1　情绪和情感	15	16
知识2　意志	16	18
整合提升	17	20
真题必刷	18	21
专题四　个性心理	19	22
基础训练	19	22
知识1　需要、动机与兴趣	19	22
知识2　能力	20	24
知识3　气质与性格	22	26
整合提升	24	28
真题必刷	26	31

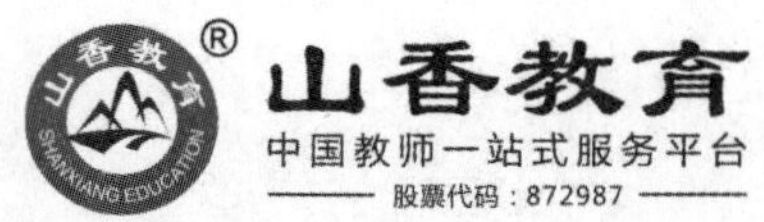

河南省教师招聘考试

学霸必刷题库

教育理论基础

山香教师招聘考试命题研究中心　主编

下册

扫码免费领取：
①免费名师视频课程
②精选20套历年真题（带答案和解析）
③山香独家内部讲义
④上岸必刷题库
⑤考试资讯第一时间获悉，从容准备，不错失每一次机会
⑥备考交流群，山香专业老师互动答疑，打卡督促学习

免费领取方式：
①扫码关注公众号
②回复备考省份，如"河南省"

图书在版编目(CIP)数据

教育理论基础/山香教师招聘考试命题研究中心主编. —北京：首都师范大学出版社，2017.4(2021.5重印)
（河南省教师招聘考试学霸必刷题库）
ISBN 978-7-5656-3450-5

Ⅰ.①教…　Ⅱ.①山…　Ⅲ.①教育理论—中小学—教师—聘用—资格考试—习题集　Ⅳ.①G40-44

中国版本图书馆CIP数据核字(2017)第088806号

河南省教师招聘考试学霸必刷题库
JIAOYU LILUN JICHU XIACE
教育理论基础·下册
山香教师招聘考试命题研究中心　主　编

策划编辑　张文强
责任编辑　曹亮亮　王慕飞　　　封面设计　山香教育
首都师范大学出版社出版发行
地　址　北京市西三环北路105号
邮　编　100048
电　话　010-68418523(总编室)　010-68982468(发行部)
网　址　http://cnupn.cnu.edu.cn
印　刷　河南黎阳印务有限公司
经　销　全国新华书店
版　次　2017年6月第1版
印　次　2021年5月第10次印刷
开　本　787mm×1092mm　1/8
印　张　37
字　数　920千
定　价　78.00元(全2册)

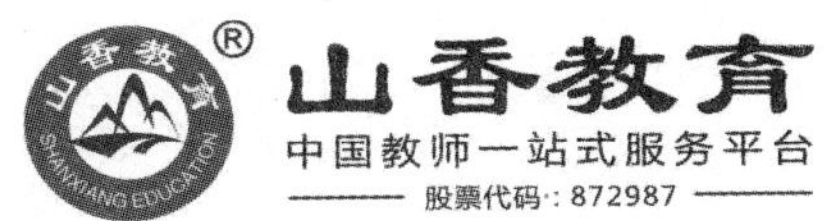

河南省教师招聘考试

学霸必刷题库

教育理论基础

下册

参考答案及解析

山香教师招聘考试命题研究中心　主　编

目 录

	试题	解析
第一篇 心理学		
专题一 心理学概述	1	1
基础训练	1	1
知识1 心理学的研究与发展	1	1
知识2 心理的实质	2	1
整合提升	3	2
真题必刷	3	3
专题二 认知过程	4	3
基础训练	4	3
知识1 感觉与知觉	4	3
知识2 记忆	6	5
知识3 想象与思维	8	8
知识4 注意	10	10
整合提升	11	12
真题必刷	14	15
专题三 情绪情感、意志过程	15	16
基础训练	15	16
知识1 情绪和情感	15	16
知识2 意志	16	18
整合提升	17	20
真题必刷	18	21
专题四 个性心理	19	22
基础训练	19	22
知识1 需要、动机与兴趣	19	22
知识2 能力	20	24
知识3 气质与性格	22	26
整合提升	24	28
真题必刷	26	31
第二篇 教育心理学		
专题一 教育心理学概述	27	31
基础训练	27	31
知识1 教育心理学的研究	27	31
知识2 教育心理学的发展	28	33
真题必刷	29	34
专题二 心理发展及个别差异	30	34
基础训练	30	34
知识1 心理发展概述	30	34
知识2 认知发展与教育	31	35
知识3 中小学生人格、社会化发展与教育	33	37
知识4 学生的个别差异	34	38
整合提升	36	40
真题必刷	37	42

条目	题目页	答案页
专题三　学习理论	39	43
基础训练	39	43
知识1　学习概述	39	43
知识2　行为主义学习理论	40	44
知识3　认知派学习理论	42	46
知识4　人本主义学习理论和建构主义学习理论	43	47
整合提升	44	48
真题必刷	47	51
专题四　学习心理	48	52
基础训练	48	52
知识1　学习动机	48	52
知识2　学习策略	51	56
知识3　学习迁移	52	58
知识4　知识的学习	54	60
知识5　技能的形成	55	62
知识6　问题解决与创造性	57	63
知识7　态度与品德的形成	58	65
整合提升	60	68
真题必刷	64	72
专题五　教学心理	65	73
基础训练	65	73
知识1　教学设计	65	73
知识2　课堂管理	66	75
整合提升	69	77
真题必刷	71	80
专题六　心理健康与教师职业心理	72	80
基础训练	72	80
知识1　心理健康教育	72	80
知识2　学生心理健康教育	73	81
知识3　教师职业心理	74	82
整合提升	76	84
真题必刷	77	86

第三篇　教育政策法规解读

条目	题目页	答案页
专题一　教育法律基础	78	86
基础训练	78	86
整合提升	79	88
专题二　依法执教与教师违法(侵权)行为预防	80	89
专题三　现行主要的教育法律法规及重要规定解读	82	90
基础训练	82	90
知识1　《中华人民共和国教育法》解读	82	90
知识2　《中华人民共和国义务教育法》解读	83	92
知识3　《中华人民共和国教师法》和《教师资格条例》解读	85	94
知识4　《中华人民共和国未成年人保护法》解读	87	95
知识5　《中华人民共和国预防未成年人犯罪法》解读	88	96
知识6　《学生伤害事故处理办法》解读	88	96
整合提升	89	97
真题必刷	92	101

第一篇　心理学

专题一　心理学概述

基础训练

知识1 心理学的研究与发展

一、单项选择题

1. D 【解析】一般来说,小学生还没有形成非常确定的信念,更没有形成世界观,他们的个性心理倾向性主要表现为兴趣、爱好和理想等。
2. B 【解析】现代心理学的诞生和发展有两个重要的历史渊源:(1)受到近代哲学思潮的影响,特别是唯理论和经验论的影响,为西方现代心理学的诞生提供了理论基础;(2)受到实验生理学的影响,为心理学提供了一系列客观的实验方法。
3. D 【解析】精神分析学派重视对异常行为的分析和无意识的研究;人本主义学派着重人格方面的研究;格式塔学派强调心理作为一个整体、一个组织的意义;行为主义学派主张研究行为。故选D项。
4. B 【解析】1913年,美国心理学家华生发表了《在行为主义者看来的心理学》,宣告了行为主义的诞生。
5. B 【解析】心理学是研究心理现象及其发生发展规律的科学,心理现象又称心理活动。
6. D 【解析】个性心理是指表现在一个人身上比较稳定的心理特性的综合,是一个人总的精神面貌,反映了人与人之间稳定的差异特征。个性心理的差异主要表现在个性心理倾向性和个性心理特征两个方面。A项能力、气质和性格属于个性心理特征。B项认知、情绪情感和意志过程属于心理过程。
7. C 【解析】心理学是研究心理现象及其发生发展规律的科学,心理现象又称心理活动。
8. B 【解析】构造主义心理学主张心理学研究人们的直接经验即意识,并把人的经验分为感觉、意象和激情状态三种元素。B项当选。A项机能主义心理学主张研究意识的功能,把意识看成一种持续不断、川流不息的过程,提出了"意识流"。C项格式塔心理学强调心理作为一个整体、一个组织的意义。D项认知心理学把心理活动看作信息加工系统。
9. D 【解析】现代认知心理学是以信息加工观点为核心的心理学,又称为信息加工心理学。该学派把人的心理活动看作是信息加工系统,由感官搜集信息,经过分析、存储、转换,然后加以利用。
10. D 【解析】构造主义心理学把意识分为三个元素;精神分析心理学主张研究无意识;格式塔心理学把意识看作一个整体;机能主义心理学认为意识是一种持续不断、川流不息的过程。故选D项。
11. C 【解析】强调心理的整体性是格式塔学派的基本观点。
12. B 【解析】机能主义心理学主张研究意识,把具有适应性的心理活动作为心理学的研究对象,强调意识活动在人类有机体的需要与环境之间起重要的中介作用。
13. A 【解析】在西方心理学流派中,行为主义心理学被称为心理学的"第一势力";精神分析心理学被称为心理学的"第二势力";人本主义心理学被称为心理学的"第三势力"。
14. C 【解析】心理过程包括认知过程、情绪情感过程和意志过程三个方面。兴趣属于个性心理倾向性。
15. C 【解析】人本主义心理学认为人的本质是好的、善良的,他们不是受无意识欲望驱使的野兽。人有自由意志,有自我实现的需要。故选C项。

二、多项选择题

1. BCD 【解析】心理现象从形式上可以归纳为心理过程和个性心理两个方面。具体内容见下表:

心理过程	认知过程	感觉、知觉、记忆、思维、想象
	情绪情感过程	情绪、情感
	意志过程	意志行动的心理过程
个性心理	个性心理倾向性	需要、动机、兴趣、信念、理想、价值观、世界观
	个性心理特征	能力、性格、气质

故BCD三项所述内容均不属于个性心理特征范畴。
2. ABC 【解析】信念是坚信某种观点的正确性,并支配自己行动的个性倾向。信念是通过以下三种方式形成的:(1)直接经验;(2)间接经验;(3)推论,以直接经验和间接经验为基础可以作出的种种推论。
3. ABC 【解析】冯特的代表作有《生理心理学原理》《民族心理学》《心理学大纲》等,D项《教育心理大纲》是桑代克的代表作。
4. AB 【解析】构造主义和机能主义的研究对象都是意识;行为主义主张研究行为;人本主义着重人格方面的研究,认为人的本质是好的、善良的。
5. ABD 【解析】冯特的历史功绩是与心理学历史上出现的心理科学的独立、实验心理学的创立和心理学专业队伍的建立这三件大事分不开的。

三、填空题

1. 心理过程　个性心理
2. 心理过程
3.《论灵魂》
4. 冯特

知识2 心理的实质

一、单项选择题

1. B 【解析】神经元(又称神经细胞)是神经系统结构和机能的基本单位。
2. B 【解析】神经元一般分为细胞体(或称胞体)、树突和轴突三部分。树突多,短而密且有不少分支;轴突只有一个,形状像车轴,比较长,分支少。神经元通过树突接收外来的刺激(信息),经胞体整合后再通过轴突将信息传出去。
3. C 【解析】额叶是指在组织有目的、有方向的活动中,有使活动服从于坚定意图和动机的作用。顶叶主要是调节机体的触压觉、温度觉、痛觉和内脏感觉等。枕叶是视觉中枢。颞叶主要对听觉刺激进行加工。故选C项。
4. D 【解析】延髓,直接关系到人的生命,被称为"生命中枢"。
5. C 【解析】客观现实决定人的心理,心理是人脑对客观现实的能动的主观映像。所以,客观现实是人的心理活动的内容和源泉。

6. D 【解析】"狼孩"的事例表明,社会存在是人的心理内容的决定部分。人的心理是人脑对客观现实的反映,社会环境和社会生活条件对人的心理起着决定性的作用。故选D项。

7. B 【解析】人的心理现象,就其产生方式来说,是客观事物引起人脑反射的活动;就其内容来说,是作用于人脑的客观现实的反映。

8. B 【解析】A项第一信号系统是用具体事物作为条件刺激而建立的条件反射系统。B项第二信号系统是用语词作为条件刺激而建立的条件反射系统。C项无条件反射是无意识的本能行为。小花一听到"杏子"就咽口水,这属于用语词"杏子"作为条件刺激而建立的条件反射系统,是第二信号系统。

易错警示:考生易混淆第一信号系统与第二信号系统。区分二者的关键在于引起条件反射的刺激物是什么。考生要牢记第一信号系统以具体事物为刺激(物质是第一性的);第二信号系统则是人独有的,经过语言中枢参与而具有一定的意义。

9. A 【解析】颞叶主要对听觉刺激进行加工。

10. D 【解析】"甲之熊掌,乙之砒霜"字面意思是同一样东西,对甲来说是"熊掌"(指贵重、有价值的东西),对乙来说却是"砒霜"(指毫无价值,更甚者会拖累自己的东西),这反映了心理是对客观现实的主观映像。

二、多项选择题

1. ACD 【解析】大脑左半球负责身体的右边,是抽象逻辑思维和言语中枢的优势半球,它主要负责言语、阅读、书写、运算和推理等。大脑右半球负责身体的左边,是形象思维和高度空间知觉的优势半球,它主要处理的信息是知觉物体的空间关系、情绪情感、欣赏音乐和艺术等。所以ACD三项与大脑左半球有关,B项与大脑右半球有关。

2. BD 【解析】条件反射又称信号反射,是后天经过学习才能得到的反射,即所谓有意识学习得来的知识、技能、经验等。AC两项均属于条件反射;BD两项属于本能行为,是无条件反射。

3. ABC 【解析】心理是脑的机能,脑是心理的器官。AB两项说法正确。人的心理反映的内容是客观的,但它的表现形式却是主观的。心理是人脑对客观现实的能动的反映,但反映是否正确要视具体情况而定。所以,C项说法正确,D项说法错误。

4. BC 【解析】根据题干所述,学生听到上课铃声马上回到教室准备上课,是后天经过学习才得到的反射,因此是条件反射。用上课铃声这一具体事物作为条件刺激而建立的条件反射属于第一信号系统。故本题选BC两项。

5. AC 【解析】中枢神经系统包括脑和脊髓。

三、填空题

1. 视觉
2. 第二信号
3. 兴奋

四、判断题

1. × 【解析】大脑两半球的单侧化的研究发现右半球与创造性有关。

2. √ 【解析】顶叶主要是调节机体的触压觉、温度觉、痛觉和内脏感觉等。

3. × 【解析】心理是人脑对客观现实的主观映像。由于人的知识经验、需要、愿望以及个性特征的不同,因而对客观现实的反映也不同。

4. √ 【解析】心理活动是人脑对客观现实的反映,但这种反映是能动的,也就是说人必须通过社会实践活动的作用才能产生心理和发展心理。

整合提升

一、单项选择题

1. B 【解析】反射分为无条件反射和条件反射。无条件反射是先天的,即所谓无意识的本能行为。条件反射又称信号反射,是后天经过学习才能得到的反射,即所谓有意识学习得来的知识、技能、经验等。发令枪响是中性刺激,当中性刺激和无条件刺激反复配合,发令枪响和跑步就建立了条件反射,故选B。A项同化,是指在有机体面对一个新的刺激情境时,把刺激整合到已有的图式或认知结构中。C项顺应,是指当有机体不能利用原有图式接受和解释新刺激时,其认知结构发生改变来适应新刺激的影响。AC两项是皮亚杰认知发展理论中的两个名词,与题干表述无关,可直接排除。

2. B 【解析】心理状态是指人在某一时刻的心理活动水平。人的认知、情感和意志等心理活动都可能出现相对稳定的心理状态。例如:伴随着心理过程的注意状态;在创造性思维过程中出现的灵感状态;在情绪过程中出现的心境状态、激情状态;在意志过程中表现出来的信心、决心和犹豫状态;等等。

3. B 【解析】由兴奋过程引起或加强邻近区域的抑制过程称为负诱导。由抑制过程引起或加强邻近区域的兴奋过程称为正诱导。我们聚精会神地看书时,大脑皮层某些神经元的兴奋加强了相邻脑区的抑制,产生了良好的学习效果,这是负诱导。

方法技巧:诱导是比较难的知识点,考生做错多因没有掌握负诱导和正诱导的概念。负诱导是由兴奋过程引起或加强抑制过程,考生可以这样理解:"负"一般是不好的,所以是加强抑制过程;正诱导由抑制过程引起或加强兴奋过程,"正"一般是强调好的,所以是加强兴奋过程。

4. D 【解析】大脑右半球负责身体的左边,是形象思维和高度空间知觉的优势半球,它主要处理的信息是知觉物体的空间关系、情绪情感、欣赏音乐和艺术等。故处理人类情绪情感和物体空间关系的均是右半球。

5. A 【解析】第一信号系统指用具体事物作为条件刺激而建立的条件反射系统,是人和动物共有的,如"望梅生津";BD两项是以语词作为条件刺激建立的条件反射,属于第二信号系统;C项属于本能行为,是无条件反射。

6. B 【解析】在个性心理倾向中,需要是个性积极的源泉;信念、世界观居最高层次,决定着一个人总的思想倾向。

7. A 【解析】草履虫是单细胞动物,没有神经系统,所以不存在反射行为,其趋利避害反应属于应激行为。

二、判断题

1. × 【解析】心理过程是心理活动的一种动态过程,是人脑对客观现实的反映过程;心理状态是从心理过程到个性心理的过渡阶段中的一种相对持续的状态。注意是一种心理状态,不属于独立的心理过程。

2. × 【解析】个性心理是在心理过程中形成的，如果没有对主观和客观世界的认识，没有情绪情感的体验，没有积极地与困难做斗争的意志活动，心理的个性差异就无从形成和表现；已经形成的个性心理倾向性和个性心理特征又制约着心理过程的进行。
3. × 【解析】人本主义心理学主张以正常人为研究对象，强调人的价值、本性和尊严。
4. √ 【解析】用语词作为条件刺激而建立的条件反射系统叫作第二信号系统，是人类特有的，是人类和动物的条件反射活动的根本区别。

真题必刷

一、单项选择题

1. D 【解析】心理过程是心理活动的一种动态过程，是人脑对客观现实的反映过程。心理过程可分为三个方面：(1)认知过程，包括感觉、知觉、记忆、想象、思维等。(2)情绪情感过程。(3)意志过程。故本题选D项。
2. B 【解析】个性心理倾向性是人进行活动的基本动力，决定着人对现实的态度，决定着人对认识和活动对象的趋向和选择，是个性结构中最活跃的因素。
3. D 【解析】反射是神经系统活动的基本形式，是有机体通过神经系统对体内外刺激产生的有规律的应答活动。
4. A 【解析】1879年，德国著名心理学家冯特在德国莱比锡大学创建了世界上第一个心理学实验室，开始对心理现象进行系统的实验研究。在心理学史上，人们把这一事件看作是心理学脱离哲学，走上独立发展道路的标志，也意味着科学心理学的诞生。故本题选A。B项华生是行为主义心理学派的创始人。C项詹姆士是机能主义心理学派的代表人物。D项铁钦纳是构造主义心理学派的代表人物。
5. C 【解析】本题中考生要区分各心理学流派的代表人物。A项构造主义心理学的代表人物是冯特、铁钦纳。B项机能主义心理学的代表人物是詹姆士、杜威和安吉尔。C项精神分析心理学的代表人物是弗洛伊德。C项符合题意，当选。D项人本主义心理学的代表人物是罗杰斯、马斯洛。
6. A 【解析】1967年，奈塞尔出版了《认知心理学》一书，这标志着认知心理学的诞生。

二、多项选择题

1. BCD 【解析】认知过程，包括感觉、知觉、记忆、想象、思维等。故本题选BCD。A项信念属于个性心理倾向性。
2. BCD 【解析】个性心理特征，包括个体的气质、性格、能力等。

三、判断题

1. √ 【解析】用语词作为条件刺激而建立的条件反射系统叫作第二信号系统，它是人类特有的。"谈虎色变"的意思是一提到老虎，都让人感到害怕。"谈梅生津"的意思是一提到梅子，就分泌唾液。两者都是言语发挥作用，因此属于第二信号系统条件反射。题干说法正确。
2. × 【解析】负诱导是由兴奋过程引起或加强抑制过程，正诱导是由抑制过程引起或加强兴奋过程。相继性诱导是在大脑皮层的相同位置上以兴奋与抑制发生的先后来分的。由于通宵打游戏，大脑皮层上的兴奋导致第二天无精打采(大脑抑制)，是相继负诱导。故题干说法错误。

专题二 认知过程

基础训练

知识1 感觉与知觉

一、单项选择题

1. C 【解析】知觉是在感觉的基础上产生的，它是人脑对直接作用于感觉器官的客观事物的整体属性的反映。C项是对草莓的整体属性的反映，ABD三项均是对草莓的个别属性的反映。
2. B 【解析】感受性与感觉阈限在数值上成反比关系，感受性高，则感觉阈限低；感受性低，则感觉阈限高。
3. A 【解析】A项，感觉是人脑对直接作用于感觉器官的客观事物的个别属性的反映。闻到一股香味是对个别属性的反映，属于感觉。故选A项。B项，知觉是在感觉的基础上产生的，它是人脑对直接作用于感觉器官的客观事物的整体属性的反映。C项，思维是人脑对客观事物的本质属性与内在联系的概括的、间接的反映。D项，想象是人脑对已储存的表象进行加工改造，形成新形象的心理过程。
4. B 【解析】视敏度是指视觉系统分辨最小物体或物体细节的能力，医学上称之为视力。
5. A 【解析】从感觉器官的角度，可以把感觉划分为外部感觉和内部感觉。外部感觉是指感受外部刺激，反映外部事物个别属性的感觉，主要分为视觉、听觉、嗅觉、味觉和肤觉(包括触压觉、温度觉和痛觉)五大类。内部感觉是指感受内部刺激，反映机体内部变化的感觉，主要分为机体觉、平衡觉和运动觉。通过上述表述可知，痛觉属于肤觉。
6. A 【解析】社会知觉是个体在生活实践中，对别人、对群体以及对自己的知觉，也叫社会认知。
7. C 【解析】A项，知觉的选择性是指当面对众多的客体时，知觉系统会自动地将刺激分为对象和背景，并把知觉对象优先地从背景中区分出来。B项，知觉的理解性是指人以知识经验为基础对感知的事物加工处理，并用语词加以概括赋予说明的加工过程。C项，知觉的整体性是指人根据自己的知识经验把直接作用于感官的客观事物的多种属性整合为统一整体的过程。D项，知觉的恒常性是指客观事物本身不变，但知觉条件在一定范围内发生变化时，人的知觉映像仍相对不变。在知觉的整体性中，知觉对象各部分之间的结构关系会影响知觉的整体性。同样一些部分，处于不同的结构关系中就会成为不同的知觉整体。例如，把相同的音符置于不同的排列顺序、不同的节拍和旋律之中就构成不同的曲调；如果曲调的各成分关系不变，只是个别刺激成分发生变化，或用不同的乐器演奏或不同人来演唱，就不会改变我们对其歌曲整体性的知觉。

方法技巧：知觉的特征是常考点，也是易混点。考生需把握各自的关键词。选择性——对象和背景的区分；理解性——知识经验的作用；整体性——也强调知识经验的作用，但是会突出部分与整体；恒常性——不变性。

8. C 【解析】C项，不同感觉的相互作用是指任何一种感受器的感受性，都会因同时或继时发生作用的其他感受器的影响而有所变化。味觉因为视觉、温度觉而受到影响，这体现了不同感觉的相互作用。故本题选C项。A项，感觉适应是指由于刺激对感受器的持续作用而使感受性发生变化的现象。B项，感觉对比是指同一感受器接受不同的刺激,而使感受性发生变化的现象。D项,感觉补偿是指某种感觉系统的机能丧失后,由其他感觉系统的机能来弥补。

9. B 【解析】B项,投射效应是指由于个体具有某种特性,因而推断他人也有与自己相同特性的心理现象。"以小人之心,度君子之腹"比喻拿自己卑劣的想法去推测正派人的心思,体现的正是投射效应。A项,晕轮效应是指当我们认为某人具有某种特征时,就会对他的其他特征做相似判断。C项,社会刻板印象指对一群人的特征或动机加以概括,把概括得出的群体的特征归属于团体中的每一个人,认为他们每个人都具有这种特征,而无视团体成员中的个体差异。D项,首因效应指在总体印象形成上最初获得的信息比后来获得的信息影响更大的现象。

10. C 【解析】错觉是对客观事物不正确的知觉,其产生的原因既有主观的,也有客观的,并且不可通过主观努力来纠正,不存在个体差异。故ABD三项表述错误,C项表述正确。

11. B 【解析】A项时间知觉是对客观事物时间关系(即事物运动的速度、延续性和顺序性)的反映。B项方位知觉是人们对自身或客体在空间的方向和位置关系的知觉。C项视知觉是一种将到达眼睛的可见光信息解释,并利用其来计划或行动的能力。D项运动知觉是对物体在空间位置移动的知觉,直接依赖于对象运动的速度。字的上下、左右结构属于空间方位,因此题干描述说明小学生的方位知觉发展比较差。

12. D 【解析】D项,运动后效是指在注视向一个方向运动的物体之后,如果将注视点转向静止的物体,那么会看到静止的物体似乎向相反的方向运动。A项,诱导运动是指由于一个物体的运动使其相邻的静止的物体产生运动的现象。B项,自主运动是指人在注视暗环境中一个微弱的、静止的光点,片刻后感觉到光点在来回移动的现象。C项,动景运动是指当两个刺激(如光点、直线、图形等)按一定空间间隔和时距相继呈现时,我们就会看到从一个刺激物向另一个刺激物的连续运动现象。

13. B 【解析】晕轮效应是指当我们认为某人具有某种特征时,就会对他的其他特征做相似判断。"爱屋及乌"的意思是指因为爱一个人而连带爱他屋上的乌鸦,比喻爱一个人而连带地关心到与他有关的人或物。这体现的是晕轮效应。

14. B 【解析】错觉是对客观事物不正确的知觉。"欢娱嫌夜短,寂寞恨更长"这句诗的意思是欢乐高兴时觉得夜晚太短,而寂寞孤独时则觉得夜很长,描写了不同状态下对同一时间的知觉不同,即产生了时间错觉。故选B项。

15. C 【解析】感受性是指感觉器官对适宜刺激的感觉能力。感觉阈限是指刚刚能引起感觉或差别感觉的刺激量。具体分类如下表:

感受性	绝对感受性	觉察最小刺激强度的能力
	差别感受性	觉察刺激之间最小差异量的能力
感觉阈限	绝对感觉阈限	刚刚能引起感觉的最小刺激强度
	差别感觉阈限	刚刚能引起差别感觉的刺激物间的最小差异量

题干所述属于差别感觉阈限。

方法技巧:感觉阈限与感受性的概念作为出题点,考生应牢牢把握题干中的关键词:强调刺激量的范围或者值,选择感觉阈限;强调个体感受刺激的能力,选择感受性。绝对感受阈限或者绝对感受性突出从无到有;差别感受阈限或者差别感受性突出区别、变化。

16. D 【解析】一种感觉兼有另一种感觉的心理现象叫联觉。题干所述属于联觉。

17. C 【解析】知觉的理解性是指人以知识经验为基础对感知的事物加工处理,并用语词加以概括赋予说明的加工过程。因为知识经验的不同,所以对同一事物的理解也会有差别。不同的人对看到的大河的理解不同,体现了知觉的理解性,故选C项。

18. A 【解析】知觉的整体性是指人根据自己的知识经验把直接作用于感官的客观事物的多种属性整合为统一整体的过程。人们根据日常生活中勺子的形状把七颗星星知觉成一个整体,体现的就是知觉的整体性。

19. A 【解析】暗适应是指照明停止或由亮处转入暗处时视觉感受性提高的过程。与暗适应相反,明适应是指照明开始或由暗处转入亮处时视觉感受性下降的过程。根据定义可判断,题干描述的现象属于明适应。

20. D 【解析】暗适应是指照明停止或由亮处转入暗处时视觉感受性提高的过程;明适应是指照明开始或由暗处转入亮处时视觉感受性下降的过程。根据两者的定义可以判断D项说法正确。

21. B 【解析】感觉后效(感觉后像)是指在刺激作用停止后暂时保留的感觉现象。在各种感觉中,视觉后像很显著。视觉后像可分为正后像和负后像。正后像:后像与原刺激品质相同;负后像:后像与原刺激品质不同。绿花的后像是红花,后像的品质与刺激物不同,所以是负后像。

22. A 【解析】感觉的补偿性,也即互补性,是指某种感觉系统的机能丧失后,由其他感觉系统的机能来弥补。盲人的触觉、听觉一般非常灵敏,体现了感觉的互补性。

23. B 【解析】知觉恒常性包括颜色恒常性、亮度恒常性、形状恒常性、大小恒常性和声音恒常性。

24. C 【解析】知觉恒常性受各种因素影响,其中视觉线索有重要的作用。

25. D 【解析】社会刻板印象是指对一群人的特征或动机加以概括,把概括得出的群体的特征归属于团体中的每一个人,认为他们每个人都具有这种特征,而无视团体成员中的个体差异。初次与某人交往,因他是一名大学教授就断定他有学问、有修养等,是由大学教授这一群体特征推及到个人,故属于社会刻板印象。

26. C 【解析】感觉对比是同一感受器接受不同的刺激,而使感受性发生变化的现象。感觉对比分为两种:同时对比和继时对比。几个刺激物同时作用于同一感受器会产生同时对比现象。刺激物先后作用于同一感受器会产生继时对比现象。题干所述是继时对比的典型实例。

27. D 【解析】诱导运动是指由于一个物体的运动使其相邻的静止的物体产生运动的现象。例如,夜空中的月亮是相对静止的,而浮云是运动的。可是,由于浮云的运动,人们看到月亮在动,而云是静止的。

28. D 【解析】知觉的恒常性是指客观事物本身不

变，但知觉条件在一定范围内发生变化时，人的知觉映像仍相对不变。同一个人，这个人本身不变，无论我们怎么知觉他，他的大小都没变，这体现的是知觉的恒常性。

二、多项选择题

1. ABC 【解析】内部感觉是指感受内部刺激，反映机体内部变化的感觉。内部感觉主要分为：(1)机体觉(内脏感觉)，反映内脏器官的活动变化；(2)运动觉，反映身体各部分的位置、运动以及肌肉紧张程度；(3)平衡觉(姿势感觉或静觉)。ABC三项属于内部感觉，D项属于外部感觉中的味觉。
2. ABCD 【解析】空间知觉是指物体的空间特性在人脑中的反映，包括形状知觉、大小知觉、深度知觉、方位知觉等。
3. ACD 【解析】由于刺激对感受器的持续作用而使感受性发生变化的现象叫感觉适应。其中视觉的适应可分为暗适应和明适应。暗适应是指照明停止或由亮处转入暗处时视觉感受性提高的过程；明适应是指照明开始或由暗处转入亮处时视觉感受性下降的过程。因此在感觉适应中，感受性有下降也有提高，故B项说法错误。感觉的补偿是指某种感觉系统的机能丧失后由其他感觉系统的机能来弥补的现象。A项表述正确。感受性与感觉阈限在数值上成反比关系。C项表述正确。感觉对比分为两种：同时对比和继时对比。D项表述正确。故本题选ACD三项。
4. ABC 【解析】感觉适应是指刺激物持续作用于感受器而使其感受性发生变化的现象。感觉适应分为视觉、听觉、嗅觉、肤觉等方面的适应。题干所述是感觉适应中的嗅觉适应，在此过程中，嗅觉的感受性下降。
5. ABCD 【解析】知觉的基本特征包括知觉的选择性、知觉的理解性、知觉的整体性和知觉的恒常性。故本题选ABCD四项。

三、判断题

1. √ 【解析】感觉是对事物个别属性的反映，每种属性基本只依赖一种感觉器官；而知觉反映的是事物的整体属性，因此，需要多种感觉器官的联合活动。
2. √ 【解析】感觉和知觉都是对当前事物的直接认识，都是人类认识世界的初级形式，反映的都是事物的外部特征和外部联系；属于认识过程的感性阶段。
3. √ 【解析】感觉是一切知识和经验的基础，是人正常心理活动的必要条件。
4. × 【解析】感觉适应是指由于刺激对感受器的持续作用而使感受性发生变化的现象。在感觉适应现象中，感受性的变化有提高也有降低，如暗适应是感受性提高的过程，明适应和嗅觉适应则是感受性降低的过程。故题干说法错误。
5. × 【解析】由于刺激对感受器的持续作用而使感受性发生变化的现象叫感觉适应。下水游泳，开始感到很凉，在水中待一会儿后就不再觉得凉了，这是一种感觉适应。
6. √ 【解析】在知觉的过程中，个体不是被动地把知觉对象的特点登记下来，而是以过去的知识经验为依据，力求对知觉对象做出某种解释，使它具有一定的意义。因此，知觉的理解性与人已有的知识经验有密切关系。知识经验越丰富，理解就越深刻，知觉也就越完整、精确。
7. √ 【解析】观察是人的一种有目的、有计划、持久的知觉活动，是知觉的高级形式。
8. √ 【解析】小学生观察缺乏精确性。例如，在刚学写字时常常是多一点、少一横，对于“已”“巳”和“析”“折”等字形相近的字经常混淆不清。

四、名词解释(参考答案)

1. 似动现象
似动现象是指在一定的时间和空间条件下，人们在静止的物体间看到了运动，或者在没有连续位移的地方看到了连续的运动。
2. 晕轮效应
当我们认为某人具有某种特征时，就会对他的其他特征作相似判断，这就是晕轮效应，也称光环效应。
3. 最小可觉差
刚刚能引起差别感觉的刺激物间的最小差异量叫差别阈限，又称最小可觉差。

五、案例分析题(参考答案)

(1)观察是人的一种有目的、有计划、持久的知觉活动，是知觉的高级形式。观察力是指人迅速、敏锐地发现事物细节和特征等方面的知觉能力。观察力是智力结构的重要组成部分，是学生学习活动中不可缺少的能力。

(2)在学校教育教学中，培养学生的观察力可以从以下几个方面入手：①引导学生明确观察的目的与任务，是良好观察的重要条件；②充分的准备、周密的计划、提出观察的具体方法，是引导学生完成观察的重要条件；③在实际观察中应加强对学生的个别指导，有针对性地培养学生良好的观察习惯；④引导学生学会记录、整理观察结果，在分析研究的基础上，写出观察报告、日记或作文；⑤引导学生开展讨论、交流并汇报观察成果，不断提高学生的观察能力、培养学生良好的观察品质。此外，教师还应努力培养学生的观察兴趣与优良的性格特征，如学习的坚韧性、独立性等。

(3)周老师的做法贯彻了培养学生观察力的基本要求：①周老师提醒学生不要忘了观察的目的，意在引导学生明确观察的目的和内容；②周老师经常指导学生制订观察计划、设计观察工具，目的在于引导学生做充分的准备、周密的计划；③周老师在学生遇到困难的时候，耐心与学生讨论交流，加强了对学生的个别指导；④周老师让学生撰写观察报告，引导学生学会记录、整理观察结果；⑤通过一学年的努力，周老师班上的学生的观察能力明显提高，这说明周老师帮助学生形成了良好的观察品质。

知识2 记忆

一、单项选择题

1. C 【解析】A项形象记忆是以我们感知过的事物形象为内容的记忆。B项语义记忆又称语词逻辑记忆，是以语词所概括的事物的关系以及事物本身的意义和性质为内容的记忆。C项情绪记忆是个体以曾经体验过的情绪或情感为内容的记忆。D项动作记忆是以做过的运动或动作为内容的记忆，又称运动记忆。“良言一句三冬暖，恶语伤人六月寒”的意思是关心的话说一句，即使在三九寒冬都会觉得温暖；伤人的话说出来，即使在三伏天里也会觉得心寒。这体现了情绪情感的内容，因此属于情绪记忆。
2. A 【解析】内隐记忆是指个体在无意识状态下过去经验对当前作业产生的影响，又叫无意识记忆。外显记忆是在意识的控制下过去经验对当前作业所产生的有意识的影响，又叫受意识控制的记忆。

很久以前学过的英语单词，一名学生现在也许写不出来，但可以再认出来，属于内隐记忆。

3. D 【解析】系列位置效应就是指接近开头和末尾的记忆材料的记忆效果好于中间部分的记忆效果的趋势。题干所述表明遗忘受材料的系列位置影响。

4. D 【解析】最早对遗忘进行实验研究的是德国心理学家艾宾浩斯，他于1879年至1884年对遗忘进行研究，以无意义音节为材料，依据保持效果，提出了著名的“遗忘曲线”。

5. C 【解析】动作记忆是以做过的运动或动作为内容的记忆，又称运动记忆。它以过去的动作或操作动作所形成的动作表象为基础。C项是以动作为内容的记忆，故属于动作记忆。A项属于语义记忆，B项属于形象记忆，D项属于情绪记忆。

6. C 【解析】A项机械识记是根据材料的外在联系，采取多次重复的方式所进行的识记，即平时所说的死记硬背。B项无意识记是事先没有预定目的，也不需要运用任何有助于识记的方法和意志努力，自然而然地识记。C项意义识记是在理解的基础上，依据材料的内在联系，并运用已有的知识经验而进行的识记，有人也称之为理解记忆或逻辑记忆。D项有意识记是有明确的识记目的，并运用一定方法的识记，在识记过程中还需要一定的意志努力。题干描述中通过找到新旧知识间的联系来帮助记忆新知识，符合意义识记的含义。故本题选C项。

7. A 【解析】永久性遗忘是指发生在瞬时记忆与短时记忆阶段的记忆材料未经复习而消失产生的遗忘。这是一种因衰退而引起的“存储性障碍”。

8. B 【解析】形象记忆是以我们感知过的事物形象为内容的记忆。对长城形象的记忆属于形象记忆。

9. B 【解析】遗忘的趋势是先快后慢、先多后少，呈负加速。

10. D 【解析】A项，记忆的准确性是记忆的正确和精确特征。B项，记忆的持久性是记忆的保持特征。C项，记忆的敏捷性是记忆的速度和效率特征。能够在较短的时间内记住较多的东西，就是记忆敏捷性良好的表现。D项，记忆的准备性是记忆的提取和应用特征。它使人能及时、迅速、灵活地从记忆信息的储存库中提取所需要的知识经验，以解决当前的实际问题。教师能够迅速、灵活地提取信息，以解决学生的问题，这体现的是记忆的准备性。故选D项。

11. D 【解析】遗忘的理论有下表五种。

遗忘理论	主要观点
消退说	遗忘是因为记忆痕迹得不到强化而逐渐衰弱
干扰说	遗忘是由于在学习和回忆之间受到其他刺激的干扰
压抑（动机）说	遗忘是因为情绪或动机的压抑，弗洛伊德发现的
提取失败说	遗忘是因为编码不准确，失去了检索线索或线索错误
同化说（认知结构说）	遗忘是由于知识的组织和认知结构的简化

题干所述属于消退说，故选D项。

12. B 【解析】遗忘发展的规律表明，识记后遗忘很快就会发生。因此，对于新学习的材料，为了防止遗忘，必须“趁热打铁”，及时进行复习。

13. D 【解析】由于前摄抑制及倒摄抑制的影响，材料的系列位置不同，保持效果也有差异。例如，学习一篇课文，一般总是开头和结尾部分容易记住，而中间部分则容易忘记。其原因是：课文的开始部分只受倒摄抑制的影响，不受前摄抑制的影响；结尾部分只受前摄抑制的影响，不受倒摄抑制的影响；中间部分则受两种抑制的影响，因而最容易遗忘。

14. B 【解析】难度小的材料适合集中复习，更有助于对知识系统地掌握；难度大的材料适合分散复习，更有助于加深对知识的理解，有助于知识的消化。

15. D 【解析】压抑（动机）说认为，遗忘是由于情绪或动机的压抑作用引起的，如果压抑被解除，记忆就能恢复。由于情绪紧张而引起的遗忘（考试时经常发生）就属于这种类型。

16. B 【解析】干扰说认为，遗忘是因为在学习和回忆之间受到其他刺激的干扰。一旦干扰被排除，记忆就能恢复，而记忆痕迹并未消退。

17. D 【解析】记忆过程包括识记、保持、再现（再认或回忆）三个环节。从信息加工的角度来看，记忆过程是对输入信息的编码、储存和提取的过程。信息的输入编码是识记过程，信息的储存相当于保持过程，信息的提取是再认或回忆过程。运用所学的知识答题涉及再认或回忆，故属于提取过程。

18. D 【解析】D项过度学习是指学习达到恰能背诵之后再继续学习。实验证明：过度学习达到50%，即学习的熟练程度达到150%时，学习的效果最好。丽丽用10分钟背会一首古诗，又继续读了5分钟，即过度学习达到50%，这属于适当过度学习。D项当选。A项及时复习是指在初期大量遗忘开始之前就进行复习。C项分散复习与集中复习相结合是指复习难度小的材料可适当集中，难度大的材料可采取分散复习的方式，做到分散复习与集中复习相结合。B项记忆术是指运用联想的方法对无意义的材料赋予某些人为意义，以促进知识保持的策略。

19. C 【解析】学习后立即睡觉没有之后学习的影响，即没有了倒摄抑制的影响，因此保持效果会更好。

20. B 【解析】系列位置效应中结尾部分的记忆效果较好称为近因效应（近位效应）。故本题选B项。A项首位效应是指系列位置效应中开始部分的记忆效果较好。C项得寸进尺效应又称登门槛效应，是指令人接受一个需付出较小代价的要求而导致接受需付出较大代价的要求的可能性增加的现象。D项“门面效应”又称“留面子效应”，正好是与登门槛效应相对应的现象。它是指人们拒绝了一个很大的要求后，对较小的要求的接受性出现增加的现象。

21. C 【解析】根据信息加工与存储的内容不同，可将记忆分为陈述性记忆和程序性记忆。陈述性记忆是指对有关事实和事件的记忆。程序性记忆是指如何做事情的记忆，包括对知觉技能、认知技能和运动技能的记忆。篮球比赛中，对于如何组织进攻、传球、上篮的记忆属于程序性记忆。

22. D 【解析】幼儿的具体形象记忆优于词的抽象记忆。所以幼儿识记“小兔”的图片比识记词更容易。

23. A 【解析】从信息加工的观点看，遗忘是一时难以提取出需要的信息，遗忘之所以发生是因为编码不准确，失去了检索线索或线索错误。一旦有了正确的线索，经过搜寻，所需要的信息就能提取出来，这就是遗忘的提取失败理论。题干表述属于“舌尖现象”，可以用提取失败说解释，故选A项。

24. D 【解析】记忆是人脑对过去经验的保持和再现。对感知过的事物能回忆起来或者能再认出来属于记忆。

25. A 【解析】在教学中，难度适中而新颖的题材、令人产生兴趣的东西、生动形象的事件等，都不需要付出太大的意志努力就容易被人记住。所以，教师要讲究教学艺术，调动学生的无意识记。

26. C 【解析】从信息加工的观点看，遗忘是一时难以提取出需要的信息，遗忘之所以发生是因为编码不准确，失去了检索线索或线索错误。一旦有了正确的线索，经过搜寻，所需要的信息就能提取出来，这就是遗忘的提取失败理论。琪琪在背诵语文课文的时候卡壳了，妈妈给予了她一个线索，她立即就能想起来剩余的信息。这体现了提取失败理论。

二、多项选择题

1. AC 【解析】关于记忆的研究表明，遗忘的趋势是先快后慢，所以A项表述正确。由于前摄抑制和倒摄抑制的影响，单词表开始部分和最后部分的记忆效果要比中间部分的记忆效果好，所以B项表述错误，C项表述正确。由于记忆痕迹的存在，再次学习所要花费的时间要比前一次少，所以D项表述错误。

2. ABC 【解析】记忆恢复现象常常在下列情况中出现：儿童比成人更普遍；学习难度大的材料比学习容易的材料更容易出现；学习得不够熟练的材料比熟练的材料更易发生。

3. ABCD 【解析】心理学家对遗忘的原因有不同的看法，归纳起来有五种：干扰说、消退说（痕迹衰退说）、同化说（认知结构说）、提取失败说、压抑（动机）说。

4. ABCD 【解析】学过的知识，如果不经过复习，是不可能长久、完全地保持在记忆中的。克服遗忘最好的方法是加强复习。有效组织复习的方法有：(1)复习时机要得当，复习要及时；(2)复习方法要合理，复习方法要多样；(3)复习次数要适宜，适当超额学习；(4)重视对记忆品质的培养；(5)注意用脑卫生。另外，复习时要对学过的知识进一步加工，使之条理化、系统化，形成知识网络，使记忆更加牢固，不易遗忘。

5. ABD 【解析】小学生记忆的发展特点为：(1)小学生的有意记忆明显增强，从无意记忆为主转变为有意记忆为主。(2)小学生的意义记忆迅速发展，从机械记忆为主向意义记忆为主过渡。在小学阶段，机械识记和意义识记的效果均随着年龄的增长而提高。(3)小学生的抽象逻辑记忆水平逐步提高。

6. CD 【解析】A项，记忆过程包括识记、保持、再现（再认或回忆）三个环节。A项表述错误。B项，从信息加工的角度来看，记忆过程是对输入信息的编码、存储和提取的过程。B项表述错误。C项，根据信息加工与存储的内容不同，可将记忆分为陈述性记忆和程序性记忆。C项表述正确。D项，根据记忆的内容和经验的对象的不同，可将记忆分为形象记忆、情景记忆、语义记忆（语词逻辑记忆）、情绪记忆和动作记忆。D项表述正确。故本题选CD。

7. ACD 【解析】课堂上学习的知识主要是语义记忆、陈述性记忆，并且题干强调知识在以后的生活中运用，这是程序性记忆。

8. AC 【解析】根据识记有无目的性，可将识记分为无意识记和有意识记。无意识记是指事先没有预定目的，也不需要运用任何有助于识记的方法和意志努力，自然而然的识记。有意识记是指有明确的目的，并运用一定方法的识记，在识记过程中需要一定的意志努力。A项中，兰兰记住老师的口头禅不是有目的的记忆，也没有意志努力的参与，属于无意识记。C项中，悦悦对《成都》的记忆也是无目的的，同样没有意志努力的参与，也属于无意识记。AC两项符合题意。B项中，华华使用谐音法记忆单词，属于有意识记。D项中，嘉嘉使用朗读法的目的是背诵现代诗，属于有意识记。BD项与题意不符，排除。

三、判断题

1. √ 【解析】记忆过程包括识记、保持、再现（再认或回忆）三个环节。

2. × 【解析】机械识记也存在一定的必要性，可能进行机械识记的情况有两种：一是识记者面对的本身就是没有意义或者没有内在联系的材料，这种识记具有被动性，但对学生而言也是必要的，因为它能够防止对记忆材料的歪曲。二是面对的材料虽然有可能有意义，而识记者对其缺乏应有的理解，只能先机械识记，随着知识经验的积累再逐步加以理解。

3. √ 【解析】从信息加工的角度来看，记忆过程是对输入信息的编码、储存和提取的过程。信息的输入编码是识记过程，信息的储存相当于保持过程，信息的提取是再认或回忆过程。

4. × 【解析】无意识记是指事先没有预定目的，也不需要运用任何有助于识记的方法和意志努力，自然而然地识记。“潜移默化”地接受往往是通过无意识记。

5. √ 【解析】实验证明：过度学习达到50%，即学习的熟练程度达到150%时，学习的效果最好；超过150%时，效果并不递增，很可能引起厌倦、疲劳而成为无效劳动。

6. × 【解析】痕迹衰退说是一种对遗忘原因的最古老的解释。按照这种理论，遗忘是由记忆痕迹衰退引起的，衰退随时间的推移自动发生。它起源于亚里士多德，由桑代克和巴甫洛夫学派进一步发展。

7. √ 【解析】小学低年级学生经常采用机械记忆的方法学习，机械记忆的效果好于意义记忆。

8. × 【解析】语义记忆又称语词逻辑记忆，是个体对以各种有组织的知识为内容的记忆。语义记忆是以语词所概括的事物的关系以及事物本身的意义和性质为内容的记忆。例如，概念、定理、公式和规则等。

9. √ 【解析】遗忘是与保持相反的心理过程，是指对识记过的材料不能回忆或再认，或者表现为错误的回忆或再认。

四、简答题(参考答案)

如何依据记忆规律合理安排和组织教学？

(1)合理安排教学。①学校在排课时应尽可能地避免把性质相近的课程排在一起，这样能减少材料相似性引起的前摄抑制、倒摄抑制对记忆的干扰。②教师要保证学生的课间休息。③教师应控制每堂课的信息投入量。(2)教师应根据不同的教学内容,向学生提出明确的识记任务。(3)使学生处于良好的情绪和注意状态。(4)充分利用无意识记的规律组织教学。(5)使学生理解所学内容并把它系统化。(6)培养学生良好的记忆品质,提高其记忆能力。

五、论述题(参考答案)

试述影响遗忘的因素以及防止遗忘的方法。

(1)影响遗忘的因素有:

①学习材料的性质;②系列位置效应;③识记材料的数量和学习程度;④记忆任务的长久性与重要性;⑤识记的方法;⑥时间因素;⑦情绪和动机。

(2)防止遗忘的方法:组织有效的复习。

①复习时机要得当:及时复习;合理分配复习时间;间隔复习;循环复习。②复习方法要合理:分散复习与集中复习相结合;复习方法多样化;运用多种感官参与复习;尝试回忆与反复识记相结合。③复习次数要适宜:复习内容的数量要适当;提倡适当的过度学习。④重视对记忆品质的培养。⑤注意用脑卫生。

六、案例分析题(参考答案)

(1)这种教法主要是依据意义识记的效果优于机械识记。机械识记是指只根据材料的外部联系或表现形式,以简单、重复的方式进行的识记,如对无意义音节、地名、人名、历史年代等的识记。这种识记具有被动性,但它能够防止对记忆材料的歪曲。意义识记是在理解的基础上,依据材料的内在联系或已有知识之间的联系所进行的识记,它是学生识记的主要形式。在意义识记中,理解是关键。

(2)凡是有意义的材料,必须让学生学会积极开动脑筋,找出材料之间的联系;对无意义的材料,应尽量赋予其人为的意义,在理解的基础上进行识记,记忆效果就好。

知识3 想象与思维

一、单项选择题

1. A 【解析】A项个别表象是指对某一特定对象多次感知后产生的表象。它反映了个别事物的特征。例如,对某一件物品感知后在头脑中留下的具体形象。题干描述的是个别表象。B项一般表象是指对某一类事物多次感知后产生的表象,它去掉了感知对象的个别特点,集中了一类事物共有的特征。C项遗觉表象又称为遗觉像,是指刺激停止作用后,人脑中继续保持异常清晰、鲜明的形象。D项想象表象是人脑在已有表象的基础上,进行加工改造与整合而形成的新形象。
2. C 【解析】表象是事物不在面前时,人们在头脑中出现的关于事物的形象。学生的脑海中浮现老师的音容笑貌属于表象。故本题选D。A项想象是人脑对已储存的表象进行加工改造,形成新形象的心理过程。
3. D 【解析】A项幻想是有意想象的一种特殊形式,是一种与生活愿望相结合并指向于未来的想象。B项创造想象是按照一定目的、任务,使用自己以往积累的表象,在头脑中独立地创造出新形象的过程。C项再造想象是依据词语或符号的描述、示意在头脑中形成与之相应的新形象的过程。D项无意想象又称不随意想象,是没有预定目的,不由自主产生的想象。把天上的浮云想象成各种动物的样子,这一想象过程不指向于未来,排除A项幻想。这一过程也没有产生新的形象,可以排除BC两项。这一想象过程是不由自主产生的,因此属于无意想象。
4. D 【解析】创造想象是按照一定目的、任务,使用自己以往积累的表象,在头脑中独立地创造出新形象的过程。曹雪芹先生想象出林黛玉等众多人物的形象属于创造想象。
5. B 【解析】有意想象又称随意想象,是指有预定目的、自觉进行的想象,是意识活动的一种形式。小田在头脑中构思他要描述的场景是在写作的要求下,有意识、自觉进行的,因此属于有意想象。
6. A 【解析】再造想象是依据词语或符号的描述、示意在头脑中形成与之相应的新形象的过程。题干所述属于再造想象。

方法技巧:再造想象和创造想象是常考知识点,一般会结合例子进行考查。考生在做题时,只要题干表示通过阅读文字或者符号产生新的形象,就属于再造想象。读者阅读属于再造想象,作者创作属于创造想象。

7. A 【解析】想象的加工方式主要有四种:(1)黏合,即把两种或两种以上客观事物的属性或特征结合在一起而形成新形象的过程,如孙悟空的形象。(2)夸张,即对客观事物的某些正常特点加以夸大和强调,如"千手观音"的形象。(3)拟人化,即使客观事物人格化的过程,如"雷公""电母"等形象。(4)典型化,即根据一类事物共同的、典型的特征创造新形象的过程。神话中孙悟空的形象运用的是黏合。
8. B 【解析】夸张,即改变客观事物的正常特点,对某些特点加以夸大和强调,使其增大、缩小、数量加多、色彩加浓等。大人国和小人国的人物形象是在正常人身高的基础上进行了夸张的增高或降低,因此属于夸张。
9. B 【解析】B项,想象的补充功能是指借助想象可以弥补人们认识活动的时空局限,超越个体狭隘的经验范围,获得更多的知识。想象的补充功能可以使人"思接千载,视通万里""精骛八极,心游万仞",不受时空的限制。故本题选B。A项,预见功能是指想象能预见活动的结果,指导活动进行的方向。C项,替代功能是指一些不能满足的现实需要能借助想象从心理上得到一定的补偿和满足。D项,调节功能是指想象对机体的生理活动过程有调节作用,它能改变人体外周部分的机能活动过程。
10. D 【解析】幻想是有意想象的一种特殊形式,是一种与生活愿望相结合并指向于未来的想象。幻想可分为科学幻想、理想、空想三种形式。
11. D 【解析】D项,思维的灵活性主要指能从不同角度、运用不同方法思考问题,在条件发生变化时,能随机应变,及时地改变原有计划、方案,寻找新的解决问题的途径。A项,思维的敏捷性是指思维活动迅速正确,能当机立断。B项,思维的广阔性是指思路开阔,能从各个角度、多个方面揭露事物的联系,全面地思考问题。C项,思维的深刻性是指能深入地思考问题,善于透过事物的表面现象,抓住事物的实质,揭露事物之间的内在联系。"足智多谋,随机应变"体现了思维的灵活性。

易错警示:思维的灵活性和思维的敏捷性是易混点,考生可以根据关键词进行区分。灵活性:从不同角度,运用不同方法,强调"变"。敏捷性:迅速正确,当机立断,强调"快、准"。

12. B 【解析】具体形象思维(形象思维)是以直观形象和表象为支柱的思维过程。表象是思维的材料,思维过程往往表现为对表象的概括、加工和操作。题干中的一年级小学生在计算时,需借助头脑中的小棒等实物表象才能进行计算,这说明他的思维是以直观形象和表象为支柱的,故其思维类型是形象思维。本题选B。A项动作思维是以实际动作为支柱的思维过程。C项抽象思维是以词为中介来反映现实的思维过程,也叫词的思维或逻辑思维。D项发散思维是指人们解决问题时,思路朝各种可能的方向扩散,从而求得多种答案。

13. A 【解析】儿童入学后,想象的有意性、现实性、创造性和概括性都在不断发展着。儿童想象的现实性发展的表现之一是从热衷完全脱离现实的神话虚构,逐渐转向对现实生活的幻想。

14. C 【解析】本题中考生需区分几种言语的特点。见下表。

类别	特点	示例
对话言语	情境性、反应性和简略性	聊天、座谈
独白言语	展开性、有准备的、有计划的	报告、讲演
书面言语	随意性、展开性和计划性	写文章
内部言语	隐蔽性和简略性	默读

对应上表,可知本题答案选C项。

15. D 【解析】书面言语是言语发展的高级阶段。

16. D 【解析】思维的批判性是指既善于批判地评价他人的思想和成果,吸取别人的长处、优点和思想的精华,摒弃别人的短处、缺点和思想的糟粕,也善于严格而精细地思考问题,冷静而客观地评价和自觉地控制自己的思维活动,不易受自己的情绪和偏爱的影响。题干所述反映了学生思维具有批判性。故本题选D项。A项,思维的深刻性是指能深入地思考问题,善于透过事物的表面现象,抓住事物的实质,揭露事物之间的内在联系。B项,思维的灵活性是指能灵活地思考问题。它表现为能从不同角度、运用不同方法思考问题;在条件发生变化时,能随机应变,及时地改变原有计划、方案,寻找新的解决问题的途径。C项,思维的敏捷性是指思维活动迅速正确,能当机立断。

17. A 【解析】思维的特点主要有间接性和概括性。(1)思维的间接性,是指思维能对感官所不能直接把握的或不在眼前的事物,借助于某些媒介物与头脑加工来进行反映。(2)思维的概括性包含两层意思:①把同一类事物的共同特征和本质特征抽取出来加以概括。②将多次感知到的事物之间的联系和关系加以概括,得出有关事物之间的内在联系的结论。医生通过中介手段,经过思维加工间接判断出病人的病情体现了思维的间接性的特点。故选A项。

方法技巧:思维的间接性与概括性联系紧密,考生容易混淆。间接性由表及里,需借助媒介,是规律的应用。概括性则是规律的总结,分两层意思:一是形成概念;二是得出事物间的内在关系。

18. B 【解析】具体形象思维是以直观形象和表象为支柱的思维过程,在人脑中对各种道路的表象进行思维的过程是具体形象思维过程。

19. C 【解析】抽象逻辑思维是以词为中介来反映现实的思维过程,也叫词的思维或逻辑思维。题干中小红证明命题和定理时,需要将数字符号和概念组合起来运用,体现的就是抽象逻辑思维。

20. B 【解析】不能独立地思考问题,人云亦云,这是思维缺乏独立性的表现。

21. A 【解析】思维的逻辑性和严谨性是思维品质的中心环节,是所有思维品质的集中体现。

22. D 【解析】训练发散思维的方法有多种,如用途扩散、结构扩散、方法扩散、形态扩散等。其中,用途扩散,即让学生以某件物品的用途为扩散点,尽可能多地设想它的用途。故选D项。

23. C 【解析】分析是指在头脑中把事物或对象分解成各个部分或各个属性。综合是在人脑中把事物或对象的个别部分或属性联合为一体。两个以上知识点交叉的题目需要学生分析综合的思维能力,所以题干描述中学生分析与综合的思维过程需要强化。故本题选C。A项,抽象是在人脑中提炼各种事物与现象的共同的、本质的特征,舍弃其个别的、非本质的特征的过程。概括是人脑把事物间共同的、本质的特征抽象出来加以综合的过程。B项,比较是指在人脑中把各种事物和现象加以对比,来确定它们之间的异同点和关系的思维过程。分类是思想上按照事物的异同,把它们区分为不同种类的思维过程。D项,系统化是指人脑把具有相同本质特征的事物归纳到一定类别系统中去的思维过程。具体化是指人脑把经过抽象概括后的一般特征和规律推广到同类的具体事物中去的过程。

24. A 【解析】比较是指在人脑中把各种事物或现象加以对比,来确定它们之间的异同点和关系的思维过程。

25. C 【解析】概念形成一般经历三个阶段:抽象化、类化、辨别。在进行类化时,必须归纳客观事物某些属性或特征的相似性或共同性,而忽略事物之间非本质特征或属性的差异性。

26. D 【解析】对话言语指两个人或几个人直接交际时的言语活动,如聊天、座谈等。

27. A 【解析】头脑风暴法通常以集体讨论的方式进行,鼓励参加者尽可能快地提出各种各样异想天开的设想或观点,相互启迪,激发灵感,从而引发创造性思维的连锁反应,形成解决问题的新思路。题干所述属于头脑风暴法。

28. B 【解析】个体思维的发展遵循直观动作思维、具体形象思维、抽象逻辑思维的发展顺序。

29. B 【解析】经验思维是以日常经验为依据,判断生产、生活中的问题的思维。“太阳从东边升起,往西边落下”这是人们通过自己的日常经验进行的判断,属于经验思维。

30. A 【解析】创造性思维是发散思维和聚合思维的统一,以发散思维为核心。

31. B 【解析】直观动作思维是以实际动作为支柱的思维过程。例如,3岁前的幼儿的思维就属于直观动作思维,他们的思维活动离不开触摸、摆弄物体的活动。题干所述属于直观动作思维。

32. D 【解析】四年级(10~11岁)儿童的思维开始从以具体形象思维为主过渡到以抽象逻辑思维为主。

33. A 【解析】思维的片面性使初中生在思考、分析问题时极易钻牛角尖,经常陷入思想的泥潭而不能自拔,严重者会出现心理障碍。

34. A 【解析】思维的概括性,包含两层意思:(1)把同一类事物的共同特征和本质特征抽取出来加以概括;(2)将多次感知到的事物之间的联系和关系加以概括,得出有关事物之间的内在联系的结论。题干所述反映了思维概括性的第一层含义。

二、多项选择题

1. ABD 【解析】表象的基本特征是直观性、概括性、可操作性。
2. AD 【解析】再造想象是依据词语或符号的描述、示意在头脑中形成与之相应的新形象的过程。根据定义可判断AD项属于再造想象。B项是无意想象,C项是创造想象。
3. BCD 【解析】无意想象又称不随意想象,是没有预定目的,不由自主产生的想象。把天空中的云想象成现实的事物和学生常出现的"白日梦"现象,都是无意想象的表现。而梦是无意想象的极端表现。
4. AD 【解析】幻想是有意想象的一种特殊形式,是一种与生活愿望相结合并指向于未来的想象。幻想可分为科学幻想、理想和空想三种形式。A项属于理想,D项属于空想,都属于幻想。梦是无意想象的极端表现,故B项属于无意想象;C项属于自主运动。
5. ABD 【解析】书面言语具有随意性、展开性和计划性等特点。
6. ABC 【解析】思维的品质有:广阔性与深刻性;独立性(独创性)与批判性;灵活性与敏捷性;逻辑性与严谨性。D项间接性与概括性属于思维的特点,不属于思维的品质。
7. ABD 【解析】创造性思维以发散思维为核心。发散思维具有流畅性、灵活性(变通性)和独创性(独特性)等特点。因此,目前也有人以发散思维的特点来代表创造性思维的特点。
8. ABCD 【解析】具体应用头脑风暴法时,应遵循四条基本原则:(1)让参与者畅所欲言,对提出的所有方案禁止批评,延迟评价;(2)鼓励标新立异、与众不同的观点,提倡自由奔放的思考,充分发表自己的看法;(3)以获得方案的数量而非质量为目的,即鼓励多种想法,多多益善;(4)鼓励提出改进意见或补充意见,提倡对他人的设想进行组合和重建以求改善。
9. ABC 【解析】思维的基本形式包括概念、判断和推理。

三、判断题

1. √ 【解析】表象是事物不在面前时,人们在头脑中出现的关于事物的形象。
2. √ 【解析】聚合思维,也叫求同思维、集中思维、辐合思维、会聚思维,是指人们解决问题时,思路集中到一个方向,从而形成唯一的、确定的答案。
3. × 【解析】幻想是一种与生活愿望相结合并指向于未来的想象。幻想可分为科学幻想、理想、空想三种形式,其中科学幻想和理想都属于积极的幻想,空想是与客观现实相违背的消极幻想,根本不可能实现。
4. × 【解析】内部言语具有隐蔽性和简略性。
5. × 【解析】定势有消极作用,但是也有积极作用,可以利用定势发展"求同思维"。
6. √ 【解析】头脑风暴法通常以集体讨论的方式进行,鼓励参加者尽可能快地提出各种各样异想天开的设想或观点,相互启迪,激发灵感,从而引发创造性思维的连锁反应,形成解决问题的新思路。

四、简答题(参考答案)

1. 简述再造想象产生的条件。
(1)必须具有丰富的表象储备;(2)为再造想象提供的词语及实物标志要准确、鲜明、生动;(3)正确理解词语与实物标志的意义。
2. 简述创造想象产生的条件。
(1)强烈的创造愿望;(2)丰富的表象储备;(3)积累必要的知识经验;(4)原型启发;(5)积极的思维活动;(6)灵感的作用。此外,创造性思维能力、高水平的表象改造能力、丰富的情绪生活、正确的理想和世界观也是创造想象产生的条件。
3. 如何培养学生良好的思维品质?
(1)加强科学思维方法的训练;(2)运用启发式方法调动学生思维的积极性、主动性;(3)加强言语交流训练;(4)发挥定势的积极作用;(5)培养学生解决实际问题的思维品质。

五、论述题(参考答案)

1. 联系教学实际,试述如何培养学生的创造性想象。
(1)引导学生学会观察,丰富学生的表象储备;(2)引导学生积极思考,有利于打开想象力的大门;(3)引导学生努力学习科学文化知识,扩大学生的知识经验以发展学生的空间想象能力;(4)注意发展学生的语言能力;(5)结合学科教学,有目的地训练学生的想象力;(6)引导学生进行积极的幻想。
2. 联系实际试述教师如何帮助学生掌握概念。
(1)以感性材料作为概念掌握的基础;(2)合理利用过去的知识经验;(3)提供概念范例,配合运用正例和反例,适当运用比较;(4)突出有关特征,控制好无关特征的数量和强度,正确而充分地利用"变式";(5)正确运用语言表达,明确提示概念的本质特征;(6)形成正确的概念体系,并运用于实践中。
3. 如何培养学生的创造性思维能力?
(1)运用启发式教学,保护学生的好奇心,激发学生的求知欲,培养创造性动机,调动学生学习的积极性和主动性;(2)培养学生的发散思维,并将发散思维和集中思维相结合;(3)发展学生的创造性想象能力;(4)组织创造性活动,正确评价学生的创造性;(5)开设具体的创造性课程,教授学生创造性思维策略和创造技法;(6)结合各学科特点进行创造性思维训练。

知识4 注意

一、单项选择题

1. D 【解析】本题中考生需理解并区分注意的品质,如下表。

品质	理解要点
注意的稳定性	注意保持在某一对象或某一活动上的时间长短特性
注意的起伏(注意的动摇)	短时间内注意周期性地不随意跳跃现象
注意的分散(分心)	注意离开了当前应当完成的任务而被无关的事物所吸引
注意的广度(注意的范围)	在同一时间内,人们能够清楚地知觉出的对象的数目
注意的分配	人在进行两种或多种活动时能把注意指向不同对象的现象
注意的转移	根据新的任务,主动地把注意从一个对象转移到另一个对象

题干描述的是注意能够同时指向两个及两个以上活动,体现的是注意的分配。故本题选D项。

2. B 【解析】A项,随意注意又称有意注意,是有预先目的、必要时需要意志努力、主动地对一定事物所发生的注意。B项,有意后注意也叫随意后注意,是指有预定目的,但不需要意志努力的注意。它是在有意注意的基础上,经过学习、训练或培养个人对事物的直接兴趣达到的。C项,无意注意也称不随意注意,是没有预定目的、无需意志努力、不由自主地对一定事物所发生的注意。熟练地骑车、打毛衣有自觉目的,但是不需要意志的努力,因此是随意后注意(有意后注意)。故本题选B项。

3. B 【解析】有意注意是一种有预先目的的注意,目的越明确、越具体,有意注意就越容易保持。

4. D 【解析】人在注意某个对象时,常常伴随着特定的生理变化和表情动作。注意时最显著的外部表现有下列几种:(1)适应性运动。人在注意状态下,感觉器官一般是朝向注意对象的。例如:"举目凝视""侧耳倾听"。(2)无关运动的停止。(3)呼吸运动的变化。

5. B 【解析】引起无意注意的客观条件包括:(1)刺激物的强度,如一道强烈的光线;(2)刺激物之间显著的对比关系,如万绿丛中一点红;(3)刺激物的活动和变化,如活动变化的霓虹灯、演讲者抑扬顿挫的声调;(4)刺激物的新异性,如画廊中新张贴的广告等。"鹤立鸡群"体现的是刺激物之间显著的对比关系对无意注意的影响。

6. D 【解析】根据无意注意规律,在教学过程中,教师要成为发挥无意注意积极作用的组织者,需要创设良好的教学环境、精心组织教学内容、采用启发式的教与学的方法等,而过于装饰美化教室的布置会让学生分心,不利于教学活动的进行。

7. A 【解析】注意的转移是根据新的任务,主动地把注意从一个对象转移到另一个对象或由一种活动转移到另一种活动的现象。万事开头难,是因为没有进行注意的转移。

8. A 【解析】注意始终指向同一对象或者同一活动都说明注意是稳定的。在本题中,学生的注意对象和行动虽然有所变化,但是始终是围绕上课这一活动,从广义上来讲,他的注意是稳定的。

易错警示:注意的品质是考试中的重点,广义的注意稳定性考生容易忽略。注意的稳定性有广义和狭义之分,广义的注意稳定性并不意味着注意总是指向同一对象,而是指当注意的对象和行动有所变化,注意的总方向和总任务不变。简单来说,广义的注意稳定性对应同一活动,狭义的注意稳定性对应同一对象。

9. B 【解析】无意注意是没有预定目的、无需意志努力、不由自主地对一定事物所发生的注意。教师故意把讲课音量突然提高是为了引起课堂上开小差同学的无意注意。

10. B 【解析】短时间内注意周期性地不随意跳跃现象称为注意的起伏(或注意的动摇),它是由于人的感受性不能长时间地保持固定的状态,而是间歇性地加强和减弱造成的。

11. D 【解析】D项,双加工理论认为,人类的认知加工有两类:自动化加工和受意识控制的加工。双加工理论可以解释很多注意的现象。我们通常能够同时做几件事,如可以一边骑自行车一边欣赏路边的风景,或是一边看电视一边织毛衣等。在同时进行的几种活动中,其中一项或多项已变成自动化的过程(如维持自行车平衡和织毛衣),不需要个体再消耗认知资源,因此个体可以将注意集中在其他的认知过程上。故选D项。A项,衰减理论认为,当信息通过过滤装置时,不被注意或非追随的信息只是在强度上减弱了,而不是完全消失。B项,多阶段选择理论认为,选择过程在不同的加工阶段上都可能发生。C项,认知资源理论从不同的认知任务或认知活动如何协调的角度来理解注意。

12. B 【解析】小学生无意注意的发展先于有意注意,从无意注意向有意注意过渡。但无意注意占主导地位,随着年龄的增长及大脑的成熟,有意注意才逐步形成和发展起来。

13. A 【解析】活动和变化的刺激物容易引起人们的无意注意。例如,大街上闪烁的霓虹灯、夜空中划过的流星等,很容易引起人们的注意。

14. A 【解析】注意的广度也称注意的范围,是指在同一时间内,人们能够清楚地知觉出的对象的数目。"一目十行"指的就是注意的范围。

15. A 【解析】有意注意是有预先目的、必要时需要意志努力、主动地对一定事物所发生的注意。人们初学古典文学时的注意是有目的的,需要意志努力,因此属于有意注意。

16. C 【解析】多伊奇和诺曼提出了注意的后期选择理论。该理论认为,所有输入的信息在进入过滤或衰减装置之前已受到充分的分析,然后才进入过滤或衰减装置,对信息的选择发生在信息加工的后期,信息的选择依赖于刺激的知觉强度和意义。

17. D 【解析】在一般情况下,小学生有效注意力持续的时间随年龄增长而增加。在组织良好的教学中,小学低年级儿童的有效注意时间大约为15分钟;小学高年级儿童的有效注意时间大约为30~45分钟。整体来说,小学生一节课的有效注意时间为10~30分钟。

二、多项选择题

1. ABC 【解析】根据有无目的和意志努力,注意可以分为无意注意、有意注意和有意后注意三种。故选ABC。

2. AC 【解析】注意的分配是指人在进行两种或多种活动时能把注意指向不同对象的现象。AC两项属于注意的分配,BD两项属于注意的转移。

方法技巧:注意的分配与注意的转移的区别在于:注意的分配强调同时,描述中带有"一边……一边……"的含义;注意的转移强调相继,描述中会带有先后顺序。

3. BD 【解析】无意注意可以由刺激物本身的特点引起,刺激物本身的特点既可以成为顺利完成教学任务的因素,又可以成为造成学生学习分心的因素。在安静的教室门口,使劲咳嗽会分散学生的注意力,因此,A项的做法不正确;用彩色粉笔把黑板边缘装饰得格外的醒目,会分散学生对学习内容的注意。因此,C项的做法不正确。B项故意把音量提高和D项突然中断讲课,都可以引起分心学生的注意,进而把学生的注意力重新引向课堂,因此BD两项正确运用了无意注意的规律。

4. ABD 【解析】运用无意注意的规律组织教学要注意:(1)创造良好的教学环境。为了使学生在学习过程中不受外部无关刺激的干扰,应该创造一个安静、整洁的教学环境。(2)注重讲演、板书技巧和教具的使用。(3)注重教学内容的组织和教学形式的多样化。所以,答案选ABD三项。C项属于教师运用有意注意规律组织教学的方法。

5. ACD 【解析】在教学过程中如果过分地要求学生使用有意注意,则容易引起疲劳;而如果只让学生凭借无意注意来学习,则不利于他们克服学习过程中的困难。所以，无论是在整个教学活动过程中，还是在一堂课上，教师都应充分利用两种注意转换的规律来组织教学。所以，A项说法错误，B项说法正确。有意注意也称随意注意，是有预先目的、必要时需要意志努力、主动地对一定事物所发生的注意，故D项说法错误。有意后注意是一种更高级的注意，在活动进行中不容易感到疲倦，这对完成长期性和连续性的工作有重要意义。教学中应该引导学生产生有意后注意。故C项说法错误。本题为选非项，故选ACD。

三、判断题

1. × 【解析】本题中考生需要区分注意的特点。注意有两个特点：指向性与集中性。(1)注意的指向性是指心理活动有选择地反映一定的对象，而离开其余的对象。(2)注意的集中性是指心理活动停留在被选择的对象上的强度或紧张度，它使心理活动离开一切无关的事物，并且抑制多余的活动，以保证注意的对象能得到比较鲜明和清晰的反映。"两耳不闻窗外事，一心只读圣贤书"体现了注意的集中性。

易错警示：考生容易混淆注意的指向性和集中性，考生在进行区分时应注意：注意的指向性是在接收信息时，只选择一定的对象加以反映。注意的集中性是心理活动只关注所指向的事物，抑制了与当前注意对象无关的活动。

2. √ 【解析】有意注意也称随意注意，是有预先目的、必要时需要意志努力、主动地对一定事物所发生的注意。有意注意是一种积极主动、服从于当前活动任务需要的注意，属于注意的高级形式。
3. × 【解析】间接兴趣，特别是稳定的间接兴趣，是引起和保持有意注意的重要条件。间接兴趣越稳定，就越能对活动的对象保持有意注意。
4. × 【解析】注意的稳定性是注意品质在时间上的特征。
5. √ 【解析】小学低年级学生的无意注意占主导地位。但随着年龄的增长及大脑的成熟，有意注意也逐步形成和发展起来。

四、简答题(参考答案)

1. 简述引起无意注意的条件。

(1)客观条件，即刺激物本身的特点。包括：①刺激物的强度；②刺激物之间显著的对比关系；③刺激物的活动和变化；④刺激物的新异性。

(2)主观条件，即人本身的状态。包括：①当时的需要；②当时的特殊情绪状态；③当时的直接兴趣；④个体的知识经验等。

2. 如何培养学生的有意注意？

(1)明确学习的目的和任务；(2)培养间接兴趣；(3)合理组织课堂教学，防止学生分心；(4)运用多种教学手段。

五、案例分析题(参考答案)

(1)根据材料分析可知：①李老师穿着漂亮的新衣服，用彩色粉笔装饰黑板边缘，这样做会分散学生对学习的注意力，而使学生更多注意这些与学习无关的内容。②先宣布期中考试成绩会让学生接下来思考考试的结果而不是老师上课的内容，也不利于学生将注意力集中在课堂教学上。③在正式讲课过程中，李老师言语平静，这容易使学生产生疲劳。④立即点名批评，制止不良行为的做法会分散学生的注意力，对课堂的连贯性有消极影响。

(2)①创造良好的教学环境。为了使学生在学习过程中不受外部无关刺激的干扰，应该创造一个安静、整洁的教学环境。②注重讲演、板书技巧和教具的使用。在讲课过程中，教师应该音量适中，语音、语调做到抑扬顿挫，遇到重点、难点还要加强语气，伴以适当的手势和表情。另外可以配合使用板书和教具。③注重教学内容的组织和教学形式的多样化。

整合提升

一、单项选择题

1. D 【解析】由于刺激对感受器的持续作用而使感受性发生变化的现象叫感觉适应。D项属于感觉适应中的嗅觉适应。A项属于联觉，BC两项属于感觉对比。
2. C 【解析】有意后注意也称随意后注意，是注意的一种特殊形式，是指有自觉目的，但不需要意志努力的注意。刚开始对钢琴不感兴趣，这时的学习属于有意注意，被要求学习一段时间后，对钢琴产生了兴趣，这时专心致志地学习属于有意后注意。
3. A 【解析】直觉思维是一种以对问题进行内隐式的感知为特征的思维形式，是非逻辑性的、跳跃式的、没有具体步骤的。
4. A 【解析】对一群人的特征或动机加以概括，把概括得出的群体的特征归属于团体中的每一个人，认为他们每个人都具有这种特征，而无视团体成员中的个体差异，这种现象称为社会刻板效应。物理教师因为学生数学学习成绩好而认为其物理成绩也好，忽略了个体差异，该教师的看法属于刻板印象。
5. C 【解析】合理组织活动是引起和保持有意注意的方法。教师将讲解和学生记笔记、做实验合理地组织起来，有效地保持了学生的有意注意。
6. A 【解析】小学低年级儿童观察事物凌乱、不系统，即观察缺乏顺序性。
7. A 【解析】运动后效是指在注视向一个方向运动的物体之后，如果将注视点转向静止的物体，那么会看到静止的物体似乎向相反的方向运动。例如，快速旋转的车轮或风扇在某个速度上会让人产生反转知觉。
8. D 【解析】从艾宾浩斯的遗忘曲线可以看出，人类的遗忘遵循先快后慢的规律：初次学习后，过了20分钟，记忆的内容保持下来的仅有58.2%；1小时后，剩余44.2%；接下来速度越来越慢。因此，个体对初次识记的无意义材料进行复习的时间应在识记后1个小时内。与遗忘进行斗争的首要条件是组织识记后的复习。故AB两项说法正确。复习在保持中有很大的作用，刺激物的重复出现是短时记忆向长时记忆转化的条件，没有复述的信息不可能进入长时记忆。因此，C项说法正确。复习难度小的材料可适当集中复习，难度大的材料可采取分散复习的方式，做到分散复习与集中复习相结合。因此，D项说法错误。本题为选非题，故选D项。
9. A 【解析】当前面所学的信息有助于后面的信息的学习，就称为前摄促进；相反，后面所学的信息有助于先前的学习，就称为倒摄促进。题干描述中，先前学习的"interest"有助于后面学习"interesting"，故属于前摄促进。
10. D 【解析】内隐记忆是指在不需要意识参与或不需要有意回忆的情况下，个体的已有经验自动对当前任务产生影响而表现出来的记忆。ABC三种活动表现符合内隐记忆的含义，D项记忆电影情节运用了外显记忆。故选D项。
11. C 【解析】深度知觉也叫"立体知觉"或"距离知

觉”，指对物体远近距离或三维特性的知觉。题干所述是根据遮挡判断出物体的远近，这属于深度知觉。

12. D 【解析】知觉的恒常性是指客观事物本身不变，但知觉条件在一定范围内发生变化时，人的知觉映像仍相对不变。不管亮度怎么变，人们仍然将白衬衫知觉为白衬衫属于知觉的恒常性。

13. D 【解析】形态扩散，即以事物的形态（如颜色、味道、形状等）为扩散点，设想出利用某种形态的各种可能性。

14. B 【解析】知觉的理解性是指人以知识经验为基础对感知的事物加工处理，并用语词加以概括赋予说明的加工过程。教师要求学生联系上下文来猜测词义是让学生以知识经验为基础对生词进行推理加工，这体现了知觉的理解性。

15. C 【解析】思维间接性的表现有：思维能对不在眼前、没有直接作用于感官的事物加以反映；思维能对根本不能直接感知的事物进行反映；思维能在对现实事物认识的基础上，做出某种预见。ABD三项表述正确。C项是思维概括性的表现。

16. B 【解析】思维的广阔性是指思路开阔，能从各个角度、多个方面揭露事物的联系，全面地思考问题。教师讲课时能“左右逢源”，说明其知识面广，思维具有广阔性。

17. A 【解析】错误概念的转变是新旧经验相互作用的集中体现，是新经验对已有经验的改造；概念转变过程是认知冲突的引发及其解决的过程。故选A项。

18. D 【解析】对客观事物进行分辨是概念形成的重要一步。题干所述是对爬行动物这个概念的辨别过程。

19. C 【解析】语义记忆又称语词逻辑记忆，是以语词所概括的事物的关系以及事物本身的意义和性质为内容的记忆。例如，概念、定理、公式和规则等。情景记忆是以亲身经历的、发生在一定时间和地点的事件（情景）为内容的记忆。C项，记住“孺子”的意思属于语义记忆，记得前年校庆晚会上教师的合唱节目属于情景记忆。故选C项。

20. D 【解析】艾宾浩斯用自己做被试对记忆规律进行了研究，他以无意义音节为材料，采用节省法，依据保持效果，提出了著名的“遗忘曲线”。

21. D 【解析】归纳推理是由具体事物归纳出一般规律的推理过程，即从特殊到一般的推理过程。演绎推理是从一般到特殊或具体的推理过程。例如，所有的哺乳类动物都是胎生的，虎是哺乳类动物，因此得出的结论是：虎也是胎生的。故本题选D项。

22. A 【解析】刺激物对感受器的作用停止以后，感觉现象并不立即消失，它能保留一个短暂的时间，这种现象叫后像。正是由于后像的作用，才能使人们看到连续的电影画面。

23. D 【解析】直觉思维是未经逐步分析就迅速对问题答案做出合理的猜测、设想或突然领悟的思维。直觉思维具有敏捷性、直接性、简缩性、突然性（突发性）、猜测性的特点。即兴回答能调动学生的直觉思维。

24. C 【解析】总结来说人的意识状态有四种：（1）可控制的意识状态。可控制的意识状态是指意识处于最清晰、注意力最集中的状态。此时人们能够意识到自己所做的事，能够预见到事情发展的结果，能够根据自己的目的和意图调节和控制自己的行为。（2）自动化的意识状态。自动化的意识状态是指在从事自己熟练掌握的活动或习惯化的行为时，不需要投入更多注意资源就能顺利完成的状态。（3）白日梦意识状态。白日梦是指包含很低水平意识努力的意识状态，它介于主动的意识状态与睡眠中做梦二者之间，似乎是一方面清醒着一方面做梦，通常在不需要集中注意的情况下自发产生。上课时走神就属于白日梦状态。（4）睡眠状态。睡眠时也有意识活动，最典型的是梦。

25. A 【解析】有意注意是有预先目的、必要时需要意志努力、主动地对一定事物所发生的注意。儿童早期学习汉字时，对汉字字形、结构、正误的注意是有目的的，需要意志努力的，因此属于有意注意。

26. A 【解析】知觉的整体性是指人根据自己的知识经验把直接作用于感官的客观事物的多种属性整合为统一整体的过程。知觉的整体性既有助于人的知觉能力与速度的提高，也可能妨碍和干扰对部分与细节特征的反映。题干所述体现的是后者。

27. A 【解析】概念获得包含两种方式：概念形成和概念同化。概念形成是指个体通过反复接触大量同一类事物或现象的共同特征或共同属性，并通过肯定的例子（正例）或否定的例子（反例）加以证实的过程。概念形成的标志是把握概念的本质特征，并能在实际中运用。发现学习是概念形成的主要方式。概念同化，就是利用学习者认知结构中原有的概念，以定义的方式直接给学习者提示概念的关键特征，从而使学习者获得概念的方式。题干所述的概念一般是通过概念形成获得的。故选A项。

28. A 【解析】直观动作思维是以实际动作为支柱的思维过程。成人有时也会出现直观动作思维。司机用工具检修出故障的发动机就是运用了直观动作思维。

29. C 【解析】知觉的整体性表明对部分的理解需要依赖整体。学生对本节课整体知识结构的了解，促进了学生对知识内容的吸收，提高了课堂效率。这体现了知觉的整体性。

30. A 【解析】注意的集中性是指心理活动停留在被选择的对象上的强度或紧张度，它使心理活动离开一切无关的事物，并且抑制多余的活动，以保证注意的对象能得到比较鲜明和清晰的反映。人在注意力高度集中时，除了目标物，会对自己周围的其他事物“视而不见、听而不闻”。题干所述体现了注意的集中性。

31. A 【解析】记忆的敏捷性是记忆的速度和效率特征。能够在较短的时间内记住较多的东西，就是记忆敏捷性良好的表现。记忆的持久性是记忆的保持特征。记忆的准确性是记忆的正确和精确特征。记忆的准备性是记忆的提取和应用特征。故题干所述现象体现的是记忆的敏捷性。

32. B 【解析】思维的深刻性是指能深入地思考问题，善于透过事物的表面现象，抓住事物的实质，揭露事物之间的内在联系。小学儿童思维深刻性的发展表现在间接推理能力增强，思维的抽象逻辑水平提高。

33. C 【解析】根据思维的概括性，思维可分为艺术型、思维型和中间型。艺术型的人具有知觉印象的鲜明性、记忆的形象性、高度的情绪易感性、想象的丰富性等特点。他们善于识记图形、颜色、声音等直观材料。作家、诗人、画家、演员等多属于这种类型。故本题选C项。思维型的人具有较强的分析能力、概括能力和抽象思维能力。他们在数、理、哲等学科方面有优势,善于抽象、分析、逻辑推理。中间型的人处于艺术型和思维型之间,兼有两者的特点。在现实生活中,艺术型和思维型的人数较少,大多数人都属于中间型。

34. B 【解析】题干中的描述说明了个体当时的直接兴趣(期待)是引起注意的重要条件。

35. B 【解析】内部言语具有简略性,它所表达的思想和情感往往可以简略或压缩至一个词或一个短语词组来代替一系列完整的句子。内部言语的简略性是内部言语外化困难的原因。

二、多项选择题

1. ACD 【解析】无意注意也称不随意注意,是没有预定目的、无需意志努力、不由自主地对一定事物所发生的注意。引起无意注意的条件有客观条件和主观条件。南极考察队员穿鲜红羽绒服比较显眼、易引起无意注意;晚上商店门口的霓虹灯利用的是刺激物的活动和变化,引起无意注意;红白相间的标志利用刺激物之间显著的对比关系,引起无意注意。士兵的迷彩服是用来伪装,避免引起敌人的无意注意。

2. ACD 【解析】许多学科的教学需要借助教具作为辅助手段,尤其在低幼儿童的教学中,合理使用教具可以激发学生的直接兴趣,吸引学生的无意注意。而过多地使用教具、仪器、设备等会影响儿童的注意力,造成注意力分散。所以B项错误。

3. ABC 【解析】过滤器理论、衰减理论和后期选择理论都假设注意是一个容量有限的通道,它们的不同在于对过滤器的位置和过滤器选择的原则看法不同。认知资源理论和双加工理论把注意看成是对刺激进行识别和加工的认知资源,其容量或能量是有限的。

4. ABCD 【解析】选择题和判断题主要通过再认来解答;填空题、问答题主要通过重现来解答。由于再认和重现的水平不同,人的再认记忆优于重现记忆,而且能再认的不一定能重现。因此仅靠判断题、选择题难以说明记忆已达到牢固保持的程度,因此往往需要借助于问答、填空等题型。故ABCD四项说法都正确。

5. BC 【解析】直观动作思维是以实际动作为支柱的思维过程。具体形象思维是以直观形象和表象为支柱的思维过程。抽象逻辑思维是以词为中介来反映现实的思维过程,也叫词的思维或逻辑思维。A项属于具体形象思维,D项属于直观动作思维,BC项属于抽象逻辑思维。

6. ABCD 【解析】想象是人脑对已储存的表象进行加工改造,形成新形象的心理过程。A项表述正确。表象是事物不在面前时,人们在头脑中出现的关于事物的形象。B项表述正确。表象属于记忆范畴,无创造性;想象是思维的一种特殊形式,具有创造性。CD两项表述正确。

7. ABCD 【解析】学生在教师的带领下对《赠汪伦》这首诗进行想象,在脑海中形成主题画面,这是属于再造想象。A项说法正确。学生吟诵《赠汪伦》的场景可以作为记忆提取的线索。B项说法正确。通过听觉编码、表象编码等多重编码的方法对知识进行识记,有利于学生对知识的记忆。C项说法正确。形象记忆是以我们感知过的事物形象为内容的记忆。形成诗词的画面增强了学生的形象记忆。D项说法正确。

8. ABC 【解析】"鹤立鸡群"的意思是像鹤站在鸡群中一样。比喻一个人的仪表或才能在周围一群人里显得很突出。这个成语反映的现象有感觉对比、无意注意和注意的选择性。

9. ABCD 【解析】为了促进错误概念的转变,教学一般要包括以下三个环节:(1)揭示、洞察学生原有的概念;(2)引发认知冲突;(3)通过讨论分析,使学生调整原来的看法或形成新概念。为了帮助学生有效地掌握概念,在教学中要注意以下几点:(1)以准确的语言明确揭示概念的本质;(2)突出本质特征,控制非本质特征;(3)恰当使用正例和反例;(4)多用变式和比较;(5)在实践中运用概念。

10. AB 【解析】在一定时间内,事件发生的数量越多,性质越复杂,人倾向于把时间估计得较短;而事件的数量少,性质简单,人倾向于把时间估计得较长。AB两项说法正确。人们对自己感兴趣的东西,会觉得时间过得快,出现对时间的估计不足。C项说法错误。在期待某种事物时,会觉得时间过得很慢。D项说法错误。

三、判断题

1. √ 【解析】小学生的想象从有很大的具体性、直观性,向有一定的概括性、逻辑性发展,表现为想象所凭借的依托物由实物向词语演变。

2. × 【解析】保持在数量上的变化,一般表现为识记的内容随着时间的进程呈减少的趋势,甚至遗忘。保持在数量上的变化还表现为记忆恢复。记忆恢复(记忆回涨)是指识记某种材料,经过一段时间后测得的保持量大于识记后即时测得的保持量。

3. × 【解析】表象的形象比较模糊,并且也不稳定。

4. √ 【解析】概念的掌握又称为概念获得,即获得了这一概念所反映的一类事物的本质属性与共同特征。如儿童看到麻雀、乌鸦、燕子等,分析综合后形成关于"鸟"的日常概念。

5. √ 【解析】反复阅读与尝试回忆相结合的方法,能使学习者及时了解到识记的成绩,从而提高学习的兴趣,激起进一步学习的动机。同时,在每次回忆后,学习者可以及时检查记忆效果,在重新阅读时就会有针对性地集中精力攻克难点,纠正错误,不至于平均用力。

6. √ 【解析】空间知觉是指物体的空间特性在人脑中的反映,包括形状知觉、大小知觉、深度知觉、方位知觉等。辨别汉字的偏旁和结构属于空间知觉中的方位知觉。

7. × 【解析】推测与假设训练的主要目的是发展学生的想象力和对事物的敏感性,并促使学生深入思考,灵活应对。例如,让学生听一段无结局的故事,鼓励他们去猜测可能的结局;或读文章的标题,去猜测文中的具体内容。自我设计训练是指教师为学生提供必要的材料与工具,让学生利用这些材料,实际动手去制作某种物品。题干描述的是猜测与假设训练。

四、简答题(参考答案)

1. 简述影响知觉整体性的因素。

(1)知觉对象的特点,如接近、相似、闭合、连续等因素。(2)对象各组成部分的强度关系。(3)知觉对象各部分之间的结构关系也影响知觉的整体性。(4)知觉的整体性主要依赖于知觉者本身的主观状态,其中最主要的是知识与经验。

2. 简述维持有意注意的条件。

(1)加深对目的任务的理解。(2)合理组织活动。(3)对兴趣的依从性。间接兴趣,特别是稳定的间接兴趣,是引起和保持有意注意的重要条件。(4)排除内外因素的干扰,提高意志力水平。

3. 联系实际简述教师如何帮助学生转变错误概念。

(1)创设开放的、相互接纳的课堂气氛;(2)倾听、洞察学生的经验世界;(3)引发认知冲突;(4)鼓励学生交流讨论。

五、论述题(参考答案)

试述注意规律在教学中的运用。

(1)运用注意规律组织教学。①根据注意的外部表现了解学生的听课状态;②运用无意注意的规律组织教学;③运用有意注意的规律组织教学;④运用两种注意相互转换的规律组织教学。

(2)在教学过程中培养学生良好的注意品质。①要增强注意的稳定性,就要防止注意的分散;②要扩大注意的广度,需要学生积累本学科相应的知识经验和具备一定的素养;③注意的分配在教学中有实践意义;④注意的转移同人的先天的神经活动类型有关,但也可以通过对外在因素的控制和后天训练加以改善和提高。

六、案例分析题(参考答案)

1. (1)①思维的深刻性是指能深入地思考问题,善于透过事物的表面现象,抓住事物的实质,揭露事物之间的内在联系。小叶不仅深思好学、触类旁通,有独立见解,还能透过现象看本质体现了思维的深刻性。

②思维的独立性(独创性)是指既能不受他人暗示,不人云亦云,不盲从别人的见解,不依赖现成的方法和结论,又能不武断、不一意孤行、不固执己见、不唯我是从,充分地发挥个人的主观能动性,独立地发现、思考、处理和解决问题。小叶解决问题当机立断,毫不犹豫,体现了思维的独立性(独创性)。

③思维的敏捷性是指思维活动迅速正确,能当机立断。小叶解决问题当机立断,毫不犹豫,体现了其思维的敏捷性。

④思维的灵活性是指能灵活地思考问题,它表现为能从不同角度、运用不同方法思考问题;在条件发生变化时,能随机应变,及时地改变原有计划、方案,寻找新的解决问题的途径。小叶在数学课上,当问题与条件发生变化时,他总能打破常规,想出新办法,体现了其思维的灵活性。

(2)教师在教育教学过程中培养学生良好的思维品质可以从以下几个方面着手:①加强科学思维方法的训练;②运用启发式方法调动学生思维的积极性、主动性;③加强言语交流训练;④发挥定势的积极作用;⑤培养学生解决实际问题的思维品质。梁老师安排在班上开展课前讲故事活动,提高学生的言语表达能力和对数学题意的理解力;在课堂教学中,梁老师设置问题情境,激励学生独立发现问题,提出问题,鼓励学生运用已有知识经验去思考如何解决问题,调动了学生的积极性,培养了学生解决实际问题的能力。

2. (1)小学生无意注意的发展先于有意注意,从无意注意向有意注意过渡。低年级小学生的有意注意缺乏自觉性,需要教师或其他成人给定目的;在注意进程中也不会组织自己的注意,需要他人不断提醒和关照。案例中上小学一年级的小豪的注意稳定性差,不会组织自己的注意,这是小豪注意力不集中的主要原因。

(2)有效集中学生注意力的方法有:①明确学习的目的和任务;②培养间接兴趣;③合理组织课堂教学,防止学生分心;④运用多种教学手段。另外,许多学科的教学还需要借助教具作为辅助手段,尤其在低幼儿童的教学中,合理使用教具可以激发学生的直接兴趣,引起学生的无意注意。教具应该新颖直观,能够很好地说明问题。教师用教具时还要给予言语讲解,引导学生正确观察,避免学生只关注表面现象,忽略实际问题。但有时为了避免学生分心,还要采取一些具体的控制措施:①预先控制。对有不良的学习习惯、上课爱做小动作的学生,做有针对性的调查分析,进行说服教育并适当采取防治措施。②信号控制。教师在教学过程中通过言语提示和表情暗示等信号来提醒分心的学生。③提问控制。针对个别分心的学生点名提问,在回答不出问题时要求他集中注意,听其他同学的正确回答。④表扬控制。不失时机地表扬专心听讲、正确回答问题的学生,给分心的学生树立榜样。同时,适当地对分心的学生进行批评,也可起到加强注意的效果。

3. 影响识记效果的因素有:

(1)识记的目的与任务。有无明确的识记目的与任务直接影响识记的效果。案例中老师明确要求学生理解掌握并牢记“三角形的内角和等于180度”这个重要理论,并说明记住这个理论的重要性,这向学生提出了明确的识记目的与任务,会提高学生的识记效果。

(2)识记的态度和情绪状态。一般来说,在积极的态度和情绪状态下,人的识记效果好;在消极的态度和情绪状态下,人的识记效率低。案例中老师通过折纸游戏让学生动手实践验证“三角形的内角和是180度”,引发学生的学习兴趣,激起学生的学习动机,会提高学生的识记效果。

(3)活动任务的性质。当识记的材料成为人活动的直接对象时,识记的效果就好;记忆任务的远近与记忆内容保持的长久性与否也有关系;不同的识记任务和要求会影响人的识记方法、进程和效果。案例中老师让学生亲自动手证明所要牢记的重要理论,使识记对象成为学生活动的直接对象,会提高识记效果;老师说这个理论需要学生牢牢记住,识记任务长久、要求高,会提高学生的识记效果。

(4)材料的数量和性质。识记直观形象的材料比识记抽象的材料效果要好些。案例中老师通过展示三角形图片,提供直观的形象材料来提高学生的识记效果。

(5)识记的方法。采用不同的方法和途径识记材料,效果也是不同的。

真题必刷

一、单项选择题

1. D 【解析】感觉对比,是同一感受器接受不同的刺激,而使感受性发生变化的现象。“月明星稀”的意思是月亮明亮时,星星就显得稀疏了。月亮的明度刺激使得个体对星星稀疏的感受发生变化,体现的是感觉对比。故本题选D项。

2. A 【解析】知觉的整体性是指人根据自己的知识经验把直接作用于感官的客观事物的多种属性整

合为统一整体的过程。知觉的整体性既有助于人的知觉能力与速度的提高,也可能妨碍和干扰对部分与细节特征的反映。因此,由于知觉的整体性的存在,人们容易忽略部分或细节的特征,使得山寨商标能够以假乱真。故选A项。

3. C 【解析】知觉的选择性是指当面对众多的客体时,知觉系统会自动地将刺激分为对象和背景,并把知觉对象优先地从背景中区分出来。教师批改作业时多采用红笔标注,这是为了帮助学生优先选择知觉对象,故体现的是知觉的选择性。

4. A 【解析】情景记忆是以亲身经历的、发生在一定时间和地点的事件(情景)为内容的记忆。情景记忆接受和储存的信息和个人生活中的特定时间、地点有关,并以个人的经历为参照。让学生回忆在校园里发生的最难忘的一件事,强调个体在特定地方发生的事件,故属于情景记忆。

5. D 【解析】实验证明,过度学习达到50%,即学习的熟练程度达到150%时,学习的效果最好。该生读了6遍材料刚好记住,则过度学习达到3遍,即一共读9遍时,学习效果最好。

6. A 【解析】再造想象是依据词语或符号的描述、示意在头脑中形成与之相应的新形象的过程。人在阅读文艺作品、历史文献时,头脑中出现的有关事物的形象,就属于再造想象。题干中小王在阅读《水浒传》时,脑海中浮现出鲁智深的形象,这是典型的再造想象。

7. A 【解析】抽象是在人脑中提炼各种事物或现象的共同的、本质的特征,舍弃其个别的、非本质的特征的过程。根据题干描述,王老师提炼鸽子、老鹰、鸡、鸭的本质特征,舍弃非本质特征,这符合抽象的定义。故本题选A项。

8. D 【解析】无意注意也称不随意注意,是没有预定目的、无需意志努力、不由自主地对一定事物所发生的注意。题干中的学生听到建筑工地的声音后不由自主地张望,这体现的注意类型是无意注意。

9. D 【解析】注意的转移是根据新的任务,主动地把注意从一个对象转移到另一个对象或由一种活动转移到另一种活动的现象。因毫无灵感,小新决定出去打球放松一下,这属于注意的转移,故本题选D项。注意的分配是指人在进行两种或多种活动时能把注意指向不同对象的现象。AC两项属于注意的分配。注意的分散是指注意离开了当前应当完成的任务而被无关的事物所吸引。B项属于注意的分散。

10. B 【解析】注意的分散,又称为分心,是指注意离开了当前应当完成的任务而被无关的事物所吸引。小红上课爱开小差,是一种分心现象,体现了注意的分散。

二、多项选择题

1. CD 【解析】发散思维,也叫求异思维、分散思维、辐射思维,是指人们解决问题时,思路朝着各种可能的方向扩散,从而求得多种答案。"一题多解"就是培养学生的发散思维。故本题选CD。A项逻辑思维是以词为中介来反映现实的思维过程,也叫词的思维或抽象逻辑思维。B项辐合思维是指人们根据已知的信息和利用熟悉的规则,产生逻辑的结论从而解决问题。AB两项均不符合题意,排除。

2. ABC 【解析】注意具有三个功能:(1)选择功能;(2)保持功能(维持功能);(3)调节和监督功能。

3. ACD 【解析】记忆的品质包括:(1)记忆的敏捷性,这是记忆的速度和效率特征。(2)记忆的持久性,这是记忆的保持特征。(3)记忆的准确性,这是记忆的正确和精确特征。(4)记忆的准备性,这是记忆的提取和应用特征。

三、判断题

1. √ 【解析】首因效应是指在总体印象形成上最初获得的信息比后来获得的信息影响更大的现象。故题干表述正确。

2. √ 【解析】注意的集中性是指心理活动停留在被选择的对象上的强度或紧张度,它使心理活动离开一切无关的事物,并且抑制多余的活动,以保证注意的对象能得到比较鲜明和清晰的反映。人在注意力高度集中时,对目标物之外的其他事物就会"视而不见,听而不闻"了。题干中的学生在做题时,将与解题无关的人和物都排除在外,体现了注意的集中性。

3. × 【解析】注意的转移是根据新的任务,主动地把注意从一个对象转移到另一个对象或由一种活动转移到另一种活动的现象。注意的分散是指注意离开了当前应当完成的任务而被无关的事物所吸引。注意的转移不同于注意的分散,注意的转移是主动、积极的。

专题三 情绪情感、意志过程

基础训练

知识1 情绪和情感

一、单项选择题

1. D 【解析】需要是引发情绪和情感的中介。

2. B 【解析】依据情绪发生的强度、持续性和紧张度的不同,可以把情绪状态划分为激情、心境、应激三种。A项心境是一种微弱的、持续时间较长的,带有弥漫性的情绪状态。B项激情是一种爆发式的、猛烈而时间短暂的情绪状态。例如,狂喜、暴怒、恐惧、绝望、剧烈的悲痛等,都是激情的表现。它往往带有特定的指向性和较明显的外部行为表现,如暴跳如雷、浑身战栗、手舞足蹈等。C项应激是出乎意料的紧迫情况所引起的急速而高度紧张的情绪状态。"手舞足蹈""嚎啕大哭"属于激情的表现,故选B项。

方法技巧:心境、激情和应激的区分是考试的重点,考生可以抓住各自的关键点进行区分。心境强调弥漫性。激情会突出激动、强烈并伴随明显的外部表现:暴跳如雷、欣喜若狂等。应激会突出紧急状况、突发状况或面对新环境。

3. A 【解析】情绪和情感的两极性是指每一种情绪和情感都能找到与之对立的情绪和情感。题干所述体现了情绪具有两极对立的特性。

4. D 【解析】应激状态下常见的心理反应主要有五种:(1)焦虑,其主要特征是恐惧、担心、忧虑和惶惑。(2)其他消极情绪,如烦躁不安、愤怒,甚至攻击行为,情绪消沉、抑郁、沮丧、失望,甚至严重时可能产生自杀行为。(3)认识功能障碍,表现为过度的应激状态使人的记忆、思维能力降低,幽默感减弱,也妨碍人的技能活动,一些熟练动作也受到干扰。(4)自我估价降低,损害人的自主感和自负感,丧失自信心。(5)失助感,又称习得性无助感,这是一种被动消极、无能为力、无所适从、不知所措、听之任之、被动挨打的情绪体验。题干所述属于应激状态下的自我估价降低。

5. B 【解析】情绪情感的功能如下表。

功能	特点
适应功能	有机体适应生存和发展的一种重要方式
动机功能	激励人的活动,提高人的活动效率
组织功能	影响认知和行为操作,有正反两方面作用
信号功能	传递信息、沟通思想,通过表情实现
健康功能	影响人的身心健康
感染功能	互相传递,具有感染性。"共鸣""移情"

教师对学生微笑表示对该同学的赞赏,体现了情绪的信号功能。故本题选B项。

6. D 【解析】情绪和情感的健康功能表现为积极的情绪有助于身心健康,消极的情绪会引起人的各种疾病。"一个小丑进城胜过一打医生"就是肯定积极情绪对身心健康的重要性,体现了情绪和情感的健康功能。

7. D 【解析】理智感是人认识事物和探求真理的需要是否得到满足而产生的主观体验。例如,人们在探求未知的事物时所表现出的求知欲、认识兴趣和好奇心、发现问题的惊奇感、问题解决的喜悦感、为真理献身的自豪感、问题不解的苦闷感等。ABC三项属于理智感,D项属于美感。

8. A 【解析】心境是一种微弱的、持续时间较长的、带有弥漫性的情绪状态。心境一经产生就不只表现在某一特定对象上,而是在相当长的一段时间内,使人的整个心理活动都染上某种情绪色彩,影响人的整个行为表现,成为情绪生活的背景。"见花落泪,见月伤心,良辰美景也是一种无可奈何之感"说的就是心境。

9. B 【解析】从情感的社会内容角度来看,人类的情感有道德感、美感和理智感三种形式。(1)道德感是根据一定的道德标准评价人的思想、意图和言行时所产生的主观体验。(2)美感是人们根据一定的审美标准对自然或社会现象及其在艺术上的表现予以评价时所产生的情感体验。(3)理智感是人们追求真理而产生的一种情感,是一种为追求知识、追求真理而斗争的情操。追求真理的情操,有惊奇感、怀疑感和确信感等。确信感是确信某一概念或判断的真实性的情感,坚信颠扑不灭的真理,坚信能够给予我们一种力量。"砍头不要紧,只要主义真",是对革命充满信心的理智感。故本题选B项。

10. C 【解析】美感是人们根据一定的审美标准对自然或社会现象及其在艺术上的表现予以评价时所产生的情感体验。

11. C 【解析】情绪和情感是由独特的主观体验、外部表现和生理唤醒三种成分组成的。(1)主观体验是指个体对不同情绪和情感状态的自我感受。(2)外部表现,通常称为表情,包括面部表情、姿态表情和语调表情。(3)生理唤醒,是指情绪和情感状态产生时的生理反应。小明即将上考场,感觉心跳加速,有点微微出汗,这种伴随情绪产生的心跳加速和微微出汗属于内脏器官和内分泌腺的生理变化,因此属于生理唤醒。

12. A 【解析】情绪与动机关系密切,情绪能够以一种与生理性动机或社会性动机相同的方式激发和引导行为,情绪的表达也能够直接反映个体内在动机的强度与方向,因此A项表述不正确。

13. A 【解析】道德感是根据一定的道德标准评价人的思想、意图和言行时所产生的主观体验。题干所述体现的是道德感。

14. B 【解析】整个小学阶段,小学儿童的情感带有很大的情境性。尤其低年级学生,容易受具体事物、具体情景的变化而变化,表现出情感不稳定。例如,有的低年级学生回答不出教师提出的问题就哭起来,而后教师生动形象的教学,又能使他破涕为笑。

15. A 【解析】应激是出乎意料的紧迫情况所引起的急速而高度紧张的情绪状态。当人们遇到突然出现的事件或意外发生危险时,为了应付瞬息万变的紧急情况,就得果断地采取决定,迅速地做出反应。应激正是在这种情境中产生的内心体验,故"情急生智"是一种应激现象。

16. D 【解析】情绪情感的动机功能表现在情绪和情感是动机的源泉之一,是动机系统的一个基本成分。它能够激励人的活动,提高人的活动效率。适度的情绪兴奋,可以使身心处于活动的最佳状态,推动人们有效地完成任务。研究表明,适度的紧张和焦虑能促使人积极地思考和解决问题。

易错警示:考生易混淆组织功能和动机功能,二者表现形式存在差异。组织功能是指良好的情绪起推动作用,不好的情绪起阻碍作用。动机功能则是动力作用,从无到有的引发人们的行动。

17. C 【解析】A项松弛训练,是通过改变肌肉紧张,减轻肌肉紧张引起的酸痛,以应对情绪上的紧张、不安、焦虑和气愤。B项心理置换,就是从他人的心理角度去认识、去体验。C项合理宣泄,是指当人受到不良刺激而产生消极情绪时,应让不良情绪充分得以宣泄,通过合理的宣泄来减轻心理负担,恢复心理平静。宣泄可以采用适当的方式:找亲朋好友倾吐不愉快的事;大哭一场或自言自语,以发泄心中的委屈和不满等。D项认知调节法,是根据艾利斯提出的"情绪ABC"理论,当个体处于负性情绪时,如果能找到人的非理性信念,并驳斥干预此信念,用合理信念取而代之,人就会产生新的情绪。跑步、大声喊叫和痛哭一场的缓解压力的方式属于合理宣泄法。故本题选C项。

二、多项选择题

1. CD 【解析】情绪是原始的、低级的态度体验,与生理需要是否满足相联系,是人和动物共有的;情感是后继的、高级的态度体验,与社会需要是否满足相联系。A项说法错误。情感依赖于情绪,具有稳定性、深刻性。B项说法错误。情绪是情感的外在表现,情感是情绪的本质内容。C项说法正确。情绪带有冲动性,伴随明显的外部表现;情感比较内隐,较为深沉。D项说法正确。

2. ABCD 【解析】中学生情感发展的特点如下:(1)情感丰富多彩、富有朝气。(2)情感两极性明显。(3)情感不断深刻。(4)情感逐渐稳定。(5)情感的外露和表达已趋于理性化。

3. BC 【解析】心平如镜和七上八下描写的都是内心状态,不是情绪的外部表现。眉头紧锁和如坐针毡描述的是情绪的外部表现。

4. AB 【解析】心境是一种微弱的、持续时间较长的,带有弥漫性的情绪状态。

5. BC 【解析】激情是一种爆发式的、猛烈而时间短暂的情绪状态。实验成功后,诺贝尔发疯似地高喊:"我成功了!"表明他当时处于激情的状态下。理智感是人认识事物和探求真理的需要是否得到满足而产生的主观体验。诺贝尔为了研究炸药,不顾自己的生命安危进行实验以及实验成功后的喜悦感，这些都属于理智感。

6. ABD 【解析】从情感的社会内容角度来看，人类的情感有道德感、美感和理智感三种形式。

7. AD 【解析】心境是一种微弱的、持续时间较长的，带有弥散性的情绪状态，其突出特点是具有非定向的弥散性。D项表述正确。A项是心境的典型例证。心境对人的生活、工作、学习以及健康具有很大的影响，积极、乐观的心境可以提高人的活动效率，增强信心，对未来充满希望，有益于健康。因此，良好的心境对活动起促进作用。激情有积极和消极之分。积极的激情与理智和坚强的意志相联系，能激励人们克服艰险，攻克难关，攀登高峰，成为正确行动的巨大动力。因此，激情状态不利于活动的进行这一说法错误。B项表述错误。勃然大怒和欣喜若狂描述的是激情状态。C项表述错误。

8. ACD 【解析】情绪和情感是由独特的主观体验、外部表现和生理唤醒三种成分组成的。

9. ABCD 【解析】常见的情绪调节方法有：(1)认知调节法；(2)合理宣泄法（自我排解）；(3)意志调节法；(4)转移注意法；(5)幽默法。"摔打东西"也是一种宣泄压力、调节不良情绪的方法，在不影响他人的情况下，可以选择一些无足轻重的东西作为情绪宣泄的"替代品"，如枕头、拳击沙袋等，以此来达到缓解或消除不良情绪的目的。一般情况下，要尽量少用这种方式发泄自己的不良情绪。

10. ABCD 【解析】根据主体与客体之间关系的不同，心理学家把人的基本情绪分为快乐、悲哀、愤怒、恐惧四种类型。

11. AD 【解析】激情是一种爆发式的、猛烈而时间短暂的情绪状态。故AD两项属于激情状态的特点。弥漫性与渲染性属于心境的特点，故BC两项不符合题意。E项应激性指的是应激，不属于激情的特点。

三、判断题

1. × 【解析】小学儿童的道德感处于不断发展的过程之中。低年级儿童主要是以社会反应作为自己情感体验的依据，中年级儿童则主要是以一定的道德行为规范为依据，而高年级儿童则开始以内化的抽象道德观念作为依据。

2. × 【解析】人对社会的适应是通过调节情绪来进行的，情绪调控的好坏会直接影响到身心健康。情绪情感的健康功能表现为积极的情绪有助于身心健康，消极的情绪会引起人的各种疾病。"怒伤肝、喜伤心、思伤脾、忧伤肺、恐伤肾"说明情绪情感具有健康功能。情绪情感的信号功能指情绪和情感在人际间具有传递信息、沟通思想的功能。

3. × 【解析】道德感是根据一定的道德标准评价人的思想、意图和言行时所产生的主观体验。理智感是人认识事物和探求真理的需要是否得到满足而产生的主观体验。故题干描述的是理智感。

4. √ 【解析】应激状态所造成的机体内部稳定状态的紊乱以及各种消极情绪都可导致认识功能障碍。过度的应激状态使人的记忆、思维能力降低，幽默感减弱，也妨碍人的技能活动，一些熟练动作也受到干扰。

5. √ 【解析】应激是出乎意料的紧迫情况所引起的急速而高度紧张的情绪状态。当人们遇到突然出现的事件或意外发生危险时，为了应付瞬息万变的紧急情况，就得果断地采取决定，迅速地做出反应。应激正是在这种情境中产生的内心体验。

四、简答题（参考答案）

简述小学生情绪情感的发展特点。

(1)情感体验的内容日益丰富，社会性成分不断增加；(2)情感表现的深刻性逐步增加；(3)友谊感逐渐发展；(4)情感的动力特征明显；(5)高级情感得到进一步发展；(6)情绪、情感的稳定性明显增强；(7)情绪、情感的自控力不断增强。

五、论述题（参考答案）

结合实际谈一谈教师怎样才能善于识别学生的情绪状况，并教会学生调节和控制情绪的能力。

(1)教师只有明确了良好情绪的标准，才能正确识别和把握学生的情绪状况。良好的情绪有以下几条标准：①有良好情绪的学生能正确反映一定环境和情境的影响，善于表达自己的感受；②有良好情绪的学生能对引起情绪的刺激做出适当强度的反应；③有良好情绪的学生具备情绪反应的转移能力；④良好的情绪要符合学生的年龄特点。

(2)教会学生调节和控制自己的情绪需要做到：①教会学生形成适宜的情绪状态；②丰富学生的情绪体验；③引导学生正确看待问题；④教会学生情绪调节的方法；⑤通过实际锻炼提高学生的情绪调节能力。

知识2 意志

一、单项选择题

1. A 【解析】意志是指人自觉地确定目的，有意识地根据目的、动机调节支配行动，努力克服困难，实现目标的心理过程。"头悬梁，锥刺股"体现的心理过程是意志。

2. C 【解析】本题中考生需要区分四种意志的品质。A项，意志的自觉性是指一个人清晰地意识到自己行动的目的和意义，并且能够主动地支配自己的行动，使之符合既定目的的意志品质。B项，意志的果断性是一种善于辨明是非、抓住时机、迅速而合理地采取决定并执行决定的意志品质。D项，意志的自制性是指一个人善于控制和支配自己的情绪，约束自己言行的品质。C项，意志的坚韧性是一个人在行动中坚持决定，百折不挠地克服重重困难去达到行动目的的品质。"锲而不舍，金石可镂"比喻只要坚持不懈地努力，即使再难的事情也可以做到，这体现了意志的坚韧性。故本题选C项。

3. A 【解析】意志的果断性是指一个人善于明辨是非、抓住时机、迅速而合理地采取决定，并实现所做决定的意志品质。

4. B 【解析】动机斗争可分为四类，如下表：

分类	定义
双趋冲突	从自己同时都很喜爱的两个事物中仅择其一的心理状态
双避冲突	从希望回避的两种事物中必取其一的心理状态
趋避冲突	对同一目的兼具好恶的矛盾心理
多重趋避冲突	对含有吸引与排斥两种力量的多种目标予以选择时所发生的冲突

题干中学生既想得到老师的帮助，又不愿老师管得太死，即对同一目的兼具好恶，因此，体现了趋

避冲突。本题选B项。

方法技巧：考生易混淆不同种类的动机冲突，可借助关键词进行识记。双趋冲突，表示两种趋近，既想……又想……。双避冲突，表示两种逃避，既不想……又不想……。趋避冲突，一种矛盾，既想……又怕……。多重趋避冲突，两种及以上矛盾。

5. A 【解析】双趋冲突是指从自己同时都很喜爱的两个事物中仅择其一的心理状态。鱼和熊掌都是个体想要的，但只能选择其一体现了双趋冲突。

6. B 【解析】双避冲突是指从希望回避的两种事物中必取其一的心理状态。"进退维谷"是指无论是进还是退，都是处在困境之中，属于双避冲突。

7. D 【解析】多重趋避冲突即对含有吸引与排斥两种力量的多种目标予以选择时所发生的冲突。大学毕业生择业时面临多种选择时发生的冲突是这类冲突的典型事例。

8. B 【解析】意志的坚韧性是一个人在行动中坚持决定，百折不挠地克服重重困难去达到目的的品质。学生之所以在体育活动中叫苦叫累正是意志缺乏坚韧性的表现，因此应该加强学生意志品质的教育。

9. C 【解析】执行决定阶段是意志行动的中心环节，是意志努力的集中表现。

10. D 【解析】主体对挫折情境的认识评价如何，直接影响到挫折感的产生。考试失利后认真分析原因，重新调整方向，这种对挫折情境的重新认识与评价，称为认知重组。

11. C 【解析】补偿是指通过新的满足来弥补原有欲望达不到的痛苦。例如，学习成绩平平，但体育成绩突出，或因有其他特长，而使自己能够得到满足。题干所述体现的心理防御方式是补偿。故选C项。A项，升华可以把社会不能接受的性欲或攻击性冲动伴有的力比多能量转向更高级的、社会能接受的目标或渠道，进行各种创造性的活动。B项，退行是指一个人遇到困难的时候放弃已学到的比较成熟的应对技巧和方式，而使用原先比较幼稚的方式去应付困难和满足自己的欲望。D项，移置是无意识地将指向某一对象的情绪、意图或幻想转移到另一个对象或替代的象征物上，以减轻精神负担取得心理安宁。

12. D 【解析】意志的坚韧性是一个人在行动中坚持决定，百折不挠地克服重重困难去达到行动目的的品质。与坚韧性相反的意志品质是动摇性和执拗性。有动摇性的人或缺乏坚定的行动目的，对既定目的持怀疑态度，或对实现目的缺乏信心和决心。因此，对于对实现目的缺乏信心和决心的人要注重培养其意志的坚韧性。

13. B 【解析】移置是无意识地将指向某一对象的情绪、意图或幻想转移到另一个对象或替代的象征物上，以减轻精神负担取得心理安宁。把对妈妈的怒气转移到身边的物体上，体现的自我防御机制是移置。

14. C 【解析】升华可以把社会所不能接受的性欲或攻击性冲动所伴有的力比多能量转向更高级的、社会所能接受的目标或渠道，进行各种创造性的活动。题干所述自我防御机制是升华。

15. C 【解析】幽默是指对于困境以幽默的方式处理。它没有个人的不适也没有不快地影响别人情感的公开显露。张老师采用的情绪调节方法是幽默。

16. B 【解析】认同是指无意识中取他人（一般是自己敬爱和尊崇的人）之长归为己有，作为自己行为的一部分去表达，借以排解焦虑与适应的一种防御手段。题干中小明运用的自我防御机制是认同。

17. A 【解析】认识过程是意志形成的前提和基础。只有当人们认识了客观世界的规律性，认识到自身的需要和客观规律之间的关系时，才能提出正确的目的和实现目的的适当的方式和方法。"行成于思"正是说明认识过程是意志形成的前提和基础。

18. A 【解析】心理置换，就是从他人的心理角度去认识、去体验。故题干的描述属于心理置换的要求。

19. B 【解析】否认是指对某种痛苦的现实无意识地加以否定，因为不承认似乎就不会痛苦。题干描述的自我防御机制是否认。

20. C 【解析】在行动中畏缩不前，惊慌失措，是怯懦的表现，因此缺乏的意志品质是自制性。

21. A 【解析】意志是指人自觉地确定目的，有意识地根据目的、动机调节支配行动，努力克服困难，实现目标的心理过程。由意志支配的行动称为意志行动。残疾人登山需要克服种种困难，因此属于意志行动。

22. B 【解析】挫折的产生需要三个因素：(1)挫折情境，即干扰或阻碍意志行为的情境。(2)挫折认知，即个体对挫折情境的认知、态度和评价，这是产生挫折和如何对待挫折的关键。(3)挫折反应，即伴随着挫折认知而产生的情绪和行为反应。因此，个体产生挫折感和如何对待挫折的关键是挫折认知。

二、多项选择题

1. AD 【解析】意志的自制性是一个人善于控制和支配自己的情绪，约束自己言行的品质。与其相反的意志品质是任性和怯懦。

2. AB 【解析】意志与认识过程的关系为：(1)认识过程是意志形成的前提和基础。只有当人们认识了客观世界的规律性，认识到自身的需要和客观规律之间的关系时，才能提出正确的目的和实现目的的适当的方式和方法。(2)意志对认识过程具有反作用。人们在认识客观世界的过程中，总会遇到一定的困难，需要及时做出种种意志努力去克服它，以达到认知的目的。

3. ABD 【解析】合理化又称文饰作用，指通过无意识地用一种似乎有理的解释或实际上站不住脚的理由来为其难以接受的情感、行为或动机辩护以使其可以接受。合理化有两种表现：(1)酸葡萄心理，即把得不到的东西说成是不好的；(2)甜柠檬心理，即当得不到葡萄而只有柠檬时，就说柠檬是甜的。ABD三项符合文饰的表现，C项符合升华的表现。

4. ACD 【解析】挫折产生的原因：(1)客观原因，包括：①自然因素；②社会因素。(2)主观原因，包括：①生理因素。②心理因素。在心理因素中，与挫折密切相关的主要有三点：个性完善程度、动机冲突和挫折容忍力。

三、判断题

1. √ 【解析】意志品质是一个人在生活中所形成的比较稳定的意志特点，它不是天生的。

2. × 【解析】意志的自觉性是指一个人清晰地意识到自己行动的目的和意义，并且能够主动地支配自己的行动，使之符合既定目的的意志品质。小学低年级学生常在家长、教师的督促下完成作业或活动任务。这体现了儿童意志的自觉性水平低。

3. √ 【解析】果断性是以自觉性、独立性为前提的，并与思维的批判性和敏捷性、知识经验的丰富性相联系，大胆无畏和深思熟虑等也是重要条件。
4. √ 【解析】意志的自制性是一个人善于控制和支配自己的情绪，约束自己言行的品质。题干中的教师及时控制了自己的情绪，体现了意志的自制性。
5. √ 【解析】小学低年级学生的自制力发展较差，到三年级时会得到显著的发展。但在整个小学阶段，学生的自制力还是初步的、低水平的。

四、案例分析题(参考答案)

(1)挫折是个体在从事有目的活动的过程中，遇到障碍或干扰，致使个人动机不能实现、需要不能满足时的情绪状态。挫折含有挫折情境、挫折认知和挫折行为三方面。其中，挫折认知是个体对挫折情境的认识、态度、评价与解释状况，这是产生挫折和如何应对挫折的关键。案例中现象产生的原因可能是部分学生对挫折的认识、评价和理解不够，缺乏合适的应对方式，所以时常会采取一些极端的方式。

(2)教师要帮助学生正确地对待挫折，通常的一些做法是：①帮助学生分析产生挫折的原因，找出避免挫折的方法；②面对挫折，鼓励学生充满信心地战胜挫折，有时候也可以用限制、批评、惩罚的方法来制止那些不良的表现；③在教育教学中，注意培养学生调节和控制自己心理活动的能力，提高学生的挫折耐受力。

整合提升

一、单项选择题

1. D 【解析】意志的坚韧性是一个人在行动中坚持决定，百折不挠地克服重重困难去达到行动目的的品质。坚持是对行动目的的坚持。“三天打鱼两天晒网”表明缺乏对于行动目的的坚持，即意志缺乏坚韧性。
2. D 【解析】挫折产生时，儿童会寻找不正当的理由为自己辩解，推诿自己应负的责任，甚至会产生攻击性行为。同时，挫折会使人产生不良的情绪反应，使一个人减少自尊心和自信心，增加失败感、愧疚感和思想负担。题干所述行为往往会在挫折后产生。
3. A 【解析】情感是同人的社会性需要相联系的态度体验，是人类所特有的心理活动，具有一定的社会历史性。从情感的社会内容角度来看，人类的情感有道德感、美感和理智感三种形式。故道德感、理智感、美感是与社会需要相联系的情感。
4. A 【解析】詹姆斯—兰格认为，情绪刺激引起身体的生理反应，而生理反应进一步导致情绪体验的产生。微笑可以使愤怒的情绪消失，即生理反应引起情绪的变化，符合詹姆斯—兰格的观点。
5. A 【解析】意志的坚韧性(坚持性)是一个人在行动中坚持决定，百折不挠地克服重重困难去达到行动目的的品质。拾金不昧并不能体现意志的坚持性。
6. C 【解析】小学低年级学生的情感带有很大的冲动性，低年级学生不善于掩饰、控制，如低年级学生在玩得入迷的时候，忘记了写家庭作业。在独立学习和集体生活的锻炼下，中、高年级学生控制、调节情感的能力逐渐发展起来，他们能根据学校纪律的要求约束自己，在未完成作业时，能抑制自己想去玩的愿望，即学生情绪情感的可控性逐渐增强。
7. B 【解析】心理学研究表明，人们的认识和情感有时并不完全一致。因此，在师生沟通中，教师的有些话虽然完全正确，但学生却因碍于情感而觉得难以接受，这时，直言不讳的效果一般不太好。如果教师把话语磨去些“棱角”，变得软化一些，使学生在与教师沟通时仍感到自己是被人尊重的，学生就能从理智上、情感上接受你的意见，这就是委婉的妙用。
8. A 【解析】在日常生活中常见的异常情绪有如下几方面：(1)抑郁。(2)焦虑。(3)自卑。(4)情感淡漠。人人都有喜、怒、哀、乐，这些都是正常的情绪反应。如果一个学生对周围的一切事物都丧失兴趣，一概采取漠然的态度，这就是情绪不正常。(5)过度恐惧。
9. C 【解析】情绪和情感伴随着认识活动的发展而发展。古语“知之深，爱之切”，就是说随着了解的深入，感情不断地加深。
10. D 【解析】补偿是指通过新的满足来弥补原有欲望达不到的痛苦。所谓“堤外损失堤内补”“失之东隅，收之桑榆”便是这种现象。
11. C 【解析】应激是出乎意料的紧迫情况所引起的急速而高度紧张的情绪状态。学生的“怯场”属于应激。
12. D 【解析】我国心理学家对儿童的道德感进行了系统的研究，研究结果发现，小学儿童的道德感处于不断发展的过程之中。低年级儿童主要是以社会反应作为自己情感体验的依据，中年级儿童则主要以一定的道德行为规范为依据，而高年级儿童开始以内化的抽象道德观念作为依据。

二、多项选择题

1. AC 【解析】小学儿童情感发展的特点包括：(1)情感体验的内容日益丰富；(2)情感表现的深刻性逐步增加；(3)友谊感逐渐发展；(4)情感的动力特征明显；(5)高级情感得到进一步发展；(6)情绪、情感的稳定性明显增强；(7)情绪、情感的自控力不断增强。题干中梅梅的情感变化过程体现出其情感的内容不断丰富、情感体验日益深刻。故选AC两项。
2. AD 【解析】情绪和情感的两极性是指每一种情绪和情感都能找到与之对立的情绪和情感。情绪和情感的两极性既存在着矛盾性，也存在着内在的同一性，在一定条件下又可以相互转化。乐极生悲、破涕为笑是情绪和情感两极性转化的表现。故选AD两项。
3. BC 【解析】应激是出乎意料的紧迫情况所引起的急速而高度紧张的情绪状态。A项属于心境，D项属于激情，只有BC两项符合应激的含义。
4. ABCD 【解析】情绪和情感是由独特的主观体验、外部表现和生理唤醒三种成分组成的。情绪和情感具有两极性。由此，本题答案选ABCD四项。

三、判断题

1. √ 【解析】情绪是有机体适应生存和发展的一种重要方式。婴儿出生时，还不具备独立的维持生存的能力，此时情绪是婴儿在掌握语言之前适应生存的重要心理工具。他们依赖情绪来传递信息，与成人进行交流，得到成人的抚养，饿了、渴了就哭，吃饱了、舒服了就会笑，成人也正是通过婴儿的情绪反应，及时为婴儿提供各种生活条件。
2. × 【解析】认识过程是意志产生的前提和基础，情感过程推动或阻碍着意志行动的实现，意志对情感也具有调节作用。
3. √ 【解析】情感既可以成为意志行动的动力，也可以成为阻力；意志可以调解、控制人的情感。“胜不骄，败不馁”就是情感服从于意志的表现。

4. × 【解析】(1)根据情绪调节过程的来源分类，可将情绪的调节分为内部调节和外部调节。(2)根据调节努力的程度，可将情绪调节分为减弱调节、维持调节和增强调节。(3)格罗斯明确地将情绪调节分为原因调节和反应调节。(4)根据情绪调节的对象，或者从情绪调节的主要成分来看，可以把情绪调节分为认知调节、体验调节、行为调节和生理调节。

5. × 【解析】激情是一种爆发式的、猛烈而时间短暂的情绪状态。它往往带有特定的指向性和较明显的外部行为表现，如暴跳如雷、浑身战栗、手舞足蹈等。激情发生时，意识范围缩小，意识对行为的控制作用明显降低，理解力降低，判断力减弱，易感情用事，不考虑后果。有人用激情爆发来原谅自己的错误，认为“激情时完全失去理智，自己无法控制”，这种说法是不对的，人能够意识到自己的激情状态，也能够有意识地调节和控制它。

6. √ 【解析】主观体验、生理唤醒和外部行为作为情绪的三个组成部分，在评定情绪时缺一不可。只有三者同时活动，同时存在，才能构成一个完整的情绪体验过程。题干所述只有外部行为，没有真正的内在主观体验，因而称不上真正的情绪过程。

四、简答题(参考答案)

简述意志与认识过程的关系。

(1)认识过程是意志形成的前提和基础。只有当人们认识了客观世界的规律性，认识到自身的需要和客观规律之间的关系时，才能提出正确的目的和实现目的的适当的方式和方法。(2)意志对认识过程具有反作用。人们在认识客观世界的过程中，总会遇到一定的困难，需要及时做出种种意志努力去克服它，以达到认知的目的。

五、案例分析题(参考答案)

(1)人们把狼又请进丛林中，鹿就面临着生存的威胁，就不会安逸少动。安逸的环境不利于鹿的生存和发展，同样的，安逸舒服的环境也不利于培养学生坚强的意志力。培养学生坚强的意志力，应从以下几个方面做起：①加强生活目的性教育，树立科学的世界观、远大的理想和信念，培养学生行为的目的性，减少其行动的盲目性；②加强养成教育，培养学生的自制能力；③组织实践活动，在困难环境中锻炼学生的意志，让学生取得意志锻炼的直接经验；④教育学生正确地对待挫折；⑤根据学生意志品质上的差异，采取不同的锻炼措施；⑥发挥教师、班集体和榜样的模范作用，给予必要的纪律约束；⑦加强自我锻炼，从点滴小事做起。

(2)案例中鹿的生存转变说明了竞争的重要性。同样的，在对学生进行教育的过程中，学生也需要有竞争。有竞争才会激发出学生更加强烈的学习热情，让学生在学习时更加充满活力。另外，教师在教育学生过程中，要注意控制竞争的程度，适当的竞争可以促进学生的发展，过度的竞争会造成学生互相攀比、相互倾轧等不良影响。

真题必刷

一、单项选择题

1. B 【解析】心境是一种微弱的、持续时间较长的，带有弥漫性的情绪状态。心境一经产生就不只表现在某一特定对象上，而是在相当长的一段时间内，使人的整个心理活动都染上某种情绪色彩，影响人的整个行为表现，成为情绪生活的背景。小莉持续几天闷闷不乐的情绪状态为心境。故本题选B。

2. C 【解析】道德感是根据一定的道德标准评价人的思想、意图和言行时所产生的主观体验。小学生扶起摔倒的老人受到路人表扬，是在尊老、乐于助人等道德标准下被评价，由此产生的自豪感属于道德感。故本题选C。

3. A 【解析】情绪和情感的组织作用表现在促成知觉选择、监视信息的移动、影响工作记忆、影响思维活动和人的行为表现等方面。积极的情绪和情感具有调节和组织作用；消极的情绪和情感则具有干扰、破坏作用。积极的情绪有助于拓宽注意的范围，促进问题的解决，这体现了情绪对认知和操作的正向功能，符合组织功能的内涵，故本题选A。

4. A 【解析】A项，移置(转移)是无意识地将指向某一对象的情绪、意图或幻想转移到另一个对象或替代的象征物上，以减轻精神负担取得心理安宁。B项，抵消是将一个不能接受的行为象征性地而且反复地用相反的行为加以显示，以图解除焦虑。C项，投射是指自我将不能接受的冲动、欲望或观念归因(投射)于客观或别人。D项，补偿是指通过新的满足来弥补原有欲望达不到的痛苦。题干中的学生把对老师的怒气，转移到同桌身上，这是移置(转移)的典型表现。故本题选A。

5. C 【解析】趋避冲突是指对同一目的兼具好恶的矛盾心理。题干中学生既想参加比赛，又怕比赛出丑受人讥笑，即对同一目的兼具好恶，因此，属于趋避冲突。故本题选C。

6. B 【解析】双趋冲突是指从自己同时都很喜爱的两个事物中仅择其一的心理状态。小凡生日既想要一个新书包，又想要一双新鞋，但只能两者选其一，这符合双趋冲突的定义。故选B。

二、多项选择题

1. BCD 【解析】依据情绪发生的强度、持续性和紧张度的不同，可以把情绪状态划分为激情、心境、应激三种。

2. ABC 【解析】意志的特征表现为：(1)意志行动是人特有的自觉确定目的的行动。(2)意志对活动有调节支配作用，使人的行动能按设定好的目的去改造世界。(3)克服内部和外部的困难是意志行动最重要的特征。(4)意志行动以随意动作为基础。

3. ABCD 【解析】意志的品质包括：自觉性、自制性、果断性和坚韧性。

三、判断题

1. √ 【解析】理智感是人认识事物和探求真理的需要是否得到满足而产生的主观体验。理智感与认知(认识事物、探求真理)有关。人们在探求未知的事物时所表现出的求知欲、认识兴趣和好奇心，发现问题的惊奇感，问题解决的喜悦感，为真理献身的自豪感，问题不解的苦闷感等都属于理智感。故题干说法正确。

2. × 【解析】反向形成是指对内心的一种难以接受的观念或情感以相反的态度与行为表现出来。否认是指对某种痛苦的现实无意识地加以否定，因为不承认似乎就不会痛苦。“眼不见，心不烦”是说只要没有看见或不在眼前，也就不会为之操心或烦恼，这体现的心理防御机制是否认。

专题四　个性心理

基础训练

知识1 需要、动机与兴趣

一、单项选择题

1. C 【解析】马斯洛把需要分成了五个层次，即生理需要、安全需要、归属与爱的需要、尊重需要和自我实现的需要。如下表。

需要的层次	要点
生理需要	人对食物、水分、空气、睡眠、性等的需要
安全需要	希求受到保护与免遭威胁从而获得安全感的需要
归属与爱的需要（社交需要）	被他人或群体接纳、爱护、关注、鼓励及支持的需要
尊重需要	对自己社会价值追求的需要，包括自尊和受到别人的尊重两个方面
自我实现的需要	追求自我理想的实现，最高层次的需要

王虎从小父母离异，其归属与爱的需要没有得到充分满足，故选C项。

2. D 【解析】在马斯洛的需要层次理论中，生理需要、安全需要、尊重需要和归属与爱的需要属于缺失性需要，自我实现的需要属于成长性需要。

3. C 【解析】自我实现的需要是最高层次的需要。所谓“自我实现”，即追求自我理想的实现，是充分发挥个人潜能、才能的心理需要，也是一种创造和自我价值得到体现的需要。题干所述体现了人的自我实现的需要。

4. C 【解析】缺失需要是个体生存所必需的，必须得到一定程度的满足，它包括生理需要、安全需要、归属与爱的需要、尊重需要。学生缺乏学习动机，可能是因为缺失性需要没有满足，所以无法专心学习。

5. C 【解析】C项，交往动机是在交往需要的基础上产生的社会性动机。交往需要表现为每个人都有团体归属感，每个人都希望得到别人的关心、支持、友谊、合作与奖赏。题干所述属于交往动机。A项，工作动机是最有效能、最为复杂的社会性动机之一，是一种使个体努力工作，高质量创新并不断完善自己工作的动机。B项，成就动机是指个体努力克服障碍，施展才能，力求又快又好地解决某一问题的愿望或趋势。D项，生理动机是与人的生理需要有关的初级的、原发性动机，也称内驱力。

6. D 【解析】生理性需要包括饮食、睡眠、繁衍等需要，这些对于有机体维持生命、延续后代有重要意义。故本题选D项。A项，精神需要是对社会精神生活及其产品的需求。B项，社会性需要是在生理性需要的基础上，在社会实践和教育的影响下发展起来的需要。

7. D 【解析】马斯洛根据需要出现的先后及强弱顺序，把需要分成生理需要、安全需要、归属与爱的需要、尊重需要、求知需要、审美需要和自我实现的需要，前四种需要被称为缺失性需要，后三种需要是成长性需要。D项考上好大学的需要属于自我实现的需要，自我实现的需要属于成长需要。A项属于安全需要，B项属于生理需要，C项属于尊重需要，这三项均属于缺失性需要。

8. C 【解析】兴趣是人对事物的一种认识倾向，伴随着积极的情绪体验，对个体活动，特别是对个体的认知活动有巨大的推动作用。题干描述的是兴趣的定义。故选C。A项需要是有机体感到某种缺乏或不平衡状态而力求获得满足的心理倾向，是有机体自身和外部生活条件的要求在头脑中的反映。B项动机是激发和维持有机体的行动，并使该行动朝向一定目标的心理倾向或内部驱力。D项理想是符合事物发展规律、有实现可能的积极幻想。

9. D 【解析】社会性动机是与人的心理、社会需要有关的后天习得的动机。人有权力的需要、社会交往的需要、成就的需要、认识的需要等，因而产生了相应的权力动机、交往动机、成就动机、兴趣动机（认识动机）等。繁衍后代、获取食物以及逃避危险都属于生理性动机，它以有机体自身的生物学需要为基础。只有参与交往才属于社会性动机。故选D项。

10. B 【解析】动机的激活功能是指动机是个体能动性的一个主要方面，它具有发动行为的作用，能推动个体产生某种活动，使个体由静止状态转向活动状态。饥饿促使人们做出寻找食物的行为属于动机的激活功能。A项指向功能，是指在动机的作用下，人的行为将指向某一目标。D项维持与调节功能，又称强化功能，表现为行为的坚持性。故选B项。

易错警示：考生易混淆动机的激活功能和指向功能。指向功能和激活功能都会促使个体做出行动，但两者存在区别。激活功能强调一个人的行为从无到有；指向功能强调面对很多对象时，只选择其一。例如：口渴了促使人去觅水，这属于激活功能；当你从白开水、可乐、果汁、奶茶中选择其一时，这属于指向功能。

11. A 【解析】动机是激发和维持有机体的行动，并使该行动朝向一定目标的心理倾向或内部驱力。

12. D 【解析】马斯洛把需要分成了七个层次，即生理需要、安全需要、归属与爱的需要、尊重需要、求知需要、审美需要和自我实现的需要。其中前四种需要被称为缺失需要，后三种需要是成长需要。与缺失需要相反，成长需要是永远得不到完全满足的需要。故本题选D项。

13. A 【解析】尊重需要包括自尊和受到别人的尊重两个方面。这种需要得到满足，个体就会感受到自信，否则会产生自卑。

14. C 【解析】人的需要是有层次的，先是满足最基本的生活需要，而后是满足社会和精神需要，人们的需要是不断地由低级向高级发展的。“仓廪实而知礼节，衣食足而知荣辱”的意思是百姓的粮仓充足，丰衣足食，才能顾及礼仪，重视荣誉和耻辱。这体现了先满足生活需要，后满足社会和精神需要，即需要具有层次性。

15. A 【解析】B项，直接兴趣是由认识事物本身的需要引起的，如对看电视、小说的兴趣。A项，间接兴趣是由认识事物的目的和结果所引起的，如科学家可能对繁杂的数据处理没有兴趣，只对研究结果有兴趣，这种兴趣就是间接兴趣。C项，个体兴趣是指个体长期指向一定客体、活动和知识领域的一种相对稳定的兴趣。D项，广阔兴趣是对多方面的事物或活动表现出兴趣。小石对数学本身不感兴趣但因为想当数学课代表而努力学习属于间接兴趣，故选A项。

16. D 【解析】兴趣的广度，是指兴趣的范围大小，即兴趣广泛与否。小明能歌善舞，琴棋书画无所不能，爱好非常广泛，这是形容兴趣的广度。故本题选D。A项兴趣的稳定性，指对事物具有持续、稳定的兴趣。B项兴趣的效能，指兴趣能积极推动人的活动，提高活动的效能，即兴趣对认知的推动作用。C项兴趣的中心，指对某个特定领域的事物形成更浓厚、更强烈的兴趣。
17. B 【解析】动机的指向功能是指在动机的作用下，人的行为将指向某一目标。根据题干所述不同的学生学习的目标指向不同，这体现了动机的指向功能。
18. B 【解析】兴趣的广度，是指兴趣的范围大小，即兴趣广泛与否；兴趣的稳定性，指对事物具有持续、稳定的兴趣；兴趣的效能，指兴趣能积极推动人的活动，提高活动的效能，即兴趣对认知的推动作用。孩子对许多事物都很感兴趣，说明其兴趣的广泛性强；但常常只有"三分钟热度"，说明其兴趣稳定性差。
19. B 【解析】需要是有机体内部的一种不平衡状态，表现为有机体对内外环境条件的欲求。A项表述正确。需要都有对象，没有对象的需要是不存在的；需要又是不断发展的，人的需要永远不会停留在一个水平上。故B项表述错误，C项表述正确。当旧的需要得到满足，不平衡消除之后，新的不平衡又会产生，人们又会为满足新的需要去追求新的对象，所以，需要是推动有机体活动的动力和源泉。D项表述正确。本题为选非题，故选B项。
20. D 【解析】自我实现的需要是最高层次的需要。所谓"自我实现"，即追求自我理想的实现，是充分发挥个人潜能、才能的心理需要，也是一种创造和自我价值得到体现的需要。题干所述人员转换职业或者转而创业是为了追求自我实现，这种需要属于自我实现的需要。

二、多项选择题

1. ACD 【解析】人的需要具有以下几方面的特征：(1)对象性；(2)紧张性；(3)层次性。
2. AB 【解析】归属与爱的需要，也称社交需要，是指每个人都有被他人或群体接纳、爱护、关注、鼓励及支持的需要。故AB两项都属于归属与爱的需要。而根据马斯洛的需要层次理论可知，C项属于安全需要，D项属于尊重需要。
3. ABD 【解析】马斯洛的需要层次理论中各层次需要之间的关系有：(1)七种需要按一定顺序逐级上升；(2)只有低一级需要基本满足后，高一级需要才能成为行为动力；(3)高一级需要产生时，低级需要并不消失；(4)同一时期内，人就有多种需要并存，但有的需要占主导地位。ABD三项说法正确，C项说法错误。
4. ABCD 【解析】为顺利通过考试，学生上课专心听讲，下课主动完成作业体现了动机的激活功能；去看之前不想看的辅导材料体现了动机的指向(定向)功能；生病了还坚持学习体现了动机的维持和调节功能。

三、判断题

1. √ 【解析】人的需要是有层次的，对自尊需要没有得到满足的学生，教师一味强调学习本身的满足是收效甚微的。
2. √ 【解析】较低级的需要至少必须部分满足之后才会出现对较高级需要的追求。
3. √ 【解析】小学生的学习兴趣还不稳定，比较笼统、模糊，容易对学习的形式感兴趣并从中获得满足，任何新颖的、形象的、具体的事物都会引起他们极大的兴趣。
4. × 【解析】兴趣的中心(兴趣的倾向性或兴趣的针对性)，是指个体对什么发生兴趣。人们在兴趣的倾向性方面差异很大。例如，有人喜欢文学，有人喜欢艺术，有人喜欢体育。题干所述属于兴趣的倾向性。兴趣的广度，是指兴趣的范围大小，即兴趣广泛与否。
5. √ 【解析】一般来说，学校里最重要的缺失需要是爱和自尊。因为学生有被他人或群体接纳、爱护、关注、鼓励及支持的需要，也有自尊和受到别人的尊重的需要，故题干说法正确。

四、论述题(参考答案)

结合实际，谈谈教师在教学过程中应怎样培养学生的学习兴趣？

(1)通过各种活动发展学生的兴趣。①在课堂教学中，要调动一切手段，让学生充分参与活动，开动脑筋，使他们能生动、活泼、主动地学习；②要充分利用学校课外活动和少先队活动，组织各种有趣的比赛、游戏、参观、义务劳动、游览等活动，把校内与校外活动结合起来，为学生开辟广阔的活动天地，在活动中发展学生的兴趣。

(2)通过提高教学水平，引发学生兴趣。教师教学的水平，是学生学科兴趣形成的最重要的条件。教师的教学应使学生感到"有趣、有味、有奇、有惑"。

(3)引导学生将广泛兴趣与中心兴趣结合起来。①教师应鼓励学生有多方面的兴趣，因为通过广泛的兴趣，才能多方面地获取知识，给自己打下扎实的知识基础。但教师要善于在学生广泛兴趣的基础上，引导和培养他们有一个中心兴趣，即要求对某一方面进行更为深入的钻研，并使其他各种兴趣都能直接或间接地为它服务。只有把广泛兴趣与深刻的中心兴趣相结合，兴趣才能更好地发挥其应有的作用。②教师要注意防止学生的广泛兴趣中可能存在的消极的、不利于身心健康的兴趣。一旦发现，教师要及时、正确地引导，向他们晓以利害，并以积极、有效的兴趣代替无益的兴趣。

(4)要根据学生的年龄特征来提高学生的学习兴趣。

(5)根据学生的知识基础培养学生的学习兴趣。教师培养学生的学习兴趣时，必须区别对待，因材施教。

(6)通过积极的评价使学生的兴趣得以强化。

(7)充分利用原有兴趣的迁移。

五、案例分析题(参考答案)

(1)王老师的这种做法不正确。

(2)①美国当代人本主义心理学家马斯洛，根据需要出现的先后及强弱顺序，把需要分成了五个层次，即生理需要、安全需要、归属与爱的需要、尊重需要和自我实现的需要。后来他又补充了求知需要和审美需要，即需要由五个层次扩充为七个层次。②生理需要是人对食物、水分、空气、睡眠、性等的需要。它是人的所有需要中最基本、最原始，也是最强有力的需要，是其他一切需要产生的基础。马斯洛认为较低级的需要至少必须部分满足之后才会出现对较高级需要的追求。③案例中王老师命令小刚中午补完作业后，再吃饭，导致小刚未能吃上午饭，只能在饥饿中继续下午的学习，使小刚的生理需要没有得到满足；王老师责罚没有完成作业的学生，没有做到关爱学生，忽视了学生的归属与爱的需要。这两种缺失需要未得到满足，学生的求知的需要便会降低，甚至消失，最终会影响他们的学习动机和学习效率。④王老师这样的做法，虽然可以让学生完成作业，但不能保证学生完成作业的质量，并且会导致学生的学习兴趣、学习动机以及学习效率下降，不利于学生的发展和对知识的掌握。

知识2 能力

一、单项选择题

1. D 【解析】一般能力是指在不同种类的活动中都会表现出来的能力，是从事一切活动所必备的能力的综合，如观察力、记忆力、抽象概括能力、创造力等。其中，抽象概括能力是一般能力的核心。

2. C 【解析】区分度是指该项题目对不同水平的答题者反应的区分程度和鉴别能力。如果一张试卷，成绩好的分数相对高，成绩不好的分数相对低，则说明该试卷的区分度高。故本题选C项。A项，信度是指一个测验量表的可靠程度(或可信程度)。它以反复测验时能否提供相同的结果来说明。B项，难度指题目难易程度。D项，效度是指一个测验工具希望测到某种行为特征的有效性与准确程度。

3. B 【解析】社交能力是指人们在社会交往活动中所表现出来的能力，如沟通能力、解决纠纷的能力等。ACD三项属于社交能力范畴，B项记忆力属于一般能力的范畴。

4. B 【解析】智力的核心成分是思维力。

5. A 【解析】韦克斯勒智力量表采用离差智商。离差智商的计算公式是IQ=100+15Z，$Z=(X-\overline{X})/SD$。根据题干可计算：Z=(120－105)÷15，Z为1，则这位同学的智商为IQ=100＋15×1=115。

6. C 【解析】吉尔福特智力维度中，内容主要是思维的对象，产品是经过加工的产物，当对象相同时，操作方式决定着产物的质量高低，所以操作代表智力的高低。

7. A 【解析】卡特尔将智力分为流体智力和晶体智力，流体智力是个体通过遗传获得的在信息加工和问题解决过程中所表现出来的能力，它受先天遗传因素的影响较大。故A项说法正确，D项说法错误。流体智力的发展与年龄有密切的关系。一般人在20岁以后，流体智力的发展达到顶峰，30岁以后随着年龄的增长而降低。故C项说法错误。晶体智力是以学得的经验为基础的认知能力，受后天经验影响较大，与教育、文化有关。故B项说法错误。

8. C 【解析】信度是指一个测验量表的可靠程度(或可信程度)。它以反复测验时能否提供相同的结果来说明。题干中一套试卷在两个平行班施测得出基本一致的分布，说明该试卷具有较好的信度。

9. B 【解析】流体智力的发展与年龄有密切的关系。一般人在20岁以后，流体智力的发展达到顶峰，30岁以后随着年龄的增长而降低。晶体智力随着年龄的增长而升高。

10. B 【解析】英国心理学家斯皮尔曼认为，智力包括两种因素：一般因素(即G因素)和特殊因素(即S因素)。

11. D 【解析】加德纳的多元智力理论表明每个学生的智力都有自己独特的表现形式，有自己的智力强项和学习风格。这就启示教育教学应该注重个别化，因材施教。

12. D 【解析】信度是指一个测验量表的可靠程度或可信程度。它以反复测验时能否提供相同的结果来说明。题干中，针对同一份试题，该学生的两次测验分数相同，说明这份试题有很高的信度。

13. B 【解析】认知能力是指人脑存储、加工和提取信息的能力，即我们一般所讲的智力，如观察力、记忆力、想象力等。题干描述的是认知能力的定义，故选B项。A项，操作能力是指人们操纵自己的肢体去完成各项活动的能力。C项，创造能力是指按照预先设定的目标，利用一切已有的信息，创造出新颖、独特、具有个人或社会价值的产品的能力。D项，社交能力是指人们在社会交往活动中所表现出来的能力。

14. C 【解析】加德纳认为，人的智力结构中存在着七种相对独立的智力，如下表。

智力维度	界定
言语智力	说话、阅读、书写的能力
逻辑—数学智力	数学运算与逻辑思考的能力以及科学分析的能力
视觉—空间智力	认识环境、辨别方向的能力
音乐智力	对声音的辨识与韵律表达的能力，多系天赋
运动智力	支配肢体以完成精密作业的能力
人际智力(社交智力)	与人交往并和睦相处的能力
自知智力(内省智力)	认识自己并选择自己生活方向的能力

短跑需要肢体的配合，博尔特短跑成绩好可能是因为他的运动智力好。故选C项。

15. C 【解析】加德纳多元智力理论认为，人的智力结构中存在着七种相对独立的智力，这七种智力在每个人身上的组合方式是多种多样的，每个人在不同领域的智力发展水平是不同步的。有人可能在某一两个方面是天才，而在其余方面却是蠢材；有人可能每种智力都很一般，但如果他所拥有的各种智力被巧妙地结合在一起，则可能在解决某些问题时会显得很出色。因此，不能仅从一方面衡量、评价学生的好坏。

16. B 【解析】比纳—西蒙智力量表经美国斯坦福大学推孟教授的翻译和修订，改名为斯坦福—比纳量表，这是目前最著名的智力测验。

17. A 【解析】吉尔福特的三维结构理论认为智力分为150(5×5×6)种因素。

18. C 【解析】韦克斯勒智力量表的计算公式：IQ=100+15Z，$Z=(X-\overline{X})/SD$。C项表述错误。斯坦福—比纳量表是目前世界上广泛流传的智力测验之一。它用智龄和实际年龄的比率代表的智商，即智商(IQ)=智龄(MA)/实龄(CA)×100。故AB两项表述正确。瑞文标准推理测验的优点，在于适用的年龄范围宽，测验对象不受文化、种族与语言的限制，并且可用于一些生理缺陷者。故D项表述正确。

19. A 【解析】A项，流体智力在信息加工和问题解决过程中所表现出来的能力。以生理为基础，受先天遗传因素的影响较大。B项，晶体智力是以学得的经验为基础的认知能力。它受后天经验的影响较大,主要表现为运用已有知识和技能去吸收新知识和解决新问题的能力。C项,模仿能力是通过观察别人的行动和活动,以相同的方式做出反应的能力。D项,创造能力是按照预先设定的目标,利用一切已有的信息,创造出新颖、独特、具有个人或社会价值的产品的能力。题干描述符合流体智力的定义。故本题选A项。

20. A 【解析】效度是指一个测验工具希望测到某种行为特征的有效性与准确程度。如果一个数学测验试题的文字难度太大,超过学生自身的水平,则会影响到测验的效度。

21. A 【解析】视觉—空间智力是认识环境、辨别方向的能力。绘画与视觉—空间智力关系紧密,小强擅长绘画,说明其视觉—空间智力较高。

22. A 【解析】实践活动影响个体能力的形成。油漆工人正是在与油漆打交道的实践中获得了辨别很多漆色的能力。

23. A 【解析】遗传素质是智力发展的生物前提、基础和自然条件。

24. D 【解析】多元智力理论是由美国心理学家加德纳提出来的。加德纳认为,人的智力结构中存在着七种相对独立的智力,这七种智力在每个人身上的组合方式是多种多样的,每个人在不同领域的智力发展水平是不同步的。且通过提供丰富的环境、适当的训练与指导,能促使绝大多数学生将任何一种智力发展到更高水平。故AB两项说法正确。逻辑—数学智力是指数字运算与逻辑思考的能力以及科学分析的能力,故C项说法正确。多元智力理论不赞同采用智力测验来鉴别智力的高低,故D项说法错误。

25. B 【解析】流体智力需要较少的专业知识,包括理解复杂关系和解决问题的能力,如在处理数字系列、空间视觉感和图形矩阵项目时所需的能力。

26. C 【解析】长期以来,学校教育偏重于培养学生的言语智力和逻辑—数学智力,而忽视了对学生其他智力的开发和培养。根据加德纳的多元智力理论,我们必须认识到学生智力的多样性、广泛性和差异性,把培养学生的多种能力放在同等重要的地位。加德纳指出,过去在西方流行的智商测验和传统教育单纯依靠用纸笔的标准化考试来区分儿童智力的高低、考查学校教育的效果、甚至预言他们未来的成就和贡献,这种做法是片面的。它实际上过分强调了言语智力和逻辑—数学智力。

27. D 【解析】A项,在1999年,加德纳提出了第八种智力,即认识自然的智力。A项表述正确。B项,加德纳认为,人的智力结构中存在着九种相对独立的智力,分别为言语智力、逻辑—数学智力、视觉—空间智力、音乐智力、运动智力、人际智力(社交智力)、自知智力(内省智力)、认知自然智力(自然观察智力)及存在智力。B项表述正确。C项,加德纳的多元智力理论对传统的智力观念提出了新的诠释,也为我国新课程改革"建立促进学生全面发展的评价体系"提供了有力的理论依据与支持。C项表述正确。D项,加德纳认为多元智力理论中的几种智力因素是相互独立的。D项表述错误。本题为选非题,故选D项。

28. D 【解析】"高分低能"指的是在学业评价上能够获得高分数,但在工作和实际生活中表现却很差,自理能力、创新能力等多方面存在较大问题的现象。这说明知识、技能的掌握和能力的发展是不同步的。知识多了,能力并不一定就高。知识不等于能力。

二、多项选择题

1. AB 【解析】根据能力适应活动范围的大小,可将能力分为一般能力和特殊能力;根据从事活动时创造性程度的高低,可将能力分为模仿能力和创造能力。

2. ABD 【解析】效度是指一个测验工具希望测到某种行为特征的有效性与准确程度。故A项说法正确。信度是指一个测验量表的可靠程度或可信程度。故B项说法正确。信度是效度的必要条件,但不是充分条件。信度低,效度不可能高。信度高,效度未必高。效度低,信度很可能高。效度高,信度也必然高。故C项说法错误,D项说法正确。

3. AB 【解析】难度指题目的难易程度。区分度是指该项题目对不同水平的答题者反应的区分程度和鉴别能力。题干中大部分同学都在30分至50分之间,说明这次英语考试难度高、区分度低。

4. BCD 【解析】评定测验质量优劣的主要技术指标有:信度、效度、标准化。

5. ABD 【解析】有研究表明,元认知在儿童的学习、记忆、理解、问题解决等方面的活动中起着重要的作用,元认知的训练可以提高儿童的智力发展水平,其训练的方法主要有三种:(1)自我提问法;(2)相互提问法;(3)知识传授法。

6. CD 【解析】流体智力是一种以生理为基础的认知能力。它受先天遗传因素的影响较大。流体智力的发展与年龄有密切的关系。一般人在20岁以后,流体智力的发展达到顶峰,30岁以后随着年龄的增长而降低。晶体智力是以学得的经验为基础的认知能力。它受后天经验的影响较大,主要表现为运用已有知识和技能去吸收新知识和解决新问题的能力。故AB两项是流体智力的特征,CD两项是晶体智力的特征。

7. ABD 【解析】美国耶鲁大学的心理学家斯腾伯格提出了智力的三元理论。该理论包括智力成分亚理论、智力情境亚理论和智力经验亚理论。智力成分亚理论认为,智力包括三种成分,即元成分、操作成分和知识获得成分。

8. AC 【解析】加德纳认为,人的智力结构中存在着九种相对独立的智力。其中言语智力指说话、阅读、书写的能力。斯皮尔曼的二因素论认为智力包括一般因素和特殊因素。吉尔福特的智力三维结构论认为智力是一个包括内容、操作和成果(产品)的三维结构,其中操作决定智力高低。因此,BD两项属于加德纳的多元智力理论,AC两项不属于加德纳的多元智力理论。

三、判断题

1. √ 【解析】最早的智力测验是由法国心理学家比纳和西蒙于1905年编制的,称为比纳—西蒙智力量表。

2. × 【解析】韦克斯勒智力量表,简称韦氏智力量表,用离差智商来衡量人们的智力水平。

3. × 【解析】长期以来,人们在观念上和认知上常常有一个误区,总认为获得成功的主要或唯一因素是智力,无论是在国内或国外,人们对智力的培养都十分重视。其实,智力只是人们在获得知识及运用知识解决问题时所必备的心理条件之一。人们的智力水平呈现一种正态的分布，也就是说绝大多数人的智力差异是微不足道的。因此，题干说法错误。

4. √ 【解析】信度是效度的必要条件，但不是充分条件。效度高，信度也必然高。题干表述正确。

四、简答题（参考答案）

1. 谈一谈加德纳的多元智力理论对我国当前教学改革有哪些启示？

(1)积极乐观的学生观。(2)科学的智力观。长期以来，学校教育偏重于培养学生的言语智力和数理—逻辑智力，而忽视了对学生其他智力的开发和培养。根据多元智力理论，我们必须认识到学生智力的多样性、广泛性和差异性，把培养学生的多种能力放在同等重要的地位。(3)因材施教的教学观。(4)多样化人才观和成才观。

2. 如何培养学生的能力？

(1)注重对学生早期能力的培养；(2)在教学中要加强学生知识与技能的学习与训练；(3)在教学中要针对学生的能力差异因材施教；(4)在教学中要积极培养学生的元认知能力和创造能力；(5)社会实践活动是培养学生能力的基本途径；(6)要注意培养学生的非智力因素。

五、论述题（参考答案）

试述影响能力形成和发展的因素。

(1)遗传与营养。遗传素质是智力发展的生物前提，是智力发展的基础和自然条件。胎儿及婴幼儿的营养状况也会影响智力的发展。(2)早期经验。研究表明，早期阶段获得的经验越多，智力发展得就越迅速，不少人把学龄前称为智力发展的一个关键期。(3)教育与教学。智力不是天生的，教育和教学对智力的发展起着主导作用。(4)社会实践。社会实践不仅是学习知识的重要途径，也是智力发展的重要基础。(5)主观努力。环境和教育的决定作用，只能机械、被动地影响智力的发展。如果没有主观努力和个人的勤奋，要想获得事业的成功和智力的发展是根本不可能的。

六、案例分析题（参考答案）

根据加德纳的多元智力理论可知，人的智力结构中存在着七种相对独立的智力，这七种智力在每个人身上的组合方式是多种多样的，每个人在不同领域的智力发展水平是不同步的。宝拉回归正常班级后，她的有同情心的女教师发现其运动智力，即支配肢体完成精密作业的能力比较突出。因此，在教学中教师注意发展她这方面的智能。教师的这一做法，不但激发了宝拉的学习兴趣，也唤起了宝拉学习的自信心和求知欲，最终其读、写能力都得到了极大的提高。

知识3 气质与性格

一、单项选择题

1. C 【解析】气质是表现在心理活动的强度、速度、灵活性与指向性等方面的一种稳定的心理特征，即我们平时所说的脾气、秉性。气质是由人的神经系统的某些生物学特点，特别是脑的特点决定的。

2. B 【解析】按照心理活动的指向，性格可分为外向型和内向型。外向型的人心理活动指向于外部世界。内向型的人心理活动指向于内部世界。内外向的概念是由荣格提出来的。

3. C 【解析】本题中考生需要区分各气质类型的特点，如下表。

气质类型	特点	代表人物
胆汁质	精力旺盛、粗枝大叶、表里如一、刚强、易感情用事	张飞、李逵
多血质	反应迅速、有朝气、活泼好动、动作敏捷、情绪不稳定	王熙凤、孙悟空
黏液质	稳重，但灵活性不足；踏实，但有些死板；沉着冷静，但缺乏生气	林冲
抑郁质	敏锐、稳重、体验深刻、外表温柔、怯懦、孤独、行动缓慢	林黛玉

根据题干中的字眼“沉着”“忍耐持久”，可判断林冲的气质类型是黏液质。故选C项。

4. A 【解析】A项，性格的态度特征是指个体对自己、他人、集体、社会以及对工作、劳动、学习的态度特征。例如，谦虚或自负、利他或利己、粗心或细心、创造或墨守成规等。题干所述王青的品质属于性格的态度特征。故选A项。B项，性格的理智特征（认知特征）是指个体在感知、记忆、想象、思维等认知过程中表现出来的认知特点和风格。C项，性格的意志特征是指个体自觉地确定目标，调节支配行为，从而达到目标的性格特征。D项，性格的情绪特征是指个体稳定而独特的情绪活动方式。

5. D 【解析】抑郁质的人以敏锐、稳重、体验深刻、外表温柔、怯懦、孤独、行动缓慢为特征。

6. B 【解析】英国心理学家艾森克根据内倾与外倾、情绪的稳定与不稳定这两个维度，把人的气质分成四种类型。(1)稳定内倾型，表现为温和、镇定、安宁、善于克制自己，相当于黏液质。(2)稳定外倾型，表现为活泼、悠闲、开朗、富于反应，相当于多血质。(3)不稳定内倾型，表现为严峻、慈爱、文静、易焦虑，相当于抑郁质。(4)不稳定外倾型，表现为冲动、好斗、易激动等，相当于胆汁质。题干描述对应的气质类型是稳定外倾型，故选B项。

7. A 【解析】胆汁质以精力旺盛、表里如一、刚强、易感情用事为特征。整个心理活动笼罩着迅速而突发的色彩。题干中小明的气质类型为胆汁质。巴甫洛夫认为强而不平衡的类型（兴奋型）相当于胆汁质。故小明最有可能属于兴奋型。

8. A 【解析】对于胆汁质的孩子，要培养其勇于进取、豪放的品质，防止其任性、粗暴。对于多血质的孩子，要培养其热情开朗的性格及稳定的兴趣，防止其见异思迁、虎头蛇尾。对于黏液质的孩子，要培养其生气勃勃的精神、热情开朗的个性和以诚待人、工作踏实、顽强的优点。对于抑郁质的孩子，要培养他们亲切、友好、善于交往、富有自信的精神，培养其敏感、机智、认真、细致、高自尊的优点。故本题选A项。

9. A 【解析】自陈式人格测验，是在标准化的技术条件下，对受测者的行为和内部心理变化进行探察与鉴别的方法。它是被试本人对自己的人格特征予以评价的一种方法。投射法是利用某些材料（一般是意义模糊的刺激），要求被试对刺激材料进行解释，让他们在不知不觉中将自己的思想、态度、愿望和情感泄露出来，从而确定其性格特征。常见的投射测验有：(1)罗夏克墨渍测验(RIBT)；

(2)主题统觉测验(TAT);(3)句子完成测验(SCT)。A项属于自陈式人格测验,BCD三项属于投射测验,故选A项。

10. A 【解析】性格是指人的较稳定的态度与习惯化了的行为方式相结合而形成的人格特征。

11. A 【解析】胆汁质的人以精力旺盛、粗枝大叶、表里如一、刚强、易感情用事为特征。根据题干描述可判断何一飞的气质类型是胆汁质。

12. C 【解析】性格可以做善恶评价,有好坏之分。

13. C 【解析】性格是个性特征中最具核心意义的心理特征。

14. C 【解析】黏液质的优点是稳重、踏实。这种气质类型的学生任劳任怨,符合班主任的期望。

15. C 【解析】性格的意志特征是指个体自觉地确定目标,调节支配行为,从而达到目标的性格特征。自觉性和果断性属于性格的意志特征。

16. B 【解析】性格的情绪特征是个体稳定而独特的情绪活动方式,稳定性和持久性属于情绪活动方式的一些具体特点。

17. A 【解析】家庭的教育态度和教育方式、生活氛围,父母的性格特征、政治经济地位、文化素养、为人处事的方式,儿童的出生顺序……这些因素对儿童性格的形成与发展起着直接的影响作用。故选A项。

18. C 【解析】学校通过各种有组织的活动使儿童和教师、同学发生相互作用,从而促进儿童的性格发展。教师对学生性格形成的影响属于学校教育。

19. B 【解析】气质是表现在心理活动的强度、速度、灵活性与指向性等方面的一种稳定的心理特征。活泼好动属于气质的表现。

20. B 【解析】巴甫洛夫将动物的高级神经活动分为四种类型,这四种高级神经活动类型与气质类型对照如下表。

高级神经活动类型	高级神经活动过程	气质类型
不可遏制型(兴奋型)	强、不平衡	胆汁质
活泼型(灵活性)	强、平衡、灵活	多血质
安静型(不灵活型)	强、平衡、不灵活	黏液质
弱型(抑制型)	弱	抑郁质

因此,强、平衡、灵活的高级神经活动类型对应的气质是多血质。

21. B 【解析】情绪型的人内心体验深刻,外部表露明显,情绪不稳定。言行举止受情绪的影响,缺乏理智感,处理问题常感情用事。

二、多项选择题

1. ACD 【解析】气质是依赖于人的生理素质的稳定的个性心理特征。A项说法正确。气质是天生的,没有优劣之分,不能决定人未来成就的大小。CD两项说法正确,B项说法错误。

2. ABCD 【解析】气质是表现在心理活动的强度、速度、灵活性与指向性等方面的一种稳定的心理特征。

3. ACD 【解析】巴甫洛夫在研究高等动物的条件反射时发现,动物高级神经系统活动的兴奋和抑制有强度、平衡性、灵活性三种特性。根据这三种特性的结合,巴甫洛夫将动物的高级神经活动分为四种类型:强、不平衡(不可遏制型);强、平衡、灵活(活泼型);强、平衡、不灵活(安静型);弱(弱型)。

4. ABCD 【解析】按照心理活动的指向,性格可分为外倾型和内倾型;按照个体活动的独立性程度,性格可分为独立型和顺从型。

5. AB 【解析】对于胆汁质的学生,教师应采取直截了当的方式,但这些学生不宜轻易激怒,对其严厉批评要有说服力,培养其自制力、坚持到底的精神,豪放、勇于进取的人格品质。故AB两项符合教育胆汁质学生的做法。对多血质的学生,教师应鼓励他们勇于克服困难,培养扎实专一的精神,防止其见异思迁,故C项不选;D项不符合教育胆汁质学生的做法。

6. ABD 【解析】自陈法也称问卷法,常见的性格问卷有三种:(1)明尼苏达多相人格测验(MMPI);(2)爱德华个人兴趣量表(EPPS);(3)卡特尔16种人格因素测验(16PF)。罗夏克墨渍测验(RIBT)属于投射测验。

三、判断题

1. × 【解析】弱型对应的是抑郁质。黏液质对应的是强、平衡、不灵活。

2. √ 【解析】性格与气质相互渗透,彼此制约,二者相互影响。性格对气质有一定的制约作用,可以掩蔽和改造气质,指导气质的发展,使它服从于生活实践的要求。

方法技巧:对于气质与性格的联系,可以联想记忆:把气质看成是先天的,性格看成是后天形成的,那么一般先天的会影响后天的形成与发展,反过来后天的会指导先天的发展,这样就不容易记混。

3. × 【解析】气质是人的天性,无好坏之分,所以不能说小林的气质类型比小丁的好。

4. √ 【解析】性格的理智特征(认知特征)是指个体在感知、记忆、想象、思维等认知过程中表现出来的认知特点和风格,如主动感知或被动感知,习惯于看到细节还是看到轮廓。题干表述正确。

5. √ 【解析】投射测验的原理与精神分析理论有密切联系。投射测验原理复杂深奥,非经专门训练者不能使用。相对于自陈式测验,它对施测者的要求更高。

6. × 【解析】性格的态度特征是指个体对自己、他人、集体、社会以及对工作、劳动、学习的态度特征。性格的态度特征在性格结构中具有核心意义。

7. × 【解析】顺从型的人做事缺乏主见,容易受他人意见的干扰,常常不加分析地接受别人的观点或屈从于他人的权势;在突发事件面前,常表现为束手无策或惊慌失措。

8. √ 【解析】按照心理活动的指向,瑞士心理学家荣格将性格分为外向型和内向型。他认为,多数人并非典型的内向型或外向型性格,而是介于两者之间的中间型。

四、简答题(参考答案)

1. 现代气质类型说对教育有什么启示?

(1)对待学生应克服气质偏见;(2)针对学生气质差异因材施教;(3)帮助学生进行气质的自我分析、自我教育,培养良好的气质品质;(4)特别重视胆汁质和抑郁质学生;(5)组建学生干部队伍时,应考虑学生的气质类型。

2. 简述艾森克的气质理论。

英国心理学家艾森克根据内倾与外倾、情绪的稳定与不稳定这两个维度把人的气质分成四种类型。

(1)稳定内倾型:表现为温和、镇定、安宁、善于克制自己,相当于黏液质。
(2)稳定外倾型:表现为活泼、悠闲、开朗、富于反应,相当于多血质。
(3)不稳定内倾型:表现为严峻、慈爱、文静、易焦虑,相当于抑郁质。
(4)不稳定外倾型:表现为冲动、好斗、易激动,相当于胆汁质。

3. 简述影响性格形成与发展的因素。
(1)家庭;(2)学校教育;(3)同伴群体;(4)社会实践;(5)自我教育;(6)社会文化因素。

五、论述题(参考答案)

1. 作为一名教师,试述如何根据学生的不同气质类型因材施教。
(1)对胆汁质的学生,教师应采取直截了当的方式,但是这些学生不宜轻易激怒,对其严厉批评要有说服力,培养其自制力、坚持到底的精神和豪放、勇于进取的人格品质。
(2)对多血质的学生,可以采取多种教育方式,但要定期提醒,对其缺点严厉批评。教师应鼓励他们勇于克服困难,培养扎实专一的精神,防止其见异思迁;创造条件,多给他们活动的机会,培养他们朝气蓬勃、足智多谋的优点。
(3)对黏液质的学生,教师要采取耐心教育的方式,让他们有考虑和做出反应的足够时间,培养其生气勃勃的精神,热情开朗的个性和以诚待人、工作踏实、顽强的优点。
(4)对抑郁质的学生,则应采取委婉暗示的方式,对其多关心、爱护,不宜在公开场合下指责,不宜过于严厉的批评。教师应培养他们亲切、友好、善于交往、富有自信的精神,培养其敏感、机智、认真、细致、高自尊的优点。

2. 结合自己的教育教学经验,谈谈如何培养学生良好的性格。
(1)加强人生观、世界观和价值观的教育;(2)及时强化学生的积极行为;(3)充分利用榜样人物的示范作用;(4)利用集体的教育力量;(5)提供实际锻炼的机会;(6)及时进行个别指导;(7)提高学生的自我教育能力。

六、案例分析题(参考答案)

(1)甲属于抑郁质气质类型,乙属于胆汁质气质类型,丙属于多血质气质类型。

(2)①抑郁质的人以敏锐、稳重、体验深刻、外表温柔、怯懦、孤独、行动缓慢为特征;②胆汁质的人以精力旺盛、粗枝大叶、表里如一、刚强、易感情用事为特征;③多血质的人以反应迅速、有朝气、活泼好动、动作敏捷、情绪不稳定为特征。

(3)①对甲的教育:应采取委婉暗示的方式,对其多关心、爱护,不宜在公开场合下指责,不宜过于严厉地批评。应培养他亲切、友好、善于交往、富有自信的精神;培养其敏感、机智、认真、细致、高自尊的优点。

②对乙的教育:应采取直截了当的方式,但不宜轻易激怒,对其严厉批评要有说服力,培养其自制力、坚持到底的精神和豪放、勇于进取的人格品质。

③对丙的教育:可以采取多种教育方式,但要定期提醒,对其缺点严厉批评。教师应鼓励她勇于克服困难,培养扎实专一的精神,防止其见异思迁;创造条件,多给她活动的机会,培养她朝气蓬勃、足智多谋的优点。

整合提升

一、单项选择题

1. B 【解析】加德纳提出了多元智力理论,他认为人的智力结构中存在着七种相对独立的智力,这七种智力在每个人身上的组合方式是多种多样的,每个人在不同领域的智力发展水平是不同步的。有人可能在某一两个方面是天才,而在其余方面却是蠢材;有人可能每种智力都很一般,但如果他所拥有的各种智力被巧妙地结合在一起,则可能在解决某些问题时会显得很出色。
2. C 【解析】智力也即智能,是使人能顺利完成某种活动所必需的各种认知能力的有机结合,它包括观察力、记忆力、注意力、想象力和思维力等成分,并以思维力为核心。
3. B 【解析】有学者对胆汁质、多血质、黏液质和抑郁质这四种气质类型分别提出了10条观察指标。其中,多血质的观察指标是:内心体验会在面部表情中表现;积极参加学校活动但有始无终;学习新功课容易产生兴趣但很快厌烦;学习疲倦容易恢复;理解问题比别人快但学习容易见异思迁;希望做难度大的作业但不耐心细致;容易产生骄傲情绪;容易激动但情绪表现不强烈;情感变化迅速;善于交际,但缺乏知心好友。黏液质的观察指标是:不易激动,情感少外露;遵守纪律,生活有规律;理解问题比别人慢;学习认真严谨;容易集中注意力,但注意的转移困难;学习需要安静的环境;有耐久力,能承担长时间的繁重工作;沉默寡言,说话没有感情渲染;善于克制忍让;反应较慢,不做没有把握的事。因此,题干中的例子体现了不同个体气质方面的差异。
4. C 【解析】瑞文智力测验是一种非语言式的智力测验,不受知识经验、民族习惯等因素的影响,可用于不同年龄、不同性别的个别测验或团体测验。因此,对中国儿童和国外儿童智力发展差异的研究,最理想的智力测验工具是瑞文智力测验。
5. C 【解析】"笨鸟先飞""勤能补拙"就是说性格对能力的补偿作用。
6. B 【解析】效度指一个测验工具希望测到某种行为特征的有效性与准确程度。张老师通过此次测试测出了学生的实际水平,这体现了该测试具有效度。
7. C 【解析】性格与气质的区别:(1)性格与气质的性质是不同的。由于性格更多受到后天环境的影响,因此性格更具有社会的特点。在不同的社会文化下,人们的性格有较大的差异,而气质是个性心理特征中遗传色彩最浓的部分,具有先天性。故D项正确。(2)性格与气质的生理基础有所区别。气质的生理基础是高级神经活动的类型特点,性格的生理基础是在高级神经活动的类型基础之上后天建立的条件反射系统。故B项正确。性格与气质的联系:性格与气质之间是相互作用和相互影响的。一方面,基于后天经验的性格可以掩蔽和改造气质,指导气质的发展。另一方面,气质还影响性格的形成和发展,对一定的性格特性起着促进和阻碍作用。故A项正确,C项不正确。
8. B 【解析】黏液质的人稳重、踏实,善于克制自己。因此对于长跑、登山等需要坚持性的运动可以长期进行下去。
9. A 【解析】认知测验又可称为能力测验,这类测验主要包括智力测验、能力倾向测验(又称性向测验)、教育测验(又称成就测验)及创造力测验等。

10. B 【解析】性格虽然不会决定学习是否发生，但它却会影响学生的学习方式。性格也可作为动力因素影响学习的速度和质量。

11. A 【解析】区分度是指题目对不同水平的答题者反应的区分程度和鉴别能力。难度过高或者过低都不利于将不同水平的学生区分开，中等难度的题目区分度较好。因此教师自编测验时，要想提高测验的区分度，最重要的是控制好试题的难度。

12. C 【解析】黏液质的人感受性低而耐受性高，不随意的反应性和情绪的兴奋性均低，明显内向，外部表现少，反应速度慢而具有稳定性。黏液质的人具有稳重，但灵活性不足；踏实，但有些死板；沉着冷静，但缺乏生气等的心理表现。综上所述，选C项。

13. C 【解析】与其他人格测验相比，投射测验有几个鲜明的特点：(1)使用非结构任务，这种任务允许被试有各种各样不受限制的反应。(2)测量目标具有掩蔽性。(3)解释的整体性。

14. C 【解析】依据人类社会活动的六种形态，斯普兰格将人划分为六种性格类型。不同的性格类型有不同的价值观成分。

15. D 【解析】根据动机的意识水平，人的动机可分为有意识的动机和无意识的动机。有意识的动机，是指行为者能觉察到的、并对其内容明确的那种动机。例如，人对某事物、现象或活动所表现出来的兴趣；以道德感、义务感和社会责任感为内容的理想和信念等。无意识的动机，是指一种在不知不觉中出现的、决定人的活动倾向的动机。例如，一位教师对某个学生的印象比较好，认为他聪明、勤奋、成绩优秀，因而在评分时不自觉地降低了评分的标准，并有可能忽略了其试卷中存在的某些错误；反之，对印象差的学生，不相信他在考试中会获得优秀的成绩，因而在评分时不自觉地提高了要求，对其试卷中的问题也比较敏感。

16. A 【解析】性格的理智特征，是指在认识事物过程中表现出来的一些个体差异，主要反映在人的观察活动、思维活动、想象活动和记忆活动等方面，如观察精细、敏锐或粗略、迟钝，善于独立思考或爱搬用现成答案，想象丰富或缺乏想象力等。我们从参观展览会的人的行为就可发现其性格理智特征的不同：有的人事先就确定了参观的计划，盘算了时间是否充裕、重点看些什么等，进入展厅后就有条不紊、详略有别地观看；而有的人则喜欢抱着“到了那里再说，反正有东西可看”的态度，进展厅后哪里人多就往哪里挤，认为人多处定有精彩的东西，或是在某一处看得高兴而全然不管其他。

17. B 【解析】注意的转移与大脑皮层神经兴奋过程和抑制过程相互转换的灵活性有关。灵活性强的人，注意转移比较容易；灵活性差的人，注意转移较难。多血质的人灵活性强，因此注意力容易转移。

18. C 【解析】动机的指向功能是指动机使机体的活动针对一定的目标或对象。动机不同，活动的方向和它所追求的目标也不同。例如，在学习动机的支配下，学生的活动指向的是书本；而在娱乐动机的支配下，其活动指向的则是娱乐设施。

19. D 【解析】在加德纳的多元智力理论中，人际关系智力是指注意到他人行为的细微之处的能力，如能理解别人语气的含义、觉察出他人的目的和欲望、利用有关他人的知识来影响其思想和行为等。试着理解好朋友的伤心属于人际关系智力。D项说法错误。

20. C 【解析】创造性智力是一种能超越已知给定的内容，产生新颖有趣结果的能力。个体的创造性智力主要包括想象、假设、构思、创造和发明等能力。具有创造力的人常常是特别出色的综合思维者，能够发现别人所不能发现的联合（综合）点。

21. B 【解析】性格是指人的较稳定的态度与习惯化了的行为方式相结合而形成的人格特征。它是一个人的心理面貌本质属性的独特结合，是人与人相互区别的主要方面。题干所述体现了人的性格差异。

22. C 【解析】需要从低级向高级发展，但高级需要对低级需要具有调节作用，且人的需要具有社会性，是人类社会历史发展的结果。并不是只有低级需要完全得到满足后高级需要才出现，低级需要和高级需要并不是绝对对立的。边远贫困地区的基础条件不好，但是在自我实现等高级需要的支配下，志愿者自愿到边远贫困地区支教就是体现了低级需要和高级需要并不是绝对对立的。

二、多项选择题

1. BCD 【解析】信度的影响因素主要来源于四个方面：测题数量、测题难度、施测对象和施测过程。增加测题数量可以提高信度，但是测题数量须有一定限制，并非越多越好。所以，A项说法错误。施测对象适当的动机和焦虑水平是保证测验信度的必要条件，过强或过弱的动机和焦虑水平都不利于测验信度的提高。所以，B项说法正确。测验的环境条件如通风、室温、采光等条件会影响到测验的稳定性，室内燥热、考场周围嘈杂、座位拥挤、考试秩序混乱等都会导致测验信度下降。所以，C项说法正确。测题的难度和信度没有直接的关系。然而，如果测题对某团体过难或太易，则分数范围将缩小，信度也将降低。所以，D项说法正确。

2. BCD 【解析】气质是不以活动目的和内容为转移的典型的、稳定的心理活动的动力特点。A项属于人的性格特征。

3. ACD 【解析】加德纳认为每一种智能在人类认识世界和改造世界的过程中都发挥着重大的作用，具有同等重要性。A项说法错误。多元智能理论认为，各种智能，不是以整合的方式潜在存在，而是相对独立的，各自有着不同的发展规律并使用不同的符号系统。而每一个现实的人的智能都是以不同的方式和程度有机地组合在一起，同一种智能在不同人那里，其表现形式也不同。D项说法错误。多元智能理论认为，因为每一个人的智能都有其独特的表现形式，每一种智力又都有其多种表现形式，所以，很难找到一个适用于任何人的统一评价标准，来评价一个人的聪明和成功与否。C项说法错误。多元智能所主张的教育评价应该是多渠道、多种形式的，在多种不同的实际生活和学习情景下进行的。B项说法正确。

4. AB 【解析】定序测量是按事物的大小、轻重等特征依次排列，进行分类和比较。定序测量的结果有大小和等级的序列关系，例如，体育比赛结果按名次排列，把儿童的阅读能力划分为优、中、差三个等级等，都属于定序测量。故AB两项属于定序测量，C项属于定名测量，D项属于定距测量。

5. BCD 【解析】能力包含两方面的内容：(1)在某项

任务或活动上现有的成就水平，即人们已经学会的知识和技能；(2)个体具有的潜力和可能性。A项说法错误。一方面能力是掌握知识与技能的前提。能力的高低会影响到知识掌握的深浅、难易和技能水平的高低。从一个人掌握知识、技能的速度和质量上，可以看出其能力的大小。另一方面能力是在掌握知识和技能的过程中形成和发展起来的，掌握系统的知识和技能有利于能力的增长和发挥。所以，BCD三项说法正确。

三、辨析题(参考答案)

1. 学生的学习兴趣既可以来自对学习活动本身的直接兴趣，也可以来自对学习结果的间接兴趣。

   (1)这种说法是正确的。(2)直接兴趣是由认识事物本身的需要引起的；间接兴趣是由认识事物的目的和结果所引起的。学生的学习兴趣既可以来自直接兴趣，亦可来自间接兴趣。

2. “江山易改，禀性难移”说明气质的稳定性是不可以改变的。

   (1)这种说法是不正确的。(2)由于气质较多地受生物因素的制约，因此，气质变化较难、较慢，但并不意味着它完全不起变化，在生活环境和教育条件的影响下，在性格的掩盖下，气质可以得到相应程度的改造。

3. 学生掌握了知识就能形成相应的能力。

   (1)这种说法是不正确的。(2)能力是在掌握知识和技能的过程中形成和发展起来的，能力的高低会影响到知识掌握的深浅、难易。但知识的掌握和能力的发展是不同步的，知识和能力之间的转化需要具备一定的条件，教师在教学中应创造多种有效的条件和方式，把知识传授和能力发展统一起来，促进学生的全面发展。

四、简答题(参考答案)

1. 简述性格与能力的关系。

   (1)区别：性格与能力是个性心理特征中的两个不同侧面。①性格与能力不同，能力是决定心理活动的基本因素，活动能否顺利进行与能力有关；②性格则表现为人的活动指向什么，采取什么态度，怎样进行。

   (2)联系：性格与能力是在一个人统一实践的过程中发展起来的，二者之间相互影响、相互联系。①性格制约着能力的形成与发展。第一，性格影响能力的发展水平；第二，优良的性格特征往往能够补偿能力的某种缺陷。②能力的形成与发展也会促使相应的性格特征随之发展。③不良的性格特征也会阻碍能力的发展，甚至使能力衰退。

2. 简述斯腾伯格的三元智力理论。

   美国耶鲁大学的心理学家斯腾伯格提出了智力的三元理论。该理论包括智力成分亚理论、智力情境亚理论和智力经验亚理论。

   智力成分亚理论认为，智力包括三种成分及相应的三种过程，即元成分、操作成分和知识获得成分。元成分是用于计划、控制和决策的高级执行过程，如确定问题的性质，选择解题步骤等；操作成分表现在任务的执行过程中，是指接收刺激，将信息保持在短时记忆中，并进行比较，它负责执行元成分的决策；知识获得成分是指获取和保存新信息的过程，负责接收新刺激，做出判断与反应，以及对新信息的编码与存储。在智力成分中，元成分起着核心作用，它决定人们解决问题时所使用的策略。

   智力情境亚理论认为，智力是指获得与情境拟合的心理活动。在日常生活中，智力表现为有目的地适应环境、塑造环境和选择新环境的能力，这些能力统称为情境智力。

   智力经验亚理论认为，智力包括两种能力：一种是处理新任务和新环境时所要求的能力；另一种是信息加工过程中自动化的能力。

五、论述题(参考答案)

试根据能力与知识、技能的关系分析“高分低能”现象。

能力与知识、技能既有区别，又紧密联系。(1)能力与知识、技能的区别如下：①概括水平不同。知识是对人类社会历史经验的概括和总结，技能是对一系列活动方式的概括，而能力是对从事某项活动时表现出来的多种心理品质的概括。②发展程度不同。在一个人身上，知识和技能的发展是无止境的，它随着学习进程的不断增多而不断丰富；而能力的发展则有一定的限度。③知识、技能的掌握和能力的发展是不同步的。知识多了，能力不一定就高。(2)能力与知识、技能又是紧密相连的，其联系如下：①能力是掌握知识与技能的必要前提。能力的高低会影响到知识掌握的深浅、难易和技能水平的高低；②能力是在掌握知识、技能的过程中形成和发展起来的，掌握系统的知识和技能，有利于能力的增长和发挥。③从一个人掌握知识、技能的速度与质量上，可以看出其能力的大小。(3)“高分低能”的人，他们具有比较多的知识，但在生活实践中不能把知识灵活应用。这主要是因为在发展知识的同时没有注重能力的培养。因此，教师在教学活动中，要注意不仅要传授给学生必要的知识与技能，更重要的是创造有利条件，促进学生掌握的知识向能力迁移，同时让学生多参加社会实践，在实践中使能力得到培养和锻炼。

六、案例分析题(参考答案)

1. (1)马斯洛是美国当代人本主义心理学家，他的需要层次理论是最富有影响力的需要理论。他根据需要出现的先后及强弱顺序，把需要分成了七个层次，即生理需要、安全需要、归属与爱的需要、尊重需要、求知需要、审美需要和自我实现的需要。其中前四种需要是个体生存所必需的，必须得到一定程度的满足。其中，归属与爱的需要，也称社交需要，是指每个人都有被他人或群体接纳、爱护、关注、鼓励及支持的需要。尊重需要是在生理、安全、归属与爱的需要得到基本满足后产生的对自己社会价值追求的需要，包括自尊和受到别人的尊重两个方面。小林现状的危害是：小林父母对其很少管教，他与同学、教师关系不融洽，导致其缺乏归属与爱的需要；学习成绩不好、教师的教育方式的不合理，使其尊重需要得不到满足，甚至有弃学的心理。

   (2)针对小林的现状，应采取的改进意见有：①小林的父母应对其予以关心和教导，教师和同学应多与其进行交流，建立融洽的人际关系，满足其归属与爱的需要；②教师应对小林多进行鼓励，使其获得成功的体验，激发起学习动机，满足其尊重需要。

2. 学生优良性格的培养要做到：(1)加强人生观、世界观和价值观教育。吴明的父母忙于农活，并且文化水平不高，对吴明缺乏教育，老师要多注意这一点，加强对吴明人生观、世界观和价值观的教育。(2)及时强化学生的积极行为。吴明对于学习马马虎虎，每次作业都是应付了事，老师应多注意观察他的积极行为，并给予及时的强化。(3)充分利用榜样人物的示范作用。教师应经常给学生讲解优秀人物的事迹，激励学生向他们学习。吴明成绩排名靠后，可以引导他将品学兼优的学生作为他的榜样，帮助他树立学习目标。(4)利用集体的教育力量。一个好的集体是锤炼并完善一个人的大熔炉，生活在一个具有良好组织纪律性和凝聚力的集体里，才能让学生产生集体荣誉感和归属感，并在集体活动中锻炼自己坚韧不拔的毅力，通过与他人的合作、交流建立良好的人际关系，逐步完善自己的性格。应该加强班集体对吴明的吸引力，让他真正成为班级的一员，改掉对集体利益漠不关心的态度。(5)提供实际锻炼的机会。学生的性格是在后天的各种实践活动中不断形成的，性格的不断发展与完善也要通过具体的实践活动才能实现。老师在为吴明提供实际锻炼机会的同时，要给他提出明确的锻炼要求与目的。(6)及时进行个别指导。个别指导在性格培养中特别重要。教师在对学生进行性格培养时，既要考虑学生的共性，也不能忽视个别性。吴明的情况比较特殊，老师应该给予特别的关心和个别辅导，帮助他更快地形成良好的性格。(7)提高学生的自我教育能力。做任何事情想要成功都要有强烈的自觉能动性，外因只是起一个辅助作用，而内在的主观能动性是决定性的因素。因此，教师应注重培养吴明的自我教育能力，使他养成良好的自我教育习惯。

真题必刷

一、单项选择题

1. A 【解析】马斯洛是美国当代人本主义心理学家，他的需要层次理论是最富有影响力的需要理论。早期，他根据需要出现的先后及强弱顺序，把需要分成了五个层次，即生理需要、安全需要、归属与爱的需要(社交需要)、尊重需要和自我实现的需要。故选A项。
2. D 【解析】自我实现的需要是最高层次的需要。
3. C 【解析】安全需要是指希求受到保护与免遭威胁从而获得安全感的需要。希望得到稳定的职业，让自己的生活有保障是为了获得安全感，因此属于安全需要。故选C项。
4. C 【解析】求知需要(认知与理解的需要)是个体对自身和周围世界的探索、理解及解决疑难问题的需要。学习动机是指激发个体进行学习活动，维持已引起的学习活动，并使行为朝向一定学习目标的一种心理倾向或内部动力。学习动机来源于求知需要。
5. D 【解析】美国心理学家卡特尔根据因素分析结果，按心智功能上的差异，将人的智力分为流体智力和晶体智力两种不同的形态，两者各具特色。流体智力的特点有：(1)以生理为基础，受先天遗传因素的影响较大。(2)主要表现为对新奇事物的快速辨认、记忆、理解等。(3)流体智力的发展与年龄有密切的关系。一般人在20岁以后，流体智力的发展达到顶峰，30岁以后随着年龄的增长而降低。(4)流体智力属于人类的基本能力，受教育文化的影响较少。晶体智力的特点包括：(1)以学得的经验为基础，受后天经验的影响较大。(2)主要表现为运用已有知识和技能去吸收新知识和解决新问题的能力。(3)晶体智力与教育、文化有关。(4)晶体智力不因年龄增长而降低，有些人甚至因知识经验的累积，晶体智力随着年龄的增长而升高。故本题选D项。
6. D 【解析】斯坦福—比纳量表用智商代表智力水平，它所反映的是智龄和实足年龄的关系，即智商(IQ)=智龄(MA)÷实龄(CA)×100。利用这个公式，可以计算出该小学生的智商是150。
7. B 【解析】黏液质的气质特征是稳重，但灵活性不足；踏实，但有些死板；沉着冷静，但缺乏生气。根据题干中描述的字眼“沉着、冷静”“做事比较死板，缺乏灵活性”，可判断小丽的气质类型属于黏液质。

二、多项选择题

1. BCD 【解析】在马斯洛的需要层次理论中，生理需要、安全需要、归属与爱的需要、尊重需要属于缺失性需要(基本需要)；求知需要、审美需要和自我实现的需要属于成长性需要(高级需要)。
2. ABCD 【解析】智力也即智能，是使人能顺利完成某种活动所必需的各种认知能力的有机结合，它包括观察力、记忆力、注意力、想象力和思维力等成分，并以思维力为核心。
3. ABCD 【解析】信度是效度的必要条件，但不是充分条件。二者的关系具体表现为：信度低，效度不可能高。信度高，效度未必高。效度低，信度很可能高。效度高，信度也必然高。
4. ABCDE 【解析】气质是人的天性，没有好坏之分。故A项说法正确。气质不能决定人的社会价值与成就的高低，也不直接具有社会道德评价含义，但气质对人在不同性质的活动中的适应性，甚至活动的效率却有一定的影响。也就是说，气质特征是职业选择的依据之一。故BCE三项说法正确。针对学生的气质差异，在教育过程中对不同气质类型的学生采取的方法应尽可能地因人而异，做到“一把钥匙开一把锁”。因此，气质特征是因材施教的依据之一，故D项说法正确。

三、判断题

1. √ 【解析】生理需要是指人对食物、水分、空气、睡眠、性等的需要，它是最基本、最原始，也是最强有力的需要。
2. × 【解析】最早的智力测验是由法国心理学家比纳(比奈)和西蒙于1905年编制的，称为比纳(比奈)—西蒙智力量表。

第二篇 教育心理学

专题一 教育心理学概述

基础训练

知识1 教育心理学的研究

一、单项选择题

1. A 【解析】观察法是教育心理学研究中采用的最基本、最普遍的方法，故本题选A项。
2. A 【解析】教育心理学研究的最核心的东西是学生的学习过程和个体差异。故学生都是教育心理学研究的主要对象。
3. D 【解析】A项，实验法是指根据研究目的，改变或控制某些条件，以引起被试某种心理活动的变化，从而揭示特定条件与这种心理活动之间关系的方法。B项，观察法是指在教育过程中，研究者通过感官或借助于一定的科学仪器，有目的、有计划地考察和描述个体某种心理活动的表现或行为变化，从而收集相关的研究资料的方法。C项，调查法是通过各种途径间接了解被试心理活动的一种研究方法。D项，测验法是指用一套预先经过标准化的问卷(量表)来测量某种心理品质的方法。

4. C 【解析】教育心理学的具体研究范畴是围绕学与教相互作用的过程展开的。故本题选C项。

5. B 【解析】学习过程指学生在教学情境中，通过与教师、同学以及教学信息的相互作用获得知识、技能和态度的过程。在教育心理学中，人们研究最早和最多的就是这一过程。

6. C 【解析】教育心理学可以帮助教师准确地了解问题。学生的情况是千差万别的，一旦出现了学习困难，教育心理学可提供多种方法帮助教师了解原因。李老师应用教育心理学的理论和研究方法，对学生阅读方面存在的问题追根溯源，找到了困难的症结，这体现了该作用。故本题选C。A项，为实际教学提供科学的理论指导是指教育心理学为实际教学提供了一般性的原则或技术，教师可结合实际的教学内容、教学对象、教学材料、教学环境等，将这些原则转变为具体的教学程序或活动。B项，帮助教师预测并干预学生是指教师不仅可以利用教育心理学原理正确分析、了解学生，而且可以预测学生将要发生的行为或发展的方向，并采取相应的干预或预防措施，达到预期的效果。D项，帮助教师结合实际教学进行研究是指教育心理学给教师提供进行科学研究的思路和方法，使教师不仅能够理解、应用某些基本的原理和方法，而且还可以结合自己的教学实际进行创造性的研究，去验证这些原理并解决特定的问题。

7. C 【解析】在教育心理学看来，教学环境不仅是课堂管理研究的主要范畴，也是学习过程研究和教学设计研究所不能忽视的重要内容。

8. D 【解析】观察法的主要优点是：(1)可以观察到被试者在自然状态下的行为表现，所获结果比较真实；(2)可以真实地观察到行为的发生、发展，能够把握当时的全面情况、特殊的气氛和情境。观察法收集资料颇费时间，D项说法错误。

9. C 【解析】A项，个案法是指要求对某个人进行深入而详尽的观察与研究，收集相关资料，分析其心理特征，以便发现影响其某种行为和心理的原因。B项，测验法是指用一套预先经过标准化的问卷(量表)来测量某种心理品质的方法。C项，教育经验总结法是依据教育实践所提供的事实，按照科学研究的程序，分析和概括教育现象，揭示其内在联系和规律，使之上升为教育理论的一种教育科研方法。D项，产品分析法是指通过分析学生的活动产品，以了解学生的能力、倾向、技能、熟练程度、情感状态和知识范围。通过各自的定义可以判断，题干描述的是教育经验总结法，故选C项。

10. B 【解析】教育心理学是从横向角度研究某种教学、教育条件或措施与学生掌握知识、技能及形成能力、品格之间所具有的内在有效的关联。

11. A 【解析】学习过程指学生在教学情境中通过与教师、同学以及教学信息的相互作用获得知识、技能和态度的过程。学习过程是教育心理学研究的核心内容。

12. D 【解析】学生这一要素主要从两方面影响学与教的过程：(1)群体差异，包括年龄、性别和社会文化差异等；(2)个体差异，包括先前知识基础、学习方式、智力水平、兴趣和需要等差异。故本题选D。A项文化差异和B项社会差异都归属于群体差异。

13. B 【解析】教育性原则是指在教育心理学的研究过程中，所采用的研究手段与方法应能促进被试心理的良性发展，这是所有关于人的心理学研究中都应遵从的一个基本伦理道德原则。华生做的心理实验损害了儿童的心理健康，不利于儿童的心理发展，因此违背了教育性原则。故选B项。A项，客观性原则是指教育心理学研究要贯彻实事求是的精神，即根据教育心理现象的本来面貌来研究其本质、规律与机制，采取实事求是的态度。C项，理论联系实际原则要求教育心理学的研究应从教育情境，尤其是主体的实际需要出发，解决教育教学中的实际心理问题。D项，系统性原则要求在教育心理学的研究中，坚持以全面的、发展的和整体的观点去观察、分析和解决问题。

14. B 【解析】实验法是指根据研究目的，改变或控制某些条件，以引起被试某种心理活动的变化，从而揭示特定条件与这种心理活动之间关系的方法。题干中教师通过控制两班学生在智力、学业基础等方面尽量保持均衡，来测量使用不同的教学方法学生的成绩是否有差异，这种研究方法就属于实验法。

15. C 【解析】观察法是指在教育过程中，研究者通过感官或借助于一定的科学仪器，有目的、有计划地考察和描述个体某种心理活动的表现或行为变化，从而收集相关的研究资料的方法。可以使用观察法来了解学生在日常学习活动中的进步情况。

16. C 【解析】教学环境包括物质环境和社会环境两个方面。其中物质环境包括课堂自然条件(如温度和照明)、教学设施(如桌椅、黑板和投影仪)以及空间布置(如座位的排列)等。故ABD三项属于物质环境。社会环境包括课堂纪律、课堂气氛、师生关系、同学关系、校风以及社会文化背景等。故C项属于社会环境。

17. D 【解析】产品分析法，又称活动产品分析或作品分析法，是指通过分析学生的活动产品，以了解学生的能力、倾向、技能、熟练程度、情感状态和知识范围。活动产品的种类很多，日记、作文、绘画、书信、手工艺品等都是。对这些产品进行分析，可以研究儿童的个性、心理发展的水平等。

18. A 【解析】发展性原则是指教育心理学研究要求研究者牢记被试的心理是不断发展变化的，应该采用动态的、变化的指标进行衡量。因此，题干所述属于教育心理学研究的发展性原则。

二、多项选择题

1. ABC 【解析】教学环境包括物质环境和社会环境两个方面，前者涉及课堂自然条件(如温度和照明等)、教学设施(如桌椅、黑板和投影机等)以及空间布置(如座位的排列等)等，后者涉及课堂纪律、课堂氛围、师生关系、同学关系、校风以及社会文化背景等。

2. BCD 【解析】观察法缺乏控制，不能说明所观察到现象的因果关系，故A项说法错误。观察资料容易受观察者的影响而使可靠性存在偏差，为减少观察者的影响，提高观察的客观性，可在“单盲”的情况下进行观察。CD两项说法正确。由于缺乏控制，需要进行多次观察，才能保证观察的有效性。B项说法正确。

3. AB 【解析】在访谈中，访谈者应争取掌握访谈过程的主动权，积极影响儿童，尽可能使研究按照预定的计划开展。故A项说法正确。访谈法有许多优点，它能有针对性地收集研究数据，适用于一切具有口头表达能力的不同文化程度的访谈对象，具有较问卷法更高的回收率和有效率。访谈法的局限性首先在于，访谈结果的准确性受访谈者自身的素质影响较大，与其他研究方法相比，费时费力，而且访谈所得资料不易量化。另外，访谈效果也受环境、时间和访谈对象特点的限制。故B项说法正确，CD两项说法错误。

4. ACD 【解析】研究教育心理学需要遵循正确的原则和方法，其基本原则包括：客观性原则、发展性原则、教育性原则（道德性原则）、理论联系实际原则、系统性原则。

5. CD 【解析】教育心理学对教育实践具有描述、解释、预测和控制的作用。具体来说包括以下几个方面：(1)帮助教师准确地了解问题；(2)为实际教学提供科学的理论指导；(3)帮助教师预测并干预学生；(4)帮助教师结合实际教学进行教育研究。

三、判断题

1. √ 【解析】教育心理学只提供原则，教师可将这些原则转变为具体的教学程序或活动。

2. × 【解析】教育心理学是一门独立的科学，有自己的理论、研究方法、问题和技术。教育心理学不是一般心理学原理在教育中的简单应用，它拥有自身独特的研究课题。

3. √ 【解析】实验法是心理学研究中应用最广、成就最大的一种方法，它主要包括实验室实验和现场实验。

4. × 【解析】观察法更适合了解外显行为，访谈法更适合了解对象的深层看法。

5. √ 【解析】客观性原则是指教育心理学研究要贯彻实事求是的精神，即根据教育心理现象的本来面貌来研究其本质、规律与机制，采取实事求是的态度。遵循客观性原则是进行科学研究的前提条件。

6. × 【解析】实验法是指根据研究目的，改变或控制某些条件，以引起被试某种心理活动的变化，从而揭示特定条件与这种心理活动之间关系的方法。题干所述符合实验法的定义。

四、名词解释（参考答案）

1. 系统性原则

系统性原则要求在教育心理学的研究中，坚持以全面的、发展的和整体的观点去观察、分析和解决问题。

2. 现场实验

现场实验又叫自然实验，是在自然情境下，由实验者创设或改变一些条件，以引起学生某些心理活动的变化从而进行研究的方法。

3. 产品分析法

产品分析法又称活动产品分析或作品分析法，是指通过分析学生的活动产品，以了解学生的能力、倾向、技能熟练程度、情感状态和知识范围。

4. 个案法

个案法是指要求对某个人进行深入而详尽的观察与研究，收集相关资料，分析其心理特征，以便发现影响其某种行为和心理的原因。

知识2 教育心理学的发展

一、单项选择题

1. C 【解析】A项主动性研究，即研究如何使学生主动参与教与学的过程，并对自身的心理活动做出控制。B项反思性研究，即研究如何促使学生从内部理解所学内容的意义，并对学习进行自我调节。C项合作性研究，即研究如何使学生共享教与学的过程中所涉及的人类资源，如何在一定背景下将学生组织起来一起学习。D项社会文化研究，即研究社会文化背景如何影响学习的过程和结果。题干描述的是合作性研究的概念。故选C项。

2. A 【解析】20世纪60年代掀起了一股人本主义思潮，罗杰斯提出了“以学生为中心”的主张，认为教师只是一个“方便学习的人”。

3. B 【解析】B项，1877年，俄国教育家和心理学家卡普捷列夫出版了《教育心理学》一书，这是最早正式以“教育心理学”命名的著作。A项，1868年，俄国教育家乌申斯基出版了《人是教育的对象》一书，对当时的心理学发展成果进行了总结，他因此被誉为“俄罗斯教育心理学的奠基人”。C项，德国教育家与心理学家赫尔巴特首次提出把教学理论的研究建立在心理学这个科学基础之上。D项，1903年，美国心理学家桑代克出版了《教育心理学》一书，这是西方第一本以“教育心理学”命名的著作。

方法技巧：教育心理学发展历程中几个第一和首次贡献是常考点，编者特总结下面口诀来帮助考生记忆：裴（裴斯泰洛齐）赫（赫尔巴特）首提出，乌申俄奠基，房东岳翻译，廖世承主编。中国第一廖和房，西方第一桑代克，世界第一是卡普捷。

4. C 【解析】1903年，美国心理学家桑代克出版了《教育心理学》，这是西方第一本以“教育心理学”命名的著作，奠定了科学教育心理学的诞生，桑代克也因此被称为“教育心理学之父”。

5. D 【解析】桑代克主张用实验和测量的方法来研究教育心理学，初步解决了教育心理学的研究方法问题。

6. A 【解析】初创时期，瑞士教育家裴斯泰洛齐第一次提出“教育教学的心理学化”的思想。A项说法正确。布鲁纳发起的课程改革运动和计算机辅助教学（CAI）出现在教育心理学的成熟时期。BC两项说法错误。在完善时期，美国心理学家布鲁纳总结了教育心理学20世纪80年代以来的成果：(1)主动性研究；(2)反思性研究；(3)合作性研究；(4)社会文化研究。D项说法错误。

7. B 【解析】在教育心理学的发展时期（20世纪20年代至50年代末）主要有两大发展：(1)20世纪40年代，弗洛伊德的理论广为流传。(2)20世纪50年代，程序教学和教学机器兴起。故本题选B项。

8. B 【解析】1903年，美国心理学家桑代克出版了《教育心理学》，这是西方第一本以“教育心理学”命名的著作。1913～1914年，该书又扩充为三卷本的《教育心理大纲》，奠定了教育心理学发展的基础，西方教育心理学的名称和体系由此确立，桑代克也因此被称为“教育心理学之父”。

9. A 【解析】1994年，美国心理学家布鲁纳总结了教育心理学20世纪80年代以来的成果：(1)主动性研究；(2)反思性研究；(3)合作性研究；(4)社会文化研究。

10. D 【解析】1924年，廖世承编写了我国第一本《教育心理学》教科书。

11. C 【解析】1868年俄国教育家乌申斯基出版了《人是教育的对象》一书，对当时的心理学发展成果进行了总结，他因此被誉为“俄罗斯教育心理学的奠基人”。

二、填空题

1. 程序教学　教学机器
2. 房东岳
3. 20世纪60年代至70年代末
4. 心理学

三、判断题

1. × 【解析】"教育心理学之父"桑代克出版的《教育心理学》是西方第一本以"教育心理学"命名的著作。俄国教育家和心理学家卡普捷列夫于1877年出版的《教育心理学》一书才是最早正式以"教育心理学"命名的著作。故题干描述错误。

2. × 【解析】布鲁纳发起的课程改革运动促使美国教育心理学转向对教育过程、学生心理、教材、教法和教学手段改进的探讨。

3. √ 【解析】在成熟时期,西方教育心理学内容和体系出现了一些变化。教育心理学的内容日趋集中,教育心理学学科体系基本形成。行为、认知和人本主义学派的分歧日趋缩小,学科研究越来越注重对学校教育实践的指导。

真题必刷

一、单项选择题

1. C 【解析】教育心理学是一门研究教育教学情境中学与教的基本心理规律的科学。

2. A 【解析】瑞士教育家裴斯泰洛齐第一次提出"教育教学的心理学化"的思想。

3. D 【解析】教育心理学的学科特点可以从不同方面加以剖析。从学科范畴来看,它既是心理学的一个分支学科,又是教育学与心理学相结合而产生的交叉学科;从学科作用来看,它既是一门理论性学科(具有基础性),又是一门应用性较强的学科(具有实践指导性),并以应用为主。故选D项。

4. C 【解析】实验法是指根据研究目的,改变或控制某些条件,以引起被试某种心理活动的变化,从而揭示特定条件与这种心理活动之间关系的方法。题干描述的是实验法的定义,故本题选C。

5. A 【解析】年龄差异主要体现在思维水平的差异。中学生和小学生具有不同思维水平,其学与教的过程也会表现出相应的不同。

二、多项选择题

1. ABC 【解析】学与教的相互作用过程是一个系统过程,该系统包含学生、教师、教学内容、教学媒体和教学环境五种要素。

2. ABCD 【解析】教育心理学诞生的心理学背景包括:(1)教育心理化运动;(2)心理测验运动;(3)儿童研究运动;(4)冯特的科学心理学;(5)艾宾浩斯的记忆研究;(6)动物心理研究。

3. BCD 【解析】教学环境包括物质环境和社会环境两个方面。物质环境包括课堂自然条件(如温度和照明)、教学设施(如桌椅、黑板和投影仪)以及空间布置(如座位的排列)等。社会环境包括课堂纪律、课堂气氛、师生关系、同学关系、校风以及社会文化背景等。A项属于物质环境,BCD三项属于社会环境。

4. BCDE 【解析】教育心理学对教育实践具有描述、解释、预测和控制的作用。

三、填空题

1. 个体差异

2. 《教育心理学》

专题二 心理发展及个别差异

基础训练

知识1 心理发展概述

一、单项选择题

1. D 【解析】心理发展就是指个体从出生、成熟、衰老直至死亡的整个生命进程中所发生的一系列心理变化。

2. B 【解析】少年期又称学龄中期,大致相当于初中阶段,是个体从童年期向青年期过渡的时期,具有半成熟、半幼稚的特点。在这一时期,学生处于生理发育的第二个高峰期。整个少年期充满独立性和依赖性、自觉性和幼稚性错综的矛盾。

3. B 【解析】独立性的表现有:个体产生了"成人感",努力以"成人式"的义务感与责任心去学习知识技能,去与别人交往。题干表述"渴望自己的行为像成人""不愿意被当作孩子看待"都表明中学生心理发展具有独立性。

4. D 【解析】本题中考生需要区分心理发展的基本特征。具体内容如下:(1)连续性与阶段性是指在心理发展过程中,新特征取代旧特征而处于主导地位,表现为阶段性的间断现象。但后一阶段的发展总是在前一阶段的基础上发生的,而且又萌发着下一阶段的新特征,表现出心理发展的连续性。(2)定向性与顺序性是指在正常条件下,心理的发展总是具有一定的方向性和先后顺序。(3)不平衡性是指个体不同系统在发展的速度、发展的起止时间与到达成熟时期的不同进程;也指同一机能特性在发展的不同时期有不同的发展速率。(4)差异性是指不同个体的心理发展的速度、最终达到的水平以及发展的优势领域等方面千差万别。题干描述是两个不同个体思维发展水平存在差异,这体现的是心理发展的差异性,故本题选D。

方法技巧:在区分该知识点时,一定要抓住各特征的关键。阶段性与顺序性、不平衡性和差异性是考生容易混淆的,因此需注意:顺序性的表述中会有"先……后……""从……到……"等强调发展顺序的含义;阶段性会突出不同阶段有不同的发展重点。不平衡性是指个体内部不同系统之间的发展差异或同一机能在不同时期有不同的发展速率;差异性是指不同个体间的发展差异。

5. C 【解析】心理学家将个体的心理发展划分为八个阶段:乳儿期(0~1岁)、婴儿期(1~3岁)、幼儿期或学龄前期(3~6、7岁)、童年期或学龄初期(6、7~11、12岁)、少年期或学龄中期(11、12~14、15岁)、青年期(14、15~25岁)、成年期(25~65岁)、老年期(65岁以后)。故本题选C。

6. A 【解析】心理发展的定向性与顺序性是指在正常条件下,心理的发展总是具有一定的方向性和先后顺序。尽管发展的速度有个别差异,会加速或延缓,但发展是不可逆的,也不可逾越。题干的描述体现了心理发展具有先后顺序。这说明心理发展具有定向性和顺序性。

7. C 【解析】题干所述突出强调的是人类的社会环境和教育对儿童心理发展的影响。

8. D 【解析】关键期,是指人的某种身心潜能在人的某一年龄段有一个最好的发展时期。研究认为,关键期既包括有机体需要刺激的时期,也包括有机体对某种刺激最脆弱的时期。故本题选D。A项最近发展区是维果斯基提出的概念,是指儿童的现有水平和即将达到的发展水平之间的差距。B项生长高峰期有两个:出生后第一年和少年期。C项心理断乳期是指少年期。

9. D 【解析】个体机能发展的关键期并不都在3岁之前,如4~5岁就是学习书面言语的关键期。因此D项说法错误。关键期,就是指人的某种身心潜能在人的某一年龄段有一个最好的发展时期。A项说法正确。错过了关键期,训练的效果就会降低,甚至永远无法补偿。当然,关键期也并非绝对的，错过关键期之后，经过补偿性学习仍有可能得到发展，只是难度要大些。BC两项说法正确。

10. D 【解析】2岁是儿童口头言语发展的关键期，4岁是形状知觉形成的关键期。

11. D 【解析】学习准备，又可称为学习的"准备状态"或学习的"准备性"，指的是学习者在从事新的学习时，其身心发展水平对新的学习的适应性，即学生在学习新知识时，那些促进或妨碍学习的个人生理、心理发展的水平和特点。

12. A 【解析】0～5岁是儿童语言习得的关键期。学前阶段处于这一年龄段。

13. B 【解析】关键期的概念源于奥地利动物习性学家劳伦兹在研究动物习性时发现的"印刻现象"。

14. A 【解析】"学生不愿听取父母的意见"，表明学生有独立、反抗的意识，不愿任何事情都听父母的安排；"又希望从父母那里得到精神上的理解"，说明学生的心理是半成熟半幼稚的，在精神上还有依赖性，家长需要给予学生鼓励和建议，而不是情感上的否定。

15. C 【解析】幼儿感知能力发展迅速，但不具有抽象思维说明个体不同系统在发展的过程中存在差异，体现的是心理发展的不平衡性。

二、多项选择题

1. ABCE 【解析】青年初期又称学龄晚期，相当于高中时期，是个体在生理上、心理上和社会性上向成人接近的时期。这一时期的青年，智力接近成熟，抽象逻辑思维由"经验型"向"理论型"转化，开始出现辩证思维，与人生观相联系的情感占主要地位，道德感、理智感和美感有了深刻的发展。他们不仅能比较客观地看待自我，而且能明确地表达自我，敏感地防卫自我并珍重自我，形成了理智的自我意识。他们对未来充满理想，意志的坚强性与行动的自觉性有了较大发展，但有时也会出现与生活相脱节的幻想。ABCE四项符合题意，D项心理活动的随意性显著增长是少年期学生心理发展的特征。

2. CDE 【解析】小学生的个性还没有形成，他们的动机、兴趣、性格等还都很不稳定，容易接受影响。A项说法错误。小学生学习动机通常是较为单纯的，为做好学生得到老师和家长的夸奖是很直接的目标。D项说法正确。小学生好奇心强，对各种新奇事物似乎都有兴趣，但并不深刻，也不稳定。C项说法正确。他们在性格上一般是活泼好动，多有外向型特点，但综合反映一个人心理特征的性格还没有形成。E项说法正确，B项说法错误。

3. ABCE 【解析】心理发展的不平衡性一方面表现出个体不同系统在发展的速度、发展的起止时间与到达成熟时期的不同进程；另一方面也表现出同一机能特性在发展的不同时期有不同的发展速率。

三、简答题(参考答案)

1. 简述学生心理发展的一般规律。

(1)连续性与阶段性；(2)定向性与顺序性；(3)不平衡性；(4)差异性。

2. 简述影响个体心理发展的因素。

(1)遗传。遗传素质在个体心理发展中的作用是不可忽视的，它是个体心理发展的生物前提和物质基础。(2)环境。环境对个体的心理发展有着十分巨大的影响。(3)教育。教育制约着学生心理发展的过程、方向、趋势、速度和程度。因此，教育在儿童心理发展上比一般的环境影响起着更为主要的作用。(4)主观能动性。个体的主观能动性是个体心理发展的内在动力。

四、案例分析题(参考答案)

案例体现了环境决定论的观点。环境对个体的心理发展有着十分巨大的影响，人所处的环境和一般动物有着本质的区别，离开了社会环境与社会实践，人的心理就不可能向人的方向发展。环境对人的心理发展具有一定的影响，但不决定人的发展，影响个体心理发展的因素还有：(1)遗传，它是个体心理发展的生物前提和物质基础；(2)教育，它制约着学生心理发展的过程、方向、趋势、速度和程度；(3)主观能动性，它是个体心理发展的内在动力。虽然环境制约着人心理的发展，但是人在一定程度上又可以发挥主观能动性，超越环境的制约，因此，夸大环境对人的发展的作用，特别是"环境决定论"的观点是错误的。

知识2 认知发展与教育

一、单项选择题

1. B 【解析】皮亚杰认为，人的知识来源于动作，动作是感知的源泉和思维的基础。儿童心理发展的实质和原因就是主体通过动作完成对客体的适应。

2. B 【解析】本题中考生需识记并区分皮亚杰的认知发展阶段理论中每个阶段对应的特征，如下表。

阶段	表现特征
感知运动阶段(0～2岁)	(1)感觉和动作的分化；(2)"客体永久性"的形成；(3)问题解决能力开始得到发展；(4)延迟模仿的产生
前运算阶段(2～7岁)	(1)早期的信号功能；(2)自我中心性(中心化)；(3)不可逆运算；(4)不能够推断事实；(5)泛灵论；(6)不合逻辑的推理；(7)不能理顺整体和部分的关系；(8)认知活动具有具体性，还不能进行抽象的思维运算
具体运算阶段(7～11岁)	依赖于实物和直观形象进行逻辑推理和运用逻辑思维解决问题，不能够进行纯符号运算。(1)去自我中心性(去中心化)；(2)可逆性；(3)守恒；(4)分类；(5)序列化
形式运算阶段(11岁～成人)	思维的发展趋于成熟。(1)命题之间的关系；(2)假设—演绎推理；(3)类比推理；(4)抽象逻辑思维；(5)可逆与补偿；(6)反思能力；(7)思维的灵活性；(8)形式运算思维的逐渐发展

用竹子和长凳代替骏马，体现的是早期的信号功能，对应的发展阶段是前运算阶段。

3. B 【解析】前运算阶段的儿童还没有"守恒"能力或没有形成"守恒"的概念，思维缺乏观念的传递性。儿童观察事物时往往只能注意表面的、显著的特征，倾向于注意事物的静止状态。题干中儿童只根据液体在不同容器中的位置来判断多少，即只根据表面特征进行判断，而不考虑原有液体是等量的，这体现了儿童还没有形成守恒的概念，处于前运算阶段。

4. A 【解析】维果斯基认为，儿童有两种发展水平：一是儿童的现有水平，即由一定的已经完成的发展系统所形成的儿童心理机能的发展水平；二是可能达到的发展水平。这两种水平之间的差异，就是最近发展区。3岁的小军不会穿衣服，在妈妈的指导下，逐渐学会了自己穿衣服。这是“最近发展区”理论在实际生活中的运用。

5. A 【解析】儿童去寻找被拿走的玩具，说明他知道玩具只是不在眼前，但是存在的，说明其已经获得了客体永久性。所以其思维发展至少处于感知运动阶段。

6. C 【解析】皮亚杰认为图式是一个有组织的、可重复的行为或思维模式。人们在认识周围世界的过程中，逐渐形成了品牌的东西质量高、好用、可靠等认知观念后，就可能会在购物时做出购买名牌产品的行为，也就是所谓的“只认牌子”，这种独特的、有组织的、可重复的思维及行为模式属于图式。A项，同化是指有机体在面对一个新的刺激情境时，把刺激整合到已有的图式或认知结构中。B项，顺应是指当有机体不能利用原有图式接受和解释新刺激时，其认知结构发生改变来适应新刺激的影响。D项，平衡是指同化和顺应之间的“均衡”。

7. D 【解析】形式运算也叫命题运算，进入形式运算阶段是儿童思维发展趋于成熟的标志。

8. D 【解析】形式运算阶段以抽象逻辑思维为主，学生思维在向形式运算阶段过渡时应加强对其抽象逻辑思维能力的培养。

9. B 【解析】前运算阶段儿童的思维具有自我中心性和泛灵论的特点。“我一走路，月亮就跟着我走”这体现了儿童思维的自我中心性。泛灵论是指儿童会认为任何物体都是有生命的。“你踩在小草身上，它会疼得哭”，这体现了儿童思维具有泛灵论的特点。

10. B 【解析】在教学与发展的关系上，维果斯基提出了三个重要的问题：一个是最近发展区思想；一个是教学应当走在发展的前面；一个是关于学习的最佳期限问题。

11. D 【解析】处于形式运算阶段的儿童其思维具有灵活性，他们不再刻板地恪守规则，反而常常由于规则与事实的不符而违反规则。在本题中，该学生不刻板地恪守文明规则，当遇到孕妇和老人时，可以让他们“插队”，这表明其思维具有灵活性，故该学生处于形式运算阶段。

12. B 【解析】维果斯基强调社会文化在认知发展中的作用。为此，维果斯基创立了“文化—历史”发展理论。

13. C 【解析】认知发展处于具体运算阶段的儿童不能想象独立于他们直接经验之外的事物，但能够考虑多个感知特征，即去自我中心，得出具体问题的解决方法。题干中的儿童可以同时从两个或两个以上角度思考问题，说明其思维已经具有了去中心化的特征，故表明该儿童的认知水平处于具体运算阶段。

14. B 【解析】最近发展区说明了教学的重要性与可能性。维果斯基认为，教学要想对儿童的发展发挥主导和促进作用，就必须走在儿童发展的前面。

15. B 【解析】维果斯基认为，必须区分两种心理机能：(1)作为动物进化结果的低级心理机能，如简单的感觉和无意注意等。(2)作为历史发展结果的高级心理机能，即以符号系统为中介的心理机能，如语言文字、抽象逻辑思维。题干所述属于高级心理机能。

16. A 【解析】延迟模仿出现在感知运动阶段。皮亚杰研究发现，12～18个月的婴儿能够比较精确地进行模仿，到18个月左右就出现了延迟模仿，即榜样已经离开了现场，婴儿也能够表现出榜样的行为。

17. B 【解析】顺应是指当有机体不能利用原有图式接受和解释新刺激时，其认知结构发生改变来适应刺激的影响。小东原有的知识经验没有办法解释新刺激，他经过学习改变了自己原有的观点。这个过程属于顺应过程。

易错警示：考生易混淆同化和顺应的概念。简单记忆就是同化不改变认知结构，顺应改变认知结构。

18. A 【解析】皮亚杰的“三山实验”表明，前运算阶段的儿童具有自我中心性(中心化)，即儿童还不能设想他人所处的情境，常以自己的经验为中心，从自己的角度出发来观察和理解世界。

19. B 【解析】题干所述事例体现了该学生的思维具有不守恒的特征，根据皮亚杰的认知发展阶段理论可知，处于前运算阶段的儿童还没有“守恒”能力或没有形成“守恒”的概念，思维缺乏观念的传递性。故本题选B项。

二、多项选择题

1. ABC 【解析】皮亚杰主张发展先于学习，故D项不符合其观点；E项为多元智力理论的内容。

2. BD 【解析】皮亚杰认为儿童的认知是在已有图式的基础上，通过同化和顺应，不断从低级向高级发展。

3. DE 【解析】具体运算阶段具有去自我中心性，能够很好地把自己和外部世界区分开。序列化是指能够根据大小、体积、重量或其他的一些特性对一系列要素进行心理上的排序，也出现在具体运算阶段。DE两项属于具体运算阶段儿童的思维特征，ABC三项属于前运算阶段儿童的思维特征。

4. AB 【解析】维果斯基认为，儿童有两种发展水平：一是儿童的现有水平，即由一定的已经完成的发展系统所形成的儿童心理机能的发展水平；二是可能达到的发展水平。这两种水平之间的差异，就是最近发展区。

三、判断题

1. √ 【解析】皮亚杰认为个体的认知发展要经历顺序不变的四个阶段。

2. √ 【解析】按照皮亚杰的认知发展阶段理论，初中生的思维发展正处于形式运算阶段。皮亚杰认为同一个人在某一学科领域的思维可以达到形式运算水平，但遇到新问题，其思维又会退回到具体运算水平。

3. × 【解析】维果斯基的认知发展理论运用最近发展区的概念，阐明了通过适当的教育训练来加快各个认知发展阶段转化的速度是可能的。

四、简答题(参考答案)

简述“教学应该走在发展的前面”的含义及其意义。

(1)在维果斯基看来，教学的可能性由学生的最近发展区决定，“教学应该走在发展的前面”。这里有两层含义：①教学在发展中起主导作用。它决定着儿童的发展，决定着发展的内容、水平、速度及智力活动的特点。②教学创造着最近发展区。教学应适应学生的现有水平,但更重要的是要发挥教学对发展的主导作用。

(2)它的提出说明了儿童发展的可能性,其意义在于:指导教育者不应只看到儿童今天已达到的发展水平,还应看到仍处于形成的状态,正在发展的过程。所以,维果斯基强调教学不能只适应发展的现有水平,还应适应最近发展区,从而走在发展的前面,最终跨越"最近发展区"而达到新的发展水平。因此,教学的最佳效果产生于"最近发展区"。

五、案例分析题(参考答案)

(1)瑶瑶会回答:瓶子里的牛奶比坛子里的多。

(2)四岁的瑶瑶认知发展水平处在前运算阶段,前运算阶段的儿童还没有"守恒"能力或没有形成"守恒"的概念,思维缺乏观念的传递性。儿童观察事物时往往只能注意表面的、显著的特征,倾向于注意事物的静止状态。思维活动表现的关系单一,不能进行可逆运算。瑶瑶看到把瓶子里的牛奶倒进坛子里高度会比原来低,于是会产生"瓶子里的牛奶比坛子里的多"这样的回答。

知识3 中小学生人格、社会化发展与教育

一、单项选择题

1. B 【解析】人格是构成一个人思想、情感及行为的特有模式,这个独特模式包含了一个人区别于他人的稳定而统一的心理品质,即人格是决定个体的外显行为和内隐行为,并使其与他人行为有稳定区别的综合心理特征。
2. B 【解析】本题中考生应区分埃里克森人格发展阶段理论中每一阶段所对应的冲突和矛盾。如下表。

阶段	年龄	任务	人格品质
基本的信任感对基本的不信任感	0～1.5岁	培养信任感	希望
自主感对羞耻感	1.5～3岁	培养自主性	意志
主动感对内疚感	3～6岁	培养主动性	目标
勤奋感对自卑感	6～12岁	培养勤奋感	能力
自我同一性对角色混乱	12～18岁	培养自我同一性	诚实
亲密感对孤独感	成年早期	培养亲密感	爱
繁殖感对停滞感	成年中期	培养繁殖感	关心
自我整合对绝望感	成年晚期	培养自我整合	智慧

由上表可知,6～11岁对应的是勤奋感对自卑感,故本题选B项。
3. D 【解析】人格的功能性体现在人格是一个人生活成败、喜怒哀乐的根源。人格决定一个人的生活方式,有时甚至会决定一个人的命运。
4. C 【解析】"人心不同,各如其面。"这句俗语为人格的独特性做了最好的诠释。一个人的人格是在遗传、成熟、环境、教育等先后天因素的交互作用下形成的。不同的遗传、生存及教育环境,形成了各自独特的心理特点。
5. C 【解析】鲁迅曾说:"横眉冷对千夫指,俯首甘为孺子牛。"这句话说明了人的复杂,人的行为表现出多元化、多层面的特征。
6. D 【解析】本我是生物本能我,遵循快乐原则。自我是心理社会我,遵循现实原则。超我是道德理想我,遵循道德原则。故D项正确。
7. A 【解析】生理自我是自我意识最原始的状态,所以成熟最早,3岁左右基本成熟。
8. D 【解析】A项,希望是乳儿期所形成的积极人格特征;B项,意志是婴儿期所形成的积极人格特征;C项,目标是学前期所形成的积极人格特征;D项,能力是学龄期所形成的积极人格特征。
9. B 【解析】个体自我意识的发展经历了从生理自我到社会自我,再到心理自我的过程。
10. D 【解析】自我体验是自我意识在情感上的表现,是伴随自我认知而产生的内心体验。自尊心、自信心是自我体验的具体内容。题干中学生因受到表扬感到开心是该学生自我意识在情感上的表现。故这句话反映的是学生自我意识中的自我体验。故选D项。A项自我认识,是对自己的洞察和理解,包括自我观察和自我评价,其中自我评价是自我调节的重要条件。B项自我监控,即对自己的意志控制,如自我检查、自我监督、自我调节、自我追求等。C项自我调节归属与自我监控。

易错警示:考生易混淆自我调控系统的成分。在做题时,考生可根据关键词对其进行理解:"自我观察和评价"对应的是自我认识;"情感中的体验"对应的是自我体验;"行为中的表现"对应的是自我监控。

11. B 【解析】根据埃里克森人格发展阶段理论,3～6岁儿童处于主动感对内疚感阶段,这一阶段的发展任务是培养主动性。
12. B 【解析】本题中考生应区分三种家庭教养方式。如下表。

类型	父母表现	孩子表现
专制型	过于支配	消极、被动、依赖、服从、懦弱,做事缺乏主动性,甚至会形成不诚实的性格特征
民主型	平等和谐,尊重孩子	活泼、自立,彬彬有礼、善于交往、富于合作精神,思想活跃等,表现最成熟
放纵型	溺爱、任孩子随心所欲,对孩子的教育有时会处于失控状态	任性、幼稚、自私、野蛮、无礼、独立性差、蛮横无理、胡闹,表现最不成熟

由上表可知,放纵型教养方式下的孩子表现最不成熟,故选B项。
13. C 【解析】人格的整合性是心理健康的重要指标。当人格结构的各方面彼此和谐一致时,就会呈现出健康的人格特征,否则,就会产生心理冲突,出现适应困难,甚至"分裂人格"。
14. B 【解析】民主型教养方式下的儿童是最成熟的,他们多形成一些积极的性格,如活泼、自立、彬彬有礼、善于交往、富于合作精神、思想活跃等。
15. C 【解析】人际关系反映了个人或团体寻求满足其社会需要的心理状态,是社会心理学的范畴,所以学生对自己人际关系的意识,是社会自我方面的意识。
16. A 【解析】弗洛伊德认为,人格是由本我、自我和超我三部分构成的。"本我"位于人格结构的最底层,它遵循快乐原则。"自我"是从本我中逐渐分化出来的,位于人格结构的中间层,它遵循现实原则,"超我"位于人格结构的最高层次,它遵循

道德原则。"超我"具有三个作用:一是抑制本我的冲动,二是对自我进行监控,三是追求完善的境界。本我是生物本能我,自我是心理社会我,超我是道德理想我。所以A项表述正确,BCD三项表述错误。

二、多项选择题

1. ABC 【解析】影响人格发展的社会因素包括:家庭教养方式、学校教育和同伴群体。
2. BCDE 【解析】放纵型教养方式下的儿童是最不成熟的,多表现为任性、幼稚、自私、野蛮、无礼、独立性差、蛮横无理、胡闹等。
3. ABD 【解析】弗洛伊德将人格结构分成三个层次:本我、自我和超我。
4. ABE 【解析】自我意识包括三种成分:(1)自我认识;(2)自我体验;(3)自我监控。
5. ABCDE 【解析】根据埃里克森的人格发展阶段论,1.5~3岁对应的是自主感对羞耻感,本阶段的发展任务是培养自主性。E项说法正确。3~6岁对应的是主动感对内疚感,本阶段的发展任务是培养主动性。A项说法正确。6~12岁对应的是勤奋感对自卑感,小学生处于这个阶段,本阶段的发展任务是培养勤奋感。B项说法正确。12~18岁对应的是自我同一性对角色混乱,初中生处于这个阶段,本阶段的发展任务是培养自我同一性。C项说法正确。成年早期对应的是亲密感对孤独感,本阶段的发展任务是建立亲密感。D项说法正确。

三、判断题

1. √ 【解析】随着年龄的增长,同伴的影响越来越强,在某种程度上甚至超过父母的影响。但应该注意的是,不良同伴群体对中学生人格发展的影响极坏。
2. √ 【解析】采用专制型教养方式的父母在教育子女时,表现得过于支配,孩子的一切都由父母来控制。
3. × 【解析】个体自我意识的发展经历了从生理自我到社会自我,再到心理自我的过程。生理自我是自我意识最原始的形态。
4. × 【解析】埃里克森的学说是在弗洛伊德自我心理学的基础上发展而来的,是精神分析的理论。
5. √ 【解析】自我意识的突然高涨是导致初中生反抗心理出现的第一个原因。随着初中生自我意识的高涨,他们更倾向于维护良好的自我形象,追求独立和自尊,但他们的某些想法及行为不能被现实所接受,屡遭挫折,于是就产生一种过于偏激的想法,认为其行动的障碍来自成人,便产生了反抗心理。
6. × 【解析】儿童在2~3岁的时候,掌握代名词"我",是儿童自我意识萌芽的最重要标志。

四、简答题(参考答案)

简述影响人格形成与发展的因素。

(1)生物遗传因素。(2)社会因素,包括家庭教养方式、学校教育和同伴群体。(3)个人主观因素。

五、论述题(参考答案)

试述中学生自我意识发展的特点。

(1)初中生自我意识的发展表现出的特点:①初中生的自我体验随着年龄的增长而不断发展。主要表现在:第一,出现成人感。第二,自尊感增强。第三,出现自卑感。②自我开始分化,开始分成"主我"和"客我"或"理想的自我"和"现实的自我"。③能够更自觉地评价别人的和自己的个性品质,但评价别人和自己的个性品质的能力与高中生相比,水平还不高,而且也不稳定。

(2)高中生自我意识的发展表现出的特点:①自我意识中独立意向的发展;②自我意识的组成成分分化;③强烈地关心着自己的个性成长;④自我形象受到了空前的关注;⑤自我评价逐渐成熟;⑥自尊心强。高中生在自我观察、自我评价、自我体验、自我监督、自我控制等自我意识的诸成分上都获得了高度的发展,并趋于成熟。

知识4 学生的个别差异

一、单项选择题

1. A 【解析】研究表明,人们的智力水平呈正态分布,又称常态分布。
2. A 【解析】一般认为,IQ超过140的人属于天才,他们在人口中大约占1.3%;IQ超过130为智力超常,他们在人口中大约占4.4%。
3. A 【解析】奥尔波特将性格特征分为共同特质和个人特质。共同特质是在同一文化形态下的群体所共同具有的特质,它是在共同的生活方式下形成的。题干描述中"北方人""南方人"是一类群体,群体共同具有的特质就是共同特质。故选A。个人特质是个人所独有的、代表个人行为倾向的特质,它包括首要特质、中心特质和次要特质。首要特质是一个人最典型、最具有概括性的特质,它影响一个人的各方面的行为,如多愁善感是林黛玉的首要特质。中心特质是构成个体独特性的几个重要特质,在每个人身上大约有5~10个,如清高、率直、聪慧、孤僻都属于林黛玉的中心特质。次要特质也是人格的组成因素,是个体的一些不太重要的特质,往往只有在特殊的情况下才会表现出来。
4. C 【解析】个体的智力差异表现为智力类型差异、智力发展水平的差异、智力表现早晚的差异。故C项说法错误。
5. A 【解析】本题中考生应区分智力的个体差异的不同表现。如下表。

表现	特点
类型差异	每个人的特长不同
发展水平差异	人的智力发展有高有低
表现早晚差异	"早慧"或"大器晚成"

小王擅长推理,小李擅长绘画,说明智力类型存在差异。故选A项。

6. B 【解析】场独立型的学生对客观事物的判断常以自己的内部线索(经验、价值观)为依据,不易受到周围环境因素的影响和干扰,倾向于对事物的独立判断。题干所述学生的认知方式属于场独立型。
7. A 【解析】场依存型的学生对客观事物的判断常以外部线索为依据,其态度和自我认知易受周围环境或背景的影响,往往不易独立地对事物做出判断,而是人云亦云,从他人处获得标准。行为常以社会为定向,社会敏感性强,爱好社交活动。
8. B 【解析】场独立型的人更多地利用来自身体内部的线索。故A项表述错误。区分冲动型和沉思型的标准是反应时间和精确性。故C项表述错误。认知方式没有优劣、好坏之分,只是表现为学生对信息加工方式的某种偏爱,主要影响学生的学习方式。故B项表述正确,D项表述错误。
9. A 【解析】沉思型的学生在解决认知任务时,总是谨慎、全面地检查各种假设,在确认没有问题的情况下才会给出答案。根据题干所述，小丽的认知方式属于沉思型。

10. B 【解析】冲动型学生认知问题的速度虽然很快，但错误率高，在运用低层次事实性信息的问题解决中占优势。他们更多的是使用整体加工方式。

11. C 【解析】中心特质是构成个体独特性的几个重要特质，在每个人身上大约有5~10个。题干所述评语体现的是该同学的中心特质。

12. C 【解析】首要特质是一个人最典型、最具有概括性的特质，它影响一个人的各方面的行为。小说中重要人物具有的鲜明特点就是该人物的首要特质。

易错警示：考生可能会混淆首要特质和中心特质。两者区分的关键是程度和数量。首要特质是一个人最典型、最鲜明的特征，一般只有一个，比如林黛玉多愁善感。中心特质代表性弱于首要特质，一般会有多个。

13. D 【解析】根据推孟对智力百分比的统计，IQ在90~109的人为中等智商，大多数人的智力属于中等水平。

14. D 【解析】冲动型的学生在解决认知任务时，总是急于给出问题的答案，而不习惯对解决问题的各种可能性进行全面思考，有时问题还未弄清楚就开始解答。

15. C 【解析】辐合型认知方式是指在解决问题的过程中常表现出辐合思维的特征，表现为搜集或综合信息与知识，运用逻辑规律缩小解答范围，直到找到最合适的唯一正确解答。发散型认知方式则是指在解决问题的过程中常表现出发散思维的特征，表现为个人的思维沿着许多不同的方向发展，使观念发散到各个有关的方面，最终产生多种可能的答案而不是唯一正确的答案，因而容易产生有创见性的新颖观念。根据定义可以判断，题干描述的是辐合型认知方式。

16. C 【解析】智力发展水平的差异，指的是个体之间或个体内部智力水平高低的不同程度。它表明人的智力发展有高有低。小红6岁就学会了1000个汉字，而小华9岁才学会1000个字，这种差异正是由智力发展水平的不同造成的。

17. B 【解析】积极主动型的学习者倾向于通过从事一些与积极主动有关的活动，如讨论、解释等来更好地保持和理解信息。深思熟虑型学习者则习惯于首先静静地思考一番才从事一些活动。“让我来尝试一下，看看它是如何工作的”是积极主动型学习者的常用语，“让我首先好好考虑一下”是深思熟虑型学习者的常用语。

二、多项选择题

1. ABCD 【解析】智力类型差异是指构成智力的各种因素存在质的差异，主要表现在知觉、记忆、想象、思维的类型和品质方面。例如，有的人长于想象，有的人长于记忆，有的人长于思维等。A项说法正确。研究表明，人们的智力水平呈正态分布，又称常态分布，表现为中间高两头低，大多数人的智力属于中等水平。B项说法正确。男女智力的总体水平大致相等，但男性智力分布的离散程度比女性大。C项说法正确。智力发展水平的差异，指的是个体之间或个体内部智力水平高低的不同程度。D项说法正确。男女在一般智力因素上没有显著差异，其性别差异主要反映在特殊智力因素中，主要包括数学能力、言语能力和空间能力。E项表述错误。

2. ABC 【解析】智力的个体差异包括：智力类型差异、智力发展水平的差异和智力表现早晚的差异。

3. AD 【解析】智力的水平差异是指人的智力发展有高有低。故AD两项体现了智力发展的水平差异。B项属于智力发展早晚差异。C项属于智力类型差异。

4. BCE 【解析】场独立型的学生对客观事物的判断常以自己的内部线索(经验、价值观)为依据，不易受到周围环境因素的影响和干扰，倾向于对事物的独立判断，这类学生喜欢理科、自然科学，偏爱结构不严的教学。故BCE三项属于场独立型认知风格。A项属于场依存型学生的特点；D项属于冲动型学生的特点。

5. BD 【解析】场依存型者较易于接受别人的暗示，他们学习的努力程度往往受外来因素的影响，在诱因来自外部时学得更好；而场独立型者在内在动机作用下，学习会产生更好的效果，尤其明显地表现在数学成绩上。故B项说法正确。场依存型者对社会科学更感兴趣，故D项说法正确。强化是影响学生的一个很容易采用的方法，场依存型的人比场独立型的人更需要反馈信息，更容易受负强化的影响。故AC两项说法错误。因此，答案选BD两项。

6. BC 【解析】场依存型的学生行为常以社会为定向，社会敏感性强，爱好社交活动，偏爱结构严密的教学，擅长人文、社会科学。场独立型者擅长理科学习。所以，A项说法错误。冲动与沉思的标准是反应时间和精确性，一般人认为冲动型学生学业成绩差，主要是因为学校里的测验往往注重对细节的分析，而他们擅长的则是从整体上来分析问题。所以，B项说法正确。辐合型认知方式是指在解决问题的过程中常表现出辐合思维的特征，表现为搜集或综合信息与知识，运用逻辑规律缩小解答范围，直到找到最合适的唯一正确解答。所以，C项说法正确。教师必须根据学生认知差异的特点，不断改革教学，因材施教。这要求教师采用适应认知差异的教学方式，努力使教学方式个别化。所以，D项说法错误。

7. ABCD 【解析】认知方面的差异研究表明：从13岁开始，男性空间知觉能力明显优于女性。男女记忆方面的优势不同，女性机械记忆能力强，短时记忆广度超过男性；男性的理解记忆、长时记忆优于女性。言语发展的差异从婴儿期到青春前期，女孩言语发展一直优于男孩，在包括接受性和创造性言语任务及需要高水平言语能力的任务中，女孩得分均高于男孩。

三、判断题

1. × 【解析】“少年早慧”“大器晚成”是能力表现早晚的差异，而非水平上的差异。

2. √ 【解析】认知方式一般来讲并无优劣之分。

3. × 【解析】认知方式只是表现为学生对信息加工方式的某种偏爱，主要影响学生的学习方式。

4. √ 【解析】强化是影响学生的一个很容易采用的方法，场依存型的人比场独立型的人更需要反馈信息，更容易受负强化的影响。

5. × 【解析】智力的个体差异主要表现在智力发展水平、智力类型和智力表现早晚这三个方面，智力的群体差异则包括性别差异、年龄差异和种族差异等。

四、简答题(参考答案)

1. 简述认知方式差异的教育意义。

我们必须根据学生认知差异的特点，不断改革教学，因材施教。这要求我们做到：(1)创设适应学生认知差异的教学组织形式。为了适应学生的智力差异，我们常常采用的教学组织形式包括：分校、分班、班内分组(同质分组)、复式教学、升留级、跳级、开设特长班和课外兴趣班等。(2)采用适应认知差异的教学方式，努力使教学方式个别化。掌握学习、个别指导教学法和个人化教学系统就是其中的三种教学方式。(3)运用适应认知差异的教学手段。当前直接应用于教学的现代技术设备主要有计算机辅助教学、多媒体计算机辅助教学(电视及录像设备、电声设备、光学投影设备、教学机器)等。

2. 简述学生性格差异的教育意义。

(1)性格虽然不会决定学习是否发生，但它却会影响学生的学习方式。性格也可作为动力因素影响学习的速度和质量。性格的个别差异又会影响学生对学习内容的选择，而且还会影响学生的社会性学习和个体社会化。

(2)为了促进学生的全面发展，学校教育应更重视情感因素的作用，使教育内容的选择和组织更好地适应学生的性格差异。

五、案例分析题(参考答案)

(1)小琪反应快，喜欢尝试新方法，但错误率高，属于冲动型认知风格。

(2)冲动型的学生在解决认知任务时总是急于给出问题的答案，而不习惯对解决问题的各种可能性进行全面思考。虽然解决问题的速度快，但错误率高。在课堂教学中，教师应让小琪想好了再回答，面对问题多思考，提高准确性。另外，帮她形成分析、比较学习材料的构成成分的思维习惯，通过多次训练来克服冲动行为。

整合提升

一、单项选择题

1. C 【解析】处于具体运算阶段的儿童具备了初步的逻辑思维能力，但必须依赖于实物和直观形象的支持才能进行逻辑推理和运用逻辑思维解决问题，不能够进行纯符号运算。
2. B 【解析】性格的复杂性是指人的行为表现出多元化、多层面的特征。题干中王熙凤的表现体现了她性格结构的复杂性。
3. B 【解析】在心理发展过程中，当某些代表新特征的量累积到一定程度时，就会取代旧特征而处于主导地位，表现为阶段性的间断现象。小学和中学学生的思维发展存在差异就体现了心理发展的阶段性。
4. B 【解析】勤奋感对自卑感(6～12岁)阶段的发展任务是培养勤奋感，小学生正处于此阶段。该阶段的学生若在学习中多次遭受挫折，容易形成自卑感。依据题干所述，该学生很可能发展出自卑感。
5. D 【解析】题干中晓波已经具备了逻辑推理能力，因此处于形式运算阶段。
6. B 【解析】前运算阶段的儿童能使用表象符号代替外界事物，但他们的词语或其他符号还不能代表抽象的概念，思维仍受具体直觉表象的束缚，难以从知觉中解放出来，因此，儿童会表现出题干描述的"一旦他们手中的餐具被收回，游戏就无法进行下去"的现象。
7. D 【解析】学习者在感觉通道偏好上存在三种典型类型：(1)视觉型学习者。这类学习者对于视觉刺激较为敏感，习惯于通过视觉接受学习材料，如景色、相貌、书籍、图片等。他们适合于自己看书和做笔记进行学习，而不适合于教师的讲授和灌输。(2)听觉型学习者。这类学习者较为偏重听觉刺激，他们对于语言、声响和音乐的接受力和理解力较强，甚至喜欢一边学习，一边戴着耳机听音乐。当学习外语时，他们喜欢多听多说，而不太关心具体单词的拼写或者句型结构。故可知题干中的小文属于听觉型学习者。(3)动觉型学习者。这类学习者喜欢接触和操作物体，对于自己能够动手参与的认知活动更感兴趣。故选D项。
8. D 【解析】采取系列性策略的学生常常将重点放在一系列的子问题上，一般使用循序渐进的方法解决问题。题干描述的认知风格更可能属于系列性策略。
9. A 【解析】处于前运算阶段的儿童的思维特征具有自我中心性。他们往往只注意主观的观点，不能从客观事物的角度出发，常以自己的经验为中心，从自己的角度出发来观察和理解世界。处于该阶段的小小还不会从他人的角度看问题，会认为丁丁回来后会到衣柜里找玩具。
10. A 【解析】反省性认知方式的人当处于不明情境中难以作出行为抉择时，一般倾向于仔细考虑所观察到的现象及所面临的问题，并与已有的经验相联系，使思维更具广阔性和系统性，并在行动前致力于把问题考虑清楚。他们常常过分小心谨慎地对待所面临的问题，因而在完成细致的任务时做出认知决定所需的时间长，但错误少。
11. D 【解析】图式是知识的一种表征方式，是概括化的动作模式和动作的结构或组织。根据皮亚杰的理论，图式在前运算阶段不具有可逆性，在具体运算阶段图式获得可逆性。故D项说法不准确。
12. D 【解析】小学生自我概念的发展表现出以下特点：(1)自我描述从比较具体的、外部的特征向比较抽象的、内部的特征发展。(2)开始用心理词汇描述自己，但仍以具体形式看待自己，把自己的特征视为不绝对的。例如，8～11岁儿童，他们认为自己是善良的，因为自己将东西分给了同学或帮助了同学。但他们还不太理解自己的个性特征在不同的场合下会有不同的表现。(3)自我概念内容中的社会性随年龄的升高而增多。
13. C 【解析】弗洛伊德将人格结构分成三个层次：本我、自我和超我。超我位于人格结构的最高层次，是道德化了的自我，由社会规范、伦理道德、价值观念内化而来，其形成是社会化的结果。超我遵循道德原则，它具有三个作用：(1)抑制本我的冲动；(2)对自我进行监控；(3)追求完善的境界。学生最终放弃作弊正是超我在道德层面对自我进行监控的结果。
14. B 【解析】投射自我是指个体想象中他人对自己的看法，如想象中他人心目中自己的形象，他人对自己的评价，以及由此而产生的自我感。
15. B 【解析】前运算阶段的儿童往往是根据知觉到的表面现象做出反应，不能够推断事实。
16. B 【解析】根据埃里克森的人格发展阶段理论，3～6岁儿童的主要发展任务是培养主动性，但如果父母对儿童的问题感到不耐烦或嘲笑儿童的活动，儿童就会产生内疚感。
17. A 【解析】感知运动阶段的婴儿能发现达到目的的新手段，如绕行茶几以取它后面的玩具，不再仅从茶几下爬过。
18. C 【解析】个体心理发展在发展进程、内容、水平等方面具有千差万别的特殊性,各种特殊性统称为心理发展的差异性。首先表现在相同年龄阶段的儿童在同一心理过程或个性特征上的发展速度和程度是不同的。其次,个别儿童某一方面的心理特征会提前表现出来,而另一些儿童可能在这一方面发展较为缓慢。本题所述符合差异性的表现。

二、多项选择题

1. ABC 【解析】维果斯基区分了两种心理机能:(1)作为动物进化结果的低级心理机能,如简单的感觉和无意注意等;(2)作为历史发展结果的高级心理机能,即以符号系统为中介的心理机能,如语言、抽象逻辑思维等。故ABC三项属于高级心理机能,D项属于低级心理机能。

2. ABC 【解析】自我意识的突然高涨、中枢神经系统的兴奋性过强以及独立意识的出现是初中生产生反抗心理的主要原因。

3. BCD 【解析】维果斯基提出了最近发展区理论,他认为,教师在教学时必须考虑儿童的两种发展水平,一种是儿童现有的发展水平;另一种是在他人尤其是成人指导的情况下可以达到的较高的解决问题的水平。这两者之间的差距就叫作最近发展区。维果斯基指出教学应当走在发展的前面,教学决定着智力的发展,这种决定作用既表现在智力发展的内容、水平和智力活动的特点上,也表现在智力发展的速度上。

4. BCD 【解析】所谓自卑感是指一种轻视自己、不相信自己、对自己持否定态度的一种自我体验。自卑的人热衷于与人比较,他们对自己有很高的期待,但无法接受追求成功过程中的失败,因为他们对自己缺乏客观、清醒的认识,无法悦纳自己。A项说法错误,B项说法正确。一旦失败受挫,就容易产生自我怀疑和自我否定,引发一系列的心理困扰。C项说法正确。自卑是不容易处理的心理问题,教师若能引导学生对自己进行客观全面的认知,对成败进行正确的归因,消除非理性观念,使他们不时的得到成功体验,都有助于减少学生的自卑感。事实上,超越自卑除了外在的帮助外,当事人自身的心理资质和自助意向也是一个要素。D项说法正确。

5. ABD 【解析】皮亚杰提出了认知发展的阶段理论,将个体的认知发展分为四个阶段,其中11岁~成人属于形式运算阶段。A项正确。根据埃里克森的人格发展理论,初、高中阶段(即12~18岁)处于自我同一性对角色混乱阶段,这一阶段的发展任务是培养自我同一性。B项正确。最近发展区是儿童在有指导的情况下,借助成人的帮助所能达到的解决问题的水平与独自解决问题所达到的水平之间的差异,实际上是两个邻近发展阶段间的过渡状态。C项是学习准备的含义。青年初期,智力接近成熟,抽象逻辑思维由"经验型"向"理论型"转化,开始出现辩证思维,与人生观相联系的情感占主要地位,道德感、理智感和美感有了深刻的发展。D项正确。

6. ABCD 【解析】处于自我同一性对角色混乱的阶段的个体正处于身心迅速发展和接近成熟的时期,他们对周围世界开始有了自己的评价和判断,自我意识增强,情感更加丰富,但他们又缺乏对世界的实际了解,缺乏自立能力,思想、情感常处于一种冲突和混乱之中。如何形成自我同一性,克服自我角色的混乱是这一时期所面临的任务。如果学校和家庭给予他们正确的引导,提供适当的工作和锻炼的机会,将有助于他们建立稳定的自我同一性。

三、判断题

1. × 【解析】人格的独特性是指一个人的人格是在遗传、成熟和环境、教育等先天与后天因素的交互作用下形成的。不同的遗传、生存及教育环境塑造了形形色色的心理特点。人与人没有完全一样的人格特点。题干描述体现的是人格的独特性。

2. × 【解析】遗传素质在个体心理发展中的作用是不可忽视的,它是个体心理发展的生物前提和物质基础,但不起决定作用。

3. × 【解析】学习风格是学习者在长期的学习过程中受多种因素影响逐步形成的相对稳定的学习方式偏爱。学习风格一经形成,就具有持久性和稳定性,并且无高低、好坏之分。

4. × 【解析】少年期学生处于生理发育的第二个高峰期。整个少年期充满独立性和依赖性、自觉性和幼稚性错综的矛盾。这一时期也被称为"心理断乳期"或"危险期"。对这一阶段的少年如果管教过严,会使他们出现逆反心理。要尊重、支持和引导少年独立的要求,丰富少年的内心世界,使其形成正确的自我意识和自我理想。

5. √ 【解析】根据场独立型与场依存型学习者的特点,研究者提出了相应的教学对策。以阅读教学为例,场独立型者善于理解、记忆文章中的具体细节或部分,但往往把握不住文章的主题;而场依存型者正相反,他们能掌握文章总的框架结构或基本思想,但对文中的具体细节不能分析清楚。

四、案例分析题(参考答案)

1. (1)为人师者,下此结论是一种不负责任的草率行为。

(2)影响人心理发展的主要因素有:遗传、环境、教育和主观能动性。案例中的小女孩主要是因为家庭教养方式的关系,本身性格比较内向,加上环境不熟悉,教师如果仅凭孩子"整日闷声不响",就断定孩子傻,是不科学的。

(3)通过"智力测验"并不能完全断定一个人的智力,还需要一定的医学鉴定。作为教师或学校,想以此判断孩子智商的优劣,是不科学的,毕竟教育在人的发展中具有主导作用。教育学、心理学的实验证明,人的智力是呈正态分布的,智障儿童和天才儿童都是极少数,大多数人的智力属于中等水平。由于智力的发展是一个循序渐进的过程,班主任老师毫无科学依据的说法是错误的,而且还可能对孩子心理的发展造成伤害。

2. (1)我认为造成张晓这些行为的原因有以下几个方面:①张晓是一名初中二年级的学生,初中时期也被称为"心理断乳期"或"危险期"。处于该年龄阶段的学生,具有很强的逆反心理。②家庭方面:张晓的父母由于工作繁忙,经常出差,与张晓沟通较少。正是因为父母没有给予张晓足够的关心、陪伴和及时的沟通、引导,才会导致处于青春期的张晓变得更加叛逆。③环境方面:同伴群体对张晓的负面影响。④学校教育方面:班主任李老师对张晓采取的是直接批评的教育方式,没有注意保护学生的自尊心。

(2)通过以上分析,我将提出以下解决方法:①班主任李老师应该给予张晓更多的关注,并且注意沟通的方式和技巧,尊重和理解她,从关爱张晓的角度出发,走进她的内心,帮助张晓形成正确的态度和价值观。②作为老师,应该多与家长就张晓的行为表现进行沟通交流,并且要求家长重视对孩子的教育和引导，要多关心和陪伴张晓，多沟通和交流。

真题必刷

一、单项选择题

1. D 【解析】少年期也被称为“心理断乳期”或“危险期”。
2. A 【解析】同化，是指在有机体面对一个新的刺激情境时，把刺激整合到已有的图式或认知结构中。通过这一过程，主体才能对新刺激做出反应，动作也得以加强和丰富。小花将看到的新刺激“松鼠”整合到自己已有的图式“猫”中，这个过程是同化过程。故本题选A。
3. B 【解析】认知发展处于前运算阶段的儿童还没有“守恒”能力或没有形成“守恒”的概念，思维缺乏观念的传递性。儿童观察事物时往往只能注意表面的、显著的特征，倾向于注意事物的静止状态。思维活动表现的关系单一，不能进行可逆运算。题干中的小刚知道自己有姐姐，却不知道姐姐有弟弟的表现正是体现了思维具有不可逆性。故小刚处于前运算阶段。
4. B 【解析】维果斯基认为，儿童有两种发展水平：一是儿童的现有水平，即由一定的已经完成的发展系统所形成的儿童心理机能的发展水平；二是可能达到的发展水平。这两种水平之间的差异，就是最近发展区。故选B项。
5. D 【解析】本我是生物本能我，遵循快乐原则。自我是心理社会我，遵循现实原则。超我是道德理想我，遵循道德原则。故选D项。
6. D 【解析】埃里克森人格发展阶段理论中自我同一性对角色混乱对应的年龄段是12～18岁，故本题选D项。
7. A 【解析】场依存型的人，偏爱人文、社会科学，偏爱结构严密的教学。

二、多项选择题

1. ABCE 【解析】个体心理发展的一般特征有：(1)连续性与阶段性；(2)定向性与顺序性；(3)不平衡性；(4)差异性。
2. ABCE 【解析】具体运算阶段的儿童能够运用逻辑思维解决具体问题，但必须依赖于实物和直观形象的支持才能进行逻辑推理和运用逻辑思维解决问题，不能够进行纯符号运算。这一阶段儿童的思维具有以下特征：(1)去自我中心性(去中心化)；(2)可逆性；(3)守恒；(4)分类；(5)序列化。ABCE四项都属于具体运算阶段的思维特征。D项属于形式运算阶段的思维特征。故本题选ABCE。
3. ABC 【解析】在教学与发展的关系上，维果斯基提出了三个重要的问题：一个是最近发展区思想；一个是教学应当走在发展的前面；一个是关于学习的最佳期限问题。

三、判断题

1. √ 【解析】形式运算阶段的个体，思维的发展趋于成熟。这一阶段的个体能进行假设—演绎推理，因此能够进行假设性思维。题干说法正确。
2. √ 【解析】自卑感是指一种轻视自己、不相信自己、对自己持否定态度的一种自我体验。自卑的人热衷于与人比较，他们对自己有很高的期待，但无法接受追求成功过程中的失败，因为他们对自己缺乏客观、清醒的认识，无法悦纳自己。一旦失败受挫，就容易产生自我怀疑和自我否定，引发一系列的心理困扰。题干说法正确。
3. × 【解析】根据埃里克森的人格发展阶段理论，小学生处于勤奋感对自卑感阶段，他们的发展任务是培养勤奋感。故题干说法错误。
4. √ 【解析】智力的性别差异表现在：(1)男女智力的总体水平大致相等，但男性智力分布的离散程度比女性大。(2)男女的智力结构存在差异，各自具有自己的优势领域。男女生在空间能力上存在性别差异，一般认为，男性的空间能力优于女性。

四、简答题(参考答案)

简述埃里克森的心理社会发展阶段论。

美国精神分析学家埃里克森认为，人格发展是一个逐渐形成的过程，必须经历八个顺序不变的阶段：(1)基本的信任感对基本的不信任感(0～1.5岁)；(2)自主感对羞耻感(1.5～3岁)；(3)主动感对内疚感(3～6岁)；(4)勤奋感对自卑感(6～12岁)；(5)自我同一性对角色混乱(12～18岁)；(6)亲密感对孤独感(成年早期)；(7)繁殖感对停滞感(成年中期)；(8)自我整合对绝望感(成年晚期)。

五、案例分析题(参考答案)

(1)“最近发展区理论”是著名心理学家维果斯基提出的，他认为，学生有两种发展水平：一是学生的现有水平，即由一定的已经完成的发展系统所形成的学生心理机能的发展水平；二是学生可能达到的发展水平。这两种水平之间的差异，就是最近发展区。也就是说，最近发展区是学生在有指导的情况下，借助教学的帮助所能达到的解决问题的水平与独自解决问题所达到的水平之间的差异，实际上是两个邻近发展阶段间的过渡状态。因此，在教学中，要让学生站在“学生的现有水平”上，跳一跳摘到“桃子”。学生跳起来的空间就是“最近发展区”，而“桃子”就是“学生可能达到的发展水平”，通过教学不断地将“可能达到的发展水平”转化为“学生的现有水平”，使全部教学工作走在学生发展的前面，最终跨越“最近发展区”而达到新的发展水平。

(2)上述教学案例通过运用“最近发展区理论”实施有效教学，值得我们学习和借鉴，案例中的教师具体是从以下几个方面入手的：

①创设学习情境，引导有效教学。在片段一中，该教师以故事背景提出问题，让学生对学习内容产生浓厚的兴趣，并由“鱼的呼吸”联想到人类呼吸。该片段中的教师将教学中的问题情境建立在学生浓厚的兴趣上，必能使学生以愉快的心情探索问题的答案，激发思维的灵活性，并且在这种活跃的氛围中设置问题，能使学生由惊奇转入积极的思维状态，让学生展开想象的翅膀，思考问题的答案。该教师的教学手段值得我们学习借鉴。

②准备恰当的垫脚石，帮助学生建构知识体系。在课堂教学过程中，教师的教应以满足学生的学为前提，但一味地主张学生的主体性，又难免使教学陷入另一种窘境。因此，我们可以学习片段二中教师的做法，一边调动学生“放出”问题，一边引领学生“收回”问题，在宽松的对话、沟通中进行教学。即在教学中，教师要适时地提供恰当的垫脚石，帮助学生顺利地建构知识体系，明确学习目标直至到达“可能的发展水平”。

③组织实践活动，探究获取真知。在片段三中，教师鼓励学生进行观察实验，让学生科学探究“土壤中有什么”。该教师的做法真正落实了学生在学习中的主体地位，使得学生既学会了知识、方法与技能，又提高了学生的能力，较好地促进了学生实践素养的形成。因此，在教学中，我们应学习该教师的做法，将实践探究活动与教学内容、教学目标有机地结合起来，把教学内容与学生生活有关，但又存在难点

的部分作为教学的“探究点”，让学生在探究中获取真知。

专题三　学习理论

基础训练

知识1 学习概述

一、单项选择题

1. C 【解析】学习是个体在特定情境下由于练习或反复经验而产生的行为或行为潜能的相对持久的变化。C项符合学习的定义。A项属于感觉适应，B项是由酒精引起的变化，D项是由药物引起的变化，均不属于学习。

方法技巧：对给出的例子让考生判断哪个或哪些属于学习的题目，考生进行判断时要牢记五个原则，即学习的“五非原则”：非本能、非成熟、非疲劳、非药物、非病。

2. D 【解析】学习引起的是相对持久的行为或行为潜能的变化，A项表述错误。广义的学习是指人类的学习和动物的学习，B项表述错误。学习的过程可以是有意的，也可以是无意的，C项表述错误。学习实质上是一种适应活动，D项表述正确。

3. A 【解析】根据学习情境由简单到复杂、学习水平由低到高的顺序，加涅把学习分为八类，建构了一个完整的学习层级结构。如下表。

类型	定义
信号学习	学习对某种信号做出某种反应，其过程为：刺激—强化—反应
刺激—反应学习	学会对某一情境中的刺激做出某种反应，以获得某种结果
连锁学习	学习联合两个或两个以上的刺激—反应动作，以形成一系列刺激—反应动作的联结
言语联结学习	形成一系列的言语单位的联结，即言语连锁化
辨别学习	学会识别多种刺激的异同并对之做出不同的反应
概念学习	对刺激进行分类时，学会对一类刺激做出同样的反应
原理学习（规则学习）	学习两个或两个以上概念之间的关系
解决问题的学习（高级规则的学习）	在各种情况下，使用所学原理或规则去解决问题

根据各自的定义可判断，儿童学习游泳属于连锁学习。故选A项。

4. A 【解析】根据学习情境由简单到复杂、学习水平由低到高的顺序，加涅把学习分为八类，建构了一个完整的学习层级结构，依次是信号学习、刺激—反应学习、连锁学习、言语联结学习、辨别学习、概念学习、原理学习（规则学习）、解决问题的学习（高级规则的学习）。

方法技巧：考生在做此类试题时，可以采用口诀进行记忆。“号应连结，别念原题”由低到高与加涅的学习水平一一对应。

5. D 【解析】概念学习是指对刺激进行分类时，学会对一类刺激做出同样的反应，也就是对事物的抽象特征的反应。将花、草、树等归纳为植物的学习属于概念学习。

6. D 【解析】原理学习（规则学习）是指学习两个或两个以上概念之间的关系。题干所述属于原理学习。

7. A 【解析】例—规法指在教学中先呈现一系列例证，让学生从例证中概括出原理。

8. A 【解析】加涅根据学习结果，将学习分为五种类型：(1)智慧技能，指运用符号或概念与环境交互作用的能力。(2)认知策略，指调控自己的注意、学习、记忆和思维等内部心理过程的技能。(3)言语信息，指有关事物的名称、时间、地点、定义以及特征等方面的事实性信息。(4)动作技能，指通过身体动作的质量的不断改善而形成的整体动作模式。(5)态度，指影响个人对人、事、物采取行动的内部状态。题干描述的是认知策略的内涵，故选A项。

9. D 【解析】根据学习的结果，心理学家加涅将学习分为五类：言语信息、智慧技能、认知策略、态度和动作技能。其中态度指影响个人对人、事、物采取行动的内部状态。小刚对陌生人的倾向发生了改变，发生了态度学习。

10. A 【解析】言语信息学习指对有关事物的名称、时间、地点、定义以及特征等方面的事实性信息的学习。

11. B 【解析】言语联结学习是指形成一系列的言语单位的联结，即言语连锁化。造句属于言语联结学习。

12. A 【解析】奥苏贝尔从学习内容与学习者认知结构的关系上，将学习分为有意义学习和机械学习。

13. A 【解析】奥苏贝尔从两个维度对学习做了划分，具体内容见下表。

分类依据	学习类型	理解要点
学习内容与学习者认知结构的关系	机械学习	依据字面上的联系记忆，死记硬背
	有意义学习	将新知识与认知结构中已有的适当观念建立起非人为的和实质性的联系
学习者学习的方式	接受学习	对他人经验的接受，他人传授
	发现学习	对经验的直接发现或创造

A项学生兴趣盎然地听科普讲座属于有意义的接受学习。记忆术往往利用形象或其他媒介、线索将本来没有联系的事物连接起来，达到对无意义材料或人们没有掌握意义的材料的记忆。故B项符合机械学习的说法。CD两项均属于发现学习。

14. D 【解析】学习是有机体适应环境并与外界保持平衡的重要途径，动物通过学习适应环境的变化，人类则不仅要适应环境，还要主动去改变环境以更好地生存和发展。

15. A 【解析】言语信息学习指对有关事物的名称、时间、地点、定义以及特征等方面的事实性信息的学习。因此，题干中该同学对“北京是中国的首都”这一地点信息的学习，属于言语信息的学习。

16. C 【解析】低年级儿童对学习的过程和学习的外

部活动更感兴趣,而对学习内容和结果的兴趣相对较弱。

17. A 【解析】在加涅的学习结果分类中智慧技能又可分为五个小类:辨别学习、具体概念学习、定义性概念学习、规则学习、高级规则学习。其中,辨别是将刺激物的一个特征和另一个特征或者将一个符号与另一个符号加以区别的一种习得能力,小朋友学会区分"q"和"p"两个字的字形属于智慧技能中的辨别学习。

18. B 【解析】根据学习的意识水平可以将学习分成内隐学习和外显学习。外显学习类似于有意识的问题解决,是有意识的、做出努力的和清晰的、需要付出心理努力并需按照规则做出反应的学习,包括一个试图形成任务的心理表象,搜寻同功能系统的知识的记忆,以及试图建立和检验任务操作的心理模型。例如,学习物理中的牛顿运动定律。

二、判断题

1. × 【解析】学习是个体在特定情境下由于练习或反复经验而产生的行为或行为潜能的相对持久的变化。

2. × 【解析】学生的学习虽然具有一定程度的被动性,但学习行为并不是取决于外界是否有诱因,因为学生的学习还具有自主性、风格性、策略性等特点。

3. × 【解析】按学习结果,心理学家加涅将学习分为五种类型,分别是智慧技能、认知策略、言语信息、动作技能和态度。其中,智慧技能是指运用符号或概念与环境交互作用的能力的学习;言语信息是指有关事物的名称、时间、地点、定义以及特征等方面的事实性信息的学习。

三、简答题(参考答案)

1. 如何理解学习的内涵?

(1)学习是个体在特定情境下由于练习和反复经验而产生的行为或行为潜能的相对持久的变化。

(2)学习的内涵可以从以下几方面去理解:①学习实质上是一种适应活动;②学习是人和动物共有的普遍现象;③学习是由反复经验引起的;④学习是有机体后天习得经验的过程;⑤学习的过程可以是有意的,也可以是无意的;⑥学习引起的是相对持久的行为或行为潜能的变化。

2. 简述学生的学习的特点。

(1)接受学习是学习的主要形式,具有目的性、计划性和组织性;(2)学习过程是主动构建过程,具有自主性、策略性和风格性,是师生互动的过程;(3)学习内容以系统学习人类的间接知识经验为主,具有间接性;(4)学习目标具有全面性、多重目的性;(5)学生的学习具有一定程度的被动性。

知识2 行为主义学习理论

一、单项选择题

1. D 【解析】桑代克认为,学习要遵循三条重要的原则:效果律、准备律、练习律。练习律是指刺激与反应之间的联结会由于重复或练习而加强,不重复或练习,联结的力量就会减弱。题干所述学习方式强调反复地复习与默写,这遵循的是练习律。A项准备律,是指联结的加强或削弱取决于学习者的心理准备和心理调节状态。B项巩固律属于干扰项,直接排除。C项效果律,是指刺激和反应之间的联结可因导致满意的结果而加强,也可因导致烦恼的结果而减弱。

2. A 【解析】刺激的分化是指只对条件刺激做出条件反应,而对其他相似刺激不做反应。引导学生分辨勇敢和鲁莽、谦让和退缩等是让学生学会对不同刺激作出不同反应,属于刺激的分化。故选A项。B项,消退是指条件反射形成以后,如果得不到强化,条件反应会逐渐减弱,直至消失的现象。C项,刺激的泛化是指机体对与条件刺激相似的刺激做出条件反应。D项,恢复是指未经强化而条件反射自动重现的现象。

方法技巧:区分泛化与分化只需读懂题干表述:表述意思是相同反应就选泛化;表述中有"分辨""区分"等强调不同反应,就选分化。

3. B 【解析】桑代克的联结说是教育心理学史上第一个较为完整的学习理论。

4. D 【解析】班杜拉的社会学习理论认为,学习的实质是观察学习。"其身正,不令而行;其身不正,虽令不从。"这句话强调的是学生对教师行为的观察模仿,体现的是教育心理学中的社会学习理论。

5. A 【解析】替代强化是指观察者因看到榜样的行为被强化而受到强化。小红因看到小龙的行为被表扬而受到强化,这种强化属于替代强化。

6. A 【解析】班杜拉认为,学习的实质是观察学习。即学习是个体通过对他人的行为及其强化结果的观察,从而获得某些新的行为反应或已有的行为反应得到修正的过程。故李明模仿张飞上课看课外书的行为属于观察学习。

7. B 【解析】正强化也称积极强化,是通过呈现想要的愉快刺激来增强反应频率。题干所述属于正强化。

方法技巧:考生可以通过目的来区分强化和惩罚,而通过手段可以进一步区分强化或惩罚的类型。如下表。

	强化		惩罚	
分类	正强化	负强化	呈现性惩罚(正惩罚)	移除性惩罚(负惩罚)
手段	呈现愉快刺激	取消厌恶刺激	呈现厌恶刺激	取消愉快刺激
目的	增加反应频率		降低反应频率	

8. C 【解析】刺激的泛化是指机体对与条件刺激相似的刺激做出条件反应。题干所述属于刺激泛化的典型事例。

9. A 【解析】负强化也称消极强化,是通过消除或中止厌恶、不愉快刺激来增强反应频率。通过中止刺耳的提示噪音来增加学生系好安全带的行为运用了负强化。

10. D 【解析】普雷马克原理,又称为"祖母法则",即用高频活动作为低频活动的有效强化物。简单地说,每个人都有一个强化等级,在强化等级中,处于较高一级的强化物比处于较低一级的强化物更容易引发操作行为,所以,处于较高一级的活动可以强化较低一级的活动。但是要注意行为和强化的关系不能颠倒,必须先有行为,再有强化。所以要想用看电视强化儿童认真完成作业,一定要儿童完成作业后才能看电视。

11. B 【解析】准备律是指联结的加强或削弱取决于学习者的心理准备和心理调节状态。题干中老师的做法符合桑代克学习定律中的准备律。

12. C 【解析】惩罚是指当有机体做出某种反应以后,呈现一个厌恶刺激,以消除或抑制此反应的过程。题干中老师的批评(厌恶刺激)降低了该同学讲小话的频率,体现了惩罚的含义。

13. B 【解析】正强化也称积极强化，是通过呈现想要的愉快刺激来增强反应频率。惩罚是指当有机体做出某种反应以后，呈现一个厌恶刺激，以消除或抑制此反应的过程。被老师表扬属于正强化；被妈妈训斥一顿，还被禁止玩游戏属于惩罚。

14. C 【解析】消退是一种无强化过程，其作用在于降低某种反应在将来发生的概率，以达到消除某种行为的目的。消退是减少不良行为、消除坏习惯的有效方法。父母对小贺的哭闹行为不理睬，即不予强化，之后小贺哭闹的行为就会逐渐减少，这属于消退。

15. C 【解析】(1)惩罚并不能使行为发生永久性的改变，它只能暂时抑制行为，而不能根除行为。(2)惩罚的运用必须慎重，惩罚一种不良行为应与强化一种良好行为结合起来，方能取得预期的效果。(3)一般来说，要尽可能地少用惩罚，在必要的时候才使用。(4)惩罚的运用应该及时，即在学生做出某种行为之后，立即给予惩罚。惩罚紧紧跟在错误行为之后，与错误的行为之间建立联结。

16. C 【解析】斯金纳认为“教育就是塑造行为”，他采用连续接近的方法，对趋向于所要塑造的反应的方向不断地给予强化，直到引出所需要的新行为。所以，强化是塑造行为的关键。

17. D 【解析】观察学习理论强调观察学习，认为学习是个体通过对他人的行为及其强化结果的观察，从而获得某些新的行为反应或已有的行为反应得到修正的过程。这个理论可以合理地解释“榜样学习”的现象。

18. A 【解析】班杜拉把观察学习的过程分为注意、保持、复现和动机四个子过程。在复现过程中，观察者将头脑中有关榜样情境的表象和符号概念转为外显的行为，即生成过程。

19. D 【解析】替代强化是指观察者因看到榜样的行为被强化而受到强化。教务主任对高二(3)班学生的表扬对于其他班的学生而言是一种替代强化。

20. C 【解析】中性刺激一旦成为条件刺激，可以作为无条件刺激。另一个中性刺激与其反复结合，可形成新的条件作用，这一过程被称为高级条件作用。在人类身上可以建立多级的条件作用。测验失败引起学生条件性的紧张或焦虑等情绪反应，就经历了一个高级条件作用的形成过程。测验失败一开始也许只是一个中性事件，但逐渐与家长或老师的批评联系起来，而批评本身是引起学生焦虑的条件刺激，久而久之，测验失败引起焦虑。再进一步，与测验情境有关的线索也可能成为条件刺激，例如，当学生走进考场时，或者老师宣布即将举行考试时，学生感到非常焦虑。

21. D 【解析】班杜拉的社会学习理论认为，学习是个体通过对他人的行为及其强化结果的观察，从而获得某些新的行为反应或已有的行为反应得到修正的过程。题干中教师的做法依据的是社会学习理论。

22. C 【解析】效果律是指刺激和反应之间的联结可因导致满意的结果而加强，也可因导致烦恼的结果而减弱。题干描述是运用奖励来强化学生良好行为，这符合效果律的定义。

23. D 【解析】逃避条件作用是指当厌恶刺激出现时，有机体做出某种反应，从而逃避了厌恶刺激，则该反应在以后的类似情境中发生的概率便增加的一类条件作用。

24. A 【解析】美国心理学家斯金纳在他的白鼠实验中发现，如果每隔20秒就对白鼠强化一次，在强化后，白鼠的反应就会停顿，然后反应速度增加，在下次强化到来之前反应率达到高峰，说明它学会了根据强化的时间进行反应。白鼠的行为效率趋势就如扇贝一样，因此，我们称之为扇贝效应。扇贝效应告诉我们，固定时间的奖励不能维持新的行为。在学校里，一些固定的流程会使学生产生扇贝效应。比如，单元、期中、期末考试，每到此时，学生就会临时抱佛脚，开夜车加倍“努力”学习，充分利用“临阵磨枪，不快也光”的原理。

25. B 【解析】回避条件作用是指当预示厌恶刺激即将出现的刺激信号呈现时，有机体自发地做出某种反应，从而避免了厌恶刺激的出现，则该反应在以后的类似情境中发生的概率便增加的一类条件作用。“防患于未然”是指在祸患发生之前就加以预防，这体现的是回避条件作用。

26. D 【解析】在动机过程中，观察者因表现所观察到的行为而受到激励，其行为表现是受到动机变量控制的。看到别人擦黑板而自己不一定这样做，是因为擦黑板这一行为并没有得到老师的表扬。

方法技巧：本知识点较抽象，考生在做此类试题时，可根据关键词进行区分和记忆。注意过程在观察；保持过程在保存；复现过程在行为；动机过程在强化。

27. B 【解析】自我强化是学习者根据一定的评价标准进行自我评价和自我监督，来强化相应的学习行为。依据班杜拉的社会学习理论，最适宜解释题干所述现象的概念是自我强化。

二、多项选择题

1. AB 【解析】A项华生和B项桑代克属于行为主义学派心理学家，C项马斯洛属于人本主义学派心理学家，D项奥苏贝尔属于认知学派心理学家。

2. ABCD 【解析】巴甫洛夫的经典性条件作用理论的主要规律有获得、泛化与分化、消退、恢复。

3. ABCD 【解析】桑代克的联结—试误说对教育有以下指导意义：(1)在学习过程中，教师应该允许学生犯错误，并鼓励学生多尝试，从错误中学习，这样获得的知识才会更牢固。(2)任何学习都应该在学生有准备的状态下进行，不能经常搞“突然袭击”。(准备律)(3)在学习过程中，应加强合理的练习，并注意学习结束后不时地进行练习。(练习律)(4)在实际教育过程中，教师应努力使学生的学习能得到自我满足的积极结果，防止一无所获得到消极的后果。(效果律)

4. BD 【解析】A项属于社会学习理论，不符合题意。桑代克提出了尝试—错误说，认为学习的实质在于形成情境与反应之间的联结，联结公式是S-R。所以，B项符合题意。在桑代克尝试—错误说的学习过程中，强化起着重要的作用。所以，C项不符合题意。桑代克的学习理论指导了大量的实践，有其正确的一面；但是他认为人和动物的基本学习方式一致，都是通过试误学习，只是复杂程度不同，抹杀了人的学习的主观能动性这一最突出的特点。所以，D项符合题意。

5. ABD 【解析】观察学习是个体通过对他人的行为及其强化结果的观察，从而获得某些新的行为反应或已有的行为反应得到修正的过程。同班的小强买辅导书学习取得了好成绩对小明产生了替代强化,引发了小明的观察学习和模仿学习。

6. CD 【解析】班杜拉将强化分为直接强化、替代强化、自我强化。

7. AC 【解析】负强化也称消极强化,是通过消除或中止厌恶、不愉快刺激来增强反应频率。A项,猫偶尔通过拉栓逃出迷箱,中止了被关在迷箱里的困境吃到了鱼,此后拉栓的动作会增多,这属于负强化。B项,母亲对孩子哭闹着要买玩具的行为采取不理睬的方式,这属于消退。C项,为了不被父母责骂,儿童努力学习,这属于负强化。D项属于惩罚。

三、判断题

1. √ 【解析】食物是巴甫洛夫实验中的强化物,铃声与食物多次配对,引起狗的条件反射。

2. √ 【解析】刺激泛化和刺激分化是互补的过程,泛化是对事物的相似性的反应,而分化是对事物的差异性的反应。

3. √ 【解析】一级强化物包括所有在没有任何学习发生的情况下也起强化作用的刺激,如食物和水等满足生理基本需要的东西。二级强化物包括那些在开始时不起强化作用,但后来作为与一级强化物或其他强化物配对的结果而起强化作用的刺激,如斯金纳箱里的灯光。斯金纳认为,对于人类来说,二级强化物包括对大量行为起强化作用的许多刺激(诸如特权、社会地位、权力、财富、名声等)。

4. √ 【解析】无论正强化还是负强化,都能增加行为出现的概率。

5. × 【解析】惩罚与负强化有所不同,负强化是通过厌恶刺激的排除来增加反应在将来发生的概率,而惩罚则是通过厌恶刺激的呈现来降低反应在将来发生的概率。

6. × 【解析】负强化也称消极强化,是通过消除或中止厌恶、不愉快刺激来增强反应频率。惩罚是指当有机体做出某种反应以后,呈现一个厌恶刺激,以消除或抑制此反应的过程。题干中教师的做法属于惩罚。

7. √ 【解析】桑代克的联结—试误理论特别强调在“做中学”,即在实际的操作过程中学习有关的概念、原理、技能和策略等。

8. √ 【解析】惩罚的运用必须谨慎,惩罚一种不良行为应与强化一种良好行为结合起来,方能取得良好效果。教育过程中,教师应多运用正强化的手段来塑造学生的良性行为,用不予强化的方法来消除消极行为,而应慎重对待惩罚,因为惩罚只能让学生明白什么不能做,但不能让学生知道什么能做和应该做什么。

9. √ 【解析】普雷马克原理,又称为“祖母法则”,它最早是由普雷马克提出的,指利用高频活动作为低频活动的有效强化物。题干所述体现了普雷马克原理的内涵。

10. × 【解析】观察学习认为学习可以通过对他人的行为及其强化性结果的观察,从而获得某些新的行为反应。本人的行为不一定受到强化,但观察到他人学习的结果也是一种强化过程。因此观察学习与条件反射存在联系。

11. × 【解析】负强化是通过厌恶刺激的排除来增加反应在将来发生的概率,惩罚则是通过厌恶刺激的呈现来降低反应在将来发生的概率。

四、案例分析题(参考答案)

(1)班杜拉以儿童的社会行为习得为研究对象,形成了其关于学习的基本思路,即观察学习是人的学习最重要的形式。班杜拉认为,学习是个体通过对他人的行为及其强化结果的观察,从而获得某些新的行为反应或已有的行为反应得到修正的过程。案例中儿童出现攻击行为,是因为他们观看成年男子对充气玩偶进行攻击(如大声吼叫或拳打脚踢)后,发生了观察学习。(2)替代强化是指观察者因看到榜样的行为被强化而受到强化。案例中“第一组儿童产生较多的攻击性行为,第二组则比第三组表现出更少的攻击性行为”,是因为第一组儿童和第二组儿童在观看过程中出现了替代强化。

知识3 认知派学习理论

一、单项选择题

1. B 【解析】布鲁纳认为,教学的目的在于理解学科的基本结构。由于布鲁纳强调学习的主动性和认知结构的重要性,所以他主张教学的最终目标是促进学生对学科结构的一般理解。

2. C 【解析】有意义学习的本质就是以符号为代表的新观念与学习者认知结构中原有的适当观念建立起非人为的和实质性的联系的过程,是原有观念对新观念加以同化的过程

3. D 【解析】托尔曼主张将行为主义S-R公式改为S-O-R公式,O代表机体的内部变化。

4. B 【解析】发现学习是指给学生提供有关的学习材料,让学生通过探索、操作和思考,自行发现知识、理解概念和原理的教学方法。题干所述学习方法属于发现学习。

5. D 【解析】布鲁纳认为,学习是学习者主动地获取知识,并通过把新获得的知识和已有的认知结构联系起来,积极地建构其知识体系。其实质在于主动形成认知结构。

6. A 【解析】加涅将教学过程分为九个教学事件:引起注意、告诉学习者目标、刺激对先前学习的回忆、呈现刺激材料、提供学习指导、诱导学习表现(行为)、提供反馈、评价表现、促进记忆和迁移。其中,首要事件是引起注意。

7. C 【解析】奥苏贝尔认为学生在学校学习语言符号所代表的系统知识,主要是有意义学习而不是机械学习。学生在学校中的有意义学习应该是有意义的接受学习和有意义的发现学习,但他更强调有意义的接受学习。

8. A 【解析】先行组织者策略,是一种重要的教学策略,先行组织者即先于某个学习任务本身呈现的引导性学习材料。先行组织者的抽象、概括和综合水平高于学习任务,并与认知结构中的原有观念及新的学习任务相关联。它可以在学习者已有的知识与需要学习的新内容之间架设一道桥梁,使学生能更有效地同化、理解新学习的内容。

9. B 【解析】“先行组织者”概念由奥苏贝尔提出。先行组织者教学技术强调新知识与学生已有认知结构中适当知识的联系。

10. B 【解析】先行组织者教学技术强调新知识与学生已有认知结构中适当知识的联系,经常用于接受学习。

11. C 【解析】苛勒认为,学习是个体利用本身的智慧与理解力对情境及情境与自身关系的解答,而不是动作的积累或盲目的尝试。

12. C 【解析】托尔曼学习理论的主要观点有:(1)学习是有目的的,是期望的获得。他认为,有机体要达到未来的目的,必然要对未来的目的有所期待,当前的行为是受主体对未来行为结果的期待所支配的。(2)学习是对完形的认知,是形成认知

地图的过程。故ABD三项说法正确,C项说法错误。

13. C 【解析】布鲁纳的认知—发现学习理论强调学生已有的认知结构的重要作用,故C项属于认知学习理论的观点。桑代克的联结试误说认为学习的实质是形成刺激—反应的联结。斯金纳的操作性条件作用理论强调了强化的作用。桑代克提出了学习遵循的三条重要原则,其中效果律指出学习所产生的结果会影响后继的学习。故ABD三项均属于行为主义的观点。

14. A 【解析】潜伏学习是指在没有强化的条件下学习也会发生,只不过结果不太明显,是"潜伏"的。

二、多项选择题

1. BC 【解析】A项属于行为主义学习理论,D项属于人本主义学习理论。

2. BCD 【解析】掌握学科的基本结构的教学原则有动机原则、结构原则、程序原则、强化原则。

3. ACD 【解析】布鲁纳认为,学习包括知识获得、转化和评价三个几乎同时发生的过程。

4. ABD 【解析】学生具有三种最基本的内在动机,即好奇内驱力(即求知欲)、胜任内驱力(即成功的欲望)和互惠内驱力(即人与人之间和睦相处的需要)。

5. ABC 【解析】布鲁纳认为,学习的实质在于主动形成认知结构。A项符合题意。布鲁纳主张学习的目的在于以发现学习的方式,使学科的基本结构转变为学生头脑中的认知结构。由于布鲁纳强调学习的主动性和认知结构的重要性,所以他主张教学的最终目标是促进学生对学科结构的一般理解。他认为发现是教育儿童的主要手段,学生掌握学科的基本结构的最好方法是发现学习。BC两项符合题意,D项不符合题意。

6. BC 【解析】在接受学习中,所要学习的内容大多是现成的、已有定论的、科学的基础知识,包括一些抽象的概念、命题、规则等,这些内容通过教科书或老师的讲述,用定义的方式,直接向学习者呈现。机械学习是符号所代表的新知识与学习者认知结构中已有的知识建立非实质性的和人为的联系。即学习者不理解这些符号所代表的知识,只好依靠字面上的联系,进行机械的联想来学习。题干所述学生的学习属于机械的接受学习。

7. BCD 【解析】奥苏贝尔提出了三种组织学习的原则和策略,分别是:逐渐分化原则、整合协调原则和先行组织者策略。A项是由维果斯基提出的。

8. BCD 【解析】加涅提出了他的学习过程的八个阶段:动机阶段、了解(领会)阶段、获得阶段、保持阶段、回忆阶段、概括阶段、操作阶段、反馈阶段。

方法技巧:考生在做此类题时,可采用口诀进行记忆。东邻活宝会做盖饭:东(动机)邻(领会)活(获得)宝(保持)会(回忆)做(操作)盖(概括)饭(反馈)。

三、判断题

1. × 【解析】发现学习有可能是有意义学习,也有可能是机械学习。

2. × 【解析】发现学习强调学生学习的自主性,有利于学生创造性的发挥,但不能因此忽视教师在教育中的主导作用。

3. √ 【解析】有意义学习的本质就是以符号为代表的新观念与学习者认知结构中原有的适当观念建立起非人为的和实质性的联系的过程,是原有观念对新观念加以同化的过程。在接受式学习中,学生利用旧知识去同化新知识,因此也属于有意义的学习。

4. × 【解析】发现教学法在实际教学中的运用范围非常有限,仅适用于部分科目和小学及中学低年级学生。

5. × 【解析】有意义学习的条件:(1)客观条件,是指受学习材料本身性质的影响。有意义学习的材料本身必须合乎这种非人为的和实质性的标准,即具有逻辑意义。(2)主观条件,是指受学习者自身因素的影响。主要表现在:①学习者必须具有有意义学习的心向;②学习者认知结构中必须具有适当的知识,以便与新知识进行联系;③学习者必须积极主动地使这种具有潜在意义的新知识与认知结构中有关的旧知识发生相互作用。所以,学习材料的逻辑意义不能确保产生有意义学习。

6. × 【解析】苛勒的完形—顿悟学习与桑代克的联结—试误学习并不是互相排斥和绝对对立的。联结—试误往往是顿悟的前奏,顿悟则是练习到某种程度时出现的结果。完形—顿悟学习是苛勒的理论,故题干表述错误。

四、简答题(参考答案)

1. 简述奥苏贝尔的有意义学习的条件。

(1)客观条件,是指受学习材料本身性质的影响。有意义学习的材料本身必须合乎非人为的和实质性的标准,即具有逻辑意义。

(2)主观条件,是指受学习者自身因素的影响。主要表现在:①学习者必须具有有意义学习的心向;②学习者认知结构中必须具有适当的知识,以便与新知识进行联系;③学习者必须积极主动地使这种具有潜在意义的新知识与认知结构中有关的旧知识发生相互作用。

2. 简述布鲁纳的认知发现学习理论。

布鲁纳主张学习的目的在于以发现学习的方式,使学科的基本结构转变为学生头脑中的认知结构。(1)学习观:第一,学习的实质在于主动形成认知结构;第二,学习包括获得、转化和评价三个过程。(2)教学观:第一,教学的目的在于理解学科的基本结构;第二,掌握学科的基本结构的教学原则包括动机原则、结构原则、程序原则、强化原则。(3)布鲁纳认为,发现是教育儿童的主要手段,学生掌握学科的基本结构的最好方法是发现学习。发现学习是指给学生提供有关的学习材料,让学生通过探索、操作和思考,自行发现知识、理解概念和原理的教学方法。

知识4 人本主义学习理论和建构主义学习理论

一、单项选择题

1. C 【解析】学生中心模式又称为非指导性教学模式。在这个模式中,教师最富有意义的角色不是权威,而是"助产士"和"催化剂"。教师只是一个"为学习提供便利条件的人""学习的促进者"。

2. C 【解析】建构主义的知识观在一定程度上对知识的客观性和确定性提出质疑,强调知识的动态性。建构主义认为知识并不是问题的最终答案,而是随着人类进步而不断改正并随之出现的新的假设和解释,如"地心说"被"日心说"取代。因此,题干所述更符合建构主义学派的观点。

3. B 【解析】奥苏贝尔的有意义学习的本质就是以符号为代表的新观念与学习者认知结构中原有的适当观念建立起非人为的和实质性的联系的过

程，是原有观念对新观念加以同化的过程。罗杰斯的有意义学习，是指一种涉及学习者是完整的人，使个体的行为、态度、个性以及在未来选择行动方针时发生重大变化的学习，是一种与学习者各种经验融合在一起的、使个体全身心地投入其中的学习。故选B。

4. C 【解析】信息加工的认知主义把教师看成是学生学习的指导者、设计者；建构主义把教师看成是学生学习的帮助者、合作者；人本主义把教师看成是学生学习的促进者。故A项说法错误。建构主义在一定程度上对知识的客观性和确定性提出质疑，强调知识的动态性。故BD两项说法错误。因此，答案选C项。

5. B 【解析】罗杰斯认为，促进学生学习的关键不在于教师的教学技巧，而在于特定的心理氛围。它包括：(1)真实或真诚；(2)尊重、关注和接纳；(3)移情性理解。

6. D 【解析】建构主义学生观非常强调学习者本身已有的经验结构，认为学习者在学习新信息、解决新问题时往往可以基于相关的经验，依靠其认知能力形成对问题的解释。

7. D 【解析】随机进入教学，是指学习者可以随机通过不同途径、不同方式进入同样教学内容的学习，从而获得对同一事物或同一问题的多方面认识和理解。

8. B 【解析】建构主义学生观认为，学生并不是空着脑袋走进教室的。强调学习者本身已有的经验结构，认为学习者在学习新信息、解决新问题时往往可以基于相关的经验，依靠其认知能力形成对问题的解释。

9. C 【解析】建构主义教学模式主要有：支架式教学、抛锚式教学、随机进入教学、认知学徒制、自上而下的教学。

10. A 【解析】学生中心模式又称为非指导性教学模式。在这个模式中，罗杰斯强调：(1)以学生为本；(2)让学生自发地学习；(3)排除对学习者自身的威胁；(4)给学生安全感。

二、多项选择题

1. ABD 【解析】A项中加涅不是人本主义心理学的代表人物；B项中人本主义推行学生中心的教育理念，“教师”只是学习的促进者、协作者，“学生”是学习的关键；D项中人本主义主张学习的本质在于有意义的学习。

2. ABC 【解析】有意义学习包含四个要素：(1)学习是学习者自我参与的过程，整个人都要参与到学习之中，既包括认知参与，也包括情感参与；(2)学习是学习者自我发起的，内在动力在学习中起主要作用；(3)学习是渗透性的，它会使学生的行为、态度以及个性等都发生变化；(4)学习的结果由学习者自我评价，他们知道自己想学什么和学到了什么。D项是布鲁纳的观点。

3. ABD 【解析】人本主义的教学模式有：(1)以题目为中心的课堂讨论模式；(2)开放课堂模式；(3)自由学习的教学模式。

4. ABD 【解析】建构主义认为，知识不可能以实体的形式存在于具体个体之外，尽管我们通过语言符号赋予了知识一定的外在形式，但学习者仍然会基于自己的经验背景进行理解并建构属于自己的知识。C项说法错误。建构主义在一定程度上对知识的客观性和确定性提出质疑，强调知识的动态性。A项说法正确。建构主义在学习观上强调学习的主动建构性，D项说法正确。建构主义非常强调学习者本身已有的经验结构，认为学习者在学习新信息、解决新问题时往往可以基于相关的经验，依靠其认知能力形成对问题的解释。B项说法正确。

5. ABCD 【解析】建构主义学习理论认为“情境”“协作”“会话”“意义建构”是学习环境中的四大要素或四大属性。

6. ABD 【解析】建构主义学习观的观点包括：(1)学习是认知结构的改变过程；(2)学习是个体主动构建自己知识的过程；(3)建构主义学习观强调学习、知识、智慧的情境性，认为知识不可能脱离活动情境而抽象地存在，学习应该与情境化的社会实践活动联系在一起。

7. ACD 【解析】支架式教学由以下几个环节组成：(1)搭脚手架；(2)进入情境；(3)独立探索；(4)协作学习；(5)效果评价。

三、案例分析题(参考答案)

建构主义认为，“教材是例子”，学生是主动的信息建构者，学习是知识建构的过程，无论专家选出的文章是好是坏、是对是错，学生总要以自己的经验和方式去理解。

建构主义的观点引发了新一轮的教育观念变革，新观念要求我们尊重学生，发展学生的独特个性，造就健康有序、宽松和谐、激励上进的新型教育。鼓励学生在教学情境中建构自己独立的意义。如果我们总是以一个固定的模子去框住学生的思维，势必会使学生丧失个性、丧失自我、丧失创造力。

整合提升

一、单项选择题

1. B 【解析】根据加涅的信息加工学习理论，在领会这一学习阶段，相对应的心理过程为注意和选择性知觉。根据题干所述，答案选B项。

2. C 【解析】负强化也称消极强化，是通过消除或中止厌恶、不愉快刺激来增强反应频率。在课堂中学生提早把书收好是为了不让老师拖堂，可以提早下课。

3. D 【解析】有意义学习是指一种涉及学习者是完整的人，使个体的行为、态度、个性以及在未来选择行动方针时发生重大变化的学习，是一种与学习者各种经验融合在一起的、使个体全身心地投入其中的学习。莉莉在几个月内掌握了一种新的语言而且学会了当地的口音，属于有意义学习。

4. A 【解析】抑制效应指观察者看到他人的不良(或良好)行为受到社会谴责，观察者会暂时抑制受到谴责的不良(或良好)行为。题干所述属于抑制效应。B项习得效应，是指通过观察习得新的技能和行为模式。C项环境加强效应(刺激指向效应)，指通过观察榜样行为，观察者将自己的注意指向特定的刺激。D项情绪唤醒效应，指看到榜样表达的情感，在观察者身上容易唤起类似的情感。

5. D 【解析】替代强化是指观察者因看到榜样的行为被强化而受到强化，它是一种间接的强化方式。它出现在观察学习的动机过程中。

6. D 【解析】根据替代强化原理，当儿童发觉“坏人”通常不能得到好的下场时，为了避免这种不良后果，自己也会远离破坏性行为。

7. B 【解析】奥苏贝尔从两个维度对学习做了区分：从学生学习的方式上，将学习分为接受学习与发现学习；从学习内容与学习者认知结构的关系上，又将学习分为有意义学习和机械学习。学生运用公式解题，从学习内容与学习者认知结构的关系上，属于机械学习；从学习方式上，属于有指导的发现学习。

8. C 【解析】小红在两岁时就学会了背"床前明月光，疑是地上霜……"这首唐诗。按加涅的学习结果分类，这里发生的学习是动作技能的学习。因为两岁的儿童，不可能习得唐诗表达的意境，只是按照一定的顺序发出汉字的音来，这涉及口腔声带等肌肉的运动，所以它属于动作技能的学习。

9. C 【解析】态度指影响个人对人、事、物采取行动的内部状态。A项是智慧技能的学习，B项是认知策略的学习，C项是态度的学习，D项则是言语信息的学习。所以，本题选择C项。

10. B 【解析】人本主义学习理论的观点包括：知情统一的教学目标观、有意义的自由学习观、学生中心的教学观。故①③⑤属于人本主义学习理论教育主张。②中的主张属于建构主义学生观；④中的主张属于奥苏贝尔的有意义接受学习理论。

11. D 【解析】新学习一定要适合学习者当时的认知发展水平，任何新能力的学习需要先学习包含在新能力里面的从属的能力。奥苏贝尔非常强调原有的认知结构在新的学习中的作用，他在《教育心理学：认知观点》中写道："假如让我把全部教育心理学仅仅归结为一条原理的话，那么，我将一言以蔽之：影响学习的唯一最重要的因素，就是学习者已经知道了什么。要探明这一点，并应据此进行教学。"

12. B 【解析】"比较性组织者"通过比较新知识与认知结构中类似的或邻近的知识的异同，提高两者的可辨别性，从而促进对新知识的有意义的学习，保证学生获得精确的知识。

13. B 【解析】先行组织者的抽象、概括和综合水平高于学习任务，并与认知结构中的原有观念及新的学习任务相关联。其使用目的是为新的学习任务提供观念上的固着点，增加新旧知识之间的可辨别性，以促进学习的迁移。

14. B 【解析】布鲁纳认为，任何知识结构都可以用动作、图像和符号三种表象形式来呈现。对于不同年龄、知识背景的学生和不同学科性质的知识而言，以哪一种形式呈现给学生会直接影响学生学习的难易程度和正确性。在本题中，因为四年级（10～11岁）是儿童思维从以具体形象思维为主过渡到以抽象逻辑思维为主的关键年龄期（如果教育条件适当，这个关键年龄期可以提前到三年级），所以，小学高段和中学低段学生的抽象逻辑思维发展良好。对于他们来说，符号表象是最佳的知识呈现形式。

15. A 【解析】奥苏贝尔从学习内容与学习者认知结构的关系上，将学习分为有意义学习和机械学习。有意义学习的本质就是以符号为代表的新观念与学习者认知结构中原有的适当观念建立起非人为的和实质性的联系的过程，是原有观念对新观念加以同化的过程。与此相反，机械学习就是学生没有建立实质性的联系，没有将教材的内容真正地理解，也就是传统的教学中的"死记硬背"。题干中学生不能将对地球结构的学习应用于实际，即为机械学习。

16. D 【解析】罗杰斯提出了以学生为中心的人本主义教学模式。其基本要点是：(1)教师要以真诚、关怀和理解的态度对待学生的情感和兴趣，创造一种促进学习的良好氛围。所以，A项不符合题意。(2)学习的决策是师生共同参与的过程，学生单独或协同制定学习方案，并对他们自己选择的后果分担责任。所以，B项不符合题意。(3)学习集体的着眼点集中在促进学习过程的不断发展上面，学习内容退居于第二位。所以，C项不符合题意。(4)课程的安排是无结构的，主要是从事自由的讨论，使学生能形成和表达他们自己的看法和感受。所以，D项符合题意。(5)教师是一个非强制的知识资源，在学生有问题时提供有价值的评论或可参考的读物，教师鼓励学生把个人的知识和经验纳入这种学习资源之中。(6)自律是学习达到目的的必备条件，学生把自律看作是他们自己的责任，自律代替外加纪律。(7)学习评估主要由学生自己来做。(8)在这种促进生长的氛围中，学习会更加深入，速度更快，而且在学生的生活和行为中普遍产生影响。

17. B 【解析】有意义学习产生的条件之一是学习材料本身具有逻辑意义，而机械学习借助的手段是人为任意附加的联系。记忆术往往利用形象或其他媒介、线索将本来没有联系的事物连接起来，达到对无意义材料或人们没有掌握意义材料的记忆。题干所述属于机械学习。

18. B 【解析】可变时距强化（变化时距强化）以强化物之间所经历的时间为基础，不定间隔的时间后给予一次强化，强化是不可预测的。例如，教师想要学生每天按时完成作业，所以随机抽查学生的作业，学生并不知道自己什么时候会被检查，认真完成作业的习惯便得以养成。

19. D 【解析】内隐学习是指有机体在与环境接触的过程中不知不觉地获得了一些经验，并因之改变其事后某些行为的学习。ABC三项均属于内隐学习。

20. B 【解析】六年级学生，执行与圆规有关的动作不成问题，现在学会用圆规画圆，是在"平面上到定点距离相等的点的集合"这一规则支配下，通过已掌握的动作技能而表现出的新的能力，是加涅所讲的定义性概念。

二、多项选择题

1. AB 【解析】A项是苛勒的完形—顿悟学习的观点，B项是托尔曼的符号学习的观点，苛勒和托尔曼的理论均属于认知主义学习理论，故AB两项符合题意。CD两项属于行为主义学习理论。

2. ACD 【解析】加涅认为学习是一个有始有终的过程，这一过程可分为若干阶段，每一阶段需要进行不同的信息加工。A项说法正确。在各个信息加工阶段发生的事件，称为学习事件。学习事件是学生内部加工的过程，它形成了学习的信息加工理论的基本结构。与此相应，教学过程既要根据学生的内部加工过程，又要影响这一过程。因此，教学过程阶段与学习阶段是完全对应的。B项说法错误，C项说法正确。在每一教学阶段发生的事情，即教学事件，这是学习的外部条件。教学就是由教师安排和控制这些外部条件构成的，而教学的艺术就在于学习阶段与教学阶段的完全吻合。D项说法正确。

3. ABCD 【解析】固定比例强化指间隔一定的次数给予强化，如计件工资，A项正确。变化比例强化指每两次强化之间间隔的反应次数是变化不定的，如老虎机、钓鱼、买彩票等，B项正确。变化时间强化指强化之间间隔的时间是变化的，如冲浪运动、随时小测验等，C项正确。固定时间强化指间隔一定的时间给予强化，如每隔5分钟给予1次强化、计时工资，D项正确。

4. ABC 【解析】建构主义教学模式主要包括：抛锚式教学、支架式教学、随机进入教学（随机通达教学）、认知学徒制、培养学习共同体。D项程序教学属于行为主义学习理论倡导的教学模式。
5. BCD 【解析】联结学习理论认为，一切学习都是通过条件作用，在刺激和反应之间建立直接联结的过程。强化在刺激—反应联结的建立中起着重要作用。在刺激—反应联结中，个体学到的是习惯，而习惯是反复练习和强化的结果。习惯一旦形成，只要原来的或类似的刺激情境出现，习得的习惯性反应就会自动出现。A项属于认知派学习理论的观点。
6. BCD 【解析】布鲁纳认为任何知识结构都可以用动作、图像和符号三种表征形式来呈现。
7. CD 【解析】回避条件作用是指当预示厌恶刺激即将出现的刺激信号呈现时，有机体可以自发地做出某种反应，从而避免了厌恶刺激的出现，则该反应在以后的类似情境中发生的概率便增加的一类条件作用。CD两项属于回避条件作用，AB两项属于逃避条件作用。
8. ABC 【解析】布鲁纳认为，学习任何一门学科常有一连串的情节，每个情节都涉及获得、转化、评价三个过程。题干所述就是运用发现法，先给儿童以必要的事实；然后引导他们靠自己的思考与探索获取知识；接着对其来源、出处进行检核或估计。

三、判断题

1. × 【解析】例—规法指在教学中先呈现一系列例证，让学生在例证中概括出原理。规—例法指先呈现要学习的规则，然后用例证来说明规则。
2. √ 【解析】奥苏贝尔从两个维度对学习做了区分：从学生学习的方式上，将学习分为接受学习与发现学习；从学习内容与学习者认知结构的关系上，又将学习分为有意义学习和机械学习。听教师精心设计的教学在学生学习方式的维度上属于有指导的发现学习，在学习内容与学习者认知结构的关系维度上属于有意义学习。
3. × 【解析】固定时间强化指间隔一定的时间给予强化，每隔5分钟给予1次强化属于固定时间强化。
4. √ 【解析】根据学习情境由简单到复杂、学习水平由低级到高级的顺序，加涅把学习分为八类：信号学习、刺激—反应学习、连锁学习、言语联结学习、辨别学习、概念学习、规则或原理学习、解决问题学习（高级规则的学习）。所以，问题解决是加涅学习分类系统中的最高形式。
5. √ 【解析】加涅汲取了各种学习理论的成分，系统的提出了信息加工论，他一方面认为行为的基本单元是刺激—反应联结，另一方面着力探讨刺激与反应之间的中介因素——心智活动。他把学习按照从不知到知的过程分成八个阶段。
6. × 【解析】尝试—错误和顿悟在人类学习中均极为常见，它们是两种不同方式、不同阶段或不同水平的学习类型。一般来说，简单的、主体已有经验可循的问题解决，往往不需要进行反复的尝试—错误；而对于复杂的、创造性的问题解决，大多需要经过尝试—错误的过程，方能产生顿悟。
7. × 【解析】学习是个体在特定情境下由于练习或反复经验而产生的行为或行为潜能的相对持久的变化。当学生表现出一次正确的行为时，不表示他已确实学到了该种行为。

四、简答题（参考答案）

1. 简述桑代克的联结—试误学习理论与完形—顿悟学习理论的关系。

格式塔学派对学习理论的发展做出了重要贡献，肯定了主体的能动作用，把学习视为主动构造完形的过程，强调观察、顿悟和理解等认知功能在学习中的作用，同时也批判了桑代克的联结—试误学习理论。

但是，苛勒的完形—顿悟学习与桑代克的联结—试误学习也并不是互相排斥和绝对对立的。联结—试误往往是顿悟的前奏，顿悟则是练习到某种程度时出现的结果。联结—试误和顿悟在人类学习中均极为常见，它们是两种不同方式、不同阶段或不同水平的学习类型。一般来说，简单的、主体已有经验可循的问题解决，往往不需要进行反复的联结—试误；而对于复杂的、创造性的问题解决，大多需要经过联结—试误的过程，方能产生顿悟。

2. 简述对认知—发现学习理论的评价。

（1）优点：①布鲁纳的学习理论，强调学生学习的主动性，强调学生已有的认知结构和学生的独立思考，强调内在动机和思维能力的培养等方面的重要作用，较之建立在动物心理研究基础上的一些学习理论，更能说明人的学习的某些特点和规律。②他将认知学习理论付诸教学实际，为教育改革提供了理论基础，引起了教育工作者在教学过程、教材编写等方面观念上的变革，影响较大。③他所倡导的发现学习，不仅成为一种学习方式，而且作为一种教学方法得到广泛的研究和应用。

（2）局限性：①布鲁纳的学习理论忽视了学生学习的特殊性，过分强调发现学习，过分强调学生的主观能动性，没有充分考虑到学校教育的特点，教师的主导作用被削弱。②发现教学法在实际教学中的运用范围非常有限，仅适用于部分科目和小学及中学低年级学生。③在论述儿童的认知发展时，与皮亚杰相似，布鲁纳也忽视了社会因素对个体认知发展的作用。

五、论述题（参考答案）

1. 奥苏贝尔的有意义学习与罗杰斯的有意义学习有何不同？

（1）在概念上，奥苏贝尔的有意义学习是以符号为代表的新观念与学习者认知结构中原有的适当观念建立起非人为的和实质性的联系。罗杰斯的有意义学习是指一种涉及学习者是完整的人，使个体的行为、态度、个性以及在未来选择行动方针时发生重大变化的学习，是一种与学习者各种经验融合在一起的、使个体全身心地投入其中的学习。

（2）在学习结果上，奥苏贝尔的有意义学习是在对事物理解的基础上，依据事物的内在联系所进行的学习，即新的学习材料如何纳入已有的知识系统之中。罗杰斯的有意义学习不局限于知识的简单积累，而是渗入个人的行为之中，渗入他为了未来而选择的一系列活动之中。学习使其态度和人格发生变化，是智德融为一体的人格教育和价值观的熏陶。

（3）在概念范畴上，奥苏贝尔的有意义学习属于认知范畴；罗杰斯的有意义学习属于知情统一。

2. 有人建议，在教育实践中，“要多使用奖励，而尽量少用惩罚”。请简要阐述你对这种建议的看法。

我认为奖比罚好，原因如下：（1）惩罚并不能使行为发生永久性的改变，它只能暂时抑制行为，而不能根除行为。惩罚的运用必须慎重，惩罚一种不良行为应与强化一种良好行为结合起来，方能取得预期的效果。一般来说，要尽可能地少用惩罚，在必要的时候才使用。一个经常惩罚孩子的家长或教师，本身就给孩子树立了一个不好的榜样。惩罚的目的可能没有达到，反而使孩子学会了粗暴的不顾别人自尊的处事方式。惩罚的运用应该积极，即在学生做出某种行为之后，立即给予惩罚。惩罚紧跟在错误行为之后，与错误的行为之间建立联结。在惩罚时，最好选择一样替代反应进行强化，即指出正确的行为方式，在孩子做出正确的行为后给予强化。(2)但是奖励也不是越多越好，教师在使用奖励的时候应该注意，在对学生的行为进行奖励时，应注意避免外部奖励对内部兴趣的破坏。在很多情况下，维持行为的强化物是活动本身带来的快乐，这时再给予外部的奖励，就会使学生活动的目的逐渐变为获得外部奖励。因此，当学生已经自行从事某种活动时，教师应谨慎考虑奖励是否必要，避免给予不必要的奖励。奖励虽然是塑造行为的有效手段，但是奖励的运用必须得当，否则便会强化不良行为。例如，小孩的许多无理取闹的行为实际上是学习的结果，因为他们通过哭闹能得到诸如玩具、冷饮等强化物。

六、案例分析题(参考答案)

1. (1)①强化是采用适当的强化物而使机体反应频率、强度和速度增加的过程。斯金纳认为，强化是塑造行为的有效而重要的条件，塑造行为的过程，就是学习的过程。②强化的原理基础是斯金纳的操作性条件作用理论。操作性条件作用理论认为，学习是有机体的自发行为受到后续刺激的强化作用的结果。③强化对于课堂管理的意义是：要维持良好的课堂秩序，需要对好的行为予以强化，对不良的行为予以惩罚。根据行为主义的强化与惩罚原理，对于课堂上出现的不同行为采取不同的措施，分别予以强化或惩罚。对于表现良好的行为给予强化，而对于课堂上出现的与课堂氛围不协调的行为，要给予及时处理。例如，在本案例中，对于遵守课堂纪律或表现出合作性等行为表现的给予强化，即往瓶子里放一个玻璃球。行为主义者研究还表明，对于学生的不正确行为，单纯给予惩罚的效果不明显，要让学生知道什么是正确的行为，用正确的行为替代不正确的行为比单纯抑制不正确的行为要好。当我们想要学生从事某一种学生可能感到枯燥的活动时，我们可以运用普雷马克原理，把这种活动与学生喜爱的某活动结合在一起。

   (2)①斯金纳认为强化的程序不止一种。所谓强化程序，是按合乎要求的反应次数以及各次强化之间的时距的适当组合而做出的各种强化安排。斯金纳通过大量实验研究，总结出一套复杂的强化作用模式。他把强化程序分为连续强化和间隔强化、固定比例强化和变化比例强化、固定时间强化和变化时间强化等。②一般来说，断续强化的效果比连续强化的效果好；可变间隔和可变比例强化的效果好于固定间隔和固定比例强化的效果。③在本案例中，张老师采用的是可变间隔强化，效果良好。

   (3)凡是能增强行为频率的刺激或事件叫作强化物。张老师对学生的强化使用了不同的强化物，如食物(如冰淇淋和其他好吃的东西)、代币(如玻璃球)、学生喜爱的活动(如组织联欢会和看卡通片)等。

2. (1)人本主义心理学认为心理学应该探讨完整的人，强调人的价值，强调人有发展的潜能，而且有发挥潜能的内在倾向，即自我实现倾向。人本主义者的教育理想是培养“躯体、心智、情感、精神、心力融汇一体”的人，要想实现这一教育理想，应该有一个现实的教学目标，这就是“促进变化和学习，培养能够适应变化和知道如何学习的人”。因为作业的繁重和家长的看管，学生冰冰自由支配学习的时间少，可自主学习的机会也比较少。学生家长也没有关心冰冰的个性需要。家长的做法和冰冰现在的学习状态不符合人本主义学习理论的基本观点。

   (2)有意义学习主要具有四个特征：①学习是学习者自我参与的过程，整个人都要参与到学习之中，既包括认知参与，也包括情感参与；②学习是学习者自我发起的，内在动力在学习中起主要作用；③学习是渗透性的，它会使学生的行为、态度以及个性等都发生变化；④学习的结果由学习者自我评价，他们知道自己想学什么和学到了什么。

   (3)①教育者应无条件积极关注学生，为学生提供学习的手段和条件，促进学生自由地成长；②教育者应尊重学生，把学生看作学习活动的主体，相信学生可以自己指导自己，具有“自我实现”的潜能；③教育者应该尊重学生的意愿、情感、需要，为学生的成长提供帮助；④教育者应培养学生学习的积极性和主动性，并为此做出努力。

   (考生可适当结合材料加以阐述，言之有理即可)

真题必刷

一、单项选择题

1. C 【解析】加涅根据学习结果，将学习分为五种类型：智慧技能、认知策略、言语信息、动作技能和态度。其中，智慧技能指运用符号或概念与环境交互作用的能力。题干中的学生在学习完路程的公式后能够解答出老师布置的应用题，即运用符号来解决实际问题，符合智慧技能的定义。故本题选C项。
2. B 【解析】A项刺激的分化是指机体只对条件刺激做出条件反应，而对其他相似刺激不做反应。B项刺激的泛化是指机体对与条件刺激相似的刺激做出条件反应。C项获得是指通过条件刺激反复与无条件刺激相匹配，从而使个体学会对条件刺激做出条件反应的过程。D项消退是指条件刺激形成以后，如果得不到强化，条件反应会逐渐减弱，直至消失的现象。“一朝被蛇咬，十年怕井绳”后被引申为一旦受过伤害就对类似的事物或事件十分惧怕。这是一种典型的刺激泛化现象。
3. C 【解析】A项正强化也称积极强化，是通过呈现想要的愉快刺激来增强反应频率。B项负强化也称消极强化，是通过消除或中止厌恶、不愉快刺激来增强反应频率。C项惩罚是指当有机体做出某种反应以后，呈现一个厌恶刺激，以消除或抑制此反应的过程。D项自我强化是指对自己表现出的符合或超出标准的行为进行自我奖励。题干中老师让学生将错题重做十遍的目的是让学生不再出错，即呈现厌恶刺激来降低反应频率，故属于惩罚。
4. D 【解析】班杜拉把强化分为三种：(1)直接强化。直接强化是指观察者因表现出观察行为而受到强化。(2)替代强化。替代强化是指观察者因看到榜样的行为被强化而受到强化。(3)自我强化。自我强化是指对自己表现出的符合或超出标准的行为进行自我奖励。题干所述符合替代强化的定义，故本题选D项。

5. D 【解析】布鲁纳认为学习包括三种几乎同时发生的过程，这三种过程是：新知识的获得、知识的转化和知识的评价。其中，知识的转化就是超越给定的信息，运用各种方法将它们变成另外的形式，以适应新任务，并获得更多的知识。故答案选D项。

6. C 【解析】建构主义认为，知识并不是问题的最终答案，而是随着人类进步而不断改正并随之出现的新的假设和解释。因此，题干所述体现了建构主义学习理论的观点。C项当选。A项托尔曼的符号学习理论的主要观点包括：(1)学习是有目的的，是期望的获得。(2)学习是对完形的认知，是形成认知地图的过程。B项加涅的信息加工学习理论将学习过程看作是信息加工流程。D项维特罗克的生成学习理论认为学习的生成过程就是学习者将已有认知结构（已经储存在长时记忆中的事件和信息加工策略）与从环境中接受的信息（新知识）相结合，主动地选择注意信息并主动地构建信息意义的过程。

7. C 【解析】桑代克认为，学习要遵循三条重要的原则：效果律、准备律、练习律。其中，效果律是指刺激和反应之间的联结可因导致满意的结果而加强，也可因导致烦恼的结果而减弱。题干中老师和家长给予的表扬和鼓励属于愉快刺激，是为了进一步强化学生取得好成绩，这体现了效果律的内涵。故本题选C项。

8. C 【解析】负强化也称消极强化，是通过消除或中止厌恶、不愉快刺激来增强反应频率。洗碗属于厌恶、不愉快刺激，通过免去洗碗来鼓励小明期末考进全班前十名，体现的就是负强化。

二、多项选择题

1. AB 【解析】奥苏贝尔从两个维度对学习做了区分：从学生学习的方式上，将学习分为接受学习与发现学习；从学习内容与学习者认知结构的关系上，又将学习分为有意义学习和机械学习。

2. ABCD 【解析】有意义学习的条件包括：(1)客观条件，是指受学习材料本身性质的影响。有意义学习的材料本身必须合乎这种非人为的和实质性的标准，即具有逻辑意义。(2)主观条件，是指受学习者自身因素的影响。主要表现在：①学习者必须具有有意义学习的心向。有意义学习的心向是指学习者必须具有积极主动地把符号所代表的新知识与学习者认知结构中原有的适当知识加以联系的倾向性。②学习者认知结构中必须具有能够同化新知识的适当的认知结构。③学习者必须积极主动地使这种具有潜在意义的新知识与认知结构中有关的旧知识发生相互作用，使旧知识得到改造，新知识获得实际意义，即心理意义。

3. ABC 【解析】加涅将学习过程分为八个阶段：动机阶段、了解（领会）阶段、获得阶段、保持阶段、回忆阶段、概括阶段、操作阶段、反馈阶段。

4. BCD 【解析】建构主义在学习观上强调学习的主动建构性、社会互动性和情境性三方面。

专题四 学习心理

基础训练

知识1 学习动机

一、单项选择题

1. A 【解析】学习动机的两个基本成分是学习需要与学习期待，故选A项。

2. B 【解析】学习需要是指个体在学习活动中感到有某种欠缺而力求获得满足的心理状态，它包括学习的兴趣、爱好和学习的信念等。

3. C 【解析】按学习动机起作用时间的长短，学习动机可分为近景的直接性学习动机和远景的间接性学习动机。近景的直接性学习动机是指由活动的直接结果引起的对某种活动的动机，它是与学习活动直接相连的，来源于对学习内容或学习结果的兴趣。远景的间接性学习动机是指由于了解活动的社会意义、活动结果的社会价值而引起的对某种活动的动机，这种学习动机既具有一定的社会性和理想色彩，又与个人的志向、世界观相联系，具有较强的稳定性和持久性，能在相当长的时间内起作用。周恩来总理在了解读书的社会意义和社会价值后，立下“为中华之崛起而读书”的志向，这一学习动机具有社会性，并与自身的志向相关联，且稳定、持久，故属于远景的间接性学习动机。

易错警示：考生易混淆近景的直接性学习动机和远景的间接性学习动机，考生需注意该知识点一般考查二分法：强调长远的、具有一定社会意义的学习动机是远景的间接性学习动机；强调具体的，与学习内容、兴趣相关的是近景的直接性学习动机。

4. D 【解析】力求成功者的目的是获取成就，即通过各种活动努力提高自尊心和获得心理上的满足，成功概率为50%的任务是他们最有可能选择的。避免失败者则往往通过各种活动防止自尊心受伤害和产生心理烦恼，倾向于选择非常容易或非常困难的任务。故选D项。

5. C 【解析】根据学校情境中的学业成就动机的不同，奥苏贝尔等人把动机分为认知内驱力、自我提高内驱力和附属内驱力三个方面。

A项认知内驱力是指要求了解、理解和掌握知识以及解决问题的需要。

B项自我提高内驱力是指个体因自己的胜任或工作能力而赢得相应地位的需要。

C项附属内驱力是指个体为了获得长者们（如家长、教师）的赞许或认可而表现出把工作、学习做好的一种需要。

D项求知欲属于认知内驱力。

根据题干描述可判断小刚的学习动机是附属内驱力，故选C项。

6. D 【解析】自我提高内驱力是指个体因自己的胜任或工作能力而赢得相应地位的需要。自我提高内驱力并非直接指向学习任务本身，而是把成就看作赢得地位与自尊心的根源，属于外部动机。因此，“为了赢得社会地位而学习”的学习动机既属于自我提高内驱力，又属于外部动机。

7. A 【解析】根据韦纳的成败归因理论，努力属于内部、可控、不稳定归因。

方法技巧：六因素中唯一可控是努力，所以大家可记住下面顺口溜，帮助准确快速做题：看到可控选努力，内在稳定是能力。

8. A 【解析】三种内驱力所占比重随年龄、性别、个性特征、社会地位和文化因素的变化而变化。在儿童早期，附属内驱力最为突出。到了儿童后期和少年期，附属内驱力的强度有所减弱，来自同伴、集体的赞许和认可逐渐替代了对长者的依附。而到了青年期，认知内驱力和自我提高内驱力成为学生学习的主要动机，学生学习的目的在于满足自己的求知需要，并从中获得相应的地位和威望。故选A项。

9. D 【解析】交往性动机就是那种为了获得教师、家长和朋友的喜欢,害怕被人冷淡、孤独而学习的动机。交往性动机在学习过程中表现为:有的学生愿意为他所喜欢的老师而努力学习,而拒绝为他不喜欢的老师学习;因获得父母、教师、亲友的赞扬而认真学习,或因受责备、奚落挫伤了自尊心和自信心而影响学习;因师生之间的友好合作而增进学习的责任感;等等。

10. D 【解析】A项,行为强化理论强调任何学习行为都是为了获得某种报偿。B项,需要层次理论强调在某种程度上学生缺乏学习动机可能是由于某种缺失性需要没有得到充分满足。D项,自我决定理论强调学习动机激发的重点在于外在动机的内化。在进行一项对于被试而言感兴趣、自发性的活动时,如果同时提供外部的物质奖励,反而会减少这项活动对参与者的吸引力。C项,自我价值理论关注那些在学习中采用故意不学习、故意迟到等自我妨碍学习策略的学生的心理归因。D项符合题意。

11. A 【解析】"耶克斯—多德森定律"表明,动机不足或过分强烈都会影响学习效果。B项说法正确。具体表现在:第一,动机的最佳水平随着任务性质的不同而不同。在比较容易的任务中,行为效果(工作效率)随着动机的提高而上升;随着任务难度的增加,动机的最佳水平有逐渐下降的趋势。C项说法正确。第二,一般来讲,最佳水平为中等强度的动机。D项说法正确。第三,动机水平与行为效果呈倒U型曲线。A项说法错误。

12. B 【解析】不同成就目标的归因倾向见下表:

动机分类	能力观	归因
掌握目标定向	持能力增长观,智力是后天培养的,可以变化的	对成败进行努力和策略归因
成绩目标定向	持能力实体观,智力是天生的,是固定不变的	对成败进行能力归因

由上表可推知本题选B项。

13. B 【解析】A项,自我提高内驱力并非直接指向学习任务本身,而是把成就看作赢得地位与自尊心的根源,属于外部动机。故A项说法错误。
B项,在教育上广为流行的程序教学与计算机辅助教学的心理基础,就是通过强化原则来维持学生的学习动机。故B项说法正确。
C项,需要层次理论说明,在某种程度上学生缺乏学习动机可能是由于某种缺失性需要没有得到充分满足而引起的。但这对于学习的影响是间接的。故C项说法错误。
D项,阿特金森把个体的成就动机分为两类:力求成功的动机和避免失败的动机。力求成功者的目的是获取成就,即通过各种活动努力提高自尊心和获得心理上的满足,成功概率为50%的任务是他们最有可能选择的。避免失败者则往往通过各种活动防止自尊心受伤害和产生心理烦恼,倾向于选择非常容易或非常困难的任务。如果一项任务成功的概率大约是50%时,他们会回避这项任务。故D项说法错误。

14. A 【解析】能力属于内部、稳定、不可控归因。

15. B 【解析】最重要的和最良性的动机一定是源自学习者自身原因,学习兴趣和远大的理想属于学习者自身原因而产生的动机。而教师期待和家长的期待属于外部动机。故选B项。

16. A 【解析】根据韦纳的成败归因理论可知,个体稳定的不可控的内部特征为能力因素,因此会产生"我太笨了"的观念。

17. C 【解析】A项高驱低避者又称为"成功定向者"。这种动机类型的学生拥有无穷的好奇心,表现得自信、机智,对学习有极高的自我卷入水平。B项低驱高避者又称为"逃避失败者"。这类学生更看重逃避失败而非期望成功。他们不喜欢学习,虽然他们不一定存在学习问题或学习困难,他们只是对课程提不起兴趣。他们表面看来没有学习的动机,但其实他们有强烈的对失败的恐惧,面对没有把握成功的任务时,他们的这种恐惧会十分强烈,而必须采用逃避的手段。C项高驱高避者又称为"过度努力者"。具有这种动机形式的人同时受到成功的诱惑和失败的恐惧,他们对一项任务怀有既追求又排斥的冲突情绪,他们兼具了成功定向者和避免失败者的特点。D项低驱低避者又称为"失败接受者"。他们没有对成功自豪的期望,也没有对失败羞耻感的恐惧。他们内心很少有冲突,同时学习的机会和时间也非常有限。他们放弃了通过能力的获得来保持其身份地位的努力。这些学生在面临学业挑战时表现出退缩,对成就漠不关心,这种不关心意味着放弃,这样也就防止了对自己无能的评价。根据上述内容可以判断题干描述属于高驱高避者。

18. D 【解析】耶克斯—多德森定律主要反映了动机与行为效果之间的关系,表明动机不足或过分强烈都会影响学习效果。

19. D 【解析】自我效能感由班杜拉首次提出,是指人对自己能否成功从事某一成就行为的主观判断。

20. A 【解析】题干的描述说明了动机的最佳水平随任务性质的不同而不同。这依据的是耶克斯—多德森定律。

21. A 【解析】韦纳把人经历过事情的成败归结为六种原因,即能力、努力程度、工作难度、运气、身心状况、外界环境。又把上述六项因素按各自的性质,分别归入三个维度:内部归因和外部归因、稳定性归因和非稳定性归因、可控制归因和不可控制归因。他认为,每一维度对动机都有重要的影响。控制点维度与个体成败的情绪体验有关。稳定性维度与个体对未来成败的期望有关。可控性维度既与情绪体验有关,又与对未来成败的预期有关。

22. C 【解析】按学习动机的社会意义,学习动机可分为高尚的学习动机和低级的学习动机。

23. B 【解析】认知内驱力是指要求了解、理解和掌握知识以及解决问题的需要。科学家的不懈探索主要是为了了解知识以及解决问题,这种动机是指向学习任务本身,因此属于认知内驱力。

24. D 【解析】"耶克斯—多德森定律"表明,动机的最佳水平随着任务性质的不同而不同。在比较容易的任务中,行为效果(工作效率)随着动机的提高而上升;随着任务难度的增加,动机的最佳水平有逐渐下降的趋势。所以,当学生遇到困难或出现问题时,教师应使其心理紧张程度控制在较低水平。

25. C 【解析】行为主义的强化理论认为,学生的学习行为可以通过一定的奖励或惩罚手段加以强化。

26. C 【解析】自我效能感的影响因素有：(1)个人自身行为的成败经验；(2)替代经验；(3)言语暗示；(4)情绪唤醒。A项失败经验会影响自我效能感。B项属于替代经验，也会影响小王的自我效能感。D项榜样的作用也会影响小王的自我效能感。C项一个非常困难的任务的失败可能对小王的自我效能感没有影响，这可能因为他本来就对困难任务完成的预期很低。

27. A 【解析】习得性无力感简称无力感，指由于连续的失败体验而导致个体产生的对行为结果感到无力控制、无能为力的心理状态。

二、多项选择题

1. ABCD 【解析】按学习动机的社会意义，学习动机可分为高尚的学习动机和低级的学习动机；按学习动机起作用时间的长短，学习动机可分为近景的直接性学习动机和远景的间接性学习动机；按学习动机在活动中所起作用的大小，学习动机可分为主导性动机和辅助性动机；按学习动机产生的诱因来源，学习动机可分为内部学习动机和外部学习动机。

2. AC 【解析】近景的直接性学习动机是指由活动的直接结果所引起的对某种活动的动机。它是与学习活动直接相连的，来源于对学习内容或学习结果的兴趣。例如，学生的求知欲、成功的愿望、对某门学科的浓厚兴趣。故选AC两项。

3. ABD 【解析】学习动机可以影响学习效果，学习效果对学习动机也有影响。学习效果可以反作用于学习动机，所学知识的增多、学习成就的取得可以进一步激发学生的好奇心、求知欲，进一步提高学生的自信心等，从而增强学生进一步学习的动机。因此，ABD三项说法有误。

4. ABD 【解析】学习需要是指个体在学习活动中感到有某种欠缺而力求获得满足的心理状态，它包括学习的兴趣、爱好和学习的信念等。

5. ACD 【解析】防治或消除学生的无力感的措施有：(1)消除学校中的“不可控状况”；(2)防止学生产生“结果不可控”的认知；(3)培养意志，增强免疫力。

6. ABD 【解析】内部学习动机是指诱因来自学习者本身的内在因素，即学生因对活动本身发生兴趣而产生的动机。外部学习动机是指诱因来自学习者外部的某种因素，即在学习活动以外由外部的诱因激发出来的学习动机。在外部学习动机发生作用时，个体的学习活动较多地依赖于责任感、义务感或希望得到奖赏和避免受到惩罚的意念。故ABD三项属于外部学习动机，C项是内部学习动机。

7. AD 【解析】根据成败归因理论，学生将成败归因于努力比归因于能力会产生更强烈的情绪体验。学生将成败归因于努力，有利于激发其学习动机。AD两项属于努力归因，故选AD。

8. ABCD 【解析】强化训练可以分为四种形式：(1)奖赏训练；(2)取消训练；(3)惩罚训练；(4)回避训练。

9. ABCD 【解析】增强学生自我效能感的方法有：(1)让学生更多地体验到成功；(2)为学生提供适当的榜样；(3)恰当地运用外部强化；(4)使学生学会自我强化。

10. ABCD 【解析】创设问题情境的原则有：(1)问题要小而精；(2)问题要与学生实际生活经验相关；(3)要有适当的难度；(4)要富有启发性。

11. AC 【解析】高尚的学习动机是指把学习看成是对社会做贡献和尽义务；低级的学习动机则是把学习看成是猎取个人名利的手段。外部学习动机是指诱因来自学习者外部的某种因素，即在学习活动以外由外部的诱因激发出来的学习动机；内部学习动机是指诱因来自学习者本身的内在因素，即学生因对活动本身发生兴趣而产生的动机。为了父母的奖励而学习是把学习看成猎取外部奖励的手段，故属于低级的、外在的学习动机。

12. AB 【解析】韦纳成败归因理论中稳定的因素包括能力、任务难度。

13. CD 【解析】班杜拉认为，人的行为受行为的结果因素和先行因素的影响。

14. AD 【解析】近景的直接性学习动机是指由活动的直接结果所引起的对某种活动的动机，不稳定。远景的间接性学习动机是指由于了解活动的社会意义、活动结果的社会价值而引起的对某种活动的动机，稳定持久。这两种动机是根据学习动机起作用时间的长短来划分的。

15. AD 【解析】教育心理学研究表明，新的学习需要可以通过两条途径来形成：(1)直接发生途径，即因原有学习需要不断得到满足而直接产生新的更稳定、更分化的学习需要；(2)间接转化途径，即新的学习需要由原来满足某种需要的手段或工具转化而来。

三、判断题

1. √ 【解析】一般来说，具体的、短期内能实现的、难度中等的目标可以有效激发学生的动机，因为这类目标比较容易达到。

2. √ 【解析】学习动机经常通过外在的学习行为反映出来。当然，同一种动机可能会产生不同的行为及其结果，而相同的行为与结果也可能源于不同的动机。

3. √ 【解析】按学习动机的社会意义，可将学习动机分为高尚的学习动机和低级的学习动机。高尚的学习动机的核心是利他主义，学生把当前的学习同国家和社会的利益联系在一起。

4. × 【解析】由于学习动机是推动人从事学习活动的内部心理动力，因此任何外界的要求、外在的力量都必须转化为个体内在的需要，才能成为学习的推动力。因此，我们在教育过程中要强调内部学习动机，但也不能忽视外部学习动机的作用。教师应一方面逐渐使外部动机转化为内部动机，另一方面又应利用外部动机使学生已经形成的内部动机处于持续的激起状态。

5. × 【解析】表扬与奖励比批评与指责更能有效地激发学生的学习动机。

6. √ 【解析】一个总是失败并把失败归于内部的、稳定的和不可控的因素(即能力低)的学生会形成一种习得性无助的自我感觉，更可能放弃学习。

7. × 【解析】自我决定理论强调学习动机激发的重点在于外在动机的内化，认为外在动机使用不当会导致内在动机的抵消。因此外部奖励并不是越多越好。

8. × 【解析】持有能力实体观的学生倾向于建立表现目标，从而避免被别人看不起。相反，持有能力增长观的学生，他们更多设置掌握目标并寻求那些能真正锻炼自己的能力、提高自己的技能的任务。

9. × 【解析】成败经验对效能期待的影响取决于个体对成败的归因方式。如果把成功归于外部、不可控的因素就不会增强自我效能感；把失败归于外部、不可控的因素也不一定就降低自我效能感。虽然把失败归于外部、不可控的因素不一定降低自我效能感，但并不能说这种归因能增强自我效能感。正确的归因方式应该是努力归因与现实归因相结合，这样才有利于提高自我效能感。

10. × 【解析】成就动机理论对教育实践的启示是：对于不同的人应布置不同的任务，具体问题具体分析。例如，对力求成功的学生，教师应布置难度适当的任务；对避免失败的学生，则要安排少竞争或竞争性不强的任务。

四、简答题(参考答案)

1. 简述影响自我效能感形成的因素。

(1)个人自身行为的成败经验；(2)替代经验；(3)言语暗示；(4)情绪唤醒。

2. 什么是习得性无助？如何防治学生的习得性无助？

习得性无力感又称习得性无助，指由于连续的失败体验而导致个体产生的对行为结果感到无力控制、无能为力的心理状态。

在学校教育中，针对学生的无力感现象，我们可以采取以下措施去防治或消除学生的无力感：(1)消除学校中的“不可控状况”；(2)防止学生产生“结果不可控”的认知；(3)培养意志，增强免疫力。

3. 简述自我效能感的作用。

(1)决定人们对活动的选择，以及对活动的坚持性；(2)影响人们在困难面前的态度；(3)不仅影响新行为的习得，而且影响已习得行为的表现；(4)还会影响活动时的情绪。

4. 心理学中用来描述学习动机和任务难度关系的定律叫作什么？具体内容有哪些？

心理学中用来描述学习动机和任务难度关系的定律是耶克斯—多德森定律。

“耶克斯—多德森定律”表明，动机不足或过分强烈都会影响学习效果。第一，动机的最佳水平随着任务性质的不同而不同。在比较容易的任务中，行为效果(工作效率)随着动机的提高而上升；随着任务难度的增加，动机的最佳水平有逐渐下降的趋势。第二，一般来讲，最佳水平为中等强度的动机。第三，动机水平与行为效果呈倒U型曲线。

五、论述题(参考答案)

1. 联系教学实际，试述如何培养学生的学习动机。

(1)了解和满足学生的需要，促进学习动机的产生；(2)重视立志教育，对学生进行成就动机训练；(3)帮助学生确立正确的自我概念，获得自我效能感；(4)培养学生努力导致成功的归因观；(5)培养对学习的兴趣；(6)利用原有动机的迁移，使学生产生学习的需要。

2. 根据韦纳的成败归因理论，谈谈如何帮助学生正确归因以提高学习成绩。

(1)教师根据学生的自我归因可预测其此后的学习动机。学生自我归因虽未必正确，但却是重要的。因为归因促使学生在从了解自己到认识别人的过程中，建立起明确的自我概念，促进自身的成长。而如果学生有不正确的归因，则更表明他们需要教师的辅导与帮助。

(2)长期消极的归因不利于学生的人格成长，这就需要教师利用反馈的作用，并在反馈中给予鼓励和支持，帮助学生正确归因，重塑自信。韦纳发现，在师生交互作用的教学过程中，学生对自己成败的归因，并非完全以其考试分数的高低为基础，而是受到教师对他的成绩表现所做反馈的影响。

(3)通过归因训练改变学生消极的自我认识，提高学习动机。改变学生不正确的归因，提高学习动机可以从以下两方面入手：①“努力归因”，无论成功或失败都归因于努力与否的结果。因为学生将自己的成败归因于努力与否会提高学生学习的积极性，当学习困难或成绩不佳时，一般不会因一时的失败而降低将来会取得成功的期望。②“现实归因”，针对一些具体问题引导学生进行现实归因，以帮助学生分析除努力这个因素外，影响学习成绩的因素还有哪些，是智力、学习方法，还是家庭环境、教师等因素。这些因素在多大程度上影响其学习成绩，并尽力指出解决这些问题的方法，以提高学生克服困难的勇气，增强自信心。

3. 试述成就动机理论及其教育启示。

(1)成就动机理论的主要代表人物是阿特金森。成就动机是指个体努力克服障碍，施展才能，力求又快又好地解决某一问题的愿望或趋势。阿特金森把个体的成就动机分为两类：力求成功的动机和避免失败的动机。力求成功者的目的是获取成就，即通过各种活动努力提高自尊心和获得心理上的满足，成功概率为50%的任务是他们最有可能选择的。避免失败者则往往通过各种活动防止自尊心受伤害和产生心理烦恼，倾向于选择非常容易或非常困难的任务。

(2)成就动机理论的教育启示。①在教育实践中对力求成功者，应通过给予新颖且有一定难度的任务，安排竞争的情境，严格评定分数等方式来激发其学习动机；②对于避免失败者，则要安排少竞争或竞争性不强的情境，如果取得成功则要及时表扬并给予强化，评定分数时要求稍稍放宽些，并尽量避免在公共场合下指责其错误；③由于力求成功的动机比避免失败的动机具有更大的主动性，因此，对学生还应增加他们力求成功的成分，使他们不以避免失败为满足，而以获取成功为快乐，这样才能真正调动一个人的积极性。

六、案例分析题(参考答案)

1. (1)甲同学对学习丧失信心的原因有：①兴趣和好奇心未得到正确地激发。该生本来对数学学科很感兴趣，教师和家长应利用其兴趣和好奇心将其转变为稳定的内部学习动机，而不是注重成绩，以一次成绩论成败。②不良的家庭教育环境。家长未对甲同学成绩不理想的原因进行了解和分析，而是一味地责骂，降低了甲同学学习的主动性和积极性。③不正确的学习归因。甲同学对自己的成绩不佳进行了错误的归因，想要取得好成绩但又认为自己做不到，久而久之形成了习得性无助的自我感觉，最终对学习丧失了信心。④教师错误的反馈。教师对甲同学作业的评语过于激进，给了甲同学错误的信息反馈，打击了其自信心。

(2)教师激发学生学习动机的措施有：①创设问题情境，激发兴趣，维持好奇心；②设置合适的目标；③根据作业难度，恰当控制动机水平；④表达明确的期望；⑤提供明确的、及时的、经常性的反馈；⑥正确指导结果归因，促使学生继续努力；⑦合理使用奖惩与表扬。

2. (1)小明把行为的原因归为外部的、不可控的因素，即运气。这种归因方式可能会导致他对自己的行为不负责，长此以往学习动机会下降，学习成绩也不会提高。小华把行为的原因归为内部的、可控的因素，即努力。根据归因理论，学生将成败归因于努力比归因于能力会产生更强烈的情绪体验。努力而成功，体验到愉快；不努力而失败，体验到羞愧；努力而失败，也应受到鼓励。

(2)作为老师，应该对小明进行“努力归因”训练，即无论成功或失败都归因于努力与否的结果，因为学生将自己的成败归因于努力与否会提高学生学习的积极性。对小华进行“现实归因”训练，即针对一些具体问题引导学生进行现实归因，以帮助学生分析除努力这个因素外，影响学习成绩的因素还有哪些，是智力、学习方法，还是家庭环境、教师等因素。让学生做“努力归因”时联系现实，在做“现实归因”时又强调努力。

3. (1)这种做法试图通过刺激学生的自尊心，激起学生的“尊重需要”，来进一步激发学生的学习动机。

(2)①总体而言，在一般情况下，学习动机与学习效果的关系是一致的。学习动机越强，有机体对学习活动的积极性就越高，学习效果就越佳，表现为学习动机可以促进学习，提高成绩。②对一项具体的学习活动而言，学习动机与学习效果的关系并不是那么简单。只有当学习动机的强度处于最佳水平时，才能产生最好的学习效果。“耶克斯—多德森定律”表明，动机不足或过分强烈都会影响学习效果。具体表现在：第一，动机的最佳水平随着任务性质的不同而不同。在比较容易的任务中，行为效果(工作效率)随着动机的提高而上升；随着任务难度的增加，动机的最佳水平有逐渐下降的趋势。第二，一般来讲，最佳水平为中等强度的动机。第三，动机水平与行为效果呈倒U型曲线。

(3)采取刺激学生的“尊重需要”来激发学习动机、改善学习效果的方式，对有些学生可能具有一定的促进作用，但对那些比较内向的、学习水平偏低的学生则易使其处于过度紧张的状态中，反而限制了他们正常的智力活动，降低其思维活跃性和学习效率，甚至还可能引发其中一些学生出现自暴自弃、学业自我妨碍等问题。

知识2 学习策略

一、单项选择题

1. A 【解析】学习策略是指学习者为了提高学习的效果和效率，有目的、有意识地制定有关学习过程的复杂的方案。
2. B 【解析】学习策略是学习者制订的学习计划，由规则和技能构成。
3. B 【解析】B项，复述策略是指在工作记忆中为了保持信息，运用内部语言在大脑中重现学习材料或刺激，以便将注意力维持在学习材料上的方法。教师多次考勤点名，运用的是复述策略。

   A项，精加工策略是指把新信息与头脑中的旧信息联系起来从而增加新信息意义的深层加工策略。

   C项，组织策略是指将经过精加工提炼出来的知识点加以构造，形成更高水平的知识结构的信息加工策略。

   D项，元认知策略是指个体为实现最佳的认知效果而对自己的认知活动所进行的调节和控制。
4. A 【解析】“学会学习”即学会运用一定的技巧和方法，提高自身的学习效率，帮助自己更好地学习，其实质是学习策略的运用。
5. D 【解析】组织策略分为归类纲要和纲要策略。纲要策略中纲要可以是用语词或句子表达的主题纲要，也可以是用符号、图式等形象表达的符号纲要。画示意图属于组织策略中的纲要策略。故选D。

方法技巧：组织策略是常考内容，一般是给出例子让考生做出判断。只要题干中出现归类、架构关系、提纲、关系图等字样，考生可直接选组织策略。

6. B 【解析】精加工策略也就是把新信息与头脑中的旧信息联系起来从而增加新信息意义的深层加工策略，因此它的实质就是建立新旧信息之间的联系。
7. B 【解析】题干中主要描述了小芳做学习笔记的表现，而做笔记策略是使用较为普遍的精加工策略。故本题选B。精加工策略还包括：记忆术，提问，生成性学习，运用背景知识、联系客观实际等。
8. D 【解析】A项，认知策略是学习者在学习过程中对信息进行加工的方法和技术。它包括：复述策略、精加工策略和组织策略。

   B项，资源管理策略包括：时间管理策略、环境管理策略、努力管理策略和学业求助策略。

   C项，组织策略是指将经过精加工提炼出来的知识点加以构造，形成更高水平的知识结构的信息加工策略。

   D项，元认知策略是指个体为实现最佳的认知效果而对自己的认知活动所进行的调节和控制。它可分为三种：计划策略、监控策略和调节策略。其中调节策略表现为在学习活动结束时，评价认知结果，采取相应的补救措施，修正错误，总结经验教训等。元认知调节策略与监控策略有关。例如：当学习者意识到他不理解课文的某一部分时，他就会退回去重读困难的段落；在阅读困难或不熟的材料时放慢速度；复习不懂的课程材料；测验时跳过某个难题先做简单的题目等。根据各自的内涵可判断本题选D。
9. D 【解析】形象联想法是通过人为联想，使无意义的、难记的材料和头脑中鲜明奇特的形象相结合，从而提高记忆效果。题干所述运用的是记忆术中的形象联想法，属于精加工策略。
10. A 【解析】A项，位置记忆法是通过与熟悉的地点顺序相联系来记忆一些名称或者客体顺序的方法。位置记忆法对记忆有顺序的系列项目特别有用。使用位置记忆法，就是学习者在头脑中创建一幅熟悉的场景，在这个场景中确定一条明确的路线，在这条路线上确定一些特定的点，然后将所要记的项目全都视觉化，并按顺序把这条路线上的各个点联系起来，回忆时，按这条路线上的各个点提取所记的项目。题干所述体现了位置记忆法的内涵。故本题选A。B项，谐音记忆法是通过谐音线索，运用视觉表象，假借意义进行人为联想记忆。C项，关键词法就是将新词或概念和与它相似的声音线索词，通过视觉表象联系起来以帮助记忆的方法。D项，视觉想象法就是通过心理想象来帮助人们记忆。
11. D 【解析】根据自己一周内学习效率的变化安排学习活动，属于资源管理策略中的时间管理策略。
12. C 【解析】元认知策略是指个体为实现最佳的认知效果而对自己的认知活动所进行的调节和控制。元认知活动的内容是对认知活动进行调节和监控，如阅读中的元认知活动有明确阅读目的、集中注意力、对阅读活动的调节、自我提问以检查阅读效果、采取修正策略等。故青青使用的策略属于元认知策略。
13. B 【解析】组织策略是指将经过精加工提炼出来的知识点加以构造，形成更高水平的知识结构的信息加工策略。组织策略主要有两种：一种是归类策略，用于概念、语词、规则等知识的归类整理；另一种是纲要策略，主要用于对学习材料结构的把握。题干所述属于组织策略中的归类策略。

14. C 【解析】圈点批注属于复述策略的一种。常用的复述策略还包括：(1)在复述的时间上，采用及时复习、分散复习。(2)在复述的次数上，强调过度学习。(3)在复述的方法上，包括运用有意识记和无意识记、排除相互干扰、运用多种感官协同记忆、整体识记与部分识记相结合、复习形式多样化、画线等。

15. C 【解析】监控策略是指在认知过程中，根据认知目标及时检测认知过程，寻找两者之间的差异，并对学习过程及时进行调整，以期顺利实现有效学习的策略。监控策略包括阅读时对注意加以跟踪和对材料进行自我提问、考试时监视自己的速度和时间等。故本题选C。A项计划策略是指是指根据认知活动的特定目标，在认知活动开始之前计划完成任务所涉及的各种活动、预计结果、选择策略，设想解决问题的方法，并预估其有效性等。元认知计划策略包括设置学习目标、安排时间、浏览阅读材料、预测重点难点、产生待回答的问题以及分析如何完成学习任务等。B项调节策略是指在学习过程中根据对认知活动监视的结果，找出认知偏差，及时调整策略或修正目标。在学习活动结束时，评价认知结果，采取相应的补救措施，修正错误，总结经验教训等。

16. C 【解析】谐音联想法是通过谐音线索，运用视觉表象，假借意义进行人为联想。题干中历史教师正是利用谐音联想法来帮助学生记忆。谐音联想法属于精加工策略，故选C项。

17. C 【解析】训练学习策略的教学模式主要有：指导教学模式、程序化训练模式、完形训练模式、交互式教学模式、合作学习模式。其中，合作学习模式是在合作学习活动中，两个学生一组，一节一节地彼此轮流向对方总结材料，当一个学生主讲时，另一个学生听着，纠正错误和遗漏。然后，两个学生彼此交换角色，直到学完所学材料为止。故题干所述为合作学习模式的内涵。

18. A 【解析】生成性学习就是要训练学生对所阅读的东西产生一个类比或表象，如图形、图像、表格和图解等，以加强其深层理解。

19. A 【解析】统筹安排学习时间、高效利用最佳时间属于资源管理策略中的时间管理策略。

20. B 【解析】组织策略主要有两种：一种是归类策略，用于概念、语词、规则等知识的归类整理；另一种是纲要策略，主要用于对学习材料结构的把握。纲要策略有两种：主题纲要法，如以写小标题的形式概括重点；符号纲要法，即用符号、图示等形象表达。“认知地图”和“思维导图”属于组织策略中的符号纲要。

21. A 【解析】A项属于元认知监控策略；B项属于资源管理策略中的学业求助策略；D项属于资源管理策略中的时间管理策略；C项属于组织策略。

二、多项选择题

1. ABC 【解析】认知策略是学习者信息加工的方法和技术，可以分为三种：复述策略、精加工策略和组织策略。

2. ABD 【解析】复述策略可以分为识记过程中的复述策略和保持过程中的复述策略。(1)识记过程中的复述策略包括：①利用随意识记和有意识记；②排除相互干扰；③多种感官参与；④整体识记和分段识记；⑤反复阅读与尝试背诵相结合；⑥过度学习。(2)保持过程中的复述策略包括：①及时复习；②分散复习和集中复习；③复习形式多样化；④画线。

3. ACD 【解析】元认知计划策略包括设置学习目标、安排时间、浏览阅读材料、预测重点难点、产生待回答的问题以及分析如何完成学习任务等。ACD三项属于元认知计划策略。B项阅读时对注意加以跟踪属于元认知监控策略。

4. ACD 【解析】学习策略的特征包括：主动性、有效性、过程性、程序性。

5. ACD 【解析】学习策略的训练原则有：(1)主体性原则；(2)内化性原则；(3)特定性原则；(4)生成性原则；(5)有效监控原则；(6)个人效能感原则。

方法技巧：关于学习策略的训练原则，可用以下口诀帮助记忆：煮花生特有效。煮(主体性)花(内化性)生(生成性)特(特定性)有(有效监控)效(个人效能感)。

6. ABC 【解析】元认知策略包括计划策略、监控策略和调节策略。

三、判断题

1. √ 【解析】研究认为，学习策略知识不是孤立的，不能脱离专门知识。专门领域的基础知识是有效利用策略的前提条件，脱离知识内容的单纯训练容易导致形式化倾向，难以保证学生提高学习策略水平。

2. √ 【解析】对时间的管理属于资源管理策略，属于学习策略的一种。

3. √ 【解析】元认知就是对认知的认知，具体地说，是个人关于自己认知过程的知识和调节这些过程的能力。

4. × 【解析】学业求助策略指当学生在学习上遇到困难时，向他人请求帮助的行为。学业求助不是自身能力缺乏的标志，而是获取知识、增长能力的一种途径，是一种重要的学习策略。学业求助包括两个方面：(1)学习工具的利用，如善于利用参考资料、工具书、图书馆、电脑等；(2)社会性人力资源的利用，如善于利用老师的帮助以及同学间的合作与讨论来加深对学习内容的理解。

5. √ 【解析】在合作学习模式中，合作性讲解的两个参与者都能从这种学习活动中受益，而主讲者比听者获益更大。

6. × 【解析】学生是学习的主体，学习策略的掌握和运用很大程度取决于学习者本身。因此，对于不同的学生而言，同一学习策略对学习效率的提升效果可能存在差异。

四、案例分析题(参考答案)

(1)张老师的出发点是让学生掌握学习的方法，能够运用这些学习方法提高学习效率和成绩，学会学习。但张老师的教学最终失败了，没有收到好的效果，这主要是因为他没有把握好教学时的一些原则和方法。

(2)教师在对学生进行学习策略的训练时应注意遵循以下原则：①主体性原则，指在学习策略教学中应该发挥和促进学生的主体作用。张老师只是开设了关于学习方法的讲座，从理论上给学生讲解了各种学习方法，而没有让学生充分发挥自己的主体性，找到适合自己的学习方法。②内化性原则，指在学习策略的学习过程中，学生能够不断实践各种学习策略，逐步将其内化成自己的学习能力，熟练掌握并达到自动化的水平，从而能够在新的情境中灵活应用。张老师仅仅是讲授各种学习方法，而没有给学生练习的机会，因此学生不能够将其讲解的学习方法内化为自己的方法。③特定性原则，指学习策略一定要适合学习目标和学生的类型。张老师没有对学生进行深入了解，因而没有强调不同类型的学生适合采用什么样的学习方法。④生成性原则，指在学习过程中要利用学习策略对学习的材料重新进行加工，产生某种新的东西。张老师在讲解学习方法之后，仅仅是对讲座内容进行书面考试，并没有采取其他措施让学生对学习材料进行重新加工，因而导致了学生的成绩没有提高。

(3)单纯的理论讲授不利于学生掌握学习的方法，因此，在实际教学中，教师应当遵循学习策略的训练原则，选择合适的教学模式，如合作学习、交互式教学、指导教学、程序化训练、完形训练等，通过实践帮助学生将知识内化为能力，真正地让学生学会学习。

知识3 学习迁移

一、单项选择题

1. A 【解析】学习迁移也称训练迁移，是指一种学习对另一种学习的影响，或习得的经验对完成其他活动的影响。通过迁移，各种经验得以沟通，经验结构得以整合。故迁移的实质是新旧经验的整合。

2. C 【解析】学习迁移也称训练迁移，是指一种学习对另一种学习的影响，或习得的经验对完成其他活动的影响。平时所说的“举一反三”“触类旁通”等即典型的迁移形式。

3. A 【解析】A项，形式训练说认为人的心智是由各种官能组成的，这些官能可以通过训练而得到发展和加强。发展后的官能可以在与该官能有关的所有情境中自动地起作用，从而表现出迁移的效应。题干描述的观点符合形式训练说。

B项，共同因素说认为，迁移是非常具体的、有条件的，需要有共同的要素。两种情境中相同要素越多，迁移的量也就越大。

C项，概括化原理(经验类化说)认为，一个人只要对自己的经验进行了概括，就可以完成从一个情境到另一个情境的迁移。对原理了解、概括得越好，迁移效果也越好。

D项，关系转换说认为，迁移是学习者突然发现两个学习经验之间关系的结果，是对情境中各种关系的理解和顿悟。

方法技巧：理解学习迁移的早期理论可从以下方面着手：形式训练说强调心理官能的训练；相同要素说强调相同要素；经验类化说强调对经验、原理的概括；关系转换说强调对关系的理解和顿悟。

4. C 【解析】C项一般迁移也称非特殊迁移、普遍迁移，是指一种学习中所习得的一般原理、原则和态度对另一种具体内容学习的影响，即原理、原则和态度的具体应用。题干中学生将学到的解题的基本方法运用到相类似的题目中，这是对原理的具体运用，故体现了一般迁移。

A项正迁移也叫“助长性迁移”，是指一种学习对另一种学习的促进作用。

B项负迁移也叫“抑制性迁移”，是指一种学习对另一种学习产生阻碍作用。

D项重组性迁移是指重新组合原有认知系统中某些构成要素或成分，调整各成分间的关系或建立新的联系，从而应用于新情境。

5. D 【解析】正迁移也叫“助长性迁移”，是指一种学习对另一种学习的促进作用。负迁移也叫“抑制性迁移”，是指一种学习对另一种学习产生阻碍作用。题干描述是汉语拼音对英语音标发音的干扰作用，故属于负迁移。

6. A 【解析】根据迁移内容的抽象和概括水平不同，迁移可分为水平迁移和垂直迁移。水平迁移也叫横向迁移，指先行学习内容与后继学习内容在难度、复杂程度和概括层次上属于同一水平的学习活动之间产生的影响，如数学学习对物理学习的影响。垂直迁移也称纵向迁移，是指先行学习内容与后续学习内容是不同水平的学习活动之间产生的影响。题干中的历史与地理、化学与生物、数学与物理等学科处于同一水平，因此，属于横向迁移，故选A项。

7. B 【解析】学习迁移也称训练迁移，是指一种学习对另一种学习的影响，或习得的经验对完成其他活动的影响。迁移是学习的一种普遍现象，广泛存在于各种知识、技能、行为规范与态度的学习中。A项吃一堑，长一智属于知识、情境或技能的迁移。B项近墨者黑比喻接近坏人就会使人变坏，强调的是别人的影响，不属于迁移。C项因噎废食属于学习态度的迁移。D项温故知新属于知识或技能的迁移。本题为选非题，故选B项。

8. D 【解析】形式训练说认为人的心智是由各种官能组成的，这些官能可以像肌肉一样通过训练而得到发展和加强。如果一种官能在某种学习情境中得到改造，就可以在与该官能有关的所有情境中自动地起作用，从而表现出迁移的效应。一般迁移是原理、原则和态度的迁移。因此，形式训练说所涉及的迁移本质上是一般迁移。故选D项。

9. D 【解析】“水下击靶”实验是概括化理论的经典实验，而概括化理论强调对经验和原理的概括，故D项符合题意。

10. C 【解析】重组性迁移指重新组合原有认知系统中某些构成要素或成分，调整各成分间的关系或建立新的联系，从而应用于新情境。在重组过程中，基本经验成分不变，但各成分间的结合关系发生了变化，即进行了调整或重新组合。通过对几个字的重新组合，形成不同意思的语句，符合重组性迁移的定义。

易错警示：考生易混淆同化性迁移、顺应性迁移和重组性迁移的内涵，考生需注意：同化性迁移强调原有经验的直接运用；顺应性迁移指调整原有经验，形成更高的认知结构；重组性迁移强调原有经验中的成分组合发生变化。

11. C 【解析】A项“黑猩猩取香蕉”实验是苛勒等人说明学习的实质及原因的经典实验；B项“小白鼠取食”实验是托尔曼关于研究学习问题的经典实验；C项“小鸡觅食”实验是苛勒所做的支持关系转换说的经典实验；D项“鸽子转圈”实验属于斯金纳关于操作性条件反射的实验。故选C项。

方法技巧：关于学习迁移理论的经典实验，考生可采用以下口诀帮助记忆：贾德击靶抢经验(概括)，苛勒小鸡找关系。

12. A 【解析】一般迁移也称非特殊迁移、普遍迁移，是指一种学习中所习得的一般原理、原则和态度对另一种具体内容学习的影响，即原理、原则和态度的具体应用。布鲁纳强调的基本概念、基本原理、基本方法和基本态度的迁移属于一般迁移。

13. B 【解析】顺向迁移与逆向迁移和正、负迁移的交叉会出现四种情况：A项顺向正迁移，指前面学习对后面学习的促进作用。B项顺向负迁移，指前面学习对后面学习的阻碍作用。C项逆向正迁移,指后面学习对前面学习的促进作用。D项逆向负迁移,指后面学习对前面学习的阻碍作用。先学会的骑自行车技术对后学习骑三轮车产生了消极影响,属于顺向负迁移,故选B项。

14. D 【解析】格式塔心理学家提出关系转换说,认为迁移是学习者突然发现两个学习经验之间关系的结果,是对情境中各种关系的理解和顿悟,而非由于具有共同成分或原理自动产生。

15. C 【解析】共同因素是学习迁移产生的客观必要条件,但不是唯一的条件。

16. A 【解析】一种学习对另一种学习的促进作用就是正迁移。根据题干中“有助于”的字眼,可以判断A项符合题意。B项垂直迁移是两种不同学习水平之间的迁移,两组字词不存在水平差异,故排除。C项特殊迁移是具体经验要素的迁移,两组字词之间并不存在相同要素,故排除。D项一般迁移是原理、原则的迁移,也可以排除。

17. D 【解析】具体迁移强调的是具体经验要素的迁移。“磊”是由“石”这一具体要素组成的,所以学会写“石”对写“磊”的影响属于具体迁移。

18. B 【解析】A项顺向正迁移是先前学习对后续学习产生促进作用。B项逆向正迁移是后面学习对先前学习的积极影响。C项顺向负迁移是先前学习对后续学习产生抑制作用。D项逆向负迁移是后面学习对先前学习的消极影响。题干描述的是后学习的高等数学对先前学习的初等数学的积极影响,属于逆向正迁移,故选B项。

19. B 【解析】垂直迁移也称纵向迁移,是指先行学习内容与后续学习内容是不同水平的学习活动之间产生的影响。题目中“心理过程”是上位概念,包括“认知过程”这个下位概念,因此,属于垂直迁移,答案选B。

20. B 【解析】自迁移是指相同情境中的迁移;近迁移主要指相似情境中的迁移;远迁移指知识或技能在新的不相似情境中的迁移。根据题干字眼“相似的题型”,可判断属于近迁移。C项低路迁移强调几乎不需要意识的参与的迁移,不符合题意,故排除。

二、多项选择题

1. ABC 【解析】ABC三项都体现了一种学习对另一种学习的积极影响,均属于正迁移。D项汉语字母发音会对英语字母发音产生消极影响,属于负迁移。

2. AB 【解析】根据学习迁移规律的要求,应把各门学科中具有广泛迁移价值的科学成果作为教材的主要内容。所谓具有广泛迁移价值的材料,就是学科的基本概念、基本原理、基本法则、基本方法、基本态度等。故选AB两项。

3. ACD 【解析】根据迁移过程中所需的内在心理机制的不同,迁移可分为同化性迁移、顺应性迁移和重组性迁移。

4. ABD 【解析】影响学习迁移的主观因素包括:(1)原有认知结构;(2)对学习情境的理解;(3)心向;(4)学习策略的水平;(5)智力与能力。影响学习迁移的客观因素包括:(1)学习材料的特点;(2)教师的指导。故选ABD三项。

方法技巧:在做此类题目时,考生可运用下列记忆口诀帮助做题。主观方面:知(原有认知结构)心(心向)情(对学习情境的理解),策(学习策略的水平)智能(智力与能力)。客观方面:学点(学习材料的特点)教导(教师的指导)。

5. AB 【解析】一般迁移也称非特殊迁移、普遍迁移,是指一种学习中所习得的一般原理、原则和态度对另一种具体内容学习的影响,即原理、原则和态度的具体应用。AB两项属于一般迁移。具体迁移也称特殊迁移,是指学习迁移发生时,学习者原有的经验组成要素及其结构没有变化,只是将一种学习中习得的经验要素重新组合并移用到另一种学习之中。CD两项属于具体迁移。

6. AD 【解析】根据迁移内容的抽象和概括水平不同,迁移可分为水平迁移和垂直迁移。根据迁移发生的方向,迁移可分为顺向迁移和逆向迁移。

7. ABD 【解析】可利用性、可辨别性和稳定性是影响迁移的三个关键认知结构变量。

8. ABCD 【解析】学习迁移也称训练迁移,是指一种学习对另一种学习的影响,或习得的经验对完成其他活动的影响。迁移有不同的分类。A项和D项体现了一种学习对另一种学习的促进作用,属于正迁移。B项后面学习对前面学习的影响,属于逆向迁移。C项也是一种学习对另一种学习的影响,也属于迁移。故选ABCD。

9. AB 【解析】影响学习迁移的相似性因素包括:(1)学习材料的相似性;(2)学习目标与学习过程的相似性。除上面列举的各种相似性外,一些研究者还强调两种学习情境中涉及的其他成分的相似,如态度、情感以及学习中的环境线索等。

三、判断题

1. √ 【解析】奥苏贝尔的认知结构迁移理论认为原有认知结构的特征直接决定了迁移的可能性及迁移的程度。原有认知结构对迁移的影响表现在以下三个方面:(1)学习者是否拥有相应的背景知识,这是迁移产生的基本前提条件;(2)原有认知结构的概括水平对迁移起到至关重要的作用;(3)学习者是否具有相应的认知技能或策略以及对认知活动进行调节、控制的元认知策略对迁移的产生有重要影响。

2. √ 【解析】自上而下的迁移,即上位的较高层次的经验影响下位的较低层次的经验的学习。平行四边形的概念层次高于菱形,故属于自上而下的迁移。

3. × 【解析】负迁移也叫“抑制性迁移”,是指一种学习对另一种学习产生阻碍作用。逆向迁移是指后继学习对先前学习产生的影响。因此,负迁移和逆向迁移是不同的。

4. × 【解析】迁移是学习的一种普遍现象,广泛存在于各种知识、技能、行为规范与态度的学习中。

5. × 【解析】定势既可以成为积极的正迁移的心理背景,也可以成为负迁移的心理背景,或者成为阻碍迁移产生的潜在的心理背景。

四、简答题(参考答案)

1. 影响学习迁移的因素有哪些?

(1)学习材料的特点;(2)原有的认知结构;(3)对学习情境的理解;(4)学习的心理准备状态;(5)学习策略的水平;(6)智力与能力;(7)教师的指导。

2. 原有认知结构对迁移的影响表现在哪些方面?

(1)学习者是否拥有相应的背景知识是迁移产生的基本前提条件;(2)原有认知结构的概括水平对迁移起到至关重要的作用;(3)学习者是否具有相应的认知技能或策略以及对认知活动进行调节、控制的元认知策略对迁移的产生有重要影响。

知识4 知识的学习

一、单项选择题

1. A 【解析】陈述性知识也叫描述性知识，是个人能用言语进行直接陈述的知识，主要用于区别和辨别事物。程序性知识即操作性知识，是一种经过学习后自动化了的关于行为步骤的知识，表现为在信息转换活动中进行具体操作。根据定义可判断A项属于陈述性知识，BCD三项属于程序性知识。

2. C 【解析】C项，策略性知识是关于如何学习和如何思维的知识，即个体运用陈述性知识和程序性知识去学习、记忆、解决问题的一般方法和技巧。它能帮助学习者提高学习效果和效率，是关于认识、解决问题的思想和方法方面的知识。故题干描述属于策略性知识。

   A项，陈述性知识也叫描述性知识，是个人能用言语进行直接陈述的知识，主要用于区别和辨别事物。

   B项，程序性知识即操作性知识，是一种经过学习后自动化了的关于行为步骤的知识，表现为在信息转换活动中进行具体操作。

   D项，感性知识与理性知识相对应。感性知识是对活动的外表特征和外部联系的反映，可分为感知和表象两种水平。理性知识，反映的是活动的本质特征与内在联系，包括概念和命题两种形式。

   易错警示：考生易混淆陈述性知识、程序性知识和策略性知识。考生在做题时应注意这三种知识的具体内涵：

种类	举例
陈述性知识	“是什么”，如命题、定义等知识
程序性知识	“怎么做”，如操作步骤的知识
策略性知识	“怎么办”，如解决问题的一般方法和技巧

3. C 【解析】C项言语直观指在生动形象的言语作用下唤起学生头脑中的表象，以提供感性材料的直观方式。题干中，教师通过向学生描述“毛驴拉碾子”的形象来帮助学生理解“圆形”这一抽象概念，主要强调的是语言描述，故所使用的直观手段属于言语直观。

   A项实物直观指在感知实际事物的基础上提供感性材料的直观教学方式。例如，观察标本、演示实验、到工厂或农村进行实地参观访问等。

   B项模像直观指观察与教材相关的模型与图像（如图片、图表、幻灯片、电影、录像、电视等），形成感知表象。

   D项为干扰项。

4. A 【解析】奥苏贝尔根据新知识与原有认知结构的关系，将知识学习分为三种，见下表。

类型	概念理解
下位学习	新学习的知识在包容和概括水平上低于原有观念
上位学习	新学习的知识在包容和概括水平上高于原有观念
并列结合学习	新学习的知识和原有观念在包容和概括水平上处于并列关系

   新学习的“百灵鸟”属于“鸟”的一种，故属于下位学习。

5. D 【解析】知识是指主体通过与环境相互作用而获得的信息及其组织。

6. D 【解析】根据知识本身的存在形式和复杂程度，知识学习可分为三种，见下表。

类型	定义
符号学习	学习单个符号或一组符号的意义
概念学习	掌握一类事物的共同的本质属性和关键特征
命题学习	学习表示若干概念之间关系的判断

   通过定义可判断，题干描述的学习属于概念学习。

7. C 【解析】陈述性知识也叫描述性知识，是个人能用言语进行直接陈述的知识，主要用于区别和辨别事物，可用来回答“是什么”和“为什么”的问题。

8. B 【解析】模像直观指观察与教材相关的模型与图像（如图片、图表、幻灯片、电影、录像、电视等），形成感知表象。

9. A 【解析】陈述性知识也叫描述性知识，是个人能用言语进行直接陈述的知识，主要用于区别和辨别事物。程序性知识即操作性知识，是一种经过学习后自动化了的关于行为步骤的知识，表现为在信息转换活动中进行具体操作。根据定义可以判断，数学、物理、化学属于程序性知识型的学科；历史、政治属于陈述性知识型的学科；语文、生物、地理属于混合型学科。

10. B 【解析】上位学习又称总括学习，是在学生掌握一个比认知结构中原有概念的概括和包容程度更高的概念或命题时产生的。在本题中，后掌握的“交通工具”的概念包括了先学习的“汽车”“火车”等概念，故属于上位学习。

11. B 【解析】保存时间短、保存量大是瞬时记忆的特点。瞬时记忆的编码方式有图像记忆和声像记忆两种，是以事物的物理特性直接编码，故选B项。

12. D 【解析】缄默知识即隐性知识，它与显性知识是相对立的，是教师实践知识的组成部分，是通过实践积累和发展的。默会知识远远多于明确知识，且有不同于明确知识的显著特征：(1)不能通过语言、文字或符号进行逻辑说明；(2)不能以正规形式加以传递；(3)不能加以批判性反思。

13. B 【解析】短时记忆容量是7±2个组块，就是5～9个组块。

14. C 【解析】变式，就是变换使用不同形式的直观材料或事例说明事物的属性，使本质属性保持不变而非本质属性或有或无，以便突出本质属性。平行四边形、正方形和菱形都属于四边形，它们的本质属性相同但非本质属性不同，故它们都是四边形的变式。

    易错警示：考生易混淆正例、反例和变式的相关知识，在做题时应注意三者之间的区分，下面以“鸟”为例来帮助考生理解。

    (1)正例，包含着概念或规则的本质特征和内在联系的例证，如麻雀、燕子（属于鸟）；

    (2)反例，不包含或只包含了一小部分概念或规则的主要属性和关键特征的例证，如蝙蝠（不属于鸟）；

    (3)变式，概念或规则的肯定例证在无关特征方面的变化，如麻雀与鸡（“会飞”为无关特征）。

15. A 【解析】知识的理解是学生掌握知识过程的中心环节。

16. A 【解析】首先判断“鲸”属于“哺乳动物”，因此题干描述的学习属于下位学习，排除CD两项。

下位学习包括派生类属学习和相关类属学习。派生类属学习是指新观念是认知结构中原有观念的特例或例证,新知识只是旧知识的派生物。相关类属学习是指新知识扩展、修饰或限定学生已有的旧知识,并使其精确化。"鲸"是"哺乳动物"的例证,故题干所述学习属于派生类属学习。

17. C 【解析】根据题干描述"负数"的概念让"数"的概念扩展、深化,让"数"的概念得到本质属性的改变,因此属于相关类属学习。

18. C 【解析】C项,组合律指空间上接近、时间上连续、形状上相同、颜色上一致的事物,其易于构成一个整体为人们所清晰地感知。因此,教材编排应分段分节,教师讲课应有间隔和停顿。

A项活动律,指活动的对象较之静止的对象容易感知。

B项强度律,指作为知识的物质载体的直观对象(实物、模像或言语)必须达到一定强度,才能为学习者清晰地感知。

D项差异律,指对象和背景的差异越大,对象从背景中区分开来就越容易。

19. D 【解析】隐性知识是指尚未被言语或其他形式表述的知识,是"尚未言明的"或者"难以言传的"知识。例如,我们能够从成千上万甚至上百万张脸中认出某一个人的脸,但是在通常的情况下,我们却说不出是怎样认出这张脸的。这便是波兰尼的著名命题:"我们知晓的比我们能说出的多。"

20. C 【解析】命题是知识的最小单元,它既可以陈述简单的事实,也可以陈述一般规则、原理、定律、公式等。

21. A 【解析】强度律,指作为知识的物质载体的直观对象(实物、模像或言语)必须达到一定强度,才能为学习者清晰地感知。因此,教师在教学过程中要音量适中,保证学生听得见,听得清。

22. D 【解析】程序性知识即操作性知识,是一种经过学习后自动化了的关于行为步骤的知识,表现为在信息转换活动中进行具体操作。程序性知识主要用来解决"做什么"和"怎么做"。

23. D 【解析】命题学习是指学习若干概念之间关系的判断。题干描述的是学习直角三角形和三角形之间的关系,故属于命题学习。

24. A 【解析】实物直观指在感知实际事物的基础上提供感性材料的直观教学方式。例如,观察标本、演示实验、到工厂或农村进行实地参观访问等。

25. B 【解析】差异律指对象和背景的差异越大,对象从背景中区分开来越容易。黑板和白粉笔之间的对比明显,有助于提高感知效果。

26. D 【解析】正例又称肯定例证,指包含着概念或规则的本质特征和内在联系的例证。麻雀、燕子属于鸟的一种,因此运用的是正例。

27. C 【解析】语义编码是长时记忆最主要的编码形式;听觉编码是短时记忆主要的编码形式;图像编码是瞬时记忆的主要编码形式。

28. A 【解析】符号学习是指学习单个符号或一组符号的意义。符号学习的心理机制是符号和它们所代表的事物或观念在学习者认知结构中建立相应的等值关系。用"老鹰"或"hawk"等符号来代表现实中的老鹰属于符号学习。

29. A 【解析】听觉编码是短时记忆的主要编码方式。

方法技巧:关于瞬时记忆、短时记忆和长时记忆的主要编码方式,考生可根据以下口诀帮助掌握:瞬时看图像(图像编码),短时听声音(听觉编码),长时说词语(语义编码)。

30. B 【解析】模像直观可以通过模型、图像等这些人为的手段消除或减弱实物直观的缺点,扩大直观的范围,突出本质要素,提高直观的效果。因此模像直观最能概括出事物的本质属性。

二、多项选择题

1. AB 【解析】奥苏贝尔根据新知识与原有认知结构的关系,将知识学习分为下位学习、上位学习和并列结合学习。

2. ABD 【解析】根据上位学习的定义判断,A项直角属于角的一种,因此先学习直角,后学习角属于上位学习。B项酸包含盐酸,因此也属于上位学习。C项正方形是特殊的长方形,故不属于上位学习,属于下位学习。D项鲸属于哺乳动物,故也属于上位学习。

3. AC 【解析】陈述性知识是关于"是什么"的知识;程序性知识是关于"怎么做"的知识。由此可判断AC两项属于程序性知识,BD两项属于陈述性知识。

4. ACD 【解析】模像直观指观察与教材相关的模型与图像(如图片、图表、幻灯片、电影、录像、电视等),形成感知表象。故ACD三项都属于模像直观的手段。B项演示实验属于实物直观。

5. ABC 【解析】瞬时记忆的特点有:(1)时间极短;(2)容量较大;(3)形象鲜明;(4)信息原始,记忆痕迹容易衰退。

6. ABD 【解析】在实际的教学过程中,主要有三种直观方式,即实物直观、模像直观和言语直观。

7. ABC 【解析】容量无限是长时记忆的特点之一,故D项说法有误。

8. AC 【解析】知识的应用主要经历了审题、联想、解析和类化这四个彼此相连又相互独立的基本环节。

9. ABCD 【解析】陈述性知识主要以命题和命题网络的形式进行表征,概念、表象和图式也是其重要形式。

10. BD 【解析】程序性知识主要以产生式和产生式系统进行表征。

11. BCD 【解析】感性知识,是对活动的外表特征和外部联系的反映,可分为感知和表象两种水平。理性知识,反映的是活动的本质特征与内在联系,包括概念和命题两种形式。概念反映的是活动的本质属性及各属性之间的本质联系。命题也就是通常所说的规则、原理、原则。根据定义可判断BCD三项属于理性知识,A项属于感性知识。

三、判断题

1. √ 【解析】短时记忆中的信息必须经过复述才有可能转入长时记忆。

2. √ 【解析】并列结合学习又称组合学习,是在新命题与认知结构中原有的命题既非下位关系又非上位关系,而是一种并列的关系时产生的。

3. √ 【解析】瞬时记忆的编码方式有图像记忆和声像记忆两种。其中,图像记忆是瞬时记忆的主要编码形式。

4. × 【解析】加涅认为,程序性知识本质上是由概念和规则构成的。由于运用概念和规则办事的指向性不同,程序性知识又可分为两个亚类:一类为运用概念和规则对外办事的程序性知识,加涅称之为智慧技能,主要用来加工外在的信息。另一类为运用概念和规则对内调控的程序性知识,加涅称之为认知策略,主要用来调节和控制自己的加工活动。题干描述中定义、规则、原理属于陈述性知识,认知策略属于程序性知识。

5. × 【解析】一般而言,并列结合学习比较困难,必须认真比较新旧知识之间的联系与区别才能掌握。

6. × 【解析】知识的巩固是指在知识学习过程中对所学知识的持久记忆,故题干说法错误。

四、简答题(参考答案)

1. 如何提高知识直观的效果?

(1)灵活选用实物直观和模像直观;(2)加强词和形象的配合;(3)运用感知规律,突出直观对象的特点;(4)培养学生的观察能力;(5)让学生充分参与直观过程。

2. 如何有效地进行知识概括?

(1)配合运用正例和反例;(2)正确运用变式;(3)科学地进行比较;(4)启发学生进行自觉概括。

五、案例分析题(参考答案)

(1)①林老师为了上好《两栖动物的生殖与发育》一课,分别采用了实物直观、模像直观的教学手段,但是他没有合理安排和有效利用这些教学手段,不但没有达到教学效果,反而适得其反。②本案例中,林老师只使用了实物直观和模像直观,没有适时做出讲解,没有与言语直观相结合,没有利用词与形象的配合。另外,林老师准备的PPT背景上的浅色字很模糊,不符合感知规律中的强度律,没有突出所讲内容的特点,导致知识直观效果不好。更重要的是,林老师没有让学生充分参与直观过程,只是自己单独呈现各种直观方式,没有及时跟学生沟通反馈,了解学生的想法和建议。

(2)教师可通过以下方法来提高知识直观的效果:①灵活选用实物直观和模像直观;②加强词和形象的配合;③运用感知规律,突出直观对象的特点;④培养学生的观察能力;⑤让学生充分参与直观过程。

知识5 技能的形成

一、单项选择题

1. A 【解析】操作技能又叫运动技能、动作技能,是通过学习而形成的合乎法则的操作活动方式。

2. D 【解析】技能按其本身的性质和特点,可分为操作技能(动作技能)和心智技能(认知技能)。

3. A 【解析】操作技能的特点有:(1)动作的对象是物质性客体或肌肉,具有客观性;(2)动作的进行具有外显性;(3)动作的结构具有展开性。

方法技巧:关于操作技能与心智技能的特点,可用以下口诀帮助记忆:操作技能——课外展(客观、外显、展开),心智技能——观内检(观念、内潜、简缩)。

4. A 【解析】心智技能也称为智力技能、认知技能,是通过学习而形成的合乎法则的心智活动方式。阅读技能、写作技能、运算技能、解题技能等都是常见的心智技能。故BCD三项属于心智技能,A项属于心理过程,不属于技能,故选A。

5. A 【解析】原型操作是依据智力技能的实践模式,把学生在头脑中已建立起来的活动程序计划以外显的操作方式付诸实施,获得完备的动觉映像的过程。

6. B 【解析】练习是形成各种操作技能所不可缺少的关键环节。

7. A 【解析】通常把学生在学习过程中出现一段时间的学习成绩和学习效率停滞不前,甚至学过的知识感觉模糊的现象,称为"高原现象"。

8. A 【解析】在动作技能形成的认知阶段,从传授者角度看,主要是讲解与示范;从学习者角度看,主要是理解学习任务,形成目标表象和目标期望。

9. A 【解析】原型定向就是了解原型的活动结构,从而使主体明确活动的方向,知道该做哪些动作和怎样去完成这些动作。教师演算例题正是为了给学生提供解题思路,使学生明白该做什么和怎么去做。故属于原型定向。

10. B 【解析】操作模仿阶段在动作控制方面主要靠视觉控制,动觉控制水平较低,不能主动发现错误与纠正错误。

易错警示:考生易混淆不同操作阶段的动作控制特点,考生在做题时,可牢记不同阶段的关键词降低错误率,即"模仿看视觉,整合让动觉,熟练主动觉"。

11. B 【解析】高原现象并不具有普遍性,也不能表明动作技能的掌握已临近学生的身心发展极限,相反它就像是黎明前的黑夜。王国维在《人间词话》中曾经说过,一个人走向成功必须经历三大境界:一者,昨夜西风凋碧树,独上高楼,望尽天涯路;二者,衣带渐宽终不悔,为伊消得人憔悴;三者,众里寻他千百度,蓦然回首,那人却在灯火阑珊处。其中第二境界就相当于高原阶段。可见,高原现象并非不能再进步的代名词,只要突破这一关,学习者获得的将是一笔巨大的财富,而且创造性的成果也往往发生在高原期之后。

12. D 【解析】反馈在操作技能学习过程中的作用是非常关键的,其中结果反馈的作用尤其明显。准确的结果反馈可以引导学生矫正错误的动作,强化正确动作,并鼓励学生努力改善其操作。

13. C 【解析】动作技能与智力技能是构成技能系统的两个子系统,它们既有区别又有联系。(1)区别在于:①活动的对象不同。动作技能属于实际操作活动范畴,心智技能属于观念的范畴。A项表述正确。②活动的结构不同。动作技能是系列动作的连锁,其动作结构必须从实际出发,符合实际,不能省略。而心智技能则是借助于内部言语实现的,可以高度省略、高度简缩,甚至让人觉察不到它的进行。③活动的要求不同。动作技能要求学习者必须掌握一套刺激—反应的联结,而心智技能则要求学习者掌握正确的思维方法。B项表述正确。(2)联系是:动作技能通常是心智技能形成的最初依据,智力技能的形成是以外部动作技能为基础;智力技能往往又是外部动作技能的支配者和调节者。故C项表述错误,D项表述正确。

二、多项选择题

1. ABC 【解析】操作技能又叫运动技能、动作技能,是通过学习而形成的合乎法则的操作活动方式。日常生活中的写字、打字、绘画,音乐方面的吹、拉、弹、唱,体育方面的田径、球类、体操,生产劳动方面的车、刨、磨等活动方式,都属于操作技能的范畴。根据操作技能的定义,可以判断ABC三项都属于操作技能,D项属于心智技能。

2. ABC 【解析】动作技能与智力技能的区别在于活动的对象不同、活动的结构不同、活动的要求不同。

3. ACD 【解析】操作模仿阶段学习者动作的稳定性、准确性、灵活性较差,各动作要素之间的协调性较差,并且会互相干扰,个体动作主要依靠视觉控制,动觉控制水平较低,完成某一操作的效能也较低。

4. BD 【解析】操作技能又叫运动技能、动作技能,是通过学习而形成的合乎法则的操作活动方式。题干中打篮球是一种动作技能。D项当选,C项排除。动作技能可分为封闭性技能和开放性技能。封闭性技能是一种完全依赖内部肌肉反馈作为刺激指导的技能,这种任务闭着眼睛也能完成。开放性技能,也称开放环路技能,主要依赖于周围环境提供的信息,正确地感知周围环境成为运动调节的重要因素。开放性技能要求人们具有处理外界信息变化的能力和对事件发生的预见能力。打篮球需要人与人之间的配合,需要依赖于周围环境提供的信息,正确地感知周围环境成为运动调节的重要因素。故打篮球属于开放性技能。B项当选,A项排除。故选BD。

5. ABC 【解析】著名认知心理学家安德森认为,心智技能的形成需经过三个阶段,即认知阶段、联结阶段和自动化阶段。

三、判断题

1. √ 【解析】技能有高级、低级之分,但没有好坏之别。习惯则不同,它根据对个人和社会的意义有好坏之分。

2. × 【解析】膝跳反射是一个正常人先天具有的本能反应。而动作技能是后天习得的动作系统,二者是不可以等同的。

3. √ 【解析】形成动作技能的三个过程(认知阶段、联系形成阶段、自动化阶段)是相互联系的,各过程之间并没有绝对的界限。学练水平高的学生在学习掌握新动作时,分解过程很短,对动作的精细分化能力强,掌握动作技能快。初学者在学习新动作时,分解能力较差,掌握动作较慢。动作越复杂,分化的难度也就越大,学生形成动作技能所需要的时间就越长。因此,题干说法正确。

4. × 【解析】练习是形成各种动作技能所不可缺少的关键环节,也是动作技能形成的基本途径。其中,心理练习是指仅在头脑内反复思考身体动作的进行过程。题干所述表明了心理练习在动作技能的学习过程中很重要。

5. √ 【解析】在技能形成过程中,在练习时间安排上,要力求集中练习和分散练习相结合。研究表明,从整体上来说,分散练习的效果优于集中练习。

6. √ 【解析】动作技能一经形成,就不易遗忘,至多因缺乏练习而变得生疏。和知识学习的保持相比,动作技能的保持更牢固。

7. × 【解析】技能是个体在获得知识的基础上,运用某种活动方式,如动作方式或智力活动方式。感知、记忆、思维活动和肌肉运动等构成技能形成与发展的必要环节,所以,技能是心理活动方式的范畴。

8. √ 【解析】心智技能是借助于内部言语实现的,可以高度省略、高度简缩,因此心智技能不必像外部言语那样必须把每个字词一一说出。故题干说法正确。

四、简答题(参考答案)

1. 简述操作技能的培训要求。

(1)准确的示范与讲解;(2)必要而适当的练习;(3)充分而有效的反馈;(4)建立稳定清晰的动觉。

2. 简述培养学生的心智技能的要求。

(1)确立合理的智力活动原型;(2)教师利用示范和讲解,并有效进行分阶段练习;(3)知识影响技能的形成,因此要了解学生的知识基础,并为学生提供相关知识;(4)注重培养学生认真思考的习惯和独立思考的能力。

五、案例分析题(参考答案)

(1)练习是形成各种操作技能所不可缺少的关键环节,通过应用不同形式的练习,可以使个体掌握某种技能。一般来说,随着练习次数的增多,动作的精确性、速度、协调性等会逐步提高。

(2)虽然不同的学习者的练习曲线存在差异,但也具有共同点,表现在:①开始进步快。②中间有一个明显的、暂时的停顿期,即高原期。通常把学生在学习过程中出现一段时间的学习成绩和学习效率停滞不前,甚至学过的知识感觉模糊的现象,称为“高原现象”。在本案例中,学习英语单词过程中的滞留时间和收发电报练习中的成绩停顿属于高原现象。③后期进步较慢。在本案例中,随着词汇量的增加,学习出现的滞留期变长,说明练习后期的进步缓慢,但坚持练习还会有提升。④总趋势是进步的,但有时出现暂时的退步。整个练习过程中,成绩往往会有一些波动起伏现象。而且,多数情况下,练习曲线反映出来的技能的进步是先快后慢;也有少数情况可能出现先慢后快的趋势。在本案例中,体现了这一特点的是:在收发电报练习成绩停顿时,虽有练习,但成绩却不见提高甚至下滑。

(3)“高原现象”产生的原因在于:①学习方法的固定化;②学习任务的复杂化;③学习动机减弱;④兴趣降低;⑤心理和生理上的疲劳;⑥意志不够顽强。高原现象一般在学习中期出现,可以采取一些措施,帮助学生顺利度过“高原现象”。在教学中组织练习时,应明确练习的目的和要求,增强学习动机。另外,还需要帮助学生掌握正确的练习方法,并且及时进行反馈。具体表现在:①练习需要循序渐进,由易到难、先简后繁;②正确掌握练习速度,保证练习质量;③适当安排练习的次数和时间;④采取多样化的练习方式。

知识6 问题解决与创造性

一、单项选择题

1. A 【解析】问题就是给定信息与要实现的目标之间有某些障碍需要加以克服的情境。

2. B 【解析】在测验中,通常把发散思维的流畅性、变通性和独特性看作衡量创造性高低的指标。流畅性是指单位时间内发散项目的数量。变通性是指发散项目的范围或维度,范围越大、维度越多,变通性越强。独特性是指对问题能提出超乎寻常的、独特新颖的见解。题干中学生在单位时间内列举出很多例证,说明其思维的流畅性好。但都在建筑材料范围之内,说明其变通性差。

易错警示:考生易混淆发散思维的三种特征,各个特征考查的关键词在于:流畅性强调单位时间内数量多;灵活性强调范围广;独创性强调观念新。

3. A 【解析】A项,逆推法(反推法)就是从问题的目标状态开始搜索直至找到通往初始状态的方法。题干中从几何证明题的目标状态往回走,正是运用了逆推法。故选A项。B项,算式法(算法策略)是将所有可能的针对问题解决的方法都一一列举出来并进行尝试,直到最终从根本上解决问题。C项,启发法是基于一定的经验,根据现有问题状态与目标状态之间的内在联系,采用较少搜索而找到解决问题途径的一种策略。D项,类比法是指当面对某种问题情境时,个体可以运用类比思维,先寻求与此有些相似的情境的解答。

4. A 【解析】A项，人们把某种功能赋予某物体的倾向称为功能固着。在功能固着的影响下，人们不易摆脱事物用途的固有观念，从而直接影响问题解决的灵活性。小明正是在口香糖只能吃这一功能固着的影响下想不起用口香糖把纸币粘出来。故选A项。B项，原型启发是指从其他事物上发现解决问题的途径和方法。C项，定势是指重复先前的操作所引起的一种心理准备状态。D项，问题表征是指问题呈现的知觉方式。

方法技巧：问题情境、定势、功能固着、原型启发是常考的几个影响问题解决的因素，考生要掌握这几个因素的特点：问题情境强调问题的表征方式；定势指用一种方式对待前后两个问题；功能固着是对某一物品功能的固定看法；原型启发指从其他事物上获得解决问题的方法。

5. B 【解析】理解问题即明确问题，就是把握问题的性质和关键信息，摒弃无关因素，并在头脑中形成有关问题的初步印象，即形成问题的表征。
6. B 【解析】算法策略是将所有可能的针对问题解决的方法都一一列举出来并进行尝试，直到最终从根本上解决问题。题干中对密码逐一尝试，最终找到正确答案，说明其采用的问题解决策略是算法式。
7. C 【解析】发现问题是问题解决的首要环节。
8. B 【解析】当一个人长期致力于某一问题解决而又百思不得其解的时候，如果他暂时停下对这个问题的思考而去做别的事情，几小时、几天或几周之后，他可能会忽然想到解决的办法，这就是酝酿效应。酝酿效应实际上是产生了顿悟，使人们打破了以往不恰当的思路，从一个新的角度思考问题，从而使问题得以解决。"豁然开朗""恍然大悟"正是产生了酝酿效应。
9. D 【解析】原型启发是指从其他事物上发现解决问题的途径和方法。人们发明出电子嗅觉器正是受到狗鼻子这一原型的启发。
10. B 【解析】问题解决是指为了从问题的初始状态到达目标状态，而采取一系列具有目标指向性的认知操作的过程。没有明确目的指向的心理活动，如浮现童年的生活情景，不能称为问题解决。穿衣服基本上没有重要的认知成分参与，因而，不属于问题解决的范畴。简单的记忆操作不能称之为问题解决，如回忆朋友的名字等。故本题答案选B。

方法技巧：做此类试题时，谨记"三无原则"：没有目的不属于问题解决，如漫无目的的幻想、无意回忆；没有认知参与不属于问题解决，如走路、荡秋千、穿衣服等动作活动；没有序列性认知操作不属于问题解决，如记住或回忆一个人的名字这样简单的记忆操作。

11. D 【解析】心理学上一般把创造性看成是根据一定目的，运用已知信息，产生出某种新颖、独特、有社会价值的产品的能力或特性，也称为创造力。
12. A 【解析】本题中考生应区分创造性活动的四个过程：准备期、酝酿期、豁朗期和验证期。
(1)准备期。在这一阶段，创造者收集、整理资料，即收集创造性活动所必需的各种信息，组织已有的旧经验，掌握必要的技能。
(2)酝酿期。在准备期收集到的信息并未消极地存储在头脑中，而是按照一种我们目前尚不清楚的方式被加工和重新组织。
(3)豁朗期。这是指创造者经过长期酝酿，新假设产生或对考虑的问题豁然开朗。这种现象叫作灵感。豁朗期是创造性活动极为重要的阶段。
(4)验证期。在这个阶段，创造者要把头脑中产生的新假设或新观点通过实践加以检验。验证可以对新假设加以确定、修正、补充或完善。
题干描述属于准备期，故选A项。
13. B 【解析】创造性与智力的关系并非简单的线性关系，二者既有独立性，又具有相关性，在整体上呈正相关趋势。其关系表现为：低智商不可能具有高创造性；高智商可能有高创造性，也可能有低创造性；低创造性者的智力水平可能高，也可能低；高创造性者必须有高于一般水平的智商。
14. D 【解析】结构良好问题的初始状态、目标状态和操作都是具体明确的。几何证明题的已知条件、要达到的目标和操作都非常明确，所以属于结构良好问题。
15. C 【解析】提出假设是问题解决的关键阶段。
16. A 【解析】定势(即心向)是指重复先前的操作所引起的一种心理准备状态。在定势的影响下，人们会以某种习惯的方式对刺激情境做出反应。定势对解决问题有积极作用，也有消极作用。题干描述体现的是定势的消极作用。
17. D 【解析】画草图、列表、写方程式等都是常用的表征问题的方式。故题干中老师的做法是为了帮助学生完成对问题的心理表征。

二、多项选择题

1. ACD 【解析】问题解决具有三个特征：(1)目的性；(2)认知性；(3)序列性。
2. ABD 【解析】结构不良问题并不是指这个问题本身有什么错误或是不恰当，而是指它没有明确的结构或解决途径。结构良好的问题是指问题初始状态、目标状态和操作都是具体明确的。根据定义可以判断ABD三项属于结构不良的问题，C项属于结构良好的问题。
3. AB 【解析】算法策略是将所有可能的针对问题解决的方法都一一列举出来并进行尝试，直到最终从根本上解决问题。很明显，算法策略需要在解决问题时进行大量的准备工作，需要花费较大的精力和较多的时间，但是优点就是能够确保找到问题解决的途径。A项说法正确。启发法是基于一定的经验，根据现有问题状态与目标状态之间的内在联系，采用较少搜索而找到解决问题途径的一种策略。启发法不需要像算法策略那样费时费力，往往是一种比较快捷的方法，但却并不能保证一定可以成功地解决问题。B项说法正确。启发法策略包括手段—目的分析法、爬山法、逆推法等，D项说法错误。算法策略和启发法策略各有优劣，不能说算法策略通常优于启发式策略，C项说法有误。
4. ABCD 【解析】培养创造性可以从塑造创造性个性入手：(1)保护好奇心。(2)解除个体对答错问题的恐惧心理。例如，对学生所提的问题，无论是否合理，均以肯定态度接纳他所提出的问题。(3)鼓励独立性和创新精神。例如，在解决数学题目时鼓励他们想出不同的解决方法，在写作文时鼓励他们自己选题；同时也要帮助学生尝试创造活动带来的积极体验，增强他们的自信心和自尊心。(4)重视非逻辑思维能力。(5)给学生提供具有创造性的榜样。创设有利的社会环境也有利于培养学生的创造性，具体措施有：(1)创设宽松的心理环境。(2)给学生留有充分选择的余地。(3)改革考试制度与考试内容。例如，在学业测试中，可以增添无固定答案的问题,让学生有机会发挥其创造性。故本题选ABCD四项。

5. ABCD 【解析】英国心理学家华拉斯提出了创造过程的"四阶段理论"。他分析了前人的研究后认为,任何创造性活动的过程都包括准备阶段、酝酿阶段、明朗阶段和验证阶段。

6. BCD 【解析】发现问题是问题解决的首要环节。能否发现问题,与个体活动的积极性、已有知识经验和个体的求知欲望等有关。

7. ACD 【解析】每一个问题都必然包含三种成分:(1)给定信息;(2)目标;(3)障碍。

8. ABCD 【解析】问题解决的过程一般可分为发现问题、理解问题、提出假设和检验假设四个阶段。其中,理解问题即明确问题。

9. ABD 【解析】常用的启发法策略有手段—目的分析法、爬山法和逆推法。

10. BCD 【解析】提高学生知识储备的数量和质量的途径包括:(1)帮助学生牢固地记忆知识;(2)提供多种变式,促进知识的概括;(3)重视知识间的联系,建立网络化结构。

三、判断题

1. √ 【解析】在解决常规问题时,专家比新手快得多;但在解决困难的新问题时,专家用于表征问题的时间比新手要长一些。原因在于他们有更多可供利用的知识,他们需要思考与当前问题最有关的是什么知识。

2. √ 【解析】在创造性思维过程中,发散性思维起着主导作用,是创造性思维的核心。它具有流畅性、变通性、独创性三大特征。其中,最重要的是变通性,变通性使得思维纵横发散,变通性既是流畅性的条件,也是独创性的前提。

3. √ 【解析】创造性并不是少数人独有的,而是人类普遍存在的一种潜能,是每个人都有的一种心理品质。

4. √ 【解析】已有研究指出,不论是真创造还是类创造,它们的心理加工过程、所表现出来的思维或认知能力在本质上是相同的。

5. × 【解析】人们把某种功能赋予某物体的倾向称为功能固着。功能固着是一种思维定势,并不是意志坚定的表现。在功能固着的影响下,人们不易摆脱事物用途的固有观念,从而直接影响问题解决的灵活性。

6. × 【解析】问题解决包含一系列的心理操作,需要运用高级规则进行信息的重组,而不是简单的记忆提取。

7. × 【解析】当新问题与原有问题的条件和解题要求基本相同时,思维定势能使人应用已掌握的方法迅速解决问题,减少探索过程,有利于问题的解决。当新问题与原有问题的条件和解题要求不相同时,思维定势使人习惯性地采取原先的方法去解决新问题,而不进行别的尝试,会阻碍问题的解决。

四、简答题(参考答案)

1. 影响问题解决的因素有哪些?

(1)问题情境;(2)定势与功能固着;(3)原型启发;(4)已有知识经验;(5)情绪与动机。此外,个体的认知结构、个性特征以及问题的特点等也会影响问题解决。

2. 如何培养学生的问题解决能力?

(1)培养学生主动质疑和解决问题的内在动机;(2)问题的难度要适当;(3)帮助学生正确表征问题;(4)帮助学生养成分析问题和对问题归类的习惯;(5)提高学生知识储备的数量和质量,指导学生善于从记忆中提取信息;(6)训练学生陈述自己的假设及其步骤,鼓励自我评价和反思;(7)教授与训练解决问题的方法和策略;(8)提供多种练习机会;(9)训练逻辑思维能力,提高思维水平。

3. 如何培养学生的创造性个性?

(1)保护好奇心;(2)解除个体对答错问题的恐惧心理;(3)鼓励独立性和创新精神;(4)重视非逻辑思维能力;(5)给学生提供具有创造性的榜样。

五、论述题(参考答案)

教师可以通过哪些途径来培养学生的创造性?

(1)培养创造性认知能力。①培养创造性的知识基础。知识是提高创造性的基础。②培养创造性思维。

(2)注重创造性个性的塑造。①保护好奇心。②解除个体对答错问题的恐惧心理。③鼓励独立性和创新精神。④重视非逻辑思维能力。⑤给学生提供具有创造性的榜样。

(3)创设有利的社会环境。①创设宽松的心理环境。②给学生留有充分选择的余地。③改革考试制度与考试内容。

(4)培养创造型的教师队伍。要培养学生的创造性,必须对教师进行有关创造性的相应培训和专门指导。具体表现在:①要转变教师的教育教学观念,使教师形成理解并鼓励学生的创造,把培养创造性作为一种教学目标的现代教育理念;②要教给教师必要的创造技法和思维策略,提高他们自身的创造意识和创造能力;③要为教师提供比较明晰的具有实际应用价值的关于创造性的操作定义、相应的评价标准和程序、有效的教学策略和技能。

六、案例分析题(参考答案)

王老师的困惑主要反映了课堂气氛缺乏活力,学生缺乏创造性个性。对此可以从以下几个方面解决:(1)创设科学的教学情境,营造良好的课堂氛围,激发学生上课的积极性和参与度。(2)保护学生的好奇心,对于学生的回答教师要多鼓励,解除学生对答错题目的恐惧心理。(3)注重学生创造性个性的培养。(4)创新教学形式。教师应多组织合作教学、情境教学、分组教学等教学形式,做到因材施教。

李老师的困惑主要是不知道如何培养学生的创造力。对此可以从以下几个方面解决:(1)培养学生的创造性认知能力;(2)注重学生创造性个性的塑造;(3)创设有利的社会环境;(4)对教师进行有关创造性的相应培训和专门指导。

张老师的困惑主要反映了当前教学评价中存在的问题,重结果轻过程,维度单一,方法不灵活。对此可以从以下几个方面解决:(1)在教学评价时要注重过程,关注学生的全面发展。(2)改革学业评价方式,使评价方式向综合性、多层次、全方位方向发展,实现教学评价的多元化。

知识7 态度与品德的形成

一、单项选择题

1. C 【解析】态度是通过学习而形成的影响个人行为选择的内部准备状态或反应的倾向性。

2. B 【解析】一直喜欢一项活动,是对这项活动有积极的主观体验,所以属于态度的情感成分。

3. B 【解析】道德情感是人的道德需要是否得到实现及其所引起的一种内心体验,也就是人在心理上所产生的对某种道德义务的爱憎、喜恶等情感体验。"亲其师,信其道"表明了道德情感的作用。

A项,道德认知是指对于行为规范及其意义的认识,是人的认识过程在道德上的表现。
C项,道德行为是道德形成的最终环节,是指个体在一定的道德意识支配下表现出来的对他人和社会的有道德意义的活动。
D项,道德意志是个体自觉地调节道德行为,克服困难,以实现预定道德目标的心理过程。

4. A 【解析】态度具有过滤功能、调节功能、价值表现功能、适应功能。A项,过滤功能在一般情况下表现为,人们总是接受与自己态度一致的信息,拒绝与自己态度不一致的信息。B项,调节功能表现为态度会调节个体的语言行为和非语言行为,以满足个体的情感需要。C项,价值表现功能是指态度是个体价值观的一种反映。D项,适应功能是指人的态度是在对外部环境的适应过程中逐渐形成的,反过来又起着适应外部环境的作用。题干描述体现的是态度的过滤功能,A项当选。

5. A 【解析】A项,伦理的道德情感是以清楚地意识到道德概念、原理和原则为中介的情感体验。爱国主义情感和集体主义情感属于伦理的道德情感。A项当选。
B项,想象的道德情感,即通过对某种道德形象的想象而发生的情感体验。
C项,直觉的道德情感,即由于对某种具体的道德情境的直接感知而迅速发生的情感体验。
D项为干扰项。

易错警示:考生易混淆不同的道德情感的类型。在做题时应根据关键词进行判断:爱国感、道德感等属于伦理的道德情感;出现实际面对的情境属于直觉的道德情感;看电影、学事迹后产生的情感属于想象的道德情感。

6. B 【解析】态度的行为成分是指个体准备对某对象做出某种反应的意向或意图。

7. D 【解析】道德行为是衡量道德品质最重要的标志。

8. A 【解析】道德认知是个体对于行为规范及其意义的认识,是人的认识过程在道德上的表现。能够分辨善恶美丑,说明学生具有了对善恶美丑的道德认知。

9. B 【解析】态度与品德的形成是一个从外到内的转化过程,是社会规范的接受和内化过程,大致经历了依从、认同、内化三个阶段。内化,即在思想观点上与社会规范及其价值保持一致,将自己所认同的思想和自己原有的观点、信念融为一体,构成一个完整的价值体系。此时,稳定的态度与品德就形成了。"苟利国家生死以,岂因祸福避趋之"意思是只要对国家有利,即使牺牲自己生命也心甘情愿,绝不会因为自己可能受到祸害而躲开。这表明个体已形成完整的价值体系,行为具有高度的自觉性和坚定性。故选B项。

方法技巧:态度与品德的形成阶段是常考内容,考生应注意掌握区分。依从阶段强调表面遵守;认同阶段强调与他人保持一致;内化阶段强调完善自己的价值体系,要记住"富贵不能淫,贫贱不能移,威武不能屈"这个例子。

10. B 【解析】皮亚杰认为道德水平处于他律阶段的儿童服从外部规则,接受权威指定的规范,把人们规定的准则看作是固定的、不可变更的,而且只根据行为后果来判断对错。小红认为,小强做得比小刚更好,因为他只打破了一个碗,她只从行为后果来进行判断,这表明其道德水平处于他律阶段。

11. A 【解析】皮亚杰认为,10岁是儿童从他律道德向自律道德转化的分水岭,10岁前儿童对道德行为的思维判断主要依据他人设定的外在标准,也就是他律道德;10岁以后儿童对道德行为的思维判断大多依据自己的内在标准,也就是自律道德。

12. C 【解析】道德意志是个体自觉地调节道德行为,克服困难,以实现预定道德目标的心理过程。道德意志实际上是道德观念的能动作用,是个体通过自己理智的权衡作用去解决道德生活中内心矛盾与支配行为的力量,这种力量表现为能够排除内部障碍和外部困难,坚决执行道德动机所引起的行为决定。不管春夏秋冬,小刚都能坚持晨练,坚持每天打太极拳,说明其具有较强的道德意志。

13. B 【解析】初中二年级是品德发展的关键期。

14. D 【解析】高中生的伦理道德的发展具有成熟性,可以比较自觉地运用一定的道德观念、原则、信念来调节自己的行为。

15. A 【解析】依从是规范内化的初级阶段,是态度与品德建立的开端。

16. B 【解析】中学生的品德发展逐渐从他律变成自律,伦理道德发展具有自律性,言行一致。

17. A 【解析】服从与惩罚的道德定向阶段的儿童的道德价值来自对外力的屈从或对惩罚的逃避。小明因为对挨打这一惩罚的逃避而认为偷东西是不对的,表明其处于服从与惩罚的道德定向阶段,这一阶段属于前习俗水平。

18. B 【解析】功利性的享乐主义定向阶段的儿童的道德价值来自对自己要求的满足,偶尔也来自对他人需要的满足。小明认为满足自己需要的行为就是正确的行为,即道德判断从自身利益出发,故处于功利性的享乐主义定向阶段。

19. A 【解析】好孩子的道德定向阶段的儿童的价值是以人际关系的和谐为导向,顺从传统的要求,符合大众的意见,谋求大家的称赞。他们会认为,海因茨应该去偷药,因为做一个好丈夫就应该照顾好自己的妻子。如果他不这样做,结果妻子死了,别人都会骂他见死不救,没有良心。

20. C 【解析】认同是在思想、情感、态度和行为上主动接受他人的影响,把别人或某个群体的态度作为自己的态度,使自己的态度和行为与他人相接近。题干中,个体不仅在行为上遵守社会规范,而且主观上也认识到遵守社会规范的意义,这是认同阶段的特征。因此答案选C。

21. D 【解析】"两位亲人掉入水中,应该先救哪个?"这一问题不管回答哪一个都会陷入两难境地,这正是延伸自心理学家科尔伯格提出的道德两难故事。

22. B 【解析】态度有三种成分,认知成分、情感成分和行为倾向成分,其核心成分是情感成分。

23. D 【解析】品德又称道德品质,是个体依据一定的社会道德准则规范自己行动时所表现出来的稳定的心理倾向和特征。

24. A 【解析】在实际活动中,态度的三种成分所占的比重不同,当个体参与比较具体的社会环境时,态度的情感成分起很大的作用。在较高层次的活动中需要个体对极为复杂的社会情境进行分析和理解,在这种情况下,认知成分就占有更大的比重。

25. D 【解析】"君子欲讷于言而敏于行"是说君子要少说虚话,多干实事,强调的品德因素是道德行为。

26. B 【解析】根据科尔伯格的道德发展阶段理论可知，遵守法规取向阶段的道德价值是以服从权威为导向，包括服从社会规范，遵守公共秩序，尊重法律的权威，以法制观念判断是非、知法守法。处于这一阶段的儿童会认为，海因茨不应该去偷药，因为如果人人都违法去偷东西的话，社会就会变得很混乱。

易错警示：在科尔伯格的道德发展阶段理论中，考生容易混淆维护权威或秩序的道德定向阶段和社会契约的道德定向阶段。这两个阶段都是遵守法律，不同之处在于：在维护权威或秩序的道德定向阶段，个体尊重法律的权威性，知法守法。在社会契约的道德定向阶段，个体认识到法律的人为性和灵活性，只法但不一定守法。

27. A 【解析】道德情感的内容主要包括爱国主义情感、集体主义情感、义务感、责任感、事业感、自尊感和羞耻感等。其中，义务感、责任感和羞耻感对于儿童和青少年尤为重要。

28. C 【解析】后习俗水平阶段的特点是：个体不只是自觉遵守某些行为规则，还认识到法律的人为性，并在考虑全人类的正义和个人尊严的基础上形成某些超越法律的普遍原则。

29. A 【解析】认同是在思想、情感、态度和行为上主动接受他人的影响，把别人或某个群体的态度作为自己的态度，使自己的态度和行为与他人相接近。

30. C 【解析】在内化阶段，个体的行为具有高度的自觉性和主动性，并具有坚定性，表现为"富贵不能淫，贫贱不能移，威武不能屈"。

31. A 【解析】道德认知是个体道德的基础，是道德情感、道德意志产生的依据，对道德行为具有定向的意义，是行为的调节机制。因此要培养学生的道德品质，必须先培养学生的道德认知。

二、多项选择题

1. ABD 【解析】对低年级的学生来说，富有感情色彩、生动感人的说服内容更容易发生影响。故A项说法正确。对高年级学生而言，充分说理、逻辑性强的说服内容更为有效。故B项说法正确。当说服的任务是解决当务之急的问题时，应只提出正面观点，以免延误时间。故C项说法错误。当说服的任务是培养学生长期稳定的态度时，应提出正反两方面的材料。故D项说法正确。

2. ABCD 【解析】品德的心理结构包括四种相辅相成的基本心理成分：道德认知、道德情感、道德意志和道德行为，简称知、情、意、行。

3. ABCD 【解析】皮亚杰认为，10岁是儿童从他律道德向自律道德转化的分水岭，10岁前儿童对道德行为的思维判断主要依据他人设定的外在标准，也就是他律道德。A项说法正确。10岁以后儿童对道德行为的思维判断大多依据自己的内在标准，也就是自律道德。C项说法正确。他律阶段的儿童服从外部规则，接受权威指定的规范，认为规则是不变的。B项说法正确。自律阶段的儿童开始以动机作为道德判断的依据。D项说法正确。

4. CD 【解析】影响态度与品德学习的一般条件分为外部条件和内部条件两类。其中外部条件包括：(1)家庭教养方式；(2)社会风气；(3)同伴群体。内部条件包括：(1)认知失调；(2)态度定势；(3)道德认知。

5. ABCD 【解析】教师可以综合应用一些方法来帮助学生形成或改变态度与品德。常用的方法有言语说服、榜样示范、群体约定、价值辨析、奖惩等。

6. ABC 【解析】学生的过错行为是指那些不符合道德要求的问题行为，如调皮捣蛋、恶作剧、起哄、无理取闹、作业和考试作弊等。未经允许拿他人东西属于学生的不良品德行为，违反了道德准则并且损害他人利益。

7. ABC 【解析】一般认为，学生不良行为的矫正要经历醒悟阶段、转变阶段和自新阶段三个过程。

三、判断题

1. × 【解析】一般情况下，态度的三种成分是一致的，但也有不一致的情况，如知行脱节等。

2. √ 【解析】态度是通过学习而形成的影响个人行为选择的内部准备状态或反应的倾向性。

3. √ 【解析】亲历学习与观察学习是态度与品德学习的两种方式。相比较而言，观察学习是学习态度的最有效的方式。

4. √ 【解析】道德认知是个体道德的基础，是道德情感、道德意志产生的依据，对道德行为具有定向的意义，是行为的调节机制。品德的核心是道德认知。

5. × 【解析】儿童在自我中心阶段，由于受认识的局限和思维发展水平的影响，还不理解成人或周围环境对他们的要求，往往是我行我素。处于可逆性道德阶段的儿童既不简单地服从权威，也不机械地遵守规则。故题干说法错误。

6. × 【解析】虽然对惩罚的教育效果有不同的看法，但从抑制不良行为的角度来看，惩罚还是有必要的，有助于良好的道德的形成。

7. √ 【解析】品德发展的实质就是个体与环境相互作用，将社会规范、道德准则逐渐内化，主动构建相对稳定的行为判断准则的过程。

8. √ 【解析】在皮亚杰看来，5岁前幼儿处于前道德阶段——无律阶段，他们以"自我中心"来考虑问题。

9. √ 【解析】品德具有相对的稳定性，若只是此一时，彼一时地偶然表现，则不能称之为品德，只有经常地表现出一贯的规范行为，才标志着品德的形成。

10. × 【解析】认同，即在思想、情感、态度和行为上主动接受他人的影响，把别人或某个群体的态度作为自己的态度，使自己的态度和行为与他人相接近。学习者在思想、情感、态度和行为上主动接受规范，从而试图与之保持一致。小王要求自己的行为与教师角色行为相一致，说明其主动接受教师角色的行为规范，故属于认同阶段。

四、简答题(参考答案)

1. 简述培养学生良好的态度与品德的途径。

(1)有效的说服；(2)树立良好的榜样；(3)利用群体约定；(4)价值辨析；(5)给予适当的奖励和惩罚。除上述所介绍的各种方法外，角色扮演、小组道德讨论等方法对于态度与品德的形成和改变都是非常有效的。

方法技巧：
本知识点常以多项选择题和简答题的形式考查，主要考查识记能力。考生可采用以下口诀帮助记忆：嫁(价值辨析)给(给予奖励和惩罚)有(有效的说服)理(利用群体约定)数(树立榜样)。

2. 简述影响态度与品德学习的一般条件。

(1)外部条件：①家庭教养方式；②社会风气；③同伴群体。

(2)内部条件：①认知失调；②态度定势；③道德认知。

五、论述题(参考答案)

结合实际论述在品德培养中教师如何避免奖励与惩罚所产生的负面心理效应。

奖励有物质的,也有精神的;有内部的,也有外部的。给予奖励时,应注意:(1)要选择确定可以得到奖励的道德行为。一般来讲,应奖励诸如爱护公物、拾金不昧、尊老爱幼等一些具体的道德行为,而不是奖励一些概括性的行为。(2)应选择恰当的奖励物。同一奖励物,其效用可能因人而异,应考虑个体的实际情况,选用最有效的奖励物。(3)应强调内部奖励。外部的物质奖励只是权宜之计,不可过多使用,应引导学生进行自我强化,让学生亲身体验做出道德行为后的愉快感、自豪感、欣慰感,以此转化为产生道德行为的持久的内部动力。

虽然对惩罚的教育效果有不同的看法,但从抑制不良行为的角度来看,惩罚还是有必要的,也是有助于良好的道德形成的。当不良行为出现时,可以用两种惩罚方式:一是给予某种厌恶刺激,如批评、处分、舆论谴责等;二是取消个体喜爱的刺激或剥夺某种特权等,如不许参加某种娱乐性活动。应严格避免体罚或变相体罚,否则,将损害学生的自尊,或导致更严重的不良行为,如攻击性行为。惩罚不是最终目的,给予惩罚时,教师应让学生认识到惩罚与错误行为的关系,使学生从心理上能接受,口服心服。同时,还要给学生指明改正的方向,或提供正确的、可替代的行为。

整合提升

一、单项选择题

1. C 【解析】操作整合过程中视觉控制不起主导作用,逐步让位于动觉控制,肌肉运动的感觉变得较清晰、准确,并成为动作执行的主要调节器。故C项说法错误。
2. D 【解析】认知失调理论的原理是人类力求维持自己的观点、信念的一致,以保持心理平衡。当认知不平衡或不协调时,如新出现的事物与自己原有的经验不一致,或者自己的观点与他人的、社会的观点或风气不一致等,这时内心就会有不愉快或紧张的感受,个体就试图通过改变自己的观点或信念,以达到新的平衡。只有使学生认识到作业潦草的危害性才会引起其认知的失调,因此,D项符合题意。
3. C 【解析】题干所述是后继学习对先前学习的促进作用,故属于逆向正迁移。
4. D 【解析】效能期待是指人对自己能够进行某一行为的能力的推测或判断,它意味着人是否确信自己能够成功地进行带来某一结果的行为。题干所述学生认为自己难以完成每天坚持锻炼的计划,说明他对计划的效能期待低。
5. D 【解析】命题、概念、命题网络均属于陈述性知识的表征方式。D项产生式系统属于程序性知识的表征方式。运动技能的形成需要以掌握程序性知识为前提,再通过实际操作将程序性知识转化为外显的动作。因此运动技能的表征方式是产生式系统。
6. B 【解析】小学生常常出现好心办坏事的现象,主要原因是他们不善于分析具体情境后再采取合理的行为方式与方法,或不具有某些行为技能。
7. A 【解析】学习定势既反映在解决一类问题或学习一类课题时的一般方法的改进上,也反映在从事某种活动的暂时准备状态中。学习定势的这两个方面都影响作业的变化。练习一类课题有助于类似课题的学习,题干所述事例证实了这一现象。
8. D 【解析】具体迁移也称特殊迁移,是指学习迁移发生时,学习者原有的经验组成要素及其结构没有变化,只是将一种学习中习得的经验要素重新组合并移用到另一种学习之中。题干所述是具体迁移的典型事例。
9. B 【解析】迁移是非常具体的、有条件的,需要有共同的要素,这是桑代克相同要素说的观点。苛勒是关系转换说的代表人物。所以,B项说法错误。
10. B 【解析】顺应性迁移是指将原有认知经验应用于新情境中时,需调整原有的经验或对新旧经验加以概括,形成一种能包容新旧经验的更高一级的认知结构,以适应外界的变化。小石原来的认知结构中存在的概念是空气没有重量,但是他知道自己错了以后就改变了这一概念,导入了正确的概念即空气是有重量的,所以小石是改变了认知结构来适应新知识,故属于顺应性迁移。
11. C 【解析】低路迁移是指以一种自发的或自动的方式所形成的技能的迁移。这种迁移是通过在各种情境中的练习获得的,其发生几乎是不需要或很少需要意识、思维的参与。小张可以驾驶不同类型的汽车,这是低路迁移的典型事例。
12. C 【解析】个体的许多效能期望是来源于对他人的观察,如果看到一个与自己一样或不如自己的人成功,自己的效能感就会提高。"热血"视频对于学生来说属于替代经验,学生看到成绩不好的学生通过努力学习考上了理想的大学有利于培养其自我效能感。
13. A 【解析】学习策略的特征表现在四个方面。(1)主动性:学习策略是学习者为了完成学习目标而积极主动地使用的。(2)有效性:学习策略是有效学习所需的,实际上是相对效果和效率而言的。(3)过程性:学习策略是有关学习过程的。(4)程序性:学习策略是学习者制订的学习计划,由规则和技能构成。题干描述中不同的学习策略有不同的学习效率,体现了学习策略的有效性。故选A项。
14. B 【解析】感性概括即直觉概括,它是在直观的基础上自发进行的一种低级的概括形式。例如,有的学生由于经常看到主语在句子的开端部位,因而就认为主语就是句子开端部位的那个词;有的学生看到锐角、直角、钝角等图形中都有两条交叉的线,就认为角是由两条交叉的线组成的。
15. A 【解析】抄写属于复述策略,口述属于精加工策略,列提纲属于组织策略,复述策略、精加工策略和组织策略同属于认知策略。故选A项。
16. D 【解析】独创性是指产生不寻常的反应和不落常规的能力,以及重新定义或按新的方式对所见所闻加以组织的能力。"知人所不知,见人所不见"比喻有独到见解,符合独创性的定义。
17. A 【解析】动机的最佳水平随着任务性质的不同而不同。在比较容易的任务中,行为效果(工作效率)随着动机的提高而上升;随着任务难度的增加,动机的最佳水平有逐渐下降的趋势。所以简单、容易的学习相较于复杂的学习的动机激起水平要高。
18. A 【解析】菲茨和波斯纳将操作技能形成的过程分为认知、联系形成和自动化三个阶段。第一阶段为认知阶段,在学习一种新的动作技能初期,个体首先要通过对示范动作的观察及对刺激情境的知觉，形成一个内部的动作意象，以作为实际执行动作时的参照。这个阶段的主要任务是领会技能的基本要求、重点，掌握组成技能的局部动作。题干所述小宇观察字帖上的字属于认知阶段。

19. A 【解析】皮亚杰认为，随着年龄的增长，儿童判断行为对错是从客观责任向主观责任发展的。

20. B 【解析】所谓变式，就是变换使用不同形式的直观材料或事例说明事物的属性，使本质属性保持不变而非本质属性或有或无，以便突出本质属性。B项中，“沙子”属于“固体”，而不是“液体”，属于运用反例的策略。

21. A 【解析】想象的道德情感，即通过对某种道德形象的想象而发生的情感体验。学生通过对雷锋这一道德形象的想象所产生的道德情感属于想象的道德情感。

22. D 【解析】我国小学生摆脱成人指令的影响，根据行为本身好坏做出分析判断的转折年龄在8～9岁。

23. B 【解析】组织策略是指将经过精加工提炼出来的知识点加以构造，形成更高水平的知识结构的信息加工策略。组织策略主要有两种：一种是归类策略，用于概念、语词、规则等知识的归类整理；一种是纲要策略，主要用于对学习材料结构的把握。题干所述属于纲要策略。

24. D 【解析】儿童关于狗的相关知识是陈述性知识。陈述性知识的表征方式主要有：命题、命题网络、概念、表象和图式。图式用于表征人类对某个主题的知识所具有的综合性质。一般认为，图式是指有组织的知识结构，是对范畴的规律性做出编码的一种形式。这些规律既可以是知觉性的，也可以是命题性的。儿童形成的关于狗的一般特征、生活习性、典型行为等属于图式。

25. C 【解析】操作定向就是了解操作活动的结构与要求，在头脑中建立起操作活动的定向映像的过程。观看乒乓球教练打球，掌握打球的基本要领和动作属于动作技能形成中的操作定向阶段。

26. A 【解析】相同要素说强调迁移情境中的共同要素。形式训练说强调心理官能的训练。概括化理论强调对原理的概括。关系转换说强调对两个学习经验之间关系的理解与顿悟。题干强调学生学习的是单词的构成要素，即都有“ing”的形式，故属于相同要素说。

27. B 【解析】程序性知识学习的一般过程是从陈述性知识转化为自动化的技能的过程，它主要由陈述性阶段、程序化阶段、自动化阶段三个阶段构成。“学习相似三角形的相关知识”是程序性知识学习的陈述性阶段，“知道如何证明并写出两个三角形相似”是程序性知识的程序化阶段。因此，王雨的学习属于程序性知识的学习。

28. D 【解析】远景的间接性学习动机是指由于了解活动的社会意义、活动结果的社会价值而引起的对某种活动的动机，这种学习动机既具有一定的社会性和理想色彩，又与个人的志向、世界观相联系，具有较强的稳定性和持久性，能在相当长的时间内起作用。小沈在去美国留学这一志向的引导下努力学习英语，这种动机稳定而持久，故属于远景的间接性动机。外部动机是由外部因素引起的动机，小沈刚开始对英语的学习属于外部动机，后面发展成浓厚的学习兴趣，即转变为内部动机，因此A项说法有误。高尚的学习动机的核心是利他性，题干并无体现，故排除B项。C项近景的直接性动机是与学习活动直接相连的，来源于对学习内容或学习结果的兴趣，小沈刚开始努力学习英语是为了出国深造，故不属于近景的直接性动机。

29. D 【解析】王雷推测自己上课听讲、课后做好作业这些行为能使自己取得好成绩，也就是人对自己的某一行为会导致某一结果的推测，所以属于结果期待。

30. D 【解析】技能的形成以掌握知识为必要条件，掌握知识不仅要掌握陈述性知识，更为重要的是要掌握程序性知识。技能的学习要以程序性知识的掌握为前提。

二、多项选择题

1. AD 【解析】数字运算对字母运算的影响是积极的，因此是正迁移；数字运算是下位的较低层次的，因此是自下而上的垂直迁移。

2. ABC 【解析】教师在培养心智技能工作方面，必须充分依据心智技能的形成规律，采取有效的措施，具体包括：(1)激发学习的积极性和主动性；(2)注意原型的完备性、独立性和概括性；(3)适应培养阶段的特征，正确使用言语；(4)注意学生的个别差异；(5)科学地进行练习。

3. AB 【解析】陈述性知识是相对静态的知识，其运用形式常常是输入信息的再现；而程序性知识是体现在动态的操作过程中的知识，其运用常要对信息进行变形和运算，结果往往得出不同于输入刺激的信息。陈述性知识的提取和建构是一个有意地、主动地激活有关命题的过程，速度较慢；而程序性知识一旦熟练，则可以自动执行，速度较快。

4. ABD 【解析】追求成功的倾向(Ts)由三种因素组成，即成就需要或追求成功的动机(Ms)、获得成功的可能性或概率(Ps)以及成功的诱因值(Is)。

5. ABCD 【解析】要在教学中促进正迁移的发生从而带动更好的学习，就要遵循以下几点：(1)突出不同学习情境中的相同要素，促进学生对教学知识产生正迁移；(2)抓住关键概念的本质特征，促进学生对相近概念的理解；(3)改革教学方法，为学生知识的正迁移创造条件；(4)学生积极的学习态度有利于知识的正迁移。

6. ABD 【解析】A项提前预习和B项进行自我检查属于元认知策略，符合题意。C项建立类比属于认知策略中的精加工策略，不符合题意。D项灵活利用零碎时间属于资源管理策略中的时间管理策略，符合题意。故本题选ABD三项。

7. ABCD 【解析】符号学习又称表征学习，是指学习单个符号或一组符号的意义。符号学习的主要内容包括：(1)词汇学习。例如，汉字、英语单词的学习。(2)非语言符号学习，如实物、图像、图表、图形等的学习。(3)事实性知识的学习，即学习一组符号(语言或非语言)所表示的某一具体事实，如历史课中历史事件和历史人物的学习，地理课中地形地貌和地理位置的学习，均属于事实性知识的学习。

8. ABC 【解析】在运用奖励和惩罚时应该注意：(1)要使学生树立正确的奖惩观；(2)奖励与惩罚一定要公平、适当；(3)奖惩时应注意学生的年龄特点、个性特点和性别差异。

9. BCD 【解析】学习动机与学习目的之间具有复杂的关系。学习动机与学习目的之间并不都是一一对应的。A项说法错误。通常一个学习动机不限于一个学习目的,而一个学习目的也可以受多个学习动机支配。BC两项说法正确。相同的学习目的,学习动机可能会有所不同;同样地,学习动机相同的学生,学习目的也可能不同。D项说法正确。

10. ABCD 【解析】学生道德评价能力发展趋势的特点有:(1)从他律到自律;(2)从效果到动机;(3)从律他到律己;(4)从片面到全面;(5)从笼统到具体。

11. BCD 【解析】焦虑与学习之间的关系是复杂的,它对学习既有促进作用,也有抑制作用。A项说法错误。焦虑水平与学习效率之间呈倒U型关系,即中等水平的焦虑有利于学习效率的提高,而过低或过高的焦虑均对学习不利。BD两项说法正确。焦虑存在水平上的差异,分为正常焦虑、低度焦虑和高度焦虑。C项说法正确。

三、判断题

1. √ 【解析】"学无当于五官,五官弗得不治"这句话强调的是学习时要运用多种感官协同记忆。从学习策略上看,这属于复述策略。

2. × 【解析】从道德的认知发展来看,随着儿童的成长,他们会越来越维护法律的权威地位。但是根据科尔伯格的道德认知发展阶段理论,儿童到达一定年龄后会出现社会契约的道德取向,并不完全都是维护法律的权威地位。

3. × 【解析】精加工过程是对所呈现的信息进行添加、补充的活动。精加工的结果是生成了新知识中没有明确呈现出来的内容。学生阅读课文时能读出"言外之意",说明他在运用精加工策略。

4. × 【解析】心智技能是借助于内部言语在头脑中进行的合乎法则的认知活动方式,包括基本技能和认知策略;练习是指以形成某种技能为目的的学习活动,是以掌握一定的活动方式为目标而进行的反复操作。心智技能的学习不仅要熟练掌握相应的一套合乎法则的认知活动方式,还涉及灵活地运用。在心智技能学习中,学生需要通过一定的练习将建立起来的活动程序计划以外显的方式付诸执行,并随着练习促使活动方式定型化、简缩化和自动化。反复练习只是提供了促进这种基本的熟悉以致自动化的机会,并不能自动解决心智技能的灵活运用,即学会在何时何处使用该技能的认知策略的学习,因而也就不能真正实现心智技能的掌握或获得。

5. √ 【解析】认知策略(如画线、口头复述等)是学习内容必不可少的工具,而元认知策略则监控和指导认知策略的运用。所以,元认知策略总是和认知策略一起起作用。

6. × 【解析】对于那些尚无学习动机或者学习动机不高的学生,尤其是年龄较小的学生,教师没有必要推迟学习活动。教学的最好办法是,把重点放在学习的认知方面而不是动机方面,致力于有效地教他们掌握有关知识,让他们获得成功的体验。学生尝到了学习的乐趣,就有可能产生或者增强其学习的动机。

7. × 【解析】根据桑代克的相同要素说,两种学习材料或对象在客观上具有某些共同点是实现迁移的必要条件。两种材料之间存在的共同因素越多,越容易发生学习迁移。共同因素对学习迁移的影响可以从不同的角度来进行研究。现代心理学倾向于从学习对象的构成成分来分析。他们把学习对象的构成成分区分为结构成分和表面成分两大类。所谓结构成分是指学习任务中与最终所要达到的目标或结果有关的成分,而表面成分是指学习任务中与最终目标的获得无关的成分。如果两个任务具有共同的结构成分,则会产生正迁移;结构成分不同则不能促进正迁移,甚至会产生负迁移。但不管是表面的还是结构的相似性,都将增加学习者对两个任务的相似程度的知觉,而知觉的相似性决定迁移量的多少,两种情境的结构相似性则决定迁移的正或负。

8. √ 【解析】原有的认知结构的概括水平对迁移起到至关重要的作用。一般而言,经验的概括水平越高,迁移的可能性越大,效果越好;经验的概括水平越低,迁移的范围越小,效果也越差。

9. × 【解析】加涅认为,程序性知识本质上是由概念和规则构成的。由于运用概念和规则办事的指向性不同,程序性知识又可分为两个亚类:一类为运用概念和规则对外办事的程序性知识,加涅称之为智慧技能,主要用来加工外在的信息。另一类为运用概念和规则对内调控的程序性知识,加涅称之为认知策略,主要用来调节和控制自己的加工活动。所以,"智慧技能"只是程序性知识的一部分,不能涵盖程序性知识。

10. × 【解析】根据三级记忆模型,感觉记忆中的信息经过注意进入短时记忆,短时记忆是感觉记忆到长时记忆的过渡阶段。而长时记忆中的信息经过提取可以转入短时记忆。由此可知短时记忆中的信息既来源于感觉记忆,一部分也来源于长时记忆。

11. × 【解析】努力归因属于内部的、可控的、不稳定的归因。一般情况下,将失败归因于努力不够,可激发更加努力学习的动机,以争取学业的成功。如果学生觉得自己已经努力了,但学业仍然失败,此时学生可能会对自己的胜任力有所怀疑,即可能会做能力的归因。在这种情况下,若教师仍只是一味引导他做努力归因,不帮助学生改变实际已做出的归因,不仅难以激发他之后的学习动机,甚至会使他陷入无助感。因此学生学业失败时,如果是努力不够,教师应当引导学生作努力归因。如果学生已经非常努力,教师要帮助学生分析现实原因,不能一味引导作努力归因。

12. × 【解析】提出假设的数量和质量取决于两个条件:一是个体思维的灵活性;二是已有的知识经验。思维越灵活,越能多角度地分析问题,就越能提出更多的假设;与问题解决相关的知识经验越丰富,就越有利于扩大假设的数量并提高其质量。

四、简答题(参考答案)

1. 如何矫正学生的不良行为?

(1)改善人际关系,消除疑惧心理和对立情绪;(2)保护自尊心,培养集体荣誉感;(3)讲究谈话艺术,提高道德认知;(4)锻炼与诱因做斗争的毅力,巩固新的行为习惯;(5)注重个别差异,运用教育机智。

2. 简述如何运用记忆规律促进知识的保持。

(1)唤起记忆的愿望,明确记忆目的,增强学习的主动性。(2)增强记忆的信心。(3)教授记忆的方法，具体方法有：①理解学习材料的意义；②对材料进行深度加工，促进对知识的理解；③运用组块化学习策略，合理组织学习材料；④运用多重信息编码方式，提高信息加工处理的质量；⑤有效运用记忆术；⑥适当过度学习；⑦重视复习方法，防止知识遗忘。(4)培养自我检查的习惯。

五、论述题(参考答案)

1. 某教师反映：亮亮同学在平时的学习中，不会合理地安排学习计划，分不清学习和活动任务的主次，经常顾此失彼，东一榔头西一棒槌，每天都显得忙忙碌碌，却不能按时完成任务，学习效率极低。综合上述材料，试述教师指导学生进行时间管理的主要内容。

(1)进行时间排序，统筹安排学习时间。时间管理的方法可以因人而异，可以指导学生给自己每个小时制订详细的计划，也可以仅就一天的事情排序。排序的依据一般为事情对我们的重要程度和紧急程度，排好序后，合理安排时间的分配。案例中，教师可以指导亮亮对每天的学习和活动任务进行梳理，并根据任务难度、重要性进行排序。(2)高效利用最佳时间。案例中，亮亮可以根据自己的生物钟安排学习活动，也可以根据一周内学习效率的变化安排学习活动。(3)灵活利用零碎时间。亮亮可以合理利用早自习和晚自习时间进行学习。(4)高效利用课堂学习时间。课堂中认真听讲，做好笔记，并将自己有疑问的地方进行记录，在课后抽取更多时间询问老师，解决疑难。(5)有效时间管理的使用。了解该把精力主要放在哪里，不等于进行有效时间管理，必须进行实践，并且持之以恒。(6)家校合一，家长和学校、教师共同督促亮亮，增强亮亮的时间意识。

2. 我们经常遇到这种情况，在重要的考试中，往往平常会做的题目在考试过程中却不会做，这种情况在心理学中怎么解释？

心理学研究发现，动机与情绪是影响问题理解的重要因素。“耶克斯—多德森定律”表明，动机不足或过分强烈都会影响学习效果。动机的最佳水平随着任务性质的不同而不同。在比较容易的任务中，行为效果(工作效率)随着动机的提高而上升；随着任务难度的增加，动机的最佳水平有逐渐下降的趋势。也就是说，当解决较简单的问题时，动机强度大效率反而高；而在解决较为复杂的问题时，动机强度过大，情绪过度紧张，反而会使问题解决的效率明显下降。在重要的考试中，由于我们过度紧张，动机强度过大，所以常常会出现平常会做的题目在考试过程中却不会做的情况。

六、案例分析题(参考答案)

1. 小明的厌学情绪、弃学行为可以用多种学习动机理论来解释：

(1)归因理论。归因理论认为，学生对自己学业成败原因的推断，通过影响其情绪感受和对未来学习结果的预期，从而影响后续学习的动机。

小明进入高中后，在几次年级统考中名次后移，虽经努力而未见成效，就将自己的学业失败归于能力低下，这一消极归因使其感到羞愧，对未来学习结果的预期也很不乐观，因而降低了学习的坚持性。

(2)自我效能感理论。自我效能感指个人对自己是否具有完成某项任务能力的判断与信念。该理论认为，人总是愿意在自己有成功把握的事情上投入精力。

小明进入高中后由于几次考试连续失利，因消极的归因模式而导致自我效能感降低，对学习成功的期望降低。当“改变失败结局”的目标一再受挫后，体验到更多的紧张、焦虑，因而产生厌学情绪。

(3)自我价值理论。自我价值理论认为自我价值需要是人最重要的需要。学生努力学习的动机是获得自我价值需要的满足，维护自尊。

小明进入高中后几次考试成绩不理想，很容易将其归因于自己能力水平低。此时如果继续努力学习而成绩仍然不能提高，小明就不得不承认自己“无能”，面临丧失自尊的威胁；如果放弃学习，便可将学业失败归因于“没有学习”“没有努力”，从而避免了自尊的丧失。因此，放弃学习是小明保护自我价值、避免自尊丧失的一种策略。

2. (1)成就目标理论由德韦克提出。动机的成就目标理论认为人们对能力有两种不同的内隐观念，即能力增长观和能力实体观。持能力增长观的个体将成就情境看成是提高自身能力的机会，把对任务的掌握和自身能力的发展作为追求的目标，是一种学习目标定向。持能力实体观的个体则将成就情境看成是对自身能力的一种检验和测量，关心的是如何获得高成就，以证明自己的胜任力，避免低能的评价，是一种成绩目标定向。

(2)分析：案例中王刚和李强二人的成就目标存在差异，李强他倾向于确立掌握目标，希望通过学习来提高自己的能力，因此李强并不沮丧，他认为学到了很多营销新知识，提高了能力，并且工作很有挑战性，认为只要自己努力，业绩就会有所提高。而王刚倾向于确立表现目标，他希望在学习过程中证明或表现自己的能力，当成绩不如他人时会有挫败感，并感到沮丧。

3. (1)①测验是为了掌握学生的学习情况，从而达到调整教学，以评促教，促进学生学习的目的。该教师大胆创新，允许学生“公然”作弊，学生通过在A4纸上写东西，带进考场参加考试，形成了“从他们在那张A4纸上总结的内容就能看出高低来”这种结果，反思了“为什么张某某能考好？为什么李某某考不了高分？”并“开始交流哪种学习方法好”。学生们明确了学习的方向和目的。这正是体现了测验的价值和目的。

②该教师为了改变学生作弊的不良行为，采取了斯金纳行为塑造的方法。我们不能等到学习者完全不表现作弊行为的时候再给予强化，而需要把目标行为分解，分成一个个的逐渐趋向目标的小步子，“第二次考试让每个学生带半张A4纸，第三次，带四分之一……”这种方式逐渐改善了学生带小抄作弊的不良行为。

(2)学习策略训练的原则：

①教师创设了适当的机会让他们感受策略的效力，发挥了学生的主动性和能动性，即“写上自己想写的任何东西”，通过这一举动指导他们分析和反思策略使用的过程和效果，体现了主体性原则和个人效能感原则。

②生成性原则，即要对所学材料进行深层次加工，层次加工越深，学习效果越好。案例中的学生采用了层次不同的学习策略，是他们学习成绩差异的主要原因。

③有效监控原则，让他们明白学习结果和学习策

略使用的关系，使学生明白要灵活适时地采用不同的学习策略。本案例中“为什么张某某能考好？为什么李某某考不了高分？”“开始交流哪种学习方法好”即体现了这一点。

4. 心智技能也称为智力技能、认知技能，是通过学习而形成的合乎法则的心智活动方式。我国教育心理学家冯忠良通过教学实验，提出了心智技能的形成理论，具体阶段为：

(1)原型定向。原型定向就是了解原型的活动结构，从而使主体明确活动的方向，知道该做哪些动作和怎样去完成这些动作。材料中，教师运用运算规律进行算式的变形，帮助学生明确计算的方向，即教师引导学生进行了原型定向。

(2)原型操作。原型操作是依据智力技能的实践模式，把学生在头脑中已建立起来的活动程序计划以外显的操作方式付诸实施，获得完备的动觉映像的过程。材料中，教师通过出一些类似的题目引导学生进行纸笔操作练习，这是进行原型操作的过程。

(3)原型内化。原型内化，即智力活动的实践模式(原型)向头脑内部转化，由物质的、外显的、展开的形式变成观念的、内潜的、简缩的形式的过程。材料中，学生通过纸笔操作练习，从而产生言语表征，形成熟练的心算技能，这是进行原型内化的过程。

5. (1)“耶克斯—多德森定律”表明，动机不足或过分强烈都会影响学习效果。①动机的最佳水平随任务性质的不同而不同。在比较容易的任务中，行为效果(工作效率)随动机的提高而上升；随着任务难度的增加，动机的最佳水平有逐渐下降的趋势。②一般来讲，最佳水平为中等强度的动机。③动机水平与行为效果呈倒U型曲线。

(2)①根据耶克斯—多德森定律，教师在教学时，要根据学习任务的不同难度，恰当控制学生学习动机的激起程度。在学习较容易、较简单的课题时，应尽量使学生集中注意力，使学生尽量紧张一点，动机激起水平达到中等偏高的最佳状态；而在学习较复杂、较困难的课题时，则应尽量创造轻松自由的课堂气氛，让动机激起水平处于中等偏低的最佳状态；在学生遇到困难或出现问题时，要尽量心平气和地慢慢引导，以免学生过度紧张和焦虑。本材料中，班主任的做法是不正确的，在面临重要考试时，班主任通过谈话使吴某的动机激起水平过高，致使吴某的身体也出现了问题。②根据动机产生的诱因来源，学习动机可分为内部学习动机和外部学习动机。班主任告诉吴某老师们看好他，认为他有考状元的实力，嘱托他不要辜负老师的期望。班主任过于注重激励学生的外部动机，而忽略了激发吴某的内部动机。

(3)材料中由于老师对吴某的期望和关注过多而使他产生了考试焦虑的心理。针对吴某的情况，激励吴某学习的正确做法有：①班主任应当帮助吴某正确认识来自老师和家长的期望，同时，老师可以给予吴某一个宽松的心理环境，减轻吴某的心理负担。②班主任应当帮助吴某保持一种适度的学习动机，避免过度紧张和焦虑。在学习上要注意劳逸结合，合理安排学习与休息时间，提高吴某学习的效率。学习之余可以参加适当的体育活动，通过放松来缓解学习带来的紧张情绪。③帮助吴某树立正确的成败观，保持良好的心态来对待考试的过程和考试的结果，以一颗平常心对待考试。

真题必刷

一、单项选择题

1. B 【解析】内部学习动机是指诱因来自学习者本身的内在因素，即学生因对活动本身发生兴趣而产生的动机。因此，学习材料的趣味性能够激起学生的内部学习动机，故选B项。
2. C 【解析】复述策略是指在工作记忆中为了保持信息，运用内部语言在大脑中重现学习材料或刺激，以便将注意力维持在学习材料上的方法。画线、圈点批注都属于常见的复述策略。
3. B 【解析】根据迁移的性质和结果，迁移可分为正迁移、负迁移和零迁移。正迁移是指一种学习对另一种学习的促进作用。负迁移是指一种学习对另一种学习产生阻碍作用。ACD三项产生的都是促进作用，属于正迁移。B项汉语拼音发音会对英语字母发音产生消极影响，属于负迁移。
4. B 【解析】他律道德阶段又称权威阶段，本阶段的儿童尊重和顺从权威，认为规则是不变的，根据后果的严重性来判断行为的好坏，而不看主观动机。
5. D 【解析】发散思维的特征有流畅性、灵活性和独创性(独特性)。其中，流畅性是指在限定时间内产生观念数量的多少。在短时间内产生的观念越多，流畅性越大。题干中的晓雨在有限时间内提供答案的数量最多，这说明其思维的流畅性好。

二、多项选择题

1. BCDE 【解析】学生对自己学业成败的不同归因方式会产生不同的影响。例如，学生认为在某门功课上成绩不好是因为自己缺乏才能，即使加倍努力也往往徒劳无功，那么该学生之后就可能不再用功学习了。但如果认为成绩不好是因为试题难度太大或试题太偏、本次复习不够全面、自己努力程度不够、运气不好、身体状态不佳等，则该归因对自我价值感的影响不大，个体也不会随意降低对这门课的期望值或以后的努力程度。因此，在本题中王老师为了鼓励优优的自信心，可以帮助其将考试失败归因为努力不够、运气不好、状态不佳、试题太难等因素，而不能让其将失败归因为能力不足。
2. BC 【解析】监控策略是指在认知过程中，根据认知目标及时检测认知过程，寻找两者之间的差异，并对学习过程及时进行调整，以期顺利实现有效学习的策略。监控策略包括阅读时对注意加以跟踪、对材料进行自我提问、考试时监视自己的速度和时间等。故答案选BC两项，而AD两项属于计划策略。
3. CD 【解析】具体迁移也称特殊迁移，是指学习迁移发生时，学习者原有的经验组成要素及其结构没有变化，只是将一种学习中习得的经验要素重新组合并移用到另一种学习之中。例如：学习了“日”“月”对学习“明”的影响；掌握了加减法对做四则运算题的影响等。故CD两项事例属于具体迁移。A项属于垂直迁移，B项属于负迁移。
4. ABCD 【解析】教师可以综合运用一些方法来帮助学生形成或改变某种态度。通常可应用的方法有提供榜样法、说服性沟通法、角色扮演法等。此外，在学校情境中，教师应根据学生心目中有关榜样的特点，按照班杜拉的社会学习理论来选择榜样、设计榜样、示范榜样行为，以及运用有关的奖惩，引导学生学习某种合乎要求的态度。故选ABCD四项。(具体内容参见张大均主编的《教育心理学》)

三、判断题

1. √ 【解析】"耶克斯—多德森定律"表明,动机不足或过分强烈都会影响学习效果。一般来讲,最佳水平为中等强度的动机。

2. × 【解析】概念学习是指掌握概念的一般意义,其实质是掌握一类事物的共同的本质属性和关键特征。故题干所述的学习为概念学习。

3. √ 【解析】概括化理论也称经验类化说,由美国心理学家贾德提出。贾德在1908年所做的"水下击靶"实验,是概括化理论的经典实验。

4. × 【解析】高原现象并不具有普遍性。在技能形成过程中,并非必然出现高原现象。如果技能结构比较简单,又没有造成学生高原现象出现的原因,那么就不会出现高原现象。故题干说法错误。

5. × 【解析】按照问题的组织程度可以把问题分为结构良好问题和结构不良问题。其中,学习者在学科学习中遇到的绝大多数问题都是结构良好问题。例如,"从哈尔滨到三亚应该怎么走路程最短"其初始状态、目标状态和操作都是具体明确的,故属于结构良好问题。

四、简答题(参考答案)

1. 简述教师在教学中如何有效地促进学生的学习迁移。

(1)改革教材内容,促进迁移;(2)合理编排教学方式,促进迁移;(3)教授学习策略,提高学生的迁移意识;(4)改进对学生的评价。

2. 简述科尔伯格的品德发展阶段理论。

科尔伯格采用"道德两难故事法"对儿童的道德判断能力进行研究。他以道德判断的发展代表道德认知的发展,进而代表品德发展的水平。他将道德判断分为三个水平,每一水平包含两个阶段,六个阶段依照由低到高的层次发展。

(1)前习俗水平,包括:①服从与惩罚的道德定向阶段;②相对功利的道德定向阶段。(2)习俗水平,包括:①好孩子的道德定向阶段;②维护权威或秩序的道德定向阶段。(3)后习俗水平,包括:①社会契约的道德定向阶段;②普遍原则的道德定向阶段。

五、案例分析题(参考答案)

(1)原因:实验组的狗产生了习得性无助的现象。习得性无助是指由于连续的失败体验而导致个体产生的对行为结果感到无力控制、无能为力的心理状态。材料中实验组的狗在第一个笼子中,经过再三努力仍无法逃脱,最后不再挣扎。随后,在容易逃脱的笼子中也不再尝试逃脱,这正是由于多次失败而产生了习得性无助的现象。

(2)做法:实验者需要把它们带到笼子的另一边,即没有电击的一边,从而逃脱电击。用行为主义的知识解释就是,实验组的狗把在第一个情境中习得的经验不恰当地泛化到了第二个情境中,尽管隔板的高度是狗可以轻易跳过去的,但它们表现出的却是先前习得的行为。因此,要让狗学会逃避电击,实验者必须把狗带到没有电击的一边,使它们懂得笼子中的电击是可以逃避的。

专题五 教学心理

基础训练

知识1 教学设计

一、单项选择题

1. A 【解析】设计教学目标的时候必须要以学生的实际作为首要依据。

2. C 【解析】发现学习是指给学生提供有关的学习材料,让学生通过探索、操作和思考,自行发现知识、理解概念和原理的教学方法。题干中老师让学生自己通过实验来确定如何测量圆柱体的体积就属于发现学习。

3. D 【解析】D项,直接教学是以学习成绩为中心,在教师指导下使用结构化的有序材料的课堂教学策略。直接教学尤其适用于教授那些学生必须掌握的、有良好结构的信息或技能。

A项,发现学习是指给学生提供有关的学习材料,让学生通过探索、操作和思考,自行发现知识、理解概念和原理的教学方法。

B项,掌握学习是由美国心理学家布卢姆提出来的一种适应学习者个别差异的教学方法。该方法将学习内容分成小的单元,学生每次学习一个小的单元并参加单元考试,直到学生以80%~100%的掌握水平通过考试,才能进入下一个单元的学习。

C项,合作学习指学生们以主动合作学习的方式代替教师主导教学的一种教学策略。

4. C 【解析】C项,非标准化测验是指不符合标准化程序的测验。如教师所使用的自编课堂测验就是典型的非标准化测验。因此,在日常教学活动中,教师用来测评学生学习效果的单元小测验就属于非标准化测验。

A项,标准化学业成就测验是指由学科专家和测验编制专家按照一定标准和程序编制的测验。

B项,常模参照测验是以学生团体测验的平均成绩即常模为参照点,比较分析某一学生的学业成绩在团体中的相对位置的测验。

D项,标准参照测验是以教学目标所确定的作业标准为依据,根据学生在试卷上答对题目的多少来评定学生的学业成就的测验。

5. A 【解析】布卢姆将认知领域的教育目标从低到高分为六个层次,其中知识目标指对先前学习过的材料的记忆,包括对具体事实、方法、过程、概念和原理的回忆。这是最低水平的认知学习结果,所要求的心理过程是记忆。因此,题干中要求学生记忆数学法则或公式属于知识目标。故本题选A。

B项,领会目标是领悟所学材料的意义,可使用的描述动词有:解释、辨别、概括等。

C项,分析目标是将整体材料分解成其构成成分并理解其组织结构,包括对要素的分析、关系的分析和组织原理的分析,可使用的描述动词有:分解、说明、推理等。

D项,应用目标是将所学概念、规则、方法、规律和理论应用于新情境中的能力。

6. B 【解析】本题中考生应区分布卢姆教学目标分类中每一个领域的具体内容。

A项,认知领域的教学目标分为知识、领会、运用、分析、综合、评价六级。不符合题意。

B项,情感领域的教学目标分为接受、反应、形成价值观念、组织价值观念系统、价值体系个性化五级。符合题意,当选。

D项,动作技能目标包括知觉、模仿、操作、准确、连贯、习惯化六个层次。不符合题意。

C项,不属于布卢姆的教育目标分类系统,直接排除。

7. C 【解析】教学策略具有灵活性,它不是"万金油"式的"教学处方",不存在一个能包揽一切的大而全的教学策略。因此新手教师单纯模仿专家教师的教学策略,很难达到理想的效果。

8. A 【解析】无论是一般目标还是具体目标,集体目标还是个人目标,都要难度适中。既要使学生"跳一跳,摘桃子",又要使他们"跳一跳"就能摘到"桃子"。

9. A 【解析】个别化教学是指让学生以自己的水平和速度进行学习的一种教学模式。

10. D 【解析】常模参照评价以学生团体测验的平均成绩即常模为参照点,比较分析某一学生的学业成绩在团体中的相对位置。它采用相对的观点解释学生的学业成就,着重于学生之间的比较,主要用于选拔、编组等。选拔性考试一般是典型的常模参照性测验,如高考。

11. D 【解析】个别化教学大致包括这样几个环节:(1)诊断学生的初始学业水平或学习不足;(2)提供教师与学生或机器与学生之间的一一对应关系;(3)引入有序的和结构化的教学材料,随之加以操练和练习;(4)允许学生以自己的速度向前学。

12. A 【解析】结构化策略强调知识结构,主张抓住知识的主干部分,削枝强干,构建简明的知识体系。

13. C 【解析】教学策略的指向性是指任何教学策略都指向特定的问题情境、特定的教学内容、特定的教学目标,规定着师生的教学行为。

14. C 【解析】教学目标是指在教学活动中所期待得到的学生的学习结果。

15. A 【解析】A项,阶段性原则是指不同阶段的教学目标设计的侧重点是不同的,因此,教学目标的设计应该遵循阶段性原则,突出每个阶段的特点,并且使这些阶段具有一定的连贯性,从而保证教学目标的浑然一体。小学低年级学生和中高年级学生的教学侧重点不同,体现的就是阶段性原则。

B项,可行性原则是指教学目标的设计要考虑到其实现的各种可能性,要考虑制约教学目标实现的各种条件,保证教学目标的顺利实现。

C项,可操作性原则是指教学目标对知识与技能在陈述上必须用可观察和可测量的行为动词来描述学生形成的具体行为,要符合学生的认知水平,陈述词要具体、细腻,保证教学目标具有一定的可操作性。

D项,发展性原则是指教学目标设计的最主要目的就是要促进学生的发展,并且要使教师在促进学生发展的同时也获得一定程度的成长。

16. B 【解析】合作学习中小组成员人数以5人左右为宜。一般来说,最为有效的小组人数是4~6个成员。这样既能实现组内异质的目标,也能使小组中的每一个成员都参与到合作学习之中,同时,在小组成员有争执的时候容易做出暂时性的结论。

17. A 【解析】合作学习是指学生们以主动合作学习的方式代替教师主导教学的一种教学策略。

18. B 【解析】合作学习分组的原则:(1)组内异质,组间同质。(2)小组成员人数以5人左右为宜。一般来说,最为有效的小组人数是4~6个成员。

19. C 【解析】掌握学习是由美国心理学家布卢姆提出来的一种适应学习者个别差异的教学方法。布卢姆认为只要给予足够的时间和适当的教学,几乎所有的学生对所学的内容都可以达到掌握的程度,学生学习能力的差异不能决定他能否学会要学的内容,而只能决定他将要花多少时间才能达到对该内容的掌握程度。

20. D 【解析】对学习内容达到掌握的程度,通常意味着完成80%~90%的评价项目。

21. B 【解析】教学设计是指在实施教学之前由教师对教学目标、教学方法、教学评价等进行规划和组织并形成设计方案的过程。教学设计综合了教学过程的基本要素,如教学目标、教学内容、教学对象、教学策略、教学评价等,对教学过程用系统论的观点加以模式化和程序化。教学设计具有灵活性,这说明在进行教学设计时应该留有余地,让教师有充分的时间和空间处理偶发事件,并根据课堂情境灵活调整教学设计方案。故B项说法错误。

22. A 【解析】成长记录袋激励学生发展自我评价技能,为自己的学习负责,并成为反思性学习者。

23. C 【解析】教学目标是指在教学活动中所期待得到的学生的学习结果。教学目标是整个教学设计中最重要的部分。它的作用主要体现在三个方面:(1)教学目标是选择教学方法的依据;(2)教学目标是进行教学评价的依据;(3)教学目标具有指引学生学习的作用。

24. B 【解析】领会,即领悟所学材料的意义,是指在知识记忆的基础上对知识的掌握,能抓住事物的实质,把握材料的主题和意义。例如,学生用自己的语言来表述课文的中心思想,或者学生用自己的语言来陈述一个数学原理的大概意思。

25. D 【解析】美国教育心理学家布卢姆将教学目标分为认知、情感和动作技能三个领域,每一领域的目标又从低级到高级分成若干层次。其中,认知领域的教学目标从低到高分为知识、领会、运用、分析、综合、评价六级。

26. A 【解析】具体来说,内容型策略有强调知识结构和追求知识发生过程两个类别,也就是说有两条途径:结构化策略和问题化策略。

27. A 【解析】以教师为中心的讲授策略适用于要求学生尽快地掌握知识和技能的教学要求。

二、多项选择题

1. ABD 【解析】美国教育心理学家布卢姆将教学目标分为认知、情感和动作技能三个领域。

2. ACD 【解析】个别化教学模式包括:程序教学、掌握学习、计算机辅助教学、独立学习、适应性教学和个别辅导等教学方式。B项合作学习属于以学生为中心的教学策略。

3. ABCD 【解析】教学设计的依据有:(1)理论依据:①现代教学理论、学习理论与传播理论;②系统的原理和方法。(2)现实依据:①教学的实际需要;②教师的教学经验;③学生的需要和特点;④教材的特点等。

4. ABCD 【解析】教学媒体是指在教学过程中传递信息的物质工具,如挂图、幻灯片、录像带、录音带、新闻图片、实验仪器、计算机、网络等。

5. ABD 【解析】有效自编测验的特征有:信度、效度、区分度。

6. ABD 【解析】发现学习、合作学习、情境教学属于以学生为中心的教学策略。C项程序教学属于个别化教学模式。

7. ABCD 【解析】教学策略的特征包括指向性、操作性、整体综合性、调控性、灵活性和层次性。

8. ABCD 【解析】合作学习在设计与实施上必须具备五个特征:(1)分工合作;(2)密切配合;(3)各自尽力;(4)社会互动;(5)团体过程。

9. ABCD 【解析】与传统的教学相比,计算机辅助教学具有这样几个优越性:(1)交互性,即人机对话;(2)即时反馈;(3)以生动形象的手段呈现信息;(4)自定步调等。

三、判断题

1. × 【解析】教学评价是对客观结果的主观判断与解释。

2. × 【解析】客观测验出题较为困难,且不易测量学生高层次的分析、综合能力。

3. √ 【解析】著名心理学家马杰认为,教学目标应该陈述"学生能做什么以证明他的成绩以及教师怎样知道学生能做什么"。

4. × 【解析】教学内容设计是教学设计最关键的环节,是教学设计的主体部分,其质量高低直接影响教学活动的成败。

知识2 课堂管理

一、单项选择题

1. A 【解析】课堂管理实际就是对课堂中人际关系的管理。

2. D 【解析】教师的领导风格对课堂管理有直接的影响。

3. B 【解析】本题中考生应区分几种群体心理。如下表。

现象	表现
社会助长	有他人在场,效率提高
社会干扰(社会抑制)	有他人在场,效率下降
社会惰化	完成群体任务,付出努力减少
去个性化(费斯廷格)	在群体中个人意识和理解评价感丧失,自制力变得极低,加入群体的重复的、冲动的、情绪化的有时甚至是破坏性的行动中去
从众	在群体的压力下,放弃自己的意见,随大流
服从	在权威命令、社会舆论的压力下,放弃自己的意见,随大流

题干描述符合社会助长的表现,故本题选B项。

4. B 【解析】A项,自我促成的纪律简单说就是自律,即在个体自觉努力下由外部纪律内化而成的个体内部约束力。B项,任务促成的纪律即某一具体任务对学生行为提出的具体要求。D项,集体促成的纪律即在集体舆论和集体压力的作用下形成的群体行为规范。根据题干描述可知,题干中学生认真听课,形成良好的课堂秩序是由课堂测验这一任务促成的,故其属于任务促成的纪律。

5. A 【解析】A项,群体凝聚力是指群体对成员的吸引力和成员之间的相互吸引力。它是衡量一个班集体成功与否的重要标志。故本题选A。B项,群体规范是约束群体内成员的行为准则,包括成文的正式规范和不成文的非正式规范。C项,课堂气氛是指在课堂上占优势地位的态度和情感的综合状态。D项,人际关系是指人与人在相互交往过程中所形成的社会心理关系或心理距离。

6. B 【解析】当他人在场或与他人一起从事某项工作时而使个体行为效率下降的现象称作社会干扰,也叫社会抑制。考试时因老师站在一旁而写不出字,属于典型的社会抑制现象。

7. D 【解析】美国心理学家舒茨提出了人际关系需要的理论,最基本的人际关系需要有三类:第一,包容需要,这种需要表现为希望与别人发生相互作用,建立联系并维持和谐关系的愿望;第二,控制需要,这种需要表现为在权力或权威基础上与别人建立和维持良好关系的愿望;第三,感情需要,这种需要表现为在情感上与他人建立和维持良好关系的愿望。题干描述的属于包容需要。

8. C 【解析】服从是指在权威命令、社会舆论或群体气氛的压力下,放弃自己的意见而采取与大多数人一致的行为。题干所述现象属于服从。

9. C 【解析】课堂气氛是指在课堂上占优势地位的态度和情感的综合状态。

10. A 【解析】人际吸引,是指人与人之间在情感方面相互喜欢和亲和的现象,即一个人对他人所持的积极态度。它以认知协调、情感和谐及行为一致为特征。题干所述体现了人际吸引的内涵。

11. C 【解析】根据师生相互作用的方式不同,可以将课堂气氛划分为四种,见下表。

种类	特征
积极的课堂气氛	纪律良好,精神饱满,注意力集中,气氛热烈
消极的课堂气氛	纪律问题较多,无精打采,注意力分散,情绪压抑
一般型课堂气氛	教学能正常进行,教学效果一般
对抗的课堂气氛	纪律问题严重,注意力指向无关对象,基本上处于失控状态

题干所述是消极型课堂气氛的典型特征。

12. B 【解析】根据活动的目标、内容及成员之间关系的密切程度,可将群体划分为不同的发展水平,从低到高称为松散群体、联合体、合作集体(合作体)和集体。

13. D 【解析】根据题干描述可知影响学生结为同伴群体的因素在于能力的相似性,能力强的组成一个群体,能力差的组成另一个群体。

14. A 【解析】学生之间的合作与竞争是对立统一的,随能否满足各自的利益而转移。

15. B 【解析】集体促成的纪律即在集体舆论和集体压力的作用下形成的群体行为规范。苗苗因受到集体压力(大家都在认真学习)的影响而不敢东张西望,这属于集体促成的纪律。

16. D 【解析】自我促成的纪律简单说就是自律,即在个体自觉努力下由外部纪律内化而成的个体内部约束力。形成自我促成的纪律是课堂纪律管理的最终目标。

17. A 【解析】研究发现,分配学生座位时教师主要关心的是减少课堂混乱。其实,分配学生座位时,最值得教师关注的应该是对人际关系的影响。

18. C 【解析】在群体中,人们有时会感到自己被湮没在群体之中，于是个人意识和理解评价感丧失，个体的自我认同被群体的行动与目标认同所取代，个体难以意识到自己的价值与行为，自制力变得极低，结果导致人们加入重复的、冲动的、情绪化的，有时甚至是破坏性的行动中去，这种现象叫作去个性化。题干描述的现象属于去个性化。

19. C 【解析】个别学生有时为了引起教师和其他同学的注意，会做出一些问题行为。这时，如果教师直接干预，正好迎合了学生的目的，从而对其问题行为起到强化作用。在这种情况下，教师采取有意忽视的态度，装作视而不见，是比较合适的处理方式。

20. D 【解析】教师使用非言语线索能消除许多课堂上的不良行为，而且不必中断上课。这些非言语线索包括目光接触、手势、身体靠近和触摸等。

二、多项选择题

1. ACD 【解析】一般来说，课堂管理具有三个重要目标：(1)为学生争取更多的学习时间；(2)增加学生参与学习活动的机会；(3)帮助学生形成自我管理的能力。

2. AC 【解析】造成从众的群体原因有：(1)群体的规模；(2)群体凝聚力；(3)群体意见的一致性；(4)群体的权威性。

3. BCD 【解析】美国心理学家舒茨提出了人际关系需要理论，最基本的人际关系需要有三类：(1)包容需要。这种需要表现为主动与他人交往，或期待与他人交往；(2)控制需要。这种需要表现为支配他人，或期待他人支配。(3)感情需要。这种需要表现为主动表示友好，或期待他人的情感表达。

4. BD 【解析】课堂里主要的人际关系有吸引与排斥、合作与竞争。

5. ABCD 【解析】根据课堂纪律形成的原因，可以将课堂纪律分成教师促成的纪律、集体促成的纪律、任务促成的纪律和自我促成的纪律四种类型。

6. BCD 【解析】课程表的编制首先应尽量将语文、数学和外语等核心课程安排在学生精力最充沛的上午第一、二、三节课，C项说法正确。将音乐、美术、体育和习字等技能课安排在下午，B项说法正确。其次，将文科与理科、形象性的学科与抽象性的学科交错安排，避免同类刺激长时间地作用于大脑皮层的同一部位而导致疲劳和厌烦。A项说法错误，D项说法正确。

7. ACD 【解析】根据师生相互作用的方式不同，可以将课堂气氛划分为：(1)积极的课堂气氛；(2)消极的课堂气氛；(3)一般型课堂气氛；(4)对抗的课堂气氛。

三、判断题

1. × 【解析】课堂问题行为是一种普遍行为。课堂问题行为普遍存在，不管是优秀生还是学困生都有可能产生问题行为。

2. × 【解析】从众是个体在群体的压力下，放弃自己的意见而采取与大多数人一致的行为的社会现象。题干所述现象属于从众现象。

3. × 【解析】从众既有积极意义又有消极作用。

4. √ 【解析】社会惰化无法消除，但是可以有效地减少。

5. × 【解析】学生之间的合作与竞争是对立统一的，它们以能否满足各自的利益为转移。

6. × 【解析】社会惰化主要指当群体一起完成一件工作时，群体中的成员每人所付出的努力会比个体在单独情况下完成任务时偏少的现象。“三个和尚没水喝”属于社会惰化。

7. √ 【解析】学生座位的分配，要考虑：(1)课堂行为的有效控制，预防纪律问题的发生；(2)促进学生间的正常交往，形成和谐的师生关系，并有助于学生形成良好的人格特征。

8. √ 【解析】班级越大，内部越容易形成各种非正式小群体。

四、简答题(参考答案)

1. 班级规模对课堂管理的影响表现在哪些方面？
(1)班级的大小会影响成员之间的情感联系；(2)学生越多，学生间的个别差异就越大，课堂管理所遇到的阻力也可能越大；(3)班级的大小也会影响交往模式；(4)班级越大，内部越容易形成各种非正式小群体。

2. 简述如何增强班集体的凝聚力？
(1)了解群体凝聚力的情况；(2)帮助班级里所有学生对一些重大事件和原则问题保持共同的认识和评价，形成认同感；(3)引导所有学生在情感上加入群体，形成归属感；(4)当学生表现出符合群体规范和群体期待的行为时，给予赞许和鼓励，形成力量感。

3. 如何协调正式群体与非正式群体？
(1)要不断巩固和发展正式群体，使班内学生之间形成共同的目标和利益关系，产生共同遵守的群体规范，并以此协调大家的行动，满足成员的归属需要和彼此之间的相互认同，从而使班级成为团结的集体。(2)要正确对待非正式群体。在支持、保护积极型非正式群体的同时，还要对消极型的非正式群体给予教育、引导和改造，必要时依据校规、法律加以惩处或制裁。

4. 简述影响课堂气氛的因素。
课堂气氛是师生在课堂活动中相互作用而产生的，主要受教师、学生、课堂内物环境等三方面因素的影响。
(1)教师因素。教师是课堂教学中的主导者，教师的领导方式、教师的移情、教师对学生的期望、教师的情绪状态、教师的教学能力是影响课堂气氛的决定因素。(2)学生因素。课堂气氛是师生共同营造的，学生是课堂活动的主体。因此，学生的一些特点也是影响课堂气氛的重要因素。(3)课堂内物环境因素。课堂内物环境又称作教学的时空环境，主要指教学时间和空间因素构成的特定的教学环境，包括教学时间的安排、班级规模、教室内的设备、教具、乐音或噪音、光线充足与否、空气清新或浑浊、高温或低温、座位编排方式等。这些因素虽然不是决定课堂气氛的主要原因，但是它们的优劣会对课堂气氛的形成起着促进或阻碍作用。

5. 简述如何维持课堂纪律。
(1)建立有效的课堂规则；(2)合理组织课堂教学；(3)做好课堂监控；(4)培养学生的自律品质。

五、案例分析题(参考答案)

1. (1)学生违反课堂纪律的原因有：①引起教师的注意。小方表现出不良行为是为了获得教师的注意，哪怕是消极的注意，教师的斥责对他而言起到了强化作用。②引起同伴的注意。小方表现出不良行为的另外一个原因，就是为了获得同学的注意和赞赏。③逃避不愉快的状态或活动。不良行为第三个重要的强化是逃避烦闷、挫折、乏味和不愉快的活动。根据行为主义学习理论，逃避不愉快的刺激就是一种强化。那些在学校里反复遭受失败的学生把许多事都看作是不愉快、烦闷、挫折和疲惫的，他们会频繁请求上洗手间、削铅笔，在自习课上做作业时比听讲时更容易提出这些请求，因为课堂作业使他们更容易感到挫折和焦虑。因此，小方在课堂上随意发言是为了逃避不愉快的活动。

(2)①预防策略。这是处理一般问题行为的最好方式。在教学中，教师可以通过呈现生动有趣的课程，确定清晰的课堂规则和程序，使学生进行有意义的活动等来预防问题行为的发生。此外，变化课程内容、运用不同的材料和方法进行教学，教师显示出幽默和热情，以及让学生进行合作学习等也都能够减少学生因疲劳而引发问题行为的可能性。②非言语暗示。由于一般问题行为大都是一些暂时性的干扰，教师在处理这些行为时，通常只需要运用简单的非言语线索进行暗示，就可以得到既制止问题行为又不影响课堂教学进程的双重效果。③表扬。对许多学生来说，表扬是一种强有力的激励。此外，表扬其他学生的良好行为也可以促使出现问题行为的学生表现出类似的良好行为，从而达到消除问题行为的目的。④言语提醒。当非言语线索不能制止学生的问题行为时，教师采用适当的言语提醒也有助于让学生回到学习活动中来。⑤有意忽视。个别学生有时为了引起教师和其他同学的注意，做出一些问题行为。在这种情况下，教师采取有意忽视的态度，装作视而不见，是比较合适的处理方式。⑥心理辅导。对于课堂问题行为的根本矫正不仅在于改变学生的外部行为表现，形成新的行为模式，而且要把良好的行为模式内化为学生的自觉意识与行动。这就要求教师善于运用心理辅导的原理和技术来矫正学生的课堂问题行为。⑦转移注意。如采用比喻、声东击西等方法加以暗示，转移学生的注意力，终止学生的问题行为。

2. (1)课堂上安静不是最重要的。①调动学生的学习积极性是上好一堂课的内在动力。教师要千方百计地调动和爱护学生的积极性。如果教师察觉课堂上学生的积极性不高，就要立刻反思自己教学中存在的问题，采取措施，加以改进。要调动学生的积极性，首先，教师要尊重学生，民主平等地对待学生，真正树立起学生是学习的主体的理念，热情耐心地为学生服务。其次，要了解学生的天性、兴趣、欲求和已有的知识基础，使自己的教学内容、方法、进度均建立在切合学生实际的基础上。②课堂气氛是指在课堂上占优势地位的态度和情感的综合状态。它具有独特性，不同的课堂往往有不同的气氛，即使是同一课堂，也会形成不同教师的气氛区。一种课堂气氛形成后，往往能维持相当长的一段时间，而且不同的课堂活动也会被同样的课堂气氛所笼罩。积极的课堂气氛的特征是：课堂纪律良好，师生关系融洽；学生精神饱满，注意力集中，专心听讲，积极思维，反应敏捷，发言踊跃；教师善于点拨和积极引导；课堂气氛热烈、活跃与祥和。由此可见，积极的课堂气氛有利于学生的学习，安静的课堂也有可能使教学效果一般。

(2)教师可以从以下几个方面来控制班级：①创设积极的课堂气氛。第一，发挥教师的主导作用；第二，尊重学生的主体地位；第三，构建和谐的师生关系。②使用能有效维持课堂纪律的策略。第一，建立有效的课堂规则；第二，合理组织课堂教学；第三，做好课堂监控；第四，促进学生形成和发展自律品质。③从课堂问题行为的矫正入手。第一，运用行为控制策略，及时终止课堂问题行为。教师可以采用以下方法：使用幽默、非言语暗示等。第二，矫正策略。

3. (1)中学生主要的人际关系有三种，即亲子关系、师生关系和同伴关系，对于初中生而言，与同伴相处的时间已经超越了家庭以及别的一切社会关系。

(2)美国心理学家舒茨认为有三种最基本的人际关系需要，即包容需要、控制需要以及感情需要。初中生最希望从集体当中获得包容需要，从同伴身上获得感情需要。陈某主要的困惑在于感情需要没有得到充分满足。

(3)作为陈某的朋友，需要对陈某加以积极的关注；作为陈某，也应该认识到自己的朋友也可以有其他的朋友，陈某可以积极融入朋友的朋友圈中去。

整合提升

一、单项选择题

1. B 【解析】领会指把握所学材料的意义，它超越了单纯的记忆，代表最低水平的理解。

2. A 【解析】从众是个体在群体的压力下，放弃自己的意见而采取与大多数人一致的行为的社会现象。从众现象产生的原因之一为一个人往往不愿意被群体视为越轨者或不合群者，为了避免他人的非议或排斥，避免受孤立，从而产生从众。在本题中某学生随地吐痰后，因受到班里其他同学的压力(如排斥或孤立)而改掉了这一不良习惯，这是产生了从众现象。

易错警示：考生容易混淆从众和服从的概念。两者的区别在于：从众的原因是群体压力；服从的原因是权威命令、社会舆论或群体气氛的压力。考生可以这样记忆："众"代表的是群体；"服"一般是对权威、舆论等的服从。

3. B 【解析】布卢姆将认知领域的教学目标由低到高分为知识、领会、运用(应用)、分析、综合、评价六级。A项口头解释各种几何概念后，学生能正确画出相应的几何图形属于领会和应用阶段。B项面对一份污染报告，学生能提出检验其中结论的方法属于综合和评价阶段。"检验"也就是"鉴定"的过程，是在分析污染报告的基础上，综合、创造性地解决问题的过程。C项学生能推测出容器中的空气全部抽出后会对容器产生什么样的影响属于应用阶段。学生运用已有的关于气体性质的概念、法则和原理解决问题。D项学生阅读所给文章时，能区别出文中的观点和事实属于分析阶段。故本题选B。

4. D 【解析】课堂环境可以分为"硬环境"(物理环境)和"软环境"(精神环境)两个方面，前者主要是指课堂中的物理环境，如课堂内的温度、色彩、空间大小、座位编排方式等时空环境和物质环境；后者主要指课堂中的社会心理环境，如课堂教学气氛、学习目标定向等。其中，课堂教学气氛主要指在课堂教学过程中通过师生之间的相互作用而形成的一种心理环境，主要包括师生的心境、态度、情绪和课堂秩序。故答案选D项。

5. B 【解析】常模参照测验以团体测验的平均成绩即常模为参照点,从而判断被试在所属团体中的相对位置。在艾森克人格问卷中,需要对照常模团体来确定测验组人群所处的水平,故其属于常模参照测验。因此,答案选B项。而C项句子完成测验属于投射测验,D项医师资格测验属于标准参照测验。A项教师自编测验属于非标准化测验。

6. A 【解析】布卢姆主张能够作为教学目标的项目,必须是通过短期教学可达到的、具体化的、可观察的、可测量的外显行为。B、C、D三项均为短期教学可完成的具体的目标。只有A项培养学生的思维能力不可能在短期的教学中得到提升,思维能力不够具体化,非常宏观,也不宜测量。因此答案选A。

7. A 【解析】权威型课堂管理模式认为,整个课堂是由教师负责的。教导型课堂管理认为认真设计和实施的教学可以预防和解决大多数课堂行为问题,有效的行为管理是高质量教学的必然结果。因此,A项说法错误。放任型课堂管理强调学生个人自由和个人选择,旨在发展学生的自治,让学生自己作出决定,对其行为自己负责。B项说法正确。行为矫正型课堂管理基于行为心理学原则认为,无论是良好行为还是不良行为,都是通过学习获得的。C项说法正确。人际关系型课堂管理侧重于健康的课堂心理气氛,认为有了健康的课堂气氛,学生的学习便会自动产生,也就不会产生问题行为。D项说法正确。本题为选非题,A项当选。

8. A 【解析】学生座位的安排会影响课堂教学的学习,有研究表明,坐在教室前面几排及中间几列的学生似乎是最积极的学习者,教师大多时间都站在这些座位的前面,师生之间的言语交流大多集中在教室的这一区域。

9. D 【解析】教学目标的明确化是陈述教学目标的基本要求,需要做到:(1)教学目标要用可观察的行为来表述,使教学目标具有可操作性;(2)教学目标的表述要反映学生行为的变化,陈述学生的学习结果。"理解""了解""感受"等词语都是比较模糊的词语,不可观察或者测量。而"流利背诵"是可以测试出来的,故选D项。

10. D 【解析】综合是指将所学的零碎知识整合为知识体系,强调的是创造能力,需要产生新的模式或结构。学生写一首七律诗,是调用了关于七律诗的知识并加入自己的创造完成的,所以是综合水平。因此答案选D。

11. B 【解析】根据学生行为表现的倾向,将课堂问题行为分为外向性问题行为和内向性问题行为。外向性问题行为主要包括:相互争吵、挑衅推撞等攻击性行为;交头接耳、高声喧哗等扰乱秩序的行为;作滑稽表演、口出怪调等故意惹人注意的行为;以及故意顶撞班干部或教师、破坏课堂规则的盲目反抗权威的行为;等等。内向性问题行为主要表现为:在课堂上心不在焉、胡思乱想、做白日梦、发呆等注意力涣散行为;害怕提问、抑郁孤僻、不与同学交往等退缩行为;胡涂乱写、抄袭作业等不负责任的行为;迟到、早退、逃学等抗拒行为。因此,题干所述符合内向性问题行为的表现。

二、多项选择题

1. BCD 【解析】影响课堂气氛的因素有很多,其中,教师方面的因素是影响课堂气氛的主要因素。故A项说法错误。

2. ACD 【解析】多媒体教学的隐患包括:(1)颠倒教学内容与形式的关系;(2)大容量导致教学重难点模糊不清;(3)盲目利用,浪费教学可用资源;(4)不顾实际强求使用多媒体教学。

3. ABD 【解析】C项证明属于认知目标中的应用水平。

4. BC 【解析】当学生发生问题行为时,首先,教师必须确定干预会在多大程度上妨碍教学活动;其次,应该根据问题行为的性质和严重性、涉及的学生和违规行为发生的时间来确定如何干预。根据题干所述,教师应该先采用非言语暗示或者言语提醒来制止学生的议论,维持课堂教学秩序。课后再与学生交流,了解学生议论的原因,再进一步做出处理。BC两项说法正确。不分缘由的当场批评一是会中断课堂教学的有序进行,二是可能激起学生的逆反心理。故A项做法不合适。D项对家长进行批评教育亦不可取。

5. ABCD 【解析】班级中的同伴关系对于教学目标的实现具有重要作用,主要体现在以下四个方面:(1)对学生学业成绩的影响;(2)对学生社会化的影响;(3)对学生换位思考能力的影响;(4)对学生自我概念和人格发展的影响。

6. ABCD 【解析】我国学者认为,教学设计是以获得优化的教学效果为目的,以学习理论、教学理论和传播理论为理论基础,运用系统方法分析教学问题、确定教学目标、建立解决教学问题的策略方案、试行解决方案、评价试行结果和修改方案的过程。因此,教学设计需要用系统的方法进行设计,故A项说法正确。教学目标是教学活动的出发点和归宿,是课堂教学的灵魂,因此,确定教学目标是教学设计中最先考虑的问题。故B项说法正确。教学设计具有指导性、统合性,操作性、预演性、凸显性、易控性和创造性的特点,故C项说法正确。学生是教学的出发点和归宿,教学的任务和目的都是围绕着学生的发展而展开的,教师的教必须通过学生积极主动的学才能起到有效的作用。因此,教师进行教学设计时,要考虑学生的身心发展特点和规律,考虑学生的情感价值基础,考虑学生的需求、兴趣等。故D项说法正确。

三、判断题

1. × 【解析】掌握学习是指将学习内容分成小的单元,学生每次学习一个小的单元并参加单元考试,直到学生以80%~100%的掌握水平通过考试,才能进入下一个单元的学习。它代表着一种非常乐观的教学方法,它假设只要给以足够的学习时间和相应的教学,大多数学生都能够学会学校里的科目。采用掌握学习进行教学,学生的成绩仍然有差异,但这种差异表现在他们所掌握的单元数或成功学完这些单元所花时间上。

2. √ 【解析】教师自编测验是教师根据教学需要自行设计与编制的,通常没有统一、具体的规定,内容及取样全部由任课教师决定,操作过程容易,适用于测量教师设定的特殊教学目标,作为班内比较的依据。它在学校教学评价中应用最多,也是教师最愿意用的测验。

3. × 【解析】教师的移情是教师将自身的情绪或情感投射到学生身上,感受到学生的情感体验,并引起与学生相似的情绪性反应,由此产生和谐的心理互动。题干所述体现了教师移情的重要性。

四、案例分析题(参考答案)

1.(1)课堂纪律是指为保障或促进学生的学习而设置的行为标准及施加的控制。良好的课堂纪律是课堂教学得以顺利进行的重要保障条件,有助于维持课堂秩序,减少学习干扰,也有助于学生获得情绪上的安全感。而材料一中两位老师的不同理念和行为导致了不同的教学后果。王老师的课堂纪律失控,有时甚至导致教学无法正常进行;而在肖老师的课堂上,学生却变得更加自觉了,课堂效率也越来越高。因此,为了提高课堂效率,教师可从以下方面着手进行有效地课堂管理:

①在开学的第一堂课应集中精力建立规则和程序。在开始的几周里,教师应明确传达学业和行为标准,并且始终如一地给予强化。为了有利于教学,占用一些时间花费一些功夫建立、强化规则和程序是很值得的。因此在材料一中,肖老师的行为是正确的。②开学的第一天或第一节课,教师可以做好准备,备有姓名簿、解释某些基本的规则、在不得不为管理任务分心时让学生做一些活动。但是有效的课堂管理应当及时处理课堂问题,不忽视任何违反课堂规则和程序的行为。③教师要能理解学生的需要和所关心的事情,知道什么时候修改教学活动,要能把课程设计得更好。

(2)课堂气氛是指在课堂上占优势地位的态度和情感的综合状态。创设积极的课堂气氛的方法有:①发挥教师的主导作用。教师在营造良好的课堂氛围的过程中起着主导作用。如果教师能精心组织课堂教学,巧妙把握语言艺术,善于用良好的情绪情感感染学生,并善于处理课堂问题,就更容易创造出良好的课堂氛围。②尊重学生的主体地位。创造良好的课堂氛围,关键在于教师能否切实调动学生学习的主观能动性,使学生真正成为教学的主体,学习的主人。因此,教师必须调动学生参与的积极性和主动性,让学生保持最佳的学习心态。③构建和谐的师生关系。课堂中的师生关系,直接影响课堂气氛。建立和谐的课堂人际关系,这是创设积极课堂气氛的基础。教师可以采取以下措施来使师生关系更加和谐:第一,师生民主平等;第二,树立一定的教师威信;第三,要关心爱护学生。

2.(1)①针对案例中李丽与同桌的问题行为,赵老师停顿了一下,看了他们一眼,通过眼神示意和语言停顿引导其认真听课,即使用了非言语线索和细小的停顿;②针对案例中王伟的问题行为,赵老师用眼神示意制止未果后,立即采用了言语说服教育,即使用了言语提醒;③针对案例中刘鹏的问题行为,赵老师及时批评指正,即使用了执行结果。

(2)课堂轻度问题行为处理的要求有:

①使用幽默。变化课程内容、运用不同的材料和方法进行教学,教师显示出幽默和热情,以及让学生进行合作学习等也都能够减少学生因疲劳而引发问题行为的可能性。

②非言语暗示。由于一般问题行为大都是一些暂时性的干扰,教师在处理这些行为时,通常只需要运用简单的非言语线索进行暗示,就可以得到既制止问题行为又不影响课堂教学进程的双重效果。例如,如果两个学生正在交头接耳,那么教师就可以用眼睛看着这两个学生或其中的一个,或走到他们身边轻轻敲一下课桌,或突然停下咳嗽一两声,这样通常都能引起他们的注意,从而终止其问题行为。

③表扬。对许多学生来说,表扬是一种强有力的激励。减少一般课堂问题行为的一个重要策略就是表扬学生做出的与想要消除的问题行为相反的正确行为。也就是说,通过表扬正确行为来减少问题行为。假如某个学生上课经常不举手就发言,那么,当他举手发言时,教师就应当立即对他进行表扬。此外,表扬其他学生的良好行为也可以促使出现问题行为的学生表现出类似的良好行为,从而达到消除问题行为的目的。

④言语提醒。当非言语线索不能制止学生的问题行为时,教师采用适当的言语提醒也有助于让学生回到学习活动中来。在使用言语提醒时,教师要注意不要去追究学生的问题行为,而是要告诉学生他应该怎么做。如果某学生故意不按教师的要求去做,或是与教师辩解、找各种借口,这时,教师可以采用反复提醒的策略,即无视学生的辩解或借口,反复向他陈述要求他去做的事情,直到他服从为止。

⑤有意忽视。个别学生有时为了引起教师和其他同学的注意,会做出一些问题行为。这时,如果教师直接干预,正好迎合了学生的目的,从而对其问题行为起到强化作用。在这种情况下,教师采取有意忽视的态度,装作视而不见,是比较合适的处理方式。

⑥转移注意。对于一些自尊心比较强的学生所表现出来的问题行为,如果教师当众直接制止,可能会产生适得其反的效果。这时,教师可以采用比喻、声东击西等方法加以暗示,并转移其注意力,从而终止其问题行为。

有时,对于个别学生来说,教师也可以采用暂时隔离的办法,即让出现问题行为的学生暂时离开座位,到教室的某一角落,远离其他同学;或是到教室外面的过道上;或是到校长办公室;甚至可以到另一位教师的班级去。由于这种方法很可能引起学生对教师的不满甚至对抗,教师在使用时应当特别慎重,不宜滥用。

3.(1)①合作学习的基本程序一般为:首先分组;然后分工;最后进行小组活动。在这一过程中,小组内应建立活动机制,组员根据具体情况,加强协调,自我完善。在本案例中充分体现了合作学习的基本程序,例如:分组查找中秋节资料,最后进行小组展示;根据班上学生的兴趣分组,然后分工制作手抄报;进行小组竞赛活动。②合作学习的方式主要有:小组成绩分工法;游戏竞赛法;切块拼接法;共同学习法;小组调查法。在本案例中小组合作学习使用了小组调查法和游戏竞赛的方法,如花费一个月的时间收集中秋节的资料;举办中秋节知识擂台赛。

(2)①不足之处:在第一步中进行的分组只设定了小组目标,而没有进行个人责任的明确分工,会造成学生任务选择和分配的不当。并且组内没有明确的责任分工,也可能会造成个别不主动、能力差的学生坐享其成,从而达不到合作学习的效果。

②优点:在第三步中进行的分组,责任分工明确细致,将小组任务分解到个人,使组内的每个成员都承担了小组任务中的特定部分,将学习成效的大小同个人是否尽责联系到了一起。在第四步中秋知识擂台赛中的小组合作,有利于小组成员间的

彼此合作,因为学习目标是为小组而不是为个人设立的,有助于小组形成合理的组内互帮互助、组间公平竞争的良性机制。这些分组都是可取的。

4. 教师自编测验必须遵循以下几项原则,所编制的测验才能达到应有的效果。

(1)测验应反映教学目标与内容。教师自编测验最重要的一个原则是要密切结合教学的目标和内容。测验必须是教学内容的良好取样,它应该考查学生对教学或课程中最重要的概念和技能的掌握情况。(2)测验的结构以测验目标为依据。在编制测验时,教师要明确该测验是做什么评价,是阶段性测验还是总结性测验,是预测性测验还是诊断性测验,根据评价目的选择适宜的题目。(3)注意测验的信度。教师在编制题目时,要界定好题目内容,使内容明确,不可含糊其词;减少区分度小的题目;还可以增加题量等。这些都可以提高测验的信度。(4)测验要促进学生的学习。测验在教学中是作为教学的一个环节而进行的,因此它要起到对学生学习的指导、促进作用。这就要求教师在测验后及时给学生反馈信息,并纠正其错误,指导学生进一步学习的方向和方法。

真题必刷

一、单项选择题

1. D 【解析】认知领域的教学目标分为知识、领会、运用(应用)、分析、综合、评价六级。其中,分析水平是将整体材料分解成其构成成分并理解其组织结构,包括对要素的分析、关系的分析和组织原理的分析。因此,题干中观察各种图形,对三角形和正方形的特征的分析属于分析水平。
2. A 【解析】情境教学是指在应用知识的具体情境中进行知识的教学的一种教学策略。
3. B 【解析】常模参照测验以学生团体测验的平均成绩即常模为参照点,比较分析某一学生的学业成绩在团体中的相对位置。它采用相对的观点解释学生的学业成就,着重于学生之间的比较,主要用于选拔、编组等。选拔性考试属于典型的常模参照测验。
4. B 【解析】课堂管理是指教师通过协调课堂内的各种人际关系而有效实现预定教学目标的过程。
5. D 【解析】A项的做法不能阻止林帆在课堂上发生的问题行为,所以该做法不可取;B项的做法会损害学生的自尊心,所以该做法不可取;C项的做法会干预正常的课堂秩序,违背了最少干预原则,所以不可取。在处理课堂问题行为时,应遵循最少干预原则,即用最简短的干预纠正学生的问题行为,如运用积极的言语和非言语线索。当非言语线索(如目光接触)不能制止学生的问题行为时,教师采用适当的言语提醒也有助于让学生回到学习活动中来。故选D项。

二、多项选择题

1. ABCD 【解析】教学设计包括教学过程中的学习者分析,教学目标与内容设计,教学过程、方法和组织形式设计,教学情境与活动设计,教学媒体的选择与运用,教学评价设计等。故选ABCD四项。
2. AD 【解析】影响课堂管理效果的因素有:(1)教师的领导风格;(2)班级规模;(3)班级的性质;(4)对教师的期望。故选AD两项。

三、判断题

1. × 【解析】设计具体而明确的教学目标是教学设计中最先要考虑的问题。
2. × 【解析】掌握学习是由美国心理学家布卢姆提出来的,不是由布鲁纳提出来的,故题干说法错误。
3. × 【解析】顺从,即表面接受他人的意见或观点,在外显行为方面与他人相一致,而在认识与情感上与他人并不一致。故题干表述错误。

专题六 心理健康与教师职业心理

基础训练

知识1 心理健康教育

一、单项选择题

1. D 【解析】学校心理辅导的一般目标可归纳为两个方面:学会调适和寻求发展。学会调适是基本目标,寻求发展是高级目标。
2. A 【解析】心理健康是一种良好的、持续的心理状态与过程,表现为个体具有生命的活力,积极的内心体验,良好的社会适应能力,能够有效地发挥个人的身心潜力以及作为社会一员的积极的社会功能。
3. D 【解析】心理健康至少包括两层含义:一是无心理疾病;二是有一种积极发展的心理状态。因此,D项说法错误。
4. C 【解析】学校心理辅导的一般目标可归纳为两个方面:学会调适和寻求发展。学会调适是基本目标,以此为主要目标的心理辅导可称为调适性辅导;寻求发展是高级目标,以此为主要目标的心理辅导可称为发展性辅导。
5. A 【解析】评估性会谈是心理咨询与辅导的基本方法。
6. A 【解析】学校是学生心理健康教育的主要场所。
7. D 【解析】心理健康教育的总目标是:提高全体学生的心理素质,充分开发他们的潜能,培养学生乐观、向上的心理品质,促进学生人格的健全发展。
8. C 【解析】题干中强调巍巍的人际交往方面出现了问题,因此应对其进行人际关系指导。
9. A 【解析】学校心理健康教育的渗透途径分为:学科教学渗透、学生管理渗透、课外活动渗透和环境优化渗透。其中,学科教学渗透指的是教师在学科教学过程中自觉地、有意识地运用心理学的原理和方法,在授予学生知识、技能和发展他们智力和创造力的同时,维护和增进学生的心理健康,采取各种积极措施帮助学生。
10. D 【解析】世界卫生组织指出,健康应包括生理、心理、社会适应和道德健康等。

二、多项选择题

1. BCD 【解析】针对人群不同,心理健康教育的目的也不同,具体表现为:(1)针对大多数心理健康的学生而言,心理健康教育的任务是培养学生良好的心理素质,预防心理障碍的发生,促进学生心理机能、人格的发展与完善;(2)针对有心理障碍的学生而言,心理健康教育的任务是排除学生的心理障碍,预防心理疾病的发生,提高学生的心理健康水平;(3)针对少数有心理疾病的学生,应进行心理咨询与治疗。
2. ABC 【解析】学校心理健康教育的途径有:(1)开设心理健康教育的有关课程和心理辅导的活动课;(2)在学科教学中渗透心理健康教育的内容;(3)结合班级、团队活动开展心理健康教育;(4)个别心理辅导或咨询;(5)小组辅导。

3. AC 【解析】从性质来看,心理健康教育包括发展性教育与补救性教育两项任务。

三、判断题

1. × 【解析】学校心理辅导强调面向全体学生,学校心理健康教育的对象是全体学生,既包括少数有心理问题的学生,也包括大多数心理健康的学生。

2. √ 【解析】判断一个人的心理健康状况时,应兼顾个体内部协调与对外良好适应两个方面。

3. × 【解析】心理健康与不健康不是泾渭分明的对立面,而是一种连续状态。从良好的心理健康状态到严重的心理疾病之间有一个广阔的过渡带。在许多情况下,异常心理与正常心理、变态心理与常态心理之间没有绝对的界限,只是程度的差异。

4. √ 【解析】心理健康教育的意义有以下几个方面:(1)心理健康教育是预防精神疾病,保障学生心理健康的需要,而学校是学生心理健康教育的主要场所。(2)心理健康教育是提高学生心理素质,促进其人格健全发展的需要。(3)心理健康教育是学校日常教育教学工作的配合与补充。

5. √ 【解析】世界卫生组织认为,心理健康是一种良好的、持续的心理状态与过程,故题干表述正确。

四、简答题(参考答案)

1. 心理健康的标准有哪些?

(1)自我意识正确;(2)人际关系协调;(3)性别角色分化;(4)社会适应良好;(5)情绪积极稳定;(6)人格结构完整。

2. 简述马斯洛关于心理健康的标准。

(1)有充分的安全感;(2)对自己有充分的了解,并能对自己的能力做出适当的评价;(3)生活理想和目标切合实际;(4)与周围环境保持良好的接触;(5)能保持自身人格的完整与和谐;(6)具有从经验中学习的能力;(7)保持良好的人际关系;(8)适度的情绪发展与控制;(9)在集体要求的前提下,较好地发挥自己的个性;(10)在社会规范的前提下,恰当满足个人的基本需要。

3. 简述学校心理健康教育的意义。

(1)心理健康教育是预防精神疾病,保障学生心理健康的需要,而学校是学生心理健康教育的主要场所。(2)心理健康教育是提高学生心理素质,促进其人格健全发展的需要。(3)心理健康教育是学校日常教育教学工作的配合与补充。

4. 简述学校开展心理健康教育的基本途径。

(1)开设心理健康教育的有关课程和心理辅导的活动课;(2)在学科教学中渗透心理健康教育的内容;(3)结合班级、团队活动开展心理健康教育;(4)个别心理辅导或咨询;(5)小组辅导。

知识2 学生心理健康教育

一、单项选择题

1. B 【解析】系统脱敏法是指当某些人对某事物、某环境产生敏感反应(害怕、焦虑、不安)时,我们可以在当事人身上发展起一种不相容的反应,使其对本来可引起敏感反应的事物,不再发生敏感反应。

2. D 【解析】肯定性训练也叫自信训练、果敢训练,目的是促进个人在人际关系中公开表达自己真实的情感和观点,维护自己权益也尊重别人权益,发展人的自我肯定行为。“不敢拒绝别人的无理要求,不敢表示自己的不满情绪”说明这个学生缺少自我肯定行为,因此需要用肯定性训练培养其自我肯定行为。

3. C 【解析】代币是一种象征性强化物,筹码、小红星、盖章的卡片、特制的塑料币等都可作为代币。当学生做出教师所期待的良好行为后,就发给他们数量相当的代币作为强化物。学生用代币可以兑换有实际价值的奖励物或活动。

4. C 【解析】强迫症主要表现为强迫观念和强迫行为。其中,强迫行为指当事人反复去做他不希望执行的动作,如果不这样想、不这样做,他就会感到极端焦虑。强迫洗手、强迫计数、反复检查(门是否上锁)、强迫性仪式动作是生活中常见的强迫症状。根据题干中的描述可知,郭阳同学可能患了强迫症。本题选C。A项抑郁症是以持久的心境低落为特征的神经症。B项焦虑症是以与客观威胁不相适应的焦虑反应为特征的神经症。D项恐怖症是对特定的无实际危害的事物与场景的非理性的惧怕。

5. B 【解析】儿童多动综合征,简称多动症,是小学生中最为常见的一种以注意力缺陷和活动过度为主要特征的行为障碍综合征。

6. D 【解析】小青认为做事应该尽善尽美,决不允许出现任何差错,说明其过于追求完美,常因不能达到完美而影响自己的情绪,进而产生焦虑。小青的不合理信念属于绝对化要求,老师通过矫正其认知偏差来帮助她调整不合理的认知,这种心理疏导方法是合理情绪疗法。

7. B 【解析】儿童多动综合征是小学生中最为常见的一种以注意力缺陷和活动过度为主要特征的行为障碍综合征。其高峰发病年龄为8~10岁。

8. D 【解析】认知疗法认为,人的认知影响其情绪和行为,可以通过改变求治者的不良认知或歪曲认知,从而矫正不良情绪和行为。指导学生通过“我能应付这个考试”“成绩并不是最重要的”等正向认知,缓解其考试焦虑,这体现的就是认知疗法。

9. D 【解析】中学生常见的焦虑反应是考试焦虑。

10. D 【解析】恐怖症是对特定的无实际危害的事物与场景的非理性的惧怕。恐怖症可分为单纯恐怖、广场恐怖和社交恐怖。其中社交恐怖主要表现为:害怕在社交场合讲话,担心自己因双手发抖、脸红、声音颤抖、口吃而暴露自己的焦虑,觉得自己说话不自然,因而不敢抬头,不敢正视对方的眼睛。题干所述是社交恐怖的特征。

11. B 【解析】抑郁症是以持久的心境低落为特征的神经症。

12. C 【解析】罗杰斯的“无条件积极关注”要求对来访者要充分尊重、充分理解,并且这种尊重与理解是无条件的,对任何来访者都不能有偏见。这种要求与学校心理辅导的尊重与理解学生原则相符合。

13. D 【解析】自我控制法是让当事人自己运用学习原理,进行自我分析、自我监督、自我强化、自我惩罚,以改善自身行为。

14. C 【解析】儿童多动症的核心特征是注意缺陷,其结果是不能有效地学习。

15. B 【解析】移情是把过去生活中对某些人的感知和体验带入现实生活中的人身上,或者人与人的关系之中。小学生把辅导老师当成自己的父母以获得情感上的满足,这是一种移情的表现。

二、多项选择题

1. ABC 【解析】行为演练的基本方法有全身松弛法、系统脱敏法、肯定性训练。D项自我控制法属于行为改变的基本方法。
2. BCD 【解析】A项属于正常的情绪反应;B项可能属于抑郁症;C项可能属于焦虑障碍;D项可能属于恐怖症。因此,答案选BCD三项。
3. ABCD 【解析】为了使会谈富有成效,除了要注意建立良好的人际关系外,辅导教师还要运用一些专门的技术,如倾听、鼓励、询问、反应、澄清、面质。

三、判断题

1. √ 【解析】抑郁症是以持久的心境低落为特征的神经症。表现有:(1)情绪消极、悲观、颓废、淡漠、失去满足感和对生活的乐趣;(2)消极的认知倾向,低自尊、无能感,对未来没有期望;(3)动机缺乏、被动、缺乏热情;(4)肢体疲劳、失眠、食欲不振。
2. × 【解析】多动症儿童的主要特征有:(1)活动过多;(2)注意力不集中;(3)冲动行为。但是,不能简单的因为儿童的活泼、多问就认为是多动症。
3. × 【解析】在艾利斯的ABC理论中,"A"指的是个体遇到的主要事实、行为、事件,"B"指的是个体对A的信念、观点,"C"指的是事件造成的情绪结果。
4. × 【解析】学习困难的学生只是缺乏学习技能,在知识的获取、巩固和应用的过程中缺乏策略和技巧,其智力正常或接近正常。
5. √ 【解析】罗杰斯认为,心理治疗的目的就在于帮助病人或患者创造一种有关他自己的更好的概念,使他能自由地实现他的自我,即实现他自己的潜能,成为功能完善者。

四、简答题(参考答案)

如何维护学生的心理健康?

(1)学生个体进行积极的自我调适;(2)学校通过多种方式进行心理健康教育,维护学生心理健康;(3)与家长合作构建社会支持网络。

五、案例分析题(参考答案)

(1)李某的症状属于考试焦虑症。考试焦虑是一种复杂的情绪现象,是在一定的应试情境下,受个体认知评价能力、人格倾向与其他身心因素制约,以担忧为基本特征,以防御或逃避为行为方式,通过一定程度的情绪反应所表现出来的心理状态。

(2)针对李某的问题,教师应该:①采用认知矫正程序,指导学生在考试中使用正向的自我对话,如"我能应付这个考试";②锻炼学生的性格,提高挫折应对能力,帮助学生增强自信心和心理承受能力;③引导学生调整好考前情绪;④进行考试策略方面的辅导;⑤纠正学生对考试成绩的错误看法。

知识3 教师职业心理

一、单项选择题

1. D 【解析】A项,教师威信主要包括人格威信、学识威信和情感威信三个方面的内容。故A项观点正确。
   B项,教师的威信有两种:一种是权力威信,另一种是信服威信。故B项观点正确。
   C项,教师威信实质上反映了一种良好的师生关系,是教师成功地扮演教育者角色、顺利完成教育使命的重要条件。故C项观点正确。
   D项,教师应该树立信服威信,而不应该追求权力威信。故D项观点错误。
2. C 【解析】美国教育心理学家波斯纳提出了教师成长公式:经验+反思=成长。
3. A 【解析】教学监控能力是指教师为了保证教学达到预期的目的而在教学的全过程中,将教学活动本身作为意识对象,不断对其进行积极主动的计划、检查、评价、反馈、控制和调节的能力。教师在教学过程的不同阶段,其教学监控能力有多种表现形式,包括课前计划与准备、课堂的反馈与调节、课后反思与评价。
4. D 【解析】教学效能感一般指教师对自己影响学生行为和学习结果的能力的一种主观判断。李老师相信自己能教好学生,这说明其教学效能感高。
5. C 【解析】皮格马利翁效应也叫教师期望效应,是指教师的期望或明或暗地传递给学生,会使学生按照教师所期望的方向来塑造自己的行为。教师对学生积极的期望,会使学生更加自尊、自信、自爱、自强,诱发出一种积极向上的激情;教师对学生消极的期望,会让学生像教师所期待的那样一天天变差。因此教师要善于赞赏学生,给学生积极的期望,引导学生积极向上。
6. B 【解析】能否自觉关注学生是衡量一个教师是否成熟的重要标志之一。
7. A 【解析】教师期望效应可以分为两类:自我应验效应和维持性期望效应。(1)自我应验效应,即原先错误的期望引起把这个错误的期望变成现实的行为。(2)维持性期望效应,即老师认为学生将维持以前的发展模式。其问题在于,如果老师认可这种模式,将很难注意和利用学生潜在能力的发展。题干中虽然彤彤写作天赋平平,但是刘老师仍对其满腔热情,相信他、鼓励他,最终彤彤成为一名优秀的小作家的现象符合自我应验效应的内涵。
8. A 【解析】皮格马利翁效应也叫教师期望效应,是指教师的期望或明或暗地传递给学生,会使学生按照教师所期望的方向来塑造自己的行为。教师期望效应对学生的影响表现在:教师对学生积极的期望,会使学生更加自尊、自信、自爱、自强,诱发出一种积极向上的激情;教师对学生消极的期望,会让学生像教师所期待的那样一天天变差。题干描述的就是教师期望效应的影响。
   B项,瓦拉赫效应是指学生的智能发展都是不均衡的,都有智能的强点和弱点,他们一旦找到自己智能的最佳点,使智能潜力得到充分的发挥,便可取得惊人的成绩。
   C项,首因效应是指在总体印象形成上最初获得的信息比后来获得的信息影响更大的现象。
   D项,培哥效应是一种记忆方法,是通过尽可能地使自己的联想奇特醒目,来记忆某些内容。可以避免记忆的枯燥单调。
9. C 【解析】本题中考生需区分教师职业角色形成的三个阶段,如下表。

阶段	理解要点
角色认知	对某一角色形成规范的认识和了解
角色认同	承担角色的社会职责,情感上形成认同
角色信念	角色内化,产生角色自尊心和自豪感

张老师对自己的职业充满自豪感,说明其处于角色信念阶段。

10. C 【解析】本题中考生需区分玛勒斯提出的教师职业倦怠的三个特征,如下表。

特征	表现
情绪耗竭	个体情绪情感处于极度的疲劳状态,工作热情完全丧失
去人性化	对工作对象和环境采取冷漠和忽视的态度
个人成就感低	消极地评价自己,贬低工作的意义和价值

张老师对工作失去热情,感觉很疲劳,这些都符合情绪耗竭的表现。故选C项。

11. B 【解析】处于关注生存阶段的老师一般都是新教师,他们非常关注自己的生存适应性,最担心的问题是"学生喜欢我吗""同事们如何看我""领导是否觉得我干得不错"等。因而,可能会把大量的时间花在如何与学生搞好个人关系上,想方设法控制学生,而不是更多地考虑如何让学生获得学习上的进步。

12. C 【解析】在教师的人格特征中,有两个重要特征对教学效果有显著影响:一是教师的热心和同情心;二是教师富于激励和想象的倾向性。

13. B 【解析】在关注情境阶段,随着基本的生存知识、技能的掌握,教师的自信心增强了,开始越来越关注教学情境,关注学生的成绩,把精力放在了如何教好每一堂课上,考虑诸如该如何掌握教学的时间、如何呈现教学的信息、该准备哪些教学材料等与教学情境有关的问题。题干中某教师将主要精力总是集中在对学生成绩的关注上,说明该教师处于关注情境阶段。故选B项。

14. C 【解析】专家型教师和新手型教师有以下几方面的差异:(1)课时计划的差异;(2)课堂教学过程的差异;(3)课后评价差异;(4)其他差异。其中,在课后评价时,专家型教师和新手型教师关注的焦点不同。新手型教师的课后评价要比专家型教师更多地关注课堂中发生的细节;而专家型教师则更多地谈论学生对新教材的理解情况和课堂中值得注意的活动,很少谈论课堂管理问题和自己的教学是否成功。

15. A 【解析】良好的道德品质是教师获取威信的基本条件。

16. A 【解析】微格教学是以少数的学生为对象,在较短的时间内(5~20分钟),尝试做小型的课堂教学,并把这种教学过程摄制成录像,课后再进行分析。微格教学有许多特点,但最能体现其特点的是训练单元小。

二、多项选择题

1. BCD 【解析】处于关注情境阶段的教师关心的是如何教好每一堂课,以及班级大小、时间压力和备课材料是否充分等与教学情境有关的问题,如"内容是否充分得当""如何呈现教学信息""如何掌握教学时间"等。故BCD三项符合题意。A项"学生喜欢我吗"属于处于"关注生存阶段"的教师主要关注的问题。

2. ABCD 【解析】专家型教师和新手型教师在课堂教学过程中的差异主要表现在:(1)课堂规则的制定与执行上;(2)维持学生的注意上;(3)教材内容的呈现上;(4)课堂练习方面;(5)家庭作业的检查上;(6)教学策略的运用上。

3. BCD 【解析】福勒和布朗根据教师的需要和不同时期所关注的焦点问题,把教师的成长划分为关注生存、关注情境和关注学生三个阶段。

4. ABD 【解析】对教师课时计划的分析表明,与新手型教师相比,专家型教师的课时计划简洁、灵活、以学生为中心,并具有预见性。A项表述正确。在维持学生注意上,专家型教师有一套完善的维持学生注意的方法;新手型教师则相对缺乏。B项说法正确。新手教师往往比专家型教师更注意课堂的细节。因此,C项表述错误。在教学策略的运用上,专家型教师具有丰富的教学策略,并能灵活运用;新手型教师则或缺乏或不会运用教学策略。D项说法正确。故答案选ABD三项。

5. BCD 【解析】布鲁巴奇等人认为教学反思的方法主要有:(1)反思日记;(2)详细描述;(3)交流讨论;(4)行动研究。

三、判断题

1. √【解析】教学效能感高的教师对学生的成就寄予较高的期望,他们对自己的教育能力信心十足,相信自己能教好每一个学生。

2. √【解析】教师健康的心理是学生心理健康的保证,是教师完成工作职责的前提条件。教师是学生的榜样,教师的行为方式、情绪状态、人格特征等都会成为学生模仿的对象。心理不健康的教师平常表现出的不健康的情绪和行为都会通过潜移默化的形式,对学生的心理健康造成影响。

3. √【解析】教学反思是教师通过对其教学活动进行理性观察与矫正,从而提高其教学能力的活动。它是一种分析教学技能的技术。

四、简答题(参考答案)

1. 建立教师威信的途径有哪些?

(1)培养自身良好的道德品质;(2)培养良好的认知能力和性格特征;(3)注重良好仪表、风度和行为习惯的养成;(4)给学生以良好的第一印象;(5)做学生的朋友与知己。

2. 简述教师成长的途径有哪些。

教师成长与发展的基本途径主要有两个方面:(1)通过师范教育培养新教师作为教师队伍的补充;(2)通过实践训练提高在职教师的素质。促进教师成长有以下几种方法:(1)观摩和分析优秀教师的教学活动;(2)开展微格教学;(3)进行专门训练;(4)进行教学反思。

五、案例分析题(参考答案)

1. (1)师生之间平等交往,做学生的朋友与知己。教师的威信是在长期与学生平等交往的过程中形成的。在平等交往过程中,一方面,学生容易产生近师、亲师、信师的心理效应;另一方面,教师主动关心、爱护、体谅学生,满足学生理解和求知的需要,师生关系就会融洽,教师就能迅速在学生中建立威信。因此,在本案例中张老师应深入学生当中,了解自身威信丧失的原因,与学生之间形成良好的师生关系。此外,张老师在与学生相处时,也要满怀真诚和爱心,与学生坦诚相待,对其进行思想教育时应耐心细致、循循善诱,而不是利用自身权威压制学生。

(2)运用良好的评价手段。教师在运用评价手段时要注意对学生评价的时机是否适当、评价的场合是否适宜、评价的强度是否适中、评价的方式是否合适等。这些都关系到评价的效果,影响着学生对教师所做评价的接受程度,并因此影响到教师威信的建立与巩固。在本案例中,张老师因错误的评价手段,从而在学生面前丧失了威信。因此,在之后的教学过程中,张老师应运用合理、恰当的评价手段,重塑自身的威信。

(3)教师威信形成的过程,一般是由"不自觉威信"向"自觉威信"发展的。张老师作为一名新教师在学生心目中是有一定吸引力的,是有一定威信的,但这种威信是短暂的"不自觉的威信"。随着学生对张老师德才方面的逐渐了解,这种"不自觉威信"就消失了。因此,张老师应不断努力,运用自己的品格、学识和智慧去赢得学生发自内心的尊敬和爱戴,从而形成真正的威信。

2. (1)从案例中可以看出杨老师的教学效能感高,而陈老师的教学效能感低。教学效能感一般指教师对自己影响学生行为和学习结果的能力的一种主观判断。这种判断会影响教师对学生的期待和指导,从而影响教师的工作效率。教学效能感又分两个部分:一般教学效能感和个人教学效能感。前者指教师对教与学的关系、教育在学生身心发展中的作用等问题的一般看法和判断;后者指教师认为自己能够有效地影响学生,相信自己具有教好学生的能力。

(2)提高教师的教学效能感需要从教师自身和外部环境两方面入手。从教师的自身方面来说:①要形成科学的教育观;②向他人学习好的经验,增强自信心;③教师要对自己的教学进行总结和反思,不断改进自己的教学。从教师所处的外部环境来说:①在社会上,必须树立尊师重教的良好风气;②在学校内,必须建立一套完整、合理的管理制度和规则并严格加以执行,以及努力创立进修、培训等有利于教师发展和实现其自身价值的条件;③良好的校风建设、提高福利待遇等措施也会对教师的教学效能感产生积极的影响。

3. (1)教师职业倦怠产生的原因有:①社会因素,即教师职业的声望压力;②职业因素,即教师担当的多种角色所产生的角色职责压力、角色冲突、学生问题、升学考试压力等;③工作环境,即教师与学生、家长、领导、同事之间的人际关系压力,学校的考评、聘任制度所带来的压力;④个人因素,即教师个人的认知方式和应对紧张的策略与心理压力的产生密切相关。

(2)玛勒斯等人认为职业倦怠主要表现为三个方面:①情绪耗竭,指个体情绪情感处于极度的疲劳状态,工作热情完全丧失;②去人性化,即刻意在自身和工作对象间保持距离,对工作对象和环境采取冷漠和忽视的态度;③个人成就感低,表现为消极地评价自己,贬低工作的意义和价值。

(3)合理的预防、积极的应对以减少和消除职业倦怠的方法主要有以下三点:①个体的自我干预。个体干预的目的是通过改变个体自身的某些特点来增强其适应工作环境的能力。个体干预的主要方法有:放松训练、人际压力管理、时间管理、社交训练、压力管理和态度改变等。②组织有效的干预。组织干预的思路是通过削减过度的工作时间、降低工作负荷、明确工作任务、积极沟通与反馈、建立有效的社会支持系统来防止和缓解职业倦怠。学校对教学的评价机制是影响教师工作的积极性和创造性的重要因素,改善学校领导方式是缓解教师职业压力的有效途径。③构建社会支持网络。学校应提倡过程性和发展性评价,为教师建立有效的社会认同支持系统,正确认识教师的教育教学成果。另外,要为教师提供深造及参与学校民主决策的机会,增强教师对学校的认同感和归属感。

整合提升

一、单项选择题

1. B 【解析】概括化要求即过分概括化,这是一种以偏概全的不合理的思维方式,它包括对自己和对他人的不合理评价。一次失败就认为自己没用,一次出丑就认定自己又笨又蠢,题干的描述正是过分概括化的特征。

2. C 【解析】处于关注情境阶段的教师关心的是如何教好每一节课、班级的大小、课堂时间是否充足、备课材料是否充分以及如何利用有效的教学方式吸引学生的兴趣和积极性等。题干中的周老师能够有效地利用网络资源和PPT这种直观教具,激发学生对数学的兴趣和学习热情,这说明周老师处于关注情境阶段。

3. C 【解析】教师期望效应也叫罗森塔尔效应或皮格马利翁效应,即教师的期望或明或暗地传送给学生,会使学生按照教师所期望的方向来塑造自己的行为。教师相信学生、热爱学生,会自觉或不自觉地通过语言、行动、态度等表现出来。而在学生方面一旦通过种种途径感受到这种热爱和期待,则会自觉或不自觉地通过自身的努力来响应它们,从而向教师所期望和暗示的方向去努力。

4. C 【解析】在课堂教学中,教师是否具有一定的教学监控能力,是检验其能否发挥主导作用、实现教学目标、提高教学效果的重要标志。

5. B 【解析】教师期望效应分为自我应验效应和维持性期望效应。维持性期望效应是指老师认为学生将维持以前的发展模式。其问题在于,如果老师认可这种模式,将很难注意和利用学生潜在能力的发展。例如,老师对差生和优等生的不同期望,使得他很难关注差生的进步,甚至对其进步持怀疑态度,认定他在别人的帮助下甚至作弊得到好成绩。这种期望维持甚至增大了优等生和差生的差距。老师因为小李以前成绩不好,所以对小李的进步持怀疑态度,这打击了小李的自信心,使小李的成绩更差了,这体现的就是维持性期望效应。

6. B 【解析】学校心理辅导强调面向全体学生,辅导以正常学生为主要对象,以发展辅导为主要内容,A、C两项说法错误。心理辅导是一种专业活动,是专业知识和技能的运用,但不等同于心理咨询与心理治疗,D项说法错误。

7. A 【解析】常规标准是指以统计学上的常态分布为标准,这种标准以正态分布理论为基础,根据个人的心理行为是否偏离某一人群的平均值来区分心理健康与否。这一判断标准意味着,与大多数人一致的行为是健康的行为,偏离大多数人的行为则是不健康的行为。

8. A 【解析】角色认知是角色扮演的先决条件,一个人能否成功地扮演某种角色,取决于他对这一角色的认知程度。

9. B 【解析】智力水平与心理健康水平没有必然关系。故B项是不合理的判断。

10. A 【解析】当人确信某种紧张情境不能改变或控制时,情绪会变得更低落,这时抑郁逐渐取代了焦虑。

二、多项选择题

1. ABC 【解析】(1)学困生在记忆类型方面的不良

表现是:①逻辑型记忆发展较差,非逻辑型记忆较显著;②偏向于运动(动作)记忆;③具体形象记忆作用较突出,抽象逻辑记忆发展较差;④情绪记忆比较突出,且常有亢进表现,差生常因情绪焦虑、激动而产生深刻的情绪记忆。(2)学困生在记忆品质方面的不良表现是:学困生在记忆广度、记忆速度、记忆精准度、短时记忆、长时记忆等方面都低于学优生,短时记忆差是学困生的一大特点。(3)学困生在记忆过程方面的不良表现有:①学困生的回忆能力比再认能力差;②学困生的复述频率低于其他学生,复述策略水平偏低;③学困生短时记忆向长时记忆转化过程中编码困难,尤其是语义编码困难。

2. ABD 【解析】自我坚定训练,又叫肯定性训练,主要用于改善人们在社会交往方面的不适应行为以及相伴随的焦虑反应。许多人在与他人打交道时表现得被动、畏缩、依赖;在自己或他人受到不公正待遇时,虽心有不平,却不挺身维护自己的利益;或者在需要做出选择、决策的时候,不能轻松地进行决断;与某些重要人物,如上司、权威、异性打交道时拘谨、紧张或回避。因此,ABD三项中的心理问题都可以使用自我坚定训练辅导。

3. AD 【解析】影响教师威信形成的客观因素是多方面的,社会对教师职业的态度,教育行政机关及学校领导干部对教师的态度,学生家长对教师的态度,学生对教师工作的认识和态度等对教师威信的形成有着重要影响。其中,最重要的是社会对教师职业的态度和教师职业的社会地位。

4. ABCD 【解析】教师期望效应的发生,既取决于教师自身的因素,也取决于学生的人格特征、原有认知水平、归因风格和自我意识等心理因素。

三、判断题

1. × 【解析】教龄6~10年(年龄在30~40岁)是教师职业倦怠最严重的阶段,职称是影响职业倦怠最重要的因素,随着职称的提高,职业倦怠也有上升的趋势。

2. × 【解析】心理健康教育的总目标是:提高全体学生的心理素质,充分开发他们的潜能,培养学生乐观、向上的心理品质,促进学生人格的健全发展。

3. × 【解析】一般来说,倾向于做内归因的教师会更主动地调整自己的教学行为,积极地影响学生的学习活动,在结果上也更可能促进学生的发展;倾向于做外归因的教师则更可能怨天尤人,听之任之,在结果上也更消极。

4. × 【解析】心理健康状况兼顾个体内部协调与对外良好适应两方面。一个心理健康的人应该是一个能适应社会的人。

5. × 【解析】学校心理健康教育的任务有两个:(1)面对全体学生,开展预防性和发展性的心理健康教育。这是学校开展心理健康教育的基础和工作重点,也可以说是主要任务。(2)面向少数有心理困扰和心理障碍的学生,开展补救性和矫治性的心理咨询与辅导。题干表述错误。

四、论述题(参考答案)

试述专家型教师和新手型教师的差异。

研究者认为,教师的成长过程是一个由新手到熟手向专家型教师发展的过程。专家型教师是有教学专长的教师。专家型教师和新手型教师有如下差异:

(1)课时计划的差异。对教师课时计划的分析表明,与新教师相比,专家型教师的课时计划简洁、灵活、以学生为中心,并具有预见性。①在课时计划的内容上,专家型教师的课时计划只是突出了课程的主要步骤和教学内容,并未涉及一些细节。相反,新教师却把大量的时间用在课时计划的一些细节上。同时,专家型教师的课时计划修改与演练所需的大部分时间都是在正式计划的时间之外,自然地在一天中的某个时候发生。而新教师要在临上课之前针对课时计划做一下演练。在两个平行班教同样的课时,新教师往往利用课间来修改课时计划。②在教学的细节方面,专家型教师认为,教学的细节方面是由课堂教学活动中学生的行为决定的。他们可以从学生那里获得一些有关教学细节的问题。而新教师的课时计划往往依赖于课程的目标,仅限于课堂中的一些活动或一些已知的课程知识,而不能够把课堂教学计划与课堂情境中学生的行为联系起来。③在制订课程计划时,专家型教师能根据学生的先前知识来安排教学进度。他们认为实施计划是要靠自己去发挥的。因此,他们的课时计划就有很大的灵活性。而新教师仅仅按照课时计划去做,并想办法去完成它,却不会随着课堂情境的变化来修正他们的计划。④在备课时,专家型教师表现出一定的预见性。他们会在头脑中形成包括教学目标在内的课堂教学表象和心理表征,并且能预测执行计划时的情况。而新教师则认为自己不能预测计划执行时的情况,因为他们往往更多地想到自己做什么,而不知道学生将要做些什么。

(2)课堂教学过程的差异。①在课堂规则的制定与执行上,专家型教师制定的课堂规则明确,并能坚持执行;而新手型教师的课堂规则较为含糊,难以坚持执行。②在维持学生注意上,专家型教师有一套完善的维持学生注意的方法;新手型教师则相对缺乏。③在教材内容的呈现上,专家型教师注重回顾先前的知识,并能根据教学内容选择适当的教学方法;新手型教师则不能。④在课堂练习方面,专家型教师将练习看作检查学生学习的手段,新教师仅仅把它当作必经的步骤。⑤在家庭作业的检查上,专家型教师具有一套检查学生家庭作业的规范化、自动化的常规程序;而新教师往往缺乏相应的规范。⑥在教学策略的运用上,专家型教师具有丰富的教学策略,并能灵活运用;新手型教师则或缺乏或不会运用教学策略。

(3)课后评价差异。在课后评价时,专家型教师和新手型教师关注的焦点不同。新手型教师的课后评价要比专家型教师更多地关注课堂中发生的细节;而专家型教师则更多地谈论学生对新教材的理解情况和课堂中值得注意的活动。

(4)其他差异。①在师生关系方面,专家型教师能热情、平等地对待学生,师生关系融洽,具有强烈的成就体验。②在人格魅力方面,专家型教师具有注重实际和自信心强的人格特点,能更好地控制和调节情绪,理智地处理面临的教育教学问题,并在课后进行评估和反思。③在职业道德方面,专家型教师对职业的情感投入程度高,职业义务感和责任感强。

五、案例分析题(参考答案)

(1)陈哲在上课时的表现,已经有儿童多动综合征的特点。儿童多动综合征(简称多动症)是小学生中最为常见的一种以注意力缺陷和活动过度为主要特征的行为障碍综合征。而陈哲在课堂上的行为表现就具有了这些特点:①活动过多;②注意力不集中;③冲动行为。陈哲出现这种现状主要是家庭原因。陈哲在家里受到的家庭教养方式有父亲的专制和母亲的放纵,这导致陈哲的性格容易出现问题。母亲对陈哲过于溺爱,让他随心所欲,导致他表现出任性、自私、野蛮、无礼、蛮横无理、胡闹等行为表现。

(2)帮助陈哲改变现状的措施有:

①对陈哲的家庭给予指导,要促使陈哲父母尽量给他一个和谐的家庭氛围,多尊重他,给他一定的自主权,给予他积极正确的指导,不随意打骂也不无限度娇惯他。这样才能使陈哲慢慢地变得活泼、自立、友好、合作、思想活跃。

②班主任可以让陈哲父母根据陈哲多动症表现的程度,请专业的心理辅导人员对他进行合适的心理辅导,帮助他从根本上减少那些不良行为。

③班主任可以同任课教师一起,在课堂上对陈哲的行为进行合理的引导,提高对他的期望,多表扬他积极的好的表现,减少对陈哲不良行为的关注,慢慢改变他的行为方式。

④针对陈哲爱看娱乐节目,节目不完决不罢休的行为,可以利用普雷马克原理进行改变,即用高频活动作为低频活动的有效强化物。父母可以要求陈哲写完作业才可以看自己喜欢的节目。用喜欢的电视节目强化陈哲认真完成作业这一行为。

⑤"陈哲一旦认真学习,比其他同学接受还快。"因此老师和家长要发现孩子自身的特质,注意个别差异,因材施教。

⑥老师和家长要注意培养陈哲良好的学习习惯,可以从以下六方面入手:第一,彰显良好学习习惯的重要性。第二,逐步提出要求。良好学习习惯的养成不可能一蹴而就,家长和老师要从陈哲的实际出发,逐步提出具体的切实可行的要求,有计划地逐步扩展。第三,指导具体的学习方法。老师和家长要有耐心,一步一步地指导陈哲正确的学习习惯和学习方法。第四,制定规范、适当制约。针对陈哲一边做作业一边玩、注意力不集中的情况,家长和教师应当制定一定的行为规范,逐步培养陈哲良好的学习习惯。第五,反复实践与外部强化相结合。老师在课堂上应加强对学生的指导,并及时检查与督促,同时老师还可以利用外部强化来塑造和巩固学生的良好学习习惯。第六,开发专门的学习习惯培养课程。

真题必刷

一、单项选择题

1. A 【解析】心理评估,是指依据用心理学方法和技术搜集得来的资料,对学生的心理特征与行为表现进行评鉴,以确定其性质和水平并进行分类诊断的过程。
2. D 【解析】强化法用来培养新的适应行为。根据学习原理,一个行为发生后,如果紧跟着一个强化刺激,这个行为就会再一次发生。例如,一个学生不敢同老师说话,学习上遇到了疑难问题也没有勇气向老师求教,当他一旦敢于主动向老师请教,老师就给予表扬,并耐心解答问题时,这个学生就能学会主动向老师请教的行为方式。故题干中王老师运用的方法属于强化法。
3. A 【解析】焦虑是指预感将要发生不良后果时的一种紧张不安的心理体验和情绪状态。题干中的小东在遇到难以解答的题目而不能完成作业时,会产生烦躁等不愉快的情绪反应,这是一种典型的焦虑反应。
4. D 【解析】教学监控能力是指教师为了保证教学达到预期的目的而在教学的全过程中,将教学活动本身作为意识对象,不断对其进行积极主动的计划、检查、评价、反馈、控制和调节的能力。故题干所述体现了教学监控能力的内涵。
5. C 【解析】教师期望效应也叫罗森塔尔效应或皮格马利翁效应,即教师的期望或明或暗地传递给学生,会使学生按照教师所期望的方向来塑造自己的行为。题干所述表明教师将自己积极的期望传递给学生,会诱发出学生积极向上,这体现了罗森塔尔效应的内涵。
6. A 【解析】福勒和布朗根据教师的需要和不同时期所关注的焦点问题,把教师的成长划分为关注生存、关注情境和关注学生三个阶段。其中,处于关注生存阶段的一般是新教师,他们非常关注自己的生存适应性,最担心的问题是"学生喜欢我吗""同事们如何看我""领导是否觉得我干得不错"等。因而,处于这个阶段的教师可能会把大量的时间花在如何与学生搞好个人关系上,想方设法地控制学生,而不是更多地考虑如何让学生获得学习上的进步。故选A项。

二、多项选择题

1. ACD 【解析】根据国内外的研究和实践,人的心理健康水平大致可划分为三个等级:(1)一般常态心理;(2)轻度失调心理;(3)严重病态心理。
2. BCD 【解析】要做好心理辅导工作,必须遵循的原则主要有:(1)面向全体学生;(2)预防与发展相结合;(3)尊重与理解学生;(4)发挥学生主体性;(5)个别对待学生;(6)促进学生整体性发展。
3. ABD 【解析】教师专业发展的途径有:(1)观摩和分析优秀教师的教学活动。(2)开展微格教学。(3)进行专门训练,如训练新教师掌握教学过程中有效的教学策略等。(4)进行教学反思。此外,促进教师专业发展的途径还有校本研究、专家引领、同伴互助等。故答案选ABD三项。

三、判断题

1. √ 【解析】学校心理健康教育的对象是全体学生。题干表述正确。
2. √ 【解析】与新手型教师相比,专家型教师的课时计划简洁、灵活、以学生为中心,并具有预见性。

第三篇　教育政策法规解读

专题一　教育法律基础

基础训练

一、单项选择题

1. A 【解析】教育法规是上层建筑的一个组成部分,具有很强的阶级性,这是教育法规最根本的本质特征。
2. D 【解析】《中华人民共和国宪法》由最高国家权力机关——全国人民代表大会制定,具有最高的法律地位和法律效力,是国家的根本大法,是其他一切法律法规制定的依据。
3. A 【解析】由于制定机关的性质和法律地位不同,

上下层次的教育法规之间具有从属关系。我国教育法律体系的纵向结构为:(1)我国《宪法》中有关教育的条款;(2)教育基本法律;(3)教育单行法律;(4)教育行政法规;(5)地方性教育法规;(6)教育规章。

4. A 【解析】中华人民共和国颁布的第一部教育法规是《中华人民共和国学位条例》。

5. A 【解析】禁止性规范是规定人们在法定条件下,不得采取某种行为的法律规范。这种规范在法律条文中往往使用“禁止”“不得”等字样。

6. C 【解析】地方性教育法规是地方国家权力机关制定的规范性文件的专称。由省、自治区、直辖市以及省级人民政府所在地的市和经国务院批准的较大的市的人民代表大会及其常务委员会制定。《河南省职业培训条例》是由河南省人民代表大会常务委员会制定的,只在河南省有效,所以属于地方性教育法规。

7. B 【解析】行政处罚是指国家教育行政机关依法对违反教育行政管理秩序的相对人进行惩戒、制裁。教育部对教育行政处罚的种类做出了明确规定,共包括十项:(1)警告;(2)罚款;(3)没收违法所得,没收违法颁发、印制的学历证书、学位证书及其他学业证书;(4)撤销违法举办的学校和其他教育机构;(5)取消颁发学历、学位和其他学业证书的资格;(6)撤销教师资格;(7)停考,停止申请认定资格;(8)责令停止招生;(9)吊销办学许可证;(10)法律、法规规定的其他教育行政处罚。罚款是其中一项。

8. A 【解析】教育行政法规是行政法规的形式之一,是由最高国家行政机关——国务院,依据《中华人民共和国宪法》和教育法律制定的关于教育行政管理的规范性文件。教育行政法规的名称一般有三种:条例、规定、办法或细则,如《国务院征收教育费附加的暂行规定》《中华人民共和国义务教育法实施细则》《教师资格条例》等。

9. D 【解析】教育法律关系的主体是指教育法律关系的参加者,也就是在具体的教育法律关系中享有权利并承担义务的人和组织;教育法律关系客体是教育法律关系主体的权利与义务所指向的对象。在题干所述情景中,教育法律关系的主体是教师和学生,教育法律关系的客体是教案。

10. A 【解析】教育法律关系的发生、变更和消灭是由一定的客观情况的出现引起的,这种客观情况称为法律事实。

11. B 【解析】教育法律规范是由国家制定或认可,并以国家强制力保证实施的行为规则。

12. C 【解析】教育法律关系的变更,是指教育法律关系构成要素的改变,包括主体、客体或内容等要素的改变。题干中的林老师在签订聘任合同后,经与校方商量又增加合同内容,从而引起了原合同关系内容的部分改变。因此,题干表述属于教育法律关系的变更。

13. A 【解析】教师申诉的程序包括提出、受理和处理三个环节,故选A项。

14. B 【解析】教育申诉制度是指作为教育法律关系主体的公民,在其合法权益受到侵害时,向国家机关申诉理由,请求处理的制度。我国的教育申诉制度主要有教师申诉制度和受教育者申诉制度。所以,当教师、学生对学校的处分决定不服时,可以通过教育申诉获得救济。

15. C 【解析】诉讼救济,也叫司法救济,是指相对人就特定的侵权行为向人民法院提起诉讼寻求法律救济的途径。这一渠道使相对人在通过其他途径都不能得到满意的救济时,可以得到充分的补救。

16. D 【解析】教育法律救济的目的在于补救相对人受损害的合法权益,为其合法权益提供法律保护。

17. A 【解析】行政救济是教育法律救济的主要方式,属于行政渠道。

18. D 【解析】教育单行法律又叫部门教育法,主要调整各个教育部门的内外部关系。一般是由全国人民代表大会常务委员会制定的,规定教育领域某一方面具体问题的规范性文件,如《中华人民共和国教师法》。

19. B 【解析】授权性规范是指教育法律关系主体有权做出或不做出某种行为,关键词有:可以、有权、不受……干涉、有……的自由。

20. B 【解析】平权型的教育法律关系是两个具有平等法律地位的教育关系主体之间产生的教育法律关系,通常视为教育民事法律关系。教师与学生之间属于平权型的教育法律关系。

21. A 【解析】A项,教育法律救济是指教育法律关系主体的合法权益受到侵犯并造成损害时,获得恢复和补救的法律制度。故题干所述体现了教育法律救济的内涵。B项,教育申诉制度是指作为教育法律关系主体的公民,在其合法权益受到侵害时,向国家机关申诉理由,请求处理的制度。C项,教育行政复议是指教育行政相对人(如学校、教师)认为教育行政机关做出的具体行政行为侵犯其合法权益,向做出该行为的机关的上一级教育行政机关或该机关所属的本级人民政府提出申请,受理申请的行政机关对发生争议的具体行政行为进行复查并做出决定的活动。D项,教育行政诉讼是指教育行政管理相对人认为教育行政机关的具体行政行为侵犯其合法权益,依法向人民法院起诉,请求给予法律救济,并由人民法院对行政行为进行审查和裁判的诉讼救济活动。

22. D 【解析】教育规章是中央和地方有关国家行政机关依照法定权限和程序制定颁布的有关教育的规范性文件,有的称为教育行政规章,包括部门教育规章和地方政府教育规章。部门教育规章是国务院所属各部、各委员会发布的有关教育的规范性文件。《中小学班主任工作规定》是由教育部印发的,属于部门教育规章。故选D。

23. A 【解析】教育基本法律是由全国人民代表大会制定,调整教育内部、外部相互关系的基本法律准则。它对整个教育全局起宏观调控作用,或称为“教育宪法”“教育母法”。

二、多项选择题

1. ABCD 【解析】教育法规与教育政策的区别表现在:(1)教育法规和教育政策的制定主体不同;(2)教育法规和教育政策的执行方式不同;(3)教育法规和教育政策的规范效力不同;(4)教育法规和教育政策调整和适用的范围不同;(5)教育法规和教育政策所要解决问题的性质不同。

2. ABCD 【解析】教育立法的程序一般分为四个步骤:教育法律草案的提出、教育法律草案的审议、教育法律草案的表决和通过、教育法律的公布。

3. ABCD 【解析】教育法规的功能是教育法规具有生命力的内在依据,主要包括:规范功能、标准功能、预示功能、强制功能。
4. ABCD 【解析】从逻辑结构上看,教育法律规范通常由法定条件(假定)、行为准则(处理)和法律后果(制裁)三个要素组成。
5. ABD 【解析】目前我国学校可以对高中生给予的处分有:警告、记过、留校察看、开除学籍等。
6. ABC 【解析】受教育机会平等原则一般包括受教育起点上的机会平等、受教育过程上的机会平等和受教育终点上的机会平等三个层面的权利。受教育起点上的机会平等是指每个公民在入学机会上享有平等的权利。A项正确。受教育过程上的机会平等是指公民在接受教育的过程中,有获得教育条件、教育待遇等方面平等的权利。B项正确。受教育终点上的机会平等是指学业成就上的平等。C项正确。

三、判断题

1. × 【解析】教育基本法是一个国家有关教育的总法的形式称谓。一般一个国家只有一个教育基本法,我国的教育基本法是《中华人民共和国教育法》。故题干说法错误。
2. × 【解析】教育法规与教育政策的制定主体不同。教育法规是由国家权力机关和国家行政机关按法定程序制定的;而教育政策的制定主体既可以是政党组织,也可以是国家立法机关和国家行政机关。
3. √ 【解析】我国现行教育法规中尚没有纯粹的程序法,因此程序性内容和实体性内容通常出现在同一部法规中。
4. × 【解析】根据违法主体的法律地位、违法行为的性质和危害程度的不同,教育法律责任主要可分为行政法律责任、民事法律责任和刑事法律责任三种。在特定情况下还可以追究违宪责任。所以它并不只是一种民事责任。
5. × 【解析】教育法律关系的主体是指教育法律关系的参加者,也就是在具体的教育法律关系中享有权利并承担义务的人和组织。我国教育法律关系的主体可分为三类:公民(自然人)、机构和组织(法人)、国家。教育法律关系中最重要的法律主体是学生与教师。
6. √ 【解析】教育法律关系客体是教育法律关系主体的权利与义务所指向的对象。教育法律关系的客体一般包括物质财富、非物质财富、行为三个大的方面。
7. √ 【解析】损害的发生是教育法律救济的前提。任何法律上的救济,都是因为发生了侵权损害,无侵权损害就无所谓救济。即使发生了侵权行为但没有造成损害,也不存在救济问题。所以,就其实质而言,侵权损害是法律救济的前提。
8. × 【解析】教育政策是制定教育法规的依据,教育法规是教育政策的具体化、条文化和定型化。

整合提升

一、单项选择题

1. B 【解析】学校及其他教育机构作为法人,会经常参与各种民事活动,如合作办学、委托培养、有偿服务、知识产权转让、劳动用工、教师聘任等,往往要与其他主体签订各种合同,发生各种民事性质的法律责任。在出现法律纠纷时,可以要求追究违反合同的民事责任,请求民事赔偿。
2. C 【解析】人身罚是限制或剥夺违法者人身自由的处罚,是最严厉的一种行政处罚。
3. A 【解析】教育法律规范通常由法定条件(假定)、行为准则(处理)和法律后果(制裁)三个要素组成。法定条件是指适用该行为规范的条件和情况,它是把规范同主体的实际行为联系起来的部分,指出在什么情况下,这一规则生效。"年满六周岁"是本条法律规范的法定条件(假定)。
4. B 【解析】触犯刑律的,由司法机关依法追究刑事责任。故B项对事故责任的处置不正确。
5. A 【解析】教育法律法规与教育法、教育法律文件、教育法律条文之间既有联系又有区别。总的说,教育法律法规是教育法、教育法律文件及教育法律条文的内容,而教育法的各种规范性文件或法律条文是教育法律法规的载体,它们之间是内容和形式的关系。(1)教育法律规范与教育法的区别。教育法是指由国家制定或认可,并以国家强制力保证实施的教育活动中全部行为规则的总称。教育法律规范是一种特指的行为规范,而不是行为规范的"总和"。D项说法正确。二者在逻辑上是从属关系。教育法是种概念,它的外延大于教育法律规范,教育法律规范是属概念,它的外延全包含在教育法概念的外延之中。C项说法正确。(2)教育法律规范与教育法律文件的区别。教育法律规范是教育法各种规范性文件的基本内容,但不是全部内容。A项说法错误。(3)教育法律规范与教育法条文的区别。教育法律规范要用教育法条文来表现,但教育法条文不一定就是教育法律规范。有的教育法条文不包括规范。B项说法正确。
6. A 【解析】行政处分是由国家机关或企事业单位对其所属人员予以的惩戒措施,包括警告、记过、记大过、降级、降职、撤职等。教育行政处罚包括:(1)警告;(2)罚款;(3)没收违法所得,没收违法颁发、印制的学历证书、学位证书及其他学业证书;(4)撤销违法举办的学校和其他教育机构;(5)取消颁发学历、学位和其他学业证书的资格;(6)撤销教师资格;(7)停考,停止申请认定资格;(8)责令停止招生;(9)吊销办学许可证;(10)法律、法规规定的其他教育行政处罚。由此可以判断A项属于行政处分,BCD三项属于教育行政处罚。
7. C 【解析】隶属型教育法律关系是以教育管理部门为核心,向外辐射,与其他主体之间形成的教育法律关系。教育行政机关与学校之间属于教育行政法律关系,存在的是隶属型教育法律关系。ABD三项存在或者可能存在平权型教育法律关系。
8. B 【解析】教育行政强制执行即教育行政机关依法对拒不履行教育法律、法规规定的义务的组织或个人,依法强制其履行义务。其实施的前提是,相对人不履行其应承担的义务。教育行政强制执行的一般程序,大体包括作出行政强制执行决定、告诫和执行三个步骤。
9. D 【解析】教育行政诉讼的特征体现在:(1)诉权专属。在教育行政诉讼中,被告始终是行政机关,原告始终是公民、法人或其他组织。(2)标的确指。教育行政诉讼的标的必须是教育行政机关的具体行政行为。(3)救济和监督相结合。教育行政诉讼兼具救济和监督两种性质。(4)被告举证。教育行政诉讼中作为被告的教育行政机关负有举证责任。(5)不得调解。教育行政诉讼不得用调解作为审理和结案方式。D项说法错误。

10. C 【解析】在教育行政诉讼中,被告始终是行政机关,原告始终是公民、法人或其他组织。校长作为公民个体,不能成为行政诉讼的被告。

二、判断题

1. √ 【解析】教育法律关系的消灭,是指教育法律关系主体、客体的消灭,主体间权利义务的终止。学校无法维持下去意味着学校这一主体的消灭,所以它与学生之间的教育法律关系也会消灭。

2. × 【解析】行为违法即行为人实施了违反法律、法规的行为,是构成教育法律责任的前提条件。这个条件包括两个方面的含义:一方面是指行为的违法性,只有行为违反了现行法律的规定才是违法行为;另一方面,违法必须是一种行为。如果内在的思想不表现为外在的行为,则并不构成违法。

3. √ 【解析】校舍如果经过及时修复就不会坍塌伤人,所以是以主体的意志为转移的法律事实,因此属于行为。

4. × 【解析】公正准确是教育司法活动的灵魂和生命。

5. × 【解析】学生损坏公物、违反纪律,学校给予警告处分和要求照价赔偿是合法的,而对学生给予罚款则是一种典型的违法行为。罚款是行政处罚的一种,只有国家特定的行政机关才有行政处罚权,学校是事业单位,当然也就没有行政处罚权,无权对学生进行罚款。所以,题干中学校对学生王某撕毁图书进行罚款,这一行为是不合法的。

6. × 【解析】教育行政复议申请可以书面形式提出,也可以口头申请提出。书面形式申请应在60日内提出复议申请书。

三、简答题(参考答案)

简述教育法规和教育政策的关系。

(1)教育法规与教育政策的联系。①教育法规与教育政策都决定于上层建筑,具有共同的目的;②教育政策是制定教育法规的依据,教育法规是教育政策的具体化、条文化和定型化;③教育政策决定教育法规的性质,教育法规的内容体现教育政策;④教育政策是实施教育法规的指导,教育法规是实现教育政策的保证。(2)教育法规与教育政策的区别。①教育法规和教育政策的制定主体不同;②教育法规和教育政策的执行方式不同;③教育法规和教育政策的规范效力不同;④教育法规和教育政策调整和适用的范围不同;⑤教育法规和教育政策所要解决问题的性质不同。

专题二 依法执教与教师违法(侵权)行为预防

一、单项选择题

1. C 【解析】依法执教是对教师的教学工作的基本要求,因而其主体是教师。

2. C 【解析】学校或教师侵犯学生人格尊严权利的主要表现有:(1)讽刺、挖苦学生;(2)故意侮辱、随意谩骂学生;(3)不给学生以合理的解释权和辩护权;(4)以记档案威胁学生等。题干中的教师辱骂兵兵的行为侵犯了兵兵的人格尊严权。

3. B 【解析】李老师私自翻看小明的日记,侵犯了小明的隐私权;勒令小明暂时不能到校上课,侵犯了其受教育权。

4. A 【解析】李老师安排调皮和违反课堂纪律的学生在特殊座位听课,没有考虑学生的自尊,这一行为侵犯了学生的人格尊严权。

5. C 【解析】受教育权是学生最基本的权利。常见的侵犯学生受教育权的表现形式主要有:(1)侵犯学生受教育机会的平等权;(2)侵犯学生的入学权;(3)侵犯学生参加考试的权利;(4)随意开除学生。此外,还有侵犯学生上课学习的权利、侵犯学生受教育的选择权、侵犯学生升学复学方面的同等权利、以侵犯姓名权的手段侵犯学生的受教育权、延误学生录取通知书的发放等。

6. B 【解析】根据有关规定,只要是自己独立完成的,体现了自己的思想、情感、构思和表达方式的,属于文学、艺术和科学领域内并能以某种有形形式复制的智力成果都是著作权法所称的作品。著作权人对其作品享有发表权,任何人不得未经许可发表其作品。中小学生的作文也是作品,是受我国《著作权法》保护的文字作品。因此,该老师的做法侵犯了学生的著作权。

7. C 【解析】隐私权是指公民生活中不愿为他人公开或知悉的个人秘密的不可侵犯的人身权利。学校和教师侵犯学生隐私的表现形式有:故意隐匿、毁弃或者非法开拆学生信件,披露、宣扬学生自身及家庭成员的资料,提供学生成绩的方式不适当等。故题干中的教师在微信群公开学生成绩的做法,侵犯了学生的隐私权。

8. D 【解析】④和⑤中的做法是合理的,不属于侵犯学生权利的行为。①属于侵犯学生受教育权的表现;②③侵犯了学生的财产权。

9. D 【解析】李老师没收学生甲的手机,拒不归还,侵犯了甲的财产权。根据受教育者的权利可知,对学校、教师侵犯其人身权、财产权等合法权益的情况,学生有提出申诉或者依法提起诉讼的权利。所以,AB两项说法正确。根据教师的义务可知,教师有义务制止有害于学生的行为或者其他侵犯学生合法权益的行为。所以,甲可以向其他老师求助,教师也有义务帮助学生维护自己的合法权益。所以,C项说法正确。D项的做法不合法,所以,答案选D项。

10. B 【解析】人身自由是公民的一项基本权利,包括身体行动自由和表达的自由。侵害学生人身自由的表现形式有:非法拘禁和限制学生、非法搜查学生、非法限制学生表达自由的权利等。故题干所述是学生的人身自由权。

11. A 【解析】依法治国的基本要求有以下四个方面,即有法可依,有法必依,执法必严,违法必究。其中,有法可依是依法治国的法律前提,也是依法治国的首要环节。

12. B 【解析】不作为侵权行为是指行为人以一定的不作为致人损害的行为。根据我国《教师法》《未成年人保护法》的规定,学校和教师负有保护学生的法定义务。如果教师没有积极履行保护职责或阻止有害于学生的行为即构成不作为侵权。

二、多项选择题

1. BCD 【解析】体罚学生是指教师以暴力的方法或以暴力相威胁,或以其他强制性手段,侵害学生的身体和精神健康的侵权行为。A项都属于教师的正常教学范围,不属于体罚。

2. ABC 【解析】受教育权是学生最基本的权利。学生的受教育权包括受完法定年限教育权、学习权和公正评价权。

3. ABC 【解析】依法执教就是要求教师在教育教学

活动中，按照教育法律、法规使自己的教育教学活动法制化和规范化。教师要做到：(1)提高教育法律意识，增强教育法制观念；(2)努力学习和掌握与教师职业行为密切相关的教育法；(3)注重培养和提高依法分析问题和解决问题的能力和水平。

4. AB 【解析】这位老师的做法不合法。踢学生的行为侵犯了学生的人身权，责令其停课反思的行为侵犯了学生的受教育权。

5. ABD 【解析】学校和教师的不作为侵权行为表现形式有：(1)对学生身体状况关照不力；(2)教师对生病或受伤学生救护不力；(3)在履行职责中违反工作要求、操作规程；(4)学校活动组织失职；(5)饮食安全事故；(6)未及时向学生监护人履行告知义务。

6. ACD 【解析】A项侵犯了学生的隐私权；C项侵犯了学生的人格尊严权和健康权；D项违背了教师廉洁从教的职业道德。

7. AC 【解析】题干中学校分设重点班和普通班的行为，侵犯了学生平等接受教育的权利。划分重点班和普通班，会伤害普通班学生的自尊心，侵犯了这部分学生的人格尊严权。

三、判断题

1. √ 【解析】教师增强法律意识不仅是为了规范自己的教育教学行为，也为了能依法维护自己的合法权益。

2. × 【解析】依法治教强调教育的治理，依法执教强调的是教师使教育教学活动法制化和规范化，依法执教是依法治教的重要内容。

3. √ 【解析】冒名顶替别人上大学是以侵犯姓名权的手段侵犯别人的受教育权。

4. × 【解析】人身权是公民享有的最基本、最重要的权利。

5. √ 【解析】教师侵犯学生财产权的表现形式有：损坏学生财物、非法没收学生物品、乱罚款、乱摊派、推销商品等。故题干中的说法正确。

6. √ 【解析】学校和教师必须尊重学生的人格尊严，给学生贴上差生标签会极大地伤害学生的自尊心。

7. × 【解析】不作为侵权行为是指行为人以一定的不作为致人损害的行为。因此，教师在校园内没有积极履行保护职责或阻止有害学生的行为即构成不作为侵权行为。如果教师在校外没有积极履行保护职责或阻止有害学生的行为，由于这在教师的职务范围外，故是一种不道德行为。

8. × 【解析】学生有休息权和娱乐权，节假日无偿补课会侵犯学生的休息权和娱乐权，故不应当提倡和鼓励。

四、名词解释(参考答案)

1. 依法执教

依法执教就是要求教师在教育教学活动中，按照教育法律、法规使自己的教育教学活动法制化和规范化。

2. 不作为侵权行为

不作为侵权行为是指行为人以一定的不作为致人损害的行为。

五、案例分析题(参考答案)

1. (1)不合理，原因有：①学生的考试成绩属于学生的个人隐私，老师公开公布的做法侵犯了学生的隐私权。②老师公布学生的考试成绩排名，可能会对一些没考好、心理脆弱的学生产生额外的心理压力和负担，不利于学生学习成绩的提高和心理的健康成长。

(2)原因有：①我国法律的明确规定。②有利于保护学生的隐私，减轻学生的心理压力，促进学生的身心健康发展。③有利于建立良好的学生发展评价体系。

2. (1)案例中，田老师私自查看小刚的日记，并将小刚的隐私传给小静看，这种行为侵犯了小刚的隐私权；田老师跟小静谈话的过程中说小刚是个花花公子，脚踏两只船，并责令小刚好好反思自己的错误，这种行为侵犯了小刚的人格尊严权；根据《中华人民共和国教育法》第四十三条规定，学生享有“参加教育教学计划安排的各种活动，使用教育教学设施、设备、图书资料”的权利，田老师因怀疑小刚早恋而不让其进教室上课，这种行为侵犯了小刚的受教育权。

(2)案例中田老师的行为侵犯了小刚的人格尊严权、隐私权和受教育权等，小刚的家长要求田老师赔礼道歉并赔偿精神损失的做法是合理的。

3. (1)教育惩罚是指对个体或集体的不良行为给予否定或批评处分，旨在制止某种行为的发生。体罚是指用触及身体皮肉等有损身体健康和侮辱人格性质的方式来惩罚学生的方法，如罚站、罚跪、打手心、拧耳朵等。变相体罚是指没有接触被罚人身体，但以非人道方式迫使被罚人做出某些行为，使其身体或精神上感到痛苦的惩罚方式。案例中刘老师提醒小祺的时候没有使用挖苦和讽刺等侮辱性语言，体罚的定义中也没有对罚站时间的限定，此外，刘老师的这种惩罚是否符合道德规范、具有教育性，也有待考证。这些都反映出体罚的相关界定仍然不是十分清晰，因此，在教育活动中，教师、家长对“惩罚”的看法存在争议也就不可避免了。我们不能有超越法律法规之外的惩罚，但草木皆兵，矫枉过正也会造成很多后果。例如，学生不良行为习惯的变本加厉，学生心理承受能力变弱，教师职业倦怠等。

(2)要解决诸如此类的现实问题，可以构建积极教育惩罚的策略：①理清概念，明确惩罚与体罚。教育法规进行详细的规定可以使教育者的教育惩罚有法可依，既能教书育人，又能有效保护教师和学生的权益。②家校联合，构建合理申诉制度。这样既能维护教师、学生的合法权益，也能让家长的权利得到宣传和保障。③教师要提高修养，提升教育惩罚艺术。教师在教育过程中应注意控制情绪，把握好实施教育惩罚的尺度和时机，同时也要让学生意识到教师对学生的爱护。总之，作为教师，应意识到惩罚同样是一种教育方式，既不能滥用，也不能完全没有惩罚。只要符合法律规范，出于爱的目的，做到公平公正、合理，可以运用教育惩罚。

专题三 现行主要的教育法律法规及重要规定解读

基础训练

知识1《中华人民共和国教育法》解读

一、单项选择题

1. A 【解析】1995年制定的《中华人民共和国教育法》是我国第一次以国家基本法律的形式明确了教育的地位和作用，从而为教育事业的改革和发展提供了坚实有力的法律保障。

2. B 【解析】根据《中华人民共和国教育法》第三十一条规定，学校的教学及其他行政管理，由校长负责。

3. B 【解析】根据《中华人民共和国教育法》第十四条规定，国务院和地方各级人民政府根据分级管理、分工负责的原则，领导和管理教育工作。中等及中等以下教育在国务院领导下，由地方人民政府管理。高等教育由国务院和省、自治区、直辖市人民政府管理。

4. B 【解析】根据我国《教育法》第三十一条规定，学校及其他教育机构应当按照国家有关规定，通过以教师为主体的教职工代表大会等组织形式，保障教职工参与民主管理和监督。教职工代表大会是教职工行使民主权利，参与学校民主管理和监督的基本组织形式。

5. B 【解析】根据《中华人民共和国教育法》第七条规定，教育应当继承和弘扬中华民族优秀的历史文化传统，吸收人类文明发展的一切优秀成果。

6. B 【解析】根据《中华人民共和国教育法》第四条规定，教育是社会主义现代化建设的基础，国家保障教育事业优先发展。全社会应当关心和支持教育事业的发展。全社会应当尊重教师。这一规定明确了教育的地位。

7. C 【解析】根据《中华人民共和国教育法》第七十二条规定，侵占学校及其他教育机构的校舍、场地及其他财产的，依法承担民事责任。

8. A 【解析】根据《中华人民共和国教育法》第五十四条规定，国家建立以财政拨款为主、其他多种渠道筹措教育经费为辅的体制，逐步增加对教育的投入，保证国家举办的学校教育经费的稳定来源。

9. B 【解析】根据《中华人民共和国教育法》第二十九条规定，学校及其他教育机构行使下列权利：(一)按照章程自主管理；(二)组织实施教育教学活动；(三)招收学生或者其他受教育者；(四)对受教育者进行学籍管理，实施奖励或者处分；(五)对受教育者颁发相应的学业证书；(六)聘任教师及其他职工，实施奖励或者处分；(七)管理、使用本单位的设施和经费；(八)拒绝任何组织和个人对教育教学活动的非法干涉；(九)法律、法规规定的其他权利。第三十条规定，学校及其他教育机构应当履行下列义务：(一)遵守法律、法规；(二)贯彻国家的教育方针，执行国家教育教学标准，保证教育教学质量；(三)维护受教育者、教师及其他职工的合法权益；(四)以适当方式为受教育者及其监护人了解受教育者的学业成绩及其他有关情况提供便利；(五)遵照国家有关规定收取费用并公开收费项目；(六)依法接受监督。由此可知ACD三项属于学校及其他教育机构应当履行的义务；B项属于学校及其他教育机构享有的权利。

10. B 【解析】根据《中华人民共和国教育法》第三十六条规定，学校及其他教育机构中的教学辅助人员和其他专业技术人员，实行专业技术职务聘任制度。

11. D 【解析】根据《中华人民共和国教育法》第七十二条规定，结伙斗殴、寻衅滋事，扰乱学校及其他教育机构教育教学秩序或者破坏校舍、场地及其他财产的，由公安机关给予治安管理处罚；构成犯罪的，依法追究刑事责任。

12. C 【解析】根据《中华人民共和国教育法》第七十一条规定，违反国家财政制度、财务制度，挪用、克扣教育经费的，由上级机关责令限期归还被挪用、克扣的经费，并对直接负责的主管人员和其他直接责任人员，依法给予处分；构成犯罪的，依法追究刑事责任。A项不符合题意。根据《中华人民共和国教育法》第七十二条规定，结伙斗殴、寻衅滋事，扰乱学校及其他教育机构教育教学秩序或者破坏校舍、场地及其他财产的，由公安机关给予治安管理处罚；构成犯罪的，依法追究刑事责任。B项不符合题意。侵占学校及其他教育机构的校舍、场地及其他财产的，依法承担民事责任。C项符合题意。当选。根据《中华人民共和国教育法》第七十七条规定，在招收学生工作中徇私舞弊的，由教育行政部门或者其他有关行政部门责令退回招收的人员；对直接负责的主管人员和其他直接责任人员，依法给予处分；构成犯罪的，依法追究刑事责任。D项不符合题意。

13. C 【解析】根据《中华人民共和国教育法》第三十二条规定，学校及其他教育机构具备法人条件的，自批准设立或者登记注册之日起取得法人资格。

14. B 【解析】根据《中华人民共和国教育法》第九条规定，中华人民共和国公民有受教育的权利和义务。公民不分民族、种族、性别、职业、财产状况、宗教信仰等，依法享有平等的受教育机会。

15. B 【解析】根据《中华人民共和国教育法》第九条规定，中华人民共和国公民有受教育的权利和义务。公民不分民族、种族、性别、职业、财产状况、宗教信仰等，依法享有平等的受教育机会。题干所述学校的做法侵犯了学生的受教育权。

16. B 【解析】根据《中华人民共和国教育法》第七十三条规定，明知校舍或者教育教学设施有危险，而不采取措施，造成人员伤亡或者重大财产损失的，对直接负责的主管人员和其他直接责任人员，依法追究刑事责任。

17. A 【解析】根据《中华人民共和国教育法》第四十三条规定，受教育者有参加教育教学计划安排的各种活动，使用教育教学设施、设备、图书资料的权利。王老师要求家长将赵某领回家进行教育，一周后再来学校学习，这种行为侵犯了赵某参加教育教学活动的权利。

18. A 【解析】根据《中华人民共和国教育法》第七十八条规定，学校及其他教育机构违反国家有关规定向受教育者收取费用的，由教育行政部门或者其他有关行政部门责令退还所收费用；对直接负责的主管人员和其他直接责任人员，依法给予处分。

19. B 【解析】根据《中华人民共和国教育法》第十一条规定，国家适应社会主义市场经济发展和社会进步的需要，推进教育改革，推动各级各类教育协调发展、衔接融通，完善现代国民教育体系，健全终身教育体系，提高教育现代化水平。

20. B 【解析】《中华人民共和国教育法》第四十四条明确规定了学生应当履行的义务。

21. C 【解析】根据《中华人民共和国教育法》第四十九条规定，学校及其他教育机构在不影响正常教育教学活动的前提下，应当积极参加当地的社会公益活动。

22. B 【解析】根据《中华人民共和国教育法》第十条规定，国家扶持和发展残疾人教育事业。

23. A 【解析】根据《中华人民共和国教育法》第四条

规定，教育是社会主义现代化建设的基础，国家保障教育事业优先发展。

24. B 【解析】根据《中华人民共和国教育法》第八条规定，教育活动必须符合国家和社会公共利益。国家实行教育与宗教相分离。任何组织和个人不得利用宗教进行妨碍国家教育制度的活动。

25. C 【解析】根据《中华人民共和国教育法》第十二条规定，国家通用语言文字为学校及其他教育机构的基本教育教学语言文字，学校及其他教育机构应当使用国家通用语言文字进行教育教学。我国通用语言为普通话。因此，教师王某用方言教学的行为不合法，教师在教学过程中应该使用普通话。

26. B 【解析】根据《中华人民共和国教育法》第十九条规定，国家实行九年制义务教育制度。

27. C 【解析】根据《中华人民共和国教育法》第六十七条规定，国家鼓励开展教育对外交流与合作，支持学校及其他教育机构引进优质教育资源，依法开展中外合作办学，发展国际教育服务，培养国际化人才。教育对外交流与合作坚持独立自主、平等互利、相互尊重的原则，不得违反中国法律，不得损害国家主权、安全和社会公共利益。

28. A 【解析】根据《中华人民共和国教育法》第七十一条规定，违反国家财政制度、财务制度，挪用、克扣教育经费的，由上级机关责令限期归还被挪用、克扣的经费，并对直接负责的主管人员和其他直接责任人员，依法给予行政处分；构成犯罪的，依法追究刑事责任。

29. B 【解析】根据《中华人民共和国教育法》第七十九条规定，考生在国家教育考试中有下列行为之一的，由组织考试的教育考试机构工作人员在考试现场采取必要措施予以制止并终止其继续参加考试；组织考试的教育考试机构可以取消其相关考试资格或者考试成绩；情节严重的，由教育行政部门责令停止参加相关国家教育考试一年以上三年以下；构成违反治安管理行为的，由公安机关依法给予治安管理处罚；构成犯罪的，依法追究刑事责任：(一)非法获取考试试题或者答案的；(二)携带或者使用考试作弊器材、资料的；(三)抄袭他人答案的；(四)让他人代替自己参加考试的；(五)其他以不正当手段获得考试成绩的作弊行为。

二、多项选择题

1. ABCD 【解析】根据《中华人民共和国教育法》第四十四条规定，受教育者应当履行下列义务：(1)遵守法律、法规；(2)遵守学生行为规范，尊敬师长，养成良好的思想品德和行为习惯；(3)努力学习，完成规定的学习任务；(4)遵守所在学校或者其他教育机构的管理制度。

2. ABDE 【解析】根据《中华人民共和国教育法》第二十七条规定，设立学校及其他教育机构，必须具备下列基本条件：(一)有组织机构和章程；(二)有合格的教师；(三)有符合规定标准的教学场所及设施、设备等；(四)有必备的办学资金和稳定的经费来源。

3. BCD 【解析】根据《中华人民共和国教育法》第四十三条规定，受教育者享有下列权利：(一)参加教育教学计划安排的各种活动，使用教育教学设施、设备、图书资料；(二)按照国家有关规定获得奖学金、贷学金、助学金；(三)在学业成绩和品行上获得公正评价，完成规定的学业后获得相应的学业证书、学位证书；(四)对学校给予的处分不服向有关部门提出申诉，对学校、教师侵犯其人身权、财产权等合法权益，提出申诉或者依法提起诉讼；(五)法律、法规规定的其他权利。第四十四条规定，受教育者应当履行努力学习，完成规定的学习任务的义务。因此，A项属于受教育者应当履行的义务，BCD三项属于受教育者应享有的权利。

4. ACD 【解析】根据《中华人民共和国教育法》第三十七条规定，受教育者在入学、升学、就业等方面依法享有平等权利。

5. ACD 【解析】根据《中华人民共和国教育法》第六条规定，教育应当坚持立德树人，对受教育者加强社会主义核心价值观教育，增强受教育者的社会责任感、创新精神和实践能力。

三、判断题

1. √ 【解析】根据《中华人民共和国教育法》第五十八条规定，税务机关依法足额征收教育费附加，由教育行政部门统筹管理，主要用于实施义务教育。省、自治区、直辖市人民政府根据国务院的有关规定，可以决定开征用于教育的地方附加费，专款专用。

2. √ 【解析】根据《中华人民共和国教育法》第四十七条规定，国家鼓励企业事业组织、社会团体及其他社会组织同高等学校、中等职业学校在教学、科研、技术开发和推广等方面进行多种形式的合作。企业事业组织、社会团体及其他社会组织和个人，可以通过适当形式，支持学校的建设，参与学校管理。

3. √ 【解析】《中华人民共和国教育法》第四十三条规定，受教育者享有“对学校给予的处分不服向有关部门提出申诉”的权利。因此，该生可以走学生申诉的法律途径解决问题。

4. × 【解析】根据《中华人民共和国教育法》第二条规定，在中华人民共和国境内的各级各类教育，适用本法。因此题干说法错误。

5. × 【解析】根据《中华人民共和国教育法》第五十一条规定，图书馆、博物馆、科技馆、文化馆、美术馆、体育馆(场)等社会公共文化体育设施，以及历史文化古迹和革命纪念馆(地)，应当对教师、学生实行优待，为受教育者接受教育提供便利。优待不代表免费，因此题干说法错误。

6. × 【解析】根据《中华人民共和国教育法》第四十条规定，国家、社会、家庭、学校及其他教育机构应当为有违法犯罪行为的未成年人接受教育创造条件。因此题干说法错误。

知识2《中华人民共和国义务教育法》解读

一、单项选择题

1. B 【解析】根据《中华人民共和国义务教育法》第五十七条规定，学校有下列情形之一的，由县级人民政府教育行政部门责令限期改正；情节严重的，对直接负责的主管人员和其他直接责任人员依法给予处分：(1)拒绝接收具有接受普通教育能力的残疾适龄儿童、少年随班就读的；(2)分设重点班和非重点班的；(3)违反本法规定开除学生的；(4)选用未经审定的教科书的。

2. B 【解析】根据《中华人民共和国义务教育法》第十七条规定，县级人民政府根据需要设置寄宿制学校，保障居住分散的适龄儿童、少年入学接受义务教育。故选B项。

3. C 【解析】根据《中华人民共和国义务教育法》的规定，凡年满六周岁的儿童，其父母或者其他法定监护人应当送其入学接受并完成义务教育，D项说法错误。实施义务教育，不收学费、杂费，A项说法错误。适龄儿童、少年免试入学，地方各级人民政府应当保障适龄儿童、少年在户籍所在地学校就近入学，B项说法错误。县级以上人民政府教育行政部门具体负责义务教育实施工作，C项说法正确。

4. B 【解析】根据《中华人民共和国义务教育法》第三十五条规定可知，学校和教师按照确定的教育教学内容和课程设置开展教育教学活动，保证达到国家规定的基本质量要求。国家鼓励学校和教师采用启发式教育等教育教学方法，提高教育教学质量。

5. A 【解析】根据《中华人民共和国义务教育法》第七条规定，义务教育实行国务院领导，省、自治区、直辖市人民政府统筹规划实施，县级人民政府为主管理的体制。

6. D 【解析】根据《中华人民共和国义务教育法》的规定，应该把学生的德育工作放在各项工作的首位。②说法错误，可以排除ABC三项。

7. B 【解析】根据《中华人民共和国义务教育法》第二十四条规定，学校不得聘用曾经因故意犯罪被依法剥夺政治权利的人担任工作人员。

8. D 【解析】根据《中华人民共和国义务教育法》第五条规定，社会组织和个人应当为适龄儿童、少年接受义务教育创造良好的环境。

9. A 【解析】义务教育的强制性是我国义务教育的最本质特征。

10. A 【解析】根据《中华人民共和国义务教育法》第二十一条规定，对未完成义务教育的未成年犯和被采取强制性教育措施的未成年人应当进行义务教育，所需经费由人民政府予以保障。

11. C 【解析】《中华人民共和国义务教育法》第十四条规定，禁止用人单位招用应当接受义务教育的适龄儿童、少年。故饭店老板雇用12岁的小亮是不合法的。

12. C 【解析】根据《中华人民共和国义务教育法》第四十一条规定，国家鼓励教科书循环使用。因此④不符合题意。根据《中华人民共和国义务教育法》第五十九条规定，有下列情形之一的，依照有关法律、行政法规的规定予以处罚：(一)胁迫或者诱骗应当接受义务教育的适龄儿童、少年失学、辍学的；(二)非法招用应当接受义务教育的适龄儿童、少年的；(三)出版未经依法审定的教科书的。①②③符合题意。

13. C 【解析】根据《中华人民共和国义务教育法》第十四条规定，自行实施义务教育的，应当经县级人民政府教育行政部门批准。

14. B 【解析】根据《中华人民共和国义务教育法》第六条规定，国务院和县级以上地方人民政府应当合理配置教育资源，促进义务教育均衡发展，改善薄弱学校的办学条件，并采取措施，保障农村地区、民族地区实施义务教育，保障家庭经济困难的和残疾的适龄儿童、少年接受义务教育。

15. C 【解析】根据《中华人民共和国义务教育法》第四十三条规定，特殊教育学校(班)学生人均公用经费标准应当高于普通学校学生人均公用经费标准。

16. D 【解析】根据《中华人民共和国义务教育法》第三十四条规定，教育教学工作应当符合教育规律和学生身心发展特点，面向全体学生，教书育人，将德育、智育、体育、美育等有机统一在教育教学活动中，注重培养学生独立思考能力、创新能力和实践能力，促进学生全面发展。

17. C 【解析】根据《中华人民共和国义务教育法》第三十二条规定，县级人民政府教育行政部门应当均衡配置本行政区域内学校师资力量，组织校长、教师的培训和流动，加强对薄弱学校的建设。

18. C 【解析】《中华人民共和国义务教育法》于1986年4月12日第六届全国人民代表大会第四次会议通过。

19. C 【解析】根据《中华人民共和国义务教育法》第三十一条规定，在民族地区和边远贫困地区工作的教师享有艰苦贫困地区补助津贴。

20. B 【解析】根据《中华人民共和国义务教育法》第三十六条规定，学校应当把德育放在首位，寓德育于教育教学之中，开展与学生年龄相适应的社会实践活动，形成学校、家庭、社会相互配合的思想道德教育体系，促进学生养成良好的思想品德和行为习惯。

二、多项选择题

1. ACD 【解析】义务教育作为一项教育制度和法律制度，具有不同于其他教育制度和教育工作的属性。就其性质而言，义务教育具有强制性(义务性)、普及性(普遍性、统一性)、免费性(公益性)、公共性(国民性)和基础性。

2. ABC 【解析】根据《中华人民共和国义务教育法》第三条规定，义务教育必须贯彻国家的教育方针，实施素质教育，提高教育质量，使适龄儿童、少年在品德、智力、体质等方面全面发展，为培养有理想、有道德、有文化、有纪律的社会主义建设者和接班人奠定基础。

3. BDE 【解析】根据《中华人民共和国义务教育法》第五十七条规定，学校有下列情形之一的，由县级人民政府教育行政部门责令限期改正；情节严重的，对直接负责的主管人员和其他直接责任人员依法给予处分：(1)拒绝接收具有接受普通教育能力的残疾适龄儿童、少年随班就读的；(2)分设重点班和非重点班的；(3)违反本法规定开除学生的；(4)选用未经审定的教科书的。

4. AD 【解析】根据《中华人民共和国义务教育法》第四十七条规定，国务院和县级以上地方人民政府根据实际需要，设立专项资金，扶持农村地区、民族地区实施义务教育。

5. CD 【解析】根据《中华人民共和国义务教育法》第二十二条规定，学校不得分设重点班和非重点班，所以，A项中的做法是错误的；第二十七条规定，对违反学校管理制度的学生，学校应当予以批评教育，不得开除，所以B项中的做法是错误的。第二十四条规定，县级以上地方人民政府定期对学校校舍安全进行检查；对需要维修、改造的，及时予以维修、改造。所以，C项中的做法是正确的。根据《中华人民共和国教育法》第二十六条规定，国家鼓励企业事业组织、社会团体、其他社会组织及公民个人依法举办学校及其他教育机构。所以，D项中的做法是正确的。

三、填空题

1. 循环

2. 个体差异
3. 公益性
4. 九
5. 免试　就近
6. 国务院教育行政部门
7. 初级职务
8. 批评教育

四、判断题

1. × 【解析】根据《中华人民共和国义务教育法》第十一条规定，凡年满六周岁的儿童，其父母或者其他法定监护人应当送其入学接受并完成义务教育；条件不具备的地区的儿童，可以推迟到七周岁。
2. √ 【解析】根据《中华人民共和国义务教育法》第十一条规定，适龄儿童、少年因身体状况需要延缓入学或者休学的，其父母或者其他法定监护人应当提出申请，由当地乡镇人民政府或者县级人民政府教育行政部门批准。
3. √ 【解析】根据《中华人民共和国义务教育法》第三十七条规定，学校应当保证学生的课外活动时间，组织开展文化娱乐等课外活动。社会公共文化体育设施应当为学校开展课外活动提供便利。
4. √ 【解析】根据《中华人民共和国义务教育法》第三十五条规定，国务院教育行政部门根据适龄儿童、少年身心发展的状况和实际情况，确定教学制度、教育教学内容和课程设置，改革考试制度，并改进高级中等学校招生办法，推进实施素质教育。
5. × 【解析】根据《中华人民共和国义务教育法》第三十八条规定，国家机关工作人员和教科书审查人员，不得参与或者变相参与教科书的编写工作。
6. × 【解析】根据《中华人民共和国义务教育法》第十九条规定，县级以上地方人民政府根据需要设置相应的实施特殊教育的学校（班），对视力残疾、听力语言残疾和智力残疾的适龄儿童、少年实施义务教育。

知识3《中华人民共和国教师法》和《教师资格条例》解读

一、单项选择题

1. C 【解析】根据《中华人民共和国教师法》第十三条规定，取得教师资格的人员首次任教时，应当有试用期。所以，小李的主张是不合法的，答案选C项。
2. B 【解析】根据《中华人民共和国教师法》第三条规定，教师是履行教育教学职责的专业人员，承担教书育人，培养社会主义事业建设者和接班人、提高民族素质的使命。教师应当忠诚于人民的教育事业。
3. A 【解析】教师应当履行关心、爱护全体学生，尊重学生人格的义务。题干中班主任李老师罚学生孙某在操场上跑10圈，并罚站两节课的行为属于体罚行为，是不尊重学生人格尊严的表现。教师应该以宽容的态度，满腔热忱地帮助有缺点、犯错误的学生，教师应能使每个学生都感受得到自己的关爱。故选A项。
4. A 【解析】根据我国《教师法》第二十七条规定，地方各级人民政府对教师以及具有中专以上学历的毕业生到少数民族地区和边远贫困地区从事教育教学工作的，应当予以补贴。
5. B 【解析】根据《中华人民共和国教师法》第十一条规定，取得初级中学教师、初级职业学校文化、专业课教师资格，应当具备高等师范专科学校或者其他大学专科毕业及其以上学历。
6. A 【解析】教育教学权是指教师享有进行教育教学活动、开展教育教学改革和实验的权利，这是教师为履行教育教学职责必须具备的最基本权利。
7. C 【解析】根据《中华人民共和国教师法》第三十七条规定，教师有下列情形之一的，由所在学校、其他教育机构或者教育行政部门给予行政处分或者解聘：(1)故意不完成教育教学任务给教育教学工作造成损失的；(2)体罚学生，经教育不改的；(3)品行不良、侮辱学生，影响恶劣的。
8. B 【解析】教师的学术自由权是指教师有从事科学研究、学术交流，参加专业的学术团体，在学术活动中充分发表意见的权利。张老师将自己教育教学中的成功经验总结升华，撰写成论文并成功发表，这是张老师行使了学术自由权。
9. D 【解析】根据《中华人民共和国教师法》第三十六条规定，对依法提出申诉、控告、检举的教师进行打击报复的，由其所在单位或者上级机关责令改正；情节严重的，可以根据具体情况给予行政处分。
10. D 【解析】根据《中华人民共和国教师法》第四条规定，各级人民政府应当采取措施，加强教师的思想政治教育和业务培训，改善教师的工作条件和生活条件，保障教师的合法权益，提高教师的社会地位。
11. C 【解析】根据《教师资格条例》第十九条规定，被撤销教师资格的，自撤销之日起5年内不得重新申请认定教师资格，其教师资格证书由县级以上人民政府教育行政部门收缴。
12. A 【解析】教师资格证书在全国范围内适用。
13. A 【解析】根据《中华人民共和国教师法》第二十五条规定，教师的平均工资水平应当不低于或者高于国家公务员的平均工资水平，并逐步提高。建立正常晋级增薪制度，具体办法由国务院规定。
14. D 【解析】根据《教师资格条例》第二十条规定，参加教师资格考试有作弊行为的，其考试成绩作废，3年内不得再次参加教师资格考试。
15. A 【解析】根据《中华人民共和国教师法》第二十四条规定，教师考核结果是受聘任教、晋升工资、实施奖惩的依据。
16. D 【解析】根据《中华人民共和国教师法》第三十七条规定，教师有下列情形之一的，由所在学校、其他教育机构或者教育行政部门给予行政处分或者解聘：(1)故意不完成教育教学任务给教育教学工作造成损失的；(2)体罚学生，经教育不改的；(3)品行不良、侮辱学生，影响恶劣的。教师有前款第(2)项、第(3)项所列情形之一，情节严重，构成犯罪的，依法追究刑事责任。依据此规定，教师殴打学生，情节严重，构成犯罪的，需要追究教师的刑事责任，故D项说法错误。
17. C 【解析】根据《教师资格条例》第五条规定，取得教师资格的公民，可以在本级及其以下等级的各类学校和其他教育机构担任教师；但是，取得中等职业学校实习指导教师资格的公民只能在中等专业学校、技工学校、职业高级中学或者初级职业学校担任实习指导教师。因此C项说法不准确。

18. C 【解析】根据《教师资格条例》第十九条规定，品行不良、侮辱学生，影响恶劣的教师，由县级以上人民政府教育行政部门撤销其教师资格。

19. A 【解析】根据《中华人民共和国教师法》第一条规定，为了保障教师的合法权益，建设具有良好思想品德修养和业务素质的教师队伍，促进社会主义教育事业的发展，制定本法。

20. D 【解析】根据《中华人民共和国教师法》第二十二条规定，学校或者其他教育机构应当对教师的政治思想、业务水平、工作态度和工作成绩进行考核。教育行政部门对教师的考核工作进行指导、监督。所以，考核机构是教师所工作和服务的学校或教育机构。

二、多项选择题

1. ABCDE 【解析】根据《中华人民共和国教师法》第八条规定，教师应当履行下列义务：(一)遵守宪法、法律和职业道德，为人师表；(二)贯彻国家的教育方针，遵守规章制度，执行学校的教学计划，履行教师聘约，完成教育教学工作任务；(三)对学生进行宪法所确定的基本原则的教育和爱国主义、民族团结的教育，法制教育以及思想品德、文化、科学技术教育，组织、带领学生开展有益的社会活动；(四)关心、爱护全体学生，尊重学生人格，促进学生在品德、智力、体质等方面全面发展；(五)制止有害于学生的行为或者其他侵犯学生合法权益的行为，批评和抵制有害于学生健康成长的现象；(六)不断提高思想政治觉悟和教育教学业务水平。

2. BCD 【解析】根据《中华人民共和国教师法》第二十三条规定，考核应当客观、公正、准确，充分听取教师本人、其他教师以及学生的意见。

3. BCD 【解析】根据《中华人民共和国教师法》第七条规定，教师享有下列权利：(一)进行教育教学活动，开展教育教学改革和实验；(二)从事科学研究、学术交流，参加专业的学术团体，在学术活动中充分发表意见；(三)指导学生的学习和发展，评定学生的品行和学业成绩；(四)按时获取工资报酬，享受国家规定的福利待遇以及寒暑假期的带薪休假；(五)对学校教育教学、管理工作和教育行政部门的工作提出意见和建议，通过教职工代表大会或者其他形式，参与学校的民主管理；(六)参加进修或者其他方式的培训。故选BCD三项。

4. BCDE 【解析】根据《中华人民共和国教师法》第二十二条规定，学校或者其他教育机构应当对教师的政治思想、业务水平、工作态度和工作成绩进行考核。

5. ABD 【解析】根据《中华人民共和国教师法》第三十七条规定，教师有下列情形之一的，由所在学校、其他教育机构或者教育行政部门给予行政处分或者解聘：(一)故意不完成教育教学任务给教育教学工作造成损失的；(二)体罚学生，经教育不改的；(三)品行不良、侮辱学生，影响恶劣的。

6. ABCD 【解析】根据《中华人民共和国教师法》第十一条规定，取得教师资格应当具备相应的学历；第十四条规定，受到剥夺政治权利或者故意犯罪受到有期徒刑以上刑事处罚的，不能取得教师资格；根据《教师资格认定体检标准》可知，教师有重大身体疾病或者曾有严重的精神病史，也无法申请教师资格证。

三、判断题

1. × 【解析】根据《中华人民共和国教师法》第十四条规定，受到剥夺政治权利或者故意犯罪受到有期徒刑以上刑事处罚的，不能取得教师资格；已经取得教师资格的，丧失教师资格。

2. × 【解析】教育教学权是指教师享有进行教育教学活动、开展教育教学改革和实验的权利。这是教师为履行教育教学职责必须具备的最基本权利。管理学生权是教师履行自己职责的主要权利，是与教师在教育过程中的主导地位相适应的基本权利。

3. × 【解析】根据《中华人民共和国教师法》第三十九条规定，教师对学校或者其他教育机构侵犯其合法权益的，或者对学校或者其他教育机构作出的处理不服的，可以向教育行政部门提出申诉。张老师认为学校侵犯了其合法权益，是可以提出申诉的，当地教育行政部门应予以受理。

4. √ 【解析】根据《中华人民共和国教师法》第三十条规定，教师退休或者退职后，享受国家规定的退休或者退职待遇。县级以上地方人民政府可以适当提高长期从事教育教学工作的中小学退休教师的退休金比例。

5. × 【解析】根据《中华人民共和国教师法》第十五条规定，各级师范学校毕业生，应当按照国家有关规定从事教育教学工作。国家鼓励非师范高等学校毕业生到中小学或者职业学校任教。

四、案例分析题(参考答案)

(1)教育教学权是教师基本权利的重要组成部分。教师的教育教学权主要指教师在教育教学活动及其专业性活动中享有的自主性权利。教师在教育教学、管理学生、教育评价等方面的权利，都属于教师教育教学权的范畴。(2)学校没有侵犯张某的教育教学权。尽管张某在学历上符合做一名初中教师的要求，但是他的职业道德、专业能力、教学态度不符合作为一名教师应该具有的基本素质，无法正常履行教师的教育教学职责，学校让其离开教师岗位而从事管理工作是合理的。

知识4《中华人民共和国未成年人保护法》

解读

一、单项选择题

1. B 【解析】根据《中华人民共和国未成年人保护法》第一百一十三条规定，对违法犯罪的未成年人，实行教育、感化、挽救的方针，坚持教育为主、惩罚为辅的原则。

2. C 【解析】根据《中华人民共和国未成年人保护法》第三十五条规定，学校、幼儿园不得在危及未成年人人身安全、身心健康的校舍和其他设施、场所中进行教育教学活动。故选C项。

3. C 【解析】根据《中华人民共和国未成年人保护法》第二十一条规定，未成年人的父母或者其他监护人不得使未满十六周岁的未成年人脱离监护单独生活。因此，只有16岁的小张可以单独居住。

4. C 【解析】根据《中华人民共和国未成年人保护法》第十一条规定，任何组织或者个人发现不利于未成年人身心健康或者侵犯未成年人合法权益的情形，都有权劝阻、制止或者向公安、民政、教育等有关部门提出检举、控告。

5. D 【解析】根据《中华人民共和国未成年人保护法》第五十六条规定，公共场所发生突发事件时，应当优先救护未成年人。

6. B 【解析】根据《中华人民共和国未成年人保护法》第五条规定，国家、社会、学校和家庭应当对未成年人进行理想教育、道德教育、科学教育、文化教育、法治教育、国家安全教育、健康教育、劳动教育，加强爱国主义、集体主义和中国特色社会主义的教育，培养爱祖国、爱人民、爱劳动、爱科学、爱社会主义的公德，抵制资本主义、封建主义和其他腐朽思想的侵蚀，引导未成年人树立和践行社会主义核心价值观。

7. C 【解析】根据《中华人民共和国未成年人保护法》第二十七条规定，学校、幼儿园的教职员工应当尊重未成年人人格尊严，不得对未成年人实施体罚、变相体罚或者其他侮辱人格尊严的行为。

8. A 【解析】根据《中华人民共和国未成年人保护法》第四条规定，保护未成年人，应当坚持最有利于未成年人的原则。处理涉及未成年人事项，应当符合下列要求：(一)给予未成年人特殊、优先保护；(二)尊重未成年人人格尊严；(三)保护未成年人隐私权和个人信息；(四)适应未成年人身心健康发展的规律和特点；(五)听取未成年人的意见；(六)保护与教育相结合。A项符合题意，BCD三项不符合题意。

9. B 【解析】根据《中华人民共和国未成年人保护法》第二条规定，本法所称未成年人是指未满十八周岁的公民。

10. C 【解析】根据《中华人民共和国未成年人保护法》第四条规定，处理涉及未成年人事项，应当保护未成年人隐私权和个人信息。班主任私自拆封张某的信，并公然在班会上阅读，这种行为披露了张某的个人隐私，故违反了《中华人民共和国未成年人保护法》。

二、多项选择题

1. CD 【解析】根据《中华人民共和国未成年人保护法》第四十四条规定，爱国主义教育基地、图书馆、青少年宫、儿童活动中心、儿童之家应当对未成年人免费开放；博物馆、纪念馆、科技馆、展览馆、美术馆、文化馆、社区公益性互联网上网服务场所以及影剧院、体育场馆、动物园、植物园、公园等场所，应当按照有关规定对未成年人免费或者优惠开放。

2. ABCD 【解析】根据《中华人民共和国未成年人保护法》第四条规定，保护未成年人，应当坚持最有利于未成年人的原则。处理涉及未成年人事项，应当符合下列要求：(一)给予未成年人特殊、优先保护；(二)尊重未成年人人格尊严；(三)保护未成年人隐私权和个人信息；(四)适应未成年人身心健康发展的规律和特点；(五)听取未成年人的意见；(六)保护与教育相结合。

3. ABCD 【解析】根据《中华人民共和国未成年人保护法》第三条规定，国家保障未成年人的生存权、发展权、受保护权、参与权等权利。

4. BCD 【解析】根据《中华人民共和国未成年人保护法》第三十条规定，学校应当根据未成年学生身心发展特点，进行社会生活指导、心理健康辅导、青春期教育和生命教育。

知识5《中华人民共和国预防未成年人犯罪法》解读

一、单项选择题

1. D 【解析】根据《中华人民共和国预防未成年人犯罪法》第二条规定，预防未成年人犯罪，立足于教育和保护未成年人相结合，坚持预防为主、提前干预，对未成年人的不良行为和严重不良行为及时进行分级预防、干预和矫治。

2. C 【解析】根据《中华人民共和国预防未成年人犯罪法》第十八条规定，学校应当聘任从事法治教育的专职或者兼职教师，并可以从司法和执法机关、法学教育和法律服务机构等单位聘请法治副校长、校外法治辅导员。故选C项。

3. D 【解析】根据《中华人民共和国预防未成年人犯罪法》第四条规定，预防未成年人犯罪，在各级人民政府组织下，实行综合治理。

4. D 【解析】根据《中华人民共和国预防未成年人犯罪法》第五十八条规定，刑满释放和接受社区矫正的未成年人，在复学、升学、就业等方面依法享有与其他未成年人同等的权利，任何单位和个人不得歧视。故A项说法错误。第五十三条规定，对被拘留、逮捕以及在未成年犯管教所执行刑罚的未成年人，应当与成年人分别关押、管理和教育。对未成年人的社区矫正，应当与成年人分别进行。对有上述情形且没有完成义务教育的未成年人，公安机关、人民检察院、人民法院、司法行政部门应当与教育行政部门相互配合，保证其继续接受义务教育。故B项说法错误，D项说法正确。《中华人民共和国预防未成年人犯罪法》(2012年)第四十五条规定，对未成年人犯罪案件，新闻报道、影视节目、公开出版物不得披露该未成年人的姓名、住所、照片及可能推断出该未成年人的资料。故C项说法错误。

5. C 【解析】根据《中华人民共和国预防未成年人犯罪法》第二十八条规定，本法所称不良行为，是指未成年人实施的不利于其健康成长的下列行为：(一)吸烟、饮酒；(二)多次旷课、逃学；(三)无故夜不归宿、离家出走；(四)沉迷网络；(五)与社会上具有不良习性的人交往，组织或者参加实施不良行为的团伙；(六)进入法律法规规定未成年人不宜进入的场所；(七)参与赌博、变相赌博，或者参加封建迷信、邪教等活动；(八)阅览、观看或者收听宣扬淫秽、色情、暴力、恐怖、极端等内容的读物、音像制品或者网络信息等；(九)其他不利于未成年人身心健康成长的不良行为。ABD三项属于学生不良行为，C项属于学生严重不良行为。

二、判断题

1. × 【解析】根据《中华人民共和国预防未成年人犯罪法》第十六条规定，未成年人的父母或者其他监护人对未成年人的预防犯罪教育负有直接责任，应当依法履行监护职责，树立优良家风，培养未成年人良好品行；发现未成年人心理或者行为异常的，应当及时了解情况并进行教育、引导和劝诫，不得拒绝或者怠于履行监护职责。

2. √ 【解析】根据《中华人民共和国预防未成年人犯罪法》第三十四条规定，未成年学生旷课、逃学的，学校应当及时联系其父母或者其他监护人，了解有关情况；无正当理由的，学校和未成年学生的父母或者其他监护人应当督促其返校学习。

3. √ 【解析】根据《中华人民共和国预防未成年人犯罪法》第五十八条规定，刑满释放和接受社区矫正的未成年人，在复学、升学、就业等方面依法享有与其他未成年人同等的权利，任何单位和个人不得歧视。

知识6《学生伤害事故处理办法》解读

一、单项选择题

1. A 【解析】根据《学生伤害事故处理办法》第十条

规定可知,学生或者其监护人知道学生有特异体质,或者患有特定疾病,但未告知学校,造成学生伤害事故,学生或者其监护人应当依法承担相应的责任。

2. B 【解析】根据《学生伤害事故处理办法》第五条规定,学校对学生进行安全教育、管理和保护,应当针对学生年龄、认知能力和法律行为能力的不同,采用相应的内容和预防措施。

3. D 【解析】根据《学生伤害事故处理办法》第二十七条规定,因学校教师或者其他工作人员在履行职务中的故意或者重大过失造成的学生伤害事故,学校予以赔偿后,可以向有关责任人员追偿。

4. C 【解析】小学生李阳在体育课上因地面不平摔倒受伤,这主要是由于学校提供给学生的场地存在明显的不安全因素造成的。因此,根据《学生伤害事故处理办法》第九条规定,学校应承担事故的主要责任。

5. B 【解析】《学生伤害事故处理办法》中的规定明确了教育机构依法负有对未成年人的教育、管理和保护的义务,如果因过错没有尽其相应的义务,致使发生学生伤害事故的,学校应当承担与其过错相应的民事责任。因此,教育机构对学生伤害事故的责任,在性质上是违反法定义务的过错责任。

6. B 【解析】根据《学生伤害事故处理办法》第十条规定可知,学生行为具有危险性,学校、教师已经告诫、纠正,但学生不听劝阻、拒不改正,由此造成的学生伤害事故,学生或者未成年学生监护人应当依法承担相应的责任。

7. D 【解析】根据我国相关法律规定,在学生上课期间,学校和教师对其有一定的监管、保护职责。在本题中,由于老师监管不力导致学生离开学校发生伤害事故,因此学校应承担一定的赔偿责任。电动车主对洋洋造成了伤害,也应承担赔偿责任。

二、多项选择题

1. ABC 【解析】根据《学生伤害事故处理办法》第三条规定,学生伤害事故应当遵循依法、客观公正、合理适当的原则,及时、妥善地处理。

2. ABC 【解析】根据《学生伤害事故处理办法》第十三条规定,下列情形下发生的造成学生人身损害后果的事故,学校行为并无不当的,不承担事故责任;事故责任应当按有关法律法规或者其他有关规定认定:(1)在学生自行上学、放学、返校、离校途中发生的;(2)在学生自行外出或者擅自离校期间发生的;(3)在放学后、节假日或者假期等学校工作时间以外,学生自行滞留学校或者自行到校发生的;(4)其他在学校管理职责范围外发生的。

3. BCD 【解析】吴军将孙刚打倒在地,造成孙刚手臂骨折,故吴军应负主要责任。但是吴军是未成年人,因此根据法律的规定,由其监护人承担赔偿责任。根据《学生伤害事故处理办法》第八条规定,因学校、学生或者其他相关当事人的过错造成的学生伤害事故,相关当事人应当根据其行为过错程度的比例及其与损害后果之间的因果关系承担相应的责任。学校应当承担相应的事故责任,在本案例中学校应负次要责任,应进行相应赔偿。体育课上,体育老师不认真履行自己教育教学的义务,而在操场旁玩手机,对学生监督不力,因此,学校在承担经济赔偿以后,可向体育老师进行全部或部分追偿。

三、案例分析题(参考答案)

1. 此案例中,学校和恶作剧学生都应该负相应的法律责任。(1)根据《学生伤害事故处理办法》第九条规定,学校的校舍、场地、其他公共设施,以及学校提供给学生使用的学具、教育教学和生活设施、设备不符合国家规定的标准,或者有明显不安全因素的,学校应当依法承担相应的责任。案例中,学校人数超标,教学楼内一个楼梯被封闭而且没有应急灯,这些都说明学校的设施设备存在安全隐患,因此针对此次事故学校应负主要责任。(2)做恶作剧的学生的行为也是造成事故的一个因素,所以也应当承担一定的法律责任。

2. (1)学校不应该赔偿。(2)学校组织正常的体育教学,进行800米比赛活动,没有违反相关的教学规定,并无过错。孙某晕倒后,学校进行了必要的急救措施,并及时通知医院。在整个救治过程中,学校采取的措施并无不当。因此,学校对本次学生伤害事故不需要承担法律责任,不需要进行赔偿。

3. (1)案例中的教师的做法是不对的,属于不作为侵权行为。(2)①根据我国《教师法》《未成年人保护法》的规定,学校和教师负有保护学生的法定义务。如果教师没有积极履行保护职责或阻止有害学生的行为即构成不作为侵权。案例中的李老师在上课期间接私人电话,擅离职守,导致小博受伤,因此李老师的行为属于不作为侵权行为。②根据《学生伤害事故处理办法》第九条规定,学校教师或者其他工作人员在履行职责过程中违反工作要求、操作规程、职业道德或者其他有关规定的,学校应当依法承担相应的责任。根据《学生伤害事故处理办法》第二十七条规定,因学校教师或者其他工作人员在履行职务中的故意或者重大过失造成的学生伤害事故,学校予以赔偿后,可以向有关责任人员追偿。本案例中,学校应当依法承担相应的责任,同时,学校对李老师有追偿权。

整合提升

一、单项选择题

1. B 【解析】根据《教师资格条例》第十六条规定,教育行政部门或者受委托的高等学校在接到公民的教师资格认定申请后,应当对申请人的条件进行审查;对符合认定条件的,应当在受理期限终止之日起30日内颁发相应的教师资格证书;对不符合认定条件的,应当在受理期限终止之日起30日内将认定结论通知本人。

2. C 【解析】根据《中华人民共和国教师法》第三十七条规定,教师有下列情形之一的,由所在学校、其他教育机构或者教育行政部门给予行政处分或者解聘:(1)故意不完成教育教学任务给教育教学工作造成损失的;(2)体罚学生,经教育不改的;(3)品行不良、侮辱学生,影响恶劣的。C项属于第三种情形。

3. A 【解析】根据《学生伤害事故处理办法》第九条规定,学校组织学生参加教育教学活动或者校外活动,未对学生进行相应的安全教育,并未在可预见的范围内采取必要的安全措施的情形下造成的学生伤害事故,学校应当依法承担相应的责任。

4. C 【解析】根据《中华人民共和国义务教育法》第五十八条规定,适龄儿童、少年的父母或者其他法定监护人无正当理由未依照本法规定送适龄儿童、少年入学接受义务教育的,由当地乡镇人民政府或者县级人民政府教育行政部门给予批评教育，责令限期改正。

5. D 【解析】《中华人民共和国义务教育法》于1986年4月12日第六届全国人民代表大会第四次会议通过，并于1986年7月1日起施行。2006年6月29日中华人民共和国第十届全国人民代表大会常务委员会第二十二次会议修订通过新的《中华人民共和国义务教育法》，并于2006年9月1日起开始施行。

6. B 【解析】根据我国《刑法》第十七条规定，已满十四周岁不满十六周岁的人犯故意杀人、故意伤害致人重伤或者死亡、强奸、抢劫、贩卖毒品、放火、爆炸、投放危险物质罪的，应当负刑事责任。所以，答案为B项。

7. A 【解析】教育机构对学生伤害事故的责任，在性质上是违反法定义务的过错责任。学校在此事件中没有采取有效的保护学生的措施，因此学校存在过错责任。

8. B 【解析】根据我国《学校卫生工作条例》第五条规定，学校应当合理安排学生的学习时间。学生每日学习时间(包括自习)，小学不超过六小时，中学不超过八小时，大学不超过十小时。

9. D 【解析】学校承担学生伤害事故的责任范围之一是学生伤害事故必须是在学校负有教育管理职责的时间和空间范围内发生的伤害事故。周某在上课期间逃课上网，属于学校负有教育管理职责的时间范围，学校没有采取有效措施，因此学校应负相应的责任。

10. C 【解析】中共中央办公厅、国务院办公厅印发的《加快推进教育现代化实施方案(2018～2022年)》中指出，加快推进教育现代化的指导思想是：以习近平新时代中国特色社会主义思想为指导，全面贯彻党的十九大和十九届二中、三中全会精神，以培养社会主义建设者和接班人为根本任务，以全面加强党对教育工作的领导为根本保证，以促进公平和提高质量为时代主题，围绕加快推进教育现代化这一主线，聚焦教育发展的战略性问题、紧迫性问题和人民群众关心的问题，统筹实施各类工程项目和行动计划，着力深化改革、激发活力，着力补齐短板、优化结构，更好发挥教育服务国计民生的作用，确保完成决胜全面建成小康社会教育目标任务，为推动高质量发展、实现2035年奋斗目标夯实基础。ABD三项表述正确，C项表述错误。

11. C 【解析】《新时代爱国主义教育实施纲要》提出，新时代爱国主义教育要面向全体人民、聚焦青少年。要充分发挥课堂教学的主渠道作用。培养社会主义建设者和接班人，首先要培养学生的爱国情怀。要把青少年作为爱国主义教育的重中之重，将爱国主义精神贯穿于学校教育全过程，推动爱国主义教育进课堂、进教材、进头脑。在普通中小学、中职学校，将爱国主义教育内容融入语文、道德与法治、历史等学科教材编写和教育教学中，在普通高校将爱国主义教育与哲学社会科学相关专业课程有机结合，加大爱国主义教育内容的比重。创新爱国主义教育的形式，丰富和优化课程资源，支持和鼓励多种形式开发微课、微视频等教育资源和在线课程，开发体现爱国主义教育要求的音乐、美术、书法、舞蹈、戏剧作品等，进一步增强吸引力、感染力。根据文件内容，本题答案选C项。

12. A 【解析】根据《中华人民共和国教育法》第五条规定，教育必须为社会主义现代化建设服务、为人民服务，必须与生产劳动和社会实践相结合，培养德、智、体、美等方面全面发展的社会主义建设者和接班人。题干中的教师强调读书是为了自己，没有从社会利益出发，违背了坚持教育的社会主义方向原则。

13. C 【解析】根据《中华人民共和国教育法》第三十条规定，学校及其他教育机构应当履行“以适当方式为受教育者及其监护人了解受教育者的学业成绩及其他有关情况提供便利”的义务。故A项说法错误。根据《中华人民共和国义务教育法》第三十九条规定，国家实行教科书审定制度。教科书的审定办法由国务院教育行政部门规定。未经审定的教科书，不得出版、选用。故B项违背了教育法律规定。根据我国相关法律规定可知，在考试中作弊的，监考老师应予以制止并终止其继续参加考试。故D项违背了相关教育法规。根据《中华人民共和国义务教育法》第十一条规定，凡年满六周岁的儿童，其父母或者其他法定监护人应当送其入学接受并完成义务教育；条件不具备的地区的儿童，可以推迟到七周岁。C项中可可不满六周岁，因此不能入学。故C项符合题意。

14. C 【解析】根据《中小学教师违反职业道德行为处理办法》第三条规定，降低岗位等级或撤职期限为24个月。所以题干中的教师从2019年6月起可以重新申报中学高级职务。

15. C 【解析】《国家教育事业发展“十三五”规划》提出了全面落实立德树人的根本任务，其中，要强化学生实践动手能力就要：(1)践行知行合一；(2)加强劳动教育，充分发挥劳动综合育人功能；(3)制定中小学生综合实践活动指导纲要，注重增强学生实践体验，鼓励有条件的地区开展中小学生研学旅行和各种形式的夏令营、冬令营活动等。

16. D 【解析】根据我国法律的规定，不满八周岁的未成年人为无民事行为能力人，八周岁以上的未成年人为限制民事行为能力人。

17. D 【解析】《中共中央 国务院关于深化教育教学改革全面提高义务教育质量的意见》提出的工作目标是凝聚人心、完善人格、开发人力、培育人才、造福人民。

18. A 【解析】《中共中央 国务院关于深化教育教学改革全面提高义务教育质量的意见》提出坚持“五育”并举，全面发展素质教育。其具体措施包括：突出德育实效；提升智育水平；强化体育锻炼；增强美育熏陶；加强劳动教育。

二、多项选择题

1. ABCD 【解析】《新时代中小学教师职业行为十项准则》中提出，教师应坚定政治方向、自觉爱国守法、传播优秀文化、潜心教书育人、关心爱护学生、加强安全防范、坚持言行雅正、秉持公平诚信、坚守廉洁自律、规范从教行为。

2. ABCD 【解析】《中国教育现代化2035》的突出特点有：(1)服务国家人民；(2)体现前瞻引领；(3)立足国情世情；(4)突出改革创新；(5)注重规划实施。

3. ABCD 【解析】统一性是贯穿始终的一个理念。在法规中，从始至终强调在全国范围内实行统一的义务教育，这个统一包括要制定统一的义务教育阶段教科书设置标准、教学标准、经费标准、建设标准、学生公用经费的标准等。

4. ABD 【解析】中共中央、国务院于2018年1月印发的《关于全面深化新时代教师队伍建设改革的意见》中提出，教师队伍建设的基本原则包括：(1)确保方向；(2)强化保障；(3)突出师德；(4)深化改革；(5)分类施策。

5. BD 【解析】《中小学生减负措施》提出，科学合理布置作业，作业难度水平不得超过课标要求，教师不得布置重复性和惩罚性作业，不得给家长布置作业或让家长代为评改作业。

6. BD 【解析】《中国学生发展核心素养》以科学性、时代性和民族性为基本原则，以培养"全面发展的人"为核心，分为文化基础、自主发展、社会参与三个方面。其中自主发展的素养包括学会学习和健康生活。

7. ACD 【解析】一些特殊学生群体享有的特殊教育权利有：(1)女生的特殊教育权利；(2)经济困难学生的特殊教育权利；(3)残疾人的特殊教育权利。

8. ABC 【解析】根据《中华人民共和国教育法》第四十三条规定，受教育者享有"对学校给予的处分不服向有关部门提出申诉，对学校、教师侵犯其人身权、财产权等合法权益，提出申诉或者依法提起诉讼"的权利。ABC三项中的情况，学生可以提出申诉。

三、判断题

1. × 【解析】根据《学生伤害事故处理办法》第七条规定，未成年学生的父母或者其他监护人应当依法履行监护职责，配合学校对学生进行安全教育、管理和保护工作。学校对未成年学生不承担监护职责，但法律有规定的或者学校依法接受委托承担相应监护职责的情形除外。

2. √ 【解析】为更好地促进学生的学习，教师可采用适当惩罚。教师要遵循教育规律，循序善诱，合理利用教育惩戒，注意保护学生的合法权益。

3. √ 【解析】中小学信息公开工作要建立信息公开保密审查机制。凡涉及国家秘密、个人隐私或公开可能危及校园安全稳定的信息，中小学不得公开。但是经个人同意公开或学校认为不公开可能会对公共利益造成影响的个人隐私等信息，可以予以公开。

4. × 【解析】《中共中央 国务院关于深化教育教学改革全面提高义务教育质量的意见》指出，义务教育学校不得引进境外课程、使用境外教材。

5. × 【解析】根据我国《学生伤害事故处理办法》第十三条规定，在学生自行上学、放学、返校、离校途中发生的造成学生人身损害后果的事故，学校行为并无不当的，不承担事故责任；事故责任应当按有关法律法规或者其他有关规定认定。

6. × 【解析】在履行教师职责、实施教育教学活动中，中小学教师实施的侵权行为若是执行职务的行为，那么学校必须承担因此而导致的损害后果。如果是教师的个人行为导致他人权利受损，则学校不必承担责任，须由教师本人承担。

7. × 【解析】根据我国《教育法》第三十二条规定，学校及其他教育机构兴办的校办产业独立承担民事责任。

8. × 【解析】学生伤害事故必须是在学校负有教育管理职责的时间和空间范围内发生的伤害事故，学生在学校负有教育管理职责的校园内外和由学校提供并管理的校舍、场地和设施内的活动中造成的人身损害，都属于学生伤害事故；在学校管理职责范围之外发生的伤害事故则不属于学生伤害事故。所以，不能用校园围墙的界限来区分学生伤害是否为学校事故，而要从学校负有教育管理的职责来区分。

四、案例分析题(参考答案)

1. (1)《学生伤害事故处理办法》中的规定明确了教育机构依法负有对未成年人的教育、管理和保护的义务，如果因过错没有尽其相应的义务，致使发生学生伤害事故的，学校应当承担与其过错相应的民事责任。因此，教育机构对学生伤害事故的责任，在性质上是违反法定义务的过错责任。根据《学生伤害事故处理办法》第十二条规定，在对抗性或者具有风险性的体育竞赛活动中受到意外伤害的，学校已履行了相应职责，行为并无不当的，无法律责任。本案例中张某在篮球比赛这种对抗性、风险性体育活动中受到意外伤害，学校行为并无不当，因此学校没有过错。

(2)根据《学生伤害事故处理办法》第二十六规定，学校无责任的，如果有条件，可以根据实际情况，本着自愿和可能的原则，对受伤害学生给予适当的帮助。因此，学校不需要承担张某的医疗费用，但可根据实际情况，适当给予人道主义的补偿。

2. (1)小张老师的行为不合法。①根据《中华人民共和国教师法》第八条规定，教师的义务之一是：贯彻国家的教育方针，遵守规章制度，执行学校的教学计划，履行教师聘约，完成教育教学工作任务。小张老师擅自不上班，经多次劝说后仍然不肯上班，显然没有履行教师的这一义务。②根据《中华人民共和国教育法》第三十三条规定，教师在享有教育教学权的同时，也应履行教师的各项义务。小张老师在任职期间不上班，给学校的教育教学工作造成损失，这是一种严重的失职行为。③小张老师擅自不去上班，导致相关教学工作停止，侵犯了学生的受教育权。

(2)学校可以给予小张老师行政处分或者解聘的处理。根据《中华人民共和国教师法》第三十七条规定，教师有下列情形之一的，由所在学校、其他教育机构或者教育行政部门给予行政处分或者解聘：①故意不完成教育教学任务给教育教学工作造成损失的；②体罚学生，经教育不改的；③品行不良、侮辱学生，影响恶劣的。因此，根据上述规定，学校可以给予小张老师行政处分，如果再不回校上课，可以依法予以解聘。

3. 小李老师认真备课，努力提高自己的教学技能，不断提升自己的教学水平的行为履行了《中华人民共和国教师法》规定的"贯彻国家的教育方针，遵守规章制度，执行学校的教学计划，履行教师聘约，完成教育教学工作任务""不断提高思想政治觉悟和教育教学业务水平"的义务。但是她对不认真听课的学生采取罚站，甚至用不许进教室听课的方式惩罚学生则违反了《中华人民共和国教师法》规定的"关心、爱护全体学生，尊重学生人格，促进学生在品德、智力、体质等方面全面发展"的义务。根据《中华人民共和国义务教育法》第二十九条的规定，教师应当尊重学生的人格，不得歧视学生，不得对学生实施体罚、变相体罚或者其他侮辱人格尊严的行为，不得侵犯学生合法权益。特别是小李老师用不许学生进教室听课的方式惩罚他们，严重地侵犯了学生的受教育权。因此，她惩罚学生的行为是不正确的，而且是违法的。

4. (1)学校的做法错误。根据《中华人民共和国未成年人保护法》第三十五条规定，学校、幼儿园安排未成年人参加文化娱乐、社会实践等集体活动，应当保护未成年人的身心健康，防止发生人身伤害事故。本案例中，城关小学及其教师明知刘腾辉是未成年人，但却安排并默许其从事用水桶抬开水这一危险行为，城关小学主观上有过错，客观上存在疏于管理、同意未成年人从事不利于身体健康成长的活动的行为，造成了刘腾辉绊倒被开水烫伤。
(2)首先，安全防范从小事做起，规范学校管理，杜绝散漫管理带来的安全隐患，另外，规范教师行为，对违反法律规定的教师行为坚决予以制止和批评。其次，加强学校的安全教育，提高教师的安全防护意识和法律知识。再次，做好学生的自护教育。最后，做好学校的安全保障方面的硬件设施的维护，搞好学校应急事故处理程序的研究准备。

5. (1)从法律的角度来看，《中华人民共和国义务教育法》中明确规定，享受九年义务教育是未成年人的权利，任何人无权剥夺。因此，对品行有缺点的学生，教师应当耐心地教育、帮助，不得歧视。学校对未成年学生，包括那些犯了错误的学生，只有“教育权”，而无抛弃、勒令离校、限制上课等“处罚权”。
(2)从教育学原理的角度来看，初二学生的年龄特点决定了他们对于事物认识的不完善、不深刻，明辨是非的能力不够强，基于这样的身心特点，犯错误、违反校规校纪是在情理之中的。如果学校都以开除、限制学生上课等方式处罚学生的话，那么，教育既无艺术，也无科学可言了。虽说教育不是万能的，但学校未经尝试其他教育方法便急于处罚学生，显然不合情理。

6. 班主任的行为是违法的。(1)在全班同学面前，公开排榜名次，侵犯了学生的隐私权。(2)不分青红皂白地批评了没有考好的张某，违背了我国《教师法》中“关心、爱护全体学生，尊重学生人格，促进学生在品德、智力、体质等方面全面发展”的规定。(3)根据《中华人民共和国未成年人保护法》的规定，学校应当关心、爱护未成年学生，不得因家庭、身体、心理、学习能力等情况歧视学生。对家庭困难、身心有障碍的学生，应当提供关爱；对行为异常、学习有困难的学生，应当耐心帮助。根据《中华人民共和国教育法》的规定，教师应以适当方式为受教育者及其监护人了解受教育者的学业成绩及其他有关情况提供便利。根据这两条规定，班主任应当选择合适的方式提供成绩，并且对于没有考好的学生多给予鼓励和帮助。

7. 根据《学生伤害事故处理办法》的规定，学生伤害事故的责任，应当根据相关当事人的行为与损害后果之间的因果关系依法确定。因学校、学生或者其他相关当事人的过错造成的学生伤害事故，相关当事人应当根据其行为过错程度的比例及其与损害后果之间的因果关系承担相应的责任。当事人的行为是损害后果发生的主要原因，应当承担主要责任；当事人的行为是损害后果发生的非主要原因，承担相应的责任。因此：(1)这起事故中潘某需承担一定的责任，因为武某所受伤害是由潘某的行为所致。但是小学生潘某是未成年人，所以应由其监护人承担相应的民事法律责任。
(2)学校和老师也有过错。针对学生的课间打闹行为，学校和老师的教育安全措施做的不到位，从而引发了悲剧，所以学校也应承担相应的民事赔偿责任。

8. (1)学校聘用小李的行为不符合法律规定。根据《中华人民共和国教师法》《教师资格条例》的规定，国家实行教师资格制度，即中国公民在各级各类学校和其他教育机构中专门从事教育教学工作时，应当依法取得教师资格。然而学校却聘用了没有取得教师资格证的小李，这说明该学校的招聘工作存在漏洞。
(2)小李对其他同学欺负小明的行为漠不关心，这属于不作为违法侵权行为。不作为侵权行为是指行为人以一定的不作为致人损害的行为。根据《中华人民共和国教师法》《中华人民共和国未成年人保护法》的规定，学校和教师负有保护学生的法定义务。如果教师没有积极履行保护职责或阻止有害学生的行为即构成不作为侵权行为。
(3)小明父亲辱骂李老师的行为不合法。根据《中华人民共和国教师法》第三十五条规定，侮辱、殴打教师的，根据不同情况，分别给予行政处分或者行政处罚；造成损害的，责令赔偿损失；情节严重，构成犯罪的，依法追究刑事责任。

9. (1)学校的做法是不正确的，具体表现在三个方面。①该初中将校舍挪作他用是非法的。根据《中华人民共和国义务教育法实施细则》第三十八条规定，将学校校舍、场地出租、出让或者移作他用，妨碍义务教育实施的由地方人民政府或者有关部门依照管理权限对有关责任人员给予行政处分。该学校将操场改为临时停车场，触犯了本条法律的规定。②该初中私自停止了校内的一切体育活动，既侵害了学生的合法权益，又没有履行应尽的义务。根据《中华人民共和国教育法》第四十三条规定，学生有参加教育教学计划安排的各种活动，使用教育教学设施、设备、图书资料的权利，该初中侵犯了学生正常使用校内体育设施的合法权益。③该初中组织教师和部分高年级学生轮流疏导和看管车辆的做法是违法的。本来我们应一分为二地来看待这种做法，即如果该校的行为是在双休日，又是教师和学生自愿的，那就无可厚非，正如校长所说，是一举两得；但如果是在上课学习期间，该校的行为就属于违法行为。
(2)当地人民政府或相关教育行政机关应做如下处理：①制止该初中停止一切体育活动的行为，停止侵权，恢复学生使用学校体育设施的权利；②依法收回该校已向游客收取的费用；③依法追究该校校长的法律责任，根据收取费用的目的，依照管理权限对该校校长给予相应的行政处分。

10. (1)根据我国《教师法》第三十七条规定，教师有下列情形之一的，由所在学校、其他教育机构或者教育行政部门给予行政处分或者解聘：①故意不完成教育教学任务给教育教学工作造成损失的；②体罚学生，经教育不改的；③品行不良、侮辱学生，影响恶劣的。教师有前款第②项、第③项所列情形之一，情节严重，构成犯罪的，依法追究刑事责任。案例中的女教师没有出现上述三种情形，而学校以各种“非正当”理由将其解聘的行为，是不正确的，侵犯了该教师的合法权益。

(2)根据我国《教师法》第三十九条规定,教师对学校或者其他教育机构侵犯其合法权益的,或者对学校或者其他教育机构做出的处理不服的,可以向教育行政部门提出申诉,教育行政部门应当在接到申诉的三十日内,做出处理。案例中女教师在自己的合法权益受到侵害时,向教育局提出申诉,经区教育局有关部门与学校多次协调后,学校留下了这名教师。这说明了教育申诉提供了救济,可以更切实地保障教育行政相对人的合法权益。

(3)工作虽然被安排了,但这名教师觉得已经得罪了学校领导,最后还是离开了这所学校。这说明该教师的法律意识还不够,不能很好地运用法律手段保护自己。

真题必刷

一、单项选择题

1. B 【解析】根据我国《宪法》规定,国务院有权根据宪法和法律,规定行政措施,制定行政法规,发布决定和命令。教育行政法规是行政法规的形式之一。
2. A 【解析】教育法律关系是一种权利与义务的关系,是以法律规范为前提,在法律规范基础上调整的主体之间的利益关系。
3. C 【解析】有损害事实是指行为人有侵害教育管理、教学秩序及从事教育教学活动的公民、法人和其他组织合法权益的客观事实存在。这是构成教育法律责任的前提条件。
4. D 【解析】名誉权是由民事法律规定的民事主体所享有的获得和维持对其名誉进行客观公正评价的一种人格权利。我国相关法律规定,公民享有名誉权,禁止用侮辱、诽谤等方式损害公民的名誉。题干中的小豪给小佳取了“肥猪佳”的绰号,还煽动其他同学一起取笑小佳,这是典型的使用口头侮辱的形式侵害他人名誉权的行为。考生容易误选姓名权,我国相关法律规定,侵害姓名权的常见形式有:(1)干涉他人行使姓名权;(2)盗用他人姓名;(3)假冒他人;等等。故选D项。
5. B 【解析】根据《中华人民共和国教育法》第三十一条规定,学校及其他教育机构的校长或者主要行政负责人必须由具有中华人民共和国国籍、在中国境内定居、并具备国家规定任职条件的公民担任。由此可判断ACD三项是必须具备的条件,B项并没有体现。
6. B 【解析】根据《中华人民共和国义务教育法》第五十七条规定,学校有下列情形之一的,由县级人民政府教育行政部门责令限期改正;情节严重的,对直接负责的主管人员和其他直接责任人员依法给予处分:(1)拒绝接收具有接受普通教育能力的残疾适龄儿童、少年随班就读的;(2)分设重点班和非重点班的;(3)违反本法规定开除学生的;(4)选用未经审定的教科书的。因此B项没有违反相关规定,而CD两项违反了《中华人民共和国义务教育法》。根据《中华人民共和国义务教育法》第二十五条规定,学校不得违反国家规定收取费用,不得以向学生推销或者变相推销商品、服务等方式谋取利益。故A项也违反了《中华人民共和国义务教育法》。故选B项。
7. D 【解析】根据我国《侵权责任法》第二十四条规定,受害人和行为人对损害的发生都没有过错的,可以根据实际情况,由双方分担损失。题干中小明是在打扫教室卫生时不小心被桌子撞伤了胳膊,这属于意外事件。因此,小明的家长应当承担一定的责任。小明是在学校的教育教学活动范围内受伤的,题干中首先没有明确表示学校违反了相关规定,也没有表明学校尽到了一定的义务。因此,根据我国《侵权责任法》的公平责任原则,学校也应当承担一定的责任。故选D项。
8. C 【解析】根据《中华人民共和国教师法》第三十五条规定,侮辱、殴打教师的,根据不同情况,分别给予行政处分或者行政处罚;造成损害的,责令赔偿损失;情节严重,构成犯罪的,依法追究刑事责任。刑事责任是一种惩罚最为严厉的法律责任。

二、多项选择题

1. ABCD 【解析】教师与学生之间的法律关系包括:(1)教育和被教育的关系;(2)管理和被管理的关系;(3)保护和被保护的关系;(4)互相尊重的平等关系。
2. BCD 【解析】根据《中华人民共和国教育法》第六条规定,国家在受教育者中进行爱国主义、集体主义、中国特色社会主义的教育,进行理想、道德、纪律、法治、国防和民族团结的教育。
3. AC 【解析】根据《中华人民共和国义务教育法》第四十二条规定,国家将义务教育全面纳入财政保障范围,义务教育经费由国务院和地方各级人民政府依照本法予以保障。

三、判断题

1. √ 【解析】教育基本法对整个教育全局起宏观调控作用,或称为“教育宪法”“教育母法”。我国的教育基本法律为1995年第八届全国人民代表大会第三次会议通过的《中华人民共和国教育法》。
2. √ 【解析】不作为侵权行为,是指行为人以一定的不作为致人损害的行为。学校和教师不作为侵权行为的表现形式有:(1)对学生身体状况关照不力;(2)教师对生病或受伤学生救护不力;(3)在履行职责中违反工作要求、操作规程;(4)学校活动组织失职;(5)饮食安全事故;(6)未及时向学生监护人履行告知义务。
3. √ 【解析】根据《中华人民共和国教育法》第九条规定,中华人民共和国公民有受教育的权利和义务。公民不分民族、种族、性别、职业、财产状况、宗教信仰等,依法享有平等的受教育机会。
4. √ 【解析】根据《中华人民共和国教师法》第八条规定,教师应当履行制止有害于学生的行为或者其他侵犯学生合法权益的行为,批评和抵制有害于学生健康成长的现象的义务。
5. × 【解析】根据《学生伤害事故处理办法》第十四条规定可知,因学校教师或者其他工作人员与其职务无关的个人行为,或者因学生、教师及其他个人故意实施的违法犯罪行为,造成学生人身损害的,由致害人依法承担相应的责任。因此,学校不承担责任。

河南省教师招聘考试

学霸必刷题库

教育理论基础

山香教师招聘考试命题研究中心　主编

上册

扫码免费领取：
①免费名师视频课程
②精选20套历年真题(带答案和解析)
③山香独家内部讲义
④上岸必刷题库
⑤考试资讯第一时间获悉，从容准备，不错失每一次机会
⑥备考交流群，山香专业老师互动答疑，打卡督促学习

免费领取方式：
①扫码关注公众号
②回复备考省份，如“河南省”

图书在版编目(CIP)数据

教育理论基础/山香教师招聘考试命题研究中心主编.—北京：首都师范大学出版社，2017.4(2021.5重印)
(河南省教师招聘考试学霸必刷题库)
ISBN 978-7-5656-3450-5

Ⅰ.①教…　Ⅱ.①山…　Ⅲ.①教育理论—中小学—教师—聘用—资格考试—习题集　Ⅳ.①G40-44

中国版本图书馆CIP数据核字(2017)第088806号

河南省教师招聘考试学霸必刷题库
JIAOYU LILUN JICHU SHANGCE
教育理论基础·上册
山香教师招聘考试命题研究中心　主　编

策划编辑　张文强
责任编辑　曹亮亮　王慕飞　　　封面设计　山香教育
首都师范大学出版社出版发行
地　　址　北京市西三环北路105号
邮　　编　100048
电　　话　010-68418523(总编室)　　010-68982468(发行部)
网　　址　http://cnupn.cnu.edu.cn
印　　刷　河南黎阳印务有限公司
经　　销　全国新华书店
版　　次　2017年6月第1版
印　　次　2021年5月第10次印刷
开　　本　787mm×1092mm　1/8
印　　张　37
字　　数　920千
定　　价　78.00元(全2册)

前言

教育理论基础知识是河南省教师招聘考试的必考内容，主要考查考生的职业道德素养、专业知识水平、教育教学能力和心理素质等。当前，河南省教师招聘考试存在两大困境：一是随着教师招聘考试的“火热”及考生对教师招聘考试地不断探索，笔试成绩的差距不断缩小；二是教师招聘考试试题的难度和灵活性在不断增强。对此，考生需要在全面复习的基础上，补齐自身短板，做到“分毫必争”。因此，河南省教师招聘考试学霸必刷题库就成为考生的必然选择。

本书由山香教育名师团队结合多年教研经验和教学反馈精心编写而成，通过分析制约考生在笔试中得高分的关键因素，甄选教师招聘考试高频考题。希望考生能通过本书摸清命题规律，发现自身缺陷，达到良好的复习效果。

本书具有以下特色：

1.选题丰富，道道好题。山香教育的实力派老师在深入分析考情的基础上，精选了“3600+”道试题，以供考生复习使用。题型、题量配比与考情高度契合。与其他同类图书相比，本书在专题前特设“命题分析”，说明本专题的复习重点、易考题型。“基础训练”部分帮助考生巩固知识，击破知识薄弱点；“整合提升”部分帮助考生突破重难点；“真题必刷”部分帮助考生掌握真题考情。

2.解析极致，清晰易懂。本书试题的答案解析由山香教育的实力派老师经过数轮优化，逐题逐项细致分析，清晰易懂，使考生知其所以然，逐个击破理论盲点。还结合考生的理解误区和试题迷惑点，特设“易错警示”“方法技巧”两个栏目。“易错警示”为易错易混点辨析，“方法技巧”主要为做题方法指导，通过这两个栏目大大提升了该书的实用性，达到为考生答疑解惑、指点迷津的目的。

限于时间及水平，本书难免会有疏漏之处，衷心希望各位专家、学者及读者朋友们批评指正，同时希望本书能够帮助广大考生顺利通过教师招聘考试。

> 某些考生在复习教育理论时，纠结于“题量大，做不完”这个问题。教师招聘考试属于选拔性考试，我们需要做到的是比其他人分数高，而不是一定要考100分。所以对于有志于教师职业的考生来说，多少试题都不够。事实证明，教师招聘考试中一些经典试题存在反复考的可能性。因此，通过大量地刷题，会在将来的考试中碰到原题。

山香教育编辑部

目录

试题 解析

第一篇 教育学

专题一 教育与教育学 …… 1 1
基础训练 …… 1 1
知识1 教育及其产生与发展 …… 1 1
知识2 教育学及其产生与发展 …… 2 3
知识3 教育研究及其方法 …… 4 5
整合提升 …… 5 6
真题必刷 …… 9 10
专题二 教育的基本规律 …… 10 12
基础训练 …… 10 12
知识1 教育与社会发展 …… 10 12
知识2 教育与人的发展 …… 11 13
整合提升 …… 13 15
真题必刷 …… 15 17
专题三 教育目的与教育制度 …… 16 18
基础训练 …… 16 18
知识1 教育目的概述 …… 16 18
知识2 我国的教育目的 …… 17 19
知识3 学校与学校教育制度 …… 18 20
知识4 我国的学校教育制度 …… 19 22
整合提升 …… 20 22
真题必刷 …… 23 25
专题四 教师与学生 …… 24 26
基础训练 …… 24 26
知识1 教师及其职业素养 …… 24 26
知识2 学 生 …… 26 28
知识3 师生关系 …… 28 30
整合提升 …… 29 32
真题必刷 …… 33 35

专题五　课　程	34	36
基础训练	34	36
知识1　课程概述	34	36
知识2　课程目标与课程内容	35	38
知识3　课程结构与课程管理	36	39
知识4　课程设计与实施	37	40
知识5　课程评价与课程资源	38	41
整合提升	38	42
真题必刷	41	45
专题六　教　学	42	46
基础训练	42	46
知识1　教学及其过程	42	46
知识2　教学原则与教学方法	44	48
知识3　教学组织形式与教学工作的基本环节	46	51
知识4　教学评价与教学模式	48	53
整合提升	49	55
真题必刷	53	58
专题七　德　育	55	60
基础训练	55	60
知识1　德育及其过程与模式	55	60
知识2　德育原则、途径与方法	56	61
整合提升	59	65
真题必刷	62	68
专题八　班级管理与班主任工作	63	69
基础训练	63	69
知识1　班级与班级管理	63	69
知识2　良好班集体的培养	64	70
知识3　班主任工作概述	65	70
整合提升	66	72
真题必刷	68	74
专题九　课外、校外教育与三结合教育	69	74
基础训练	69	74
知识1　课外、校外教育	69	74
知识2　学校、家庭、社会三结合教育	70	76
整合提升	71	77
真题必刷	73	78

第二篇　新课程改革

基础训练	74	78
知识1　新课程改革的提出、背景、目标与理念	74	78
知识2　教学改革与综合实践活动	75	79
整合提升	77	81
真题必刷	79	84

第三篇　教师职业道德

基础训练	80	84
知识1　教师职业道德概述	80	84
知识2　教师职业道德的基本原则、范畴及规范	80	85
知识3　教师职业道德修养与评价	82	87
整合提升	83	87
真题必刷	86	90

第四篇　教材教法

基础训练	87	90
知识1　教学技能与教学设计技能	87	90
知识2　课堂教学技能	87	91
知识3　教学语言技能、说课技能与教学反思技能	89	92
整合提升	89	93
真题必刷	90	94

第五篇　教育写作与教育活动设计

知识1　教育写作	91	94
知识2　教育活动设计	91	96

参考答案及解析单独成册

第一篇　教育学

专题一　教育与教育学

命题分析

本专题主要以选择题、判断题、填空题、简答题等形式进行考查，需要重点掌握的知识包括：
1. 识记教育的概念、社会属性、基本要素，理解教育的本质属性。
2. 区分几种教育起源学说的代表人物、主要观点及其评价。
3. 识记教育的历史发展过程中各历史时期教育的发展特点。
4. 识记教育学发展不同阶段的代表人物及其教育思想。
5. 识记教育研究的基本过程，识记并理解常用的教育研究方法。

基础训练

知识1 教育及其产生与发展

一、单项选择题

1. 教育有广义和狭义之分，其中狭义的教育指(　　)(常考)
A. 家庭教育　B. 学校教育　C. 基础教育　D. 社会教育
2. "生活的磨难教育了我们"中的"教育"指的是(　　)
A. 正规教育　B. 狭义的教育
C. 形式化教育　D. 广义的教育
3. 从个体的角度来定义"教育"，往往把"教育"等同于个体的(　　)
A. 社会化过程　B. 学习与发展过程
C. 个性化过程　D. 认知过程
4. 在日常生活中，路边的公益性广告属于(　　)
A. 家庭教育　B. 学校教育　C. 狭义的教育　D. 广义的教育
5. 下列不属于教育媒介的是(　　)
A. 教育组织形式　B. 教育方法　C. 教育手段　D. 教育目的
6. 在构成教育活动的基本要素中，主导性的因素是(　　)(易混)
A. 教育者　B. 受教育者　C. 教育措施　D. 教育内容
7. "教育与生产、生活相融合，教育内容主要为生产、生活经验。"这句话反映了(　　)的教育特征。
A. 原始社会　B. 现代社会　C. 封建社会　D. 古代社会
8. 在教育活动中，受教育者既是教育的对象，又是学习(　　)
A. 客体　B. 主体　C. 参与者　D. 主导者
9. 教育中的基本的、决定性的矛盾是(　　)
A. 教育者与受教育者的矛盾　B. 教育者与教育内容的矛盾
C. 受教育者与教育内容的矛盾　D. 受教育者与教育目的的矛盾
10. 将"教育"解释为"教，上所施，下所效也；育，养子使作善也"的著作是(　　)(易混)
A.《孟子》　B.《学记》　C.《说文解字》　D.《论语》
11. 我国最早使用"教育"一词的是(　　)
A. 孔子　B. 孟子　C. 许慎　D. 朱熹
12. "得天下英才而教育之"一语出自(　　)(常考)
A.《论语》　B.《学记》　C.《孟子·尽心上》　D.《劝学篇》
13. 教育区别于其他社会领域的根本特征是(　　)
A. 有专职教师　B. 有专门的教学场所　C. 有目的地培养人　D. 有特定的教育对象
14. 对教育本质的认识，正确的是(　　)
A. "教，上所施，下所效也；育，养子使作善也"　B. 教育即生活
C. 教育是培养人的一种社会活动　D. 教育即生长
15. 春秋战国时期，(　　)的兴起，冲破了"学在官府"的限制。
A. 书院　B. 私学　C. 寺院　D. 玄学
16. "六艺"中的"礼"为(　　)教育的内容。
A. 艺术　B. 基础文化知识　C. 文字　D. 政治伦理
17. 西周各级各类学校教育的基本学科是(　　)
A. 四书　B. 五经　C. 七艺　D. 六艺
18. 每一个民族都有自己的教育传统，不随时代变迁而消失。这说明教育具有(　　)
A. 继承性　B. 历史性　C. 长期性　D. 永恒性
19. 马克思主义认为，教育起源于(　　)
A. 生物界　B. 儿童对成人的无意识模仿
C. 生产劳动　D. 动物本能
20. 关于教育的起源一直众说纷纭，其中，我国古代的朱熹所持的观点是(　　)
A. 神话起源说　B. 生物起源说　C. 心理起源说　D. 劳动起源说
21. 教育的心理起源说的代表人物是(　　)
A. 桑代克　B. 孟禄　C. 沛西·能　D. 斯金纳
22. (　　)是第一个正式提出的教育起源学说，其根本错误在于没有把握人类教育的目的性和社会性。(常考)
A. 神话起源说　B. 生物起源说　C. 心理起源说　D. 劳动起源说
23. 包括奴隶社会、封建社会在内的古代东西方教育的共同特征是(　　)
A. 原始性　B. 自发性　C. 阶级性　D. 终身性
24. 我国西周学校教育的主要内容是六艺，它包括(　　)
A. 礼、乐、射、御、书、数　B.《诗》《书》《礼》《乐》《易》《春秋》
C. 琴、棋、书、画、诗、词　D. 剑术、骑术、游泳、狩猎、棋艺、吟诗

25. “以僧为师”“以吏(书)为师”是古代(　　)教育的一大特征。
A. 印度　B. 中国　C. 巴比伦　D. 埃及

26. 古代(　　)强调应培养“有文化、有修养和多种才能”的政治家和商人。(易混)
A. 雅典教育　B. 斯巴达教育　C. 埃及教育　D. 印度教育

27. 古代(　　)强调军事体育训练和政治道德灌输，教育内容单一，教育方法比较严厉。
A. 罗马教育　B. 埃及教育　C. 斯巴达教育　D. 雅典教育

28. 西欧中世纪的骑士教育是一种特殊形式的(　　)
A. 学校教育　B. 家庭教育　C. 社会教育　D. 教会教育

29. 古埃及设置最多的学校是(　　)
A. 古儒学校　B. 文士学校　C. 祭司学校　D. 武士学校

30. 入学机会的均等体现了现代教育的(　　)
A. 生产性　B. 多元化　C. 民主化　D. 科学性

31. 目前教育自主权扩大，很多学校都具有办学的自主性，能灵活设置课程、编写校本教材，及价值观的多样化。这体现了教育的(　　)特点。
A. 终身化　B. 全民化　C. 民主化　D. 多元化

32. 人从出生到坟墓都要学习，此观点主要表达的思想是(　　)
A. 教育全球化　B. 教育民主化
C. 教育终身化　D. 教育现代化

二、多项选择题

1. 广义的教育包括(　　)
A. 学校教育　B. 社会教育　C. 家庭教育　D. 全民教育

2. 教育具有(　　)等社会属性。(常考)
A. 永恒性　B. 历史性　C. 等级性　D. 相对独立性

3. 从教育作用的对象层面划分，教育功能可以分为(　　)(易混)
A. 教育的正向功能　B. 教育的个体发展功能
C. 教育的显性功能　D. 教育的社会发展功能

4. 西欧封建社会教会教育的内容是“七艺”，包括“三科”和“四学”。其中，“三科”是指(　　)
A. 辩证法　B. 文法　C. 修辞　D. 音乐

5. 从教育作用呈现的形式来看，教育功能可分为(　　)
A. 保守功能　B. 显性功能　C. 超越功能　D. 隐性功能

6. 教育功能不是杂乱无章的，而是有序的。以下属于教育功能的特征的是(　　)
A. 客观性　B. 社会性　C. 整体性　D. 多样性

7. “四书五经”是中国封建社会正统的教育内容，下列著作属于“四书”的是(　　)(常考)
A.《大学》　B.《中庸》　C.《论语》　D.《春秋》

8. 教育具体而实在的规定性表现在(　　)
A. 有意识地传递社会经验　B. 具有文化功能
C. 以培养人为直接目标　D. 人类特有的有意识的活动

9. 下列有关终身教育的观点，表述正确的是(　　)
A. 终身教育是个体从小学到大学不间断的学校教育
B. 终身教育既包括正规教育，也包括非正规教育
C. 终身教育的影响扩展到学习者的私人生活和公众生活的所有方面
D. 终身教育求助于学校、家庭、社区、书籍、出版社、剧场等

三、判断题

1. 教育的超越功能是指通过教育的自我更新和变革，促进和引领人类社会的发展。(　　)
2. 学校教育是指增进人们的知识和技能，影响人们的思想观念的活动。(　　)
3. 更狭义的教育是指“德育”。(　　)
4. 动物界与人类社会一样，也存在教育活动。(　　)
5. 纵观我国学校教育的历史，官学的出现早于私学。(常考)(　　)
6. 礼乐教育是“六艺”教育的中心。(　　)
7. 世界上最早普及义务教育的国家是美国。(易错)(　　)
8. 终身教育就是成人教育。(　　)
9. 教育的民主化是对教育的单一性和统一性的否定。(　　)
10. 教育现代化的最高目的是实现人的现代化。(　　)

知识2 教育学及其产生与发展

一、单项选择题

1. 以教育现象和教育问题为研究对象，探索教育规律的科学是(　　)
A. 教育　B. 教育学　C. 教学论　D. 德育论

2. 教育学的根本任务在于(　　)(常考)
A. 描述教育事实　B. 揭示教育规律
C. 探讨教育问题　D. 分析教育现象

3. 主张回归自然，“复归”人的自然本性，认为一切顺其自然便是最好的教育的是(　　)(易混)
A. 孔子　B. 墨子　C. 荀子　D. 老子

4. (　　)是中国历史上最早专门论述教育问题的文献。(常考)
A.《论语》　B.《大学》　C.《学记》　D.《孟子》

5. 教育史上，“产婆术”的提出者是(　　)
A. 苏格拉底　B. 柏拉图　C. 亚里士多德　D. 夸美纽斯

6. 古希腊百科全书式的哲学家是(　　)
A. 苏格拉底　B. 希波克拉底　C. 柏拉图　D. 亚里士多德

7. 西方教育史上最早的教育著作是(　　)(常考)
A. 柏拉图的《理想国》　B. 昆体良的《论演说家的教育》
C. 亚里士多德的《政治学》　D. 亚里士多德的《论灵魂》

8. 培根首次提出把教育学作为一门独立的学科，他提出的(　　)为教育学的发展奠定了方法论基础。
A. 演绎法　B. 归纳法　C. 辩证法　D. 阶级分析法

9.《爱弥儿》阐述了哪位教育家的自然主义教育思想(　　)
A. 裴斯泰洛齐　B. 夸美纽斯　C. 洛克　D. 卢梭

10.(　　)提出"人是唯一需要教育的动物"。
A. 康德　B. 杜威　C. 裴斯泰洛齐　D. 洛克

11."我们日常所见的人中,他们之所以或好或坏,或有用或无用,十分之九都是他们的教育所决定的。人之所以千差万别,便是由于教育之故。"这一观点出自(　　)(常考)
A. 夸美纽斯　B. 洛克　C. 卢梭　D. 赫尔巴特

12. 主张"教育即生活",强调教法与教材的统一,注重"从做中学"的教育家是(　　)
A. 赫尔巴特　B. 杜威　C. 陶行知　D. 洛克

13.(　　)兴起于20世纪70年代,是当代西方教育理论界占主导地位的教育思潮。(常考)
A. 实验教育学　B. 文化教育学　C. 实用主义教育学　D. 批判教育学

14. 被毛泽东誉为"学界泰斗,人世楷模"的是(　　)
A. 陶行知　B. 徐特立　C. 杨贤江　D. 蔡元培

15. 著作和思想被称为"活的教育学"的教育家是(　　)
A. 陶行知　B. 陈鹤琴　C. 苏霍姆林斯基　D. 马卡连柯

16. 最早以马克思主义为基础探讨教育学问题的著作是(　　)
A. 克鲁普斯卡娅的《国民教育与民主主义教育》
B. 凯洛夫的《教育学》
C. 杨贤江的《新教育大纲》
D. 布卢姆的《教育过程》

17. 赞科夫在《教学与发展》一书中提出了五条新的教学原则,不在此列的一条是(　　)
A. 高难度原则　B. 高速度原则
C. 理论知识起主导作用的原则　D. 循序渐进原则

18. 我国第一部马克思主义的教育学著作是由(　　)编著的。
A. 蔡元培　B. 杨贤江　C. 晏阳初　D. 陶行知

19. 在西方近代教育中,依据教育心理学化的理念,提出初等学校教育应该从最简单的要素开始,以便循序渐进地促进人的和谐发展的教育家是(　　)
A. 洛克　B. 卢梭　C. 夸美纽斯　D. 裴斯泰洛齐

20. 古希腊哲学家苏格拉底在教学中,用对话、提问来引导学生通过思考获得知识。这种方法被称为(　　)
A. 对话术　B. 产婆术　C. 辩论术　D. 智者法

21. 最早明确提出"教育性教学"的教育家是(　　)
A. 裴斯泰洛齐　B. 赫尔巴特　C. 夸美纽斯　D. 杜威

22. 提出"四大教育""三大方式"的平民教育家是(　　)(易混)
A. 晏阳初　B. 蔡元培　C. 陶行知　D. 杨贤江

23.(　　)提出了"明人伦"的教育目的。
A. 孟子　B. 孔子　C. 老子　D. 庄子

24. 主张让儿童顺其自然地发展,甚至摆脱社会影响的法国教育家是(　　)
A. 杜威　B. 卢梭　C. 裴斯泰洛齐　D. 洛克

25. 被称为"现代教育学之父"的教育家是(　　)(常考)
A. 亚里士多德　B. 夸美纽斯　C. 赫尔巴特　D. 杜威

26. 主张绅士教育,并著有《教育漫话》的教育家是(　　)
A. 卢梭　B. 杜威　C. 比奈　D. 洛克

27. 传统教育学派与现代教育学派是教育史上的两大对立学派,其代表人物分别是(　　)(常考)
A. 杜威和柏拉图　B. 夸美纽斯和杜威
C. 夸美纽斯和赫尔巴特　D. 赫尔巴特和杜威

28. 教育名著《给教师的一百条建议》《把整个心灵献给孩子》的作者是苏联教育家(　　)
A. 马卡连柯　B. 赞科夫
C. 凯洛夫　D. 苏霍姆林斯基

29. 世界上最早提出启发式教学的教育家是(　　)
A. 孔子　B. 苏格拉底　C. 亚里士多德　D. 荀子

30.(　　)是19世纪末出现在德国的一种教育学说。
A. 马克思主义教育学　B. 实用主义教育学
C. 文化教育学　D. 批判教育学

31. 德国教育家赫尔巴特在《普通教育学》中提出的教学过程阶段是(　　)
A. 模仿、理论、联系　B. 明了、联想、系统、方法
C. 困难、问题、假设、验证、结论　D. 分析、综合、联想、系统、方法

32. 赫尔巴特认为,应把心理学和(　　)作为教育学的理论基础。(常考)
A. 哲学　B. 伦理学　C. 社会学　D. 生物学

33."不闻不若闻之,闻之不若见之,见之不若知之,知之不若行之"是(　　)的观点。
A. 荀子　B. 孔子　C. 孟子　D. 韩非子

34. 被称为"科学教育学的奠基人"的教育家是(　　)
A. 康德　B. 夸美纽斯　C. 赫尔巴特　D. 杜威

35. 把教育目的分为"可能的目的"和"必要的目的",主张教育的最高目的是道德和性格的完善的是(　　)
A. 杜威　B. 赫尔巴特　C. 夸美纽斯　D. 卢梭

36. 下列关于教育的表述,出自《学记》的是(　　)
A. 学而优则仕　B. 教也者,长善而救其失者也
C. 其身正,不令而行;其身不正,虽令不从　D. 温故而知新,可以为师矣

37."五指活动"是陈鹤琴对其"活教育"课程组织的形象表述,它体现了儿童生活的(　　)
A. 差别性　B. 整体性　C. 实践性　D. 创造性

38. 把学生的"一般发展"作为教学的出发点的著作是(　　)(常考)
A.《教学与发展》　B.《大教学论》
C.《国民教育与民主主义教育》　D.《教育过程》

39. 朱熹把教育分为“小学”和“大学”两个阶段，其中“小学”以(　　)

A. 识字为主　B. 读书为主　C. 学事为主　D. 穷理为主

40. 强调读书应当反复阅读，直到成诵，并应加入自身的思考与见解，贵在有疑的是“朱子读书法”中关于(　　)的要求。

A. 熟读精思　B. 居敬持志　C. 虚心涵泳　D. 切己体察

41. 主张“兼爱”的是(　　)学派。

A. 儒家　B. 墨家　C. 道家　D. 法家

42. 19世纪末20世纪初，在欧美一些国家兴起的用自然科学的实验法研究儿童发展及其与教育的关系的理论是(　　)

A. 文化教育学　B. 实验教育学　C. 实用主义教育学　D. 社会主义教育学

43. 标志教育学作为一门独立的学科正式诞生的著作是(　　)(常考)

A.《学记》　B.《普通教育学》　C.《大教学论》　D.《教育漫话》

二、多项选择题

1. 下列属于《学记》中的教育思想的是(　　)(易混)

A. 学不躐等　B. 因材施教　C. 豫时孙摩　D. 有教无类

2. 晏阳初的四大教育主要指生计教育、________、________和________。(　　)

A. 公民教育　B. 美德教育　C. 卫生教育　D. 文艺教育

3. 实验教育学的代表人物是(　　)(常考)

A. 哈贝马斯　B. 拉伊　C. 梅伊曼　D. 杜威

4. (　　)等人提出的教学理论被视为现代教学理论的三大流派。

A. 布鲁纳　B. 苏霍姆林斯基　C. 赞科夫　D. 瓦·根舍因

5. 实用主义教育学的代表人物是(　　)

A. 杜威　B. 克伯屈　C. 狄尔泰　D. 加里宁

6. 蔡元培提出了五育并举的思想，“五育”即军国民教育、________、公民道德教育、________和________。(　　)

A. 实利主义教育　B. 人生观教育　C. 世界观教育　D. 美感教育

7. 关于陈鹤琴的教育思想，下列说法正确的是(　　)

A. 做中教，做中学，做中求进步

B. 重视室内活动，着重于课堂体验，以实物为研究对象，以书籍为辅佐的参考

C. 凡是儿童能够做的，就应该教儿童自己做

D. 你要儿童怎样做，就应当教儿童怎样学

8. 陶行知是我国现代教育史上著名的人民教育家和卓越的民主主义战士，关于陶行知的评价正确的是(　　)

A. “伟大的人民教育家”——毛泽东

B. “万世师表”——宋庆龄

C. “一个无保留追随党的党外布尔什维克”——周恩来

D. 我国职业教育的先驱

9. 夸美纽斯认为德育比智育更重要，他认为道德教育的内容包括(　　)

A. 智慧　B. 勇敢　C. 节制　D. 公正

10. 朱熹强调读书穷理，他的弟子汇集他的训导归纳为“朱子读书法”六条。下列属于朱子读书法的是(　　)

A. 循序渐进　B. 切己体察　C. 居敬持志　D. 熟读精思

11. 卢梭指出教育有三个来源，分别是(　　)

A. 自然　B. 人为天性　C. 事物　D. 实践

三、判断题

1. 黄炎培提出了“囊括大典，网罗众家，思想自由，兼容并包”的办学方针。(　　)

2. “随人分限所及”是孔子提出的因材施教的教育思想。(　　)

3. “藏息相辅”“善喻”“长善救失”等教学思想首次提出是在《大学》。(易混)(　　)

4. 教育问题的提出是教育学萌芽的标志。(　　)

四、填空题

1. ________提出教育的作用在于“化性起伪”。

2. 墨翟认为，人的知识来源可分为三个方面，即“________”“________”和“说知”。

3. 在西方教育思想史上，柏拉图的________和卢梭的________、杜威的________被称为三个里程碑。

4. ________提出教育的目的是为完满生活作准备。

知识3 教育研究及其方法

一、单项选择题

1. 教育研究的最终目的是(　　)

A. 揭示教育规律　B. 撰写研究报告

C. 发现教育问题　D. 改进教育现状，促进教育发展

2. 教育研究的起始环节是(　　)(常考)

A. 制订研究计划　B. 选择研究课题

C. 调查研究　D. 文献检索与综述

3. 调查研究法有多种不同的类型，依据调查的范围可分为(　　)

A. 常规调查和比较调查　B. 常规调查和原因调查

C. 综合调查和专题调查　D. 全面调查和抽样调查

4. 资料分析的基本步骤是(　　)(易错)

A. 阅读资料—解释资料—筛选资料　B. 阅读资料—筛选资料—解释资料

C. 筛选资料—阅读资料—解释资料　D. 解释资料—阅读资料—筛选资料

5. 将观察法分为自然观察法和实验观察法的依据是(　　)

A. 观察的情境条件　B. 是否借助仪器设备

C. 观察者是否直接参与被观察者的活动　D. 是否有一定结构的内容

6. 教育调查研究中最基本也是使用最广泛的一种研究方法是(　　)(常考)

A. 访谈调查　B. 测量调查　C. 个案研究　D. 问卷调查

7. 各类研究中唯一能确定因果关系的研究方法是(　　)
A. 观察研究法　B. 行动研究法　C. 实验研究法　D. 个案研究法
8. 贯穿教育研究整个过程的是(　　)(常考)
A. 文献检索　B. 收集资料　C. 分析资料　D. 选定课题
9. 行动研究法的特点不包括(　　)
A. 为教育行动而研究　B. 在教育行动中研究
C. 由教育行动者研究　D. 研究教育行动者
10. 教育行动研究是一个螺旋式加深的过程,其最后一个环节是(　　)
A. 问题　B. 计划　C. 行动　D. 反思
11. 教师提高研究技能的三种途径是(　　)(常考)
A. 自主、合作、探究　B. 阅读、合作、行动研究
C. 学习、讨论、创新　D. 兴趣、发现、研讨
12. (　　)对研究领域具有直接增加知识的价值。(易错)
A. 定量研究　B. 开发研究　C. 基础研究　D. 应用研究
13. (　　)是通过讲述教育故事,体悟教育真谛的一种研究方法。
A. 实验研究法　B. 调查研究法
C. 教育叙事研究法　D. 个案研究法
14. 下列哪项不属于教育随笔的主要特点(　　)
A. 取材广泛　B. 简单明了　C. 短小精悍　D. 迅速及时
15. 开展校本研究的基础和前提是(　　)
A. 自我反思　B. 专业引领　C. 同伴互助　D. 独立探索
16. 查阅文献资料最快捷的方法是(　　)(常考)
A. 图书　B. 网络检索
C. 索引　D. 报纸
17. 题录、书目、索引、提要和文摘等属于(　　)(易混)
A. 一次文献　B. 二次文献　C. 三次文献　D. 四次文献
18. 采用问卷、访谈等方式收集有关资料,进行分析研究的教育研究方法是(　　)
A. 调查研究法　B. 个案研究法　C. 观察研究法　D. 实验研究法
19. 教育工作者的教育科学研究最小样本不低于(　　)
A. 30　B. 120　C. 200　D. 300
20. 基于经验和直觉,以自身作为研究工具,凭借研究者自身的洞察力,在与研究对象的互动中理解和解释其行为和意义建构的教育研究方法是(　　)(常考)
A. 量化研究　B. 质性研究　C. 调查研究　D. 经验总结研究
21. 杜威所著的《民主主义与教育》在文献等级中属于(　　)
A. 一次文献　B. 二次文献　C. 三次文献　D. 四次文献
22. 在教育研究中,透过单向玻璃进行的隐蔽性观察属于(　　)
A. 显性观察　B. 参与观察　C. 叙述观察　D. 非参与观察

二、多项选择题

1. 教育研究的基本性质有(　　)
A. 文化性　B. 假设性　C. 价值性　D. 主体性
2. 教育文献检索的基本方法有(　　)
A. 顺查法　B. 逆查法　C. 引文查找法　D. 问卷调查法
3. 下列属于新兴的教育研究方法的有(　　)(易混)
A. 行动研究法　B. 观察研究法　C. 教育叙事研究　D. 教育随笔
4. 同伴互助的基本形式包括(　　)
A. 对话　B. 协作　C. 反思　D. 帮助
5. 观察研究法的不足包括(　　)
A. 取样小　B. 所获材料具有一定的表面性
C. 观察缺乏控制　D. 可以获得客观、真实的数据

三、简答题

1. 简述教育研究的基本过程。(常考)

2. 简述实验研究法的优点。

整合提升

一、单项选择题

1.《学记》所阐述的循序渐进教学原则,早在孟轲就已提出,他将其阐述为(　　)
A. "不陵节而施"　B. "学不躐等"　C. "当其可"　D. "盈科而后进"
2. 结构功能主义者认为,结构良好的教育有助于社会流动,是实现社会公平的平衡器,因此学校是社会进步和改革最基本和最有效的工具。这种观点强调的是教育的(　　)
A. 正向显性功能　B. 正向隐性功能
C. 负向显性功能　D. 负向隐性功能
3. 下列强调在学习过程中要把学与思辩证地结合起来的是(　　)
A. 不愤不启,不悱不发
B. 学而不思则罔,思而不学则殆
C. 吾尝终日不食,终夜不寝,以思,无益,不如学也
D. 博学于文

4. 曾系统阐述教育与生活、学校与社会、经验与课程、知与行、思维与教学、教育与职业、教育与道德、儿童与教师的关系的教育家是(　　)(易混)

A. 布鲁纳　B. 赫尔巴特　C. 布卢姆　D. 杜威

5. "教育是与种族需要、种族生活相适应的、天性的,而不是获得的表现形式,教育既无需周密的考虑使它产生,也无需科学予以指导,它是扎根于本能的不可避免的行为。"这种教育起源说属于(　　)

A. 神话起源说　B. 生物起源说　C. 心理起源说　D. 劳动起源说

6. "人只有受过一种合适的教育之后,人才能成为一个人。"这说明教育是(　　)

A. 传递社会经验的活动　B. 使人得以生存的活动

C. 培养人的社会实践活动　D. 保存人类文明的活动

7. 对于教育学的发展,大体可以把它分为四个阶段,分别是(　　)

A. 萌芽阶段、形成阶段、科学阶段、现代化阶段

B. 萌芽阶段、独立形态阶段、多元化阶段、现代化阶段

C. 萌芽阶段、独立形态阶段、发展阶段、现代化阶段

D. 形成阶段、独立形态阶段、理论深化阶段、现代化阶段

8. "相观而善之谓摩"是指教师在教学中要(　　)

A. 互相观察,互相模仿　B. 相互观摩,取长补短

C. 互相观摩,从而变得善良　D. 注重教材、教法分析

9. 下列现象中,不属于教育的是(　　)

A. 家长批评孩子　B. 感受美好的自然环境

C. 新生儿吮吸母乳　D. 参观画展

10. "虽有嘉肴,弗食不知其旨也;虽有至道,弗学不知其善也。是故学然后知不足,教然后知困。知不足,然后能自反也;知困,然后能自强也。"这段话所体现的《学记》中的教育教学原则是(　　)(常考)

A. 藏息相辅　B. 启发诱导　C. 教学相长　D. 长善救失

11. 2016年12月7日至8日,全国高校思想政治工作会议在北京召开,习近平在会上指出:我国有独特的历史、独特的文化、独特的国情,决定了我国必须走自己的高等教育发展道路,扎实办好中国特色社会主义高校。这种论断指出了教育具有(　　)

A. 历史性　B. 生产性　C. 民族性　D. 继承性

12. 在其他教育要求与发展条件都具备的情况下,在教育过程中起决定作用的是(　　)

A. 教育者的主导性　B. 外部环境的影响

C. 受教育者的主动性　D. 教育方法的有效运用

13. 西汉初期实行的"罢黜百家,独尊儒术"的文教政策体现了教育的(　　)

A. 永恒性　B. 历史性　C. 相对独立性　D. 长期性

14. 最早提出教育要适合儿童的年龄阶段,主张对儿童进行德、智、体多方面和谐发展教育的是(　　)

A. 苏格拉底　B. 柏拉图　C. 亚里士多德　D. 皮亚杰

15. 《学记》中提到的学生学习"过少、过急、过难、过易"的问题,体现了(　　)的教育原则。(易错)

A. 教学相长　B. 启发诱导　C. 长善救失　D. 藏息相辅

16. "顺木之天,以致其性。"这句话体现的是(　　)

A. 民主主义教育思想　B. 实用主义教育思想

C. 自然主义教育思想　D. 永恒主义教育思想

17. 教育是年青一代成长和社会延续与发展不可缺少的条件,为一切社会所必需,与人类社会共始终。从这个意义上说,教育具有(　　)(易混)

A. 继承性　B. 永恒性　C. 历史性　D. 阶级性

18. 与近现代社会相比,古代社会更重视教育的(　　)

A. 文化功能　B. 人口功能　C. 政治功能　D. 经济功能

19. 传统教育走向现代教育的重要标志是(　　)

A. 杜威的儿童中心思想　B. 赫尔巴特的教师中心思想

C. 布鲁纳的结构主义思想　D. 卢梭的自然主义思想

20. 教育内容是教育者与受教育者共同认识的(　　)

A. 主体　B. 客体　C. 教的主体　D. 学的主体

21. 引导学生自己进行思索,自己得出结论,他自己虽然无知,但能帮助别人获得知识。这属于(　　)

A. 天赋说　B. 外铄论　C. 白板说　D. 产婆术

22. 对学生的纪律教育可以让学生养成良好的服从习惯,但纪律教育也可能规训了学生的心智以致其缺乏自主性。这表明从教育发生作用的方向看,教育功能可分为(　　)

A. 一般功能和特殊功能　B. 显性功能和隐性功能

C. 个体功能和社会功能　D. 正向功能和负向功能

23. 班主任王老师为了激发学生的学习动机,开展了一系列的学习竞赛活动。正如王老师所料,学生的学习热情高涨,成绩明显提高。但没有想到的是学生之间相互猜忌、隐瞒学习资料等现象日趋严重。上述事实表明教育(　　)

A. 既有正向显性功能,又有正向隐性功能　B. 既有负向显性功能,又有负向隐性功能

C. 既有正向隐性功能,又有负向隐性功能　D. 既有正向显性功能,又有负向隐性功能

24. 下列关于封建社会教育的表述,不正确的是(　　)(易混)

A. 官学与私学是我国封建社会学校教育的基本类型

B. 中国封建社会的教育内容以四书五经为主

C. 鲜明的等级性是封建社会教育的重要特征

D. 封建社会的学校教育与生产劳动已经从分离走向结合

25. 下列关于近现代教育的说法,不正确的是(　　)

A. 陶行知提出"生活即教育"　B. 梁漱溟主张"创造新文化,救活旧农村"

C. 蔡元培提倡"大职业教育主义"　D. 晏阳初被誉为"国际平民教育之父"

26. 下列选项中,属于实用主义教育学观点的是(　　)(易混)

A. 教育过程即历史文化过程　B. 师生关系中以教师为中心

C. 教育过程与生活过程合一　D. 课程组织以学科知识体系为中心

27. 在人文教育与科学教育的关系问题上,应坚持的是(　　)

A. 坚持人文教育为主　B. 坚持科学教育为主

C. 坚持人文教育与科学教育携手并进　D. 要看情况而定

28. 在家长会上，小刚父母碰到小红父母时说：“你家小红教育得真好，她每次考试都名列前茅。”小刚父母所说的教育属于(　　)(易错)
A. 一种过程的教育　B. 一种方法的教育
C. 一种社会制度的教育　D. 一种社会公德的教育

29. 著名生态学家、生物学家劳伦兹发现，刚出生的小鸭子会发生“印刻”，即模仿第一眼看到的动物进行学习。这一观点支持了教育的(　　)
A. 神话起源说　B. 生物起源说　C. 劳动起源说　D. 心理起源说

30. 现代教育越来越与人类的物质生产结合起来，生产的发展也越来越对教育系统提出新的要求。这体现了现代教育的什么特点(　　)
A. 未来性　B. 科学性　C. 国际性　D. 生产性

31. 洛克认为，儿童发展的原因在于后天，在于教育。以下不属于洛克的教育内容的是(　　)
A. 体育　B. 德育　C. 智育　D. 美育

32. “上品无寒门，下品无士族”体现了教育的(　　)(易混)
A. 阶级性　B. 等级性　C. 专制性　D. 刻板性

33. 为促进教育公平，促进义务教育学校的均衡发展，提供同样质量的师资、课程、评价，尽可能保证学生都受到同样水平的教育，这体现了教育公平内涵中的(　　)
A. 教育起点公平　B. 教育过程公平　C. 教育结果公平　D. 教育机会公平

34. 孙老师在任教的两个平行班开展教育研究，检验“阅读名著是否能够提高学生的写作水平”，一班学生每周进行3小时名著阅读，二班学生不阅读。一学期结束后，通过写作测试两班学生的作文水平。孙老师采用的研究方法是(　　)
A. 实验研究法　B. 调查研究法　C. 文献研究法　D. 历史研究法

35. 教育学对教育问题进行科学解释的目的不仅是要促进教育理论知识的增长，而且是要更好地开展教育实践。这说明了教育学的价值是(　　)
A. 丰富教育理论　B. 科学解释教育问题
C. 反思日常教育经验　D. 沟通教育理论与实践

36. 学校教育与生产劳动相脱离，是从(　　)时期开始的。(易混)
A. 原始社会　B. 奴隶社会　C. 封建社会　D. 资本主义社会

37. 以对某小学一到六年级学生的动手能力调查为例，若采用抽样调查，我们可以(　　)
A. 让一到六年级的学生统一做一个模型，然后对学生完成模型的选材、形状、结构等进行分析，以描述学生的动手能力现状
B. 让全校一到六年级的学生都作为被调查者，要求完成统一的模型制作和有关动手操作能力的问卷
C. 在各班分别抽取20%的学生进行调查，要求完成统一的模型制作和有关动手操作能力的问卷
D. 选择全校动手操作能力优秀的个别学生进行调查，了解动手操作能力形成的过程和要素

38. 为了研究小学生英语口语交际能力的影响因素，张老师首先查阅了大量的文献，然后确定了自变量和因变量，接着将“研究假设”表述为“班级规模与小学生英语口语交际能力呈负相关”，现在正思考研究方法。当前张老师的课题研究处于(　　)环节。
A. 确定课题　B. 制订计划　C. 实施计划　D. 总结整理

39. 针对研究问题，事先精心设计，规定好观察项目，选定观察对象，采用观察工具，在观察中填写观察量表，并对观察资料进行分析。这种观察属于(　　)
A. 非结构性观察　B. 结构性观察　C. 定性观察　D. 随机性观察

40. 某学校一年级语文教师邓老师发现所教学生错别字偏多，于是他在识字教学中尝试运用字理教学法，之后他设计申报“小学低年级学生产生错别字的心理机制与对策研究”课题。就课题产生而言，邓老师设计的课题来源于(　　)(易错)
A. 文献的梳理　B. 教育实践　C. 各级课题指南　D. 他人课题的启示

二、多项选择题

1. 关于蔡元培对北京大学的改革措施，正确的是(　　)
A. 改变学生的观念　B. 整顿教师队伍
C. 发展研究所，广积图书　D. 砥砺德行，培养正当兴趣

2. 唐朝中央官学设有“六学二馆”，对学生入学资格有明确的规定：国子学须文武三品以上官员的子孙，太学须文武五品以上官员的子孙……弘文、崇文二馆均收取宗室、外戚、宰相和一品官员的子弟。对此，下列说法正确的是(　　)(易错)
A. 反映了古代社会学校教育的道统性　B. 反映了古代社会学校教育的象征性
C. 反映了古代社会学校教育的等级性　D. 说明政治经济制度决定着受教育的权利

3. 教育的发展经历了多个阶段，以下属于萌芽阶段的代表作的是(　　)
A.《论语》　B.《学记》　C.《雄辩术原理》　D.《教育漫话》

4. 我国建立健全义务教育均衡发展保障机制，推进义务教育学校标准化建设，均衡配置教师、设备、图书、校舍等资源，大力发展现代化远程教育。建设以卫星、电视和互联网等为载体的远程开放继续教育及公共服务平台，搭建终身学习“立交桥”。上述材料体现了现代教育的(　　)
A. 个性化　B. 民主化　C. 信息化　D. 终身化

5. 古埃及文化繁荣，教育鼎盛。下列有关古代埃及教育的说法，正确的是(　　)
A. 古王国末期的宫廷学校，是法老教育皇子皇孙和贵族子弟的场所
B. 职官学校以吏为师，以法为教，肩负着文化训练的任务
C. 婆罗门教育多带有消极、遁世的色彩，主张禁欲修行
D. 开设最多的是文士学校，“学为文士”是一般奴隶主阶级追求的目标

6. 下列选项中，不属于卢梭自然主义教育理论中“消极教育”观点的是(　　)
A. 教育作用有限　B. 教育要遵循儿童天性，以防外界不良影响
C. 教育在于等待儿童的成长　D. 教育对儿童发展难以发挥积极作用

7. 陶行知的“生活即教育”和杜威的“教育即生活”的理论，两者的相同点是(　　)(常考)
A. 承认教育和生活之间存在着密切的联系　B. 承认教育对改造生活的重要作用
C. 认为生活含有重要的教育意义　D. 认为学校是社会生活的一种形式

8. 教育活动由“教”和“学”构成，两者相互依存，因此，教育的主体性要素包括(　　)
A. 教育者　B. 教学场所　C. 教育媒体　D. 受教育者

三、判断题

1. 教育既作用于人，又作用于社会，但归根到底是首先并且直接作用于人。所以，教育的基本功能在于影响人的发展。(　　)

2.“有教无类”是孔子教育实践和教育理论的重要组成部分。“有教无类”中的“类”指的是榜样。（　）

3.教育的最早独立形态是家庭教育，社会教育出现的最晚。（　）

4.原始社会的教育没有阶级性，每个社会成员都可以享受平等的学校教育。（　）

5.赫尔巴特等人将儿童的发展看作是一种自然过程，主张教师不要过多干预儿童的发展。（常考）（　）

6.教育研究课题宜大不宜小。（易错）（　）

7.教育的隐性功能是消极的，不能转变为显性功能。（　）

8.朱熹是将教师的地位提高到与天地、先祖及君主并列的高度的思想家。（　）

9.“把一切事物教给一切人类的全部艺术”即教育，是夸美纽斯的观点。（易混）（　）

10.在原始教育阶段，教育与生产劳动合二为一，人人必须劳动，因而人人受教育。但到了古代教育阶段，教育只有少数人才能享有，所以古代教育不如原始教育。（　）

四、简答题

1.简述陶行知的生活教育理论。

2.简述实用主义教育学的主要观点。

3.简述观察研究法的优缺点。

4.简述现代教育的发展趋势。（常考）

五、案例分析题

1.有这样一名数学教师：一天到晚除了认真上课，精心批改作业，就是钻研各种难题。他对每年高考数学试卷的解答，总是最快最好的。但报纸，他从来不看一张；期刊，一年也翻不了几回；图书馆，难得光顾；影视，几乎不看。他觉得不能把时间浪费在这些上面。他的教学效果很一般，学生反映也不太好。对此，他很是不解。

请从现代社会的特点以及现代教育的发展趋势评价该教师的做法。

2.“教学做合一”是陶行知生活教育理论的方法论，它既是教学方法的界定，又是生活法的说明，同时又是“真知识”的源泉。从教学论意义上来说，“教学做合一”是在实践基础上的教学，体现的是主体性教学，同时又是创造性的教学。

（1）请简述“教学做合一”的涵义。

（2）请结合陶行知的教育思想，联系教学实际，分析“教学做合一”的基本要点。

3.小学三年级语文老师李华执教的两个班，90%的学生是外来务工人员子女。在日常教学中，李老师发现，这些孩子大多握笔姿势不正确、不善与人交流、知识面窄。为了进一步了解外来务工人员子女在学习上面临的困难及其原因，李老师对部分学生进行了家访，并就相关问题询问了本年级其他教师。结果显示：与本市居民子女相比，外来务工人员子女在学习上存在一定差距，其中英语学习差距最大，语文学习次之，数学学习差别不大。为了探索提高这些外来务工人员子女语文学习成绩的有效策略，李老师打算在这两个班进行以“扩展课外阅读”为自变量的实验研究。但是，学校科研顾问认为采取行动研究方法更为适当。李老师陷入困惑，不能确定采用何种方式展开研究。

（1）案例中李老师在发现和确定研究问题的过程中使用了哪些方法？

（2）针对李老师的困惑，请为她选择一种研究方式，并从研究目的、研究过程、研究主体三个方面阐述做出这种选择的理由。

真题必刷

一、单项选择题

1. [郑州惠济区]教师仅凭考试成绩来评价学生，从而导致学生产生以成绩为中心的偏向，这体现了考试的(　　)

A. 隐性负向功能　B. 显性正向功能　C. 显性负向功能　D. 隐性正向功能

2. [平顶山湛河区]教育活动不仅存在于人类社会之中，而且存在于人类社会之外，甚至存在于动物界。不仅在脊椎动物中存在教育，甚至在非脊椎动物中也存在教育，人类社会的教育是对动物界教育的继承、改善和发展，这种说法是(　　)的观点。

A. 教育的神话起源说　B. 教育的生物起源说

C. 教育的心理起源说　D. 教育的劳动起源说

3. [安阳滑县]认为教育起源于儿童对成人无意识的模仿，而否认了教育的目的性，这种观点属于(　　)(常考)

A. 神话起源说　B. 生物起源说　C. 心理起源说　D. 劳动起源说

4. [新郑]以下教育事件，发生在我国汉代的是(　　)

A. 文翁兴学　B. 科举选士　C. 书院官学化　D. 稷下学宫

5. [郑州登封]汉武帝设五经博士，专门教授儒家经学。"五经"指的是(　　)(易混)

A.《大学》《中庸》《论语》《孟子》《左传》　B.《诗》《书》《礼》《易》《国语》

C.《易》《书》《诗》《礼》《春秋》　D.《礼》《乐》《诗》《书》《数》

6. [周口川汇区]"终身教育"的提出者是(　　)

A. 保罗·朗格朗　B. 杨贤江　C. 杜威　D. 孟禄

7. [郑州郑东新区]我国古代教育家孔子"有教无类"的教育主张对当今教育的启示是(　　)

A. 教育要符合规律　B. 教育面前人人平等　C. 教育有贵贱之分　D. 教育要因材施教

8. [洛阳嵩县](　　)提出的"学然后知不足，教然后知困。知不足，然后能自反也；知困，然后能自强也"，与现在所提倡的"教学相长"的师生关系意思相一致。

A.《论语》　B.《大学》　C.《中庸》　D.《学记》

9. [南阳南召]下列不属于英国资产阶级思想家、社会学家斯宾塞的教育观点和主张的有(　　)(易混)

A. 反对思辨，主张科学是对经验事实的描写和记录

B. 反对古典语言和文学的教育，特别重视体育

C. 主张启发学生学习的自觉性，反对形式教育，重视实科教育

D. 主张一切教育教学中的被动、接受、吸收要让位于活动、表现、建构和创造

10. [郑州航空港区]提出"学生中心、活动中心、经验中心"的是(　　)

A. 裴斯泰洛齐　B. 洛克　C. 杜威　D. 赫尔巴特

11. [周口川汇区]最早提出"行动研究"这一概念的是(　　)

A. 梅伊曼　B. 拉伊　C. 凯洛夫　D. 勒温

12. [新郑]校本研究指以学校自身条件为基础，以(　　)为主力军，针对学校现实存在的问题而开展的有计划的研究。

A. 专家、学者　B. 一线教研员　C. 教育行政人员　D. 学校校长、教师

二、多项选择题

1. [郑州二七区]下列有关教育的论述，正确的有(　　)

A. "传道、授业、解惑"这种传统的教育功能，基本没有培养学生创新精神的功能

B. 教育在培育民族创新精神和培育创造性人才方面肩负着特殊的使命

C. 教育就是教师向学生"传道、授业、解惑"，这实际上就把教育的社会功能定位在"传承文明"上

D. "传道、授业、解惑"这种传统的教育功能，已经不能完全适应当今社会发展的需要

2. [洛阳市直]教育是人类社会生活不可或缺的重要组成部分。教育稳定的质的特点有(　　)

A. 有目的地培养人的活动

B. 教育者引导受教育者传承经验的互动活动

C. 激励与教导受教育者自觉学习和自我教育的活动

D. 教育者主导一切的活动

3. [郑州经开区]古希腊把"三艺"作为教学内容，这"三艺"指(　　)

A. 天文　B. 修辞

C. 文法　D. 辩证法

E. 数学

4. [郑州二七区]目前，许多地区小升初民办学校摇号正在有序地开展，这体现了对教育(　　)的否定。(易混)

A. 民主化　B. 等级化　C. 特权化　D. 专制化

5. [郑州金水区]传统教育学派的代表人物赫尔巴特倡导的"三中心"理论是(　　)

A. 教师中心　B. 书本中心　C. 课堂中心　D. 学生中心

6. [郑州高新区]教育研究的基本要素包括(　　)

A. 专家　B. 客观事实

C. 教师　D. 科学理论

E. 方法技术

三、判断题

1. [开封市直]"自有人生，便有教育。"这里的"教育"是狭义的教育。(　　)

2. [鹤壁市直]教育是一种有目的、有计划、有组织地培养人的活动。(　　)

3. [郑州高新区]教育的基本要素是教育者、学习者和教学组织形式。(常考)(　　)

4. [郑州郑东新区]《樊迟问稼》的故事反映了孔子是主张教育与生产劳动相结合的。(　　)

5. [洛阳嵩县]最早提出"教育心理学化"主张的教育家是裴斯泰洛齐。(　　)

专题二　教育的基本规律

命题分析

本专题主要以选择题、判断题、简答题、论述题、案例分析题等形式进行考查，需要重点掌握的知识包括：

1. 识记并理解社会诸因素对教育发展的影响和制约以及教育的社会功能。
2. 区分个体身心发展的几种动因理论的主要观点及其代表人物。
3. 识记并理解影响个体身心发展的主要因素。
4. 识记并理解个体身心发展的主要规律的内涵、表现及其对教育的要求。

基础训练

知识1 教育与社会发展

一、单项选择题

1. 科学知识在未用于生产之前，只是一种潜在的生产力，要把潜在的生产力转化为人能够掌握并用于生产的现实生产力，必须依靠(　　)

A. 自学　B. 训练　C. 培训　D. 教育

2. 教育能够推进科学的体制化。这体现了教育的(　　)(易错)

A. 生态功能　B. 科技功能　C. 政治功能　D. 文化功能

3. 教育既是传递和深化文化的手段，又是文化本体。这体现了(　　)

A. 教育的文化功能　B. 教育的双重文化属性

C. 教育的本质属性　D. 教育的社会属性

4. 在人类发展历程中，常出现教育与社会的政治经济发展不平衡的现象。这说明教育具有(　　)(易混)

A. 社会性　B. 不适应性　C. 超前性　D. 相对独立性

5. 墨子认为："国有贤良之士众，则国家之治厚；贤良之士寡，则国家之治薄。"这一思想体现的是教育的(　　)功能。

A. 政治　B. 经济

C. 文化　D. 育人

6. 对教育事业的发展速度、规模起决定作用的因素是(　　)(易混)

A. 决策者的观念　B. 生产力发展水平

C. 政治制度　D. 社会需求

7. 近年来，部分学校开设了雕版印刷、根雕、女红等课程，这在一定程度上促进了非物质文化遗产的传承、保护与发展。该现象体现了教育的(　　)

A. 经济功能　B. 政治功能　C. 文化功能　D. 生态功能

8. 现在越来越多的传统技艺经过开发走进了校园课堂，让更多的人了解了它们，也吸引了越来越多的人去系统地学习它们，这在很大程度上避免了传统技艺的消亡。这主要体现了教育的(　　)功能。

A. 政治　B. 人口　C. 文化　D. 经济

9. 我国政府在国外建立国学院，进行对外汉语教学等行为体现了教育的(　　)功能。

A. 传递、保存文化　B. 传播、交流文化　C. 选择、提升文化　D. 创造文化

10. 小周的家乡为某小县城，他在北京的某一流大学完成了本科、硕士、博士阶段的学业后，选择留在北京工作。这体现了教育在(　　)方面的作用。

A. 减少人口数量，控制人口增长　B. 提高人口素质，改变人口质量

C. 促进人口结构趋向合理化　D. 促进人口迁移

11. 某老师在课堂上给学生讲要"爱护自然，爱护生命，节约资源"，这体现了教育的(　　)(常考)

A. 政治功能　B. 文化功能　C. 经济功能　D. 生态功能

12. 亚当·斯密提出"为获得才能资本而受教育是一种投资"的观点，这是因为教育具有(　　)

A. 政治功能　B. 文化功能　C. 经济功能　D. 人口功能

13. 一个国家教育经费投入的多少最终取决于(　　)

A. 文化传统　B. 受教育者的需求　C. 生产力的发展水平　D. 教育的规模

14. 教育能够把潜在的劳动力转化为现实的劳动力，这体现了教育的(　　)(常考)

A. 经济功能　B. 育人功能　C. 政治功能　D. 文化功能

15. 教育的个体功能要转化成政治、经济功能，是通过提高人口素质来实现的。教育的人口功能体现为(　　)

A. 有助于人们树立新的社会价值观和婚育观，控制人口增长

B. 培养出政治经济制度所需要的人才

C. 教育有利于促进民主化进程

D. 有利于促进生产力发展，提高劳动生产力

16. 美国学者舒尔茨根据人力资本理论推算出美国1929～1957年教育水平对国民经济增长的贡献是(　　)

A. 28%　B. 33%　C. 38%　D. 53%

17. 小学开展经典诵读活动时，对传统文化要取其精华、去其糟粕。这说明教育对文化具有(　　)

A. 继承功能　B. 传递功能　C. 选择功能　D. 创新功能

18. "古之王者，建国君民，教学为先"揭示了(　　)(常考)

A. 教育与政治的关系　B. 教育与经济的关系

C. 教育与人口的关系　D. 教育与文化的关系

19. 教育对于促进可持续发展和提高人们解决环境和发展问题的能力具有重要作用，这体现了教育具有(　　)

A. 政治功能　B. 经济功能　C. 生态功能　D. 文化功能

20. 教育和经济的关系，总的来说是(　　)

A. 经济决定教育，教育反作用于经济　B. 教育决定经济，经济反作用于教育

C. 经济决定教育，教育对经济没有影响　D. 教育决定经济，经济对教育没有影响

二、多项选择题

1. 教育具有(　　)功能。
   A. 政治　B. 经济
   C. 文化　D. 军事
   E. 人口
2. 文化发展对教育的影响主要体现在(　　)方面。
   A. 教育的价值取向　B. 教育内容的选择
   C. 学校课程的发展　D. 教育方法的使用
   E. 教育目的的确立
3. 科学技术对教育的影响主要表现为(　　)
   A. 科学技术能够改变教育者的观念　B. 科学技术能够影响受教育者的数量和教育质量
   C. 科学技术能够影响教育的内容、方法　D. 科学技术影响教育技术
   E. 科学技术对教育起着决定作用
4. 教育与文化的联系密不可分,它对整个文化的作用有(　　)(常考)
   A. 传播　B. 传承
   C. 改造　D. 创新
   E. 分化

三、判断题

1. 社会可以制约教育的发展,而教育无法影响社会的发展。(　　)
2. 一个国家的生产力水平决定着教育的领导权。(易混)(　　)
3. 教育既有社会依存性,也有自身的相对独立性。(　　)
4. 教育具有促进经济发展的功能。(　　)
5. 教育是文化传递和保存最为基本和最为有效的手段。(　　)
6. 教育仅仅是一种消费事业、福利事业,而不具有生产性。(易混)(　　)

四、简答题

1. 生产力发展水平对教育的制约作用体现在哪些方面?

2. 简述教育的政治功能。

3. 简述教育的科技功能。

五、案例分析题

在唐代,中央政权所办的各类学校,在校学生的总额为2681人,其中学习与生产有关的天文、兽医等专业的只有240人,其余2000余人毕业后都直接充实政权机构,充当国家和地方各级官吏。据统计,美国现有600所大学设管理学院或系科,拥有大学生70万,研究生10万。苏联和东欧国家除了设立专门培养经济管理干部的学院和系科以外,还把中央和地方所属党校都纳入统一的干部教育体系之中。

请运用"教育对政治的作用"这一原理对本材料进行分析。

知识2 教育与人的发展

一、单项选择题

1. 个体身心发展包括________和________两方面的发展。(　　)
   A. 身体　心理　B. 智力因素　非智力因素
   C. 人格　能力　D. 个体社会化　个体个性化
2. 中国古代"内发论"的代表人物是(　　)(易混)
   A. 孔子　B. 孟子　C. 韩非子　D. 荀子
3. 对于童年期的学生,在教学内容上应多讲一些比较具体的、浅显的知识,在教学方式上应多采用直观教具。这体现了教育要适应儿童身心发展的(　　)
   A. 稳定性　B. 阶段性　C. 不平衡性　D. 个别差异性
4. 有人把教育隐喻为"塑徒",称教师是"人类灵魂的工程师",这种观点在人的身心发展影响因素的问题上倾向于(　　)
   A. 遗传决定论　B. 成熟论　C. 外铄论　D. 内外因相互作用论
5. 作为人的身心发展的前提,为人的发展提供可能性的因素是(　　)(常考)
   A. 遗传素质　B. 环境　C. 教育　D. 个体主观能动性
6. 对人的身心发展来说,学校教育是一种(　　)环境。
   A. 宏观的　B. 间接的　C. 一般的　D. 特殊的
7. 在良好的环境中,有的人没有什么成就,甚至走向与环境所要求的相反的道路;在恶劣的环境中,有的人却"出淤泥而不染"。这种现象说明(　　)(易错)
   A. 人的发展不受环境的影响
   B. 人们接受环境的影响不是消极被动的,而是积极主动的实践过程
   C. 好的环境不利于人的发展,坏的环境对人的发展有利
   D. 人是环境的奴隶,个人发展是好是坏,完全由环境来决定

8.(　　)是促进个体发展从潜在的可能状态转向现实状态的决定性因素。

A. 遗传素质　B. 教育　C. 个体主观能动性　D. 环境

9. 儿童身心发展的(　　)决定了教育工作必须循序渐进。(常考)

A. 顺序性　B. 不平衡性　C. 整体性　D. 个别差异性

10. 个体身心发展的互补性要求教育者要做到(　　)

A. 相互衔接　B. 循序渐进　C. 长善救失　D. 教学相长

11."人心不同,各如其面"说明人的身心发展具有(　　)

A. 阶段性　B. 个别差异性　C. 不平衡性　D. 整体性

12. 车胤囊萤、孙康映雪、孙敬头悬梁、苏秦锥刺股的历史故事充分体现了(　　)因素在人身心发展中的作用。

A. 遗传　B. 环境　C. 学校教育　D. 个体主观能动性

13. 德国教育家第斯多惠认为:"无论是对一个医生还是对一个教师来说,最重要的就是必须首先认识人的一般天性和特殊天性,然后才能对症下药、因材施教。"这说明个体身心发展具有(　　)

A. 顺序性　B. 差异性　C. 阶段性　D. 互补性

14."与善人居,如入芝兰之室,久而自芳也;与恶人居,如入鲍鱼之肆,久而自臭也"反映了(　　)对人发展的影响。(常考)

A. 遗传　B. 环境　C. 个体主观能动性　D. 教育

15. 教学要促进学生的一般发展,注意做到认知因素与非认知因素、意识与潜意识、科学与艺术的统一。这体现了学生身心发展的(　　)规律。(常考)

A. 顺序性　B. 稳定性　C. 不均衡性　D. 整体性

16. 在个体身心发展动力的问题上,唯物辩证主义持(　　)

A. 内发论　B. 外铄论

C. 多种因素相互作用论　D. 环境因素

17. 康德认为:"人只有靠教育才能成为人,人完全是教育的结果。"这属于(　　)的观点。

A. 遗传决定论　B. 环境决定论

C. 教育万能论　D. 辐合论

18. 1970年,人们发现一个野孩子已经十三岁了,但不能站立、不会说话,只能呜咽,尽管语言学家花了很大精力教她学习语言,但她始终不能像正常儿童那样发展。这表明个体的身心发展具有(　　)

A. 顺序性　B. 差异性　C. 不均衡性　D. 阶段性

19. 马克思说:"搬运工和哲学家之间的原始差别要比家犬和猎犬之间的差别小得多,他们之间的鸿沟是分工造成的。"这句话表明遗传素质(　　)

A. 对人的发展不起作用　B. 决定人的发展

C. 仅为人的发展提供可能性　D. 具有个别差异性

20. 小明原来所在的班级内不求上进的学生较多,这些学生的行为影响了小明的学习热情。小明妈妈为了能让孩子有个良好的学习环境,将小明转学到另一所学校中学风很好的班级,很快,小明的学习有了进步,成绩突飞猛进。该事例体现了(　　)在教育中的重要作用。

A. 遗传　B. 家庭　C. 环境　D. 努力

二、多项选择题

1. 关于个体身心发展的动因理论有(　　)

A. 内发论　B. 外铄论

C. 成熟机制　D. 多因素相互作用论

E. 辐合论

2. 内发论也称为(　　)

A. 经验论　B. 自然成熟论

C. 预成论　D. 遗传决定论

E. 生长论

3."教育万能论"的代表人物有(　　)(常考)

A. 洛克　B. 康德

C. 华生　D. 爱尔维修

E. 高尔顿

4. 从形式上看,人的发展的规律性可以表现为人的发展的(　　)

A. 顺序性　B. 不平衡性

C. 阶段性　D. 整体性

E. 互补性

三、判断题

1."今人之性,生而有好利焉,顺是,故争夺生而辞让亡焉。"这句话体现的是外铄论的观点。(　　)

2. 施泰伦认为人的发展等于遗传与环境的乘积。(　　)

3. 人的身心发展只需要学校教育而无需社会实践。(　　)

4. 教育在个体身心发展过程中所起的作用是无条件的。(　　)

5. 个体身心发展具有阶段性,因此教育要抓关键期。(易错)(　　)

6. 遗传的作用大于教育的作用。(　　)

四、简答题

1. 简述遗传素质在人的身心发展中的作用。

2. 环境是推动人身心发展的动力,主要表现在哪些方面?

3. 简述学校教育在人的身心发展中起主导作用的原因。(常考)

4. 简述学校教育在影响个体发展上的特殊功能。

5. 简述个体身心发展的互补性的教育要求。

整合提升

一、单项选择题

1. 我国唐朝“六学二馆”等级森严的入学条件，充分说明政治经济制度决定(　　)
A. 教育的领导权　　B. 受教育权的分配
C. 教育目的　　D. 教育性质

2. 蒸汽机时代要求工人具有初等教育水平，电气生产时代要求工人具有中等教育水平，自动化时代要求工人具有高中和专科以上水平。这说明制约人才培养规格的因素是(　　)
A. 生产力的发展水平　　B. 生产关系
C. 上层建筑　　D. 政治经济制度

3. 随着经济的发展，家长对孩子的教育越来越重视，“高价学位房”的报道屡见不鲜。在表示愿意购买“高价学位房”的受访者眼中，“高价学位房”意味着优质教育。对于家长花费巨资购买学位房的原因，下列分析不正确的是(　　)(易错)
A. 学校教育能促进人的身心发展　　B. 学校教育能为人的终身发展打下基础
C. 学校教育能解决人发展过程中的所有问题　　D. 学校教育能从全方位系统地统筹人的发展需求

4. 青春初期的孩子身高体重的增长已达到较高水平，而骨化过程远远没有完成。这说明个体的身心发展具有(　　)(常考)
A. 顺序性　　B. 不均衡性　　C. 阶段性　　D. 个别差异性

5. “教育既有培养创造精神的力量，也有压抑创造精神的力量，甚至有的教育还在摧残儿童。”这说明(　　)
A. 教育在人的发展中起主导作用　　B. 教育在人的发展中具有导向性作用
C. 教育比遗传素质更能影响人的发展　　D. 教育对人的发展的促进作用是有条件的

6. 下列表述正确的是(　　)(易错)
A. 荀子提出“万物皆备于我”
B. 遗传素质的差异是人的个别差异的最初原因
C. 遗传与环境是可控制、可选择的
D. “一把钥匙开一把锁”体现了个体身心发展的阶段性规律

7. 吴某为把孩子培养成一个“天才”，在孩子刚会说话时就用小学课本替代了各种玩具，因此孩子的童年没有游戏、同伴。就这样，孩子12岁就考上了重点大学，可是吴某仍不满意，继续给孩子施压，让其拼命学习。最终孩子承受不了过重的压力，进了精神病院。这一“天才”的悲剧给我们的启示是(　　)
A. 教育一定要适应人身心发展的规律　　B. 教育一定要在学校完成
C. 教育内容应当由专家制定　　D. 教育一定要以班级授课的形式进行

8. 三国时期，诸葛亮在《诫子书》中提到“才须学也，非学无以广才，非志无以成学”，这里所提到的影响人的发展因素有(　　)
①遗传　　②教育　　③环境　　④个体主观能动性
A. ①②　　B. ②③　　C. ②④　　D. ①③

9. 美国是一个移民国家，学校的学生来自不同的种族与家庭，通过接受系统的学校教育，学生掌握现代文化知识，建立独特的族群和阶层文化，社会也因此充满生机与活力。这主要体现了教育的(　　)(常考)
A. 经济功能　　B. 文化功能　　C. 人口功能　　D. 政治功能

10. 目前，我国已经进入老龄化社会，人口老龄化将对社会方方面面产生影响。它最可能影响教育的(　　)
A. 规模　　B. 质量　　C. 结构　　D. 内容

11. “时过然后学，则勤苦而难成”反映了在人的身心发展过程中存在(　　)(易混)
A. 关键期　　B. 混沌期　　C. 最近发展区　　D. 依恋期

12. “人的心中自有浩然之气”表明了个体身心发展的(　　)观点。
A. 外铄论　　B. 内发论　　C. 实践主体论　　D. 多因素相互作用论

13. 2020年上半年，受新冠肺炎疫情影响，全国各级各类学校暂缓开学，全体在校生通过钉钉课堂等智慧便捷的网课软件在家学习，在“云课堂”中度过特殊的春季学期。这说明(　　)
A. 科学技术能够影响教育的内容、方法和手段
B. 科学技术能够影响受教育者的数量和教育质量
C. 科学技术能够改变教育者的观念
D. 科学技术影响着教育技术

14. 我国的“五四”运动和“一二·九”运动发端于学校，后扩展到社会，进而形成全国性的政治运动。这主要体现了(　　)
A. 教育可为政治稳定或变革制造所需的舆论　　B. 教育通过培养大量政治人才，为政治发展服务
C. 政治制约着教育权和受教育权　　D. 政治意识形态制约着教育思想的发展

15. (　　)的主要观点包括“教育是使个人社会收入分配趋于平等的因素”。
A. 人力资本理论　　B. 教育万能论　　C. 教育独立论　　D. 劳动力市场理论

二、多项选择题

1. 下列关于教育发展的社会制约性，表述正确的观点是(　　)
A. 我国中部地区生产力发展水平对其教育结构有制约作用
B. 个体接受何种程度的教育由社会政治经济制度所决定
C. 儒家文化的价值取向对我国当代教育价值观的形成没有影响
D. “二孩”政策的实施对我国教育发展的战略影响较大

2. 小强妈妈望子成龙心切，小强上幼儿园时，才刚刚学会认字，就给他报了一个作文班。上小学后，明知道儿子不喜欢弹钢琴，还是给他报了钢琴兴趣班。这说明小强妈妈在教育过程中违背了儿童身心发展的(　　)

A. 互补性　　B. 个别差异性　　C. 稳定性　　D. 顺序性

3. 学校教育在人的发展中发挥着主导作用，影响这一主导作用发挥的主要条件包括(　　)

A. 教育自身的状况　　B. 人的主观能动性的调动

C. 家庭环境　　D. 社会发展的状况

4. 下列选项中，能体现教育对政治发展有促进功能的是(　　)

A. 中学阶段开设“思想政治”课程

B. 近年来，一些高校积极探索“产—学—研”一体化道路，取得了巨大成功

C. 某中学开展“公民教育”主题活动

D. 李某在大学学习汉语言文学专业，毕业后成为一名初中语文教师

5. 下列表述中，与“白沙在涅，与之俱黑”所体现的影响人发展的因素一致的有(　　)(常考)

A. 染于苍则苍，染于黄则黄　　B. 孟母三迁

C. 蓬生麻中，不扶而直　　D. 唯上智与下愚不移

6. 下列选项中，属于教育的经济功能的是(　　)(易错)

A. 积累人力资本，提高个体劳动生产率　　B. 促进科技的生产、转化、应用、创新

C. 推动广大人民群众积极参与国家事务　　D. 培养管理人才、提高管理水平和效益

7. 生产力的发展水平是教育事业发展规模和速度的直接和最终决定因素，这种作用主要体现在(　　)

A. 生产力发展对劳动力的需求，决定教育发展的规模、速度和教育的体系、结构

B. 生产力直接决定了教育内容和目的

C. 物质资料的生产能为教育的发展提供物质基础

D. 生产力发展水平与教育发展水平基本呈现一致性

8. 学校是个体社会化的场所，学校教育是个体社会化的途径，学校教育主要通过以下哪些方面实现个体的社会化(　　)(易错)

A. 教育促进个体行为的社会化　　B. 教育促进个体思想意识的社会化

C. 教育培养个体的职业角色意识　　D. 教育开发人的创造性，促进个体价值的实现

9. 下列哪些观点属于遗传决定论(　　)

A. 柏拉图的人分三等论　　B. 洛克的“白板说”

C. 中国的性善论　　D. 基督教的“原罪说”

三、判断题

1. 学校不仅是为一定社会培养所需要的人才的机构，而且也是一个国家管理儿童和青少年的机构，这是教育的政治功能在实施社会控制上的表现。(　　)

2. 教育是社会环境的一部分，但它是影响人的发展的自觉的、不可控的因素。(　　)

3. 学校教育对个体的影响具有即时价值，但难有延时价值。(　　)

4. 随着环境、教育的改变和实践活动的深入等作用，人的遗传素质会逐渐地发生变化。这说明遗传素质具有可塑性。(易错)(　　)

5. “服民以道德，渐民以教化”体现了教育与人口的关系。(易错)(　　)

6. 20世纪70年代，埃德加·富尔首次提出了“教育先行”的概念，用以概括教育先于经济而发展的倾向。这表明教育的发展可以不受生产力发展水平的制约。(　　)

7. 人口增长速度比较快的地区，教育发展应以提高教育质量为重点。(　　)

四、论述题

1. 试述“近朱者赤，近墨者黑”“勤能补拙”体现的教育学原理。

2. 试述学校教育的个体个性化功能和个体社会化功能。

五、案例分析题

1. 1964年，美国心理学家布卢姆发表了题为《人类特征的稳定性与变化》的研究报告，他认为“个人的智力成熟从出生到4岁发展了40%，从4到8岁再发展30%，8岁以后发展剩下的30%……如果儿童在这非常重要的早期岁月中得不到理智的刺激，他们的学习能力就受到了严重的妨碍”。

青少年从出生到成熟并不是每年匀速地发展，而是经历过几次发展的高潮。第一次高潮是婴儿出生的第一年。在这一年内，婴儿身高增长25厘米左右，体重增加7公斤左右。然后就缓慢下来，每年平均身高增长2～3厘米，体重增加2～3公斤。第二次高潮是六七岁，这个时期身高、体重的发展不是那么显著，而明显的发展主要表现在大脑和心理上。6岁儿童的大脑重量已经达到成人脑重量的90%以上，儿童的生理、心理状况已经为接受学校教育提供了必要的条件。第三次高潮是青春发育期，也就是少年期。女孩子大约在十二三岁，男孩子大约在十四五岁。这个时期身高每年增长7～8厘米，体重增加5～6公斤。少年期是一个过渡时期，既有儿童的特征，又有了成人特征的萌芽。

请根据所学的教育学知识，分析上述案例。

2. 阅读材料，回答问题。

材料一　据统计，全国共有乡村教学点8.68万个，偏远地区的学校在硬件条件、师资队伍、教学管理诸多方面与大城市的学校存在较大差距，缩小这样的差距是我们实现教育公平的首要任务。

材料二　据统计，全国教学点数字教育资源全覆盖项目惠及边远贫困地区400多万孩子，国家数字教育资源公共服务体系基本建立。通过互联网、人工智能等技术整合，能够把优质的教育资源，迅速、高效、低成本地辐射到边远贫困地区，并在一定程度上满足个性化教育需求，进一步增加优质资源的适切性。

材料三　未来，人工智能与机器人技术有机结合，将扮演智能导师的角色，使得部分教育教学活动可以由机器人来组织与担任。学生可以和机器人对话学习外语；可以和人工智能下象棋学习棋艺。人工智能不仅成为教师的得力助手，也将成为学生们的学习伙伴，从而实现更广泛的教育公平。

——资料来源：熊璋，杨晓哲．充分利用人工智能促进教育公平[N]．中国教育报，2019-06-01.(有改动)

(1)推进区域教育公平可能遇到哪些问题？

(2)教师如何利用信息技术助推教育公平？

真题必刷

一、单项选择题

1. [郑州二七区]民国版、人教版、部编版语文教材的使用，说明教育对一定社会文化的发展具有(　　)(常考)

A. 保存、整理、创新的作用　　B. 制约作用
C. 调节作用　　D. 决定作用

2. [平顶山市直]截至2016年底，“一带一路”沿线国家在华留学生达20多万，与此同时，2012年以来，我国共有35.19万人赴“一带一路”沿线国家留学。从教育的功能角度来看，中外互派留学生属于(　　)

A. 教育的活化文化功能　　B. 教育的文化选择功能
C. 教育的文化交流与融合功能　　D. 教育的文化更新与创造功能

3. [滑县]现代教育发展的根本动因是(　　)(常考)

A. 政治需要　　B. 科学技术　　C. 生产力发展水平　　D. 产业革命

4. [永城]巴甫洛夫曾经指出：“神经活动类型在生活进程中发展着、变化着，并且神经活动类型，不仅是遗传的结果，也是环境和有机体之间复杂的相互作用的结果，教育能养成儿童生活所必需的神经活动类型。”这主要说明了(　　)

A. 遗传素质是人的身心发展的生理前提
B. 遗传素质具有可塑性
C. 遗传素质的发展过程制约着人的身心发展的年龄特征
D. 遗传素质的差异性对人的身心发展有一定的影响作用

[周口太康]根据以下案例，回答下列5～6题。

日本体操家池田夫妇在东京奥运会体操比赛中曾大显身手，大儿子出生后，他们花费大量的心血教他练习幼儿体操，不久他就能翻一个筋斗了。到小学二年级，他从梯子上跳下来时能翻一个筋斗，显示了体操方面的优异才能。池田夫妇异常高兴，自信儿子是继承了他们的才能。因此，他们断言能力在于遗传。于是他们便没有对第二个儿子进行任何形式的训练。结果第二个儿子什么体操也不会，更谈不上优异的体操技能了。

5. 从材料分析，这一事例有力地批判了(　　)的错误观点。

A. 遗传决定论　　B. 环境决定论　　C. 辐合论　　D. 环境万能论

6. 下列人物中，(　　)认为影响个体发展的因素与池田夫妇观点相同。

A. 霍尔　　B. 荀子　　C. 洛克　　D. 华生

7. [郑州二七区]一些高层次知识分子出现了违法犯罪的行为。这说明(　　)

A. 社会是个大熔炉　　B. 社会环境决定人的发展方向
C. 其遗传素质是有缺陷的　　D. 社会环境是人发展的条件性因素

8. [郑州上街区]个体的感知成熟先于思维成熟，而思维成熟先于情感成熟，这表明个体身心发展具有(　　)(易混)

A. 阶段性　　B. 不平衡性　　C. 顺序性　　D. 连续性

二、多项选择题

1. [新郑]基于人力资本理论，教育(　　)

A. 是一种消费活动　　B. 不是一种消费活动
C. 不是一种投资活动　　D. 是一种投资活动

2. [新乡获嘉]青少年儿童身心发展的客观规律是(　　)(常考)

A. 发展的顺序性和阶段性　　B. 发展的稳定性和可变性
C. 发展速度的不均衡性　　D. 发展的个别差异性

3. [郑州中原区]个体身心发展的差异性是指由于人的先天素质、环境和教育以及自身的主观能动性的不同，导致人的身心发展存在个别差异。下列属于利用个体身心发展的差异性特点进行教学的有(　　)

A. 因材施教　　B. 采取弹性教学制度
C. 启发性教学　　D. 组织兴趣小组

三、判断题

1. [郑州郑东新区]遗传素质仅为人的发展提供物质前提而不能决定人的发展。(　　)

2. [焦作中站区]洛克认为，个体的成熟机制对个人发展起决定作用。(　　)

四、简答题

[安阳殷都区]简述教育与社会政治经济制度的关系。(常考)

专题三　教育目的与教育制度

命题分析

本专题主要以选择题、判断题等形式进行考查，有时也会以填空题、简答题、论述题和案例分析题的形式进行考查，需要重点掌握的知识包括：

1. 识记教育目的的内涵、意义、作用、层次结构、确立依据。
2. 识记并区分教育目的的确立的几种主要理论的基本观点、代表人物。
3. 识记并理解现阶段我国教育目的的基本精神、我国教育目的的基本构成以及素质教育的内容。
4. 识记学校产生的时间、条件，学校文化的内涵、构成、缩影等。
5. 识记教育制度的内涵、确立依据，区分三种主要学制类型的特点及代表国家。
6. 识记我国现代学校教育制度的演变、我国现行学校教育制度的结构及类型。

基础训练

知识1 教育目的概述

一、单项选择题

1. (　　)是教育方针中的核心和基本内容。

A. 教育目标　B. 培养目标　C. 教育目的　D. 教学计划

2. 2016年底，习近平总书记在全国高校思想政治工作会议上提出的“为谁培养人”的问题属于(　　)

A. 教育本质问题　B. 教育目的问题
C. 教育价值问题　D. 教育功能问题

3. 衡量教育好坏的最高标准只能是看教育能否为社会稳定和发展服务，能否促进社会的存在和发展。这是(　　)的观点。

A. 神学教育目的论　B. 社会本位论　C. 教育无目的论　D. 个人本位论

4. 受教育者因为有了目标，可以树立信心，坚强地排除各种困难，争取实现目标。这体现了教育目的的(　　)(易混)

A. 激励功能　B. 调控功能　C. 评价功能　D. 定向功能

5. 教育目的与培养目标是(　　)

A. 共同性与方向性的关系　B. 教师与学生的关系
C. 学校与家长的关系　D. 普遍与特殊的关系

6. 教育目的包括三个层次，下列属于第三个层次的是(　　)

A. 国家的教育目的　B. 各级各类学校的培养目标
C. 课程目标　D. 教师的教学目标

7. 国家把受教育者培养成什么样人才的总要求，即(　　)(常考)

A. 教学目标　B. 教育目的　C. 教学目的　D. 培养目标

8. 教育活动的出发点和归宿是(　　)(常考)

A. 教育方针　B. 教育信念　C. 教育政策　D. 教育目的

9. 教育目的对整个教学活动具有导向作用、激励作用和(　　)

A. 教导作用　B. 选拔作用　C. 评价作用　D. 管理作用

10. (　　)认为教育目的是由社会需要决定的。

A. 孟子　B. 裴斯泰洛齐　C. 涂尔干　D. 卢梭

11. “君子如欲化民成俗，其必由学乎……”“古之王者，建国君民，教学为先”体现的教育目的观为(　　)(常考)

A. 教育无目的论　B. 科学本位论　C. 社会本位论　D. 个人本位论

12. “教育在于使青年社会化——在我们每一个人之中，造成一个社会的我。这便是教育的目的。”这种观点在教育目的论上属于(　　)

A. 神学的教育目的论　B. 社会本位教育目的论
C. 个人本位教育目的论　D. 马克思主义教育目的论

13. 教育家(　　)曾说：“我十分明确地把培养有用的国家公民当作国家国民学校的教育目标，并且是国民教育的根本目标。”这是教育史上较为典型的社会本位目的论思想。

A. 涂尔干　B. 柏拉图　C. 凯兴斯泰纳　D. 夸美纽斯

14. 在教育目的的问题上，实用主义教育流派的代表人物杜威所持的观点是(　　)

A. 个人本位论　B. 社会本位论　C. 教育无目的论　D. 国家利益论

15. 生活本位论的代表人物是(　　)

A. 马斯洛　B. 洛克　C. 斯宾塞　D. 裴斯泰洛齐

16. 马克思主义认为，造就全面发展的人的根本途径是(　　)(常考)

A. 教育与生产劳动相结合　B. 从事智力劳动
C. 从事体力劳动　D. 接受教育

17. 选择和确立教育目的时，在基本价值取向方面，长期存在的对立理论是(　　)

A. 神本位论与人本位论　B. 个人本位论与社会本位论
C. 社会本位论与自然本位论　D. 人本位论与自然本位论

18. 在教育目的的价值取向上，持个人本位论的代表人物有(　　)(易混)

A. 斯宾塞和裴斯泰洛齐　B. 卢梭和裴斯泰洛齐
C. 夸美纽斯和涂尔干　D. 卢梭和涂尔干

二、多项选择题

1. 一般情况下，教育方针的内容包括(　　)

A. 教育的性质　B. 教育的服务方向
C. 教育目的　D. 实现教育目的的基本途径
E. 教育方法

2. 教育目的的基本层次包括(　　)

A. 国家的教育目的　B. 各级各类学校的培养目标
C. 教师的教学目标　D. 社会的价值取向
E. 个人的价值取向

3. 在培养目标上，各级各类学校的培养目标既有共同要求，又有一定差异。因此，各级各类学校的培养目标必须(　　)

A. 差异鲜明　　B. 同中有异
C. 标准统一　　D. 重点突出
E. 特点鲜明

三、填空题

1. ________反映了一个国家教育的根本性质、总的指导思想和教育工作的总方向等要素。
2. ________是全部教育活动的主题和灵魂。(常考)
3. 总的来说，初中教育在促进少年身心发展方面的任务，可形象地比喻为“________”。
4. 我国确立教育目的的理论依据是________。

四、案例分析题

有一所小学，从小学一年级开始抓分数，把学生的考分作为评定三好学生的唯一标准，把各种平均分数作为评定各科教师教育质量的全部依据。学校不开设体育、音乐、美术课程，也很少进行思想品德教育，几乎所有时间都是上语文、数学课。在这种情况下，学生体质普遍下降、近视率增高；学生不知五线谱为何物，更没有画过什么儿童画。虽然有不少学生的语文、数学成绩较好，但多数学生成绩平平，没有学习的兴趣和信心，更谈不上什么业余爱好。

这所小学的做法符合我国的教育方针吗？为什么？

知识2 我国的教育目的

一、单项选择题

1. 党的十九大报告指出，要全面贯彻党的教育方针，落实(　　)根本任务，发展素质教育，推进教育公平，培养德智体美全面发展的社会主义建设者和接班人。

A. 以人为本　B. 合作创新　C. 立德树人　D. 提高质量

2. 在我国全面发展教育的组成部分中，学校体育的根本任务是(　　)(常考)

A. 传授基本体育知识与技能　　B. 提高运动水平
C. 增强学生体质　　D. 培养体育人才

3. 新中国成立后的第一个教育方针颁布于(　　)

A. 1949年　B. 1957年　C. 1985年　D. 1986年

4. 教师创设一定的教学情境以提升学生认知水平，这种教育是(　　)

A. 德育　B. 美育　C. 体育　D. 智育

5. 学校体育最为基本的组织形式是(　　)

A. 早操、课间操　B. 体育课　C. 体育竞赛　D. 学生自觉锻炼

6. 美育最高层次的任务是培养学生(　　)的能力。(常考)

A. 发现美　B. 鉴赏美　C. 创造美　D. 感受美

7. 育德、促智和健体属于美育的(　　)

A. 直接功能　B. 间接功能　C. 发展功能　D. 超美育功能

8. 与素质教育观相对的教育观是(　　)

A. 终身教育　B. 应试教育　C. 博雅教育　D. 全面发展教育

9. 在全面发展教育的构成中，(　　)起着保证方向和保持动力的作用。

A. 美育　B. 体育　C. 智育　D. 德育

10. 培养合乎时代需要的一代新人，应当特别注意的人才素质不包括(　　)

A. 创新精神　B. 实践能力　C. 开放思维　D. 提高智力

11. 素质教育是依据人的发展和社会发展的实际需要，以(　　)为根本目的的教育。

A. 全面提高全体学生的基本素质　　B. 全面促进全体学生身体健康成长
C. 全面提高全体学生的智力潜能　　D. 全面提高全体学生的思想道德水平

12. 素质教育的时代特征是(　　)(常考)

A. 促进学生的全面发展　　B. 培养学生的创新精神和实践能力
C. 促进学生的个性发展　　D. 面向全体学生

13. 应试教育和素质教育的本质区别是(　　)(常考)

A. 能否面向全体学生　　B. 能否促进学生个性发展
C. 能否培养学生的创新精神和实践能力　　D. 能否提高学生的成绩

14. 现代教育与传统教育的根本区别在于重视(　　)的培养。

A. 实践能力　B. 创新能力　C. 高尚品德　D. 劳动品质

15. 下列哪项观点体现了素质教育的理念(　　)

A. 不要“尖子生”　　B. 为减轻负担，不给学生留作业
C. 不要学生考试，尤其是百分制考试　　D. 教育应该使学生主动、生动、愉快地发展

16. 联合国教科文组织于1996年提出了教育的四大支柱，即(　　)、学会做事、学会合作、学会生存。(易错)

A. 学会认知　B. 学会交往　C. 学会思考　D. 学会学习

17. 我国教育目的的根本性质是(　　)

A. 培养劳动者　B. 为人民服务　C. 坚持社会主义方向　D. 培养全面发展的人

18. 智育的根本任务是(　　)(常考)

A. 发展学生的智力　　B. 培养学生的自主性
C. 提高学生的竞争意识　　D. 完善学生的人格

二、多项选择题

1. 素质教育的特点有(　　)

A. 全体性　　B. 合作性
C. 基础性　　D. 未来性
E. 发展性

2. 我国全面发展教育的组成部分包括(　　)(常考)

A. 德育　　B. 智育

C. 体育　　D. 美育

E. 劳动技术教育

3. 智育的具体任务包括(　　)

A. 向学生系统传授科学文化知识　　B. 培养学生基本技能

C. 培养学生正确的价值观　　D. 发展学生的智力才能

E.培养学生良好的学习品质

4. 美育的任务是(　　)

A. 培养学生健康的身心素质　　B. 培养学生鉴赏美的能力

C. 形成学生创造美的能力　　D. 提高学生感受美的能力

E.培养训练学生,使其形成基本技能

三、判断题

1. 智育是教育者向受教育者传授系统的科学文化知识、技能,发展他们的智力和与学习有关的非认知因素的教育。(　　)

2. 美育就是艺术教育。(　　)

3. 要实现人的全面发展,必须进行全面发展教育,也就是要"五育"平均发展。(　　)

4. 素质教育是全面发展教育的策略实施,而不是脱离全面发展教育另搞一套。(　　)

5. 素质教育就是要学生什么都学,什么都学好。(常考)(　　)

四、简答题

1. 德育的基本任务有哪些?

2. 简述美育的特征。

五、案例分析题

在一次关于实施素质教育的讨论会上,老师们积极发言。王老师说:"素质教育就是多开展文体活动,多上文体课。"李老师说:"素质教育就是不要考试,特别是不要百分制考试。"

请运用素质教育的有关知识,分析教师们的发言。

知识3 学校与学校教育制度

一、单项选择题

1. 教育有广义和狭义之分。狭义的教育制度是指(　　)

A. 国民教育制度　B. 素质教育制度　C. 私立教育制度　D. 学校教育制度

2. 世界各国基础教育学校在入学年龄、中小学分段等方面的规定中具有较高的一致性。这说明影响学制建立的主要因素是(　　)

A. 生产力发展水平　　B. 政治制度

C. 经济发展水平　　D. 儿童身心发展规律

3. 制度化教育的典型表征是(　　)(常考)

A. 学校的产生　　B. 学制的建立

C. 教育实体的出现　　D. 定型的教育组织形式的出现

4. 教育从生产劳动中第一次分离的标志是(　　)

A. 学校的产生　　B. 剩余产品的出现

C. 有了国家　　D. 创造了文字

5. 学校中物质文化、制度文化、精神文化的统一体是(　　)

A. 校训　B. 学风　C. 校规　D. 校风

6. 规定各级各类学校的性质、任务、入学条件、修业年限以及它们之间的关系的是(　　)(常考)

A. 学校教育制度　B. 学校文化制度　C. 课程管理制度　D. 教学管理制度

7. 一个国家教育制度的核心是(　　)

A. 教育管理制度　B. 义务教育制度　C. 学校教育制度　D. 基础教育制度

8. "教育主体确定,教育对象相对稳定,有相对稳定的活动场所和设施等教育实体出现,教育初步定型。"这些特征的出现标志着教育制度进入(　　)

A. 前制度化教育阶段　　B. 制度化教育阶段

C. 非制度化教育阶段　　D. 学校教育萌芽阶段

9. 现代学制最早出现在(　　)

A. 美国　B. 欧洲　C. 中国　D. 英国

10. 英国政府1870年颁布的《初等教育法》中,一方面保持原有的专为资产阶级子女服务的学校系统,另一方面为劳动人民的子女设立国民小学、职业学校。这种学制属于(　　)

A. 双轨学制　B. 单轨学制　C. 中间型学制　D. 分支型学制

11. 有一种学制最早产生于美国,因为它有利于教育的逐级普及,有利于现代生产和现代科技的发展而被世界许多国家利用。这种学制是(　　)

A. 单轨制　B. 双轨制　C. 分支型学制　D. 六三三学制

12. 苏联的学制类型为(　　)

A. 单轨学制　B. 中间型学制　C. 双轨学制　D. 多轨学制

13. 教育制度在形式上的发展历程不包括(　　)(常考)

A. 前制度化教育　B. 非制度化教育　C. 义务教育　D. 制度化教育

14. “教育不应再限于学校的围墙之内。”这是(　　)推崇的教育理想。(常考)

A. 非制度化教育　B. 制度化教育　C. 形式化教育　D. 前制度化教育

15. 构建学习化社会的理想主要体现的是(　　)

A. 非制度化教育　B. 前制度化教育　C. 正规教育　D. 制度化教育

16. 学校产生的必要条件之一是(　　)

A. 造纸术的出现　B. 文字的出现　C. 大机器的使用　D. 人口的增长

17. 学校精神文化的物质载体是(　　)

A. 制度文化　B. 组织文化　C. 学校传统　D. 物质文化

18. 学校环境文化和设施文化属于(　　)

A. 学校精神文化　B. 学校物质文化

C. 学校组织文化　D. 学校制度文化

19. 校园文化的核心是(　　)(常考)

A. 校园物质文化　B. 校园的组织和制度文化

C. 校园领导者的亚文化　D. 校园精神文化

20. 发达国家实行12年甚至更多年限的义务教育,发展中国家实行9年义务教育,这反映了学校教育制度受(　　)

A. 历史传统影响　B. 政治制度影响

C. 经济发展水平影响　D. 社会成员意识影响

21. 美国的学制类型是(　　)(常考)

A. 分支型学制　B. 单轨学制　C. 多轨学制　D. 双轨学制

二、多项选择题

1. 学校文化从其形式上看,可分为物质文化和(　　)

A. 精神文化　B. 传统文化

C. 制度文化　D. 思想文化

E. 校园文化

2. 学生文化的基本特征有(　　)

A. 差异性　B. 非正式性

C. 过渡性　D. 多样性

E. 互补性

3. 校园精神文化的内容有(　　)(常考)

A. 学校人际关系　B. 校风

C. 规章制度　D. 班风

E. 学校的仪式

4. 下列属于学校教育制度的基本要素的是(　　)

A. 学校的类型　B. 学校的级别

C. 学校的大小　D. 学校的结构

E. 学校的范围

三、填空题

1. ________是学校管理的目标和尺度。

2. 学生文化是介于儿童世界与成人世界的一种文化现象,是学生从儿童迈向成年的一种过渡性产物。这体现了学生文化的________。

3. 一般认为,库姆斯等人的“________”概念、伊里奇的“________”主张都是非制度化教育的核心思想。

4. 现代教育制度发展的趋势之一是普通教育与________朝着相互渗透的方向发展。

四、简答题

1. 建立学制的依据有哪些?

2. 简述现代教育制度的发展趋势。

3. 简述终身教育的特点。(常考)

知识4 我国的学校教育制度

一、单项选择题

1. 我国教育史上第一个具有资本主义性质的学制是(　　)(常考)

A. 癸卯学制　B. 壬寅学制　C. 壬戌学制　D. 壬子癸丑学制

2. 壬戌学制是以(　　)学制为蓝本制定的。

A. 苏联　B. 德国　C. 日本　D. 美国

3. 我国近代第一个以法令形式公布并在全国推行的学校教育制度是(　　)(易混)

A. 癸卯学制　B. 壬寅学制　C. 壬戌学制　D. 壬子癸丑学制

4. 一直沿用到全国解放初期的现代学制是(　　)

A. 癸卯学制　B. 壬寅学制　C. 壬子癸丑学制　D. 壬戌学制

5. 明显体现张之洞“中学为体,西学为用”思想的学制是(　　)

A. 癸卯学制　B. 壬子癸丑学制　C. 壬戌学制　D. 1951年学制

6. 我国第一次规定男女同校,废除读经,并把学堂改为学校的学制是(　　)

A. 壬寅学制　B. 癸卯学制　C. 壬戌学制　D. 壬子癸丑学制

7. 清朝末年推行“废科举,兴学校”的举措,开始以日本学制为蓝本建立现代学制。由张百熙起草,国家正式颁布但未实行的现代学制是(　　)(常考)

A. 癸卯学制　B. 壬寅学制　C. 壬子癸丑学制　D. 壬戌学制

8. 中国近代教育走向制度化、法制化阶段的标志是(　　)
A. 京师同文馆的设立　　B. 京师大学堂的创设
C. 癸卯学制的颁布施行　　D. 壬子癸丑学制的颁布施行

9. “癸卯学制”明文规定教育目的是(　　)
A. 忠君、尊孔、尚公、尚武、尚实　　B. 发扬平民教育精神,谋求个性发展
C. 中学为体,西学为用　　D. 健全人格,发展创造性

10. “三个结合”“六个并举”的办学原则是在(　　)中提出的。(易混)
A.《关于教育工作的指示》　　B.《关于改革学制的决定》
C.《中国教育改革和发展纲要》　　D.《中共中央关于教育体制改革的决定》

11. 1993年颁布的《中国教育改革和发展纲要》中的“两基”指的是(　　)
A. 基本普及九年义务教育和基本扫除青壮年文盲
B. 基础知识和基本技能
C. 基本普及九年义务教育和基本知识
D. 基本扫除青壮年文盲和基本技能

12. 我国现行的学校教育制度,从层次结构上来看不包括(　　)(易错)
A. 初等教育　　B. 中等教育　　C. 高等教育　　D. 职业教育

13. 从类别结构上来看,我国现行的学校教育可划分为:职业技术教育、高等教育、成人教育、(　　)
A. 基础教育、特殊教育　　B. 基础教育、继续教育
C. 初等教育、继续教育　　D. 初等教育、特殊教育

14. 我国现行学制的类型是(　　)
A. 分支型学制　　B. 多轨学制　　C. 双轨学制　　D. 单轨学制

15. 我国学制改革和发展的基本方向是重建和完善(　　)
A. 分支型学制　　B. 单轨学制　　C. 双轨学制　　D. 混合学制

16. (　　)明确以学龄儿童和青少年身心发展规律作为划分学校教育阶段的依据。
A. 壬戌学制　　B. 壬寅学制
C. 癸卯学制　　D. 壬子癸丑学制

17. 在中国教育制度发展史上,中学阶段最早兼顾升学和就业双重需要的学制是(　　)
A. 癸卯学制　　B. 壬子癸丑学制　　C. 壬戌学制　　D. 壬寅学制

二、多项选择题

1. 我国古代的学校教育制度主要由(　　)构成。
A. 官学教育系统　　B. 私塾教育系统
C. 私学教育系统　　D. 书院教育系统
E. 寺院教育系统

2. 我国20世纪末教育发展总目标里的“两全”指(　　)
A. 全面普及义务教育　　B. 面向全体学生
C. 全面贯彻党的教育方针　　D. 全面提高教育质量
E. 全面推行素质教育

3. 我国基础教育的学段包括(　　)(易错)
A. 小学　　B. 初中
C. 高中　　D. 大学
E. 学前

三、简答题

简述我国当前学制改革的主要内容。

整合提升

一、单项选择题

1. “小学1~2年级认识常用汉字1600个左右,其中800个左右会写。”这项要求属于教育目的层级中的(　　)
A. 教育目的　　B. 培养目标　　C. 课程目标　　D. 教学目标

2. 人的发展总是受到社会的制约,这意味着(　　)
A. 教育要坚持社会本位的价值取向　　B. 教育要充分考虑社会发展的需要
C. 教育目的的确定不应从个人出发　　D. 教育要为社会生活做准备

3. 我国依据马克思主义关于“人的全面发展学说”而确立的全面发展的教育目的的核心要求是所有学生(　　)
A. 都个性成长　　B. 德智体美劳平均发展
C. 各科取得优异成绩　　D. 德智体美劳全面发展

4. 有关学制的叙述,正确的是(　　)(常考)
A. 我国是单轨制的典型国家
B. 我国正式实施的第一个现代学制是壬寅学制
C. 我国历史上的壬戌学制是以日本为蓝本的
D. 美国是单轨学制的代表国家

5. 现代学制的类型分为三种:双轨学制、单轨学制和分支型学制。单轨学制指由小学、中学到大学为统一的直线系统,上下衔接,形成由上而下的连续阶梯的学制。这种学制的特点是(　　)
A. 有利于塑造学生个性　　B. 有利于教育的普及
C. 有利于学生升学　　D. 有利于教学质量的平衡

6. 下列哪种说法是错误的(　　)(易错)
A. 素质教育以促进知识深刻内化为目的
B. 素质教育以全面传授更有价值的知识为基础
C. 素质教育以激活每一位受教育者的个性潜能发展为核心
D. 素质教育以提高学生综合素质为目的

7. 在新中国不同时期的教育方针的表述中，首次明确提出“造就德、智、体、美等全面发展的社会主义事业建设者和接班人”的文件是(　　)
A. 1957年《关于正确处理人民内部矛盾的问题》
B. 1985年《中共中央关于教育体制改革的决定》
C. 1999年《中共中央国务院关于深化教育改革，全面推进素质教育的决定》
D. 2010年《国家中长期教育改革和发展规划纲要(2010～2020年)》
8. 小丽和小明是同班同学。小丽是品学兼优的好学生，希望老师能够讲述一些课本以外的知识。小明学习稍吃力，希望老师能够多讲一些习题多做练习。尽管两名同学对老师的要求不同，老师还是选择按照教学大纲的要求，在保证课堂进度的同时适度练习，同时让学生学到课本以外的知识。这个案例体现了教育目的的(　　)(易混)
A. 调控功能　B. 评价功能　C. 导向功能　D. 激励功能
9. 20世纪初期，明明开学报到的时候碰到了很多前来报到的女生，他感到很惊讶，父亲说过学校里只会有男生。而且课程上也有一些变化，读经课停开了，增加了一些自然科学的内容。这种现象的出现是因为实行了(　　)
A. 壬寅学制　B. 癸卯学制　C. 壬子癸丑学制　D. 壬戌学制
10. 赵校长多年来都认为不能让学生“死读书，读死书”，教师应当尽量教给学生有利于他们生活、工作的科学知识。他认为通过这样的方式才能使学生幸福地学习和生活。赵校长的说法反映了教育目的论中的(　　)
A. 教育无目的论　B. 社会本位论
C. 辩证统一论　D. 个人本位论
11. 马克思主义关于“人的全面发展”的内涵，其一是指劳动能力的全面发展，其二是指实现人的个性的(　　)(常考)
A. 真正自由的发展　B. 真正全面和自由的发展
C. 有条件的自由发展　D. 有条件的全面发展
12. 下列叙述有误的是(　　)
A. 京师同文馆的创立是中国近代新教育的开端
B. 京师大学堂的创立标志着中国新教育体制的肇始
C. 教育目的具有保持教育作用的统一性与一贯性的作用
D. 小学阶段应重视学生抽象思维和概括能力的培养
13. “春姑娘用她那多变的魔棒，赋予了万物绚丽的色彩：五颜六色的花儿，嫩绿的小草，浅蓝的天空，构成了一幅多么和谐的画面!”这属于美育中的(　　)
A. 艺术美　B. 自然美　C. 技术美　D. 旅游美
14. 马克思主义关于人的全面发展学说在中国教育界的具体实践是(　　)
A. 课程改革　B. 素质教育
C. 教育的国际化走势　D. 教学改革
15. 普通中小学教育的性质是(　　)
A. 基础教育　B. 职业教育　C. 做人教育　D. 专业教育

16. 近年来，“差生测智商”“绿领巾”“差生教室外考试”“收取‘不听话押金’”等一系列教育乱象频出，引起社会热议。下列观点错误的是(　　)
A. 这些做法有悖于素质教育理念，是一种“教育冷暴力”
B. 这是不尊重学生、损害学生人格尊严的行为
C. 这些做法会给学生留下心灵创伤，不利于学生健康成长
D. 这些做法能促进有错误的学生积极反省，是一种有效的“惩罚教育”
17. 下列哪项表述是错误的(　　)
A. 美育有助于学生劳动观点的树立、技能的形成
B. 智育为人的发展提供物质基础
C. 使学生养成文明习惯是学校体育的任务之一
D. 美育可以提升人的精神境界和生活情趣
18. 素质教育必须面向全体人民，任何一名社会成员，均必须通过正规或非正规的途径接受一定时限、一定程度的基础教育。这体现了素质教育的(　　)(易混)
A. 发展性　B. 全面性　C. 基础性　D. 全体性
19. 欧洲实行双轨制，其中一轨是自上而下，其结构是大学(后来也包括其他高等学校)、中学(包括中学预备班)。这是(　　)(易混)
A. 普通教育　B. 职业教育　C. 精英教育　D. 大众教育

二、多项选择题

1. 下列说法正确的是(　　)
A. 美国学者克雷默认为世界上最早的学校是产生于公元前2500年的苏美尔学校
B. 一般认为，在夏朝的时候，我国就出现了学校
C. 有文字记载同时又有考古出土的实物证实的学校出现在商朝
D. 近代洋务运动以来，才正式改称“学堂”为学校
2. 下列关于教育目的的说法，正确的有(　　)(易混)
A. 教育目的与教育方针既有联系，也有区别，教育目的较理想，而教育方针较现实
B. 我国的教育目的较好地体现了个人本位和社会本位的历史的、具体的统一
C. 在当下中小学中，“升学率”最被看重，这属于实然的教育目的
D. 教育目的是人提出来的，形式上是主观的，因此教育目的没有客观性
3. 某小学开展全校学生参与的“童心课堂”“童趣社团”“童真沙龙”等系列教育活动，校园内营造出生动活泼的学习氛围。学校更有效地推进“童乐校园”的建设，学生好学乐学，身心得到全面发展。从实施素质教育的角度分析，上述材料说明素质教育(　　)
A. 面向全体学生　B. 促进学生全面发展
C. 可以开展丰富多彩的活动　D. 要求学生主动学习
4. 以下关于教育目的的论述，正确的是(　　)
A. 教育目的是社会历史性与时代性的动态综合
B. 教育目的受制于生产力的发展水平
C. 人的身心发展特点和需要是确定教育目的的主观依据
D. 教育目的体现了人们的教育理想

三、判断题

1. 终身教育是一种全新的教育制度。 (　　)

2. “教育无目的论”主张教育没有目的。(常考) (　　)

3. 个人本位的教育目的论典型的错误是抽象地谈论社会。 (　　)

4. 非制度化教育就是对制度化教育的全盘否定。 (　　)

5. 五育中，智育对应着数学、语文课，体育对应着体育课，美育对应着美术课，它们是一一对应的。 (　　)

6. 教育方针是教育目的的政策性表达，教育目的只是教育方针的若干组成要素之一。(易错) (　　)

7. 智育是全面发展教育的中心和基础，这并没有削弱德育的重要地位。 (　　)

四、论述题

1. 试述全面发展教育各组成部分之间的关系。(常考)

2. 试分析评价社会本位的教育目的论与个人本位的教育目的论的基本主张。

3. 在我国教育目的的实践中，多年来一直存在着中小学片面追求升学率的倾向，严重背离了教育目的的基本精神。试结合所学知识，谈谈如何克服这种消极现象。

五、案例分析题

1. **材料一**　习近平总书记在全国教育大会上强调：“要在学生中弘扬劳动精神，教育引导学生崇尚劳动、尊重劳动，懂得劳动最光荣、劳动最崇高、劳动最伟大、劳动最美丽的道理。”

材料二　近期，《中国教育报》记者在湖南省平江县进行实地调查时发现，当前一些学生劳动意识日渐淡薄，一些学校和家庭的劳动教育趋于边缘化。一位老师说：“一些孩子不爱劳动，不会劳动，甚至扫一下地都不愿意。”

(1)简要分析当前劳动教育不容乐观的原因。

(2)谈谈劳动教育对促进学生全面发展的意义。

(3)你认为学校应如何开展劳动教育？

2. 某学校为贯彻上级减负精神，决定每天下午第三节课后的课外活动不再把学生关在教室里自修，而是让学生去操场上活动。结果发现，学习用功的好学生，任凭老师怎么劝也不出去，而平时不认真学习的学生却玩得很高兴。后来，校领导发现了问题，说：“等检查过去了，一定要收回来……”

结合这一材料，谈谈你对减负问题的认识。

真题必刷

一、单项选择题

1. [安阳汤阴]学习"昆虫的种类"这节课时老师要求学生能准确识别昆虫，这种要求属于教育目的层次中的(　　)
A. 教育目的　B. 培养目标　C. 课程目标　D. 教学目标

2. [郑州郑东新区]马克思认为，实现人的全面发展的唯一途径和方法是(　　)(常考)
A. 坚持教育的政治方向　B. 学校教育与家庭教育相结合
C. 教育与生产劳动相结合　D. 学校教育与社会教育相结合

3. [许昌市直]裴斯泰洛齐认为："发展是个人天赋的内在力量，使其经过锻炼，使人能尽其才，能在社会上达到他应有的地位，这就是教育的目的。"这一观点所反映的教育目的价值取向是(　　)
A. 社会本位论　B. 个人本位论
C. 生活本位论　D. 文化本位论

4. [郑州惠济区]美术课上，惠老师向同学们展示了小鸟的图片，并在黑板上展示了画鸟的基本技巧，然后由同学们按照自己的理解和想象画出自己心目中鸟的形象。惠老师的教学符合美育的(　　)
A. 差异性原则　B. 形象性原则　C. 创造性原则　D. 情感性原则

5. [新郑]关于校园文化，表述正确的为(　　)(易错)
A. 组织和制度文化是校园文化的核心　B. 精神文化是校园文化的内在机制
C. 学校校长是校园文化的缔造者　D. 校园文化是学校文化的缩影

6. [鹤壁淇滨区]近代学校系统的出现开启了(　　)的新阶段，它指向形成系统的各级各类学校。
A. 非正式教育　B. 前制度化教育
C. 制度化教育　D. 后制度化教育

7. [郑州航空港区]我国近代教育史上第一个正式实施的学制是(　　)(常考)
A. 壬戌学制　B. 壬子癸丑学制
C. 壬寅学制　D. 癸卯学制

二、多项选择题

1. [郑州二七区]教育目的的内容主要是从教育所要培养的人的哪些方面作出规定的(　　)
A. 全面发展　B. 身心素质　C. 社会价值　D. 个人价值

2. [郑州荥阳]《中共中央国务院关于深化教育改革，全面推进素质教育的决定》中指出，全面推进素质教育，根本上要靠(　　)来保障。
A. 教师　B. 社会　C. 法治　D. 制度

三、填空题

[郑州金水区]现代学校教育制度主要有双轨制、单轨制和________三种类型。

四、判断题

1. [郑州惠济区]我国教育目的制定的指导思想和理论基础是马克思关于人的全面发展学说。(常考)(　　)

2. [新郑市]我国教育目的的根本性质和特点是要求受教育者在德、智、体等方面全面发展。(　　)

五、简答题

[开封市直]简述我国教育目的的基本精神。

六、论述题

[安阳龙安区]习近平总书记指出，教育决定着人类的今天，也决定着人类的未来，素质教育是教育的核心。请简述素质教育的基本内涵，并结合自身学科阐述在教学实践中如何实施素质教育。

专题四　教师与学生

命题分析

本专题主要以选择题、判断题、填空题、简答题、案例分析题等形式进行考查，需要重点掌握的知识包括：

1. 识记教师的概念，教师职业的性质、地位、发展历史，教师的职业形象。
2. 识记并理解教师职业角色，教师劳动的特点及价值，教师职业素养。
3. 识记教师专业发展的内容、阶段、取向、途径等。
4. 识记并理解学生的特点、现代学生观以及学生的社会地位。
5. 识记师生关系的内涵、作用、内容、类型、功能。
6. 区分教师中心论与学生中心论的主要观点、代表人物。
7. 识记并理解影响师生关系的因素以及良好师生关系建立的途径与方法。

基础训练

知识1 教师及其职业素养

一、单项选择题

1. 根据《中华人民共和国教师法》的规定，教师是履行教育教学职责的(　　)
A. 技术人员　B. 管理人员　C. 科研人员　D. 专业人员

2. (　　)认为，教师是太阳底下最崇高、最优越的职业。(常考)
A. 苏格拉底　B. 赫尔巴特　C. 夸美纽斯　D. 裴斯泰洛齐

3. 教师职业是促进个体(　　)的职业。
A. 自由化　B. 现实化　C. 专业化　D. 社会化

4. 教师的言论、行动、为人处世的态度，对学生具有耳濡目染、潜移默化的作用。这体现了教师的(　　)(常考)
A. 传道者角色　B. 管理者角色　C. 朋友角色　D. 示范者角色

5. 李老师上课从不迟到，承诺过的事情都会一一兑现，其良好的品质深深影响着班上每一位同学。李老师所扮演的角色是(　　)
A. 学生成长的关护者　B. 学生的榜样　C. 班级的领导者　D. 班级的组织者

6. 教师的知识不仅要“博”，而且要“专”，就教师知识素养的构成而言，这里的“专”指的是教师的(　　)(常考)
A. 本体性知识　B. 条件性知识　C. 实践性知识　D. 文化知识

7. 教师的职业形象是教师群体或个人在其职业生活中的形象，是其精神风貌和生存状态与行为方式的整体反映。“才高八斗”“学富五车”主要描述的是教师职业形象中的(　　)
A. 道德形象　B. 文化形象　C. 人格形象　D. 政治形象

8. 经过长时间的积累，教师会形成个性化的、独特的、富有规律性的做法。这些做法属于(　　)
A. 本体性知识　B. 通识性知识　C. 条件性知识　D. 实践性知识

9. “道之所存，师之所存也”体现了教师(　　)的职业角色。(常考)
A. 传道者　B. 授业者　C. 解惑者　D. 引导者

10. “亲其师，效其行，听其言，信其道”所体现的教师职业角色是(　　)
A. 传道者　B. 示范者　C. 教育工作实施者　D. 教育活动组织者

11. 教学过程中，你发现学生趴在桌子上，于是走到他面前，伸手摸他的额头，看其是否感冒发烧，这时你扮演的角色是(　　)
A. 研究者　B. 管理者　C. 传道、授业者　D. 家长代理人

12. 王老师下班后，仍惦记着情绪不好的小明，积极与小明家长进行电话联系，这反映了教师劳动的(　　)
A. 广延性　B. 创造性　C. 长期性　D. 主体性

13. 法国文学家加缪获得诺贝尔文学奖后，第一时间给他的小学老师写了一封信表示感谢。这反映了教师劳动具有(　　)
A. 复杂性　B. 长期性　C. 创造性　D. 示范性

14. 叶圣陶指出：“教师以身作则，教师本身的行为就是标准和规范，也是一种及时有效的‘不言之教’。”这句话体现了教师劳动的(　　)
A. 复杂性　B. 创造性　C. 长期性　D. 示范性

15. 教师借助“微课”“翻转课堂”等新技术、新方法进行教学，体现了教师劳动的(　　)特点。
A. 复杂性　B. 长期性　C. 创造性　D. 示范性

16. 陶行知先生的“捧着一颗心来，不带半根草去”的教育信条体现了教师的(　　)素养。
A. 教育理论知识　B. 崇高的职业道德
C. 文化科学知识　D. 过硬的教学基本功

17. 教师热爱教育事业具体体现在(　　)上。(常考)
A. 为人师表　B. 敬业奉献　C. 热爱学生　D. 团结协作

18. 学生问：“老师，我考试总是很紧张，怎么办？”老师说：“你学习不够努力，没有复习好，所以就紧张了。”由此可以看出这位老师缺乏(　　)
A. 本体性知识　B. 条件性知识　C. 实践性知识　D. 通识性知识

19. 教师职业的特殊要求是必须具有(　　)
A. 教育能力　B. 管理能力　C. 研究能力　D. 控制能力

20. 教师个体专业化发展最直接、最普遍的途径是(　　)(常考)
A. 师范教育　B. 入职培训　C. 自我教育　D. 在职培训

21. 教师的根本任务是(　　)(常考)
A. 教学　B. 班级管理　C. 发展学生智力　D. 教书育人

22. 师范学校的出现，与教师成为一种独立的社会职业，从时间上来说(　　)(易错)
A. 是同时的　B. 师范学校出现得早
C. 教师成为一种独立的社会职业的时间早　D. 说不清楚

23. 教师是教育工作的组织者、领导者，在教育过程中起(　　)
A. 桥梁作用　B. 关键作用　C. 主导作用　D. 决定作用
24. 教师既要教书，又要育人，体现了其工作的(　　)
A. 示范性　B. 复杂性　C. 创造性　D. 长效性
25. 教师知识结构的核心是(　　)(常考)
A. 精深的学科专业知识　B. 必备的教育科学知识
C. 政治理论修养　D. 丰富的实践知识
26. 关于教师劳动的社会价值和个人价值的关系，说法正确的一项是(　　)(易错)
A. 教师的个人价值的大小主要取决于他对社会的贡献
B. 教师的社会价值主要取决于他的个人价值
C. 教师劳动的个人价值与社会价值是对立矛盾的
D. 教师只有以自身的毁灭才能给他人带来光明
27. 1966年，联合国教科文组织在《关于教师地位的建议》中指出，应该把教师职业视为一种(　　)
A. 独立的社会职业　B. 非独立的社会职业　C. 非专门化职业　D. 专门化职业
28. 教师的首要任务是(　　)
A. 教好功课，努力提高教学质量　B. 做好学生的思想政治工作
C. 参与学校管理　D. 参加教育科研活动
29. “教学有法，教无定法”表明教师的教育活动具有(　　)(常考)
A. 长期性　B. 连续性　C. 创造性　D. 个体性
30. (　　)是教师专业发展的一个关键阶段，其突出特点是“骤变与适应”。
A. “虚拟关注”阶段　B. “生存关注”阶段　C. “非关注”阶段　D. “任务关注”阶段
31. 教育教学过程是教师直接用自身的知识、智慧、品德影响学生的过程。这反映的教师劳动特点是(　　)
A. 个体性　B. 间接性　C. 广延性　D. 主体性

二、多项选择题

1. 下列属于教师的教育教学能力的有(　　)
A. 教学实施的能力　B. 教学组织管理能力
C. 语言表达能力　D. 学生评价能力
E. 课程开发与建设能力
2. 一名优秀教师所应具备的心理素质包括(　　)
A. 高尚的师德　B. 较高的教育机智
C. 愉悦的情感　D. 良好的人际关系
E. 健康的人格
3. 教师个人为实现专业化应做的主观努力主要有(　　)
A. 勤于反思　B. 恒于研究
C. 坚定信念　D. 善于学习
E. 勇于实践

4. 教师职业的发展阶段包括(　　)
A. 非职业化阶段　B. 职业化阶段
C. 专门化阶段　D. 专业化阶段
E. 成熟阶段
5. 下列词语可以用来概括教育机智的是(　　)(常考)
A. 对症下药　B. 发散思维
C. 掌握分寸　D. 因势利导
E. 随机应变
6. 教师的职业形象包括(　　)
A. 道德形象　B. 文化形象
C. 社会形象　D. 人格形象
E. 劳动形象

三、填空题

1. ________是教师综合素质最突出的外在表现，也是评价教师专业性的核心因素。
2. ________是教师职业道德的基础，也是教师劳动积极性和创造性的源泉。
3. “学高为师，身正为范”体现了教师劳动的________特点。(常考)
4. “教师的劳动不直接创造物质财富，而是以学生为中介实现教师劳动的价值。”这句话体现了教师劳动的________。

四、简答题

1. 教师的职业角色表现在哪些方面？

2. 教师劳动的复杂性主要表现在哪几个方面？(常考)

3. 简述教师职业道德素养的主要内容。

4. 教师应具备的教育专业素养有哪些？

五、案例分析题

赵老师是学校公认的好教师。在师范院校就读期间,为了成为一名称职的语文教师,除了认真学习本专业各门课程,他还广泛涉猎了其他专业知识。在从事语文教学之后,他经常阅读中外名家名著。从教近10年来,为了提高自己的教育教学与科研水平,他还不断地学习教育学、心理学和现代教育技术的知识,通过反思自己的教学实践,创新教育教学方式,形成了独特的教学风格和实践智慧。

请从教育学角度分析赵老师的知识素养。

知识2 学　生

一、单项选择题

1. 现代学生观倡导(　　)(常考)
①学生是发展中的人　　②学生是独特的人
③学生是单纯抽象的学习者　　④学生是具有独立意义的人
A. ①②③　　B. ②③④　　C. ①③④　　D. ①②④

2. 教师将自己的意志强加于学生,扼杀学生的学习兴趣,从而使学生被所谓的"标准答案"框住,压抑了学生创造的天性。这违背了学生(　　)的本质属性。
A. 依赖性　　B. 生成性　　C. 自主性　　D. 整体性

3. 在实际教学中,教师是学生的榜样,学生会模仿教师的言行举止。学生信服教师的教导胜过父母的话,年龄越小越是如此,此现象说明学生具有(　　)的心理特点。(常考)
A. 发展性　　B. 依赖性　　C. 独立性　　D. 向师性

4. "鸡不吃米强按头,到头来它也是不吃的。"这句话反映了(　　)
A. 学生是发展中的人　　B. 学生是独特的人
C. 学生是自我教育和发展的主体　　D. 学生是教育的对象

5. 学生主观能动性最基本的表现是(　　)
A. 独立性　　B. 自主性　　C. 创造性　　D. 自觉性

6. "应当把成人看作成人,把孩子看作孩子。"这体现了什么样的学生观(　　)
A. 学生是责权主体　　B. 学生是独特的人　　C. 学生是学习的主体　　D. 学生是完整的人

7. 小学三(1)班班主任李老师用了一支比较别致的笔,不久全班多数同学也用上了和李老师一样的笔。这说明小学生具有(　　)(易混)
A. 依赖性　　B. 向师性　　C. 接受性　　D. 可塑性

8. 1989年11月20日联合国大会通过《儿童权利公约》,其核心精神是维护青少年儿童的(　　)
A. 受教育机会　　B. 社会权利主体地位
C. 身体健康发展权利　　D. 尊严和权利

9. 下列不属于联合国《儿童权利公约》的核心精神的基本原则是(　　)(常考)
A. 无歧视原则　　B. 尊重儿童意见原则
C. 儿童利益最佳原则　　D. 确保儿童的生存和发展原则

10. 某同学的数学成绩比较差,每次考试都不及格。这次考试及格了,该同学本以为老师会表扬他,没想到老师一进教室就当着全班同学的面问他:"你这次考得特别好,不是抄来的吧?"老师的这种做法忽视的是(　　)
A. 学生的完整性　　B. 学生的个体性　　C. 学生的独立性　　D. 学生的发展性

11. (　　)也称主动性,表现在学生能根据一定的目标或要求,自行采取相应的态度或行动。
A. 独立性　　B. 自觉性　　C. 创造性　　D. 自主性

12. 李岩将来想当一名科学家,他的数学老师却说:"你现在学数学都那么吃力,以后物理、化学肯定也学不好,一定不能把成为一名科学家作为人生目标。"数学老师的说法(　　)
A. 忽视了学生的主体性　　B. 忽视了学生的发展性
C. 忽视了学生的创造性　　D. 忽视了学生的差异性

13. 学生尤其是小学生极易出现"染于苍则苍,染于黄则黄"的现象。这反映的学生性格特点是(　　)(常考)
A. 向师性　　B. 依赖性　　C. 可塑性　　D. 独特性

14. 学生既是教育的对象,又是自我教育和发展的主体,其主体作用的最高表现形式为(　　)
A. 自觉性　　B. 独立性　　C. 主动性　　D. 创造性

15. 第一个主张儿童权利的国际性文件是(　　)
A.《儿童权利宣言》　　B.《儿童生存、保护和发展世界宣言》
C.《儿童权利公约》　　D.《日内瓦儿童权利宣言》

二、多项选择题

1. "把学生看成是独特的人"的基本含义是(　　)(常考)
A. 学生是完整的人　　B. 每个学生都有自身的独特性
C. 学生与成人之间存在着巨大的差异　　D. 学生与成人没有差别
E. 学生与学生之间没有差别

2. "学生是发展中的人。"这句话说明了(　　)
A. 学生和成人的身心发展特点不同　　B. 学生具有发展的需要
C. 学生具有发展的巨大潜在可能性　　D. 学生有获得成人教育关怀的需要
E. 学生具有主观能动性

3. "慢养孩子,静待花开。"从学生观来看,这体现了(　　)
A. 学生身心发展是有规律的　　B. 学生具有巨大的发展潜能
C. 学生是完善的人　　D. 学生是发展中的人
E. 学生是具有独立意义的人

4.“把学生看成是具有独立意义的人”的基本含义是(　　)(易混)

A. 每个学生都是独立于教师的头脑之外,不以教师的意志为转移的客观存在

B. 学生是学习的主体

C. 每个学生都有自身的独特性

D. 学生是责权主体

E. 学生的发展是全面的发展

三、论述题

试述学生的特点。

四、案例分析题

1. 我在一所农村中学当毕业班的班主任,学生的一些行为真的让我觉得既可爱又可恨。为什么这样说呢?一部分学生不用我操心,所以这部分学生让我觉得省心,就感觉他们是可爱的。而有那么几个调皮捣蛋的家伙就让我时时牵挂着,他们不是逃课去上网打电游,就是到处惹是生非,甚至晚上就寝以后还偷偷溜出去上网。我这个班主任可以说是完全为他们几个而当的,晚上自己睡不踏实,还得去寝室看看,留心一下那几个学生在不在。终于这一届学生马上就毕业了,我也可以休息一下了。不过,经过那么多年的班主任生活,我还是发现,往往那些调皮不省心的学生毕业以后能够时常想起我这个班主任,任何时候只要看到我就一定停下来和我打招呼,所以这些既可爱又可恨的学生啊,我真不知道该怎么说才好。

根据这个案例,请你谈谈我们该怎样认识“学生”。

2. 一年级学生莎莎,由于母亲工作忙,开学第一天,莎莎的耳朵没有洗干净。第一节课,张老师发现了莎莎的耳朵脏,叫莎莎站起来给大家看,作为一个反面的教材,引起了全班同学的大笑。从此以后,每次上到张老师的课,莎莎总是把头埋得很低,总是觉得大家都在看她,都在嘲笑她。因此莎莎的数学成绩一直很差。老师把原因归结于莎莎上课不认真,没能集中注意力去听课,以致莎莎的成绩越来越差,数学就考40分,莎莎的身心受到了严重的影响。终于有一天,妈妈发现了莎莎的变化,问了莎莎原因。在妈妈的询问下,莎莎把这件事情告诉了妈妈,妈妈要求更换班主任,此事受到了学校的重视,学校对张老师进行了严厉的批评。张老师也意识到了自己的错误,并向莎莎道歉。

综合案例,运用“以人为本”的学生观,分析张老师的教育教学行为。

知识3 师生关系

一、单项选择题

1. 下列哪种师生关系类型普遍受学生欢迎(　　)
A. 对立型　B. 权威型　C. 放任型　D. 民主型

2. 师生关系是平等的指(　　)(常考)
A. 心理上的平等　B. 思想上的平等　C. 人格上的平等　D. 学习上的平等

3. (　　)是教育活动过程中最基本、最重要的关系。
A. 师生关系　B. 生生关系　C. 师师关系　D. 群体关系

4. 良好师生关系建立的关键在(　　)(易错)
A. 学生　B. 教师　C. 学校　D. 社会

5. 在课堂上,教师让学生自主学习,学生各行其是,教师能够解答学生的问题,但不能给予及时的正确指导,不认真检查学习结果。这种师生关系的形态属于(　　)
A. 对立型　B. 民主型　C. 依赖型　D. 放任型

6. 学生的发展依附于教师,教师处于绝对的权威地位。持这一观点的是(　　)
A. 杜威　B. 卢梭　C. 裴斯泰洛齐　D. 赫尔巴特

7. 学生对教师必须服从,学生个性受到压抑。这体现的是(　　)
A. 教师中心论　B. 学生中心论　C. 教育中心论　D. 知识中心论

8. 关于师生关系的理论中,"儿童中心论"的代表人物是(　　)
A. 赫尔巴特　B. 哈贝马斯　C. 杜威　D. 夸美纽斯

9. 师生关系在教学层面上的特点是(　　)(常考)
A. 民主平等　B. 授受关系　C. 相互促进　D. 长善救失

10. 人类现实利益关系在教育教学中的反映是师生之间的(　　)
A. 道德关系　B. 代际关系
C. 权威与服从关系　D. 授受关系

11. 在道德修养方面,良好的师生关系体现为(　　)
A. 民主平等关系　B. 知识授受关系　C. 互相促进关系　D. 示范模仿关系

12. 师生关系中最基本的关系是(　　)(常考)
A. 教育关系　B. 心理关系　C. 道德关系　D. 人际关系

13. 师生关系体系中最高层次的关系形式是(　　)
A. 教育关系　B. 心理关系　C. 社会关系　D. 伦理关系

14. (　　)是促进学生身心健康发展、促进教育教学活动顺利进行的基本保证。
A. 良好的师生关系　B. 良好的硬件设施
C. 良好的课堂纪律　D. 良好的学校环境

15. 李老师能力强,善于与学生交流,经常倾听学生对于开展教学活动的意见,班上的学生学习积极性高,兴趣广泛,和老师配合默契。这属于(　　)师生关系。
A. 专制型　B. 放任型　C. 民主型　D. 权威型

16. "闻道有先后,术业有专攻"启示教师应该(　　)
A. 乐教善教,讲究教法　B. 严于律己,为人师表
C. 教学相长,相互尊重　D. 因材施教,教书育人

17. 现代师生伦理关系的核心要求是(　　)
A. 鼓励学生　B. 关心学生　C. 以人为本　D. 民主平等

18. "教师中心论"的代表人物是(　　)(常考)
A. 赫尔巴特　B. 杜威　C. 卢梭　D. 罗杰斯

19. 张老师缺乏责任心和爱心,对学生的学习和发展采取放任自由的态度;学生对他的教学能力产生怀疑,并常常议论其人格;师生关系冷漠,教学效果较差。由此推测张老师与学生之间的关系倾向于(　　)师生关系。
A. 专制型　B. 放任型　C. 民主型　D. 友好型

20. 在心理上协调一致,在教学过程中教师与学生之间平等合作,体现了(　　)(常考)
A. 民主平等　B. 教学相长　C. 尊师爱生　D. 心理相容

21. 具有"表扬可能宠坏儿童,所以很少给予儿童表扬"典型特征的师生关系类型属于(　　)
A. 专制型　B. 民主型　C. 放任型　D. 溺爱型

二、多项选择题

1. 专制型师生关系下,学生的典型表现有(　　)
A. 学生唯命是从　B. 学生学习被动
C. 学生不能发挥独立性、创造性　D. 对教师的人格议论、轻视
E. 对教师的教学能力怀疑、失望

2. 师生关系的基本类型包括(　　)
A. 放任型　B. 专制型
C. 民主型　D. 友爱型
E. 合作型

3. 创建新型的师生关系应满足的要求是(　　)(常考)
A. 尊师爱生　B. 民主平等
C. 教学相长　D. 心理相容
E. 师道尊严

4. 下列选项中属于增强师生之间心理相容性的措施的是(　　)
A. 多接触学生,研究学生,了解学生的心理状态
B. 理解学生,发挥非权力性影响,一视同仁地与所有学生交往,善于倾听不同意见
C. 遵循教育规律,多采取讨论、启发等教学方法
D. 为人师表,以人格力量感化学生
E. 虚心向学生学习

5. 师生之间的关系主要表现在(　　)
A. 工作关系　B. 人际关系
C. 组织关系　D. 心理关系
E. 利益关系

三、判断题

1. 师生心理关系的实质是师生个体之间的情感是否融洽、个性是否冲突、人际关系是否和谐。(　　)
2. 我国中小学课桌的摆放多呈“秧田式”,它有利于师生之间的交往及生生之间的交往。(　　)
3. 良好的师生关系首先取决于学生。(　　)
4. “尊师爱生”即先有尊师后有爱生。(常考)(　　)
5. 新型师生关系的基本理念是平等、民主、合作。(　　)
6. “学然后知不足,教然后知困”体现了师生关系的教学相长的特点。(　　)

四、简答题

1. 良好师生关系的作用有哪些?

2. 简述师生关系的内容。

五、论述题

1. 试述“教师中心论”和“儿童中心论”的主要观点并进行评价。(常考)

2. 影响师生关系的因素有哪些?

3. 结合自身实际,从教师的角度试述建立良好师生关系的基本策略。

4. 试述理想师生关系的特征。(常考)

整合提升

一、单项选择题

1. “走上讲台,我就是课程。”这句话深刻揭示了教师劳动的(　　)(易错)
A. 复杂性　B. 创造性　C. 长期性　D. 示范性
2. (　　)的领导方式认为,学生对集体的喜爱、期望、归属感、团结性与作业水平及学习成绩有关,班主任应信赖集体,将班级作为教育的对象,而不是一对一地去对待每个学生。
A. “集体中心”　B. “教学中心”　C. “教师中心”　D. “学生中心”
3. 魏巍在《我的老师》一文中提到:“我们见了她(蔡老师)不由得就围了上去。即使她写字的时候,我们也默默地看着她,连她握笔的姿势都急于模仿。”这一叙述体现了学生的(　　)特点。
A. 可塑性　B. 向师性　C. 复杂性　D. 创造性
4. 某教师评上高级职称后,仍坚持更新教育理念,优化知识结构,不断提高自己的专业水平。这表明该教师具有(　　)
A. 爱护学生的情怀　B. 互助合作的精神　C. 终身学习的意识　D. 尊重人格的品质
5. 在学生眼里,老师是“吐辞为经、举足为法”的象征。这反映的是教师劳动的(　　)(常考)
A. 长期性　B. 连续性　C. 创造性　D. 示范性
6. 学生既是教育的对象,也是教育的主体。以下是一些老师的观点,其中正确的是(　　)
A. 王老师认为学生是被动的客体,学生应该接受教师的指导
B. 杨老师认为学生是发展中的人,具有明显的发展特征
C. 曾老师认为学生是成熟的人,他们能够独立完成一些任务
D. 邓老师认为学生是被塑造的人,他们需要教师的帮助
7. 某老师在讲“对偶”修辞时,发现一个学生烧废纸,灵机一动,写出“划火柴,烧废纸,影响上课纪律”,要求学生对下联。学生经过思考写道:“掏钢笔,写保证,遵守学校规章”。这种处理问题的方式反映出教师劳动具有(　　)
A. 示范性　B. 创造性　C. 长期性　D. 复杂性
8. 乌申斯基说:“如果你厌恶学生,那么,教育工作刚刚开始时就已经结束了。”这强调教师应具备(　　)
A. 高尚的师德　B. 广博的文化素养
C. 专门的教育专业素养　D. 扎实的学科素养
9. 孟子说“征于色,发于声,而后喻”,意在强调教师的(　　)(常考)
A. 道德素养　B. 专业知识　C. 能力素养　D. 教育机智
10. 学生往往会“度德而师之”,因而要求教师应扮演好(　　)(常考)
A. 研究者角色　B. 管理者角色　C. 示范者角色　D. 授业、解惑者角色
11. 学校派骨干教师赵老师外出参加培训。赵老师说:“我经常做讲座哪里还需要接受培训,还是让刚参加工作的年轻人去吧!”这说明赵老师(　　)
A. 缺乏课程建设的意识　B. 缺乏终身学习的意识
C. 具有专业发展的意识　D. 具有团队协作意识

12. 某教师对学生说:“我让你们干什么,你们就得干什么。”这种教师属于(　　)(常考)
A. 仁慈专断型　B. 放任自流型　C. 民主型　D. 强硬专断型
13. 以下关于教师的表述,不正确的是(　　)
A. 教师属于国家公务员　B. 教师是学习者和研究者
C. 教师是学生的朋友　D. 师范教育的产生促使教师的培养走向专门化
14. “智如泉源,行可以为仪表者,人之师也。”这句话告诉我们,教师(　　)
A. 不仅要提高道德认识,而且要加强道德实践
B. 不仅要有从教的学识,还要以身作则
C. 不仅要有丰富的学识,还要注意能力的提升
D. 不仅要有专业知识,还要有宽大的人文情怀
15. 甲和乙在讨论学生在教育中的地位,他们把教师和学生做了不同的比喻:甲将学生比作船,教师则是舵手;乙将学生比作太阳,教师则是地球。对甲和乙的说法,正确的评判应当是(　　)
A. 甲的比喻恰当　B. 乙的比喻恰当
C. 甲、乙的比喻都不恰当　D. 甲、乙的比喻都比较恰当
16. 根据最新的教育研究与理论发展趋势,以及新课程改革对教师提出的新要求,现代教师在教学过程中要扮演不同的角色,教师职业角色中最具核心性和基础性的角色是(　　)(易错)
A. 传道、授业者　B. 引导者　C. 管理者　D. 课程开发者
17. 教师要具有符合时代特征的学生观。这就要求教师正确理解学生全面发展与个性发展的关系、全面发展与个体发展的关系以及(　　)
A. 智力发展与创造力发展的关系　B. 现实发展与未来发展的关系
C. 智力发展与体力发展的关系　D. 思想发展与心理发展的关系
18. 某学校举行讲课比赛,青年教师小张认真研究教材,依据新的教育思想与教学方法设计教学课件,为参加比赛做好准备。在讲课时,评委提问小张对教学知识点前沿研究趋势的认识。依据平时的积累,小张迅速做出恰当、合理的回答,赢得了评委的赞赏。这主要反映了教师工作的(　　)
A. 示范性与榜样性　B. 复杂性与创造性
C. 全面性与细致性　D. 主体性与长期性
19. 教育家(　　)提出:“教师一方面要贡献出自己的东西,另一方面又要像海绵一样,从人民中、生活中和科学中吸取一切优良的东西,然后再把这些优良的东西贡献给学生。”
A. 卢梭　B. 列宁　C. 苏霍姆林斯基　D. 加里宁
20. 一位校长在新学期开始时,倡导每个教师都为自己帮扶的贫困学生购买文具,教师们纷纷响应。对这件事的评价不正确的是(　　)
A. 教师的做法拉近了师生的距离
B. 体现了师生之间在特定环境下的相互依存关系
C. 师生之间的互动过程本身就有教育意义
D. 教育者与受教育者情感融洽是有效教育的前提
21. 学生尊重教师,尊重教师的劳动,使教师感受到自身存在的价值和从事教育工作的光荣,从而增强工作的责任感、荣誉感,坚定献身教育事业的信念,发奋搞好教育工作,更好、更多地培养人才;学生在教师的爱护中,感受到师爱的温暖,感受到教师殷切的期待,学生以师爱为动力,奋发向上,不辜负教师的培养和期望。这说明师生关系具有(　　)
A. 激励功能　B. 教育功能　C. 调控功能　D. 社会功能
22. 学生在教育过程中的地位一直是教育史上争论的重大问题,“把学生看成是可以随意涂抹的一张白纸,一个可以任意填灌的装知识的容器”,这是(　　)的代表观点。
A. 社会本位论　B. 个体本位论　C. 教师中心论　D. 学生中心论
23. “青,取之于蓝而青于蓝;冰,水为之而寒于水”“弟子不必不如师,师不必贤于弟子”。这体现的师生关系是(　　)(常考)
A. 民主平等　B. 尊师爱生　C. 教学相长　D. 心理相容
24. 俗语说:“师生如父子。”这句话的真正内涵是(　　)
A. 师生关系就是父子关系
B. 师生关系基本等同于父子关系
C. 教师对学生既有像父母一样的关爱,又有像父母对子女一样的偏爱
D. 教师对学生有像父母一样的关爱,却没有像父母对子女一样的偏爱

二、多项选择题

1. 教学相长是教师和学生在教学中共同的相互关系。以下哪些是对“教学相长”的正确理解(　　)
A. 相互制衡　B. 相互促进　C. 相互学习　D. 相互发展
2. 要成为一个合格的教师,就必须有良好的教育能力。下列属于教师良好的教育能力的是(　　)(常考)
A. 学识渊博　B. 有责任心
C. 语言表达富有情感和感染力　D. 语言表达富有个性
3. 教师是一种从事专门职业活动的专业人员,具备其资格的特定要求有(　　)
A. 要有较好的政治背景　B. 要具备相应的专业知识
C. 要达到规定的学历　D. 专门从事教育教学工作
4. 一名知名幼儿园教师回忆道:“我在读师范时,认真学好各门功课,还认真学画画、练美术字、参加诗歌朗诵、创作舞蹈等;我也很喜欢音乐,所以学指挥、练习弹钢琴。夏天在小小的琴房里弹钢琴,尽管蚊子咬,浑身是汗,却乐趣无穷,整个身心都沉醉在琴声中了,这些在我后来的工作中都发挥了很大的作用。”可以看出,一名优秀教师应具备(　　)
A. 精深的学科专业知识　B. 广博的科学文化知识
C. 终身学习的能力　D. 深厚的教育科研能力

三、判断题

1. 教师在教学活动中所表现出来的最突出的角色是管理者角色。(　　)
2. 在教育教学过程中,学生既是客体也是主体。(常考)(　　)
3. 教育活动不只局限于学校的范围,还涉及家庭、社区及其他社会机构。教师在这个庞大的系统工程中应发挥自身优势,使各种教育因素形成合力。这表明教师主要扮演传道者的角色。(　　)
4. 教师是最活跃的教育力量,教师的行为是形成良好师生关系的主导因素。(　　)
5. 教师个体专业化的过程就是取得教师资格证的过程。(常考)(　　)
6. “身教重于言传”是教师劳动的创造性特点在教育实践中的体现。(　　)

四、简答题

1. 在教育教学中，要把学生看成是独特的人，简述其中“独特的人”的基本含义。

2. 为什么说教师的知识不仅要“专”，而且要“博”？

五、论述题

试述四种主要的教师管理类型的特点。

六、案例分析题

1. 在高三班主任王老师的班上，有一位姓徐的同学很聪明，但自我约束力很差，经常迟到。一次，这位同学像往常那样又迟到了，王老师在教室门口拦住了他，不让他进教室。看到他一副睡眼惺忪的样子，王老师不禁火冒三丈，恶狠狠地批评了他，言语中还带着一些侮辱人格的话。当时徐同学就与王老师吵起来，说王老师侮辱了他的人格。正在僵持不下的时候，被校长看到了，校长把徐同学叫到一边，很和气地跟他谈了一些什么。徐同学起初很生气，后来渐渐平静了下来。课间的时候，徐同学向王老师表示道歉，他的道歉反而让王老师感到不好意思。王老师不由自主地对徐同学说：“老师那样粗暴地对待你是不对的。”此后，王老师对自己过去常常用粗暴方式处理学生问题的行为进行了反思。在以后与学生的交往中，王老师也渐渐学会了尊重和理解学生。现在徐同学正在大学读书，每年暑假回来都去看望王老师。两个人成了好朋友。

请运用师生关系的相关理论分析这个案例，并阐述你所获得的启示。

2. 据北京教科院基础教育研究所的一个调查显示：78.5%的教师主张教师为了教育孩子，应做孩子的知心人。但与此同时，50.2%的教师认为自己所在的学校存在着教师体罚、讽刺、挖苦学生的现象，并有38.6%的教师认为教师经常批评、惩罚学生是出于对学生负责和对学生有爱心。虽然反映教师经常发脾气的小学生、中学生的比例只有7.3%和9.8%，但是反映教师不发脾气的小学生和中学生的比例也只有20.6%和13.4%，也就是说有79.4%的小学生和86.6%的中学生认为教师在他们面前发脾气，只是有经常、有时、偶尔的程度不同而已。

对以上调查结果你有什么感触？请用当代学生观的理念进行分析。

3. 从小喜欢当老师的她，第一志愿就报考了师范类大学，经过四年努力，顺利毕业成为一名中学数学老师，在一节公开课上，她用精准的语言，互动的眼神，丰富的手势，极具条理性的推理板书，让所有听课的人收获满满。为了巩固课堂效果，老师布置了课堂习题。她将课前准备好的写满习题的木制小黑板用双面胶粘在教室大黑板的右上方。当一个学生正在黑板上做习题时，小黑板擦着学生的肩头掉了下来，孩子吓了一跳，老师也有点慌乱，但老师很快平静下来了，将小黑板捡起使劲地往黑板上按，小黑板被牢牢粘住了，再也没有掉下来。孩子做完题目，老师开始了有条不紊的分析，像什么事情都没有发生一样，对碰没碰到学生，吓没吓到学生，没有过问。下课铃声响起，老师从容愉悦地走出教室。

(1)结合案例，谈谈一名合格的教师应具备的基本素养。

(2)谈谈本案例对你的启示。

4. 高虎是留守儿童,并且父母离婚,他跟着自己的爷爷奶奶生活。爷爷奶奶从未接受过教育,对高虎的学习也不能给予正确的引导,只是一味地宠溺。所以,高虎就形成了以自我为中心的性格特点。而且,在学校里也不敢与人交流,很自卑、孤僻。班主任马老师发现了这位特殊的学生,在课堂上经常给予高虎鼓励、期待。课余时间,马老师就把高虎叫到自己办公室或自己家里,辅导他的学习,并鼓励高虎要相信自己,每一个个体都是独特的,每位同学都有缺点、优点,只有自己发奋努力,未来才不是梦。在马老师的鼓励关心下,高虎的性格得到了完善,成绩也获得了提升。

请从学生观的角度,评析马老师的行为。

5. 在出席全国教育大会并发表重要讲话时,习近平总书记强调,全党全社会要弘扬尊师重教的社会风尚,努力提高教师政治地位、社会地位、职业地位,让广大教师享有应有的社会声望,在教书育人岗位上为党和人民事业作出新的更大的贡献。

教育强则国家强,教育兴则民族兴。提高教师的三“位”——政治地位、社会地位、职业地位,对全党全社会尊师重教提出了新的更高要求。

教师的政治地位,反映了教育在党和国家各项事业发展中的地位。习近平总书记在讲话中强调,要坚持把优先发展教育事业作为推动党和国家各项事业发展的重要先手棋,不断使教育同党和国家事业发展要求相适应、同人民群众期待相契合、同我国综合国力和国际地位相匹配。只有政治地位提高了,广大教师才能够心无旁骛,执着于教书育人。

教师的社会地位,反映了社会对教师的重视程度。中国历来有尊师重道的传统,但目前社会上对教师职业存在一些误解,教师队伍中也存在一些不良现象。提升教师的社会地位,让教师成为受尊重的职业,尤其重要。要让教育投入更多向教师倾斜,不断提高教师待遇,让广大教师安心从教、热心从教。教师自身也要爱惜这份职业,严格要求自己,不断完善自己。

教师的职业地位,反映了教师职业的成就感与吸引力。目前存在的优秀人才不愿意从事教师职业、男女教师比例严重不合理等现象,对教师队伍的长期发展存在严重伤害。要通过完善吸引优秀人才从事教育的体制机制,扭转不科学的教育评价导向,充分激发教师的创新创造活力,让教师专注于立德树人、培养德智体美劳全面发展的社会主义建设者和接班人。

“百年大计,教育为本。教育大计,教师为本。”让尊师重教蔚然成风,让人民教师有“位”更有“为”,我们就能汇聚起教育事业改革发展的磅礴力量,培养出一代又一代拥护中国共产党领导和我国社会主义制度、立志为中国特色社会主义奋斗终身的有用人才。

问题:请结合材料,对习近平总书记提出的教师的三个地位进行分析。

真题必刷

一、单项选择题

1.[郑州高新区]与其他职业相比,教师职业角色的最大特点是(　　)

A. 多样化　　B. 社会化　　C. 知识化　　D. 专业化

2.[郑州荥阳]有些教师认为学生骨头轻,不能给他们好脸色。持这种观点的教师的管理方式可能是(　　)(常考)

A. 仁慈专断型　　B. 放任自流型　　C. 民主管理型　　D. 强硬专断型

3.[郑州中原区]"家人不在身边,老师就是我们的亲人"反映了留守儿童所期盼的教师角色是(　　)(常考)

A. 父母与朋友　　B. 研究者　　C. 管理者　　D. 授业解惑者

4.[郑州上街区]教育机智体现了教师工作具有(　　)(常考)

A. 复杂性　　B. 示范性　　C. 创造性　　D. 长期性

5.[平顶山湛河区]学生是处于身心发展最迅速时期的人。学生发展的可能性与可塑性转变为现实性的条件是(　　)

A. 教育与生产劳动的结合　　B. 个体与环境的相互作用

C. 主观能动性的发挥　　D. 知识学习与社会实践的统一

6.[平顶山市直]你总是微笑着看学生,学生也微笑着看你;你总是蹲下来看学生,学生也把你看作知己。这样的师生关系特点为(　　)

A. 教学相长　　B. 民主平等　　C. 关心学生　　D. 严师出高徒

二、多项选择题

1.[洛阳市直]2018年9月10日,习近平出席全国教育大会并发表重要讲话。习近平在讲话中指出,全党全社会要弘扬尊师重教的社会风尚,努力提高教师(　　),让广大教师享有应有的社会声望,在教书育人岗位上为党和人民事业作出新的更大的贡献。

A. 政治地位　　B. 社会地位　　C. 经济地位　　D. 职业地位

2.[平顶山湛河区]下列选项中,能够体现教师劳动具有专业性的是(　　)

A. 教师工作是基于专门知识和技能的智力劳动

B. 教师在工作中必须遵循一套独特的职业道德要求

C. 教师劳动的成效具有滞后性

D. 教师的工作时间和业余时间没有明显的界限

3.[周口川汇区]当学生在课堂上回答不出问题时,教师和蔼地对学生说:"不着急,我们一起回忆学过的内容和昨天的实验课,昨天你们小组实验得很成功,你还能想起实验过程吗?"学生思考片刻,答对了一部分,教师很兴奋地说:"对,只要我们动脑筋,就有思路,再想想,还有补充吗?"学生思考了一下,做了补充,教师又点了点头说:"很好,请坐,其他同学还有补充的吗?"这位教师的做法符合学生发展的哪些特点(　　)

A. 学生具有巨大的发展潜力　　B. 学生是处于发展过程中的人

B. 学生是发展的主体　　D. 学生是独特的个体

4.[信阳平桥区]师生关系主要表现为(　　)(常考)

A. 社会关系　　B. 教育关系　　C. 心理关系　　D. 伦理关系

5.[郑州航空港]下列关于师生关系的表述,正确的是(　　)

A. 师生关系的本质是人与人的关系

B. 形成良好师生关系的基础是了解、研究学生

C. 教师在师生关系建立与发展中起主导作用

D. 师生关系体系中最高层次的关系形式是心理关系

三、判断题

1.[南阳市直]"教师是人类灵魂工程师"的提出者是列宁。(　　)

2.[平顶山湛河区]培养学生的主体性的措施有:建立民主和谐的师生关系;重视学生的自主性,使学生自主地参与课堂活动;尊重学生的个性差异,有针对性地进行教育。(　　)

四、简答题

[濮阳经开区]简述你对习近平总书记提出的"四有好老师"的理解。

五、案例分析题

[南阳镇平]某位教师教《就义诗》时,课堂上发生了一件事。一个学生在朗读课文时,把"还有后来人"误读成了"还有后人来"。学生听了都哄笑起来,教室里本来严肃的气氛没有了。怎么办呢?这时教师神态自若地问:"同学们,你们在笑什么?这位同学念的意思并没有错呀!"听教师这么一说,教室里安静了下来。她接着说:"'还有后来人'的意思是'还有接班人';'还有后人来'的意思是'还有人接班'。"这时,教室里鸦雀无声。教师又亲切地对大家说:"当然,意思不变并不等于说这位同学读对了。他之所以读错,是没有看清楚的缘故。如果仔细看,认真读,就不会出现这种差错了。我们请他再为大家朗读一遍,好吗?"同学们听了鼓起掌来。这时,那个读错字的学生情绪更加激动地读了起来。

请运用教育学知识对此案例进行分析。

专题五　课　程

命题分析

本专题主要以选择题、判断题、填空题、简答题等形式进行考查，需要重点掌握的知识包括：

1. 识记课程的内涵，识记并理解几种典型的课程定义、课程类型、制约课程的因素。
2. 区分几种主要课程理论流派的代表人物、基本主张及其评价。
3. 识记课程目标的内涵、确定课程目标的依据以及三维课程目标。
4. 识记课程内容的三种表现形式、课程内容选择的准则，课程的横向结构和纵向结构以及新课程结构的内容。
5. 识记新课程的管理政策、校本课程开发的理念。
6. 识记课程设计的主要模式，课程实施的概念、取向、影响因素，课程评价的概念、主要模式以及当前课程评价发展的基本特征。

基础训练

知识 1 课程概述

一、单项选择题

1. 在西方教育史上，最早提出“课程”一词的思想家是(　　)(常考)
A. 夸美纽斯　B. 卢梭　C. 赫尔巴特　D. 斯宾塞
2. 美国学者赫钦斯是(　　)课程理论的代表人物。
A. 经验主义　B. 永恒主义　C. 现代主义　D. 后现代主义
3. 校风、教风和学风是学校文化的重要组成部分，就课程类型而言，它们属于(　　)
A. 学科课程　B. 活动课程
C. 显性课程　D. 隐性课程
4. 首次提出“隐性课程”概念的学者是(　　)
A. 杰克逊　B. 泰勒　C. 杜威　D. 博比特
5. 制约课程的三大因素是(　　)
A. 社会、知识、儿童　B. 政治、经济、文化
C. 教育目的、教育理论、课程理论　D. 社会制度、生产力发展水平、课程理论
6. 下列关于“课程”的说法，不正确的是(　　)
A. 课程就是教材，包括教材和教学指导用书　B.“课程”一词含有学习的范围和进程的意思
C. 课程反映一定社会的政治、经济要求　D. 狭义的课程指一门学科，如数学课程、语文课程
7. 基础型课程注重学生基础学力的培养，即培养学生作为一个公民所必需的以“三基”为中心的基础教养。“三基”指的是(　　)(常考)
A. 读、写、画　B. 读、画、算　C. 画、写、算　D. 读、写、算
8. 从呈现方式来划分，课程可分为(　　)
A. 分科课程、综合课程、活动课程　B. 必修课程、选修课程
C. 国家课程、地方课程、校本课程　D. 显性课程、隐性课程
9. 结构主义课程理论的代表人物是(　　)
A. 杜威　B. 巴格莱　C. 布鲁纳　D. 布拉梅尔德
10. 由学生自己来提出问题、设计方案、实施并得出结论的课程，属于(　　)
A. 实践型课程　B. 研究型课程　C. 拓展型课程　D. 知识型课程
11. 美国课程专家(　　)于1918年出版的《课程》一书，标志着课程作为专门研究领域的诞生。(常考)
A. 博比特　B. 斯金纳　C. 泰勒　D. 布鲁纳
12. 能解决教育中无儿童、见物不见人倾向的课程观是(　　)
A. 课程是知识　B. 课程是计划　C. 课程是经验　D. 课程是活动
13. 根据课程内容的组织方式，可以把课程分为(　　)
A. 学科课程与经验课程　B. 显性课程与隐性课程
C. 分科课程与综合课程　D. 选修课程与必修课程
14. 通过校园文化、校园生活、人际关系、集体活动等潜移默化的方式影响学生的课程为(　　)(常考)
A. 隐性课程　B. 显性课程　C. 学科课程　D. 活动课程
15. 从学生的兴趣和经验出发，以儿童的活动为中心，通过儿童的亲身体验获得直接经验的课程，被称为(　　)
A. 学科课程　B. 综合课程　C. 校本课程　D. 活动课程
16. 倡导活动课程的教育家是(　　)
A. 赫尔巴特　B. 卢梭　C. 柏拉图　D. 杜威
17. “无论选择何种学科，都务必使学生理解该学科的基本结构。”依此而建立的课程理论是(　　)
A. 百科全书式课程理论　B. 综合课程理论
C. 实用主义课程理论　D. 结构主义课程理论

二、多项选择题

1. 持学科中心主义的课程理论流派有(　　)
A. 经验主义课程理论　B. 后现代主义课程理论
C. 要素主义课程理论　D. 永恒主义课程理论
2. 从课程设计、开发、管理主体或管理层次来看，可将课程分为(　　)(常考)
A. 综合课程　B. 国家课程　C. 地方课程　D. 学校课程
3. 下列选项中，属于社会中心课程理论主张的是(　　)
A. 通过对社会问题的分析确定课程目标
B. 以掌握学科的基本知识、基本规律和相应的技能为目标
C. 课程以学科的分类为基础
D. 课程要建立一种的新的社会秩序和社会文化
4. 下列课程属于综合课程的有(　　)
A. 核心课程　B. 融合课程　C. 潜在课程　D. 活动课程

5. 下列选项中，关于学科课程和活动课程的描述正确的是(　　)
A. 学科课程更关注知识结构与逻辑　B. 活动课程更关注学生的间接经验
C. 活动课程所获结论有时可能有误　D. 两类课程既相互区别又相辅相成

三、判断题

1. “课程”一词在我国最早出现在朱熹的著作中。(　　)
2. 分科课程的主导价值在于使学生获得关于现实世界的直接经验和真切体验。(　　)
3. 选修课程体现了现代课程对个体需要和学习兴趣的尊重，其主导价值在于发展学生的共性。(　　)
4. 我国小学目前开设的道德与法治课程属于综合课程。(常考)(　　)

四、名词解释

1. 课程(广义)

2. 综合课程

五、论述题

试述学生中心课程理论的基本主张。

知识2 课程目标与课程内容

一、单项选择题

1. 教师上课时所使用的课件、视频、投影、模型等教学资源属于(　　)
A. 教材　B. 教案　C. 教科书　D. 学案
2. 教师检查自己教学质量的依据是(　　)(常考)
A. 教材　B. 教科书　C. 课程标准　D. 课程计划
3. 课程计划是根据一定的教育目的和培养目标制定的有关学校教育与教学工作的指导性文件。制定课程计划的主体一般是(　　)
A. 教育行政部门　B. 学校领导　C. 班主任教师　D. 任课教师
4. 课程标准规定的课程目标和内容标准是(　　)在该阶段应该达到的基本要求。
A. 大部分学生　B. 好学生　C. 每一个学生　D. 特殊学生
5. (　　)是学生获得系统知识的工具，也是教师进行教学的主要依据。(常考)
A. 课程表　B. 教师用书　C. 教科书　D. 课程标准
6. 我国义务教育阶段教学计划的特征是(　　)
A. 强制性、基础性、科学性　B. 强制性、普遍性、科学性
C. 科学性、普遍性、基础性　D. 强制性、普遍性、基础性
7. 编写教科书和教师进行教学的直接依据是(　　)
A. 教材　B. 课程标准　C. 课程结构　D. 课程计划
8. 教材编写、教学、评估和考试命题的依据是(　　)(易混)
A. 课程目标　B. 课程计划　C. 课程标准　D. 课程改革纲要
9. 课程计划首先要解决的问题是(　　)(常考)
A. 课程设置　B. 课程开设顺序
C. 教学时数　D. 学年编制和学周安排
10. 下列对于教材的认识，不正确的是(　　)
A. 教材是根据学科课程标准编制的、系统反映学科内容的教学用书
B. 教材是知识授受活动的主要信息媒介
C. 教材是课程标准的进一步展开和具体化
D. 优秀教师进行教学时不需要教材
11. 在整个课程编制中最为关键的准则是(　　)(常考)
A. 课程内容　B. 教学目标　C. 课程标准　D. 课程目标
12. 课程目标与几个相关概念正确的层次顺序是(　　)
A. 教育目的→培养目标→课程目标→教学目标
B. 培养目标→教育目的→课程目标→教学目标
C. 教育目的→培养目标→教学目标→课程目标
D. 培养目标→教育目的→教学目标→课程目标
13. 让学生“学会学习”的课程目标属于(　　)(易错)
A. 知识与技能目标　B. 过程与方法目标
C. 情感态度与价值观目标　D. 能力目标
14. 某教师的教案中有“通过学习养成尊老爱幼的品质”，该教师确立的课程目标属于(　　)
A. 知识与技能　B. 过程与方法　C. 情感态度与价值观　D. 问题与解决

二、多项选择题

1. 在选择课程内容时应遵循的原则有(　　)
A. 注重课程内容的基础性
B. 课程内容应贴近社会生活
C. 课程内容要与学生和学校教育的特点相适应
D. 课程内容应当由上级主管部门统一制定和推广
2. 确定课程目标的依据主要有(　　)
A. 对学生的研究　B. 对教师的研究　C. 对社会的研究　D. 对学科的研究
3. 课程计划的基本内容包括(　　)
A. 课程设置　B. 学科顺序　C. 课时分配　D. 学年编制

4. 教材是教师和学生据以进行教学活动的材料，它主要包括(　　)(易错)

A. 教科书　　B. 讲授提纲　　C. 参考书　　D. 讲义

三、填空题

1. “________”目标强调基础知识和基本技能的获得，相当于传统的“双基教学”。

2. ________是根据一定的教育目的和培养目标，由教育行政部门制定的有关学校教育和教学工作的指导性文件。

3. 完整的课程标准由前言、课程目标、内容标准、________、附录(术语解释)五部分组成。

4. ________和________是教材的主体。

四、辨析题

1. 新课程特别强调三维课程目标中的“过程与方法”“情感态度和价值观”目标，这说明“知识与技能”目标不是很重要了。

2. 课程计划是根据学科课程标准制订的。

知识3 课程结构与课程管理

一、单项选择题

1. (　　)的宗旨是保证国家实现普通教育的培养目标和提高普通教育的水平，规定学生应掌握的基础知识和基本能力，体现国家对教育的基本要求。

A. 地方课程　　B. 学校课程　　C. 国家课程　　D. 隐性课程

2. (　　)明确规定实行三级课程管理体制。

A.《基础教育课程改革纲要(试行)》

B.《中共中央关于教育体制改革的决定》

C.《国家中长期教育改革和发展规划纲要(2010～2020年)》

D.《中国教育改革和发展纲要》

3. 实行国家、地方、学校三级课程管理，为的是增强课程对学校及学生的(　　)(常考)

A. 适应性　　B. 普及性　　C. 实用性　　D. 时代性

4. 将课程内容按照由浅入深、由易到难的原则，在逻辑上前后联系，直线推进，不重复地进行排列属于(　　)课程。

A. 直线型　　B. 纵向式　　C. 横向式　　D. 螺旋式

5. 依据当地的政治、经济、文化、民族等发展的需要而开发设计的课程是(　　)

A. 国家课程　　B. 校本课程　　C. 地方课程　　D. 活动课程

6. 展示学校的办学宗旨和特色的课程是(　　)

A. 校本课程　　B. 地方课程　　C. 国家课程　　D. 学科课程

7. 校本课程开发的主体是(　　)(常考)

A. 教师　　B. 学生　　C. 学生家长　　D. 社区代表

8. 校本课程常以(　　)的形式出现。

A. 公共课　　B. 选修课　　C. 必修课　　D. 课外活动

9. 校本课程是促进学校特色发展的重要途径。下列说法不正确的有(　　)

A. 校本课程开发必须落实为相关的校本课程书面教材

B. 应该加强一线教师的课程开发能力

C. 校本课程开发可以借助校外专家的指导

D. 地方教育行政部门应该鼓励学校因校制宜地开发校本课程

二、多项选择题

1. 课程的纵向结构的表现形式有(　　)

A. 工具类课程　　B. 直线型课程　　C. 记忆类课程　　D. 螺旋式课程

2. 1985年颁布的《中共中央关于教育体制改革的决定》首次提出“实行基础教育由(　　)的原则”。

A. 地方负责　　B. 国家负责　　C. 分级管理　　D. 统一管理

3. 校本课程开发的理念有(　　)(常考)

A. 以专家为主体　　B. 决策分享　　C. 以学生为本　　D. 全员参与

4. 校本课程的开发途径有(　　)(常考)

A. 合作开发　　B. 规范原有的选修课、活动课和兴趣小组

C. 课题研究与实验　　D. 独立开发

三、简答题

简述新一轮基础教育课程体系的设计构想。

四、案例分析题

周五下午，某校三(2)班学生最盼望的“茶道课”开始了！在清雅的古典音乐中，老师、家长和孩子们一起煮水、温杯、洗茶、泡茶、品茶。教室里茶香四溢，所有人都凝神静气，沉浸在优雅淳厚的古风古韵中。

说起这“茶道课”还有一段故事呢！

半年前，班里一位对茶文化有研究的家长发现自己的孩子和班里不少同学都有喝碳酸饮料的习惯，于是她和班主任沟通，希望通过让孩子们学习茶道，亲近几千年的中国茶文化，来改变这种不健康

的习惯。她的建议得到了班主任和家长委员会的积极响应，家长委员会很快为班级购置了茶具，并由这位家长亲自担任授课教师。她不仅教给孩子们泡茶的方法，还为孩子们讲解饮茶历史、饮茶与健康、中外茶道、饮茶与中国传统礼仪等。为了让更多孩子喜欢喝茶，她还和孩子们一起尝试在淡淡的茶水中加入水果、牛奶、蜂蜜、冰糖、抹茶等，制成了各具特色的“创意茶”。

如今，“创意茶”成了孩子们最喜爱的饮料，“茶道课”也成为最受孩子们欢迎的课程之一。

请阐述上述校本课程开发及实施的案例对你的启示。

知识4 课程设计与实施

一、单项选择题

1.（　　）是课程改革和实施的基本单位和核心，对课程实施的影响主要包括校长和教师两方面。

A. 课程计划　B. 学区　C. 学校　D. 校外环境

2. 下列哪项不属于课程设计的客观基础（　　）

A. 社会基础　B. 学生基础　C. 知识基础　D. 技能基础

3. 按照“确立课程目标—选择学习经验—组织学习经验—进行课程评价”的基本步骤编制课程。这种模式称为（　　）

A. 目标模式　B. 过程模式　C. 批判模式　D. 实践与折中模式

4. 提出课程设计过程模式的人是（　　）（常考）

A. 斯塔弗尔比姆　B. 阿特金森　C. 斯腾豪斯　D. 布鲁纳

5. 课程计划本身的特点不包括（　　）

A. 明确性　B. 可操作性　C. 简约性　D. 复杂性

6. 认为教师角色是课程的开发者，这是课程实施的（　　）（常考）

A. 忠实取向　B. 相互适应取向　C. 主体取向　D. 创生取向

7. 在课程的实施过程中努力使课程计划与班级或学校实际情境在课程目标、内容、方法、组织模式诸方面相互调整、改变，以促进双方彼此协调。这是课程实施的（　　）

A. 忠实取向　B. 相互适应取向　C. 创生取向　D. 创新取向

8.（　　）是把课程计划付诸实践，并达到预期课程目标的基本途径。

A. 课程实施　B. 课程标准　C. 教学过程　D. 课程评价

9. 学区影响课程实施的表现不包括（　　）

A. 学区对课程变革的行政支持　B. 学区从事课程变革的传统

C. 学区对课程计划的采用过程　D. 学区对课程目标的制定过程

10. 课程设计的目标模式的代表人物是（　　）（常考）

A. 泰勒　B. 斯腾豪斯　C. 劳顿　D. 博比特

11. 刘老师在教学中，特别注重课程实施过程中与学生讨论、对话和沟通所产生的灵感和实际经验。这说明刘老师的课程实施取向是（　　）

A. 忠实取向　B. 创生取向　C. 调适取向　D. 长善救失取向

12. 李老师刚入职一周，为避免自己紧张，他总是在上课前写好教案，并在课堂上严格按照自己的教案来上课。李老师课程实施的价值取向为（　　）

A. 多元化取向　B. 相互调适取向

C. 课程创生取向　D. 忠实取向

二、多项选择题

1. 课程设计的目标模式的步骤包括（　　）（常考）

A. 学校应该追求哪些教育目标

B. 我们要提供哪些教育经验才能达成教育目标

C. 这些教育经验如何才能有效地组织学习

D. 我们如何才能确定这些目标正在得以实现

2. 在进行课程设计时，必然要考虑社会的各方面因素，包括（　　）

A. 学生基础　B. 课程内容的选择

C. 课程设置的结构　D. 课程设计的价值取向

3. 课程表的安排应遵循（　　）原则。

A. 迁移性　B. 生理适宜　C. 针对性　D. 整体性

4. 课程实施的取向包括（　　）（常考）

A. 忠实取向　B. 目标取向　C. 相互调适取向　D. 创生取向

三、判断题

1. 课程设计是将课程理念转化为课程实践活动的“桥梁”。（　　）

2. 课程的实施与其设计关系巨大，一般来说，课程设计得越好，实施起来就越容易，效果也就越好。（　　）

四、名词解释

课程设计

五、论述题

试述有效实施课程的条件。

知识5 课程评价与课程资源

一、单项选择题

1. 针对20世纪初形成并流行的常模参照测验的不足而提出的课程评价模式是(　　)(常考)
A. CIPP评价模式　B. 目标评价模式　C. CSE评价模式　D. 目的游离评价模式

2. 按照课程资源的功能特点,可将语文课程资源划分为素材性课程资源和条件性课程资源。下列属于条件性课程资源的是(　　)
A. 语文活动的方法　B. 语文教学媒介　C. 语文知识　D. 情感态度和价值观

3. 以预先规定的目标为中心来设计、组织和实施评价,从而确定学生通过课程学习所取得的进步的课程评价模式是(　　)
A. 目标评价模式　B. 目的游离评价模式　C. CIPP评价模式　D. 结果评价模式

4. 目的游离评价模式主张把评价的重点从"课程计划预期的结果"转向(　　)
A. 以目标为中心　B. 课程计划背景　C. 课程实施　D. 课程计划实际的结果

5. CIPP评价模式是(　　)倡导的。
A. 斯塔弗尔比姆　B. 泰勒　C. 斯腾豪斯　D. 斯克里文

6. CIPP评价模式包含(　　)、输入评价、过程评价和成果评价。(常考)
A. 模式评价　B. 内容评价　C. 目标评价　D. 背景评价

7. 课程资源的核心和主要组成部分是(　　)
A. 教材　B. 学生　C. 课程标准　D. 学校

8. 某小学为培养学生的"工匠精神"和动手能力,与企业合作开发"手工陶瓷工艺品制作"课程。从空间上讲,这种课程资源属于(　　)
A. 校内课程资源　B. 素材性课程资源　C. 校外课程资源　D. 条件性课程资源

9. 被称为"课程评价之父"的教育家是(　　)(常考)
A. 杜威　B. 斯塔弗尔比姆　C. 泰勒　D. 裴斯泰洛齐

10. 学校为增强学生体质,专门修建的综合性体育场馆属于(　　)
A. 校外课程资源　B. 条件性课程资源　C. 隐性课程资源　D. 素材性课程资源

11. (　　)的特点是直接作用于课程并成为课程的要素,并内化为学生身心发展的素质。
A. 条件性课程资源　B. 素材性课程资源　C. 校内课程资源　D. 校外课程资源

二、多项选择题

1. 课程资源开发和利用的基本原则包括(　　)
A. 共享性原则　B. 实效性原则　C. 经济性原则　D. 因地制宜原则

2. 课程评价的主要模式有(　　)(常考)
A. 目标评价模式　B. 目的游离评价模式　C. CIPP评价模式　D. CSE评价模式

3. 课程资源的特点包括(　　)
A. 潜在性　B. 动态性　C. 多质性　D. 多样性

4. 下列属于校外课程资源的是(　　)
A. 科技馆　B. 博物馆　C. 乡土资源　D. 网络资源

三、判断题

1. 在新课程中,课程评价主要是为了"选拔适合教育的儿童",从而促进儿童的发展。(常考)　(　　)

2. 凡是课堂上发生的预设外的情况,老师都应该将其开发成课程资源。这才符合新课程改革的要求。(　　)

四、简答题

简述当前课程评价发展的基本特征。

五、论述题

试述开发和利用课程资源的途径与方法。

整合提升

一、单项选择题

1. 近代以来,像夸美纽斯所倡导的"泛智课程",斯宾塞根据功利主义原则设置的课程等,都属于(　　)
A. 学科课程　B. 活动课程　C. 综合课程　D. 核心课程

2. 通过赏析、讨论、动手操作,了解掌握……;通过制作……,体会……作用;通过对……的建构,体会……问题的解决方法和步骤的重要性。这些关键词是对(　　)的描述。(易错)
A. 情感目标　B. 知识与技能目标
C. 过程与方法目标　D. 情感态度与价值观目标

3. 以下不属于拓展型课程的是(　　)
A. 文学修养　B. 环境保护　C. 艺术鉴赏　D. 大学英语

4. 相对于学科课程而言,活动课程所具有的特点不包括(　　)
A. 过程的实践性　B. 组织的严密性　C. 内容的开发性　D. 形式的多样性

5. 学校文化建设有多个落脚点,其中,课堂教学是学校文化建设的主渠道。在课堂教学中,教师必须注意加强学校文化和学科文化建设,这主要有利于落实三维目标中的(　　)(易错)
A. 知识与技能目标　B. 过程与方法目标
C. 情感态度与价值观目标　D. 课堂教学目标

6. 下列表述与现代意义上的"课程"最不接近的是(　　)(常考)
A. 维护课程,必君子监之,乃得依法制也
B. 宽着期限,紧着课程
C. 一切的课程内容应当从学术(学问)中引申出来
D. 课程是学习者在学校指导下的一切经验

7. 先学加减后学乘除，这种课程内容的组织方式是(　　)

A. 综合式　B. 分科式　C. 横向组织　D. 纵向组织

8. 以下关于活动课程主要属性的描述中，不正确的是(　　)

A. 以儿童为中心，依据儿童当前的兴趣和需要来设置课程

B. 打破学科界限，按活动主题来组织学习经验

C. 课程组织心理学化，要求按儿童心理发展的顺序和特点来组织课程

D. 活动课程即通常所讲的课外活动

9. 某校教师在自我介绍时说，自己从事人文社会类的课程教学，这类课程是我国学校教育的主导课程，能够使学生获得系统的知识与技能。他所教的这类课程我们叫作(　　)

A. 综合课程　B. 活动课程　C. 学科课程　D. 相关课程

10. 下列观点不属于儿童中心课程理论的是(　　)(常考)

A. 儿童是课程的核心　B. 学校课程以学科分类为基础

C. 学校教学应以活动和问题反思为核心　D. 课程内容应该与儿童的经验相结合

11. 课程标准与教材的关系是(　　)(常考)

①教材编写必须依据课程标准，教材编写者必须领会和掌握本学科课程标准的基本思想和内容，并在教材中予以充分体现

②课程标准是教材的编写指南和评价依据，教材是课程标准的主要载体

③课程标准只是一个最低限度的要求，是基本性的要求

④教材是对课程标准的一次再创造、再组织

⑤教材的编写和实验可以检验课程标准的合理性

A. ②③④　B. ①②　C. ①②③④　D. ①②③④⑤

12. 关于课程标准，叙述不正确的是(　　)

A. 教师必须认真研究和把握课程标准　B. 教师必须全面系统地理解课程标准

C. 课程标准有一定弹性，老师不必严格执行　D. 课程标准可作为教师检查自己教学质量的依据

13. 为了深化对课程实施的认识，提升课程实施的成效，急需将(　　)纳入课程实施及其研究之中，并给予相当程度的关注。

A. 校长　B. 教师　C. 学生　D. 家长

14. 学生们可以从政治的、经济的、地理的和历史的角度探讨英国与欧盟关系的问题，这种课程类型属于(　　)

A. 学科课程　B. 经验课程　C. 分科课程　D. 综合课程

二、多项选择题

1. 国家对课程的管理主要体现在(　　)

A. 教育部总体规划基础教育课程　B. 积极试行新的课程评价制度

C. 制定基础教育课程标准　D. 制定课程管理的各项政策

2. 活动课程主要的局限性在于(　　)(常考)

A. 不能给学习者提供系统的科学文化知识

B. 活动课程对教师的专业素养提出了较高的要求，一般教师难以适应

C. 容易导致学生散漫、凌乱的学习

D. 片面强调从“做”中学，容易导致活动课程沦为肤浅的、缺少智力训练的活动

3. 某小学科学老师将《我的手》一课的部分教学目标设定为：学生在观察与实践中知道手的基本构造、形态与功能，并能用语言或图画较准确地描述观察结果；与同学合作，并能设计出简单的实验验证自己的猜想。该教学目标属于三维目标中的(　　)

A. 情感与方法目标　B. 过程与方法目标

C. 知识与技能目标　D. 情感态度与价值观目标

4. 学科课程以严谨的逻辑结构来编排，其优势是(　　)(常考)

A. 逻辑性强、效率高

B. 高度浓缩人类文化的精华，具有较强的简约性，易于组织教学

C. 轻视个别差异

D. 有利于培养尖端人才

5. 以下观点错误的有(　　)

A. 杜威认为课程的组织要考虑儿童的心理顺序，没有必要考虑教材的逻辑顺序

B. “课程”一词是由英语派生而来的

C. 人们对儿童身心发展规律的认识决定着课程组织的心理逻辑

D. 编写教科书时要考虑这门科学本身的内在逻辑

6. 拓展型课程适用于下列哪种情况(　　)

A. “读、写、算”的基础课程教学

B. 注重加强学生文学、艺术鉴赏方面的教育与拓展学生文化素质的课程

C. 提供目标、结论，引导学生自己探索研究的课程

D. 培养学生知识与社会实践相结合的能力的环境保护课程

7. 下列关于课程资源的说法，不正确的是(　　)

A. 教师和学生不是课程资源

B. 学校可根据地域性特点、学校传统和优势自主开发地方课程

C. 凡是有利于实现课程目标的各种因素都可以作为课程资源

D. 对教师而言，课程资源指的是课程标准和教科书

三、辨析题

1. 综合课程比分科课程更优越。(常考)

2. 教材是教学活动可以利用的唯一资源。(常考)

3. 课程标准是中小学试题命制的主要依据。

4. 课程即学校开设的全部学科的总和。(易错)

四、简答题

1. 简述课程在学校教育中的作用与意义。

2. 简述教科书编写应遵循的基本原则与要求。(常考)

3. 简述活动课程的主要特征。

4. 简述课程实施的运行结构。

五、论述题

试述校本课程开发对教师专业发展的重要性。

六、案例分析题

1. 在进行《乌鸦喝水》的教学时,教师组织学生讨论这样一个问题:"乌鸦为什么喝不到瓶子里的水?"经过讨论,绝大部分学生都认为原因有两个:一是瓶子的口太小,乌鸦的嘴伸不进去;二是瓶子里的水太少,乌鸦的嘴够不着。但一位学生有不同的意见:"因为乌鸦的嘴太大了,伸不进瓶子里"。老师一愣,随之一笑:"坐下,再仔细读读课文。"学生满脸不解地坐下,可是不到两分钟,学生又举手了:"老师,我说的书上没写。"被打断教学的教师显然有点始料未及,便不耐烦地说:"既然书上没写,就不能乱说,必须想清楚再举手,坐下吧!"学生欲言又止,却又不肯坐下,教师上前,将学生按在座位上……

试从课程观的角度评析本案例。

2. 上海某中学推出了"个性课程"体系,高中开设选修课23门,活动课34门,初中开设活动课35门。除了必修课之外,将原来的选修课和活动课分化为5个层次的"个性课程",即"讲座型""发展型""课题型""竞赛型"和"补缺型"。每周按文、理科及综合科开设4~5个讲座,以社会热点和传播新信息为主,聘请专家、学者担任主讲。学生可自由选择,对学有余力和有特长的学生,通过组织发展兴趣小组、导师带研究生、强化训练等各种方式施以个性化教育,而对个别学习有困难的学生进行学业再辅导,帮助他们顺利完成高中的学习任务。

试用学过的课程理论分析这所学校的课程。

真题必刷

一、单项选择题

1. [新乡封丘]我国中小学普遍实行的学科课程及相应的理论是哪种课程观的表现(　　)
A. 课程是知识　B. 课程是活动　C. 课程是经验　D. 课程是项目

2. [信阳平桥区]下列不属于学科课程特点的是(　　)
A. 课程内容开放,主题多元,形式多样
B. 课程内容按知识的逻辑结构来选择和安排
C. 重视课程内容的内在联系
D. 强调教师的系统讲授

3. [郑州上街区]我国小学阶段的语文、数学、英语等课程属于(　　)(常考)
A. 综合课程　B. 潜在课程　C. 学科课程　D. 活动课程

4. [郑州惠济区]低年级课程目标是高年级课程目标的基础,没有低年级课程目标的实现,就难以达到高年级的课程目标。这体现的课程目标的特征是(　　)
A. 持续性　B. 递进性　C. 时间性　D. 层次性

5. [郑州金水区]新课程强调在教学中要达到和谐发展的三维目标,其中不包含(　　)(常考)
A. 知识与技能
B. 过程与方法
C. 情感态度与价值观
D. 教师成长目标

6. [信阳光山]李老师上美术课时,指导学生对秦始皇陵兵马俑进行描述与讨论,让他们尝试用简单的美术术语对兵马俑的内容与形式进行分析,感受古代雕塑作品的艺术魅力。这体现了三维目标中的(　　)
A. 知识与技能目标
B. 过程与方法目标
C. 情感态度与价值观目标
D. 认识与实践目标

7. [郑州航空港区]某种研究取向把课程实施过程看作课程形成过程的一部分,认为在教学之前并没有一种完整的、规定好的课程,而教师和学生的教学实践是制定课程的过程,他们可以根据自己的实际情况来确定课程的目标和内容。这种取向是课程实施的(　　)
A. 忠实观　B. 互动调适观　C. 创生观　D. 发展观

8. [许昌市直]根据特定的教育价值观及相应的课程目标,从学科知识、当代社会生活经验或学习者的经验中选择课程要素的过程,被称为(　　)
A. 课程目标　B. 课程选择　C. 课程实施　D. 课程评价

9. [永城]下列哪项是课程设计与实施的终点,又是课程设计与实施继续向前发展的起点(　　)(常考)
A. 课程计划　B. 教学大纲　C. 课程评价　D. 课程目标

10. [洛阳市直]某市城郊的一所学校确立了"办富有生命力的绿色教育"这一发展主题。在这一主题的指引下,学校开辟了一块劳动基地,命名为"耕乐园"。学生可以在耕乐园进行各种劳动,并建有"劳动银行"来记录学生劳动积分。当学生劳动积分达到一定数量时,可以领取相应的奖励。此外,学校还在操场的墙壁上布局了"劳动教育主题图",从劳动人物、劳动工具、劳动精神、劳动果实等方面进行主题鲜明、形象突出的画作创作。学校校长说道,要让"学校的每一块墙壁都发出劳动的最强音"。在课堂上,学校组织各科教师联合上劳动课。例如,围绕"耕乐园扎篱笆"主题,美术教师教孩子们给篱笆绘彩,数学教师教孩子们计算所需要竹子的数量及价格,语文教师讲解保护劳动果实的重要性等。此外,学校还组织老师共同参与,开发出适用于本校一至六年级的校本劳动教材——《乐享耕读》。
该校语文、数学、美术教师基于不同的学科角度,共同上劳动课。这种课程组织形式主要体现的是(　　)
A. 隐性课程显性化
B. 活动课程实践化
C. 学科课程综合化
D. 校本课程联动化

二、多项选择题

1. [信阳平桥区]从课程任务的角度设置,课程可分为(　　)(常考)
A. 基础型课程　B. 拓展型课程　C. 实践型课程　D. 研究型课程

2. [南阳南召]新课程改革将"教学大纲"改为"课程标准",对其解读正确的是(　　)(易错)
A. 课堂管理从弹性转为刚性
B. 从只关注教师教学转向关注课程实施过程
C. 课程价值趋向从精英教育转向大众教育
D. 课程目标着眼于学生素质的全面提高

3. [新乡封丘]小学课程设计要体现(　　)的高度一致。
A. 科学性　B. 时限性　C. 综合性　D. 思想性

4. [周口沈丘]下列选项属于隐性课程资源的有(　　)
A. 多媒体课件　B. 教具　C. 师生关系　D. 班级文化

5. [郑州郑东新区]下列选项中,符合我国当前基础教育课程设置特点的有(　　)(易混)
A. 小学阶段以综合课程为主
B. 小学阶段以分科课程为主
C. 高中阶段以综合课程为主
D. 初中阶段以分科和综合课程相结合为主
E. 高中阶段以分科课程为主

三、判断题

1. [周口沈丘]以问题为核心,组织学生进行相关技能、社会知识、自然知识及其他边缘学科知识的学习,这种课程属于融合课程。(　　)

2. [郑州荥阳]课程目标一般由教师参考课程标准和教学参考书,并结合学生的学习实际自行编订。(　　)

专题六　教　学

命题分析

本专题主要以选择题、判断题、简答题、论述题、案例分析题等形式进行考查，需要重点掌握的知识包括：

1. 识记教学的内涵、教学工作的意义、教学的一般任务。
2. 区分教学与教育、智育、上课、自学的关系。
3. 识记并理解教学过程的本质、教学过程的基本规律。
4. 识记教学过程的结构。
5. 识记并理解我国目前中小学主要的教学原则、常用的教学方法。
6. 识记教学工作的组织形式（基本组织形式、辅助形式、特殊形式等）、教学工作的基本环节。
7. 识记教学评价的功能、原则，现代教育评价的理念和发展性评价的基本内涵。
8. 识记并区分教学评价的基本类型、常见的教学模式。

基础训练

知识1 教学及其过程

一、单项选择题

1. 教学过程本质观中的认识—发展说认为，教学过程是促进儿童(　　)

A. 身心发展的过程　B. 身体发展的过程　C. 心理发展的过程　D. 智力发展的过程

2. (　　)是教学过程基本阶段的中心环节。(常考)

A. 引起学习动机　B. 感知教材　C. 理解教材　D. 运用知识

3. 教育史上，在掌握知识与发展智力的学术争辩中，实质教育论以英国教育家(　　)为代表。

A. 裴斯泰洛齐　B. 杜威　C. 洛克　D. 斯宾塞

4. “教学过程是师生之间沟通互动、共同发展的过程”，这种观点属于教学过程本质的(　　)

A. 特殊认识说　B. 交往说　C. 发展说　D. 实践说

5. 我国古代的教育家、思想家，如孔子、孟子、荀子等人的教育思想中都具有一定的心理学观点。其中“博学之，审问之，慎思之，明辨之，笃行之”论述了(　　)

A. 学习的重要性　B. 学习的过程　C. 学与思的辩证关系　D. 启发式教学的意义

6. 教学过程的本质是(　　)(常考)

A. 认识活动　B. 实践活动　C. 交往活动　D. 课堂活动

7. 最早的教学过程思想即学、思、行统一的观点，其提出者是(　　)

A. 孔子　B. 孟子　C. 朱熹　D. 荀子

8. “教学过程最优化理论”的提出者是(　　)

A. 巴班斯基　B. 加涅　C. 布鲁纳　D. 赞科夫

9. 在教学过程中，学生学习的内容是已知的间接知识，并在教学中间接地认识世界。这就是(　　)(常考)

A. 有领导的认识　B. 认识的教育性
C. 认识的交往性　D. 认识的间接性

10. 关于教学中的直接经验和间接经验，下列说法正确的是(　　)

①必须以直接经验为主组织学生学习
②必须以间接经验为主组织学生学习
③学习直接经验必须以个人的间接经验为基础
④学习间接经验必须以个人的直接经验为基础

A. ①③　B. ②④　C. ①④　D. ②③

11. 学习成绩好并不意味着道德修养水平高。这要求教师在教学过程中坚持(　　)(常考)

A. 直接经验与间接经验相结合　B. 教师主导作用与学生主体作用相结合
C. 掌握知识与发展能力相结合　D. 传授知识与思想品德教育相结合

12. “授人以鱼仅供一饭之需，授人以渔则终身受用无穷。”这句话说明教学中应重视(　　)

A. 知识的传授　B. 发展学生的能力
C. 培养学生积极的心理品质　D. 培养学生良好的思想品德

13. 关于教学的任务，实质教育论者(　　)(易混)

A. 重视实用知识的传授，忽视智力的发展　B. 重视智力发展，忽视知识的传授
C. 既强调智力发展，又重视知识传授　D. 主张在发展智力的基础上传授知识

14. 在教学过程中，强调能力培养而忽视知识传授的教育理论是(　　)

A. 形式教育论　B. 实质教育论　C. 传统教育论　D. 现代教育论

15. 教学与教育的关系是(　　)

A. 整体与部分的关系　B. 教学包含了教育
C. 部分与整体的关系　D. 教学等同于教育

16. 关于教学与智育的关系，说法不正确的是(　　)(常考)

A. 教学是实施智育的一条主要途径　B. 智育是教学活动所要达到的目的之一
C. 教学包含了所有的智育活动　D. 教学和智育既有所联系，也有所区别

17. (　　)是学校教育的中心工作。

A. 育人　B. 教学　C. 智育　D. 体育

18. 教学的首要任务是(　　)

A. 引导学生掌握科学文化基础知识和基本技能
B. 发展学生智能、体能和创造才能
C. 培养学生高尚的审美情趣，奠定学生的科学世界观基础
D. 关注学生个性发展

19. 教学过程的“三要素说”认为，构成教学过程的基本要素有(　　)

A. 学生、教学目的、教学过程　B. 学生、教学方法、教学环境
C. 教师、学生、教学内容　D. 教师、学生、教学评价

20. 教学作为一种活动、一种过程，具有多种形态，是(　　)的统一。

A. 课内与课外　　B. 共性与多样性　　C. 班级与小组　　D. 集体与个体

21. 学校教育的基本途径是(　　)(常考)

A. 思想教育　　B. 教学　　C. 课外活动　　D. 社会实践

二、多项选择题

1. 关于教学含义的观点，错误的是(　　)

A. 教学就是传授知识　　B. 教学就是上课

C. 教学就是智育　　D. 教学就是教师的教和学生的学的双边活动

2. 下列对掌握知识与发展智力的关系，理解正确的是(　　)

A. 掌握知识是发展智力的基础　　B. 掌握知识是为了发展智力

C. 发展智力是掌握知识的重要条件　　D. 二者统一于学生的认识活动中

3. 教学过程作为一种特殊的认识过程，其特殊性表现在(　　)

A. 认识对象的直接性与具体性　　B. 认识的教育性与发展性

C. 认识的交往性与实践性　　D. 认识方式的简捷性与高效性

4. 教学作为学校教育的重要环节，其意义是(　　)

A. 教学是社会经验再生产的一种手段

B. 教学为个人全面发展提供科学的基础和实践

C. 教学是进行全面发展教育的基本途径

D. 教学是学生学习的唯一途径

5. 教学过程的功能包括(　　)

A. 传承知识　　B. 培育能力　　C. 涵养品性　　D. 助长生命

6. 教学过程中，学生领会知识一般包括(　　)

A. 感知教材　　B. 完成作业　　C. 参加考试　　D. 理解教材

7. 教学过程的四要素说认为，构成教学过程的基本要素包括(　　)

A. 教师　　B. 学生　　C. 教学内容　　D. 教学手段

三、判断题

1. 我们常说："教师要给学生一杯水，自己必须要有一桶水。"所以教学就是一个传递知识的过程。(　　)

2. 教学由教与学两方面组成，因此教学包括学生在教学之外独立进行的自学。(　　)

3. 学生是学习的主体，所以老师并不重要。(常考)(　　)

4. 教学过程的主要矛盾就是学生与其所学知识之间的矛盾。(　　)

5. "勤能补拙""笨鸟先飞"说的是非智力因素对智力因素的补偿作用。(　　)

6. 教师的主导作用就在于最大限度地发挥学生的主观能动性。(　　)

7. 教学过程的对称性的最根本表现，就是在教学过程中教师与学生、教与学双方相互包含、相互依存、相对而成。对称性强调教师的权威，所以，教学过程是在教师的点拨和引导下学生主动发展的过程。(易错)(　　)

8. 在教学过程中，学生以学习直接经验为主。(易错)(　　)

四、简答题

1. 简述教学的特点。

2. 简述教学工作的意义。(常考)

3. 教学的一般任务是什么？(常考)

4. 在教学过程中，必须处理好的关系有哪些？

5. 发挥教师主导作用的条件有哪些？

6. 为什么说教学过程是一种特殊的认识过程？(常考)

知识2 教学原则与教学方法

一、单项选择题

1. 教学中使用地球仪作为教具体现了(　　)教学原则。
A. 直观性　B. 启发性　C. 巩固性　D. 循序渐进

2. 在教师指导下,由全班学生或小组成员围绕某一中心问题进行群体性讨论、发表看法,借以交流信息、互相启发的一种教学方法是(　　)
A. 读书指导法　B. 演示法　C. 谈话法　D. 讨论法

3. (　　)是当代运用教学方法的指导思想。
A. 务必循序渐进,防止打乱顺序　B. 坚持因材施教,避免无的放矢
C. 提倡启发式,反对注入式　D. 坚持思想性和科学性相统一

4. "学而时习之"体现的教学原则是(　　)
A. 理论联系实际原则　B. 启发性原则　C. 循序渐进原则　D. 巩固性原则

5. 第斯多惠有一句名言:"一个坏的教师奉送真理,一个好的教师则教人发现真理。"这体现了教学的(　　)(常考)
A. 直观性原则　B. 启发性原则　C. 巩固性原则　D. 因材施教原则

6. "不闻不若闻之,闻之不若见之。"这句话反映的是(　　)(常考)
A. 启发性原则　B. 直观性原则　C. 巩固性原则　D. 系统性原则

7.《学记》中"不陵节而施"的主张对应的教学原则是(　　)
A. 因材施教原则　B. 循序渐进原则　C. 巩固性原则　D. 启发性原则

8. 教师在数学课上,运用圆柱体模型帮助学生理解圆柱体体积的计算公式。上述情境中,教师采用的教学方法符合课堂教学的(　　)原则。
A. 循序渐进　B. 直观性　C. 因材施教　D. 参与性

9. 乌申斯基认为,儿童是依靠形式、颜色、声音和感觉进行思维的。这种观点要求教学遵循的教学原则是(　　)
A. 直观性原则　B. 启发性原则　C. 循序渐进原则　D. 因材施教原则

10. 依据传授知识与思想品德教育相统一规律而提出的教学原则是(　　)
A. 理论与实际相结合原则　B. 启发性原则
C. 因材施教原则　D. 科学性与教育性相统一原则

11. 在教学过程中,夏老师对教材内容进行解释、说明、论证。夏老师采用的这种讲授方式为(　　)(常考)
A. 讲述　B. 讲解　C. 讲读　D. 讲演

12. 与讲授法相比,发现法最大的缺点是(　　)
A. 太耗费时间　B. 不利于发展学生的智力
C. 导致学生机械学习　D. 会分散学生的注意力

13. 能够在最短的时间内向学生呈现、介绍大量系统知识的方法是(　　)
A. 实践法　B. 谈话法　C. 参观法　D. 讲授法

14. 教师按照一定的教学要求向学生提出问题,要求学生回答,并通过问答的形式来引导学生思考、探究,获取或巩固知识的方法叫作(　　)
A. 讲授法　B. 谈话法　C. 讨论法　D. 实验法

15.《学记》指出"独学而无友,则孤陋而寡闻""相观而善"等。这说明我们在教学中要注意运用(　　)
A. 谈话法　B. 讨论法　C. 讲授法　D. 练习法

16. (　　)是指在教师的指导下,学生通过阅读教科书或课外读物,获得知识与技能的教学方法。(常考)
A. 讨论法　B. 谈话法　C. 讲授法　D. 读书指导法

17. 某教师在讲述"大漠孤烟直,长河落日圆"这一诗句时,播放了一段地理纪录片中关于沙漠景象的视频,使学生能够更好地领会诗中所蕴含的意境,该教师运用的教学方法是(　　)
A. 演示法　B. 参观法　C. 提示教学法　D. 情境教学法

18. 讲述是教师主要的教学手段,一般可以分三个阶段进行,分别是(　　)
A. 分析、质疑和总结　B. 导入、分析和汇总　C. 导入、详述和汇总　D. 分析、详述和总结

19. 为使学生了解有关电荷的知识,老师在课堂上做了有关摩擦生电的实验。该老师所采用的教学方法是(　　)
A. 实验法　B. 演示法　C. 观察法　D. 讨论法

20. 在上化学课的时候,老师经常会带一堆瓶瓶罐罐来到教室,然后上课的时候会在讲台上演示不同的化学物质相遇时的化学反应。这种教学方法属于(　　)
A. 实验法　B. 演示法　C. 练习法　D. 实习法

21. 迄今为止,在世界范围内应用最广泛、最普遍的一种教学方法是(　　)(常考)
A. 练习法　B. 讲授法　C. 谈话法　D. 发现法

22. 愉快教学法的倡导者是(　　)
A. 倪谷音　B. 邱学华　C. 刘京海　D. 李吉林

23. 尝试教学法的首倡者是(　　)
A. 李吉林　B. 邱学华　C. 刘京海　D. 倪谷音

24. 某小学老师每天下午都会带着同学们去学校附近散步,看到花,就告诉他们如何区分雄蕊和雌蕊;看见蜜蜂,就告诉他们蜜蜂是如何帮助花朵授粉的。该老师采用的教学方法是(　　)
A. 实验法　B. 演示法　C. 练习法　D. 参观法

25. 洛扎诺夫的暗示教学法比较适合的教育领域是(　　)
A. 语言　B. 物理　C. 化学　D. 地理

26. 教师通过实物演示,引起学生一定的情感体验,从而帮助学生理解教材,使学生的心理机能得到发展。这种教学方法是(　　)
A. 欣赏教学法　B. 实践活动法　C. 情境教学法　D. 练习法

27. 下列选项中,比较准确地体现了启发式教学的是(　　)
A. 学不躐等　B. 学而时习之　C. 各因其材　D. 开而弗达

28. 我国古代墨子提出:"夫智者必量其力所能至而从事焉。"它所体现的教学原则是(　　)(常考)
A. 巩固性原则　B. 量力性原则　C. 直观性原则　D. 因材施教原则

29. 曹老师教《圆的周长》时，讲述了我国古代数学家祖冲之在计算圆周率上的卓越贡献，同学们感到很自豪。曹老师遵循的教学原则是(　　)

A. 启发性原则　　B. 巩固性原则

C. 因材施教原则　　D. 科学性与思想性相统一原则

30. 允许成绩优秀的学生跳级，体现了(　　)原则。

A. 启发性　　B. 直观性　　C. 因材施教　　D. 巩固性

31. “你要满足你的要求和愿望，你就必须认识和思考，但是为了这个目的，你也必须行动，知和行又是那么紧密地联系着，假如一个停止了，另一个也随之停止。”这句话反映的教学原则是(　　)

A. 思想性和科学性相统一原则　　B. 理论联系实际原则

C. 巩固性原则　　D. 量力性原则

二、多项选择题

1. 参观教学法可分为(　　)

A. 可行性参观　　B. 准备性参观　　C. 总结性参观　　D. 并行性参观

2. 直观手段一般可分为(　　)(常考)

A. 实物直观　　B. 模像直观　　C. 形象直观　　D. 言语直观

3. 讲授法的基本形式有(　　)

A. 讲读　　B. 讲述　　C. 讲解　　D. 讲演

4. 以语言传递为主的教学方法主要包括(　　)(常考)

A. 讲授法　　B. 演示法　　C. 谈话法　　D. 讨论法

5. 在情境教学法的运用中，教师创设的情境一般包括(　　)

A. 图画再现的情境　　B. 实物演示的情境　　C. 音乐渲染的情境　　D. 生活展现的情境

6. 选择教学方法应考虑的主要因素有(　　)

A. 教学的目的和任务　B. 课程性质和特点　　C. 每节课的重点、难点　　D. 学校领导的要求

7. 思想性和科学性相统一的教学原则的贯彻要求有(　　)(常考)

A. 保证教学的科学性　　B. 结合教学内容的特点进行思想品德教育

C. 不断提高自己的业务能力和思想水平　　D. 正确选择直观教具和教学手段

三、填空题

1. “大有大成，小有小成”体现了________的教学原则。

2. 欣赏教学法一般包括对________的欣赏、________的欣赏和艺术的欣赏等。

3. 在学习某课题前，使学生为将要学习的新课题积累必要的感性经验，从而顺利获得新知识而进行的参观是________。

4. 以情感陶冶为主的教学方法主要有________和________。

5. 让学生参加社会实践活动，培养学生解决实际问题的能力和多方面实践能力的教学方法是________。

四、判断题

1. 教学方法是教师为完成教学任务而采用的教的方法。(常考)　(　　)

2. 教学的循序渐进原则要求教师在课堂教学时要面面俱到，讲清所有知识点。　(　　)

3. 乌申斯基认为“复习是学习之母”，这体现了教学的巩固性原则。　(　　)

4. 因材施教的根本目的在于消除个别差异，最终让每个学生都达到同样水平。(易错)　(　　)

5. “读万卷书，行万里路。”这句话反映的教学原则是理论联系实际原则。　(　　)

五、简答题

1. 简述运用演示法的基本要求。

2. 运用教学方法应遵循的原则有哪些？

3. 简述贯彻因材施教原则的要求。

4. 简述贯彻直观性原则的基本要求。(常考)

5. 简述运用讲授法的优缺点。

6. 简述我国中小学常用的教学原则。(常考)

7. 简述贯彻巩固性教学原则的要求。

六、论述题

联系实际，谈谈在教学中应如何贯彻理论联系实际的原则。

七、案例分析题

1. 王老师在教《再别康桥》的过程中，向学生提问："这首诗歌抒发了诗人告别母校时的感想，题目却用了'再别'而不是'告别'。这是否文不对题？题目是否该改一改？"王老师的问题"一石激起千层浪"，学生们纷纷从不同的角度阐述自己的观点。在活跃的讨论中，大家一致肯定"再别康桥"这个题目不能改，整首诗虽没明显体现出"再别"，但这首诗是诗人故地重游因物是人非有感而发的诗篇。"再别"一词奠定了整首诗歌的感情基调，表达了诗人对母校无尽的留恋之情。至此，疑惑释然，情理并露，该课在学生们的争辩声中顺利结束。

(1)请结合案例，分析王老师在教学中主要贯彻了什么教学原则。

(2)请结合案例，分析王老师运用了哪种教学方法。

2. 人教版六年级数学教材有这样一个例题：一个服装厂计划做660套衣服，已经做了5天，平均每天做75套，剩下的要3天做完，平均每天要做多少套？李老师考虑到多数学生可能对做衣服之类的事不感兴趣，结合目前全世界正遭受"新冠肺炎"袭击的现象，重新对教材上的例题进行了设计。教学中李老师通过与学生对话引入例子："同学们，'新冠肺炎'肆虐期间，人们最需要的是什么？"学生回答："口罩、消毒液……"李老师接着说："是呀，全世界的人们现在都需要口罩、消毒液，生产厂家可忙坏啦！现在光明厂计划生产500万瓶消毒液，实际每个月生产40万瓶，生产三个月后，剩下的要在四个月内完成，请你们帮厂长算算每个月得完成多少万瓶？如果在三个月内完成呢？"全班学生的兴趣都调动起来了，大家拿起纸笔认真地开始了演算。

李老师的教学贯彻了哪些教学原则？

知识3 教学组织形式与教学工作的基本环节

一、单项选择题

1. 各教学组织形式中，(　　)的优点在于效率高，一个教师能同时教几十个学生，比较适合学生身心发展的年龄特点，发挥学生之间的相互影响作用，有助于提高教学质量。

A. 个别教学制　B. 班级授课制　C. 分组教学制　D. 道尔顿制

2. 历史上最早出现的教学组织形式是(　　)

A. 道尔顿制　B. 班级授课制　C. 导生制　D. 个别教学制

3. 在下列教学组织形式中，有利于高效率、大面积培养人才的是(　　)

A. 个别教学　B. 班级授课制　C. 分组教学　D. 道尔顿制

4. 下列著作中，为班级授课制奠定理论基础的是(　　)(常考)

A.《论语》　B.《理想国》　C.《大教学论》　D.《普通教育学》

5. 班级授课制的特征可以用以下哪几个字概括(　　)

A. 班、课、室　B. 师、生、课　C. 师、生、时　D. 班、课、时

6. 道尔顿制是由(　　)创立的。

A. 克伯屈　B. 杜威　C. 华虚朋　D. 柏克赫斯特

7. 教师不教全体学生，而是把教学内容传授给其中一部分学生，再由他们中的佼佼者向其他学生传授的教学组织形式是(　　)

A. 个别教学　B. 导生制　C. 道尔顿制　D. 班级授课制

8. 李老师组织学生到郊区的牛奶厂，请工人师傅为学生讲解牛奶的生产加工流程。李老师采用的教学组织形式是(　　)(常考)

A. 现场教学　B. 个别辅导　C. 小组教学　D. 复式教学

9. 导生制的教学组织形式最早出现在(　　)

A. 法国　B. 英国　C. 美国　D. 日本

10. 把大班教学、小班研究和个别教学三种教学形式结合在一起，并采用灵活的时间单位代替固定划一的上课时间的教学组织形式是(　　)(易混)

A. 道尔顿制　B. 导生制　C. 特朗普制　D. 导师制

11. 下列不属于教师上课前的"三备"内容的是(　　)(常考)

A. 备学法　B. 备教材　C. 备学生　D. 备教法

12. 教师钻研教材包括钻研(　　)

A. 课程标准、教科书、有关参考书　B. 课程计划、教科书、教学参考书

C. 课程标准、教材、讲义　D. 教学计划、教材、讲义

13. 上好课的先决条件是(　　)(常考)

A. 了解学生　B. 师生关系和谐　C. 教学设备先进　D. 备好课

14. 上好课最根本的要求是(　　)

A. 板书有序　B. 充分发挥学生的主体性

C. 教学方法适当　D. 教学结构合理

15. 根据参与备课的人数的多少，备课分为(　　)
A. 课前备课、课后备课　　B. 集体备课、个人备课
C. 单元备课、课时备课　　D. 学期备课、单元备课

16. 在一节课的基本构成中，贯穿一节课始终的是(　　)(常考)
A. 组织教学　　B. 讲授新知识
C. 巩固新知识　　D. 布置作业

17. 教师在布置作业时，下列哪种做法是不可取的(　　)
A. 课堂练习的布置与教学目标相一致　　B. 练习题的设计富于变化，并有适当的难度
C. 只给学生一些知识记忆性的练习　　D. 教师给学生适当的帮助

18. 小明是三年级学生，小红是五年级学生，小红跟小明在一个班级上课，老师是同一个人。这种教学组织形式是(　　)
A. 分组教学　　B. 复式教学　　C. 道尔顿制　　D. 特朗普制

19. 适用于学生少、教师少、校舍和教学设备较差的农村以及偏远地区的特殊教学组织形式是(　　)(常考)
A. 班级授课制　　B. 个别教学
C. 分组教学　　D. 复式教学

20. 不按照年龄编班，而按学生的能力和学习成绩编班属于(　　)
A. 外部分组　　B. 内部分组　　C. 个别教学　　D. 班级授课制

21. (　　)是教师检查学生学习情况最常用的方法，通过这一方法，教师可以了解学生学习的质量和问题并加以弥补，学生则可以了解自己的学习并努力设法改进。
A. 口头提问　　B. 书面测验　　C. 检查书面作业　　D. 学年考试

22. 古代教学组织形式主要采用的是(　　)(常考)
A. 班级授课　　B. 个别教学　　C. 分组教学　　D. 混合教学

23. 在我国，班级授课制最早始于(　　)(常考)
A. 清末　　B. 明朝　　C. 秦朝　　D. 春秋战国时期

二、多项选择题

1. 布置作业一般应遵循的原则有(　　)
A. 在内容上突出开放性和探究性　　B. 在容量上考虑量力性和差异性
C. 在形式上体现新颖性和多样性　　D. 在评判上重视过程性和激励性

2. 作业的形式主要有(　　)
A. 阅读作业　　B. 实践作业　　C. 口头作业　　D. 书面作业

3. 备课时，教师要写好哪三种计划(　　)
A. 课时计划　　B. 学期计划　　C. 培养计划　　D. 单元计划

4. 教师钻研教材一般要经历哪三个阶段(　　)(常考)
A. 懂　　B. 透　　C. 明　　D. 化

5. 根据教学任务的不同，课的类型分为(　　)(易错)
A. 新授课　　B. 检查课　　C. 巩固课　　D. 技能课

6. 教师要上好一节课，需要做到(　　)
A. 注重解惑纠错　　B. 遵循教学规律与原则
C. 以现代教学理念为指导　　D. 布置好课外作业

7. 现代教学的辅助形式包括(　　)
A. 个别教学　　B. 现场教学　　C. 分组教学　　D. 复式教学

8. 教师进行教学工作的基本程序包括(　　)
A. 备课　　B. 上课　　C. 课外辅导　　D. 作业的布置与反馈

三、填空题

1. 教学的特殊组织形式是________。(常考)
2. ________的教学是一种先学后教的模式，是自主性、互动式、个性化的教学模式，有利于提升教学质量和学习质量。
3. ________是教师教和学生学的最直接的体现，是提高教学质量的关键。
4. 一般来说，构成课的基本组成部分有组织教学、________、讲授新教材、巩固新教材、布置课外作业等。(常考)
5. 检查学生学业成绩的方法是多种多样的。常用的检查方式有两大类：________和________。

四、判断题

1. 教师在布置作业时，应争取家长的配合，让家长也额外布置一些作业给学生。(易错)　(　　)
2. 观察、实验、测量、社会调查也可以作为作业的形式。　(　　)
3. 翻转课堂强调学生在家先根据自己的兴趣爱好学习新知识，然后再由老师进行课内辅导。　(　　)
4. 一节课既有检查复习，又有新知识的讲授，还有练习巩固，从课的类型上看，这是一节综合课。　(　　)
5. 照顾到个别学生也是教师上好一节课的标准。　(　　)
6. 全部教学工作的中心环节是成绩考评。　(　　)
7. 班级教学缺乏真正的集体性。(易错)　(　　)
8. 分组教学是为了克服班级授课制的弊端而提出的，因此比班级授课制优越。　(　　)
9. 平时考查中的口头提问是在课中进行的，而检查书面作业则是在课外进行的。(易错)　(　　)
10. 我国各级各类学校教学的基本组织形式是现场教学。　(　　)

五、名词解释

1. 教学组织形式

2. 班级授课制(常考)

3. 现场教学

4. 翻转课堂

六、简答题

1. 简述分组教学的优点。

2. 简述上好课的基本要求。(常考)

3. 简述布置作业的要求。

4. 简述当前教学组织形式改革的重点。

七、论述题

试述班级授课制的优缺点。

知识4 教学评价与教学模式

一、单项选择题

1. 在教学工作中,按照“定向—示范—参与性练习—自主练习—迁移”的程序进行教学的教学模式是(　　)
A. 讲解—接受式　B. 示范—模仿式　C. 探究—发现式　D. 自学—指导式

2. “情境—陶冶”教学模式的理论基础是(　　)
A. 最优教学法　B. 掌握学习法　C. 暗示教学理论　D. 发现教学理论

3. 教师在课堂教学中按照“创设情境—确定问题—自主学习—协作学习—效果评价”的程序组织教学。这属于(　　)
A. 范例教学　B. 抛锚式教学
C. 引导—发现式教学　D. 情境—陶冶式教学

4. (　　)教学模式非常注重教师的权威性。
A. 自学—辅导　B. 抛锚　C. 范例　D. 传递—接受

5. 以解决问题为中心,注重学生独立活动,着眼于创造性思维能力和意志力培养的教学模式是(　　)
A. 概念获得式　B. 情境教学模式　C. 引导—发现式　D. 尝试教学模式

6. (　　)提出了范例教学模式。(常考)
A. 布鲁纳　B. 赞科夫　C. 瓦·根舍因　D. 怀特海

7. “多一把尺子,就多一个好学生”反映的评价观是(　　)
A. 评价是促进学生发展的动力　B. 评价应该关注过程
C. 评价标准应该多元化　D. 学生是评价的主体

8. 依据学生个人的学习成绩在该班学生成绩序列中所处的位置来判定其成绩的优劣,而不考虑其是否达到了教学目标的要求。这种教学评价属于(　　)
A. 诊断性评价　B. 绝对性评价　C. 总结性评价　D. 相对性评价

9. 教师分析学生学习困难的原因,判断学生是否具备学习新知识的条件。这种评价方式是(　　)(常考)
A. 形成性评价　B. 个体内差异评价　C. 诊断性评价　D. 终结性评价

10. 新生入学时,张老师为了提高教学的针对性,通过摸底测验了解学生的学习情况,这种评价属于(　　)
A. 诊断性评价　B. 形成性评价　C. 总结性评价　D. 过程性评价

11. 李老师在某项教学活动开始之前对学生的知识、技能以及情感等状况进行预测,从而了解学生的知识基础和准备状况,以判断他们是否具备实现当前教学目标所要求的条件。此方法属于(　　)
A. 终结性评价　B. 形成性评价　C. 诊断性评价　D. 学业成就评价

12. 教学评价产生的肯定结果会给师生带来成就感和满足感,使师生产生进一步努力的愿望;而产生的否定结果则可以给师生起到警醒作用,激发其前进的斗志。这主要体现了教学评价的(　　)(易混)
A. 导向功能　B. 激励功能　C. 诊断功能　D. 管理功能

13. 教学评价的目的是对课程、教学方法以及学生培养方案做出(　　)

A. 决策　B. 评估　C. 判断　D. 分析

14. 将教学评价分为相对性评价、绝对性评价和个体内差异评价是根据(　　)划分的。(常考)

A. 评价采用的标准　B. 评价主体　C. 评价的作用　D. 评价的时间

15. 某学生认为,自己的作文水平跟上一个学期相比有明显提高。这种评价属于(　　)

A. 绝对性评价　B. 相对性评价　C. 个体内差异评价　D. 诊断性评价

16. 某教师利用课堂提问、课堂讨论等形式来决定自己是否需要改善教学,这种评价属于(　　)(常考)

A. 诊断性评价　B. 描述性评价　C. 形成性评价　D. 总结性评价

17. 通常在一门课程或教学活动结束后进行,对一个完整的教学过程进行的评价称为(　　)

A. 总结性评价　B. 形成性评价　C. 诊断性评价　D. 相对性评价

二、多项选择题

1. 根据评价在教学过程中作用的不同,教学评价可分为(　　)(易错)

A. 形成性评价　B. 诊断性评价　C. 终结性评价　D. 相对性评价

2. 按照评价主体,可以将教学评价分为______和______。(　　)(易错)

A. 绝对性评价　B. 内部评价　C. 外部评价　D. 相对性评价

3. 范例教学模式的基本特征有(　　)

A. 基础性　B. 基本性　C. 范例性　D. 启发性

4. 贯穿暗示教学模式的基本原则包括(　　)

A. 无意识性原则　B. 暗示手段相互作用的原则

C. 愉快而不紧张的原则　D. 有意识和无意识相统一的原则

三、判断题

1. 期中考试、期末考试属于诊断性评价。(易错)　(　　)
2. 教学评价是一个系统的过程,我们只需在教学完结的时候进行评价。　(　　)
3. 教学评价就是对教师教学效果的评价。　(　　)
4. 相对性评价又称目标参照性评价。　(　　)
5. 引导—发现模式一般适用于数理学科,需要学生有一定的经验储备。(易混)　(　　)
6. “教学模式可以帮助教师预测教学效果”体现了教学模式的解释功能。　(　　)
7. 自学—指导教学模式主要用于具备一定阅读能力的学生。　(　　)

四、名词解释

1. 外部评价

2. 教学模式

五、案例分析题

魏老师对刚接任的一个班级进行摸底测验,满分100分的试卷,有个学生的语文只考了8分。魏老师找他谈话。谈话中,魏老师开门见山地说:“我听语文老师说,你上课根本就不听讲,是吗?”学生答:“是。”“听你父母说,你在家也不写作业,是吗?”学生回答:“是,我什么也不会,什么也不想做。”魏老师说:“你根本不听讲,不学习,还能考8分,说明你挺聪明的,要是你稍微努力一下,肯定会比这次考得好。”魏老师把他叫到自己跟前打开试卷,帮他分析每一道题,哪些是只要去记忆就可以掌握的,哪些是需要努力就可以完成的。在以后的日子里,魏老师允许这个学生上课不听讲,可以选择自己喜欢的内容进行学习。在期中考试时,他考了40多分。之后魏老师继续帮他检查学习效果,帮他确定学习内容,不断地督促、检查他的学习落实情况。到期末考试的时候,他已经可以考到70多分了。就这样,魏老师转化了一个语文成绩很差的学生。

请用教学原则和教学评价理论对该案例进行分析。

整合提升

一、单项选择题

1. 某节数学课上,刘老师把学生回答的关于分24个包子的计算过程板书出来:24÷2=12(人)、24÷3=8(人)、24÷4=6(人)……,这一做法主要体现了教学原则中的(　　)

A. 巩固性原则　B. 直观性原则

C. 理论联系实际原则　D. 因材施教原则

2. 五年级(1)班的科学老师在讲完“黄豆的内部组织”这一章节的内容后,指导学生进行黄豆栽培,并做好栽培记录。这种教学方法属于(　　)(易混)

A. 演示法　B. 实验法　C. 实习作业法　D. 讨论法

3. 一位接受了亚里士多德或裴斯泰洛齐唯实论哲学思想的教师,在教学方法上最有可能采用(　　)

A. 启发式问答　B. 直观教学法　C. 问题解决教学　D. 探究教学法

4. 改变传统的定义式教法,将教师讲、学生听转变为在教师指导下,学生自学、先练,教师再讲。从单纯传授知识转变为在传授知识的同时,培养能力,发展智力,这种教学方法称为(　　)

A. 愉快教学法　B. 尝试教学法　C. 暗示教学法　D. 纲要信号图表教学法

5. 孟老师在教授“年、月、日”一节时,发给每名学生一张不同年份的年历卡片,让学生说说观察得出的结论,学生们纷纷踊跃发言,“一年有12个月,1、3、5、7、8、10、12月都是31天;4、6、9、11月都是30天;2月有时是28天,有时是29天。”孟老师要教授的许多内容都由学生说出来了。上述案例中,孟老师使用的教学方法是(　　)

A. 自主探究法　B. 讨论法　C. 作业法　D. 演示法

6. 讲述和讲解都是讲授的基本形式，二者的区别体现在(　　)
A. 讲述在理科课程中运用较多，讲解在文科课程中运用较多
B. 讲述侧重于讲事而非说理，讲解侧重于说理而非讲事
C. 讲述偏向客观，讲解偏向主观
D. 讲述以解答问题为中心，讲解以叙述事实为中心
7. 教学的最高境界，是教师注重引导、启发、讲解、示范，充分发挥学生的主动性。这种教学水平属于(　　)
A. 记忆水平　B. 理解水平　C. 探索水平　D. 应用水平
8. 张老师准备在课堂上讲解某一概念，理想的讲解方式是(　　)
A. 教典型问题→识别主要属性→教一般事物→识别特殊事物
B. 教概念定义→熟记定义→教一般事物→教特殊事物
C. 熟悉背诵概念→举例说明概念→教一般事物
D. 教一般事物→归纳一般特点→举例典型问题→分辨特殊事物
9. 鲁宾斯坦曾经说过："思维通常总是开始于疑问或者问题，开始于惊奇或者疑问，开始于矛盾。"基于这一观点，教学应遵循(　　)(常考)
A. 启发性原则　B. 教育性原则　C. 因材施教原则　D. 直观性原则
10.《礼记·学记》中说："记问之学，不足以为人师。"这主要体现的教学规律是(　　)
A. 直接经验与间接经验相统一　B. 掌握知识与发展智力相统一
C. 传授知识与思想品德教育相统一　D. 教师主导作用与学生主体地位相统一
11. 使学生从个别到一般、从具体到抽象、从认识到实践理解、掌握带有普遍性的规律、原理的教学模式是(　　)
A. 有意义接受学习　B. 掌握学习　C. 发现学习　D. 范例教学
12. 布置课外作业的目的是(　　)
A. 使学生进一步巩固所学知识，并培养独立学习和工作的能力
B. 复习已学过的知识，对已学过的知识进行巩固和加深
C. 使学生掌握新知识
D. 使学生对所学知识当堂理解、当堂消化
13. 中国古代教育家孔子倡导的"叩其两端"的方法，属于现代意义上的(　　)
A. 讲授法　B. 谈话法　C. 讨论法　D. 练习法
14. "语之而不知，虽舍之可也。"这句话所体现的教学原则是(　　)(常考)
A. 循序渐进原则　B. 巩固性原则　C. 量力性原则　D. 启发性原则
15. 魏书生说："一个教师要紧的不是忙着用这一种教法去否定另一种教法，不是证明多种教法的没道理，更不是糊里糊涂地照搬某种教法到自己的课堂上，不加任何改变就用。他应当像蜜蜂一样，在教法的百花园中，到处采集有用的花粉，回来以后，酿造自己课堂教学的蜜。"魏书生这句话说明(　　)
A. 教学中要有程式，但不要程式化　B. 教师应精通自己的学科
C. 教学应遵循理论联系实际原则　D. 教师必须确立终身学习的理念
16. 小丽数学考了89分，在全班同学中处于中间水平，小丽爸爸因此觉得小丽不够努力，此评价属于(　　)(易混)
A. 绝对性评价　B. 相对性评价　C. 个体内差异评价　D. 综合性评价
17. 某教师在教授《小小的船》一课时，想要了解学生对这首诗的理解情况，于是在课堂上向学生提问："你们知道叶圣陶先生想要通过这首诗表达什么吗?"这属于教学过程中的(　　)
A. 个体差异性评价　B. 诊断性评价　C. 形成性评价　D. 总结性评价
18. 标志着教学过程理论形成的是(　　)
A. 杜威的五步教学法　B. 赫尔巴特的四阶段教学法
C. 孔子提出的"学而不思则罔，思而不学则殆"　D. 巴班斯基的教学过程最优化理论
19. 在科学课上，教师通过做水加温和降温的实验，让学生观察水的三态变化。这种教学方法是(　　)
A. 讲授法　B. 实验法　C. 演示法　D. 参观法
20. 某教师提供不同形状的泡泡器，在学生猜想出不同泡泡器可能会吹出的形状后，让学生实验操作，解释和交流实验结论。此教师采用的教学方法是(　　)
A. 演示法　B. 探究教学法　C. 谈话法　D. 讨论法
21. 在教师指导下，由学生自己决定学习目的和内容，在自己负责、自己规划的单元活动中获得有关知识和能力。这种组织形式是(　　)(易混)
A. 导生制　B. 设计教学法　C. 特朗普制　D. 道尔顿制
22. 我国的教师资格证考试以及格分为过关标准，这种评价属于(　　)(易错)
A. 相对性评价　B. 绝对性评价　C. 形成性评价　D. 诊断性评价
23. 张老师讲授《我爱故乡的杨梅》时，用多媒体播放江南水乡的美景，为学生创造真实、具体、生动的场景。其运用的教学方法是(　　)
A. 演示教学法　B. 现场教学法　C. 示范教学法　D. 情境教学法
24. 在教学过程中，强调教师"吃透两头"所指的是充分认识学生以及(　　)
A. 充分理解教材　B. 认真备课　C. 严格管理学生　D. 真正关心学生
25. 与其他的认识过程不同，教学过程在主客体之间嵌入了一个"中介因素"——教师。这体现了教学过程的(　　)特点。
A. 交往性　B. 教育性　C. 间接性　D. 指导性
26. 教师通过播放视频，让学生对地球环境恶化的状况有所了解，然后开始进行环境保护知识的讲解。这属于教学过程的(　　)(易错)
A. 领会知识阶段　B. 巩固知识阶段　C. 检查知识阶段　D. 运用知识阶段
27. 我国古代既有"指引者，师之功也"的箴言，又有"师傅引进门，修行靠个人"的教谕。这体现了教学过程具有(　　)的规律。
A. 学生认识的间接性　B. 教学与发展相互促进
C. 知识学习与品德形成相统一　D. 教师主导作用和学生主体作用辩证统一
28. "教之于学就如同卖之于买"说明(　　)
A. 学生上学要交学费　B. 教学相互依存
C. 一种新型师生关系　D. 教师要为学生服务

29. 教师认真详细地讲解了教学内容，学生通过认真听讲与练习，基本上能理解与运用所学的知识技能，基本上完成了教学任务。这种教学水平属于(　　)

A. 记忆水平　B. 理解水平　C. 探索水平　D. 情感水平

30. 魏老师在课堂上把大部分时间交给学生讨论问题，学生自主学习的积极性很高，而魏老师作为课堂的引导者，保证学生不偏离主道，取得了很好的教学效果。这说明教学过程中，(　　)

A. 掌握知识与发展智力相统一　B. 教师主导作用与学生主动性相统一

C. 学习知识与应用知识相统一　D. 直接经验与间接经验相统一

二、多项选择题

1. 物理老师在讲浮力时，准备了一盆水、一木块和一铁块，当铁块放入水盆时沉下去，木块放入水盆时浮上来。老师重复演示和讲解这一现象。这一教学案例用到的教学方法有(　　)(易错)

A. 讲授法　B. 演示法

C. 实验法　D. 参观法

E. 讨论法

2. 科学课上，老师让学生分小组观察自己养的蚕宝宝，了解昆虫的生活习性，并在全班交流学习成果。该老师运用的教学方法是(　　)

A. 谈话法　B. 参观法

C. 演示法　D. 讨论法

E. 讲授法

3. 有人发现已裂开一条缝的茧中蝴蝶正在痛苦地挣扎，他于心不忍，便拿起剪子把茧剪开，帮助蝴蝶破茧而出。可是这只蝴蝶却因身体臃肿，翅膀干瘪，根本飞不起来，不久便死去了。蝴蝶必先在痛苦中挣扎，直到把翅膀练强壮了，再破茧而出，才能飞得起来，省去了过程看似为其免除了痛苦，但结果却适得其反。上述材料给我们的启示是教学要遵循循序渐进原则，那么贯彻这一原则应注意(　　)

A. 按教材的系统性进行教学　B. 突出重点、突破难点、抓住关键

C. 注重联系实际　D. 由浅入深、由易到难、由简到繁

E. 发扬教学民主

4. 关于"活动式教学"理论体系，下列表述正确的是(　　)

A. 教师是顾问、咨询者　B. 重视掌握知识的量，强调积累知识

C. 强调通过自我发现去掌握知识　D. 重视对知识本身的兴趣与热爱

E. 学生是主动的分析者、探究者

5. 红星小学的李老师在五(3)班讲授《找出数列的排列规律》时，他先选出六位同学，其中一名同学带上红帽子，在讲台上做"萝卜蹲"的游戏。让台下同学记下戴帽子同学在10轮游戏中下蹲的次数，并引入数列规律的学习内容。这一教学活动体现的教学原则主要有(　　)(常考)

A. 直观性原则　B. 巩固性原则

C. 启发性原则　D. 理论联系实际原则

E. 量力性原则

三、辨析题

1. 问题教学法是一种启发式教学方法，而讲授法是一种注入式教学方法。(易错)

2. 学生的认识活动是教学中最主要的活动。

3. 备课就是备教材，教材吃透了课也就备好了。

4. 教学永远具有教育性。(常考)

5. 坚持以教学为主的办学规律，要求学校领导集中全校所有的人力、物力和财力用于教学活动。

四、论述题

1. "教学有法，教无定法，贵在得法。"这句话中的三个"法"分别是什么意思？结合教育理论知识和教育实践谈谈你对这句话的认识。

2. 备好课是上好课的前提。新课程理念下，你认为教师应如何"分析教材"？

3. 请对"教师是教学过程的主角，学生学得好坏由教师决定"这句话进行分析。

五、案例分析题

1. 2020年初，新型冠状病毒影响了全球各国人民的生产和生活，截至目前，全球被感染人员已破千万。我们国家在以习近平同志为核心的党中央坚强领导下，全国各族人民的积极配合下，戮力同心，众志成城，取得了疫情防控的阶段性胜利。各级各类学校积极响应教育部门的号召，落实“停工不停学，离校不离教”的要求，开始了史无前例的大规模的“线上教学”。

(1)结合实际，谈谈线上教学的优越性。

(2)针对存在的问题，谈谈如何进一步提高线上学习的有效性。

2. 2017年《教育蓝皮书》发布了我国中小学校班额的调查结果，大班额现象在我国中小学普遍存在，问题比较严重。有媒体报道，河南驻马店某县一中学的平均班额为109人，周口某县一小学的平均班额达113人。

2010年出版的《国家中长期教育改革和发展规划纲要(2010～2020年)》提出，“要逐步消除大班额现象”。

2016年，国务院印发文件明确要求，2018年年底全国要基本消除66人以上超大班额，2020年底基本消除56人以上大班额。

简要说明大班额、超大班额给学校教育造成的不利影响。

3. 一天，语文老师正在讲课，突然天色大变，狂风呼啸，乌云滚滚，电闪雷鸣，哗哗哗……大雨倾盆而下，学生坐不住了，纷纷窃窃私语。见到这种情景，这位老师干脆放弃原有的教学计划，顺应学生的好奇心，让学生趴在窗前尽情地观察起雨景来，十分钟后才回到座位上。

师：谁能用我们背过的古诗来形容一下刚才的天气？

生：山雨欲来风满楼。

生：碧山还被暮云遮。

生：黑云翻墨未遮山，白雨跳珠乱入船。

师：好，这一句极为贴切。

生：老师，我认为应该是“白雨跳珠乱入窗”才对。

生：改为“乱敲窗”更好，“乱敲窗”说明了雨点大，而且像个调皮的小娃娃，好像也要挤进来和我们一起读书。

改完诗，教师又要求同学们把刚才的雨景和争论都写下来，不长时间，一篇篇情真意切的习作便应运而生了。

请结合教学过程的基本特点分析此案例。

4. 一个妙趣横生的作文教学片段：

师：同学们，端午节快到了，我非常想到你们各家去过端午节，不知哪位同学愿意请我？

生：（面露喜色，大声喊）老师到我家！我愿意请您！

师：大家都愿意请我，我很高兴。但这样争也不是办法。我看这样吧，谁会做菜，而且做的菜色香味俱全，我就到谁家去做客。

生：（面露难色，不知如何回答）

师：这个条件可能让大家为难了。不过，离端午节还有好几天呢，如果同学们肯学，一定能学好，能请到我的。

生：（兴高采烈）好，一言为定！

（两天后的作文课上）

师：同学们学会做菜了吗？

生：（大声、齐）学会了！

师：呀，这么快？跟谁学的？

学生：我跟爸爸学的。

……

师：感谢你们的一片诚心。那你们都学会做什么菜了呢？一定很好吧？

生：（不等老师叫，就纷纷起立，七嘴八舌、争先恐后地说起来。老师请了几位上讲台说给大家听。）

师：刚才这几位同学都讲得不错。听他们一讲，我就知道菜一定做得不错，老师连口水都快流出来了。但全班这么多同学，不可能每个人都上来说，有什么办法能让老师知道每个同学学会了做什么菜，做菜的过程怎样呢？

生：老师，让我们把做菜的过程和做的什么菜写出来，您不就知道了吗？

师：这个主意真好。这样，老师不但能知道你们做的什么菜，而且还能比较一下，看谁的菜做得最好，我就到谁家去做客，好吗？

生：好！

师：那就快写吧。

结合案例，从教学原则、教学方法、教学过程三个视角进行分析。

真题必刷

一、单项选择题

1.［平顶山市直］教师的教和学生的学共同组成的传递和掌握社会经验的双边活动是（　　）（常考）

A. 综合实践　　B. 德育　　C. 知识传授　　D. 教学

2.［南阳市直］在教学活动还未开展以前，教师为了掌握学生发展水平，设定一定评价项目，对学生进行检查、检验的教学活动，属于（　　）

A. 总结性评价　　B. 诊断性评价

C. 形成性评价　　D. 相对性评价

3.［洛阳西工区］在范例教学中，教学起始的正确实施程序是（　　）

A. 从知识的归类入手　　B. 从规律性的认识入手

C. 从升华的经验入手　　D. 从典型性的事例入手

4.［新乡封丘］教学过程中学生认识过程的特殊性是指（　　）

A. 间接性、引导性、教育性　　B. 直接性、功利性、教育性

C. 间接性、审美性、实用性　　D. 引导性、教育性、单向性

5.［安阳殷都区］教学过程是一种特殊的（　　）（常考）

A. 心理过程　　B. 信息过程　　C. 逻辑过程　　D. 认识过程

6.［安阳龙安区］为了让学生理解光合作用，老师不仅引导学生看书了解理论知识，而且指导学生到大自然中亲身感受。这体现了（　　）

A. 教师主导与学生主体相结合的规律　　B. 传授知识与思想教育相统一的规律

C. 知情意行的培养提高的规律　　D. 间接经验与直接经验相统一的规律

7.［焦作中站区］要求学生高质量地完成书面或口头作业，形成一定的技能技巧，同时引导学生不断创新或改进，学会解决复杂问题。这属于学生掌握知识的（　　）阶段。

A. 理解教材　　B. 巩固知识　　C. 运用知识　　D. 检查知识

8.［濮阳经开区］王老师在课堂上讲到“杂交水稻”时，向同学们讲述了袁隆平几十年来一身泥一身水，奋斗在田间，忠于职守，敢于创新，坚持梦想的先进事迹。这体现了哪一项教学原则（　　）

A. 科学性与思想性相统一原则　　B. 理论联系实际原则

C. 启发性原则　　D. 发散性原则

9.［永城］教师在教学中应按教材的系统性进行教学，抓住主要矛盾，解决好重点与难点的教学，这是贯彻（　　）的基本要求。（常考）

A. 理论联系实际原则　　B. 启发性原则

C. 循序渐进原则　　D. 巩固性原则

10.［郑州金水区］教师备课工作的最后一个环节，也是保证教师有计划、有步骤地上好一节课的必要手段是设计（　　）

A. 课时计划　　B. 单元教学计划　　C. 教学工作计划　　D. 课程计划

11.［许昌市直］教师和学生通过口头语言以问答的方式进行教学的方法是（　　）

A. 讲授法　　B. 讨论法　　C. 读书指导法　　D. 谈话法

12. [安阳滑县]班级授课制是人类社会发展到一定历史阶段的产物，最早从理论上对班级授课制加以阐述的著作是(　　)

A.《民主主义与教育》　　B.《大教学论》

C.《普通教育学》　　D.《爱弥儿》

二、多项选择题

1. [新郑]教学过程的基本规律包括(　　)(常考)

A. 间接经验和直接经验相结合　　B. 掌握知识与发展智力相统一

C. 传授知识与思想品德教育相统一　　D. 教师主导作用与学生主观能动性相结合

2. [鹤壁淇滨区]下面体现启发式教学思想的有(　　)

A. 人不知而不愠　　B. 问则疑，疑则思

C. 教之而不受，虽强告之无益　　D. 不陵节而施之谓孙

3. [永城]以下关于"班级授课制"的说法中，正确的有(　　)

A. 班级授课制仍然是我国教育教学的重要组织形式

B. 班级授课制的产生大大提高了教学效率

C. 班级授课制最早是由美国教育家夸美纽斯提出的

D. 最早确定班级授课制基本轮廓的著作是《大教学论》

4. [平顶山郏县]教学过程的结构是指教学过程的基本阶段，下列属于教学过程阶段的是(　　)(常考)

A. 激发学习动机　　B. 领会知识　　C. 巩固知识　　D. 直观教学

三、判断题

1. [新乡获嘉]长期以来的教育实践证明，学校工作必须坚持以教学为主。(易错)　　(　　)

2. [新郑]孔子把学习过程概括为"导—学—习—行"的统一过程。　　(　　)

3. [南阳南召]巩固性教学原则又被称为可接受性原则，是为了防止发生教学难度低于或高于学生的实际程度而提出的。　　(　　)

四、简答题

[鹤壁淇滨区]循序渐进原则的含义是什么？贯彻这一原则的基本要求有哪些？

五、案例分析题

[驻马店市直]刚从师范学校毕业的李老师是某中学的班主任，刚接手这个班级时，李老师告诉自己要对班里的学生一视同仁，为班级的所有学生提供均等的学习机会，然而几个月下来，李老师意识到自己在上课时总会不自觉地给予班干部和成绩好的学生更多的积极强化与鼓励。在课堂讨论以及回答问题时，总是先对他们进行鼓励，对其他学生却关注较少。李老师通过与其他任课老师交流，发现大家都有这种情况，通常都会对班内的优秀学生给予更多的关注和鼓励，而对班内表现平平的学生，就连名字都记不起来。

问题：(1)分析案例中所揭示的问题及其原因。

(2)为了克服案例中揭示的问题，可以从哪些方面改进课堂教学组织形式？

专题七　德　育

命题分析

本专题主要以选择题、判断题、简答题、案例分析题等形式进行考查，需要重点掌握的知识包括：

1. 识记德育的功能、我国学校德育内容。
2. 理解德育过程与品德形成过程的关系。
3. 识记德育过程的结构、德育过程的基本矛盾。
4. 识记并理解德育过程的基本规律。
5. 识记并理解我国中小学主要的德育原则。
6. 区分各德育模式的代表人物、主要观点。
7. 识记我国学校的德育途径，识记并区分常用的德育方法。

基础训练

知识1 德育及其过程与模式

一、单项选择题

1. 下列属于爱国主义教育活动的是(　　)
A. 参观百色起义纪念馆　B. 开展“主动承担家务”活动
C. 开展“礼让斑马线”教育活动　D. 开展“反邪教渗透”教育活动

2. 德育的永恒主题是(　　)(常考)
A. 理想教育　B. 爱国主义教育
C. 劳动教育　D. 自觉纪律教育

3. 德育过程中存在着诸多矛盾，这些矛盾至少有三个层次，下列属于第三层次矛盾的是(　　)
A. 德育过程与社会要求的矛盾　B. 德育过程与外部环境影响的矛盾
C. 德育过程内部的矛盾　D. 德育过程中的教育者、受教育者自身的矛盾

4. 德育过程的基本矛盾是(　　)(常考)
A. 教育者与德育内容的矛盾
B. 教育者提出的德育要求与受教育者已有品德水平之间的矛盾
C. 受教育者与教育者的矛盾
D. 受教育者与德育方法的矛盾

5. 在德育过程中起主导作用的因素是(　　)(常考)
A. 教育者　B. 受教育者　C. 教育内容　D. 教育方法

6. 德育既可以从知到行，也可以从行到知，或者从情开始兼之以知和行，这说明品德发展具有(　　)
A. 随机性　B. 层次性　C. 多开端性　D. 多项选择性

7. 当代德育理论中流行最为广泛、占据主导地位的德育学说是(　　)(常考)
A. 体谅模式　B. 认知模式　C. 社会模仿模式　D. 效能模式

8. 下列哪种德育模式假定与人友好相处是人类的基本需要，满足这种需要是教育的首要职责，并把道德情感的培养置于中心地位(　　)
A. 认知模式　B. 体谅模式　C. 社会模仿模式　D. 价值澄清模式

9. “知是行之始，行是知之成。”这句话表明在德育过程中(　　)
A. 行比知重要　B. 知比行重要
C. 要坚持知行统一的原则　D. 知与行可以割裂

10. “晓之以理，动之以情，持之以恒，导之以行”所体现的是(　　)
A. 智育过程规律　B. 体育过程规律　C. 德育过程规律　D. 美育过程规律

11. 在知、情、意、行四个德育环节中，________是基础，________是关键。(　　)(常考)
A. 知　情　B. 知　行　C. 意　行　D. 知　意

12. 学生对善恶美丑有了分别，说明学生具有了(　　)
A. 品德认识　B. 品德情感　C. 品德意志　D. 品德行为

13. 在品德发展过程中，个体主要通过社会榜样、观察学习等替代强化习得道德行为的模式称为(　　)
A. 认知模式　B. 价值澄清模式
C. 社会模仿模式　D. 体谅模式

14. 科尔伯格的“三水平六阶段”道德发展理论从德育模式上归类，属于(　　)
A. 认知模式　B. 价值澄清模式　C. 体谅模式　D. 社会学习模式

15. 认为道德教育的目的在于促进儿童道德判断力的发展，并强调道德两难问题的运用的德育模式是(　　)(常考)
A. 体谅模式　B. 认知模式　C. 价值澄清模式　D. 社会模仿模式

16. 通过一系列长期的爱国教育，学生才能真正获得爱国主义的品质，并转化为实际行动，这体现的德育过程规律是(　　)
A. 德育过程是促进学生知、情、意、行诸因素统一发展的过程
B. 德育过程是学生品德反复而且长期逐步提高的过程
C. 德育过程是学生在活动和交往中接受培养的过程
D. 德育过程是促使学生思想内部矛盾转化的过程

17. 狭义的德育是指(　　)(常考)
A. 社会德育　B. 社区德育　C. 学校德育　D. 家庭德育

18. “齐风俗，一民心”反映了德育的(　　)
A. 社会性功能　B. 个体生存功能　C. 个体享用功能　D. 教育性功能

19. 德育工作的出发点是(　　)，它制约着德育工作的基本过程。
A. 德育内容　B. 德育方法　C. 德育目标　D. 德育形式

20. 小学和中学的德育目标应有所区别，这说明确定德育目标必须依据(　　)
A. 社会的发展需要　B. 受教育者的发展规律
C. 道德传统　D. 国家的教育方针

21. 德育目标确定了培养人的总体规格和要求，但必须落实到(　　)上。
A. 德育内容　B. 德育规律　C. 德育原则　D. 德育方法
22. 在德育历史发展过程中，其原理、原则和内容、方法等存在一定的共同性。因此，德育具有(　　)
A. 社会性　B. 历史性　C. 民族性　D. 继承性
23. 下列选项中，不属于德育个体性功能的是(　　)(常考)
A. 生存功能　B. 发展功能　C. 享用功能　D. 政治功能
24. "教学如果没有进行道德教育，只是一种没有目的的手段。"这句话体现了德育的(　　)(常考)
A. 社会性功能　B. 个体性功能　C. 教育性功能　D. 文化功能
25. 德育过程从本质上说是(　　)统一的过程。
A. 个体与环境　B. 个体与社会
C. 个体与教育　D. 个体社会化与社会规范个体化
26. 班主任提议所有学生轮流担任班长这一角色，负责维持班级秩序、协调师生需求、安排班级值日等日常管理。经过一学期的轮流值班，同学们对班级的理解与关心明显趋多。班主任运用的德育模式是(　　)
A. 认知模式　B. 体谅模式　C. 价值澄清模式　D. 社会模仿模式

二、多项选择题

1. 德育目标是学校德育工作的出发点，为使德育目标科学可行，其必须建立在客观、科学的基础上。德育目标的确立依据包括(　　)
A. 时代与社会发展需要　B. 国家的教育方针和教育目的
C. 民族文化及道德传统　D. 青少年思想品德形成、发展的规律
2. 我国中小学德育的重点具体说来应包括或强调(　　)
A. 基本道德和行为规范的教育　B. 公民道德与政治品质的教育
C. 世界观、人生观和理想的基础教育　D. 提高人的智慧水平的教育
3. 德育的功能包括(　　)(常考)
A. 社会性功能　B. 示范性功能　C. 教育性功能　D. 个体性功能
4. 心理健康教育的主要内容包括(　　)
A. 学习辅导　B. 生活辅导　C. 择业指导　D. 世界观教育
5. 某小学在第一学期开展了"追逐梦想"演讲比赛、"地震逃生"演练、"祭奠英雄"的活动，这些活动涉及的德育内容有(　　)
A. 安全教育　B. 劳动教育　C. 理想信念教育　D. 爱国主义教育

三、填空题

1. 德育的基础是要教会学生________。
2. 德育是各个社会共有的社会、教育现象，与人类社会共始终。这说明德育具有________。(易错)
3. 衡量品德水平的重要标志是________。
4. 德育过程是一个长期的、________、逐步提高的过程。

四、判断题

1. 德育就是道德教育。(　　)
2. 学生思想品德的形成具有长期性和反复性，所以，对学生的品德教育不能操之过急。(　　)
3. 德育目标是指德育活动所要达到的预期目的或结果的质量标准。(　　)
4. 德育就是政治教育。(　　)
5. 受教育者在德育过程中既是德育的客体，又是德育的主体。(　　)
6. 学校教育在学生身心发展中起主导作用，因此，学生在学校中受到良好的德育，就能形成良好的品德。(　　)
7. 德育是青少年健康成长的条件和保证。(　　)
8. 发展性功能是德育个体性功能的最高境界。(　　)

五、简答题

1. 简述德育过程的基本规律。(常考)

2. 简述德育的意义。

知识2 德育原则、途径与方法

一、单项选择题

1. 进行德育时要有一定的理想性和方向性，以指导学生向正确的方向发展。这体现了德育的(　　)
A. 疏导原则　B. 因材施教原则　C. 导向性原则　D. 一致性和连贯性原则
2.《学记》提出的"长善救失"的教育主张反映了德育应遵循(　　)(常考)
A. 知行统一原则　B. 因材施教原则
C. 教育影响的一致性与连贯性原则　D. 发扬积极因素，克服消极因素的原则
3. 心忧天下的领袖、感动中国的人物、新冠疫情中勇敢的逆行者、抗震救灾的英雄等，都代表了这个社会的道德良心。在德育活动中，如果我们用这些人物的事迹鼓励学生努力去做一个有道德的人，那么我们使用的德育方法是(　　)
A. 陶冶教育法　B. 说服教育法　C. 榜样示范法　D. 自我教育法
4. "平行教育原则"体现了在德育过程中应遵循的原则是(　　)(常考)
A. 知行统一　B. 现实性与方向性相结合
C. 正面教育与纪律约束相结合　D. 集体教育与个别教育相结合
5. 章明小学时品学兼优，但进入中学后，成绩明显下降，开始逃课、斗殴、沉迷网吧。冯老师知道这些情况后，从多方面了解章明发生转变的原因，并和他的家长保持密切沟通，一起为章明的健康成长做出努力。冯老师的做法主要体现的德育原则是(　　)
A. 知行统一原则　B. 正面教育原则
C. 集体教育与个别教育相结合原则　D. 教育影响的一致性与连贯性原则

6. 小松沉迷于网络游戏不可自拔，王老师多次找他谈心并鼓励小松学习网络设计，在王老师引导下，小松获得全校网络创新设计大赛一等奖。王老师用到的德育原则是(　　)

A. 集体教育与个别教育相结合原则　　B. 正面教育与纪律约束相结合原则

C. 长善救失原则　　D. 知行统一原则

7. 化学课上，李老师通过展示学生收集的关于燃料的资料，引导学生辩证思考燃料带给人类的便利和危害，树立环境保护意识。李老师采用的德育途径是(　　)

A. 班主任工作　　B. 社会实践活动

C. 学科教学　　D. 课外与校外活动

8. 学校对学生进行德育的特殊途径是(　　)(常考)

A. 思想品德课　　B. 学科教学　　C. 社会实践活动　　D. 班主任工作

9. 奖励和惩罚属于德育方法中的(　　)

A. 说服教育法　　B. 榜样示范法　　C. 自我教育法　　D. 品德评价法

10. 学校在抗战纪念日组织学生开展参观历史博物馆、走访抗日老战士的活动，这些活动体现的德育途径是(　　)

A. 思想品德课教学　　B. 课外、校外活动　　C. 其他学科教学　　D. 情境陶冶

11. 学校德育的基本方法是(　　)(常考)

A. 说理教育法　　B. 榜样示范法　　C. 陶冶教育法　　D. 实际锻炼法

12. 说服教育法的方式有语言文字说服和(　　)

A. 事实说服　　B. 理论说服　　C. 直接说服　　D. 间接说服

13. "苦其心智，劳其筋骨，饿其体肤，空乏其身"体现的德育方法是(　　)(常考)

A. 实际锻炼法　　B. 陶冶教育法　　C. 说服教育法　　D. 榜样示范法

14. "让学校的每一面墙壁都开口说话""让学校的一草一木、一砖一石都发挥教育影响"体现了哪种德育方法(　　)(常考)

A. 榜样示范法　　B. 说服教育法　　C. 陶冶教育法　　D. 品德评价法

15. 汤老师是一个经验丰富的班主任，对不同学生采取不同的德育方法。这表明汤老师选择德育方法依据了(　　)

A. 德育内容　　B. 学生的个性差异　　C. 教育目的　　D. 学生年龄特点

16. 教师引导学生选择有针对性的格言、箴言作为座右铭，以自励、自警、自律，使其获得教益的德育方法是(　　)

A. 说服教育法　　B. 自我修养指导法　　C. 环境陶冶法　　D. 品德评价法

17. 宋宝独自照顾妈妈的事迹感动了社会，被评为市"十佳"少年。最近，学校开展了向宋宝学习的活动，该活动运用的德育方法是(　　)(常考)

A. 说服教育法　　B. 榜样示范法　　C. 陶冶教育法　　D. 品德评价法

18. 教师对学生进行德育时必须遵循的基本要求是(　　)

A. 德育目标　　B. 德育原则　　C. 德育内容　　D. 德育方法

19. 集体教育和个别教育相结合的德育原则，是教育家(　　)的成功教育经验。(常考)

A. 马卡连柯　　B. 加里宁　　C. 乌申斯基　　D. 赞科夫

20. 苏联教育家马卡连柯说："要尽量多地要求一个人，也要尽可能地尊重一个人。"这体现了(　　)的德育原则。(常考)

A. 疏导　　B. 知行统一

C. 集体教育和个别教育相结合　　D. 尊重信任学生和严格要求学生相结合

21. "夫子循循然善诱人，博我以文，约我以礼，欲罢不能"所强调的德育原则是(　　)

A. 因材施教原则　　B. 方向性原则　　C. 疏导原则　　D. 长善救失原则

22. "视其所以，观其所由，察其所安"最符合下列哪项德育原则(　　)(常考)

A. 导向性原则　　B. 尊重信任学生与严格要求学生相结合的原则

C. 教育影响的一致性与连贯性原则　　D. 因材施教原则

23. 在德育过程中，运用马克思主义"一分为二"的辩证法来认识学生的德育原则是(　　)

A. 发扬积极因素与克服消极因素相结合原则　　B. 理论与实践相结合原则

C. 集体教育与个别教育相结合原则　　D. 尊重信任学生与严格要求学生相结合原则

24. "君子博学而日参省乎己，则知明而行无过矣""吾日三省吾身"等名言均蕴含了(　　)(常考)

A. 德育的说服教育法　　B. 德育的榜样示范法

C. 德育的实际锻炼法　　D. 德育的自我修养指导法

25. 革命理想和革命传统教育、劳动教育、自觉纪律教育属于我国学校德育基本内容中的(　　)

A. 政治教育　　B. 思想教育　　C. 道德教育　　D. 心理健康教育

26. 放假前，老师要求学生以小组为单位到社区开展社会调查，并参加公益活动，以帮助学生形成良好的文明行为习惯，这是德育方法中的(　　)

A. 陶冶教育法　　B. 榜样示范法　　C. 说服教育法　　D. 实际锻炼法

27. 杜威提出"教育即生活"的观点，在思想品德教育方法中与其精神相一致的是(　　)

A. 说服教育法　　B. 榜样示范法　　C. 品德评价法　　D. 实际锻炼法

28. 德育原则直接影响着德育大纲、德育内容、德育方法等的制定。导向性原则是我国中小学主要的德育原则之一，坚持和贯彻这一原则的要求不包括(　　)

A. 坚持正确的政治方向　　B. 加强理论教育，提高学生思想道德认识

C. 德育目标符合新时期的方针政策　　D. 坚持德育的理想性和现实性

二、多项选择题

1. 下列属于德育原则中长善救失原则基本要求的有(　　)

A. 发扬积极因素，克服消极因素　　B. 结合学生生活实际进行教学

C. "一分为二"地看待学生　　D. 引导学生自觉评价自己，进行自我教育

2. 下列教学活动中，属于学校进行德育的有(　　)

A. 学习外国文化，拓宽学生视野

B. 教育学生树立正确的劳动观，提倡节俭

C. 教师播放爱国影片，培养学生的爱国主义情怀

D. 引导学生树立科学的世界观和人生观

3. 说服教育法是一种常见的德育方法，运用这一方法的要求有(　　)(常考)

A. 明确的目的性　　B. 富有知识性　　C. 注意时机　　D. 以诚待人

4. 榜样示范法中的"榜样"包括(　　)(常考)

A. 经典的理论　B. 伟人的典范　C. 教育者的示范　D. 学生中的好榜样

5. 少先队的特点包括(　　)

A. 革命性　B. 教育性　C. 群众性　D. 自主性

6. 中小学对学生进行德育的途径包括(　　)(易混)

A. 班主任工作　B. 社会实践活动

C. 课外活动　D. 共青团、少先队组织的活动

7. 新时期德育发展的新主题包括(　　)

A. 安全教育与生命教育　B. 生存教育与生活教育

C. 升学就业指导教育　D. 爱国主义教育

三、填空题

1. "语言的巨人,行动的矮子"违背了________的德育原则。

2. 德育的疏导原则又称________。

3. 德育途径又称为________。

4. "君子耻其言而过其行""君子欲讷于言而敏于行"体现的德育方法是________。

四、判断题

1. 教育者严格要求学生,就很难尊重信任学生。(　　)

2. "一把钥匙开一把锁"说明我们在学校德育过程中要遵循导向性原则。(常考)(　　)

3. 坚持集体教育就不能考虑个人情况。(　　)

4. 家访可以防止"5+2=0"现象出现,这体现了德育的一致性与连贯性原则。(　　)

5. 新时期下,德育不应过分强调灌输。(　　)

6. 教师采取画小红花、插小红旗等方式鼓励学生的德育方法是榜样示范法。(常考)(　　)

五、名词解释

1. 德育原则

2. 德育方法

3. 品德评价法

六、简答题

1. 简述运用榜样示范法的基本要求。(常考)

2. 简述运用实际锻炼法的要求。

3. 作为教师,怎样贯彻尊重信任学生与严格要求学生相结合的德育原则?

4. 简述贯彻正面教育与纪律约束相结合原则的要求。(常考)

5. 我国中小学常用的德育方法有哪些?

6. 简述贯彻疏导原则的要求。

7. 简述贯彻集体教育和个别教育相结合原则的要求。(常考)

8. 简述运用陶冶教育法的基本要求。

9. 简述选择德育方法的依据。

七、案例分析题

1. 一名家长在星期一发现儿子上学时磨磨蹭蹭，于是追问是怎么回事，孩子犹豫了半天才道出实情，原来在上个星期二早上，班主任老师召开全班同学会议，用无记名的方式评选了3名坏学生，因有两名同学在最近违反了学校纪律，无可争议地成了坏学生，而经过一番评选，第三顶坏学生的帽子便落在儿子头上，这个9岁的小男孩，居然被同学列出了18条罪状。当天下午年级组长召集评选出来的坏学生开会，对这三个孩子进行批评和警告，要求他们写一份检查，将自己干的坏事都写出来，让家长签字，星期一交到年级组长手中。

   该家长当着孩子的面没有表示什么，签了字便打发孩子去上学了。随后，她打通班主任的电话，询问到底是怎么回事。班主任说："你的孩子是班上最坏的孩子，这是同学们用无记名投票的方式选出来的。"当她质疑这种方法会挫伤孩子的自尊心时，老师却回答自尊心是自己树立的，不是别人给的，并说他们不认为这么做有什么不对，其目的也是为了孩子好。

   自从这个9岁的孩子被评选为坏学生后，情绪一直非常低落，总是想方设法找借口逃学。

   请用相关的德育原则对该班主任的做法进行评判。

2. 高三(5)班的班主任杨老师有一次发现不少男生头发很长。身为高三毕业班的班主任，杨老师没有简单、粗暴地见错就批。过去遇到这种情况时，常常是当面指出，但效果往往不佳。现在，杨老师琢磨用什么办法劝告他们，帮助他们真正从思想上提高认识。终于，杨老师想出了一种合适而又有效的方法。

   一天中午，杨老师特意去了理发店，把自己不长的头发又精心地理了一次。下午上课前，杨老师不露声色地来到班里，召集全班同学开了个五分钟的交流会。杨老师首先说："看谁最先发现班中有哪些新变化？包括我和你们。"当小明发现并说出老师理发了，杨老师话锋一转："现在，我很想知道老师理发之后你们的感觉怎样？这样好吗？"于是杨老师听到了一片赞扬声。最后杨老师说："有位名家说得好：'真心诚意地赞美别人一句，就能让人多活20分钟！'因此，我感谢同学们今天对我真心诚意地夸奖！"5分钟交流会在愉快的氛围中结束了。杨老师没点任何一个留长发的男生的姓名。第二天，杨老师再去上课时，欣喜地发现那几个男生的长发变短了，有的还剪成了小平头。

   杨老师既不点名批评又能纠错的这样一个高招包含了哪些德育方法？

整合提升

一、单项选择题

1. 寓德育于教学之中，寓德育于活动之中，寓德育于教师榜样之中，寓德育于学生自我教育之中，寓德育于管理之中。这是德育过程哪条规律的体现(　　)
   A. 德育过程是对学生知、情、意、行的培养与提高过程
   B. 德育过程是促进学生思想内部矛盾斗争的发展过程，是教育与自我教育相结合的过程
   C. 德育过程是组织学生的活动与交往，统一多方面教育影响的过程
   D. 德育过程是长期、反复、逐步提高的过程
2. 为促进学生良好思想品德的形成，某班开展了"每周一星"的评比活动，通过评价一周内每一位学生的日常行为表现，选择表现好、进步大的学生作为当周小明星，并将照片贴在"明星墙"上以示奖励。这种德育方法属于(　　)(常考)
   A. 说服教育法　B. 品德评价法　C. 指导实践法　D. 陶冶教育法
3. 以下说法不正确的是(　　)
   A. 德育过程就是品德形成的过程
   B. 德育过程是知、情、意、行相统一的过程
   C. 德育过程是学生教育与自我教育相结合的过程
   D. 德育过程是长期、反复、逐步提高的过程
4. 桂阴小学本学期开展了两次全校性的德育活动，一次是"文明从我做起"评比活动，另一次是"我的中国梦"演讲，这种实施德育的渠道或形式是(　　)
   A. 德育管理　B. 德育途径　C. 德育模式　D. 德育价值
5. "己所不欲，勿施于人"体现了(　　)的观点。
   A. 体谅模式　B. 集体教育模式　C. 认知模式　D. 价值澄清模式
6. 德育的性质是由(　　)决定的。(易错)
   A. 社会的经济基础　B. 生产力　C. 政府　D. 科技发展水平
7. 学生自身发展有很大的不稳定性和可塑性，无论是从新的思想品德的形成和发展，还是不良品德的改变来说，都不是一蹴而就的。这表明德育过程是(　　)
   A. 对学生知、情、意、行的培养与提高过程
   B. 组织学生的活动和交往，统一多方面教育影响的过程
   C. 促进学生思想内部矛盾斗争的发展过程
   D. 长期、反复、逐步提高的过程
8. 在"感动中国"的主题班会中，班主任重视榜样的力量，向学生们讲述了"王继才三十二年如一日守卫祖国海岛"的事迹。由此可知，该班主任的做法体现的德育模式是(　　)
   A. 体谅模式　B. 价值澄清模式　C. 认知模式　D. 社会模仿模式
9. 《宋史·程颐传》记载："今夫人民善教其子弟者，亦必延名德之士，使与之处，以熏陶成性。"这主要体现的德育方法是(　　)
   A. 榜样示范法　B. 陶冶教育法　C. 修养指导法　D. 理想激励法

10. 学生思想品德的形成和发展有其思想内部矛盾运动规律，这反映的德育原则是(　　)
A. 发扬积极因素与克服消极因素相结合　B. 理论与实践相结合
C. 集体教育与个别教育相结合　D. 尊重信任学生与严格要求学生相结合

11. 班主任李老师发现班里学生争吵、摩擦较多，有时还会升级到打架斗殴。为教育学生互相谦让、宽容大度，李老师实施了课间播放轻音乐、班会上播放相关主题电影等德育措施对学生进行陶冶。这种陶冶方式属于(　　)
A. 艺术陶冶　B. 环境陶冶　C. 人格陶冶　D. 思维陶冶

12. 在德育方法中，(　　)是陶冶教育法的典型特征。
A. 摆事实、讲道理　B. 潜移默化
C. 组织学生进行实践活动　D. 操行评定

13. 为提高学生爱护公共卫生环境的意识，某小学开展了“当一次环卫工”主题教育活动，学生们带着工具走上街头，与环卫工人一起进行路面清扫保洁、擦抹公共设施等劳动。这属于德育方法中的(　　)(常考)
A. 陶冶教育法　B. 实际锻炼法　C. 榜样示范法　D. 说服教育法

14. 为了培养学生守时的习惯，张老师不仅专门开了一节班会课，强调守时的重要性，还组织学生建立了相应的班规——如果下次再有学生上课迟到，就表演一个节目。这体现了德育的(　　)
A. 导向性原则　B. 知行统一原则
C. 集体教育与个别教育相结合原则　D. 正面教育与纪律约束相结合的原则

15. 下列德育方法选择合理的是(　　)
A. 政治法纪教育主要以强制灌输的方法进行
B. 采取罚款解决班级卫生问题
C. 小学生应多运用榜样进行教育，中学生教育可更多注重说理
D. 为了维护绝大多数同学的学习权利，教师可以把破坏课堂纪律的同学赶出教室

16. 德育模式有许多种，其中重“行”的是(　　)(易混)
A. 认知模式　B. 感化模式　C. 体谅模式　D. 社会模仿模式

17. 促进学生思想内部矛盾向积极方面转化，教育者要提高受教育者的(　　)
A. 自我领悟能力　B. 思考能力　C. 思维能力　D. 自我教育能力

18. 周老师教导学生：“我们要文明礼貌、遵纪守法，在法律允许的范围内行事，一切违背法律的行为都将受到惩罚。”周老师的教育内容属于学校德育中的(　　)
A. 政治教育　B. 思想教育　C. 法制教育　D. 道德教育

19. 社会是变化发展的，德育不能仅传授给学生固定的价值观点，还要教会学生如何分析不同的道德价值。这反映的德育模式是(　　)
A. 体谅模式　B. 集体教育模式　C. 社会学习模式　D. 价值澄清模式

20. 学生王林因为不守纪律又一次被带进办公室，当即受到班主任的训斥：“你又违反纪律了！我跟你说过多少次？你的脸皮实在太厚了！你把家长请来，当面说清楚，你到底准备怎么办。不然，从明天起，你就不要来读书了！”王林低着头离开了办公室。从上面的例子分析，你认为使王林同学遵守纪律最有效的方法是(　　)
A. 说服教育法　B. 陶冶教育法　C. 榜样示范法　D. 实际锻炼法

二、多项选择题

1. 小军是家里的独生女，父母、长辈对她都非常溺爱、百依百顺。然而学校的同学并不会像家里长辈那样迁就她，因此小军在学校里多次和同学发生冲突。班主任知道这一情况后，多次与小军进行单独谈话，并且鼓励小军多参加由学校组织的公益活动和集体活动，对于小军每次取得的进步，班主任都会给予肯定和鼓励。材料中班主任对小军进行德育时使用的方法包括(　　)
A. 说服教育法　B. 情感陶冶法　C. 实际锻炼法　D. 品德评价法

2. 贾老师和秦老师在探讨关于德育内容的问题时均认为，德育内容应随着时代的发展而变化，依据受教育者身心发展的特征、德育目标等因素做出选择。下列可以纳入学校德育内容的是(　　)
A. 民主与法制观念的教育　B. 爱国主义教育
C. 科学世界观和人生观教育　D. 自觉纪律教育

3. 关于德育过程，以下表述不准确的是(　　)
A. 德育过程开始于道德认知　B. 德育过程开始于道德情感
C. 德育过程开始于道德意志　D. 德育过程具有多种开端

4. 以下活动运用了实际锻炼法的是(　　)(易混)
A. 创设良好的班级环境　B. 委托学生每周轮流担任班长
C. 开展“讲解、谈话、报告、讨论”等形式的班会　D. 组织学生参加暑期社会实践调查

5. 邱老师看待学生总是“泾渭分明”，认为学习成绩优异的学生自觉性强，从而放松对他们的管理，认为学习成绩落后的学生一无是处。邱老师的做法不符合德育原则中的(　　)
A. 长善救失原则　B. 因材施教原则
C. 疏导原则　D. 在集体中教育原则

6. 下列说法正确的是(　　)
A. 教师对学生的德育影响，必须经过他们主体的选择、吸收与能动的实践活动，才能转化为他们的品德
B. 自我教育能力是德育的一个重要条件，只有注意培养学生的这种能力，学生品德内部矛盾才能转化
C. 学校的德育工作必须主要放在调节学生品德发展的外部环境方面
D. 德育要注意发挥知、情、意、行的整体功能

7. 在教学《谁是最可爱的人》时，老师问：“谁是最可爱的人呢？”一个学生站起来说：“老师，我是不是最可爱的人呢？”老师说：“你热爱劳动，乐于助人，你是可爱的人。如果你能按时完成作业，认真听讲，上课积极发言，那么你也是最可爱的人。”该教师运用了哪些德育原则(　　)
A. 从学生实际出发的原则　B. 知行统一原则
C. 尊重学生与严格要求相结合的原则　D. 教育影响的一致性和连贯性原则

8. 德育的体谅模式的特征有(　　)(常考)
A. 坚持性善论，主张儿童是德育的主体
B. 坚持人具有一种天赋的自我实现趋向
C. 注重个体认知发展与社会客体的相互作用
D. 大力倡导民主的德育观

三、辨析题

1. 德育过程就是学生思想品德形成过程。(易错)

2. 德育过程是对学生知、情、意、行的培养与提高过程,从任何一个方面都可以开始进行品德教育。

3. 德育应该遵循疏导原则。因此,正确的德育严禁惩罚。(易错)

4. 德育方法中的说服教育法包含参观、访问和调查等方式。

四、论述题

1. 试述教育影响的一致性与连贯性德育原则。

2. 为什么说德育过程是一个长期的、反复的、逐步提高的过程?(常考)

五、案例分析题

1. 陶行知先生于1926年11月在“南京中等学校训育研究会”上说:“训育上还有一个最不幸的事体,这事就是教育与训育分家:把教育看作知识范围以内的事,训育看作品行范围以内的事,以为学习知识与修养品行是受不同的原理支配的,甚至于一校之中管教务与训育者不相接洽,或背道而驰。殊不知学习知识与修养品行是受同一学习心理定律之支配的。我们如果强为分家,必致自相矛盾,必致教知识的不管品行,管品行的不学无术。所以,我们希望担任训育的人,要打破知识、品行分家的二元论,而在知识品行合一上研究些办法出来。”(注释:训育即现在所说的德育。)

——资料来源:谢维和.陶行知先生留下的“作业”——立德树人的逻辑与实践研究之一[J].人民教育,2017(7)

(1)依照陶行知先生的观点,你认为影响和制约德育的主要因素有哪些?

(2)你认为要切实落实立德树人根本任务应遵循哪些基本原则?

2. 某农村学校所在地盛产水果,当地老百姓常向学校反映,说学生在上学和放学的途中有偷盗水果的现象。学校德育老师对此非常重视,专门对个别学生进行批评教育,指出偷盗的恶劣性,进行了严厉的处罚,但是收效甚微,学生偷盗行为还是屡禁不止。于是德育老师改变了教育方式,分班级进行了一项比赛活动。活动内容与要求如下:参与者分成几个小组,向当地的老百姓家里要水果,在规定的时间里,得到水果数量最多者为胜,由于活动设计新颖,学生参与的积极性非常高。活动结束后,老师给获得优胜的小组颁发奖品,并要求各个小组派代表发言,谈谈对此次活动的感受和想法,总结本小组获胜或者失败的原因。其中有些小组在总结失败的原因时,提到了由于平时养成了随时摘取水果的习惯,导致老百姓不给自己水果,声称以后将改正这一行为。老师对各组进行简要的评价后,就各组的总结提出改进建议,帮助他们制定了切实可行的措施。这次活动以后,学校很少再听到关于学生偷盗水果的反映。

请结合案例中学生行为改变的情况,分析该案例所体现的德育原则和德育方法。

3. 王老师发现班里的小兰虽然很聪明，但是不爱学习，经常在课堂上与同学聊天，影响他人学习。所以，他将小兰调到学习成绩好又不爱讲话的小伟旁边，希望能让小兰有所改变。然而一段时间后，小伟找到王老师，说小兰经常给他写情书。于是，王老师在班会课上把小兰的情书公之于众，并通知了小兰的家长。结果，小兰受到了家长的责骂和同学的取笑，每天情绪都很低落。
该案例中王老师的行为违背了哪些德育规律和德育原则？正确的做法应该是什么？

4. 2017年3月26日，微信公众号"杂谈黄土地"发布消息称，西部某中学德育处老师指使学生用微型摄像机偷拍，以此来抓获吸烟的同学进行处罚，被抓学生每人每次要交500元罚款。此外，学生带手机进学校也要罚款500元。有网民爆料称，最多的时候一天就有20个学生交了罚款。由于爆料中提到的时间跨度长，罚款数额大，网络上产生了学校对学生"每天罚金过万元"的说法。
结合案例，谈谈如何做好新形势下的学生德育工作。

真题必刷

一、单项选择题

1. [周口川汇区]当前，我国学校德育内容主要有：政治教育、思想教育、道德教育和(　　)
A. 人生观教育　B. 价值观教育　C. 素质教育　D. 心理健康教育
2. [平顶山新城区]学校德育对政治、经济、文化发生影响的功能是指(　　)(常考)
A. 发展性功能　B. 个体性功能　C. 教育性功能　D. 社会性功能
3. [周口沈丘]德育过程即思想品德的实施过程，它的基本构成要素是教育者、受教育者和(　　)
A. 德育环境、德育内容　B. 德育环境、德育目标
C. 德育内容、德育方法　D. 德育环境、德育方法
4. [驻马店市直]促进外在道德要求转化为学生自身品德的基础是(　　)
A. 原有品德水平　B. 思想内部矛盾　C. 活动与交往　D. 主观能动性
5. [永城]下列不属于小学德育的基本原则的是(　　)(常考)
A. 导向性原则　B. 修通原则　C. 疏导原则　D. 知行统一原则
6. [郑州二七区]某校在开展"扫黑除恶"活动中，班主任仅上交德育处资料，未开展具体工作。其违反的德育原则是(　　)
A. 疏导性原则　B. 尊重学生原则　C. 长善救失原则　D. 知行统一原则
7. [许昌市直]德育的"认知模式"中，设置两难问题是为了(　　)
A. 测量道德发展的外在形式　B. 测量道德判断的发展水平
C. 测量道德发展的认同水平　D. 测量道德发展的结构体系
8. [洛阳市直]德育模式是在德育实施过程中，德育理念、内容、手段、方法、途径等的有机组合方式。认为人与环境是一个互动体，人既能对刺激做出反应，也能主动地解释并作用于情境的德育模式是(　　)
A. 价值澄清模式　B. 社会模仿模式　C. 体谅模式　D. 认知模式
9. [焦作博爱]学校有目的、有计划、系统地向学生进行德育的基本途径是(　　)(常考)
A. 班主任工作　B. 团队活动　C. 学科教学　D. 课外、校外活动
10. [安阳滑县]王老师带着全班学生参加志愿活动，让学生真正体会到帮助别人是一件快乐的事情。这运用了德育方法中的哪种方法(　　)
A. 实践锻炼法　B. 情感陶冶法　C. 品德评价法　D. 说服教育法

二、多项选择题

1. [周口川汇区]周老师为班上一名淘气的学生写了一首打油诗："小赵同学有头脑，就是不爱用正道；上课爱做小动作，插话接话瞎胡闹；学习态度不大好，学习成绩不大妙；你若聪明应知道，有才不用是草包；劝你早期赶紧改，否则成绩更糟糕。"小赵看后，哈哈大笑，也回道："老师写得好，老师写得妙；小赵一定改，决不当草包；不做小动作，头脑用正道；若是做不好，随你老师敲！"周老师的行为体现了哪些德育原则(　　)
A. 因材施教　B. 依靠积极因素，克服消极因素
C. 尊重学生与严格要求学生相结合　D. 讨好学生
2. [洛阳汝阳]老师在运用榜样示范法进行德育的时候，要遵循的要求有(　　)
A. 选好学习的榜样　B. 激起学生对榜样的敬慕之情
C. 狠抓落实　D. 引导学生用榜样来调节行为
E. 引导学生提高修养

三、判断题

1. [新乡获嘉]学校对学生进行德育的一个重要而又特殊的途径是班主任工作。(　　)
2. [郑州航空港区]教师尊重学生的自由意志和道德自主性，意味着教师在德育过程中应保持价值中立的立场。(　　)
3. [周口川汇区]德育过程是对学生知、情、意、行的提高过程，应以知为开端，知、情、意、行依次进行。(　　)

四、简答题

[开封市直]在德育工作中贯彻知行统一原则的基本要求有哪些？(常考)

专题八　班级管理与班主任工作

命题分析

本专题主要以选择题、判断题、简答题等形式进行考查，需要重点掌握的知识包括：

1. 识记班级的概念、功能。
2. 识记和区分班级管理的功能、模式。
3. 识记班集体的特征和教育作用。
4. 识记和理解班集体的发展阶段、班集体的形成和培养。
5. 识记班主任在班级管理中的地位和作用、班主任的领导方式。
6. 识记班主任工作的任务、内容和方法。

基础训练

知识1 班级与班级管理

一、单项选择题

1. 俗话说，“授人以鱼，不如授人以渔”，因此在班级管理中要注重(　　)
A. 促进班级教育教学工作的有序进行　B. 培养学生自我教育和管理的能力
C. 指导具体工作，明确班级努力方向　D. 提高学生对班级管理的认识
2. 李老师是某班级的班主任，为做好班级卫生管理，让班长通过每天安排值日和班委每天检查卫生的形式督促大家做好班级卫生工作。同时李老师又通过以身作则的方式，让同学们养成良好的卫生习惯。这种班级管理模式属于(　　)
A. 班级常规管理　B. 班级平行管理
C. 班级民主管理　D. 班级目标管理
3. 学生在服从班集体的正确决定和承担责任的前提下，参与班级管理的方式属于(　　)(易混)
A. 常规管理　B. 平行管理　C. 民主管理　D. 目标管理
4. (　　)是班集体组织建立的首要原则。
A. 有利于教育的原则　B. 有利于身心发展的原则
C. 目标一致的原则　D. 有利于教学的原则
5. 班级平行管理的理论源于(　　)的“平行影响”教育思想。(常考)
A. 马卡连柯　B. 乌申斯基　C. 苏霍姆林斯基　D. 加里宁
6. 通过对集体的管理去间接影响个人，又通过对个人的直接管理去影响集体。这种班级管理模式是(　　)(常考)
A. 民主管理　B. 目标管理　C. 集体管理　D. 平行管理
7. 班级管理模式中的“目标管理”是由(　　)提出来的。
A. 马卡连柯　B. 德鲁克　C. 皮亚杰　D. 夸美纽斯
8. “班干部能做的班主任不做，学生能做的班干部不做”体现了班级管理的(　　)原则。
A. 教管结合　B. 自主参与　C. 平行管理　D. 全面管理
9. 班级管理中制定的班干部轮换制度属于(　　)模式。(易混)
A. 常规管理　B. 平行管理　C. 民主管理　D. 目标管理
10. 班主任与学生共同确定班级总体目标，然后转化为小组目标和个人目标，使其与班级总体目标融为一体，形成目标体系，以此推动班级管理活动，实现班级目标的管理方法属于(　　)
A. 平行管理　B. 常规管理　C. 目标管理　D. 民主管理
11. 班主任工作的重要内容之一是开展以班级(　　)为核心的常规管理。
A. 学风建设　B. 培养目标　C. 规章制度　D. 教学规则
12. 现代班级管理强调以(　　)为核心，建立一套能够持久地激发学生主动性、积极性的管理机制。
A. 学校　B. 教师　C. 教育内容　D. 学生
13. 班级管理的根本目的是(　　)
A. 使学生得到充分的、全面的发展　B. 发展学生智力
C. 培养创造能力　D. 发掘学生特长
14. 班级教学管理的核心是(　　)
A. 班级常规管理　B. 教学思想管理
C. 教学档案管理　D. 教学质量管理
15. 学校行政体系中最基层的行政组织是(　　)(常考)
A. 学生会　B. 班级　C. 小组　D. 团委
16. 最早正式使用“班级”一词的是著名教育家(　　)
A. 埃拉斯莫斯　B. 夸美纽斯　C. 赫尔巴特　D. 杜威
17. 班级管理的实质是(　　)(常考)
A. 培养学生　B. 管理学生　C. 开发学生的潜能　D. 激励学生

二、多项选择题

1. 非成文的制度管理是班级组织在形成过程中班级本身建立的规范，常常是班级个性的体现。下列属于非成文制度的有(　　)
A. 学生守则　B. 班级的舆论　C. 班级的传统　D. 班风
2. 班主任王老师希望用较为民主的管理形式进行班级管理，并把个人管理与班级管理结合起来。王老师如果要实行班级平行管理，其基本要求包括(　　)
A. 要充分发挥班集体的教育功能，使班集体真正成为教育的力量
B. 要通过转化个别学生，促进班集体的管理与发展
C. 要实施对班集体与个别学生双管齐下、互相渗透的管理
D. 要严格对待每一位学生，不许他们私自进行任何活动
3. 下列属于班级管理原则的是(　　)
A. 平行管理原则　B. 教管结合原则　C. 自主参与原则　D. 全面管理原则
4. 班级管理的模式有(　　)
A. 常规管理　B. 平行管理　C. 民主管理　D. 目标管理

5. 班级管理的内容包括(　　)
A. 班级活动管理　　B. 班级制度管理
C. 班级组织建设　　D. 班级教学管理
6. 班级组织机构微观建制的形式有(　　)
A. 直线职能式　　B. 直线式　　C. 参谋式　　D. 职能式
7. 班级的个体化功能包括(　　)(易混)
A. 矫正功能　　B. 满足需求的功能
C. 教导社会生活规范　　D. 促进发展的功能

三、填空题

1. ________是学校为实现一定的教育目的,将年龄和知识程度相近的学生编班分级而形成的,有固定人数的基本教育单位。
2. ________是通过制定和执行规章制度来管理班级的经常性活动。

四、判断题

1. 班级管理的自主参与原则要求班级管理者把教育工作和对班级的管理工作辩证统一起来。(　　)
2. 在班级管理中,凡事都能与学生商量就是民主。(易错)(　　)
3. 班级管理的主要功能是维持班级秩序,形成良好的班风。(　　)
4. 学生管理具有教育性、全面性和周期性等特点。(　　)

五、简答题

1. 简述班级管理的功能。(常考)

2. 简述班级组织建构的原则。

知识2 良好班集体的培养

一、单项选择题

1. 当老师与学生、学生与学生之间有一定的了解和信任,班级的组织比较健全时,班集体发展处于(　　)阶段。(易混)
A. 成熟　　B. 组建　　C. 核心初步形成　　D. 集体自主活动
2. 班集体形成的基础是(　　)(易错)
A. 明确的共同目标　　B. 平等、心理相容的氛围
C. 共同生活的准则　　D. 一定的组织结构
3. 每个学生在所属的班集体中都有一定的权利和义务,都能找到适合自己的角色与活动。因此,班集体有利于训练学生的(　　)
A. 群体意识　　B. 社交能力　　C. 自我教育能力　　D. 合作能力
4. 班级依赖班主任组织指挥,一旦班主任要求不严格,班级就变得松弛、涣散。此时班集体发展处于(　　)
A. 组建阶段　　B. 核心初步形成阶段　　C. 发展阶段　　D. 成熟阶段
5. 班级管理的核心工作是(　　)
A. 实现教学目标　　B. 完成学习任务
C. 形成良好的班风　　D. 建设和培养良好的班集体
6. 当班主任接到一个教育基础较差的班级时,首先要做好的工作是(　　)(易错)
A. 建立班集体的正常秩序　　B. 建立班集体的核心队伍
C. 组织形式多样的集体活动　　D. 确定班集体的发展目标
7. 班集体生活和成员意愿的反映是(　　)
A. 班集秩序　　B. 班集体舆论　　C. 班风　　D. 班级管理
8. 每个学生的聪明才智和特长均能够在班级活动中得到充分表现和发挥,这体现了(　　)
A. 班集体是学生形成集体意识的基地　　B. 班集体是促进学生个性全面发展的重要条件
C. 班集体不是教育的客体而是教育的主体　　D. 班集体是促进学生社会化的唯一条件
9. 班主任应经常注意组织学生学习政治理论、道德规范,以提高他们的认识,并注重表扬好人好事,批评不良思想行为。这体现在培养班集体的过程中,应该注意(　　)
A. 统一校内教育对学生的要求　　B. 分析学生的书面材料
C. 健全组织、培养干部以形成集体核心　　D. 培养正确的舆论和良好的班风

二、多项选择题

1. 下列关于培养班集体舆论和班风的表述,正确的有(　　)(常考)
A. 班集体舆论是班主任意愿的反映
B. 正确的舆论和良好的班风是班集体形成的重要标志
C. 良好的班风是班集体大多数成员的精神状态的共同倾向与表现
D. 正确的班集体舆论对班集体的每个成员都有约束、感染、激励等作用
2. 班集体的形成必须具备的基本特征是(　　)
A. 明确的共同目标　　B. 一定的组织结构　　C. 共同生活的准则　　D. 正确的集体舆论
3. 一个班的几十个学生,从刚组建的群体发展为坚强的集体,要经历一个发展过程,这个过程分为三个阶段,主要包括(　　)(易混)
A. 组建阶段　　B. 核心初步形成阶段
C. 集体自主活动阶段　　D. 集体解散阶段

三、判断题

1. 班集体是训练班级成员自己管理自己、自己教育自己、自主开展活动的最好载体。(常考)(　　)
2. 在班集体发展的组建阶段,学生普遍关心、热爱班集体,能积极承担集体工作,参加集体的活动,维护集体的荣誉。(　　)

四、简答题

1. 如何培养一个良好的班集体?

2. 简述班集体的教育作用。

知识3 班主任工作概述

一、单项选择题

1. 下列选项中不属于偶发事件的特点的是( )
A. 突发性　B. 紧迫性　C. 冲击性　D. 复杂性

2. 班主任工作计划中比较完整的是( )
A. 学期计划　B. 课时计划　C. 月计划　D. 周计划

3. 班主任要做好个别教育工作,所谓个别教育是指( )(常考)
A. 班集体中优秀学生的个别教育
B. 班集体中后进生的个别教育
C. 既包括优秀学生的个别教育,也包括后进生的个别教育
D. 全体学生的教育

4. 组织主题班会的步骤是( )(常考)
A. 确定主题—精心准备—具体实施—总结深化
B. 精心准备—确定主题—具体实施—总结深化
C. 精心准备—深化主题—具体实施—总结拓展
D. 精心准备—具体实施—深化主题—总结拓展

5. 班主任在班级管理中的影响力主要表现在两方面:一是职权影响力,二是( )(常考)
A. 学术影响力　B. 个性影响力　C. 年龄影响力　D. 职称影响力

6. 班主任的工作是从( )开始的。
A. 评定学生操行　B. 教育个别学生　C. 了解和研究学生　D. 组建班集体

7. 教师在班级管理中了解学生的最基本方法是( )
A. 观察法　B. 书面材料分析法　C. 谈话法　D. 调查法

8. 班主任在课余和学生聊天以了解学生的方法是( )
A. 谈话法　B. 访问法　C. 问卷法　D. 作品分析法

9. 班主任工作的中心环节是( )(易混)
A. 组织和培养班集体　B. 了解和研究学生
C. 组织课外、校外活动　D. 协调校内外各种教育力量

10. ( )是班级活动的主要形式。
A. 主题班会　B. 运动会　C. 晨会　D. 校会

11. 班会的特征主要有集体性、针对性和( )
A. 自主性　B. 开放性　C. 时效性　D. 教育性

12. 学生操行评定的主要负责人是( )
A. 科任教师　B. 班主任　C. 级任导师　D. 班委会

13. 班主任对学生进行操行评定时应慎用的评定等级是( )
A. 优　B. 良　C. 中　D. 差

14.《中小学班主任工作规定》指出:"班主任是中小学日常思想道德教育和学生管理工作的主要实施者,是中小学生健康成长的( ),班主任要努力成为中小学生的人生导师。"
A. 教育者　B. 引领者　C. 代言者　D. 示范者

15. 在班级管理中,一个班级的组织者和领导者被称为( )
A. 校长　B. 教师　C. 班主任　D. 行政干部

16. 目前我国中小学班级管理中,采用最多的领导方式是( )(常考)
A."教学中心"的领导方式　B."集体中心"的领导方式
C. 放任型的领导方式　D. 民主型的领导方式

17. 班主任工作的中心任务是( )(易混)
A. 组织建立良好的班集体　B. 促进班集体全体成员的全面发展
C. 了解和研究学生　D. 搞好班级教育工作

18. 高一四班的班主任善于倾听学生的想法,认真对待学生提出的意见,间接地培养学生自己管理自己的能力。该班主任的领导方式倾向于( )
A. 权威型　B. 民主型　C. 溺爱型　D. 放任型

19. 班主任在对学生进行操行评定时,下列做法错误的是( )
A. 评语要实事求是,抓住主要问题,有针对性　B. 充分肯定学生的进步
C. 评语用词生动形象,有感染力　D. 指明学生的主要缺点和努力的方向

二、多项选择题

1. 班主任的领导方式一般分为( )(常考)
A. 权威型　B. 现实型
C. 民主型　D. 放任型
E. 科学型

2. 班主任工作的基本任务是( )
A. 带好班级　B. 教好学生
C. 配合学校,实现目标　D. 帮助校长,当好助手
E. 联系家长,转变差生

3. 班主任工作总结一般分为( )(常考)
A. 个人总结　B. 全面总结
C. 集体总结　D. 专题总结
E. 学年总结

4. 操行评定的一般步骤包括(　　)

A. 学生自评　　B. 小组评议

C. 班主任评价　　D. 信息反馈

E. 收集信息

5. 学生操行评语的基本写法包括(　　)(常考)

A. 谈心式　　B. 描述性

C. 过程性　　D. 结果性

E. 情感性

6. 主题班会的主要形式有(　　)

A. 主题报告会　　B. 主题汇报会

C. 主题讨论会　　D. 主题晚会

E. 主题竞赛

三、判断题

1. 班主任工作的首要任务是促进学生成绩的提高。(易混)　(　　)

2. 晨会属于生活班会。　(　　)

3. 班主任是一个重要的专业性岗位。　(　　)

4. 班主任要努力成为学生的人生导师,是教育部在新时代对班主任提出的要求。　(　　)

5. 建立学生档案一般分四个环节:收集—整理—鉴定—保管。　(　　)

四、名词解释

1. 班主任

2. 操行评定

3. 偶发事件

五、简答题

1. 简述班主任工作的意义。

2. 简述做好个别学生教育工作的一般要求。(常考)

整合提升

一、单项选择题

1. 下列属于班级民主管理的是(　　)

A. 班干部轮换制度　B. 中小学生守则　C. 考勤制度　D. 体育锻炼标准

2. 学生社会技能的欠缺、共鸣的欠缺、自我控制的欠缺等问题会通过班级组织显现出来,这些问题的暴露,为教师开展有针对性的教育、引导和矫正学生的不良倾向创造了有利条件。这体现了班级组织的(　　)(易混)

A. 促进发展功能　B. 满足需求的功能　C. 诊断功能　D. 矫正功能

3. 班级组织在结构上大致分为正式组织和非正式组织。下列不属于非正式组织的是(　　)

A. 某班学生自发组织的公益活动小组　B. 某校学生因爱好组成的象棋协会

C. 某校学生因参赛需要组织的篮球队　D. 某班学生竞选产生的班级委员会

4. 人们常说"众人拾柴火焰高""三个臭皮匠顶个诸葛亮""人心齐,泰山移""一个人像棵小草,集体则是抗拒暴风雨的森林"。以上俗语体现的在班集体建设中的道理是(　　)

A. 班集体的力量在于团结　B. 班集体的力量在于竞争

C. 班集体的力量在于成员的多少　D. 班集体的力量在于少数精英的支撑

5. 李老师在给小菲的素质教育操行评语中写道:"你本学期参加英语角活动,成绩明显提高,下学期你的英语一定有新的进步。"这种评语写作方式是(　　)

A. 过程式　B. 总结式　C. 评价式　D. 谈心式

6. 下列关于班集体的概念,理解不正确的一项是(　　)(易混)

A. 班集体是群体发展的高级阶段　B. 班集体就是班群体

C. 不是任何一个班都能称得上班集体　D. 纪律松弛、涣散的群体算不上集体

7. 教师在处理班级突发事件时,坚持说服教育、以理服人、教育从严、处理从宽。这体现了处理班级突发事件的(　　)

A. 有效性原则　B. 客观性原则　C. 教育性原则　D. 因材施教原则

8. 教师在班级建设和管理时,不正确的做法是(　　)

A. 在班里设常务班长、值周班长和负责养鱼、养花的鱼长、花长等

B. 动态分配管理岗位,即实行干部轮换制度,让学生在不同岗位上得到多方面的锻炼

C. 鼓励学生相互找缺点,并开展"缺点大王"评比活动

D. 让几个学生承担同一干部岗位,让"老干部"带动"新干部"

9. 班级文化即班级中教师和学生共同创造出来的联合生活方式,不包括(　　)

A. 教师的课程设计　B. 班风　C. 班级制度与规范　D. 班级环境布置

10. “没有规矩，不成方圆”，因此在组织和培养班集体时应(　　)
A. 确立班集体的目标　　B. 全面了解和研究学生
C. 建立健全必要的班级规则　　D. 开展丰富多彩的集体活动
11. 面对班级中的后进生，教师应当采取的正确措施是(　　)(常考)
A. 弄清情况，分析原因，对症下药　　B. 直接与家长沟通
C. 不要特别关注，给予充分自由　　D. 以上都不对
12. 下列哪项工作是班主任的主要任务和工作重点(　　)(常考)
A. 对学生进行思想品德教育　　B. 教育学生努力学习，完成学习任务
C. 指导学生课余生活，关心学生身体健康　　D. 做好家长工作，争取社会有关方面的配合
13. 班主任在领导班级的过程中，不是以直接的方式管理班级，而是以间接的方式引导学生。这属于(　　)的领导方式。
A. 权威型　　B. 民主型　　C. 放任型　　D. 迁就型

二、多项选择题

1. 关于先进生的教育，教师需要注意的问题有(　　)
A. 严格要求，防止自满　　B. 不断激励，弥补挫折
C. 培养和激发学习动机　　D. 发挥优势，全班进步
2. 班主任处理偶发事件的原则有(　　)(常考)
A. 教育性原则　　B. 客观性原则
C. 可接受性原则　　D. 冷处理原则
3. 从根本上解决班级管理中存在的问题必须做到(　　)
A. 以满足学生的发展为目的　　B. 实现教育目标，提高学习效率
C. 有目的地训练学生进行班级管理的能力　　D. 确立学生在班级管理中的主体地位
4. 班主任在组建班委会时要做到(　　)
A. 充分发扬民主，慎重选择班干部　　B. 充分利用学生所长为班级服务
C. 注意教育与锻炼学生相结合　　D. 对班干部既要关心爱护又要严格要求
5. 班级文化对成员的制约功能主要通过哪些途径得以实现(　　)
A. 氛围制约　　B. 制度制约　　C. 观念制约　　D. 兴趣制约

三、判断题

1. 班干部一般约占班级人数的1/5。(　　)
2. 一位教师赞扬一位后进生的演出服装很漂亮，并说：“我对你们的爱不是用身高体重和成绩来衡量的，我有足够的爱去疼爱每个学生。”这属于教师在沟通时注重了帮助学生恢复信心。(　　)
3. 班主任组织班会时，要做好“演员”。(　　)
4. 班级就是班集体。(易错)(　　)
5. 满足学生发展的需要既是班级活动的出发点，又是班级活动的最终归宿。(　　)
6. 当代学校教育中的班主任必须实行由管理者角色向指导者角色的重心转移。(　　)
7. 班级个别教育是集体教育的深化和补充。(　　)
8. 班级越大，情感纽带的力量就越强。(易错)(　　)
9. 要解决我国学校班级管理中存在的问题，必须建立以学生为本的班级管理新机制，尊重学生的人格和主体性，充分发挥学生自身的聪明才智，发扬学生在班级自我管理中的主人翁精神。(　　)
10. 班集体形成的重要标志是成立了班委会。(　　)
11. 班主任要一分为二地看待后进生，善于利用“闪光点”作为推动后进生前进的动力和转化的良好开端。(　　)

四、简答题

1. 简述班主任了解和研究班级个体的主要内容。(常考)

2. 简述班级文化的类型。

五、论述题

1. 谈谈你对“教学中心”和“集体中心”的领导方式的理解。

2. 结合实际，谈谈班主任工作的主要内容。(常考)

3. 作为一名班主任，您应该怎样协调校内外的各种教育力量?

4. 联系实际，谈谈我国学校班级管理中存在的问题及如何解决这些问题。

六、案例分析题

1. 王老师是一名新教师，一年班主任工作下来，他觉得班上同学都有进步，坐不住的小A听课专心了；上课不敢发言的小B回答老师的提问一套一套的；说话老带脏字的小C还成了班级的文明标兵……但还有一些同学存在各方面的问题，如不遵守纪律，对班级关心不够，学习成绩不理想等。
   (1)如何客观地看待发展中的学生？
   (2)王老师要给班上每个学生写一份有特色的操行评语，请你给一些建议。

2. 小袁曾是班上有名的“差生”，不但成绩拖全班的后腿，还经常惹“乱子”。有一次他要参加学校美术兴趣小组。鉴于他的表现，起初，我不想同意，后来一想，还是让他去参加吧，也许借此契机能促使他转变。于是，我批准了他的请求。不久，学校举办了“第二课堂展览”，我们班有一幅美术作品获了大奖。没想到这幅作品竟出自小袁之手。我在班会上称赞他心灵手巧，敢于创新。说来也奇怪，从此以后，小袁像变了一个人似的，学期结束，他还被评上了文明学生。
   请说明你在教育实践中是如何转变“差生”的。

3. 小张同学期中考试的语文成绩为54分。按学校要求，试卷必须经家长签阅后送交班主任。小张因成绩不及格，不敢给家长签阅，所以自己拿起笔来，在试卷上签上他爸爸的姓名，然后交给了班主任。班主任发现后，在班上公开点名批评，指责他欺骗老师和家长，并罚他重做试题两遍。
   (1)班主任的做法对吗？为什么？
   (2)如果你是小张的班主任，你该如何教育他？

真题必刷

一、单项选择题

1. [焦作中站区]在班级开展的各种活动中，学生通过对比自己和他人的表现及获得的评价，判断自己的优势与不足。这属于班级组织个性化功能中的(　　)
   A. 促进发展功能　B. 诊断功能　C. 满足需要功能　D. 矫正功能
2. [周口沈丘]实施班级民主管理是开展班级工作的有力保证，下列选项不属于民主管理方式的是(　　)
   A. 小组评议　B. 健全班级守则
   C. 班干部轮换　D. 设立值日班长和值日班委
3. [永城]把对集体的管理和对个人的管理结合起来的班级管理方式是(　　)(常考)
   A. 常规管理　B. 目标管理　C. 平行管理　D. 民主管理
4. [新乡封丘]班级建设设计中最为重要的是(　　)
   A. 班级目标的实现方法　B. 确定班级工作程序
   C. 班级模式的设计　D. 班级建设目标的制定
5. [新郑]班主任李老师常常与学生协调处理各项班级事务，并鼓励学生积极参与对话互动交流，敢于质疑。李老师的这种班级管理方式属于(　　)
   A. 联合型　B. 对等型　C. 放任型　D. 民主型

二、多项选择题

1. [郑州管城区]下列关于班级管理的描述，正确的是(　　)
   A. 班级管理是直线式发展的静态过程
   B. 班级管理的主要手段有计划、组织、协调、控制
   C. 班级管理是一种有目的的教育活动，它的根本目的是实现教育目标
   D. 班级管理是一种组织活动的过程，体现了教师与学生之间的双向活动
2. [安阳殷都区]班集体对学生的教育作用主要有(　　)(常考)
   A. 有利于形成学生的群体意识　B. 有利于培养学生的社会交往能力
   C. 有利于培养学生的自我教育能力　D. 有利于促进学生个性发展

三、判断题

1. [信阳平桥区]班主任要善于做忠实的“听众”，给学生充分表达的机会。(　　)
2. [新乡获嘉]班主任工作计划一般包括课内计划和课外计划。(　　)

专题九　课外、校外教育与三结合教育

命题分析

本专题主要以选择题、判断题等形式进行考查，需要重点掌握的知识包括：
1. 识记课外、校外教育的概念。
2. 理解课外、校外教育与课堂教学的关系。
3. 识记课外、校外教育的内容、组织形式和特点。
4. 识记教育合力的内容。

基础训练

知识1 课外、校外教育

一、单项选择题

1. 课外、校外教育的主要组织形式是(　　)(易错)
A. 小组活动　B. 集会活动　C. 个别活动　D. 文体活动
2. 外语兴趣小组活动属于(　　)
A. 文体活动　B. 科技活动　C. 社会活动　D. 学科活动
3. 课外活动的内容可涉及科技活动、文学艺术活动、生产劳动以及各种社会实践活动等多个方面。这体现了课外活动的(　　)
A. 自主性　B. 实践性　C. 广泛性　D. 自愿性
4. 课外活动根据各学校、各地区的实际情况或学生的个体意愿开展，说明它具有(　　)(易混)
A. 实践性　B. 灵活性　C. 自主性　D. 娱乐性
5. 下列活动中，不属于课外体育活动的是(　　)
A. 夏令营　B. 春游　C. 文艺汇演　D. 冬令营
6. (　　)的目的在于使学生及时接触和吸收新知识，扩大学生的知识视野，培养他们的自学能力和思维能力。
A. 课外阅读活动　B. 读书指导活动　C. 文学艺术活动　D. 学校教育活动
7. 某学校成立“气象观测小组”，让学生了解气候的变化规律。这属于课外活动中的(　　)(常考)
A. 艺术活动　B. 科技活动　C. 文学活动　D. 体育活动
8. 教师在课外活动中处于辅助地位，说明课外活动具有(　　)(易错)
A. 自愿性　B. 自主性　C. 灵活性　D. 实践性
9. 学校组织学生利用课余时间对当地的河水污染情况进行调查，这属于(　　)
A. 体育活动　B. 经济活动　C. 文艺活动　D. 社会活动
10. (　　)是学校课外活动的主体部分，学校应高度重视，分科组织落实。(常考)
A. 体育活动　B. 学科活动　C. 科技活动　D. 社会实践活动
11. “小型分散，便于开展多种多样的活动，满足学生不同的兴趣爱好，发展学生的才能，使学生得到更多的学习和锻炼机会。”这种课外活动的形式是(　　)
A. 科技活动　B. 学科活动　C. 个别活动　D. 小组活动
12. 下列不属于课外教育的是(　　)
A. 学科活动　B. 选修课
C. 社会实践活动　D. 体育活动
13. 教师组织的课外活动(　　)
A. 比课堂教学要求低　B. 更强调教师的权威
C. 要有明确的目的　D. 没有明确目的
14. (　　)是学生课余生活的良好形式。
A. 娱乐活动　B. 竞赛活动　C. 课外教育　D. 学习活动
15. 张涛同学参加了课外机器人小组活动，不久后，他对人工智能技术产生了浓厚的兴趣。这说明课外活动(　　)
A. 是学生发展的主要渠道　B. 决定了学生的终身发展
C. 激发了学生学习的主动性　D. 增加了学生的学习负担
16. (　　)是课外活动的主体。(常考)
A. 教师　B. 校领导　C. 学生　D. 班干部
17. 下列活动不属于课外教育的是(　　)
A. 学校组织学生春游
B. 学校每周在体育课上组织学生参加足球比赛
C. 学校组织学生参加改革开放40周年展览
D. 学校为了扩大学生的知识面，成立了文学、历史、地理等学习小组

二、多项选择题

1. 科技活动主要包括(　　)
A. 举办科技讲座　B. 成立无线电小组
C. 开展小发明、小创造活动　D. 成立文艺小组
2. 课外、校外教育活动的特点包括(　　)(常考)
A. 自愿性　B. 灵活性　C. 自主性　D. 实践性
3. 下列课外活动中，属于群众性活动的是(　　)(易错)
A. 演讲比赛　B. 书法兴趣小组
C. 公益活动　D. 参观科技馆
4. 关于课外、校外教育活动的组织形式，表述正确的是(　　)
A. 个别活动往往与小组或群众性活动相结合而进行
B. 群众性活动的人数规模较大，可以在短时间内使较多的学生受到教育
C. 课外活动的三种组织形式可以互相配合、互相渗透、互相促进，组合成灵活多样的课外活动形式
D. 小组活动能充分发展学生自己的兴趣爱好，丰富和充实学生的精神生活，培养学生独立作业的能力

三、填空题

1. ________是指学生在教师指导下,在课外、校外单独进行的活动。

2. 学生是否参加活动以及参加何种活动,最终的决定权都在学生自己,这体现了课外、校外教育的________特点。

3. 根据课外活动的机能,可将课外活动分为________、创造性活动和训练性活动。

四、判断题

1. 课外活动是指学校在课堂教学任务以外,无目的、无计划、无组织地对学生进行的多种多样的教育活动。(常考)　(　　)

2. 课外活动根据时间长短,可分为长期性活动、短期性活动和临时性活动。　(　　)

3. 课外、校外教育是一种有目的、有计划、有组织的教育活动,其实施范围在课程计划和学科课程标准之内。　(　　)

4. 课外活动作为学校教育的组成部分,应纳入学校工作的整体计划之中。　(　　)

5. 任何不顾学生的兴趣爱好、特长和年龄特征而强求一律,不仅会打击学生参与课外、校外教育活动的热情和积极性,而且还会降低课外、校外教育活动的效果。(易错)　(　　)

五、名词解释

1. 课外、校外教育

2. 小组活动

六、简答题

1. 简述课外、校外教育的意义。

2. 简述课外、校外教育的主要内容。(常考)

知识2 学校、家庭、社会三结合教育

一、单项选择题

1. 孩子从很小的时候就会模仿父母的行为,所以父母一定要做好榜样,表里如一。这体现的是家庭教育的(　　)

A. 先导性　B. 权威性　C. 感染性　D. 针对性

2. (　　)是由家长代表成立的组织,是家长与学校沟通的桥梁。

A. 家长代表制　B. 家长委员会　C. 家长组织　D. 家校联合会

3. 教育合力是指以学校教育为主体,以________为基础,以________为依托的共同育人的力量。(　　)

A. 家庭教育　社会教育　B. 社区教育　社会教育

C. 学校教育　家庭教育　D. 社会教育　家庭教育

4. “知子莫如父,知女莫若母”说明家庭教育比学校教育更具有(　　)(常考)

A. 针对性　B. 权威性　C. 感染性　D. 先导性

5. (　　)是学校教育的基础和补充,有不可替代的教育作用。

A. 家庭教育　B. 社区教育　C. 社会教育　D. 课外教育

6. 三结合教育中,占主导地位的是(　　)

A. 家庭教育　B. 道德教育　C. 学校教育　D. 社会教育

7. 从时间上看,相对于其他教育形式来说,家庭教育的特点是(　　)

A. 开始最早,持续时间最短　B. 开始最早,持续时间最长

C. 开始较晚,持续时间最长　D. 开始较晚,持续时间较短

8. 学生家长在教育教学过程中是(　　)

A. 领路人　B. 主导者　C. 合作者　D. 检查者

9. 教师在与那些认为自己的孩子完美无缺的家长交谈时,采取下列哪种谈话方式比较合适(　　)

A. 首先向家长指出孩子在幼儿园的不足,让家长明白孩子并非十全十美

B. 告诉家长他们的教育观有问题,需要改进

C. 向家长介绍别的孩子的长处,建议向他们学习

D. 首先肯定孩子的优点,再站在孩子的立场上来讨论问题

10. 与家庭教育、社区教育相比,学校教育(　　)(常考)

A. 并不重要　B. 是教育的主体形式

C. 是必要的有益的补充　D. 教育形式更为灵活,是非制度化的教育

二、多项选择题

1. 家庭教育的教育方法有(　　)

A. 解答疑难　B. 指导读书　C. 游戏　D. 上课

2. 学校可以通过(　　)加强与家庭之间的联系。(常考)

A. 定时举行家长会　B. 举办家长学校　C. 与家庭相互访问　D. 组织家长委员会

3. 家庭教育的特点包括(　　)

A. 先导性　B. 终身性　C. 实践性　D. 针对性

4. 家庭教育是指父母或其他年长者在家庭内对子女及其他年幼者实施的教育和影响。下列关于家庭教育的叙述中,正确的有( )

A. 家庭教育有确定的教育内容
B. 家庭教育具有权威性的特点
C. 家庭教育对人的影响是潜移默化的
D. 家庭教育对人的影响会持续人的一生

5. 教育活动中要注意“三结合”,发挥教育合力,这“三结合”所指的三种教育是( )(常考)

A. 家庭教育 B. 社会教育 C. 学校教育 D. 班级教育

6. 根据教育合力原则,教师家访主要是( )

A. 告知家长孩子在校的表现
B. 督促家长,让家长成为自己的助教
C. 家校结合,齐抓共管
D. 了解孩子在家的表现

三、判断题

1. 家庭是人们生活和消费的最基本单位,承担着生养和教育子女的基本社会职能。 ( )
2. 父母是孩子的第一任老师,有言传身教的作用,任何人都无法替代。 ( )
3. 在我国,家庭、学校和社会的根本利益是一致的。 ( )

四、名词解释

1. 家庭教育(狭义)

2. 教育合力

五、简答题

1. 如何理解学校教育在学校、家庭、社会三结合教育中占主导地位?(常考)

2. 简述家庭教育的基本要求。

整合提升

一、单项选择题

1. 最能体现教育的生活化、情感化、多样化特点的是( )

A. 社会教育 B. 社区教育 C. 家庭教育 D. 学校教育

2. 某学校为热爱体育的学生创设了很有趣的课外活动,把学生组织起来分成了羽毛球队、篮球队,人数控制在10~20人左右。这种课外活动组织形式属于( )

A. 群众性活动 B. 个人活动 C. 团队活动 D. 小组活动

3. 下列关于课外、校外教育的说法,错误的是( )

A. 课外、校外教育是教育学生的基本途径
B. 课外、校外教育活动的基本原则是自愿参加、自主活动
C. 课外、校外教育活动的内容和形式应强调科学性、知识性和趣味性
D. 课外、校外教育活动要注重学生的实践环节

4. 普通中小学经常组织诸如生物、物理、航模等兴趣小组,主要是为了( )

A. 深化课堂教学
B. 因材施教,发展学生的个性特长
C. 培养竞赛人才
D. 充分发掘学有余力的学生的学习潜力

5. 我国古代很早就有把课内活动与课外活动结合起来的思想,下列选项中表达了这一思想的是( )

A. 安其学而亲其师,乐其友而信其道
B. 时教必有正业,退息必有居学
C. 发然后禁,则扞格而不胜
D. 道而弗牵,强而弗抑,开而弗达

6. 家庭教育会直接或间接地影响子女的一生。家风的好坏往往要延续几代人,如“杏林世家”“梨园之家”“教育世家”等,这体现了家庭教育的( )

A. 情感性 B. 全面性 C. 稳定持久性 D. 权威性

7. 6岁的丹丹长期挑食、偏食,每次吃饭都只吃肉类而不吃蔬菜,其母亲教育她每天摄入的食物一定要保持营养均衡才有利于身体健康。丹丹母亲的这种教育属于( )

A. 制度化教育 B. 课外教育 C. 社会教育 D. 家庭教育

8. 下列不属于课外教育活动的是( )(常考)

A. 学校组织学生参观博物馆
B. 学校开展“小发明”活动,鼓励学生动手操作
C. 语文老师引导学生对课文进行阅读赏析
D. 学校组织学生到养老院看望老人

9. 某小学开展全校性的以“热爱家乡”为主题的课外活动,此活动属于( )(易混)

A. 个别活动
B. 小组活动
C. 群众性活动
D. 班级活动

10. “养不教,父之过”,我国历来重视亲子关系,重视父辈对子辈的家庭教育。下列关于家庭教育的说法,错误的是( )(易错)

A. 家庭教育是学校教育的基础和补充
B. 家庭是第一所学校,父母是第一任老师
C. 家庭教育内容更具有生活化的特点
D. 家庭教育占主导地位,影响孩子的一生

11. 某学校为学生开展了丰富的课外活动。下列选项中不属于课外活动的是( )

A. 美术兴趣课 B. 英语角 C. 读书会 D. 家庭作业辅导

12. 某学校的“生物兴趣小组”提倡学生自由管理、自行设计、自由发展,在活动过程中,学生自己读书、汲取信息、找资料、做实验、搞活动,遇到问题,学生自己动脑思考分析,教师仅担任指导、辅助的角色,使学生的主观能动性得到了充分发挥。这突出体现了课外活动的(　　)

A. 灵活性　　B. 自主性　　C. 选择性　　D. 多样性

二、多项选择题

1. 实现有效家访的途径有(　　)

A. 家访时间越长越好,这样可以聊得更详细

B. 确定家访对象,明确家访目标

C. 家访时的谈话可以很随意,想说什么就说什么

D. 要做好家访记录并且及时反馈

2. 下列活动中,属于临时性课外活动的有(　　)(易混)

A. 报告　　B. 课外阅读　　C. 表演　　D. 训练班

3. 在我国,家庭、学校和社会的根本目标是一致的,都是为了使受教育者的身心得到全面发展。为使学校、家庭、社会形成教育合力,应做到(　　)

A. 社会教育占主导地位　　B. 学校教育占主导地位

C. 加强学校与家庭之间的相互联系　　D. 加强学校与社会教育机构之间的相互联系

三、辨析题

1. 与课堂教学相比,课外活动更有利于因材施教原则的实施。

2. 课外活动的开展要因地制宜,要与当地的经济、文化发展要求相适应。

四、论述题

1. 开展课外、校外教育应遵循哪些要求?

2. 试述课外、校外教育与课堂教学的关系。(常考)

五、案例分析题

1. 初中学生小王,家住县城,从他家到学校的路上,有十几家网吧。他每天早饭后,都能背起书包,按时去上学。期末复习考试前,他的班主任突然请了长期病假,学校派张老师去接任该班班主任。张老师任班主任的第二天就来到了小王家,问小王为什么连续一个多月没去上学。小王家长闻讯很惊愕:“孩子一天也没缺过课呀!”经调查,小王这一个多月都是在网吧度过的。家长对此十分恼火,把孩子毒打了一顿。

(1)为什么小王长期逃学和沉迷网吧而未被发现?

(2)请运用相关教育知识,对案例中小王家长的做法进行分析。

(3)如果你是小王的班主任,你会怎么做?

2. **材料一** 习近平总书记在全国教育大会上指出,“办好教育事业,家庭、学校、政府、社会都有责任。家庭是人生的第一所学校,家长是孩子的第一任老师,要给孩子讲好‘人生第一课’,帮助扣好人生第一粒扣子。”随着全社会对家庭教育越来越重视,随着《关于加强家庭教育工作的指导意见》等政策的颁布,家庭教育工作的重要意义、工作格局、主要内容、保障措施等更加明确。但是,家庭教育仍需要进一步关注和支持。

材料二 《关于进一步促进家庭教育发展的提案》提到,家长对学生的教育普遍感到焦虑,而九成以上班主任认为家校沟通存在问题,家长参与沟通积极性不高,家校教育理念存在差异,家长缺乏家庭教育知识,普遍存在焦虑情绪等,需要多方合力支持家庭教育。

材料三 据中国青年报社会调查中心联合问卷网的调查,一些家长在与学生的沟通的过程中因为沟通方式不当,导致一些学生存在沟通上的压力问题。如学生小陈虽然能理解父母的想法与喜好,但她认为父母应该给孩子一些人生规划,但不能简单地自己觉得什么是对孩子好的就强加在孩子身上。

(1)根据材料并结合实际,谈谈当前家校矛盾的主要表现。

(2)为缓解家长的焦虑,推动构建家庭教育与学校教育的良性互补关系,你有什么解决建议?

真题必刷

一、单项选择题

1. [周口沈丘]课外教育活动有利于发展学生智力,培养学生各种能力,它与课堂教学的共同之处在于它们都是( )(常考)

A. 师生共同参与的　　B. 学生自愿参加的

C. 有目的、有计划、有组织的　　D. 受教学计划、教学大纲规范的

2. [郑州二七区]“家校携手,共育学子”的理念,从侧面反映了家庭教育的( )

A. 强制性　　B. 局限性　　C. 普及性　　D. 民主性

3. [新郑]课外活动不包括( )

A. 群众活动　　B. 文娱活动　　C. 科技活动　　D. 自习课

二、多项选择题

[郑州惠济区]课外活动的基本组织形式是( )(常考)

A. 以人为核心　　B. 群众性活动

C. 个人活动　　D. 小组活动

三、判断题

[洛阳汝阳]苏霍姆林斯基认为,课外、校外教育使青少年迈上了科学思维的道路。这体现了课外、校外教育有利于发展学生的智力,培养学生的能力。( )

第二篇　新课程改革

命题分析

本专题主要以选择题、判断题、简答题、案例分析题等形式进行考查，需要重点掌握的知识包括：

1. 识记新课程改革的具体目标、发展趋势、核心理念。
2. 识记教学改革的主要任务、我国当前教育改革的主要观点。
3. 识记和理解新课程倡导的教师角色和教师教学行为的变化。
4. 识记和理解新的教学观和新课程倡导的学习方式。
5. 识记综合实践活动的内容、性质和特点。

基础训练

知识1 新课程改革的提出、背景、目标与理念

一、单项选择题

1. 我国新一轮课程改革是在教育面临严峻形势的情况下开始的，它是(　　)提出的挑战。
A. 社会信息时代　B. 知识经济时代　C. 经济发展需要　D. 我国加入WTO
2. (　　)是课程改革的直接诉求和终极目标。
A. 教学方式的变革　B. 学校文化的重建　C. 学习方式的变革　D. 评价方式的改革
3. 下列不属于新课程改革的具体目标的是(　　)(常考)
A. 优化课程结构　B. 更新课程内容　C. 改善学习方式　D. 提升课程理论
4. 新课程改革倡导(　　)的课程评价。(常考)
A. 强调学生学会学习　B. 强调新的学习方式
C. 突出甄别和选拔功能　D. 立足过程，促进发展
5. 建立促进学生全面发展的评价指标体系应包括(　　)
A. 学科学习目标　B. 一般性发展目标
C. 情感目标　D. 学科学习目标和一般性发展目标
6. 我国新课改的核心理念是(　　)(常考)
A. 为了中华民族的复兴，为了每一位学生的发展
B. 注重统整学生的生活世界与科学世界
C. 注重学生对知识的主动建构
D. 关注学生作为“整体的人”的发展
7. 贯彻新课程“以人为本”的教育理念，首先应该做到(　　)
A. 培养学生正确的学习态度　B. 尊重学生人格，关注个别差异
C. 让学生自主地选择课程　D. 充分地传授知识
8. 新课程改革的核心目标是(　　)(常考)
A. 实现课程功能的转变　B. 教学从学生的兴趣和需要出发
C. 实行三级课程管理制度　D. 开发学生的潜能
9. 下列不属于新课程结构的主要特点的是(　　)(常考)
A. 均衡性　B. 综合性　C. 平均性　D. 选择性
10. 新课改为了改变课程管理过于集中的状况，实行(　　)
A. 国家统一管理课程　B. 地方、学校二级课程管理
C. 国家、地方、学校三级课程管理　D. 学校自主管理课程
11. 课程改革的焦点是(　　)
A. 协调国家和学生发展需要之间的关系　B. 协调社会与学校发展之间的关系
C. 协调初等教育与高等教育之间的关系　D. 协调教育和社会发展之间的关系

二、多项选择题

1. 新课程结构的综合性体现在(　　)
A. 加强学科的综合性　B. 课程的均衡性
C. 设置综合课程　D. 增设综合实践活动课程
E. 课程的选择性
2. 下列反映当代世界各国课程改革的共同发展趋势的是(　　)
A. 重视课程的标准化建设　B. 重视课程内容的现代化、综合化
C. 重视基础学科和知识的结构化　D. 重视能力的培养
E. 重视个别差异
3. 新课程改革要改变课程过于注重知识传授的倾向，应强调形成积极主动的学习态度，引导学生(　　)(常考)
A. 学会共享　B. 学会做人
C. 学会学习　D. 学会生存
E. 学会合作
4. 新课程改革的发展趋势包括(　　)
A. 全面发展与培养个性相结合　B. 稳定并加强基础教育
C. 加强道德教育和人文教育　D. 不再关注教科书
E. 课程法制化

三、填空题

1. 基础教育课程改革要以邓小平同志关于“教育要________，________，________”和江泽民同志“三个代表”重要思想为指导。(常考)
2. 基础教育课程改革的根本任务是：全面贯彻党的教育方针政策，调整和改革基础教育的课程体系、结构、内容，构建符合________要求的基础教育课程体系。
3. 第八次课程改革的显著特征和核心任务是________。
4. 对于学生，新课程强调要建立促进学生________的评价体系。
5. “整体的人”包括两层含义：人的完整性和________的完整性。

四、简答题

1. 简述国外课程改革的启示。

2. 简述我国实行基础教育课程改革的原因。

3. 在建立促进学生全面发展的评价体系中,一般性发展目标应该包含哪几个方面?

4. 简述基础教育课程改革的基本理念。(常考)

知识2 教学改革与综合实践活动

一、单项选择题

1. 下列不属于综合实践活动特点的是(　　)
A. 开放性　B. 自主性　C. 生成性　D. 预设性

2. 学科中的研究性学习与研究性学习课程的终极目的都是(　　)
A. 形成研究性学习的学习方式　B. 促进学生的个性健康发展
C. 强调学科内容的归纳和整合　D. 注重研究生活中的重大问题

3. 下列不属于国家设置的综合实践活动的内容的是(　　)
A. 研究性学习　B. 有意义的言语接受学习
C. 劳动与技术教育　D. 社区服务与社会实践

4. 从教师与学生的关系看,新课程要求教师应该是学生学习的(　　)(易混)
A. 促进者　B. 研究者　C. 建设者　D. 开发者

5. 综合实践活动课程属于(　　)(常考)
A. 选修课程　B. 活动课程　C. 实践课程　D. 必修课程

6. 下列说法不符合新课程对教师定位的是(　　)
A. 教师是"平等中的首席"　B. 教师是学生人生的引路人
C. 教师是教育教学的研究者　D. 教师是"社会代表者"

7. 在对待师生关系方面,新课程中教师的教学行为强调(　　)(易混)
A. 尊重、赞赏　B. 帮助、引导　C. 反思　D. 合作

8. 新课程所倡导的教学观认为,教学不仅是课程传递和执行的过程,更是(　　)的过程。
A. 单向培养　B. 关注学科发展　C. 注重学生学习成绩　D. 课程创生与开发

9. 现代学习方式的核心特征是(　　)
A. 主动性　B. 独立性　C. 体验性　D. 问题性

10. 有些教师认为,课程内容改革的主体是教育专家,与中小学教师无关。这种认识忽视了(　　)
A. 教师是学生学习的促进者　B. 教师是课程的建设者和开发者
C. 教师是教育教学的执行者　D. 教师是社区型的开放的教师

11. (　　)是教师最明显、最直接、最富时代性的角色特征,也是教师角色中的核心特征。
A. 学生学习的促进者　B. 课程的开发者
C. 课程的建设者　D. 教育教学的研究者

12. 以下对"在对待与其他教育者关系上,新课程强调合作"的理解不正确的是(　　)
A. 老师要与学生家长进行沟通与配合　B. 不同年级、不同学科的教师要相互配合
C. 具有教学意义和教育功能　D. 树立自我反思、在"做中学"的实践观念

13. 新课程背景下的教学改革要求我们首先确立起(　　)(常考)
A. 先进的教学观念
B. 与新课程相适应的、体现素质教育精神的教育观念
C. 教师为主导、学生为主体的教学观念
D. 以课堂教学为中心的教学观念

14. 新课程中具有现代师生关系的模式是(　　)
A. 合作模式　B. 平等模式　C. 管理模式　D. 接受模式

15. 我国当前教学改革的重心是(　　)(常考)
A. 教学改革和实验　B. 建立合理的课程结构
C. 实施素质教育　D. 个性发展

二、多项选择题

1. 下列关于研究性教学的特点,阐述正确的是(　　)
A. 通过师生的互动研究形成统一的答案
B. 研究性教学的问题经常自发于学生中间,是生活化的、社会化的
C. 教师首先要确定教学的主题以及确定的教学成果
D. 教学过程需要综合运用知识
E. 研究性教学的问题产生于教师之间

2. 高度概括地说,教学方式、学习方式转变的基本精神就是(　　)
A. 互动　B. 合作
C. 自主　D. 创新
E. 独立

3. 新课改提出的学生的学习方式主要有(　　)(常考)
A. 自主学习　B. 探究学习
C. 愉快学习　D. 讨论学习
E. 合作学习

4. 探究性学习的过程包括(　　)
A. 问题阶段　　B. 计划阶段
C. 研究阶段　　D. 解释阶段
E. 反思阶段
5. 探究性学习的特点包括(　　)(常考)
A. 互动性　　B. 过程性
C. 自主性　　D. 实践性
E. 开放性
6. 新课程改革倡导的教师角色有(　　)(常考)
A. 教育教学的研究者　　B. 课程的开发者
C. 课程的建设者　　D. 学生学习的促进者
E. 社区型开放的教师
7. 合作学习的特点有(　　)
A. 互助性　　B. 互动性
C. 自主性　　D. 实践性
E. 互补性

三、判断题

1. 现代学习方式的首要特征就是主动性。(易混)　(　　)
2. "行动研究"把教学与研究有机地融为一体,它是教师由"教书匠"转变为"教育家"的前提条件。　(　　)
3. 教师是既定课程的阐述者和传递者,学生是既定课程的接受者和吸收者,这是新课程倡导的教学观。　(　　)
4. 新课程倡导的师生互动,就是要求老师讲课时多提问、学生积极地举手回答。(易错)　(　　)
5. 尊重是师生关系的融化剂,是师生平等对话的前提。　(　　)
6. 自主学习是一种主动学习,是相对于"被动学习""他主学习"而言的。　(　　)
7. "研究性学习"既是一种学习方式,也是一种课程形态。　(　　)
8. 教学是教师教与学生学的统一,这种统一的实质是交往、互动。　(　　)

四、名词解释

1. 自主学习

2. 探究学习

3. 综合实践活动

五、简答题

1. 简述我国当前教学改革的主要观点。

2. 简述本次教学改革的主要任务。(常考)

3. 简述实施综合实践活动须遵循的原则。

4. 简述新课程倡导的教学观。(常考)

5. 现代学习方式的基本特征是什么?

6. 自主学习的主要特征有哪些?

整合提升

一、单项选择题

1. 下列关于作为学习方式的"研究性学习"与作为课程的"研究性学习"二者关系的描述，有误的是(　　)(常考)

A. 作为一种学习方式，"研究性学习"是指教师不把现成结论告诉学生，而是学生自己在教师指导下自主地发现问题、探究问题、获得结论的过程

B. 作为一种课程形态，"研究性学习"课程是为"研究性学习方式"的充分展开所提供的相对独立的、有计划的学习机会

C. 各门学科有效渗透了"研究性学习方式"，不必设置"研究性学习"课程

D. 作为一种课程形态，"研究性学习"是在课程计划中规定一定的课时数，以更有利于学生从事"在教师指导下，从学习生活中选择和确定研究专题，主动地获取知识的学习活动"

2. (　　)是深化教育改革、促进教育发展的先导，当前又是全面推进素质教育的前提。

A. 改革高考制度　　B. 改革教师评价体制

C. 更新教育观念，转变教育思想　　D. 提高教师的社会地位

3. 新课程改革的着眼点是(　　)

A. 学生身心发展的特点　　B. 学生需要

C. 学生的全面发展　　D. 最近发展区

4. "关注个体差异"就是根据学生实际存在的兴趣爱好和能力差异(　　)

A. 由学生自己决定如何学习　　B. 将学生按优中差分班教学

C. 满足不同学生的需要　　D. 培养单科独进的尖子

5. 学生在教师的指导下，主动发现问题，以一种类似科学研究的方法对问题进行分析和研究，从而解决问题和获得知识。这是(　　)策略。

A. 社会性互动学习　　B. 合作学习

C. 探究学习　　D. 自主学习

6. "知之者莫如好之者，好之者莫如乐之者。"这句话体现的课程理念是(　　)(常考)

A. 关注学生对知识的收获　　B. 关注学生的情绪生活和情感体验

C. 关注学生的健康成长　　D. 关注学生的道德生活和人格养成

7. 课程改革就其实质来讲，就是课程(　　)的问题。

A. 现代化　　B. 综合化　　C. 系统化　　D. 民主化

8. 在基础教育课程中，增设了"综合实践活动"板块，研究性学习是该板块中的一个重要组成部分，它综合了(　　)的优势，对培养学生的问题解决能力、创造性思维大有裨益。

A. 自主学习和接受学习　　B. 自主学习和协作学习

C. 接受学习和协作学习　　D. 掌握学习和接受学习

9. 综合实践活动是一门以(　　)为核心的实践性课程。(常考)

A. 教师的经验和生活　　B. 学生的经验与生活

C. 师生的经验与生活　　D. 社会实践

10. 为了改变以往学生动手实践能力低下、知识体系相互隔离、所学知识远离现实生活的状况，引导学生在掌握课程内容的同时，关注生活、关注社会发展和科技进步，能够积极开展探究活动，能够主动地参与社会生活，实现素质的均衡发展。这体现的新课程结构特征是(　　)

A. 综合性　　B. 选择性　　C. 独立性　　D. 均衡性

11. 为了改变传统课程过分强调学科本位的现象，新课程注重联系学生经验和生活实际，提倡和追求不同学科间的彼此关系。这体现的新课程结构特征是(　　)(易混)

A. 均衡性　　B. 选择性　　C. 独立性　　D. 综合性

12. 整体设置九年一贯的学科门类和课时比例，并设置综合课程。这方面改革指向的是(　　)

A. 课程目标　　B. 课程管理　　C. 课程评价　　D. 课程结构

13. 综合实践活动是由国家设置、地方和学校根据实际开发的课程领域，它体现了(　　)管理制度的特征和功能，因而是最能体现学校特色、满足学生个性差异的发展性课程。

A. 一级课程　　B. 二级课程　　C. 三级课程　　D. 四级课程

二、多项选择题

1. 某班级按学校要求开展以"社区存在的问题"为主题的实践活动。调研之前，学生自由组成调查小组，设计调查问卷。但进入社区之后，学生很难发现社区存在的问题，教师知道后，提议学生上网查阅资料。之后，每个学生依据自己的兴趣爱好，制订调查方案，再次深入社区，找到了社区存在的问题并撰写了调查报告。从综合实践活动的角度分析，该材料说明了(　　)

A. 综合实践活动是一门分科课程

B. 综合实践活动重视发展学生的实践能力、增强学生的社会责任感

C. 综合实践活动尊重每个学生的特殊要求

D. 综合实践活动注重学生经验的获得

2. 下列哪些环节可以组织学生合作学习(　　)(易错)

A. 在教学内容的重点和难点处　　B. 在教学内容的易混淆处

C. 在思维的交锋处　　D. 在思维的发散处

3. 下列说法正确的是(　　)

A. 综合实践活动尊重学生的兴趣、爱好

B. 学生的道德品质、学习能力、交流与合作、个性与情感等是综合素质评价的具体内容

C. 从学校与社区的关系看，新课程倡导教师是社区型开放的教师

D. 研究性学习是一种以研究或探究为中心的实践性学习活动

4. 关于新课改，下列正确的阐述是(　　)(常考)

A. 新课改，指的是一九九九年正式启动的基础教育课程改革

B. 核心理念是"为了每一位学生的发展"

C. 新课改更为关注的是学科而不是人

D. 实现课程功能的转变，是新课程改革的六项具体目标之一

三、判断题

1. 在当前的课程改革中，我们不仅要改革教法，还要研究学法。(　　)

2. 强调教师做学生学习的促进者，表明传授知识已经不再是新课程对教师的要求了。(常考)(　　)

3. 新课程倡导的“体验课程”就是能被教师与学生体验到、感受到、领悟到、思考到的课程。（　　）
4. 课程改革主要是教育行政部门和课程改革专家的事，其成功与否与教师无关。（　　）

四、论述题

1. 新课程改革强调学生学习方式的转变，小组合作学习是新课程改革积极倡导的有效学习方式之一。试述小组合作学习的优缺点。
2. 新课程改革的具体目标是什么？（常考）
3. 新课程中教师的教学行为将发生哪些变化？（常考）
4. 试述设置专门的“研究性学习”课程的必要性。

五、案例分析题

1. 阅读材料，按要求作答。

森林里有一所“动物学校”，开设了跑步、跳跃、爬行、游泳、飞行五门课程，并规定学生要全部掌握。第一批学生有鸭子、兔子、松鼠、鹰和泥鳅。

鸭子游泳一向突出，飞行勉强及格，由于跑得慢，他不得不每天放学后留在学校练习跑步，但期末考试成绩仍然没有及格，他的游泳由于长期不练习，期末只获得了中等成绩。

兔子是班里跑得最快的，但由于游泳作业太多，他不得不整天泡在水里，泡得精神都快要崩溃了。

松鼠原本是较出色的，但对于飞行感到非常沮丧，因为老师只许他从地面起飞，不许他从树顶起飞。由于他非常喜欢跳跃，花了很多时间发明了一种跳跃游戏，结果期末考试，爬行刚好及格，跑步甚至不及格。

鹰受到老师的严格管理，在爬行考试中，他第一个到达树顶，但他用的是自己的方式而不是老师所教的那种方式，因此并没有得到老师的表扬。

学期结束时，普普通通的泥鳅，由于游泳马马虎虎，跑步、跳跃、爬行成绩一般般，同时也能飞一点点，因此他的总成绩是班里最高的。毕业典礼那天他作为全体学生的唯一代表在大会上发言。

许多鼠类动物子弟没有到“动物学校”学习，因为学校拒绝增开挖掘课。为子女着想，鼠类动物联合创办了另外一所学校……

请运用新课改的理念指出“动物学校”存在的主要问题和违背的教育教学规律，并提出解决办法。

2. **案例一**　当代有位教育专家兼作家曾这样叹息中国的教育：“要想使中国的每一个孩子都有一个好前程，现在中国唯一要做的恰恰不是帮助学校把他们的分数再提高一些，而是保护好他们的天赋别再受学校的侵害。”

案例二　上课时，一名学生觉得李老师的课讲得没意思，不由自主地看起了课外书。李老师发现后，认为有责任将其违纪情况告诉班主任。班主任了解情况后，批评了该学生。该学生不服，理由是老师讲得不好，不如看书有收获。班主任无法说服他，便请来家长，家长把孩子带回去后，狠狠地打了孩子一顿，最终导致孩子对李老师和班主任的行为产生强烈的反感。

(1)案例一中教育家的话引起了你怎样的思考？请从教育目的出发谈谈你的认识。

(2)请结合新课程改革的相关知识分析案例二中李老师的行为，并说说应如何处理这个学生的问题。

3. 某校新课程培训结束后，两位教师在办公室交流。其中一位说道："我教了一辈子书，只认一个理，那就是只要把学生的分数搞上去就能稳稳地站住讲台。新课程再怎么改，这点是不会变的。"另一位说："新课程要求我们转变学生的学习方式，可就我们学校这样的条件，根本不可能！还是老老实实把学生成绩提上去，把他们送到大学再说。"

你赞成上述两位教师的看法吗？请依据新课程改革的相关要求加以分析。

4. 一位语文老师讲《曹刿论战》一课时，用投影仪展示了一组思考题：你认为鲁庄公懂不懂军事？你认为鲁庄公是昏君还是明君？学生二人为伴或四人一组展开讨论，讨论的气氛如夏天般热烈，讨论的热情更如冬天里的一把火。片刻讨论之后，学生对问题畅所欲言，各抒己见。很快形成了三派意见：(1)懂军事，明君……(2)不懂军事，昏君……(3)既懂军事又不懂军事，有时昏庸有时明智……学生们兴趣盎然，争先恐后表达着自己的见解，时不时有学生将"刿"读作"岁"。时间很快过去了四十分钟，"懂军事?""不懂军事?""昏君?""明君?"……教师也没做任何评析。

请运用新课程改革的基本理念，从教学目标、教学方法、教学效果对这节课进行评价。

真题必刷

一、单项选择题

1. [驻马店市直]新课改中，从教学与课程的关系看，教师是(　　)

A. 学生学习的促进者　　B. 教育教学的研究者

C. 课程的开发者和建设者　　D. 社区型开放的教师

2. [濮阳]新课程把教学过程看作是(　　)的过程。(常考)

A. 教师有目的、有计划、有组织地向学生传授知识

B. 以教为中心、学围绕教转、教为学服务

C. 师生交往、积极互动、共同发展

D. 你讲、我听；你问、我答；你写、我抄

3. [安阳滑县]在教师引导下，学生自主进行的综合性学习活动，是基于学生的经验，联系学生的生活与社会实际，能够体现出学生对知识的综合应用的课程是(　　)

A. 综合实践活动　　B. 探究性活动　　C. 小组活动　　D. 个人活动

4. [周口沈丘]在新课程改革中，教师的教学行为发生了变化，下列选项中表述正确的有(　　)(常考)

A. 在对待师生关系上，新课程强调权威、批评

B. 在对待与其他教育者的关系上，新课程强调独立自主精神

C. 在对待教学关系上，新课程强调教导、答疑

D. 在对待自我上，新课程强调反思

5. [新乡封丘]在对待教学关系上，新课程强调教师的主要作用在于(　　)(常考)

A. 尊重、赞赏　　B. 教书、育人　　C. 合作、反思　　D. 帮助、引导

6. [鹤壁淇滨区]综合实践活动课程的内容包括信息技术教育、社区服务与社会实践、劳动技术教育和(　　)

A. 艺术学习　　B. 安全教育　　C. 研究性学习　　D. 体育与健康教育

二、多项选择题

1. [开封市直]新课改的核心理念是"为了每一位学生的发展"。以下对此理解正确的有(　　)

A. 关注每一位学生　　B. 关注学生的情绪生活和情感体验

C. 关注学生的道德生活和人格养成　　D. 关注学生的可持续发展

2. [郑州惠济区]新课程在培养学生能力方面倡导(　　)

A. 培养学生收集和处理信息的能力、获取新知识的能力

B. 培养学生分析和解决问题以及交流与合作的能力

C. 培养学生主动参与、乐于探究、勤于动手的能力

D. 培养学生获得知识的一致性和统一性的能力

3. [郑州二七区]探究性学习主要指的是学生在学习和生活中自己探索问题的学习方式，其基本特征是(　　)(易错)

A. 问题性　　B. 互动性　　C. 过程性　　D. 开放性

三、判断题

1. [焦作解放区]新课程改革实际上就是新一轮的教材改革。(易错)　(　　)

2. [信阳光山]关注学生发展、强调教师成长、重视以教定学是新课程改革的三大基本理念。　(　　)

3. [开封市直]体验性是新课程背景下学习方式的首要特征和核心特征。　(　　)

第三篇　教师职业道德

命题分析

本专题主要以选择题、判断题、填空题、简答题和案例分析题等形式进行考查，需要重点掌握的知识包括：

1. 识记教师职业道德的概念、特点、价值蕴含和功能。
2. 识记教师职业道德的基本原则和主要范畴。
3. 识记和理解1997年、2008年修订的《中小学教师职业道德规范》。
4. 识记教师职业道德修养的内容和方法。
5. 识记教师职业道德评价的方法。

基础训练

知识1 教师职业道德概述

一、单项选择题

1. “其身正，不令而行；其身不正，虽令不从”说明教师职业道德对教育对象具有(　　)(常考)

A. 促进功能　B. 示范功能　C. 教育功能　D. 引导功能

2. (　　)是教师在从事教育劳动时所应遵循的行为规范和必备的品德的总和，是调节教师与他人、与社会等关系时所必须遵守的基本道德规范和行为准则，以及在此基础上所表现出来的道德观念、情操和品质。

A. 教师职业道德　B. 教师职业道德情感
C. 教师职业道德意志　D. 教师职业道德信念

3. 苏霍姆林斯基说：“教师成为学生道德上的指路人，并不在于他时时刻刻都在讲大道理，而在于他对人的态度，能为人表率，在于他有高度的道德水平。”这句话说明教师职业道德应具有(　　)

A. 双重性　B. 多样性　C. 示范性　D. 标准性

4. 教师的思想道德不仅影响在校学生，而且会通过学生和家长进而影响整个社会，这体现了教师职业道德影响的(　　)

A. 广泛性　B. 针对性　C. 多样性　D. 奉献性

5. “师也者，教之以事而喻诸德者也。”这句话体现了教师职业道德要求的(　　)特点。(常考)

A. 针对性　B. 双重性　C. 全面性　D. 典范性

6. 关于教师职业道德的特性，下列说法错误的是(　　)

A. 从内容上看，教师职业道德比一般职业道德更具全面性、先进性
B. 从影响的深度和时间上看，教师职业道德比一般职业道德更具深远性
C. 从道德行为的结果上看，教师职业道德可产生直接的功利效益
D. 从行为条件上看，教师职业道德对劳动者心理品质有更高的要求

7. 教师职业道德的价值蕴含不包括(　　)

A. 教育价值　B. 文化价值　C. 经济价值　D. 伦理价值

8. 一位诺贝尔奖获得者被问及一生中最重要的东西是在哪所大学、哪个实验室里学到的，白发苍苍的获奖者平静地回答说：“在幼儿园，跟我的老师。”这体现了教师职业道德的(　　)

A. 行为的典范性　B. 影响的深远性
C. 意识的自觉性　D. 境界的高层次性

9. 教师职业道德区别于其他职业道德的显著标志是(　　)(常考)

A. 为人师表　B. 责任感强　C. 敬业爱业　D. 团结协作

10. 很多教师在一定程度上将自己的劳动视为“良心活”，这说明教师职业道德具有(　　)(常考)

A. 严格性　B. 自觉性　C. 示范性　D. 深远性

11. “教师的高尚言行、完美品德是学生直接模仿和接受感化的来源。”这句话说明教师职业道德应具有(　　)

A. 鲜明的继承性　B. 强烈的责任感　C. 独特的示范性　D. 严格的标准性

二、判断题

1. 教师职业道德对教师教育行为的调节主要是通过社会舆论和内心信念两种形式来实现的。(　　)
2. 教师职业道德最基本的社会作用是对教育对象的教育功能。(　　)
3. 教师职业道德既是一种行为规范，又是一种文化现象。(易错)(　　)
4. 教师职业道德建设是一件牵动千家万户并影响千秋万代的大事，所以说教师职业道德的影响具有广泛性和深远性。(　　)

三、简答题

1. 简述教师职业道德的特点。

2. 简述教师职业道德的功能。

3. 简述教师职业道德对社会文明的示范功能的表现途径。

知识2 教师职业道德的基本原则、范畴及规范

一、单项选择题

1. 下列不属于2008年颁布的《中小学教师职业道德规范》的基本要求的是(　　)

A. 教书育人　B. 公正文明　C. 为人师表　D. 终身学习

2. 以下不违背教师职业道德规范的是(　　)
A. 王老师收学生家长送的购物卡　　B. 赵老师收到不少学生制作的贺卡
C. 李老师经常让学生家长开车送其回家　　D. 宋老师每天都给学生布置过量的作业
3. 在教育教学活动中,对学生讽刺、挖苦、实施体罚或变相体罚等都是明显的违反师德的行为。这些行为违反的是现行《中小学教师职业道德规范》要求中的(　　)
A. 关爱学生　B. 爱岗敬业　C. 教书育人　D. 为人师表
4. 年过半百的王老师为了与学生有更多的共同语言,学做小视频,制作精美的PPT。王老师的做法体现了教师职业道德规范中的(　　)(常考)
A. 爱岗敬业　B. 终身学习　C. 为人师表　D. 教书育人
5. 教师良心的(　　)体现在教师对教育事业的正确认识上,对教育教学工作坚持真理、秉公办事上,对学生的一视同仁、赏罚分明上等。
A. 综合性　B. 公正性　C. 稳定性　D. 内隐性
6. 体现教师追求真理、探索真理、捍卫真理的科学精神的优秀品质的是(　　)
A. 团结协作　B. 爱岗敬业　C. 为人师表　D. 严谨治学
7. 教师在履行教育义务的活动中,最主要、最基本的道德责任是(　　)
A. 依法执教　B. 教书育人　C. 爱岗敬业　D. 团结协作
8.《中小学教师职业道德规范》对教师在着装方面的要求是(　　)
A. 高贵典雅　B. 突出个性
C. 追求时尚　D. 衣着得体
9. 教师专业发展的不竭动力是(　　)(常考)
A. 爱岗敬业　B. 教书育人　C. 关爱学生　D. 终身学习
10. "亲其师"才能"信其道"。这就要求教师做到(　　)(常考)
A. 爱国守法　B. 爱岗敬业　C. 关爱学生　D. 终身学习
11. 刘老师很少留意那些考试成绩一般的学生,而把主要精力用于培养成绩优秀的学生。刘老师的做法(　　)
A. 有助于学生的个性发展　　B. 有助于完成教学任务
C. 违背了教师公正的要求　　D. 违背了严慈相济的要求
12. (　　)是教师处理其与国家社会的关系时所应遵循的原则要求。
A. 爱岗敬业　B. 教书育人　C. 爱国守法　D. 为人师表
13. 当前教师队伍中存在着以教谋私,热衷于"有偿家教"的现象,这实际上违背了(　　)的职业道德。(易错)
A. 爱岗敬业　B. 依法执教　C. 严谨治学　D. 廉洁从教
14. "爱岗敬业"是教师职业的(　　)(易错)
A. 基本要求　B. 本质要求　C. 内在要求　D. 专业发展要求
15. 某老师对一位学习成绩较差的学生说:"你生来就不是读书的料。"该老师的行为违反了教师职业道德规范中的哪一要求(　　)
A. 爱岗敬业　B. 关爱学生　C. 教书育人　D. 为人师表
16. 加里宁说:"既然你们在今天、明天、后天就得把你们的所有的一切都奉献出去,但同时你们如果不日新月异地补充自己的知识、力量和精力,那么你们的任何东西都留不下来了。"这体现了教师职业道德规范中的(　　)
A. 爱国守法　B. 终身学习　C. 教书育人　D. 为人师表
17. 依法执教就是教师要依据法律法规履行教书育人的职责。下列选项中,体现教师依法执教的是(　　)
A. 将成绩较差的学生集中安排到教室靠后的座位
B. 对学生进行爱国主义教育
C. 将不遵守纪律的学生赶出教室
D. 进行有偿家教
18. 教师良心是教师在教育劳动过程中发自"肺腑"的一种内在精神力量,也是一定社会的道德原则和规范体现在教师内心深处的认识、情感、意志、信念、理想和行为的有机统一。这体现了教师良心的(　　)特征。(常考)
A. 公正性　B. 综合性　C. 内隐性　D. 稳定性
19. 对教师的道德行为具有最高裁决作用的是(　　)
A. 教师职业道德任务　　B. 教师职业道德素质
C. 教师职业道德基本原则　　D. 教师职业道德榜样
20. 从教师个体职业良心形成的角度看,教师的职业良心首先会受到(　　)的影响。(常考)
A. 社会生活和群体　B. 教育对象　C. 教育法规　D. 教育原则
21. 衡量和判断教师行为善恶的最高道德标准是(　　)
A. 教师职业道德修养　　B. 教师职业道德评价
C. 教师职业道德基本原则　　D. 教师职业道德规范
22. 2008年修订的《中小学教师职业道德规范》体现了教师职业的时代特征和对师德的本质要求,贯穿其中的核心和灵魂是(　　)(常考)
A. 责与权　B. 义务与权利　C. 个体与群体　D. 爱与责任
23. 师德的灵魂是(　　)
A. 加强反思　B. 教书育人　C. 关爱学生　D. 爱岗敬业

二、多项选择题

1. 教师职业道德的范畴主要包括(　　)
A. 教师义务　B. 教师良心　C. 教师公正　D. 教师荣誉
2. 师表美主要包括(　　)(常考)
A. 心灵美　B. 风格美　C. "表美"　D. "道美"
3. 师德规范的核心内容是(　　)
A. 爱岗敬业　B. 终身学习　C. 为人师表　D. 教书育人
4. 严谨治学的内涵主要包括(　　)
A. 树立优良的学风　　B. 刻苦钻研业务
C. 不断学习新知识　　D. 积极探索教育教学规律

5. 廉洁从教的内容包括(　　)(常考)

A. 坚守高尚情操　　B. 发扬奉献精神
C. 自觉抵制社会不良风气　　D. 不利用职责之便谋取私利

6.《中小学教师职业道德规范》中关于"爱国守法"方面所规定的具体职业行为的要求有(　　)

A. 全面贯彻国家教育方针　　B. 自觉遵守教育法律法规
C. 不得有违背党和国家方针政策的言行　　D. 依法履行教师职责权利

7. 教书育人的正确方法包括(　　)

A. 遵循教育规律,实施素质教育　　B. 不以分数作为评价学生的唯一标准
C. 培养学生良好品行,激发学生创新精神　　D. 循循善诱,诲人不倦,因材施教

8. 教师公正的内容包括(　　)(常考)

A. 热爱学生　　B. 坚持真理　　C. 秉公办理　　D. 奖罚分明

9.《中小学教师职业道德规范》规定的"为人师表"的内容可以概括为(　　)

A. 教师的行为示范　　B. 教师的语言示范
C. 教师的衣着、仪表示范　　D. 教师的举止示范

10. 教师荣誉的内容有(　　)

A. 光荣的角色称号　　B. 无私的职业特性
C. 高尚的人格魅力　　D. 崇高的人格形象

三、填空题

1. 我国教师职业道德的基本原则是________。

2. ________是指那些概括和反映教师职业道德的主要特征,体现一定社会对教师职业道德的根本要求,并成为教师的普遍内心信念,对教师的行为发生影响的基本道德概念。

3. ________是教育公正的核心内容。(常考)

4. 教师的天职是________。

5. ________是教育学生的感情基础,是教师职业道德高低的试金石。

6. ________是教师在处理其与自己的关系时应遵循的原则要求。

四、判断题

1.《中小学教师职业道德规范》认为认真备课上课,认真批改作业,做学生的良师益友均属"爱岗敬业"的范畴,爱岗敬业也是教师职业的本质要求。(　　)

2. 保护学生安全是教师职业道德的应有内容。(　　)

五、简答题

1. 简述教师职业道德修养的基本原则。(常考)

2. 简述教师职业道德基本原则确立的依据。

3. 教师公正的作用是什么?

4. 简述教师荣誉的作用。

5. 简述2008年修订的《中小学教师职业道德规范》的主要内容。(常考)

6. 2008年修订的《中小学教师职业道德规范》具有哪些显著特点?

知识3 教师职业道德修养与评价

一、单项选择题

1. "慎独"是中国儒家个人道德修养的重要方法,也是提升教师职业道德修养的重要方法。下列关于这一方法的描述,正确的是(　　)

A. 在自我的世界里学会自我欣赏
B. 一个人用慎重的态度对待自己的行为
C. 在没有外在监督的情况下坚持自己的道德信念,自觉按道德要求行事
D. 独立面对自己的种种不足

2. 教师职业道德修养的最终目标是养成良好的(　　)

A. 职业道德信念　　B. 职业道德情感　　C. 职业道德行为习惯　　D. 职业道德意志

3. (　　)体现了教师职业道德要求的本质。(常考)

A. 职业道德理想　　B. 职业道德知识　　C. 职业道德情感　　D. 职业道德意志

4. 师德修养的根本途径是(　　)

A. 理论与实践相结合　　B. 坚持不懈地努力
C. 努力学习理论知识　　D. 学会反思

5. (　　)是教师职业道德修养的首要环节。(常考)

A. 树立教师职业道德理想　　B. 提高教学水平
C. 参加教师职业道德实践　　D. 学习和掌握教师职业道德知识

6. 教师职业道德修养水平的重要标志是(　　)

A. 教师荣誉　　B. 教师公正　　C. 教师反思　　D. 教师无私

7. 加强教师职业道德修养,必须以(　　)教育为核心。

A. 教育观念　B. 理想信念　C. 知识　D. 在职培训

8. 教师职业道德行为的出发点是(　　)

A. 职业正义感　B. 职业责任感　C. 职业荣誉感　D. 职业幸福感

9. (　　)是教师职业道德修养的最高层次。(常考)

A. 反思　B. 信念　C. 良心　D. "慎独"

10. 教师要提高自己的人格修养,最好采取的策略是(　　)(常考)

A. 取法乎上　B. 取法乎中　C. 取法乎下　D. 无法即法

11. (　　)是培养教师职业道德的首要环节。

A. 教师职业道德修养　B. 教学水平

C. 教学艺术　D. 教师职业道德理论

12. 是否具备(　　)是衡量教师职业道德素质高低的重要标志。(常考)

A. 坚定的职业道德信念　B. 真诚的职业道德情感

C. 良好的职业道德行为习惯　D. 坚强的职业道德意志

二、判断题

1. 从根本上来说,教师职业道德的评价标准是动机和效果的辩证统一。(　　)

2. 教师职业道德修养是将教师职业道德要求转化为自己的信念并付诸行动的活动。(常考)(　　)

3. 作为教师职业道德评价的方法之一,学生评价实际上也是一种社会评价。(　　)

4. 教师职业道德评价是指教师自己根据社会主义教师职业道德准则、规范和科学的标准,在系统广泛地搜集各方面信息,充分占有各种资料的基础上,运用现代技术手段,对教师的职业道德意识、道德情感、道德意志和道德行为进行考察和价值判断。(　　)

5. 自我评价法就是教师对自己的道德进行评价,在这个过程中教师既是评价的主体,又是评价的客体。(　　)

6. 学生评价法是指在教师和学生教与学的相互作用中,学生依据教师职业道德的原则和规范对教师的行为予以判断的一种道德评价方式。(　　)

7. 教师对职业道德理论上的认识、情感上的共鸣是教师职业道德修养的最终目的。(　　)

三、简答题

1. 简述加强教师职业道德修养的意义。

2. 简述教师职业道德修养的内容。(常考)

3. 简述教师职业道德情感包含的内容。

4. 简述教师职业道德修养的方法。(常考)

5. 教师职业道德评价应遵循的原则是什么?

6. 教师职业道德评价的目的是什么?

整合提升

一、单项选择题

1. 一位教师说:"我因为热爱自己的教师职业,把自己的收入也拿来助学,没钱时我就出力。"这体现的教师职业道德规范是(　　)

A. 爱国守法　B. 爱岗敬业　C. 热爱学生　D. 教书育人

2. "近朱者赤,近墨者黑"为教师提高自身职业道德修养提供了何种启示(　　)

A. 志存高远,制订较高的目标　B. 谨慎小心,不放过工作中的任何细节

C. 锲而不舍,勇于面对职业挑战　D. 严于律己,自觉抵制不良作风

3. 小学教师薛某参与奶制品销售商对学生销售牛奶的商业活动,并收取回扣。薛某的这种做法违背了教师职业道德规范中的(　　)(常考)

A. 爱岗敬业　B. 关爱学生　C. 教书育人　D. 为人师表

4. 教师公正最基本的内容是(　　)

A. 赏罚分明　B. 坚持真理

C. 公平合理地评价和对待每个学生　D. 无私奉献

5. 以下对教师职业道德的理解正确的是( )
A. 教师职业道德是一般社会道德在教师职业中的特殊体现
B. 教师职业道德具有控制功能
C. 教师职业道德要求教师无私奉献,不能追求个人利益
D. “爱自己的孩子是人,爱别人的孩子是神”,教师职业道德要求教师爱别人的孩子胜过爱自己的孩子

6. 教师要热爱学生,关心学生,尊重学生;严格要求,耐心教导,循循善诱,不偏不袒;不以师生关系谋取私利。教师之间要互相尊重,切忌嫉妒;互相学习,取长补短;平等相待,不卑不亢;乐于助人,关心同事。这属于教师的( )
A. 思想行为规范 B. 教学行为规范
C. 人际行为规范 D. 仪表行为规范

7. “教师服装要表达的信息是尊严而不是刻板,是美丽而不是妖艳,是自信而不是寒碜,是高雅而不是富贵,是大方而不是怪异。”这主要是教师职业道德规范中( )的要求。(常考)
A. 爱岗敬业 B. 为人师表 C. 关爱学生 D. 教书育人

8. 唐代韩愈提出“以身立教”,才能“其身亡而其教存”。这在教师职业道德中是指( )
A. 学而不厌,诲人不倦 B. 关爱学生,因材施教
C. 以身作则,为人师表 D. 爱岗敬业,终身学习

9. ( )是教师从事职业活动最强大的精神动力和根本目的。(常考)
A. 职业正义感 B. 职业幸福感 C. 职业责任感 D. 职业荣誉感

10. 以下说法正确的是( )
A. “身教重于言教”忽视了教师传授知识的天职
B. “教师应该遵守法律”是法律要求而不是师德要求
C. 在市场经济时代,要求教师廉洁从教是一句空话
D. 教师不思进取也是不符合师德要求的

11. 夸美纽斯说:“道德的实现是由行动,而不是由文字。”也有人指出:“若要成德,须是速行之。”这体现了教师个体职业道德修养中的( )
A. 坚持知行统一 B. 坚持动机和效果的统一
C. 坚持自律和他律的结合 D. 坚持个人和社会的结合

二、多项选择题

1. 教师职业道德形成和发展的社会条件是( )
A. 社会政治关系 B. 社会经济关系 C. 社会上层建筑 D. 社会精神文化

2. 根据《中小学教师职业道德规范(2008年修订)》,以下教师的做法不太恰当的是( )
A. 李老师工作兢兢业业,对学生不敷衍塞责
B. 张老师教书努力,遵循教育规律,实施素质教育,可由于自身能力有限,做得还不太好
C. 谢老师为人正派,廉洁奉公,尊重同事,尊重家长,偶尔有些学生课业不好也会帮忙辅导学生功课,做有偿家教
D. 赵老师课上得很好,学生很喜欢她,她也经常督促学生的学习,但由于工作与家庭事务繁忙,很久没学习,也不重视自身的学习

3. 教师在与家长交往时应做到( )(常考)
A. 谦虚和蔼 B. 色厉内荏 C. 尊重理解 D. 严格要求

4. 教师良心与其他职业良心相比,主要特点有( )
A. 实践性强 B. 层次性高 C. 教育性强 D. 协作性强

5. 以下关于教师爱岗敬业的表述中,正确的是( )(常考)
A. 认真备课、上课 B. 尊重学生人格 C. 认真辅导学生 D. 因材施教

6. 下面有关教师为人师表的特征,说法正确的是( )
A. 为人师表具有鲜明的示范性 B. 为人师表具有突出的严谨性
C. 为人师表具有较弱的激励性 D. 为人师表缺乏可操作性

7. 教书育人作为教师职业道德的一个基本原则,是由( )决定的。
A. 教师职业的本质特征 B. 教师法
C. 教师的职责 D. 教师的个人需要

三、简答题

1. 简述教师职业道德修养方法中“学会反思”所包含的内容。

2. 教师职业道德的主要范畴包括的内容有哪些?(常考)

3. 简述教师职业道德基本原则与教师职业道德范畴、教师职业道德规范三者间的相互关系。

4. 简述教师职业道德基本原则的要求。

5. 教师“爱岗敬业”的具体职业要求有哪些?(常考)

四、案例分析题

1. 刘子涵老师为了做好本职工作，不断加强业务理论学习，提高业务能力，改进教学方法。在教学工作中，她关心每一位学生的成长，也能针对不同学生的特点因材施教。明明是个聪明的学生，可就是在课堂教学活动中注意力不集中，课上经常左顾右盼做些小动作。于是刘老师就针对他的这一特点，通过改变课堂教学方式，设计教学游戏和竞赛活动，吸引明明的注意力，激发他的上课兴趣。为了达到家校共育的目的，刘老师经常与家长沟通，虚心接受家长提出的合理化建议。由于工作成绩突出，刘老师所在的班级被评为先进集体，刘老师个人也被评为优秀教师。

   请运用教师职业道德知识对该案例进行分析。

2. 某日下午，杨老师把没有完成课后作业的小学三年级学生李同学叫到讲台前，然后向全班同学下达任务："每个人去打李同学5个耳光或用教鞭打手掌，谁打得不狠就打谁。"结果，全班30名学生，除了另外5个没有做完作业的同学外，其余24名同学全部动了手。最后，杨老师也亲自动手打了李同学。挨打后，李同学的脸和手掌疼痛难忍，但杨老师还要求他坐好并认真听课，直到放学。回家时，他走到家门口就嚎啕大哭，泪流满面。李同学的母亲发现其脸部和手掌出现大面积红肿，有的部分已经成了紫红色。李同学的母亲带他去医院看医生，并了解相关原因。最后李同学告诉母亲："我不想去上学了，想转班或转学。"

   (1)从教师职业道德的角度，分析材料中杨老师的教育行为所存在的问题。

   (2)如果你是李同学的班主任，你将如何来协调处理这件事情。

3. 李老师非常热爱自己的工作，为了做好本职工作，她不断提高自己的理论素养，改进教学方法。在日常教学中，她关心每一位幼儿的成长，也能针对不同幼儿的发展特点因人施教。淘淘是个有思想、有个性的小朋友，可就是在教学活动中注意力不集中，也不愿意上课。于是李老师就利用其好奇心特别强的特点，通过课前与小朋友做游戏来吸引淘淘的注意力，当淘淘加入到游戏活动中时，就及时在班上表扬了淘淘。由此吸引了他的注意力，激发了他上课的兴趣。为了促使家园教育同步，她主动与家长沟通，虚心接受家长提出的合理建议。由于工作成绩突出，李老师多次被评为幼儿园优秀教师。

   请运用教师职业道德的相关知识对上述案例进行分析。

4. 1980年，江西省奉新县边远山村教师奇缺。时年只有十九岁的南昌市进贤县姑娘支月英不顾家人反对，远离家乡，只身来到离家两百多公里、离乡镇45公里、海拔近千米且道路不通的泥洋小学，成了一名深山女教师。

一到白洋教学点，她发现这里条件比想象中还要艰苦。学校地处江西省奉新县和靖安县两县交界的泥洋山深处，交通不便，离最近的车站都要20多里地，师生上学全靠两条腿在崇山峻岭间爬行。山村生活条件异常艰苦，食品稀缺。支月英像当地人一样，自己动手种菜。

当地老百姓十分疑虑：这个外地姑娘能坚持下来吗？是不是想过渡一下，过不久就溜掉？这话不假，山旮旯太偏太穷。前些年，教师如同走马灯似的来了又走。但过了一年又一年，乡亲们不但看到支月英坚持了下来，还看到无论刮风下雨、结冰打霜，她都把孩子一个个送回家，像对待自己的亲人一般。于是乡亲们议论开了："这位老师靠得住，肯定会用心教好我们的孩子！"但也有不同声音，"莫想啊，顶多再过两年就会走掉，我们这地方哪能留住这般好老师啊！"冬去春来，寒来暑往。这位外乡的女教师，用自己36年的倾心守望，兑现了自己的承诺，成为深山乡村人人尊敬的人民教师。

案例中主人公的事例体现了哪些职业道德？对你有什么启发？

真题必刷

一、单项选择题

1. [郑州中原区]教师在教育活动中处理各种关系的行为准则是(　　)

A. 教师专业标准　B. 教育教学原则　C. 教师职业道德　D. 教育法律法规

2. [新郑](　　)是激励教师实现职业道德目标的动力。

A. 职业正义感　B. 职业义务感　C. 职业荣誉感　D. 职业责任感

3. [鹤壁淇滨区]教师职业道德确立和保护了学生作为个性的人的价值和精神的独立，从而促使学生的发展既符合社会需求又满足个体需求。这体现了教师职业道德具有(　　)

A. 教育价值　B. 伦理价值　C. 文化价值　D. 社会价值

4. [开封市直]《礼记》有云："师也者，教之以事而喻诸德者也。"这体现了教师职业道德的(　　)原则。(常考)

A. 教书育人　B. 教育人道主义　C. 集体主义　D. 教育民主

5. [平顶山市直]判断教师行为是非善恶的最根本的道德标准是(　　)

A. 教书育人　B. 教育民主　C. 依法执教　D. 忠诚老实

6. [开封市直]对工作高度负责，认真备课上课，认真批改作业，表述的是教师职业道德规范中的(　　)

A. 为人师表　B. 爱岗敬业　C. 关爱学生　D. 教书育人

7. [洛阳市直]某校李老师对于教材内容不去主动领会和吃透，反而经常从网上下载相关资料直接作为自己的教案，或者照抄其他老师的教案。上课的时候态度敷衍，教学方法单一，引起了学生的诸多不满。李老师这些行为主要违反的教师职业道德要求是(　　)

A. 廉洁从教　B. 爱岗敬业　C. 以人为本　D. 关爱学生

8. [郑州惠济区]《中小学教师职业道德规范》中，以推进教师专业发展为目的的要求是(　　)(常考)

A. 终身学习　B. 爱岗敬业　C. 关爱学生　D. 教书育人

二、多项选择题

1. [郑州上街区]构成教师职业道德的因素有(　　)

A. 职业理想　B. 职业责任
C. 职业态度　D. 职业作风
E. 职业荣誉

2. [洛阳汝阳]教师职业道德的功能主要有(　　)

A. 对教师工作的促进功能　B. 对教育对象的教育功能
C. 对社会文明的示范功能　D. 对教师修养的引导功能
E. 对学校管理的保障功能

3. [郑州登封]教师职业道德修养包含两个方面，即(　　)(常考)

A. 职业道德意识修养　B. 职业心理健康修养
C. 职业道德行为修养　D. 人文科技文化修养

三、判断题

1. [南阳市直]慎独是指通过自我批评、自我解剖，以达到自我否定、自我改造和自我完善的目的。(　　)

2. [驻马店市直]教师职业道德的自我评价是教师职业道德评价的唯一方式。(　　)

第四篇　教材教法

命题分析

本专题主要以选择题、判断题的形式进行考查，需要重点掌握的知识包括：

1. 识记教学技能的内涵、特点以及教学技能的构成。
2. 识记教学目标的含义、教学目标的表述要求。
3. 识记教案的类别、基本内容以及设计要求。
4. 区分课堂导入的类型，识记课堂导入的基本要求。
5. 区分课堂提问的类型，识记课堂问的基本要求。
6. 区分课堂板书的类型，识记课堂板书的特点、设计原则和基本要求。
7. 区分结课的方法、说课的类型，识记教态语言的类型。

基础训练

知识1 教学技能与教学设计技能

一、单项选择题

1. 教学技能发展的最高形态是(　　)

A. 教学技巧　B. 教学技艺　C. 教学反思　D. 教学艺术

2. 一份教案的核心是(　　)(常考)

A. 提出教学目标　B. 选择教学方法　C. 设计教学过程　D. 规划板书内容

3. 教学设计中最先要考虑的要素是(　　)

A. 教学内容　B. 教学对象　C. 教学目标　D. 预期效果

4. 在"三维"教学目标中，(　　)是关键性目标。(易混)

A. 过程与方法　B. 知识与技能　C. 价值观　D. 情感与态度

5. 教学目标表述的基本部分是(　　)

A. 明确教学对象　B. 表达学习结果的行为　C. 表现行为的条件　D. 学习程度

6. (　　)是学校教学的出发点和归宿，是教学的灵魂，支配着教学的全过程，并规定了教与学的方向。

A. 教育目的　B. 课程目标　C. 教学目标　D. 培养目标

二、多项选择题

1. 下列属于教案的基本形式的是(　　)(常考)

A. 记叙式教案　B. 议论式教案　C. 表格式教案　D. 卡片式教案

2. 教学技能在不同发展阶段的表现形态有(　　)

A. 教学技巧　B. 教学技艺　C. 教学反思　D. 教学艺术

3. 教学目标正确的表述应具备的特征包括(　　)

A. 外显性　B. 可操作性　C. 可测性　D. 实践性

4. 教师在设计教案时，课时教学内容的分配要(　　)

A. 科学合理　B. 分散难点　C. 集中难点　D. 突出重点

三、判断题

1. 教学技能是教师在已有知识经验基础上，通过实践练习和反思体悟而形成的一系列教学行为和心智活动方式。(　　)
2. 教学目标的表述中，学习结果的行为指出了学生成绩的最低标准。(易混)(　　)
3. 教学技巧的主要特征是教师形成了自己独特的教学风格。(　　)
4. 教学技能的复杂性主要是由教学过程、教育对象、教学任务等方面来决定的。(　　)
5. 每门学科的教学目标具有不同的层级，自上而下为：学期教学目标→单元教学目标→课时教学目标。(　　)
6. "三维"目标中，情感态度与价值观目标是终极性目标。(　　)
7. 表格式教案适合老教师使用。(常考)(　　)

四、简答题

1. 简述教学技能的基本特点。

2. 教案的基本内容包括哪些方面？

3. 教案的编写要坚持"五性"，这"五性"分别是什么？

4. 简述教案设计的要求。

知识2 课堂教学技能

一、单项选择题

1. 最常用、最简单的导入方法是(　　)(易混)

A. 直接导入　B. 直观导入　C. 温故导入　D. 实例导入

2. 课堂教学中的开场白是指(　　)

A. 导入　B. 提问　C. 讲授　D. 小结

3. 刘老师在上《狐假虎威》一课时是这样导入的："同学们，你们觉得老虎和狐狸哪种动物更厉害呢？"学生回答："当然是被称作百兽之王的老虎更厉害！"刘老师接着说："但是在我们今天要学习的这篇课文中，狐狸却比老虎更厉害，这是怎么回事呢？和老师一起在课文中寻找答案吧！"刘老师这样的导入方式属于(　　)

A. 情境导入法　B. 悬念导入法　C. 游戏导入法　D. 温故导入法

4. 新的一课开始前,老师为了介绍作家老舍,便这样开场:“我出两个谜语给大家猜,看谁能先猜出来:第一,‘挑嫩的’;第二,‘晚年离婚’。两则谜语谜底相同,打一作家名。”有学生反应很快,答道:“老舍。”其他同学恍然大悟。老师接着说:“猜得很对!大家很聪明嘛!好,现在我们就来走进老舍……”这位老师所采用的课堂导入方法是(　　)

A. 悬念导入　B. 谜语导入　C. 观念冲突导入　D. 情境导入

5. 李老师在讲解“作用力与反作用力”的时候,先让学生们分别用轻微、用力、非常用力三个力度鼓掌,然后请同学们谈感受,同学们都说左右手越用力越疼。李老师的这种课堂教学导入属于(　　)(常考)

A. 悬念导入　B. 温故导入　C. 问题导入　D. 实验导入

6. 不管是教师向学生提问还是学生回答问题或质疑,都可以给学生提供参与讨论、发表意见、锻炼语言表达能力的机会。这属于提问功能中的(　　)

A. 激发学习动机,集中注意力　B. 提示学习重点

C. 启发学生思维　D. 培养学生的参与能力

7. (　　)是指在课堂教学中,通过教师、学生、文本材料之间的相互交流和沟通,有效地实现教学目标的行为方式。

A. 课堂导入　B. 课堂对话　C. 课堂提问　D. 教学反馈

8. 课堂对话主要包括人与客体的对话、(　　)和人与自身的对话。

A. 人与人的对话　B. 人与自然的对话　C. 人与社会的对话　D. 人机对话

9. 最常见的、几乎适用于所有学科的板书形式是(　　)(常考)

A. 语词式板书　B. 表格式板书　C. 纲要式板书　D. 线索式板书

10. 板书设计的(　　)体现在一个“真”字上,即真实、准确,具体包括两个方面的内容:一是要有明确的目的性;二是要确切地反映结构教学内容的各个要素(知识点),以及这些要素之间的联系(即教学内容本身具有的规律性)。

A. 规范性原则　B. 启发性原则　C. 时效性原则　D. 客观性原则

11. 在课程结束时,教师通过班级分组竞赛的方式进行结课。这属于(　　)

A. 比较结课　B. 活动结课　C. 悬念结课　D. 拓展延伸结课

12. 结课的好坏是衡量教师教学艺术水平高低的标志之一,如杨老师在一堂课结束后为引起学生的求知欲,留下疑问并对学生说:“欲知后事如何,且听下回分解。”杨老师采用的这种结课方式是(　　)

A. 悬念式　B. 拓展延伸式　C. 讨论式　D. 归纳式

13. 刘老师为了让学生对本堂课的内容留下总体印象,在结课时引导学生对整节课的内容进行概括总结,这种结课方法为(　　)(常考)

A. 悬念法　B. 游戏法　C. 归纳法　D. 练习法

14. 一位语文老师在执教李白的《赠汪伦》时,他是这样开讲的:“李白是我国唐代的大诗人,可他上过一次大当,受过一次骗。”让学生疑团顿生,充满好奇。这位教师导入新课的方法是(　　)

A. 衔接导入法　B. 悬念导入法　C. 情境导入法　D. 实验导入法

二、多项选择题

1. 下列有关导入的说法,正确的有(　　)

A. 导入是课堂教学的第一步

B. 课堂教学中最常用、最简单的导入方法是问题导入

C. 教师通过提出富有启发性的问题进而引入新的教学内容的方法是复习导入

D. 教师从探究题意入手导入新课的方法是审题导入

2. 依据课堂提问的过程与实施步骤,为优化提问教学的效果,下列做法中恰当的是(　　)

A. 先点名,后提问　B. 先思考,后回答　C. 先讨论,后总结　D. 先鼓励,后更正

3. 根据布卢姆的目标分类学中关于认知目标的层次,课堂提问的类型包括(　　)

A. 理解提问　B. 综合提问　C. 应用提问　D. 分析提问

4. 课堂对话的特点主要有民主性、________、多边性、________和倾听性等。(　　)

A. 生成性　B. 整合性　C. 严谨性　D. 开放性

5. 板书设计的主要原则有(　　)(易错)

A. 规范性原则　B. 客观性原则　C. 针对性原则　D. 启发性原则

6. 教学反馈具有(　　)

A. 激励作用　B. 媒介作用　C. 预测作用　D. 调控作用

7. 课堂导入不能为了导入而导入,要根据不同的教学内容和教学对象,确定不同的导入方式。有效导入的基本要求包括(　　)(常考)

A. 趣味性　B. 规范性　C. 针对性　D. 新颖性

三、判断题

1. 课堂教学技能是整个教学技能的核心。(　　)

2. 温故导入的特点是由已知导向未知,过渡流畅自然,适用于连贯性和逻辑性较强的知识内容。(　　)

3. 课堂导入的时间一般为20分钟左右。(易错)(　　)

4. 在教学中,教师要把导入与整个教学过程综合起来考虑。(　　)

5. 提问注意力容易分散的学生可以使其集中精力,对胆小害羞的学生提问其力所能及的问题可以帮助其树立自信。(　　)

6. 课堂提问的问题越简单越好。(常考)(　　)

7. 教师在板书时,要将所教的内容统统写在黑板上。(　　)

8. 课堂板书要具有直观形象性、高度概括性和艺术性的特点。(　　)

9. 游戏结课主要适用于低年级。(　　)

四、简答题

1. 简述课堂导入的基本要求。

2. 简述创设有效导入的具体要求。

3. 简述课堂提问的基本要求。

4. 教师在板书的运用上存在哪些错误倾向?

知识3 教学语言技能、说课技能与教学反思技能

一、单项选择题

1. 根据教学反思时间的前后,可以将反思分为(　　)(常考)
A. 课前反思、课中反思与整体反思　B. 课前反思、课中反思与课后反思
C. 课前反思、即时反思与课后反思　D. 课前反思、阶段反思与课后反思

2. (　　)是指教师对已经发生或正在发生的教学活动进行积极、持续、周密、深入、自我调节性的思考,并寻求多种方法解决问题的过程。
A. 教学反思　B. 教学强化　C. 教学反馈　D. 教学准备

3. 新学期开始时对所讲授课程的教学目标的确立、对课程教学计划安排的反复考虑和琢磨,以及自我试讲后的思量、修正属于(　　)
A. 整体反思　B. 课前反思　C. 课后反思　D. 阶段反思

4. 教师的身姿变化不包括(　　)
A. 眼神　B. 走姿　C. 手势　D. 站姿

5. (　　)是传情达意的有效手段和工具,是教师角色行为中动作变化最快、最多、最大的。
A. 站姿　B. 走姿　C. 坐姿　D. 手势

6. (　　)是对教学设想、教学效果等的检查和督促,又叫作"汇报性说课"。(易混)
A. 研讨性说课　B. 示范性说课　C. 检查性说课　D. 评比性说课

7. 说课的重点是(　　),要把教学构想、教学效果及其理论依据说清楚。
A. 为什么这样做　B. 会怎样做　C. 应该怎么做　D. 如何改进教学

8. (　　)是教师最基本、最广泛的表达工具。(常考)
A. 教学仪容　B. 教学仪表　C. 教学口语　D. 教学仪态

9. 相对于教学口语而言,教态语言的特征不包括(　　)
A. 辅助性　B. 科学性　C. 连续性　D. 动作性

10. 下列选项中,不属于教师的教态语言的是(　　)
A. 身姿变化　B. 面部表情　C. 外表修饰　D. 语音语调

二、多项选择题

1. 教学口语的构成要素包括(　　)
A. 语音　B. 吐字　C. 语调　D. 节奏

2. 教态语言的功能包括(　　)
A. 传递信息功能　B. 激励功能　C. 调控功能　D. 教育功能

3. 体现教师仪表风度的方法有(　　)
A. 努力塑造优雅的风度　B. 注重高雅的谈吐和文明举止
C. 注重自己的仪表端庄　D. 对学生公正无私

4. 教学反思的特点包括(　　)
A. 超越性　B. 实践性　C. 过程性　D. 主体性

三、判断题

1. 教师的教学口语要具有针对性和教育性。(　　)
2. 说课就是说教学过程。(易错)(　　)
3. 检查性说课具有一定的指导和导向功能。(　　)
4. 面部表情是教师通过眼、眉、唇等器官和面部肌肉的活动变化来传递信息的一种形式。(　　)
5. 备课就是教师阐述在课堂教学中做什么,怎么做,为什么这么做的教学研究活动。(易混)(　　)
6. 评比性说课一般是为突破教学难点,探讨教学热点问题,寻求解决问题的方法而进行的说课。(　　)

四、简答题

1. 简述课堂教学口语的基本要求。

2. 说课的内容有哪些?

3. 简述教学反思的作用。

整合提升

一、单项选择题

1. 某教师在设计《正方形的面积》一课时,设计了如下教学目标:"学生能借助透明正方形胶片,说明正方形面积等于边长乘边长的理由。"这一教学目标欠缺了对(　　)的描述。(易错)
A. 行为活动　B. 教学对象　C. 行为条件　D. 行为标准

2. 导入新课、复习课、承启教学环节等场合较为常用的提问类型是(　　)
A. 理解水平的提问　B. 回忆水平的提问　C. 综合水平的提问　D. 应用水平的提问

3. "引起'代沟'的原因是什么?"这种提问属于(　　)
A. 理解水平的提问　B. 应用水平的提问　C. 分析水平的提问　D. 综合水平的提问

4. 下列导入方法中,不能预先进行设计的是(　　)

A. 悬念导入　B. 随机事件的导入　C. 事例导入　D. 表演导入

5. “你怎样看待这篇散文?”这种提问属于(　　)(易错)

A. 应用水平的提问　B. 分析水平的提问

C. 综合水平的提问　D. 评价水平的提问

6. 如果要巧妙引入新课,使学生在不知不觉中获得新知,往往采取(　　)

A. 先讲后书　B. 先书后讲　C. 边讲边书　D. 视情况而定

7. 下列选项不属于说课对象的是(　　)(易错)

A. 领导　B. 同行　C. 学生　D. 教研人员

8. 张老师开始讲《詹天佑》这篇课文时说:“同学们,你们知道吗?詹天佑是我国著名的铁路专家,主持修建了举世闻名的京张铁路,今天我们就来学习这一课。”这属于(　　)

A. 直接导入　B. 经验导入　C. 故事导入　D. 悬念导入

二、案例分析题

语文老师在讲授孙犁的散文名篇《黄鹂》时,是这样开头的:教师先问:“大家能说出哪些有关黄鹂的诗文?”学生根据自己的知识积淀,能够说出“两个黄鹂鸣翠柳,一行白鹭上青天”(杜甫),“千里莺啼绿映红,水村山郭酒旗风”(杜牧),“留连戏蝶时时舞,自在娇莺恰恰啼”(杜甫),“漠漠水田飞白鹭,阴阴夏木啭黄鹂”(王维)。然后教师总结:“在这些诗文中,黄鹂作为春天的使者,给大好春光增添了盎然的生机和无限的活力。那么,在我国著名的散文家孙犁的笔下,黄鹂又是怎样的呢?”

材料中的老师运用了哪种课堂导入方法?简述课堂导入在课堂教学中的作用。

真题必刷

一、单项选择题

1. [南阳南召]教学技能是教师在已有的知识经验基础上,通过实践练习和反思体悟而形成的一系列教学行为和心智活动方式,下列对它的定义理解不正确的是(　　)

A. 教师教学时间越长,教学技能就越丰富

B. 教学技能的形成是内外兼修的结果

C. 教学技能是一系列教学行为和心智活动方式的整体体现

D. 教学技能是在教师已有的知识经验的基础上形成和发展起来的

2. [周口沈丘]以集体备课为主要形式,为突破重点难点、寻找解决问题的方法而进行的说课是(　　)

A. 研讨性说课　B. 示范性说课　C. 检查性说课　D. 评比性说课

3. [驻马店驿城区]教学设计的一般结构是概况、教学过程、板书设计和(　　)

A. 教学总结　B. 教学反思　C. 课堂练习　D. 课后讨论

4. [周口太康](　　)是课时计划的主要组成部分,应写得详细具体。(常考)

A. 教学目标　B. 教学重点和难点　C. 教学方法　D. 教学过程

5. [安阳汤阴]数学老师在讲授圆柱、圆锥的侧面积与表面积时,先让学生观察模型及侧面展开图,进而引导学生推导出计算公式。该老师运用的导入方法是(　　)

A. 经验导入　B. 直观导入　C. 活动导入　D. 举例导入

6. [鹤壁淇滨区]某教师在讲“等比数列前n项和”时,利用折纸实验导入新课,告诉学生用一张一毫米厚的折纸,只需对折23次,其厚度就可超过珠穆朗玛峰的高度。这使学生们心理上形成反差,激起了学生的求知欲。该教师采用的导入方式是(　　)(常考)

A. 直接导入　B. 悬念导入　C. 审题导入　D. 设疑导入

7. [郑州管城区]“为什么说五四运动是中国新民主主义革命的开端?”此提问属于(　　)

A. 分析型问题　B. 评价型问题　C. 综合型问题　D. 应用型问题

8. [永城]课堂上,教师用体态语言(如点头、微笑、摇头、鼓掌等)对学生的表现进行强化,属于教学强化的一种类型。这种类型应是(　　)

A. 语言强化　B. 动作强化　C. 活动强化　D. 标志强化

二、多项选择题

1. [开封市直]以下属于调控教学过程的技能的有(　　)

A. 导入技能　B. 结束技能　C. 提问技能　D. 反馈强化技能

2. [郑州二七区]教学准备所需要确认的目标包括(　　)

A. 认知目标　B. 能力目标　C. 德育目标　D. 情感目标

3. [信阳光山]成功的结课往往能对整堂课起到画龙点睛的作用。因此,教师在结课时应该(　　)(常考)

A. 要有趣味性　B. 要有针对性　C. 要全面而深刻　D. 要简洁明快

4. [驻马店市直]教师根据学生特点可以使用的教态变化技能有(　　)

A. 身姿　B. 表情　C. 眼神　D. 停顿

三、判断题

[新乡封丘]一般来说,教学口语的语速要适当高于一般人际交往口语的语速,以提高课堂教学的效率。(　　)

第五篇　教育写作与教育活动设计

知识1 教育写作

1. 阅读下面材料,根据要求写作。

要保证贫困山区的孩子上学受教育,有一个幸福快乐的童年。(习近平)

下一代要过上好生活,首先要有文化,这样将来他们的发展就完全不同……把贫困地区孩子培养出来,这才是根本的扶贫之策。(习近平)

抓好教育是扶贫开发的根本大计,要让贫困家庭的孩子都能接受公平的有质量的教育,起码学会一项有用的技能,不要让孩子输在起跑线上,尽力阻断贫困代际传递。(习近平)

综合上述材料,你有怎样的感触及思考?请联系实际,写一篇不少于600字的文章。

要求:选好角度,确定立意,自拟标题;除诗歌外,文体不限。

2. 阅读下面的材料,自拟题目,写一篇议论文。

田园里有三个种草莓的农夫:第一个担心草莓长不大,有虫害,天天浇水,打药,没过多久,他的草莓苗被水浸泡死了。第二个把草莓种到塑料大棚里,定期施化肥、喷药、浇水,但他还嫌草莓不够红,不够大,就给它们都打了催熟剂,打了添加有牛奶成分的营养品,三个月后,他的"牛奶草莓"上市了,这些草莓虽然看上去又红又大,但是吃起来却不够甜。第三个农夫把草莓种在普通田地里,既不施化肥,也不打农药,而是施牛羊粪等有机肥,让草莓苗自由成长,半年后才上市,这样虽然要付出更多的汗水和心血,草莓个头也不大,卖相也不好,但是吃起来却最甜。

要求:

(1)思路清晰,观点明确;

(2)内容充实,结构完整,语言流畅;

(3)不少于800字。

3. 每到毕业季,总会看到一些中小学举行毕业典礼,毕业典礼似乎已经成为了学校的一种标识,成为了师生的一种情怀,成为了一届又一届毕业生回望母校时一道绕不过的风景线。有人质疑,学校教育是否真的需要这样的仪式?《小王子》一书对"仪式"的解释是:使某一天与其他日子不同,使某一时刻与其他时刻不同。对于学生的成长而言,显然也需要这样的仪式感,需要这样一个又一个与其他日子不同的日子,一个又一个与其他时刻不同的时刻。因为"人活在世界上会面临各种存在处境的断裂状况",尤其是一个人在生命成长的最初阶段,更会不断地面临着"存在的断裂",只有跨过这一个又一个"断裂"门槛,才能够更好地成长。如果在一个又一个特别的仪式里,能够让学生体验到一些特别的东西,那么,他们的生命里就会有一股新的力量油然而生,牵引着他们,越过"断裂"门槛,开始新的出发。

认真分析上述材料,结合你对报考岗位的思考,写一篇不少于800字的议论文。

要求:自拟题目,观点明确,思想深刻,思路清晰,内容充实,表述流畅。

知识2 教育活动设计

一、教育方案设计

1.

"诚信"教育主题班会

现在社会存在的虚假东西太多了,在市场经济的大潮中,许多人急功近利,言而无信,迷失自我,客观上导致了人与人之间的相互不信任,相互欺骗,扭曲了人与人之间的真诚关系。

这些直接影响着在校学生,他们小小年纪就学会了说谎。最近发现班级有同学作业没完成谎称忘在家里,为了不上体育课谎称自己身体不舒服,甚至有的满口谎言,让老师真假难分。班主任齐老师对这种现象十分担忧。

假如你是齐老师,请针对该班级存在的上述问题,设计一个教育活动方案(至少包括主题、设计依据、目标、内容与过程、预计效果与检验方法等)。

要求:

(1)自选一个学段(小学、初中、高中)并标明;

(2)主题鲜明、依据合理,方案具有针对性和可操作性;

(3)逻辑严谨,条理清晰;

(4)总字数800~1000字。

2. 班主任李老师最近发现,班级同学比较害羞、胆小,不敢在公开场合表现自己,同学之间缺乏合作。针对这种情况,李老师想组织一次文艺活动。让学生在愉悦的氛围中能够敞开心扉,加强沟通合作,锻炼自己的自信心和表现力。

假如你是李老师,请设计一个活动方案(至少包括主题、设计依据、目标、内容与过程、预计效果与检验方法等)。

要求:

(1)自选一个学段(小学、初中、高中)并标明;

(2)主题鲜明、依据合理,方案具有针对性和可操作性;

(3)逻辑严谨,条理清晰;

(4)总字数800~1000字。

3. 东方小学拟立足于平时的活动，以现实问题为驱动，确立“提升学生质疑能力的实践探索”的研究课题，这一研究着眼于培养学生的质疑能力，让学生带着问题去活动、带着问题去探索、带着问题去合作、带着问题去总结。在批判与反思中实现学习方式与方法的改变、学习能力的提升。

现请你担任课题负责人，对本课题的研究目标、研究内容、研究方法、研究步骤做出系统设计。

二、教案设计

1. 问题：阅读下面的古诗，设计一课时教案。

题西林壁

（宋）苏轼

横看成岭侧成峰，
远近高低各不同。
不识庐山真面目，
只缘身在此山中。

2. 时间时时伴随着人们的生活，学生对“秒”接触和感知的机会也比较多，应该说对“秒”并不陌生，但是“秒”和其他时间单位一样，相对于长度、重量单位来说比较抽象，而且学生缺少系统、充分的认识，对于时间的体验也较少。因此，本课设计时注意从学生的生活经验入手，通过动手操作等丰富的学习活动，让学生体验一段时间，建立1秒及1分(60秒)的时间观念。

请根据上述材料中的教材内容，编写教学设计。

要求：

(1)写出一篇要素完整的教学简案；

(2)要恰当设定本课的教学目标、教学重点和难点；

(3)合理地设计学习活动和作业要求。

3. 请阅读下列材料，并按要求作答。

The traffic lights are the same in every country. There are always three lights: red, yellow and green. Red means “Stop”, yellow means “Wait”, and green means “Go”. In China, drivers drive on the right side of the road. In the US, drivers drive on the right side, too. In England and Australia, however, drivers drive on the left side of the road. If you go by car, by bike or on foot, you must know the traffic rules.

请根据上述材料完成下列任务：

(1)若指导小学生学习，试拟定本课的教学目标。

(2)依据阅读课的教学模式和拟定的教学目标，设计教学过程并说明各环节教学活动的设计意图。

(3)为该课时设计教学板书。

4. 请根据所提供的教学材料和相关情况，按要求完成教学设计。

教学材料：某版本六年级品德与社会《环球旅行去》一课，部分内容如下：

神游埃及金字塔

说到世界奇迹，人们都会想到埃及首都开罗附近的金字塔。这些为古埃及国王修建的巨型坟墓，默默地耸立在一望无垠的大沙漠上，向人们展示了四千多年前古埃及人的智慧，成为古代奇迹最为典型的代表。

了解大金字塔和狮身人面像。

探秘古玛雅

在中美洲的密林中有一座保存了数千年的古遗迹，它就是被人们称为“丛林中的神殿”的玛雅文明，从呈现在现代人面前开始，它就像一个永远解不开的谜，给人们带来一个个震惊，又留下一串串令人迷惑不解的疑云……

了解奇琴伊萨金字塔、奇琴伊萨观象台、帕伦克宫殿遗址。

追溯西方文明的摇篮——希腊

你知道智慧女神雅典娜的神话和奥运会的来历吗？它们都来自古希腊，一提起古希腊，西方人就会有一种家园之感，希腊也因此被誉为西方文明的摇篮。

了解雅典娜神像、奥林匹克运动会的来历。

游览艺术之都——巴黎

巴黎是法国的首都，拥有许多闻名世界的历史遗迹和宏伟壮观的现代建筑。让我们一起欣赏一下艺术之都的魅力。

了解胜利女神像、米洛斯的维纳斯、埃菲尔铁塔、蒙娜丽莎像、蓬皮杜艺术中心。

相关情况：授课对象为某乡村学校六年级学生，班级人数为40人。

设计要求：

(1)确定教学目标。

(2)设计本课的教学过程。

5. **中彩那天**

第二次世界大战前，我们家六口人全靠父亲一人工作维持生计，生活很拮据。母亲常安慰家里人：“一个人只要活得诚实，有信用，就等于有了一大笔财富。”

父亲是汽车修理厂的技工，技术精湛，工作卖力，深得老板的器重。他梦寐以求的是能有一辆属于自己的汽车。

一天放学回家，我看见城里最大的那家百货商店门前挤满了人。原来，一辆崭新的奔驰牌汽车将以抽奖的方式馈赠给中奖者。

当商店的扩音器高声叫着我父亲的名字，表明这辆车已属于我家时，我简直不敢相信那是真的。不一会儿，我看见父亲开着车从拥挤的人群中缓缓驶过。只是，他神情严肃，看不出中彩带给他的喜悦。

我几次兴奋地想上车与父亲共享这幸福的时刻，都被他赶了下来。

我不明白父亲为什么中了彩还不高兴，闷闷不乐地回到家里，向母亲诉说刚才的情形。母亲安慰我说："不要烦恼，你父亲正面临着一个道德难题。""难道我们中彩得到汽车是不道德的吗？"我迷惑不解地问。

"过来，孩子。"母亲温柔地把我叫到桌前。只见桌子上放着两张彩票存根，号码分别是05102和05103。中奖的那张号码是05102。

母亲让我仔细辨别两张彩票有什么不同。我看了又看，终于看到中彩的那张右上角有铅笔写的淡淡的K字。母亲告诉我："K字代表库伯，你父亲的同事。"原来，父亲买彩票时，帮库伯先生捎了一张，并做了记号。过后，俩人都把这件事忘了。可以看出，那K字用橡皮擦过，留有淡淡的痕迹。"可是，库伯是有钱人，我们家穷呀！"我激动地说。话音刚落，我听到父亲进门的脚步声，接着听到他在拨电话号码，是打给库伯的。

第二天，库伯先生派人来，把奔驰汽车开走了。那天吃晚饭时，我们全家围坐在一起，父亲显得特别高兴，给我们讲了许多有趣的事情。

成年以后，回忆往事，我对母亲的教诲有了深刻的体会。是呀，中彩那天父亲打电话的时候，是我家最富有的时刻。

(1)若指导中年级小学生学习本文，请拟定教学活动的主要环节。

(2)为本课设计一则板书，并简要说明理由。

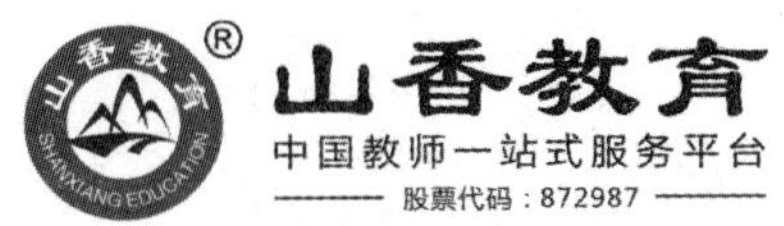

河南省教师招聘考试

学霸必刷题库

教育理论基础

上册

参考答案及解析

山香教师招聘考试命题研究中心　主　编

目 录

试题 解析

第一篇 教育学

条目	试题	解析
专题一 教育与教育学	1	1
基础训练	1	1
知识1 教育及其产生与发展	1	1
知识2 教育学及其产生与发展	2	3
知识3 教育研究及其方法	4	5
整合提升	5	6
真题必刷	9	10
专题二 教育的基本规律	10	12
基础训练	10	12
知识1 教育与社会发展	10	12
知识2 教育与人的发展	11	13
整合提升	13	15
真题必刷	15	17
专题三 教育目的与教育制度	16	18
基础训练	16	18
知识1 教育目的概述	16	18
知识2 我国的教育目的	17	19
知识3 学校与学校教育制度	18	20
知识4 我国的学校教育制度	19	22
整合提升	20	22
真题必刷	23	25
专题四 教师与学生	24	26
基础训练	24	26
知识1 教师及其职业素养	24	26
知识2 学 生	26	28
知识3 师生关系	28	30
整合提升	29	32
真题必刷	33	35
专题五 课 程	34	36
基础训练	34	36
知识1 课程概述	34	36
知识2 课程目标与课程内容	35	38
知识3 课程结构与课程管理	36	39
知识4 课程设计与实施	37	40
知识5 课程评价与课程资源	38	41
整合提升	38	42
真题必刷	41	45
专题六 教 学	42	46
基础训练	42	46
知识1 教学及其过程	42	46
知识2 教学原则与教学方法	44	48

条目		
知识3　教学组织形式与教学工作的基本环节	46	51
知识4　教学评价与教学模式	48	53
整合提升	49	55
真题必刷	53	58
专题七　德　育	55	60
基础训练	55	60
知识1　德育及其过程与模式	55	60
知识2　德育原则、途径与方法	56	61
整合提升	59	65
真题必刷	62	68
专题八　班级管理与班主任工作	63	69
基础训练	63	69
知识1　班级与班级管理	63	69
知识2　良好班集体的培养	64	70
知识3　班主任工作概述	65	70
整合提升	66	72
真题必刷	68	74
专题九　课外、校外教育与三结合教育	69	74
基础训练	69	74
知识1　课外、校外教育	69	74
知识2　学校、家庭、社会三结合教育	70	76
整合提升	71	77
真题必刷	73	78
第二篇　新课程改革		
基础训练	74	78
知识1　新课程改革的提出、背景、目标与理念	74	78
知识2　教学改革与综合实践活动	75	79
整合提升	77	81
真题必刷	79	84
第三篇　教师职业道德		
基础训练	80	84
知识1　教师职业道德概述	80	84
知识2　教师职业道德的基本原则、范畴及规范	80	85
知识3　教师职业道德修养与评价	82	87
整合提升	83	87
真题必刷	86	90
第四篇　教材教法		
基础训练	87	90
知识1　教学技能与教学设计技能	87	90
知识2　课堂教学技能	87	91
知识3　教学语言技能、说课技能与教学反思技能	89	92
整合提升	89	93
真题必刷	90	94
第五篇　教育写作与教育活动设计		
知识1　教育写作	91	94
知识2　教育活动设计	91	96

第一篇　教育学

专题一　教育与教育学

基础训练

知识1 教育及其产生与发展

一、单项选择题

1. B　【解析】从社会的角度来定义，人们把“教育”划分为：

广义的教育	社会教育、学校教育和家庭教育
狭义的教育	学校教育
更狭义的教育	与学校中常说的“德育”是同义词

因此，本题选B项。

2. D　【解析】A项，正规教育主要指学校教育，是学生在有组织的教育机构中所受到的教育。
B项，狭义的教育指学校教育。
C项，形式化教育是学生在有组织的教育机构中所接受的教育。
D项，广义的教育指增进人的知识与技能、发展人的智力与体力、影响人的思想观念的活动，包括社会教育、学校教育和家庭教育。
因此，“生活的磨难教育了我们”中的“教育”属于广义的教育，选D项。

3. B　【解析】从个体的角度来定义“教育”，往往把“教育”等同于个体学习与发展的过程。故选B项。

4. D　【解析】广义的教育指增进人的知识与技能、发展人的智力与体力、影响人的思想观念的活动，包括社会教育、学校教育和家庭教育。狭义的教育指学校教育。路边的公益性广告属于广义的教育中的社会教育，故选D项。

5. D　【解析】教育媒介是教育活动的中介。从内容上说，主要是教育内容、教育材料或教科书；从形式上说，主要是教育手段、教育方法、教育组织形式。

6. A　【解析】构成教育活动的基本要素包括教育者、受教育者（学习者）和教育媒介（教育影响）。其中，教育者是主导性因素。

7. A　【解析】原始社会的教育具有非独立性，教育和社会生活、生产劳动紧密相连；原始社会的教育还具有原始性，教育内容简单，主要是传递生产经验。

8. B　【解析】在社会教育活动中，在生理、心理及性格发展方面有目的地接受影响、从事学习的人，统称为受教育者。它既包括在校学习的学生，也包括各种形式成人教育中的学习者。受教育者既是教育的对象，又是学习的主体。故选B项。

9. C　【解析】在教育的诸多矛盾中，受教育者与教育内容这一对矛盾是教育中的基本的、决定性的矛盾，因为它是教育活动的逻辑起点。

10. C　【解析】在我国，许慎在《说文解字》中最早对“教育”一词进行了解释：“教，上所施，下所效也”，“育，养子使作善也”。故选C项。

11. B　【解析】在我国，“教育”一词最早见于《孟子·尽心上》中的“得天下英才而教育之，三乐也”。故选B项。

易错警示：
“教育”一词在我国的最早出处（使用）与最早解释是易混点，考生应注意区分：
最早出处：孟子的《孟子·尽心上》——“得天下英才而教育之，三乐也”。
最早解释：许慎的《说文解字》——“教，上所施，下所效也”，“育，养子使作善也”。

12. C　【解析】题干引文出自《孟子·尽心上》中的“得天下英才而教育之，三乐也”。

13. C　【解析】教育是一种有目的地培养人的社会活动。有目的地培养人才是教育区别于其他社会领域的根本特征。故选C项。

14. C　【解析】教育的本质属性是育人，即教育是一种有目的地培养人的社会活动，这是教育区别于其他事物现象的根本特征。故选C项。

15. B　【解析】春秋战国时期，官学衰微，私学兴起，冲破了“学在官府”的限制，使教育对象由贵族扩大到民间。

16. D　【解析】我国古代“六艺”中的“礼”包括政治、历史以及以“孝”为本的伦理道德教育。故“礼”为政治伦理教育的内容。

17. D　【解析】“六艺”是西周各级各类学校教育的基本学科，具体指礼、乐、射、御、书、数。

18. A　【解析】教育的继承性是指不同历史时期的教育都前后相继，后一时期教育是对前一时期教育的继承与发展。由题干中的“教育传统”“不随时代变迁而消失”可知教育具有继承性。

19. C　【解析】劳动起源说是在马克思历史唯物主义理论指导下形成的，认为教育起源于生产劳动故选C项。AD两项为生物起源说的观点，B项为心理起源说的观点。

20. A　【解析】我国古代的朱熹是神话起源说的代表人物。

21. B　【解析】心理起源说认为教育起源于日常生活中儿童对成人的无意识模仿，代表人物是孟禄。

22. B　【解析】生物起源说是第一个正式提出的有关教育起源的学说，但没有把握人类教育的目的性和社会性，把教育的起源问题生物学化。

23. C　【解析】A、B两项属于原始社会教育的特征，D项属于现代社会教育的特征。

24. A　【解析】“六艺”是西周各级各类学校教育的基本学科，具体指礼、乐、射、御、书、数。

易错警示：
我国古代的“六艺”，中世纪西欧的“七艺”“骑士七技(武士七艺)”的具体内容应避免混淆。
“六艺”：礼、乐、射、御、书、数。
“七艺”：三科(文法、修辞、辩证法)、四学(算术、几何、天文、音乐)。
“骑士七技”：骑马、游泳、击剑、打猎、投枪、下棋、吟诗。

25. D 【解析】古代埃及主要有三种学校类型：宫廷学校、职官学校、文士学校。其教育的总体特征为“以僧为师”“以吏(书)为师”。

26. A 【解析】古代雅典在西方最早形成体育、德育、智育、美育和谐发展的教育，教育内容比较丰富，教育方法也比较灵活，教育目的是培养有文化、有修养和多种才能的政治家和商人。

27. C 【解析】古代斯巴达教育以军事体育训练和政治道德灌输为主，教育内容单一，教育方法也比较严厉，其教育目的是培养忠于统治阶级的强悍的军人。

28. B 【解析】骑士教育是西欧中世纪的一种特殊形式的家庭教育，是西欧封建社会等级制的产物。目的是培养勇猛豪侠、忠君敬主的骑士精神和技能。

29. B 【解析】古代埃及开设最多的是文士学校。

30. C 【解析】教育民主化首先是指教育机会均等，即教育要为所有的社会成员提供平等的教育权利，包括入学机会的均等、教育过程中享有教育资源机会的均等和教育结果的均等，这意味着要对社会弱势学生群体给予特殊照顾；其次指师生关系的民主化；再次指教育方式、教育内容等的民主化，为学生提供更多自由选择的机会；最后是追求教育的自由化，包括教育自主权的扩大、根据社会要求设置课程、编写教材的灵活性等。故选C项。

31. C 【解析】教育的民主化有四层含义，其中之一是追求教育的自由化，包括教育自主权的扩大、根据社会要求设置课程、编写教材的灵活性等。故题干所述体现的是教育的民主化特点，选C项。

32. C 【解析】“人从出生到坟墓都要学习”即教育要贯穿人的一生，表达的是教育终身化的思想。

二、多项选择题

1. ABC 【解析】广义的教育包括社会教育、学校教育和家庭教育。

2. ABD 【解析】教育的社会属性包括永恒性、历史性、继承性、长期性、相对独立性、生产性、民族性。

3. BD 【解析】按照作用的对象，教育功能可分为个体发展功能和社会发展功能。

4. ABC 【解析】“七艺”包括“三科”(文法、修辞、辩证法)和“四学”(算术、几何、天文、音乐)。

5. BD 【解析】从教育作用呈现的形式来看，教育功能可分为显性功能和隐性功能；从性质上看，教育功能可以分为保守功能和超越功能。故选BD两项。

6. ABCD 【解析】教育功能的特征主要有客观性、社会性、多样性、整体性和条件性。

7. ABC 【解析】宋、元、明、清时期的基本教材和科举考试的重要依据是“四书五经”。“四书”是《大学》《中庸》《论语》《孟子》的合称，“五经”是《诗》《书》《礼》《易》《春秋》的合称。

8. ACD 【解析】教育的具体而实在的规定性体现在：(1)教育是人类所特有的一种有意识的社会活动；(2)教育是人类有意识地传递社会经验的活动；(3)教育是以人的培养为直接目标的社会实践活动。

9. BCD 【解析】终身教育是适应科学知识的加速增长和人的持续发展的要求而逐渐形成的一种教育思想和教育制度，包括各个年龄阶段的各种方式的教育。它不仅仅指学校教育，A项表述错误。

三、判断题

1. √ 【解析】从性质上看，教育功能可以分为保守功能和超越功能。其中，超越功能是指通过教育的自我更新和变革，促进和引领人类社会的发展。

2. × 【解析】学校教育是教育者依据一定的社会要求，依据受教育者的身心发展规律，有目的、有计划、有组织地对受教育者施加影响，促使其朝着所期望的方向发展变化的活动。题干描述的是广义的教育的概念。

3. √ 【解析】更狭义的教育有时是指思想品德教育活动，与学校中常说的“德育”是同义词。

4. × 【解析】教育是人类社会特有的活动，动物界不存在教育。故题干说法错误。

易错警示：考生需注意动物界是不存在教育行为的。动物界的某些行为虽与人类社会的教育相类似，但本质不同：
(1)动物的活动出于一种本能需要，属于本能活动；(2)动物界没有语言，不具备明确的意识；(3)动物的“教育”以适应环境为指向，人类的教育还要改造环境和发展自己。

5. √ 【解析】我国在西周时已建立了典型的政教合一的官学体系，而私学是在春秋战国时期兴起的，故官学的出现早于私学。

6. √ 【解析】“六艺”是西周各级各类学校教育的基本学科，具体指礼、乐、射、御、书、数。礼乐教育是“六艺”教育的中心。

7. × 【解析】德国是世界上最早普及义务教育的国家。

8. × 【解析】把终身教育等同于成人教育或职业教育是片面的。

9. × 【解析】教育的多元化是对教育的单一性和统一性的否定。

10. √ 【解析】实现教育现代化是各国教育的共同追求，教育现代化的最高目的是实现人的现代化。

知识2 教育学及其产生与发展

一、单项选择题

1. B 【解析】教育学是研究教育现象和教育问题，揭示教育规律的一门科学。故选B项。

2. B 【解析】教育学是研究教育现象和教育问题，揭示教育规律的一门科学。其根本任务是揭示教育规律。

3. D 【解析】老子是道家学派创始人。道家主张“绝学”和“愚民”，认为“绝学无忧”。根据“道法自然”的哲学，道家主张教循自然原则，一切任其自然便是最好的教育。

4. C 【解析】《学记》(收入《礼记》)是中国也是世界教育史上的第一部教育专著，成文大约在战国末期。

易错警示：

教育学发展过程中的几个“第一本(最早)”著作是常考点，考生应注意牢记：

世界第一是乐学：乐正克的《学记》是中国也是世界第一本教育著作。

西方第一是昆雄：昆体良的《雄辩术原理》(《论演说家的教育》)是西方第一本教育著作。

近代第一是夸大：夸美纽斯的《大教学论》是近代第一本教育著作。

现代第一是赫普：赫尔巴特的《普通教育学》是现代第一本教育著作。

5. A 【解析】“产婆术”是苏格拉底提出的。

6. D 【解析】古希腊百科全书式的哲学家是亚里士多德。

7. B 【解析】昆体良的《雄辩术原理》(《论演说家的教育》或《论演说家的培养》)是西方最早的教育著作，也被誉为古代西方的第一部教学法论著。

8. B 【解析】近代实验科学鼻祖培根首次提出把教育学作为一门独立的学科，他提出的归纳法为教育学的发展奠定了方法论基础。

9. D 【解析】卢梭认为教育的任务应该使儿童“归于自然”，这是其自然主义教育的核心。他的教育著作《爱弥儿》宣扬了他的自然主义教育思想。

10. A 【解析】康德认为教育的根本就是要对人的本性进行适当的控制，“人是唯一需要教育的动物”。

11. B 【解析】洛克提出了“白板说”。他认为人的心灵原来就像一块白板，没有一切特性，没有任何观念，天赋的智力人人平等。他明确指出，“我们日常所见的人中，他们之所以或好或坏，或有用或无用，十分之九都是他们的教育所决定的。人之所以千差万别，便是由于教育之故。”

12. B 【解析】杜威主张教育为当下的生活服务，主张“教育即生活”，他强调教法与教材的统一，强调目的与活动的统一，主张“从做中学”。

13. D 【解析】实验教育学兴起于19世纪末20世纪初，是以教育实验为标志的教育思想流派。文化教育学又称精神科学教育学，是19世纪末出现在德国的一种教育学说。实用主义教育学是19世纪末20世纪初兴起于美国的一种教育思潮。批判教育学兴起于20世纪70年代，是当代西方教育理论界占主导地位的教育思潮。

14. D 【解析】蔡元培是我国近代著名的民主革命家和教育家。他为中华民族的进步和发展，为我国的教育事业，尤其是高等教育事业的改革和发展，做出了重大贡献。毛泽东评价他为“学界泰斗，人世楷模”。

易错警示：

关于不同人物对蔡元培和陶行知的评价考生应注意区分：

蔡元培	学界泰斗，人世楷模(毛泽东)
陶行知	伟大的人民教育家(毛泽东)； 万世师表(宋庆龄)； 一个无保留追随党的党外布尔什维克(周恩来)

15. C 【解析】苏霍姆林斯基的著作被称为“活的教育学”和“学校生活的百科全书”，他本人被誉为“教育思想的泰斗”。

易错警示：

本题的易混选项是B项陈鹤琴，考生应注意辨别。陈鹤琴提出了“活教育”思想，苏霍姆林斯基的著作被称为“活的教育学”，都有一个“活”字，但意义是不同的。因为苏霍姆林斯基的教育著作既有着现实的生动形象性，又有着理论上的鲜明独创性，既有大量生动活泼的事例，又有深思熟虑的理论概括，所以他的书被誉为“活的教育学”“学校生活的百科全书”。

16. A 【解析】克鲁普斯卡娅的《国民教育与民主主义教育》是最早以马克思主义为基础探讨教育学问题的著作；凯洛夫的《教育学》被公认为世界上第一部马克思主义的教育学著作；杨贤江的《新教育大纲》是我国第一部马克思主义的教育学著作；《教育过程》是布鲁纳的代表作。

易错警示：

考生应注意区分马克思主义与教育学研究相结合的三部著作的地位。

(1)最早以马克思主义为基础探讨教育学问题的著作：克鲁普斯卡娅的《国民教育与民主主义教育》；

(2)世界第一部马克思主义的教育学著作：凯洛夫的《教育学》(1939年)；

(3)我国第一部马克思主义的教育学著作：杨贤江(化名李浩吾)的《新教育大纲》(1930年)。

17. D 【解析】赞科夫在《教学与发展》一书中提出了发展性教学理论的五条教学原则，即高难度、高速度、理论知识起主导作用、理解学习过程、使所有学生包括“差生”都得到一般发展的原则。

18. B 【解析】我国教育家杨贤江以李浩吾为化名出版的《新教育大纲》(1930年)是我国第一部马克思主义的教育学著作。

19. D 【解析】裴斯泰洛齐主张教育应从最基本、最简单的要素开始,由易到难,循序渐进,适应儿童的接受能力,因此他提出了要素教育的思想。

20. B 【解析】苏格拉底在向人传授知识时不是强制别人接受,而是发明和使用了以师生共同谈话、共同探讨问题而获得知识为特征的问答式教学法,也叫"产婆术"或"苏格拉底法"。

21. B 【解析】在西方教学史上,赫尔巴特第一次提出了"教育性教学"的概念。

22. A 【解析】晏阳初是享誉国内外的平民教育家、乡村改造运动的倡导者与实践家。在乡村教育实践中,他提出了"四大教育""三大方式"("四大教育"即文艺教育、生计教育、卫生教育和公民教育,"三大方式"即学校式、家庭式和社会式)。

23. A 【解析】孟子认为,教育是扩充"善性"的过程,教育的目的在于"明人伦"。

24. B 【解析】卢梭倡导自然教育,主张让儿童顺其自然地发展,甚至摆脱社会影响。

25. C 【解析】赫尔巴特是近代德国著名的心理学家和教育学家,在世界教育史上被认为是"现代教育学之父"或"科学教育学的奠基人"。

易错警示:
关于谁是"教育学之父""近代教育学之父""现代教育学之父"的说法在教育学界还有不同说法,但根据对历年教师招聘考情的分析,我们采用以下说法:
(1)"教育学之父""近代教育学之父"——夸美纽斯;
(2)"现代教育学之父"——赫尔巴特。

26. D 【解析】洛克在其著作《教育漫话》一书中,详细论述了绅士教育的内容及方法。

27. D 【解析】杜威的教育学说提出以后,西方教育学便出现了以赫尔巴特为代表的传统教育学派和以杜威为代表的现代教育学派的对立局面。

易错警示:
传统教育学派的代表人物是"现代教育学之父"赫尔巴特?(√)
考生可以这样理解:赫尔巴特提出了"以教师为中心"的相对比较传统的教学观念,所以被称为传统教育学派的代表人物。而赫尔巴特的教育思想对现代社会教育的影响比较大且比较深远,所以赫尔巴特被称为"现代教育学之父"。

28. D 【解析】《给教师的一百条建议》和《把整个心灵献给孩子》是苏联教育家苏霍姆林斯基的代表作,他在书中阐述了和谐教育思想,认为学校教育的理想是培养全面和谐发展的人。

29. A 【解析】孔子是世界上最早提出启发式教学的教育家,比苏格拉底的"产婆术"早几十年。

30. C 【解析】文化教育学又称精神科学教育学,是19世纪末出现在德国的一种教育学说,代表人物有狄尔泰、斯普兰格、利特。

31. B 【解析】赫尔巴特提出的教学四阶段论即明了、联合(联想)、系统、方法。

32. B 【解析】赫尔巴特提出教育理论体系的两个理论基础是伦理学和心理学,他把道德教育理论建立在伦理学的基础上,把教学理论建立在心理学的基础上,可以说是奠定了科学教育学的基础。

33. A 【解析】题干引文出自《荀子·儒效》,"不闻不若闻之,闻之不若见之,见之不若知之,知之不若行之。学至于行之而止矣。行之,明也;明之为圣人"。

34. C 【解析】赫尔巴特在世界教育史上被认为是"现代教育学之父"或"科学教育学的奠基人"。

35. B 【解析】赫尔巴特把教育的目的分为"可能的目的"和"必要的目的",认为教育的最高目的是道德和性格的完善。

36. B 【解析】ACD三项出自《论语》。

37. B 【解析】"活教育"的"五指活动",即儿童健康活动、儿童社会活动、儿童科学活动、儿童文学活动、儿童艺术活动。按"五指活动"的设想,儿童活动代替课堂教学成为学校教育的基本形式,它追求的是完整的儿童生活,"五指活动"是相互联系的整体。故选B项。

38. A 【解析】苏联教育家赞科夫出版了《教学与发展》一书,他把学生的一般发展作为教学的出发点,提出了发展性教学理论的五条教学原则。

39. C 【解析】朱熹将教育分为"小学"和"大学"两个阶段。小学以"学事"为主,大学以"穷理"为主。故选C项。

40. A 【解析】A项,熟读精思即读书既要熟读成诵,又要精于思考。朱熹提出了"无疑—有疑—解疑"的过程。故选A项。
B项,"居敬"即读书时精神专一,注意力集中;"持志"即树立远大的志向,高尚的目标,并以顽强的毅力长期坚持。
C项,"虚心"是指读书时要虚怀若谷,静心思虑,仔细体会书中的意思,不要先入为主,牵强附会;"涵泳"是指读书时要反复咀嚼,细心玩味。
D项,切己体察即读书不能仅停留在书本上、口头上,而必须见之于自己的实际行动,要身体力行。

41. B 【解析】墨翟是墨家的代表人物,他主张通过"有力者疾以助人,有财者勉以分人,有道者劝以教人",建立一个民众平等、互助的"兼爱"社会。故选B项。A项儒家主张仁者爱人,C项道家主张"绝学无忧""道法自然,D项法家主张"以法为教""以吏为师"。

42. B 【解析】实验教育学是19世纪末20世纪初产生于德国,随后在欧美一些国家发展的以教育实验为标志的教育思想流派。实验教育学重视研究儿童发展与教育的关系,重视实验,并强调从实验的结果中寻找教育的途径和方法。

43. B 【解析】由于认定学科形成的标准不同，人们对教育学成为一门独立学科的标志有不同的看法。教育学的学科形成时期是指教育学成为一门独立学科所经历的时期。一般认为，这个时期的起点是17世纪捷克教育家夸美纽斯《大教学论》的问世，终点是19世纪初德国教育家赫尔巴特《普通教育学》的发表。即夸美纽斯的《大教学论》的出版是教育学开始形成一门独立学科的标志，赫尔巴特的《普通教育学》的出版标志着规范教育学的建立。故选B项。

易错警示：

结合历年考情，考生需注意区分教育学学科独立过程中的三位教育家的贡献。

(1)培根：首次提出把教育学作为一门独立的学科。

(2)夸美纽斯：1632年出版的《大教学论》标志着教育学开始形成一门独立的学科。

(3)赫尔巴特：1806年出版的《普通教育学》标志着教育学正式成为一门独立的学科。

二、多项选择题

1. AC 【解析】"因材施教""有教无类"是孔子的教育思想。
2. ACD 【解析】晏阳初提出的"四大教育"具体指文艺教育、生计教育、卫生教育和公民教育。
3. BC 【解析】实验教育学的主要代表人物是德国的梅伊曼和拉伊、法国的比纳、美国的霍尔和桑代克。
4. ACD 【解析】布鲁纳、赞科夫、瓦·根舍因等人提出的教学理论，充实了教育学的内容，提高了教育学的科学化水平，被视为现代教学理论的三大流派。
5. AB 【解析】C项狄尔泰为文化教育学的代表人物，D项加里宁为马克思主义教育学的代表人物。
6. ACD 【解析】1912年2月，蔡元培发表了著名的教育论文《对于新教育之意见》，比较系统地提出了五育并举的思想，即：军国民教育、实利主义教育、公民道德教育、世界观教育和美感教育。
7. ACD 【解析】陈鹤琴提出的"活教育"的方法包括：做中教，做中学，做中求进步；重视室外活动，着重于生活的体验，以实物为研究对象，以书籍为辅佐的参考。故A项说法正确，B项说法错误。关于"活教育"的教学原则，他提出凡是儿童能够做的，就应该教儿童自己做；凡是儿童能够想的，应当让他自己想；你要儿童怎样做，就应当教儿童怎样学；等等。故CD两项说法正确。
8. ABC 【解析】黄炎培是我国职业教育的先驱。
9. ABCD 【解析】夸美纽斯把智慧、勇敢、节制、公正这四种品德称为主要的或基本的德行，还纳入了一个在当时是崭新的概念——劳动教育。
10. ABCD 【解析】朱熹强调读书穷理，他的弟子汇集他的训导归纳为"朱子读书法"六条：循序渐进、熟读精思、虚心涵泳、切己体察、着紧用力、居敬持志。
11. ABC 【解析】卢梭在《爱弥儿》中表示，自然教育的最终培养目标是"自然人"。一方面，他认为善良的人性存在于纯洁的自然状态之中，只有"回归自然"、远离喧嚣社会的教育，才有利于保持人的善良天性；另一方面，他说每个人都是由自然的教育、事物的教育、人为的教育三者培养起来的，只有这三种教育圆满的结合才能达到预期的目的。故选ABC三项。

三、判断题

1. × 【解析】蔡元培提出了"囊括大典，网罗众家，思想自由，兼容并包"的办学方针，黄炎培是我国职业教育的先驱，提倡"大职业教育主义"。
2. × 【解析】关于儿童教育方面，王守仁提出要"随人分限所及"，量力施教。故题干说法不正确。
3. × 【解析】"藏息相辅""善喻""长善救失"等教学思想的首次提出是在《学记》。
4. √ 【解析】教育学研究的对象是教育问题。教育问题的提出标志着教育学的萌芽，教育问题的发展是推动教育学发展的内在动力，教育问题的转换表明教育学研究传统和范式的变革，对同一问题的不同回答就形成了不同的教育思想或教育观念。

四、填空题

1. 荀子
2. 亲知　闻知
3. 《理想国》《爱弥儿》《民主主义与教育》
4. 斯宾塞

知识3 教育研究及其方法

一、单项选择题

1. D 【解析】教育研究的最终目的是改进教育现状，促进教育发展。
2. B 【解析】选择研究课题是进行教育研究的第一步，并且是关键性的一步。故选B项。
3. C 【解析】依据调查的范围，调查研究法可分为综合调查和专题调查。
4. B 【解析】资料分析的基本步骤是阅读资料—筛选资料—解释资料。
5. A 【解析】根据观察的情境条件，可将观察法分为自然观察法和实验观察法。
6. D 【解析】在教育调查研究中，常用的调查方法有查阅资料、问卷法、开调查会、访谈法和调查表法等，其中，最基本、使用最广泛的方法是问卷调查。
7. C 【解析】实验研究的目的是发现事物间的因果关系，是各类研究中唯一能确定因果关系的研究。
8. A 【解析】在教育研究过程中，文献检索是必不可少的步骤，它贯穿教育研究的全过程。
9. D 【解析】教育行动研究的特点可以概括为"为教育行动而研究""在教育行动中研究""由教育行动者研究"。

10. D 【解析】教育行动研究的基本过程大致分为循序渐进的四个环节，即计划、行动、考察和反思。

11. B 【解析】教师提高研究技能的三种途径是阅读、合作、行动研究。

12. C 【解析】基础研究以抽象、一般为特征，目的是揭示、描述、解释某些现象和过程，以及它们的活动机制与内在规律。也就是说，所涉及的研究将对研究领域具有直接增加知识的价值。

13. C 【解析】教育叙事研究法即教育主体叙述教育教学中的真实情境的过程，是通过讲述教育故事，体悟教育真谛的一种研究方法。

14. B 【解析】教育随笔的主要特点是短小精悍、取材广泛、迅速及时。

15. A 【解析】自我反思被认为是教师专业发展和自我成长的核心因素，是开展校本研究的基础和前提。

16. B 【解析】查阅文献资料的途径有很多，既可利用目录、索引、文摘等检索工具进行，也可利用联机检索、光盘检索、上网检索等计算机检索方法进行。其中，网络检索是查阅资料最快捷的方法。

17. B 【解析】二次文献是对原始文献加工、整理，使之系统化、条理化的检索性文献。一般包括题录、书目、索引、提要和文摘等。

18. A 【解析】调查研究法是在教育理论指导下，通过运用观察、列表、问卷、访谈、个案研究及测验等方式，收集教育问题的资料，从而对教育的现状做出科学分析，并提出具体工作建议的一整套实践活动。

19. A 【解析】根据相关分析，结合长期教育研究的实践经验，提供以下取样大小的参考值。(1)描述研究、调查研究：总体的10%；除少数情况，调查研究的样本容量不能少于100。(2)相关、比较研究的满意样本每组至少30。(3)实验研究：条件控制较严密的研究，如心理学实验，每组15人；条件控制不严密的教育实验，最好是一个自然教学班，不少于30人。所以，教育工作者的教育科学研究最小样本不低于30。

20. B 【解析】质性研究也称为"实地研究法"或"参与观察法"，它是基于经验和直觉的研究方法，以研究者本人作为研究工具，凭借研究者自身的洞察力，在与研究对象的互动中理解和解释其行为和意义建构。

21. A 【解析】一次文献包括专著、论文、调查报告、档案材料等以作者本人的实践为依据而创作的原始文献。故选A项。

22. D 【解析】根据观察者是否直接参与被观察者所从事的活动，观察研究法可分为参与观察法和非参与观察法。题干中"透过单向玻璃进行的隐蔽性观察"说明观察者没有直接参与被观察者所从事的活动，属于非参与观察。故选D项。

二、多项选择题

1. ACD 【解析】教育研究的基本性质：文化性、价值性和主体性。

2. ABC 【解析】文献检索的基本方法包括顺查法、逆查法、引文查找法、综合查找法。

3. ACD 【解析】新兴的教育研究方法主要包括：行动研究法、质性研究法(也叫"实地研究法"或"参与观察法")、教育叙事研究、教育随笔等。B项属于常用的教育研究方法。

4. ABD 【解析】同伴互助的实质是教师作为专业人员之间的交往、互动与合作，其基本形式有三种：对话、协作、帮助。

5. ABC 【解析】观察研究法的不足主要有：(1)取样小，观察研究法一般限于小样本的研究；(2)所获材料具有一定的表面性；(3)观察缺乏控制，不能说明所观察到现象的因果关系。

三、简答题(参考答案)

1. 简述教育研究的基本过程。

(1)选择研究课题；(2)教育文献检索与综述；(3)制定研究计划；(4)教育研究资料的收集、整理与分析；(5)教育研究论文与报告的撰写。

2. 简述实验研究法的优点。

(1)能确立因果关系，认识事物的本质和规律；(2)研究结果客观、准确、可靠；(3)能对变量进行控制，提高研究的信度；(4)能为理论的构建提供佐证和说明；(5)能将实验变量和其他变量的影响分离开来；(6)严密的逻辑性是其他研究方法难以比拟的。

整合提升

一、单项选择题

1. D 【解析】ABC三项均出自《学记》，A项"不陵节而施"和B项"学不躐等"阐述的是循序渐进教学原则，C项原文为"当其可之谓时"，阐述的是及时施教原则。D项出自《孟子·离娄下》，原文为"源泉混混，不舍昼夜，盈科而后进，放乎四海。"

2. A 【解析】结构功能主义者的观点强调教育对社会的促进作用，而且这种作用是预期的。因此这种观点强调的是教育的正向显性功能。

3. B 【解析】"学而不思则罔，思而不学则殆"的意思是：只学习却不思考就会迷茫，只思考却不学习就会疑惑。这句话强调了在学习过程中要把学与思辩证地结合起来。

4. D 【解析】杜威在其教育论著中，曾系统阐述教育与生活、学校与社会、经验与课程、知与行、思维与教学、教育与职业、教育与道德、儿童与教师等八组关系，这些构成了其实用主义教育思想的全部。

5. B 【解析】由题干中教育是"天性的""扎根于本能的"可知，题干观点认为教育的产生完全来自动物的本能，是种族发展的本能需要，这种观点属于生物起源说。

6. C 【解析】夸美纽斯提出，"人只有受过一种合适的教育之后,人才能成为一个人"。这说明教育是培养人的社会实践活动。

7. B 【解析】教育学的发展,大体可以分成萌芽、独立形态、多元化、现代化四个阶段。

8. B 【解析】"相观而善之谓摩"即在教学中要相互观摩,取长补短。

9. C 【解析】"新生儿吮吸母乳"属于人类的本能行为,不属于教育。

易错警示:
根据教育的定义可知,人类社会中的一些行为是不属于教育的。例如:
(1)没有明确目的的、偶然发生的行为,如孩子偶然把手指伸到火苗上,被灼伤,由此获得有关火的知识;
(2)片面强调个体社会化的行为(如机械的"灌输")或片面强调社会个性化的行为(如随心所欲的学习);
(3)日常家庭生活中的"抚养""养育"行为,如初生婴儿吸奶。

10. C 【解析】题干引文出自《学记》:"虽有嘉肴,弗食不知其旨也;虽有至道,弗学不知其善也。是故学然后知不足,教然后知困。知不足,然后能自反也,知困,然后能自强也。故曰:教学相长也。"意为:尽管有味美可口的菜肴,不吃是不会知道它的美味的;尽管有高深完善的道理,不学习也不会了解它的好处。所以,通过学习才能知道自己的不足,通过教人才能感到困惑。知道自己学业的不足,才能反过来严格要求自己;感到困惑然后才能不倦地钻研。所以说,教与学是互相促进的。故选C项。

11. C 【解析】教育的民族性即指教育都是在具体的民族或国家中进行的,无论是在思想上还是在制度上,无论是在内容还是在方法手段等方面都有其民族性的特征。题干中"走自己的高等教育发展道路,扎实办好中国特色社会主义高校"体现了教育的民族性特征,故选C项。

12. A 【解析】在教育基本要素都具备的情况下,教育者的主导性要素起着决定性的作用。

13. B 【解析】教育的历史性即不同时期的教育有其不同的历史形态、特征。"西汉时期实行的"罢黜百家,独尊儒术"的文教政策"说明在同一社会的不同历史阶段,教育的性质、目的、内容也各不相同,体现了教育的历史性特征。故选B项。

方法技巧:
关于教育的社会属性的考查,一般有三种考查方式:(1)考查教育的社会属性有哪些;(2)考查教育的某一社会属性的具体含义;(3)提供一个社会现象考查其反映了教育的哪一社会属性。针对第三种考查方式,考生可识记一些常考的社会现象以便快速答题。

永恒性	教育与人类社会共始终
历史性	春秋战国时期"百家争鸣",秦朝"焚书坑儒",西汉初期"独尊儒术"
继承性	《论语》《学记》等古代著作中的一些教育理念至今仍被借鉴
长期性	十年树木,百年树人
相对独立性	教育先行/教育优先发展
民族性	举办中国特色社会主义高校

14. C 【解析】亚里士多德在教育史上首次提出了"教育遵循自然"的观点,主张按照儿童心理发展的规律对儿童进行分阶段教育,提倡对儿童进行和谐的教育,成为后来全面发展教育的思想源泉。

15. C 【解析】《学记》中提出:"学者有四失,教者必知之。人之学也,或失则多,或失则寡,或失则易,或失则止。此四者,心之莫同也。知其心,然后能救其失也。教也者,长善而救其失者也。"由此可知,针对学生学习"过少、过急、过难、过易"的问题,就需要通过长善救失的教育原则进行解决。

16. C 【解析】自然主义教育的核心是"归于自然"。"顺木之天,以致其性"的意思是:种树要能够顺应树木的自然生长规律,使它的本性充分发展。这体现的是自然主义教育思想。

17. B 【解析】由题干教育"与人类社会共始终"可知教育具有永恒性。

18. C 【解析】教育功能经历了从古代教育的政治伦理功能到近代教育的个体发展功能,再到现代教育的社会改造功能的演变。其中,无论是中国古代社会还是西方古代社会,对于教育功能的认识均具有浓烈的政治伦理色彩,故选C项。

19. A 【解析】杜威的"儿童中心"教育就是解放儿童的教育,这是教育的现代转向的重要体现,是传统教育转向现代教育的重要标志。

20. B 【解析】教育活动的构成要素有教育者、受教育者和教育内容。教育者是教育过程中"教"的主体;受教育者是教育过程中"学"的主体;教育内容是教育者和受教育者共同认识的客体。

21. D 【解析】苏格拉底的"产婆术"分为三步:第一步称为苏格拉底讽刺,他认为这是使人变得聪明的一个必要的步骤,因为除非一个人很谦逊,"自知其无知",否则他不可能学到真知;第二步称为定义,在问答中经过反复诘难和归纳,从而得出明确的定义和概念;第三步称为助产术,引导学生自己进行思索,自己得出结论。故题干所述属于产婆术。

22. D 【解析】按教育功能作用的方向,教育功能可分为正向功能和负向功能。正向功能指教育有助于社会进步和个体发展的积极影响和作用。负向功能指教育阻碍社会进步和个体发展的消极影响和作用。“纪律教育可以让学生养成良好的服从习惯”体现了教育的正向功能;“纪律教育也可能规训了学生的心智以致其缺乏自主性”体现了教育的负向功能。

23. D 【解析】“正如王老师所料,学生的学习热情高涨,成绩明显提高”体现的是教育的正向显性功能。“但没有想到的是学生之间相互猜忌、隐瞒学习资料等现象日趋严重”体现的是教育的负向隐性功能。

24. D 【解析】封建社会的生产仍是手工操作的小生产,生产劳动者的培养不需要通过学校教育,因而封建社会的学校教育,仍然没有培养生产工作者的任务,基本上是与生产劳动脱离的。

25. C 【解析】黄炎培是我国职业教育的先驱,提倡“大职业教育主义”。

26. C 【解析】实用主义教育学是在批判以赫尔巴特为代表的传统教育学的基础上提出来的,其基本主张有:(1)教育即生活,教育的过程与生活的过程是合一的;(2)教育即学生个体经验持续不断的增长;(3)学校是一个雏形的社会;(4)课程组织应以学生的经验为中心;(5)师生关系以儿童为中心;(6)教学过程注重学生的独立发现和体验,尊重学生发展的个体差异。

27. C 【解析】现代教育的发展趋势之一是人文教育与科学教育携手并进,故选C项。

28. B 【解析】在日常生活中,人们经常使用“教育”一词。其用法大致可分为三类:一类是作为一种过程的“教育”,表明一种深刻的思想转变过程,如“我从这部影片中受到了一次深刻的教育”中的“教育”;又一类是作为一种方法的“教育”,如“你的孩子真有出息,你是怎么教育孩子的”中的“教育”;再一类是作为一种社会制度的“教育”,如“教育是振兴地方经济的基础”中的“教育”。故选B项。

29. B 【解析】生物起源说认为学习是动物的生存本能,“印刻”现象恰恰体现了动物的这一本能。

30. D 【解析】现代教育的生产性是指现代教育越来越与人类的物质生产结合起来,越来越与生产领域发生密切的、多样化的关系;生产的发展也越来越对教育系统提出新的要求。

31. D 【解析】洛克在其著作《教育漫话》一书中,详细论述了绅士教育的内容(即体育、德育和智育)及方法。故美育不属于洛克的教育内容。

32. B 【解析】魏晋南北朝时期的官僚选拔采用“九品中正制”,将察举对象分为上上、上中、上下,中上、中中、中下,下上、下中、下下九个品级,“中正”是负责对士人品级进行评定的官职的名称。“九品所取,大概多以世家为主”,这是一种等级制度,造成了“上品无寒门,下品无士族”的现象。故体现了教育的等级性。

易错警示:

教育的阶级性和等级性容易混淆,考生需注意区分。

(1)阶级性的典型体现:夏、商、西周的“学在官府”,限定只招收王太子、王子、诸侯之子、公卿大夫之嫡子入学,乡学只收奴隶主贵族子弟学习“六艺”。

(2)等级性的典型体现:唐朝的中央官学设有“六学二馆”,规定:弘文馆、崇文馆招收皇帝及一品大臣以上的子孙;国子学、太学、四门学分别招收三品、五品、七品以上文武官员的子孙;书学、算学、律学则招收“八品以下子孙及庶人通其学者”。

33. B 【解析】教育公平主要包括起点公平、过程公平和结果公平。

A项,教育起点公平包括教育权利平等和教育机会平等两个方面。权利平等是指人人享有的基本权利应该完全平等以及人人享有的非基本权利比例是相同的。教育机会平等主要是指每个人无论性别、出身、民族、身体状况、智力水平、政治地位、经济基础、居住地等情况,都有接受教育的机会。故A、D项不符合题意。

B项,教育过程公平是指在接受教育的过程中享受平等的待遇,不仅包括建筑、场地、教学设施等硬件资源,还包括学校管理、教师队伍等软件资源,同时还包括教师在课堂教学过程中平等对待每一位学生,根据每位学生的身体智力水平、家庭背景、特长爱好、教养程度进行教育。由题干中“促进义务教育学校的均衡发展,要提供同样质量的师资、课程、评价”可知,这体现的是教育的过程公平。B项符合题意。

C项,教育结果公平即教育质量的公平,是指学生在毕业时所获得的知识与技能、过程与方法、情感态度价值观在同一水平,实现实质上的平等。C项不符合题意。

34. A 【解析】实验研究法是根据研究目的,运用一定的人为手段,主动干预或控制研究对象的发生、发展过程,通过观察、测量、比较等方式探索、验证所研究现象因果关系的研究方法。题干所述内容体现了实验研究法的内涵。

35. D 【解析】教育学具有沟通教育理论与实践的价值,教育学研究的目的不仅是为了促进教育理论知识的增长,而且是为了更好地开展教育实践。在这个过程中,教育学扮演着一种“中介”或“桥梁”的作用。

36. B 【解析】原始社会的教育是与社会生活、生产劳动紧密相连的。奴隶社会里,出现了专门从事教育工作的教师,产生了学校教育。教育从社会活动中分化出来,成为独立的形态。这时,学校教育与生产劳动开始脱离。

易错警示：
学校教育与生产劳动的关系演变是常考点，考生需准确识记：
原始社会（结合）→奴隶社会（分离）→封建社会（分离）→资本主义社会（结合）→社会主义社会（结合）。

37. C 【解析】抽样调查是指从被调查的总体中，用科学的取样法抽取一部分对象进行调查，并根据调查结果推断或说明总体。因此，C项属于抽样调查。

38. B 【解析】制订研究计划要做好的工作包括：(1)确定研究类型和方法；(2)选择研究对象；(3)分析研究变量；(4)形成研究方案。题干中的张老师已经选择了研究对象，确定了自变量和因变量，正在思考研究方法。这说明张老师的课题研究处于制订计划环节。

39. B 【解析】结构性观察即事先经过设计，规定好观察项目，选定观察对象，采用观察工具，在观察中填写观察量表等进行的观察。

40. B 【解析】邓老师的研究课题来源于他自己在工作中发现的教学问题以及进行的教学方法改革，所以他设计的课题来源于教育实践。

二、多项选择题

1. ABCD 【解析】蔡元培改革北大的第一步是明确大学的宗旨，并为师生创造研究高深学问的条件和氛围。具体内容有：改变学生的观念；整顿教师队伍，延聘积学热心的教员；发展研究所，广积图书，引导师生研究兴趣；砥砺德行，培养正当兴趣。

2. BCD 【解析】题干中对学生入学资格的规定反映了政治经济制度决定着受教育的权利；不同级别官员的子孙进入不同的机构学习，体现出我国古代社会学校教育的等级性特点，也反映出教育具有象征性，即能不能受教育和受什么样的教育是区别社会地位的象征。

3. ABC 【解析】D项《教育漫话》为教育学发展的独立形态阶段的教育著作，故不选。

4. BCD 【解析】题干中的"建立健全义务教育均衡发展保障机制……校舍等资源"体现了教育的民主化，"大力发展现代化远程教育……远程开放继续教育及公共服务平台，搭建终身学习'立交桥'"体现了教育的信息化和终身化。

5. ABD 【解析】古代埃及主要有三种学校类型：宫廷学校、职官学校和文士学校。
A项，古王国末期的埃及已有了宫廷学校，它是法老教育皇子皇孙和贵族子弟的场所，故A项说法正确。
B项，职官学校以吏为师、以法为教，招收贵族和官员子弟，肩负着文化训练和业务训练的任务，故B项说法正确。
C项，婆罗门教育是古代印度的教育类型。教育目的主要是道德陶冶，内容多是消极的、遁世的，缺乏积极因素，主张禁欲修行。故C项说法不正确。
D项，古代埃及开设最多的是文士学校，文士精通文字，能写善书，执掌治事权限，较受尊重，"学为文士"是一般奴隶主阶级追求的目标，故D项说法正确。

6. ACD 【解析】卢梭提出了"消极教育"，所谓"消极教育"即成人的不干预、不灌输、不压制和让儿童遵循自然率性发展。但"消极教育"并非无所作为，还有两件事要做：(1)观察自由活动中的儿童，了解他的自然倾向和特点；(2)防范来自外界的不良影响。

7. ABC 【解析】陶行知的"生活即教育"和杜威的"教育即生活"的相同点是：(1)承认教育和生活之间存在着密切的联系，反对将教育与生活分离；(2)认为生活含有重要的教育意义；(3)承认教育对改造生活的重要作用。杜威认为学校是社会生活的一种形式，教育不是为生活做准备，而是最完全的现实生活；陶行知认为生活就是教育，生活的内容至广至大，因而生活也是一种广泛的教育。故选ABC三项。

易错警示：
陶行知师从杜威，但陶行知与杜威的教育思想又有所不同，考生需注意区分。

	杜威	陶行知
关于教育本质	教育即生活	生活即教育
关于教育范围	学校即社会	社会即学校
关于教育方法	从做中学	教学做合一

8. AD 【解析】在构成教育活动的基本要素中，教育者是教育过程中"教"的主体，受教育者是教育过程中"学"的主体，故教育的主体性要素是教育者和受教育者。

三、判断题

1. √ 【解析】教育作为社会结构的子系统，它通过培养人进而影响社会的存在和发展。教育的社会功能是教育的本体功能在社会结构中的衍生，是教育的派生功能。由此可见，教育的基本功能是影响人的发展。

2. × 【解析】"有教无类"中的"类"指的是类别，意思是不管什么人都可以受到教育，不因为贫富、贵贱、智愚、善恶等原因把一些人排除在教育对象之外。

3. × 【解析】教育的最早独立形态是社会教育，家庭教育出现在一夫一妻制的家庭产生之后，学校教育形态出现最晚。

4. × 【解析】原始社会的教育没有阶级性，每个社会成员都可以受到平等的教育。学校产生于奴隶社会。故题干所述错误。

5. × 【解析】赫尔巴特强调教师的权威作用和中心地位，而卢梭等人主张自然教育，强调教师不要过多干预儿童的发展。

6. × 【解析】教育研究课题必须明确具体，要有价值,并不是课题大了就好。

7. × 【解析】教育的隐性功能是非预期的且具有较大隐藏性的功能。隐性功能既有积极的,也有消极的。显性功能与隐性功能的区分是相对的,一旦隐性的潜在功能被有意识地开发、利用,就可以转变成显性教育功能

8. × 【解析】孟子曾经依据《尚书·泰誓》"天佑下民,作之君,作之师"的说法,将君师并称,荀子进而把师提到与天地、祖宗并列的地位,他将教师视为治国之本。

9. √ 【解析】夸美纽斯从他的民主主义的"泛智"思想出发,提出了普及教育的思想。他提出"把一切事物教给一切人""一切男女青年都应该进学校"。

10. × 【解析】原始社会教育的无阶级性主要表现在两个方面:一是每一个社会成员都可以接受教育;二是每一个教育对象都能受到平等的教育。但这只是原始状态下的教育机会均等,只因年龄、性别和劳动分工不同而有差别。古代社会的教育具有鲜明的阶级性与严格的等级性,但也有了专门的教育机构和专职的教育人员,使教育从一般的生产和生活过程中分化出来成为一种独立存在的社会活动形式,从而大大提高了教育实践的专门程度,具备了独立的社会职能。故题干的观点不正确。

四、简答题(参考答案)

1. 简述陶行知的生活教育理论。

(1)"生活即教育",主张以人类的生活作为教育内容,在生活实践中接受教育。这是生活教育的本质论及核心;(2)"社会即学校",要"把学校里的一切延伸到大自然界中去",这是生活教育的范围论;(3)"教学做合一",强调学做结合,这是生活教育的方法论。

2. 简述实用主义教育学的主要观点。

(1)教育即生活,教育的过程与生活的过程是合一的;(2)教育即学生个体经验持续不断的增长;(3)学校是一个雏形的社会;(4)课程组织应以学生的经验为中心;(5)师生关系以儿童为中心;(6)教学过程注重学生的独立发现和体验,尊重学生发展的个体差异。

3. 简述观察研究法的优缺点。

(1)优点:可以在自然状态下获取教育事实数据;不干扰观察对象的自然表现,可以获得客观、真实的数据;可以对同一观察对象进行较长时间的跟踪研究。(2)缺点:取样小,观察研究法一般限于小样本的研究;所获材料具有一定的表面性;观察缺乏控制,不能说明所观察到现象的因果关系。

4. 简述现代教育的发展趋势。

(1)培养全面发展的人正由理想走向实践。(2)教育与生产劳动相结合成为现代教育规律之一。(3)教育民主化向纵深发展。具体表现在:①教育普及化的开始;②"教育机会均等"口号的提出;③教育法制化的形成;④教育民主化的质量和水平不断提高。(4)人文教育与科学教育携手并进。(5)教育普及制度化,教育形式多样化。(6)终身教育成为现代教育中一个富有生命力和感召力的教育理念。(7)实现教育现代化是各国教育的共同追求。

五、案例分析题(参考答案)

1. (1)现代社会是一个多元化的社会,学生可以通过多种途径接收不同的信息。尤其在这个科学技术迅猛发展的时代,学生从课堂外接收到的信息往往要比在课堂上学到的还多。而案例中教师的行为等同于闭门造车,因此,"他的教学效果很一般。"

(2)20世纪后期,教育终身化的思想被提了出来,教育技术也日趋现代化。在这样一种趋势下,教师更要顺应时代的要求,终身学习,运用先进的教育技术,以达到良好的教育效果。

2. (1)"教学做合一"的涵义是:教的方法根据学的方法;学的方法根据做的方法。事怎样做便怎样学,怎样学便怎样教。教与学都以"做"为中心。在做上教的是先生,在做上学的是学生。

(2)"教学做合一"包含以下要点:首先,"教学做合一"要求"在劳力上劳心";其次,"教学做合一"是因为"行是知之始";其三,"教学做合一"要求"有教先学"和"有学有教";其四,"教学做合一"还是对注入式教学法的否定。(考生可结合实际加以阐述,言之有理即可)

3. (1)观察法和访谈法。

(2)选择之一:教育行动研究

理由:①在研究目的方面,对于李老师要探索新的教学策略这一实践性较强的研究目的来说,以改进实践为基本取向的教育行动研究更为适合。②在研究过程方面,教育行动研究在实际情境中进行,无需严格的变量控制,对李老师而言,相对简单、易于操作。③在研究主体方面,教育行动研究更强调行动者成为研究者,这对李老师的专业发展更有好处。

选择之二:教育实验研究

理由:①在研究目的方面,教育实验研究更侧重于因果关系的探究,更有利于李老师确证"扩展课外阅读"与"外来务工人员子女语文学习成绩"之间的因果关系。②在研究过程方面,教育实验研究要求对变量作适度控制,研究过程的规范性强,研究结果的普适性高,更有利于李老师研究成果的推广应用。③在研究主体方面,选择做实验,李老师的研究可以在学校科研顾问的指导下进行,这更有利于研究结果在理论上的概括提升和李老师教育理论水平的提高。

真题必刷

一、单项选择题

1. A 【解析】教育的负向功能是指教育阻碍社会进步和个体发展的消极影响和作用;教育的隐性功

能是指伴随显性教育功能所出现的非预期性的功能。因此题干所述体现了伴随着考试的评价功能所出现的阻碍个体发展的隐性功能,故选A项。

2. B 【解析】生物起源说认为,教育是一种生物现象,而不是人类所特有的社会现象。题干所述体现的是教育的生物起源说的观点。

3. C 【解析】美国教育学家孟禄认为教育起源于日常生活中儿童对成人的无意识模仿。这一学说把人类有意识的教育行为混同于无意识模仿,否定了教育活动的目的性和意识性,导致了教育的生物学化,否认了教育的社会属性。

4. A 【解析】A项,文翁兴学发生于汉景帝末年、汉武帝初年,蜀郡太守文翁送地方官吏到京师学习进修,后回蜀郡为官或者为教,在地方设立官学,促进了蜀地的经济发展。故选A项。

B项,科举选士始于隋唐时期。故B项不选。

C项,书院萌芽于唐,作为一种教育制度形成和兴盛则在宋朝。书院官学化就是书院受制于政府,被纳入官学体系,这种倾向在宋朝已经明显出现。故C项不选。

D项,稷下学宫是战国时期齐国的一所著名学府,因建于齐国都城临淄的稷门之下而得名。故D项不选。

5. C 【解析】"五经"是《诗》《书》《礼》《易》《春秋》的合称,故选C项。A项中的《大学》《中庸》《论语》《孟子》属于"四书"的内容。

6. A 【解析】法国教育家保罗·朗格朗最早系统论述了终身教育,故选A项。

7. B 【解析】孔子提出的"有教无类"属于古代朴素的教育平等观,反映了古代思想家对扩大教育平等的追求,体现的是教育起点机会均等。故选B项。

8. D 【解析】"学然后知不足,教然后知困。知不足,然后能自反也;知困,然后能自强也"出自《学记》,原文是:虽有嘉肴,弗食不知其旨也;虽有至道,弗学不知其善也。是故学然后知不足,教然后知困。知不足然后能自反也,知困然后能自强也。故曰:教学相长也。

9. D 【解析】斯宾塞是英国著名的实证主义者,他反对思辨,主张科学是对经验事实的描写和记录。他强调生理学、卫生学、数学、机械学、物理学、化学、地质学、生物学等实用学科的重要性,反对古典语言和文学的教育。他还特别重视体育。在教学方法方面,他主张启发学生学习的自觉性,反对形式教育,重视实科教育。D项是德国教育家拉伊的主张。

10. C 【解析】杜威提出"新三中心论",即学生(儿童)中心、活动中心、经验中心。

易错警示:

杜威与赫尔巴特都提出了教育的三中心,考生应注意区分:

(1)赫尔巴特——旧三中心——教师、课堂、教材;

(2)杜威——新三中心——儿童、活动、经验。

11. D 【解析】一般认为,美国社会心理学家科特·勒温是行动研究的开创者。

12. D 【解析】校本研究是以校为本的教学研究的简称,指以学校自身条件为基础,以学校校长、教师为主力军,针对学校现实存在的问题而开展的有计划的研究活动。

二、多项选择题

1. ABCD 【解析】教育作为上层建筑,就是要为经济和社会的不断发展培养人才。长期以来,人们总是认为:教育就是教师向学生"传道、授业、解惑",这实际上就把教育的社会功能定位在"传承文明"上。走进21世纪以后,经济和社会的发展不仅需要"传承文明",更需要"开拓创新"。教育在培育民族创新精神和培养创造性人才方面肩负着特殊的使命。"传道、授业、解惑"这种传统的教育功能,基本没有培养学生创新精神和实践能力的功能,已经不能完全适应当今社会发展的需要。

2. ABC 【解析】教育的质的特点有:(1)有目的地培养人的活动;(2)教育者引导受教育者传承经验的互动活动;(3)激励与教导受教育者自觉学习和自我教育的活动。(参见王道俊、郭文安主编的《教育学》第七版)

3. BCD 【解析】古希腊的"三艺"指文法、修辞、辩证法。

4. BCD 【解析】小升初民办学校"摇号"这一政策保证了教育机会均等,体现了教育的民主化,是对教育的等级化、特权化和专制化的否定。

5. ABC 【解析】赫尔巴特强调系统知识的传授,强调课堂教学的作用,强调教材的重要性,强调教师的权威作用和中心地位,形成了传统教育"课堂中心""教材中心""教师中心"的特点。

6. BDE 【解析】教育研究同所有的科学研究一样,由三个要素组成,即客观事实、科学理论和方法技术。

三、判断题

1. × 【解析】教育有广义和狭义之分。广义的教育指增进人的知识与技能、发展人的智力与体力、影响人的思想观念的活动,它包括社会教育、学校教育和家庭教育;狭义的教育主要指学校教育。"自有人生,便有教育"说明人从出生开始便接受教育,因此这里的教育指的是广义的教育。

2. √ 【解析】教育是有目的、有计划、系统地培养人的社会活动,这是教育活动质的规定性。

3. × 【解析】教育者、受教育者(学习者)和教育媒介(教育影响)是构成教育活动的基本要素。其中,教育媒介包括教育内容、教育方法、教育组织形式和教育手段等。因此题干说法错误。

易错警示:

关于教育的基本要素,主要有以下几种常考的说法:

(1)三要素说:

①教育者、受教育者、教育影响;

②教育者、受教育者、教育媒介；
③教育者、受教育者、教育措施；
④教育者、受教育者、教育内容。
(2)四要素说：
①教育者、受教育者、教育内容与教育物资；
②教育者、受教育者、教育内容和教育手段。
关于教育的构成要素的说法比较多，但最基本的两个因素是教育者和受教育者。考生需注意：教育者≠教师，受教育者≠学生。

4. × 【解析】《樊迟问稼》的故事讲的是樊迟向孔子请教如何种庄稼。孔子说："我不如老农。"樊迟又请教如何种菜。孔子说："我不如老菜农。"樊迟退出以后，孔子说："樊迟真是小人。在上位者只要重视礼，老百姓就不敢不敬畏；在上位者只要重视义，老百姓就不敢不服从；在上位的人只要重视信，老百姓就不敢不用真心实情来对待你。要是做到这样，四面八方的老百姓就会背着自己的小孩来投奔，哪里用得着自己去种庄稼呢？"这表明孔子轻视生产劳动，体现了古代社会教育与生产劳动相脱离的特征。故题干说法错误。

5. √ 【解析】在西方教育史上，裴斯泰洛齐是第一个明确提出"教育心理学化"口号的教育家。

专题二 教育的基本规律

基础训练

知识1 教育与社会发展

一、单项选择题

1. D 【解析】科学知识是第一生产力，但是科学知识在未用于生产前只是一种意识形态的或潜在的生产力。必须通过教育才能把前人积累的科学知识传递给年青一代，把潜在的生产力转化为现实的生产力。

2. B 【解析】教育的科技功能的表现之一是教育推进科学的体制化。科学的体制化是指出现职业的科学家以及专门的科研机构去开展科学研究。只有在教育高度发达的情况下，才会出现科学的体制化。

3. B 【解析】从广义上说，教育是文化的一部分，但教育又是一种非常特殊的文化，因为教育既是文化的构成体，又是文化传递、深化与提升的手段。这就是教育的双重文化属性。

4. D 【解析】教育的相对独立性主要表现之一是教育与社会发展的不平衡性。教育受一定社会的生产力发展水平和政治经济制度制约、决定，但与社会生产力发展水平和政治经济制度的改变，并非完全同步，具有与社会发展的不平衡性。

5. A 【解析】"国有贤良之士众，则国家之治厚；贤良之士寡，则国家之治薄"出自《墨子·尚贤上》，意思是如果贤良人才多，国家就治理得很好；如果贤良人才少，国家就治理得差。国家的兴衰在于人才多寡。这说明教育可以通过培养人才来实现对政治经济制度的影响，体现了教育的政治功能。

6. B 【解析】教育发展的规模与速度，取决于生产力发展所提供的物质条件和生产力发展对教育事业所提出的要求。故选B项。

易错警示：
不同的社会因素可能会对教育的同一方面产生制约作用，但它们的具体表现是不同的。考生应重点区分以下几个因素对教育的影响。
(1)政治经济制度：影响领导权、受教育权、教育目的、教育内容、教育体制、教育的改革与发展等；
(2)生产力：影响教育发展的规模和速度、教育结构、教育内容、教育方法、教育手段、学校专业设置等；
(3)科学技术：影响教育者观念、受教育者数量、教育质量、教育内容、教育方法、教育手段、教育技术等。

7. C 【解析】教育的文化功能主要表现为教育能够传承文化，改造文化，传播、交流和融合文化以及更新和创造文化。因此，学校通过开设相关课程促进非物质文化遗产的传承、保护与发展体现了教育的文化功能，故选C项。

8. C 【解析】教育可以传递和保存文化，教育是文化传递和保存最为基本和最为有效的手段。题干所述体现了教育的文化功能。

9. B 【解析】教育通过传播文化，使不同国家和民族的文化相互交流、交融，促进文化的优化和发展。题干所述体现了教育具有传播和交流文化的作用。

10. D 【解析】受过教育的人口更容易做远距离迁移，小周毕业后选择留在北京工作体现了教育促进人口迁移的功能。

11. D 【解析】老师通过给学生传授生态和环境知识，可以影响学生的生态意识，激发学生自觉保护环境的行为，这体现的是教育的生态功能。

12. C 【解析】亚当·斯密在《国富论》中提出人的才能与其他任何种类的资本同样是重要的生产手段的观点。他还详细分析了人的经验、知识和能力作为财富和生产财富的重要作用，并据此指出，"学习一种才能，须受教育，须进学校……学习的时候，固然要花费一笔费用，但这种费用，可以得以偿还，赚取利润"。由于要受教育才能学会特殊技巧，所以他既承认人的经验、知识能力是财富并可生产财富的观点，还提出为获得才能资本而受教育是一种投资的观点。这是教育的经济功能的体现，故选C项。

13. C 【解析】办教育需要必要的人力、物力、财力等物质条件，而这些东西来源于生产力的发展水平。生产力水平最终决定了一个国家教育经费投入的多少。故选C项。

14. A 【解析】教育能够使潜在的劳动力转化为现实的劳动力，是科学技术再生产的重要手段，说明教育具有经济效益，体现了教育的经济功能。

15. A 【解析】A项属于教育的人口功能,BC两项属于教育的政治功能,D项属于教育的经济功能。

16. B 【解析】通过计算美国1957年比1929年增加的教育投资总额,舒尔茨推算出教育水平对国民经济增长的贡献是33%。

17. C 【解析】文化选择是对某种、某部分文化的吸收或舍弃。对传统文化要取其精华、去其糟粕即体现了教育对文化的选择功能。

18. A 【解析】题干所述出自《学记》,意思是古代的君主在建立国家、统治百姓时,总是把教育放在首要的位置。这揭示的是教育与政治的关系。

19. C 【解析】教育的生态功能就是教育对保护自然环境、促进可持续发展和建设生态文明所起的积极作用。具体表现在:一是通过环境教育提高人们保护自然环境的意识、责任和绿色的生活习惯;二是通过发展创造科学技术,提高人们解决环境问题的能力,有效地解决生态问题;三是形成可持续发展的理念和生态文明的理念。题干所述体现了教育的生态功能,故选C项。

20. A 【解析】教育与经济的关系,总的来说,是经济决定教育,教育反作用于经济。故选A项。

二、多项选择题

1. ABCE 【解析】教育的社会功能主要包括政治功能、经济功能、文化功能、科技功能和人口功能等。

2. ABCDE 【解析】文化发展对教育的影响表现为:(1)文化对教育具有价值定向作用;(2)文化发展促进学校课程的发展;(3)文化影响教育目的的确立;(4)文化影响教育内容的选择;(5)文化影响着教育教学方法的使用。

3. ABCD 【解析】科学技术对教育不起决定作用。故E项不选。

4. ABCD 【解析】教育对文化发展的促进作用(教育的文化功能)表现为:教育能够传承文化(传递、保存和活化文化);教育能够改造文化(选择和整理、提升文化);教育能够传播、交流和融合文化;教育能够更新和创造文化。

三、判断题

1. × 【解析】作为一种有目的地培养人的社会活动,教育的发展受社会政治经济制度、生产力水平、科学技术和文化传统等的影响,并对这些因素的变化发展产生反作用。

2. × 【解析】社会政治经济制度决定着教育的领导权。

3. √ 【解析】教育受一定社会的政治经济等因素的制约,但作为一种培养人的社会活动,教育有其自身的规律,具有相对独立性。

4. √ 【解析】教育能够促进经济的发展。

5. √ 【解析】教育是文化传递和保存最为基本和最为有效的手段。随着社会的不断发展,文化的传递、保存方式不断发生变化。但无论发生何种变化,都离不开教育这一最基本的方式。

6. × 【解析】教育具有生产性。教育对经济发展的作用,不是表现为直接创造物质财富,而是表现为为经济活动再生产劳动者和再生产科学知识。

四、简答题(参考答案)

1. 生产力发展水平对教育的制约作用体现在哪些方面?

(1)生产力的发展水平制约着教育发展的规模和速度;(2)生产力的发展水平制约着教育结构的变化;(3)生产力发展水平制约着教育的内容、方法与手段;(4)生产力发展水平制约着学校的专业设置。

2. 简述教育的政治功能。

(1)教育培养出政治经济制度所需要的人才;(2)教育通过传播思想、形成舆论作用于一定的政治经济制度;(3)教育促进民主化进程,但对政治经济制度不起决定作用。

3. 简述教育的科技功能。

(1)教育能完成科学知识的再生产;(2)教育推进科学的体制化;(3)教育具有科学研究的功能;(4)教育促进科研技术成果的开发利用。

五、案例分析题(参考答案)

(1)教育对政治的重要作用体现在教育通过培养一定社会所需要的政治人才而服务于政治。在阶级社会里,无论哪个时代、哪个国家,掌握政权的阶级总是利用手中的权力掌握、支配教育的优先权,利用占统治地位的思想道德培养新一代统治者。其原因在于,任何政权在政治斗争和国家管理上都需要一批专门的人才。现代社会,要使社会政治实现民主化,国家在重大决策中实现科学化,必须培养出具有高文化素养和政治素养的政治人才。对于统治阶级来说,提高本阶级执政者的文化素养和政治觉悟,是提高本阶级领导水平,使本阶级制定的方针、政策得以贯彻的重要保证。而学校教育对于培养政治人才具有极为重要的作用。

(2)材料中,唐代中央政权所办的各类学校中,在校学生的总额为2681人,其中2000余人毕业后都充当各级官吏。这与政治制度制约教育目的有关。教育最明显地反映着统治阶级的需要。唐代社会,其统治者就是要为其封建统治制度培养管理人才,这才导致相当多的学生毕业后都做了官吏。而美国和苏联设立管理学院或系科都是因为统治者掌握着国家权力,他们利用手中的权力控制教育的领导权,设立专门的管理学院或系科,为自己的统治培养接班人。

知识2 教育与人的发展

一、单项选择题

1. A 【解析】个体身心发展包括身体和心理两方面的发展。

2. B 【解析】孟子认为人的本性是善的,"万物皆备于我",人的本性中就有恻隐、羞恶、辞让、是非四端,这是仁、义、礼、智四种基本品性的根源,人只要善于修身养性,向内寻求,这些品性就能得到发展。他是中国古代“内发论”的代表人物。

方法技巧：这一类型的考题一般会直接提到教育家的名字或常见观点，这时考生可用顺口溜的方式识记内发论与外铄论的主要代表人物，以便快速解题：

(1)内发论——内孟四尔弗。①孟，孟子；②四尔，威尔逊、高尔顿、格塞尔、霍尔；③弗，弗洛伊德。

(2)外铄论——外出寻找金色落花生。①寻，荀子；②金，斯金纳；③落，洛克；④花生，华生。

3. B 【解析】题干所述说明教育工作必须从学生的实际出发，针对不同年龄阶段的学生，采取不同的教育内容与教育方法，即教育要适应儿童身心发展的阶段性。

4. C 【解析】外铄论注重教育的价值，对教育改造人的本性，形成社会所要求的知识、能力、态度等方面，都保持积极乐观的态度。把教育隐喻为“塑徒”、称教师是“人类灵魂的工程师”等观点都强调教育在人的发展中的重要作用，故倾向于外铄论。

5. A 【解析】遗传素质是人的身心发展的前提，为人的发展提供了可能性。

6. D 【解析】学校教育是一种特殊的环境，它对个体的发展有着特殊的意义。

7. B 【解析】题干所述说明人具有主观能动性，接受环境的影响是积极主动的实践过程。ACD三项说法不正确，故选B项。

8. C 【解析】个体的主观能动性是人的身心发展的内在动力，也是促进个体发展从潜在的可能状态转向现实状态的决定性因素。

9. A 【解析】儿童身心发展的顺序性要求教育工作要循序渐进地促进人的发展。

10. C 【解析】人的发展的互补性要求教育工作者要掌握科学的教育方法，发现学生的优势，扬长避短，长善救失，激发学生自我发展的信心和自觉。

11. B 【解析】“人心不同，各如其面”的意思是人的内心世界各不相同，就好像他们的面貌各不相同一样。这说明人的身心发展具有个别差异性。

12. D 【解析】个体主观能动性是指人的主观意识和活动对于客观世界的积极作用，包括能动地认识客观世界和改造客观世界，并统一于人们的社会实践活动中。个体的主观能动性是人的身心发展的内在动力，也是促进个体发展从潜在的可能状态转向现实状态的决定性因素。题干所述历史故事反映了人的主观能动性在个体发展中的作用，故选D项。

13. B 【解析】个体身心发展的差异性要求贯彻因材施教的原则。题干中第斯多惠的话说明个体身心发展具有差异性。

14. B 【解析】题干引文意为：和善人相处，就像进入养着芝兰的屋子，久而久之，自己也会沾上香味；和恶人相处，就像进了卖咸鱼的市场，久而久之，自己也散发出臭味。这反映了环境对人发展的影响。

15. D 【解析】个体身心发展的整体性对教育的要求是：(1)面对学生的整个身心；(2)着眼于学生的整体性，促进学生的一般发展，注意做到认知因素与非认知因素、意识与潜意识、科学与艺术的统一。

16. C 【解析】辩证唯物主义认为，人的发展是个体的内在因素（如先天遗传素质、机体成熟的机制）与外部环境（如外在刺激的强度、社会发展的水平、个体文化背景等）在个体活动中相互作用的结果。故选C项。

17. C 【解析】“人只有靠教育才能成为人，人完全是教育的结果”说明康德认为人完全是教育的产物，这属于教育万能论的观点。

18. C 【解析】根据个体身心发展的不均衡性，教育教学要抓住关键期，以求在最短的时间内取得最佳的效果。题干中的“野孩子”错过了学习语言的关键期，因此训练效果会大大降低。

19. C 【解析】根据题干所述，搬运工与哲学家之间的原始差别是很小的，随着分工的不同差别也越来越大，这说明遗传素质具有一定的可塑性，它会随着环境、教育的改变和人类实践活动的深入等作用而逐渐发生变化。遗传素质仅仅为人的发展提供了最初的可能性，不能决定人的发展。故选C项。

20. C 【解析】题干中的小明在不求上进的学习环境中，学习热情受到了影响，而转学到学风很好的班级之后，学习成绩突飞猛进，这体现了环境在教育中的重要作用。

二、多项选择题

1. ABDE 【解析】关于个体身心发展的动因理论有内发论、外铄论、多因素相互作用论和辐合论等。

2. BCD 【解析】内发论又称自然成熟论、预成论、遗传决定论等。

3. ABCD 【解析】“教育万能论”的代表人物有英国的洛克、德国的康德、美国的华生、法国的爱尔维修等。高尔顿是教育无用论的代表人物。

4. ABCDE 【解析】人的发展的规律性主要表现为人的发展的顺序性、阶段性、不平衡性、互补性、个别差异性、整体性等。

三、判断题

1. √ 【解析】题干引文出自《荀子·性恶》，意思是：人的本性从一生下来就有贪图私利之心，顺着这种本性，人与人之间就要发生争夺，也就不再讲求谦让了。这说明人的发展需要依靠外在的力量，如环境的刺激和要求、他人的影响和学校的教育等，这属于外铄论的观点。

2. × 【解析】题干所述为美国心理学家吴伟士（武德沃斯）的观点。施泰伦认为发展等于遗传与环境之和。

3. × 【解析】学校教育只是影响人的身心发展的一个主要因素，人的身心发展还受遗传、环境、个体主观能动性等的影响，只强调学校教育的作用显然是不全面的、不利于人的健康发展的。

4. × 【解析】学校教育对人的身心发展起主导作用和促进作用，其实现是有条件的，受到多方面因素的制约。

5. × 【解析】个体身心发展的不平衡性（不均衡性）要求教育要抓关键期。

6. × 【解析】影响人的身心发展的因素是多方面的。遗传素质是人的身心发展的物质前提，环境为个体的发展提供了多种可能，而教育作为特殊的环境对人的身心发展起主导和促进作用，个体因素是人的身心发展的内因和动力。这些因素彼此关联、相互配合，共同发挥作用，促进人的身心发展。因此，不能说遗传的作用大于教育的作用。

四、简答题（参考答案）

1. 简述遗传素质在人的身心发展中的作用。
   (1)遗传素质是人的身心发展的前提，为人的发展提供了可能性，但不能决定人的发展；(2)遗传素质的个别差异是人的身心发展的个别差异的原因之一；(3)遗传素质的成熟机制制约着人的身心发展的水平及阶段。

2. 环境是推动人身心发展的动力，主要表现在哪些方面？
   (1)环境是人身心发展不可缺少的外部条件；(2)环境推动和制约着人身心发展的速度和水平。

3. 简述学校教育在人的身心发展中起主导作用的原因。
   (1)学校教育是有目的、有计划、有组织地培养人的活动；(2)学校有专门负责教育工作的教师，相对而言效果较好；(3)学校教育能有效地控制和协调影响学生发展的各种因素。

4. 简述学校教育在影响个体发展上的特殊功能。
   (1)学校教育对于个体发展做出社会性规范；(2)学校教育具有开发个体特殊才能和发展个性的功能；(3)学校教育对个体发展的影响具有即时和延时的价值；(4)学校教育具有加速个体发展的特殊功能。

5. 简述个体身心发展的互补性的教育要求。
   (1)要树立信心，相信每一个学生，特别是暂时落后或在某些方面有缺陷的学生，通过其他方面的补偿性发展，都会达到与一般正常学生一样的发展水平；(2)要掌握科学的教育方法，发现学生的优势，扬长避短，长善救失，激发学生自我发展的信心和自觉。

整合提升

一、单项选择题

1. B 【解析】社会政治经济制度决定受教育权。在阶级社会中，统治阶级总是要采取种种直接或间接的手段，决定和影响受教育权在社会中的分配，决定谁享有受学校教育的权利、谁无享受学校教育的权利、谁有受什么样学校教育的权利等问题。唐朝“六学二馆”等级森严的入学条件是对受教育权的规定。

2. A 【解析】从蒸汽机时代到电气生产时代再到自动化时代体现了生产力的发展，说明生产力的发展水平制约着人才培养的规格。

3. C 【解析】学校教育在人的身心发展中起主导作用，但是并不能解决人发展过程中的所有问题，C项说法错误。

4. B 【解析】题干所述说明青春初期的孩子身高体重的发展水平与其骨化过程是不均衡的，这说明个体的身心发展具有不均衡性。

5. D 【解析】由题干可知教育既可以促进个体发展，也可以阻碍个体发展，这说明并非所有的教育都能够促进个体发展，教育促进个体的发展是有条件的。故选D项。

6. B 【解析】“万物皆备于我”是孟子的观点；遗传与社会环境具有不可控制、不能选择的特性；“一把钥匙开一把锁”体现了个体身心发展的个别差异性规律。故ACD三项表述不正确。遗传素质存在着个别差异，表现在高级神经活动类型、感觉器官的结构和机能方面，这些差异是个性形成的生理基础，是人的个性差异的最初原因。故选B项。

7. A 【解析】题干中吴某对孩子的培养违背了个体身心发展的顺序性规律，故这一“天才”的悲剧给我们的启示是教育一定要适应人身心发展的规律。

8. C 【解析】题干引文的意思是：增长才干必须刻苦学习，不努力学习就不能增长才干，不明确志向就不能在学习上获得成就。这里所提到的影响人的身心发展的因素是教育和个体主观能动性。

9. B 【解析】教育能够传播、交流和融合文化，来自不同种族与家庭的学生通过接受学校教育，促进了文化的交流与融合，从而形成了独特的族群和阶层文化。这体现了教育的文化功能。

10. C 【解析】教育结构是指各级各类学校的比例关系和衔接方式，以及不同性质专业之间的比例构成。人口老龄化对教育行业的影响主要体现在教育市场需求、教育体系、教育形式等方面。也即主要影响教育的结构。

11. A 【解析】题干引文出自《学记》，强调的是要把握教学的最佳时机，反映了在人的身心发展过程中存在关键期。

12. B 【解析】孟子认为“万物皆备于我”“人的心中自有浩然之气”，强调人的身心发展的力量主要源于人自身的内在需要，这属于内发论的观点。

13. A 【解析】科学技术对教育的作用主要表现在：(1)科学技术能够改变教育者的观念；(2)科学技术能够影响受教育者的数量和教育质量；(3)科学技术能够影响教育的内容、方法和手段；(4)科学技术影响教育技术。“全体在校生通过钉钉课堂等智慧便捷的网课软件在家学习”是科学技术影响教育方法和手段的体现，故选A项。

14. A 【解析】古今中外，通过学校制造舆论影响政治的不乏其例，如我国现代的“五四”运动和“一二·九”运动，便发端于学校，扩展到社会，进而形成全国性的政治运动。故选A项。

15. A 【解析】A项，人力资本理论主张人力资本的积累是社会经济增长的源泉，教育是使个人社会收入分配趋于平等的因素。故选A项。

B项，教育万能论主张教育对人的成长起决定作用，人的才智差别源于人所处的不同环境和受到的不同教育。与题干观点无关。

C项，教育独立论主张教育超越于政党斗争和宗教教派斗争而处于独立地位。与题干观点无关。

D项，劳动力市场理论主张在主要劳动力市场的劳动力的受教育程度与工资水平的正比例关系基本上是成立的；而在次要劳动力市场的劳动力受教育程度与工资水平的正比例关系是不成立的。与题干观点无关。

二、多项选择题

1. ABD 【解析】A项，生产力的发展水平制约着教育结构的变化。故A项表述正确。

B项，社会政治经济制度决定受教育权。在阶级社会中，统治阶级决定谁有享受学校教育的权利、谁有受什么样学校教育的权利等问题。故B项表述正确。

C项，文化传统制约着教育的传统与变革。我国是一个具有悠久历史的儒家文化传统的国家，儒家文化的价值取向一直对我国的教育、对年青一代的价值观的形成有着重要的影响。故C项表述不正确。

D项，人口数量、人口质量和人口结构都影响和制约着教育的发展。故D项表述正确。

2. BD 【解析】小强刚上幼儿园，才刚刚学会认字，小强妈妈就给他报了一个作文班，这违背了儿童身心发展的顺序性规律；明知道儿子不喜欢弹钢琴，还给他报了钢琴兴趣班，没有做到因材施教，这违背了儿童身心发展的个别差异性规律。

3. ABCD 【解析】学校教育主导作用和促进作用的实现是相对的、有条件的。从外部环境方面来说，它要求社会的发展为个体的发展提供相应的前提，它依赖于家庭环境的影响，依赖于社会发展的状况；从教育系统内部来说，它依赖于教育自身的状况，依赖于学习者的主观能动性，要求教育遵循儿童的身心发展规律，还要积极协调社会、家庭等各方面的教育影响。

4. AC 【解析】AC两项说明学校通过开设专门的课程与开展主题活动向学生传播政治思想意识，这体现了教育对政治的促进作用。

5. ABC 【解析】题干所述体现的是环境对人发展的影响。“染于苍则苍，染于黄则黄”“蓬生麻中，不扶而直”及“孟母三迁”的故事，都说明了社会环境对人发展的影响。“唯上智与下愚不移”体现的是遗传因素对人发展的影响。

6. ABD 【解析】教育的经济功能主要有：(1)教育是劳动力再生产的重要途径，教育为社会培养科研人员、管理人才、设计人才等，提高社会经济效益；(2)积累人力资本，提高个体劳动生产率和劳动者生产能力；(3)教育再生产科学知识，促进科技的转化和应用。故选ABD三项，C项属于教育的政治功能。

7. AC 【解析】生产力水平决定教育的规模和速度。任何社会教育发展的规模和速度必须取决于两方面的条件：一方面是物质资料生产能为教育的发展提供物质基础；另一方面是生产力发展、社会再生产对劳动力的需求程度，包括需要的劳动力总量和各种劳动力的比例，它们分别决定着整个教育发展的规模、速度和教育的体系、结构。

8. ABC 【解析】教育的个体社会化的功能主要体现在三个方面：(1)教育根据社会的规范和要求促进个体思想意识的社会化；(2)教育通过引导和规范个体的行为，促进个体行为的社会化；(3)教育通过指导学生根据自己的兴趣和能力确定自己未来的职业意向和角色，培养个体的职业角色意识。

9. ACD 【解析】遗传决定论者认为，人性的个体差异是由个体的遗传素质或人的自然素质中的某些特点所决定的。在这一类思想中，有代表性的观点包括柏拉图的人分三等论、基督教的“原罪说”和中国古代的性善论等。B项洛克的“白板说”属于环境决定论的观点。

三、判断题

1. √ 【解析】实施社会控制是教育的政治功能的表现之一，学校不仅是为一定社会培养所需要的人才的机构，而且也是一个国家管理儿童和青少年的机构。

2. × 【解析】教育是社会环境的一部分，但它是影响人的发展的自觉的、可控的因素。

3. × 【解析】学校教育对个体发展的影响具有即时和延时的价值。

4. √ 【解析】遗传素质具有一定的可塑性，它会随着环境、教育的改变和人类实践活动的深入等作用而逐渐发生变化。

5. × 【解析】教育能够通过传播思想、形成舆论作用于一定的政治经济制度。“服民以道德，渐民以教化”的意思是用道德使百姓顺服，用教育感化百姓，使百姓逐渐受到感染。这说明教育能够通过传播思想意识，影响社会的风俗习惯和道德面貌等，为一定的政治经济服务，体现了教育的政治功能。

6. × 【解析】所谓“教育先行”，是指在一定的生产力发展条件下，为了发展经济必须注意首先发展教育，并不是说教育的发展不受生产力发展水平的制约。

7. × 【解析】在人口增长速度快的地区，教育发展应以扩大规模、满足数量需求为战略重点；而在人口增长速度较为平缓且经济发展有保障的地区，教育发展则以提高教育质量为战略重点。

四、论述题(参考答案)

1. 试述“近朱者赤，近墨者黑”“勤能补拙”体现的教育学原理。

(1)社会环境是人的发展的外部条件，为个体的发展提供了多种可能。离开社会环境这种外部条件，再好的遗传素质也难以发挥作用。“近朱者赤，近墨者黑”体现了环境对个体身心发展的影响。

(2)个体的主观能动性是一种寻求发展的积极动机和渴望，是人的身心发展的内在动力，也是促进个体发展从潜在的可能状态转向现实状态的决定性因素。“勤能补拙”体现了遗传不决定人的发展，决定人发展的是个体的主观能动性。

(3)影响人的身心发展的因素是多方面的。遗传素质是人的身心发展的物质前提，环境为个体的发展提供了多种可能，而教育作为特殊的环境对人的身心发展起主导作用，个体因素是人的身心发展的内因和动力。这些因素彼此关联、相互配合，共同发挥作用，促进人的身心发展。

2. 试述学校教育的个体个性化功能和个体社会化功能。

(1)个体个性化指个体在社会适应、社会参与过程中所体现出的稳定的独特性。教育的个体个性化发展功能主要体现在三个方面，即教育能促进人的主体意识、个体特征的发展以及人的个体价值的实现。

(2)个体社会化一般是指个体在出生后的发展中，习得社会化规范、价值观念和行为习惯等，并借以适应社会、参与社会的过程，即由一个“自然人”转化为“社会人”的过程。教育的个体社会化的功能主要体现在三个方面：①教育根据社会的规范和要求促进个体思想意识的社会化；②教育通过引导和规范个体的行为，促进个体行为的社会化；③教育通过指导学生根据自己的兴趣和能力确定自己未来的职业意向和角色，培养个体的职业角色意识。

五、案例分析题(参考答案)

1. (1)个体身心发展具有不平衡性，这种不平衡性主要表现在两个方面：一方面是指身心发展的同一方面的发展速度，在不同的年龄阶段是不平衡的。正如案例中所显示的，人的身高、体重的发展有两个高峰期，即出生的第一年和青春期。另一方面是就个体身心发展的不同方面而言的。研究表明，青少年身心的不同方面所达到的某种发展水平或成熟的时期是不平衡的。

(2)如案例所示，个体身心发展存在关键期。在关键期内，对个体某一方面进行训练可以获得最佳成效，并能充分发挥个体在这一方面的潜力。错过了关键期，训练的效果就会降低，甚至永远无法补偿。因此教育必须适应个体身心发展的不平衡性，在人的素质发展的关键期内，施以相应的教育，促进该素质的发展。

2. (1)推进区域教育公平最主要的问题是教育资源分配不均，一些农村、边远、贫困地区在教育资源上与大城市的学校存在较大差距，具体有：①学校硬件设施薄弱甚至匮乏；②师资队伍不够壮大，教学水平有待提高，与城市教师教学水平有较大的差距，且教师流失率高；③教研和教师培训方面落后甚至缺失；④信息技术转化成为教育资源所需时间更长、成本更高。

(2)①积极学习信息技术的相关知识，提高自身信息技术素养，以充分利用人工智能助推当地教育发展；②通过信息技术远程教育培训提高自身教育教学能力，观摩教育先进地区优秀教师的教学，加强自我教育，努力提高自身教育教学水平；③善于利用信息技术所带来的教育教学资源共享的便利，丰富学生的信息渠道和学习资源，引导学生正确运用信息技术提高自身的学习能力；④充分利用人工智能带来的教育便利，立足以学生为本，促进教师发展，推动教学方式和学习方式的变革，以推动当地教育发展。

真题必刷

一、单项选择题

1. A 【解析】民国版、人教版、部编版语文教材的变化，体现了一代又一代人智慧的结晶，这说明教育对一定社会文化具有保存、整理、创新的作用。
2. C 【解析】教育能够传播、交流和融合文化。教育通过传播文化，使不同国家和民族的文化相互交流、交融，促进文化的优化和发展。教育应重视发展多元文化，促进各社会群族间的相互尊重与和谐发展。所以，中外互派留学生是教育的文化交流与融合功能的体现。
3. B 【解析】现代教育发展的根本动因是科技进步。科学技术对教育的影响，首先表现为对教育的动力作用。

易错警示：

现代教育发展的根本动因和根本原因不一样？(√)

这个知识点容易混淆，考生应注意：现代教育发展的根本动因是科技进步，教育发展的根本原因还是生产力的发展。

4. B 【解析】题干中巴甫洛夫的这句话表明，遗传素质随着环境、教育和人类实践活动的深入而改变。这说明遗传素质具有可塑性。
5. A 【解析】遗传决定论强调人的身心发展的力量主要源于人自身的内在需要，身心发展的顺序也是由身心成熟机制决定的，即在人的身心发展过程中起决定作用的是遗传素质。题干中池田夫妇根据对大儿子的教育经验，断言能力在于遗传，因此对二儿子没有进行相应的体操训练，导致其没有任何体操技能，这有力地批判了遗传决定论。

6. A 【解析】题干中池田夫妇的观点属于遗传决定论，霍尔认为“一两的遗传胜过一吨的教育”，这一观点与池田夫妇的观点相同。故选A项。荀子、洛克、华生是环境决定论的代表人物。

7. D 【解析】社会环境是人发展的条件性因素，影响着人身心发展的性质、方向和进程。题干中高层次知识分子之所以出现违法犯罪行为，是因为受到了不良社会环境的影响，所以D项正确。

8. B 【解析】个体不同方面的发展具有不平衡性，有的方面在较早的年龄阶段就已达到较高的发展水平，有的则要到较晚的年龄阶段才能达到成熟的水平。例如，在心理方面，感知成熟在先，思维成熟在后，情感成熟更后。故选B项。

二、多项选择题

1. AD 【解析】人力资本理论认为，教育不但是一种消费活动，也是一种投资活动。

2. ABCD 【解析】青少年儿童身心发展的客观规律主要有：(1)发展的顺序性；(2)发展的阶段性；(3)发展速度的不均衡性；(4)身心发展的稳定性和可变性；(5)身心发展的差异性。

3. ABD 【解析】个体身心发展的差异性要求贯彻因材施教的原则，因材施教的原则要求全面深入地了解每个学生，系统掌握其成长发展的资料，注意对个别学生进行特殊培养，采取弹性教学制度等教学组织形式，如允许加速学习或减速学习，采取能力分组及组织兴趣小组等。

三、判断题

1. √ 【解析】遗传素质是人的身心发展的前提，为人的发展提供了可能性，但不能决定人的发展。

2. × 【解析】格塞尔强调成熟机制对人的发展的决定作用。

四、简答题(参考答案)

简述教育与社会政治经济制度的关系。

(1)社会政治经济制度对教育发展的影响和制约：社会政治经济制度决定教育的领导权；社会政治经济制度决定受教育权；社会政治经济制度决定教育目的；社会政治经济制度决定着教育内容的取舍；社会政治经济制度决定着教育体制；社会政治经济制度制约教育的改革与发展。

(2)教育对政治经济制度有维护、巩固和加强的作用：教育培养出政治经济制度所需要的人才；教育通过传播思想、形成舆论作用于一定的政治经济制度；教育促进民主化进程，但对政治经济制度不起决定作用。

专题三　教育目的与教育制度

基础训练

知识1 教育目的概述

一、单项选择题

1. C 【解析】教育目的是教育方针中核心和基本的内容，故选C项。

2. B 【解析】教育目的指教育要达到的预期结果，是根据一定社会发展和受教育者自身发展需要及规律，对受教育者提出的总的要求。教育目的一般只包括“为谁培养人”“培养什么样的人”的问题。故选B项。

3. B 【解析】社会本位论主张教育以社会的稳定和发展为最高宗旨，故题干为社会本位论的观点。

4. A 【解析】教育目的的激励功能主要表现为它不仅能指导整个教育实践活动过程，而且能够激励人们为实现共同的目标而努力。教育目的本身就包含对学生成长的期望和要求，因此对学生的发展具有很大的激励作用。由题干“坚强地排除各种困难，争取实现目标”说明教育目的可以激励受教育者为实现目标而努力，故选A项。

5. D 【解析】教育目的与培养目标是普遍与特殊的关系。

6. D 【解析】教育目的包括三个层次：国家的教育目的、各级各类学校的培养目标和教师的教学目标。其中，教师的教学目标居于第三个层次。

7. B 【解析】教育目的指教育要达到的预期结果，是根据一定社会发展和受教育者自身发展需要及规律，对受教育者提出的总的要求，规定了把受教育者培养成什么样的人，是培养人的质量规格标准，同时也反映了教育在人的努力方向和社会倾向性等方面的要求。

8. D 【解析】教育目的是整个教育工作的核心，是教育活动的依据和评判标准、出发点和归宿，在教育活动中居于主导地位。

9. C 【解析】教育目的对教育工作具有导向作用，对贯彻教育方针具有激励作用，是对教育效果进行评价的重要标准。故选C项。

10. C 【解析】社会本位论认为，确立教育目的的根据是社会的要求，个人的发展必须服从社会需要。其代表人物有荀子、柏拉图、赫尔巴特、涂尔干、纳托普、凯兴斯泰纳、孔德、巴格莱等。孟子、裴斯泰洛齐、卢梭是个人本位论的代表人物。

11. C 【解析】“君子如欲化民成俗，其必由学乎……”意为：君子想要教化百姓，并形成好的风俗，就一定要重视设学施教啊！“古之王者，建国君民，教学为先”意为：古代的君王，建设国家，统治人民，首先要设学施教。这体现了教育为社会培养合格的成员和公民的重要性，属于社会本位的教育目的观。

12. B 【解析】题干强调教育的目的在于促进个体的社会化，这属于社会本位教育目的论的观点。

13. C 【解析】题干描述的是凯兴斯泰纳的观点，他是社会本位论的代表人物。

14. C 【解析】杜威是教育无目的论的代表人物。“教育无目的论”并非主张真正教育无目的，而是认为无教育过程之外的“外在”目的。

15. C 【解析】生活本位论的教育目的理论认为教育要为完满的生活作准备，注重的是使受教育者怎样生活，突出的代表人物是英国著名教育家斯宾塞。

16. A 【解析】马克思主义认为，教育与生产劳动相结合是培养全面发展的人的根本途径，也是唯一途径。

17. B 【解析】从古至今，在教育目的的价值取向上，争论最多、影响最大也最带有根本性的问题，是关于教育活动究竟是关注人的个性发展还是注重社会的需要的争论，即历史上的"个人本位论"和"社会本位论"之争。

18. B 【解析】个人本位论的代表人物有孟子、卢梭、裴斯泰洛齐、福禄贝尔、赫钦斯、奈勒、马斯洛、萨特等。故本题选B项。斯宾塞是生活本位论的代表人物，夸美纽斯是神学的教育目的论的代表人物，涂尔干是社会本位论的代表人物。

二、多项选择题

1. ABCD 【解析】我国新时期的教育方针的内容一般包括以下三个组成部分：(1)教育的性质和服务方向，即"教育必须为社会主义现代化建设服务"；(2)教育目的，即"培养德、智、体等方面全面发展的社会主义事业的建设者和接班人"；(3)实现教育目的的基本途径，即"必须与生产劳动相结合"。

2. ABC 【解析】一般认为，教育目的包括三个层次：国家的教育目的、各级各类学校的培养目标和教师的教学目标。

3. BDE 【解析】在培养目标上，各级各类学校的培养目标既有共同要求，又有一定差异。因此，各级各类学校的培养目标必须同中有异、重点突出、特点鲜明。

三、填空题

1. 教育方针
2. 教育目的
3. 帮助少年起飞
4. 马克思关于人的全面发展学说

四、案例分析题(参考答案)

(1)这所小学的做法明显不符合我国的教育方针。我国当前的教育方针是："全面贯彻党的教育方针，坚持教育为社会主义现代化建设服务，为人民服务，与生产劳动和社会实践相结合，培养德智体美全面发展的社会主义建设者和接班人。"

(2)案例中该学校把分数作为评价学生和教师的唯一标准或全部，学校不开设体育、音乐、美术课程，几乎所有时间都是上语文、数学课。这些做法都体现了该学校只注重对学生智育的培养，忽视了学生德育、美育、体育方面的发展，有违教育方针中全面发展的要求，这样培养出来的学生是有缺陷的，如案例中提到的"体质普遍下降、近视率增高""不知五线谱为何物""没有学习的兴趣和信心，更谈不上什么业余爱好"就是这种应试教育的弊端。

知识2 我国的教育目的

一、单项选择题

1. C 【解析】党的十九大报告指出，要全面贯彻党的教育方针，落实立德树人根本任务，发展素质教育，推进教育公平，培养德智体美全面发展的社会主义建设者和接班人。

2. C 【解析】增强学生体质是学校体育的根本任务。

3. B 【解析】1957年，在生产资料所有制的社会主义改造基本完成以后，毛泽东在最高国务会议上提出："我们的教育方针，应该使受教育者在德育、智育、体育几方面都得到发展，成为有社会主义觉悟的有文化的劳动者。"这是新中国成立后颁布的第一个教育方针。

4. D 【解析】智育是传授给学生系统的科学文化知识、技能，发展他们的智力和与学习有关的非认知因素的教育。以提升学生认知水平为目标的教育是智育。

5. B 【解析】学校体育的基本组织形式是体育课，故选B项。

6. C 【解析】培养学生创造美的能力是美育的最高层次的任务。

7. B 【解析】人们对美育功能的认识成果有三：一是对美育的直接功能(即"育美")的认识；二是对美育的间接功能(或附带功能、潜在功能，具体说就是美育的育德、促智、健体功能等)的认识；三是对美育的超美育功能(即美育的超越性功能)的探究。

8. B 【解析】在某种意义上来说，素质教育是针对应试教育而提出的。因此，应试教育是与素质教育相对的教育观，故选B项。

9. D 【解析】在全面发展教育的构成中，德育对其他各育起着保证方向和保持动力的作用，它体现了社会主义教育的方向，是"五育"的灵魂。

易错警示：

"五育"中各育的作用是不同的，考生需注意区分：
德育：保证方向和保持动力，"五育"的灵魂；
智育：提供认识基础；
体育：提供物质保证；
美育、劳动技术教育：是德育、智育、体育的具体运用和实施。

10. D 【解析】要培养合乎时代需要的一代新人，应当特别注意人才素质的几个方面：(1)创新精神；(2)实践能力；(3)开放思维；(4)崇高理想。

11. A 【解析】素质教育是依据人的发展和社会发展的实际需要，以全面提高全体学生的基本素质为根本目的，以尊重学生主体性和主动精神，注重开发人的智慧潜能，形成人的健全个性为根本特征的教育。

12. B 【解析】作为国力竞争基础工程的教育，必须培养具有创新精神和实践能力的新一代人才，这是素质教育的时代特征。

13. C 【解析】能否培养学生的创新精神和实践能力是应试教育和素质教育的本质区别。

14. B 【解析】重视创新能力的培养是现代教育与传统教育的根本区别之所在。

15. D 【解析】A、B、C三项均是在实施素质教育过程中出现的误区。

A项,“不要‘尖子生’”是对素质教育面向全体学生的误解,不符合素质教育的理念。

B项,“为减轻负担,不给学生留作业”是对素质教育使学生生动、主动和愉快发展的误解。学生真正的愉快来自通过刻苦的努力而带来成功之后的快乐,学生真正的负担是不情愿的学习任务。故B项不符合素质教育的理念,D项“教育应该使学生主动、生动、愉快地发展”符合素质教育的理念。故选D项。

C项,“不要考试,尤其是百分制考试”是对考试的误解,不符合素质教育的理念。

16. A 【解析】1996年,国际21世纪教育委员会向联合国教科文组织提交了《教育——财富蕴藏其中》的报告,其中最核心的思想是教育应使受教育者学会学习,即教育要使学习者“学会认知”“学会做事”“学会共同生活(学会合作)”和“学会生存”。这一思想很快被全球各国所认可,并被称为教育的四大支柱。

17. C 【解析】坚持社会主义方向是我国教育目的的根本性质和特点。

18. A 【解析】智育的根本任务是培育或发展学生的智慧,尤其是智力。

二、多项选择题

1. ABCDE 【解析】素质教育的特点有:全体性、全面性、基础性、主体性、发展性、合作性和未来性。

2. ABCDE 【解析】一般认为,我国现在中小学的全面发展教育主要包括德育、智育、体育、美育、劳动技术教育。

3. ABDE 【解析】智育的具体任务有:(1)向学生系统传授科学文化知识,为学生各方面发展奠定良好的知识基础;(2)培养训练学生,使其形成基本技能;(3)培养和发展学生的智力才能,增强学生各个方面能力;(4)培养学生良好的学习品质和热爱科学的精神。故选ABDE四项,C项属于德育的基本任务。

4. BCD 【解析】美育的主要任务包括:(1)培养学生正确的审美观点,使他们具有感受美、理解美和鉴赏美的知识与技能;(2)培养学生艺术活动的技能,发展他们体现美和创造美的能力;(3)培养学生的心灵美和行为美,使他们在生活中体现内在美和外在美的统一。

三、判断题

1. √ 【解析】智育是传授给学生系统的科学文化知识、技能,发展他们的智力和与学习有关的非认知因素的教育。故题干说法正确。

2. × 【解析】学校美育的内容包括形式教育、理想教育、艺术教育。艺术教育只是美育的内容之一,两者不能等同。

3. × 【解析】全面发展不能理解为要求学生“样样都好”的平均发展,“五育”在全面发展中的地位存在不平衡性,在实际生活中,青少年德、智、体、美、劳诸方面的发展往往是不平衡的,有时需要针对某个带有倾向性的问题强调某一方面。学校教育也常会因某一时期任务的不同,在某一方面有所侧重。

4. √ 【解析】素质教育是全面发展的教育目的对教育活动进行调控的一个结果,当然也是教育目的的具体落实和深化。

5. × 【解析】题干所述是对素质教育使学生全面发展的误解。素质教育强调为学生的发展奠定基础,同时又要发展学生的个性,因此素质教育对学生的要求是合格加特长。

四、简答题(参考答案)

1. 德育的基本任务有哪些?

(1)培养学生良好的道德品质;(2)培养学生正确的政治方向;(3)培养学生正确的价值观;(4)培养学生良好、健康的心理品质;(5)培养学生良好的思想品德能力等。

2. 简述美育的特征。

(1)情感激励性;(2)认知形象性;(3)意志自由性。

五、案例分析题(参考答案)

(1)案例中老师们的认识都是在实施素质教育中出现的误区。

(2)王老师的认识是对素质教育形式化的误解。教育培养人的基本途径是教学,学生的基本任务是在接受人类文化精华的过程中获得发展。这就决定了素质教育的主渠道是教学,主阵地是课堂。

(3)李老师的看法是对考试的误解,考试包括百分制考试本身没有错,要说错的话,就是应试教育中使用者将其看作学习的目的。考试作为评价的手段,是衡量学生发展的尺度之一,也是激励学生发展的手段之一。

知识3 学校与学校教育制度

一、单项选择题

1. D 【解析】狭义的教育制度指学校教育制度,简称学制,是一个国家各级各类学校的总体系,具体规定各级各类学校的性质、任务、要求、入学条件、修业年限及它们之间的相互关系。

2. D 【解析】建立学制的依据之一是青少年儿童身心发展规律。青少年儿童身心发展的各个阶段,都有明显的年龄特征。正是由于学制受青少年儿童身心发展规律的制约,所以不同国家在学制的很多方面是一致的,如入学年龄,大、中、小学阶段的划分等。

3. B 【解析】学校教育制度(即学制)的建立,是制度化教育的典型表征。

4. A 【解析】学校的产生标志着教育从生产劳动中的第一次分离。

5. D 【解析】校风是学校中物质文化、制度文化、精神文化的统一体,是经过长期实践形成的。故选D项。

6. A 【解析】学校教育制度简称学制,是一个国家各级各类学校的总体系,具体规定各级各类学校的性质、任务、要求、入学条件、修业年限及它们之间的相互关系。故选A项。

7. C 【解析】学校教育制度是国民教育制度的核心与主体,体现了一个国家国民教育制度的实质。故选C项。

8. A 【解析】教育制度的发展经历了前制度化教育、制度化教育、非制度化教育三个阶段。前制度化教育阶段的一个重要标志是奴隶社会初期出现的定型的教育组织形式,即实体化教育——学校。教育实体的形成具有以下特点:(1)教育主体确定;(2)教育的对象相对稳定;(3)形成系列的文化传播活动;(4)有相对稳定的活动场所和设施等;(5)由以上因素结合而成的独立的社会活动形态。故题干所述特征的出现标志着教育制度进入前制度化教育阶段,选A项。

9. B 【解析】现代学制最早出现在欧洲。

10. A 【解析】西欧双轨制以英国的双轨制为典型代表,它的学校系统分为两轨:一轨是学术教育,为特权阶层子女所占有,学术性很强,学生可升到大学以上;另一轨是职业教育,为劳动人民的子弟所开设,属生产性的一轨。故题干所述学制属于双轨制,选A项。

11. A 【解析】单轨制最早产生于美国,被世界许多国家采用,是因为它有利于教育的逐级普及,有利于现代生产和现代科技的发展。

12. B 【解析】"十月革命"后,苏联制定了单轨学制,但与美国的单轨制不同,这种学制既有上下级学校间的相互衔接,又有职业技术学校横向的相互联系,形成了立体式的学制。所以,它是介于双轨学制和单轨学制之间的分支型学制,也被称为中间型学制或"Y"型学制。

13. C 【解析】教育制度的发展经历了从前制度化教育到制度化教育,再到非制度化教育的过程。

14. A 【解析】非制度化教育是相对于制度化教育而言的,它指出了制度化教育的弊端,但又不是对制度化教育的全盘否定。非制度化教育所推崇的理想是:"教育不应再限于学校的围墙之内。"

15. A 【解析】提出构建学习化社会的理想是非制度化教育的重要体现。

16. B 【解析】学校产生的条件有:(1)生产力的发展以及社会生产水平的提高,为学校的产生提供了物质基础;(2)脑力劳动和体力劳动相分离,为学校的产生提供了专门从事教育活动的知识分子;(3)文字的创造与知识的积累,为学校教育活动的开展提供了有效的教育手段与充分的教育内容;(4)国家机器的产生需要专门的机构来培养官吏和知识分子来为统治阶级服务。

17. D 【解析】物质文化是学校文化的空间物态形式,是学校精神文化的物质载体。

18. B 【解析】学校物质文化包括环境文化和设施文化,它是学校教育教学及其管理活动的物质基础。

19. D 【解析】校园精神文化是校园文化的核心内容,也是校园文化的最高层次。

20. C 【解析】题干中发达国家实行12年甚至更多年限的义务教育,而发展中国家实行9年义务教育,说明学校教育制度受经济发展水平的影响。故选C项。

21. B 【解析】美国是典型的单轨制国家,故选B项。

二、多项选择题

1. AC 【解析】如果从形式来看,学校文化可以分为精神文化、物质文化和制度文化三类。

2. BCDE 【解析】学生文化的基本特征包括:(1)过渡性;(2)非正式性;(3)多样性;(4)互补性。此外,学生文化还具有调适性。

3. ABD 【解析】校园精神文化是校园文化的核心内容,也是校园文化的最高层次,主要包括校风、学风、教风、班风和学校人际关系等。故选ABD三项。校园组织与制度文化包括学校的传统、仪式、规章制度等,故CE两项不选。

4. ABD 【解析】一般来说,学校教育制度是由三个基本要素构成的,即学校的类型、学校的级别、学校的结构。

三、填空题

1. 学校绩效
2. 过渡性
3. 非正规教育　非学校化
4. 职业教育

四、简答题(参考答案)

1. 建立学制的依据有哪些?

(1)生产力发展水平和科学技术发展状况;(2)社会政治经济制度;(3)青少年儿童身心发展规律;(4)人口发展状况;(5)文化传统;(6)本国学制的历史发展和国外学制的影响。

2. 简述现代教育制度的发展趋势。

(1)加强学前教育并重视与小学教育的衔接;(2)强化普及义务教育,延长义务教育年限;(3)中等教育中普通教育与职业教育朝着相互渗透的方向发展;(4)高等教育的大众化;(5)终身教育体系的建构;(6)教育社会化与社会教育化;(7)教育的国际交流加强;(8)学历教育与非学历教育的界限逐渐淡化。

3. 简述终身教育的特点。

(1)终身性;(2)全民性(民主性和普及性);(3)形式多样性;(4)广泛性(连贯性);(5)自主性;(6)灵活性和实用性。

知识4 我国的学校教育制度

一、单项选择题

1. D 【解析】壬子癸丑学制是我国第一个具有资本主义性质的学制。

易错警示：旧中国的四个主要学制涉及的“第一”是易混点，考生应注意区分。
(1)壬寅学制：第一个正式颁布，但未实施的学制。
(2)癸卯学制：第一个正式实施的学制。
(3)壬子癸丑学制：①第一次规定男女同校、废除读经、将学堂改为学校、初等小学实施义务教育；②第一个具有资本主义性质的学制。
(4)壬戌学制：①第一次明确规定以学龄儿童和青少年身心发展规律作为划分学校教育阶段的依据；②中国近代实施时间最长的学制。

2. D 【解析】1922年，在北洋军阀统治下，留美派主持的全国教育会联合会以美国学制为蓝本，颁布了“壬戌学制”。

易错警示：旧中国的四个主要学制的借鉴蓝本是易混点，考生应注意区分。
(1)借鉴日本学制：壬寅学制、癸卯学制、壬子癸丑学制。
(2)借鉴美国学制：壬戌学制。

3. A 【解析】癸卯学制是中国近代教育史上第一部由国家颁布的并在全国实行的学制系统。
4. D 【解析】1922年，在北洋军阀统治下，留美派主持的全国教育会联合会以美国学制为蓝本，颁布了“壬戌学制”。国民党政府于1928年就壬戌学制做了一些修改，但基本上继承了“壬戌学制”，并一直沿用到全国解放初期。故选D项。
5. A 【解析】1903年，清政府任命张之洞、荣庆、张百熙三人重新修订拟定了《奏定学堂章程》，1904年1月颁布执行，又称“癸卯学制”。该学制明文规定教育目的是“忠君、尊孔、尚公、尚武、尚实”，明显反映了“中学为体，西学为用”的思想。
6. D 【解析】“壬子癸丑学制”第一次规定了男女同校，废除读经，充实了自然科学的内容，将学堂改为学校。
7. B 【解析】“壬寅学制”以日本学制为蓝本，由当时的管学大臣张百熙起草，是中国近代教育史上最早由国家正式颁布的学制系统，虽然正式公布，但并未实行。
8. C 【解析】癸卯学制是中国近代教育史上第一部由国家颁布的并在全国实行的学制系统，成为中国近代教育走向制度化、法制化阶段的标志。
9. A 【解析】癸卯学制明文规定教育目的是“忠君、尊孔、尚公、尚武、尚实”，明显反映了“中学为体，西学为用”的思想。
10. A 【解析】1958年9月，中共中央、国务院颁布了《关于教育工作的指示》，该指示提出了学制改革的“两条腿走路”的办学方针和“三个结合”“六个并举”的具体办学原则。
11. A 【解析】1993年颁布的《中国教育改革和发展纲要》确定了20世纪末教育发展的总目标——基本普及九年义务教育和基本扫除青壮年文盲；全面贯彻党的教育方针，全面提高教育质量；要建设好一批重点学校和一批重点学科。简称“两基”“两全”“两重”。
12. D 【解析】从层次结构上来看，我国现行学校教育包括学前教育、初等教育、中等教育和高等教育四个层次。
13. A 【解析】从类别结构上来看，我国现行学校教育可划分为基础教育、职业技术教育、高等教育、成人教育和特殊教育五个大类。
14. A 【解析】从类型上看，我国现行学制是从单轨学制发展而来的分支型学制。
15. A 【解析】我国学制改革和发展的基本方向是重建和完善分支型学制，即通过发展基础教育后的职业教育走向分支型学制，再通过高中综合化走向单轨学制。
16. A 【解析】“壬戌学制”明确以学龄儿童和青少年身心发展规律作为划分学校教育阶段的依据，这在我国现代学制史上是第一次。
17. C 【解析】壬戌学制在高中增加职业科，大中学校课程采用学分制、选科制，考虑到了青少年的不同需要和个性发展。这样，就兼顾了升学和就业的双重需要。

二、多项选择题

1. ACD 【解析】我国古代的学校教育制度主要由官学教育系统、私学教育系统和书院教育系统构成。
2. CD 【解析】《中国教育改革和发展纲要》确定了20世纪末教育发展的总目标，其中，“两全”是指全面贯彻党的教育方针，全面提高教育质量。
3. ABCE 【解析】我国的基础教育通常包括学前教育、初等教育与中等教育(包括初中阶段和高中阶段)。

三、简答题(参考答案)

简述我国当前学制改革的主要内容。

(1)加强基础教育，落实义务教育；(2)调整中等教育结构，发展职业技术教育；(3)稳步发展高等教育，走内涵发展为主的道路；(4)重视成人教育，发展终身教育。

整合提升

一、单项选择题

1. C 【解析】A项，教育目的是国家对培养的人才要达到什么样的质量和规格的总要求。B项，培养目标是各级各类学校对受教育者身心所提出的具体标准和要求。C项，课程目标是课程本身在某一较长时间段里要实现的具体目标和意图。D项，教学目标是教师在较短时间(一节课、一个教学单元)内期望教学达到的要求。题干中的目标是小学1～2年级要实现的，且认识1600个左右汉字，800个左右会写这样的要求需要较长的时间才能实现，所以是课程目标。

2. B 【解析】人的发展是促进个体社会化的发展，人的发展要受到社会的制约。人的社会化要求教育活动的方向必须与社会相一致，只有这样，才能培养出社会所需要的人，因此教育要充分考虑社会发展的需要。

3. D 【解析】马克思主义关于“人的全面发展学说”提出，人的全面发展是指人的劳动能力，即人的体力和智力的全面、和谐、充分的发展，还包括人的道德的发展和人的个性的充分发展。故我国依据马克思主义关于“人的全面发展学说”而确立的全面发展的教育目的的核心要求是所有学生德智体美劳全面发展。ABC三项是对人的全面发展的误解。

4. D 【解析】从学制类型上看，我国现行学制是从单轨学制发展而来的分支型学制。故A项表述错误。壬寅学制是中国近代教育史上最早由国家正式颁布的学制系统，但并未实行；癸卯学制是中国近代教育史上第一部由国家颁布的并在全国实行的学制系统。故B项表述错误。壬戌学制是以美国学制为蓝本的，故C项表述错误。单轨制产生于美国，故选D项。

5. B 【解析】单轨学制有利于教育的普及，但教育参差不齐、效益低下、发展失衡，同级学校之间教学质量相差较大。

6. A 【解析】素质教育以全面提高全体学生的基本素质为根本目的。

7. C 【解析】1999年6月的《中共中央国务院关于深化教育改革，全面推进素质教育的决定》把教育目的表述如下：“以培养学生的创新精神和实践能力为重点，造就‘有理想、有道德、有文化、有纪律’的、德智体美等方面全面发展的社会主义事业建设者和接班人。”

8. A 【解析】教育目的对教育活动的调控主要借助三种方式进行：(1)通过确定价值的方式进行调控；(2)通过标准的方式进行调控；(3)通过目标的方式进行调控。故题干中的老师选择按照教学大纲的要求，满足两名同学的不同要求的做法体现了教育目的的调控功能。

9. C 【解析】1912～1913年的“壬子癸丑学制”第一次规定了男女同校，废除读经，充实了自然科学的内容，将学堂改为学校。

10. D 【解析】个人本位论重视人的价值、个性的发展及其需要，把人的个性发展及需要的满足视为教育的价值所在。赵校长的观点是个人本位论的体现。

11. B 【解析】马克思和恩格斯是在两个层次上谈论人的全面发展的。一是指劳动能力的全面发展；二是指克服人发展的一切片面性，实现人的个性的真正全面和自由的发展。

12. D 【解析】重视抽象思维和概括能力的培养为初中阶段学校教育的一项主要任务。

13. B 【解析】自然美是指自然物本身所呈现出来的美的形态。自然美育具有非常大的生动性和随机性。题干所述属于美育中的自然美。

14. B 【解析】素质教育提倡人的全面发展，它是马克思主义关于人的全面发展学说在中国教育界的具体实践。

15. A 【解析】普通中小学教育的性质属于基础教育，它的任务是培养全体学生的基本素质，为他们学习做人和进一步接受专业(职业)教育打好基础，为提高民族素质打好基础。

16. D 【解析】题干中的教育乱象都对学生造成了很大的伤害，这种做法变相地给学生分了等级，不仅不能促进有错误的学生积极反省，反而极大地阻碍了学生的健康成长。

17. B 【解析】智育为其他各育的实施提供认识基础。

18. D 【解析】素质教育的“全体性”，广义地说，是指素质教育必须面向全体人民，任何一名社会成员，均必须通过正规或非正规的途径接受一定时限、一定程度的基础教育。狭义地看，素质教育的“全体性”是指为全体适龄儿童开放接受正规基础教育的大门。

19. C 【解析】欧洲双轨制的学校系统分为两轨：一轨是学术教育，为特权阶层子女所占有，学术性很强，学生可升到大学以上；另一轨是职业教育，为劳动人民的子弟所开设，属生产性的一轨。题干中所述的自上而下的结构属于学术教育这一轨，也即所说的“精英轨”。

二、多项选择题

1. ABC 【解析】近代洋务运动以来，称学校为“学堂”；维新变法时期，才正式改称“学堂”为“学校”。

2. ABC 【解析】教育目的在表现形式上是主观的，作为观念存在于人的表象之中，但其内容具有客观性，它是客观存在的反映。故D项说法不正确。ABC三项说法均正确。

3. ABCD 【解析】从材料中可以看出该学校开展了“童心课堂”“童趣社团”“童真沙龙”等系列教育活动来营造活泼的学习氛围，这体现了素质教育可以开展丰富多彩的活动，故选C项；该学校开展的一系列教育活动是针对全校学生的，这体现了素质教育是面向全体学生的，故选A项；该学校开展的系列教育活动以及“童乐校园”的建设使学生好学乐学，身心得到全面发展，这体现了素质教育可以使学生主动学习，促进学生的全面发展，故选BD两项。

4. ABD 【解析】人的身心发展特点和需要是确定教育目的的客观依据，故C项说法不正确。

三、判断题

1. × 【解析】终身教育是对现代教育的补正。终身教育并非一种全新的教育,它不是对现代教育的完全否定,而是对现代教育实行补正机能以克服现代教育的缺点。

2. × 【解析】"教育无目的论"并非主张真正教育无目的,而是认为无教育过程之外的"外在"目的。

3. × 【解析】个人本位的教育目的论典型的错误是抽象地谈论人的本性。

4. × 【解析】非制度化教育指出了制度化教育的弊端,但又不是对制度化教育的全盘否定。

5. × 【解析】事实上,五育在各种教学活动中是相互渗透的,相辅相成的,不存在所谓单独的德育、智育、体育、美育或劳动技术教育。

6. √ 【解析】教育方针是教育目的的政策性表达,具有政策的规定性,在一定时期内具有必须贯彻的强制性,教育目的只是教育方针的若干组成要素之一。

7. √ 【解析】在五育中,德育为首,智育为主。二者并不矛盾,所有强调一方面忽略另一方面的观点都是错误的。

四、论述题(参考答案)

1. 试述全面发展教育各组成部分之间的关系。

(1)"五育"在全面发展中的地位存在不平衡性。在实际生活中,青少年德、智、体、美、劳诸方面的发展往往是不平衡的,有时需要针对某个带有倾向性的问题强调某一方面。学校教育也常会因某一时期任务的不同,在某一方面有所侧重。

(2)"五育"各有其相对独立性。德育对其他各育起着保证方向和保持动力的作用,它体现了社会主义教育的方向,是"五育"的灵魂;智育为其他各育的实施提供了认识基础;体育则是实施各育的物质保证和物质基础;美育和劳动技术教育是德育、智育、体育的具体运用和实施。因此,"五育"各有其相对独立性。

(3)"五育"之间具有内在联系。德育、智育、体育、美育、劳动技术教育紧密相连,它们互为条件,互相促进,相辅相成,构成一个统一的整体。它们的关系具有在活动中相互渗透的特征。

2. 试分析评价社会本位的教育目的论与个人本位的教育目的论的基本主张。

(1)个人本位论认为,确立教育目的的根据是人的本性,教育的目的是培养健全发展的人,发展人的本性,挖掘人的潜能,增进受教育者的个人价值,个人价值高于社会价值,而不是为某个社会集团或阶级服务。简言之,教育的根本目的是人的本性和本能的高度发展。其特点如下:①重视人的价值、个性的发展及其需要,把人的个性发展及需要的满足视为教育的价值所在;②认为教育的根本目的在于使人的本性、本能得到自然发展,使其需要得到满足;③主张应当按照人的本性和发展的需要来确定教育目的。

(2)社会本位论认为,确立教育目的的根据是社会的要求,个人的发展必须服从社会需要,因为个人生活在社会中,受制于社会环境。教育的目的是为社会培养合格的成员和公民,使受教育者社会化,社会价值高于个人价值,教育质量和效果可以用社会发展的各种指标来评价。简言之,教育以社会的稳定和发展为最高宗旨。

(3)个人价值与社会价值并没有一个孰重孰轻的问题,个人本位论与社会本位论也没有一个谁正确谁错误的问题。从理论上讲,二者具有同等的合理性与同等的局限性。教育目的中个人价值与社会价值的权衡与选择,要受具体的社会历史条件的制约,是随社会历史条件的变化而有所变化与侧重的。社会需要与个人发展是辩证统一的,教育目的必须体现这种辩证统一的关系。

3. 在我国教育目的的实践中,多年来一直存在着中小学片面追求升学率的倾向,严重背离了教育目的的基本精神。试结合所学知识,谈谈如何克服这种消极现象。

(1)这有赖于整个社会的发展。只有社会生产力得到大发展,教育的发展才具有坚实的物质基础,教育资源上的供需矛盾得到根本解决才具有现实的可能性。

(2)要深化教育体制改革。①要努力建立更加灵活和开放的教育体制,加大教育发展力度,多渠道办学,充分挖掘教育资源,加速非义务教育的发展,扩大教育机会,从而缓解教育机会竞争;②要加大新一轮基础教育课程改革的力度,在课程理念、课程内容、课程结构、课程评价、课程管理等方面规范和引导学校办学;③要积极推进高考制度的改革,为中小学教育树立正确导向;④要进一步深化中等教育结构的改革,特别是要大力提高中等职业学校的办学水平;⑤要合理配置教育资源,加强中小学的学校建设。

(3)中小学本身也应积极进行改革,端正办学思想,认真落实教育方针和教育目的,深化教育教学改革,提高教育教学的质量和效益,促进全体受教育者身心全面发展。

五、案例分析题(参考答案)

1. (1)①从学校来讲,劳动与技术课程经常被占用,师资、场地、经费缺乏,劳动教育无计划、无考核;有的教师把劳动当作惩罚手段,劳动多教育少,忽视劳动观念和劳动习惯的培养。②从家庭来讲,体力劳动和生产劳动在家庭教育中被忽视,家长往往只关心孩子的学业成绩,只要学习好,什么都不用干。③从社会来讲,一夜暴富、不劳而获的思想有所蔓延,体力劳动和生产劳动被淡化。

(2)①劳动能使儿童的肌体充满活力,改善肌体的各种生理素质,增强体质。②劳动教育能培养儿童的自信心、责任心、情感和意志等思想品质。③劳动教育能促进人的体力发展和智力发展,培养学生的创新精神和实践能力,养成尊重劳动的思想品德。

(3)在校内:①劳动教育要和思想品德教育相结

合。要实现劳动教育的目的,就必须在劳动教育中贯穿思想品德教育。“一些孩子不爱劳动、不会劳动,甚至扫一下地都不愿意”,因此要在劳动教育中贯穿思想品德教育,帮助学生改掉怕苦、怕累的思想情感,树立正确的劳动观念。②劳动教育要和各科教学相结合。其他学科也要有机融入劳动教育,如在语文、历史等学科教学中加大劳动观念和态度的培养,在物理、化学、生物等学科教学中加大动手操作和劳动技能、职业技能的培养,在其他学科教学和相关教育活动中也应有机融入劳动教育内容。在教学中各科教师要互相配合,帮助学生树立正确的劳动观念。③劳动教育要因地制宜地进行。地方和学校可结合实际在地方和校本课程中加强劳动教育,开设家政、烹饪、手工、园艺、非物质文化遗产等相关课程。

在校外:①组织校外劳动实践,结合研学旅行、社会实践活动,组织学生学工学农、参加公益劳动与志愿服务。②鼓励学生积极参加家务劳动,教育学生自己的事情自己做,家里的事情帮着做,引导学生践行中华传统美德,参与孝亲、敬老、爱幼等方面的劳动。针对“一些孩子不爱劳动、不会劳动,甚至扫一下地都不愿意”的问题,学校可以安排适量的劳动家庭作业,如洗碗、洗衣服、扫地、整理自己的书包等。

2. (1)沉重的课业负担是素质教育的严重阻碍,全面推进素质教育才是国家减负政策的根本出发点和目的。中小学学生课业负担成为教育的“顽症”,久治不愈,其原因在于没有正确理解和贯彻素质教育。该校贯彻国家的减负政策,仅仅是为了应付检查。从具体做法上来看,认为减负就是开展更多的课外活动,就是不要学生刻苦学习。首先,这是对素质教育使学生生动、主动和愉快发展的误解。学生真正的愉快来自于通过刻苦的努力而获得成功之后的快乐,学生真正的负担是不情愿的学习任务。素质教育要学生刻苦学习,因为只有刻苦学习,才能真正体会到努力与成功的关系,才能形成日后所需要的克服困难的勇气、信心和毅力。其次,这是对素质教育形式化的误解。教育培养人的基本途径是教学,学生的基本任务是在接受人类文化精华的过程中获得发展。这就决定了素质教育的主渠道是教学,主阵地是课堂。学校开展课外活动,作为素质教育的实施途径之一,无可厚非,但课外活动让学生在外面毫无指导地“玩”,这不仅仅是对课外活动的误解,对素质教育和减负政策的误解,也是一种对学生不负责任的表现。

(2)有人认为,有课业总会有“负担”,学习成绩与课业是相关的。有学习,就会有课业。这一点没有疑问。但是,课业成为“负担”,就是教育的问题。当课业成为“负担”时,学生的学业成绩,就可能是以牺牲“少年儿童身心健康”为代价的。如果教育使得一代人失去了健康,那么这种教育就是对一代人的伤害。此时的学业成绩对于学习者个人乃至整个社会也就失去了原有的意义。(3)像材料中的那些学习好的学生,他们可能在智力方面发展较好,但素质教育是全面发展的教育,该校贯彻的减负政策实际上并没有改变应试教育的现状。这种“减负”实则增加了素质教育展开的难度和阻力。

真题必刷

一、单项选择题

1. D 【解析】教师的教学目标是指教学活动结束后学生所能达到的预期标准,也即教育者在教育教学过程中,在完成某一阶段的工作时,希望受教育者达到的要求或产生的变化。根据题干所述,老师要求学生在学完“昆虫的种类”这节课后能准确识别昆虫,这属于教师的教学目标。
2. C 【解析】马克思认为,教育与生产劳动相结合是培养全面发展的人的根本途径,也是唯一途径。
3. B 【解析】个人本位论认为确立教育目的的根据是人的本性,教育的目的是培养健全发展的人,发展人的本性,挖掘人的潜能,增进受教育者的个人价值,个人价值高于社会价值,而不是为某个社会集团或阶级服务。裴斯泰洛齐的话肯定个人的价值,强调发展人的内在力量,反映的是个人本位论的观点。
4. C 【解析】美育的创造性原则是指对学生进行美育不是让学生消极、被动、静观地接受美的形式,而是应当引导他们积极主动地、富有想象力和创造性地感知、理解和创造美。题干中惠老师展示小鸟的图片和画鸟的技巧之后,让学生依据自己的理解和想象,画出自己心目中小鸟的形象,这一教学符合美育的创造性原则。
5. D 【解析】校园精神文化是校园文化的核心内容,A项错误。校园组织与制度文化是校园文化的内在机制,B项错误。校园文化是学校教师与学生共同创造的,C项错误。校园文化是学校文化的缩影,D项正确。
6. C 【解析】近代学校系统的出现,开启了制度化教育的新阶段。制度化的教育指向形成系统的各级各类学校。学校教育系统的形成,即意味着制度化教育的形成。
7. D 【解析】癸卯学制是中国近代教育史上第一部由国家颁布的并在全国实行的学制系统。

二、多项选择题

1. BC 【解析】教育目的的内容结构是指教育目的由哪几个部分构成及其相互之间的关系。教育目的一般由两部分组成:一是就教育所要培养的人的身心素质做出规定;二是就教育所要培养的人的社会价值做出规定。
2. CD 【解析】《中共中央国务院关于深化教育改革,全面推进素质教育的决定》中指出,全面推进素质教育,根本上要靠法治、靠制度保障。

三、填空题

分支型学制

四、判断题

1. √ 【解析】马克思阐述了关于人的全面发展学说，这一学说是我国确立教育目的的理论依据和基础。

2. × 【解析】坚持社会主义方向，是我国教育目的的根本性质和特点。

五、简答题(参考答案)

简述我国教育目的的基本精神。

(1)坚持社会主义方向性；(2)坚持全面发展；(3)培养独立个性；(4)教育与生产劳动相结合，是实现我国教育目的的根本途径；(5)注重提高全民族素质。

六、论述题(参考答案)

习近平总书记指出，教育决定着人类的今天，也决定着人类的未来，素质教育是教育的核心。请简述素质教育的基本内涵，并结合自身学科阐述在教学实践中如何实施素质教育。

(1)素质教育的内涵包括：①素质教育是面向全体学生的教育；②素质教育是促进学生全面发展的教育；③素质教育是促进学生个性发展的教育；④素质教育是以培养创新精神和实践能力为重点的教育。

(2)实施素质教育的措施：①改变教育观念。提高民族素质，实施素质教育，关键是要转变教育观念。②转变学生观。③加大教育改革的力度。④建立素质教育的保障机制。⑤建立素质教育的运行机制。⑥营造良好的校园文化氛围。(考生可结合自身学科展开论述，言之有理即可)

专题四　教师与学生

基础训练

知识1 教师及其职业素养

一、单项选择题

1. D 【解析】《中华人民共和国教师法》第一章第三条对教师概念进行了全面的、科学的界定：教师是履行教育教学职责的专业人员，承担教书育人，培养社会主义事业建设者和接班人、提高民族素质的使命。

2. C 【解析】夸美纽斯说过："我们对于国家的贡献，哪里还有比教导青年和教育青年更好、更伟大的呢？"他认为，教师是太阳底下最崇高、最优越的职业。

3. D 【解析】教师是教育者，教师职业是促进个体社会化的职业。

4. D 【解析】教师的示范者角色表明，教师的言行是学生学习和模仿的榜样。学生具有可塑性和向师性的特点，教师的言谈举止、行为方式、为人处世的态度等都会对学生产生耳濡目染、潜移默化的影响，因此教师是学生学习的最直接榜样。故题干所述体现了教师的示范者角色。

5. B 【解析】李老师以身作则、为人师表，体现了榜样者的角色。

6. A 【解析】"专"指的是教师精深的学科专业知识(本体性知识)，这是教师知识结构的核心，也是教师向学生传授知识的必备基础。

7. B 【解析】教师的职业形象主要包括教师的道德形象、文化形象和人格形象。其中，教师的文化形象是教师形象的核心。传统的教师文化形象是传统文化的传递者、维护者，所谓"才高八斗""学富五车"皆是教师的典型文化特征。

易错警示：

教师最基本的形象与核心形象是易混淆的知识点。考生应注意区分：

最基本形象——道德形象；核心形象——文化形象。

8. D 【解析】教师的实践性知识是基于教师个人的经验积累，在对待和处理教育问题时体现出的个人特质和教育智慧。题干所述属于实践性知识。

9. A 【解析】"道之所存，师之所存也"的意思是：道理在的地方，就有老师的存在。教师负有传递社会道德传统、价值观念的使命，这体现了教师的传道者角色，故选A项。

10. B 【解析】"亲其师，效其行，听其言，信其道"的意思是：(学生)亲近自己的老师，效仿老师的行动，听从老师教导，相信老师传授的道义。这表明教师的言行是学生学习的榜样，是教师职业角色中的示范者的体现。故选B项。

11. D 【解析】教师不仅仅是教书育人的专业人员，也扮演着"家长代理人、父母"和"朋友、知己"的角色。题干中教师关心学生的行为，体现的是家长代理人的角色。其他三项不符合题意，故选D项。

12. A 【解析】教师劳动的广延性是指空间的广延性。教师没有严格界定的劳动场所，课堂内外、学校内外都可能成为教师劳动的空间。题干所述体现了教师劳动的广延性的特点。

易错警示：

教师劳动的长期性和广延性是容易混淆的知识点，两者的区别在于：

广延性强调空间，无严格界定的劳动场所；长期性强调时间，培养周期长、影响迟效。

13. B 【解析】教师的劳动具有长期性，其劳动的成效并不是一时就可以检验出来的，而是需要教师付出长期的大量的劳动才能看到结果、得到验证，教师的某些影响对学生终身都会发生作用。

14. D 【解析】教师劳动的示范性指教师的言行举止，如人品、才能、治学态度等都会成为学生学习的对象。教师必须以身作则、为人师表。题干所述表明教师要以身作则，其本身行为就是标准和示范，也是学生学习的榜样，这体现了教师劳动的示范性。

15. C 【解析】题干的描述体现了教师在教学方法上的不断更新,这是教师劳动创造性的表现。

16. B 【解析】教师的职业道德素养是从教师对待事业、对待学生、对待集体和对待自己的态度上来体现的,陶行知先生的"捧着一颗心来,不带半根草去"的奉献精神是其典型表现。

17. C 【解析】教师热爱教育事业具体体现在热爱学生上。热爱学生是教师职业道德的核心,是教师高尚道德品质的表现。

18. B 【解析】条件性知识是指教师必备的教育科学知识,主要包括教育学、心理学及学科教学法知识。当学生问老师怎样解决自己考试紧张的问题时,老师却说该生是因为没有复习好才紧张的。这说明该老师缺乏心理学知识,不能从心理学的角度帮助学生解决考试紧张问题。

19. A 【解析】教师的教育能力是教师职业的特殊要求。

20. C 【解析】自我教育即专业化的自我建构,它是教师个体专业化发展最直接、最普遍的途径。

21. D 【解析】教师是学校教育工作的主要实施者,根本任务是教书育人。

22. C 【解析】在教师职业的发展历史中,独立的教师职业伴随着私学的出现而产生,如我国春秋战国时期的"士",古希腊的智者。而世界上最早的师范教育机构诞生于1861年的法国。因此教师成为一种独立的社会职业的时间要早于师范学校的出现。

23. C 【解析】教师是教育工作的组织者、领导者,在教育过程中起主导作用。

24. B 【解析】教师劳动任务的复杂性,是指教师不仅要传授科学文化知识和训练学生的技能,发展学生的智力、培养学生的能力,还要培养学生一定的思想品德,促进学生身心健康发展。题干的描述体现了教师劳动任务的复杂性,故选B项。

25. A 【解析】精深的学科专业知识即本体性知识,是教师知识结构的核心,也是教师向学生传授知识的必备基础。

26. A 【解析】教师的个人价值的大小主要取决于他的社会价值;教师劳动的价值是社会价值和个人价值的统一,因此,两者并不是对立矛盾的。

27. D 【解析】1966年,联合国教科文组织和国际劳工组织召开的"教师地位之政府间特别会议"通过的《关于教师地位的建议》指出应该把教育工作视为专门的职业,这种职业要求教师经过严格地、持续地学习,获得并保持专门的知识和特别的技术。故选D项。

28. A 【解析】学校对学生的培养,主要是通过各学科的教学工作来实现的,因此教师要把学生培养好,首要任务是:教好功课,努力提高教学质量。

29. C 【解析】"教学有法"是指我们的教育教学活动是有规律可遵循,有法则可遵守,有模式可遵照,是有可以掌握的基本方法、基本规律的。"教无定法"指的是教学的模式、方法、技能等不是机械的、教条的,而是灵活多变、富有个性、充满灵性的。因此,教师在教学中应注意教学方法的灵活运用、不断更新,这表明教师的教育活动具有创造性。

30. B 【解析】叶澜等人从"自我更新"取向角度将教师专业发展划分为五个阶段:

(1)"非关注"阶段:正式教师教育之前。

(2)"虚拟关注"阶段:师范学习阶段(包括实习期)。具备了一些"直觉式"的"前科学"知识以及与教师专业能力密切相关的一般能力。

(3)"生存关注"阶段:新任教师阶段。教师专业发展的关键阶段,产生忧患意识,突出特点是"骤变与适应"。

(4)"任务关注"阶段:由关注自我的生存转到更多地关注教学,由关注"我能行吗"转到关注"我怎样才能行"。

(5)"自我更新关注"阶段:不再受外部评价或职业升迁的牵制,有意识地自我规划,以谋求最大程度的自我发展,关注学生的整体发展,开始对自身的专业发展进行反思。

因此,本题选B项。

31. D 【解析】教师劳动的主体性指教师自身可以成为活生生的教育因素和具有影响力的榜样。对于教师来说,教育教学过程首先就是教师直接用自身的知识、智慧、品德影响学生的过程。题干的描述体现了教师劳动的主体性特点。

二、多项选择题

1. ABCDE 【解析】教师的教育教学能力主要包括设计教育教学活动的能力、教学实施的能力、教学组织管理能力、语言表达能力、学生评价能力、课程开发与建设能力、自我反思与教育教学研究能力等。

2. ACDE 【解析】具备较高的教育机智是教师能力素养的内容之一。

3. ABDE 【解析】教师个人为实现专业化应做的主观努力有善于学习、勤于反思、恒于研究、勇于实践。

4. ABCD 【解析】教师职业的发展阶段包括非职业化阶段、职业化阶段、专门化阶段和专业化阶段。

5. ACDE 【解析】教育机智可以用四个词语概括:因势利导、随机应变、掌握分寸、对症下药。

6. ABD 【解析】教师的职业形象包括:(1)教师的道德形象;(2)教师的文化形象;(3)教师的人格形象。故选ABD三项。

三、填空题

1. 教师的专业能力
2. 热爱教育事业
3. 示范性
4. 间接性

四、简答题(参考答案)

1. 教师的职业角色表现在哪些方面?

(1)"传道者"角色(人类灵魂的工程师);(2)"授业、解惑者"角色(知识传授者、人类文化的传递者);(3)示范者角色(榜样);(4)"教育教学活动的设计者、组织者和管理者"角色;(5)"家长代理人、父母"和"朋友、知己"的角色;(6)"研究者"角色和"学习者""学者"角色。

2. 教师劳动的复杂性主要表现在哪几个方面?

(1)教师劳动性质的复杂性;(2)教师劳动对象的复杂性;(3)教师劳动任务的复杂性;(4)教师劳动过程的复杂性;(5)教师劳动手段的复杂性。

3. 简述教师职业道德素养的主要内容。

(1)对待事业:忠于人民的教育事业;(2)对待学生:热爱学生;(3)对待集体:团结协作;(4)对待自己:为人师表(良好的道德修养)。

4. 教师应具备的教育专业素养有哪些?

(1)具有先进的教育理念;(2)具有良好的教育能力;(3)具有一定的研究能力。

五、案例分析题(参考答案)

案例中的赵老师具备精深的学科专业知识、广博的科学文化知识、必备的教育科学知识和实践性知识等知识素养。

(1)精深的学科专业知识(本体性知识)。这是教师知识结构的核心,也是教师向学生传授知识的必备基础。案例中的赵老师为了成为一名称职的语文教师,在校学习期间,认真学习本专业知识;走上工作岗位之后,经常阅读中外名家名著。这就体现了他具有精深的学科专业知识。

(2)教师的知识不仅要"专",而且要"博",教师的专业知识应建立在广博的科学文化知识的基础之上。案例中的赵老师在校学习期间,广泛涉猎其他专业知识,从事语文教学之后,经常阅读中外名家名著,这体现了他具有广博的科学文化知识。

(3)教师要加强教育工作的科学性和有效性,就必须掌握必备的教育科学知识(条件性知识)。其中,教育学、心理学及各科教材教法是教师首先要掌握的最为基本的教育科学知识。案例中的赵老师不断地学习教育学、心理学和现代教育技术的知识,这体现了他具有必备的教育科学知识。

(4)教师的实践性知识是基于教师个人的经验积累,在对待和处理教育问题时体现出的个人特质和教育智慧。案例中的赵老师通过反思自己的教学实践,创新教育教学方式,形成了独特的教学风格和实践智慧,这体现了他具有丰富的实践性知识。

知识2 学 生

一、单项选择题

1. D 【解析】现代学生观的内容:(1)学生是发展中的人,要用发展的观点认识学生;(2)学生是独特的人;(3)学生是具有独立意义的人。故①②④的表述符合现代学生观。学生是独特的人强调学生是完整的人,即学生并不是单纯的、抽象的学习者,而是有着丰富个性的、完整的人,故③的表述不符合现代学生观。
2. C 【解析】学生具有自主性,教师不能将自己的意志强加给学生。
3. D 【解析】学生的向师性表现在:学生入学后,教师会自然地成为他们亲近、信赖、尊敬甚至崇拜的对象,他们会把教师作为获取知识的智囊、解决问题的顾问、行为举止的楷模。
4. C 【解析】"鸡不吃米强按头,到头来它也是不吃的"用在教育中体现了学生是有意识、有情感、有个性的社会人,他们不是盲目、机械、被动地接受作用于他们的影响,而是具有主观能动性的人,即学生是自我教育和发展的主体。
5. D 【解析】学生的主观能动性主要表现在三个方面:(1)自觉性,也称主动性,这是学生主观能动性最基本的表现;(2)独立性,也称自主性,这是自觉性进一步发展的表现;(3)创造性,这是学生主观能动性的最高表现。

易错警示:

学生主观能动性的最基本表现是自觉性还是独立性?

关于这个知识点,考生需要理解自觉性是指学生能够自行采取相应的态度或行动;独立性表现在学生不仅具有自觉性,而且能自行确定或选择目标和行动方式,并且自我监督和调控。所以独立性是自觉性进一步的发展,自觉性才是学生主观能动性的最基本表现。

6. B 【解析】学生是独特的人,学生和成人之间是存在很大差别的,学生的观察、思考、选择和体验,都和成人有明显不同。"应当把成人看作成人,把孩子看作孩子。"
7. B 【解析】题干中学生模仿教师买一样的笔的行为,说明小学生具有向师性的特点。
8. B 【解析】1989年11月20日联合国大会通过的《儿童权利公约》的核心精神是维护青少年儿童的社会权利主体地位。
9. D 【解析】1989年11月20日联合国大会通过的《儿童权利公约》的核心精神,正是维护青少年儿童的社会权利主体地位。这一精神的基本原则有儿童利益最佳原则、尊重儿童尊严原则、尊重儿童观点与意见原则和无歧视原则。
10. D 【解析】学生是发展中的人,要用发展的观点看待学生。题干中的老师就是用一种静止的观点去看待学生,认为学习差的孩子就会一直学习差,忽视了学生的发展性。
11. B 【解析】自觉性又称主动性,它表现在学生能根据一定的目标或要求,或在某种情境的激发下,自行采取相应的态度或行动。
12. B 【解析】数学老师从李岩现在数学学习上的表现推断其以后物理、化学学习困难,否定了学生巨大的发展潜能,忽视了学生是发展中的人,没有用发展的观点认识学生。

13. C 【解析】学生具有可塑性。学生处于长知识、长身体的时期，也是他们的品德、人格正在形成的时期，各方面尚未成熟，具有很大的发展潜力，而且尚未定型，极容易受外部环境因素的影响，具有“染于苍则苍，染于黄则黄”的特点。

14. D 【解析】创造性是学生主观能动性的最高表现，故选D项。

15. D 【解析】1924年，国际联盟通过了《日内瓦儿童权利宣言》，这是第一个主张儿童权利的国际性文件。1959年，联合国通过了《儿童权利宣言》，扩大和加强了儿童的权利，并把儿童的主体作用提高到了重要的地位。1989年，联合国大会通过了《儿童权利公约》，为保护儿童和保障其权利订立了一套全面的国际法律准则。1990年，世界儿童问题首脑会议通过了《儿童生存、保护和发展世界宣言》，提出了一切为了孩子的儿童观念。故选D项。

二、多项选择题

1. ABC 【解析】“把学生看成是独特的人”的基本含义包括：(1)学生是完整的人；(2)每个学生都有自身的独特性；(3)学生与成人之间存在着巨大的差异。DE两项说法错误。

2. ABCD 【解析】学生不是成人，他们正处于身心发展最迅速的时期，生理和心理两方面都不太成熟，具有很大的发展可能性与可塑性。“学生是发展中的人”包括四层含义：(1)学生具有和成人不同的身心发展特点；(2)学生具有发展的巨大潜在可能性；(3)学生具有发展的需要；(4)学生具有获得成人教育关怀的需要。

3. ABD 【解析】学生是发展中的人，他们身上或许存在这样那样的不足，所以学生不是完善的人，C项说法错误。E项说法正确，但与题干无关。

4. ABD 【解析】把学生看成是具有独立意义的人，包含以下三个基本含义：(1)每个学生都是独立于教师的头脑之外，不以教师的意志为转移的客观存在；(2)学生是学习的主体；(3)学生是责权主体。

方法技巧：“学生是独特的人”与“学生是具有独立意义的人”的基本含义是容易混淆的知识点。考生可按照以下内容来进行区分：“学生是独特的人”强调学生本身具备的特点，而“学生是具有独立意义的人”则侧重强调学生的主体地位。

三、论述题(参考答案)

试述学生的特点。

(1)学生是教育的对象(客体)。依据：①从教师方面看，教师是教育过程的组织者、领导者，学生是教师教育实践活动的作用对象，是被教育者、被组织者和被领导者。②从学生自身特点看，学生具有可塑性、依赖性和向师性。表现：①学生明确自己的主要任务是学习，具有愿意接受教育的心理倾向；②服从教师的指导，接受教师的帮助，期待从教师那里汲取营养，促进自身的身心发展；③学生所参加的是一种规范化的学习，学生的学习是有目的、有计划、有组织地进行的，它是由一定的教育制度以及学校的各项规章制度所规定了的。

(2)学生是自我教育和发展的主体。依据：①学生是具有主观能动性的人。学生是有意识、有情感、有个性的社会人，他们不是盲目、机械、被动地接受作用于他们的影响，而是具有主观能动性的人。②学生在接受教育的过程中，也具有一定的素质，可以进行自我教育。因此，学生是自我教育和发展的主体。表现：学生的主观能动性主要表现在三个方面，即自觉性、独立性、创造性。

(3)学生是发展中的人。学生不是成人，他们正处于身心发展最迅速的时期，生理和心理两方面都不太成熟，具有很大的发展的可能性与可塑性。学生是发展中的人，包括四层含义：①学生具有和成人不同的身心发展特点；②学生具有发展的巨大潜在可能性；③学生具有发展的需要；④学生具有获得成人教育关怀的需要。

四、案例分析题(参考答案)

1. (1)每个学生都有自身的独特性。案例中的班主任很明显没有认识到这一点，“学生的一些行为真的让我觉得既可爱又可恨……”“我这个班主任可以说是完全为他们几个而当的，晚上自己睡不踏实，还得去寝室看看，留心一下那几个学生在不在。”每个人都有其独特的心理世界，都有其独特性，这也意味着每个学生都有差异性，差异不仅是教育的基础，也是学生发展的前提。教师应该让每一个学生在原有基础上得到完全、自由的发展。不是“可爱的”就“省心”，“可恨的”就“多操心”。

(2)“有那么几个调皮捣蛋的家伙就让我时时牵挂着……”学生是处于发展过程中的人，作为发展中的人，意味着学生是一个正在成长的人，没有缺陷，就没有发展的动力和方向。教师要帮助学生解决问题，改正错误，从而不断促进学生的进步与发展。

(3)学生是具有独立意义的人，是不以教师的意志为转移的客观存在。教师应该尊重学生的主观能动性，否则会挫伤学生的主动性、积极性，扼杀他们的学习兴趣，窒息他们的思想，引起他们自觉或不自觉的抵制或抗拒。学生是学习活动的主体，是具有主体性的人。教师的教在于构建学生的主体地位。在教学中，教师要发挥主导作用，因材施教，了解研究学生，进而采取相应措施促进学生发展。

(4)总之，学生的学习应该在教师的指导下进行，教师要引导学生主动积极地发展。教师只有在尊重和调动学生主动性、积极性的基础上发挥主导作用，才能促进学生的发展。

2. (1)树立以人为本的学生观，就是要关心、尊重、爱护学生，把学生看作发展中的人，把学生当作完整的人，把学生当作具有独立个性和创新精神的人，充分尊重学生的权利。以人为本的学生观要求教师在教育教学活动中必须尊重学生，关心爱护学生，必须意识到学生的发展潜力；公平公正地对待每一个学生，不因性别、民族、地域、经济状况、家庭背景和身心缺陷等歧视学生；对学生严慈相济，做学生的良师益友；保护学生安全，关心学生健康，维护学生权益；不讽刺、挖苦学生，不体罚或变相体罚学生。案例中的张老师发现莎莎的耳朵脏，就叫莎莎站起来给大家看，作为一个反面的教材，引起了全班同学的大笑。这说明张老师没有做到关心爱护学生，尊重学生的人格。

(2)"以人为本"要求以学生为本，在教育教学活动中做到以学生的全面发展为本。学生是处于发展过程中的人。作为发展中的人，意味着学生还是不成熟的人，教师要理解学生身上存在的不足，就要允许学生犯错误。当然，更重要的是要帮助学生解决问题，改正错误，从而不断促进学生的进步和发展。莎莎因为在数学课上被嘲笑过，以后再上张老师的课时，总是低着头，她的数学成绩也越来越差。张老师把原因归结于莎莎上课不认真，没能集中注意力去听课。这说明张老师没有深入了解莎莎数学成绩差的根本原因，仅仅把责任归结于莎莎上课不认真，没有把学生作为发展中的人来看待，没有做到主动帮助学生解决问题，改正错误。

知识3 师生关系

一、单项选择题

1. D 【解析】民主型师生关系是理想的师生关系，也是最受学生欢迎的师生关系。
2. C 【解析】师生在人格上是平等的关系。
3. A 【解析】教育活动过程中最基本、最重要的关系是师生关系。
4. B 【解析】教师是教育过程的组织者，在全部教育活动中起主导作用。从根本上说，良好的师生关系首先取决于教师。

易错警示：

对于影响师生关系的核心(关键)因素，一些考生容易受"学生在教育过程中处于主体地位"的影响而误认为是"学生"。实际上，在教育活动中起着主导作用的教师才是影响师生关系的关键所在，因为教师的主导作用发挥得越好，学生学习的主动性、积极性越高。

5. D 【解析】在放任型的师生关系中，教师的典型表现是缺乏责任心和爱心，对学生的学习和发展任其自然。由"教师让学生自主学习，学生各行其是，教师能够解答学生的问题，但不能给予及时的正确指导，不认真检查学习结果"可知，题干所述师生关系的形态属于放任型，故选D项。
6. D 【解析】题干所述为教师中心论的观点，这一观点的典型代表是赫尔巴特。
7. A 【解析】教师中心论的代表人物是赫尔巴特，他认为教师在教育教学过程中起主宰作用，强调教师的权威作用。由题干的描述可知，学生对教师绝对服从，教师处于权威地位，这体现的是教师中心论的观点。
8. C 【解析】关于师生关系，有两种对立的观点，即"教师中心论"和"儿童中心论"，其中"儿童中心论"的代表人物是杜威和卢梭。
9. B 【解析】教师与学生在教学上是授受关系，教师是传授者，学生是受授者。
10. A 【解析】师生之间存在道德关系，即人类现实利益关系在教育教学中的反映。
11. C 【解析】师生关系的内容主要有三个方面：(1)师生关系在教育内容的教学上结成授受关系；(2)师生在人格上是平等的关系；(3)师生在社会道德上是互相促进的关系。故选C项。
12. A 【解析】师生之间的教育关系是指教师与学生在教育教学活动中为完成一定的教育任务，以"教"和"学"为中介，以促进学生的整体发展和自主发展为目标而建立的一种工作关系。教育关系是基本关系，其他师生关系皆服务于这一关系。
13. D 【解析】伦理关系是师生关系体系中最高层次的关系形式，对其他关系形式具有约束和规范作用。
14. A 【解析】良好师生关系的作用有：(1)良好的师生关系是教育教学活动顺利进行的保障；(2)良好的师生关系是构建和谐校园的基础；(3)良好的师生关系是实现教学相长的催化剂；(4)良好的师生关系能够满足学生的多种需要。此外，良好的师生关系还有助于提高教师的威信，有助于师生的心理健康发展。
15. C 【解析】在民主型师生关系中，教师能力强、威信高，善于同学生交流，不断调整教学进程和方法；学生学习积极性高，兴趣广泛、独立思考，和教师配合默契。题干内容正好体现了这一类型的师生关系。
16. C 【解析】题干译文：懂得道理有先有后，技能业务各有钻研与擅长。即指教师与学生应教学相长，相互尊重。
17. D 【解析】民主平等是现代师生伦理关系的核心要求。
18. A 【解析】教师中心论的典型代表是赫尔巴特，他认为教师在教育教学过程中起主宰作用，强调教师的权威作用。杜威、卢梭、罗杰斯是儿童中心论的代表人物。
19. B 【解析】在放任型的师生关系中，教师缺乏责任心和爱心，对学生的学习和发展任其自然；学生对教师的教学能力怀疑、失望，对教师的人格议论、轻视。师生关系冷漠，班级秩序失控，教学效果较差。题干中的张老师与学生的关系为放任型师生关系的典型表现。
20. D 【解析】心理相容指的是教师与学生之间在

心理上协调一致,在教学实施过程中表现为师生关系密切、情感融洽、平等合作。题干的表述体现了心理相容的内涵。

21. A 【解析】专制型的教师,对学生严加看管,要求即刻无条件地接受一切命令;他认为表扬可能宠坏学生,所以很少表扬学生;没有教师的监督,学生就不可能自觉学习。题干的描述属于专制型教师的做法。

二、多项选择题

1. ABC 【解析】专制型师生关系中学生的典型表现为:唯命是从,不能发挥独立性、创造性,学习被动。选项DE属于放任型师生关系中学生的表现。
2. ABC 【解析】师生关系的基本类型包括专制型、放任型、民主型,故选ABC三项。
3. ABCD 【解析】我国新型师生关系(理想师生关系)的特点表现为:尊师爱生、民主平等、教学相长、心理相容。
4. ACD 【解析】要增强师生之间的心理相容性,提高教学效果,应该着重在三个方面努力:(1)多接触学生,研究学生,了解学生的心理状态;(2)遵循教育规律,多采取讨论、启发等教学方法;(3)为人师表,以人格力量感化学生。B项是为实现师生之间的民主平等对教师提出的要求,E项是为实现师生之间的教学相长对教师提出的要求。
5. ABCD 【解析】就微观而言,师生关系主要指师生之间在教育过程中所发生的直接交往和联系,包括为完成教育任务而形成的工作关系、为交往而形成的人际关系、以组织结构形式表现的组织关系、发生在正式组织之外的非正式关系、以情感认识等为表现形式的心理关系。

三、判断题

1. √ 【解析】师生间的心理关系是指教师和学生为了维持和发展教育关系而构成的内在联系,包括人际认知关系、情感关系、个性关系等。师生心理关系的实质是师生个体之间的情感是否融洽、个性是否冲突、人际关系是否和谐。
2. × 【解析】我国中小学课桌的摆放多呈“秧田式”,教师讲台置于块状空间的正前方,这种格局阻隔了师生之间的交往及生生之间的交往。
3. × 【解析】良好的师生关系首先取决于教师。
4. × 【解析】尊师与爱生是相互促进的两个方面:教师通过对学生的尊重和关爱换取学生发自内心的尊敬和信赖,而这种尊敬和信赖又可激发教师更加努力地工作,为学生营造良好的心理气氛和学习条件。爱生是尊师的重要前提,尊师是爱生的必然结果。
5. √ 【解析】新型师生关系的基本理念为平等、民主、合作,题干说法正确。
6. √ 【解析】题干引文出自《学记》:“是故学然后知不足,教然后知困。知不足,然后能自反也,知困,然后能自强也。故曰:教学相长也。”体现了我国新型师生关系中教学相长的特点。

四、简答题(参考答案)

1. 良好师生关系的作用有哪些?

(1)良好的师生关系是教育教学活动顺利进行的保障;(2)良好的师生关系是构建和谐校园的基础;(3)良好的师生关系是实现教学相长的催化剂;(4)良好的师生关系能够满足学生的多种需要。此外,良好的师生关系还有助于提高教师的威信,有助于师生心理健康发展。

2. 简述师生关系的内容。

(1)师生在教育内容的教学上结成授受关系;(2)师生在人格上是平等的关系;(3)师生在社会道德上是互相促进的关系。

五、论述题(参考答案)

1. 试述“教师中心论”和“儿童中心论”的主要观点并进行评价。

(1)教师中心论的典型代表是赫尔巴特,他认为教师在教育教学过程中起主宰作用,强调教师的权威作用。儿童中心论(学生中心论)则认为教育的目的在于促进儿童的成长,因此教育要从学生的兴趣和需要出发,整个教育过程要围绕儿童进行,其代表人物有法国的卢梭和美国的杜威。

(2)教师中心论仅看到了教师的主导作用,忽视了学生的主观能动性,在教育实践中使教育活动脱离学生的实际,以致难以达到预期的效果。学生中心论则过分夸大了学生的主观能动性,忽视了学生是教育对象这一基本事实,结果会导致教育质量下降。教师和学生的关系是辩证统一的,既要重视教师的主导作用,又要重视学生的主观能动性。

2. 影响师生关系的因素有哪些?

(1)教师方面:①教师对学生的态度。学生受教师的评价影响很大。教师对学生的评价往往通过语言暗示、表情等反映。②教师的领导方式。教师的领导方式有专制型、民主型、放任型三种。大量教育实践表明,民主型领导方式下的师生关系比较融洽,最能发挥学生的主观能动性。③教师的智慧。学识渊博是学生亲近教师的重要因素之一。④教师的人格因素。教师的性格、气质、兴趣等是影响师生关系的重要因素。

(2)学生方面:学生对师生关系影响的主要因素是学生对教师的认识。

(3)环境方面:影响师生关系的环境主要是学校的人际关系环境和课堂的组织环境。学校领导与教师的关系、教师之间的关系、教师与家长的关系,必然影响师生关系。课堂的组织环境主要包括教室的布置、座位的排列、学生的人数等。

3. 结合自身实际,从教师的角度试述建立良好师生关系的基本策略。

教师是教育过程的组织者,在全部教育活动中起主导作用。从根本上说,良好的师生关系首先取决于教师。为此,教师要从以下几个方面努力:

(1)了解和研究学生。教师要与学生取得共同语言,使教育影响深入学生的内心世界,就必须了解和研究学生。

(2)树立正确的学生观。教师既要把学生当作教育的对象,又要把学生看作学习的主人;既要耐心细致地做好各项指导工作,又要充分调动学生的主动积极性。

(3)提高教师自身的素质。教师的道德素养、知识素养和能力素养是学生尊重教师的重要条件,也是教师提高教育影响力的保证。教师以其高尚的品德、渊博的知识、高超的教育教学艺术来为学生提供高效而优质的服务,也必然会赢得学生的尊重和爱戴。

(4)热爱、尊重学生,公平对待学生。热爱学生包括热爱所有学生,对学生充满爱心,经常走到学生之中,忌挖苦、讽刺和粗暴地对待学生。尊重学生特别要尊重学生的人格,保护学生的自尊心,维护学生的合法权益,避免师生对立。教师处理问题必须公正无私,使学生心悦诚服。

(5)发扬教育民主。民主平等是现代师生伦理关系的核心要求。教师要以平等的态度对待学生,而不能以"权威"自居。教育教学中,要尊重学生的看法,鼓励学生质疑,发表不同的意见,以讨论、协商的方式解决争端。要营造一个民主的氛围,保护学生的积极性,保证学生具有安全感。

(6)主动与学生沟通,善于与学生交往。在师生交往初期,往往出现不和谐因素,如因为不了解而不敢交往或因误解而造成冲突等,这就要求教师掌握沟通与交往的主动性,经常与学生保持接触、交流;同时,教师还要掌握与学生交往的策略与技巧,如寻找共同的兴趣或话题、一起参加活动、邀请学生到自己家里做客、通信联系等。

(7)正确处理师生矛盾。教育教学过程中,师生之间发生矛盾是难免的。教师要善于驾驭自己的情绪,冷静全面地分析矛盾,正视自身的问题,敢于做自我批评,对学生的错误进行耐心的说服教育或必要的等待、解释等。要能与学生心理互换,设身处地地为学生着想,理解学生,帮助学生,满足学生的正当要求,启发学生自省改错。

(8)提高法制意识,保护学生的合法权利。教师要提高法制意识,明确师生之间的权利义务,切实依法保护学生的合法权利。

(9)加强师德建设,纯化师生关系。教师应加强自身修养,提高抵御不良社会风气的积极性和能力。同时,也要更新管理观念,树立以人为本的管理思想,为师生关系的纯化创造有利的教育环境。

(考生可结合自身实际加以阐述,言之有理即可)

4. 试述理想师生关系的特征。

(1)人际关系:尊师爱生。尊师与爱生是相互促进的两个方面:教师通过对学生的尊重和关爱换取学生发自内心的尊敬和信赖,而这种尊敬和信赖又能激发教师更加努力地工作,为学生营造良好的心理气氛和学习条件。爱生是尊师的重要前提,尊师是爱生的必然结果。

(2)社会关系:民主平等。民主平等不仅是现代社会民主化趋势的需要,也是教学生活的人文性的直接要求和现代人格的具体体现。它要求教师理解学生,发挥非权力性影响,并一视同仁地与所有学生交往,善于倾听不同意见,同时也要求学生正确表达自己的思想和行为,学会合作和共同学习。

(3)教育关系:教学相长。在教育过程中,教师的教促进学生的学,学生的学促进教师的教,教与学是相互促进的。教师在教的过程中,促使自己不断学习、不断进步。同时,在教育过程中,虚心的教师也会从学生那里学到不少东西,从而不断充实自己。

(4)心理关系:心理相容。心理相容指的是教师与学生之间在心理上协调一致,在教学实施过程中表现为师生关系密切、情感融洽、平等合作。教学中会出现师生心理障碍,要消除这种心理障碍,增强师生之间的心理相容性,提高教学效果,应该着重在三个方面努力:①多接触学生,研究学生,了解学生的心理状态;②遵循教育规律,多采取讨论、启发等教学方法;③为人师表,以人格力量感化学生。

整合提升

一、单项选择题

1. B 【解析】"我就是课程"强调教师要有课程意识,只有如此,教师才能真正地进入课程,才能使静态的课程设计转化为动态的课程实施,才能使预设的课程转化为创生的课程。即教师在教学过程中,要不断创生和发展课程,这体现了教师劳动的创造性。

2. A 【解析】"集体中心"的领导方式视集体为管理主体,主张信赖而不是怀疑集体,用集体领导的手段管理班级,将班级作为教育的对象。题干所述体现了"集体中心"的领导方式的观点。

3. B 【解析】学生具有向师性是指学生入学后,会自然地亲近、信赖、尊敬甚至崇拜教师,把教师作为自己获取知识的智囊、解决问题的顾问、行为举止的楷模。题干所述是学生的向师性特点的具体表现。

4. C 【解析】题干中的教师在评上高级职称后仍坚持不断提升自我,表明该教师具有终身学习的意识。

5. D 【解析】示范性是指教师的言行举止,如人品、才能、治学态度等都会成为学生学习的对象。题干的描述体现了教师劳动的示范性。

6. B 【解析】学生是自我教育和发展的主体,是具有主观能动性的人,不是被动的客体。因此,A项错误。学生是发展中的人,作为发展中的人,意味着学生还是不成熟的人,是一个正在成长的人。因此,B项正确,C项错误。学生是具有独立意义的人,每个学生都是独立于教师的头脑之外,不以教师的意志为转移的客观存在,教师不可以对学生随意支配或任意捏塑。因此,D项错误。

7. B 【解析】题干所述内容体现了教师在处理教育问题时所表现出来的教育机智,即体现了教师劳动的创造性。

8. A 【解析】高尚的师德应包括热爱学生、教书育人、为人师表和团结协作等内容。依照题干可知教师应该热爱学生,具备高尚的师德。

9. C 【解析】"征于色,发于声,而后喻"的意思是:(一个人的想法,只有)从脸色上显露出来,在声音中表现出来,然后才能为人们所了解。意在强调教师在教学过程中要注意表情、语言表达等方面,即教师要重视提高自己的语言表达能力。故选C项。

10. C 【解析】"度德而师之"的意思是:衡量(一个人的)德行是否能够服人,然后向其学习。这说明教师在教育教学工作中应扮演好示范者角色,成为学生学习和模仿的榜样。

11. B 【解析】赵老师认为自己不需要参加讲座是缺乏终身学习精神的体现。

12. D 【解析】强硬专断型的教师,对学生严加监视,要求学生即刻无条件地接受一切命令,他认为表扬可能宠坏学生,所以很少表扬学生;没有教师的监督,学生就不可能自觉学习。故选D项。

13. A 【解析】《中华人民共和国教师法》规定:"教师是履行教育教学职责的专业人员,承担教书育人,培养社会主义事业建设者和接班人、提高民族素质的使命。"《中华人民共和国公务员法》规定:"本法所称公务员,是指依法履行公职、纳入国家行政编制、由国家财政负担工资福利的工作人员。"公务员使用行政编制,履行行政职能,而教师使用事业编制中的"教育专项编制",履行基础教育类公益服务职能。故教师不是国家公务员。

14. B 【解析】"智如泉源"说明教师要有从教的学识,"行可以为仪表者"说明教师要以身作则、为人师表。

15. C 【解析】甲、乙的比喻分别有教师中心和学生中心的倾向,在教育中,应将学生主体地位与教师主导作用结合起来。

16. A 【解析】文化知识传递者的角色是教师职业角色中最具核心性和基础性的角色,也是教师职业得以产生发展并延续到今天的根本原因。故选A项。

17. B 【解析】符合时代特征的学生观要求教师全面理解学生的发展,理解学生全面发展与个性发展、全体发展与个体发展、现实发展与未来发展的关系。

18. B 【解析】题干中的教师小张为参加讲课比赛,认真钻研教材、设计课件等行为说明了教师工作的复杂性;小张面对评委的提问,能够迅速做出正确的回答,说明了他具有教育机智,体现了教师工作的创造性。

19. D 【解析】题干为加里宁的名言,意为教师要有奉献精神,也要不断地充实自己,提高自身修养,从而更好地教育学生。

20. B 【解析】题干所述内容主要表现出教师对学生的帮助,这有利于良好师生关系的建立,对学生的发展有积极意义,并未体现出师生之间在特定环境下的相互依存关系。

21. A 【解析】题干所述表明良好的师生关系能够激励教师努力搞好教育事业,培养更多的人才;激发学生的学习热情、奋发向上。这说明良好的师生关系具有激励功能,能够促进教师和学生共同进步、成长。

22. C 【解析】关于师生关系,有两种对立的观点,即教师中心论和儿童中心论。教师中心论认为教师在教育教学过程中起主宰作用,强调教师的权威作用,但忽视了学生的主观能动性,在教育实践中使教育活动脱离学生的实际,以致难以达到预期的效果。而学生中心论正好相反,学生中心论过分夸大了学生的主观能动性,忽视了学生是教育对象这一基本事实,结果会导致教育质量下降。题干所述观点忽视了学生的主观能动性,属于教师中心论的观点。

23. C 【解析】我国新型师生关系中的教育关系表现为教学相长,包括三层含义:(1)教师的教可以促进学生的学;(2)教师可以向学生学习;(3)学生可以超越教师。题干所述体现了第三层含义,故选C项。

24. D 【解析】"师生如父子"强调的是教师要像父母关爱孩子一样去关爱学生,但作为教师,关爱学生的范围应该是全体学生,而不是某一部分学生,关爱学生的关键是做到对学生平等公正。故选D项。

二、多项选择题

1. BCD 【解析】在教育过程中,教师的教促进学生的学,学生的学促进教师的教。教师与学生是相互促进、相互学习、相互发展的关系,故选BCD三项。

2. CD 【解析】教育能力是指教师完成一定的教育教学活动的本领,具体表现为完成一定的教育教学活动的方式、方法和效率。教师的教育能力是教师职业的特殊要求,如语言表达能力。没有较强语言表达能力的教师,很难成为一名优秀教师。教师的语言首先要求准确、明了、有逻辑性;其次是要求富有情感、感染力;再进一步的要求是富有个性,能够体现出一名教师的独特风采。

3. BCD 【解析】教师是一种从事专门职业活动的专业人员,具备其资格的特定要求有:(1)要达到规定的学历;(2)要具备相应的专业知识;(3)要符合与其职业相称的其他有关规定;(4)专门从事教育教学工作。

4. AB 【解析】题干所述体现了教师应具备精深的学科专业知识和广博的科学文化知识。

三、判断题

1. × 【解析】教师的根本任务是教书育人，所以教师在教学活动中表现出来的最突出的角色是教员的角色，即"传道者"角色和"授业、解惑者"角色。

2. √ 【解析】现代教育理论认为，在教育过程中，学生既是认识的客体，又是认识的主体。学生在教育过程中处于主体地位，是主体与客体的统一。

3. × 【解析】教育活动不只局限于学校的范围，还涉及家庭、学校、社区及其他社会机构。在这个庞大的系统工程中，教师是教育专业人员，受过专门训练，在家庭、社会、学校教育系统中能发挥协调和主导的作用，使各种教育因素形成合力，促进学生的健康发展。题干描述的是教师的协调者角色。

4. √ 【解析】影响师生关系的因素既有主观的方面，也有客观的方面；既有教育内部的，也有教育外部的；既有直接的，也有间接的。但无论怎样，教师是学校教育中最活跃的教育力量，是教育活动的组织者、领导者，在教育教学中起主导作用，教师的行为是形成良好师生关系的主导因素。

5. × 【解析】教师个体专业化是指教师在整个专业生涯中，依托专业组织，通过终身专业训练，习得教育专业知识技能，实施专业自主，表现专业道德，逐步提高自身从教素质成为一个良好的教育专业工作者的专业成长过程。

6. × 【解析】"身教重于言传"体现的是教师劳动的示范性特点。

四、简答题(参考答案)

1. 在教育教学中，要把学生看成是独特的人，简述其中"独特的人"的基本含义。

(1)学生是完整的人；(2)每个学生都有自身的独特性；(3)学生与成人之间存在着巨大的差异。

2. 为什么说教师的知识不仅要"专"，而且要"博"？

(1)这是科学知识日益融合和渗透的要求；(2)这是青少年多方面发展的要求；(3)教师的任务是教书育人。

五、论述题(参考答案)

试述四种主要的教师管理类型的特点。

(1)强硬专断型。教师对学生严加监视，要求即刻无条件地接受一切命令，他认为表扬可能宠坏学生，所以很少给予表扬；认为没有教师的监督，学生就不可能自觉学习。学生的典型反应为：屈服，但一开始就不信服和厌恶这种领导；推卸责任是常见的事情；易激怒，不愿合作，而且可能会在背后伤人；教师一旦离开教室，学习就明显松垮。

(2)仁慈专断型。教师不认为自己是一个专断独行的人；表扬学生，关心学生；他专断的症结在于他的自信，他的口头禅是："我喜欢这样做"或"你能让我这样做吗"；以"我"为班级一切工作的标准。学生的典型反应是：大部分学生喜欢他，但看穿他这套办法的学生可能恨他；在各方面都依赖教师——在学生身上没有多大的创造性；屈从，并缺乏个人的发展；班级的工作量可能是多的，而质也可能是好的。

(3)放任自流型。教师在和学生打交道中几乎没有什么信心，或认为学生爱怎样就怎样；很难做出决定，对学生的管理没有明确目标；既不鼓励学生，也不反对学生；既不参加学生的活动，也不提供帮助或方法。学生的典型反应为：不仅道德差，而且学习也差；学生中有许多"推卸责任""寻找替罪羊""容易激怒"的行为；没有合作，谁也不知道该做些什么。

(4)民主管理型。教师善于和集体共同制订计划和做出决定，在不损害集体的情况下，很乐意给个别学生以帮助、指导，尽可能鼓励集体的活动，给予客观的表扬和批评。学生的典型反应是：喜欢学习，喜欢和别人尤其是教师一道工作；学生学习的质和量都很高，相互鼓励，而且独自承担某些责任；不论教师在不在课堂，需要加以改正的问题很少。

六、案例分析题(参考答案)

1. (1)案例中的王老师恶狠狠地批评徐同学，言语中还带有侮辱人格的话，这说明王老师没有做到热爱、尊重学生。热爱学生包括热爱所有学生，对学生充满爱心，经常走到学生之中，忌挖苦、讽刺和粗暴地对待学生。尊重学生特别要尊重学生的人格，保护学生的自尊心，维护学生的合法权益，避免师生对立。教师处理问题必须公正无私，使学生心悦诚服。

(2)在教育教学过程中，师生之间发生矛盾是难免的。教师要善于驾驭自己的情绪，冷静全面地分析矛盾，正视自身的问题，敢于做自我批评，对学生的错误进行耐心的说服教育或必要的等待、解释等。要能与学生心理互换，设身处地地为学生着想，理解学生，帮助学生，满足学生的正当要求，启发学生自省改错。很显然，案例中的王老师一开始并没有做到这些，反而是校长做到了这一点。

(3)王老师经过反思，改变了自己用粗暴方式处理问题的思路，这体现了其职业素养的提高。教师的道德素养、知识素养和能力素养是学生尊重教师的重要条件，也是教师提高教育影响力的保证。教师以其高尚的品德、渊博的知识、高超的教育教学艺术来为学生提供高效而优质的服务，也必然会赢得学生的尊重和爱戴。

2. 根据材料的调查可知，教师在实际教学过程中，并没有树立正确的学生观。在新课改背景下，我们倡导：

(1)学生是发展中的人，要用发展的观点认识学生。作为发展中的人，学生的不完善是正常的，十全十美并不符合实际。把学生作为发展中的人来对待，就要理解学生身上存在的不足，就要允许学生犯错误。当然，更重要的是要帮助学生解决问题，改正错误，从而不断促进学生的进步和发展。

(2)学生是独特的人。每个学生都有自身的独特性，他们的兴趣、动机、性格、智能等方面各不相同。差异不仅是教育的基础，也是学生发展的前提，应将其视之为一种财富而珍惜开发，使每个学生在原有基础上都得到完全、自由的发展。教师在教育学生时应做到因材施教，不能将教育方法简单化，只采用奖惩的手段处理学生问题。

(3)学生是具有独立意义的人。每个学生都是独立于教师的头脑之外，不以教师的意志为转移的客观存在，教师不可以对其随意支配或任意捏塑；学生是学习的主体，在教育过程中教师只有充分调动学生的主体性，才能达到较好的教育效果；学生是责权主体，学校和教师必须保护学生的合法权利，不能随意体罚、讽刺、挖苦学生。

3. (1)①教师应具备职业道德素养。教师的职业道德素养是从教师对待事业、对待学生、对待集体和对待自己的态度上来体现的。案例中的主人公从小就喜欢当老师，第一志愿就报考了师范类大学，这体现了她对教育事业的热爱。但在教学中，对于小黑板擦着学生掉落的情况，她像什么事情都没有发生一样，对碰没碰到学生，吓没吓到学生，没有过问。这说明该老师没有做到热爱学生。

②教师应具备知识素养。主要包括政治理论修养、精深的学科专业知识(本体性知识)、广博的科学文化知识、必备的教育科学知识(条件性知识)、丰富的实践知识。案例中的主人公经过四年努力，顺利毕业成为一名中学数学老师，并在公开课上，让所有听课的人收获满满。这说明该老师具备知识素养。

③教师应具备能力素养。主要包括语言表达能力、组织管理能力、组织教育和教学的能力、自我调控和自我反思能力(较高的教育机智)。此外，教师还应该具备教育科研能力、学习能力、观察学生的能力、创新能力以及运用现代教育技术手段的能力。案例中的老师在公开课上，用精准的语言，互动的眼神，丰富的手势，极具条理性的推理板书，让所有听课的人收获满满。这体现了该老师具有良好的语言表达能力、组织教育和教学的能力。

④教师应具备健康的职业心理。一个优秀教师所应有的心理素质，也就是教师对内外环境及人际关系有着良好适应所需要的条件。题干中的老师的反应表现出该老师具有良好的心理素质。

(2)首先，教师应注重专业发展。具体包括：①建立专业理想；②拓展与深化专业知识；③提高专业能力。其次，教师应该具备教师职业道德素养和遵守教师职业道德规范，做到热爱学生、关心学生。

4. (1)现代学生观认为学生是发展中的人，要用发展的观点认识学生。学生的身心发展是有规律的，教师应依据学生身心发展的规律和特点来开展教育活动。马老师根据学生的特点，给予学生鼓励、期待，对症下药，使学生的性格得到了完善，成绩获得了提升，促进了学生的发展。

(2)现代学生观认为学生是独特的人，每个学生都有自身的独特性。高虎因家庭情况不敢与人交流，很自卑、孤僻，马老师注意到他后经常给予他关心、帮助，鼓励他积极向上，而高虎也在马老师的鼓励关心下完善了性格，提高了成绩。这表明马老师具有现代学生观的理念，尊重了学生的独特性。

5. (1)提高教师政治地位是实现中华民族伟大复兴的根本大计。中华民族自古以来就有尊师重教、崇智尚学的优良传统，实现中华民族伟大复兴体现了中华民族和中国人民的整体利益，教师是推进新时代中国特色社会主义事业，提升综合国力的重要力量，全党全社会要弘扬尊师重教的社会风尚，让广大教师享有应有的声望是实现中华民族伟大复兴的国之大计、党之大计。

(2)提高教师社会地位是满足人民对美好生活需要，实现教育公平的关键。教师是立教之本、兴教之源，承担着让每个孩子健康成长、办好人民满意教育的重任。国家要始终把教育摆在优先发展的战略位置，教育投入要更多向教师倾斜，不断改善教师的工作、学习和生活条件，培养造就一支师德高尚、业务精湛、结构合理、充满活力的高素质专业化教师队伍，让每个孩子享有受教育和人生出彩的机会。

(3)提高教师职业地位是增强国家核心竞争力的根本。当今世界，科技进步日新月异，国际竞争日趋激烈。增强教师教书育人的荣誉感和责任感，确立人民教师无上光荣，教师是太阳底下最高尚的职业成为全党全社会的共识，以凝聚人心、完善人格、开发人力、培育人才、造福人民，为确保我国科技创新人才持续迸发，增强我国在未来激烈的国际竞争中的重要潜在力量和后发优势提供坚强支撑。

(考生可结合材料加以阐述，言之有理即可)

真题必刷

一、单项选择题

1. A 【解析】教师职业的最大特点在于职业角色的多样化，一般来说，教师的职业角色主要有：(1)“传道者”角色；(2)“授业、解惑者”角色(知识传授者、人类文化的传递者)；(3)示范者角色(榜样)；(4)“教育教学活动的设计者、组织者和管理者”角色；(5)“家长代理人、父母”和“朋友、知己”的角色；(6)“研究者”角色和“学习者”“学者”角色。故选A项。

2. D 【解析】强硬专断型的教师对学生严加监视，要求学生即刻无条件接受一切命令，很少表扬学生；认为没有教师的监督，学生不可能自觉学习。题干中教师的观点体现的是教师的绝对威严，因此持这种观点的教师的管理方式最可能是强硬专断型，故选D项。

3. A 【解析】题干中"亲人"二字体现了留守儿童所期盼的教师角色是父母与朋友,故选A项。
4. C 【解析】教育机智是教师在教育教学过程中的一种特殊定向能力,是指教师能根据学生新的特别是意外的情况,迅速而正确地做出判断,随机应变地采取及时、恰当而有效的教育措施解决问题的能力。这体现了教师劳动的创造性特点,选C项。
5. B 【解析】学生发展的可能性和可塑性转变为现实性的条件是个体与环境的相互作用。
6. B 【解析】民主平等不仅是现代社会民主化趋势的需要,也是教学生活的人文性的直接要求和现代人格的具体体现。它要求教师理解学生,发挥非权力性影响,并一视同仁地与所有学生交往,善于倾听不同意见,同时也要求学生正确表达自己的思想和行为,学会合作和共同学习。题干中的"微笑着""蹲下来"等体现了师生关系的民主平等的特点。

二、多项选择题

1. ABD 【解析】习近平总书记在全国教育大全上指出,全党全社会要弘扬尊师重教的社会风尚,努力提高教师政治地位、社会地位、职业地位,让广大教师享有应有的社会声望,在教书育人岗位上为党和人民事业作出新的更大的贡献。
2. AB 【解析】教师劳动的专业性突出表现在教师对育人的崇高敬业精神和道德修养上,对教育教学专门化知识和技能的掌握以及教育活动的自主权上。
3. ABCD 【解析】学生是处于发展过程中的人,是发展的主体,具有巨大的发展潜力,教师应该尊重学生的独特性,承认学生之间的差异性,因材施教。题干中的老师在学生回答不出问题的情况下,耐心地引导学生一步步回答问题,说明老师承认学生是发展中的人,是独特的人,看到了学生的发展潜力、尊重了学生的主体性。
4. ABCD 【解析】师生之间的现实关系是不断变化和丰富多样的,可以从不同的层面进行划分,主要表现为社会关系、教育关系、心理关系和伦理关系。
5. ABC 【解析】师生之间的伦理关系是指在教育教学活动中,教师与学生构成一个特殊的道德共同体,各自承担一定的伦理责任,履行一定的伦理义务。这种关系是师生关系体系中最高层次的关系形式,对其他关系形式具有约束和规范作用。故D项表述错误。

三、判断题

1. × 【解析】最早提出教师要做"人类灵魂的工程师"的教育家是苏联的加里宁。他说:"很多教师常常忘记他们应该是教育家,而教育家也就是人类灵魂的工程师。"
2. √ 【解析】对于学生主体性的培养,一般学者主要从三个方面着手:(1)建立民主而和谐的师生关系,重视学生自学能力的培养;(2)重视培养学生主体参与课堂,让学生获得主体参与的体验,尤其让学生体验成功;(3)尊重学生的个性差异,对学生进行具有针对性的教育。

四、简答题(参考答案)

简述你对习近平总书记提出的"四有好老师"的理解。

(1)作为一名新时代的好老师要有理想信念。正确的理想信念是教书育人、播种未来的指路明灯。在教学工作中,教师不仅要成为"经师",更要成为"人师",既要精于"授业""解惑",更要以"传道"为责任和使命。

(2)作为一名新时代的好老师要有道德情操。对于教师来说,职业道德素养是教师立身立业的根本,教师要以身作则,引导和帮助学生把握好人生方向,担起立德树人的责任。

(3)作为一名新时代的好老师要有扎实的学识。教师要具备相应的知识素养,如政治理论素养,精深的学科专业知识,广博的科学文化知识,必备的教育科学知识和丰富的实践知识。要始终处于学习状态,站在知识发展前沿,刻苦钻研,严谨笃学,不断充实、拓展、提高自己。

(4)作为新时代的好老师还要有仁爱之心。爱是教育的灵魂,没有爱就没有教育。好的教师对学生的教育和引导应该是充满爱心和信任的,在严爱相济的前提下晓之以理、动之以情,让学生"亲其师""信其道"。教师应做到关爱学生、尊重学生、理解学生,包容学生的缺点和不足,善于发现每一个学生的长处和闪光点,让所有学生都成长为有用之才。

五、案例分析题(参考答案)

案例中的教师对于课堂问题的处理展现出了较高的教学艺术,同时也表明该教师具有较强的教育机智。教育机智是教师在教育教学过程中的一种特殊定向能力,是指教师能根据学生新的特别是意外的情况,迅速而正确地做出判断,随机应变地采取及时、恰当而有效的教育措施解决问题的能力。教育机智是教师良好的综合素质和修养的外在表现,是教师娴熟运用综合教育手段的能力。教育机智可以用四个词语概括:因势利导、随机应变、掌握分寸、对症下药。案例中的教师在学生读错文字后,并没有批评学生,而是因势利导,向学生解释"后来人"和"后人来"的含义,并请该学生重新朗读,既体现了对学生的尊重,又调动起了学生的积极性,取得了良好的教学效果。

专题五 课 程

基础训练

知识1 课程概述

一、单项选择题

1. D 【解析】在西方,"课程"一词最早出现在英国教育家斯宾塞的《什么知识最有价值》一文中。

2. B 【解析】赫钦斯是永恒主义课程理论的代表人物；经验主义课程理论的代表人物为杜威；后现代主义课程理论的代表人物是多尔。

3. D 【解析】隐性课程是学校情境中以间接的、内隐的方式呈现的课程。其主要表现形式有：观念性隐性课程、物质性隐性课程、制度性隐性课程、心理性隐性课程。题干中的校风、教风和学风属于观念性隐性课程，故选D项。

4. A 【解析】隐性课程的概念产生于20世纪60年代末，美国著名教育学家、课程论专家杰克逊于1968年出版了《班级生活》一书，他在这本书中首次提出"隐性课程"这一概念。

5. A 【解析】社会、知识、儿童是制约学校课程的三大因素，也是影响课程发展的基本外部因素。

6. A 【解析】课程是指学校学生所应学习的学科总和及其进程与安排，课程不能等同于教材，故A项说法错误。

7. D 【解析】基础型课程中的"三基"是指以读、写、算为中心的基础教养。

8. D 【解析】从不同的维度，可将课程划分为不同的类型：

(1)从课程内容所固有的属性来看，分为学科课程与活动课程；

(2)从课程内容的组织方式来看，分为分科课程与综合课程；

(3)从对学生学习要求的角度来看，分为必修课程与选修课程；

(4)从课程设计、开发和管理主体或管理层次来看，分为国家课程、地方课程与校本课程；

(5)从课程的表现形式或对学生的影响方式来看，分为显性课程与隐性课程。

因此，从呈现方式来划分，课程可分为显性课程和隐性课程，选D项。

9. C 【解析】结构主义课程理论是当代西方出现的一个重要的课程理论，其代表人物是该课程理论的创始人布鲁纳。A项杜威是学生中心课程理论的代表人物，B项巴格莱是要素主义课程理论的代表人物，D项布拉梅尔德是社会中心课程理论的代表人物。

10. B 【解析】研究型课程注重培养学生的探究态度和能力。课程从问题的提出、方案的设计到实施以及结论的得出，完全由学生自己来做，题干所述属于研究型课程。

11. A 【解析】美国学者博比特于1918年出版的《课程》一书，标志着课程作为专门研究领域的诞生，这也是教育史上第一本课程理论专著。

12. D 【解析】将课程理解为学科教材，教师容易把握，但也容易导致"见物不见人"的倾向；把课程理解为学习经验，有利于解决"教育中无儿童"的问题，但教师又感到迷茫，不知如何操作。走出这种两难困境的唯一办法是：改变传统的非此即彼——要么是主观学习经验，要么是客观学科教材的思维方式，将视角转向二者的交合处——活动，从活动的角度看待和解释课程。

13. C 【解析】从课程内容的组织方式来划分，课程可分为分科课程与综合课程。

14. A 【解析】隐性课程亦称潜在课程、自发课程，是学校情境中以间接的、内隐的方式呈现的课程。校园文化、校园生活、校风、人际关系、集体活动均能以潜在、间接的方式对学生产生潜移默化的影响，这属于隐性课程，故选A项。

15. D 【解析】活动课程亦称经验课程，是指围绕着学生的需要和兴趣、以活动为组织方式的课程形态，即以学生的主体性活动经验为中心组织的课程。

16. D 【解析】杜威是活动课程的主要代表人物。

17. D 【解析】题干所述为结构主义课程理论的观点。结构主义课程理论强调学科的基本结构，主张教学内容应以各门学科的基本结构为中心。

二、多项选择题

1. CD 【解析】持学科中心主义的课程理论流派主要有结构主义课程理论、要素主义课程理论和永恒主义课程理论。

2. BCD 【解析】从课程设计、开发、管理主体或管理层次来看，可将课程分为国家课程、地方课程与校本课程(学校课程)。

3. AD 【解析】B、C项属于学科中心课程理论的观点。

4. AB 【解析】综合课程主要有三种形式：融合课程、广域课程和核心课程。也有说法认为综合课程可分为四种形式：相关课程、融合课程、广域课程和核心课程。故选AB两项。

5. ACD 【解析】A项，学科课程是指以文化知识(科学、道德、艺术)为基础，按照一定的价值标准，从不同的知识领域或学术领域选择一定的内容，根据知识的逻辑体系，将所选出的知识组织为学科的课程类型。故说法正确。

B项，活动课程亦称经验课程，是从学生的兴趣与需要出发，以学生的主动实践获取直接经验为主来安排有关教育内容及其进程的一种课程类型。故说法错误。

C项，儿童从活动课程中获得的知识缺乏系统性和连贯性，有较大的偶然性和随机性，因此活动课程所获结论有时可能有误。故说法正确。

D项，活动课程和学科课程相辅相成，相得益彰，使我们的教育目标深刻全面地得到落实。但是在具体的目的、编排方式、教学方式和评价上，活动课程与学科课程有着明显的区别。故说法正确。

三、判断题

1. × 【解析】唐朝孔颖达在《五经正义》里为《诗经·小雅·巧言》中"奕奕寝庙，君子作之"一句注疏："维护课程，必君子监之，乃得依法制也。"这是"课程"一词在汉语文献中的最早显露。

2. × 【解析】活动课程(经验课程)的主导价值在于

使学生获得关于现实世界的直接经验和真切体验。分科课程的主导价值在于使学生获得逻辑严密和条理清晰的文化知识。

3. × 【解析】选修课程的主导价值在于培养和发展学生的个性。

4. √ 【解析】根据组织方式，课程可分为综合课程和分科课程。其中，综合课程是指打破传统的学科课程的知识领域，组合两门以上学科领域而构成的一门学科。故道德与法治课程属于综合课程。

四、名词解释(参考答案)

1. 课程(广义)

广义的课程是指学校为实现培养目标而选择的教育内容及其进程的总和，它包括学校所教的各门学科和有目的、有计划的教育活动。

2. 综合课程

综合课程是指采用各种有机整合的形式，使学校教学系统中分化的各种要素及各成分之间形成有机联系的课程形态。简单来说，就是指打破传统的分科课程的知识领域，组合两门以上学科领域而构成的一门学科。

五、论述题(参考答案)

试述学生中心课程理论的基本主张。

(1)经验论。教育就是经验的改造或改组。这种改造或改组，既能增加经验的意义，又能提高指导后来经验进程的能力。课程即那种对学生经验增长有教育价值的经验。

(2)以儿童为中心的活动论。活动课程论认为，教育应以儿童实际经验为起点，从做中学。一切学习都要通过"做"，由"做"而得到的知识才是真正的知识。

(3)主动作业论。所谓主动作业是着眼于儿童经验的发展而对社会生活中的典型职业进行分析、归纳而获得的各种活动方式，如商业、烹饪、缝纫、纺织、木工等。

(4)课程组织的心理顺序论。杜威并不否认课程的组织要考虑教材的逻辑顺序，但他更重视课程的组织要考虑儿童的心理顺序。他主张课程的组织应从儿童的经验出发，将教材心理学化，在教学过程中将儿童的个体经验逐渐提升到教材的逻辑水平。

知识2 课程目标与课程内容

一、单项选择题

1. A 【解析】A项，教材是根据课程标准编制的、系统反映学科内容的教学用书，可以是印刷品(包括教科书、教学指导用书、补充读物、图表等)，也可以是音像制品(包括幻灯片、电影片、录音带、录像带、磁盘、光盘等)。

B项，教案是教师经过周密策划而设计出来的关于课堂教学的具体实施方案，通常以一节课为单位编写，也称之为课时教学进度计划。

C项，教科书是依据课程标准编制的教学规范用书，一般由目录、课文、习题、实验、图表、注释、附录等部分构成。

D项，学案是指教师依据学生的认知水平和知识经验，为指导学生进行主动的知识建构而编制的学习方案。

因此，教师上课时所使用的课件、视频、投影、模型等教学资源属于教材，选A项。

2. C 【解析】课程标准规定了学科的教学目标、任务，知识的范围、深度和结构，教学进度以及有关教学方法的基本要求，是编写教科书和教师进行教学的直接依据，也是衡量教学质量的重要标准。教师应将课程标准作为检查自己教学质量的依据。

3. A 【解析】课程计划是根据一定的教育目的和培养目标，由教育行政部门制定的有关学校教育和教学工作的指导性文件。由课程计划的定义可知，课程计划制定的主体是教育行政部门。

4. C 【解析】课程标准的要求是所有学生要达到的基本要求，而非最高要求。故选C项。

5. C 【解析】教科书是学生在学校获得系统知识、进行学习的主要材料，也是教师进行教学的主要依据。

6. D 【解析】义务教育阶段的教学计划具有强制性、普遍性、基础性的特点。

7. B 【解析】课程标准是编写教科书和教师进行教学的直接依据，也是衡量各科教学质量的重要标准。

8. C 【解析】国家课程标准是教材编写、教学、评估和考试命题的依据，是国家管理和评价课程的基础。

9. A 【解析】开设哪些科目(课程设置)是课程计划的中心和首要问题。

10. D 【解析】教材是教师进行教学的主要依据，任何教师都离不开教材。选项D说法错误，故选D项。

11. D 【解析】课程目标是确定课程内容、教学目标和教学方法的基础，是整个课程编制过程中最为关键的准则。

12. A 【解析】从教育目的到培养目标到课程目标再到教学目标，它们是一个紧密联系的统一体，上一层次目标制约着下一层次目标，而下一层次目标是上一层次目标的落实与具体化。因此它们的层次顺序为：教育目的→培养目标→课程目标→教学目标。

13. B 【解析】"过程与方法"目标突出的是让学生"学会学习"，使学生获得知识的过程同时成为获得学习方法和能力发展的过程。

14. C 【解析】情感态度与价值观目标强调教学过程中激发学生的情感共鸣，引起积极的态度体验，形成正确的价值观。题干中"通过学习养成尊老爱幼的品质”的课程目标，是为了引导学生建立正确的价值观、形成尊老爱幼的良好品质。这属于情感态度与价值观目标。

二、多项选择题

1. ABC 【解析】课程内容选择的准则包括：(1)注意课程内容的基础性；(2)课程内容应贴近社会生活；(3)课程内容要与学生和学校教育的特点相适应。

2. ACD 【解析】确定课程目标的依据是：(1)学习者的需要（对学生的研究）；(2)当代社会生活的需求（对社会的研究）；(3)学科知识及其发展（对学科的研究）。

3. ABCD 【解析】在基本内容上，课程计划主要是指教学科目的设置（课程设置）、学科顺序（课程开设顺序）、课时分配（教学时数）、学年编制和学周安排。

4. ABCD 【解析】教材包括教科书、讲义、讲授提纲、参考书、活动指导书以及各种视听材料。

易错警示：

对于“教材”与“教科书”的关系，一些考生会认为教材就是教科书，这种观点是不正确的。教材不仅包括教科书，还包括教学参考书、讲义、电影片、幻灯片等。教科书作为教材的主体，是教材的一个重要组成部分。

三、填空题

1. 知识与技能
2. 课程计划
3. 实施建议
4. 教科书　讲义

四、辨析题(参考答案)

1. 新课程特别强调三维课程目标中的“过程与方法”“情感态度和价值观”目标，这说明“知识与技能”目标不是很重要了。

(1)这种说法是不正确的。(2)“知识与技能”目标强调基础知识和基本技能的获得，相当于传统的“双基”教学。“过程与方法”目标突出的是让学生“学会学习”，使学生获得知识的过程同时成为获得学习方法和能力发展的过程。“情感态度与价值观”目标强调教学过程中激发学生的情感共鸣，引起积极的态度体验，形成正确的价值观。三维课程目标应是一个整体，知识与技能、过程与方法、情感态度与价值观三个方面互相联系，融为一体。在教学中，既没有离开情感态度与价值观、过程与方法的知识与技能的学习，也没有离开知识与技能的情感态度与价值观、过程与方法的学习。

2. 课程计划是根据学科课程标准制订的。

(1)这种说法是不正确的。(2)课程计划是根据一定的教育目的和培养目标，由教育行政部门制定的有关学校教育和教学工作的指导性文件。课程标准是课程计划的分学科展开，每门学科都有对应的学科课程标准。因此题干说法不正确。

知识3 课程结构与课程管理

一、单项选择题

1. C 【解析】国家课程的宗旨是保证国家实现普通教育的培养目标和提高普通教育的水平，规定学生应掌握的基础知识和基本能力，体现国家对教育的基本要求。

2. A 【解析】2001年，《基础教育课程改革纲要(试行)》明确规定实行国家、地方和学校三级课程管理体制。故选A项。

3. A 【解析】2001年颁布的《基础教育课程改革纲要(试行)》明确规定实行国家、地方和学校三级课程管理体制。这样做是为了改变我国原有课程管理过于集中的状况，通过确立地方和学校参与课程改革的权力主体地位，完善课程管理体系，进一步增强课程对地方、学校及学生的适应性。故选A项。

4. A 【解析】直线型课程指的是将课程内容按照由浅入深、由易到难的原则，在逻辑上前后联系，直线推进，不重复地进行排列。

5. C 【解析】地方课程是省级教育行政部门以国家课程为基础，依据当地的政治、经济、文化、民族等发展的需要而开发设计的课程。

6. A 【解析】校本课程的主导价值在于通过课程展示学校的办学宗旨和特色，提升学校的办学水平，促进学生的个性发展。

7. A 【解析】三级课程管理政策赋予了学校教师开发校本课程的专业自主权，因而校本课程开发的主体必须是教师，故选A项。

8. B 【解析】校本课程由学校自行决定，目的是满足学生和社区的发展需要，强调多样性与差异性，学生有选修的权利。一般比较侧重学生兴趣类、学校特色类和乡土类课程。校本课程开发的主体是教师，通常以选修课的形式出现。

9. A 【解析】校本课程应该完全是学校教师开发和选用的课程方案或指南，而不能是学生人手一本的教材，所以校本课程开发并不是必须开发出相应的书面教材。

二、多项选择题

1. BD 【解析】课程的纵向结构又称课程序列，主要有两种形式：直线型课程和螺旋式课程。

2. AC 【解析】1985年，《中共中央关于教育体制改革的决定》首次提出“实行基础教育由地方负责、分级管理的原则”。

3. BCD 【解析】校本课程开发的理念包括：(1)“学生为本”的课程理念(校本课程开发要基于学生的实际发展要求)；(2)“决策分享”的民主理念；(3)校本课程开发的主体是教师而不是专家；(4)“全员参与”的合作精神；(5)校本课程开发的基础：善于利用现场课程资源；(6)个性化是校本课程开发的价值追求；(7)校本课程开发的性质：

国家课程的补充；(8)校本课程开发的运作：同一目标的追求。

4. ABC 【解析】校本课程的开发途径：(1)合作开发；(2)课题研究与实验；(3)规范原有的选修课、活动课和兴趣小组。

三、简答题(参考答案)

简述新一轮基础教育课程体系的设计构想。

(1)整体设置九年一贯的义务教育课程；(2)高中以分科课程为主；(3)从小学至高中设置综合实践活动课程并作为必修课程；(4)农村中学课程要为当地社会经济发展服务。

四、案例分析题(参考答案)

(1)校本课程开发要树立"学生为本"的课程理念，校本课程开发要基于学生的实际发展需要，尤其重视学生个体的有差异的学习需要，同时兼顾社会的需要。案例中的"茶道课"引起了学生的学习兴趣，同时能够改变学生不健康的习惯，符合"学生为本"的课程理念。

(2)校本课程开发要体现"全员参与"的合作精神。在校本课程开发过程中，要充分发挥校长、学生家长、学生和社区人士等的作用，形成一个开发校本课程的合作共同体，大家都有权对课程发表自己的看法，集思广益，最终形成一个大家都能够接受的课程方案。案例中，校本课程的开发由家长提议，得到了班主任和家长委员会的积极响应，学生也积极参与，体现了"全员参与"的合作精神。

(3)校本课程开发要善于利用蕴藏在当地社区和学校师生中的各种课程资源，更好地反映学生的实际生活。校本课程开发要根据已有的条件进行切实可行的资源重组，开发出适合自己学校的、具有特色的、学生喜欢的课程。案例中的"茶道课"是在学生家长提议、家长委员会购置茶具、由研究茶文化的学生家长担任教师等因素的组合下开发出来的课程，这充分利用了已有资源，开发出了学生喜欢的特色课程。

知识4 课程设计与实施

一、单项选择题

1. C 【解析】学校作为课程改革和实施的基本单位和核心，它对课程实施的影响主要包括校长和教师两方面。

2. D 【解析】关于课程设计产生的客观基础，不同的学者有不同的观点。一般认为最关键的可称为客观基础的因素有三个：社会基础、学生基础、知识基础。选项D不属于课程设计的客观基础，故选D项。

3. A 【解析】泰勒原理可概括为：目标、内容、方法、评价，即：(1)确定课程目标；(2)根据目标选择课程内容(经验)；(3)根据目标组织课程内容(经验)；(4)根据目标评价课程。他认为一个完整的课程编制过程都应包括这四项活动。泰勒原理的实质是以目标为中心的模式，因此又被称为"目标模式"。故选A项。

4. C 【解析】针对目标模式过分强调预期行为结果即"目标"而忽视"过程"的缺陷，英国课程论专家斯腾豪斯提出了"过程模式"。

5. D 【解析】课程计划本身的特点包括：(1)合理性(相对优越性)；(2)和谐性；(3)明确性；(4)简约性；(5)可传播性；(6)可操作性。

6. D 【解析】课程实施的创生取向认为课程实施的过程是在具体教育情境中由师生共同创生新的教育经验的过程，原来设计好的课程只是这个"经验"创生过程中可供选择的材料之一。在这个过程中教师是课程的开发者，故本题选D项。

7. B 【解析】课程实施的相互调适(适应)取向认为，设计好的课程计划是可以变动的，课程实施过程是课程计划与班级或学校实际情境在课程目标、内容、方法、组织模式诸方面相互调整、改变与适应的过程。

8. A 【解析】课程实施即将已经编定好的课程付诸实践的过程，它是达到预期的课程目标的基本途径。

9. D 【解析】学校所在的行政区域即"学区"，学区的特征是影响课程实施的又一因素。主要表现为六个方面：学区从事课程变革的传统、学区对课程计划的采用过程、学区对课程变革的行政支持、课程变革人员的发展水平与对变革的参与程度、课程变革的时间表和评价体系、学区教育委员会与学区的特征。

10. A 【解析】目标模式是伴随20世纪初的课程开发科学化运动而产生的，是课程开发的经典模式，其主要代表人物是泰勒。

11. B 【解析】课程实施的创生取向认为，课程实施的过程是在具体教育情境中由师生共同创生新的教育经验的过程，原来设计好的课程只是这个"经验"创生过程中可供选择的材料之一。依据题干描述可知B选项正确。

12. D 【解析】课程实施的忠实取向认为，设计好的课程是不能改变的，课程实施的过程应该是忠实地执行课程计划的过程。李老师在上课前写好教案，在课堂上严格按照自己的教案来上课的行为说明其课程实施的价值取向为忠实取向，故选D项。

二、多项选择题

1. ABCD 【解析】泰勒于1949年出版了《课程与教学的基本原理》，提出了关于课程编制的四个问题：(1)学校应当追求哪些目标?(2)怎样选择和形成学习经验?(3)怎样有效地组织学习经验?(4)如何确定这些目标正在得以实现?

2. BCD 【解析】在进行课程设计时，必然要考虑社会的各方面因素，包括课程设计的价值取向、课程设置的结构、课程内容的选择等。

3. ABD 【解析】课程表的安排应遵循以下几条原则:(1)整体性原则;(2)迁移性原则;(3)生理适宜原则。

4. ACD 【解析】课程实施有三种取向:忠实取向、相互调适取向、创生取向。

三、判断题

1. √ 【解析】课程设计实质上是指人们根据一定的价值取向,按照一定的课程理念,以特定的方式组织安排课程中的各种要素和各种成分,从而形成课程结构的过程及其产物。课程设计是将课程理念转化为课程实践活动的"桥梁"。

2. √ 【解析】课程实施即将已经编定好的课程付诸实践的过程,它是达到预期的课程目标的基本途径。一般来说,课程设计得越好,实施起来就越容易,效果也就越好。

四、名词解释(参考答案)

课程设计

课程设计是有目的、有计划地产生课程计划、课程标准以及教科书等的系统化活动。

五、论述题(参考答案)

试述有效实施课程的条件。

(1)课程计划本身的特点。①合理性(相对优越性);②和谐性;③明确性;④简约性;⑤可传播性;⑥可操作性。

(2)学区的特征。学校所在的行政区域即"学区",学区的特征是影响课程实施的又一因素。主要表现为六个方面:学区从事课程变革的传统、学区对课程计划的采用过程、学区对课程变革的行政支持、课程变革人员的发展水平与对变革的参与程度、课程变革的时间表和评价体系、学区教育委员会与学区的特征。

(3)学校的特征。学校作为课程改革和实施的基本单位和核心,它对课程实施的影响主要包括校长和教师两方面。①校长的作用。校长对课程改革和实施起着至关重要的作用,如果校长对新的课程改革缺乏必要的准备,就很难保证改革的理念和措施得到贯彻。②教师的影响。教师对课程实施的影响主要体现在:第一,教师的参与;第二,教师的态度;第三,教师的能力;第四,教师与其他参与者之间的交流与合作。

(4)校外环境。校外环境是影响课程实施的第四类因素,它包括政府部门的重视、外部机构的支持,以及社区与家长的协助等。

知识5 课程评价与课程资源

一、单项选择题

1. B 【解析】目标评价模式是美国课程评价专家,也是有着"课程评价之父"美誉的泰勒,针对20世纪初形成并流行的常模参照测验的不足而提出的。故选B项。

2. B 【解析】按课程资源的功能特点区分,有素材性课程资源和条件性课程资源。素材性课程资源包括知识、技能、经验、活动方式与方法、情感态度与价值观以及培养目标等。A、C、D三项均属于素材性课程资源。条件性课程资源包括与课程实施有关的人力、物力和财力,以及时间、场地、媒体、设备、设施和环境,还有对于课程本质的认识状况等。B项属于条件性课程资源。

3. A 【解析】目标评价模式强调要用明确的、具体的行为方式来陈述目标,并以预先规定和界说的目标为中心来设计、组织和实施评价,从而确定学生通过课程教学所取得的进步,亦即确定学生达到目标的程度,找出实际结果与课程目标之间的差距,并利用这种信息反馈作为修订课程计划或更新课程目标的依据。故选A项。

4. D 【解析】目的游离评价模式是由美国学者斯克里文针对目标评价模式的弊病而提出来的。他主张把评价的重点从"课程计划预期的结果"转向"课程计划实际的结果"上来。

5. A 【解析】CIPP模式是美国教育评价家斯塔弗尔比姆倡导的课程评价模式。

6. D 【解析】CIPP评价模式的步骤为:背景评价、输入评价、过程评价、成果评价。

7. A 【解析】教材是课程资源的核心和主要组成部分。

8. C 【解析】按照课程资源空间分布的不同,大致可以把课程资源分为校内课程资源和校外课程资源。凡是学校范围之内的课程资源就是校内课程资源,超出学校范围的课程资源就是校外课程资源。故与企业合作开发的课程资源属于校外课程资源。

9. C 【解析】泰勒被誉为"课程评价之父"。

10. B 【解析】条件性课程资源包括与课程实施有关的人力、物力和财力,以及时间、场地、媒体、设备、设施和环境,还有对于课程本质认识状况等。因此,学校专门修建的综合性体育场馆属于条件性课程资源。

11. B 【解析】素材性课程资源包括知识、技能、经验、活动方式与方法、情感态度与价值观以及培养目标等。其特点是直接作用于课程并成为课程的要素,并内化为学生身心发展的素质。

二、多项选择题

1. ABCD 【解析】课程资源开发和利用的基本原则:(1)共享性原则;(2)经济性原则;(3)实效性原则;(4)因地制宜原则。

2. ABCD 【解析】课程评价的主要模式包括:(1)目标评价模式;(2)目的游离评价模式;(3)CIPP评价模式;(4)CSE评价模式。

3. ABCD 【解析】课程资源的特点:(1)多样性;(2)潜在性;(3)多质性;(4)动态性。

4. ABCD 【解析】校外课程资源主要包括校外图书馆、科技馆、博物馆、网络资源以及乡土资源等,题干所述均属于校外课程资源。

三、判断题

1. × 【解析】新课程重视发展，淡化甄别与选拔，实现评价功能的转变。为配合课程功能的转变，评价的功能也发生着根本性转变，评价不只是检查学生知识、技能的掌握情况，更为关注学生掌握知识、技能的过程与方法，以及与之相伴随的情感态度与价值观的形成。评价不再是为了选拔和甄别，不是“选拔适合教育的儿童”，而是如何发挥评价的激励作用，关注学生成长与进步的状况，并通过分析指导，提出改进计划来促进学生的发展。从这个意义上来讲，评价是帮助我们“创造适合儿童的教育”。因此题干说法错误。

2. × 【解析】课程资源开发与利用要坚持经济性原则，经济性原则是指课程资源的开发与利用要尽可能用最少的开支和精力，达到最理想的效果，具体包括开支的经济性、时间的经济性、空间的经济性和学习的经济性。显然，题干的说法违背了该原则。

四、简答题(参考答案)

简述当前课程评价发展的基本特征。

(1)重视发展，淡化甄别与选拔，实现评价功能的转变；(2)重综合评价，关注个体差异，实现评价指标的多元化；(3)强调质性评价，定性与定量相结合，实现评价方法的多样化；(4)强调参与与互动、自评与他评相结合，实现评价主体的多元化；(5)注重过程，终结性评价与形成性评价相结合，实现评价重心的转移。

五、论述题(参考答案)

试述开发和利用课程资源的途径与方法。

(1)进行社会调查。开展当代社会调查，不断地跟踪和预测社会需要的发展动向，以便确定有效参与社会生活和把握社会所给予的机遇而应具备的知识、技能和素质。

(2)审查学生活动，总结和反思教学经验。审查学生在日常活动中以及为实现自己目标的过程中能够从中获益的各种课程资源，包括知识与技能、生活经验与教学经验、教与学的方式和方法、情感态度与价值观等方面的各种课程素材。

(3)开发实施条件。开发和利用课程实施的各种条件，包括图书馆、实验室和各种活动场馆、专用教室等的合理建设。由于各个学校在办学条件、师资水平、生源质量等方面存在着很大的差异，因此学校层面的课程资源开发与利用要根据本地区、本学校的实际情况，因地制宜地对本校课程资源进行开发与利用。

(4)研究学生情况。研究一般青少年以及特定受教育学生的情况，以了解他们已经具备或尚需具备哪些知识、技能和素质，以确定制订课程教学计划的基础。

(5)鉴别利用校外资源。主要有两种方式：①以利用为主，即利用现成的资源直接服务于教育，如图书馆、科技馆等；②以挖掘为主，即挖掘出课程资源所隐含的教育价值，如社区内的人生价值取向、道德风尚、民情风俗、典型人物思想观念等，要善于将其转化为教育因素，运用于教育过程。

(6)建立资源数据库。建立课程资源管理数据库，拓宽校内外课程资源及其研究成果的分享渠道，提高使用效率。

整合提升

一、单项选择题

1. A 【解析】学科课程是指以文化知识(科学、道德、艺术)为基础，按照一定的价值标准，从不同的知识领域或学术领域选择一定的内容，根据知识的逻辑体系，将所选出的知识组织为学科的课程类型。夸美纽斯倡导的“泛智课程”，斯宾塞根据功利主义原则设置的课程都属于学科课程。

2. C 【解析】过程与方法目标突出的是让学生“学会学习”，使学生获得知识的过程同时成为获得学习方法和能力发展的过程。由“动手操作”“制作”“问题的解决方法”等词可判断题干中的这些关键词是对过程与方法目标的描述。

3. D 【解析】拓展型课程注重拓展学生的知识与能力，开阔学生的知识视野，发展学生各种不同的特殊能力，并迁移到其他方面的学习。A、B、C三项均属于拓展型课程，D项属于基础型课程。

4. B 【解析】学科课程注重知识结构的逻辑性、严密性，而活动课程以儿童的活动为中心，课程内容比较灵活。因此，相对于学科课程而言，活动课程所具备的特点不包括组织的严密性。

5. C 【解析】情感态度与价值观目标强调在教学过程中激发学生的情感共鸣，引起积极的态度体验，形成正确的价值观。课堂教学中，教师加强学校文化和学科文化的建设，可以增强学生的情感体验，有利于落实情感态度与价值观目标。

6. A 【解析】“课程”一词在我国始见于唐宋期间。唐朝孔颖达在《五经正义》里为《诗经·小雅·巧言》中“奕奕寝庙，君子作之”一句注疏：“维护课程，必君子监之，乃得依法制也。”这是“课程”一词在汉语文献中的最早显露。但这里所说的课程并不是现代意义上的。宋朝朱熹在《朱子全书·论学》中多次提及课程，如“宽着期限，紧着课程”，这里的课程已含有学习范围、进程、计划的程序之义。这与我们现在许多人对课程的理解有相似之处。

易错警示：

在我国，最早提出的“课程”一词≠现代意义上的“课程”?(√)

关于“课程”一词在中国的发展，现代意义上的“课程”与“课程”一词的最早提出的两个出处是易混淆的知识点，考生需要理解在不同出处中“课程”一词的含义：“维护课程，必君子监之，乃得依法制也”是我国“课程”一词的最早出处，指的是课业进程；“宽着期限，紧着课程”中的“课程”已含有学习范围、进程、计划的程序之义，因而与现代意义上的“课程”更接近。

7. D 【解析】课程内容的纵向组织是指按照知识的逻辑序列,从已知到未知、从具体到抽象等先后顺序组织编排课程内容。学习是由简单到复杂依次推进的。题干中先学加减后学乘除是由具体到抽象、由简单到复杂的过程,故选D项。

8. D 【解析】课外活动是指在课程计划和学科课程标准以外,利用课余时间,对学生施行的各种有目的、有计划、有组织的教育活动。活动课程亦称经验课程,是指围绕着学生的需要和兴趣、以活动为组织方式的课程形态,即以学生的主体性活动的经验为中心组织的课程。活动课程属于课程的一种类型,是在课程计划之内的。两者不能等同。

9. C 【解析】学科课程是指以文化知识(科学、道德、艺术)为基础,按照一定的价值标准,从不同的知识领域或学术领域选择一定的内容,根据知识的逻辑体系,将所选出的知识组织为学科的课程类型。根据题干中教师的介绍可知,他所教的是学科课程。

10. B 【解析】B项属于学科中心课程理论的观点。

11. D 【解析】教材与课程标准的关系是:(1)教材编写必须依据课程标准,教材编写者必须领会和掌握本学科课程标准的基本思想和各部分的内容,并在教材中予以充分体现。课程标准是教材的编写指南和评价依据,教材又是课程标准最主要的载体。(2)义务教育的课程标准应适应普及义务教育的要求,让绝大多数学生经过努力都能达到。也就是说,课程标准只是一个最低限度的要求,是一个基本性的要求,这为编写多样化的教科书提供了广阔的空间。(3)教材是对课程标准的一次再创造、再组织。(4)教材的编写和实验可以检验课程标准的合理性。

12. C 【解析】课程标准规定的是国家对国民在某方面或某领域的基本素质要求,对教材、教学和评价具有重要指导意义,是教材、教学和评价的出发点与归宿。教师必须认真研究和把握。

13. C 【解析】为了深化对课程实施的认识,提升课程实施的成效,急需将学生纳入课程实施及其研究之中,并给予相当程度的关注。

14. D 【解析】学科课程是指以文化知识(科学、道德、艺术)为基础,按照一定的价值标准,从不同的知识领域或学术领域选择一定的内容,根据知识的逻辑体系,将所选出的知识组织为学科的课程类型。学科课程分科设置,又称分科课程。经验课程是指围绕着学生的需要和兴趣、以活动为组织方式的课程形态,即以学生的主体性活动经验为中心组织的课程。综合课程是指打破传统的学科课程的知识领域,组合两门以上学科领域而构成的一门学科,其主导价值在于通过相关学科的集合,促使学生认识的整体发展并形成把握和解决问题的全面视野与方法。"从政治的、经济的、地理的和历史的角度探讨英国与欧盟关系的问题"就是通过相关学科的集合,使学生全面认识英国与欧盟的关系问题,故属于综合课程。

二、多项选择题

1. ABCD 【解析】国家对课程的管理主要体现在:(1)教育部总体规划基础教育课程;(2)制定课程管理的各项政策;(3)制定基础教育课程标准;(4)积极试行新的课程评价制度。

2. ABD 【解析】活动课程最大的问题是,它不能给学习者提供系统的文化科学知识。其次,在实施活动课程的过程中,人们往往把活动课程误解为让儿童随意地从事一些肤浅的、缺少智力训练价值的操作活动。这样一来,儿童思维能力的发展容易落空。最后,活动课程的组织要求教师具有相当高的教学艺术,对于习惯了班级授课制和讲解教学法的教师而言,这一点很难适应。因此,A、B、D项正确。对于学龄前儿童和小学低年级儿童,活动课程的开设有其必要性,随着儿童年龄的增长及思维发展的逐渐成熟,他们就应当开始学习系统化、理论化的科学知识了。否则,儿童的学习很可能陷入散漫、凌乱。因此,活动课程最好与学科课程配合起来使用。故C项不属于活动课程的主要局限性。

3. BC 【解析】"知道""描述"等体现的是知识与技能目标,"与同学合作""验证自己的猜想"体现的是过程与方法目标。

4. ABD 【解析】学科课程的优点是:(1)从社会发展角度讲,有助于文化遗产的系统传承;(2)从学生角度讲,有助于学生全面、准确地了解该领域的发展状况,实现智力的充分发展;(3)从教学角度讲,学科课程的教学活动容易组织,也容易评价,便于提高教学效率;(4)从国家角度讲,在保证尖端人才的培养和促进国家科学技术的发展方面具有不可替代的基础作用。

5. AB 【解析】杜威并不否认课程的组织要考虑教材的逻辑顺序,但他更重视课程的组织要考虑儿童的心理顺序,故A项观点错误;"课程"一词是由拉丁语派生而来的,故B项观点错误。

6. BD 【解析】A项适合用于基础型课程;C项适合研究型课程。

7. ABD 【解析】课程资源是指课程设计、实施和评价等整个课程教学过程中可以利用的一切人力、物力以及自然资源的总和,包括教材、教师、学生、家长以及学校、家庭和社区中所有有利于实现课程目标,促进教师专业成长和学生有个性的全面发展的各种资源。故AD两项说法错误,C项说法正确。B项说法错误,学校可自主开发的是校本课程,地方课程是由省级教育行政部门开发设计的。

易错警示:

(1)教师和学生不是课程资源?(×)教师不仅是课程资源,还是最重要的课程资源;而学生不仅是课程资源的消费者,其本身也是重要的课程资源。

(2)课程资源=教材/教科书?(×)课程资源的范围非常广泛,教材只是其中一种,但教材是课程资源的核心和主体。

(3)学校可以自主开发地方课程?(×)学校自主开发的课程为校本课程(学校课程);地方课程由省级教育行政部门开发;国家课程由中央教育行政部门编制。

三、辨析题(参考答案)

1. 综合课程比分科课程更优越。

(1)这种说法是不正确的。(2)分科课程使学生获得逻辑严密和条理清晰的文化知识,但是容易带来科目过多、分科过细的问题。综合课程的缺点主要有两点:一是教科书的编写较为困难,只专不博的教师很难胜任综合课程的教学,教学具有一定的难度;二是难以向学生提供系统完整的专业理论知识,不利于高级专业化人才的培养。分科课程与综合课程各有优缺点,因此,不能说综合课程比分科课程更优越。

2. 教材是教学活动可以利用的唯一资源。

(1)这种说法是不正确的。(2)课程标准和教科书等是基本而特殊的课程资源。除了教材之外,教学活动可以利用的课程资源还包括教师、学生、教学过程等。

3. 课程标准是中小学试题命制的主要依据。

(1)这种说法是正确的。(2)课程标准是课程计划中每门学科以纲要的形式编写的、有关学科教学内容的指导性文件,是课程计划的分学科展开。它是教材编写、教学、评估和考试命题的依据,是国家管理和评价课程的基础。应体现国家对不同阶段的学生在知识与技能、过程与方法、情感态度与价值观等方面的基本要求,规定各门课程的性质、目标、内容框架,提出教学建议和评价建议。

4. 课程即学校开设的全部学科的总和。

(1)这种说法是不正确的。(2)课程是指学校学生所应学习的学科总和及其进程与安排。广义的课程是指学校为实现培养目标而选择的教育内容及其进程的总和,它包括学校所教的各门学科和有目的、有计划的教育活动。狭义的课程是指某一门学科。

四、简答题(参考答案)

1. 简述课程在学校教育中的作用与意义。

(1)课程是学校培养人才蓝图的具体表现;(2)课程是教师从事教育活动的基本依据;(3)课程是学生吸取知识的主要来源;(4)合理的课程设置对学生的全面发展起着决定作用;(5)课程是评估教学质量的主要依据和标准。

2. 简述教科书编写应遵循的基本原则与要求。

(1)科学性与思想性统一;(2)强调内容的基础性与适用性;(3)知识的内在逻辑与教学法要求的统一;(4)理论与实践统一;(5)教科书的编排形式要有利于学生的学习;(6)注意与其他学科的纵向和横向联系。

3. 简述活动课程的主要特征。

(1)乡土性,以儿童所在地区的课题为题材;(2)综合性,以生活题材为学习单元;(3)经验性,儿童通过解决面临的问题重构经验;(4)伸缩性,儿童可以根据自己的兴趣和能力选择学习;(5)心理学化,强调把教材变为直接的和个人的经验。

4. 简述课程实施的运行结构。

(1)安排课程表;(2)分析教学任务;(3)研究学生的学习特点;(4)选择并确定教学模式;(5)规划教学单元和课;(6)组织教学活动;(7)评价教学活动的过程与结果。

五、论述题(参考答案)

试述校本课程开发对教师专业发展的重要性。

作为校本课程开发的主力军,校本课程的开发带给教师的不仅是挑战,更为其自身专业发展提供了契机,是教师专业发展的有效途径。(1)校本课程开发促进教师专业自主意识的提升;(2)校本课程开发促进教师知识结构的完善;(3)校本课程开发提高教师的学科教学能力;(4)校本课程开发增强教师的参与意识和合作能力;(5)校本课程开发促进教师研究意识和能力的提升;(6)校本课程开发促进教师反思意识和能力的提升;(7)校本课程开发对教师的精神世界有重大的影响。

六、案例分析题(参考答案)

1. (1)案例中老师的做法是不正确的,此教师持有"静态的课程观"。虽然说这种课程观比较有利于规范教师的教学行为,但是一味只从教材出发,在很大程度上会限制学生创造性的发挥,教师容易忽视学生的自主性和创新性以及学生在学习过程中的情感体验,从而挫伤学生主动学习的积极性,不利于学生的全面发展。

(2)教师应树立正确的课程观。新课程背景下的课堂教学,要求教师要根据各科教学的任务和学生的需求,从知识与技能、过程与方法、情感态度与价值观三个维度出发设计课程目标。具体到教学实践,就是要把原来目标单一的课堂转变为目标多维的课堂。新课程认为,教学是课程创生与开发的过程,教师和学生是课程的有机构成部分,是课程的创造者和主体,他们共同参与课程开发的过程。

2. (1)在传统课程体系中,全国实行统一的课程计划和教学大纲;使用一套统编教材;课程结构和教学要求也比较单一;以学科课程为主,缺少活动课、综合课。新课程改革中非常强调课程结构的调整,强调课程结构的综合性原则、均衡性原则、选择性原则。

(2)事实上校本课程开发作为一种新的课程开发策略,一种新的课程变革模式,一种新的课程管理模式,作为对国家课程的补充,作为学校特色的体现,具有以下几点重要的意义与作用:①完善课程体系;②促进学生个性的形成;③促进教师专业成长;④促进学校特色的形成;⑤充分利用地方和学校的课程资源。

(3)上海市这所中学的改革走在了全国的前列,为我们提供了一个很好的学校课程体系范例。这所中学在国家课程、地方课程的基础上，重新构建了学校课程体系，把学科课程与活动课结合起来，普通课与职业课结合起来，国家课程与学校的特色课程结合起来，充分利用学校自身的课程资源，满足了不同资质、特长、发展方向的学生的需要。

真题必刷

一、单项选择题

1. A 【解析】"课程是知识"是一种比较早、影响相当深远的观点，也是比较传统的观点。目前，在国内这种课程观仍然最具代表性和广泛性。在我国，中小学普遍实行的学科课程及相应的理论，就是这种观点的表现。

2. A 【解析】学科课程的基本特点包括：分科设置；课程内容按学科知识的逻辑结构来选择和安排，重视学科内容的内在联系；强调教师的系统讲授。

3. C 【解析】学科课程指以文化知识（科学、道德、艺术）为基础，按照一定的价值标准，从不同的知识领域或学术领域选择一定的内容，根据知识的逻辑体系，将所选出的知识组织为学科的课程类型。语文、数学、英语等课程属于学科课程。

4. B 【解析】课程目标的特征主要有：(1)整体性：各级各类的课程目标是相互关联的，而不是彼此孤立的。(2)阶段性：课程目标是一个多层次和全方位的系统，如小学课程目标、初中课程目标、高中课程目标。(3)持续性：高年级课程目标是低年级课程目标的延续和深化。(4)层次性：课程目标可以逐步分解为总目标和从属目标。(5)递进性：低年级课程目标是高年级课程目标的基础，没有低年级课程目标的实现，就难以达到高年级的课程目标。(6)时间性：随着时间的推移，课程目标会有相应的调整。所以，题干描述的是课程目标的递进性。

5. D 【解析】新课程背景下的课堂教学，要求根据各学科教学的任务和学生的需求，从知识与技能、过程与方法、情感态度与价值观三个维度出发设计课程目标。所以D项不属于三维课程目标。

6. C 【解析】"情感态度与价值观"目标强调教学过程中激发学生的情感共鸣，引起积极的态度体验，形成正确的价值观。李老师的美术教学注重学生对古代雕塑作品艺术魅力的感受，这体现了三维课程目标的"情感态度与价值观"目标。

7. C 【解析】课程实施的创生观认为，课程并不是在实施前就固定下来的，课程实施过程也是制定课程的一部分，课程是由教师和学生共同参与的教育实践的结果，教师是课程的开发者，教师与学生一起来创造课程。这种研究取向将课程的实施过程看作课程形成过程的一部分，认为在教学之前并没有一种完整的、规定好的课程，而教师和学生的教学实践是修正和制定课程的过程，他们可以根据自己的实际情况来确定课程的目标与内容。故选C项。

8. B 【解析】课程内容的选择简称"课程选择"，是根据特定的教育价值观及相应的课程目标，从学科知识、当代社会生活经验或学习者的经验中选择课程要素的过程。

9. C 【解析】课程评价在整个课程系统中占有十分重要的地位。因为它既是课程设计与实施的终点，又是课程设计与实施继续向前发展的起点。

10. C 【解析】所谓学科课程的综合化改造，概括地讲就是指在保持学科课程基本体系、结构的基础上，充实、完善其综合性内容，使之成为为学习者提供"真知"，以满足其综合性应用知识和从事创造性实践的知识基础。语文、数学、美术教师基于不同的学科角度共同上劳动课，体现了学科课程综合化的内涵。

二、多项选择题

1. ABD 【解析】根据课程任务，可将课程分为基础型课程、拓展型课程与研究型课程。

2. BCD 【解析】新课程改革中以"课程标准"代替"教学大纲"，至少应包含以下几方面的理解和考虑：(1)课程价值趋向从精英教育转向大众教育；(2)课程目标着眼于学生素质的全面提高；(3)从只关注教师教学转向关注课程实施过程；(4)课程管理从刚性转向弹性。A项错误，故不选。

3. AD 【解析】我国小学课程设计的原则之一即高度的科学性和高度的思想性的统一。

4. CD 【解析】隐性课程资源是指以潜在的方式对教育教学活动施加影响的课程资源，如学校的风气，社会风气，家庭氛围，师生关系，教师或学生的经验、感受、困惑、意见等。由此可知，CD两项属于隐性课程资源。AB两项属于显性课程资源，故不选。

5. ADE 【解析】我国新课程结构的内容包括：(1)整体设置九年一贯的义务教育课程。小学阶段以综合课程为主；初中阶段设置分科与综合课程相结合的课程。(2)高中阶段以分科课程为主。(3)从小学至高中设置综合实践活动课程并作为必修课程。(4)农村中学课程要为当地社会经济发展服务。

易错警示：考生需注意区分新课程背景下中小学课程设置特点。

小学	初中	高中
综合	分科+综合	分科

三、判断题

1. × 【解析】核心课程即以问题为核心，将几门学科结合起来的课程。融合课程是指把有内在联系的学科的内容融合在一起而形成一门新的学科。故题干所述课程属于核心课程。

2. × 【解析】课时目标一般由教师参考教学大纲和教学参考书，并结合学生的学习实际而自行编订。

专题六　教　学

基础训练

知识1 教学及其过程

一、单项选择题

1. A 【解析】认识—发展说认为,教学过程是一种特殊的认识过程,也是一个促进学生身心发展的过程。

2. C 【解析】教学过程的基本阶段包括:(1)引起学习动机;(2)感知教材;(3)理解教材;(4)巩固知识;(5)运用知识;(6)检查知识、技能和技巧。其中,理解教材是教学过程的中心环节。

易错警示:教学过程的中心环节是领会知识还是理解教材?
关于教学过程的中心环节,目前有两种说法考的比较多:(1)领会知识(包括感知和理解教材)是教学过程的中心环节;(2)理解教材是教学过程的中心环节。这两种说法都对,一般以单选题的形式进行考查。考生可参考以下内容进行理解:
在教学中,学生对教材的感知、形成表象是学生认识的初级阶段,教师要在学生感知教材、形成表象的基础上,进一步引导学生进行抽象思维活动,对感知的材料加以思考、分析、比较、综合、抽象、概括以形成概念。概念是一种思维形式,它反映了客观事物的本质属性。在感知阶段,学生对学习对象的认识只是一种感性认识。只有形成了概念,学生对学习对象的认识才能达到理性的认识。这是教学的深化阶段。所以在教学过程中,只有学生理解了教材,形成了概念,才算是真正领会和掌握了知识。因此,理解教材,形成概念,是教学过程的中心环节。

3. D 【解析】实质教育论的代表人物是德国的赫尔巴特和英国的斯宾塞,形式教育论的代表人物是英国的洛克和瑞士的裴斯泰洛齐。

4. B 【解析】教学过程的交往说认为,教学是一种特殊的交往活动。教学过程是师生交往、沟通、互动和共同发展的过程。

5. B 【解析】"博学之,审问之,慎思之,明辨之,笃行之"出自《礼记·中庸》,意为:要广泛地学习,仔细地询问,审慎地思考,清晰地分辨,忠实地实践。这是儒家思孟学派提出的学习过程。

6. A 【解析】教学活动就其本质而言,是一种特殊的认识活动。

7. A 【解析】在我国,孔子的教学过程理论是中国古代传统教学过程理论的渊源。他提出"学而不思则罔,思而不学则殆",而且提倡"躬行",即身体力行,初步形成了把"学""思""行"看作统一的学习过程的思想。这是最早的有关教学过程的思想。

8. A 【解析】A项,巴班斯基提出了教学过程最优化理论;B项,加涅提出了信息加工理论;C项,布鲁纳提出了结构教学理论;D项,赞科夫提出了教学与发展理论。故选A项。

9. D 【解析】由题干中学生学习"间接知识"并"间接地认识世界"可知,题干所述为认识的间接性。

10. B 【解析】以间接经验为主是教学活动的主要特点,学生学习间接经验要以直接经验为基础。

11. D 【解析】根据题干中的"学习成绩"和"道德修养水平"这两个关键词,我们可以看出题干主要强调的是知识传授与思想道德水平之间的关系,即强调教师在教学过程中要坚持传授知识与思想品德教育相结合。

12. B 【解析】"授人以鱼仅供一饭之需,授人以渔则终身受用无穷。"这说明教学中应重视发展学生自身的能力,强调"能力"的重要性。

13. A 【解析】实质教育论者认为教学的主要任务在于传授给学生有用的知识,至于学生的智力则无需进行特别的培养和训练;形式教育论者认为教学的主要任务在于通过开设希腊文、拉丁文、逻辑、文法和数学等学科发展学生的智力,至于学科内容的实用意义则是无关紧要的。故选A项。

14. A 【解析】形式教育论强调训练学生的思维形式,忽视知识的传授,故选A项。

15. C 【解析】教学与教育的关系是一种部分与整体的关系。

易错警示:
考生应注意区分教学与教育、智育、上课的关系:
(1)教学与教育:部分与整体。
(2)教学与智育:既有联系又有区别。教学是智育的主要途径,但不是唯一途径。
(3)教学与上课:上课是实施教学的一种方式。

16. C 【解析】教学与智育两者既有联系又有区别。作为教育的一个组成部分的智育,主要是通过教学进行的,但不能把两者等同。一方面,教学也是德育、美育、体育、劳动技术教育的途径;另一方面,智育也需要通过课外活动等才能全面实现。故C项说法不正确。

17. B 【解析】教学是学校教育的中心工作,也是贯彻教育方针,实施全面发展教育,实现教育目的的基本途径。

18. A 【解析】教学的首要任务是使学生掌握系统的科学文化基础知识,形成基本技能、技巧,其他任务的实现都是在完成这一任务的过程中和基础上进行的。

19. C 【解析】教学过程的三要素说认为教师、学生、教学内容是构成教学过程的基本要素。

易错警示:
从不同的立场和视角进行分析,关于教学过程的构成要素有多种说法,考生应注意辨别。
(1)三要素说:教师、学生、教学内容。
(2)四要素说:教师、学生、教学内容、教学手段。
(3)五要素说:教师、学生、教学内容、教学手段、教学环境。
(4)六要素说:教师、学生、内容、方法、媒体、目的。

(5)七要素说：学生、目的、内容、方法、环境、反馈、教师。

20. B 【解析】教学具有多种形态，是共性与多样性的统一。

21. B 【解析】教学是学校教育的中心工作，也是贯彻教育方针，实施全面发展教育，实现教育目的的基本途径。

二、多项选择题

1. ABC 【解析】教学是教师有目的、有计划、有组织地指导学生掌握系统的科学文化知识和技能，发展智力、体力，陶冶品德、美感，形成全面发展的个性的活动。教学不只是传授知识，选项A说法错误。上课是实施教学的一种方式，二者不能等同，选项B说法错误。作为教育的一个组成部分的智育，即向学生传授系统的科学文化知识和发展学生的智力，主要是通过教学进行的，但不能把两者等同。选项C说法错误。教学是在一定教育目的规范下，教师的教和学生的学共同组成的传递和掌握社会经验的双边活动。选项D说法正确。故选ABC三项。

2. ACD 【解析】掌握知识和发展智力相互依存、相互促进，二者统一在教学活动中：(1)传授知识与发展智力这两个教学任务统一在同一个教学活动之中，统一在同一个认识主体的认识活动之中；(2)知识是发展智力的基础；(3)发展智力又是掌握知识的重要条件。

3. BCD 【解析】教学过程作为一种特殊的认识过程，其特殊性表现在：(1)认识对象的间接性与概括性；(2)认识方式的简捷性与高效性；(3)教师的引导性、指导性与传授性(有领导的认识)；(4)认识的交往性与实践性；(5)认识的教育性与发展性。选项A说法错误，故选BCD三项。

4. ABC 【解析】教学工作的意义具体体现在：(1)教学是传播系统知识、促进学生发展的最有效的形式，是社会经验的再生产、适应并促进社会发展的有力手段；(2)教学是进行全面发展教育、实现培养目标的基本途径，为个人全面发展提供科学的基础和实践，是培养学生个性全面发展的重要环节；(3)教学是学校教育的中心工作，学校教育工作必须坚持以教学为主。

5. ABCD 【解析】教学过程具有传承知识、培育能力、涵养品性和助长生命的功能。

6. AD 【解析】领会知识是教学过程的中心环节。领会知识包括使学生感知教材和理解教材。感知教材主要是使学生获得关于所学内容的一个整体的表象，是所有教学活动的必经阶段。理解的目的在于形成概念、原理，真正认识事物的本质和规律。故选AD两项。

7. ABCD 【解析】教学过程的四要素说认为构成教学过程的基本要素包括教师、学生、教学内容和教学手段。

三、判断题

1. × 【解析】教学的首要任务是使学生掌握系统的科学文化基础知识，形成基本技能、技巧，但是教学除了传授知识之外，还要发展学生的智能和体能，培养学生高尚的审美情趣、良好的道德品质等。故教学不仅仅是一个传递知识的过程。

2. × 【解析】教学与自学这两个概念的关系比较复杂，因为学生的自学有两种，必须加以区分。一种是在教学过程内、在教师指导下的自学。它包括配合教学进行的预习、复习、自习和作业，是教学的组成部分。另一种是在教学过程以外，学生自主进行的自学，其内容广泛，教学不包括这种学生自主进行的自学。

3. × 【解析】在教学中，教师的教依赖于学生的学，学生的学离不开教师的教，学生的主体作用要依赖于教师的主导作用来实现。只有教师、学生两方面互相配合，才能收到最佳的教学效果。故题干说法错误。

4. √ 【解析】教学过程中有两类不同性质的活动(教和学)，但教学过程的主要矛盾是学生与其所学知识之间的矛盾(教师提出的教学任务同学生完成这些任务的需要、实际水平之间的矛盾)。

5. √ 【解析】题干中的“拙”和“笨”体现的是智力因素，而“勤”和“先飞”则体现了非智力因素，题干的描述体现了非智力因素对智力因素的补偿作用。

6. √ 【解析】教师主导作用是针对能否引导学生积极学习与上进而言的。学生的主体性调动得怎样，学习的效果怎样，是衡量教师主导作用发挥得好坏的主要标志。

7. × 【解析】教学过程的对称性的最根本表现，就是在教学过程中教师与学生、教与学双方相互包含、相互依存、相对而成。对称性强调“教师是教学过程中的平等中的首席”，所以，教学过程是在教师的点拨和引导下学生主动发展的过程。

8. × 【解析】教学过程的规律之一是：间接经验与直接经验相结合(间接性规律)，即教学活动是学生认识客观世界的过程，要以间接经验为主、直接经验为辅，将二者有机结合起来。

四、简答题(参考答案)

1. 简述教学的特点。

(1)教学以培养全面发展的人为根本目的；(2)教学由教与学两方面组成，教学是师生双方的共同活动；(3)学生的认识活动是教学中的重要组成部分；(4)教学具有多种形态，是共性与多样性的统一。

2. 简述教学工作的意义。

(1)教学是传播系统知识、促进学生发展的最有效的形式，是社会经验的再生产、适应并促进社会发展的有力手段；(2)教学是进行全面发展教育、实现培养目标的基本途径，为个人全面发展提供科学的基础和实践，是培养学生个性全面发展的重要环节；(3)教学是学校教育的中心工作，学校教育工作必须坚持以教学为主。

3. 教学的一般任务是什么?

(1)引导学生掌握科学文化基础知识和基本技能;(2)发展学生智能,特别是培养学生的创新精神和实践能力;(3)发展学生体能,提高学生身心健康水平;(4)培养学生高尚的审美情趣,养成良好的思想品德,奠定学生的科学世界观基础;(5)关注学生个性的发展。

4. 在教学过程中,必须处理好的关系有哪些?

(1)间接经验与直接经验的关系;(2)教师主导作用与学生主体作用的关系;(3)知识与能力的关系;(4)知识教育与思想道德教育的关系;(5)智力因素与非智力因素的关系。

5. 发挥教师主导作用的条件有哪些?

(1)教师主导作用的实现有赖于教师自身的条件,即具备应有的知识和能力素质、品德及人格;(2)教师主导作用的发挥还必须具备各种客观条件,如教师在教育过程中的地位是否得到应有的肯定、教师工作的条件是否得到基本的保证。

6. 为什么说教学过程是一种特殊的认识过程?

教学过程作为一种特殊的认识过程,其特殊性表现在:(1)认识对象的间接性与概括性;(2)认识方式的简捷性与高效性;(3)教师的引导性、指导性与传授性(有领导的认识);(4)认识的交往性与实践性;(5)认识的教育性与发展性。

知识2 教学原则与教学方法

一、单项选择题

1. A 【解析】直观性原则是指在教学活动中,教师应尽量利用学生的多种感官和已有的经验,通过各种形式的感知,使学生获得生动的表象,从而比较全面、深刻地掌握知识。直观手段种类繁多,一般分为三大类:实物直观、模像直观和言语直观。题干中的地球仪属于模像直观,故选A项。

2. D 【解析】讨论法是全班或小组成员在教师的指导下,围绕某一中心问题发表自己的看法和见解,从而进行相互学习的一种方法。故题干所述教学方法为讨论法。

3. C 【解析】提倡启发式,反对注入式,是当代运用教学方法的指导思想。

4. D 【解析】巩固性原则是指教师在教学中要引导学生在理解的基础上牢固地掌握基础知识和基本技能,而且在需要的时候,能够准确无误地呈现出来,以利于知识技能的利用。“学而时习之”强调学生在学习过程中要经常复习,才能牢记知识,这体现了巩固性教学原则。

方法技巧:关于教学原则的考查常常会引用一段文字,要求考生分析其反映了什么教学原则。考生可识记一些常考的例子,从而快速解题:

(1)直观性原则:①不闻不若闻之,闻之不若见之;②儿童是依靠形式、颜色、声音和感觉来进行思维的。

(2)启发性原则:①一个坏的教师奉送真理,一个好的教师则教人发现真理;②不愤不启,不悱不发;③道而弗牵,强而弗抑,开而弗达。

(3)循序渐进原则:①学不躐等;②不陵节而施;③杂施而不孙,则坏乱而不修。

(4)巩固性原则:①学而时习之;②温故而知新;③复习是学习之母。

(5)因材施教原则:①视其所以,观其所由,察其所安。②求也退,故进之;由也兼人,故退之。③一把钥匙开一把锁。④西邻五子。

(6)量力性原则:①夫智者必量其力所能至而从事焉;②最近发展区。

5. B 【解析】第斯多惠的话强调的是教师不能将知识直接灌输给学生,而应该启发、引导学生主动地去发现和掌握知识。这体现了教学的启发性原则。

6. B 【解析】“不闻不若闻之,闻之不若见之”的意思是:没有听到不如听到,听到了不如见到。说明在教学过程中应运用听觉、视觉等多种感官去感知事物,这是对直观性教学原则的典型阐释。

7. B 【解析】“不陵节而施”是指不超越受教育者的才能和年龄特征而进行教育,即要循序渐进地进行教育。题干对应了循序渐进的教学原则,故选B项。

8. B 【解析】题干中的教师运用圆柱体的模型来帮助学生理解圆柱体体积的计算公式,属于运用模像直观的手段来教学,体现了直观性教学原则。

9. A 【解析】直观性原则是指在教学中要通过学生观察所学事物,或教师语言的形象描述,引导学生形成所学事物、过程的清晰表象,丰富他们的感性知识,从而使他们能够正确理解书本知识和发展认识能力。“儿童是依靠形式、颜色、声音和感觉进行思维的”说明儿童在学习过程中需要借助观察所学事物或语言的形象描述,因此对儿童的教学应遵循直观性原则。

10. D 【解析】传授知识与思想品德教育相统一的规律即教学的教育性规律,由此提出的教学原则是科学性和教育性相统一的原则。

11. B 【解析】讲解是指教师对所要讲的知识内容进行解释、说明、分析、论证的一种讲授方式。题干中夏老师采用的讲授方式是讲解。

12. A 【解析】发现法的缺点在于,对于同样的教学内容,它花费的时间要比讲授法多出许多,这是它无法完全取代讲授法的重要原因。

13. D 【解析】讲授法可以充分发挥教师的主导作用,使学生在短时间内获得大量系统的科学知识,并且能结合知识传授进行思想品德教育。

14. B 【解析】谈话法也叫问答法,它是教师按一定的教学要求向学生提出问题让学生回答,通过问答、对话的形式来引导学生思考、探究,获取或巩固知识,促进学生智能发展的方法。

15. B 【解析】题干引文强调在教学中同伴之间要相

互学习，讨论切磋，取长补短，共同进步。故选B项。

16. D 【解析】读书指导法是指教师指导学生通过阅读教科书和其他参考书，以获得知识、巩固知识、培养学生自学能力的一种方法。

17. D 【解析】情境教学法是指在教学过程中，教师有目的地引入或创设具有一定情绪色彩的生动具体的场景，以引起学生一定的情感体验，从而帮助学生理解教材，并使学生的心理机能得到发展的教学方法。该教师通过播放与教学内容相关的视频来创设一定的情境，使学生能够更好地领会诗中所蕴含的意境，运用的教学方法是情境教学法。

易错警示：部分考生在看到"播放了一段地理纪录片"时，会想当然地认为本题选择演示法，但本题的考查点是在"使学生能够更好地领会诗中所蕴含的意境"，通过观看纪录片以引起学生一定的情感体验，这是对情境教学法的运用。

18. C 【解析】讲述是教师向学生描绘学习的对象、介绍学习的材料、叙述事物产生变化的过程。它一般分三阶段进行：导入、详述和汇总。

19. B 【解析】演示法是指教师通过展示实物、教具和示范性的实验来说明、印证某一事物和现象，使学生掌握新知识的一种教学方法。题干中老师通过做实验让学生了解有关电荷的知识，采用的教学方法是演示法。

易错警示：部分考生看到题目中有"实验"二字就认为题目考查的是实验法，从而造成误选。考生需要注意区分演示法中的实验演示与实验法：
实验演示——教师做实验，学生看；
实验法——学生做实验，教师指导。

20. B 【解析】演示法是指教师通过展示实物、教具和示范性的实验来说明、印证某一事物和现象，使学生掌握新知识的一种教学方法。题干中化学老师上课时演示不同的化学物质相遇时产生的化学反应，这种教学方法属于演示法。

21. B 【解析】讲授法是课堂教学中使用最广泛的一种教学方法，也是一种最基本、最常用的教学方法，同时还是中小学各科教学的一种主要教学方法。

22. A 【解析】愉快教学法是由上海特级教师倪谷音首先倡导的。

23. B 【解析】江苏常州特级教师邱学华首创了尝试教学法。

24. D 【解析】参观法又称现场教学，是教师根据教学目的和要求，组织学生进行实地考察、研究，使学生获取新知识，巩固、验证旧知识的一种教学方法。题干中教师所使用的教学方法即参观法。

25. A 【解析】暗示教学法是保加利亚医学博士洛扎诺夫创立的教学方法，在外语教学方面被公认为创造了奇迹。故选A项。

26. C 【解析】情境教学法是指在教学过程中，教师有目的地引入或创设具有一定情绪色彩的生动具体的场景，以引起学生一定的情感体验，从而帮助学生理解教材，并使学生的心理机能得到发展的教学方法。故选C项。

27. D 【解析】A项体现了循序渐进原则，B项体现了巩固性原则，C项体现了因材施教原则，D项体现了启发性原则。故选D项。

28. B 【解析】"夫智者必量其力所能至而从事焉"的意思是聪明的人一定先估量他的能力能否达到，然后才去做某件事。这体现的是量力性原则。

29. D 【解析】题干中的曹老师通过介绍祖冲之的卓越贡献，让同学们感到自豪，说明曹老师在讲授知识的同时，注重思想教育，遵循了科学性与思想性相统一的教学原则。

30. C 【解析】因材施教的教学原则要求教师从学生的实际情况、个别差异出发，有的放矢地、有差别地教学。允许成绩优秀的学生跳级，就体现了因材施教的教学原则。

31. B 【解析】题干的描述体现的是知和行的统一关系，反映了理论联系实际的教学原则。

二、多项选择题

1. BCD 【解析】参观教学法可以分为准备性参观、并行性参观和总结性参观。

2. ABD 【解析】直观手段种类繁多，一般分为三大类：实物直观、模像直观和言语直观。

3. ABCD 【解析】讲授法可分讲读、讲述、讲解和讲演四种形式。

4. ACD 【解析】以语言传递为主的教学方法主要包括讲授法、谈话法、讨论法和读书指导法。B项演示法是以直观感知为主的教学方法。

5. ABCD 【解析】在情境教学法的运用中，教师创设的情境一般包括生活展现的情境、图画再现的情境、实物演示的情境、音乐渲染的情境、言语描述的情境等。

6. ABC 【解析】选择与运用教学方法的基本依据是：(1)教学目的和任务的要求；(2)课程性质和特点；(3)每节课的重点、难点；(4)学生年龄特征；(5)教学时间、设备、条件；(6)教师业务水平、实际经验及个性特点。此外，教学方法的选择与运用还受教学手段、教学环境等因素的制约，这就要求我们要全面、具体、综合地考虑各种相关因素，进行权衡取舍。

7. ABC 【解析】贯彻思想性和科学性相统一的教学原则的要求包括：(1)教师要保证教学的科学性；(2)教师要结合教学内容的特点进行思想品德教育；(3)教师要通过教学活动的各个环节对学生进行思想品德教育；(4)教师要不断提高自己的业务能力和思想水平。D项属于直观性教学原则的贯彻要求。

三、填空题

1. 因材施教

2. 自然　人生

3. 准备性参观
4. 欣赏教学法　情境教学法
5. 实践活动法

四、判断题

1. ×　【解析】教学方法是为完成教学任务而采用的方法，它包括教师教的方法和学生学的方法，是教师引导学生掌握知识技能、获得身心发展而共同活动的方法。
2. ×　【解析】贯彻循序渐进原则的基本要求之一是抓主要矛盾，解决好重点与难点。教学要循序渐进并不意味着教学要面面俱到、平均使用力量，而是要求区别主次、分清难易、有详有略地教学。故题干的说法错误。
3. √　【解析】由“复习”二字可知，这句话强调的是教学的巩固性原则。
4. ×　【解析】因材施教的根本目的是尽可能使每个学生的不同特长都得以发挥，使每个学生都能富有个性地发展。
5. √　【解析】“读万卷书”即学习理论知识，“行万里路”即进行社会实践，这体现的是理论联系实际原则。

五、简答题(参考答案)

1. 简述运用演示法的基本要求。
(1)明确演示目的，做好演示准备；(2)演示必须精确可靠、操作规范；(3)演示时要引导学生集中注意力，运用多种感官去感知，以发展学生的思考力和观察力；(4)演示结束后，教师要引导学生分析观察结果以及各种变化之间的关系，通过分析、对比、归纳、综合得出正确结论。
2. 运用教学方法应遵循的原则有哪些？
(1)要发挥教学的整体功能；(2)必须坚持以启发式为指导思想；(3)要注意综合性和灵活性。
3. 简述贯彻因材施教原则的要求。
(1)要坚持课程计划和学科课程标准的统一要求；(2)教师要了解学生，从实际出发进行教学；(3)教师要善于发现每个学生的兴趣、爱好，并创造条件，尽可能使每个学生的不同特长都得以发挥。
4. 简述贯彻直观性原则的基本要求。
(1)正确选择直观教具和教学手段；(2)将直观教具的演示与语言讲解结合起来；(3)重视运用言语直观。
5. 简述运用讲授法的优缺点。
(1)优点：可以充分发挥教师的主导作用，使学生在短时间内获得大量系统的科学知识，并且能结合知识传授进行思想品德教育。
(2)缺点：不易发挥学生的主动性和积极性，不利于因材施教，容易造成“填鸭式”“满堂灌”的教学效果。
6. 简述我国中小学常用的教学原则。
(1)思想性(教育性)和科学性相统一的原则；(2)理论联系实际原则；(3)直观性原则；(4)启发性原则；(5)循序渐进原则；(6)巩固性原则；(7)因材施教原则；(8)量力性原则。
7. 简述贯彻巩固性教学原则的要求。
(1)要在教学的全过程中加强知识的巩固；(2)组织好学生的复习工作，教会学生记忆的方法；(3)通过扩充、改组和运用知识的过程来巩固知识。

六、论述题(参考答案)

联系实际，谈谈在教学中应如何贯彻理论联系实际的原则。

(1)重视书本知识的教学，在传授知识的过程中注重联系实际；(2)重视引导和培养学生运用知识的能力；(3)加强教学的实践性环节，逐步培养与形成学生综合运用知识的能力，进行“第三次学习”；(4)正确处理知识教学与能力训练的关系；(5)补充必要的乡土教材。

(考生可结合实际加以阐述，言之有理即可)

七、案例分析题(参考答案)

1. (1)王老师在教学中主要贯彻了启发性教学原则。启发性原则是指在教学活动中，教师要调动学生的主动性和积极性，引导他们通过独立思考、积极探索，生动活泼地学习，自觉地掌握科学知识，提高分析问题和解决问题的能力。案例中的王老师首先向学生提出了一个问题，然后引起学生们活跃的讨论，纷纷从不同的角度阐述自己的观点，最后得出了一致的结果。王老师的做法调动了学生学习的主动性和积极性，引起了学生的思考和探索，使问题得到了解决。这表明王老师在教学中主要贯彻了启发性教学原则。
(2)王老师运用的教学方法是讨论法。讨论法是全班或小组成员在教师的指导下，围绕某一中心问题发表自己的看法和见解，从而进行相互学习的一种方法。案例中的王老师让同学们围绕“再别康桥”这个题目中的“再别”是否应该改成“告别”这一问题展开讨论，发表自己的看法和见解。这表明王老师运用的教学方法是讨论法。
2. 李老师的教学贯彻了因材施教、理论联系实际、启发性的教学原则。
(1)因材施教原则是指教师在教学中，要从课程计划、学科课程标准的统一要求出发，面向全体学生，同时又要根据学生的个别差异，有的放矢地进行有差别的教学，使每个学生都能扬长避短，获得最佳的发展。李老师重新设计了符合学生兴趣特点的例题，是对因材施教原则的贯彻。
(2)理论联系实际原则是指教师在教学中，应使学生从理论与实际的结合中来理解和掌握知识，并引导他们运用新获得的知识去解决各种实际问题，培养他们分析问题和解决问题的能力。案例中李老师将数学例题和社会实际相联系，是对理论联系实际原则的贯彻。
(3)启发性原则是指在教学活动中，教师要调动学生的主动性和积极性，引导他们通过独立思考、积极探索，生动活泼地学习，自觉地掌握科学知识，提高分析问题和解决问题的能力。李老师新设计的例题充分调动了学生的学习积极性，使得学生们都拿起纸笔开始认真演算，是对启发性原则的贯彻。

知识3 教学组织形式与教学工作的基本环节

一、单项选择题

1. B 【解析】班级授课制是一种集体教学形式，它把一定数量的学生按年龄与知识程度编成固定的班级，根据周课表和作息时间表，安排教师有计划地向全班学生集体上课。它的优点在于效率高，一个教师同时能教几十个学生；比较适合学生身心发展的年龄特点和发挥学生之间的相互影响作用，有助于提高教学质量。

2. D 【解析】在教学史上先后出现的影响较大的教学组织形式有个别教学制、班级授课制、分组教学和道尔顿制等。另外，导生制是由英国人贝尔和兰喀斯特于18世纪末19世纪初创始的，晚于个别教学制。因此，个别教学制是历史上最早出现的教学组织形式，故选D项。

3. B 【解析】班级授课制的优点之一是：有利于经济有效地大面积培养人才，提高教学效率。

4. C 【解析】1632年，捷克教育家夸美纽斯出版的《大教学论》最早从理论上对班级授课制做了阐述，为班级授课制奠定了理论基础。

5. D 【解析】班级授课制的基本特点包括：(1)以班为单位集体授课，学生人数固定；(2)按课教学；(3)按时授课。故班级授课制可以用班、课、时三个字概括。

6. D 【解析】道尔顿制是由美国教育家柏克赫斯特创建的一种教学组织形式。

7. B 【解析】导生制又称贝尔—兰喀斯特制，这种教学组织形式仍以班级为基础，但教师不直接面向班级全体学生，教师先把教学内容教给年龄较大的学生，而后由他们中间的佼佼者——导生去教年幼的或成绩较差的其他学生。故题干所述教学组织形式属于导生制。

8. A 【解析】现场教学是教师根据教学目的和要求，组织学生进行实地考察、研究，使学生获取新知识，巩固、验证旧知识的一种教学方法。李老师组织学生到牛奶厂听工人师傅讲解牛奶的生产加工流程，这采用了现场教学的教学组织形式。

9. B 【解析】贝尔—兰喀斯特制，也称导生制，是由英国人贝尔和兰喀斯特在18世纪末19世纪初创建的。这种组织形式是在英国工场手工业向大机器生产过渡的过程中，在需要大规模培养学生且师资比较缺乏的情况下出现的。

10. C 【解析】特朗普制把大班教学、小班研究、个别教学结合起来，以灵活的时间单位代替固定统一的上课时间，以大约20分钟为计算课时的单位。故题干所述教学组织形式为特朗普制。

11. A 【解析】教师备课要做好三方面的工作，即钻研教材、了解学生、设计教法，也即备教材、备学生、备教法。

12. A 【解析】教师钻研教材包括学习学科课程标准、钻研教科书和阅读有关参考资料。

13. D 【解析】对教师而言，备好课可以加强教学的计划性，有利于教师充分发挥主导作用。因此，备好课是上好课的先决条件。故选D项。

14. B 【解析】充分发挥学生的主体性是上好课最根本的要求。

15. B 【解析】根据不同的标准可以把备课分为不同的类型。根据参与备课的人数的多少，可以把备课分为个人备课和集体备课；根据备课把握的内容，可以把备课分为学期备课、单元备课、课时备课；根据备课的时间先后，可以将备课分为课前备课和课后备课。故B项。

16. A 【解析】一般来说，构成课的基本组成部分有组织教学、检查复习、讲授新教材、巩固新教材、布置课外作业等。其中，组织教学并不只在上课开始时进行，而是贯穿在教学过程的各个环节中，直到下课。

17. C 【解析】布置作业的要求：(1)布置作业要有目的、有重点，作业内容符合课程标准的要求；(2)考虑不同学生的能力需求；(3)分量适宜、难易适度；(4)作业形式与内容要多样化，具有多选性，难度要逐步提高；(5)要求明确，规定作业完成时间；(6)作业反馈清晰、及时；(7)作业要具有典型意义和举一反三的作用；(8)作业应有助于启发学生的思维，含有鼓励学生独立探索并进行创造性思维的因素；(9)尽量同现代生产和社会生活中的实际问题结合起来，力求理论联系实际。故C项做法不可取。

18. B 【解析】复式教学是把两个或两个以上不同年级的学生编在一个教室里，由一位教师分别用不同的教材，在一节课里对不同年级的学生进行教学的一种特殊组织形式。题干中把三年级和五年级的学生编在一个班级上课，且老师是同一人，因此这种教学组织形式是复式教学。

19. D 【解析】复式教学适用于学生少、教师少、校舍和教学设备较差的农村以及偏远地区。

易错警示：部分考生会认为正是因为学生多、教师少，所以才适合进行复式教学，这其实是对复式教学的误解。通过概念可知，复式教学是把不同年级的学生编在同一个教室里上课，若学生太多的话，彼此影响，根本无法在一个教室里进行教学，故复式教学适用于学生少、教师少的情况。考生要注意识记复式教学的概念、适用范围及意义，以灵活应对各种题型。

20. A 【解析】外部分组，即取消按年龄编班，按学生的能力或某些测验成绩编班。

21. C 【解析】检查书面作业是教师检查学生学习情况最常用的方法。通过作业检查与评定，教师可以了解学生学习的质量和问题，加以弥补；学生可以了解自己的学习，努力设法改进。

22. B 【解析】古代教学一般采用个别教学。

23. A 【解析】中国采用班级授课制的教学组织形式，最早始于1862年清政府开办的京师同文馆。

二、多项选择题

1. ABCD 【解析】布置作业的原则：(1)在内容上突出开放性和探究性；(2)在容量上考虑量力性和差异性；(3)在形式上体现新颖性和多样性；(4)在评判上重视过程性和激励性。

2. ABCD 【解析】作业的形式主要有：(1)阅读作业，如复习、预习教科书，阅读人文和科学读物；(2)口头作业，如口头回答、朗读、复述、背诵；(3)书面作业，如演算习题、作文、绘图；(4)实践作业，如观察、实验、测量、社会调查等。

3. ABD 【解析】教师备课要写好三种计划，即学年(或学期)教学计划、课题(或单元)计划、课时计划(教案)。

4. ABD 【解析】教师掌握教材有一个深化的过程，一般要经过懂、透、化三个阶段。

5. ABCD 【解析】根据教学任务的不同，可将课分为传授新知识课(新授课)、巩固新知识课(巩固课)、技能技巧课(技能课)和检查知识课(检查课)。

方法技巧：根据教学的任务和主要使用的教学方法，课可以分为不同的类型，考生可以结合以下内容进行对比记忆：
(1)依据教学方法，课可分为：讲授课、演示课、练习课、实验课、复习课；
(2)依据教学任务，课可分为：新授课、巩固课、技能课、检查课。

6. ABCD 【解析】教师要上好课，需要以现代教学理念为指导，遵循教学规律与原则，创造性地运用教学方法，并注重做到下述几点：(1)明确教学目的；(2)保证教学的科学性与思想性；(3)调动学生的学习积极性；(4)注重解惑纠错；(5)组织好教学活动；(6)布置好课外作业。

7. AB 【解析】现代教学的辅助形式主要是个别教学和现场教学。

8. ABCD 【解析】教师教学工作包括五个基本环节(基本程序)：备课、上课、作业的布置与反馈、课外辅导和学业成绩的检查与评定。

三、填空题

1. 复式教学
2. 翻转课堂
3. 上课
4. 检查复习
5. 平时考查　考试

四、判断题

1. × 【解析】教师在布置作业时要适度适量，不能布置过多的作业，以避免学生产生厌学情绪。故教师在布置作业时让家长也额外给学生布置作业的做法是不合理的。

2. √ 【解析】作业的形式有多种：(1)阅读作业，如复习、预习教科书，阅读人文和科学读物；(2)口头作业，如口头回答、朗读、复述、背诵；(3)书面作业，如演算习题、作文、绘图；(4)实践作业，如观察、实验、测量、社会调查等。

3. × 【解析】翻转课堂是指在信息化环境中，课程教师提供以教学视频为主要形式的学习资源，学生在上课前完成对教学视频等学习资源的观看和学习，师生在课堂上一起完成作业答疑、协作探究和互动交流等活动的一种新型的教学模式。翻转课堂强调学生学习老师准备的新知识，而不是根据自己的兴趣爱好学习新知识。

4. √ 【解析】在实际的教学中，有时一节课只完成一个任务，有时一节课则需完成多项任务，所以根据一节课所完成任务的类型数，又可分为单一课和综合课。一般来说，综合课的基本组成部分有组织教学、检查复习、讲授新教材、巩固新教材、布置课外作业等。

5. √ 【解析】教师上好一节课的标准包括使个别学生得到照顾。

6. × 【解析】上课是整个教学工作的中心环节。

7. √ 【解析】题干描述的是班级教学的缺点之一。在班级教学中，每个学生独自完成学习任务，教师虽然向许多学生同样施教，而每个学生各以自己独特的方式去掌握。每个学生分别对教师负责，学生与学生之间并无分工合作，彼此不承担任何责任，无必然的依存关系。

8. × 【解析】分组教学和班级授课制各有其利弊，不能说谁比谁更优越。

9. × 【解析】平时考查中的口头提问可以在课前、课中、课后进行；检查书面作业可以在课外进行，也可以在课堂上进行。

10. × 【解析】我国最早采用班级授课制的是1862年清政府在北京设立的京师同文馆。1902年，清政府颁布《钦定学堂章程》后，班级授课制在全国广泛推行。直至现在，班级授课制仍是我国各级各类学校教学的基本组织形式。

五、名词解释(参考答案)

1. 教学组织形式

教学组织形式是指教学活动中教师与学生为实现教学目标所采用的社会结合方式。

2. 班级授课制

班级授课制是把学生按年龄和文化程度分成固定人数的班级，教师根据课程计划和规定的时间表进行教学的一种组织形式。

3. 现场教学

现场教学是指教师把学生带到事物发生、发展的现场进行教学活动的形式。它可以以班级为单位，也可以以小组或个人为单位，通常需要有关现场人员的参加。

4. 翻转课堂

翻转课堂就是在信息化环境中，课程教师提供以教学视频为主要形式的学习资源，学生在上课前完成对教学视频等学习资源的观看和学习，师生在课堂上一起完成作业答疑、协作探究和互动交流等活动的一种新型的教学模式。

六、简答题(参考答案)

1. 简述分组教学的优点。
(1)分组教学比班级上课更适应学生个人的水平和特点，便于因材施教，有利于人才的培养；(2)便于学生的交流合作；(3)有助于学生组织能力、管理能力、表达能力以及问题解决能力的培养；(4)有利于学生在与小组成员的竞争与合作中，强化自己的学习动机。

2. 简述上好课的基本要求。
(1)教学目标明确；(2)教学内容准确；(3)教学结构合理；(4)教学方法适当；(5)讲究教学艺术；(6)板书有序；(7)充分发挥学生的主体性。

3. 简述布置作业的要求。
(1)布置作业要有目的、有重点，作业内容符合课程标准的要求；(2)考虑不同学生的能力需求；(3)分量适宜、难易适度；(4)作业形式与内容要多样化，具有多选性，难度要逐步提高；(5)要求明确，规定作业完成时间；(6)作业反馈清晰、及时；(7)作业要具有典型意义和举一反三的作用；(8)作业应有助于启发学生的思维，含有鼓励学生独立探索并进行创造性思维的因素；(9)尽量同现代生产和社会生活中的实际问题结合起来，力求理论联系实际。

4. 简述当前教学组织形式改革的重点。
(1)适当缩小班级规模，使教学单位趋向合理化；(2)改进班级授课制，实现多种教学组织形式的综合运用；(3)多样化的座位排列，加强课堂教学的交往互动；(4)探索个别化教学。

七、论述题(参考答案)

试述班级授课制的优缺点。

(1)优点：①有利于经济有效地大面积培养人才，提高教学效率；②它以“课”为教学活动单元，能保证学习活动循序渐进，有利于学生获得系统的科学知识；③有利于发挥教师的主导作用；④有利于发挥学生集体的教育作用；⑤有利于学生德、智、体多方面的发展；⑥有利于进行教学管理和教学检查。

(2)缺点：①不利于学生主体性的发挥。学生的独立性、自主性受到限制，不利于培养学生的志趣、特长。②不利于培养学生的探索精神、创造能力和实际操作能力。过于强调书本知识的学习，容易造成理论和实践的脱节。③不能很好地适应教学内容和教学方法的多样化。班级授课制中，无论用什么教学方法，都只能适应部分学生。④不利于因材施教，难以满足学生个性化的学习需要。⑤不利于学生之间真正的交流和启发。在班级授课制中，课堂成为学生生活的基本空间，课堂教学成为学生最主要的生活方式，学生的交往受到限制。⑥以“课”为基本的教学活动单位，某些情况下会割裂内容的整体性。

知识4 教学评价与教学模式

一、单项选择题

1. B 【解析】示范—模仿教学模式是教师有目的地把示范技能作为有效的刺激，以引起学生相应的行动，使他们通过模仿，有效地掌握必要的技能的一种教学模式。它的基本步骤是：定向(明确所学目的)—示范—参与性练习—自主练习—迁移(熟练掌握)。

2. C 【解析】“情境—陶冶”教学模式是吸取了洛扎诺夫的暗示教学理论，并参照我国教学实际工作者积累的有效经验加以概括而形成的。

3. B 【解析】抛锚式教学的基本程序：创设情境—确定问题—自主学习—协作学习—效果评价。故选B项。

4. D 【解析】传递—接受教学模式强调教师的指导作用，认为知识是从教师到学生的一种单向传递，非常注重教师的权威性。

5. C 【解析】引导—发现教学模式是一种以解决问题为中心，注重学生独立活动，着眼于创造性思维能力和意志力培养的教学模式。

6. C 【解析】范例教学模式是由德国教育心理学家瓦·根舍因提出来的。

7. C 【解析】“尺子”在教学评价中相当于标准，题干意在说明评价标准应该多元化。

8. D 【解析】相对性评价又称为常模参照性评价，是运用常模参照性测验对学生的学习成绩进行的评价，它主要依据学生个人的学习成绩在该班学生成绩序列或常模中所处的位置来评价和决定他的成绩的优劣，而不考虑是否达到教学目标的要求。题干所述为相对性评价。

方法技巧：考生容易混淆相对性评价、绝对性评价和个体内差异评价。在理解这三个概念时，可把相对性评价理解为“看位置”，绝对性评价理解为“看标准”，个体内差异评价理解为“看自己”。

9. C 【解析】诊断性评价的主要功能有：(1)检查学生的学习准备程度；(2)决定对学生的适当安置；(3)辨别造成学生学习困难的原因。故选C项。

方法技巧：诊断性评价、形成性评价和总结性评价是易混点，考生可识记这三种评价方式的常用手段进而快速解题。
(1)诊断性评价：摸底考试；
(2)形成性评价：口头提问和书面测验；
(3)总结性评价：期中、期末考试。

10. A 【解析】诊断性评价是在学期开始或一个单元教学开始时，为了了解学生的学习准备状况及影响学习的因素而进行的评价。它的主要形式有：(1)查阅被评价者在此之前的有关成绩记录；(2)摸底测验；(3)必要的学习要素调查表。故选A项。形成性评价又叫过程性评价，是指在教学过程中为改进和完善教学活动而进行的对学生学习过程及结果的评价。总结性评价是在一个大的学习阶段、一个学期或一门课程结束时对学生学习结果的评价。

11. C 【解析】诊断性评价是在学期开始或一个单元教学开始时，为了了解学生的学习准备状况及影响学习的因素而进行的评价。题干中的李老师在教学活动开始之前对学生进行预测，了解学生的知识基础和准备状况，这属于诊断性评价，故选C项。A项，终结性评价常在学期中或学期末进行；B项，形成性评价常在学习过程中进行；D项，学业成就评价一般是根据一定标准对学生的学业成就进行价值判断的过程。

12. B 【解析】教学评价的激励功能指教学评价激发评价对象情感、鼓舞斗志、振作上进的功效或能力。教学评价可以依据设定的评价目标，对评价对象的教育教学或学习活动等做出客观的价值判断，肯定成绩或进步，指出缺点与不足，指出产生的可能原因，从而刺激评价对象主体意识的情感，促使其精神振作，在提高教育教学或学习质量的自我需要的更高层面上，产生发扬成绩、改进不足、争取进步的行为动机，达到改进教育教学或学习等活动并提高质量的目的。故题干所述主要体现了教学评价的激励功能。

13. A 【解析】教学评价是指以教学目标为依据，通过一定的标准和手段，对教学活动及其结果给予价值上的判断，即对教学活动及其结果进行测量、分析和评定的过程。其目的是对课程、教学方法以及学生培养方案做出决策。

14. A 【解析】根据评价采用的标准，可以将教学评价分为相对性评价、绝对性评价和个体内差异评价。

15. C 【解析】题干中的学生将自己现在的作文水平与之前的作文水平进行比较，也即对自己的现在和过去进行比较，这属于个体内差异评价。

16. C 【解析】形成性评价是在教学过程中为改进和完善教学活动而进行的对学生学习过程及结果的评价。它包括在一节课或一个课题的教学中对学生的口头提问和书面测验。题干所述内容即体现了形成性评价的内涵。

17. A 【解析】总结性评价也称为终结性评价，是在一个大的学习阶段、一个学期或一门课程结束时对学生学习结果的评价。

二、多项选择题

1. ABC 【解析】根据教学评价的作用，可将其分为诊断性评价、形成性评价和总结性评价（终结性评价）。

2. BC 【解析】按照评价主体，教学评价可以分为内部评价和外部评价。

3. ABC 【解析】范例教学模式具有如下特点：(1)体现基本性，教学重视基本知识的学习；(2)体现基础性，教学重视学生实际和可接受性，难度适宜；(3)体现范例性，在学科知识中精选起示范作用的内容，便于学生学习时进行正向迁移；(4)体现四个统一，即知识教学与德育的统一、问题教学与系统学习相统一、掌握知识与发展能力相统一、主体与客体的统一。

4. BCD 【解析】贯穿暗示教学模式的三个基本原则包括：愉快而不紧张的原则、有意识和无意识相统一的原则、暗示手段相互作用的原则。

三、判断题

1. × 【解析】总结性评价也称为终结性评价，是在一个大的学习阶段、一个学期或一门课程结束时对学生学习结果的评价。总结性评价注重考查学生掌握某门学科的整体程度，概括水平较高，测验内容范围较广，常在学期中或学期末进行。故期中、期末考试属于总结性评价。

2. × 【解析】教学评价是教学工作不可缺少的一个基本环节，从整体上调节、控制着教学活动的进行，保证着教学活动向预定的目标前进并最终达到该目标。它贯穿于教学工作的整个过程。

3. × 【解析】教学评价主要包括对学生学习结果的评价和对教师教学工作的评价，也可以划分为学生学业评价、课堂教学评价和教师评价。

4. × 【解析】相对性评价又称为常模参照性评价，绝对性评价又称为目标参照性评价（标准参照评价）。

5. √ 【解析】引导—发现模式一般适用于数理学科，需要学生有一定的经验储备，才能从强烈的问题意识中找到解决问题的线索。

6. × 【解析】教学模式的解释功能是指它可以通过简要的解释或象征性符号来反映所依据的教学理论的基本特征，简洁、明了地说明复杂的教学现象，将抽象的理论变为生动、有形的框架，便于广大教师理解和把握。题干所述属于教学模式的推断功能。

7. √ 【解析】自学—指导教学模式强调教师是学生自学的“指导者”“引导者”，教师一般要设计出要求明确的自学提纲，提供必要的参考书、学习辅助工具。该模式主要用于具备一定阅读能力的学生。

四、名词解释（参考答案）

1. 外部评价

外部评价是被评价者之外的专业人员对评价对象进行明显的（看得见的、众所周知的）统计分析或文字描述。

2. 教学模式

教学模式是指比较稳定的教学程序及其方法体系，它具有特定的教学理论指导，具有特定的教学目标定位，对教学因素及其组合结构具有特定的要求，对教学活动及其流程具有特定的规定。

五、案例分析题（参考答案）

(1)该案例中魏老师的做法体现了因材施教的教

学原则，综合运用了多种评价方式。

(2)因材施教是指教师在教学中，要从课时计划、学科课程标准的统一要求出发，面向全体学生，同时又要根据学生的个别差异，有的放矢地进行有差别的教学，使每个学生都能扬长避短，获得最佳的发展。案例中，魏老师帮这名学生检查学习的效果，帮他确定学习内容，不断地督促、检查他的学习落实情况，而不是对全班同学采取统一标准，充分体现了因材施教的教学原则。

(3)魏老师对刚接任的班级进行摸底测验，属于诊断性评价，该评价是在教学活动开始之前对学生的知识、技能以及学习风格等状况进行的预测。通过这种预测可以了解学生的知识基础和准备状况，以判断他们是否具备实现当前教学目标所要求的条件，为实现因材施教提供依据；从整个教学进程来看，案例中“在期中考试时，他考了40多分……”“到了期末考试的时候，他已经可以考到70多分了……”这是个体内差异评价的一种体现。这种评价是监控学生学习进展最重要的手段，也是进一步教学的基础。总之，教师在教学过程中，应建立促进学生全面发展的评价体系。评价不仅要关注学生的学业成绩，而且要发现和发展学生多方面的潜能，了解学生发展中的需求，帮助学生认识自我，建立自信，发挥评价的教育功能，促进学生在原有水平上不断发展。

整合提升

一、单项选择题

1. C 【解析】刘老师将数学知识与分包子的生活事件联系起来以帮助学生理解知识，体现的是理论联系实际的教学原则。

2. C 【解析】实习作业法是指教师根据学科课程标准的要求，指导学生运用所学知识在课上或课外进行实际操作，将知识运用于实践的教学方法。这种方法在自然学科的教学中占有重要的地位，如数学课的测量练习、生物课的植物栽培和动物饲养等。故选C项。

3. B 【解析】一位接受了亚里士多德或裴斯泰洛齐唯实论哲学思想的教师，在认识论上必然认为认识来源于人们对物体的感觉，通过对感觉材料的抽象才能形成与现实物体相应的概念，因此，这位教师在教学活动中肯定会强调直观性原则，并利用各种方式充分刺激学生感官的活动。故选B项。

4. B 【解析】尝试教学法的应用，引起了教学过程的一系列变化：(1)从单纯传授知识转变为在传授知识的同时，培养能力，发展智力；(2)从教师讲、学生听转变为在教师指导下，学生自学、先练，教师再讲；(3)从学生被动听讲、死记硬背转变为主动探索、解决问题；(4)从技巧性教育为主转变为思考性教育为主。

5. A 【解析】题干中孟老师引导学生自己说出“年、月、日”的内容，运用了自主探究法。自主探究法是以引导探究为主的方法。以引导探究为主的方法是指教师组织和引导学生通过独立的探究和研究活动而获得知识的方法。

6. B 【解析】讲述的侧重点在于讲事而不是说理。与讲述相比，讲解侧重于讲理而不是说事，其目的在于帮助学生发展理论思维能力。

7. C 【解析】探索水平的教学是教学的最高境界。在这种水平的教学中，教师注重启发、诱导、激励，善于提出发人深思、能挑战学生智慧的问题；学生能主动质疑、辨析、独立思考、发表个人见解，进行探究与论争。故选C项。

8. A 【解析】概念教学的理想方式是先教给学生一些典型的问题，识别出哪些是概念的主要属性，然后再教一般事物，最后识别特殊事物。

9. A 【解析】贯彻启发性原则的要求之一是设置问题情境，启发学生独立思考，培养学生良好的思维方法和思维能力。题干的关键词是“问题”，即学生思维的发展是从问题或者是疑问开始的，故应遵循启发性教学原则。

10. B 【解析】“记问之学，不足以为人师”可译为：仅仅靠背诵和记忆前人的东西而没有自己的见解和想法，这样的人是不足以给别人当老师的。这说明教学不能只停留在掌握已有的知识经验层面，还要注重智力的发展，即要具备认识客观事物的基本能力，这主要体现的了掌握知识和发展智力相统一的教学规律。

11. D 【解析】“范例教学”主张选取蕴含本质因素、根本因素、基础因素的典型案例，通过对范例的研究，使学生从个别到一般、从具体到抽象、从认识到实践理解、掌握带有普遍性的规律、原理的模式。

12. A 【解析】布置课外作业是为了使学生进一步巩固所学知识，并培养独立学习和工作的能力。

13. B 【解析】“叩其两端”出自《论语·子罕》。“子曰：‘吾有知乎哉？无知也。有鄙夫问于我，空空如也，我叩其两端而竭焉。’”译文为：孔子说：“我有知识吗？没有知识啊！”有个粗鄙的人来向我询问，非常诚恳的样子。我就向他询问事物的两极，以穷尽事物的面貌让他知道。”“叩其两端”的方法即让学生注意事物的正反两面，从事物的矛盾中求得正确的答案。这属于现代意义上的谈话法。

14. C 【解析】题干引文的意思是：如果老师开导了(学生)还是不懂，那么暂时放弃开导，也是可以的。这在一定程度上表明教学的内容、方法、分量和进度要适合学生的身心发展，使他们能够接受。这符合量力性原则的内涵。

15. A 【解析】“一个教师要紧的不是忙着用这一种教法去否定另一种教法，不是证明多种教法的没道理”说明教学是有程式的。“更不是糊里糊涂地照搬某种教法到自己的课堂上,不加任何改变就用”“酿造自己课堂教学的蜜”说明教师的教学不能程式化。故选A项。BCD三项题干内容未体现。

16. B 【解析】相对性评价又称为常模参照性评价,是运用常模参照性测验对学生的学习成绩进行的评价,它主要依据学生个人的学习成绩在该班学生成绩序列或常模中所处的位置来评价和决定他的成绩的优劣,而不考虑是否达到教学目标的要求。绝对性评价主要依据教学目标和教材编制试题来测量学生的学业成绩,判断学生是否达到了教学目标的要求,而不以评定学生之间的差异为目的。进行评价时,每个人的成绩分数只与统一的、固定的客观标准进行比较。故题干中“小丽数学考了89分,在全班同学中处于中间水平”的评价属于相对性评价。

17. C 【解析】形成性评价是在教学过程中为改进和完善教学活动而进行的对学生学习过程及结果的评价。它包括在一节课或一个课题的教学中对学生的口头提问和书面测试。题干中该教师在课堂上进行提问,想要了解学生对这首诗的理解情况属于教学过程中的形成性评价。

18. B 【解析】19世纪德国教育家赫尔巴特提出教学过程由“明了、联合、系统、方法”四阶段构成(后由其学生发展为五个阶段),这一理论标志着教学过程理论的形成。

19. C 【解析】演示法是指教师通过展示实物、教具和示范性的实验来说明、印证某一事物和现象,使学生掌握新知识的一种教学方法。题干所述是对演示法的运用。

20. B 【解析】以引导探究为主的方法,是指教师组织和引导学生通过独立的探究和研究活动而获得知识的方法。题干中的老师先让学生进行猜想,然后让学生进行实验操作,解释和交流实验结论。在这个过程中,主要是以学生的独立探究为主,老师处于辅助地位。故该教师采用的是探究教学法。

21. B 【解析】设计教学法主张废除班级授课制和教科书,打破传统的学科界限,教师不直接向学生传授知识和技能,而是指导学生根据自己已有的知识和兴趣,自行组成以生活问题为中心的综合性学习单元。学生在自己设计、自己负责的单元活动中获得有关的知识和能力。

22. B 【解析】绝对性评价宜用于升级考试、毕业考试和合格考试。题干中的“以及格分为过关标准”就是这一评价方式的典型体现。

23. D 【解析】情境教学法是指在教学过程中,教师有目的地引入或创设具有一定情绪色彩的生动具体的场景,以引起学生一定的情感体验,从而帮助学生理解教材,并使学生的心理机能得到发展的教学方法。题干所述正是对这一教学方法的运用。

24. A 【解析】备课过程中的“吃透两头”是指“吃透教材”和“吃透学生”。“吃透教材”是指教师要熟悉所教学科的教学内容、知识体系以及明确教材的重点、难点;“吃透学生”是指教师要了解学生的个性特点、学习基础、学习兴趣、学习风格等。故选A项。

25. D 【解析】学生的个体认识始终是在教师的指导下进行。区别于一般的认识过程,教学认识是在主客体之间“嵌入”一个起主导作用的中介因素——教师,形成学生——课程与教材——教师相互作用的特殊的“三体结构”。学生的认识实际上走的是人类认识的捷径。故题干所述体现了教学过程的指导性特点。

26. A 【解析】领会知识包括使学生感知和理解教材,教师要引导学生通过感知形成清晰的表象和鲜明的观点,为理解抽象概念提供感性知识的基础并发展学生相应的能力。题干中的教师通过播放视频使学生对地球环境恶化的状况有所了解,就是让学生形成清晰的表象,为学习环境保护知识打下基础,属于教学过程的领会知识阶段。

27. D 【解析】题干中“师傅”和“个人”的关系体现了教学中教师主导作用与学生主体作用相结合的规律。

28. B 【解析】教学是在一定教育目的规范下,教师的教和学生的学共同组成的传递和掌握社会经验的双边活动。可见,教学是教与学的统一,教之于学就如同卖之于买。故选B项。

29. B 【解析】理解水平的教学是教师教学应达到的基本要求。在这种水平的教学中,教师能系统、明确地联系实际讲解教学内容及其运用、操作,学生通过观察、思考与练习,能较好地掌握所学知识、技能。故题干描述的教学属于理解水平的教学。

30. B 【解析】魏老师把大部分时间交给学生讨论问题,充分发挥了学生的主体作用;同时魏老师作为课堂的引导者,保证学生不偏离主道,这体现了魏老师的主导作用。魏老师的课取得了良好的教学效果,这说明在教学过程中要把教师的主导作用和学生的主动性统一起来。

二、多项选择题

1. AB 【解析】题干中的“演示”和“讲解”说明该物理老师运用了讲授法和演示法。

2. CD 【解析】演示法是指教师通过展示实物、教具和示范性的实验来说明、印证某一事物和现象,使学生掌握新知识的一种教学方法。题干中的老师让学生观察蚕宝宝,体现了对演示法的运用。讨论法是全班或小组成员在教师的指导下,围绕某一中心问题发表自己的看法和见解,从而进行相互学习的一种方法。题干中的老师让学生在全班交流学习成果,这体现了对讨论法的运用。

3. ABD 【解析】贯彻循序渐进原则的要求有:(1)教师的教学要有系统性;(2)抓主要矛盾,解决好重点与难点;(3)教师要引导学生将知识体系化、系统化;(4)按照学生的认识顺序,由浅入深、由易到难、由简到繁地进行教学。C项是理论联系实际原则的贯彻要求。E项是启发性原则的贯彻要求。

4. ACDE 【解析】活动式教学理论体系的特点:(1)在知识上强调通过自我发现去掌握知识,重视掌握知识的质;(2)在学习方式上重视学习的过程,重视思维的过程,强调掌握知识的方法;(3)在动机形式上,强调内在动机,重视对知识本身的兴趣与热爱;(4)在教师角色上,重视教师的引导,教师是顾问、咨询者;(5)在学生角色上,学生是主动的分析者、探究者。接受式教学理论体系强调积累知识,重视掌握知识的量。

5. AD 【解析】题干中的老师通过让学生做"萝卜蹲"的游戏,让学生直观地感知数列规律,并且将数列知识与学生的实际生活相结合,这体现了直观性原则和理论联系实际的原则。

三、辨析题(参考答案)

1. 问题教学法是一种启发式教学方法,而讲授法是一种注入式教学方法。

(1)这种说法是不正确的。(2)问题教学法和讲授法既有可能是启发式教学方法,也有可能是注入式教学方法。依据指导思想不同,各种教学方法可归并为两大类:注入式和启发式。衡量一种教学方法是否具有启发性,关键是看教师能否促进学生积极主动地去学习,而不是单从形式上去加以判断。当教师从学生实际出发,采取各种有效的形式去调动学生学习的积极性,指导他们自己去学习时即启发式教学。当教师从主观出发,把学生看成单纯接受知识的容器,向学生灌输知识,无视学生在学习上的主观能动性时即注入式教学。

2. 学生的认识活动是教学中最主要的活动。

(1)这种说法是正确的。(2)教学过程中有两类不同性质的活动(教和学),但教学过程的主要矛盾是学生与其所学的知识之间的矛盾(教师提出的教学任务同学生完成这些任务的需要、实际水平之间的矛盾),实际上也就是学生认识过程的矛盾,是认识主体与其客体之间的矛盾,因此学生的认识活动是教学中最主要的活动。

3. 备课就是备教材,教材吃透了课也就备好了。

(1)这种说法是不正确的。(2)教师备课要做好三方面的工作,即钻研教材、了解学生、设计教法,也即备教材、备学生、备教法。因此,备课并不仅仅是备教材,教材备好了也不意味着课就备好了。

4. 教学永远具有教育性。

(1)这种说法是正确的。(2)教学具有教育性,是指教学在传授和学习知识的同时,总有某种思想、观点和道德精神影响学生。这里的"教育",指的是道德教育、思想品德教育。西方有句名言:教学永远具有教育性。"永远具有"指出了教学具有教育性不是一种暂时的偶然的现象,而是一条规律。正如赫尔巴特所说:"我想不到有任何'无教学的教育',正如相反方面,我不承认有任何'无教育的教学'。"教学具有教育性揭示了教学过程中教书与育人两个方面之间的内在的必然的联系。

5. 坚持以教学为主的办学规律,要求学校领导集中全校所有的人力、物力和财力用于教学活动。

(1)这种说法是不正确的。(2)学校工作以教学为主,既是由教学本身的性质决定的,也是多年来教育工作经验的总结。但这并不意味着可以轻视甚至忽略其他工作,应当坚持"教学为主,全面安排"的原则。

四、论述题(参考答案)

1. "教学有法,教无定法,贵在得法。"这句话中的三个"法"分别是什么意思?结合教育理论知识和教育实践谈谈你对这句话的认识。

(1)①"教学有法"是指我们的教育教学活动是有规律可遵循,有法则可遵守,有模式可遵照,是有可以掌握的基本方法、基本规律的。"教学有法"中的"法"指的是教学活动自身的基本规律和基本方法。②"教无定法"指的是教学的模式、方法、技能等不是机械的、教条的,而是灵活多变、富有个性、充满灵性的。教无定法是我们组织教育教学活动的依据。"教无定法"中的"法"指的是教学的模式、方法、技能等。③"贵在得法"指的是教师将各种教学方法、手段、技巧等恰如其分、灵活巧妙地应用于具体的教学情景中。"贵在得法"中的"法"指的是教师采用的教学手段、方法、技巧等,即科学化的教法。

(2)在实际教学中,教师要想做到"得法"就要选择和运用好教学方法,教师要根据教学目的和任务的要求,课程性质和特点,学生年龄特征,自身的业务水平、实际经验及个性特点等选择适合的教学方法。教师要综合、灵活、创造性地运用教学方法。教学方法运用的综合性是指根据教学任务和教学内容的需要,综合运用多种教学方法,而不要长期只使用一种教学方法;教学方法运用的灵活性是指在实际应用中,要从实际需要出发,随时对其进行调整;教学方法运用的创造性是指从教学实践出发,在把握现有教学方法的基础上有所创造。

2. 备好课是上好课的前提。新课程理念下,你认为教师应如何"分析教材"?

分析教材包括学习学科课程标准、钻研教科书和阅读有关参考资料。首先,学习学科课程标准就是指教师要弄清楚本学科的教学目的,教材的体系、结构、基本内容和教学法上的基本要求。其次,教师必须钻研教科书,掌握学科主要内容、重点、难点所在,同时也要考虑如何利用它来促进学生态度、情感、价值观的转变,知识的拓展及各种能力的提高。此外,各种参考资料是教科书的重要补充,教师应广泛阅读有关参考书来获得有价值的信息,以满足教学需求。

3. 请对"教师是教学过程的主角,学生学得好坏由教师决定"这句话进行分析。

这种观点是错误的,它没有正确认识教师和学生在教学过程中的地位。在教学过程中,既要发挥教师的主导作用,也要充分发挥学生主体参与教学的能力。教师的主导作用和学生的主体作用是相互促进的。教师的主导作用要依赖于学生主体作用的发挥。学生学习的主动性、积极性越高,说明教师的主导作用发挥得越好。反过来,学生主体作用要依赖于教师的主导作用来实现。只有教师、学生两方面互相配合,才能收到最佳的教学效果。

五、案例分析题(参考答案)

1. (1)①线上教学打破了传统教育的时空限制,教师和学生足不出户就能进行教和学;②线上教学丰富的交互性和协作性,加强了师生之间的交流和协作,提高了教师对学生的关注度;③线上教学学生能够反复在线学习,有利于巩固所学知识,节约教学资源;④线上教学提高了家长的参与度,有利于家长和教师之间互相配合,形成教育合力,共同促进学生的发展;等等。

(2)①纸质教材与电子教材的使用相结合;②教师备课与学生预习相结合;③教材内容的教学与拓展性生活相结合;④创新教法与指导学法相结合;⑤学生线上收看与教师线下指导相结合;⑥文科课程与理科课程的安排相结合;⑦教学的统整性与差异性相结合;⑧教师指导与家长配合相结合;⑨学生学习与反馈评价相结合。

2. 大班额、超大班额给学校教育带来的不利影响包括:(1)不利于新课改理念的推行和教育质量的提高,影响了素质教育的全面实施;(2)增加了学校管理难度,容易造成安全隐患;(3)严重危害了学生的身心健康;(4)加重了教师的工作负担;(5)不利于学校均衡发展,农村学生向县城集中,县城学生向市区集中,城市学生向热点学校集中,让城市的热点学校成为"大班额"困扰的焦点。

3. (1)该案例体现了教学过程的间接经验与直接经验相结合的特点。以间接经验为主是教学活动的主要特点,但在教学中必须重视直接经验的作用。在案例中,学生对雨的观察得到的是直接经验,而老师将其引向古诗这一间接经验,这一教学过程即体现了直接经验与间接经验相结合的特点。

(2)该案例体现了教学过程的教师主导作用与学生主体作用相统一的特点。教师在教学活动中起主导作用,而学生是教学活动中具有能动性的主体。学生是具有主观能动性的人,他们能够能动地反映客观事物。他们的学习动机、兴趣、意志等因素直接影响学习效果。因此,在教学中必须发挥学生的主体作用。教师的主导作用和学生的能动性是相互促进的。无论多么优秀的教师,都无法代替学生学习。成功的教学有赖于学生主观能动性的发挥。本案例中,老师只是提了一个问题,给了学生一句评价。虽然话不多,但是很关键,充分调动了学生学习的积极性,给了学生很大的想象空间,引导他们主动思考,收到了良好的教学效果。

4. (1)案例中这位老师的做法体现了理论联系实际和启发性的教学原则。①理论联系实际原则是指教师在教学中,应使学生从理论与实际的结合中来理解和掌握知识,并引导他们运用新获得的知识去解决各种实际问题,培养他们分析问题和解决问题的能力。这一原则是直接经验与间接经验相统一的教学规律在教学中的体现。教师通过让学生自己学习并亲手去做菜来帮助写作文,这充分体现了理论与实际相结合的教学原则。②启发性原则是指在教学活动中,教师要调动学生的主动性和积极性,引导他们通过独立思考、积极探索,生动活泼地学习,自觉地掌握科学知识,提高分析问题和解决问题的能力。教师提出去学生家吃饭,引导学生学习做菜,调动了学生做菜的积极性,从而为写好作文奠定了基础。这是运用启发性教学原则的体现。

(2)该案例中的老师主要是运用谈话法进行教学的。谈话法也叫问答法,它是教师按一定的教学要求向学生提出问题让学生回答,通过问答、对话的形式来引导学生思考、探究,获取或巩固知识,促进学生智能发展的方法。运用谈话法能够照顾到每个学生的特点,充分激发学生的思维活动,有利于发展学生的语言表达能力;并使教师通过谈话直接了解学生的学习程度,及时检验自己的教学效果,从而提出一些补救措施来弥补学生的知识缺陷,开拓学生的思路,使学生保持注意和兴趣。案例中,教师与学生的问答过程是运用谈话法的体现。

(3)案例中的这位老师遵循了教学过程中直接经验与间接经验相结合的规律以及教师主导作用与学生主体作用相结合的规律。①学生在学习过程中以间接经验为主,但是学习间接经验要以直接经验为基础。案例中的老师让学生回家学习做菜,然后再根据自己做菜的经验来写作文,体现了直接经验与间接经验相结合的规律。②教师在教学过程中要注重发挥主导作用,同时也要充分发挥学生学习的积极主动性。案例中的老师运用对话的形式一步步引导学生自己去学做菜,并且引导学生将做菜的过程说出来并写出来,这体现了教师主导作用与学生主体作用的统一。

真题必刷

一、单项选择题

1. D 【解析】教学是在一定教育目的规范下,教师的教和学生的学共同组成的传递和掌握社会经验的双边活动。题干为教学的内涵,故选D项。

2. B 【解析】诊断性评价是在学期开始或一个单元教学开始时,为了了解学生的学习准备状况及影响学习的因素而进行的评价。故选B项。

3. D 【解析】范例教学的关键在于范例的选择。范例的选择是范例教学的第一步。之后,教师要利用所选择的范例,引导学生学习和掌握范例所内含的原理、法则和概念。故选D项。

4. A 【解析】教学过程作为一种特殊的认识过程,其特殊性表现在:(1)认识对象的间接性与概括性;(2)认识方式的简捷性与高效性;(3)教师的引导性、指导性与传授性(有领导的认识);(4)认识的交往性与实践性;(5)认识的教育性与发展性。故选A项。

5. D 【解析】教学过程是一种特殊的认识过程,故选D项

6. D 【解析】学生看书了解理论知识得到的是间接经验,到大自然中亲身感受得到的是直接经验,因此,题干的表述体现了间接经验与直接经验相统一的教学规律。

7. C 【解析】教学过程的阶段之一是运用知识,即在教学中,运用知识、形成技能技巧主要是通过教学实践来实现的,如完成各种书面或口头作业、实验等。此外,运用知识不只局限于技能和技巧的掌握,还包括"知识迁移"的能力和创造能力的发挥等。题干所述属于学生掌握知识的运用知识阶段。

8. A 【解析】题干中,王老师在给学生传授知识的同时对学生进行思想品德的教育,体现的是科学性与思想性相统一的教学原则。

9. C 【解析】贯彻循序渐进原则的要求包括:(1)教师的教学要有系统性;(2)抓主要矛盾,解决好重点与难点;(3)教师要引导学生将知识体系化、系统化;(4)按照学生的认识顺序,由浅入深、由易到难、由简到繁地进行教学。题干所述是贯彻循序渐进原则的基本要求。

10. A 【解析】设计教案(课时计划)是教师备课工作的最后一个环节,也是教师备课工作中最全面系统、深入具体的一步,是保证教师有计划、有步骤地上好课的必要手段,对提高教学质量有着重要意义。

11. D 【解析】谈话法也叫问答法,它是教师按一定的教学要求向学生提出问题让学生回答,通过问答、对话的形式来引导学生思考、探究,获取或巩固知识,促进学生智能发展的方法。

12. B 【解析】1632年,捷克教育家夸美纽斯出版的《大教学论》最早从理论上对班级授课制做了阐述,为班级授课制奠定了理论基础。

二、多项选择题

1. ABCD 【解析】教学过程的基本规律包括:(1)间接经验与直接经验相结合(间接性规律);(2)教师主导作用与学生主体作用(学生能动性)相统一(双边性规律);(3)掌握知识和发展智力相统一(发展性规律);(4)传授知识与思想品德教育相统一(教育性规律)。

2. BC 【解析】A项,"人不知而不愠"意为:别人不了解我而误解我,我也不生气,体现了孔子提出的修养克己的原则。

B项,"问则疑,疑则思"意为:当老师提出了问题之后学生就会有疑惑,有疑惑以后就会主动的思考问题。这表明教师在教学过程中要善于启发诱导,体现了启发性教学原则。

C项,"教之而不受,虽强告之无益"意为:教导他却不肯接受,即使强行告诉他也没有任何益处。这表明教学要注重启发而不是强制灌输,体现了启发性教学原则。

D项,"不陵节而施之谓孙"意为:不超过学的人的接受能力而进行(教育),叫做合乎顺序。这体现了循序渐进的教学原则。

故选BC两项。

3. ABD 【解析】班级授课制仍然是我国教育教学的组织形式并不断改革和更新,这是当代教学组织形式的发展趋势之一,故A项正确。B项属于班级授课制的优点之一。班级授课制最早是由捷克教育家夸美纽斯提出的,意在普及教育,实现"把一切知识教给一切人"的教育理想。故C项错误。夸美纽斯在总结当时教育经验的基础上,在其《大教学论》(1632年)等著作中对班级授课制进行了系统总结和理论论证,奠定了班级授课制的理论基础,确定了班级授课制的基本轮廓。故D项正确。

4. ABC 【解析】教学过程的基本阶段为:激发学习动机、领会知识、巩固知识、运用知识、检查知识,故选ABC三项。

三、判断题

1. √ 【解析】教学是学校教育的中心工作,学校教育工作必须坚持"教学为主,全面安排"的原则。

2. × 【解析】公元前6世纪,孔子把学习过程概括为"学—思—行"(也有说法认为是"学—思—习—行")的统一过程,题干说法错误。

3. × 【解析】量力性原则也称可接受性原则,这一原则是为了防止发生教学难度低于或高于学生实际程度而提出的。

四、简答题(参考答案)

循序渐进原则的含义是什么?贯彻这一原则的基本要求有哪些?

含义:循序渐进原则是指教师要严格按照科学知识的内在逻辑和学生的认知发展规律进行教学,使学生掌握系统的科学文化知识,能力得到充分的发展。

贯彻要求:(1)教师的教学要有系统性;(2)抓主要矛盾,解决好重点与难点;(3)教师要引导学生将知识体系化、系统化;(4)按照学生的认识顺序,由浅入深、由易到难、由简到繁地进行教学。

五、案例分析题(参考答案)

(1)案例所揭示的问题是:教学过程中的机会均等是教育机会均等的一个重要方面,大多数教师能够意识到在教学中应该给学生提供均等的学习机会,实践中却难以做到。

产生上述问题的重要原因:现行的教学组织形式影响了学生在教学过程中获得均等的教育机会。由于班级授课制是一种面向学生集体的教学组织形式,如何保证学生享有均等的学习机会,一直是班级教学中的一个难题。

(2)为了克服班级授课制的局限,可从如下几个方面改进课堂教学组织形式:①缩小班级规模,使学生获得更多的学习机会。②压缩集体教学时间,增加个别辅导时间。③增加辅导教师,实施小班教学。④组织小组合作学习,发动学生辅导同伴。⑤按能力或兴趣分组,进行分组教学。

专题七　德　育

基础训练

知识1 德育及其过程与模式

一、单项选择题

1. A 【解析】A项属于爱国主义教育,B项和C项属于道德教育,D项属于思想教育。
2. B 【解析】爱国主义教育是德育的永恒主题。
3. D 【解析】德育过程中存在多种矛盾,这些矛盾至少可有三个层次:第一层次是德育过程与外部环境的矛盾,第二层次是德育过程内部的矛盾,第三层次是德育过程中主体(教育者、受教育者)自身的矛盾。故选D项。
4. B 【解析】德育过程的基本矛盾是教育者提出的德育要求(社会所要求的道德规范)与受教育者已有品德水平之间的矛盾。
5. A 【解析】教育者是德育过程的组织者、领导者,在德育过程中起主导作用。
6. C 【解析】德育过程一般以知为开端,以行为终结。但由于社会生活的复杂性、德育影响的多样性等因素,在德育具体实施过程中,又具有多种开端,可根据学生品德发展的具体情况,或从导之以行开始,或从动之以情开始,或从锻炼品德意志开始,最后达到学生品德在知、情、意、行几方面和谐发展的目的。题干所述表明品德发展具有多开端性,故选C项。
7. B 【解析】道德教育的认知模式是当代德育理论中流行最为广泛、占据主导地位的德育学说,它是由瑞士学者皮亚杰提出,而后由美国学者科尔伯格进一步深化的。
8. B 【解析】体谅或学会关心的道德教育模式形成于20世纪70年代,为英国学校德育学家彼得·麦克费尔和他的同事所创。体谅模式把道德情感的培养置于中心地位。该模式假定与人友好相处是人类的基本需要,满足这种需要是教育的职责。
9. C 【解析】知行统一原则是指教育者在进行德育时,既要重视对学生进行系统的思想道德的理论教育,又要重视组织学生参加实践锻炼,把提高认识和行为养成结合起来,使学生做到言行一致。“知是行之始,行是知之成”即说明在德育过程中要坚持知行统一原则。
10. C 【解析】题干体现的是德育过程的基本规律之一:德育过程是对学生知、情、意、行的培养与提高过程。
11. B 【解析】在德育的四个环节中,知即品德认识,是基础;行即品德行为,是关键。
12. A 【解析】品德认识,是人们对是非善恶的认识和评价,以及在此基础上形成的品德观念,包括品德知识和品德判断两个方面。故选A项。
13. C 【解析】社会模仿模式认为儿童的道德行为、道德判断是通过社会学习(观察学习)获得和改变的。故选C项。
14. A 【解析】科尔伯格的“三水平六阶段”道德发展理论属于德育模式中的认知模式,它是由瑞士学者皮亚杰提出,而后由科尔伯格进一步深化的。
15. B 【解析】认知模式是由瑞士学者皮亚杰提出,而后由美国学者科尔伯格进一步深化的。该模式假定人的道德判断力按照一定的阶段和顺序从低到高不断发展,道德教育的目的就在于促进儿童道德判断力的发展及其行为的发生。题干描述的是认知模式的特点。
16. B 【解析】题干的描述体现了德育过程是学生品德反复而且长期逐步提高的过程,故选B项。
17. C 【解析】狭义的德育专指学校德育,是指教育者按照一定社会或阶级的要求和受教育者品德形成发展的规律与需要,有目的、有计划、有系统地对受教育者施加思想、政治和道德等方面的影响,并通过受教育者积极的认识、体验与践行,以使其形成一定社会与阶级所需要的品德的教育活动,即教育者有目的地培养受教育者品德的活动。
18. A 【解析】德育的社会性功能指的是学校德育能够在何种程度上对社会发挥何种性质的作用。题干所述为古代中国德育的社会性功能的体现。因为,古代中国是一个特别重视道德教化的国度,德育一直是统治者“齐风俗,一民心”“齐家治国平天下”的工具。
19. C 【解析】德育目标是德育工作的出发点,它不仅决定了德育的内容、形式和方法,而且制约着德育工作的基本过程。
20. B 【解析】青少年思想品德形成、发展的规律及心理特征是确定德育目标的基本依据之一。学生从小学阶段到中学阶段,其思想品德及心理特征是在不断发展变化的,所以德育目标要有所区别。故选B项。
21. A 【解析】德育目标确定了培养人的总规格和要求,但必须落实到德育内容上,才能进行有效的德育活动,达到预期目标。

22. D 【解析】德育具有社会性、历史性、阶级性和民族性、继承性。其中,德育的继承性是指在其历史发展过程中,其原理、原则、内容和方法等存在一定的共同性。故选D项。

23. D 【解析】德育的个体性功能可以描述为德育对个体生存、发展、享用发生影响的三个方面。政治功能属于德育的社会性功能。

24. C 【解析】学校德育的功能可以概括地表述为德育的社会性功能、个体性功能和教育性功能。德育的社会性功能主要指学校德育对社会政治、经济、文化等发生影响的政治功能、经济功能、文化功能等;德育的个体性功能可以描述为德育对个体生存、发展、享用产生影响的三个方面;德育的教育性功能是指德育具有"教育性",它有两大含义:一是指德育的"教育"或价值属性,二是指德育作为教育子系统对平行系统的作用。题干引文强调教学必须进行道德教育,这体现了德育的教育性价值。故选C项。

25. D 【解析】德育过程是教育者按照一定的道德规范和受教育者思想品德形成的规律,对受教育者有目的、有计划地施加影响,以形成教育者所期望的思想品德的过程,是促使受教育者道德认识、道德情感、道德意志和道德行为发展的过程,是个体社会化与社会规范个体化的统一过程。故选D项。

26. B 【解析】体谅模式把道德情感的培养置于中心地位。该模式假定与人友好相处是人类的基本需要,满足这种需要是教育的职责。其特征有:(1)坚持性善论;(2)坚持人具有一种天赋的自我实现趋向;(3)把培养健全人格作为德育目标;(4)大力倡导民主的德育观。题干中的班主任在管理班级时采用了民主管理的方式,运用的德育模式是体谅模式,故选D项。

二、多项选择题

1. ABCD 【解析】一般而言,德育目标的确立主要依据四个方面:(1)青少年思想品德形成、发展的规律及心理特征;(2)国家的教育方针和教育目的;(3)民族文化及道德传统;(4)时代与社会发展需要。

2. ABC 【解析】我国中小学德育的重点包括三个主要的层次:(1)基本道德和行为规范的教育;(2)公民道德与政治品质的教育;(3)世界观、人生观和理想的基础教育。

3. ACD 【解析】学校德育的功能可以概括地表述为德育的社会性功能、个体性功能和教育性功能三个方面。

4. ABC 【解析】心理健康教育主要有三方面的内容,即学习辅导、生活辅导和择业指导。

5. ACD 【解析】"追逐梦想"演讲比赛属于理想信念教育;"地震逃生"演练属于安全教育;"祭奠英雄"活动属于爱国主义教育。

三、填空题

1. 学会做人
2. 社会性
3. 品德行为
4. 反复的

四、判断题

1. × 【解析】我国学校德育内容主要有政治教育、思想教育、道德教育和心理健康教育。因此德育不等于道德教育。

2. √ 【解析】德育过程是一个反复的、逐步提高的过程,学生正处于成长期,世界观尚未形成,思想很不稳定,品德发展容易出现反复,这就要求教育者要正确认识和对待这种现象,持之以恒、耐心细致地教育学生,引导学生在反复中逐步前进。

3. √ 【解析】德育目标是教育目标在受教育者思想品德方面要达到的总体规格要求,亦即德育活动所要达到的预期目的或结果的质量标准。题干所述为德育目标的概念,说法正确。

4. × 【解析】就德育内容而言,政治教育是德育的一部分,因此,二者不能等同。

5. √ 【解析】在德育过程中,受教育者既是德育的客体,又是德育的主体。

6. × 【解析】学生良好品德的形成不能仅靠学校教育,而是需要学校、家庭和社会各方面的共同努力。

7. √ 【解析】德育的意义包括:(1)德育是社会主义现代化建设的重要条件和保证;(2)德育是青少年、儿童健康成长的条件和保证;(3)德育是实现我国教育目的的基础和保障。故题干说法正确。

8. × 【解析】享用性功能是德育个体性功能的最高境界。

五、简答题(参考答案)

1. 简述德育过程的基本规律。

(1)德育过程是对学生知、情、意、行的培养与提高过程;(2)德育过程是一个促进学生思想内部矛盾斗争的发展过程,是教育与自我教育相结合的过程;(3)德育过程是组织学生的活动和交往,统一多方面教育影响的过程;(4)德育过程是一个长期的、反复的、逐步提高的过程。

2. 简述德育的意义。

(1)德育是社会主义现代化建设的重要条件和保证;(2)德育是青少年儿童健康成长的条件和保证;(3)德育是实现我国教育目的的基础和保障。

知识2 德育原则、途径与方法

一、单项选择题

1. C 【解析】德育的导向性原则是指进行德育时要有一定的理想性和方向性,以指导学生向正确的方向发展。

2. D 【解析】依靠积极因素、克服消极因素的德育原则也称为长善救失的德育原则。在德育工作中,教育者要善于依靠、发扬学生自身的积极因素,调动学生自我教育的积极性，克服消极因素，以达到长善救失的目的。

3. C 【解析】榜样示范法是用榜样人物的优秀品德来影响学生的思想、情感和行为的德育方法。由于榜样能把社会真实的思想、政治和法纪、道德关系表现得更直接、更亲切、更典型，因而能给人以极大的影响、感染和激励，教育、带动和鼓舞人们前进。榜样包括伟人的典范、教育者的示范、学生中的好榜样等。题干中的心忧天下的领袖、感动中国的人物、新冠疫情中勇敢的逆行者、抗震救灾的英雄都是学生可以学习的榜样人物，故选C项。

4. D 【解析】马卡连柯的平行教育原则是指教师要影响个别学生，首先要去影响这个学生所在的集体，然后通过集体和教师一道去影响这个学生，便会产生良好的教育效果。这体现了在德育过程中应遵循集体教育和个别教育相结合原则，故选D项。

5. D 【解析】教育影响的一致性与连贯性德育原则要求教师争取家长和社会的配合，主动协调好与家庭、社会教育的关系，逐步形成以学校为中心的“三位一体”的德育网络。冯老师针对章明的情况积极与其家长进行沟通，与家长一起为章明的健康成长做出努力即体现了教育影响的一致性与连贯性德育原则。

6. C 【解析】依靠积极因素，克服消极因素的原则（长善救失原则）是指在德育工作中，教育者要善于依靠、发扬学生自身的积极因素，调动学生自我教育的积极性，克服消极因素，以达到长善救失的目的。沉迷于网络游戏属于小松的消极因素，王老师找小松谈心并鼓励他学习网络设计，最终小松获得了全校网络创新设计大赛一等奖，是将小松的消极因素转化成了积极因素。这体现了长善救失原则，故选C项。

7. C 【解析】李老师在化学课的教学中引导学生通过化学知识的学习树立环境保护意识，即在化学课堂中渗入德育工作，采用的德育途径是学科教学。

8. D 【解析】班主任工作是学校对学生进行德育的一个重要而又特殊的途径。

易错警示：学校德育的基本途径、最基本途径、特殊途径等是易混点，考生应注意区分。
(1)基本途径——思想品德课（思想政治课）与其他学科教学；
(2)最基本、最经常的途径——思想品德课之外的其他各科教学；
(3)重要而又特殊的途径——班主任工作。

9. D 【解析】品德评价法是通过对学生品德进行肯定或否定的评价而予以激励或抑制，促使其品德健康形成和发展的德育方法。它包括奖励、惩罚、评比和操行评定等。

10. B 【解析】参观历史博物馆、走访抗日老战士的活动属于课外、校外活动，这是德育的重要途径之一。

11. A 【解析】说服教育法又叫说理教育法，是学校对学生进行思想品德教育的基本方法。

12. A 【解析】说服教育法的方式：第一类是运用语言文字进行说服的方式；第二类是运用事实进行说理教育的方式。故选A项。

13. A 【解析】题干引文意在强调要在实践中磨炼人的意志，形成人坚韧不拔的性格，体现了实际锻炼的德育方法。

14. C 【解析】陶冶教育法是教师利用环境和自身的教育因素，对学生进行潜移默化的熏陶和感染，使其在耳濡目染中受到感化的德育方法。陶冶教育法的方式主要有环境陶冶、情感陶冶、人格陶冶、艺术陶冶、科学知识陶冶、各种活动和交往情境陶冶等。题干中利用“墙壁”“一草一木、一砖一石”对学生产生潜移默化的影响，这属于陶冶教育法中的环境陶冶。

方法技巧：陶冶教育法是招教考试中的热门考点，一般会以名言的形式出题，如“让学校的每一面墙壁都开口说话”“仁言不如仁声之入人深也”等。有时候也会以例子的形式出题，如：教师播放歌曲教育学生，利用黑板报、教室布置、良好班风教育学生，等等。考生在理解陶冶教育法的内涵时需注意：陶冶教育法强调的是“潜移默化”，使学生在不知不觉的情况下受到教育。

15. B 【解析】“对不同的学生采取不同的方法”表明汤老师在选择德育方法时以学生的个性差异为依据，故选B项。

16. B 【解析】自我修养指导法是学生在教育者的帮助下，主动地进行自我学习、自我反思、自我锻炼、自我监控等来提升自己修养的一种德育方法。题干中教师引导学生选择格言、箴言作为座右铭，以提升自我修养的方法属于自我修养法指导。

17. B 【解析】学校以宋宝为榜样教育学生，运用的是榜样示范法。

18. B 【解析】德育原则是教育者对受教育者进行思想品德教育时必须遵循的基本要求。

19. A 【解析】集体教育和个别教育相结合原则是苏联教育家马卡连柯成功教育经验的总结。

20. D 【解析】马卡连柯的话体现了严格要求与尊重信任相结合的原则。尊重信任与严格要求是辩证统一的，是制约德育效果的两个相辅相成的必要条件，尊重和信任是严格要求的前提，正如苏联教育家马卡连柯所说：“要尽量多地要求一个人，也要尽可能地尊重一个人。”

易错警示：尊重信任学生与严格要求学生相结合的原则、正面教育与纪律约束相结合的原则是两个比较容易混淆的原则，考生要准确把握二者区别：前者强调教师提出比较合理的道德要求，但这种要求没有上升到制度层面；后者侧重于通过规章制度、群体约定、公约等来约束学生。

21. C 【解析】疏导原则是指进行德育时要循循善

诱、以理服人,从提高学生认识入手,调动学生的主动性,使他们积极向上。疏导原则也就是循循善诱原则。题干所述内容是这一原则的典型示例。

22. D 【解析】“视其所以,观其所由,察其所安”是孔子提出的了解学生的方法,孔子根据学生的不同特点进行区别性的教育。这体现了德育的因材施教原则,故选D项。

23. A 【解析】贯彻依靠积极因素与克服消极因素相结合原则的要求之一是教育者要用一分为二的观点,全面分析,客观地评价学生的优点和不足。故选A项。

24. D 【解析】自我修养指导法是学生在教育者的帮助下,主动地进行自我学习、自我反思、自我锻炼、自我监控等来提升自己修养的一种德育方法。自我修养的方式有“自知”“自反”“内省”“躬行”“慎独”等,故题干所述名言蕴含了德育的自我修养指导法。

25. B 【解析】思想教育是有关人生观、世界观以及相应思想观念方面的教育,包括辩证唯物主义和历史唯物主义世界观和人生观教育、革命理想和革命传统教育、劳动教育、自觉纪律教育。

26. D 【解析】实际锻炼法是有目的地组织学生参加各种实际活动,使其在活动中锻炼思想,增长才干,培养优良的思想和行为习惯的德育方法。锻炼的方式主要有学习活动、社会活动、生产劳动和课外文体科技活动。题干中的学生以小组为单位到社区开展社会调查,并参加公益活动即属于实际锻炼法。

27. D 【解析】实际锻炼法是有目的地组织学生参加各种实际活动,使其在活动中锻炼思想,增长才干,培养优良的思想和行为习惯的德育方法。这与杜威的“教育即生活”的精神相一致。

28. B 【解析】导向性原则的贯彻要求:(1)坚持正确的政治方向;(2)德育目标必须符合新时期的方针政策和总任务的要求;(3)要把德育的理想性和现实性结合起来。选项B属于知行统一原则的贯彻要求,故选B项。

二、多项选择题

1. ACD 【解析】长善救失原则的基本要求包括:(1)要“一分为二”地看待学生;(2)发扬积极因素,克服消极因素;(3)引导学生自觉评价自己,进行自我教育。

2. BCD 【解析】我国学校的德育内容主要包括政治教育、思想教育、道德教育和心理健康教育。B项属于道德教育,C项属于政治教育,D项属于思想教育。A项不属于学校德育的内容,故选BCD三项。

3. ABCD 【解析】运用说服教育法的要求:(1)明确目的性和针对性;(2)富有知识性、趣味性;(3)注意时机;(4)以诚待人。

4. BCD 【解析】榜样示范法中的榜样包括伟人的典范、教育者的示范、学生中的好榜样等。

5. ABCD 【解析】少先队的特点包括革命性、教育性、儿童性、群众性和自主性。

6. ABCD 【解析】我国德育的途径是广泛多样的,包括:思想品德课(思想政治课)与其他学科教学;社会实践活动;课外、校外活动;共青团、少先队组织的活动;校会、班会、周会、晨会、时事政策的学习和班主任工作等。

7. ABC 【解析】新时期德育发展的新主题为:(1)安全教育与生命教育;(2)生存教育与生活教育;(3)升学就业指导教育。

三、填空题

1. 知行统一
2. 循循善诱原则
3. 德育组织形式
4. 实际锻炼法

四、判断题

1. × 【解析】在德育工作中,尊重信任与严格要求是辩证统一的,尊重和信任是严格要求的前提。爱是严的基础,严是爱的体现,只有把两者紧密结合在一起,才能取得最佳教育效果。

2. × 【解析】“一把钥匙开一把锁”说明我们在学校德育过程中要遵循因材施教原则。

3. × 【解析】在德育过程中,教育者要善于组织和教育学生热爱集体,并依靠集体教育每个学生,同时通过对个别学生的教育,来促进集体的形成和发展,从而把集体教育和个别教育有机地结合起来。

4. √ 【解析】家访可以促进家庭和学校的联系,统一协调双方的教育力量,这体现了教育影响的一致性与连贯性原则。题干说法正确。

5. √ 【解析】实现由单向灌输德育向双向互动德育转变是我国德育的改革思路之一。

6. × 【解析】品德评价法是通过对学生品德进行肯定或否定的评价而予以激励或抑制,促使其品德健康形成和发展的德育方法。包括奖励、惩罚、评比和操行评定、成长记录袋等。题干中教师采取画小红花、插小红旗等方式鼓励学生的德育方法是品德评价法。

五、名词解释(参考答案)

1. 德育原则

德育原则是根据教育目的、德育目标和德育过程规律而提出的指导德育工作的基本要求。

2. 德育方法

德育方法是为达到德育目的,在德育过程中采用的教育者和受教育者相互作用的活动方式的总和。

3. 品德评价法

品德评价法是通过对学生品德进行肯定或否定的评价而予以激励或抑制,促使其品德健康形成和发展的德育方法。

六、简答题(参考答案)

1. 简述运用榜样示范法的基本要求。

   (1)选好学习的榜样;(2)激起学生对榜样的敬慕之情;(3)狠抓落实,引导学生用榜样来调节行为,提高修养。

2. 简述运用实际锻炼法的要求。

   (1)目的明确,计划周密,加强指导,坚持严格要求;(2)生动活泼,灵活多样,调动学生的主动性;(3)注意检查和持之以恒,随时总结。

3. 作为教师,怎样贯彻尊重信任学生与严格要求学生相结合的德育原则?

   (1)教育者要有强烈的事业心、责任感以及尊重热爱学生的态度;(2)教育者应根据教育目的和德育目标,对学生严格要求,认真管理;(3)教育者要从学生的年龄特征和品德发展状况出发,提出适度的要求,并坚定不渝地贯彻到底。

4. 简述贯彻正面教育与纪律约束相结合原则的要求。

   (1)坚持正面教育原则,以客观的事实、先进的榜样和表扬鼓励为主的方法教育和引导学生;(2)坚持摆事实,讲道理,以理服人,启发自觉;(3)建立健全学校规章制度和集体组织的公约、守则等,并且严格管理,认真执行。

5. 我国中小学常用的德育方法有哪些?

   (1)说服教育法;(2)榜样示范法;(3)陶冶教育法;(4)实际锻炼法;(5)自我修养指导法;(6)品德评价法。

6. 简述贯彻疏导原则的要求。

   (1)讲明道理,疏通思想;(2)因势利导,循循善诱;(3)以表扬、激励为主,坚持正面教育。

7. 简述贯彻集体教育和个别教育相结合原则的要求。

   (1)建立健全的学生集体;(2)开展丰富多彩的集体活动,充分发挥学生集体的教育作用;(3)加强个别教育,并通过个别教育影响集体,增强集体的生机和活力。

8. 简述运用陶冶教育法的基本要求。

   (1)创设良好的环境;(2)与启发、说服相结合;(3)引导学生参与情境的创设。

9. 简述选择德育方法的依据。

   (1)德育目标;(2)德育内容;(3)学生的年龄特点和个性差异。此外,选择德育方法还要考虑到所面对的时代特征、学生的思想实际、学校和教师的实际情况,以及文化传统的作用。

七、案例分析题(参考答案)

1. (1)该班主任的做法违背了德育原则中尊重信任学生与严格要求学生相结合的原则。该原则是指在德育过程中,教育者既要尊重信任学生,又要对学生提出严格的要求,把严和爱有机地结合起来,使教育者的合理要求转化为学生的自觉行动。该班主任用无记名方式评选了3名“坏学生”,其用意是想严格要求学生,让学生引以为戒,以此对学生进行教育,但是没有做到尊重信任学生,反而达不到期望的效果。

   (2)该班主任的做法违背了德育的疏导原则。疏导原则是指进行德育时要循循善诱、以理服人,从提高学生认识入手,调动学生的主动性,使他们积极向上。案例中,该班主任没有对违反纪律和做错事的学生讲明道理、疏通思想,没有做到以表扬、激励为主,而是直接批评,使学生对学习失去了兴趣和信心,这是错误的行为。

   (3)该班主任的做法违反了正面教育与纪律约束相结合的原则。德育工作既要正面引导,说服教育,启发自觉,调动学生接受教育的内在动力,又要辅之以必要的纪律约束,并使两者有机结合起来。案例中的班主任没有对班级里的“坏学生”进行正面教育,没有用先进的榜样和以表扬鼓励为主的方法教育和引导学生,而且对学生进行了侮辱性的惩罚,这不符合德育的正面教育与纪律约束相结合的原则。

   (4)班主任的做法违背了教育影响的一致性和连贯性原则。案例中的班主任在对“坏学生”的教育中,没有主动与家长联系、沟通,没有协调多方面的教育力量。在德育工作中,教育者应主动协调多方面教育力量,统一认识和步调,有计划、有系统、前后连贯地教育学生,发挥教育的整体功能,培养学生正确的思想品德。

2. 杨老师采用了如下德育方法:

   (1)榜样示范法。用榜样人物的优秀品德来影响学生的思想、情感和行为的方法。由于榜样能把社会真实的思想、政治和法纪、道德关系表现得更直接、更亲切、更典型,因而能给人以极大的影响、感染和激励,教育带动和鼓舞人们前进;运用榜样示范法符合青少年学生爱好学习,善于模仿,崇拜英雄,追求上进的年龄特点,也符合人的认识由直观到抽象的发展规律。

   (2)陶冶教育法。它是教师利用环境和自身的教育因素,对学生进行潜移默化的熏陶和感染,使其在耳濡目染中受到感化的德育方法。

   (3)品德评价法。品德评价法本是通过对学生品德进行肯定或否定的评价而予以激励或抑制,促使其品德健康形成和发展的德育方法。然而杨老师是通过学生对自己理发效果进行评价,得到大多数学生的公认,而让学生受到教育的做法更是具有新意,让人耳目一新。

   (4)说理教育法。说理教育法是通过语言说理,使学生明晓道理,分清是非,提高品德认识的德育方法。这是一种坚持正面理论教育和正面思想引导,增强辨别是非能力,促进道德发展的重要方法。案例中的杨老师就理发事件开展了五分钟的交流会,这体现了他对说理教育法的运用。在运用说理教育法时,杨老师注意到了说理的趣味性,而且抓住了运用该方法的时机。

   (5)自我修养指导法。自我修养指导法是学生在教育者的帮助下，主动地进行自我学习、自我反思、自我锻炼、自我监控等来提升自己修养的一种德育方法。从“……发现那几个男生的长发变短了……”可以看出，学生在听到杨老师的一番话后进行了反思。这样，就体现了杨老师运用自我修养指导法达到的效果。

整合提升

一、单项选择题

1. C 【解析】德育过程是组织学生的活动和交往，统一多方面教育影响的过程。组织活动和交往是德育过程的基础。学生在活动中，必定受到多方面的影响，其中既有校内的正式影响，又有校外的非正式影响；既有积极正面的影响，也有消极负面的影响。学校德育应在多方面影响中发挥主导作用，将多方面教育影响统一到教育目的上来，形成学校与家庭、社会教育的合力，促使学生良好品德的形成和发展。

2. B 【解析】品德评价法是通过对学生品德进行肯定或否定的评价而予以激励或抑制，促使其品德健康形成和发展的德育方法。包括奖励、惩罚、评比和操行评定等。题干中“选择表现好、进步大的学生作为当周小明星，并将照片贴在‘明星墙’”是通过评比的方式对学生进行奖励、鼓舞，这种德育方法属于品德评价法。

3. A 【解析】德育过程是一种教育过程，是教育者与受教育者双方统一活动的过程，是培养和发展受教育者品德的过程。而品德形成过程是受教育者思想道德结构不断建构完善的过程，影响这一过程的有生理的、社会的、主观的和实践的等因素。德育过程与思想品德形成过程是教育与发展的关系，二者不能等同。

4. B 【解析】德育途径是指学校教育者对学生实施德育时可供选择和利用的渠道，又称为德育组织形式。因此桂阴小学实施德育的渠道或形式是德育途径。

5. A 【解析】体谅模式认为道德教育重在提高学生的人际意识和社会意识，引导学生学会关心。“己所不欲，勿施于人”表达了要换位思考、关心别人的思想。这体现了体谅模式的观点。

6. A 【解析】德育的性质是由特定的社会经济基础决定的。

7. D 【解析】学生正处于成长期，世界观尚未形成，思想很不稳定，品德发展容易出现反复，其思想品德的形成和发展也不是一蹴而就的，这说明德育过程是一个长期的、反复的、逐步提高的过程。

8. D 【解析】社会模仿模式在文化环境与人的道德发展相互作用方面有重要的成果，系统论述了示范榜样对道德发展的内在作用机制以及影响道德行为的各种形式和途径。依据题干的描述可知，该班主任的做法体现的德育模式是社会模仿模式。

9. B 【解析】题干中句子的意思是：现在，那些善于教化其子弟的人，也必须延请著名的德高望重的儒士们，使他们与之相处，以熏陶成性，潜移默化。故题干中句子的说法体现的是陶冶教育法。

10. A 【解析】发扬积极因素与克服消极因素相结合的原则，是指德育工作要调动学生自我教育的积极性，依靠和发挥自身的积极因素，去克服他们品德上的消极因素，实现品德发展内部矛盾的积极转化。故题干所述反映的德育原则是发扬积极因素与克服消极因素相结合的原则。

11. A 【解析】艺术陶冶是陶冶教育法的主要方式之一。艺术陶冶是指用艺术陶冶学生的思想感情，如文学作品、电影、电视、音乐、舞蹈等。故选A项。

12. B 【解析】陶冶教育法是教师利用环境和自身的教育因素，对学生进行潜移默化的熏陶和感染，使其在耳濡目染中受到感化的德育方法。依据定义可知，潜移默化是陶冶教育法的典型特征。

13. B 【解析】实际锻炼法是有目的地组织学生参加各种实际活动，使其在活动中锻炼思想，增长才干，培养优良的思想和行为习惯的德育方法。锻炼的方式主要有学习活动、社会活动、生产劳动和课外文体科技活动。题干中某小学通过开展“当一次环卫工”主题教育活动，来提高学生爱护公共卫生环境的意识，体现了对实际锻炼法的运用。

14. D 【解析】正面教育与纪律约束相结合原则是指德育工作既要正面引导，说服教育，启发自觉，调动学生接受教育的内在动力，又要辅之以必要的纪律约束，并使两者有机结合起来。题干中，张老师不仅开班会强调守时的重要性，还组织学生建立了班规，体现了正面教育与纪律约束相结合的原则。

15. C 【解析】A项以强制灌输的方法进行政治法纪教育是不恰当的；B项用罚款的方式解决班级卫生问题侵犯了学生的财产权；D项将破坏课堂纪律的同学赶出教室侵犯了学生的受教育权。因此，ABD三项采用的德育方法都是不合理的，C项采用的德育方法符合学生的身心发展特点，故选C项。

16. D 【解析】当代影响较大的德育模式有认知模式、体谅模式、社会模仿模式等。大体上说，认知模式重知，体谅模式重情，社会模仿模式重行。

17. D 【解析】学生的自我教育过程，实际上也是他们思想内部矛盾斗争的过程。根据这一规律，要求教育者在重视对学生进行思想品德教育的同时，高度重视培养学生的自我教育能力，发挥学生在德育过程中的主观能动性。

18. C 【解析】根据1988年、1994年和1996年中共中央颁布的有关决定，我国学校德育内容主要有政治教育、思想教育、道德教育和心理健康教育（也有说法认为，我国学校德育内容主要有政治教育、思想教育、道德教育、法制教育和心理健康教育）。周老师教导学生遵纪守法，在法律允许的范围内行事，不违背法律。该教育内容属于学校德育中的法制教育。

19. D 【解析】价值澄清模式着眼于价值观教育，试图帮助人们减少价值混乱并通过评价过程促进统一的价值观的形成。价值澄清的目标之一就是使人们获得一种价值观念，这种价值观念使他们能以一种令人满意与明智的方式适应他们所处的不断变化的世界。因此，价值观并不是一种固定的观点或永恒不变的真理，而是建立在个体亲身经历的社会经验基础上的一种指南。

20. A 【解析】说服教育法又叫说理教育法，是通过语言说理使学生明晓道理、分清是非、提高品德认识的德育方法。针对王林不守纪律的问题，班主任应该进行说服教育，坚持正面理论教育，通过正面引导，使王林分清是非，逐渐养成遵守纪律的习惯，而不能一味训斥指责。

二、多项选择题

1. ACD 【解析】班主任"多次与小军进行单独谈话"运用的是说服教育法，"鼓励小军多参加由学校组织的公益活动和集体活动"运用的是实际锻炼法，"对于小军每次取得的进步，班主任都会给予肯定和鼓励"运用的是品德评价法。

2. ABCD 【解析】学校德育中的政治教育、思想教育和道德教育所包含的内容主要有：(1)爱国主义教育；(2)理想教育；(3)集体主义教育；(4)劳动教育；(5)人道主义与社会公德教育；(6)自觉纪律教育；(7)民主与法制观念的教育；(8)科学世界观和人生观教育。故选项ABCD均符合题意。

3. ABC 【解析】德育过程一般以知为开端，以行为终结。但由于社会生活的复杂性，德育影响的多样性等因素，在德育具体实施过程中，又具有多种开端，可根据学生品德发展的具体情况，或从导之以行开始，或从动之以情开始，或从锻炼品德意志开始，最后达到使学生品德在知、情、意、行几方面和谐发展的目的。故选项ABC表述不准确。

4. BD 【解析】A项运用了陶冶教育法，C项运用的是说服教育法，故选BD两项。

5. AB 【解析】邱老师只看到成绩优异的学生身上的优点和成绩落后学生身上的缺点，没有做到一分为二地看待学生，违背了长善救失的德育原则。对于先进生和后进生，教师应采取不同的教育方式，要严格要求先进生，防止他们产生自满情绪；要关心爱护后进生，尊重他们的人格，培养和激发他们的学习动机。这两点邱老师都没有做到，说明邱老师没有对学生进行因材施教，违背了因材施教的德育原则。

6. ABD 【解析】学生思想品德的任何变化，都依赖于学生个体的心理活动。任何外界的教育和影响，都必须通过学生思想状态的变化，经过学生思想内部的矛盾斗争，才能发生作用，促使学生品德的真正形成。因此，学校的德育工作必须放在促进学生品德发展内部矛盾的产生与积极转化上。故C项说法不正确。

7. AC 【解析】题干中的老师根据学生的实际情况肯定学生的优点，体现了老师对学生的信任，但同时又对学生提出了一定的要求。故选AC两项。

8. ABD 【解析】麦克费尔的体谅或学会关心的道德教育模式的特征表现为：(1)坚持性善论；(2)坚持人具有一种天赋的自我实现趋向；(3)把培养健全人格作为德育目标；(4)大力倡导民主的德育观。C项属于认知模式的特征。

三、辨析题(参考答案)

1. 德育过程就是学生思想品德形成过程。

(1)这种说法是不正确的。(2)德育过程与思想品德形成过程是教育与发展的关系。德育过程的最终目标是使受教育者形成一定的思想品德。品德形成属于人的发展过程，德育过程是对品德的形成与发展过程的调节与控制。德育只有遵循人的品德形成发展规律，才能有效地促进人的品德形成与发展。二者既有一定的联系，又有一定的区别，不能把二者等同起来。

2. 德育过程是对学生知、情、意、行的培养与提高过程，从任何一个方面都可以开始进行品德教育。

(1)这种说法是正确的。(2)德育过程的一般顺序可以概括为：提高品德认识、陶冶品德情感、锻炼品德意志和培养品德行为习惯。德育过程一般以知为开端，以行为终结。但由于社会生活的复杂性，德育影响的多样性等因素，在德育具体实施过程中，又具有多种开端，可根据学生品德发展的具体情况，或从导之以行开始，或从动之以情开始，或从锻炼品德意志开始，最后达到使学生品德在知、情、意、行几方面和谐发展的目的。

3. 德育应该遵循疏导原则。因此，正确的德育严禁惩罚。

(1)这种说法是不正确的。(2)疏导原则是指进行德育时要循循善诱、以理服人，从提高学生认识入手，调动学生的主动性，使他们积极向上。贯彻疏导原则要求以表扬、激励为主，坚持正面教育，但这并不等于德育要严禁惩罚。适当的惩罚在人的品德形成过程中是非常必要的。

4. 德育方法中的说服教育法包含参观、访问和调查等方式。

(1)这种说法是正确的。(2)说服教育法的方式：第一类是运用语言文字进行说服的方式，如讲解、报告、谈话、讨论、辩论、读书指导等；第二类是运用事实进行说理教育的方式，主要包括参观、访问和调查。

四、论述题(参考答案)

1. 试述教育影响的一致性与连贯性德育原则。

(1)在德育工作中，教育者应主动协调多方面教育力量，统一认识和步调，有计划、有系统、前后连贯地教育学生，发挥教育的整体功能，培养学生正确的思想品德。

(2)贯彻这一原则的要求是：①充分发挥教师集体的作用，统一学校内部的多种教育力量，使之成为一个分工合作的优化群体；②争取家长和社会的配合，主动协调好与家庭、社会教育的关系，逐步形成以学校为中心的“三位一体”的德育网络；③保持德育工作的经常性和制度化，处理好衔接工作，保证对学生影响的连续性、系统性，使学生的思想品德得以循序渐进地持续发展。

2. 为什么说德育过程是一个长期的、反复的、逐步提高的过程？

(1)德育过程的长期性是由人类认识规律决定的。构成思想品德的因素比较复杂，知、情、意、行各因素本身和各因素之间要通过不断斗争，才能得到发展和统一。(2)青少年正处于成长时期，可塑性比较强，思想不成熟，其发展也具有双向性，某一阶段出现某些倒退是正常的，这使得德育过程是一个反复的持续的过程。(3)德育过程中，学生除了接受学校的有目的有计划有组织的正规教育影响外，还受到来自社会的、家庭的多种影响，这些影响中难免会有负向的，因而一个人思想品德提高过程中出现反复是正常的。(4)当前意识形态领域中斗争的复杂性，也使得对学生社会主义品德的培养是长期的、反复的过程。(5)据此规律，教育者必须树立“抓反复，反复抓”的德育思想。

五、案例分析题(参考答案)

1. (1)①进行德育时要注重引导学生把思想政治观念和社会道德规范的学习同参与生活实践结合起来，把提高道德认识与养成良好道德行为结合起来，做到心口如一，言行一致。陶行知先生指出，“我们希望担任训育的人，要打破知识、品行分家的二元论，而在知识品行合一上研究些办法出来”，就体现了这一思想。②理论学习要结合学生生活实际，切实提高学生的思想。思想认识是行为的先导。在德育中，以一定的道德观念和思想政治理论教育学生是必要的。道德源于生活，品德养成于生活。注重实践，培养道德行为习惯。德育要以生活为基础，要寓于经常的活动与交往之中。陶行知先生所指出的“把教育看作知识范围以内的事，训育看作品行范围以内的事，以为学习知识与修养品行是受不同的原理支配的，甚至于一校之中管教务与训育者不相接洽，或背道而驰”，就违背了这一思想。

(2)导向性原则；疏导原则；因材施教原则(从学生实际出发)；知行统一原则；集体教育和个别教育相结合原则；尊重信任学生与严格要求学生相结合原则；正面教育与纪律约束相结合原则；依靠积极因素，克服消极因素的原则(长善救失原则)；教育影响的一致性和连贯性原则。(考生可适当结合材料加以阐述，言之有理即可)

2. (1)案例中教师的做法体现了以下德育原则：

①因材施教原则。案例中的德育老师对学生进行德育时，先从学生的思想认识和品德发展的实际出发；之后根据他们的年龄特征和个性差异施以不同的教育；最终，教师从最初的对学生进行批评教育转变为组织活动以实现德育的效果。德育老师教学行为前后的转变体现了因材施教的原则。

②知行统一原则。知行统一原则是指教育者在进行德育时，既要重视对学生进行系统的思想道德的理论教育，又要重视组织学生参加实践锻炼，把提高认识和行为养成结合起来，使学生做到言行一致。贯彻这一原则的要求：组织和引导学生参加社会实践，通过实践活动加深认识，增强情感体验，养成良好的行为习惯。案例中，老师通过活动提高了学生的道德认识，培养了学生不再偷盗水果的良好习惯，这是遵循知行统一德育原则的体现。

(2)案例中老师的做法体现的德育方法是实际锻炼法。实际锻炼法是有目的地组织学生参加各种实际活动，使其在活动中锻炼思想，增长才干，培养优良的思想和行为习惯的德育方法。案例中的德育老师采用组织活动的方式对学生实施德育，使学生在实际活动中得以形成良好的品德。

3. (1)①王老师的行为违背了德育过程是一个促进学生思想内部矛盾斗争的发展过程，是教育与自我教育相结合的过程的规律。学生的自我教育能力是学生品德赖以形成的内部因素，教育者在重视对学生进行思想品德教育的同时，应高度重视培养学生的自我教育能力，发挥学生在德育过程中的主观能动性。案例中的王老师公开小兰写的情书并通知其家长，导致小兰受到家长责骂和同学取笑，说明王老师没有重视培养小兰的自我教育能力，没有发挥小兰在德育过程中的主观能动性。

②王老师的行为违背了尊重信任学生与严格要求学生相结合的德育原则。该原则是指在德育过程中，教育者既要尊重信任学生，又要对学生提出严格的要求，把严和爱有机地结合起来，使教育者的合理要求转化为学生的自觉行动。案例中的王老师在班会上公开小兰写的情书，是不尊重学生的表现。在德育过程中，只有把尊重学生与严格要求学生紧密结合在一起，才能取得最佳教育效果。

(2)王老师的正确做法如下：本着尊重、信任学生的原则，运用说服教育法、自我教育等德育方法教导学生，让学生意识到自己行为的不当之处，并改正自身不当行为。同时，还要与小兰家长积极沟通，与其家长一道解决小兰的问题，而不是向家长告状。

4. (1)实现由约束性德育向发展性德育转变。德育的本质，从哲学的视角审视表现为规范人的工具性和促进人的发展性。规范人和发展人是德育同时具有的两种本质或功能，两种功能都不应偏废。

案例中的西部某中学德育处老师指使学生用微型摄像机偷拍吸烟的同学并进行罚款的行为,就属于约束性德育,这种德育方式压抑了学生的个性,反而不利于学生品德的发展。

(2)实现由单向灌输德育向双向互动德育转变。德育的过程是互动的过程,只有在双向互动中,才可能促进学生情感意识与尊重意识的成长,促进相互的理解与价值观的认同和包容。案例中的德育处老师采用的就是一种单向灌输式的德育,且处理方式简单粗暴,容易引起学生的逆反心理。

真题必刷

一、单项选择题

1. D 【解析】我国学校德育内容主要有政治教育、思想教育、道德教育和心理健康教育。也有说法认为,我国学校德育内容主要有政治教育、思想教育、道德教育、法制教育和心理健康教育。故选D项。
2. D 【解析】德育具有社会性功能、个体性功能、教育性功能。其中,德育的社会性功能指的是学校德育能够在何种程度上对社会发挥何种性质的作用。具体来说,主要指学校德育对社会政治、经济、文化等发生影响的政治功能、经济功能、文化功能等。题干为德育的社会性功能,故选D项。
3. C 【解析】德育过程通常由教育者、受教育者、德育内容和德育方法四个相互制约的要素构成。
4. C 【解析】德育过程是学生在活动和交往中形成思想品德规律的过程。首先,学生的思想品德是在活动中能动地实现的;其次,活动和交往是促进外在道德要求转化为学生自身品德的基础。故选C项。
5. B 【解析】我国中小学德育的基本原则主要有导向性原则;疏导原则;因材施教原则;知行统一原则;集体教育和个别教育相结合原则;尊重信任学生与严格要求学生相结合的原则;正面教育与纪律约束相结合的原则;依靠积极因素,克服消极因素的原则;教育影响的一致性与连贯性原则等。故选B项。
6. D 【解析】知行统一原则是指教育者在进行德育时,既要重视对学生进行系统的思想道德的理论教育,又要重视组织学生参加实践锻炼,把提高认识和行为养成结合起来,使学生做到言行一致。题干中的班主任只提交了材料,未开展"扫黑除恶"的具体工作,违反了知行统一原则。
7. B 【解析】所谓道德两难,指的是同时涉及两种道德规范、两者不可兼得的情境或者问题。它可以用于测量儿童的道德判断的发展水平。
8. B 【解析】社会模仿模式主要由美国的班杜拉创立,该模式认为人与环境是一个互动体,人既能对刺激做出反应,也能主动地解释并作用于情境。题干所述为社会模仿模式的主要观点,故选B项。
9. C 【解析】思想品德课(思想政治课)与其他学科教学是学校有目的、有计划、系统地对学生进行德育的基本途径,故选C项。
10. A 【解析】实际锻炼法是有目的地组织学生参加各种实际活动,使其在活动中锻炼思想,增长才干,培养优良的思想和行为习惯的德育方法。锻炼的方式主要是学习活动、社会活动、生产劳动和课外文体科技活动。题干中王老师通过组织志愿活动来对学生进行德育,所运用的德育方法是实践锻炼法。

二、多项选择题

1. ABC 【解析】题干中的老师通过给淘气的小赵写打油诗来教育他,体现了"因材施教"的德育原则。在打油诗中,老师既夸小赵有头脑、聪明,又指出了小赵的缺点,体现了"依靠积极因素,克服消极因素"的德育原则;打油诗的内容,既体现了老师对小赵的尊重,又要求他遵守上课纪律、改正缺点以及提高成绩,这贯彻了"尊重学生与严格要求学生相结合"的德育原则。
2. ABCDE 【解析】运用榜样示范法的要求有:(1)选好学习的榜样;(2)激起学生对榜样的敬慕之情;(3)狠抓落实,引导学生用榜样来调节行为,提高修养。

三、判断题

1. √ 【解析】班主任工作是学校对学生进行德育的一个重要而又特殊的途径,题干说法正确。
2. × 【解析】教师尊重学生的自由意志和道德自主性,并不意味着教师在德育过程中应保持价值中立的立场。在价值日益多元化的时代,尤其是在价值相对主义的冲击下,教师更应该坚守理性的价值观,诚实而负责任地向学生表达个人与社会的道德经验,引导学生尊重人类共同生活的基本价值,倡导师生间、生生间在平等、相互尊重、相互理解、宽容的氛围中就价值问题展开坦诚而深入的对话,与学生一起持一种开放而有底线的价值立场,营造容纳不同价值取向而又有共同生活准则的教育氛围。
3. × 【解析】德育过程一般以知为开端,以行为终结。但由于社会生活的复杂性,德育影响的多样性等因素,在德育具体实施过程中,又具有多种开端,可根据学生品德发展的具体情况,或从导之以行开始,或从动之以情开始,或从锻炼品德意志开始,最后达到使学生品德在知、情、意、行几方面和谐发展的目的。

四、简答题(参考答案)

在德育工作中贯彻知行统一原则的基本要求有哪些?

(1)加强理论教育,提高学生的思想道德认识;(2)组织和引导学生参加社会实践,通过实践活动加深认识,增强情感体验,养成良好的行为习惯;(3)对学生的评价和要求要坚持知行统一的原则;(4)教育者要以身作则,严于律己,言行一致。

专题八　班级管理与班主任工作

基础训练

知识1 班级与班级管理

一、单项选择题

1. B 【解析】俗话说,“授人以鱼,不如授人以渔”,同样,在班级管理中也无处不体现这一理念。因此,培养学生的自我教育和自我管理能力要在、也能在班级管理目标中得到体现。
2. C 【解析】班级民主管理是指班级成员在服从班集体的正确决定和承担责任的前提下参与班级全程管理的一种管理方式。实行班级民主管理的要求包括:(1)组织全体学生参与班级全程管理,即在班级管理的计划、实行、检查、总结的各个阶段,都让学生参与进来;(2)建立班级民主管理制度,如干部轮换制度、定期评议制度、值日生制度、值周生制度、民主教育活动制度。由题干中的李老师以身作则,引导学生养成良好卫生习惯以及通过实行民主型的值日生制度,使全班同学各尽其职地做好班级卫生工作可知,这种班级管理模式属于班级民主管理。
3. C 【解析】班级民主管理是指班级成员在服从班集体的正确决定和承担责任的前提下参与班级全程管理的一种管理方式。
4. A 【解析】有利于教育的原则是班级组织建立的一条首要的原则。当其他的原则与其发生冲突的时候,其他原则都必须无条件地服从这一原则。
5. A 【解析】“平行影响”的教育思想是由马卡连柯提出来的。
6. D 【解析】班级平行管理是指班主任既通过对集体的管理去间接影响个人,又通过对个人的直接管理去影响集体,从而把对集体和个人的管理结合起来的管理方式。故选D项。
7. B 【解析】班级管理模式中的“目标管理”是由美国管理学家德鲁克提出来的。
8. B 【解析】班级管理的自主参与原则是指班级成员参与管理,发挥其主体作用。班级的各种组织机构的干部成员都应该由学生民主选举产生,并授予他们进行管理的权力,不能随便干预。当他们遇到困难时,要帮助解决,但不要代替。这也就是我们通常所说的“班干部能做的班主任不做,学生能做的班干部不做”。
9. C 【解析】实行班级民主管理主要应该做好两方面的工作:(1)组织全体学生参与班级全程管理,即在班级管理的计划、实行、检查、总结的各个阶段,都让学生参与进来;(2)建立班级民主管理制度,如干部轮换制度、定期评议制度、值日生制度、值周生制度、民主教育活动制度等。
10. C 【解析】题干的描述体现了目标管理的内涵。
11. C 【解析】开展以班级规章制度为核心的常规管理,是班主任工作的重要内容之一。
12. D 【解析】现代班级管理强调以学生为核心,建立一套能够持久地激发学生主动性、积极性的管理机制,确保学生的持久发展。
13. A 【解析】班级管理是一种有目的、有计划、有步骤的社会活动,这一活动的根本目的是实现教育目的,使学生得到充分的、全面的发展。
14. D 【解析】教学是学校的中心工作,教学质量管理是班级教学管理的核心。
15. B 【解析】班级是学校行政体系中最基层的行政组织,是开展教学活动的基本单位。
16. A 【解析】文艺复兴时期的著名教育家埃拉斯莫斯最先提出“班级”一词。
17. C 【解析】班级管理的实质就是要让学生的潜能得到尽可能的开发。

二、多项选择题

1. BCD 【解析】非成文的制度是指班级的传统、舆论、风气、习惯等,即不成文的、约定俗成的非常规管理。
2. ABC 【解析】班主任实施班级平行管理时,要实施对班集体与个别学生双管齐下、互相渗透的管理,既要充分发挥班集体的教育功能,使其真正成为教育的力量,又要通过转化个别学生来促进班集体的管理与发展。故选ABC三项。
3. ABCD 【解析】班级管理的原则包括方向性原则、全面管理原则、自主参与原则、全员激励原则、教管结合原则以及平行管理原则。
4. ABCD 【解析】班级管理的模式有四种:常规管理、平行管理、民主管理、目标管理。
5. ABCD 【解析】班级管理的内容主要包括班级组织建设、班级制度管理、班级教学管理和班级活动管理。
6. ABD 【解析】班级组织机构的微观建制的形式有直线式、职能式、直线职能式三种。
7. ABD 【解析】班级的个体化功能主要表现在:(1)诊断功能;(2)矫正功能;(3)满足需求的功能;(4)促进发展的功能。C项属于班级的社会化功能的表现。

三、填空题

1. 班级
2. 班级常规管理

四、判断题

1. × 【解析】班级管理的教管结合原则是指把班级的教育工作和对班级的管理工作辩证地统一起来。自主参与原则是指班级成员参与管理,发挥其主体作用。
2. × 【解析】班级民主管理是指班级成员在服从班集体的正确决定和承担责任的前提下参与班级全程管理的一种管理方式,并不是要凡事都要与学生商量。
3. × 【解析】班级管理的主要功能是实现教学目标,提高学习效率。班级管理的基本功能是维持班级秩序,形成良好的班风。

4. √ 【解析】学生管理的特点有：(1)教育性；(2)全面性；(3)复杂性；(4)周期性；(5)沟通性。

五、简答题(参考答案)

1. 简述班级管理的功能。

(1)有助于实现教学目标，提高学习效率——主要功能；(2)有助于维持班级秩序，形成良好的班风——基本功能；(3)有助于锻炼学生能力，学会自治自理——重要功能。

2. 简述班级组织建构的原则。

(1)有利于教育的原则；(2)目标一致的原则；(3)有利于身心发展的原则。

知识2 良好班集体的培养

一、单项选择题

1. C 【解析】核心初步形成阶段的特点是师生之间、同学之间有了一定的了解，产生了一定的友谊与信赖，学生积极分子不断涌现并团结在班主任周围，班的组织与功能较健全，班的核心初步形成，班主任与集体机构一道履行集体的领导与教育职能。

方法技巧：考生识记班集体的三个发展阶段时，应注意抓住每个阶段的主要特点：组建阶段——对班主任依赖性强；核心初步形成阶段——班级积极分子涌现出来并在班主任指导下主动组织班级工作，对班主任的依赖性降低；集体自主活动阶段——学生普遍热爱集体，能够自主开展集体活动。

2. A 【解析】目标是集体发展的方向和动力，一个班集体只有具有共同的目标，才能使班级成员在认识上和行动上保持统一，才能推动班集体的发展。明确的共同目标是班集体形成的基础。

3. C 【解析】班集体有利于训练学生的自我教育能力。班集体是学生自己的集体，每个学生在所属的班集体中都拥有一定的权利和义务，都能找到适合自己的角色与活动。因此，班集体是训练班级成员自己管理自己、自己教育自己、自主开展活动的最好载体。

4. A 【解析】在班集体发展的组建阶段，班集体对班主任有较大的依赖性，不能离开他的监督独立地执行他的要求。如果班主任不注意严格要求，班级就可能变得松弛、涣散。

5. D 【解析】班级管理的核心工作是建设和培养良好的班集体，故选D项。

6. A 【解析】教师在班集体的组建阶段，就应着手正常秩序的建立工作，特别是当接到一个教育基础较差的班级时，首先就要做好这项工作。

7. B 【解析】班集体舆论是班集体生活和成员意愿的反映。

8. B 【解析】每个学生的聪明才智和特长均能够在班集体中得到充分表现和发挥，这说明班集体是促进学生个性全面发展的重要条件。

9. D 【解析】题干所述内容体现了班主任在培养班集体的过程中，应该注意培养正确的舆论和良好的班风。

二、多项选择题

1. BCD 【解析】班集体舆论是班集体生活与成员意愿的反映，A项表述错误。正确的舆论和良好的班风是班集体形成的重要标志，B项表述正确。良好的班风是班集体大多数成员精神状态的共同倾向与表现，C项表述正确。正确的班集体舆论对班集体每个成员都有约束、激励的作用，是教育集体成员的重要手段，D项表述正确。

2. ABCD 【解析】班集体必须具备四个基本特征：(1)明确的共同目标；(2)一定的组织结构，有力的领导集体；(3)共同生活的准则，健全的规章制度；(4)具有正确的集体舆论以及团结、和谐、向上的人际关系。

3. ABC 【解析】一个班的几十个学生，从刚组建的群体发展为坚强的集体，一般要经过如下阶段：组建阶段、核心初步形成阶段、集体自主活动阶段。

三、判断题

1. √ 【解析】班集体有利于训练学生的自我教育能力。班集体是训练班级成员自己管理自己、自己教育自己、自主开展活动的最好载体。

2. × 【解析】在班集体发展的集体自主活动阶段，积极分子队伍壮大，学生普遍关心、热爱班集体，能积极承担集体工作，参加集体的活动，维护集体的荣誉，形成正确的舆论与良好的班风。

四、简答题(参考答案)

1. 如何培养一个良好的班集体？

(1)确定班集体的发展目标；(2)建立得力的班集体核心；(3)建立班集体的正常秩序；(4)组织形式多样的教育活动；(5)培养正确的舆论和良好的班风。

2. 简述班集体的教育作用。

(1)有利于形成学生的群体意识；(2)有利于培养学生社会交往能力与适应能力；(3)有利于训练学生的自我教育能力。

知识3 班主任工作概述

一、单项选择题

1. D 【解析】偶发事件的特点有突发性、紧迫性、冲击性和多样性。

2. A 【解析】班主任工作计划一般分为学期计划、月或周计划以及具体的活动计划。其中，学期计划比较完整。

3. D 【解析】班主任做好个别教育工作，包括做好先进生的教育工作、中等生的教育工作和后进生的教育工作，故选D项。

易错警示：考生在理解班主任的个别教育工作时，需要把握“个别教育工作”是根据学生的个别差异而对全体学生进行不同的教育，而非只针对某个学生进行的教育。

4. A 【解析】组织主题班会的步骤：(1)确定主题；

(2)精心准备;(3)具体实施;(4)总结深化。

5. B 【解析】班主任在班级管理中的影响力主要表现在两个方面:(1)班主任的权威、地位、权力,这些构成班主任的职权影响力;(2)班主任的个性特征与人格魅力,这些构成班主任的个性影响力。

6. C 【解析】班主任的工作是从了解和研究学生开始的,了解和研究学生是做好其他教育工作的基础。

7. A 【解析】观察法,即在自然条件下,有目的、有计划地对学生的各种行为表现进行观察。这是班主任了解、研究学生的最基本方法。

8. A 【解析】谈话法是班主任通过与学生面对面谈话来深入了解学生情况的方法,具有灵活、方便、容易了解事情细节、有利于感情沟通等特点。

9. A 【解析】组织和培养班集体是班主任工作的中心环节。

易错警示:班主任工作的内容有很多,考生应注意以下内容。
(1)工作的前提和基础——了解和研究学生;
(2)工作的中心环节——组织和培养班集体;
(3)工作重点和经常性的工作——对学生进行思想品德教育。

10. A 【解析】班级活动的主要形式是主题班会。

11. A 【解析】班会的特征是集体性、自主性和针对性。

12. B 【解析】学生操行评定的主要负责人是班主任。

13. D 【解析】操行评定的等级一般分优、良、中、差四个级别,但"差"字应慎用。

14. B 【解析】《中小学班主任工作规定》指出:"班主任是中小学日常思想道德教育和学生管理工作的主要实施者,是中小学生健康成长的引领者,班主任要努力成为中小学生的人生导师。"

15. C 【解析】班主任是班集体的组织者和领导者,是学校贯彻国家教育方针,促进学生健康成长的骨干力量。

16. A 【解析】在当前班级管理实践中,班主任在具体操作过程中有两种领导方式运用得比较多,即"教学中心"和"集体中心"的领导方式。"教学中心"是目前用得较多的领导方式。

17. B 【解析】班主任工作的中心任务是促进班集体全体成员的全面发展,班主任工作的首要任务是组织建立良好的班集体。

易错警示:
考生应注意班主任工作的三大任务:
(1)基本任务——带好班级、教好学生;
(2)首要任务——组织建立良好的班集体;
(3)中心任务——促进班集体全体成员的全面发展。

18. B 【解析】班主任的领导方式一般可以分为三种类型:权威型、民主型、放任型。采用权威型领导方式的班主任侧重于在领导与服从的关系上实施影响。采用民主型领导方式的班主任则比较善于倾听学生的意见,不以直接的方式管理班级,而是以间接的方式引导学生。而采用放任型领导方式的班主任主张对班级管理不做过多干预,以容忍的态度对待班级生活的冲突,不主动组织班级活动。题干中班主任采用的是民主型的领导方式,故选B项。

19. C 【解析】操行评定的要求包括:(1)操行评语,要实事求是,抓主要问题,有针对性,能反映学生思想品德发展的全貌、特点和趋向;(2)要充分肯定学生的进步,指明其主要缺点和努力的方向,不可罗列现象、主次不分;(3)文字要简明、贴切,使人一看就明白,切忌空洞、抽象、一般化,严防用词不当,伤害学生的情感,造成家长的误解。

二、多项选择题

1. ACD 【解析】班主任的领导方式一般可以分为三种类型:权威型、民主型、放任型。

2. AB 【解析】班主任工作的基本任务是带好班级、教好学生。

3. BD 【解析】班主任工作总结一般分为两类:全面总结和专题总结,一般在学期学年末进行。

4. ABCD 【解析】操行评定的一般步骤是:学生自评、小组评议、班主任评价、信息反馈。

5. ABCE 【解析】学生操行评语的基本写法包括:谈心式、描述性、过程性和情感性。

6. ABCDE 【解析】主题班会的形式主要有主题报告会、主题汇报会、主题讨论会、科技小制作成果展评会、主题竞赛和主题晚会等。

三、判断题

1. × 【解析】班主任工作的首要任务是组织建立良好的班集体。

2. × 【解析】班会一般有三类,即常规班会、生活班会和主题班会。其中,常规班会又称班务会,如晨会、周会等。

3. √ 【解析】班主任制度是我国中小学教育的成功模式,班主任在中小学的特殊作用是难以替代的,班主任是一个重要的专业性岗位。

4. √ 【解析】2009年教育部正式颁布的《中小学班主任工作规定》特别指出,"班主任要努力成为中小学生的人生导师"。

5. √ 【解析】建立学生档案一般分四个环节:收集—整理—鉴定—保管。

四、名词解释(参考答案)

1. 班主任

班主任是班集体的组织者和领导者,是学校贯彻国家教育方针,促进学生健康成长的骨干力量。

2. 操行评定

操行评定是以教育目的为指导思想,以"学生守则"为基本依据,对学生一个学期内在学习、劳动、生活、品行等方面的小结与评价。

3. 偶发事件

偶发事件是指在教育的过程中发生的事先难以预

料、出现频率较低，但必须迅速做出反应、加以特殊处理的事件。

五、简答题(参考答案)

1. 简述班主任工作的意义。
(1)有助于实现学校的教育目标；(2)有助于促进学生身心健康成长；(3)有利于学校工作的组织与管理；(4)有利于教师的专业发展。

2. 简述做好个别学生教育工作的一般要求。
(1)摸清情况，分析原因，区别对待；(2)热爱和尊重学生，促其转化；(3)发现"闪光点"，及时表扬，逐步提高；(4)自我剖析，制定措施，接受监督；(5)常抓不懈，持之以恒。

整合提升

一、单项选择题

1. A 【解析】实行班级民主管理主要应该做好两方面的工作：(1)组织全体学生参与班级全程管理，即在班级管理的计划、实行、检查、总结的各个阶段，都让学生参与进来；(2)建立班级民主管理制度，如干部轮换制度、定期评议制度、值日生制度、值周生制度、民主教育活动制度等。A项属于班级民主管理，故选A项。BCD三项均属于班级常规管理。

2. C 【解析】班级组织的个体化功能主要表现在：(1)促进发展的功能；(2)满足需求的功能；(3)诊断功能；(4)矫正功能。其中，诊断功能强调学生置身于班级组织中时，其人格及能力上的特点、差异以及不足就会显现出来。在班级开展的各项活动中，每一个成员都会通过自己和他人的表现以及在所获得的评价中，判断其表现的优势与不足。如社会技能的欠缺、共鸣的欠缺、情绪不稳定、自我控制的欠缺或过剩、过度利己主义、极端个人主义、极端内向或外向、过度的不安、洁癖、坏心眼、粗暴、说谎以及其他人格偏颇。特别是在班级组织有团体要求时，学生违反这种要求的倾向将会显现无遗。这些问题的暴露，为班主任或教师开展有针对性的教育、引导和矫正学生的不良倾向创造了有利条件。题干为班级组织的诊断功能，故选C项。

3. D 【解析】班级组织在结构上存在正式组织与非正式组织。班级中的正式组织机构主要有以下几种形式：班委会、班内小组、班级少先队组织和班级共青团组织。D项属于正式组织，故选D项。非正式组织是源于班级组织的个人属性层面的人际关系，是学生在共同的学习与活动中基于成员间的需求、能力、特点的不同，从个人的好感出发而自然形成的。故ABC三项属于非正式组织。

4. A 【解析】题干引用的俗语都强调了团结的重要性，故选A项。

5. A 【解析】过程式评语反映学生的成长过程，既看过去和现在，还要预示未来。故选A项。

6. B 【解析】班集体与班群体两者不等同，由班群体发展为班集体有一个培育与提高的过程，集体是群体发展的高级阶段。

7. C 【解析】偶发事件处理的教育性原则要求班主任在处理偶发事件时首先要坚持说服教育，以理服人，要注意摆事实、讲道理。故选C项。

8. C 【解析】教师在进行班级管理时，要多发现学生的优点，以达到长善救失的效果。鼓励学生相互找缺点会伤害某些学生的自尊心，不利于学生健康发展。

9. A 【解析】班级文化是班级中教师和学生共同创造出来的联合的生活方式。它包括三种状态：最为显性的班级环境布置，最为隐性的班级人际关系和班风，以及处于中间状态的班级制度与规范等。

10. C 【解析】"没有规矩，不成方圆"意为：做任何事都要有一定的规矩、规则，否则就无法成功。班集体的正常秩序是维持和控制学生在校生活的基本条件，是教师开展工作的重要保证。建立健全必要的班级规则就是为班级"立规矩"，建立正常的班集体秩序，以保证教师顺利开展工作。

11. A 【解析】班主任要特别注意后进生的转化工作，具体措施有：(1)正确对待后进生，关心热爱后进生；(2)弄清情况，分析原因，了解症状，对症下药；(3)培养学习兴趣；(4)抓反复，反复抓。故选A项。

12. A 【解析】对学生进行思想品德教育是班主任的主要任务和工作重点。故选A项。

13. B 【解析】民主型的领导方式属于综合性的指导，能够灵活地适应学生的个别差异，以此为基础引出学生的自发行为，促进班级同学的思想在合作中进行交流。采用民主型领导方式的班主任比较善于倾听学生的意见，在领导班级的过程中，不是以直接的方式管理班级，而是以间接的方式引导学生。

二、多项选择题

1. ABD 【解析】培养和激发学习动机是后进生教育应注意的问题。

2. ABCD 【解析】偶发事件处理的原则有：(1)教育性原则；(2)客观性原则；(3)有效性原则；(4)可接受性原则；(5)冷处理原则。

3. ACD 【解析】要解决班级管理中存在的问题，需要建立以学生为本的班级管理机制，要做到：(1)以满足学生的发展为目的；(2)确立学生在班级中的主体地位；(3)有目的地训练学生自我管理班级的能力。

4. ABCD 【解析】班主任在建立班委会时，应遵循四个原则：(1)民主性原则；(2)用其所长原则；(3)教育与锻炼相兼原则；(4)关心爱护与严格要求相结合的原则。故ABCD四项都正确。

5. ABC 【解析】班级文化对成员的制约功能主要通过三条途径得以实现：氛围制约、制度制约、观念制约。

三、判断题

1. × 【解析】班干部一般约占班级人数的1/4。

2. √ 【解析】后进生通常会缺乏自信,教师可以通过赞扬学生让学生恢复自信,从而更好地表现自己。

3. × 【解析】组织班会时,班主任要做好“导演”而不是“演员”。

4. × 【解析】班级是学校为实现一定的教育目的,将年龄和知识程度相近的学生编班分级而形成的,有固定人数的基本教育单位。班集体是按照班级授课制的培养目标和教育规范组织起来的,以共同学习活动和直接性人际交往为特征的社会心理共同体。班级和班集体是不同的。

5. √ 【解析】在现代学校教育中,班级活动完全是一种培养人的实践活动,满足学生发展的需要既是班级活动的出发点,又是班级活动的最终归宿。

6. √ 【解析】为有效履行职责、取得教育实效,当代学校教育中的班主任必须实行由管理者角色向指导者角色的重心转移。

7. √ 【解析】班级个别教育是集体教育的深化和补充,只有使每个学生都得到发展,班集体才能健康地发展。

8. × 【解析】班级越大,情感纽带的力量就越弱。

9. √ 【解析】要解决我国班级管理中存在的问题,必须建立以学生为本的班级管理新机制,尊重学生的人格和主体性,充分发挥学生自身的聪明才智,发扬学生在班级自我管理中的主人翁精神,强调师生合作、生生合作。故题干说法正确。

10. × 【解析】正确的舆论和良好的班风是班集体形成的重要标志。

11. √ 【解析】要做好后进生的教育工作,班主任应注意捕捉亮点、正面引导。后进生并不是一切都差,也有好的方面和“闪光点”等积极因素。作为班主任要长善救失,一分为二地看待后进生,善于利用“闪光点”作为推动后进生前进的动力和转化的良好开端,时时细心观察,努力发现和挖掘他们身上的长处。

四、简答题(参考答案)

1. 简述班主任了解和研究班级个体的主要内容。

(1)学生的基本情况,如性别、年龄、身体状况、兴趣爱好、个性倾向等;(2)学生的社会关系,如家长职业、家庭经济状况、家庭结构、家庭关系、家庭所在的社区环境等;(3)学生的学业和品德状况,如学习态度、学习习惯、学习性向、智能发展水平等;(4)学生的品德形成与社会性发展状况,如行为习惯、人际关系、人际交往方式、思想道德面貌等。

2. 简述班级文化的类型。

(1)班级物质文化;(2)班级行为文化;(3)班级制度文化;(4)班级精神文化。

五、论述题(参考答案)

1. 谈谈你对“教学中心”和“集体中心”的领导方式的理解。

(1)在当前班级管理实践中,班主任在具体操作过程中有两种领导方式运用得比较多,即“教学中心”和“集体中心”的领导方式。

(2)“教学中心”是目前用得较多的领导方式,这与现行的班主任工作评价机制不无关系,它最大的弊端是忽视人的因素,班级工作只见教学不见学生,只看学生分数不看学生发展。“集体中心”的领导方式视集体为管理主体,主张信赖而不是怀疑集体,用集体领导的手段管理班级,将班级作为教育的对象。尽管如此,班集体是由每一个具有不同个性的学生个体组成的,所以在实施“集体中心”的领导方式时,既要重视发挥班集体的教育功能,又要重视教育转化个别学生,促进班级的管理和发展。

2. 结合实际,谈谈班主任工作的主要内容。

(1)了解和研究学生。(2)有效地组织和培养优秀班集体。(3)协调校内外各种教育力量。(4)学习指导、学习活动管理和生活指导、生活管理。(5)组织课外、校外活动和指导课余生活。(6)建立学生档案。(7)操行评定。(8)班主任工作计划与总结。(9)个别教育工作。班主任做好个别教育工作,包括做好先进生的教育工作、中等生的教育工作和后进生的教育工作。(10)班会活动的组织。(11)偶发事件的处理。

(考生可结合实际加以阐述,言之有理即可)

3. 作为一名班主任,您应该怎样协调校内外的各种教育力量?

班主任要对班级实施有效的教育与管理,必须要争取校内外各种教育力量的配合,调动各方面的积极因素。具体内容如下:(1)协调本班各任课教师的工作,充分发挥本班任课教师的作用;(2)协助和指导班级团队活动;(3)争取运用家庭和社会教育力量。班主任要与学生家庭和社会有关方面取得联系,加强学生的思想政治工作。具体包括:①借助社会力量到学校来影响学生;②把学生有组织、有目的地放到社会上去接受积极影响;③学校与社会合作,形成有组织的来往,使其成为班级活动的一部分。

4. 联系实际,谈谈我国学校班级管理中存在的问题及如何解决这些问题。

(1)当前班级管理中存在的问题:①班主任的班级管理方式偏重于专断型;②班级管理制度缺乏活力,学生参与班级管理的程度较低。

(2)解决策略是建立以学生为本的班级管理机制:①以满足学生的发展为目的。学生的发展是班级管理的核心。班级管理的实质就是让学生的潜能得到尽可能的开发。在现代学校教育中,班级活动完全是一种培养人的实践活动,满足学生发展的需要既是班级活动的出发点,又是班级活动的最终归宿。

②确立学生在班级中的主体地位。发展学生的主体性是学校管理的宗旨。在传统的班级管理模式下,学生在某种程度上是教师的“附属物”,学生的

主体地位根本无法保障。现代班级管理强调以学生为核心，建立一套能够持久地激发学生主动性、积极性的管理机制，确保学生的持久发展。

③有目的地训练学生自我管理班级的能力。以训练学生自我管理能力为主的班级管理制度改革的重点是：适当增加“小干部”岗位，实行“小干部”轮换制度；按照民主程序选举干部；使“小干部”从“教师的助手”变成“学生的代表”；把学生的注意力从当干部引向当“合格的班级小主人”；注重实践教育、体验教育、养成教育，引导学生自觉实践、自主参与、形成良好习惯，把以教师为中心的班级教育活动转变为学生的自我教育活动，把班集体作为学生自我教育的主体。

（考生可联系实际加以阐述，言之有理即可）

六、案例分析题（参考答案）

1. (1)学生是发展中的人。学生不是成人，他们正处于身心发展最迅速的时期，生理和心理两方面都不太成熟，具有很大的发展的可能性与可塑性。学生是发展中的人，包括四层含义：①学生具有和成人不同的身心发展特点；②学生具有发展的巨大潜在可能性；③学生具有发展的需要；④学生具有获得成人教育关怀的需要。

   (2)班主任做好操行评定应注意：①要实事求是，抓主要问题，评定要准确反映学生思想品德的全面表现和发展趋向；②要充分肯定学生的进步，并适当指出他们的不足；③评语要简明、具体、贴切，严防用词不当伤害学生的情感。
2. 所谓“差生”，也就是常说的“后进生”，通常指那些学习积极性不高、学习成绩暂时落后、不太守纪律的学生。后进生是一个相对概念，班主任在运用时应谨慎。后进生一般具有如下心理特征：不适度的自尊心；学习动机不强；意志力薄弱。对于后进生的教育，班主任应注意：(1)关心爱护后进生，尊重他们的人格；(2)培养和激发学习动机。案例中的老师并没有因为小袁是有名的“差生”而不批准其参加兴趣小组，尊重了他的人格；得奖后，老师及时表扬和鼓励他，增强了小袁的自信心，激发了小袁的学习动机，进而他的表现也越来越好，被评上了文明学生。
3. (1)班主任的做法是错误的。首先，班主任在班上公开点名批评小张，指责他欺骗老师和家长，伤害了学生的自尊心；其次，班主任罚他重做两遍试题，并没有为学生提供正确的解决问题的方法。

   (2)如果我是小张的班主任，我会采取以下措施：

   ①当发现签名是小张自己签的时，及时找小张了解原因，问清楚情况。如果是怕家长训斥，可以亲自联系小张的家长，分析小张语文成绩不及格的原因，并提出一些帮助其提高成绩的建议，实现家庭与学校的良好配合。

   ②同时，告诉小张他的这种行为是不对的。在这个过程中注意要循循善诱、以理服人，从提高小张的认识入手，调动其学习的主动性，使他积极向上。此外，对小张提出一些正确应对类似问题的建议，表达自己对他的尊重与信任，同时提出严格的要求。

真题必刷

一、单项选择题

1. B 【解析】学生置身于班级组织中时，其人格及能力上的特点、差异以及不足就会显现出来。在班级开展的各项活动中，每一个成员都会通过自己和他人的表现以及在所获得的评价中，判断其表现的优势与不足。这是班级组织个性化功能中的诊断功能。
2. B 【解析】实行班级民主管理要求建立班级民主管理制度，如干部轮换制度、定期评议制度、值日生制度、值周生制度、民主教育活动制度等。故A、C、D项均属于民主管理方式。B项属于班级常规管理的要求。
3. C 【解析】班级平行管理是指班主任既通过对集体的管理去间接影响个人，又通过对个人的直接管理去影响集体，从而把对集体和个人的管理结合起来的管理方式。故选C项。
4. D 【解析】班级建设的设计是指班主任根据学校的整体办学思想，在主客观条件许可的范围内所提出的相对理想的班级模式，包括班级建设的目标，实现目标的途径、具体方法和工作程序。其中，以班级建设目标的制定最为重要。
5. D 【解析】学生能够参与处理班级事务，积极进行交流互动，敢于质疑，这说明李老师的班级管理方式属于民主型。

二、多项选择题

1. BCD 【解析】班级管理过程是一个动态发展的过程，是螺旋式上升的过程。选项A说法错误，故选BCD三项。
2. ABC 【解析】班集体的教育作用为：(1)有利于形成学生的群体意识；(2)有利于培养学生的社会交往能力与适应能力；(3)有利于训练学生的自我教育能力。故选ABC三项。

三、判断题

1. √ 【解析】倾听，是一种尊重、一种理解、一种宽容。班主任要做个忠实的“听众”，给学生充分表达的机会。
2. × 【解析】班主任工作计划一般分为学期计划、月或周计划以及具体的活动计划。

专题九　课外、校外教育与三结合教育

基础训练

知识1 课外、校外教育

一、单项选择题

1. A 【解析】小组活动是课外、校外教育的主要组织形式，它是有目的的、有计划的、经常性的活动。
2. D 【解析】学科活动是以学习和研讨某一学科的知识或培养某一方面的能力为主要目的的活动。

故外语兴趣小组属于学科活动。

3. C 【解析】题干所述内容说明了课外活动涉及的范围非常广泛,体现了课外活动的广泛性。

4. B 【解析】课外、校外教育活动,无论是活动的内容,还是活动的形式都体现了灵活性。活动的具体内容是根据课外活动的目的,从现有设备条件、辅导教师的特点、能力以及学生的不同需要出发确定的。

5. C 【解析】文艺汇演属于文学艺术活动。

6. A 【解析】课外阅读活动是指在课堂教学范围之外,学生根据自己的兴趣爱好或某一方面的需要进行的一种自觉的读书活动。其目的在于使学生及时接触和吸收新知识,扩大学生的知识视野,培养他们的自学能力和思维能力。

7. B 【解析】科技活动是以让学生学习和了解科技知识为目的的课外活动。学校成立“气象观测小组”就是让学生了解和学习关于气象方面的科学知识,这属于科技活动。

8. B 【解析】课外活动的自主性主要表现为学生是课外活动的主体,教师是活动的指导者、辅导者,对学生活动的组织起辅助作用。

9. D 【解析】社会活动是让学生走出学校,接触社会,了解科学技术的发展,了解社会生活、经济建设实际状况的教育活动。包括社会调查、参观、考察、访问以及各种无偿的社会服务和公益劳动。故题干所述属于社会活动。

10. B 【解析】学科活动是学校课外活动的主体部分,学校应高度重视,分科组织落实。

11. D 【解析】小组活动小型分散,便于开展多种多样的活动,满足学生不同的兴趣、爱好,发展学生的才能,使学生得到更多的学习和锻炼的机会。

12. B 【解析】课外教育指学校在课堂教学任务以外有目的、有计划、有组织地对学生进行的多种多样的教育活动,是学生课余生活的良好形式。这里的课堂教学包括课程计划中计入总课时的必修课和选修课。因此,选修课不属于课外教育。

13. C 【解析】课外活动是实现教育目的的重要途径。每项活动都要有明确而具体的目的,防止出现“为活动而活动”的形式主义倾向。

14. C 【解析】课外教育指学校在课堂教学任务以外有目的、有计划、有组织地对学生进行的多种多样的教育活动,是学生课余生活的良好形式。

15. C 【解析】张涛由于参加了课外机器人小组活动而对人工智能技术产生了浓厚的兴趣,这表明课外活动可以激发学生学习的主动性。

16. C 【解析】学生是课外活动的主体,故选C项。

17. B 【解析】课外教育是由学校、班级组织实施的课余教育活动,因此在体育课上组织学生参加足球比赛不属于课外教育。故选B项。

二、多项选择题

1. ABC 【解析】科技活动主要包括:举办科技讲座,参观游览,成立无线电小组、航模小组、园艺小组等,开展小发明、小创造、小制作、小实验、小论文等“五小活动”。

2. ABCD 【解析】课外活动的特点有自愿性、自主性、灵活性、实践性和广泛性。

3. ACD 【解析】群众性活动是一种面向多数或全体学生的带有普及性质的活动,活动的方式有:集会活动,竞赛活动,参观、访问、游览和调查,文体活动,墙报和黑板报,社会公益劳动等。书法兴趣小组属于小组活动。

4. ABC 【解析】个别活动能充分发展学生自己的兴趣爱好,丰富和充实学生的精神生活,培养学生独立完成作业的能力。故D项表述错误。

三、填空题

1. 个别活动
2. 自愿性
3. 接受性活动

四、判断题

1. × 【解析】课外活动是指学校在课堂教学任务以外,根据学生自愿选择参加的原则,有目的、有计划、有组织地对学生进行的多种多样的教育活动。题干说法错误。

2. √ 【解析】根据课外活动的时间长短,课外活动可分为:(1)长期性活动,如课外阅读、科技实验等;(2)短期性活动,如“科技活动月”“宣传周”等;(3)临时性活动,如报告、讲座、竞赛等。

3. × 【解析】课外、校外教育的实施范围在课程计划和学科课程标准之外。

4. √ 【解析】课外教育活动是学校教育的重要组成部分。要将课外活动纳入学校工作的整体计划,成为学校工作的有机组成部分。

5. √ 【解析】课外、校外教育活动要考虑学生的兴趣爱好和特长,符合学生的年龄特征。

五、名词解释(参考答案)

1. 课外、校外教育

课外、校外教育是指在课程计划和学科课程标准以外,利用课余时间,对学生施行的各种有目的、有计划、有组织的教育活动。

2. 小组活动

小组活动以自愿组合为主,根据学生的兴趣爱好和学校的具体条件,进行有目的、有计划的经常性活动。

六、简答题(参考答案)

1. 简述课外、校外教育的意义。

(1)课外、校外教育有利于学生开阔眼界,获得知识;(2)课外、校外教育有利于发展学生智力,培养学生的各种能力;(3)课外、校外教育是进行德育的重要途径;(4)课外、校外教育是因材施教,发展学生个性特长的广阔天地。

2. 简述课外、校外教育的主要内容。

(1)思想品德教育活动;(2)学科活动;(3)科技活动;(4)文学艺术活动;(5)体育活动;(6)社会活动;(7)传统的节假日活动;(8)课外阅读活动。

知识2 学校、家庭、社会三结合教育

一、单项选择题

1. A 【解析】家庭教育具有先导性的特点，家庭的生活环境和家长的言行举止，从小就对孩子产生了深远影响。故题干的描述体现的是家庭教育的先导性特点。
2. B 【解析】家长委员会是由家长代表成立的组织，作为与学校沟通的桥梁，关注学生的教育。家长委员会是增进学校与学生、家长之间沟通的桥梁。
3. A 【解析】教育合力是指学校、家庭、社会三种教育力量相互联系、相互协调、相互沟通，统一教育方向，形成以学校教育为主体，以家庭教育为基础，以社会教育为依托的共同育人的力量，使学校、家庭、社会教育一体化，以提高教育活动实效。
4. A 【解析】针对性是指教育工作能从实际出发，有的放矢，而不是想当然，不是一般化的说教。相对来说，家庭教育的针对性更强。人们常说："知子莫如父，知女莫若母。"子女自幼随父母生活，长期相处，父母能够全面细致地了解、熟知子女。
5. A 【解析】家庭教育是学校教育的基础和补充，有不可替代的教育作用。
6. C 【解析】在学校、家庭、社会三结合教育中，学校教育居于主导地位。故选C项。
7. B 【解析】家庭教育具有先导性和终身性的特点。一个人最早接受的教育是家庭教育，父母永远是子女的"老师"。在人的一生中，享受最长的教育就是家庭教育。故相对于其他教育形式，家庭教育开始最早，持续时间最长。
8. C 【解析】在我国，家庭、学校和社会的根本利益是一致的。为了使受教育者身心得以健康的发展，学校应成为这三者相互联系、相互配合的最积极的倡导者和组织者，而家庭和社会应大力支持学校工作。因此，学生家长在教育教学过程中应成为学校教育的积极合作者。
9. D 【解析】题干中教师交谈的对象是认为自己的孩子完美无缺的家长，这种情况下应首先肯定孩子的优点，使接下来的谈话比较容易展开，其次再站在孩子的立场上讨论问题也是贴合了家长关心孩子的心情，这样的谈话方式比较合适。故选D项。
10. B 【解析】学校教育是教育的主体形式，家庭教育和社区教育是学校教育必要的有益的补充、延伸及发展。故选B项。

二、多项选择题

1. ABC 【解析】家庭教育的教育方法主要有解答疑难、指导读书、树立榜样、游戏。
2. ABCD 【解析】学校可以通过与家庭相互访问、建立通讯联系、定时举行家长会、组织家长委员会、举办家长学校等途径加强与家庭之间的联系。
3. ABD 【解析】家庭教育的特点包括先导性、感染性、权威性、针对性、终身性和个别性。
4. BCD 【解析】家庭教育没有确定的教育内容，故A项错误。
5. ABC 【解析】"三结合"一般是指学校、家庭、社会三种教育力量相结合。
6. ACD 【解析】教师家访是为了加强学校与家庭之间的相互联系，ACD三项都有利于加强学校与家庭之间的沟通。B项说法不正确。

三、判断题

1. √ 【解析】家庭是人们生活和消费的最基本单位，承担着生养和教育子女的基本社会职能。家庭对儿童和青少年的发育、知识的获得、能力的培养、品德的陶冶、个性的形成都是至关重要的。
2. √ 【解析】父母是孩子的第一任老师，是孩子最亲密的"伙伴"，是孩子模仿和学习的对象。父母对孩子言传身教的作用是别人无法替代的。
3. √ 【解析】在我国，家庭、学校和社会的根本利益是一致的。为了使受教育者身心得以健康的发展，学校应成为这三者相互联系、相互配合的最积极的倡导者和组织者，而家庭和社会应大力支持学校工作。

四、名词解释(参考答案)

1. 家庭教育(狭义)

狭义的家庭教育是指在家庭生活中，由父母或其他年长者对其子女与年幼者实施的教育和影响。

2. 教育合力

教育合力是指学校、家庭、社会三种教育力量相互联系、相互协调、相互沟通，统一教育方向，形成以学校教育为主体，以家庭教育为基础，以社会教育为依托的共同育人的力量，使学校、家庭、社会教育一体化，以提高教育活动实效。

五、简答题(参考答案)

1. 如何理解学校教育在学校、家庭、社会三结合教育中占主导地位？

(1)学校作为专职教育机构，有着明确的目的、周密的计划、科学的组织，有经验丰富、掌握青少年学生身心发展规律的专门教育工作者。

(2)学校具有青少年学生集中、学习环境好、规章制度健全、育人周期长等明显教育优势，并在社会上具有广泛的凝聚力、号召力，容易得到包括党政机关在内的社会各界的支持协助。

2. 简述家庭教育的基本要求。

(1)环境和谐——创造和谐的家庭环境；(2)方法科学——家长教育子女需要科学的态度和方法；(3)以身作则——树立良好的榜样；(4)爱严相济——家长要把对孩子的关心爱护与严格要求紧密结合；(5)要求一致——家长对孩子的要求应统一，前后一贯；(6)全面关心——要对孩子的物质生活与精神生活、身体健康与心理健康、智力开发与非智力因素的培养等多方面给予全面关心，把孩子培养成全面发展的合格公民。

整合提升

一、单项选择题

1. C 【解析】家庭教育具有教育内容的生活化、教育方式的情感化和教育方法的多样化的特点，故选C项。

2. D 【解析】课外、校外教育的组织形式主要有群众性活动、小组活动和个人活动。其中，小组活动是根据学生的兴趣爱好和学校的具体条件，进行有目的、有计划的经常性活动。根据题干“为热爱体育的学生创设”“羽毛球队、篮球队”“10～20人左右”可知，这种课外活动组织形式属于小组活动。

3. A 【解析】教学是教育学生的基本途径。选项A说法错误，故选A项。

4. B 【解析】开展兴趣小组，有利于因材施教，发展学生的个性特长。故选B项。

5. B 【解析】B项出自《学记》，意思是：大学的教育活动，按时令进行，各有正式课业；休息的时候，也有课外作业。这体现了课堂教学与课外活动相结合的思想。

6. C 【解析】家庭教育是一种稳定的、持久性的教育。在正常情况下，家长是不变的，家庭相对于其他社会组织有很强的稳定性、持久性。因此，我国父母对子女的教育影响具有典型的连续性和永久性，家庭教育的连续性往往表现为一个家庭的家风，家风的好坏往往要延续几代人，甚至于十几代人，因此，社会发展中经常会出现“杏林世家”“梨园之家”“教育世家”等现象。

7. D 【解析】在家庭生活中，丹丹母亲就丹丹挑食、偏食的问题对丹丹进行的教育属于家庭教育。

8. C 【解析】C项，对课文进行赏析阅读属于课堂教学活动，故选C项。AD两项属于社会活动；B项属于科技活动。

9. C 【解析】群众性活动是一种面向多数或全体学生的带有普及性质的活动。从题干中的“全校性”可知此活动是全体学生都参加的活动，属于群众性活动。

10. D 【解析】学校教育占主导地位，故D项说法错误。

11. D 【解析】课外活动的主要内容有思想品德教育活动、学科活动、科技活动、文学艺术活动、体育活动、社会活动、传统的节假日活动、课外阅读活动等。A项的美术兴趣课属于文学艺术活动，B项的英语角属于学科活动，C项的读书会属于课外阅读活动。D项不属于课外活动的内容，故选D项。

12. B 【解析】课外、校外教育的自主性表明：课外、校外教育可以由学生自己组织、设计和动手。可以说，课外、校外教育活动是学生自己的活动，学生是课外活动的主体。同时，这也突出了学生的独立性。教师是活动的指导者、辅导者，对学生活动的组织起辅助作用。题干所述突出体现了课外活动的自主性特点，故选B项。

二、多项选择题

1. BD 【解析】实现有效家访的途径包括：(1)确定家访对象，明确家访目标；(2)做好访前准备；(3)切实把握家访时机；(4)家访时的谈话要讲究艺术性；(5)做好家访记录，及时反馈。

2. AC 【解析】根据时间长短，可将课外活动分为：(1)长期性活动，如课外阅读、科技实验、收听收看广播电视、墙报等；(2)短期性活动，如训练班、演出队、“科技活动月”、“宣传周”等；(3)临时性活动，如报告、讲座、竞赛、表演、参观、劳动等。AC两项属于临时性活动，故选AC两项。B项课外阅读属于长期性活动，D项训练班属于短期性活动。

3. BCD 【解析】为使学校、家庭、社会形成教育合力，应做到：(1)学校教育占主导地位；(2)家庭、社会和学校三者协调一致，互相配合；(3)加强学校与家庭之间的相互联系；(4)加强学校与社会教育机构之间的相互联系。A项说法错误，故选BCD三项。

三、辨析题(参考答案)

1. 与课堂教学相比，课外活动更有利于因材施教原则的实施。

   (1)这种说法是正确的。(2)课堂教学是面对全体学生进行的，而课外活动则具有自愿性、自主性、灵活性等特点，能够比较充分地照顾到每个学生的兴趣和爱好，故课外活动更有利于因材施教原则的实施。

2. 课外活动的开展要因地制宜，要与当地的经济、文化发展要求相适应。

   (1)这种说法是正确的。(2)我国幅员辽阔，各地情况千差万别。发达地区和边远地区、城市和农村、重点学校与一般学校，在经济文化背景、学校物质条件和师资水平等方面相差很大。因此，开展课外活动要因地制宜、因校制宜，与当地的经济、文化发展要求相适应。

四、论述题(参考答案)

1. 开展课外、校外教育应遵循哪些要求？

   (1)要有明确的目的性、计划性；(2)活动内容要丰富多彩，形式要多样化，要富有吸引力；(3)注意发挥学生集体和个人的主动性、独立性和创造性，并与教师指导相结合；(4)要考虑学生的兴趣爱好和特长，符合学生的年龄特征；(5)课堂教学与课外活动互相配合、互相促进；(6)因地、因校制宜。

2. 试述课外、校外教育与课堂教学的关系。

   (1)从两者的联系看，它们的目的是一致的，都是为了实现全面发展的教育目的，完成学校的教育任务；两者都是在学校的统一领导下有计划、有组织进行的。同时，两者在教育过程中是互相配合的。课堂教学使学生掌握系统的科学文化知识，又为课外、校外教育提供条件；课外、校外教育运用所学知识，锻炼活动能力，使教学效果得到发展和提高。

(2)课外、校外教育又区别于课堂教学，有它不可替代的教育作用。它对课堂学习有一定的促进作用，但又不仅局限于课堂教学的内容和教学大纲的范围。

五、案例分析题(参考答案)

1. (1)小王长期逃课却没被发现，足以说明家庭与学校的沟通工作没做好。小王的原班主任在小王长时间缺课的情况下并没有引起重视并告知小王的家长，这说明该班主任的工作失职。此外，小王一个月没去上课，家长竟然不知道，这也说明了家庭教育的失当。

(2)家长得知小王一个月没去上课而是在网吧后将孩子毒打一顿，这种做法是非常不可取的。正确的做法应该是了解小王不去上学的原因，对小王进行说服教育，动之以情、晓之以理。此外，家长还要向小王道歉，不仅是针对毒打事件，还有平时对小王的忽略。

(3)如果我是小王的班主任，我会这么做：

①了解小王去网吧的原因，并针对具体情况具体分析。

②做好与小王家长的沟通，向家长汇报其在校表现，并向家长了解小王在家的表现。

③开展主题班会，带领全班同学一起帮助小王摆脱网吧的影响。

④走访网吧，要求网吧老板严格执行未满十八岁少年不得进入的规定。如果该网吧拒不执行，可以联系相关部门对其进行处置。

2. (1)家校冲突时有发生，家校共育缺乏协调。学校和家长在家校共育过程中的责任边界不明确；学校开放度不够，家长参与学校工作不够深入，对孩子在校情况缺乏必要的了解；学校和家长对教育理念共识度不高，难以形成合力。材料中"九成以上班主任认为家校沟通存在问题，家长参与沟通积极性不高，家校教育理念存在差异"等是家校共育缺乏协调的体现。

(2)①在学校章程建设中完善家校共育的条款设计，指导学校通过家长委员会、家长代表、全体家长会等形式，了解国家关于家长不同于学校和老师的监护责任和权力、权利，帮助家长区分自己和学校的学生安全责任分工，为预防、缓解、消除家校矛盾做好铺垫。

②指导家长"言传身教"，营造良好家庭氛围，塑造学生良好的社会性，纠正其片面化的升学竞争观念。

③进一步完善家校联系机制，明确家长学校和家长委员会的管理体制、创新运行模式，设立家庭教育专项基金。

④不断完善妇联、村(社区)及学校对家庭教育的指导、支持，帮助家长树立正确的保育、教育观念，掌握科学的教育知识与方法，不断改善家庭教育功能正常履行所需要的物质条件、政策空间。

⑤通过政策解读、专题培训、主题研讨、现场指导、案例展示等灵活多样的方式方法，帮助家长明确家庭教育的监护权和教育权。

⑥通过加强教师和家长的日常交往联系，增进家校信任。

真题必刷

一、单项选择题

1. C 【解析】课外教育与课堂教学的目的是一致的，都是为了实现全面发展的教育目的，完成学校的教育任务；两者都是在学校的统一领导下有计划、有组织地进行的。故C项说法正确。

2. B 【解析】家庭教育有其优势，有其有利的因素或条件，这是显而易见的。但同时也必须看到，家庭教育同其他任何事物一样，也有一定的局限性。因此，家庭教育要与学校教育、社会教育相结合，形成教育合力，共同促进孩子的成长。题干的说法从侧面反映了家庭教育的局限性。

3. D 【解析】自习课不属于课外活动，故选D项。

二、多项选择题

BCD 【解析】课外活动的组织形式主要有群众性活动、小组活动、个人活动(个别活动)三种，故选BCD三项。

三、判断题

√ 【解析】课外、校外教育有利于发展学生智力，培养学生的各种能力。"科学思维"体现了课外、校外教育在发展学生智力方面的作用。故题干说法正确。

第二篇 新课程改革

基础训练

知识1 新课程改革的提出、背景、目标与理念

一、单项选择题

1. B 【解析】我国新课程改革是知识经济时代提出的挑战。知识经济时代的科学技术已经成为第一生产力。在国与国之间综合国力竞争的时代，由于教育起着奠基作用，综合国力竞争必将聚焦到教育上来。

2. B 【解析】课程改革不仅仅意味着内容的更新、完善与平衡，更为重要的是意味着理想的学校文化的创造。学校文化的变革是课程与教学改革最深层次的改革，创建富有个性的学校文化正是课程改革的核心课题。学校文化的重建是课程改革的直接诉求和终极目标。

3. D 【解析】新课程改革的六项具体目标包括：(1)实现课程功能的转变；(2)体现课程结构的均衡性、综合性和选择性；(3)密切课程内容与生活和时代的联系；(4)改善学生的学习方式；(5)建立

与素质教育理念相一致的评价与考试制度；(6)实行三级课程管理制度。

4. D 【解析】新课程倡导“立足过程，促进发展”的课程评价，这不仅仅是评价体系的变革，更重要的是评价理念、评价方法与手段以及评价实施过程的转变。

5. D 【解析】基础教育课程改革应全面贯彻党和国家的教育方针，以提高国民素质为宗旨，面向全体学生，加强思想品德建设，重视培养学生的创新精神和实践能力、终身学习的愿望和能力以及对自然和社会的责任感，为学生全面发展和终身发展奠定基础。根据这一要求，不仅要重视学生的学科学习目标，而且要重视学生的一般性发展目标。故选D项。

6. A 【解析】贯穿于我国第八次课程改革的核心理念是：为了中华民族的复兴，为了每一位学生的发展。

7. B 【解析】贯彻新课程“以人为本”的教育理念首先应该做到尊重学生人格，关注个体差异。

8. A 【解析】新课程改革的核心目标是课程功能的转变。

9. C 【解析】新课程结构的主要特点为：均衡性、综合性和选择性。

10. C 【解析】新课改为了改变课程管理过于集中的状况，实行国家、地方、学校三级课程管理，增强课程对地方、学校及学生的适应性。

11. A 【解析】课程改革的焦点是协调国家和学生发展需要之间的关系。

二、多项选择题

1. ACD 【解析】新课程结构的综合性是针对过分强调学科本位、科目过多和缺乏整合的现状而提出的。它体现在以下三个方面：(1)加强学科的综合性；(2)设置综合课程；(3)增设综合实践活动课程。

2. BCDE 【解析】当代世界各国的课程改革，存在着一些共同的发展趋势：(1)重视课程内容的现代化、综合化；(2)重视基础学科和知识的结构化；(3)重视能力的培养；(4)重视个别差异。

3. BCDE 【解析】新课程倡导从单纯注重传授知识转变为引导学生学会学习、学会合作、学会生存、学会做人，打破传统的基于精英主义思想和升学取向的过于狭窄的课程定位，关注学生“全人”的发展。

4. ABCE 【解析】新课程改革的发展趋势包括：(1)以学生发展为本、促进学生全面发展与培养个性相结合；(2)稳定并加强基础教育；(3)加强道德教育和人文教育，促进课程科学性与人文性融合；(4)加强课程综合化；(5)课程与现代信息技术相结合，加强课程个性化和多样化；(6)课程法制化。

三、填空题

1. 面向现代化　面向世界　面向未来

2. 素质教育

3. 学习方式转变

4. 全面发展

5. 生活

四、简答题(参考答案)

1. 简述国外课程改革的启示。

(1)政府参与并领导课程改革；(2)课程改革的焦点是协调国家和学生发展需要之间的关系；(3)课程改革具有整体性。

2. 简述我国实行基础教育课程改革的原因。

(1)时代发展特征的新要求(时代背景)；(2)我国政治经济发展的客观需要；(3)我国基础教育发展的内在需求；(4)国外课程改革的启示。

3. 在建立促进学生全面发展的评价体系中，一般性发展目标应该包含哪几个方面？

一般性发展目标主要包括：学会学习的技能、扩充并整合知识、沟通技能、思考和推理的技能、合作技能、个人与社会责任。

4. 简述基础教育课程改革的基本理念。

基础教育课程改革的基本理念是：走出知识传授的目标取向，确立培养“整体的人”的课程目标；破除书本知识的桎梏，构筑具有生活意义的课程内容；摆脱被知识奴役的处境，恢复个体在知识生成中的合法身份；改变学校个性缺失的现实，创建富有个性的学校文化。具体如下：(1)促进课程的适应性和管理的民主化，创建富有个性的学校文化；(2)重建课程结构和倡导和谐发展的教育；(3)提升学生的主体性和注重学生经验。

知识2 教学改革与综合实践活动

一、单项选择题

1. D 【解析】综合实践活动的特点有：(1)整体性(综合性)；(2)实践性；(3)开放性；(4)生成性；(5)自主性。

2. B 【解析】学科中的研究性学习与研究性学习课程有内在联系：(1)二者都强调研究性学习这种学习方式；(2)二者的终极目的都指向学生的个性发展，尽管直接目的有别。

3. B 【解析】综合实践活动的内容主要包括：信息技术教育、研究性学习、社区服务与社会实践、劳动与技术教育。

4. A 【解析】从教师与学生的关系看，新课程倡导教师是学生学习的促进者。

5. D 【解析】综合实践活动是基于学生的直接经验，密切联系学生自身生活和社会生活，体现对知识的综合运用的课程形态。这是一门以学生的经验与生活为核心的实践性课程。综合实践活动是新的基础教育课程体系中设置的必修课程。

6. D 【解析】在传统教育中，相对于学生来讲，教师是“社会代表者”，他们拥有至高无上的权威。而新课程给教师角色的定位是“平等中的首席”，要求教师在与学生对话、互动中，首先是一个学习者。故D项不符合新课程对教师的定位。

7. A 【解析】在对待师生关系上，新课程强调尊重、赞赏。

8. D 【解析】新课程倡导开放与生成的教学观，认为教学不只是课程传递和执行的过程，更是课程创生与开发的过程。

9. B 【解析】独立性是现代学习方式的核心特征，它对应于传统学习方式的依赖性。

10. B 【解析】新课程倡导民主、开放、科学的课程理念，同时确立了国家、地方、学校三级课程管理政策，这就要求课程与教学相互整合，教师必须在课程改革中发挥主体作用。教师不仅仅是课程的实施者，更应该成为课程的开发者和建设者。题干中教师的认识忽视了教师的这一角色，故选B项。

11. A 【解析】教师是学生学习的促进者，这是教师最明显、最直接、最富时代性的角色特征，是教师角色中的核心特征。

12. D 【解析】选项D属于教师在对待自我上的变化。

13. B 【解析】教学改革的首要任务是确立新的教育观念，即要改革旧的教育观念，真正确立起与新课程相适应的、体现素质教育精神的教育观念。

14. A 【解析】新课程提倡的师生关系是合作伙伴关系，合作模式最符合题意，故选A项。

15. B 【解析】我国当前教学改革的重心就是建立合理的课程结构。

易错警示：我国当前教学改革的主要观点是考生易混淆的知识点，考生可根据下面的内容进行识记：

主题——素质教育；基本策略——教学改革和实验；重心——课程结构。

二、多项选择题

1. BD 【解析】研究性教学的特点表现为：(1)研究性教学是开放性的，非标准答案的。(2)研究性教学常常需要综合运用知识。(3)研究性教学常常与生活密切联系，鼓励协作性学习。研究性教学是有计划的，但却不是唯计划的。研究性教学的问题经常是自发地产生于学生中间，经常是生活化、社会化的。

2. BCD 【解析】高度概括地说，教学方式、学习方式转变的基本精神就是自主、合作、创新。

易错警示：“新课程倡导的学习方式”与“教学方式、学习方式转变的基本精神”是易混淆的知识点。考生在识记这两个知识点时，可根据两者的不同点来记忆，即含有“探究”的属于新课程倡导的学习方式，含有“创新”的属于教学方式、学习方式转变的基本精神。

3. ABE 【解析】新课程倡导的学习方式有自主学习、探究学习与合作学习。

4. ABCDE 【解析】探究性学习的过程包括：问题阶段—计划阶段—研究阶段—解释阶段—反思阶段。

5. BCDE 【解析】探究性学习的特点为自主性、过程性、开放性和实践性。

6. ABCDE 【解析】新课程倡导的教师角色包括：(1)从教师与学生的关系看，教师是学生学习的促进者；(2)从教学与研究的关系看，教师是教育教学的研究者；(3)从教学与课程的关系看，教师是课程的开发者和建设者；(4)从学校与社区的关系看，教师是社区型开放的教师。

7. ABCE 【解析】合作学习的特点具体表现在互助性、互补性、自主性和互动性。

三、判断题

1. √ 【解析】现代学习方式的首要特征是主动性，题干说法正确。

2. √ 【解析】“行动研究”把教学与研究有机地融为一体，它是教师由“教书匠”转变为“教育家”的前提条件，是教师持续进步的基础，是提高教学水平的关键，是创造性地实施新课程的保证。题干说法正确。

3. × 【解析】新课程倡导开放与生成的教学观——教学不只是课程传递和执行的过程，更是课程创生与开发的过程。教师和学生不是外在于课程的，而是课程的有机构成部分，是课程的创造者和主体，他们共同参与课程开发的过程。

4. × 【解析】新课程强调教学是教与学的交往、互动，师生双方相互交流、相互沟通，在这个过程中，教师与学生分享彼此的思考、经验和知识，交流彼此的情感、体验与观念，丰富教学内容，求得新的发现，从而达成共识、共享、共进，实现教学相长和共同发展，彼此形成一个真正的“学习共同体”。

5. × 【解析】民主是师生关系的融化剂，是师生平等对话的前提。

6. √ 【解析】自主学习是一种主动学习，是相对于“被动学习”“他主学习”而言的。题干说法正确。

7. √ 【解析】“研究性学习”既是一种学习方式，也是一种课程形态，题干说法正确。

8. √ 【解析】教学是教师教与学生学的统一，这种统一的实质是交往、互动。基于此，新课程把教学过程看成是师生交往、积极互动、共同发展的过程。

四、名词解释(参考答案)

1. 自主学习

自主学习关注学习者的主体性和能动性，是学生自主而不受他人支配的学习方式。

2. 探究学习

探究学习是一种以问题为依托的学习，是学生通过主动探究解决问题的过程。探究学习是相对于“接受学习”而言的。学习过程除了被动接受知识外，还存在大量的发现与探究等认识活动。

3. 综合实践活动

综合实践活动是基于学生的直接经验，密切联系学生自身生活和社会生活，体现对知识的综合运用的课程形态。

五、简答题(参考答案)

1. 简述我国当前教学改革的主要观点。
(1)实施素质教育——我国当前教学改革的主题;(2)坚持整体教学改革和实验——我国当前改革的基本策略;(3)建立合理的课程结构——我国当前教学改革的重心;(4)实施科学的教学评价。

2. 简述本次教学改革的主要任务。
(1)要改革旧的教育观念,真正确立起与新课程相适应的、体现素质教育精神的教育观念;(2)要坚定不移地推进教学方式和学习方式的转变;(3)要致力于教学管理制度的重建。

3. 简述实施综合实践活动须遵循的原则。
(1)正确处理学生的自主选择、主动实践与教师的有效指导的关系;(2)恰当处理学校对综合实践活动的统筹规划与活动具体展开过程中的生成性目标、生成性主题的关系;(3)课时集中使用与分散使用相结合;(4)整合校内课程与校外课程;(5)以融合的方式设计和实施四大指定领域;(6)把信息技术与综合实践活动的内容和实施过程有机整合起来。

4. 简述新课程倡导的教学观。
(1)全面发展的教学观。教学重结论更要重过程;教学关注学科更要关注人。(2)交往与互动的教学观——教学不只是教师教学生学的过程,更是师生交往、积极互动、共同发展的过程。(3)开放与生成的教学观——教学不只是课程传递和执行的过程,更是课程创生与开发的过程。

5. 现代学习方式的基本特征是什么?
(1)主动性;(2)独立性;(3)独特性;(4)体验性;(5)问题性。

6. 自主学习的主要特征有哪些?
(1)自主学习是一种主动学习,是相对于“被动学习”“他主学习”而言的;(2)自主学习是一种独立学习;(3)自主学习也是一种元认知监控的学习。

整合提升

一、单项选择题

1. C 【解析】为使“研究性学习方式”尽快深入人心,有必要设置专门的“研究性学习”课程。再者,即使各门学科有效渗透了“研究性学习方式”,也有必要设置“研究性学习”课程。
2. C 【解析】观念是行动的先导,更新教育观念,转变教育思想是深化教育改革、促进教育发展的先导,当前又是全面推进素质教育的前提。
3. C 【解析】以学生发展为本、促进学生全面发展与培养个性相结合是新课程改革的发展趋势之一。以学生发展为本的课程是把学生的发展作为课程开发的着眼点和目标,强调学生是能动实践的主体。故选C项。
4. C 【解析】关注个体差异的目的就是要满足不同学生的需要,故选C项。
5. C 【解析】探究学习是一种以问题为依托的学习,是多学生通过主动探究解决问题的过程。题干所述为探究学习,故选C项。
6. B 【解析】“知之者莫如好之者,好之者莫如乐之者”体现了在全面发展的教学观中,教学过程应关注学生的情绪生活和情感体验的课程理念。
7. A 【解析】课程改革就其实质来讲就是课程现代化的问题。
8. B 【解析】研究性学习综合了自主学习和协作学习的优势。
9. B 【解析】综合实践活动是一门以学生的经验与生活为核心的实践性课程。
10. D 【解析】题干所述为新课程结构均衡性特征的内涵,故选D项。
11. D 【解析】新课程结构的综合性是针对过分强调学科本位、科目过多和缺乏整合的现状而提出的。它体现在三个方面:(1)加强学科的综合性;(2)设置综合课程;(3)增设综合实践活动。题干的描述体现了对学科的综合性的加强。
12. D 【解析】新课程改革的具体目标之一是体现课程结构的均衡性、综合性和选择性。改变课程结构过于强调学科本位、科目过多和缺乏整合的现状,整体设置九年一贯的课程门类和课时比例,设置综合课程,以适应不同地区和学生发展的需求,体现课程结构的均衡性、综合性和选择性。
13. C 【解析】由题干“综合实践活动是由国家设置、地方和学校根据实际开发的课程领域”可知,综合实践活动具有三级课程管理制度的特征和功能。

二、多项选择题

1. BCD 【解析】综合实践活动的性质:相对于分科课程而言,综合实践活动是一门综合性课程,包括内容综合、学习方式综合和活动时空综合三个方面。故A项错误。BCD三项均符合题意。
2. ABCD 【解析】可以组织学生合作学习的情况主要有:(1)在教学内容的重点和难点处;(2)在教学内容的易混淆处;(3)在思维的交锋处;(4)在思维的发散处;(5)在规律的探索处。
3. ABCD 【解析】综合实践活动以学生的经验与生活为核心,尊重学生的兴趣爱好,选项A说法正确。综合素质评价的具体内容表现为:道德品质、学习能力、交流与合作、个性与情感,选项B说法正确。从学校与社区的关系看,教师是社区型开放的教师,选项C说法正确。D项为研究性学习的特点,说法正确。故本题ABCD四项均正确。
4. ABD 【解析】A项,新中国成立后的六十多年,除了几次重大的学制调整之外,在基础教育课程和教材领域至少进行了七次较大规模的改革。本次新一轮课程改革是指一九九九年开始启动的基础教育课程改革,简称“新课改”,说法正确。
B项,新课程改革的核心理念是“为了每一位学生的发展”,说法正确。

C项,全面发展的教学观强调教学关注学科更要关注人,说法错误。

D,实现课程功能的转变是新课程改革的六项具体目标之一,说法正确。

三、判断题

1. √ 【解析】坚定不移地推进教学方式和学习方式的转变是新课程背景下教学改革的一个重要任务。本次教学改革不仅要改变教师的教育观念,还要改变他们每天都在进行着的习以为常的教学方式、教学行为。就教与学关系而言,教师教育观念、教学方式的转变最终都要落实到学生学习方式的转变上,学生学习方式的转变具有极其重要的意义。故题干表述正确。

2. × 【解析】从教师与学生的关系看,新课程倡导教师是学生学习的促进者。其内涵主要包括以下两个方面:(1)教师是学生学习能力的培养者。教师不仅传授知识,而且重在检查学生对知识的掌握程度。(2)教师是学生人生的引路人。由此可见,传授知识仍然是对教师的要求之一。

3. √ 【解析】新课程倡导的"体验课程"是能被教师与学生实实在在地体验到、感受到、领悟到、思考到的课程,题干说法正确。

4. × 【解析】新课程倡导民主、开放、科学的课程理念,同时确立了国家、地方、学校三级课程管理政策,这就要求课程与教学相互整合,教师必须在课程改革中发挥主体作用。教师不仅是课程实施的执行者,更应成为课程的开发者和建设者。故题干说法错误。

四、论述题(参考答案)

1. 新课程改革强调学生学习方式的转变,小组合作学习是新课程改革积极倡导的有效学习方式之一。试述小组合作学习的优缺点。

(1)优点:合作学习以学生之间的协同、合作性活动促进个体学习,克服了传统教学既忽视学生自主性又丧失学习共同性的弊端,有助于淡化班级授课制中师生的单向权威关系,有助于将积极的人际互动引入课堂,充分发挥人际关系对个体发展的作用,建设性地处理学生的个别差异,以合作性同伴交往带动师生合作,从而突破了传统教学忽视人际交往的整体划一性,构建了新型的集体性教学组织形式,对教学组织的更新做出了贡献。

(2)缺点:合作学习流于形式,不注重实效;异质小组内的"小权威"独断专行、包办任务;学生的主动合作意识不强;等等。

2. 新课程改革的具体目标是什么?

(1)实现课程功能的转变。改变课程过于注重知识传授的倾向,强调形成积极主动的学习态度,使获得基础知识与基本技能的过程同时成为学生学会学习和形成正确价值观的过程。

(2)体现课程结构的均衡性、综合性和选择性。改变课程结构过于强调学科本位、科目过多和缺乏整合的现状,整体设置九年一贯的课程门类和课时比例,并设置综合课程,以适应不同地区和学生发展的需求,体现了课程结构的均衡性、综合性和选择性。

(3)密切课程内容与生活和时代的联系。改变课程内容"繁、难、偏、旧"和过于注重书本知识的现状,加强课程内容与学生生活以及现代社会和科技发展的联系,关注学生的学习兴趣和经验,精选终身学习必备的基础知识和技能。

(4)改善学生的学习方式。改变课程实施过于强调接受学习、死记硬背、机械训练的现状,倡导学生主动参与、乐于探究、勤于动手,培养学生搜集和处理信息的能力、获取新知识的能力、分析和解决问题的能力以及交流与合作的能力。

(5)建立与素质教育理念相一致的评价与考试制度。改变课程评价过分强调甄别与选拔的功能,发挥评价促进学生发展、教师提高和改进教学实践的功能。新课程倡导"立足过程,促进发展"的课程评价,这不仅仅是评价体系的变革,更重要的是评价理念、评价方法与手段以及评价实施过程的转变。

(6)实行三级课程管理制度。改变课程管理过于集中的状况,实行国家、地方、学校三级课程管理,增强课程对地方、学校及学生的适应性。

3. 新课程中教师的教学行为将发生哪些变化?

(1)在对待师生关系上,新课程强调尊重、赞赏。"为了每一位学生的发展"是新课程的核心理念。为了实现这一理念,教师必须尊重每一位学生做人的尊严和价值,尤其要尊重这六种学生:智力发育迟缓的学生、学业成绩不良的学生、被孤立和拒绝的学生、有过错的学生、有严重缺点的学生以及和自己意见不一致的学生。尊重学生同时意味着不伤害学生的自尊心,还要学会发现学生的闪光点,学会赞赏每一位学生。

(2)在对待教学关系上,新课程强调帮助、引导。这就要求教师"教"的职责在于帮助学生检视和反思自我,明了自己想要学习什么和获得什么,确立能够达成的目标;帮助学生寻找、搜集和利用学习资源;帮助学生设计恰当的学习活动并形成有效的学习方式;帮助学生发现所学东西的个人意义和社会价值;帮助学生营造和维持学习过程中积极的心理氛围;帮助学生对学习过程和结果进行评价,并促进评价的内化。

(3)在对待自我上,新课程强调反思。教学反思有助于教师形成和培养自我反思的意识和自我监控的能力。

(4)在对待与其他教育者的关系上,新课程强调合作。在教育教学过程中,教师除了面对学生外,还要与周围其他教师发生联系,要与学生家长进行沟通与配合。

4. 试述设置专门的"研究性学习"课程的必要性。

为使"研究性学习方式"尽快深入人心,有必要设置专门的"研究性学习"课程。再者,即使各门学

科有效渗透了“研究性学习方式”,也有必要设置“研究性学习”课程。这是因为:

(1)学科中的研究性学习具有学科性,往往局限于一门学科的狭隘视野,研究性学习课程则属于经验课程的范畴,它基于学生的直接经验,面向学生自身的生活和火热的社会生活实践,强调操作与体验,强调综合运用学生的所有知识。

(2)学科中的研究性学习具有手段的、辅助的性质,往往服从于学生掌握系统学科知识的需要;而研究性学习课程则把研究性学习本身视为直接的目的,它强调学生需要的优先性,强调对学生独特经验的尊重,强调学生从自己的立场与世界交互作用出发,建构自己的意义。

当然,学科中的研究性学习与研究性学习课程也有内在联系:二者都强调研究性学习这种学习方式;二者的终极目的都指向学生的个性发展,尽管直接目的有别。研究性学习课程是学科中的研究性学习的归纳、整合、开拓、提升;学科中的研究性学习则可从学科领域细化、深化生活中的主题。

五、案例分析题(参考答案)

1. (1)在“动物学校”中,所有的动物都要学习跑步、跳跃、爬行、飞行、游泳这五种课程,但显然这些课程并不适合于所有的动物。由此可见“动物学校存在的问题主要有:①违背了新课程改革“为了每一位学生的发展”的核心理念。“动物学校”只开设了跑步、跳跃、爬行、游泳、飞行五门课程。许多鼠类动物子弟没有到“动物学校”学习,因为学校拒绝增开挖掘课。②课程设置存在问题。首先,课程结构的设置不能有效促进各种动物的个性发展,而是需要动物去适应课程;其次,课程内容统一设置,不注重各种动物的选择与需求。③违背了新课程所倡导的“立足过程,促进发展”的课程评价。“动物学校”对所有学生的评价都依据五门功课的总成绩,因此各门成绩都普普通通的泥鳅成了成绩最高的学生,而在某门课程上表现优异的学生却成绩不佳。由此可见,动物学校的评价没有结合各种动物学习过程的实际情况来综合给出合理的评价。④违背了新课程倡导的师生关系。在对待师生关系上,新课程强调尊重、赞赏。动物学校的老师一味地按照自己的方式来严格要求学生,对于表现出色的动物也没有给予表扬,不利于良好师生关系的建立。

   (2)材料中“动物学校”违背了教师主导作用与学生主体作用相统一的教育规律,而且还违背了因材施教的教学原则。

   (3)解决方法:①遵循“为了每一位学生的发展”的核心理念,遵循以人为本的理念,在课程的设置上,要更加综合,体现整体性、开放性、动态性,培养学生综合的视角和综合的能力,以适应科学技术既分化又综合的现实。②在课程内容的选择上,要努力与社会生活相联系,与学生已有的经验相联系,加强教学内容的“生活化”,使学习更有意义。③在教学评价上,倡导发展评价观,重视学习的过程性评价,通过评价发挥促进学习的作用而不只是检查验收的作用。④在教学中遵循因材施教原则。因材施教原则是指教师在教学中,要从课程计划、学科课程标准的统一要求出发,面向全体学生,同时又要根据学生的个别差异,有的放矢地进行有差别的教学,使每个学生都能扬长避短,获得最佳的发展。⑤在教学中要遵循教师主导作用与学生主体作用相统一的规律(双边性规律)。在教学中,教师的教依赖于学生的学,学生的学离不开教师的教,教与学是辩证统一的。

2. (1)①这段话指出了当前中国教育的弊端,当前中国教育趋向于分数教育(即应试教育),以分数来衡量一个学生的好坏,学生变成读书的机器,而失去了本身拥有的天赋,没有了自我。②实施全面发展教育是社会主义教育目的的必然要求,全面发展教育由德育、智育、体育、美育和劳动技术教育等部分组成。为了迎接新世纪的挑战,中国教育已经开始由应试教育转向素质教育,注重促进学生的个性发展,注重培养学生的创新精神和实践能力。

   (2)新课程改革的核心理念是“为了每一位学生的发展”。案例中的学生因为老师讲课无趣而看课外书,班主任在了解情况后对学生进行了批评。显然,这种做法仍属于传统教学观理念下的行为。作为一名具有新课程理念的老师,在遇到这种情况时,首先李老师要反思自己的教学,并从引起学生兴趣着手,让学生喜欢自己的课;其次班主任将学生上课看课外书的原因了解清楚后,不应一味地批评学生,而应进行耐心教导,引导学生遵守课堂纪律;最后家长在了解情况后,不应打孩子,而应与孩子进行有效的沟通,教会孩子尊重老师,同时家长要与学校老师、班主任进行沟通,共同促进学生的发展。

3. 不赞成。新一轮基础教育课程改革在学习方式上强调自主学习、探究学习、合作学习。教师在教学过程中应与学生积极互动、共同发展,要处理好传授知识与培养能力的关系,注重学生的独立性和自主性。教师应尊重学生的人格,关注个体差异,满足不同学生的学习需要,创设能引导学生主动参与的教学情境,激发学生的学习积极性,培养学生掌握和运用知识的态度和能力,使每个学生都能得到充分的发展。大力推进信息技术在教学过程中的普遍运用,促使信息技术与学科课程的整合。逐步实现教学内容的呈现方式、学生的学习方式、教师的教学方式和师生互动方式的变革,充分发挥信息技术的优势,为学生的学习和发展提供丰富多彩的教育环境和有力的学习工具。这些学习方式的变革不仅体现在“分数”上,而且体现在学生学习的每一个环节上,上述两位教师的说法有悖于这一精神。

4. 案例中的语文老师的这节课存在一些问题,不是一节好课。

(1)在教学目标上,新课程改革倡导知识与技能、过程与方法、情感态度与价值观的“三维目标”,教师应全面设置不同维度的教学目标。案例中的语文老师主要是关注学生的“知识与技能”目标,目标设置片面;而且当学生将“刿”读作“岁”时,教师也没有及时指出,说明语文老师连基本的“知识与技能”目标也没有关注到。

(2)在教学方法的运用上,语文老师以讨论法为主,本身就存在方法单一的问题。况且,在运用讨论法的过程中又存在不当之处。在运用讨论法时,教师应该在讨论结束后,进行小结,并提出需要进一步思考的问题,这样才能帮助学生得出结论,学到知识。而语文老师却对学生们的讨论不做任何评析,导致学生学不到实质性知识。

(3)教学效果较差。新课程倡导教师是学生学习的促进者,在教学过程中要对学生给予帮助、引导。而案例中的语文老师由于没有设置正确的教学目标,没有运用正确的教学方法,缺乏对教学进程的合理把控,导致学生没有学到实质性知识,也没有得到情感上的发展。

真题必刷

一、单项选择题

1. C 【解析】从教师与学生的关系看,新课程倡导教师是学生学习的促进者;从教学与研究的关系看,新课程倡导教师是教育教学的研究者;从教学与课程的关系看,新课程倡导教师是课程的开发者和建设者;从学校与社区的关系看,新课程倡导教师是社区型开放的教师。故选C项。
2. C 【解析】新课程倡导交往与互动的教学观,认为教学不只是教师教学生学的过程,更是师生交往、积极互动、共同发展的过程。
3. A 【解析】综合实践活动课程是指在教师引导下学生自主进行的综合性学习活动,是基于学生的经验,联系学生生活和社会实际,体现学生对知识综合应用的实践性课程。故选A项。
4. D 【解析】新课程背景下,教师教学行为的变化有:(1)在对待师生关系上,新课程强调尊重、赞赏;(2)在对待教学关系上,新课程强调帮助、引导;(3)在对待自我上,新课程强调反思;(4)在对待与其他教育者的关系上,新课程强调合作。故D项表述正确,选D项。
5. D 【解析】在对待教学关系上,新课程强调帮助、引导,故选D项。
6. C 【解析】综合实践活动课程的内容主要包括:信息技术教育、研究性学习、社区服务与社会实践、劳动与技术教育。

二、多项选择题

1. ABCD 【解析】“为了每一位学生的发展”意味着:(1)关注每一位学生;(2)关注学生的情绪生活和情感体验;(3)关注学生的道德生活和人格养成;(4)关注学生的可持续发展。
2. ABC 【解析】新课程在培养学生能力方面倡导学生主动参与、乐于探究、勤于动手,培养学生收集和处理信息的能力、获取新知识的能力、分析和解决问题的能力以及交流与合作的能力。新课程改革并未强调培养学生获得知识的一致性和统一性的能力,而是鼓励学生对知识有新收获。故选ABC三项。
3. ACD 【解析】探究性学习的基本特点包括:(1)问题性;(2)过程性;(3)开放性。互动性是合作学习的重要特征之一。故选ACD三项。

三、判断题

1. × 【解析】课程改革不是单一的教材改革或教学方法改革,而是涉及课程理念乃至整个教育观念更新的系统变革。
2. × 【解析】新课程改革的三大基本理念分别是关注学生发展、强调教师成长、重视以学定教。题干表述错误。
3. × 【解析】主动性是现代学习方式的首要特征;独立性是现代学习方式的核心特征;体验性是现代学习方式的突出特征。

第三篇　教师职业道德

基础训练

知识1 教师职业道德概述

一、单项选择题

1. C 【解析】教师职业道德对教育对象具有教育功能。当教师按照教师职业道德作为时,会使道德要求具体化、人格化,从而使学生在富于形象性的榜样中受到启迪和教育,在潜移默化中形成教师所期望学生拥有的良好思想品德,增强教师教育的可信度、吸引力和有效性。题干的意思是:自我品行端正了,即使不发布命令,老百姓也会去实行;若自身品行不端正,即使发布命令,老百姓也不会服从。这表明教师的行为举止对学生具有潜移默化的教育作用,反映的是教师职业道德对教育对象的教育功能。
2. A 【解析】教师职业道德是教师在从事教育劳动时所应遵循的行为规范和必备的品德的总和,是调节教师与他人、与社会等关系时所必须遵守的基本道德规范和行为准则,以及在此基础上所表现出来的道德观念、情操和品质。题干描述的是教师职业道德的概念,故选A项。
3. C 【解析】题干所述说明教师要为人师表,要为学生做出榜样,发挥表率作用,体现了教师职业道德的示范性。
4. A 【解析】教师职业道德影响的广泛性,是指教师的思想道德不仅影响在校学生，而且会通过学生和家长进而影响整个社会。

5. B 【解析】“师也者，教之以事而喻诸德者也”的意思是：教师既要教学生有关具体事物的知识，又要让学生知晓立身处世的品德。这体现了教师职业道德的教书与育人的双重性特点。

6. C 【解析】教师职业道德具有典范性和示范性，它能间接地影响学生乃至整个社会，并不会产生直接的功利效益。

7. C 【解析】教师职业道德的价值蕴含包括教育价值、文化价值、伦理价值，故选C项。

8. B 【解析】教师职业道德影响的深远性是指教师的道德品质和行为将给学生留下深刻久远的印象，它不会因学生的毕业而随之结束，还将延续到毕业之后，有时甚至伴随学生的一生。题干所述体现了教师职业道德影响的深远性。

9. A 【解析】教师要以身作则、为人师表，这是教师职业道德区别于其他职业道德的显著标志。

10. B 【解析】“良心活”说明教师已经将教师职业道德行为准则内化为自己行事的原则，体现了教师职业道德的自觉性。

11. C 【解析】题干引言说明教师的言行、品德会对学生产生影响，体现了教师职业道德具有独特的示范性。

二、判断题

1. √ 【解析】教师职业道德对教师教育行为的调节主要是通过社会舆论和内心信念两种形式来实现的，题干说法正确。

2. × 【解析】教师职业道德对教师工作的促进功能是教师职业道德最基本的社会作用。

3. √ 【解析】教师职业道德既是一种行为规范，又是一种文化现象。题干说法正确。

4. √ 【解析】教师职业道德建设是一件牵动千家万户的大事说明教师职业道德的影响具有广泛性，教师职业道德建设是一件影响千秋万代的大事说明教师职业道德的影响具有深远性。

三、简答题(参考答案)

1. 简述教师职业道德的特点。

(1)教师职业道德的教育专门性(适用的针对性)；(2)教师职业道德要求的双重性；(3)教师职业道德内容的全面性；(4)教师职业道德功能的多样性；(5)教师职业道德境界的高层次性；(6)教师职业道德意识的自觉性；(7)教师职业道德行为的典范性和示范性；(8)教师职业道德影响的广泛性和深远性。

2. 简述教师职业道德的功能。

(1)对教师工作的促进功能；(2)对教育对象的教育功能；(3)对社会文明的示范功能；(4)对教师修养的引导功能。

3. 简述教师职业道德对社会文明的示范功能的表现途径。

(1)通过培养学生的优良品德而影响社会道德；(2)通过教师参加各种社会活动而影响社会道德；(3)通过教师家庭生活和社会生活，促进社会主义新型人际关系的建立和发展。

知识2 教师职业道德的基本原则、范畴及规范

一、单项选择题

1. B 【解析】2008年颁布的《中小学教师职业道德规范》的基本要求包括：爱国守法、爱岗敬业、关爱学生、教书育人、为人师表、终身学习。

2. B 【解析】A项，王老师没有做到作风正派，廉洁奉公，违背了为人师表的师德规范；C项，李老师利用职务之便谋取私利，违背了为人师表的师德规范；D项，宋老师每天都给学生布置过量的作业说明其没有遵循教育规律，实施素质教育，违背了教书育人的师德规范。故选B项。

3. A 【解析】关爱学生的师德规范要求教师不讽刺、挖苦、歧视学生，不体罚或变相体罚学生。

4. B 【解析】终身学习的师德规范要求教师要崇尚科学精神，树立终身学习理念，拓宽知识视野，更新知识结构。题干中的年过半百的王老师学做小视频、PPT的行为说明其具备终身学习的意识。

5. B 【解析】教师良心的公正性体现在教师对教育事业的正确认识上，对教育教学工作坚持真理、秉公办事上，对学生的一视同仁、赏罚分明上，对同事、领导的开诚布公、团结协作上。

6. D 【解析】题干所述内容体现了严谨治学的教师职业道德规范的要求。

7. B 【解析】教师在履行教育义务的活动中，最主要、最基本的道德责任包括正反两个方面。正面：教书育人；反面：“不要误人子弟”。

8. D 【解析】为人师表的师德规范要求教师要衣着得体，语言规范，举止文明，穿着和言行符合现代文明的要求。

9. D 【解析】终身学习是教师专业发展的不竭动力。

10. C 【解析】“亲其师，信其道”的意思是：学生只有和教师亲近了，才会信任教师，相信教师所说的，接受教师的教育。这要求教师做到关爱学生。

11. C 【解析】教师公正要求教师公平合理地评价和对待每个学生，而刘老师区别对待学生的行为违背了教师公正的要求。

12. C 【解析】爱国守法是教师处理其与国家社会的关系时所应遵循的原则要求，故选C项。

13. D 【解析】廉洁从教的职业道德规范要求教师不利用职责之便谋取私利。题干中“以教谋私”违背了廉洁从教的职业道德。

14. B 【解析】爱岗敬业是教师职业的本质要求；爱国守法是教师职业的基本要求；教书育人是教师的天职；关爱学生是师德的灵魂；为人师表是教师职业的内在要求；终身学习是教师专业发展的不竭动力。

15. B 【解析】关爱学生的师德规范要求教师要关心爱护全体学生,尊重学生的人格。题干中的老师没有做到尊重学生的人格,违反了关爱学生的要求。

16. B 【解析】题干表明教师要不断学习,补充自己的知识,才能"留下来东西",才能持续不断地奉献自己。这体现了教师职业道德规范中的终身学习的职业要求。

17. B 【解析】1997年修订的《中小学教师职业道德规范》中"依法执教"的要求为:学习和宣传马列主义、毛泽东思想和邓小平同志建设有中国特色社会主义理论,拥护党的基本路线,全面贯彻国家教育方针,自觉遵守《中华人民共和国教师法》等法律法规,在教育教学中同党和国家的方针政策保持一致,不得有违背党和国家方针、政策的言行。选项B,对学生进行爱国主义教育符合"依法执教"的职业要求。

18. C 【解析】题干所述为教师良心内隐性的概念,故选C项。

19. C 【解析】教师职业道德基本原则指明了教师职业实践中道德行为的总方向,体现了教师职业道德的本质属性,统帅整个教师职业道德体系,是衡量和判断教师行为善恶的最高道德标准。简言之,教师职业道德基本原则具有指导、统帅和裁决作用。

20. A 【解析】从教师个体职业良心形成的角度看,教师的职业良心首先会受到社会生活和群体的影响。

21. C 【解析】教师职业道德基本原则指明了教师职业实践中道德行为的总方向,体现了教师职业道德的本质属性,统帅整个教师职业道德体系,是衡量和判断教师行为善恶的最高道德标准。

22. D 【解析】爱与责任是贯穿2008年修订的《中小学教师职业道德规范》的核心和灵魂。

23. C 【解析】师德的灵魂是关爱学生,故选C项。

二、多项选择题

1. ABCD 【解析】教师职业道德的主要范畴包括教师义务、教师良心、教师公正、教师荣誉、教师幸福、教师人格等。

2. BCD 【解析】师表美主要包括:(1)"表美";(2)"道美";(3)风格美。

3. ACD 【解析】一般认为,爱岗敬业、教书育人和为人师表是师德的核心内容。

4. ABCD 【解析】1997年修订的《中小学教师职业道德规范》中关于"严谨治学"的具体要求有:树立优良学风,刻苦钻研业务,不断学习新知识,探索教育教学规律,改进教育教学方法,提高教育、教学和科研水平。

5. ABCD 【解析】1997年修订的《中小学教师职业道德规范》中"廉洁从教"的内容包括坚守高尚情操,发扬奉献精神,自觉抵制社会不良风气影响,不利用职责之便谋取私利。

6. ABCD 【解析】2008年修订的《中小学教师职业道德规范》中关于"爱国守法"方面所规定的具体职业行为要求有:(1)全面贯彻国家教育方针;(2)自觉遵守教育法律法规,依法履行教师职责权利;(3)不得有违背党和国家方针政策的言行。

7. ABCD 【解析】2008年修订的《中小学教师职业道德规范》中关于"教书育人"方面所规定的具体职业行为要求有以下几点:(1)遵循教育规律,实施素质教育;(2)循循善诱,诲人不倦,因材施教;(3)培养学生良好品行,激发学生创新精神,促进学生全面发展;(4)不以分数作为评价学生的唯一标准。

8. BCD 【解析】教师公正的内容主要有:(1)坚持真理;(2)秉公办理;(3)奖罚分明。

9. ABCD 【解析】为人师表是教师职业的内在要求,教师为人师表的外部表现可以概括为教师的行为示范,教育的语言示范,教师的衣着、仪表示范,教师的举止示范。故本题选ABCD。

10. ABD 【解析】教师荣誉的内容有:(1)光荣的角色称号;(2)无私的职业特性;(3)崇高的人格形象。

三、填空题

1. 忠于人民教育事业
2. 教师职业道德范畴
3. 教师公正
4. 教书育人
5. 热爱学生
6. 为人师表

四、判断题

1. × 【解析】在2008年修订的《中小学教师职业道德规范》中,"爱岗敬业"是教师职业的本质要求,要求教师对工作高度负责,认真备课上课,认真批改作业,认真辅导学生不得敷衍塞责;"关爱学生"要求教师对学生严慈相济,做学生的良师益友。故题干说法不正确。

2. √ 【解析】"保护学生安全"是2008年修订的《中小学教师职业道德规范》中"关爱学生"方面的要求,是师德的应有内容。

五、简答题(参考答案)

1. 简述教师职业道德修养的基本原则。

(1)知行统一原则;(2)动机和效果统一原则;(3)自律和他律相结合原则;(4)继承和创新相结合原则;(5)个人和社会相结合原则。

2. 简述教师职业道德基本原则确立的依据。

(1)必须反映一定社会经济关系和阶级利益的根本要求;(2)必须符合一般社会道德原则的基本要求;(3)必须反映教师职业活动的特点。

3. 教师公正的作用是什么?

(1)有利于调动每个学生的学习积极性;(2)有利于学生形成公正无私的道德品质;(3)有利于教师威信的形成;(4)有利于形成良好的教育教学环境。

4. 简述教师荣誉的作用。

(1)教师荣誉是教师道德行为的调节器,对教师道德行为、品质的取向具有导向和制约作用;(2)教师荣誉是激励和推进教师积极进取,更好地履行教师义务,争取个人道德高尚、人格完善的助推器;(3)教师荣誉是促进教师自身道德发展和完善,形成良好师德风尚的重要精神条件。

5. 简述2008年修订的《中小学教师职业道德规范》的主要内容。

(1)爱国守法——教师职业的基本要求;(2)爱岗敬业——教师职业的本质要求;(3)关爱学生——师德的灵魂;(4)教书育人——教师的天职;(5)为人师表——教师职业的内在要求;(6)终身学习——教师专业发展的不竭动力。

6. 2008年修订的《中小学教师职业道德规范》具有哪些显著特点?

(1)坚持"以人为本";(2)坚持继承与创新相结合;(3)坚持广泛性与先进性相结合;(4)倡导性要求与禁行性规定相结合;(5)他律与自律相结合。

知识3 教师职业道德修养与评价

一、单项选择题

1. C 【解析】"慎独"作为修养方法,就是强调在没有外在监督的情况下始终不渝地、更加小心地坚持自己的道德信念,自觉按道德要求行事,不会由于无人监督而肆意妄为。故选C项。
2. C 【解析】教师职业道德修养的最终目的是要养成良好的职业道德行为习惯,故选C项。
3. A 【解析】职业道德理想体现了教师职业道德要求的本质。
4. A 【解析】良好的师德修养不是与生俱来的,而是在科学理论的指导下,经过长期的社会实践,不断完善自身的结果,理论与实践相结合是师德修养的根本途径。
5. D 【解析】学习和掌握教师职业道德知识是教师职业道德修养的首要环节和最初阶段。
6. B 【解析】教师公正是教师职业道德修养水平的重要标志,体现着一定社会对教师的根本要求。
7. B 【解析】坚定教师职业道德信念,是教师职业道德修养的核心问题。故选B项。
8. B 【解析】职业责任感既是职业道德行为的出发点,又是激励教师实现某种职业道德目标的动力。
9. D 【解析】"慎独"是教师职业道德修养的最高层次,故选D项。
10. A 【解析】教师在人格修养上应采取"取法乎上"的策略。
11. A 【解析】教师职业道德修养不仅是培养教师职业道德的首要环节,也是加强社会主义职业道德建设的迫切要求。
12. D 【解析】是否具备坚强的职业道德意志是衡量教师职业道德素质高低的重要标志,故选D项。

二、判断题

1. √ 【解析】教师职业道德评价的依据就是教师教育行为的动机和效果。
2. √ 【解析】教师职业道德修养是将教师职业道德要求转化为自己的信念并付诸行动的活动。简单说,是一种自我锻炼、自我改造、自我陶冶、自我教育的过程。
3. √ 【解析】学生评价实际上也是一种社会评价,但它是一种特殊的社会评价。
4. × 【解析】教师职业道德评价是指教师自己、他人或社会,根据社会主义教师职业道德准则、规范和科学的标准,在系统广泛地搜集各方面信息,充分占有各种资料的基础上,运用现代技术手段,对教师的职业道德意识、道德情感、道德意志和道德行为进行考察和价值判断。
5. √ 【解析】题干为自我评价法的概念,说法正确。
6. √ 【解析】题干为学生评价法的概念,说法正确。
7. × 【解析】教师职业道德修养的最终目的是要养成良好的职业道德行为习惯。

三、简答题(参考答案)

1. 简述加强教师职业道德修养的意义。

教师职业道德修养不仅是培养教师职业道德的首要环节,也是加强社会主义职业道德建设的迫切要求。首先,教师职业道德修养是提高教师职业道德水平和促进个人进步与发展的必由之路;其次,只有加强教师职业道德修养,才能发挥教师职业道德的社会作用。

2. 简述教师职业道德修养的内容。

(1)树立远大的职业道德理想;(2)掌握正确的职业道德知识;(3)陶冶真诚的职业道德情感;(4)磨炼坚强的职业道德意志;(5)确立坚定的职业道德信念;(6)养成良好的职业道德行为习惯。

3. 简述教师职业道德情感包含的内容。

(1)职业正义感;(2)职业责任感;(3)职业义务感;(4)职业良心感;(5)职业荣誉感;(6)职业幸福感。

4. 简述教师职业道德修养的方法。

(1)加强学习;(2)勤于实践磨炼,增强情感体验;(3)树立榜样,虚心向他人学习;(4)确立可行目标,坚持不懈努力;(5)学会反思;(6)努力做到"慎独"。

5. 教师职业道德评价应遵循的原则是什么?

(1)方向性原则;(2)客观性原则;(3)科学性原则;(4)教育性原则;(5)民主性原则。

6. 教师职业道德评价的目的是什么?

教师职业道德评价的目的是在对教师的道德全面考察、判断和论证的基础上,探索和掌握教师职业道德形成和发展的客观规律,以便更加有效地指导广大教师提高自己的职业道德素质,完善自己的职业道德品质。

整合提升

一、单项选择题

1. B 【解析】该教师的做法表明他对教育事业具有

强烈的责任感和深厚的感情，这体现了爱岗敬业的教师职业道德规范。

2. D 【解析】"近朱者赤，近墨者黑"说明个体容易受到外界环境的影响。在提高自身职业道德修养方面，这句话给我们的启示是教师要严于律己，自觉抵制不良作风，故选D项。

3. D 【解析】2008年修订的《中小学教师职业道德规范》中的"为人师表"要求之一是自觉抵制有偿家教，不利用职务之便谋取私利。题干中薛某的做法属于利用职务之便谋取私利，故选D项。

4. C 【解析】公平合理地评价和对待每个学生是教师公正的最基本的内容。

5. A 【解析】教师职业道德具有促进、教育、引导、示范功能，故B项错误；教师职业道德要求教师无私奉献，但是也要考虑个人利益，故C项错误；教师要平等地对待每一个孩子，故D项错误。

6. C 【解析】题干所述内容为教师的人际行为规范。

7. B 【解析】2008年修订的《中小学教师职业道德规范》中关于"为人师表"方面要求教师要衣着得体、语言规范、举止文明。

8. C 【解析】教师只有"以身立教"才能"其身亡而其教存"，说明教师必须为人师表，以身作则，时时处处注意自己的言行，以良好的形象做好学生的表率，在潜移默化中用自己的榜样力量对学生进行教育，促进学生良好习惯的养成和道德品质的提高。故选C项。

9. B 【解析】职业幸福感是教师从事职业活动最强大的精神动力和根本目的。

10. D 【解析】《中小学教师职业道德规范》要求教师终身学习，因此，教师不思进取不符合师德要求。

11. A 【解析】教师在职业道德修养的过程中，坚持知和行的统一，就是要把学习道德理论、提高道德认识同自己的行动统一起来，使理论与实践相结合。题干中的两句话都强调了行动的重要性，体现了知行统一的原则。

二、多项选择题

1. BD 【解析】教师职业道德的形成和发展受社会经济关系和社会精神文化因素的影响。

2. CD 【解析】根据2008年修订的《中小学教师职业道德规范》，教师应自觉抵制有偿家教，不利用职务之便谋取私利，故C项教师做法不恰当；教师应终身学习，故D项教师做法不恰当。

3. AC 【解析】教师在与家长交往中应该保持的正确的合作态度，包括：(1)谦虚和蔼；(2)尊重理解；(3)一视同仁。

4. BC 【解析】教师良心与其他职业良心相比，有两个主要的特点：(1)层次性高；(2)教育性强。

5. AC 【解析】尊重学生人格是"关爱学生"方面所规定的具体职业行为要求；因材施教是"教书育人"方面所规定的具体职业行为要求。

6. AB 【解析】为人师表具有示范性、严谨性、激励性和可操作性。

7. AC 【解析】教书育人作为教师职业道德的一个基本原则，是由教师职业的本质特征和职责决定的。

三、简答题(参考答案)

1. 简述教师职业道德修养方法中"学会反思"所包含的内容。

(1)教师必须对自己的教育教学效果进行不断地反思，及时发现自己的缺点和不足，并及时纠正，不断地实现自我更新，对学生施以积极的教育影响，促进学生健康成长；(2)教师要反思自己的行为与职业道德理论要求的差距，反思自己与周围其他教师和先进模范人物的差距，努力完善自己；(3)教师要善于听取来自各方面的反馈信息，在别人对自己的评价中，更好地认识自己，改造自己。

2. 教师职业道德的主要范畴包括的内容有哪些？

(1)教师义务；(2)教师良心；(3)教师公正；(4)教师荣誉；(5)教师幸福；(6)教师人格。

3. 简述教师职业道德基本原则与教师职业道德范畴、教师职业道德规范三者间的相互关系。

(1)道德原则是一定社会或阶级对人们行为提出的最基本的要求，是道德体系的核心，它是人们立身处世的基本准则，也是判断是非、善恶的基本标准。道德规范则是比较具体的道德原则，它是在一定条件下，一定范围内人们立身处世和评价是非、善恶的标准。道德范畴存在于每一个人的意识和感情中，是反映人们道德关系和行为调节方向的一些基本概念。

(2)教师职业道德规范和范畴都是由教师职业道德基本原则派生出来的，是教师职业道德基本原则的展开、补充和具体化。

4. 简述教师职业道德基本原则的要求。

(1)树立无产阶级的世界观、人生观和价值观；(2)树立崇高的理想、信念和价值目标；(3)具备良好的专业能力素质；(4)具有顽强的意志和崇高的精神境界。

5. 教师"爱岗敬业"的具体职业要求有哪些？

(1)对工作高度负责；(2)认真备课上课；(3)认真批改作业；(4)认真辅导学生；(5)不得敷衍塞责。

四、案例分析题(参考答案)

1. (1)终身学习是教师在处理其与自己发展的关系时所应遵循的原则要求。终身学习的师德规范要求教师潜心钻研业务，勇于探索创新，不断提高专业素养和教育教学水平。案例中的刘老师为了做好本职工作不断加强业务理论学习，提高业务能力，改进教学方法，是遵循终身学习的师德规范的体现。

(2)爱岗敬业的教师职业道德规范要求教师认真辅导学生。学生的学习是有个性的、有个体差异的，因而集体教学与个别辅导必须结合起来。案例中的刘老师热爱自己的工作，并且在进行集体教学的同时兼顾了学生明明对上课没兴趣的个性特点，进行了有针对性的个别教学。这是刘老师遵循爱岗敬业的师德规范的体现。

(3)教书育人的教师职业道德规范要求教师在教学中能够做到循循善诱，诲人不倦，因材施教。案例中的刘老师针对不同学生的特点因材施教即遵循了这一师德规范。

(4)为人师表的教师职业道德规范要求教师尊重家长。在处理与家长的关系时，主动与学生家长联系，认真听取家长的意见和建议，尊重学生家长的人格等。案例中的刘老师为了达到家校共育的目的，经常与家长沟通，虚心接受家长提出的合理化建议即遵循了这一师德规范。

(5)关爱学生的教师职业道德规范要求教师关心爱护全体学生，尊重学生人格，平等公正对待学生。关爱学生的范围是全体学生，关键是做到对学生平等公正。案例中的刘老师关心每一位学生的成长即遵循了这一师德规范。

2. (1)材料中杨老师的行为违反了2008年修订的《中小学教师职业道德规范》中爱国守法、关爱学生、教书育人的要求。

①爱国守法的师德规范要求教师全面贯彻国家教育方针，自觉遵守教育法律法规，依法履行教师职责权利。材料中的杨老师动手打李同学，并让班级其他同学去打李同学耳光或用教鞭打手掌的行为违反了《中华人民共和国未成年人保护法》，违背了爱国守法的师德规范。

②关爱学生的师德规范要求教师关心爱护全体学生，尊重学生人格，平等公正对待学生。不讽刺、挖苦、歧视学生，不体罚或变相体罚学生。材料中的杨老师动手打李同学的行为违背了关爱学生的师德规范。

③教书育人的师德规范要求教师遵循教育规律，实施素质教育。循循善诱，诲人不倦，因材施教。培养学生良好品行，激发学生创新精神，促进学生全面发展。不以分数作为评价学生的唯一标准。材料中的杨老师因为李同学没有完成课后作业而动手打李同学，甚至让班级其他同学打李同学的行为严重违背了教书育人的师德规范。

④为人师表的师德规范要求教师严于律己，以身作则。材料中的杨老师因为李同学没有完成课后作业而动手打李同学，甚至让班级其他同学也打李同学的行为不仅违背了关爱学生、教书育人等师德规范，也违背了为人师表的师德规范。

(2)①与学生进行交流，关心爱护学生，安抚学生受伤的心灵。

②与家长进行沟通，站在家长的立场上，安抚家长的情绪。

③与杨老师进行沟通，让其理解自己的行为侵犯了学生的人身权，侮辱了学生的人格。帮助杨老师认识到自己的错误，并争取获得学生及家长的原谅。

④召开班会，指出老师打学生以及学生打学生的行为是错误的，引导学生与班级同学互相关爱，促进学生身心健康发展。

3. (1)终身学习的教师职业道德规范要求教师潜心钻研业务，勇于探索创新，不断提高专业素养和教育教学水平。案例中的李老师为了做好本职工作不断提高自己的理论素养，改进教学方法，是遵循终身学习的师德规范的体现。

(2)爱岗敬业的教师职业道德规范要求教师认真辅导学生。学生的学习是有个性的、有个体差异的，因而集体教学与个别辅导必须结合起来。案例中的李老师热爱自己的工作，并且在进行集体教育的同时兼顾了学生淘淘好奇心强但对上课没兴趣的个性特点进行了有针对性的个别教学。这是李老师遵循爱岗敬业的师德规范的体现。

(3)教书育人的教师职业道德规范要求教师在教学中能对学生循循善诱，诲人不倦，因材施教。案例中的李老师关心每一位幼儿的成长，针对不同幼儿的发展特点因人施教即遵循了这一师德规范。

(4)为人师表的教师职业道德规范要求教师尊重家长。在处理与家长关系时，主动与学生家长联系，认真听取家长的意见和建议，尊重学生家长的人格等。案例中的李老师为了促使家园教育同步，主动与家长沟通，虚心接受家长提出的合理性建议即遵循了这一师德规范。

(5)关爱学生的教师职业道德规范要求教师关心爱护全体学生，尊重学生人格，平等公正对待学生。关爱学生的范围是全体学生，关键是做到对学生平等公正。案例中的李老师关心每一位幼儿的成长，对不认真听讲、不愿意上课的学生进行积极教育即遵循了这一师德规范。

4. (1)案例中主人公的事例主要体现了以下职业道德：

①爱岗敬业。爱岗敬业的教师职业道德规范要求教师对工作高度负责，热爱教育、热爱学校，尽职尽责、教书育人。支月英老师自愿成为一名深山女教师，在条件异常艰苦的山村教学长达36年，体现了她对教育事业的忠诚，做到了爱岗敬业。

②关爱学生。关爱学生的教师职业道德规范要求教师关心爱护全体学生，尊重学生人格，平等公正对待学生；保护学生安全，关心学生健康，维护学生权益。支月英老师无论刮风下雨、结冰打霜，都把孩子一个个送回家，像对待自己的亲人一般对待学生，体现了她对学生的关爱。

(2)启示：教师要不断提高自身的素质，树立高尚的师德。高尚的师德要求教师：①热爱教育事业，富有献身精神和人文精神。热爱教育事业，是搞好教育工作的基本前提。②热爱学生，诲人不倦。

热爱教育事业具体体现在热爱学生上。爱学生是教师的天职，是教育好学生的重要条件。

真题必刷

一、单项选择题

1. C 【解析】教师职业道德是指教师在其职业生活中所应遵守的基本行为规范或准则，以及在此基础上所表现出来的观念意识和行为品质。这是教师素质的重要组成部分和立身立业的根本，也是调节教师与他人、教师与集体及社会相互关系的行为准则，是一定社会对教师行为的基本要求。

2. D 【解析】职业责任感是教师在职业道德活动中形成的对他人或社会应负责任的内心体验和道德情感，它既是职业道德行为的出发点，又是激励教师实现某种职业道德目标的动力。

3. B 【解析】在教育过程中，教师职业道德具体表现为热爱学生、尊重学生的人格、培养学生的思想品德、增进学生的健康、挖掘学生的潜力、陶冶学生的情操、锻炼学生的意志、发展学生的个性……所有这些，确立和保护了学生作为个性的人的价值和精神的独立，从而促使他们的发展既符合社会的需要，又满足个体的需要；既符合道德的原则，又符合学生身心成长规律的要求。从这个意义上讲，教师职业道德具有明显的伦理价值。故选B项。

4. A 【解析】“师也者，教之以事而喻诸德者也”的意思是：教师的职责是既要教学生有关具体事物的知识，又要让学生知晓立身处世的品德。这体现了教师职业道德的教书育人原则。

5. C 【解析】依法执教是完成本职工作的前提基础，是国家和社会对教师提出的道德要求，它是判断教师行为是非善恶的最根本的道德标准，具有重要的现实意义。

6. B 【解析】2008年修订的《中小学教师职业道德规范》中关于“爱岗敬业”方面所规定的具体职业行为要求为：对工作高度负责；认真备课上课；认真批改作业；认真辅导学生；不得敷衍塞责。题干为爱岗敬业方面的职业行为要求，故选B项。

7. B 【解析】爱岗敬业的师德规范要求教师对工作高度负责，认真备课上课，认真批改作业，认真辅导学生，不得敷衍塞责。李老师没有认真备课上课，对待教学工作态度敷衍，违反了爱岗敬业的师德规范。

8. A 【解析】2008年修订的《中小学教师职业道德规范》内容有六条：爱国守法、爱岗敬业、关爱学生、教书育人、为人师表、终身学习。其中，爱岗敬业是教师职业的本质要求，关爱学生是师德的灵魂，教书育人是教师的天职，终身学习是教师专业发展的不竭动力。所以A项符合题意。

二、多项选择题

1. ABCDE 【解析】从总体上来说，教师职业道德是由教师职业理想、职业责任、职业态度、职业纪律、职业技能、职业良心、职业作风和职业荣誉等因素构成的。

2. ABCD 【解析】教师职业道德的功能主要有：(1)对教师工作的促进功能；(2)对教育对象的教育功能；(3)对社会文明的示范功能；(4)对教师修养的引导功能。

3. AC 【解析】教师职业道德修养的内容包含两个方面：(1)职业道德意识修养；(2)职业道德行为修养。

三、判断题

1. × 【解析】“慎独”一语最早出自儒家经典《礼记·中庸》。“慎独”用我们现代语言来表述，就是指：在没有外界监督、独自一人的情况下，也能自觉遵守道德规则，不做任何对国家、对社会、对他人不道德的事情。题干说法错误。

2. × 【解析】教师职业道德评价的方法有自我评价法、学生评价法、社会评价法、加减评分法、模糊综合评判法等。

第四篇　教材教法

基础训练

知识1 教学技能与教学设计技能

一、单项选择题

1. D 【解析】教学艺术是教学技能发展的最高形态，是在教学技艺的基础上，使教学处处闪烁着创造的火花，教学中刻意追求的痕迹越来越少，内化的个性特点由不随意性转化为随意性，真正到了收放自如的境地。

2. C 【解析】教学过程是整个教案的核心和主体。

3. C 【解析】教学目标是教学活动的出发点和归宿，是课堂教学的灵魂，因此，确定教学目标是教学设计中最先考虑的问题。

4. A 【解析】过程与方法是关键性目标，是知识与技能和情感态度与价值观目标达成的途径。

5. B 【解析】表达学习结果的行为是一个学程结束后应获得的知识、技能和产生的行为，目标行为应该是可观察到的，必须用能精确、具体地描述行为的词来表达。在教学目标中，行为的表述是基本部分。

6. C 【解析】教学目标是学校教学的出发点和归宿，是教学的灵魂，支配着教学的全过程，并规定了教与学的方向。它是教学活动预期达到的学习效果和标准，是对完成教学活动后学习者应达到的行为状态的具体描述。

二、多项选择题

1. ACD 【解析】教案从基本形式上可分为三大类：

记叙式教案、表格式教案、卡片式教案。

2. ABD 【解析】教学技巧、教学技艺、教学艺术是教学技能在不同发展阶段表现出的三种不同形态。

3. ABC 【解析】教学目标正确的表述应具备的特征是外显性、可操作性和可测性。

4. ABD 【解析】教师在设计教案时,课时教学内容的分配要科学合理、突出重点、分散难点。

三、判断题

1. √ 【解析】教学技能是教师在已有知识经验基础上,通过实践练习和反思体悟而形成的一系列教学行为和心智活动方式。这一定义至少包括三层含义:(1)教学技能是一系列教学行为和心智活动方式的整体体现;(2)教学技能的形成是内外兼修的结果;(3)教学技能是在教师已有知识经验的基础上形成和发展起来的。

2. × 【解析】教学目标的表述中,学习程度用以测量学习表现或学习结果所达到的程度,它指出了学生成绩的最低标准,与“好到什么程度”“精确到什么程度”“完整性如何”等问题有关。

3. × 【解析】教学艺术的主要特征是教师形成了自己独特的教学风格。

4. √ 【解析】教学技能的复杂性主要是由教学过程、教育对象、教学任务等方面来决定的。

5. √ 【解析】每门学科的教学目标具有不同的层级:学期(学年)教学目标→单元教学目标→课时教学目标。

6. √ 【解析】“三维”目标中,知识与技能是基础性目标,重在智能的提升;情感态度与价值观是终极性目标,重在人格的塑造;过程与方法是关键性目标,是知识与技能和情感态度与价值观目标达成的途径。

7. × 【解析】表格式教案具有言简意赅、重点突出、方便使用等特点,适合新教师使用。

四、简答题(参考答案)

1. 简述教学技能的基本特点。

(1)示范性;(2)复杂性;(3)发展性;(4)操作性;(5)整体性。

2. 教案的基本内容包括哪些方面?

一般来说,教案的内容主要由概况、教学过程、板书设计、教学后记或教学反思四部分组成。

3. 教案的编写要坚持“五性”,这“五性”分别是什么?

(1)科学性;(2)主体性;(3)教育性;(4)经济性;(5)实用性。

4. 简述教案设计的要求。

(1)端正态度,高度重视;(2)切合实际,坚持“五性”;(3)优选教法,精设课型;(4)重视“正本”,关注“附件”;(5)认真备课,纠正“背课”;(6)内容全面,及时调整。

知识2 课堂教学技能

一、单项选择题

1. A 【解析】直接导入是指教师上课伊始直接阐明本节课的学习内容、目标和要求的导入方法。这是最简单和最常用的一种导入方法。

2. A 【解析】课堂导入是教师在新的教学内容和教学活动开始时,通过简短的言语或行为,引导学生迅速进入学习状态的教学行为方式。

3. B 【解析】悬念导入是一种以认知冲突的方式设疑,使学生思维进入惊奇、矛盾等状态,构成悬念的导入方法。题干中教师通过“老虎和狐狸哪种动物更厉害”这一巧妙提问,引起了学生的认知冲突,有助于吸引学生的注意力,使学生迅速进入学习知识的最佳状态,这种导入方式属于悬念导入。

4. B 【解析】新课开始前,教师用谜语导入新课,属于谜语导入。

5. D 【解析】实验导入是指上课伊始,教师巧设实验,使学生通过对实验的观察去发现规律,进行归纳总结,推导出结论,来导入新课。题干中的李老师通过让学生们分别用轻微、用力、非常用力三个力度鼓掌的实验来谈感受,进而学习“作用力与反作用力”。这说明李老师的课堂教学导入属于实验导入。

6. D 【解析】由题干中“可以给学生提供参与讨论、发表意见、锻炼语言表达能力的机会”可知,课堂提问可以培养学生的参与能力。

7. B 【解析】由题干中的“相互交流和沟通”可判断题干所述为课堂对话的内涵。

8. A 【解析】课堂对话主要包括人与客体的对话、人与人的对话、人与自身的对话。

9. C 【解析】纲要式板书是最常见的一种板书形式,几乎适用于所有学科。

10. D 【解析】板书设计的客观性原则体现在一个“真”字上,即真实、准确,具体包括两个方面的内容:一是要有明确的目的性;二是要确切地反映结构教学内容的各个要素(知识点),以及这些要素之间的联系(即教学内容本身具有的规律性)。

11. B 【解析】活动结课是指教师采用讨论、实验、演示、竞赛等形式进行结课的方法。

12. A 【解析】悬念结课是指教师通过设置疑问、留下悬念以启发学生思考的结课方法。杨老师在一堂课结束时为引起学生的求知欲而留下疑问的方法即为悬念结课法。

13. C 【解析】归纳结课法是指教师用总结性的语言提纲挈领地再现一节课或一个章节的知识结构体系,从而结束课堂教学的方法。由题干“对整节课的内容进行概括总结”可判断刘老师采用的结课方法为归纳法。

14. B 【解析】悬念导入是指教师在教学导入的过程中设置悬念,引起和激发学生对将要学习的知识产生强烈兴趣的导入方法。题干中的语文老师的开讲充分激发了学生的好奇心,引起了学生对学习新知识的兴趣,运用的是悬念导入法。

二、多项选择题

1. AD 【解析】直接导入是最简单和最常用的一种

导入方法;教师通过提出富有启发性的问题进而引入新的教学内容的方法是问题导入,故B、C项错误。

2. BCD 【解析】教师在提问时,应该采用“先发问,后叫学生”的发问顺序,这样有助于调动全体学生积极思考,否则,先叫学生后提问,会使得被问到的学生因为不知道教师要提什么样的问题而惴惴不安,唯恐回答不出,其他学生由于这一问题与自己无关而作袖手旁观状,不去积极思考。故A项做法不恰当。

3. ABCD 【解析】根据布卢姆的目标分类学中关于认知目标的层次,可把课堂提问划分为回忆提问、理解提问、应用提问、分析提问、综合提问和评价提问六种类型。

4. AD 【解析】课堂对话具有民主性、生成性、多边性、开放性、倾听性等特点。

5. ABCD 【解析】课堂板书设计的原则包括:规范性原则、客观性原则、针对性原则、启发性原则、时效性原则。

6. ABCD 【解析】教学反馈具有激励、调控、媒介和预测的作用。

7. ACD 【解析】课堂导入的基本要求有:(1)导入要有针对性;(2)导入要有启发性、趣味性;(3)导入要有新颖性;(4)要恰当把握导入的“度”。

三、判断题

1. √ 【解析】课堂教学技能就是教师在课堂教学中,为完成教学任务、促进学生身心全面发展而运用的稳固的教学行为方式。它是整个教学技能的核心。

2. √ 【解析】温故导入是指教师通过帮助学生复习与即将学习的新知识有关的旧知识,从中找到新旧知识的联结点,合乎逻辑、顺理成章地引导学生学习新知识的一种导入方法。温故导入是由已知导向未知,过渡流畅自然,适用于连贯性和逻辑性较强的知识内容。

3. × 【解析】一般而言,导入的时间以3~5分钟为宜。

4. √ 【解析】课堂导入要符合教学的系统性。导入、呈现、理解、巩固和结束的教学过程实际上是一个整体,构成了完整的教学,各个教学程序之间具有一定的连续性,要把导入与整个教学过程综合起来考虑。

5. √ 【解析】课堂提问要注意照顾有特殊需要的学生,如提问注意力容易分散的学生可以使其集中精力,对胆小害羞的学生提问其力所能及的问题可以帮助其树立自信等。

6. × 【解析】教师进行课堂提问应合理地设计问题。设计的问题要难易适中、深浅适度,符合学生的认知水平和个性特点,提出的问题最好位于学生思维的“最近发展区”。故题干说法错误。

7. × 【解析】教师在板书的运用上应注意避免不写或少写板书以及板书过多过滥的问题。

8. √ 【解析】课堂板书的特点包括:(1)直观形象性;(2)高度概括性;(3)艺术性。

9. √ 【解析】游戏结课是指根据学生的年龄与心理特点,运用游戏结束课堂教学。这种结课方式主要适用于低年级。

四、简答题(参考答案)

1. 简述课堂导入的基本要求。
(1)导入要有针对性;(2)导入要有启发性、趣味性;(3)导入要有新颖性;(4)要恰当把握导入的“度”。

2. 简述创设有效导入的具体要求。
(1)符合教学的系统性;(2)符合教学内容本身的科学性;(3)从学生的实际需要出发;(4)从课型的需要入手;(5)导语尽量简洁;(6)形式要多种多样。

3. 简述课堂提问的基本要求。
(1)合理地设计问题;(2)面向全体学生提问;(3)目的明确,把握好时机;(4)提问的语言要准确,具有启发性;(5)提问的态度要温和自然;(6)及时进行评价和总结。

4. 教师在板书的运用上存在哪些错误倾向?
(1)不写或少写板书;(2)板书过多过滥;(3)教师虽然精心设计了板书,但只是结论性的文字显示;(4)教师在教学中注意了学法指导,但如果没板书出来,正确的学习方法很难在学生脑海里留下印象。

知识3 教学语言技能、说课技能与教学反思技能

一、单项选择题

1. B 【解析】按照教学反思时间的前后,可把教学反思分为课前反思、课中反思与课后反思。

2. A 【解析】教学反思是指教师对已经发生或正在发生的教学活动进行积极、持续、周密、深入、自我调节性的思考,并寻求多种方法解决问题的过程。

3. B 【解析】课前反思主要是备课过程中的反思,包括新学期开始时对所讲授课程的教学目标的确立、对课程教学计划安排的反复考虑和琢磨,以及自我试讲后的思量、修正。也包括上课前经过再三查证和省察而对教学资源的挖掘、选取和舍弃、补充与延伸,对教学策略、教学方法和教学媒体的选择和使用,对学生参与程度的预测,对课堂上有可能出现问题的估计,等等。

4. A 【解析】教师的身姿变化主要包括站姿、走姿和手势。

5. D 【解析】手势是传情达意的有效手段和工具,是教师角色行为中动作变化最快、最多、最大的。

6. C 【解析】检查性说课是指以检查考核教师业务水平和工作状况为主要目的的说课。它是对教学设想、教学效果等的检查和督促,又叫作“汇报性说课”。

7. A 【解析】说课的重点是“为什么这样做”,要把教

学构想、教学效果及其理论依据说清楚。

8. C 【解析】教学口语是教师教学中最基本、最广泛的表达工具。

9. B 【解析】相对于教学口语而言,教态语言具有的特征是:(1)辅助性;(2)连续性;(3)表情性;(4)动作性;(5)情境性。

10. D 【解析】教师的教态语言主要有三类,即身姿变化、面部表情和外表修饰三个方面。

二、多项选择题

1. ABCD 【解析】教学口语是由语音和吐字、音量和响度、语速、语调和节奏、词汇、语法等几个相互联系、相互制约的要素构成的。

2. ABCD 【解析】教态语言的功能包括:(1)教育功能;(2)传递信息功能;(3)激励功能;(4)调控功能;(5)强化功能。

3. ABC 【解析】体现教师仪表风度的方法有三种,包括:(1)努力塑造优雅的风度;(2)注重高雅的谈吐和文明举止;(3)注重自己的仪表端庄。

4. ABCD 【解析】教学反思的特点包括:(1)超越性;(2)实践性;(3)过程性;(4)主体性;(5)发展性。

三、判断题

1. √ 【解析】教学口语除了具备一般语言的简洁、准确、生动、形象、得体等特点外,还具有教育性、科学性、针对性、规范性、口头性、启发性和可接受性。

2. × 【解析】说课的内容包括说教学目标、说教学内容、说学生情况、说教学方法、说教学程序设计(说教学过程)、说练习的内容与方法。

3. × 【解析】示范性说课具有一定的指导和导向功能。

4. √ 【解析】面部表情是教师通过眼、眉、唇等器官和面部肌肉的活动变化来传递信息的一种形式。教师要善于利用面部表情来表达自己的情感,调控整个教学活动。

5. × 【解析】说课就是教师阐述在课堂教学中做什么,怎么做,为什么这么做的教学研究活动。

6. × 【解析】研讨性说课一般是为突破教学难点,探讨教学热点问题,寻找解决问题的方法而进行的说课。

四、简答题(参考答案)

1. 简述课堂教学口语的基本要求。

(1)符合规范,内容科学,合乎逻辑;(2)通俗易懂,生动活泼,富于启发;(3)条理清晰,层次分明,重点突出;(4)富于创造性,有独特的风格。

2. 说课的内容有哪些?

(1)说教学目标;(2)说教学内容;(3)说学生情况;(4)说教学方法;(5)说教学程序设计(说教学过程);(6)说练习的内容与方法。

3. 简述教学反思的作用。

(1)教学反思有利于提升教师的教学经验;(2)教学反思有利于提高教师的职业幸福感;(3)教学反思有利于教师形成自己的实践性知识体系。

整合提升

一、单项选择题

1. D 【解析】按照行为观点描述教学目标一般包括行为主体(教学对象)、行为活动、行为条件和行为标准等几个构成要素。在题干所述教学目标中,“学生”是行为主体(教学对象),“借助透明正方形胶片”是行为条件,“说明正方形面积等于边长乘边长的理由”是行为活动,所以,题干所述教学目标中缺少了对行为标准的描述。

2. B 【解析】回忆水平的提问可用来确定学生是否已记住先前所学的内容,如定义、公式、定理、具体事实和概念等。它所涉及的心理过程主要是回忆。导入新课、复习课、承启教学环节需要学生回忆以前学过的知识。因此,这些场合经常使用回忆水平的提问。

3. C 【解析】分析水平的提问可以用来分析知识的结构、因素,弄清事物间的关系或事项的前因后果,它要求学生进行批判性思维,能分析资料,以确定原因,进行推论。例如,“引起‘代沟’的原因是什么”。在这一水平的提问中,教师经常使用的关键词是:为什么、什么因素、得出结论、证明、分析等。

4. B 【解析】事例导入、悬念导入、表演导入都是教师在进入课堂之前设计好并做了相关准备的。教师除了预设课堂导入,也可以根据课间发生的一些随机性的事件启动课堂教学。由于随机事件是刚刚发生的,学生的感受和体会都真切而深刻,以此来导入教学更容易激发学生的学习兴趣。随机事件的导入方法需要教师对学生的举动保持高度的敏感,并且能够充分挖掘随机事件的教学价值。故选B项。

5. D 【解析】评价水平的提问可用来帮助学生根据一定的标准来判断材料的价值,它要求学生对一些观念、价值观、问题解决办法或伦理行为进行判断和选择,能提出自己的见解。如“你怎样看待这篇散文”。

6. A 【解析】板书的时机一般分先讲后书,先书后讲,边讲边书。如果要巧妙引入新课,使学生在不知不觉中获得新知,往往采取先讲后书,总结后再出示课题,收到画龙点睛之效。

7. C 【解析】说课是说课者运用一定的理论,将自己教学系统设计的思路、依据或者教学后的反思,借助口头语言和其他辅助手段,简约地与同行、教学研究人员以及教育部门有关领导进行交流、探讨,以改进说课者的教学设计、提高教学质量、促进教师成长发展的一种教学研究活动和方式。因此学生不属于说课对象。

8. A 【解析】直接导入是指教师上课伊始直接阐明本节课的学习内容、目标和要求的导入方法。这是最简单和最常用的一种导入方法。直接导入一般借用课题、人物、事件、名词、成语等为引入语,然后直接概述新课的主要内容及教学程序，使学生明确本课所要完成的任务，从而把学生的注意力吸引到这节课所要学习的问题上来，准备参与教学活动。题干中的张老师直接阐明了教学内容，是对直接导入的运用。

二、案例分析题(参考答案)

(1)材料中的老师主要运用了温故导入的方法。

(2)①有效的课堂导入能够牢牢吸引学生的注意力，使学生迅速进入课堂角色；②有效的课堂导入可以强烈地激发学生的学习兴趣和求知欲，使学生迅速做好学习新知识的心理准备，并产生学习期待；③有效的课堂导入能够使学生明确学习目标，建立新旧知识之间的联系，营造和谐的课堂氛围等。材料中的老师在使用温故导入时，吸引了学生的注意力，启发了学生的思维，能够使学生迅速进入课堂角色，也有利于建立新旧知识之间的联系。

真题必刷

一、单项选择题

1. A 【解析】教学技能是教师在已有知识经验基础上，通过实践练习和反思体悟而形成的一系列教学行为和心智活动方式。这一定义至少包括以下三层含义：(1)教学技能是一系列教学行为和心智活动方式的整体体现；(2)教学技能的形成是内外兼修的结果；(3)教学技能是在教师已有知识经验的基础上形成和发展起来的。教学技能的形成不仅是教师长期练习和训练的结果，而且是教师在经验基础上体悟反思的结果。所以并不是教师的教学时间越长，教学技能就越丰富。故选A项。

2. A 【解析】研讨性说课是指以教研组或年级组为单位，以集体备课为主要形式对说课本身进行探索性研讨的说课。这种类型的说课，一般是为突破教学难点，探讨教学热点问题，寻找解决问题的方法而进行的说课。

3. B 【解析】一般来说，教案的内容主要由概况、教学过程、板书设计、教学后记或教学反思四部分组成。故选B项。

4. D 【解析】教学过程是课时计划的主要组成部分，应写得详细具体。它包括一节课教学内容的安排、教学方法的具体运用和各部分时间的分配等。

5. B 【解析】直观导入指教师借助实物、标本、挂图等直观教具，以及投影、录像等媒体或示范性实验导入新课的方法。题干中教师在讲解内容之前，给学生出示了圆柱和圆锥的模型及侧面展开图，这有利于学生获得有关圆柱和圆锥的感性知识，进而调动学生的学习积极性，这属于对直观导入的运用。

6. B 【解析】悬念导入是一种以认知冲突的方式设疑，使学生思维进入惊奇、矛盾等状态，构成悬念的导入方法。悬念的设置有助于吸引学生的注意力，使学生思维处于一种激活状态，产生非弄清楚不可的求知心理，从而迅速进入学习知识的最佳状态，在思考、研究中学习新知识。题干中的教师利用折纸实验使学生们心理上形成反差，从而激发学生的求知欲，这种导入方式属于悬念导入。

7. A 【解析】分析水平的提问(分析型问题)可以用来分析知识的结构、因素，弄清事物间的关系或事项的前因后果，它要求学生进行批判性思维，能分析资料，以确定原因，进行推论。在这一水平的提问中，教师经常使用的关键词是：为什么、什么因素、得出结论、证明、分析等。由题干“为什么……”可知，此提问属于分析型提问，故选A项。

8. B 【解析】动作强化是指教师用体态语言对学生的表现进行的强化，包括头势、手势、目光和姿态等，头势如点头或摇头，手势如鼓掌、伸大拇指。题干为动作强化的内涵，故选B项。

二、多项选择题

1. ABD 【解析】教师调控教学过程的技能包括导入技能、强化技能、组织技能、试误技能和结束技能等。

2. ABD 【解析】教师确定教学目标分为三个层次：认知目标、能力目标、情感目标。这三个层次与课程的三维目标相统一。

3. ABCD 【解析】结课的基本要求是：(1)结课要有针对性；(2)结课要有全面性和深刻性；(3)结课要简洁明快；(4)结课要有趣味性。

4. ABC 【解析】教师的教态语言主要有三类，即身姿变化、面部表情和外表修饰三个方面。其中，面部表情包括眼神、微笑。

三、判断题

× 【解析】教师讲授时的语速以稍慢于日常生活说话速度为宜。

第五篇　教育写作与教育活动设计

知识1 教育写作

1.

教育扶贫

教育扶贫是阻断贫困代际相传的重要手段，更是精准扶贫的有效途径之一。公平的教育资源，是实现教育公平的基础，也是落实好教育扶贫的重要因素。目前，贫困地区教育发展相对滞后。教育经费投入不足，发展绝对数量不足，优质资源相对短缺和分配不均，致使地区之间、城乡之间优质教育资源分布差距不断扩大。

治贫先治愚、扶贫先扶教。教育扶贫，是我国扶贫助困的治本之策。我们常说：学习改变命运，知识改变未来。这也鼓励更多贫困山区的孩子通过努力学习走出大山，融入城市，改变贫困的命运。

教育好一个孩子，可以彻底挖掉一个家庭的穷根。教育扶贫不是让每个孩子都去上大学，更重要的意义在于让适龄的孩子读书，接受完整的、系统的、良好的教育。在我国贫困人口中，绝大多数没有受过教育或受过很少的教育，生产能力和自身素质的低下导致他们没有获得社会平均收入职业的机会。因此，要解决这部分人口的贫困问题，关键在于发展教育。

教育扶贫通过给每个人提供取得收入所需要的受教育机会，向他们传授知识和技术，提高其劳动技能、技术水平和自身素质，改变他们的劳动形态，增加收入。通过教育扶贫，不仅为广大贫困地区孩子提供了物质上的帮助，还带给这些山里孩子崭新的精神世界和文化熏陶。有了更多的见识和渴望，或许更能让他们憧憬未来人生的幸福，激励学习动机。

尽管这样的过程会很漫长，而且艰辛，但是因为有了希望，我们才会有和贫困不断对抗的动力和支撑。这，就是教育扶贫的治本功能。

2. **遵守规律，敬畏规则**

农药、化肥、牛奶添加剂喂养的草莓，红而大，却不够甜。拔苗助长，苗虽暂长，但活不久。万事万物皆有规律，我们应顺时而动，遵守规则。

“羌笛何须怨杨柳，春风不度玉门关”，这是自然规律；水往低处流，这是万有引力定律；让孩子自由、健康地成长进步，这是教育规律；“红绿灯下显素质，黄白线上彰文明”，这是交通规则；公平竞争、不搞暗箱操作，这是商业规则。

从长远看，只有遵守规则、按规律办事之士才能收获香甜的草莓，屹立人生珠峰，畅饮甘泉。那些急功近利、投机取巧者短期虽能见利，但最终必遭到人们唾弃，折戟沉沙。

“舳舻千里，旌旗蔽空，酾酒临江，横槊赋诗，固一世之雄也”的曹操及其百万大军，经诸葛亮草船借箭，孙刘火烧赤壁，灰溜溜地败走华容道，跟气候关系甚大。北方将士不习南方水土、不习水战，而曹操却不顾这些兵家大忌，最终饮恨疆场。诸葛亮和周瑜巧妙运用了大雾、风向的气候规律，一举形成三足鼎立的局势。火烧连营七百里、水淹七军等战役的胜利，善用自然气候规律起着重要作用。

“不违农时，谷不可胜食也。数罟不入洿池，鱼鳖不可胜食也。斧斤以时入山林，材木不可胜用也。”孟子的仁政主张跟当今可持续发展规律异曲同工。而今“神舟飞天”“嫦娥奔月”“天宫神舟对接”同样是人们按照科学规律创造的奇迹。

然而，很多人很多时候却还是急于求成，全然不顾规则，到头来，只能吞下自己酿的苦果。

大跃进时期，人们眼中只有“多”和“快”，却忽略了“好”和“省”。高喊“五年赶超英美”的口号，放着“粮食亩产万斤”的卫星，老百姓却啃树皮充饥，小钢炉炼出的也是遍地无用的钢渣。留下了“粮食堆如山，坐到山上抽袋烟，摘片云彩擦擦汗”的残忍笑话，让“1958”成为“1942”。

“东鞋”(皮鞋)、“西毒”(毒胶囊)、“南地”(地沟油)、“北丐”(三鹿奶)，还有28天就出笼的速生鸡。我们总是从食品中补充化学“营养”：点的是蔬菜，吃的是染料；炖的是粉条，咀嚼的是塑料；烫的是金针菇，涮出来的是硝酸；消化的是猪肉，吸收的是矿产。类似现象频出的原因就是人们急功近利的思想在作怪，而运用法律打击的力度还不够。

中国式教育，让中国成为世界上孩子近视率最高的国家。狼爸、虎妈式教育，不是关注孩子，而是管住孩子，关住孩子。逼迫孩子在各种辅导班之间赶场，扼杀他们玩游戏的天性，捆住他们自由飞翔的翅膀，束缚他们“异想天开”的思想，这难道不是中国孩子成为世界上最缺乏想象力的原因吗？这和仲永父母强行带着他卖诗，导致他泯然众人有何区别呢？

遇事不急不慌，按照它应有的规律进行，你会发现，成功原来是顺理成章的事。

3. **尊重与成长**

若想让一株小树苗成长为参天大树，就必须尊重树木的天性、遵循自然生长规律，这样才能收获“无为而有为”的结果。教育也一样，要想让每一名学生都健康成长、顺利成才，就必须顺应学生的天性，遵循学生的身心发展规律。

学生的身心发展具有阶段性和顺序性的特点。每一个学生的成长规律都一样，有先才有后，有简单才有复杂，有懵懂才有成熟，后一阶段的发展总是在前一阶段的基础上发生的，而又萌发着下一阶段的新特征。所以教育者不能以“揠苗助长”式的要求去催促学生成长，如果那样，快速成长只是让学生暂时看起来很好，而本质上却深深破坏了学生的天性，时间一长，百害而无一利。

学生是处于发展过程中的人。发展意味着还不成熟、正在成长，也意味着需要接触各种各样的新鲜事物来感受成功的喜悦或失败的痛苦。因而在教育实践中，人们不能总是对发展中的学生要求十全十美。在众多的教育因素中，没有有用与无用之说，没有必要与没必要之说，也没有绝对的好与坏之说，只有让学生自己去亲身感受，亲自实践，他们觉得有所收获了，就是有用的，就是必要的，就是好的。

学生是独特的人。每个学生都有自身的独特性，他们有自己独特的兴趣爱好，有自己独特的性格气质，有自己独特的智能特长，更有自己独特的情感体验，每一种都是一份财富，期待着自由发展，等待着被发掘。而成人的视角和体验是不同于学生的，他们的感觉代替不了学生的感觉，因此成人不必常常把“这样做好，那样做不好”“这个对你有用，别尽做些无用功”等话语挂在嘴边，因为孩子的路只有孩子自己去走才是对的。

学生是具有独立意义的人。每个学生都具有独立的思想，不会以任何人的意志为转移，所以人们不必随意强加给学生一些观念，这样只会挫伤学生的主动性和积极性，让他们成为“一个模子里刻出来的人”。学生是有一定主体性的，我们要充分尊重，让他们成为实践活动的发起者和行动者。

只有尊重与顺应，一个国家才能长久发展，生生不息；只有尊重与顺应，一个社会才能秩序井然，和谐运行；只有尊重与顺应，一个人才能天性尽显，拥有自我。

知识2 教育活动设计

一、教育方案设计

1. 一、学段

小学

二、主题

“以诚立身，以信取人”

设计依据：诚实守信是立身做人的根本，也是小学生重要的道德品质之一，诚实守信对小学生今后的成长至关重要。针对当前社会缺乏诚信的现象以及班级中出现的不诚信行为，诚信教育十分重要，通过本次活动，使学生能够明确诚信的重要性，做到诚实守信。

三、活动目标

(1)学生懂得诚信是做人的基本准则，能够明确诚实守信在人际交往中的重要性。

(2)学生在学习和生活中能够避免不诚信的行为，做到诚实待人，言而有信。

四、活动准备

制作诚信守则的海报，让学生搜集关于诚信的小故事，学生准备情境表演。

五、活动内容与过程

1. 故事引入

主持人讲商鞅立木为信的典故，向学生提问：人们从怀疑商鞅到相信他的转变，原因是什么。引出诚信是做人做事的根本，能够帮助人成长和成功。

2. 情境表演

学生进行情境表演，演示在学校中出现的一些不诚信现象，如考试作弊、不写作业说谎、迟到说谎、借东西不还，答应别人的事没有办到……

通过情境表演，让学生直观感受身边种种不诚信行为的危害，并交流和总结正确的做法。

3. 分享故事，交流讨论

学生讲述之前搜集的关于诚信的小故事。如季布一诺千金、尾生抱柱而死等。

在讲完每个故事后，请其他学生谈谈感想，感受诚信在一个人成长、成才、成功的过程中的重要作用，懂得以诚立身，以信取人的道理。

4. 总结方法

引导大家共同思考总结，在生活中要如何做到诚实守信，树立诚信品质。

(1)说话算话，言而有信；

(2)与人为善，坦诚相待；

(3)勇担责任，勇于认错；

(4)拾金不昧，借物还人。

5. 班会总结

学生以诗朗诵的形式，强调诚信的重要性。

教师寄语：诚信待人，青少年更应该学会诚信、坚守诚信。诚信是为人的基本准则，是同学们在现今的学习生活和将来踏入社会的工作生活中不可缺少的重要组成部分。人无信不立，青少年应该从小养成诚实守信的习惯，这正是我们此次开展班会的主要目的，而且，在精彩的班会活动中，我们以充分的准备取得了完美的成功，经过这次班会，同学们应该更加了解诚信，并且为自己树立起诚信的准则，这就是我们开展诚信教育主题班会所取得的巨大成效。

六、预计效果

(1)学生能够在活动中享受乐趣，提高诚信意识。

(2)学生在生活中和学习中做到诚实守信。

七、检验方法

(1)制作本次活动表现的自评表、同学互评表、教师评价表，通过评价结果进行考察。

(2)观察学生在以后的集体活动中的表现。

(3)通过同家长、其他同学的交流，了解班级同学是否做到诚实守信。

2. 一、学段

初中

二、主题

“班级音乐会”

设计依据：开展班级音乐会不但能够给学生营造一种良好的音乐氛围，促进孩子们积极参与音乐活动，增强他们学习音乐的兴趣，更能使他们克服胆小、害羞的缺点，增强孩子们的自信心，使他们在音乐活动中体验成就感。

三、活动目标

(1)学生能够在交流和表演中增强自信心。

(2)学生能够尝试进行表演和在公共场合表现自己。

(3)学生能够体会音乐的乐趣，热爱音乐。

四、活动内容与过程

1. 活动时间、地点

确定具体活动时间和地点，并通知到全体同学。

2. 活动要求

(1)每位学生均要参与，可以根据自己的爱好、特长，自选内容、自选表演形式等，教师可根据活动情况做适当的整体指导。

(2)班级音乐会奖项设置。音乐会最后评选一等奖1名、二等奖2名、三等奖3名，并有“最受欢迎歌手”“最富表现力歌者”等奖项。

3. 活动内容

(1)节目范围：独唱、小组唱、表演唱、大合唱等。

(2)节目形式：吹、拉、弹、唱、跳等。

(3)节目人数：至少1人，最多不得超过8人；如特殊安排集体合唱，经班主任同意，人数可超过限额，但所参加互动内容不得重复。

4. 活动过程

(1)主持人由学生担任，由本班级教师做评委，演出时可邀请其他班主任、科任老师以及部分家长等。参会人员入场，演出人员做好准备。

(2)主持人报幕，学生按照节目单进行演出。

(3)节目中间设置惊喜环节，随机抽取学生按照既定形式演出小节目，并号召同学们予以鼓励。

(4)节目中录制视频，节目后合影留念，并以全班大合唱的方式结束本次音乐会。

5. 活动总结

由全体学生和评委教师等评选出一、二、三等奖和其他奖项，并请获奖的同学分享感受。班主任进行总结，肯定大家付出的努力和表演的精彩节目，号召大家以后在集体活动中积极主动参与，主动展示自我。

五、预计效果

(1)学生的自信心提升，能够体会通过努力尝试得到肯定和荣誉的快乐。

(2)学生学习和参加集体活动的积极性和主动性增强。

(3)班级凝聚力增强，学生的班级荣誉感增强。

六、检验方法

(1)制作本次活动表现的自评表、同学互评表、教师评价表，通过评价结果进行考察。

(2)观察学生在以后的集体活动中的表现。

(3)通过同家长、其他同学的交流，了解班级同学自信心和表现力的变化。

3. (1)研究目标

了解学生质疑能力的现状；根据所获得的资料来分析造成学生质疑能力偏低的因素；指出改进的建议，探讨实现学生学习方式与方法发生改变的具体措施，为学生质疑能力的提升提供帮助。

(2)研究内容

①现状调查研究

了解当前学生在现实生活中提出问题、发现问题的能力，了解中小学教师以及家长对学生质疑能力的反映。

②原因分析研究

教师的影响；学校教育理念的影响；家庭氛围的影响。

③对策研究

在上述研究的基础上，指出在学生学习过程中存在的问题，并提出相应的改进建议，为今后学生质疑能力的提升提供帮助。

(3)研究方法

本研究以教育理论研究为基础，探求“提升学生质疑能力的实践探索”。搜集资料时综合采用观察法、调查法(问卷、访问、个案调查等)和文献法。整理资料采用教育统计方法和内容分析方法。

(4)研究步骤

①准备阶段：进行研究设计，制定研究工作计划。

②实施阶段：搜集、获取资料，整理分析资料。

③总结阶段：包括撰写研究报告和论文，总结研究工作和评价研究成果。

二、教案设计

1. 一、教学目标

1. 正确理解、运用文中的生字词，理解课文内容；正确、流利、有感情地朗读、背诵、默写课文。

2. 体会诗人在庐山时，观察的地点和角度不同，所看到的景象也不一样；理解诗句的意思，体会诗人的心境。

3. 正确理解诗句的意思，联系生活体会诗中所蕴含的哲理。

二、教学重、难点

1. 重点：正确理解诗句的意思，感悟诗境。

2. 难点：感悟、品味诗中所蕴含的哲理。

三、教学过程

(一)创设情境，导入课题

1. 同学们，我们伟大的祖国有着五千年的悠久历史和灿烂的文化。其中诗歌就是我国文化宝库中一颗璀璨的明珠。诗歌语言精练，情感丰富，读起来朗朗上口，所以深受大家的喜爱。今天老师就和大家一起学习一首古诗，宋代苏轼写的《题西林壁》。(课件出示课题)

2. 读题、解题。

齐读课题，结合书下注释帮助学生理解“题”“西林”的意思。

3. 简介作者苏轼及写作背景，师生共同交流收集到的资料。

(1)苏轼的人物简介及写作风格。

(2)这首诗的写作背景及庐山的有关情况。

(3)教师讲述苏轼少年时代“发奋识尽天下字，立志读遍人间书”的逸闻趣事。

(二)初读课文，感知美

1. 学生反复读古诗，说说诗中的庐山给你留下了怎样的印象。

2. 学生读后谈感受，初步感知庐山的美。

3. 分组合作，引导学生选择自己喜欢的学习方式细读古诗，遇到不懂的问题小组交流。

(三)汇报交流，感悟美

1. 交流第一、二行诗句。

(1)学生汇报对这两句诗的理解。

(2)结合“横看”和“侧看”的不同感受，让学生发挥想象并用自己的语言去描绘庐山的“岭”和“峰”是什么样子的，感悟庐山的美。

(3)指导学生有感情地朗读这两句诗，读出庐山的不同姿态。

(4)引导学生发现这两句中三组反义词(横—侧、远—近、高—低)的运用，体会作者用词的精妙。

2. 交流第三、四行诗句。

(1)学生自由表达对这两句诗的理解。

(2)针对学生理解上遇到的困难，帮助学生选择

“只”“缘”在诗中的正确意思。
(3)讨论:为什么看不清庐山的真面目?怎样才能看清庐山的真面目?这蕴含了什么道理?
(4)从这首诗中你能感受到作者苏轼是一个怎样的人?
(5)联系实际并结合诗中所表达的哲理,说说在生活中我们该怎样看人、看事、看问题呢?
3. 学生根据诗意,运用自己喜欢的方式展示、内化诗意。
(四)个性诵读,表达美
1. 教师语言激励,引导学生进入情境:假如你就是苏轼,看到庐山峰峦奇丽,云雾缭绕,山中溪水潺潺,鸟语花香,宛如仙境一般,你的心情怎样?怎样读才能表达出自己的情感呢?
2. 学生自由练习朗读,组内交流体会。
3. 引导学生谈感受,结合感受进行个性化朗读。
4. 教师示范读,学生再读,读出诗的韵味,最后齐声吟诵。
(五)拓展延伸,积累运用
1. 古往今来,多少文人墨客游览过庐山,赞美过庐山,除了这首诗,你还知道哪些诗人写过庐山?
2. 老师也收集了几首描写庐山的诗给大家看一看。(白居易的《大林寺桃花》,李白的《登庐山五老峰》等)你可以选一首觉得写得好的诗抄下来背一背。
(六)作业
1. 背诵并默写《题西林壁》。
2. 以“我眼中的苏轼”为题办一份手抄报。可以写他的诗、词、散文,也可以收集他的轶闻趣事。
3. 收集一些富有哲理的小诗,抄一抄、背一背,体会其中所蕴含的道理。
4. 写一写你这节课的感受和收获。
(七)板书

题西林壁

横岭、侧峰}所见
不识、只缘}所感
}全面了解

2. 一、教学目标
1. 知识与技能目标:通过借助已有的生活经验,学生自主认识新的时间单位“秒”,知道“1分=60秒”。
2. 过程与方法目标:学生通过动手操作等丰富的学习活动,体验一段时间,建立1秒及1分(60秒)的时间观念。
3. 情感态度与价值观目标:学生通过体验数学与生活的联系,懂得时间的珍贵,爱惜时间。
二、教学重难点
借助丰富的活动,学生体验一段时间,建立正确的时间观念。体验数学与生活的联系。
三、教学准备
(教师)多媒体课件;(学生)口算卡片,每人准备一个时钟。
四、教学过程
(一)情境导入
(播放新年联欢晚会的片段)
过渡句:新年的钟声将敲响,让我们一起来倒计时。(课件出示钟面,伴随着“滴滴”声,让学生共同进行倒计时)
过渡句:刚才,我们进行倒计时,像这样计量很短的时间,我们常用比分更小的单位——秒。今天,我们就共同来认识这个新朋友。(板书课题)
(二)探究新知
1. 认识时间单位“秒”
(1)师:你们知道怎样计量用“秒”做单位的时间吗?请仔细观察你们所带的钟表,看看有什么发现。
(2)学生自主探索,共同探究。
(3)学生反馈:
①时钟有3根针,走得最快的那根是秒针。
②秒针走1小格是1秒。走1大格就是5秒。
③读取电子表上的时间时,让学生可以利用以前学过的电子表的读法进一步类推。
(4)体验1秒钟:
①师:1秒到底有多长呢?让我们闭上眼睛,仔细听一听。(利用时钟的“滴答声”让学生感受)钟表发出“滴答”一声所经过的时间就是1秒。
②学生跟着时钟的“滴答声”,做拍手练习,每一秒拍一下手,看看谁拍得最准。
③比一比,哪位学生不看时钟,每秒数一个数,看谁数得最准确。
④小结:刚才,我们听到钟声“滴答”一声就是1秒,我们拍一下手用1秒,数一个数也是用1秒。1秒的时间确实很短,但是有些现代化的工具在这短短的1秒里却可以做很多事情呢(举几个具有说服力的数据说明1秒的价值)。所以,我们可别小看了这短短的1秒,它的作用可大了。我们要珍惜时间,不浪费每1分、每1秒。
(5)师:(拨秒针)秒针从数字12走到数字6,这表示经过几秒?从数字6走到数字8,表示经过几秒?请你轻轻告诉同桌的小朋友你是怎么知道的。
(6)你还知道秒针从哪儿走到哪儿也是10秒?
2. 探索分与秒之间的关系
(1)师:如果秒针从数字12起,走一圈,又回到数字12,这时经过多长时间,分针有没有什么变化?
(2)让学生小组合作,仔细观察钟面,自主探索。
(3)学生反馈。
(4)小结:秒针走1圈,就是60秒,这时分针走1小格,也就是1分钟,所以1分=60秒。
3. 练习
(1)让学生看钟表,通过读秒来体验1分钟的长短。
(2)师:1分钟能做什么呢?
让学生分组画画、写字、做口算、摸脉搏体验1分钟实际的长短。
(3)让学生举例,说说1分钟可以做什么事。

（三）小结

师：通过今天的学习，你有什么收获？（认识时间单位——秒）有了秒针，计时就更准确了，时针、分针、秒针在时间王国里分工合作，准确地为人们报时。

（四）巩固练习

1. 完成练习

要求：填上合适的时间单位。

（1）我们上一节课的时间是40（　　）。

（2）小明跑100米要用19（　　）。

2. 跑步比赛

师：让我们一起到紧张激烈的运动场上去看看。50米决赛刚结束，你能通过钟表的显示，说出运动员的成绩吗？从这张成绩表中，你能看出什么？

3. 活动

师：下课铃声响了，请大家安静，迅速地将课桌上的学习用品整理到书包里，看看需要多少时间。看谁整理得又快又好。（学生整理，教师报时）

师：相信大家今后每时每刻都能这样珍惜分分秒秒，做时间的主人。

（五）作业

收集有关时间的信息。

3.（1）教学目标

①知识与技能目标：掌握阅读材料中与交通规则有关的生词和词组，如traffic lights，on the right (left) side of，traffic rules，并能准确分析阅读材料的结构，理解阅读材料的内容。

②过程与方法目标：借助PPT、动画、图片和TPR活动，准确理解并掌握阅读材料中的生词和词组以及阅读材料的内容。

③情感态度与价值观目标：通过分析和理解阅读材料，了解不同国家的交通规则，养成自觉遵守交通规则的习惯。

（2）教学过程

Step 1 阅读前活动（Pre-reading activities）

Chant：

学生按交通方式分为四组，拍手连环Chant：

Group bike：I go to school by bike. How do you go to school?

Group bus：I go to school by bus. How do you go to school?

……

然后，教师用Chant节奏引出主题The traffic rules，板书课题并教授。

【设计意图】Chant活动既能让学生复习旧知识，也能把学生所有的注意力集中到课堂中来；既为英语学习做了铺垫，又创造了一种良好的氛围。

Step 2 阅读中活动（While-reading activities）

①泛读：

学生默读短文，然后组成小组讨论并划分短文的意义层次。教师找几个小组汇报讨论情况，并和全班同学一起总结短文的意义层次：本段短文共分为三个意义层次，前三句为一个层次（交通规则的共同点），四、五、六句为一个层次（交通规则的不同点），最后一句为一个层次（倡导人们了解交通规则）。

②精读：

学生默读前三句话并圈出生词，教师采用同学说、一起猜和教师讲解三种方式处理生词。最后一个生词预设为the traffic lights，猜过词义后，引入三种交通信号灯及各自含义。然后通过Chant和TPR活动巩固。

教师出示两幅图片，请学生仔细观察并找出两幅图片的不同，然后让学生去短文中寻找两幅图不同的原因，并圈出生词。由此教授新词组on the right side of the road和on the left side of the road。然后，教师将短文中几个国家的国旗分别贴到相应的交通规则下。

学生读短文最后一句话，教师通过举例法，帮助学生了解句子的结构和含义。

【设计意图】这一过程是为了培养学生获取信息和处理信息的能力，使学生在完成任务的过程中逐步加深对阅读材料的理解，并提高在语境中猜词的能力。

Step 3 阅读后活动（Post-reading activities）

①听录音，跟读文章：

根据教师的手势提示，分别以个人、小组和集体的方式有感情地朗读。

②根据短文内容创设情境活动：

学生组成6人小组，组内安排角色为交通指挥员、交通信号灯（红、黄、绿各一人）、行人，各组内成员变换角色模拟演练短文中提到的各个国家的交通规则。

③作业布置（任选一题）：

A. 与同伴合作将阅读内容改为对话，并在下节课上表演。

B. 用自己的话复述阅读材料，通过查阅更多资料，讲解你感兴趣的国家的交通规则。

【设计意图】在情境中总结并运用本课所学内容，帮助学生建立并内化自觉遵守交通规则的观念。

（3）教学板书

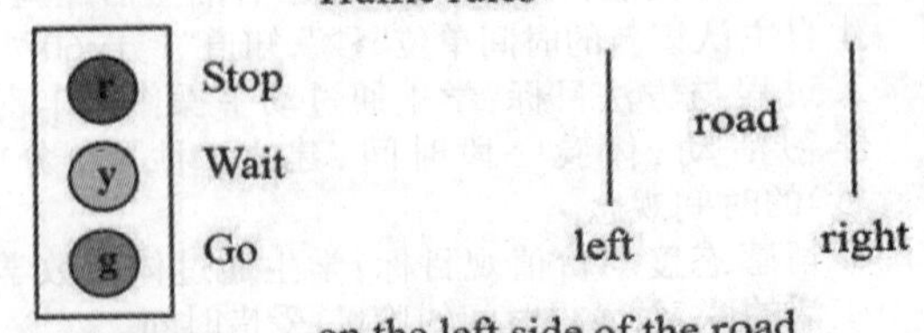

4.（1）教学目标：

①知识与技能目标：初步了解世界主要的文化遗产；对多彩的世界有更为全面的认识，为今后进一步了解世界、认识世界打下基础。

②过程与方法目标：通过探究活动，学会探究性学习。

③情感态度与价值观目标：感受人类文明及其蕴含的聪明智慧，培养全球意识和对世界多元文化理解与欣赏的态度。

(2)教学过程：

一、导入新课

师：同学们，我们上节课领略了周边国家的风采，是不是很想出去看看？

师：既然同学们都异口同声回答"是"，那好，今天就让老师带着大家一起去"环球旅行"，感受一下世界古老文明和现代文化的魅力。

二、新课教学

师：现在，我们来进行一个课堂专题探究活动。(课件出示：专题一——神游埃及金字塔；专题二——探秘古玛雅；专题三——追溯西方文明的摇篮；专题四——游览艺术之都)课前同学们已经就自己喜欢的专题查阅了相关资料，请同学们按照自己所选的专题分成四个小组。

师：现在展开小组讨论，将你们的探究结果用故事或叙述的方式呈现出来。之后我们进行交流。

师：下面我们请四个小组的代表分别为我们展示探究成果。

师：第一组同学让我们感受到了古埃及人民的智慧；第二组同学让我们感受到了古玛雅人民给人们带来的震惊；第三组同学为我们展示了希腊的神话、奥林匹克运动会及各种科学成就；第四组同学让我们观看了胜利女神像、米洛斯的维纳斯、蒙娜丽莎像等的照片，由此让我们感受到了艺术之都的魅力。大家都表现得非常好，相信同学们都收获颇丰。

三、巩固提高

师：下面老师给大家播放的是奥地利维也纳交响乐的演奏视频，让我们在欣赏音乐的同时，一起感受维也纳文明的魅力。

四、小结作业

师：这节课我们一起进行了一次"环球旅行"，感受了各国不同的风土人情和文化魅力。"读万卷书，行万里路"，希望大家今后都有机会能到世界各地走走看看，来拓宽我们的视野、见识和思维。课下，请同学们写一下自己想去哪里旅游，为什么想去那里。下节课我们一起来交流。

5.《中彩那天》教学过程：

(一)创设氛围，谈话导入

1. 朋友见面，大家都带来了礼物，老师也给大家带来了见面礼，老师把它板书在黑板上(板书"财富")，你心目中的财富是什么？(让学生畅所欲言)

2. 有道是"君子爱财，取之有道"。获取财富的方式有哪些呢？(教师根据学生的回答，相继板书"中彩"及课题"中彩那天")注意"中"字的读音。

(二)初步感知，整体掌握

1. 中彩那天究竟发生了什么事，请大家自由朗读课文，要求读准字音，读通句子。(教师巡视，了解学情，并相继进行个别指导)

2. 课文讲了一件什么事？哪些地方给你留下了深刻的印象？同学汇报，教师相继对学生的学习情况做出评价，鼓励学生读懂课文，把握全文的线索。

3. 读了课文，你对课文的哪些地方有疑问呢？请把自己的问题写在教材的相应位置。教师巡视时注意梳理学生的疑问：

预设一：学生提出了理解词语的问题，教师可引导学生简略地结合文意理解。如："拮据"是生活很困难，困难到一家仅靠父亲一人工作来维持六口人的生活；"梦寐以求"就是什么时候都想要，文中的意思是父亲十分想拥有一辆轿车，连做梦都想。

预设二：学生提出了对中心句"一个人只要活得诚实，有信用，就等于有了一大笔财富"的理解问题，教师只给予强调并指导学生读好这个句子，并让学生自由谈谈对句子的理解即可。老师暂不下结论，目的是随文再作深入理解。

如果学生还提了别的问题暂且留置，随后面的学习来穿插解决。

(三)细读课文，用心感受

1. 学生细读课文：

课文的哪些段落是写中彩那天发生的事？(第3～8自然段)

2. 谁能找出中彩时"我"心情最激动的句子读一读。指导同学有感情地朗读，体会"我"的兴奋和激动。

3. 和一般中彩局面比较，"我"在这个激动人心的时刻发现了什么特别的地方？引导同学自主阅读课文第七、八段后自己提问，自己试着回答，然后再交流、讨论。(要注意引导同学发现父亲的道德难题)

课件出示：

第一，指导学生读好长句子。

第二，读这两句话你明白了什么呢？边读边想，那淡淡的K字，到底淡到什么程度？能不能读出来？

第三，在K字擦与不擦之间，父亲是怎么想的呢？把课文前前后后联系起来读，这是个很好的读书习惯。

4. 师小结：

看来，这辆小汽车的"留"和"还"都有理由，这就是爸爸的道德难题。

(四)激情争辩，突破难点

师：在父亲的脑海里，仿佛有两个人在争辩，一个说把汽车留给自己吧，另一个说把汽车还给库伯。请问：你赞成哪一个观点呢？

1. 根据同学的观点，分成正、反两方：

正方观点：还。

反方观点：留。

正、反两方各自合作学习，在文中找到支持自己观点的语句——从书中找出依据才有说服力，准备辩论。
2. 激情争辩，联系上下文，评议并论述自己的观点。
3. 老师点拨，解决难点：
父亲知道，这辆车他想留，能留下来，但却不该留啊，他是怎么战胜自己的呢？
引导学生再次回扣重点句，朗读母亲说的那句话：“一个人只要活得诚实，有信用，就等于有了一大笔财富。”
4. 讨论：
父亲失去的是什么？得到的又是什么？
老师小结：领走的是中奖的车子，但得到的是人情和道义，是更多真正的朋友，是心灵的宁静和快乐。这同样是一笔很大的财富，是金钱所买不来的。一个人只要活得诚实，有信用，就等于有了一大笔财富。
(五)统一认识，情感升华
1. 自读第九段，得到汽车时父亲神情严肃，一点都高兴不起来，汽车被库伯派的人开走后，他却显得高兴，为什么？
课件出示重点句“一个人只要活得诚实，有信用，就等于有了一大笔财富”，让学生以读代答。注意引导学生读出自身的个性化理解。
2. 学生试着背诵这个重点句子。
3. 谈谈你对财富新的认识。
4. 教师总结：
这话出自母亲之口。尽管家里生活拮据，但她人穷志不穷，追求精神上更可贵的东西。在她眼里，一个人要诚实、守信用，不贪图本不属于自己的东西。她也经常这样教育家里人，让他们懂得人生最重要的是诚实和讲信用，这是比物质财富更加珍贵的财富。
(六)回扣全文，拓展延伸
1. 请想象一下，当库伯派人把汽车开走后，“我”和爸爸、妈妈是怎样的心情，可能会说些什么话呢？让学生试着说一说。
2. 自学下列短文，用上面学到的方法自主提问，自主解疑：
早晨，天下着雨，一家早餐店门前有许多人排队买早点，我也在队伍中。
好不容易轮到我了。我收起雨伞，放在柜台边，然后迅速地买了早点，找到一个角落坐下。等匆匆填饱了肚子，我便抓起雨伞向单位赶去。
忽然，背后有人喊，似乎是喊我。“叔叔，叔叔，等一下……”我扭转头，确实是一个小姑娘在喊我。
“我可是给了早点钱的啊！”我以为她是店主的孩子，便赶紧对她申明。
“您误会了，叔叔。”她说，“你的伞拿错了。”
我连忙看自己手中的伞——“蓝色的，没错啊……”她却不管我说，把伞硬是塞到了我的手里：“您的伞是新的，我的伞用了很久了，快坏了。”
我们交换了伞后，彼此继续赶路。雨下得更大了，可是我的眼前却全是晴天。
3. 分组交流，全班汇报，教师总结，结束全课。
《中彩那天》板书：

中彩那天
- 发生——父亲中彩
- 经过——
  - 父亲领奖　神情严肃
  - 面临道德难题
  - 结果——库伯领车　父亲高兴

奔驰有价
诚信无价

【理由：揭示课文的主要内容，突出课文内容的重点和关键，准确地扣住作者的思路。】